风雨兼程40年

山东省文物考古研究院
建院纪念文集（上册）

山东省文物考古研究院 编

齊鲁書社

图书在版编目（CIP）数据

风雨兼程40年：山东省文物考古研究院建院纪念文集 / 山东省文物考古研究院编. -- 济南 ：齐鲁书社, 2021.12
ISBN 978-7-5333-4522-8

Ⅰ. ①风… Ⅱ. ①山… Ⅲ. ①文物－考古－研究院－山东－纪念文集 Ⅳ. ①K872.52-242.52

中国版本图书馆CIP数据核字(2021)第278736号

责任编辑：贺 伟 马安钰
责任校对：王其宝 赵自环
装帧设计：赵萌萌

风雨兼程40年：山东省文物考古研究院建院纪念文集

山东省文物考古研究院 编

主管单位	山东出版传媒股份有限公司
出版发行	齐鲁书社
社　　址	济南市英雄山路189号
邮　　编	250002
网　　址	www.qlss.com.cn
电子邮箱	qilupress@126.com
营销中心	（0531）82098521　82098519　82098517
印　　刷	山东星海彩印有限公司
开　　本	889mm × 1194mm　1/16
印　　张	42
插　　页	23
字　　数	625千
版　　次	2021年12月第1版
印　　次	2021年12月第1次印刷
标准书号	ISBN 978-7-5333-4522-8
定　　价	450.00元（上下册）

1964 年冬，山东省文化局临淄文物队成员合影

（前排左起：张其海、王恩田、蒋英炬、郑钧培、朱锡禄、罗勋章、黄景略；后排左起：杨志忠、毕宝启、唐士和、郑甦民、赵春生、王明芳、杨子范、刘心健）

1965 年 9 月，临淄文物队与北大师生发掘阚家寨前合影

（后排左三：邹衡，左四：张学海，左六：杨子范，左七：俞伟超，左八：郑甦民，右起：傅淑敏，常玉芝，苏小幸；前排左起：左一吴九龙，左二王树明，右一：夏名采）

1970年代前期，发掘临淄齐故城殉马坑

1978年，整理曲阜鲁故城发掘资料

1979年，山东博物馆领导与文物组工作人员合影

（前排左起：关天相、金松源、薛寿莪、张学、张其海、秦亢青、宋居民、崔中典；二排左起：张学海、叶健、杨广芬、苏玉琼、吴钟珉、韩树鸣、郑笑梅、林云善、罗勋章；三排左起：毕宝启、李曰训、法惟基、王站琴、王桂萍、何德亮；四排左起：万良、张振国、张江凯、焦德森、吴诗池、蒋英炬、袁明、于钟航、张竞放、吴文祺、王思礼；五排左起：李胜利、赵春生、邵明贵、冀介仁）

1982 年，杨子范所长和张光直先生（左）在我所（广智院二楼）
文物库房考察莒县陵阳河出土文物

1982 年 5 月，莒县钱家屯遗址发掘人员合影
（左一：董传远，左三：常兴照，左四：邵明贵，右起：王永波、司湘、李志勇、房登岳、苏兆庆）

1984 年，发掘临淄两醇工地合影

（前排左起：张龙海、杜宗芳、朱元政、杨占娥，左六起：张彬、翟鲁宁、吴成达、王丹华、刘谷、刘文杰、张学海、张新华，前排右起：吴文祺、罗勋章；二排左起：张振国、李志勇、王乃明、李隆福、孙淮生，左八起：姜建成、姜国钧、朱学山、冀介仁、李晓峰、司湘、徐其中、李登高、熊建平、李大营、张光明；三排左起：魏成敏、苏庆林、李胜利、张雪莲、王站琴、佟佩华、刘志敏、邱玉鼎、李鲁滕、石福序、潘振华、王成金、常兴照、李开岭、于嘉芳、吕继祥、何德亮、张路）

1985 年，国家文物局兖州西吴寺第二期考古领队培训班合影

（前排左起：何德亮、孔哲生、叶学明、郝本性、张忠培、黄景略、郑笑梅、吴汝祚、严文明、王克林、俞伟超、杨育彬、张学海）

1985 年，山东省文物考古研究所部分职工及省文物局领导合影

（前排左起：罗勋章、毕宝启、赵桂英、李传荣、张学海、刘谷、郑笑梅、杨广芬、袁明、吴钟珉、吴诗池、佟佩华；后排左起：张竞放、王守功、吴文祺、何德亮、邱玉鼎、王永波、郑同修、李胜利、王锡明、张振国、李志勇、张路、邵明贵、司湘、冀介仁、李曰训、常兴照、王树明、张雪莲、苏玉琼、韩树鸣、翟富美、苏庆林）

1988 年 5 月，环渤海考古座谈会鲁北考古讨论会议合影

1990 年，国家文物局张柏副局长（中）考察我所临淄工作站

1990 年，我所部分人员在“山东省文物考古研究所建所十周年业务成果汇报展”展厅前合影

（前排左起：冀介良、毕宝启、张学海、杨广芬、袁明、郑笑梅、吴钟珉；二排左起：郑同修、吴文祺、常兴照、冀介仁、罗勋章、杜宗芳；三排左起：李振光、何德亮、邱玉鼎，韩树鸣、苏玉琼；四排左起：李洪亮、邵云、李传荣、翟富美；五排左起：苏庆林、张振国、李胜利、张路、王永波、佟佩华、李志勇、司湘、王桂萍、王站琴、孙桂杰）

1991 年 10 月，“纪念城子崖遗址发掘 60 周年国际学术讨论会”部分代表合影
（左起：郭旃、张学海、管东贵、宿白、石兴邦、徐苹芳、罗勋章、吴文祺）

1991 年 10 月，“纪念城子崖遗址发掘 60 周年国际学术讨论会”
部分代表在城子崖遗址西北面合影
（前排右一：黄景略，右二：张学海；后排左二：王恩田，左三：宿白，左五：严文明，右三：李伯谦）

1991 年 10 月，“纪念城子崖遗址发掘 60 周年国际学术讨论会”全体代表合影

1992 年 3 月，在临淄召开全国考古所所长座谈会
（前排左起：黄景略、张柏、张学海、孟宪民）

1993 年，中美古代陶器研讨班在临淄举行

1993 年 12 月，中国考古学会第九次年会在济南召开

1993 年 12 月，苏秉琦先生（前）参加中国考古学会第九次年会
（左一：张学海）

1995 年 1 月，国家文物局检查组考察鲁西龙山文化城在聊城山陕会馆合影
（右起：严文明、张忠培、黄景略、张学海）

1995 年 12 月，发掘阳谷景阳岗遗址合影

（前排左四：孙波，左六：石念吉；后排左四：孙淮生，左六：张学海，后排右一：孙贵红，右三：崔来临，右四：崔水源）

1998 年，国家文物局考古专家组叶学明、张学海、刘绪先生考察滕州西公桥遗址发掘工地

1999 年，山东省文物考古研究所参加文化厅第六届运动会留影

（前排左起：李繁玲、戴尊萍、王桂萍、邵云、靳桂云、王站琴、罗鹭凌、李洪亮、孙桂杰；后排左起：苏庆林、赛民、崔圣宽、李胜利、司湘、张振国、兰玉富、冀介仁、党浩、李顺华、刘延常、李曰训、吕承佳、佟佩华、郑同修、何德亮）

1999 年 6 月，李传荣所长陪同，许倬云、张忠培夫妇、乔梁来我所考察

1999 年 11 月，俞伟超先生来我省检查遥感考古进展情况

2003 年，我所与北京大学考古文博学院合作举办东部地区研究生班开学典礼合影

2004 年，临朐白龙寺发掘人员合影

2004 年 8 月，汉代考古与汉文化国际学术研讨会在章丘举行

2009 年，国家文物局专家组视察高青陈庄遗址
（左五：张忠培，左八：黄景略）

2009 年 4 月，寿光双王城盐业考古成果
新闻发布会

2010 年，我所水下考古工作者乘船
深入暗礁区进行潜水探摸

2010 年，张学海先生考察菏泽
元代沉船遗址发掘现场

2010 年 4 月，黄河三角洲盐业考古国际学术研讨会在寿光举行

2011 年，山东省文物考古研究所成立 30 周年合影

（前排左起：王桂萍、孙桂杰、苏玉琼、翟富美、韩树鸣、杨广芬、李传荣、张学海、郑同修、佟佩华、毕宝启、罗勋章、吴文祺、冀介良、邱玉鼎、王守功；二排左起：孔胜利、刘静、徐倩倩、苏庆林、李志勇、李振光、孙波、李曰训、吴双成、李洪亮、常艳、李繁玲、戴尊萍、王站琴、许姗、罗鹭凌、党浩、李顺华；三排左起：董博、李胜利、魏成敏、吴志刚、王秀伟、张溯、王泽冰、司湘、李罡、朱超、吕凯、韩辉、王子孟、崔圣宽、高明奎、蔡友振、刘延常、吕承佳）

2011 年，扁扁洞遗址专家座谈会

2011 年，国家文物局童明康副局长、关强司长考察定陶汉墓

2011 年，老干部参观临沂革命老区

2011 年，沂源扁扁洞遗址专家现场会

2011 年中国文化遗产日，国家文物局单霁翔局长视察汶上南旺分水枢纽遗址

2012 年，承办第二届黄淮七省考古论坛

2012 年，党员参观西柏坡革命纪念馆

2012 年，国家文物局中华文明探源工程与会专家考察泰安大汶口遗址发掘

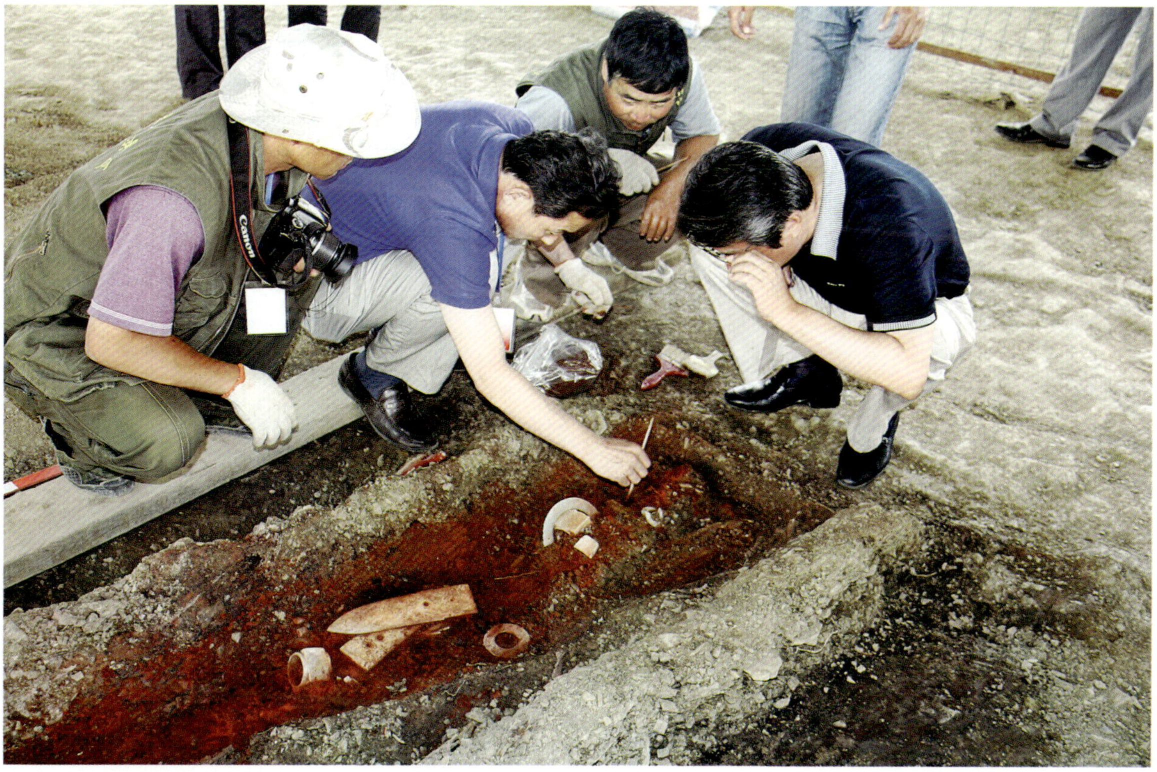

2012 年，沂水纪王崮遗址发掘

2012 年，曲阜周公庙遗址举行中国文化遗产日活动

2013 年，承办西藏日喀则地区文物干部培训班

2013 年，国家文物局宋新潮副局长视察修复室

2013 年，我所获全省文物系统先进集体

2013 年 3 月 21 日，我所对口帮扶曹县韩双楼村小学“‘爱心书包’在行动”启动仪式

2015 年冬，北京大学考古文博学院赵辉、秦岭先生指导城子崖遗址发掘工作

2016 年，“保护与传承视野下的鲁文化学术研讨会”在曲阜召开

2016 年，李伯谦、赵辉、刘绪、韩建业、张海等先生考察定陶十里铺北遗址的发掘

2017 年，“传承与创新：考古学视野下的齐文化学术研讨会”在临淄举行

2017 年 8 月，“北朝唐宋佛教与社会——山东临朐白龙寺遗址考古发掘研讨会”在临朐召开

2018 年，国家文物局专家组检查验收滕州大韩墓地

2018 年 9 月，“从大汶口到城子崖——新石器时代晚期的黄河下游学术会议”在章丘召开

2019 年，“苏鲁豫皖地区商周时期考古学文化学术研讨会”在滕州召开

2019 年，第九届黄淮七省考古论坛在青岛召开

2019 年，定陶汉墓拆解保护项目启动，省文化和旅游厅王磊厅长致辞

2019 年，临淄中日铜镜与镜范研究项目启动仪式

2019 年，山东省文化和旅游厅王磊厅长来我院调研

2019 年，我院考古技师从事田野考古三十周年表彰会在曲阜举行

2019 年，中以（以色列）合作弥河流域区域系统调查项目启动仪式

2019 年，专家考察滕州西孟庄遗址发掘现场

2020 年，专家考察滕州岗上遗址发掘现场

2020 年 2 月，我院在疫情期间率先复工并举行动员仪式

2020 年 9 月 22 日，省文化和旅游厅王廷琦副厅长等领导视察滕州大韩墓地车马坑发掘现场

2020 年 11 月，滕州岗上遗址考古发掘现场研讨会暨“考古中国·海岱地区文明化进程研究”项目启动仪式

2021 年 5 月，琅琊台遗址考古发掘研讨会在黄岛召开

2021 年 7 月 6 日，山东考古成就展在山东博物馆开展

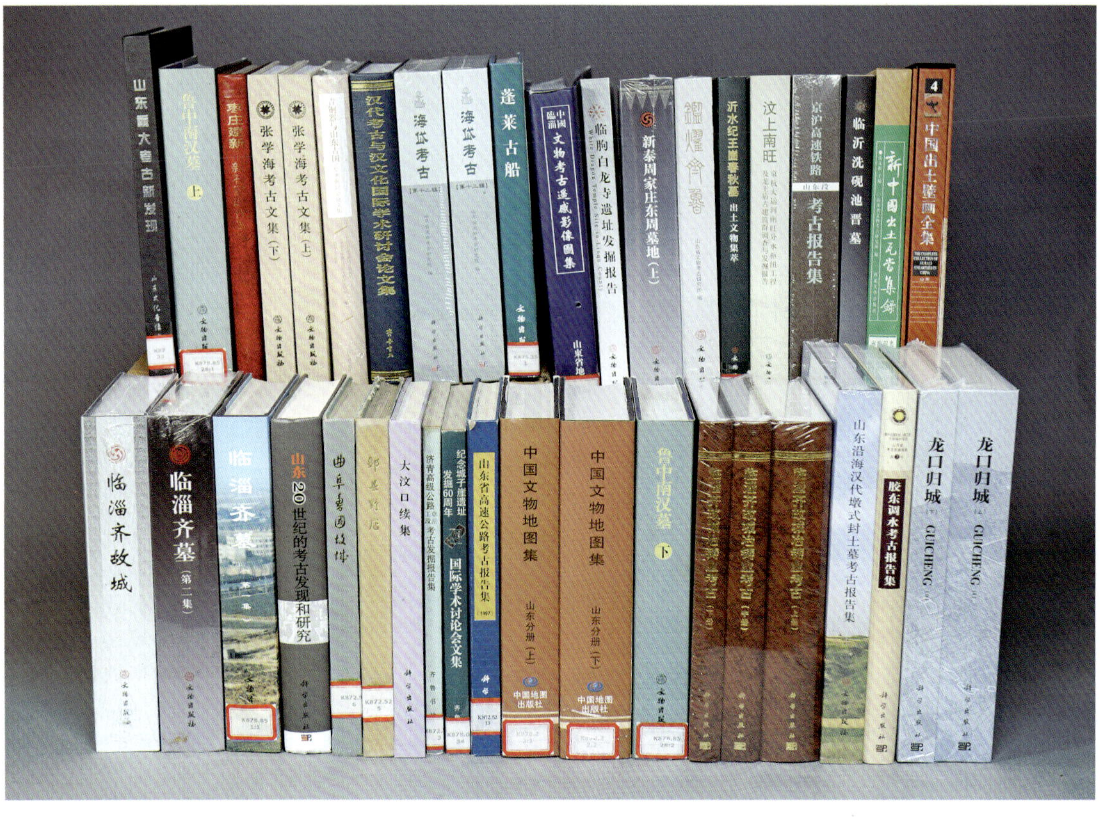

山东省文物考古研究院出版的部分图书

授予：山东省文物考古研究所
全国文物系统先进集体
中华人民共和国人事部
国家文物局
二〇〇二年十二月

全国文物博物馆系统
先进集体
中华人民共和国人事部
国家文物局
一九九八年二月

全国文物博物馆系统先进集体
1985
中华人民共和国文化部授予

省级
文明单位
山东省精神文明建设委员会

荣誉证书
HONORARY CREDENTIAL
荣誉证书
荣誉証書
荣誉証書
荣誉証書

奖牌、荣誉证书

2021 年 12 月 20 日上午，我院职工在万字会旧址合影

2021 年 12 月 20 日下午，我院职工在山东省文物考古研究院新院合影

前 言

山东省文物考古研究院成立于1980年，1981年正式挂牌，当时称作山东省文物考古研究所，2017年改所为院，至今正好走过了40年的历程。40年来，考古院同事们无论是野外的风餐露宿，还是城内的披星戴月，大家都是兢兢业业、风雨兼程。伴随着年复一年的岁月轮回，一代又一代的考古人来到这里，又退下来。“落红不是无情物，化作春泥更护花”，考古院就是在薪火传承、砥砺奋进中成长起来的。

一个单位的历史是由其中所有个体的历史组成的。对大家来说，考古院既是一个单位，也是一个大家庭，是大家工作、生活的地方，每个人在这里不仅从事了一个职业，更是经历了一种生活，这已经成为我们院的一个传统了。我们绝大多数人一生中最主要的时光都是在考古院度过的，并在这里实现了人生价值。因此，或平坦，或曲折，或成功，或挫折，其中肯定有很多故事。相对于社会，这些故事就像汪洋中的一滴水，无足轻重，但无论怎样渺小，它对于每个个体都有不一般的意义，值得记录下来，万涓成水，终究会汇流为河。

为庆祝建院40周年，我院决定出版此纪念文集。文集分为上下 …… 由我院在职和离退休干部职工及在我院工作过的同事撰写。文章的征集得到 …… 现了我院的发展历程以及我院干部职工对考古事业所付出的艰辛努 …… 山东考古的挚爱和对考古研究院的依恋之情。这里需要略作说明 …… 来自不同人的回忆，或略有差异，为保留每个人的记忆，未作强 …… 院在职以及曾在我院就职的人员论文20余篇，内容涉及史前考古 …… 鲁文化研究、宗教考古、测年技术、植物考古、汉唐考古、文物 …… 收录的主要是已发表的文章，基本代表了大家对相关问题的认 …… 作，并希望以此激励后学，以启将来。

2021年是中国考古的百年诞辰，山东考古也走过了同样的 ……

孜孜矻矻，方有如今之成绩。今年我院乔迁新址，站在新的起点上，抚往追昔，我们对历史充满了骄傲；展望未来，我们满怀信心与期待。

谨以此书纪念山东省文物考古研究院成立 40 周年。

目 录

上 册

下 册

·学术篇·

附 录

后 记

纪念篇

筚路蓝缕 砥砺前行

——回忆我的姥爷杨子范

吴志刚

（山东省文物考古研究院）

为庆祝建院（所）40 周年，山东省文物考古研究院准备出版《风雨兼程 40 年——山东省文物考古研究院建院纪念文集》，并组稿相关纪念性文章。某日从临淄发掘工地回单位，在万字会大院偶遇何德亮老师，他郑重地对我讲，我作为山东省文物考古研究院（所）首任所长杨子范的外孙，给姥爷写纪念文章责无旁贷。已退休的佟佩华副所长多年前也跟我说过同样的话。我的姥爷杨子范是山东省文博界的一名老干部（图一），系山东省文物考古工作早期事业的主要开创者，生平并不为社会所广知，作为唯一承继其考古衣钵的后人，我希望通过本文给想了解他的人提供一些资料。

图一　1984 年杨子范先生在日本山口县留影

一

姥爷去世时，我才 17 岁，除了朴素的亲情，对他老人家早年的人生经历了解较少。不过家中留存有姥爷 1955 年填写的入党申请表草稿、1966 年职工履历表，以及自书的回忆、学术论文等手稿，再加上家人的记忆，让我对老人家早年的履历有了一个比较清晰的认知。

姥爷生于1926年12月1日（阴历十月二十七），籍贯为今山东省莱州市沙河镇大幸台村，过去曾分属掖南县第一区幸台乡大幸台村和掖县珍珠乡大幸台村，开蒙是6—7岁时读过的私塾，8—13岁在乡立高小接受现代小学教育，14—16岁又在私办的补习班学习。在那个动荡的战争年代，能接受教育的人不多。1943年1月，刚满16岁的姥爷就在掖南县第一区中心小学当了老师，当时称为教员。不知因何种原因，1944年春至1946年冬回乡务农，同时做家庭卷土烟手工业，其间加入了共青团在特定条件下的特殊组织青年抗日救国会（简称“青救会”），并自1945年1月至1946年3月，任本村青救会的主任并兼任本会基层工会文教委员。1946年4月，姥爷考入公办的掖南中学读书，彼时我党的掖南县驻地经常搬来挪去，这个学校应为后来的莱州三中，1946年在哪里办学尚不明确，教学工作估计也不甚稳定。1947年1月，姥爷又到掖南县的小幸台村小学教书，在此执教鞭6个月后，因国民党在山东重点进攻胶东解放区，教育停办。

姥爷曾两次做过小学教师，在革命政府有备案，青救会的经历更说明其政治立场，1947年秋通过掖南县教育课介绍，至胶东行政公署图书馆工作。1948年秋转至新建的胶东古代文物管理委员会（简称“胶东文管会”）。胶东文管会撤销后，姥爷又于1951年至山东省古代文物管理委员会工作，该单位名称后来变更为山东省文物管理委员会和山东省文物管理处。1956年10月，经王兰斋、殷汝章介绍，姥爷加入中国共产党。1962年起先后任职于山东博物馆、山东省文物总店、山东省文物考古研究所等文博单位，历任山东博物馆文物组组长、山东省文物总店经理、山东省文物考古研究所所长、山东博物馆馆长、山东博物馆处级调研员、山东省考古学会副理事长和中国考古学会理事。1986年12月，姥爷在烟台长岛开会时突发脑出血，后离职修养，1988年11月10日在济南病逝，享年62岁。

二

谁也不能选择自己的出身，原生家庭的影响总在潜移默化地影响一个人。姥爷的曾祖父杨日煦是一位不第秀才，收藏过《博古图》《金石索》《校碑随笔》《绣像三国演义》等线装古籍，姥爷都翻阅过。幼时除被曾祖父要求诵读《大学》《中庸》《论语》《诗经》等古文之外，还要每天仿写《皇甫碑》《圣教序》等字帖。因坐姿、持笔等问题，姥爷吃过不少苦头，曾被他父亲的戒尺打得像火燎一样疼痛。姥爷的家族虽然做不到世代耕读，但在那个偏僻乡村，又逢战乱，家庭出身仅中农，还能一直读到县中，已实属不易。

1943年姥爷在本县小学做教员时，每月得到的供给粮为35斤小米。1947年时，每月得到的供给粮提升到40斤小米。除了教学，姥爷的多半时间是参加救国运动。后胶东行政公署和掖南县商调工作人员，组织推荐了两位，工作积极、政治可靠的姥爷便是其中之一，然另一位难离故土，只有姥爷果决告别家人，背上干粮和行囊，跋山涉水，白天赶路，晚上睡草垛，徒步行走 100 多公里，穿过弹痕累累的莱阳城后，才到了新的工作单位胶东行政公署图书馆。这个图书馆设在当时的莱阳沐浴店村，仅有四五个工作人员，他们在做好保管图书和字画的本职工作外，还要进行生产自救，自己种粮种菜。不过图书馆藏书种类甚多，达百余万册，姥爷在工作之余又得到读书的机会，能接触到多种古籍甚至南宋善本《资治通鉴纲目》（现存山东博物馆），这让姥爷甚为欣慰。

1948 年，胶东区党委在莱阳吴家疃保管的文物被运至沐浴店，和行署保管的书、画合并在一起，成立了山东文化古物委员会，后改称胶东古代文物管理委员会。根据姥爷的记录，起初主任委员为胶东行署主任曹漫之，后改由胶东区党委统战部副部长谢明钦担任，副主任为王景宋，而姥爷是这个新生单位胶东文管会里最年轻的小伙子。当时包括姥爷在内的工作人员对胶东文管会保存的文物并没有鉴定的能力，只知道是国宝，保管设备也简陋，所藏瓷器、字画及黄县丁佛言家旧藏颂簋（现藏山东博物馆）、颂壶（现藏中国国家博物馆）等文物，只能用红漆木箱封存。直到 1948 年秋，上级派来瓷器鉴定专家马泽溥后，才开始将文物列为精、佳、可、普四个等次。这次鉴定确认了一件汝窑方形笔洗（现藏山东博物馆），来自上海的专家说价值四两黄金，这让文管会工作人员非常兴奋。

除了保管原有文物，文管会的另一个重要职责是接收、整理文物。日本投降后，上级通知胶东文管会派人去大连接收了罗振玉收藏的一批甲骨文（现存山东博物馆）。1949 年秋，胶东文管会临时接管青岛市文管会，在青岛市文化馆又接收、整理了一批文物。除了上述集体行为，姥爷还曾一个人协调地方相关干部在平度、掖县、黄县接收及整理文物。在这个过程中，姥爷自言一颗热爱文物的心日益增强起来，逢人就宣传文物保护理念。

1950 年春，胶东行政公署撤销前，给工作人员提出四条出路，南下、留下、去济南、去青岛，姥爷选择去济南，继续从事他热爱的文物工作。截至 1950 年底，胶东文管会收集的大量文物已运至济南，剩余部分要求还在莱阳的工作人员自行送到，这时胶东文管会的运输工具只有马车。姥爷毅然承担了这个任务。在那个冷至零下 19℃的冬天，一马车文物、两匹骡子，驭手金明耀和骑着旧日式脚踏车、配着短枪的姥爷出发了。经过 15 天的跋涉，克服重重困难，行程 400 余公里，1951 年 1 月 21 日，后来因此被称为“长征干部”的姥爷，终于把文物安全押运到山东省古代文物管理委员会（简称“省文管会”）所在的万字会旧址。

来到济南的姥爷被分配至保管组工作，日常工作是整理文物，并进行制卡、编目。其间，姥爷参加过接收齐鲁大学所藏及明义士临走时埋藏的一批文物，还陪同一位老先生进行过字画鉴定；在 1953 年省文管会进行的第一次文物大展览中担任过讲解员，那一年在同事王林肯先生宿舍中，意外得遇来访友看展览的陈毅元帅（当时还称作陈毅将军）。

1953年，又一个机会眷顾了这个依然年轻的文物干部，他被组织选送参加了当时文化部与中国科学院、北京大学联合举办的第二期考古工作人员训练班，成为赫赫有名中国考古学界的“黄埔四期”学员之一。这是姥爷从普通文物工作者到考古学家的关键转折点，为他后来的考古学事业奠定了基础；同时，姥爷和当时的老师、同学结下了深厚友谊，临终前念念不忘的是要和那些训练班的师友再相聚。

从训练班结业后，姥爷即以饱满的热情投入到考古工作中，在曲阜、泰安、梁山、济南等地进行了一系列田野考古工作，发现并记录了许多新的古代遗址和墓葬，并在调查的基础上，对济南大辛庄遗址进行了第一次探沟试掘。针对当时山东省尤其是基层对文物考古普遍不了解的情况，姥爷先后编写了《文物通俗讲话》（1955）、《陶器》（1956）、《古墓葬》（1956）等内部印刷、分发的小册子，进行了相关的科普工作。

山东先后参加“黄埔四期”考古训练班的学员共12人，后来都对山东省的文物考古事业做出了很大贡献，但只有姥爷被公认为山东省考古工作早期事业的主要开创者，这和姥爷的胆识以及领导、组织、协调能力有很大关系——姥爷早年已能独立协调地方完成各项工作，1956年已能主持对三孔和鲁故城遗址的专项检查工作，其后在山东开展的齐故城第一次全面勘探中亦为组织领导者。同时，我院临淄工作站的前身山东省文物局临淄文物工作队也在姥爷的努力下，得以在临淄落地生根。1981年，姥爷主持了兖石（兖州至日照石臼所）铁路文物考古工作队的工作，取得了丰硕成果，拉开了山东配合基本建设工程考古的序幕。

图二　20世纪60年代杨子范先生在济南万字会留影

自1962年担任山东博物馆文物组组长起（图二），姥爷已经负责全省文物考古工作的具体业务管理。在长期担任山东省考古工作业务领导者期间，姥爷有大局观，知人善任，勇于担当，使山东的考古工作成绩斐然，在全国亦属前列。文化部文物局自1984年起连续在山东兖州举办了6期田野考古领队培训班，姥爷是考核委员会的委员之一。中国社会科学院（中国科学院）考古研究所山东队和北京大学、山东大学历史系考古专业等均在我院（所）的配合下，完成相关考古工作并取得许多科研成果。姥爷在国内外，上至北京下达各省，自北大到山大，都有一批工作上志同道合的好友。中国考古学会第四次年会召开期间，姥爷虽未至郑州参会，仍被选为理事。姥爷曾在《对山东史前考古的追述与瞻望》一文中记录，苏秉琦先生认为“山东是中国考古学界的三大支柱之一”，这既是对山东考古重要性的认知，也是对山东考古工作的肯定。

姥爷主持过大汶口、大辛庄、齐故城等山东重要遗址、墓葬的考古调查、勘探与发掘工作，执笔、主编过《山东宁阳县堡头遗址清理简报》《山东太（泰）安发现的战国铜器》《济南大辛庄商代遗址勘查纪要》《山东临淄出土的铜器》《试谈龙山文化》《对山东史前考古的追述与瞻望》《山东史前陶器图录》《临沂凤凰岭东周墓》《大汶口：新石器时代墓葬发掘报告》等有深远影响的文章或考古报告，是和陈晶晶（陈晶）先生最早提出大汶口文化命名的人（图三）。常自言脾气不好的姥爷是个谦虚的人，他曾说：“说起来，虽然做了四十年的文物工作，究其实，我还是对文物工作只能说有一个重视出来的感情，而对研究工作，那是很外行的。”相对于当前知名学者厚厚的专著、动辄多册的论文集，姥爷的研究成果确实未到著作等身的程度，但其贡献是有目共睹的，如《大汶口：新石器时代墓葬发掘报告》，是山东省继《城子崖》之后的第二部田野考古专刊，也是新中国第一部新石器时代墓地发掘专刊，具有开创性的意义，对后来考古报告的整理与编写产生了重要影响。

图三　1972 年在临淄参观出土文物
前排左起：罗勋章、杨子范
后排左起：吴诗池、张江凯

三

在姥爷的回忆里，来到济南工作的第一天，是睡在万字会旧址前西厢的地板上的。其后姥爷在济南的家，是万字会旧址西门北厢房；然后是上新街 49 号原万字会小学内一间半平房，它在我的记忆中是一座可称为高台子的大院；再后是上新街 120 号大院里的两间房，京剧大师方荣翔先生曾经住过，他们家搬走后，姥爷、姥姥搬了进去；后来山东省文物总店盖宿舍楼时，姥爷正在那里工作，遂又搬去了南新街 21 号 65 平米的三室一廊。

从胶东来济南的姥爷、姥姥身材相对较高，只是不管按过去还是今日标准，所住皆属蜗居。和姥爷一样，姥姥也是教员出身，一直在小学教学，我本人就曾在她工作的南辛庄小学数次借读。他们都喜欢京剧，而且姥爷会拉京胡，姥姥小时候学过戏。在我的记忆中，“老杨”是姥姥对姥爷的称呼，二人俱属虎，俗话说一山不容二虎，在外面姥爷虽是领导，但家中从来都是姥姥说了算（图四）。他们有三个子女，大姨早年夭折，当前只有舅舅和母亲兄妹二人分别居住在济南和莘县。

图四　1956年杨子范、孟昭娥夫妇在济南蓬莱照相馆留影

姥爷是个党性觉悟很高的人。在我舅舅的眼中，姥爷是个沉默寡言的父亲，和儿子的交流很少。舅舅曾在山东省文物局临淄文物工作队做过临时工，参加过临淄齐故城勘探、青州苏埠屯墓地发掘，那时有照顾子女在本单位就业的政策，同单位一位同事的孩子，和舅舅在临淄一起工作过，后来就转为正式职工。姥爷没有这样做，甚至为避嫌，舅舅还被召回济南，几年后才通过社招正式进入一家工厂就业。姥爷总是这样，把机会让给其他需要的人，不争不抢，比如山东省文物系统第一次职称评定，他主动退出不参与，把名额让给了其他人。

1968年莘县拆除金代砖塔时，在地宫内出土了银质小塔（现藏山东博物馆）及佛经，姥爷和王思礼先生赶去莘县接收文物，顺便看望了中专毕业后刚分配到该县工作的女儿。在母亲的回忆中，姥爷是没有说过一个“不”字的慈父，她在姥爷面前总是很任性。母亲后来在莘县和我的父亲相识、相知、相恋。父亲来自浙江，期待女儿回济南的姥姥对母亲在莘县和南方人结婚非常生气，不过姥爷对女婿甚是满意，认为我的父亲是个正派人。姥爷病倒后，医生起初说或要卧床多年，需要家人轮流看护，母亲遂想调回济南方便照顾他。而在此之前给多人解决过子女工作调动问题的姥爷，始终没有想过把自己的女儿也调到身边。我的父亲通过在济南的大学同学自行联系好了接收单位，但因母亲有高级职称，县里不肯放人，遂作罢。后来2010年已经39岁“高龄”的我，通过事业单位招考进入山东省文物考古研究所，再次徜徉在儿时熟悉的万字会旧址。姥爷虽已仙逝多年，绝对唯物的自己还是相信冥冥之中其有余荫。

姥爷性情豪爽，好客，好喝酒。干考古的人能喝，姥爷确实是个例子。那个年代一般都在食堂就餐，很少在家中做饭。单位有很多住在宿舍、家在外地的未婚青年，逢年过节时无处可去，姥爷便常让姥姥做上几个菜，邀约年轻人到家中喝酒吃饭。没想到这在“文革”中，成了拉帮结派的一个罪证。

我们家第三代——我哥、我、表妹——名字俱为姥爷所起，为文胜、志刚、小珊，分别生于1969、1971、1972年，大概反映了不同时期姥爷的心情。曾经有段时间，我对那场“运动”颇感兴趣，向姥姥问起姥爷那时的境遇，姥姥讲了很多，令我印象最深的是自称逍遥派的姥姥说：“你姥爷啊，是个好人，他没害过任何人。”类似的话，在姥爷给苏秉琦先生的信中也曾言：“平生虽经过一些‘运动’，但未害过一个人，这扪心无愧的。”我认为这就是姥爷、姥姥引以为傲的格局。

姥爷写得一手好字，曾是山东书法家协会理事，和山东书画家们多有唱和，家中至今还有诸多高启云、张逊三等多人互赠的书法作品。记得不管房间多小，家中总有一块毛毡，有一处写字的地方。姥爷曾教导我和表妹临帖描红，可惜我总是偷懒耍滑，至今仍然写一手臭字。记得姥爷半开玩笑半认真地说：要把家里的金星黑白电视留给哥哥，让他结婚时用；把摆在案头的一块海地石给表妹当嫁妆；许诺给我什么，我却怎么也想不起来了；结果现在还住在南新街的我，得到的最多（图五）。

图五　20世纪80年代初杨子范先生在南新街家中留影

姥爷最后的生活是不如意的，得病之后行动不便让他心情愤懑，学术上执着地认为夏在山东，也让他的研究有些偏颇，想在有生之年和考古训练班同学再聚的愿望也未能实现。习惯了广阔田野的姥爷被困在狭小的家中，闷酒喝得较多，本来身体恢复得就不好，两次中风之后再也没能重新站起来。姥爷所写的一段文字确实代表了内心的不甘：“室内静寐闷人，楼外燕雀无音。邻居平房顶上，树枝摇曳报风信。年近花甲一瞬，焉想到重病染身，终日汤药不离口，怎得再奔波神州，愈是惦念旧亲。丈夫仗剑歌不得，余下只是低沉。叶落自然归根。子在川上曰：逝者如斯夫，岂知后来事。呜呼噫兮何时再发狂音。”

因工作关系，姥爷去过山东的大部分市县，其中有三个地方他特别在意。一是曲阜，受家庭影响，有过私塾教育经历的姥爷，对孔圣人甚是尊崇。姥爷曾于1951—1952年多次陪同王献唐、张静斋先生去曲阜勘察“三孔”修葺工程；1953年还主持曲阜孔府东南角第一期维修工程及孔林洙水坊维修工程；在“文革”当中，也想尽了办法保护曲阜的文物。二是泰安，这个我却不知是何原因。只是知道后来姥爷一门心思想在泰山建立考古工作站，为此倡导奔走多年，惜未成事。三是胶东，自称莱夷的姥爷极力支持胶东考古，念念不忘那片热土，以及那些胶东老友。为方便祭祀，姥爷骨灰曾暂存济南，二十年后姥姥辞世，按照二老遗愿，2009年舅舅一并把二老送回了胶东大幸台老家。

这篇纪念文章的写作过程远比我想象得辛苦，一种和姥爷对话的感觉始终萦绕在我脑海中。习惯了论文格式的我，总想把所有的出处都做注解，只是那么多的情感又如何能用标注说得清楚？少年时我曾和表妹比赛看谁读书快，只求速度不求甚解，曾骄傲地宣称读完了《三国演义》，但姥爷提问“大耳贼是谁”时，我却茫然不知。姥爷当时没有批评我，我却对此永志难忘。只是任何记忆在时间面前都属无力，我们都是历史的尘埃。姥爷从来不求闻达于世，就用他老人家1986年11月26日在家藏《大汶口》扉页上的自书文字，来结束我的回忆：“俱往矣，让时代评价也。”

雪胎梅骨　凌寒绽放

——回忆我的母亲郑笑梅

蒋　群

（山东博物馆）

今年2月底一个星期天的清晨，手机铃声响起，电话里传出我一直尊敬为老师和大哥的何德亮的声音，虽然好久未曾见面，但他的声音我还是非常熟悉。他希望我能为山东省文物考古研究院庆祝建院40周年出版的纪念文集写一篇关于我母亲的纪念性文章，并强调这篇文章在纪念文集中不可或缺。

我的母亲郑笑梅，终身从事文物考古工作，为山东地区新石器时代考古做出重要贡献。多年来她一直奋斗在考古工作一线，受人尊敬爱戴，是在全国文物考古界享有盛誉的考古学者（图一）。作为她的女儿，我一直为她骄傲。母亲离开我已经七周年了，她的音容笑貌时常浮现在我的眼前，萦绕在我的梦里，为她写一篇纪念文章也是我义不容辞的责任，正可以此告慰我对她的思念。

图一　郑笑梅像

一

母亲郑笑梅1931年出生在浙江省温州市的一个医生家庭。外公郑济时是外科医生、医院院长，医技高超，主要以腹外为主，兼施胸外、脑外手术，一生救治病人无数，被誉为温州乃至闽北地区的一把刀。20世纪50年代，外公曾两次响应政府号召，前往东南沿海前沿阵地担任医疗队长，救治伤员；也曾在医院需要扩建时，二话没说将自家的祖屋赠给医院，一家人租住政府出租房。母亲就是生活在这样一个有爱心、明事理、公而忘私的家庭中。母亲兄弟姊妹九人，上有一兄，是家中大姐，中学六年就读于温州第二中学。母亲生性聪颖，眉清目秀，在校期间学习成绩优异，深受老师、同学的喜爱。母亲在家中也是父母的好帮手，因家中弟妹众多，放学回到家，她都会帮着外婆打理家务，照顾弟弟妹妹。母亲心灵手巧，会绣花、织毛衣、裁缝做衣，弟弟妹妹的很多衣服都是她亲自裁剪的，所以我的舅、姨们对她都有深厚的感情。母亲还是大家庭的主心骨，由于母亲的兄弟姊妹都在念书，只靠外公一人的薪资难以支撑家庭生活，为了减轻外公的压力，她毅然放弃毕业当年报考大学的机会，去做了一名小学教员，补贴家用。正是在家庭中的如此担当，培养了母亲开朗、坦诚、倔强的秉性。

后来母亲的中学老师认为她学习成绩好，不读大学太可惜，就去与外公商议，动员她去报考大学。20世纪50年代初，正是新中国欣欣向荣的时代，全国都在建设的热潮中，也激起了母亲对自己未来的憧憬。外公认为她有一双灵巧的手，希望她能学医，将来也成为一名熟练的外科医生。但母亲的志向不在此，她一直有一个探索人类远古历史的梦想。这个梦想激励母亲离家北上，1952年考入北京大学历史系，选学考古专业，从此开始追求自己人生的理想。

二

母亲郑笑梅进入北京大学后，如沐甘霖，汲取着知识的营养。在校期间，曾聆听过文学、历史学等学科许多教授的授课，更得到诸如裴文中、贾兰坡、夏鼐、郭宝钧、苏秉琦、阎文儒、宿白等考古学家专业知识的传授，使她在专业理论上打下了雄厚的基础。当时在北京大学历史系学习的就有张忠培、黄景略、俞伟超、夏振英、郑振香、高明、徐苹芳、祝广祺等，许多人后来都成为文物考古界的砥柱和大家，可以说是人才辈出。当时读考古专业的女生还是很少的，可见母亲对考古专业的执着（图二、图三）。进入考古实习期后，母亲被直接编入中国科学院考古研究所工作队，参加了从见习田野发掘、室内整理到独立工作的系列田野考古实习，充分锻炼了她的田野考古能力，为今后的工作打下扎实的田野考古基础。在北京大学本科期间的学习和实习不但使她掌握了考古学的理论知识，更培养了她对田野考古工作的浓厚兴趣，找到了自己的发展方向。

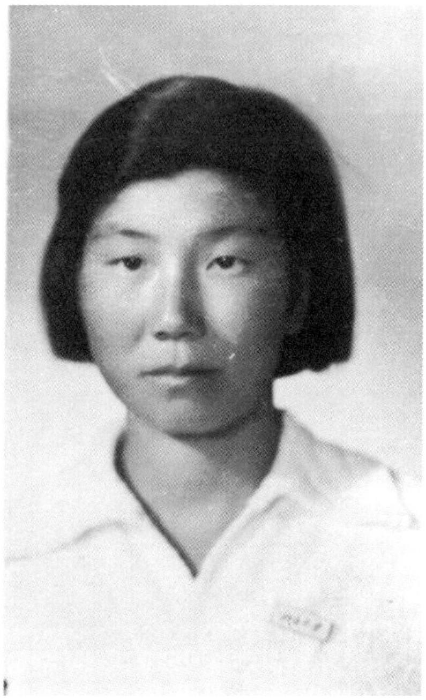

图二　1956年郑笑梅北大毕业照，青春洋溢

图三　1956 年北京大学 52 级部分学员在北京十三陵路上合影
左一夏振英、左二郑笑梅、左四叶小燕

1956 年大学毕业后，母亲被分配到中国科学院考古研究所工作。在中国科学院考古研究所工作期间，母亲加入黄河流域考古队，先后参加了三门峡黄河水库的考古调查工作，西安半坡遗址、陕县庙底沟遗址的考古发掘工作，这些都使她积累了更多的田野考古经验。后来，母亲又进入长江流域考古队，参加和指导丹江口水库淹没区的考古调查和发掘工作。几年后的 1962 年 3 月 3 日，《人民日报》还专门发表了一篇《挂剑山前》的报道，报道诗意浪漫，描述了在鄂西北汉江悬崖峭壁的挂剑山前一支意气风发的考古队。文中特别对一个年轻女队员进行了报道："当年轻姑娘郑笑梅，耐心而又细致地用尖头铲一点一点地挑开土层，用小笤帚、小刷子一层一层地分开土层，而每一个不同颜色的土层，都在她的眼前展现了一个不同的古代社会面貌的时候，这时她心头是多么激动啊！而当她的双手剥开地壳，窥探到古代祖先生活的墙基、地灶，以及猎具和农具的时候，她日夜流连忘返，这时她内心是多么喜悦啊！""郑笑梅短发飘动，眼睛闪亮，嘴角含笑，端来了一个大木盘。……这盘里的文物却比架子上的精致、细巧。这里面有磨制得很锋利的石刀和石箭头，有雕磨得很光彩的骨针和玉镯。"

这篇报道留下了一个挚爱考古、勤勉敬业的女考古工作者在挂剑山下的身影。从这篇报道中，我仿佛看到了母亲当年英姿飒爽的形象。

三

1961年母亲郑笑梅被调来山东工作，进入山东博物馆文物组，拉开了她几十年在山东考古工作的序幕。

母亲多次考古调查和发掘的经验，使她对陶器标本有着敏锐的观察力。来山东工作后不久，母亲尚未接到具体负责的工作，但闲不住的她总不忘关注那些能见到的陶器实物标本。一次，当她看到办公室桌子上放着一大盒潍坊姚官庄遗址出土的数以百计的蛋壳黑陶片时，马上被吸引住了，不自觉地揣摩起来。她每日在那里拿着细碎的蛋壳陶片翻来覆去，凝神静思，她把能拼接在一起的陶片画上记号，过些天就出现了带有弧形的大块形状，于是她就用酒精灯加热火漆，把细碎的、薄如蛋壳的陶片一片一片地粘接起来，最后竟然复原出一个精美的蛋壳黑陶杯，这是山东考古史上所见到的第一件成形而完美的龙山文化蛋壳黑陶杯，它就是出自一位有一双慧眼和巧手的女考古工作者之手。如今这件精美的蛋壳黑陶杯就陈列在山东博物馆的展厅里。

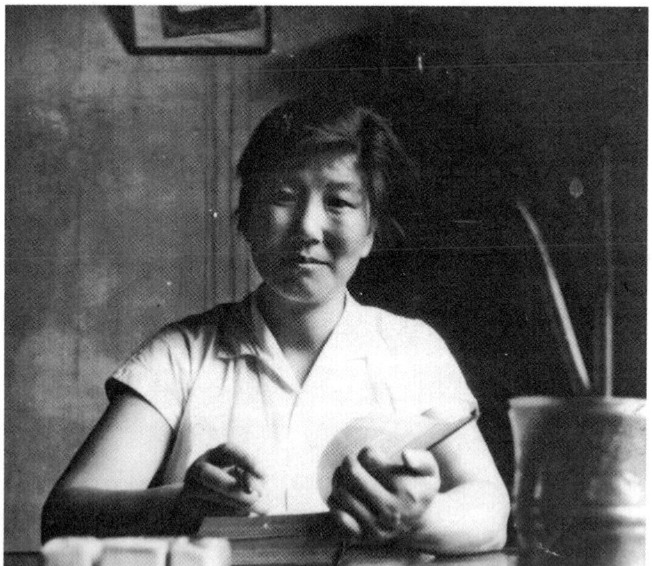
图四　20世纪60年代正在记学习笔记的郑笑梅

随后母亲接手了潍坊姚官庄遗址发掘资料的整理工作。这次发掘虽然收获丰富，却是她未曾参加的考古发掘，加上正处在“大跃进”时期，有些发掘资料较粗糙，这对于她来说是一个不小的难题。面对挑战，迎难而上是母亲的性格。在那些日子里，母亲几乎进入了忘我的状态，不论寒冬酷暑，她经常独自一人徘徊在那间摆满陶器、石器等标本的大屋中，对那些出土的器物进行分析、比对和验证地层资料，终于完成了姚官庄遗址发掘资料的整理和编写工作，并在1963年第7期《考古》上发表《山东潍坊姚官庄遗址发掘简报》，使考古界对山东地区典型龙山文化有了新的认识（图四）。近二十年后，母亲又整理发表《山东姚官庄遗址发掘报告》，在1981年第5期《文物资料丛刊》上刊登。

1963年秋冬，母亲和父亲蒋英炬一起参加了对蓬莱紫荆山遗址的试掘。虽然当时遗址的发掘面积不大，但是通过她的细心观察，发现了典型龙山文化与以彩陶为特征之一的大汶口文化遗存的地层叠压关系，为认识龙山文化和大汶口文化的早晚关系提供了较早的地层证据，也引起了当时考古界的重视。母亲又于十年后将当年的资料进行整理，在1973年第1期《考古》上发表《山东蓬莱紫荆山遗址试掘简报》。在发掘期间，他们就住在遗址附近的蓬莱一中，为此结识了教历史课的李老师，引发了李老师带动学生搜集标本、爱护文物的活动，可以说是对文物考古知识的普及。多年后，父母还和这位李老师有联系。

母亲在田野考古中，不但善于观察，而且有着高超的田野技术。在山东博物馆1965—1966年对山东益都苏埠屯商代大墓的发掘中，她剔出别人难以识别的成束弓箭漆木器痕迹，显示了她扎实的田野技术功底。

母亲和我的父亲蒋英炬先生结婚后，有了我和弟弟。虽然我们给他们的生活增添了“负担”，但也未曾影响到他们去田野考古的脚步。而且常有他们同时出差的时候，就有了上学前我和弟弟跟随母亲到考古工地的经历。

第一次是1970年春夏时期，山东博物馆将工作人员分成两批，一批去山东曲阜，参加孔府文物库房的文物和档案整理工作，我母亲便在其中。另一批是去参加曲阜九龙山和邹城鲁荒王墓的发掘，父亲就在这个队伍中。当时我和弟弟年纪尚小，保姆已离开，于是母亲就带我们去了曲阜，住在孔府前院一个靠边侧的房间。房间里外两间，极小。在我模糊的记忆里，母亲每天早出晚归，加班加点，工作极忙，中午、晚上匆匆回来给我们从食堂打点饭吃。我当时并不知道母亲在做什么，母亲交代我的任务就是看好弟弟。弟弟正是顽皮的年龄，于是我就用一条绳子系在我和弟弟手腕上，陪他在孔府、孔庙、孔林里“游荡”，那时孔庙石碑已经多半被砸碎推倒，我与那里看门人混得很熟，每天就是盼着母亲能早早下班回来。而此时我的父亲正在离此不远的邹城鲁荒王墓考古工地上，进行着紧张的考古发掘。多年后，我因为工作再去曲阜三孔时，倍感亲切，但发现原来需要费劲才能爬过去的孔府大门槛，现在一步就跨了过去。

第二次是1971年的冬天，父亲去参加在西安召开的全国文物工作会议，这是“文革”期间关于全国文物保护工作的一次重要会议，会后父亲还要去延安等地参观学习，时间比较长。当时母亲已出发在外，家中无人照料我们，于是父亲就将我和弟弟带上火车，送到母亲所在的山东邹城野店考古工地。那时的考古生活条件真是太艰苦了，模糊地记得考古队住在一排大通房里，在房间一角给我们三人隔出一个小空间，其余人都睡大通铺，房间正中只有一个小炉子。记得那年冬天真的很冷，数九寒天，屋里屋外都滴水成冰。有一天早上我去房间外的井边，手刚刚碰到辘轳把就被粘住了，吓得我嗷嗷叫，母亲急忙倒了一碗温水，慢慢地给我浇开。那时我记得母亲和其他考古队员每天白天都要去考古工地，晚上围在炉边还在说今天做了什么明天要做什么，现在想来就是在讨论当天的工作和第二天的工作计划。当时野店村非常穷，村里给考古队烧饭的阿姨有两个儿子，年龄比我们大，但他俩只有一条露着棉絮的破棉裤，兄弟两人轮流穿，一个人穿出来，另一个人就只能盖着破棉被在床上，当时觉得很可怜。认识他们是因为弟弟喜欢到他们家的地窖（当地称地窨子）里玩。母亲也会带上我和弟弟去考古工地，我们在探方上跑来跑去，看下面的墓葬，当时我的印象就是到处都是人体骨架，但也从没有感到害怕。在那么艰苦的环境里坚持田野考古，实在太不容易，是现在无法想象的。母亲那时已是四十岁的人了，还带着两个孩子，但她和其他年轻人一样在努力工作，从未因此耽误过考古发掘。记得父亲开会学习回来后把我们接走，出了济南火车站直接先到济南当时最有名的澡堂——铭新池，把我和弟弟两个“泥猴”给洗了一遍。而我的母亲和其他考古队员仍然留在天寒地冻的野店考古工地，继续发掘工作。

那时母亲和所有考古人对工作的那种情怀，那种认真态度，那种在极其艰苦环境中乐观和奋斗的精神，是特别值得敬佩的，也是值得现在年轻人学习的。

日照东海峪遗址也是母亲参与发掘的重要考古遗址。1973—1975年，她曾三次前往日照东海峪遗址进行考古发掘。在那里，她与考古同仁们奋战在一起，凭借自己丰富的田野考古理论和经验，发现了大汶口文化晚期、大汶口文化向龙山文化过渡期和龙山文化时期的“三叠层”，以此肯定日照东海峪遗址具有从大汶口文化向龙山文化过渡的性质，从而明晰了大汶口文化和龙山文化之间的过渡与传承关系。在日照东海峪遗址的发掘中，还发现东海峪遗址房屋台基和夯筑技术的使用，这项技术可以说是开启了中国传统夯筑台基式土木建筑的先河，在中国古代建筑史上具有重要意义，为其他地区的研究提供了可借鉴的资料。这些研究成果以《一九七五年东海峪遗址的发掘》为名，发表在1976年第6期的《考古》上。

母亲郑笑梅如此高的田野考古本领，来自她的认真与实践。她认为，新石器时代考古，在遗址现场的发掘工作至关重要，起关键作用，因此她非常关注考古遗址的发掘工作。在她主持的各项考古工作中，她以考古地层学、类型学作为指导，更加注重实践，注重对地层和器物的观察，不断探索，精益求精，并将这种工作态度贯穿于考古工作的全过程。理论与实践的结合，使母亲在对大遗址田野考古发掘的宏观掌控与地层现象的微观观察方面，显示出很高的业务水平和精深的技术功底，成为田野考古发掘中的骨干和高手。

20世纪七十至九十年代，母亲还陆续参加和指导了山东泰安大汶口遗址（1974—1978年）、章丘西河遗址（1989—1993年）等考古发掘工作，考古工地上经常能见到她的身影。

在对田野考古资料的整理研究中，母亲郑笑梅付出了更多的心血。1980年以后，她开始对前期参加的山东邹县野店遗址、山东泰安大汶口遗址的考古材料进行研究，陆续整理、编写考古报告，在这一过程中，她下了很大的功夫。其间出版了《邹县野店》《大汶口续集：大汶口遗址第二、三次发掘报告》等重要考古报告。在《邹县野店》考古报告的编写过程中，她力求简明扼要，充分利用图表功能，能用图表说明问题的，文章中就不再赘述，让读者一目了然，易懂宜用。这本考古报告发表后，在考古界得到一致好评。

对诸多不同时期考古遗址发掘和考古报告资料的整理，使母亲进一步加深了对北辛文化、大汶口文化、龙山文化等新石器时代考古学文化的认识和研究，使她在北辛文化、大汶口文化、龙山文化等研究领域颇有建树。20 世纪七十至九十年代，母亲先后在《文物》《考古》等专业期刊上发表《谈谈大汶口文化》《试论北辛文化及其与大汶口文化的关系》《论泰沂文化区》等论文。在论文中，她将大汶口文化划分为 11 期，详细、深刻地阐述了大汶口文化的早、中、晚期演变过程及其与北辛文化和龙山文化之间的传承关系，其研究成果得到国内学术界的认同。

四

除了在山东省文物考古所进行考古研究这一本职工作，母亲郑笑梅还是一位在考古界“桃李满天下”、享有盛誉的老师，她为考古人才的培养不遗余力，做出很大的贡献。

从 20 世纪 80 年代后期开始，由于母亲在新石器时代考古领域取得的斐然成果，她被山东大学等高校的考古专业聘请为老师，讲授的课程就是她最熟悉的新石器时代考古。在讲课过程中，母亲毫无保留地将其所知传授给学生们，并注重理论与实践相结合，不仅讲考古学知识，还会讲她非常精深的田野考古方法，她讲课时经常在黑板上绘出各种器物的线图。母亲讲得生动有趣，深得学生们的喜爱。她不仅在课堂上详细讲解，还为学生们布置、批改作业，并把优秀的作业在课堂上作为范例讲解给学生，极其耐心。在学校期间，她还参与指导学校考古专业的论文评审以及研究生的课题立项、指导和答辩工作。在研究生论文的指导过程中，她会当面对论文材料、观点等提出中肯的意见，严格要求。在她当时带过的学生中，许多人都成为现在文物考古界的中坚力量和领军人物（图五）。

图五　20 世纪 80 年代，郑笑梅在山东大学授课期间与部分老师和学生的合影
后排左起：宋百川、赵芝荃、刘敦愿、郑笑梅、蔡凤书、于海广
前排左起：一靳桂云、三栾丰实、四方辉、五贺伟、六印群

鉴于田野考古对考古学发展的重要作用，急需培养田野考古的高层次人才，于是，考古领队的培养也提上议事日程。1984年3月成都考古会后，国家文物局决定举办田野考古领队培训班，希望通过田野考古领队的培训，全面提高中国田野考古工作的水平。

第一届田野考古领队培训选在山东兖州西吴寺遗址发掘工地进行，培训班主任为国家文物局黄景略先生，班务工作由国家文物局李季负责，山东方面由何德亮老师在第一期培训班结业后协助李季进行后勤管理工作（图六）。当时将首期培训地址选在山东，除考虑到山东地理位置适中，兖州西吴寺遗址文化层厚薄合适，遗迹现象丰富，离兖州火车站也比较近，学员们来自全国各地，往来交通方便外，与我母亲郑笑梅也有关系。因为当时负责组织办培训班的黄景略先生，非常了解他这个同学的能力，在中国女考古学家中，田野功夫精深者非郑笑梅莫属。当时选择山东，母亲可以抽出时间来承担田野考古主要指导教师的职责，而且其他能参与指导工作的俞伟超、张忠培等，都与她是同学、朋友，关系融洽。

图六　1984年兖州西吴寺，郑笑梅与国家文物局田野考古领队培训班第一期学员合影
前排左四何德亮、左六郑笑梅、左七李季

在兖州西吴寺遗址考古工地上，母亲总是不辞劳苦，为了指导学员田野考古的学习，她始终与学员们一同工作在第一线（图七）。给我留下最深刻印象的是母亲在第三期考古培训班济宁潘庙遗址

工地上的一次意外受伤，因小车翻倒将她也摔下探方，造成锁骨骨折。我得到这个消息时，好像已经是两天后，母亲并没有回来，我感到非常害怕和紧张。我想去看她，于是与考古所前去看望的老师一起坐火车去了兖州。见到母亲第一眼我就哭了，我看到她肩膀、胳膊处用石膏固定，绑着绷带，胳膊被挂上带子托着。母亲却对我说：哭什么，已经固定好没事了。母亲是一个非常坚强的人，怕我担心，忍着伤痛，反过来安慰我。当时她洗脸、梳头、行动都不方便，我劝她和我一起回家，但母亲说：“回家也是这样了，不能干事；在这里好一点儿，我还可以去考古工地上转转。”后来父亲又陪她去兖州医院做过复查，在大家的反复劝说下，她才回家养伤。以前骨折都是靠手法复位打石膏，没有手术治疗，锁骨这个位置很难长好。俗话说伤筋动骨一百天，但母亲没有休养那么久，她不想因为自己的伤病耽误学员的学习。在骨伤刚刚康复之后，她就回到考古工地继续指导学员的学习，由此可见母亲对工作的敬业精神和那份执着的热爱。

图七 1984 年冬，郑笑梅在第一期考古领队培训班兖州西吴寺考古工地上指导学员

此后十余年间，母亲一直跟随国家文物局田野考古培训班的脚步，踏遍了黄河两岸、大江南北。只要培训班开课，不管在国内哪个考古遗址工地，母亲都会作为田野考古指导老师出现在那里，她为考古培训班付出了辛勤的汗水和心血。

在泗水天齐庙考古工地办班时，田野考古的工作环境很艰苦，在寒风中、在陋室里，母亲不知疲倦地工作的身影，给当时的学员们留下了深刻的印象。培训班工作转出山东后，母亲已是六十开外的人了，大家为了照顾她的身体，要她在家坐镇，看记录、查资料，做做整理和指导工作，不必事事亲力亲为，但她为了搞好田野教学，仍坚持亲自到考古工地去指导。母亲在艰苦环境下坚持不懈的田野考古作风，为年轻的考古学员树立了榜样（图八）。

培训班的目标是培养田野考古的高层次人才，所以对于每期的学员，母亲都严格要求。学员大都是大学毕业并有多年田野考古工作经历的人员，但发现问题时，她都直接提出，从不敷衍，也不会顾忌情面，不过事后她会一如既往地待人处事，并不会对谁另眼看待。对学员的考核，她一直主张“从严要求，从宽发落”，所以母亲是所有考官中最慈祥、最善解人意的一位。

母亲在考古队的生活中从来不讲条件，无论在什么环境下都与大家同吃同住同甘苦。她待人谦和、豪爽，与队员们关系融洽，她和全国各地来学习的青年考古工作者结下了深厚的情谊。母亲不但给他们传授知识和技能，更以身体力行、以身作则的榜样行为给予他们精神上的激励。因此，她得到全国考古界许多后生晚辈的爱戴，后来大家都亲切地称呼她“郑老太太”，以表达对她的尊重和热爱。

图八 1988年11月，在泗水天齐庙考古工地与第四期国家文物局田野考古领队培训班第三组学员合影

同样，凡是20世纪七十至九十年代来山东博物馆和考古所工作的年轻人，都曾得到母亲的帮助和关爱。她平易近人，和蔼可亲，大家有什么问题、想法都愿意请教她，她会在业务工作上给予耐心的指导和督促，在生活上给予关心。母亲没有行政职务，大家就用最普通的称呼，叫她“郑老师”，年龄大些的、和她相熟的就直接称呼她“老太太”，母亲都是笑盈盈地答应，他们都从心底里非常尊敬她。

进入20世纪90年代，母亲还作为田野考古专家，多次随同国家文物局考古专家组到全国各地指导、检查、考核考古工地的工作（图九、十、十一），充分发挥她的专业特长，给大家留下非常深刻的印象。即使多年后，我因工作出差到省内或省外一些地区的博物馆、文物管理所，当他们偶尔得知我是郑笑梅的女儿，都会很尊敬地对我说：郑老师来过我们这地方，如何如何……他们对母亲发自内心地敬佩。

图九　1993 年 9 月，郑笑梅与国家文物局专家组在河南商丘永城梁孝王墓地考察
左起郑笑梅、安金槐、黄景略、张忠培

图十　1994 年 10 月 23 日，郑笑梅随国家文物局考古专家组检查北大河南邓州八里岗遗址考古工地
左起郑笑梅、黄景略

图十一　1995 年，郑笑梅随国家文物局专家组在郑州西山工地查看标本库房

五

母亲和我的交集更多的是在生活中。小时候我经常去母亲工作的陶器修复室，那里堆满了从野店和大汶口遗址发掘回来的陶器。母亲经常会来这里和技工们拼接、修复陶器。地上的陶片往往这

里一堆、那里一摊，都用白色粉笔标好了拼接标记，大约能够成形后，他们就用酒精灯点燃火漆棒把它们拼接起来。看着成形的陶器，他们都会很兴奋，在那里指指点点，欣赏半天，我也会跟着傻傻地又蹦又跳。

母亲后来的办公室也是我经常光顾的地方。在博物馆竹筒楼一楼楼梯拐角处，那是一间库房兼办公室。推开南门进去，左手西边有两排高高的架子，上边摆满石膏修复的陶器，每次进去，我都闻到一种樟脑夹杂着陶土的气味。母亲办公桌就在对面，桌上放着几本书和正在写的稿子，坐在对面的母亲抬头就能看到架子上的那些陶器。我每次进去也是在这几排架子之间转几圈，母亲的好多论文就是在那里完成的。那样的办公室现在是不可能有了，不过现在想起那样的办公室也觉得很奇妙。

多年后我到山东博物馆文物库房工作，首先分管的就是陶器库房，我见到那些大汶口和龙山文化的陶器倍感亲切，而且分辨器形、种类以及记住它们的名字都非常快，也许是我从小到大经常跟随母亲，受她职业熏陶的缘故吧。

母亲虽然在我成长过程中经常出差，有时时间还很长，但在我心里，她依然是一个慈祥的母亲，在品行上和生活中对我影响很大。她认真做事、友善对人、不计名利、乐观生活，一直是我的榜样。尤其在品行方面，我一直记得她对我说："做人要坦率，不能当面一套，背后一套。尤其是女孩子，不要做长舌妇，嘀嘀咕咕议论别人。"我谨记母亲的教诲，所以从来不在背后说别人的闲话和不是，认真工作，踏实做人。

母亲不仅在她的专业上努力精进，在生活中也是一把好手。在我的家庭中，虽然父母两人上班加起来有两份工资收入，但他们又各自负担着老家的生活开销，再加上抚养我和弟弟，生活还是感到紧促，幸亏母亲是个贤良能干的多面手。母亲虽然是南方人，但北方家庭的家常菜她基本都会做，蒸馒头、蒸菜龙、包饺子、包馄饨、擀面条，样样拿得起。记得小时候物质匮乏时期，到了秋季要蒸红薯，切开晒红薯干；要切萝卜，风干晾起，腌制五香萝卜条；每年还要买大捆的雪里蕻，洗净晾干，腌制咸菜；这些基本都是母亲在干。母亲腌制的雪里蕻咸菜，父亲炒时加上一点点肉末、黄豆，味道就特别香，是家里常年的必备菜。甚至为了增加我们的营养，父亲和母亲在家还养了三只下蛋的母鸡，每天要剁饲料，我的任务就是放学后去给母鸡割青草。一家人的衣服鞋袜也是母亲缝缝补补，我和弟弟过冬的棉袄棉裤、过年的新衣也都是母亲亲手缝制，她缝纫机用得非常好，还会纳鞋底，做北方人穿的包子棉鞋。母亲那时像所有勤俭持家的好母亲一样，里里外外一把手，那时候我觉得母亲无所不能。母亲自己一生勤俭，不过多讲究吃穿打扮，但是衣服总是穿得整洁得体。

记忆里20世纪七八十年代，也常有母亲的同行到家里来。他们多是母亲的同乡、同学和中国科学院考古研究所山东队的，出差到济南，顺便就会来我们家里坐坐。印象里我见过吴汝祚、黄景略、严文明、高广仁、邵望平、叶小燕、叶学明、楼宇栋、黎家芳，还有山东大学的刘敦愿先生。他们有时留下来吃饭，但那时也没有什么好吃的，父亲、母亲随意做上两个菜，备上一点酒，和他们聊工作、聊家常，说着各自的方言，天南海北地侃，我在旁边总是听得津津有味。若碰上母亲的同乡，两人都讲温州话，我就半句也听不懂了。

生活中我和母亲总是相互理解。我从来没有因为母亲工作忙、经常出差而埋怨她。1988 年 10 月我结婚，那时母亲恰好在培训班紧张的考核中，她给我寄来一封信，告知她不能回来的原因和对我的祝福。我特别能够理解母亲对她挚爱的考古工作的那份痴心，因为她偶尔跟我说起她的田野考古时，都会神采飞扬。其实母亲是特别心疼我的，在置办结婚电器时，母亲认为最该买的就是洗衣机，她说可以解脱我的洗衣之苦，减轻我的家务负担，于是她毫不犹豫地就给我买了一台当时最先进的滚筒洗衣机，这台洗衣机在我们家用了很多年。

图十二　1998 年 11 月，作者（中）和女儿在父母家中与母亲郑笑梅（右）合影

母亲还是一位和蔼可亲的、慈祥的好姥姥、好奶奶。她的外孙女、孙子她都带过，并且接送他们去幼儿园，还把最好的有暖气的房间腾给孩子们住。母亲退休后，弟弟的孩子在我父母家附近上学，整个小学六年，都是她每天接送孩子，为孩子做午饭（图十二）。

六

母亲于 1998 年退休。她从事文物考古工作四十多年，为她所热爱的考古事业奉献了青春、热血和汗水。2002 年，退休后的母亲还去北京参加了北京大学考古专业成立五十周年的校友会，当时她与她的同学大都已是年逾古稀之人，可以说为文物、考古事业奉献了一辈子（图十三）。

母亲是山东省文化系统的先进工作者（图十四），而且曾获得全国文化系统先进工作者称号，她还是山东省考古学会副理事长、中国考古学会理事。由于母亲在山东考古工作中的突出贡献和在全国考古学界的声望，所以她在 1988—1998 年被推举为山东省第六届、第七届政协委员，并且连续两届当选政协常委。在任期的十年间，母亲积极参政议政，为我省的文化、文物工作主动建言献策

（图十五）。母亲一生学术造诣深厚，为人正直、光明磊落，严于律己，宽以待人，从不与人争名夺利，从不计较个人得失，是一位乐观向善、随遇而安的人。

图十三　2002年北京大学考古系五十周年暨宿白先生八十华诞庆祝校友会合影
前排左起方酉生、张忠培、郑笑梅、叶小燕、耿引曾、黄景略
后排左一王世民、左二王克林、左四徐邦达

图十四　山东省直文化系统庆“五一”先模座谈会合影
左二郑笑梅、左三郎贤芬、左五王玉梅

图十五　郑笑梅参加山东省政协
六届一次会议留影

母亲虽然最后因患上阿尔茨海默病，忘记许多人和事而离开了我们，但她的亲人、同事、朋友和曾得到她指导与教诲的学生们会永远记住她，记住那个热爱考古、乐于助人、笑对生活、充满正气的郑笑梅。梅花是“梅兰竹菊”四君子之一，人如其名，母亲郑笑梅正如她名字中的“梅花”一样，有梅的高洁、梅的丽质、梅的坚强、梅的谦逊。

俏也不争春，只把春来报。
待到山花烂漫时，她在丛中笑。

记大冀老师

孙　波

（山东省文物考古研究院）

大冀老师姓冀，名介仁，家中行大，弟弟也在省考古所工作，同事故以大小相称其兄弟，久而久之就连我们这些晚辈也这么称呼他们。

由于一直在工地上，我是分配到省考古所第二年（1993年）才认识大冀老师的。这一年下半年，完成枣庄建新遗址的发掘后，我、何德亮老师和滕州博物馆的李鲁滕老师被安排到滕州薛国故城考古工地，大冀老师也在，负责钻探。早就听说他专职做勘探，是新中国培训的第一批探工，探铲打得出神入化，非常厉害。有幸和大冀老师合作，我特别期待一睹其钻探的功夫是否和别人说的那样。初见时感觉他比较瘦弱，很白净，眼睛也大，想来年轻时应该是个很帅的小伙。他话不多，人很随和，和我很快就熟悉起来。

记得我们进入工地时已经是秋末冬初了，雨雪连续下了20多天，我们光是蹚着泥水搬进租住的院子就费了好大劲。起初，我们租住的房子还是破旧的土坯房，墙角处裂了一道缝，正对着床头，呼呼的冷风钻进来，霎时吹散了取暖煤炉产生的那点温度，只好找些东西堵住。天一直不放晴，非常阴冷，地里也下透了，只有大冀老师趁着雨雪间隙，带着技工做些钻探，发掘工作一时半会是没法开始的。大家情绪都不高，闲着的工夫多了，就聚在一起闲聊或打扑克、下象棋。大冀老师不打牌也不下棋，常常独自倚在窗前和大家说话，窗台上放着一瓶兰陵二曲，他不时地拿起酒瓶，对嘴小闷一口。我还以为他爱喝酒，结果何老师告诉我，大冀不爱喝酒，只是屋里冷，才喝点酒暖暖身子。但他自己说是因为肚子疼，喝点酒就好些。

这次考古工作是为完善薛国故城遗址“四有”（有保护范围、有标志说明、有科学记录档案、有专人管理）保护而发起的，由张学海先生主持，采用他提出和发展起来的大遗址勘探的工作方法，结合试掘，搞清楚薛国故城遗址周代时期各个阶段城址的时代、位置、范围、形制等基本情况。其中，对薛国故城的全面勘探在1984—1987年基本完成了，当时还进行了考古发掘，证实今天地面上巍然可见的大城是战国时期的，大城的东南部地下新发现了规模较小的春秋城址，但受发掘工作限制，对西周阶段薛国城址的考古并没有很明确的进展。我们这次工作，可以算是上次工作的延续，目的是搞清楚西周时期薛国故城的相关情况，并对春秋薛国故城做进一步的求证和探索。

这次考古发掘所依据的线索基本都是大冀老师提供的，是他对几年来勘探结果的总结和认识。说实话，包括当年参加勘探的亲历者在内，大家都不敢完全相信这些线索。因为城址考古太复杂了，尤其是薛国故城这种历经长时期、多阶段文化堆积的城址，很难通过勘探搞清楚各个阶段城址的情况，至今基本仍是一个城圈的齐鲁故城就是明证。还有就是，薛国故城勘探时那些探工基本都是初学者，经验不足，在勘探最有可能埋藏西周、春秋时期城址的大城东南角时，又是在夏秋时节，要在密不透风的玉米地里穿行已经很费力了，碰上闷热天气简直喘不上气来。在这样的条件下还要钻探，其质量肯定会受很大影响，所以勘探结果受到质疑也是自然的。再有就是，大冀老师指认的西周城址在微地貌形态上与地形地物简直是完美契合，城墙位于地块之间的断崖处，城壕位于断崖下面，还有水沟通过。特别是城址分为东西两个并列小城让人难以理解，两个小城之间现在是一条南北向乡间小路，这样的巧合实在让人不敢遽信。

但张学海先生还是非常相信大冀老师的，按照大冀老师提供的线索安排了 4 处发掘点，分别位于大城与春秋小城重合的东、南两段城墙，疑似西周城的东、南城墙上。发掘采用探沟的形式，只解剖指认的城墙内侧，主要是解决城墙的建筑年代。

出乎我们所料，发掘结果基本证实了大冀老师提供的线索的准确性。结合穿插进行的钻探，我们大体摸清了薛国故城遗址西周、春秋、战国三个阶段的城址范围和基本形制，只是西周城址由勘探发现的东西两个合并为一个，两城之间是一条贯穿南北的大沟，时代似乎属于春秋。

薛国故城发掘期间，张所长还叫大冀老师抽空去探了西康留遗址，因为该遗址曾在配合引水渠建设的发掘中发现大汶口文化的城垣状夯土建筑。当时大汶口文化阶段城址还没有明确发现，也没有人敢直接指认，虽然看过的专家没人否认西康留大汶口文化的夯土属性，但都认为需要进一步工作的确认。只有张学海先生坚信这是大汶口文化城址，但他也需要拿出证据，因此才有了大冀老师的西康留之行。西康留遗址位于薛河故道边上一处较高的台上，满布汉墓。汉墓填土多是遗址上的文化层，也都经过了层层夯打，与大汶口文化夯土堆积极难分辨。听说大冀老师探出来一周城墙之后，我还曾和李鲁滕老师一同前往西康留遗址考察，认为很难将汉墓夯土与大汶口文化夯土分辨开，对勘探结果深表怀疑。然而经过 1999 年的发掘和后来为大遗址规划进行的勘探，李鲁滕老师证实了西康留大汶口文化城址的存在。

这次工作之后，我就没再与大冀老师合作。我们虽然住在一座楼上，但平时也难得相谈几句。后来他得了病，是直肠癌，大家才恍悟在薛国故城时他说肚子疼是有原因的。令我没有想到的是，听人说这酒是他自己买的。实际上在工地喝酒不需要自己花钱，他完全可以向我要的。大冀老师经济条件一直不算太好，家里有三个孩子，他的夫人李老师没有工作，即使这样，他也不愿意沾大家的光。这让我很过意不去，为当时没有看出来他的痛苦，也为没有为他买上一瓶酒。

如今每思及于此，总有一丝遗憾，特别是看到薛国故城的出土文物时，我的思绪总是回到雨雪交加的那年，灰蒙蒙的天际下，一行人排在田野里，顶着北风，艰难地使动着铲子，一个身着厚厚棉装的瘦弱身影穿行于其中，不时停下来拿住铲头观察。我知道，那是大冀老师在辨认土样。

继往开来谱新篇

——纪念山东省文物考古研究院成立40周年

张学海

（山东省文物考古研究院）

山东地区是中国最先开展考古工作的地区之一，1930 年，考古人员在章丘的城子崖遗址开始了考古发掘。发掘所发现的黑陶文化（龙山文化）是中国学者在本土发现的第一支考古学文化，这种黑陶文化包含在同时发现的一座古城之中。发掘结束后，于 1934 年出版了中国考古学的首部田野考古专刊——《中国考古报告集之一：城子崖（山东历城县龙山镇之黑陶文化遗址）》，开创了中国田野考古专刊的基本体例。根据发掘收获，发掘者认为在东方先秦的齐鲁国境，发展着构成中国最早历史文化的“最要紧部分”，只要查明城子崖黑陶文化发展的脉络和分布范围，“中国黎明期的历史就可解决一大半了”，“这不但是田野考古工作一个极可遵循的轨道，对于中国上古史的研究将成一个极重要的转点”，于是决定变更中国考古学田野考古专刊的出版计划，以城子崖田野考古专刊为首部田野考古专刊，取代原定的殷墟专刊，希望能由此渐渐地上溯中国文化的原始，下释商周历史的形成。事实表明，中国考古学早期的发展进程正是围绕黑陶文化的线索展开的，城子崖遗址发掘为中国考古学的发展铺垫了重要基石，可见山东地区在中国考古学草创期的重大功绩和影响，山东考古事业具有光辉的起步。

随着国家进入改革开放新时期，文物考古工作迎来了发展新阶段，事业发展的一个突出标志是各省纷纷成立省级文物考古专业机构。山东省文物考古专业机构于 1980 年 9 月成立，并按其属性和基本任务，首先称之为山东省文物考古研究所，以区别科研部门的考古机构。如今山东省文物考古研究所即将迎来四十华诞，且已于 2017 年改名为山东省文物考古研究院。40 年来，全所（院）人员筚路蓝缕，栉风沐雨，顾大家舍小家，不畏寒暑，敬业奉献，辛勤耕耘于齐鲁大地，在建立海岱考古文化谱系和文化序列，配合经济建设开展发掘工作，推进先秦大遗址“四有”探掘，摸清全省不可移动文物家底，探索古城、古国和中华文明起源课题，以及培训考古技工、协助国家文物局培训考古领队等方面，都取得了显著成果。目前，以山东为中心的海岱文化区是全国文化谱系最为系统、清晰的考古文化区。在开展大遗址“四有”工作方面，在探掘临淄齐故城以后，又对曲阜鲁故城、滕州薛故城和章丘城子崖遗址进行了“四有”探掘，快速查明了城的性质、基本年代、形制和布局。查明城子崖遗址实为龙山文化、岳石文化和春秋城三座城址遗存，前两城是同一座城的前后发展阶段。岳石文化城以及龙山文化和岳石文化两城直接相连，都是首次发现。考古资料证明，第一次发掘发现的所谓“黑陶文化城”正是岳石文化城而不是龙山文化城，第一次发掘没有发现龙山文化城，当时城子崖的黑陶文化其实是龙山文化和岳石文化的混合体。这一阶段，所内学者还对古城、古国和中华文明起源课题进行了探索，其间发现的龙山文化、大汶口文化城，数量列全国前茅。后者的出现已早至大汶口文化早期。国家诞生是文明形成的根本标志，大汶口文化、龙山文化的聚落群体是部落和古国；典型史前聚落群聚落形成“都、邑、聚”式金字塔形层级结构，标志国家的诞生。大汶口文化中期（约距今5700—5000年），是由原始向文明过渡的时期，大汶口文化中晚期之交（距今5000年前后），部分东夷部落首先脱胎为国家，进入文明时代，因此山东地区具有5000余年的文明史。东夷部族高度发达的史前文明也为中华文明和三代文明的产生与发展做出了重要贡献。

今年是中国考古学诞生一百周年，山东省文物考古研究所（院）也跨过四十周年的门槛。回顾过去，从20世纪50年代的山东省文物管理处，到山东博物馆的文物组，再到1980年成立山东省文物考古研究所以及2017年更名为山东省文物考古研究院，人员从当初的“七八条枪”到目前扩编为80人，所址从临时蜗居于兄弟单位的楼房一隅到如今拥有8万平方米的新院址，山东这支原本不起眼的考古“地方军”，经过几代人的接续奋斗，上下求索，已由小变大，由弱变强，山东文物考古事业已登上发展快车道，新一代山东考古人将成为崛起于齐鲁大地的一支考古生力军，为建设中国特色、中国风格、中国气派的中国考古学发挥积极作用。为此，需对四十年来省考古所（院）的工作进行认真总结，吸取正反经验；制定学科建设、课题研究、人才培养规划。在课题规划方面，我认为下列课题应占有优先位置：一是查明曲阜鲁故城建城的确切年代和确定齐都营丘城，以解决齐鲁建国的有关问题。该课题研究的开展，将逐渐填补齐鲁初封时期及西周早期考古资料的空白，促进齐鲁西周史和山东有关商代历史研究的不断深化，逐渐达到对两国历史认识的完整化、系统化，并将对山东晚商以后的考古研究产生重要影响。二是选择两三个典型史前聚落群，按上文所说国家诞生的标志，深化国家诞生课题研究，特别是对聚落群体范围和“都”“邑”两级聚落进行确认，以确定古国实体，验证此国家诞生观点。关于聚落群体的范围，现在仅有少数群体容易确认，大多数群体的界限并非一目了然，但大都可以求得中心范围。这个问题涉及聚落群体大小、聚落多少、人口数量等，需做认真分析，力求获得近似值。关于“都”“邑”两级聚落的确认，我们已提出“都”的四项标准：①属于群体内面积最大的聚落或属最大聚落之列，一般是城；②具有殿堂性质的大型建筑基址；③具有王墓性质的大型贵族墓葬；④具有群内聚落最高的物质文化总体水平。但不必四项全备，占有两项就可初步认定为“都”。“邑”指聚落群体中的中级聚落，承上启下，目前尚无“邑”的具体标准，但我们曾在一些论著中以群内的中等聚落充当，问题在于这些中等聚落的数据多为踏查所得，并非科学的数据，难以进行科学有效的定性与定量分析。因此，我们主张采用大遗址探掘原理，对群内聚落逐一进行探查，获取以单一文化定位的科学数据，以利于进行定性与定量分析，确定群内的“邑”即中级聚落，从而对上述国家诞生观点进行验证。此外，作为承上启下的中级聚落，在文化内涵和聚落结构上和“聚”是否有区别，也必须做出回答。三是对先秦故城址（特别是有记载的城）开展大遗址“四有”探掘工作，使这部分重点古文化遗址的资料科学化，以加强研究、保护与利用。山东地区有许多三代的古城址，其中不少都是都城遗址，一定程度上反映了山东三代历史的架构，具有重大的学术价值。“四有”探掘工作的开展，将不断揭示个体城址可靠的整体面貌，释放其学术价值，提出问题，同时也将对一些问题做出回答，从而形成浓郁的学术氛围，促进学术研究的蓬勃发展。由于20世纪60—70年代，我们通过齐、鲁故城“四有”勘探试掘形成了一套先秦大遗址“四有”探掘方法，能够快速查明大遗址的整体面貌，对先秦大遗址“四有”探掘工作具有一定优势，所以能够实施本课题。四是参照大遗址“四有”探掘的原理和方法，对重要区域的史前遗址开展系统探查，获取以文化定位的遗址整体的科学资料，掌握区域和聚落群体范围内聚落时空关系的演变，从而勾勒出发展脉络及区域内的古文化、古城、古国发展轨迹，为史前考古研究提供可靠的科研资料。

上述规划的实施，一要将课题研究和文物保护结合在一起，以课题指导实际工作（文物保护），通过实际工作的开展，推进课题研究，两者互相促进。二要和学科建设、人才培养相结合。学科建设要立足本省文物考古工作的实际情况，但应适当提高，按文物考古强省的要求来制定规划。其中，人才是关键，人才培养规划要落实到人；要将重点放在细石器文化至两汉考古上，兼顾旧石器和魏晋以后阶段，视具体情况对新石器早、中、晚期以及夏商、两周、两汉阶段，各投入三四人至五六人，形成各阶段高素质的专家，汇聚成一支系统的山东考古专家队伍，得以高质量地开展文物保护，努力提高考古能力，不断推进山东古史问题研究，适时编写资料翔实的山东先秦史。山东是中国文化、中华文明的重要中心之一，构成中国先秦史不可或缺的篇章。相信新一代的山东考古人，仍将赓续前贤、锐意进取、开拓创新，使山东大批古文化遗址逐渐成为可靠的实物资料，促进古文化、古城、古国、中华文明起源、山东古史问题等一系列新老课题研究不断发展，为山东和国家修史提供翔实、珍贵的资料，为弘扬中华民族传统文化贡献力量。

（文字记录整理：罗鹭凌）

朦胧而又真切的回忆

蒋英炬

（山东博物馆）

2020年底前的一天，忽然接到《海岱考古》编辑部何德亮同志的电话，说2021年是山东省文物考古研究院（2017年更名前为山东省文物考古研究所）成立40周年，约我这个老人写点儿文章以示纪念，当时我曾推诿一番，德亮同志又恳切要求，我便答应下来。

接到电话后，我的脑海涌动，感叹人生之速如白驹过隙，1981年山东省文物考古研究所成立时，我还是40出头的壮年，如今已是80多岁鬓发如霜、腿脚不灵的老头。虽然我是当年山东省文物考古研究所成立时的人，但一年之后因工作变动便调离了，山东省文物考古研究院40年来经历的风风雨雨、发展壮大的辉煌历程，我缺乏亲身经历，难以写出具有纪念意义的文章。如何应对完成任务呢？只有倚老卖老，写点回忆性的东西了。往事如烟，40年前的事回忆起来朦朦胧胧，真正大事的起因、经过都记不清、说不明了。但在这朦胧之中，又有些亲身经历的事物感到真真切切，如同昨日，那我就絮叨一些往日的故事吧，以表我这个年老的文物考古工作人员初心不忘。

一

我是1960年秋从西北大学历史系考古专业毕业后被分配来山东的，当时是由省民政局统一安排各地来济南的学生的分配工作，可能是由于我的专业和对口机关单位比较明确，所以很快就被分配到山东省文物管理处报到了。

那时省文物管理处的房舍很少，办公场所就是山东博物馆陈列室（原万字会旧址）的西边侧厢与后面的几间平房，我就住在文光阁背后不见太阳的屋子里。1960年秋冬，正值国家严重经济困难时期，单位里的工作人员大都劳动抗灾去了，剩下的是些白胡子的老领导与民主人士。初来乍到，人地生疏，时又逢秋风秋雨，伴随着文光阁角檐上的风铃声，还有那时刻忘不掉的“空闲”肚子，真有点凄凉、孤独难耐之感。当时不仅感觉吃的东西不够，日用生活物资也很匮乏。毕业离校时我把旧脸盆扔了，心想到地方后发了工资再买个新脸盆，可来济南后跑了多家商店也没买到一个脸盆。无奈之下，我在文光阁后面夹道里捡了一只旧瓦盆，里面布满白色的尿碱。每日的洗漱都要到一个公用的水龙头处，有人看到这个瓦盆就跟我开玩笑，弄得我很尴尬。记得过了很长一段时间，我终于买到了一个新搪瓷脸盆，大摇大摆地端着新脸盆去洗漱了。这些细枝末节的题外插曲，不多说了。

山东省文物管理处主要负责山东省的文物保护、管理与考古调查、发掘工作。从单位机构任务就能看出，它具有山东省文物考古研究所前身的性质，可能较山东省文物考古研究所在行政管理方面的工作内容更宽泛些。文管处下设的调查组，基本承担了本单位的主要业务。我来后就被分在调查组工作，记得我的工作证上的职务标明是“调查员”。别小看了这个“调查员”，因为有野外工作性质，在当时属于轻体力劳动范畴，享受国家32斤的粮食配给，而一般工作人员只有20多斤。1961年春夏时节，我和本组的王思礼以及山东大学历史系的刘敦愿、蔡凤书一同去滕县岗上村发掘，这体现了山东省文物管理处调查组的工作任务与性质。

三年困难时期，国家实行“调整、巩固、充实、提高”的八字方针。1961年夏初，山东省文物管理处与山东博物馆合并。合并后，山东省文物管理处的业务人员成为山东博物馆下设的“文物组”，但对外称合署办公，仍挂“山东省文物管理处”的牌子，因为它有对外行使文物管理工作的需要。后来到“文革”期间，山东省文物管理处的牌子也被摘下了。

从我个人经历看，原单位虽然合并到山东博物馆成为一个文物组，但工作任务、业务性质没变，业务人员的力量也不断增加了。1961年夏秋，文物组成立不久，我便被指派与中国科学院考古研究所山东队的吴汝祚、薛金度等一起去胶东地区调查新石器时代遗址，在困难时期，仍照常开展考古调查业务。就文物组存在的近20年时间来看，先后在本组工作的有：从原山东省文物管理处过来的杨子范（组长）、王思礼、袁明、我和台立业（原山东省文管处调查组的殷汝章、李步青、祝志成、刘桂芳等调离到其他地方或单位），先后从中国科学院考古研究所调来的郑笑梅、毕宝启、唐士和、韩树明，从省博物馆群工组调过来的吴钟珉，从北京大学考古专业毕业分配来的张学海、王恩田、张江凯（后去北京）、夏名采（后去青州）、吴九龙（后去北京）、王树明，从厦门大学考古专业毕业分配来的罗勋章、张其海（后去福建）、吴文祺、苏玉琼、吴诗池（后去福建）；“文革”结束后，从北京大学毕业的赖非，以及从山东大学毕业的何德亮、李曰训、马登雨（后从政）、邵明贵（后从政）、张竞放（后去聊城），又有从“知青”调来的张振国、万良、李胜利、王站琴、王桂萍等新生力量。

在山东博物馆文物组工作期间，“文革”之前一个重要任务就是临淄齐国故城“四有”工作，我曾被派去工作近两年，主要做调查钻探，我负责完成了齐国故城（包括大、小二城）钻探记录总结，在此基础上，第一次列出齐故城保护范围，并召开了有当地群众参加的文物保护会议。在临淄期间，工作人员众多，不仅有本地的，还有北京与各省来的，和我同屋住过的有从北京中国历史博物馆（今中国国家博物馆）来指导工作的黄景略（副队长），带学生来实习的北京大学教师俞伟超、邹衡等，留下许多美好的回忆。其中一位是人称“谢公”的谢元璐先生，至今让我难以忘怀。他白白胖胖，性格随和，博识健谈，善于联络，他是促成临淄齐国故城“四有”工作的重要人员之一。他常来临淄小住，好似代表国家文物局的“督导”“巡视”者。我与谢公初次相识，大约在1964年春末，苏秉琦与谢元璐二公由京来济考察有关工作，同行者还有苏先生的研究生郭大顺。馆长秦亢青派我陪同接待，先去潍坊，后折回临淄，并嘱我按章办事，过分的接待咱不报销。到潍坊后先去专署招待所接洽住宿，我们四人被安排在一楼的四人房间内，当时这已是比较好的房间了，但是我感觉与二位先生住在一起有点不合适。稍一整顿，我便去了专署文化科，因为我以前来过，认识一个与我同姓的“老蒋”在文化科，他是从新四军过来转业的干部。我们见面寒暄后，我便说此次是陪同两位从北京来的领导专家过来的，一位是北大教授苏先生，对于谢公，我也不知他是什么职务，只知有人喊他“谢秘书”的，我就说是文化部的谢秘书，又说了在潍坊须要去考察的地方等，便告辞了。当时社会对行政级别较重视，估计那位“老蒋”也不知这位秘书是什么级别的，就向领导汇报了。晚饭后，我们四人正在房间内闲坐，忽听门外喊：“有从北京来的客人吗?”我立即出门，看到“老蒋”带着一位领导过来，经介绍那是一位副专员，进屋稍示问候落座后，谢公便很快与专员攀谈起来，这时只看苏先生闭目养神，我更感轻松无事了。只见他二人越谈越兴奋，听到专员说有次去北京故宫看珍宝馆没有开门，结果没有看成，此时只听谢公一拍大腿说，你怎么不找我啊，以后再去就找我，一定看珍宝馆。专员听后开怀大笑。当时我心中也好笑：“那时你们二人尚不认识，怎么让他去找你呀?”大约半个小时过去，专员要告别回去，顺便问食宿怎么安排的，此时我马上如此这般做了回答。专员一听，那怎么行呢，把所长叫来，把二位先生安排在楼上单间内。于是我一边帮先生拿行李，一边对郭大顺说咱俩就住这间吧。此话又被专员听到，说那怎么行呢，一块儿搬到楼上去，住首长对门，保卫首长安全。我兴奋地对郭大顺说：“走，上楼去，保卫首长安全。”上楼后，我看到先生房间有地毯、沙发、穿衣镜、收音机等，那是当时的高档房间了。第二天的早餐也有好多花样。几天来，我们四人不论在市区参观还是到乡间调查（记得曾去白浪河水库、马宋遗址等实地调查），都有专署安排的车辆，晚上还有看戏等娱乐活动。对我来说，那真是享受的几天。

当年，谢公常为国家文物局安排的大事到各地游说，苏秉琦先生常与他结伴出行。更为有趣的是，谢公在临淄为大家讲考古调查课，中间穿插了一个小故事：说有一个考古队员，早饭后就背起背包出去做遗址调查，跑了整整一天也没找到一处文化遗址。夕阳西下，垂头丧气地走在回来的路上，一时想出恭，就到路旁田地里脱裤蹲下，回头一望，啊！一处隆起的“老鳖盖”，那是遗址，便马上跑回去调查，果然发现了一处文化遗址。大家听后哄堂大笑。据说这是有讲究的，称为“望气派”。谢公还和我说了许多笑话，他的音容笑貌一直保存在我的脑海中。事后多年，我向别人讲说这段故事，在座的王之厚同志（山东大学考古专业毕业，山东博物馆原副馆长）插话说，谢元璐是他的舅父。我与之厚开玩笑说，你要好好学习谢公的口才和机灵。

从上述机构人员的变动中可以看出，文物考古的专业队伍力量不断成长，尤其是大学考古专业的毕业生逐渐多起来。回头一看，我来山东省文物管理处调查组工作时，是第一个被分配来的考古专业毕业生，可见当年专业人员的缺乏。现在经过40年发展的山东省文物考古研究院，本科毕业生已是底线，硕士、博士也很常见，新生力量人才济济，已不可同日而语了。

二

党的十一届三中全会后，全国走上拨乱反正、以经济建设为中心的轨道上来，改革开放的新局面生机勃勃、万象更新。文博事业的改革也随着经济建设与事业本身发展的需要而提上议事日程。大约在1980年底前就有了成立山东省文物考古研究所的正式批件。筹备成立时，就是以山东博物馆文物组的人员为班底，在未正式任命新的领导之前，先公布了杨广芬、张学海和我为所里临时负责人，除杨广芬是新调来不久的政工人员外，张学海与我都是原文物组的业务人员。三人临时负责所里日常工作，直到1982年春天正式任命所长后为止。

我现在一时想不起在我担任考古所临时负责人期间有什么重要的大事，只记得一次开会讨论分家的事，具体日期已记不清了，大约就在1981年春，开会地点在文教大院省文物局办公楼。与会人员有省文物局刘谷局长，可能还有分管文博工作的鲁特副厅长、山东博物馆宋居民馆长、文物考古研究所的临时负责人（杨广芬是否参加已记不清）。虽然开的是有领导参加的“分家”会，但会议程序没有多么严肃紧张，因为都是经常见面的老熟人。此次“分家”会的内容、结果我也记不清楚了，可能还提到图书资料等，只记得我发言的内容之一就是向宋馆长要房子。这里首先要说明，新成立的文物考古研究所（也即原来的文物组）的公用房舍，除在博物馆陈列室东厢有几间存放文物标本，新楼一层的两间存放野店遗址出土标本兼资料外，所有人员办公场所都集中在新办公楼的西段二层，现有办公室已显紧张，不要说来日稍有添丁发展了。当时我心中既无预谋，更无野心，就是想到分家后便于安排与开展工作而已，完全出于平常心。再要说的是，宋居民馆长，他是位“三八式”的老干部，更是我们多年的领导，对他我无力做出全面评价，但从和他的接触中，我认为他是一位和善的领导，对人不摆什么威风、架势，我和他还能开玩笑。若不嫌累赘，我就插上一段：

记得1966年冬，我和杨子范从曲阜回来，一进大门就感到冷冷清清，空无一人，走到馆办公室门口，忽遇宋馆长出来。当时他已是接受群众批判的“走资派”，但还主持馆内日常事务工作。我一见宋馆长就问馆里的人都上哪去了，他说都去北京了，听说近日毛主席又要接见红卫兵（实际这是谣传），大家都去北京串联了。接着他让我和子范一块儿去，让我写张借条，他签字，趁会计在，马上领钱去买火车票。我对着宋馆长小声说：老宋，你这么积极地劝我去北京，人都走光了，就没有人批斗你了，你可以好好在家休息了。说罢两人相对哈哈大笑。当晚，我真的和杨子范去了北京，刚看过北师大井冈山兵团在曲阜“捣孔”的场面，又见识了在北京体育馆的万人批斗大会，那真是异样惊人的情景。

再回到正在进行的“分家”会上，面对着“文革”后又当馆长的老领导，似乎没有任何别的想法，就应该直接向他提出来。于是我说明理由，提出把新办公楼东段（竹简楼）上边第三层分给文物考古研究所。果然经过少许商量，宋馆长就明确地答应下来。还记得1982年我被调到省文物局工作后，领导答应在此三楼还留一间作为我的办公室，以便我的资料整理和研究工作。

再说要那层楼房，现在看来简直是不值得一提的事，那种简易房间给你都不一定想要，更别说和新建的山东省文物考古研究院相提并论了。可在当时，这层楼房就等于原文物组办公室的面积增加了一倍，这正是新成立的文物考古研究所需要的。回想起来，这的确是一件平常而有意义的小事，为此事，我也想起已经作古的待人温厚的宋居民馆长。

三

1981年，新成立的山东省文物考古研究所，虽然没有正式任命所长，但各项业务工作都逐步开展起来。记得那年我们对嘉祥武氏墓群石刻的考察刚结束，在对武氏祠画像石进行调查和建筑复原过程中，也发现长清孝堂山石祠有许多资料残缺、错谬等问题，于是又筹备对孝堂山石祠做一次考古调查工作。正在此时，接到当时北京大学考古专业教授俞伟超先生的函，邀我帮助解决部分八二届毕业生来山东进行汉画像石考古课题的实习，此外他又委托来山东带队实习的严文明先生带函并当面邀约。一来盛情难却，二来感到任务面前多些人参加能更好完成，好事成双，何乐而不为呢，于是一拍即合。当年秋天，由俞先生的研究生信立祥带领的冯时、尹吉男、周进勇三位本科生，与山东省文物考古研究所吴文祺、李胜利、林云善和我组成八人小组，共赴孝堂山石祠实地考察。我们住在孝堂山下一座饭店大院的两间小屋内，早出晚归，分工协作，大约经过近一个月的努力，基本较好地完成了对孝堂山石祠的考察与考古实习工作。

孝堂山石祠虽经传统金石学与近代中外学者多次著录，但资料零散、缺漏，这次是第一次对孝堂山石祠比较全面的考古调查，通过测绘、记录、摹描、传拓等各种方法，有新的发现，对孝堂山石祠的地理位置与历史环境、石祠本身的建筑形制结构、石祠建造年代、石祠主人、石祠的历史变化及保存状况的认识，提供了新的证据与资料，解决了以往著述的错漏等问题。而此项考古调查结束后，由于人员工作变动，对资料的整理与研究工作被搁置起来。一晃30多年过去了，原来参与考察的主要人员都已经退休，当年在此实习的青年学子都已迈入耳顺之年，并成为业界著名学者。信立祥同志后到中国历史博物馆工作，我与其一直有来往，2003年，又因与汉代墓葬艺术有关的课题，我俩一起应邀赴美国匹兹堡、普林斯顿、耶鲁、哥伦比亚、芝加哥五所大学进行学术交流。想起对孝堂山石祠一同考察的伙伴，更不能忘掉尚未完成的考察资料整理，这项工作一直在我的心头，也深感对孝堂山石祠考察资料的整理已迫在眉睫。近年来，由于《汉代武氏墓群石刻研究》再版等其他资料整理著述工作的带动，我趁热打铁，把这项工作提上议事日程。在山东石刻艺术博物馆杨爱国副馆长的帮助下，2017 年《孝堂山石祠》一书终于出版，该书封面上标注“山东省石刻艺术博物馆、山东省文物考古研究所编”。对编著此书，我虽感心力不足、下功夫不够，但总算完成了，这项工作为孝堂山石祠今后的研究与保护等打造了一个较科学的平台。这项工作也是我在山东省文物考古研究所成立后至调离前完成的一项考古调查工作，记写于此，也算对山东省文物考古研究院成立 40 周年的一点纪念吧。

上述回忆的故事，支离琐碎，与庆祝山东省文物考古研究院成立 40 周年不相搭配，更有点滥竽充数之嫌。不过从对这些往事的回忆中，我不仅想起了自己的经历，也怀念已经作古的先贤与同辈，更看到了山东文物考古事业传承、与时俱进的发展，为山东省文物考古研究院成立 40 周年来彰显出的辉煌成果感到骄傲。我不会忘记我所在的山东省文物管理处、山东博物馆文物组与山东省文物考古研究所，更喜欢今日的山东省文物考古研究院。值此山东省文物考古研究院成立 40 周年之际，同时也是以田野考古为重要标志的中国考古学创始 100 周年，让我们践行习近平总书记建设中国特色、中国风格、中国气派考古学的指示，朝着光明美好的前景努力前进吧！

（文字录入：罗鹭凌）

考古札记

罗勋章

（山东省文物考古研究院）

光阴荏苒，弹指一挥间，匆匆40年。岁月朦胧了记忆，但是总有一些人和事，从来不需要想起，永远也不会忘记。值山东省文物考古研究院成立40周年之际，院领导鼓励我们写回忆录的“征文邀请函”，又一次把我的思绪穿越回往昔，把铭刻于心的记忆变成文字。在我40年的考古生涯中，坦荡与坎坷同行，唏嘘伴欢笑共舞，酸甜苦辣，都是我珍贵的回忆，现撷取几个片段奉献给同仁。

一、结缘临淄

1964年8月，我于厦门大学毕业，被分配到山东博物馆文物组（山东省文物考古研究所前身）。因临淄齐故城“四有”工作的需要，只有9个人的文物组，除了两个休产假在家的女同志，全都去了临淄。我也因齐故城“四有”工作缺少人手，经特批，免去本应参加一年的“四清”工作，连办公室的门都没进，便去了临淄，自此与临淄结下了不解之缘，几乎成了临淄公民。到2004年从工作岗位退下来，40年的考古生涯，我在临淄的时间几近30年。我人生的故事，大多发生在这里。

（一）齐故城“四有”工作概述

我到临淄时，正赶上吃午饭。

在一个农家院子东南角有十来个人，有的在吃饭，有的还在洗手，没有桌椅板凳，只能站着或蹲着。全队20人左右，山东博物馆的占了半数，业务人员有杨子范（队长）、张学海、王思礼、蒋英炬、王恩田、唐士和、毕宝启、白云哲、张其海以及后勤人员郑钧培、苏林忠；还有曲阜的赵春生、泰安的郑甦民、临沂的刘心健、益都（今青州）的杨志忠、嘉祥的朱锡禄、栖霞的李元章和莱西的王明芳等市、县的文物干部，以及北京中国历史博物馆的黄景略（副队长）、河北省文物工作队的勘探技工马尚柱。另外有山东博物馆的三个职工子弟冀介仁、杨军、刘大成。后来国家文物局的秘书谢元璐，江西省博物馆的郭远渭、李嘉和，也在临淄待过一段时间。

省博物馆坚持到最后的，只有杨子范、张学海、蒋英炬、张其海、我和冀介仁。其他同志由于各种原因，先后离开了临淄。

这是一支年轻的队伍，除谢元璐、马尚柱师傅已年届五旬，其他人都在三十上下，基本上属于同一代人。彼此间称呼，多在姓氏前加“老”或“小”字，甚或直呼其名，倍感亲切。我年纪最小，全队上下无不叫我“小罗”，直到现在，虽年至耄耋，他们仍不改当年称呼。黄景略后来成了国家文物局副局长，见了面大家依旧叫他“老黄”。

队员们都分散租住在老乡的房子里。我和张学海、赵春生他们五六个人住在一个长筒屋里，阴暗潮湿，睡的是只有半米来宽的行军床，翻身都不方便，第二天起床总是腰酸背痛。冬天时，床上容纳不下厚厚的棉被，只好半铺半盖，不然，被子就会搭到地上。当时没有自来水，用水都要到县府门前影壁墙后面的压水井去挑；没有交通工具，上下班都是走路，无论远近。

晚饭后，我常和学海出去遛弯。我们一般出东门后一路向前，直到淄河边，缓缓而行，边走边聊。我初来乍到，很想了解临淄文物工作队和齐故城“四有”工作情况等有关问题，以便更好地融入这个集体，所以很多信息便是通过“路聊”获得的。

1964 年 3 月，文化部文物局在河北易县召开大型古遗址保护工作座谈会，会上，山东省文化局和文化部文物局商定，计划开展齐故城的“四有”工作。文化部文物局届时会派中国历史博物馆的黄景略、河北省文物工作队的勘探技工马尚柱前来协助开展工作。4 月，国家文物局派黄景略和中国科学院考古研究所的林寿晋，在杨子范的陪同下，前往临淄调查拟建铁路（东营—辛店）通过齐故城之事，他们在给国家文物局的报告中认为：铁路不宜通过齐故城，线路可改在故城以西。同时建议抓紧对齐故城进行勘探，尽快摸清地下遗存情况，划定重点保护区域。于是齐故城的“四有”工作就提上了议事日程。5 月，山东省文化局组建山东省文化局临淄文物工作队，由山东博物馆文物组组长杨子范任队长，黄景略任副队长。起初，成员基本是山东博物馆文物组的人。

刚宣布参加临淄文物工作队人员名单不到一天，他们就携带行李奔赴临淄，热情之高由此可见一斑。可是因为匆忙上阵，“起了个大早，赶了个晚集”，人虽然到了临淄，却食宿无着落。万般无奈，大家只得住进县招待所，一行人挤在一个通间大铺上。由于未办理用工手续，原计划招收一些当地的知识青年由马尚柱进行勘探培训的事也泡了汤。唯一熟悉和有工作经验的黄景略在京还有未了工作，尚未到任。张学海虽然是业务组长，但因为缺乏大遗址勘探经验，不知从何下手。

大家就这样心急火燎地干靠了将近半个月。在后勤人员的努力下，终于找到了一处旧药铺暂住，三间房挤挤巴巴地摆了 20 张行军床，吃饭在县委机关食堂。嗣后，又找到一处残破的原东门大队队部，稍加维修后，用作文物队队部，并在附近的三家住户家里安置了伙房和住处。条件虽然简陋，食宿问题总算得到解决。随着黄景略到任，从部分市、县借调的文物干部陆续到来，用工问题也得到解决，齐故城的“四有”工作慢慢步入正轨。

我在这时来到临淄，可谓适逢其时。

“四有”工作主要是围绕划定保护范围展开的，所以工作重点是勘探。记得当时有5个勘探组，每组6名探工，分别由蒋英炬、张其海、王明芳、朱锡禄、杨志忠带队，用图板和铅笔在米格纸上记录着每个探孔中各堆积层距地面的深度、土质、土色、致密度以及包含物等文化层堆积情况。发现重要遗迹，还要卡边定形。10米的孔距，加上复探和重点遗迹的专项勘探，探孔总数将近30万个。重点保护范围，就是通过分析、研判这些资料划定的。

我则到处打游击，刚开始跟着其他同志，挖过探沟，挖过墓，后来就单干，挖河崖头殉马坑。

1965年开春，发掘完于家庄墓地后，我便和郑甦民一起搞测绘，领着两名技工，背着测绘仪器，跑遍了齐故城的各个角落。经过大家的共同努力，到1965年底，齐故城的普探工作基本完成。

1966年，我们的工作重点转向对故城部分地区的复探和补探，进一步确认遗址的性质。在此基础上，我们划出了54处重点文物保护范围，并着手建立群众保护组织。为迎接文化部文物局在临淄召开大遗址“四有”工作现场会的准备工作也有条不紊地进行。前一年筹建的工作站这时也已经竣工。

我们从租住的老百姓的房屋中搬出来，搬进了自己新建的房子。新房子是四合院样式的建筑，共有19间房。青砖红瓦的工作站和那些土坯垒砌或青砖混筑、麦秸苫顶的四邻八舍相比，显得格外抢眼（图一）。工作条件的改善大大激发了同志们的干劲。

图一　1965年，作者在老临淄工作站留影

正当大家准备大干一场、迎接秋天在临淄召开的大遗址“四有”工作会议时，“文化大革命”开始了，齐故城的“四有”工作被迫中断，大家先后返回各自的单位。各市、县的同志走的时候，无不是三步一回头，五步一挥手，恋恋不舍。时至今日，想起那情那景，我依然会一阵心酸，泪眼蒙眬，恍然如梦。

临淄齐故城的“四有”工作，大体查明了故城的大小范围、形制和城墙的保存情况，初步了解到城内的文化层堆积、交通干道、供排水系统、手工业作坊、宫殿建筑和墓葬等遗存的分布情况，从而使我们对齐故城的面貌有了一个大概的认识，为齐故城今后的保护、发掘、研究和利用打下了坚实的基础，也为以后大遗址的“四有”工作提供了宝贵经验，并且培养了山东第一代勘探技工。齐故城的“四有”工作具有里程碑意义。《文物》1972 年第 5 期发表群力撰写的《临淄齐国故城勘探纪要》，是迄今被引用最多的关于齐故城的文章，尤其那幅临淄齐国故城钻探实测图，只要谈到临淄齐故城往往就有它。群力是张学海同志的笔名，顾名思义，齐国故城勘探成果的取得靠的是集体的力量。当时所有参加齐故城“四有”工作的同志都功不可没。现在，这些同志泰半已经辞世，只有在工作记录中能看到他们的名字，而当时夏战三伏、冬战三九的火热的情景，只有硕果仅存、寥寥数人的脑海中还存有这些记忆。之所以流水账般地赘述这段历史，也算是“为了忘却的记念”吧。

（二）看家护院的守门人

当队里的人都回单位，只剩下我一个人时，我真有点急了，但又不能一走了之。这里有上百位干部、工人花费了近两年的时间，通过辛勤劳动取得的大量勘探、发掘资料，得有人守护。也许是因为我在济南也是孤身一人，没有家室的拖累，所以把我留在临淄自然成了领导的选择。我就这样顺理成章地成了临淄工作站看家护院的守门人。

“文化大革命”中，领导靠边站，单位上下陷入无头绪状态。临淄工作几乎无人过问。我就像一只离群孤雁，被人遗忘，不免陷入了焦虑和迷茫之中，我经常提醒自己，在这种环境中，既要耐得住寂寞，更要经得起慎独的考验。

我常在临淄县委食堂搭伙，有时也自己动手改善一下生活。白天无所事事，我有时看会儿书，有时会到齐故城转转，在田头地角的瓦片堆中寻找瓦当或者有文字的陶片和豆柄。我也尝试过建立文物保护组织，却无疾而终。“破四旧”时，有些村举办“破四旧”成果展览，我也会去参观参观。遇到文物或有用的书籍，就伸手要了来。没有电视，也没有收音机，晚上无聊时，我就到东邻的文化馆串门，找画家齐辛民侃大山，打发漫漫长夜。

轰轰烈烈的“文化大革命”，我是个旁观者，好像与我无关。

1967 年的春节，我是在临淄度过的。老同学张其海怕我寂寞，从济南赶来，陪我一起过节。两个大老爷们按照自己家乡的习惯，随便做了几个菜，就着干巴巴的馒头，在异乡的鞭炮声中迎来了新的一年。

日复一日，月复一月，光阴流逝，年华虚度，这种日子，何时是头……

直到 1968 早秋，一位解放军坦克学校校长退休返乡，县里一时找不到地方安置，而校长看中了我们的房子，想借几间暂住，并承诺待安置房盖好后，他就搬走。我们腾出了三间北屋，让这位部队首长住了进来。打这开始，电影队、文管所都借用过我们的房子办公，并有人入住。马福晋任文管所所长时，他直接就把家安到了这儿。这种状况一直持续到 1978 年区文管所建成。工作站的安全基本有了保障，我也相对自由了。

1979年春，我正式回到临淄，直到2004年离开工作岗位，在临淄又一连干了26年。

为了工作方便，领导让我重新启用山东省文化局临淄文物工作队的公章，我无形中成了不是队长的“队长”。至1988年魏成敏到来前，全队人马基本上就我一人，是个名副其实的光杆司令。在此期间，冀介仁、朱玉德在文物队待过，但都是短期的、临时的。

其他考古工地发掘结束，考古人员便可“班师回朝”，与家人团聚，享天伦之乐。但在临淄不行，工地结束，还有工作站的事，不能甩手不管。工作站像一根无形的绳索，把我死死地捆在那儿，动弹不得。特别是文物安全，它就像高悬头顶的达摩克利斯之剑，如影随形，稍不小心就会毫不留情降落在我头上。有的值班员当值时，违规躺在床上蒙头大睡，哪怕报警器呜呜作响，全楼的人都被惊醒，唯独他照睡不误。养的狼狗，每每被毒杀……就这种情况，我能掉以轻心、高枕无忧吗？所以我即便回到济南，仍牵挂临淄。到临淄干个一年半载可以，但要在工作站“落户生根”，谁都得三思而行。很多时候，家庭与事业如同鱼和熊掌，往往不可兼得。我夫人调来前，我与她天南地北，天各一方；调到济南后，也是聚少离多。每次回济南，我的忘年之交吉常宏先生（后调山大文史哲研究院）就开玩笑说我是来济南出差。在临淄30年，我自己都不知道是怎么挺过来的。有的人不理解，以为我在临淄必有所图。我又能说什么呢？大家都知道，临淄田野工作补助可是比其他工地低啊。考古专业是我的热爱，因热爱，所以选择；因选择，所以坚守；因坚守，必然付出：就这么简单。“知我者，谓我心忧；不知我者，谓我何求。”我这么做，只是为了初心不改，为了一份承诺，为了求得心安，别无他求。

1994年12月20日，我参加考古工作30年时，临淄区委、区政府授予我“临淄区荣誉市民”称号，颁发了荣誉证书和纪念品。无独有偶，山东石刻艺术博物馆原馆长焦德森等一帮哥们，送给我一枚书法、篆刻家赖非篆刻的硕大名章，边款刻的是“纪念罗勋章先生临淄考古卅周年”。每当我看到摆放在书架上的一对景泰蓝瓶和那枚印章时，莫不感慨万千。

二、逆袭

“文化大革命”初期的“破四旧”运动，把原本属于意识形态范畴的东西，简单地变化为对包括文物在内的物质文化的破坏行为，影响波及全国。我们文物单位首当其冲，大量文物古迹遭毁灭性破坏。

1966年秋的一天，一帮城关农中的红卫兵闯进了文物队，说是来“破四旧”。我笑着对他们说：“破四旧”好啊，不过，你们找错了地方，我们文物工作队，只有文物，没有“四旧”。我扫视了一下全场，寻思着如何化解这场劫难。看他们没吱声，就自顾自地说道：大门外挂着文物队的牌匾，你们依然进来，肯定是把文物当成“四旧”了。临淄，也就是现在的齐故城，是两周时期齐国的都城，汉齐王国的首府，虽然这个时期有了文字，有了文献记载，但对于有千余年历史的临淄来说，可谓是九牛一毛。你们祖祖辈辈，生于斯，长于斯，脚踏临淄大地，知道齐故城是什么形状，有多少城门，多少条道路，宫殿在哪儿，居住区、冶炼、铸钱等手工业作坊分布情况如何？你们不知道，但是我们知道。我们用考古学方法，通过近两年的努力，打了几十万个探孔，从这些资料中分析研究出来的。齐国故城是国务院颁布的全国文物重点保护单位，60多平方华里的齐故城如果都保护起来，既不现实，也无可能。因为这样势必影响群众的生产生活，也不利于文物保护。为了解决这个矛盾，国家提出了“既对生产建设有利，又对文物保护有利”的方针。我们到临淄是来做齐故城“四有”工作的，通过勘探工作，划出了有别于一般保护范围的重点保护范围，贯彻“两利”方针。

看他们听得津津有味，我话锋一转，说道：我们这里保存着大量的勘探图纸、文字记录、照片底版和一些发掘出土的文物资料，都是研究齐国历史和临淄地方史的重要资料，你能说它是“四旧”？这些资料将来要整理出版，供世人研究。你们该不会希望，在书的前言或后记中，将今天发生的事记上一笔，给你们赫赫有名的城关农中留下不光彩的一页吧？“四旧”和文物，风马牛不相及。不要弄混了。

我把目光投向那几位老师，他们面面相觑，不再言语，意欲回师。见事情有了转机，我干脆打开了库房门，让他们参观，看看是不是“四旧”。原来剑拔弩张的气氛，瞬间变了。他们看了架子上的文物，觉得很新奇，就像一群小麻雀似的，叽叽喳喳地议论开了。这个说，烂瓦片也是文物？地头上有的是；那个说，这罐子我们家就有一个，是俺婶子刨地时挖出来的；有的则问，这高柄盘子是干什么用的？我靠近他说：“这叫豆，是装食物用的，当时吃饭都是席地而坐，把柄做得高高的，取食时方便一些……”其中一人像发现了新大陆似的叫了起来：“快来看，这里有好几个香炉，那个时候也有烧香的呀？”我知道他指的是鼎，但提问的人太多，一时间不知回答谁好。其实他们多出于好奇，不一定想得到什么答案。

末了，在宿舍，他们看到桌子上一面镜子的背面有一幅少女的画像，就拆开撕了，临出门又把我种的一棵大丽花（地瓜花）拔了，算是他们“破四旧”的战果。我凭着三寸不烂之舌，动之以情，晓之以理，成功逆袭，躲过一劫。

他们出了大门，高高兴兴地挥手和我告别。

不久之后的一个早晨，我听见一阵阵锣鼓声，自西而东，由远及近，越来越响，最后似乎停在了大门外，久久没有离去。我感到奇怪，急匆匆地跑到大门口隔着门缝向外张望。门外站着一堆人，锣鼓声震天响。我打开供平常出入的小门，他们鱼贯而入。了解情况后得知，他们是农机厂、机修厂等三个工厂的一些工人师傅，刚下早班，相约来这里，要砸西天寺石佛造像，并限我三日内做出答复，否则他们就要采取革命行动，一切后果自负。来势汹汹，口气强硬。

常言道：来者不善，善者不来。我觉得他们都是成年人，不是三言两语就能打发的。我不想多费口舌，敷衍了几句，将他们“恭送”出门。当我转身要进门的时候，蓦然间发现大门上方好像贴着大字报。我赶忙退了两步，果真有一张粉红纸的大字报贴在门上，大意是要我答复他们砸佛的“勒令”，文末还有“打倒罗勋章”的标语，名字没打叉，算是他们手下留情。我不敢撕大字报，以免惹祸端，只能任其贴在那儿。借着它，我“出名”了。

西关石佛，是北魏时期的石佛造像，坐落在城关镇西关三大队北侧的西天寺遗址上。佛像高五六米，是一尊“无量寿佛”，具有很高的艺术价值。石佛堂、朱家终村、高阳村、大夫店等地都有一些不同朝代的石佛造像。西天寺石佛造像一旦被砸，势必产生多米诺效应，掀起一场“灭佛”行动，临淄石佛将荡然无存。我们只是临时驻地单位，县文化主管部门又处于半瘫痪状态，各级领导自顾不暇，谁都不敢伸头管这桩事。人急生计，我竟想起了前些天被我劝退的城关农中师生。它就在西天寺附近，为什么不动员他们出来保护呢？离得那么近，若有风吹草动，他们会第一时间知道，只要他们出面保护，石佛或许有救。我立马起草了一份《保护文物倡议书》，急匆匆赶到农中，找到那几位老师，说明来意，没想到他们毫不犹豫地答应了。我们的意图是通过倡议书，宣传群众，动员群众，提高群众的保护意识，把保护文物变成人们的自觉行动。

刻蜡版，粉红纸印刷，四处散发、张贴，忙了将近一天。他们还特意将倡议书贴到三厂，送到工人手中。我叮嘱他们这两天多注意三厂工人的动静。

但我还是心神不宁，这样做是不是挑动群众斗群众？两派真闹起来，该怎么办？好不容易捱到第四天，我在工作站等候三厂工人到来，整整一天，我的心都提到嗓子眼儿了。直到傍晚，也没见到三厂工人的影儿。倡议书起作用了！一场砸石佛的风波烟消云散，我们又一次成功“逆袭”。

“灭佛运动”流产了，临淄各地石佛安然无恙。1985年，临淄区文化部门将区里的一些石造像、碑碣、石雕、墓志之类的文物集中到西天寺遗址，成立了临淄石刻艺术馆，成为一个旅游景点。现在，那尊北魏石造像已经是全国重点文物保护单位了。

1996年，我去了一趟临淄石刻艺术馆，那尊北魏石造像依旧在原地。高肉髻，丰满的面部，慈眉善目，身披袈裟，胸前系结，手施无畏印、与愿印，跣足，安然站立在覆莲座上。两旁栽了凌霄花。我默默注视着眼前这尊饱经沧桑的造像，回想那段历史，就像发生在昨日，不禁黯然神伤。

三、互利　双赢

（一）一场“官司”

1984年5月下旬的一天上午，临淄区文化局葛树勋局长急匆匆地来青州凤凰台发掘工地找我，说是接到齐鲁石化30万吨乙烯建设指挥部（简称乙烯指挥部）的报告，两醇工地发现墓葬，叫我回去处理。因没到过工地现场，具体情况他也不清楚。

回临淄路上，我给葛局长讲了十几年前齐鲁石化胜利炼油厂（当时称九二三厂胜利炼油厂）建厂时发生的一桩事：

那是1966年春天的一个上午，我们正准备上班，文物工作队院门外忽然来了一大一小两辆汽车。小车中下来两个不速之客，要找我们队长。他们是炼油厂的人，说在施工时，一台推土机莫名其妙地陷入地下，想请我们去看看究竟是什原因。我们猜测，八成是掉进墓里了。杨子范队长领着我们十几个干部技工，带上洛阳铲，乘车直奔炼油厂工地。不出所料，只打了几个探孔，就发现推土机下果真是一座砖室墓。由于墓砌筑得较好，墓室没有被淤塞，顶不住推土机重压，崩塌了，推土机随着陷了下去。我们扩大了勘探范围，连续干了几天，又找出了几座墓。我记得炼油厂的人说过，这个地方将建一个叫什么塔的重要装置，如果这种隐患不排除，将严重影响工程质量。

其实出现这种状况还得怨他们自己。此前，我们曾派人前往炼油厂建设指挥部，说明临淄是两周时期齐国都城的所在地，地下文物十分丰富，根据文物政策法令，炼油厂建设施工前应该由文化行政部门进行调查和勘探，这样做既有利于文物保护，也有利于炼油厂的建设。但对方没有接受建议，说国家现在急需石油，盼着早日摘掉贫油的帽子。上级要他们加快速度，力争一年建成投产。我们听着都感到紧张。考虑到炼油厂离齐故城较远，又建在山地，地面未发现文化遗址，地下也不一定有墓葬，文物队刚组建不久，主要的任务是齐故城的“四有”工作，我们也就没再坚持己见。

难不成两醇工地也遇上了炼油厂那样的情况？

回到临淄我才知道，原来乙烯指挥部吸取了建设炼油厂时的教训，从河南洛阳请来一帮探工，自己干了起来。很明显，他们之所以这么做，是为了绕开我们。地下的空洞或砖室墓，他们可以用钢钎戳，通过触感找到它。但是土坑墓用钢钎是探不出来的。棺、椁朽烂，墓中填土因失去支撑而塌落，充填原来棺椁的空间，所以墓室下部的土是比较疏松的。他们必须排除这个隐患，而处理的办法就是找出墓葬，将墓里的土挖出来，再回填夯打，否则会影响工程质量。而找土坑墓最快捷方便的办法就是用洛阳铲。他们知道，如果找文物考古部门，要按操作规程办事，发现墓葬还得发掘，挖一座小墓少则两三天，大点的可能需四五天甚至一个礼拜。遇上有封土的大型墓可能要两三个月或更长的时间，势必造成建设工期的延误。工期的长短，直接影响企业的经济效益。所以他们干脆从洛阳请来了文物勘探队，把墓探出来，然后自己挖。这样一来，他们就可以放开手脚、大刀阔斧地干了。如果人多，300多座墓用不了二十天就能搞定。到时候，生米煮成了熟饭，临淄区也拿他们没有办法。

两醇工地位于第二化肥厂南邻，孙家庄与辛化路之间，是乙烯厂计划建设的甲醇和丁辛醇两个车间。工地上布满了用白灰标识的大大小小的墓圹。有的地方已开始施工，事态相当严重。

在施工现场，我见到了建设方的负责人和洛阳勘探队队长兰智立。我们向建设方阐明有关文物政策法令，要求他们暂停施工，待我们组织力量将墓葬发掘清理后，再交由他们施工。他们答应向领导反映。

兰智立把我拉到一旁，说勘探工作即将完成，探出了三百多座墓葬，其中有一座墓还探出铜片，估计墓中随葬有铜器。他发现没有文物部门的人在施工现场，怕担责任，就再三提请建设方要向文化部门报告。建设方也是冲着这座铜器墓，以为仅此一墓，耽搁不了什么时间，这才向区文化局报告的。

翌日，我们再到两醇工地时，发现施工并未停止，有的墓已经挖到了底，陶器碎片和填土搅和在一起被扬了出来。我发现制止无效，情急之下，便给山东省文化厅发了一封加急电报，反映齐鲁石化乙烯两醇工地发现大量墓葬，建设单位不听劝阻、强行施工、破坏文物的情况。山东省文化厅在《文化简报》上披露了这一消息。李昌安省长看到后，立即作了批示，请淄博市文化部门出面协调，妥善解决问题。接着市、区文化局来人，和我们就如何处理两醇工地墓葬问题与乙烯指挥部进行洽谈。会上，我们对1982年颁布的《文物保护法》第18—20条进行了阐述，并强调文物的不可再生性，希望建设方依法办事。对方则强调30万吨乙烯是国家重点建设项目，工期紧迫，如果不能及时完成任务，将会对国民经济造成不良影响。像我们用小铲子、小毛刷这样的挖法，猴年马月才能挖完，岂不耽误大事。双方激烈交锋，一时争持不下。“你们不就是要挖东西嘛，我们负责挖，东西给你们，不就行了。”还有：“你挖墓，凭什么要我们出钱？既然是我们出钱挖的东西，为什么要归你们？”凡此种种，不一而足，弄得我们啼笑皆非。我怀疑对方是为了缓和紧张气氛，故意制造噱头。由于双方考虑问题的角度和解决方法的不同，碰到一块儿，很难沟通，这是在所难免的。

毕竟有李昌安省长的批示摆在那儿，谈判总算没有破裂。几经拉锯，最后决定由山东省文物考古研究所和乙烯指挥部派员协商具体的解决办法，最后签订了包括两醇墓地、乙烯厂区六座大墓在内的发掘合同，问题得到妥善解决。

这时乙烯厂区建设工地的“三通一平”已经基本完成，只剩下几座大墓的封土像孤岛似的耸立在那儿。从整平的工地上分布着星星点点的灰土看，这里是一处居住遗址，在土地整平时被彻底破坏，损失已不可弥补。

（二）两醇墓地大会战

根据“既对生产建设有利，又对文物保护有利”的方针，山东省文化厅想工程之所想，急工程之所急，即刻调集了山东省文物考古研究所和部分地（市）、县的文物干部，共四十余人，组成了乙烯工程考古队，由张学海所长任队长，我任副队长，百数十人在两醇工地掀起了一场抢救发掘的大会战。民工们在文物干部的指挥下，镢刨锹铲，把土扬到墓外。原来地面上一个个标识墓葬大小范围的白灰框，慢慢地变成了一个个长方形土坑。墓越挖越深，墓旁的土越堆越高。远远望去，只见土堆不见人。当时正值六月，烈日当空，民工们个个衣衫湿透，挥汗如雨；他们只有在我们找寻墓壁或清理骨架和随葬器物时能得到片刻休息。文物干部们找墓口，清理骨架和器物，画图，照相，墓坑里爬上爬下，人人汗流浃背。在乙烯指挥部的密切配合下，经过将近两月的奋战，我们终于完成了两醇工地322座两周墓葬的发掘任务。由于墓葬保存完好，出土了一大批随葬器物。

万事开头难，虽几经波折，但毕竟打开了建设单位要事先会同文化行政管理部门在工程范围内进行文物调查勘探和发掘工作的局面。以后，齐鲁石化的乙烯排海管线、辛店生活区、研究院、中心医院、加温站等一系列新建、扩建工程都照此办理。

通过这场“官司”，《文物保护法》得到执行并深入人心，最终达到了“既对生产建设有利，又对文物保护有利”的互利、双赢结果。

从1984年开始到1996年止，临淄文物工作队进行了长达13年的配合基本建设工程的文物勘探和考古发掘工作，不分春夏秋冬，不论酷暑严寒，先后抢救性发掘了几十座大型墓和5000余座中小型墓，妥善地解决了文物保护和基本建设的矛盾，为临淄的基本建设让出大片建设用地，做出了应有的贡献。

现今，由山东省文物考古研究所编撰的《临淄齐墓（第一集）》（大型墓葬）、《临淄齐墓（第二集）》（两醇墓地）发掘报告业已出版。这些考古发掘资料对于研究春秋战国以及秦汉时期齐国丧葬制度和文化特征提供了重要资料。

四、“一枝一叶总关情”——忆临淄工作站建设

自1984年夏临淄齐鲁石化30万吨乙烯两醇工地发掘工作开始，配合基本建设工程的考古发掘一个又一个接踵而至，我们脚后跟打后脑勺，忙得不亦乐乎。

两年后，大量的出土文物把“文化大革命”前建的齐都镇旧工作站和1975年我们买下的东邻文化馆的房子塞得满满的。虽然在空地上又新建了10余间屋子充作库房，仍是杯水车薪，拥挤情况不见改观。

面对与日俱增的出土文物，建新的工作站一事已刻不容缓。为此，张学海所长曾亲自到临淄考察。是继续留在齐都镇，还是随大流迁到临淄区政府驻地辛店？在选址问题上，我们犹豫不决，甚至考虑了青州市老博物馆。

（一）柳暗花明

正当我们在选址问题上举棋不定的时候，淄博市人大、政协的领导到临淄检查文物保护情况，我应邀参加检查组。在总结会上，我谈了建新工作站的事，以及在选址问题上的矛盾心态。这也是

临时起意，想让他们帮着参谋参谋，毕竟他们当中不乏原先的市、区部门的领导，见多识广，点子多。这个动议一提出，立马成了会议主题。他们纷纷表态，认为工作站继续建在齐都镇不合适，最好的选择就是辛店。特别是在青州选项上，所有人无不表示反对，颇有《智取威虎山》中“老九不能走”的情景，并且表示会提供各种方便及最优惠的政策。诚恳热情的态度，让我十分感动，同时坚定了在辛店建站的决心。

临淄是两周时期姜齐和田齐的国都，又是汉齐王国的首府，蕴藏着丰富的、得天独厚的旅游资源。那几年考古发掘的河崖头的殉马坑、王青的排水道口、长胡同的城墙剖面，已成为游人的打卡地。领导们看在眼里，记在心里。他们知道留住一支文物考古队伍对未来开发临淄的旅游业有多么重要。

（二）市委书记赵志浩视察

就在我回济南汇报的那天傍晚，接到了临淄区文化局朱元政局长的电话，告知我市委赵志浩书记第二天上午要来视察临淄工作站，希望我能赶回临淄。应是文物检查组向市委、市政府汇报了我们要建新工作站的事。由于火车晚点，加上两次转车，我没能按时赶回工作站，错过了与赵书记的见面机会。后据朱局长讲，赵书记他们只是隔着窗户看了看，询问了一下建工作站的事，并交代他的秘书跟有关单位打个招呼，让他们支持。正是这个“招呼”，使我们在建站的过程中一路绿灯，顺风顺水。

（三）“逼上梁山”

工作站建什么样的，建多大，我们心中没数，也没有坐下来好好研究过，许多事情往往是随便一说，没有落到实处。但看菜吃饭、量体裁衣、有多少钱办多大事这个道理我们还是懂的。我们的腰包里，只有这两年在配合建设工程发掘经费中节省下来的区区几十万块钱，估计征完地后就所剩无几了。因此，无论是张学海所长还是我，想得都很简单：征 10 亩地，盖一座二三层、千数平米的小楼以解燃眉之急，待有钱了，再扩建。我把这个想法告诉了临淄区分管文教卫生的李荷兰副区长。

没过几天，她兴冲冲地跑来告诉我：“建工作站的报告已经报上去了。你去了济南，没找着你，我就和康寿美市长合计了一下，申报了 9 亩 9 分地（超过这数，就得向省里申报），四千平米的建筑。”听她这么一说，我一下就懵了，“哎”了一声，心里嘀咕着：“天呐！4000 平米，得花多少钱啊。”她看我神色有异，就赶忙解释：“占地多少是和建筑面积相关联，你要十亩地，就得有四千平米的建筑。这还是占着市里的指标呢。一步到位，我看挺好的。”挺好，可我上哪儿弄这么多钱？这不是逼我上梁山吗？可是，开弓没有回头箭，总不能把报告撤回来吧。我终于尝到进退维谷、骑虎难下的滋味了。这事不能怪别人，是我们不了解征地政策。我对自己的失态感到惭愧，于是说：“有条件要上，没有条件，硬着头皮也要上。先走一步看一步，不能一步不走就打退堂鼓吧。豁出去了!”她被逗笑了，一本正经地说：“当务之急，是把征地指标跑下来，把地征了，再说其他的。不过，审批的事，我无能为力。你得找康市长。”

第二天，我便到张店找康寿美市长，她派了她的秘书张雪梅陪着我往来于征地审批有关单位之间。没多费口舌，很快就把征地指标的审批手续办完，体验了一把“打招呼”的作用。

（四）选址

选址的时候，我几乎把辛店跑了个遍。最后，看中了辛六街与辛七街之间、晏婴路（辛八路）北侧那片地。这里不但交通方便，而且辛八路和乙烯生活区之间有一条东西向的高压输电线，附近不能建房。目前虽然是一片荒芜，日后将会变成一条百十米宽的绿色长廊。工作站坐北面南，前方有一个开阔的空间和优美的环境。不久之后，临淄区的一些重要机关如财政局、城建局、环保局……纷纷移建到这里。高压线一带的荒地，现在已经建成了美丽的“晏婴公园”，说明我的选择没错。

这片地当时属永流乡相家庄所有，其中有果园、菜地、粮田。我担心果园、菜地补偿款高，就选择了还杵立着玉米秆的那块粮田。

（五）中国速度

征地那天，由李区长出面，邀请了与征地有关的临淄区经委、计委、建委、国土局等单位及永流乡、相家庄负责人，开了一个见面会。我们介绍了建新工作站征地的相关事宜。李区长叮嘱各单位负责人各司其职，为征地提供方便。张学海和李传荣两位所长专程赶来临淄，对临淄区政府各级领导的大力支持表示感谢，并请大家吃了顿便饭。区委李延龄书记特地从其他的公务接待中抽身，就征地问题作了两点指示：一是征地费每亩不要超过一万；二是劳动力安置问题由区里安排解决，不要为难文物队。我当时正在为安置三个劳动力的事犯愁，李书记一句话，把压在我心头的石头搬开了。

饭后，我和文化局郑德新同志拿着准备好的征地材料和协议书出发了。他熟门熟路，所以整个过程一路绿灯，通行无阻。不过在协商地价时出了点小分歧。相家庄书记相宏德开出每亩12000元的价格，我立即用李延龄书记的话回应。他长叹一声，满脸无奈，把价格从12000元直降到了9000元。9亩9分地，才花了89100元，价格低得有点离谱，我也于心不忍，但鉴于当时的情况，只能说声对不起。不过，我答应他，将工作站围墙工程划拨给相家大队，算是小小的补偿。

当我们高高兴兴地拿着材料向李区长汇报时，她看了一眼，就对我说：“老罗，我们征用的是粮田，这上面怎么写成蔬菜地了?”我说：“粮田和蔬菜地一个价。”她说：“一样价没错，即便征用的是菜地，也要写作粮田。因为征用菜地必须向市里交纳蔬菜开发基金，这笔费用区里无权给你免除。你们两个再辛苦跑一趟。”当我们办完第二遍手续时，才刚好到下班时间，速度之快，可上“吉尼斯世界纪录”了。

（六）苏秉琦先生与临淄工作站

征地划界后，便是建筑设计。

随着形势的变化，我们摒弃了原来小家子气的想法，扩大思路，放大格局。张所长不止一次提到苏秉琦先生再三倡导建设“丛林”式考古“实验站”的设想。当然，房子和“实验站”是两码事，但它是“实验站”必备的先决条件。我们根据“实验站”收藏、管理、开放、服务等功能需要，向山东省建筑设计研究院提供设计任务书，并陪同设计人员到现场勘察。设计院给出了两个初步设计方案。我们选择了平面为大小两个方框相互衔接、上下两层的方案。建筑面积3700平方米，包括文物库房、修复室、整理室、标本室、摄影室、资料室、会客室、会议室、宿舍、客房等。楼外还建有传达室、伙房、车库和一排工具房，总面积将近4000平方米。工作站麻雀虽小，五脏俱全，从功能上应该能适应“实验站”工作性质的需要。

苏先生对临淄工作站的建设十分关心。1988年5月，在临淄召开环渤海考古座谈会时，得知工作站已经开工建设，他嫌看图纸不过瘾，非要到施工现场看看。1993年，中国考古学会第九次年会在济南召开，我陪同苏先生专程到临淄工作站视察，以了其心愿。

（七）贵人相助

地征下了，因资金问题，建站的事没了下文。这种情况一直拖到1988年。按当时政策规定，土地征而不用超过两年，国家有权收回另作安排。形势逼着我们把建站的事提上日程。我们抱着车到山前必有路、船到桥头自然直的心态，紧锣密鼓，加快了准备步伐。

我们先往建行存进了30万元，作为启动资金。

别人搞建设，都会成立个基建组；我们建工作站，就我一个光杆司令，而且没有经验，遇到事，连个商量的人都没有，不免有些惶惶然。考古所领导担心我独木难支，设法将淄博市文化局的魏成敏调到了考古所，并安排到临淄工作站。在重重困难面前，我和魏成敏两人迎难而上，同心协力，逢山开路，遇水架桥，想方设法克服了一个又一个困难，终于完成了考古所领导交代的任务。

说起来容易，做起来难。征地后至开工前，有许多工作需要做。比如建筑设计，物色建筑公司，征地测量，地质勘探，三通一平……有的工作我们做了，有的没做，其中最让人头痛的就是三通一平。

当时，这片区域尚未列入临淄区建设规划范围，还是一片未被开发的处女地，除晏婴路可用外，水和电都没通。我们征的这块地，不知什么原因，地面比四邻低了20—30厘米。开工建设的前提条件——“三通一平”除了路通，还需解决通电、通水和地面平整问题。另外，国家计划配给的钢材、水泥、木材等建筑材料与真正需求差距甚大，这个缺口需要补上；建设范围内还有一座中型墓和十几座小墓需要发掘。这一大堆难题都等着解决。

挖墓的事，我们自己说了算。说干就可以干，不算是事。

建设场地地势低洼，垫高场地需要寻找土源。如果垫高到与四周齐平，需要不少的土，这些土要到七八里外的南部山区去买，这是一笔可观的费用。虽然这可以包含在报价中，由施工方负责完成，但羊毛出在羊身上，掏腰包的还是我们，而且要凭空多付一份管理费。考虑再三，我们决定自己干。也是我们运气好，想睡觉时有人送枕头。正当我们要去寻找土源时，乙烯生活区的排污管道开建了。从管沟挖出的土堆成了高高的土垄，就在晏婴路南侧，近在咫尺！我们自然不会放过这大好机会。于是和管道建设方联系，经对方同意，我们便组织人员和车辆运土，让他们加班加点，多拉快跑，赶在管沟回填前把土拉足拉够。

后来又将工作站污水接驳进入排污管道。

电是从南面的乙烯生活区接的。分管水电的李忠明科长为我们出主意、想办法，让我们买了个接线盒，帮我们把电从电线杆上引入预埋在地下的电缆，经由高压线下的荒地，直通建设工地，连电线杆都没用。

不久之后，水也通了。

一阵忙乎，各项准备工作已经基本就绪，工作站建设终于开工了。

没有选择黄道吉日，没有举行奠基仪式，自然就没有喧天的锣鼓声，也没有震耳欲聋的鞭炮声，就这么静悄悄地开工了。

无论是钢材、水泥，还是木材，缺口都很大。这些建筑材料自由市场都不缺，遗憾的是，价格比计划内的高出不少。虽然只要有钱，这些都可以买到，但我们恰恰缺钱。

为了节省每一个铜板，我和魏成敏商量，决定向30万吨乙烯工程建设指挥部伸手求援。乙烯那么大的工程，从指甲缝里随便抠一丁点儿就够我们用的。

我们抱着试试看的心态，找了乙烯指挥部的费连弟指挥。我和他因两醇的事打过交道，有一面之缘。我们说明来意，希望他能伸出援手，帮我们一把。费指挥毫不犹豫地答应并满足了我们的要求。

当我们拿着批条去办手续时，办事人员的一番话让我们感到无比惊愕。原来他们的这些钢材也是从自由市场购进，用来和其他单位搞“互通有无”的。他们内部有规定，不能按进价卖，只能按平价加少许手续费。这无异于拿钱补贴我们。后来我们又找过费指挥几次，都是有求必应。有时候白天找不着他，我就晚上到他家找他。我和小魏脸皮薄，敲门时，举起了手却不好意思拍下，露出一脸窘相。

工作站建设开工不久，国家文物局在山东兖州开办的考古领队培训班给了山东省考古所一个名额，为期一年。我向张学海所长推荐魏成敏去。刚搭建的“草台班子”，又只剩我一个“孤家寡人”了。

最后一次找费指挥，是工程快竣工的时候，因安装楼梯扶手需要一些方钢。费指挥那儿当时没有，在费指挥办公室的一位客人问我需要多少，我说几百斤足够。那位客人说他那儿有。在我的记忆中，人家好像是白给，没要钱。

工作站建设耗资近 200 万，除了李所长向文化厅申请的 30 万，其余都是自筹资金。值得庆幸的是，我一直担心的资金链断裂造成烂尾的现象没有出现。

1989 年冬，新工作站终于落成了（图二）。与开工时一样，没有举行竣工典礼，没有喧天的锣鼓声，也没有震耳欲聋的鞭炮声，静悄悄地。

我们从齐都镇迁到了辛店，鸟枪换炮了！有人说，这是全国一流的工作站。这不重要，重要的是考古研究所从此有了真正属于自己的地盘，有了一处对外交流的窗口。

图二　1990 年春，作者在新建的临淄工作站留影

看着由我们经手建起的工作站，我倍感欣慰，觉得这两年的辛苦没有白费。

时光飞逝，如白驹过隙。不知不觉间，临淄工作站已过而立之年，祝愿她为山东的文物考古事业发挥更大作用。

写这些，绝无自我标榜之意。我一个人哪怕浑身是铁，也打不了几颗钉。我要强调的是，临淄工作站的建成，离不开地方政府的关怀与支持，离不开兄弟单位和朋友的无私支援与帮助，套用郑板桥的一句话：“一枝一叶总关情。”

（八）学术活动阵地

工作站建成后，常有一些国内外学者来这里参观访问，这里也成为学术活动的阵地。

经国家文物局批准，1994 年，我们和日本山口县土井浜遗址·人类学博物馆进行了为期三年的合作研究。我们利用临淄出土的与日本弥生人时代相当的周—汉人骨资料和日本西部地区的绳纹、弥生人骨资料，从人类学、遗传学和考古学等方面进行比较研究，探索他们之间是否存在人类学和考古学上的关系（图三），并出版了《探索渡来系弥生人大陆区域的源流（山东省合作研究报告）》。

图三　1993 年，作者与中国社会科学院考古研究所韩康信研究员、
研究生张雅军在临淄工作站人骨标本室留影
左：罗勋章；中：韩康信；右：张雅军

1993 年，在工作站举办中美古代陶器研讨班，学员来自部分高等院校及各省文物考古单位的专业人员。

1999 年，我们和德国波鸿鲁尔大学合作，以 1938 年日军拍摄、1975 年我国拍摄的临淄地区的航空照片和万分之一的地形图为基础，利用美国的 ERDAS IMAGINE 软件，尝试判释航片中的古代遗址和古墓葬。2000 年，我们出版了《中国临淄文物考古遥感影像图集》（图四）。

图四　1999 年，与中国历史博物馆馆长俞伟超先生在临淄工作站翻阅临淄遥感资料留影
左：罗勋章；右：俞伟超

2003—2005年，北京大学在这里举办了考古与博物馆学研究生课程培训班。

……

五、三进河崖头

（一）临淄东周殉马坑——我的“处女作”

1964年秋，小城北墙探沟发掘工作结束后，我就和张学海、白云哲、赵春生等人，到齐故城东北隅的河崖头村抢救性发掘四座带墓道的大、中型墓葬，这也是队里首次安排墓葬发掘。

想到墓葬或多或少会有些随葬品，我们的心情难免有些激动，希望旗开得胜，马到成功，结果事与愿违，乘兴而来，败兴而归。墓葬悉数被盗，无一幸免，随葬品所剩无几。将近两个月的付出，打了水漂。

工地结束后，我奉命继续留在这里，清理村西水渠北侧几个已经暴露地表的马头。挖墓时，我就去看过，没把它当回事。

地表可见三个马头，东西排列，头北面西，井然有序。破碎的马头后面还有数量不等的颈骨，马身已经荡然无存。从现场情况分析，这些马头不是随便遗弃，而是有意埋葬的。我猜测它们原本是完整的个体，因为修渠取土遭受破坏，变得残缺不全。因此，我们首先要做的不是急着清理残存的马骨，而是要搞清楚它的范围。

于是，我找了两个原先跟我发掘墓葬的青年做帮手，将马骨周围的浮土清理打扫干净，终于找到了马坑的南、北两壁。东边是路，南面是水渠，由于地势西高东低，以及水渠与马坑渐渐拉开距离，所以十几米后，南排马也和北排马一样保存完好。马坑继续向西延伸，我们先将大部分填土清除，只留下不到0.3米厚的坑内填土，方便清理。

所谓“清理”马骨，无非是将覆马骨的泥土清除，剔出骨架。清理马骨虽然是一门技术活，但并不难掌握。手铲、竹签、毛刷三种工具加起来不足半斤重，只要在不损坏、不移动马骨架位置的前提下，使用上述工具，尽可施展铲、切、刮、削、剔各种手法。庖丁解牛，熟能生巧，待清理了几具马骨之后，我们已经得心应手、运用自如了。我们蹲在地上，低着头，面朝黄土背朝天，日复一日，干着同样的活，清理了一具又一具，就像镌刻一件件浮雕作品。剔除积土，只留骨架下的土作为支撑，马骨浮凸于坑底，成为别具一格的半立体雕塑。我们不断清理、后退，眼前的马骨架不断增加，马坑也初见端倪。我的兴奋之情无以复加，发掘墓葬时的那种沮丧一扫而光。

这是个有劲使不上的活，看似轻松，其实不然。蹲得时间久了，一旦站起来，就会因体位改变而感到天旋地转，头晕眼花。所以，每工作一会儿，就要站起来活动活动手脚。“四有”工作的主要任务是勘探，培养的是探工，没有发掘技工，所以发掘工作中凡事需自己动手。后来越清越多，用洛阳铲一探，竟然还有二十多米。这时已是 12 月中旬，即将到来的数九寒天会对清理工作带来极大的不利。到 1965 年元月初，马坑的清理工作已经接近尾声，我开始安排绘图、照相事宜。绘图无人代劳，就得自己上阵了。在学校实习时，我画过探方和墓葬图，都是小打小闹，与绘制马坑遗迹图相比，就是小巫见大巫。面对 54 米多长、5 米左右宽的马坑，无异于老虎吃天，不知从何下口。虽然束手无策，可又抹不开面子去请教别人。再者，绘制这种巨幅平面图，恐怕也没人经历过，不一定能提供什么好办法。我只好独自一人苦思冥想。

一天深夜，炉子灭了，我被冻醒，睡不着觉，就琢磨绘图的事儿。皇天不负有心人，终于让我想出了办法。第二天，我早早起床，准备好绘图所需用品。到了工地，拉了两条东西向、相距两米的平行基线作为纵坐标，固定不动；又拉了一条与东西基线垂直的南北向基线作为横坐标，可以移动。我们要画的是马坑的平面图，也就是正投影图，都是边测边画。我用这些基线作为坐标轴，配合钢卷尺，用“直角坐标法”将马骨的关键点按比例落在图纸上，由点连线，画出整个骨架的图形。我左手端着图板，右手拿着铅笔、卷尺，为了使关键点落点准确，常踮着脚尖，探着上身，伸长脖子，俯视测点。因重心落在脚尖上，身体容易发颤，稍不小心就会踩到马骨架上。一天下来，我便累得腰酸背痛腿发胀。末了，又让张其海帮我画了一段。

北面殉马坑残长 54 米，殉马 145 匹。马匹是被杀死后，趁着还未僵硬时，被人按统一的姿势（头朝外，昂首，前左腿压在前马身上，后腿微曲，作行走姿势）分前后两排自西向东摆放的。一眼望去，百余匹马昂首阔步、步调一致、一往无前的态势，就像是在接受检阅一样，场面十分壮观。

然而马坑的西端并非终结，而是作 90° 拐弯向南延伸。经勘探，南北向马坑的长度竟达 75 米（1972 年春我们在发掘郎家庄大墓时，曾分兵发掘了这条南北向马坑南端的一段 30 米长的区域，清理出殉马 83 匹）。

河崖头村，故老相传是“齐王家庙”，我认为这些马匹是祭祀用的牺牲。

后来经调查、勘探证实，殉马坑中间是一座长、宽 20 多米并带南墓道的甲字形大墓。殉马坑东、西、北三面是相连的“冂”字形，边长 75 米，总长约 225 米。按已发掘殉马的密度计算，全部殉马当在 600 匹左右，足可装备 150 辆战车，由此可见齐国国力之强盛。这是一座空前绝后、举世无双的殉马坑。

发掘接近尾声时，队领导决定在殉马坑上盖个简易棚，暂作保护，准备将来申请经费，建一个殉马坑博物馆，向世人展示。盖大棚时，我们找了村里的泥瓦工，并且全队人员齐上阵。大棚苫顶时天气突变，刹那间彤云密布，朔风渐起，纷纷扬扬下起了漫天大雪。一瓣瓣的雪花成簇相拥，飘飘洒洒，像鹅毛般铺天盖地，近处的村庄一刹那间一片寂静，视线所及，只有我们一群热情如火的年轻人还在为盖大棚保护殉马坑奋战着。

对生长在八闽大地的我来说，冬天是温暖如春的。“燕山雪花大如席”“六出飞花入户时，坐看青竹变琼枝”都是从书本上看到的，没有感性认识。所以我第一次见到雪，那种高兴劲儿无以名状。一种好奇心引发了我的孩子心性，于是情不自禁地放下手中的活，开了会儿小差。看着空中漫天飞舞的雪花摇摇晃晃沿着S形路线飘落时，我伸手将它托在手中，想看看它的“六出”形状。可正当我把手移到眼前想看个明白时，雪花已经消失，留下的是一股穿心的凉意和一汪清水。我张嘴伸舌想接住雪花品尝它是啥滋味时，它又被鼻子呼吸的气流吹走了……

收工时，大地已经是白茫茫一片，道路已被大雪覆盖。回家的路上，深一脚，浅一脚，左一歪，右一晃，跌跌撞撞，身后留下一串脚窝。回到驻地，浑身上下已是湿漉漉的，棉鞋成了雨鞋。也许是由于兴奋，我觉得下雪并不像我想象的那样冷，甚至怀疑我精心准备的防寒衣物是否有点多余。

从临淄城出发到河崖头村，走近路，全程3.5公里。大家都是步行上下班。不算不知道，一算吓一跳，我在河崖头干了将近三个月，就这样徒步往返近千里。

理想很丰满，现实很骨感，由于“文化大革命”干扰和其他一些原因，建殉马坑博物馆的愿望化作了泡影。这座由我发掘出来的东周殉马坑，最终又经我的手填埋了回去。1972年挖的西面南段30米殉马坑，盖棚保护一年后也遭到了同样的命运。回填时，我心里五味杂陈，很不是滋味。为了保护马骨和方便日后清理，在马坑中，先铺了一层沙子。希望它们还有重见天日的一天。

1983年，西侧南段马坑再度被发掘面世，由淄博市拨款建成了临淄东周殉马坑博物馆，成了游人的打卡地。

（二）冰火两重天——考古人的艰辛

河崖头殉马坑墓在1972年“农业学大寨”平整土地时遭受破坏，当年秋天，在发掘完郎家庄墓后，我和张学海、袁明对该墓进行抢救性发掘。为了安全和工作方便，从发掘开始，我和袁明老先生就住在墓旁马坑边架设的帐篷里。三九寒冬，北风呜呜作响，帐篷顶呼扇呼扇上下起伏，每晚睡觉前，看着冰冷的床，就会情不自禁地打个寒战，连钻进被窝都要有莫大的勇气。到了夜里，又常被冻醒。一早起来，仰头就能望见床头上方的帐篷顶凝结了一层硬邦邦的白霜，这是我们口鼻中呼出的水蒸气遇冷发生的凝华现象。到了中午，气温升高，白霜又融化成水，滴在床上。

一天凌晨，电灯忽然灭了，我们都以为停电了，没在意，天亮后才发现电线被小偷割走了。我跟老袁开玩笑：“幸好割的是电线，如果是人头，咱俩就玩完了！”老袁幽默地说：“电线能换钱，你听说过有买人头的吗？”

这座墓当年未完成发掘，第二年开春接着干，参加发掘的有我、王树明和苏玉琼三人。苏玉琼是女同志，住在老乡家里，我和王树明住帐篷。没多久，王树明因病回了济南，只剩我一人住在帐篷里。夏天，暴露在烈日下的帐篷就像蒸笼一般，根本没法待，只有午夜过后，温度稍降，方能进入歇息。这时我就搬个马扎，坐在旷野里纳凉，仰望天空，展开想象的翅膀，天马行空，浮想联翩，想着关乎墓的一切，幻想奇迹发生。夜晚静得出奇，除一两声狗的吠叫之外，就剩下鸣虫的叫声。比之去年，一样环境，两种季节，经历的却是严寒与酷暑的考验。

我不怕鬼，但怕坏人。帐篷离村子有百来米，为了安全，晚上睡觉前我都会把帐篷门系死，床边放一把小镐，以防患于未然。

这几个月我们都是凑合过的。虽然在帐篷旁垒了个炉子，锅、碗、瓢、盆，菜刀、案板，油、盐、酱、醋，样样齐全，却很少发挥它们的作用，一日三餐都是将就着吃。炉子的主要功能就是烧水。

这次出发，时近半年才回到济南。在家门口，遇见一个小女孩，两人大眼瞪小眼，谁也不认识谁。当同事吴文祺的母亲告诉我，她是我的大女儿罗鹭凌时，我紧紧地抱着她，流下了愧疚的辛酸泪。

六、齐长城调查

（一）我与齐长城有约

20 世纪 60 年代末的一个夏天，我去长清出差，查看国家重点文物保护单位孝堂山郭氏祠的保护情况，回程时绕道到石窝村看一下莲花洞石窟。

看了郭氏石祠，吃完午饭，就要往回走时，陪同我的县文化馆祝志诚馆长，冷不丁地对我说："往前五六里地便是齐长城，你不想去看看?"我参加工作以来，几乎都是待在临淄，难得出来一趟，趁此机会能多看一点是一点。"咋不早说。不看白不看，搂草打兔子——捎带的活，你头前带路。"说走就走，调转车头，朝着长（清）平（阴）路继续南去。

没多久，就发现长平路西，东西横亘着一道断头土墙，西面是一片汪洋似的洼地。成群的野鸭在水中游弋，水鸟在空中盘旋，或定格在半空，注视水面，寻找食物，不时发出悦耳动听的叫声……这片水域简直成了鸟儿们的天堂。波光粼粼的水面，蓝天白云和展翅飞翔的鸟儿，组成了一道美丽的风景线(后来才知道这是《水经注》中提到的"济水右迤，遏为湄湖"的湄湖)。我们停下车，默默地凝视着眼前的一切，好半天才把目光收回，注视平地隆起的那段不高的土墙。我猜想它应该就是齐长城的残垣了。果不其然，一旁静默不语的老祝抬手指着那段土墙说："喏，这就是齐长城了。"

这段墙的长度将近 100 米。来看齐长城，毕竟是临时起意，没有提前做功课，所以齐长城在我脑子里是一片空白，老祝自然而然就成了解说员。他说，这段城墙，当地老乡都称之为防头或岭子头，至于为什么这么叫，他也搞不清楚。我们边走、边看、边聊，绕着这段夯筑的"断头墙"走了一遭。

1991年夏，当我再来调查时，这段土筑长城犹在。只是西面的水洼已经消失得无踪无影，变成了一望无际的农田，在城墙西端又凭空多了个直径约20余米的大口井。我们的同志，曾站在长城的尽头，作为参照拍过一张照片。1996年，泰安5位退休老干部在调查齐长城时，这段城墙已经荡然无存。这口大井几乎成了齐长城起点的标志。如果在这里再出现土墙，肯定是赝品了。

长平路以东的长城，远没有路西的保护得好：大部分已被夷平，变成了耕地；有一部分因修路，被劈去大半。从残存的剖面可以清晰地看到厚度约15厘米、云片糕似的层层叠叠的夯层。土筑长城向东直至陡岭山下，沿着山坡向上修筑。我让老祝留下看车，独自爬上了山。这是一座乱石山，土层很薄，城墙多用石块垒砌，也有部分是土石混筑。

我在这里停留了个把小时，流连忘返，如果不是还要看莲花洞石窟，我定然会翻过山去看个究竟。

我恋恋不舍地告别齐长城，同时许下诺言，总有一天，我要用我的双脚来丈量齐长城的长度。不过，这个承诺直到20年后才付诸实践。

（二）齐长城调查

长城是战争的产物，是冷兵器时代有效的防御手段。齐国是中国历史上最早修筑长城的，纵横家张仪和苏代，都把齐长城同天险济水与黄河等量齐观，说明它的防御作用不容置疑。齐长城开创了修筑长城的先河，在中国长城的发生、发展史上占有重要地位。

从长清回来，我便开始关注齐长城，收集有关齐长城的资料和信息。然而令人遗憾的是，齐长城竟然不是重点文物保护单位。

关于齐长城，虽然在方志中不乏记载，但是由于齐长城分布在18市（县），资料比较分散，涉及的内容多是行经路线。即便如此，方志记载也往往惜字如金，寥寥数语，或者因未做实地踏查而语焉不详，有的甚至是臆说。

齐长城的资料寥寥无几，用少得可怜来形容一点不为过。直到1979年才见到刚出版的两篇研究文章。一是张维华老先生的《中国长城建置考》一书中的《齐长城》；一是王献唐老先生刊载在《社会科学战线》的《山东周代的齐国长城》。前者主要依据文献资料，应属于考据范畴。后者是文献资料与实地踏查相结合，属于考古学范畴。因为只做了局地踏查，所以留下些许缺憾。

1977年，齐长城虽然被颁布为山东省级文物保护单位，但是被保护的仅仅是“沂水、临朐、莒县三县交界区”，而不是长城全线。虽然大部分市（区、县）都把齐长城颁布为本地区的文物保护单位，但都是牛王爷不管驴的事，各管各的。作为省级文物保护单位，山东省文物主管部门并未对其做一次全线踏查，因此缺少能反映齐长城全貌的资料，从而影响了齐长城研究的深入。

1983年我和胶南县的王京东，参加了在承德市滦平县召开的全国长城保护工作会议，国家文物局副局长黄景略答应提供齐长城调查经费。所有这些，更加坚定了我踏查齐长城的决心，准备在条件成熟时付诸行动。

然而，由于种种原因，从“而立之年”许下的诺言，直到“知天命”时才得以实现，其间经过了整整20年。

我原本划分两步走：第一步沿齐长城全线粗略走一遍；第二步在第一次踏查的基础上，拣重点进行勘探或试掘。

1991年7月22日，我终于履约，作为一个探路者，与王会田、张中、张子晓、齐炳学一行五人从临淄出发，登上了踏查齐长城的征程。齐炳学开车，张中照相，王会田、张子晓记录资料，我标图。我随身带着1969年航拍、1972年绘制出版的等高线地形图的复印资料，在读图时，便发现有些地方有文字注记的“长城岭”，或表示长城的图例符号。在踏查中，我又发现，但凡做了这些标注的，都是保存较好的齐长城遗址。有些长城岭成了以后行政区划的分界线。这份地形图为我们齐长城踏查提供了极大方便。图中有道路、村庄、河流、山岭、高地等地形地物，我们将齐长城所经标注在地形图上，绘制出了第一份比较准确的齐长城行经路线示意图。

踏查是从沂水穆陵关开始的，而不是从齐长城起点长清的防头。

一开始，大家都高兴无比，终于换了工种，用不着成天在墓坑里爬上爬下，和死人打交道。本以为可以借机游山逛景，没承想，事与愿违，长城所经，大部分都是乱石山，只能说游了山，却无景可逛。

夏天的太阳就像悬挂在天空的大火球，云彩躲得无影无踪，大地像蒸笼一样热气腾腾，使人喘不过气。行军壶装的水，早被喝了个底朝天。喉头像着了火似的冒烟，想找个地方补点水，可是这荒山野岭，鸟不拉屎的地方，哪来住家。

好不容易熬到中午，下山返回大关镇吃饭。下到山脚时，偶见一坑清水，大家纷纷跳到水里，双手捧水拼命喝了起来，大有不把这坑水喝干不罢休的劲头。“别喝了，水里有虫子！”正当大家喝得高兴的时候，不知谁一声断喝，把大家吓了一跳。他鞠水送到大伙眼前，看到水里几只线头粗细、1厘米左右长、有点像鱼虫那样的红色小虫子，在水里一屈一伸蠕动着。大家都愣在当场，由于惊吓，张大的嘴巴半天没合拢，表情相当精彩。事发突然，我也吓得不轻。原来这不是山泉水，而是前些天下雨遗留的积水，所以水里生虫子一点也不奇怪。我思忖了一下说，这些小虫子进入胃里，应该会被胃酸杀死。大家半信半疑。一连两天，大家平安无事，才放下心来。

在胶南县，博物馆馆长王京东设宴招待我们。可能吃了过顿的蛤蜊，张子晓半夜上吐下泻，肚子痛得厉害，大家一阵手忙脚乱，把他送到县医院打了一瓶吊针，直到天亮才回来。

在调查齐长城的日子里，我们每天都是早出晚归，翻山越岭。午饭后稍事休息，又踏上新的征途，抛却了疲劳和困顿，挑战着体能的极限。快乐往往藏在辛劳之后，每当回首看着走过的那段长城，发现我们离终点又近了一点时，疲劳消散，随之而来的是无比的快乐。

经过近一个月的拼搏，我们终于完成了齐长城的踏查。

这次齐长城调查的成果，大致有如下几点：一、通过踏查齐长城，基本弄清了它的行经路线，首次绘制了较为精确的齐长城走向图；二、齐长城筑造，因地制宜，就地取材，无一定之规，或用土夯筑，或用石垒砌，或土石混筑；三、在临朐、沂水、安丘、莒县发现南、北两道长城，从临朐桲椤腿村南的520高地开始，北道往东北行，经临朐、沂水、安丘，南道往东南行，经临朐、沂水、莒县，最后在莒县杨廷官庄西山汇合。南道长城未见著录，即便给我们提供线索的马玺伦馆长也是听人说的。

遗憾的是，齐长城调查只走出第一步，由于种种原因，第二步终究没有迈出去。

齐长城就如一条长龙躺卧在崇山峻岭之中，随着山势，曲折回环，起伏不定，绵延不绝，气势磅礴，令人叹为观止。历经两千多年的风霜雨雪，风吹日晒，石墙多已坍塌，土墙则被夷平，变成了耕地，或断或续，这是历史的必然。但齐长城作为齐国人民聪明和智慧的结晶，它所展现的饱经沧桑的残缺之美，就像断臂维纳斯一样，给后人留下了无限遐想的空间。

齐长城踏查结束后，我曾撰写了一篇《齐长城考略》，并携此稿参加1991年“纪念城子崖遗址发掘六十周年国际学术讨论会”。会后，我觉得《考略》一文与会议主旨不符，于是在讨论会文集出版前，换上另外一篇论文。

（文字录入：罗鹭凌）

从事文物考古工作的开端

朱玉德

（齐文化博物馆）

山东是文物大省，无论从中国历史进程还是考古学本身的发展来看，山东地区都占有非常重要的地位，此地向以“齐鲁之邦”著称，且地下、地上保存有丰富的物质文化宝藏。为了摸清地下文物遗迹的分布状况，考古工作者先后对临淄与曲阜两都城开展了大规模的考古钻探及发掘工作，均收获许多新的成果，为今后的文物保护打下了坚实的基础。

一、田野考古第一步——临淄桓公台钻探

记得1965年春，我很幸运地与考古结下了不解之缘，成为一名钻探工。齐国都城的普探和发掘始于1964年5月，当时山东省文化局临淄文物工作队在临淄正式成立，队部临时驻扎在临淄县城城里东西大街，东门大队一家于氏散闲民居四合院作为队部办公地点。队长是国家文物局、北京大学考古专业毕业的学者和山东博物馆文物组的杨子范先生，成员有张学海、蒋英炬、罗勋章、张其海等，还有从各地市调来的文物干部：泰安郑甦民、临沂刘心健、栖霞李元璋、益都（今青州）杨志忠、曲阜赵春生、莱西王明芳、嘉祥朱锡禄，还有钻探大师马老师培养的新学员刘大成、杨军、冀介仁、徐士杰、袁敏、秋中桂、吴宝宗、于迎春、王秀云、郭美华、齐志江、齐成军、贾秀云、贾若文等。因齐故城的钻探时间紧、任务重，1965年春又补充了部分钻探人员，我就是补充的二批学员之一，被编入蒋英炬老师的钻探组。该组记录员为冀介仁，四名熟练工为吴宝宗、徐士杰、袁敏、王秀云女士，新编学员崔来庆、滕文远、崔水源和我四人当天就正式上岗工作了。这个小组的工作任务非常艰巨，目标是桓公台探区。

桓公台探区位于齐国故城宫城地段，中部有一高台，当地人称梳妆台或梳洗楼，县志上记载为汉代“环台”，由于唐代时期上建桓公庙，所以又称桓公台。实际上桓公台的真实面目是齐国都城宫城楼台亭阁的一部分，周围分布着大大小小的夯土建筑址计16处。

钻探第一天，我们就遇上故城“金銮殿”的旧址，文化层2—3米，考古钻探竟在砖瓦堆上摆开了战场，一个小探区100米×100米，每隔10米一排探孔，一排隔10米打一探孔。老技工一带一，帮助我们辨认文化层堆积的遗迹。初次上岗的学员钻探姿势不正确，探孔打不直、打不圆，遇上地层中的砖瓦片就探不下去。熟练的老技工已掌握了钻探的技巧，古建筑堆积厚的地段，开口打圆，壁要直，孔径大于铲口径，一米以下利用探铲惯性，钻探起来更有力。我们这些新探工工作不到半天，手上便磨起血泡，浑身流汗，带队的老师看到此状况就鼓励我们要沉着找窍门，慢慢摸索钻探工作的技巧。袁敏学兄是我的启蒙老师，他凑到我跟前说，考古钻探工作看起来简单，有力气就能干，但其实是有窍门的。开始姿势要端正，两手要协调，碰到砖瓦块儿时，不要打对口铲，要一个方位用力打，直到打碎一半时，再打另一面，自然就好打了。由于他教的钻探方法对头，不到一天，我打起探孔就顺劲了，干起来轻松多了。钻探工作虽然劳累，但精神上非常愉快，这是我踏入考古工作的第一步。

二、商王庄墓地的探掘

齐国都城南耸立许多像山丘一样的古墓，无封土墓可以说遍地都是。而商王庄墓群是地面以上现存的大型古墓，其中一座有封土的大墓，传说是孙武之子孙欣之墓，临淄方志中记载了这座墓葬。但传说是否真实可靠，只有考古发掘方能给出答案。不过这片墓地曾多次发现许多珍贵文物，这是不争的事实。1964年，商王庄刘长圣之妹上十冢拾柴时发现一件稀有的战国铜镜，直径29.8厘米，镜背面装饰华丽，金银错，镶嵌绿松石，还嵌九枚银质乳钉，饰云纹，错金丝，制作华丽，图案严谨，是战国铜镜中难得的艺术珍品。

这件战国铜镜经过一番辗转，后被移交到山东博物馆。山东省临淄文物工作队得知此信息后，就派工作队的王明芳老师带领我们几位学员到商王庄西墓地进行大面积钻探。我们发现这处墓地规模很大，地下埋藏着大量古墓，并且在钻探中发现一组古墓，非常密集，可能是有血缘关系的家族墓。另外还发现一特殊现象，即其北边和东边有两个圆形坑，距墓圹很近，由于当时有疑惑，就现场进行了发掘。去表土后，找到墓口，发现墓圹与探孔相距15厘米，墓北端和东端是两个盗洞，盗洞开口仅靠墓壁，可见我们大白天的钻探还不如盗墓者晚间打的盗洞准确。

该墓将要清理完毕时，盗洞中出现新问题，北端的盗洞发现一具人骨架，似乎蹲坐的样子，这个资料很重要，王明芳老师就现场分析并记录到发掘资料中。王明芳老师和我们凑到一起解释说，像这样的现象应是盗墓团伙之间起了贪心图财害命，上边的同伙拿到东西后，便填上盗洞，因此发生了这样的悲剧。王明芳老师精彩的分析是合乎情理的，好像给我们上了一堂生动的考古业务课，这些典型的资料应该记录到考古资料之中。

我们在这处古墓刚刚取完资料，突然感到墓内摇晃，一时人人头脑混乱，个个惊慌失措。王明芳老师也发现了摇晃的现象，这时我们脚下已经站不稳了，双手扶着墓壁。墓上边的人大声说是地震了，要我们赶快上去。好在不一会儿就风平浪静了。我们几个人从墓坑中爬了上来，感觉有些后怕，若是墓壁塌陷，我们几个人也成了墓主人的殉葬者。

三、曲阜鲁故城考古之行

1977—1978 年，我省文物考古工作者转入曲阜鲁故城遗址发掘的年代，工地主持人山东博物馆文物组（山东省文物考古研究院前身）张学海先生提前筹划，比如人员的调集、工具的筹备、食宿的安排等都已到位。这次发掘共分为三个段落，重点是大面积的钻探，以及必要的发掘和资料整理。我作为鲁故城考古工作组的一员，起到一个螺丝钉的作用，在老师们和有关学者们的引导下，学到了许多考古工作的基础知识，在人生道路上调整了前进方向。

到达曲阜鲁故城的第二天，就开始进行鲁故城城墙形制、宽度及拐角形制的勘探。地面以上存在的城垣段落比较简单，探出宽度和深度就可以了。鲁故城城垣一部分保存较好，但大部分城垣早已消失得无影无踪，甚至已有建筑物压住了故城的城垣。东城垣颜子店村附近大约 500 米长的地段，古城墙直接筑在砂土层上，类似临淄齐故城东城垣的筑法。为此我向张学海先生请教，他说：夏商时期就出现了类似城墙的例证，我们的祖先早就总结出了砂层上能承载大型建筑物的原理，鲁国故城可能吸取了《周礼·考工记》中的筑城方法。可见张学海老师对发掘古代城垣经验相当丰富，建筑资料翻阅得多，因此才能得出合理的解释。

追踪鲁城垣时发现，东、西、北三面城垣均有外凸的现象，尤其中部比较明显；城角不是直拐而是作圆弧状。我们感到很奇怪：是否钻探记录出现了问题？又回头复探发现，东、西、北三面城垣皆相同。这可能与国情有关：受传统文化的影响，齐、鲁两城出现差异。因地形和河流的关系，齐国城垣出现 24 个直拐角，而鲁城出现的外凸现象是受到周文化的影响，按周礼的模式而建。张学海老师的分析则另有独到之处，他认为这种建筑模式巡逻城垣时容易发现城外敌情，而临淄齐城直拐角有很大弊端，城外的敌军容易隐蔽，张先生的分析非常到位，不愧为专家。

鲁故城望父台墓地的墓葬形制和随葬品分甲、乙两组，呈现出截然不同的风格。一种墓有腰坑，随葬器组合中有豆，而另一种则都没有，这是值得关注的现象。发掘者推断这可能是代表两种不同的族属，即周族人和当地土著。乙组为周人墓，而甲组呈现商墓的风格，应是当地原有的居民墓。

在鲁故城北城垣解剖探沟时发现，第一期的城垣内外有早于一期城垣的文化堆积，遗物极少，从文化层叠压关系上分析，应早于第一期城垣。这为追溯古文献记载的古奄国曲阜说提供了重要线索。

《史记·周本纪》裴骃集解："郑玄曰：奄国在淮夷之北。"淮夷在滕州市一带，奄既在淮夷之北，对应的位置应在曲阜。《后汉书·郡国志》云鲁国为"古奄国"。《括地志》也记载曲阜县奄里即奄国之地。甚至近代学者认为洙、泗交汇处为古奄国之地。参考古文献记载，城垣一期内外早于第一期城垣的文化堆积应为商代晚期的古奄国遗存。那么周公旦之子伯禽之所建鲁城，是在古奄国旧址上起建的。

对鲁故城发掘资料的整理，是在1978年夏天。工地收工后，在张学海老师安排下，我们把所有发掘的实物资料，按工地顺序、发掘单位、地层顺序、墓葬随葬品编号等摆在大厅内。张学海老师请北京大学考古系著名专家苏秉琦先生和邹衡先生来曲阜考古工地指导资料整理工作。

苏先生走进标本室就坐下了，我们几个负责按单位把标本放在桌子上，请苏先生观看。但苏先生并不看，他用手一摸就能说出标本的年代。当时我感到很惊奇，难道苏先生是神人？如今才理解，不同时代，陶器材质有别，纹饰的发展也有一定的规律，如夹砂陶器与泥质陶器烧造的火候都有区别，实物见多了就能总结出器物发展规律，但这需要丰富的经验才能做到。邹衡先生则不同，他眼睛特敏锐，在标本厅里粗略看了一遍，肯定地说："你们这标本厅没有一片是商代的遗物。"

两位教授渊博的学识让在场的人肃然起敬，至今令我难以忘怀。

四、难忘那份情谊

自我参加考古工作开始，就与山东省文物考古研究所（院）结下了不解之缘。在各级领导及老师们的关心下，我从农村正式步入考古行列，这是我一生中最大的转折。尤其是历任所领导对我工作的支持和帮助更使我没齿难忘，尤其是张学海所长与夫人闵大夫为了给我儿子看病，跑遍了省城各大医院。在我最困难的时候向我伸出了援助之手。我每次去济南出差，罗勋章老师和谢月英老师家成了我的饭店，他们的盛情接待让我终生难忘。还有就是我退休后进行齐文化陈列，郑同修所长也伸出援助之手，帮助解决文物缺失的困难。总之，山东省文物考古研究所（院）的全体同事都十分热情和友好，这是我一生中珍贵的精神财富。

回眸昔日的摄影时光

冀介良

（山东省文物考古研究院）

“悠悠岁月，往事如烟”——恍惚间山东省文物考古研究所（院）已成立四十周年。时间过得真快，当年的老同事也已先后离退而去，如今多已物是人非了。

但事物总是不断向前发展，多年来所内各任领导及全体职工共同努力，如今终将省文物考古研究所打造成一个省直院级科研单位，实为可喜可贺。此时此刻，宛如回到了令我梦萦魂牵的那个岁月，昔日的景象仿佛又在我脑海中浮现出来。

我于 1982 年春末调入所内担任文物考古摄影工作。那时正值 80 年代初期，国内摄影技术还处于传统过渡阶段，国家还未在大专院校开办摄影课程。而当时任职的摄影工作者多半也是经过间接培训即直接上岗。当时，既能拍照又能暗室工作的专业人员较少。

其实我来考古所与早年的机缘巧合有关，青少年时期，我考入的电力专业学校因国家处于困难期间而下马停办。之后山东博物馆因工作需要从街道居委会招收两位青年进行专业培训，其中一位学习模型制作，而我则随父学习摄影。在此期间，我参加了博物馆西院库房的文物摄影和大量暗房工作。在随后的年月里，又多次参加了省、市政府部门主办的各类摄影展览，并参与摄制了大量的展览图片。例如：1963 年山东省委主办的庆祝建国十六周年山东建设成就展览，1964 年山东省阶级教育展览会，1967 年济南军区主办的王杰、王士栋、刘英俊、李文忠四位人民解放军英勇事迹展览会，等等。

“文革”后期，我离开省博物馆进入无线电行业。1974 年参加了山东省电子工业局主办的新技术新产品展览摄制工作。那时我在企业担负着厂内产品设计拍摄任务，并建立了自己的摄影工作室，而且自学了美国纽约摄影学院上、下两册教材全部课程。

1975 年，我又接受济南市政府宣传部知青办公室的邀请，分赴曲阜、兖州、泗水、邹县等拍摄上山下乡知青劳动、学习、生活等采访活动照片，并有多幅作品在济南职工俱乐部和大明湖公园展出。上述摄影实践活动的磨砺，为我日后的独立摄影工作打下了坚实基础。

那时我入所之后的当务之急，就是尽快建立考古所自己的摄影工作室，为下一步工作开展创造条件。记得考古所的第一任所长是杨子范。在他的带领下，本所的考古事业不断向前推进，成为我省考古战线的一支有生力量，为后来的继续发展奠定了良好的基础。

回想那时的办公条件十分简陋，办公地点起初是在省博物馆的一座仅三层高的楼房内，两家单位共同使用。由于房间不多，照相室只能设在三楼最东段的一间约15平米的房间内，而暗室就设在隔壁一间停用的由厕所改造而成的小屋内，房间不足6平米。虽然房间狭小，但总算有了工作场所，为下一步筹建工作带来了信心和动力，下面将初建过程叙述如下：

一、发挥自创精神，完善设备要求

1. 20世纪80年代初期社会物资匮乏，生活购物票证还未完全取消，国家处于百废待兴状态。国内的照相器材厂商还处于传统模式生产中，产品笨重而粗糙，缺乏门类产品的创新。尤其是文物摄影使用的器材更是稀少，例如拍摄文物时用的衬景、卷轴以及卷轴用的承重板架都要自己想法解决。有些专用器材如果买不到，只能发挥主观能动性去创造。例如“反光灯”和“透光灯”，即通俗讲的“反光伞”和“透光伞”，当时在国外是非常热门的摄影灯具，特别适宜在静物及小件摄影中使用，因而在室内摄影中受到特殊青睐。那时在国内还未出现该器材，如果依靠进口，价格昂贵，况且那时外汇奇缺难批，想也别想。不过我当时还是抱着试试看的心理，骑自行车循着济南大小照相机器材商店，几乎跑了个遍。当时正值夏季，天气炎热，每次返回已是汗流浃背，但总是失望而归。

时间不等人，总不能守株待兔。经过反复思索，我终于想到了土办法，于是一个人跑到济南历下伞厂，找到负责人将来意说明之后，得到了厂方大力支持，厂方特意用白色尼龙绸制作了几把伞。我带回单位后再用银粉刷在绸布上，等晾干后经过用光试验，达到了不错的效果。有了“反光伞”之后，下一步就是解决“透光伞”。所谓“透光伞”，实际用途是将灯光照射到白伞上，通过透射起到散射均匀的效果。因此无需再刷银粉，减去了麻烦。当时一把伞仅用了40元，几把伞也就花了一百多元。有了伞还要配置灯架，根据拍摄器物的特征需要调整伞的角度。为了保证伞的重量不至于倾倒，必须要用较重的支架才能稳定光源，而照相器材店卖的都是轻型支架，不符合我们的使用要求。这时又想到了立式电风扇的基座可以利用。那个年代的电扇头都是金属制造，支架的基座也是模具翻砂的铸铁而成，因此特别适合承重。我立即去电扇厂联系。记得济南电扇厂就在原来的五里牌坊现在的建设路附近，如今早已没有了该厂。话说当时来到了该厂供销部门，经过协商后，厂方同意单独卖给我们几个不带风扇的铸铁基座，记得是厂里用面包车帮助我们运回来的。

有了灯座之后，接着就要解决灯泡的问题。没有灯泡就不能进行拍照，而这种灯泡的光线亮度需达到3200K—3400K的色温。它是室内摄影不可或缺的必备器材。而当时国内生产厂家很少，济南的商店也不愿进货，原因是运输途中容易破碎，得不偿失。那时通讯不太方便，需要不断打听讯息，后来我了解到生产厂商在云南，立即用信函方式联系，得到了厂方同意之后，邮寄来两箱40个灯泡，由此解了燃眉之急。

当具备了拍摄条件之后，在试拍过程中又出现了新的问题。由于当时国内电网经高压变电，输送到民用的220V电压极不稳定，致使灯光亮度忽明忽暗，严重影响了胶片的曝光质量，这是拍摄中最忌讳的。为了克服上述缺陷，最迫切的方法就是使用“电源稳压器”。当时民用类该电器很少，商店经销寥若晨星，于是我托关系联系到济南机电工业局买到一台调压器，基本达到了稳定电压的作用。这也是无奈的举措。

当照相室筹备就绪之后，还不能立即进入拍摄程序。接下来是暗房的设置工作，若无暗房后期制作，摄影就如跛腿行路，照相室与暗房二者缺一不可。那时候暗房的主要设备还是放大机、印相机、上光机等传统器材，商店大多都能买到，只是制造工艺较差，产品比较粗糙。有些辅助类的小设备因购买不到，只能想办法去解决。比如在冲洗胶片和加洗放大过程中为了控制显影液的温度，需要使用“控温器”来调节。但企业所用温控仪器功耗大，不适用于暗房。于是，我自己拼制了一个木箱，箱体内壁设置一只灯泡，根据灯泡功率大小调节温度。在木箱上面放置显影药盘，当气温低时接通电源，这时灯泡的热能传导到药盘里，提高了显影温度，当气温高时就关闭电源。如此也基本达到了“温控”要求。

总之，在后来的工作中，我都是边干边解决问题。如在拍摄较小的古钱币时，为了凸显纹饰，淡化投影，我利用日光管和旧木箱子做成一个灯箱，上面安放一块磨砂玻璃，上面摆上钱币，打开电源经灯光的照射，就此淡化投影，弥补设备不足的缺憾。

其实上述这些自创的小设备较为简单，只要有点电学常识和一般加工能力的人都能制作，但也要有“工欲善其事，必先利其器”的准备，比如刀锯、夹钳、螺丝刀等。通过劳动付出，才能达到物为我用的目的。以上过程通过力行实干，既解决了工作中遇到的问题，也历练了自己。

为了尽快发表所内多年的考古研究成果，此后拍摄工作也进入了正常程序，并按照发掘时间先后，将积压已久的文物影像资料陆续进行拍摄。陆续拍摄的文物的出土地点主要有临淄北朝崔氏墓、栖霞杨家圈、沂水刘家店子、茌平尚庄、郯城马岭山、济南东八里洼北朝壁画墓、莒县大朱家村、济宁凤凰台、潘庙、程子崖、邹县南关、临沂凤凰岭东周墓、兖州西吴寺等。

1991年春，所内房屋进行调整。我从三楼调到一楼，该屋为大汶口陶器原存放地，面积20平米左右。经过改造后中间隔道墙，室内分成两部分，外面一间为拍照室，里面一间为暗室，地方虽拥挤但也紧凑，这就是新建的第二个摄影工作室。

此次搬迁比较顺利，原有器材从楼上搬下来直接安放固定好，接通电源就可进行工作了。但此次搬家还没等回过神来，发掘工地又送来了大量的胶卷资料。当把胶卷冲洗完后，紧接着又拍摄山东章丘平陵城遗址调查报告，以及平陵城出土铁器、平陵城瓦当等资料。同时又拍摄了《大汶口续集——大汶口遗址第二、三次发掘报告》和《探索渡来系弥生人大陆区域的源流（山东省合作研究报告）》《枣庄建新——新石器时代遗址发掘报告》等发掘资料。

上述工作均是在文化西路103号东院办公楼内完成的。

2. 随着改革开放不断深入，各条战线蒸蒸日上。国内交通运输、基础设施建设规模不断扩大，地下文物抢救性发掘的担子越来越重。我们东院的办公场所已不能适应工作需要。1995年秋末，在上级部门协调下考古所准备搬迁了。而我此时的心情却有些不同，虽说搬家是件好事，可毕竟在这里工作多年，这里也是考古所摄影工作室创立的地方，我对这里一时难以割舍。

搬迁的地址是西院老博物馆，仅有几百米的距离，门牌号是上新街51号。搬家的运输工具是地排车和三轮车。戏剧性的是，转眼间考古所从历下区变成了市中区，究其原因是馆内东墙外的上新街属于市中区管辖，而以东则属于历下区了。虽然考古所从无房户突然变成了有房户，但院内的老建筑大都是不可移动的文化遗产，虽然庭院很大，也只能利用院墙周边的平房用作办公。由于房间紧缺，我的摄影器材就暂时安放在后院的西厢房内。很快冬天临近，厢房内寒气逼人，但那年的发掘任务似乎也越来越重，发掘出土的文物成批不断地被运回来，堆满了前后两个大殿和其他厢房。拍摄任务不能等待，任务再多也是我的职责，没有合适的工作场所不是拖沓的理由，无条件也要创造条件上。于是，我在厢房内打开箱内器材，支起相机，安好灯具，接通了电源，挂上布帘，因地制宜地干了起来。

我在这里拍摄了临淄两醇墓地、山东辛店墓地、济阳刘台子西周六号墓、章丘西河遗址、临淄金岭镇一号东汉墓等资料。这一时期，我还多次到临淄工作站，拍摄齐墓及后李资料。返济后，又赶赴长清拍摄有关汉代资料及平安镇小范庄土场钻探现场资料。

由于以上拍摄的影像资料胶卷需要即时冲洗，但此时搬到西院后的暗房地点还没落实，于是暂时在北院辰光阁后边院墙边找了一间旧平房当作暗房。屋内朝东有一台阶，旁边有一根木柱撑着屋顶，生怕塌下来，里边阴暗潮湿，冬天冰冷，夏天闷热。当然，有房总比无房好。这就是建所以来的第三个暗室。为了改善条件，我把在东院用过的窗式空调搬来装在后窗上，接通电源后，只听窗棂抖得嗡嗡作响，但总算是能开展工作了。每次拍摄结束之后，紧随其后的是暗室制作，当即需要配置冲洗药液。等到药液稳定以后，翌日早上才能使用。尤其是在冲洗胶片和制作照片过程中，要遵循化学反应的规律，不能提前或者中途终止，否则会造成不可弥补的损失和遗憾。因此常常不能及时下班，等工作料理停当之后，单位已是静悄悄的，只剩安保值班人员了。

时间到了1999年，我的拍照室迁到前院进门左侧小院南屋内，面积15平米左右。这里的条件有了很大改善，屋内安装了新空调，并接通了暖气，也有了自来水，同时在西院墙小屋建立了新的暗房，这也是第四个暗房工作室。

由于国内经济的快速发展，交通运输更加繁忙，铁路、公路建设规模不断扩大，这时期的考古发掘工作任务更加繁重，出土文物的器形种类也愈加多样化，发掘报告的彩版逐渐增加，因而拍摄的彩卷数量也多起来。比如，彩色反转片的拍摄率几乎高于彩色负片。除了黑白胶卷由自己冲洗，彩色胶卷都需要送到彩扩店冲洗加工。当时济南冲洗设备比较落后，冲洗效果极不稳定，尤其彩色反转片经常需要跑到北京新华社彩扩部冲洗。有时急需用片，当晚就乘坐开往北京的普快列车，第二天清晨到达北京，之后立即送往彩扩店，翌日取片立即返回。这样来来去去反复往返，非常疲劳。

这时期出土的文物种类、质地、色泽名目繁多，拍摄的方法也在不断地变化。其中有些适宜在晴天薄云下拍摄的平面物体，如拓片、字帖、绸缎、丝帛以及各种漆器等。海曲墓地的汉代随葬制品多数就是这样在室外拍摄完成的。从发表的影像效果看还是不错的。

此外，出发去外地拍摄也是不可或缺的工作。但是偶尔也会发生意外险情。比如在拍摄《山东省文物地图集》野外景点时，印象特别深刻的是面对那些高山险峰、摩崖石刻以及造像石窟时，若稍有不慎，就会有失足坠崖的风险。又如在拍摄某庄园的俯瞰远景时，为了取景需要，站在高高的布满铁丝荆棘的院墙上，当阵风突然吹来时，人站在上面摇摇晃晃，也是胆战心惊，只要稍微疏忽，就会一头栽下来。这大概就是无限风光在险峰的由来。

自从搬到前院的工作室以后，拍摄的发掘资料有沂南东岳庄春秋墓葬，潍坊前埠下、后埠下，济南张庄、王府庄，滕州西公桥，章丘孙家东南、西河、平陵城、危山兵马俑，龙口闫家店，广饶傅家，日照海曲，曲阜花山、柴峪，滕州东郑庄、丰山、顾庙、东小宫墓地，莱州黑羊山，胶州赵家庄，长清大街，等等。

3. 除了担负所内拍摄工作，我还承担国家文物局《中国美术全集》《中国文物精华大辞典》的拍摄任务。山东大学昌乐后于刘、章丘龙山遗址以及山东文物精华摄影展预选作品、古乐器大系、中国历史博物馆文物图录、临沂博物馆瓷器资料有关文物拍摄，也由我完成。另外，我还负责所内工作人员出访所用影像资料及各种学术交流、会议、纪念活动等拍摄事宜。

需要补充说明的是，外协拍摄工作完成之后，工作并未到此结束，带回的彩卷需送彩扩部门冲洗，而黑白卷则带回暗房自己冲洗制作。入所以来，我冲洗的黑白胶卷有数千个，加洗、放大各尺寸黑白照片数万张。但无论承担的工作多紧迫，我总以保证工作质量为第一位。因为考古事业是干在当下、功在千秋的光荣伟业，这不仅代表了我个人，也代表了文物考古摄影战线。

二、在典型器物中引发创作灵感

我在例行拍摄工作中，对于那些造型奇特、形象鲜明的典型器物，自然也会萌生艺术再现的表现意识。文物摄影较少受到其他艺术摄影的关注，一般人认为文物摄影纪实性强，不具备发挥艺术创作空间。为了改变这种偏见，我有意采取了新的拍摄尝试。在构思中为了观察器形特征，我的思路常常也会穿越时空进入遥远的时代。

例如我省出土的史前文化时期泥质陶鬶是大汶口和龙山文化的典型器物，外观形态十分新颖，具有很强的模拟象征性。比如细高的长颈陶鬶让人联想到“引吭高歌”的雄鸡，而硕圆肥大的陶鬶则像温厚慈祥的母亲，体型纤细的陶鬶又如落地奔跑的孩童。

图一　群鬶争妍

这些生动的形象充分显示了古代先民丰富的想象力和创造力。当我意识到这些寓意的情趣之后，即把几只大小不同的陶鬶放到拍摄台面上，从取景器中观察，发现在灯光下它们个个昂首引颈，气宇非凡，犹如现代舞台上的健美比赛参赛者。为了突出特点，我在布光方面采用新的方式，在群鬶后方形成灰色暗区，在中前区施以强光照射，由此，烘托了主题，造成一种舞台灯光的效果。由于这些鬶的喙流都朝向上方，给人以斗艳争宠的感觉，因此起名曰“群鬶争妍”（图一）。

1986年国家文物局联合中国摄影家协会首次在国家历史博物馆举办全国第一届文物摄影艺术展览，开启了文物摄影艺术的先河。于是我以《群鬶争妍》这幅作品参加评选，没想到在全国送展的众多作品中经过几次筛选后获鼓励奖。这也使我增强了创作的信心，进一步认识到文物摄影不仅是器形的静态再现，也可通过新的表现形式去体现它的艺术魅力，更好地发挥“古为今用”的作用。有了上次的成功经验之后，我根据鬶的形态特征又做了新的组合试探。我将两只小鬶和一直较粗的大鬶面对面地组合在一起，在灯光作用下，趣味顿时有了升华，宛如一幅母子行乐图。由于两只小鬶的喙流嘴部上仰，恰如幼雏张开的小口朝向妈妈的脸部，呱呱地争叫个不停，期待着母亲口中的食物。而大鬶的喙部也是无奈上扬，口含一条小虫而不知所措。其实这种组合方式也是一种艺术形式的大胆尝试，在通常发掘报告中也可采取组合方法进行拍摄。此类方式并未摒弃文物的纪实要求，只是增添了一点观赏性，使人联想到伟大的母爱，勾起童年的美好回忆。我把拍摄的作品起名曰“嗷嗷待哺”，并于1992年又参加了由国家文物局、中国摄影家协会等七家文化艺术单位联合举办的全国第二届文物摄影艺术展览，通过三次评选，最终获得创新宣传奖（图二）。

这次国家文物局展览评委会增补了五个国家级的文化艺术单位，可见对于文物艺术摄影的高度认可。其实入选作品并不在于多么华丽，主要还是通过作者的表现意识，使作品生动起来，从而产

图二　嗷嗷待哺

生画外之意，唤起共鸣之心。这说明文物摄影也具有自己的艺术表现特征，也可采用适度的夸张手法去增加文物的可视性和观赏性，达到赏心悦目的功能。正如十七世纪欧洲静物写生画那样：夏尔丹用简陋的铁锅、铜壶以及庄重朴实的语言呼喊出平民们的民主理想，热情的梵高让一张椅子或一对皮鞋都能说话，顽强的塞尚在苹果和瓷盘中注入对于人生不可动摇的信心和力量。

这都充分说明了静态物体给人在心理上的感受和启示性是不可低估的。

文物摄影虽然在表现社会思想方面有很大局限性，但是这种视觉美具备潜移默化的作用和陶冶性情的功能。因此，文物摄影不仅有反映历史见证的功能，而且是摄影艺术园地不可缺少的重要组成部分，它可以为瑰丽多姿的摄影大厦添砖加瓦。

三、摄影工作点滴成就

入所以来，我与领导及同事们关系融洽，大家密切配合，风雨同行，各自取得了应有的成绩。在回顾我院建院四十周年之际，为纪念在职期间取得的工作成绩，兹将原职旧绩重新梳理，并以主要内容汇报如下，若有不当，敬请指正。

1. 登载于发掘报告及图集中的影像作品

《临沂凤凰岭东周墓》、《枣庄建新——新石器时代遗址发掘报告》、《大汶口续集——大汶口遗址第二、三次发掘报告》、《兖州六里井》、《海岱考古》（第二辑）、《济青高级公路章丘工段考古发掘报告集》、《探索渡来系弥生人大陆区域的源流（山东省合作研究报告）》、《临淄齐墓》（第一集）、《鲁中南汉墓》、《中国临淄文物考古遥感影像图集》、《山东 20 世纪的考古发现和研究》、《中国文物地图集　山东分册》、《山东重大考古新发现——（1990—2003）》等。此外，发表的简报及其他书刊中的影像作品计 70 余篇次。

2. 出版作品

《山东史前陶器图录》（合作）、《山东大学文物精品选》、《蒋维崧书法集》。

3. 获奖摄影作品

山东第二届艺术节，“山东文物精品展”16 幅作品获优秀摄影奖；作品《群鬶争妍》在全国第一届文物摄影艺术展览获鼓励奖；作品《嗷嗷待哺》在全国第二届文物摄影艺术展览获创新宣传奖。

4. 发表文章

《谈文物摄影的表现特点》《谈文物摄影的审美感受》《谈文物考古摄影中彩色反转片的偏色因素及其应注意的问题》《试谈深色器物的摄影用光方法》，分别在《山东摄影通讯》《华夏考古》《东南文化》发表。

5. 入编《中国摄影家大辞典》《中国文艺家传集》《中国文艺家名人录》。

四、我对胶片摄影时代的感言

记得在20世纪60年代，照相机是非常稀罕的奢侈品，让人拍张黑白照片是件荣耀自豪的事情。到了七八十年代，以国产相机上海“120海鸥牌”居多，仿制国外的“135”相机也不少。但是拍照后自己冲洗照片的并不多，绝大多数爱好者只得送到照相馆去冲洗。

那时的照相行业从属服务公司管理，照相从业人员上岗分工固定明确。楼上摄影师负责拍照，楼下暗室人员从配置药水、加洗、放大、冲卷、漂洗、烘干、切裁等再到修像、上色，都是各司其职，不可混淆。其实暗室工作人员最为辛苦，大量时间都在暗室忙活。操作时间越长，身体受到的损害也越大。特别是配置药水时产生的化合反应所释放的硫黄气体，是侵害人体健康的主要原因。

那时出差时携带的摄影器材也是琳琅满目，除了相机胶卷，还要必备长焦镜头、广角镜头以及各种滤色镜等器材，总之行囊被塞得满满当当。哎呀！还别忘了带上笨重的三脚架，那可是拍摄静物的关键器材。除了这些因素，摄影人员最担心的是最后出版的效果。那个年代的制版印刷水平确实不能让人放心，厂家的印刷油墨配方没有统一标准，真是“一个将军一个令”。比如同一幅底片经过不同厂家会出现不同印刷效果，影像或深或浅，特别是黑白片最为突出。即便是摄影高手，常常也会败在最后关头，落得劳而无功的结果。

当先进的电子激光照排技术出现在中国大地之后，数码技术基本解决了上述缺憾。先进的色度识别传感技术可以自动调整影像的色彩偏差，又能根据要求任意变换画面背景，就此为传统印刷术开拓了新的局面，为摄影工作者和出版行业带来福音和新的生机。2000年之后，国内数码相机也逐渐兴盛起来。由于先进的芯片技术取代了胶片的储存方式，从而大大缓解了摄影人员的劳动强度，更是废除了暗室工作的烦琐流程，节约了大量人力与物力。但是新技术的出现也严重冲击了传统的摄影行业，国内摄影胶片首当其冲。例如上海“上海牌”、广东“公元牌”、厦门“南方牌”、河北“乐凯牌”等胶卷以及各摄影器材生产厂家相继停产。而如美国伊士曼公司的“柯达”、德国的“阿克法”、日本的“富士”“樱花”等国际知名胶卷也先后停产。尤其是有百年历史的柯达公司，2011年股价跌幅已超80%，终于撑到2013年申请破产保护。高昂的成本、笨重的冲洗设备和严重的废水污染是胶片与相纸生产和冲洗过程中难以解决的问题。再就是胶片不能永久保存，这也是迫使生产商退出的主要原因。然而在这期间，日本厂商转型较快，这些厂商采取了灵活机动的创新模式，当摄影胶片不能维持盈利时，迅速转向了生物医学、化妆品、光学元器件以及印刷系统行业，非但没有破产，反而盈利不断增长。话分两头，此时社会上也有极少的传统摄影爱好者仍然习惯于使用老相机、老胶片，他们到处搜寻老胶卷。其原因是胶片曝光宽容度较大，远高于数码的宽容系数，影像的质感及立体感要优于数码成像的效果。这也是见仁见智，萝卜青菜各有所爱的选择。

当数码技术来临之时，省考古所建立了最后一个暗房。我距离退休还剩 7 年的时间，此时问题摆在我面前：今后工作是继续使用老设备，还是放弃老设备。从内心来讲，谁不想更新工作器材，既能改善劳动强度，又能免除后期麻烦，因此换新理由很充足。但话又说回来，对于使用多年的老器材、老设备，我还是有感情的。别看它们已经过时，但毕竟为考古工作做出过多年的贡献，如果弃之不用，我觉得十分惋惜。因此为了不给领导增添麻烦，保持摄影风格的连续性，我决定继续使用老器材，一如既往地度过了最后的工作时光。

斗转星移，时空瞬间又过了十五个年头——在这期间我们考古院又有了新的拓展和变化，新的考古成果大批涌现，人才素质不断得到充实和提高。在此时此刻，我谨祝本院在新的事业征程中前景似锦、硕果累累！

回溯过去，时光一去不复返；展望未来，时代在前进，社会在发展。一个低碳、高效、绿色环保的科技新时代正在拥抱人类的未来。它将不断改变着人们的生存法则和生活方式，而那些陈俗、落伍的传统事物亦离我们渐行渐远了……

往事并不如烟　回顾无怨有悔

——致所有我应该感恩致谢的人们

李传荣

（山东省文物考古研究院）

山东省文物考古研究院建院四十周年，是我们每一位曾在此工作过的同仁们的一件大喜事。四十年的艰苦奋斗，四十年的春华秋实。在山东文博界的历史上，省考古院的历程可以说是一条“筚路蓝缕启山林”的前行之路，更是一束“栉风沐雨砥砺行”的奋斗之光。

当小任同志通知院里老同志写纪念文章时，我第一个念头是不写了。岁月流逝，激情不再，年逾七旬，头昏眼花，不想再去顾盼前缘，回首往事，只愿让所有的过往都成为脑海中不会忘却的一缕惆怅。3月5日，我又接到何德亮同志的电话，他言辞恳切。我作为一个老同志应该有服从组织安排的基本觉悟，是否给老何面子还不重要，支持孙波院长和考古院的工作那是必须的。

由此，我思虑再三，已经迟钝的大脑，在四十多年的时间漩涡里挣扎许久，努力打开记忆的闸门，去回忆四十年来那些在脑海中永不会忘却的一幕幕……

屈指数来，从1984年10月任职副所长，到2007年12月底卸任所长职务，我竟然在一个单位工作了二十三年多。回顾我的文博生涯，有许多重要节点都是被安排的，是不由自主的；也有不少被人们认为是良好的机遇，却被我轻易放弃。二十三年多在省考古所任职的岁月里，其他考古所长经历的我都经历了，他们没有经历的我也经历了，酸甜苦辣，五味杂陈。在我力所能及的范围内，我感到自己尽力了，虽有收获，但也存有些许遗憾。前几天和由少平副局长谈起往事，总结了一下，在文博系统一把手中，我任职时间最长，职称最低，工资最低；没有任何荣誉称号和表彰奖励，挨批评最多。幸运的是我得到了各级领导的关心支持，受益于文博界前辈们的教诲和扶助，更是得到了所内同事和省内外同行的真诚帮助，基本上没有辜负组织和同志们的嘱托和期望，还算顺利地完成了任内应该完成的工作。这些是我人生中最大的收获，是无价的财富。因此我十分珍惜并感恩所有给予我鼓励和支持的领导和同志们。

我本无意与文博事业结缘。我高中毕业后即去联中任教，后就读于山东师范学院历史系，梦想是当一名教师。1977 年毕业前三个月，我就把大件行李运回了老家，打算去家门口的临沂师专工作。分派方案公布后，我竟然被分配到此前我一无所知的山东省文化局，报到的具体单位是山东博物馆，成为省馆“文革”后接收的第一个大学生，在陈列组牛继曾先生手下工作。我的第一项任务是跟房志敏老师一起给上吊自杀的吉朝迎老师发丧，陪同家属去殡仪馆里的停尸房，吊唁逝者和安慰遗属。九月份和毕宝启、吴文祺两位老师一起去菏泽郓城参加“农业学大寨”工作队，历时一年有余。回馆后，听了应邀来做学术报告的南京博物院宋伯胤老先生的讲座，其中的一句话让我至今奉为经典：“大学毕业生到博物馆第一项工作，应该是到库房里念文物。”这说明读懂文物对博物馆工作人员的重要性，同时也让我看到了自己的不足。1978 年底，我跟着白云哲老师在后西厢举办了“古代陶瓷展”，在库房看白老师一件件挑选展品，一个个讲述类型特征，将文物一筐筐抬到展室，摆到积木上。又和周昌富同志一起在后东厢举办了“古代乐器展”。由此，我学到了一些文物的基本知识，写出了介绍展览的文章，被山东电台和省对台办采用。慢慢地，我对博物馆的工作逐渐了解并充满了兴趣。可不久，馆里调我到办公室做政工人事工作。之后，我又被抽调参加了由省委宣传部李茂堂副部长带领的整党调查组，跟省文化局刘长河书记一起到省电影公司工作。基本上算是转行干起了政工人事工作。

在调查组工作两个月后，省文物局组织全省“工农兵学员”进行“摘帽子”的文化考试。全省七十多名学员，基本出自北大、山大等名校，仅我一人毕业于山师。可我已离开了业务工作岗位，又和爱人两地分居，一人带着尚未完全断奶的孩子参加考试真是太难了！有的同志表示“就是担心你啊”！也有老同志劝我，你参加整党调查组，是一个好的机遇，放弃了怪可惜。我觉得这是考验自己的时候，我必须通过这次考试来证明自己。我提出申请退出调查组，义无反顾地参加考试。得到领导的批准后，我把孩子送回老家，专心备考。考试三个科目中，中国通史、古代汉语必考，考古学和博物馆学任选一门。考古学和博物馆学是我没学过的，我选择了博物馆学。讲义的艰难和生涩看得我头大，我只能下笨功夫，争分夺秒，死记硬背，一本油印的《博物馆学概论》几乎全部背过。也许是天不负我，出乎意料地取得了单科两门第一、总分全省第二的成绩。我如释重负，似乎有了一点底气。

1983 年到 1984 年我到省文化厅人事处帮忙，去下属单位考察领导班子建设的工作。分组时我提出不到人头比较熟悉的文博单位，去了外系统。后来有传闻说可能要我去一个当时福利好、有宿舍、人员总体文化水平不高的单位工作。可在公布任命时，却成了省考古所的副所长。我吃了一惊，当即在会场唯一一个表态不服从安排。我想考古所专业性强，人才济济，不仅有一批晚于我入职、风华正茂的山大、吉大考古专业的学生，更有一批年长我十几二十几岁的北大、厦大等知名高校考古专业毕业的老师们。面对这样的群体，我一个只学了“文”没学“物”的工农兵学员，何德何能？

如何面对？向来略有自负的我第一次感到无比心虚，甚至自惭形秽。我觉得厅里不是量才使用，有点为难我。因此，我赌气不去考古所报到，在家里闷了几天。特别感谢老所长张学海先生，是他屈尊到我家里，给了我劝告和鼓励，并说也可以兼做一些业务工作。这才让我怀着惴惴不安的心情，在许多不屑和质疑的目光注视下，如履薄冰般地走进了考古所。此时我也黯然思忖，必须放下身段，找准位置，把自己当成一个才入职的学生，打好杂、服好务，帮忙不添乱、尽职不越权。

20世纪80年代的考古所，在张所长的统领下，全体同志团结拼搏，努力奋斗，呈现出一派生机勃勃、热火朝天的局面，课题研究、配合基建、队伍建设、科研成果都走在全国的前列，1985年被国家人事部、文化部授予“全国文物博物馆系统先进集体”称号。

我因专业所限，张所长安排我兼做一些近现代方面的业务工作，让我参加了《中国大百科全书·文物卷》和《齐鲁文化大辞典》的编写工作，使我熟悉了这个阶段山东文物保护单位的基本情况，学到了一些知识和技能。张所长还派我和省委宣传部左中一、省文物局姚延惠两同志去湖南参加全国革命文物工作会议等，我非常珍惜这些学习机会。

我大部分时间的主要任务是配合张所长做一些行政服务性的工作。按照中央精神，认真落实知识分子政策，发展知识分子入党。几年中解决了张学海、袁明、何德亮、吴文祺、罗勋章等业务骨干的入党问题。还积极争取相关部门的支持，及时解决了袁明、冀介仁两位老师家属、子女的户口“农转非”问题。又解决了佟佩华等几位同志的夫妻两地分居问题，免除了他们的后顾之忧。按当时的政策，对于在“文革”中多少有过激行为的人，都必须取得当事人的谅解。为此我陪同有关同志在本地和去外省拜会当事人，当面道歉，取得谅解。使他们在之后的提拔、入党工作中没有受到影响。1990年，党员重新登记之后，领导班子也更加坚强有力。

当时的省直文博单位，在省文化系统中处于弱势。每当年终工作总结和制订年度计划时，厅领导在具体讲完艺术、群文等之后，再来一句“还有文物工作”。对此我深深体会到，文物考古工作要拥有自己的社会地位，首先要争取在文化系统的地位。为此我们积极努力，不仅使单位获得了全国文博系统先进集体，还让袁明、郑笑梅老师成为全国文化系统先进工作者。又积极推荐，打破了历来被艺术团体垄断的政协委员的名额，让郑笑梅老师不仅当选省政协委员，而且连任两届省政协常委。党、群团体也开始在宣传文化系统中被评为先进集体。

在这个集体中，我被张所长献身事业、顽强拼搏的精神激励。他不顾年事已高，和大家一起往楼上办公室抬烤火煤。他不顾身体有病，坚持在发掘工地亲力亲为，摸下爬上，几次心脏病发作住进医院。他在全国率先提出了在配合基建中带着科研课题进行工作的观点，取得了多项全国瞩目的重要成果。他思维敏捷，意识超前，在20世纪90年代的文博系列职称评审过程中，提出了既要重视科研成果，又要重视实际工作的理念，并贯彻其中。这是一个极具前瞻性的观念，时至今日，有关决策层才逐渐意识到只考虑科研成果引起的弊端，并着手纠偏。

特别感谢省文化厅计财处王孟兰处长。为改善工作条件、促进事业发展，她呕心沥血，鼎力相助，将省考古所的行政事业经费从每年的八万元很快增加到四五十万元。为改善接待和交通条件，她把当时已分给兄弟单位的省厅仅有的一辆伏尔加轿车的指标协调给了考古所。张所长为贯彻苏秉琦先生建“考古实验站”的学术思想，打算在临淄建新的工作站。王处长带着两眼一抹黑的我跑文化部和国家文物局，争取资金支持。又亲赴淄博市和临淄区面见康寿美副市长和李荷兰副区长，协调各方面关系。最后在临淄区政府驻地用每亩不到一万元的价格征用了十亩地，建起了四千余平米的工作站，使所里不仅有了宽敞的文物库房和标本室，也有了设施较好的资料整理和学习培训场所。如今她已九十高龄，退休三十多年，我们依然情同母女。

前进的道路也会有曲折。九二南方谈话之后，国内掀起全民经商的热潮。考古所也被公司挂靠，并钻了空子，使所内账号被封，官司连连，每月发工资得去厅计财处要，全所遇到了前所未有的困难。张所长 61 岁退休后，没有任命所长，我们没有了主心骨，只有我和佟佩华两人来应付各种局面。办公的大院中间被垒了墙，南边给了省立二院（齐鲁医院）。三层的办公小楼，除了省博的竹简库房和资料室，考古所仅有二十余间办公室，没有暖气，下雨天三楼漏的水能流到一楼。院子的环境、厕所的卫生，则差得不可描述。

应该是全所同志多年的工作努力和成果感动了省厅、省局的领导们。1995 年 9 月下旬，省文物局从万字会大院搬到厅机关。我们抓住机会，立即申请省考古所搬往该院办公，而且没有任何附加条件，不要一分钱搬迁经费。感谢由少平副局长，他给张长森厅长汇报并征得口头同意后，全所上下比过年还要高兴。当时已是 9 月二十六七号，所有人员立即行动起来，加班加点，利用国庆节的三天假期，将全部的办公设备、物资、文物标本全部运到了万字会大院里。到现在我还清楚记得，最后吴钟琨和罗勋章老师把两根小木棍也带了过去（点炉子用）。我自己的想法有点自私，觉得反正这是“省保”单位，维修不用单位自己花钱；而且只要我们进了这个大院，就有了谈条件的资本，谁要让我们腾地方，没有合适的办公地点是不可能成行的。事实也确实如此，2000 年省里打算将此院另作他用，李春亭省长前来视察，听到和看到我们的使用情况后，也就此作罢。

感谢我的三十多位同事们，面对简陋的办公条件，十几人挤在大展室里办公，冬天点着最大型号的蜂窝煤炉子，烟熏火燎，大家毫无怨言，反而呈现出十分团结、奋进的局面。大家达成共识，把配合基建工程看成是所内的出路和生机。只有一个想法，不怕吃苦流汗，通过努力拼搏，尽早改变经济窘迫的局面，让各项工作走上正轨。当时第一个项目是轻骑厂东郊的一个工地，经费仅有八万余元。除了年老和值班的同志，所里男女老少全部扛铲去了工地。

1996 年 3 月底，我们十分崇敬的潍坊市博物馆馆长杜在忠老师不幸出车祸去世。3 月 31 日（周日）我去发了唁电，骑车回家途中被一辆面包车撞出去四五米远，所幸没有致命伤，可也一瘸一拐。在家中休息三天后，省文化厅人事处通知找我谈话，说任命我当所长的文件日期已久，必须公布，不能再拖了（因我之前盼望有变化，一直不让宣布）。可我之前几年早已萌生离开考古所之意。省文物局升格为副厅级后也有领导想叫我去办公室任职，我一是觉得就自己的脾气性格干不好，再是觉得我已任副处多年，还有好多比我优秀的同志没有提拔，这是他们的机会。尤为可怕的是，与任命同时下达的还有一项泰山压顶般的任务——中央要求全面实行住房改革，四月底前必须完成。给我的时间只有二十多天！如果在我的任期内让大家失去了这个机会，我不仅无颜见江东父老，还将是罪不容恕之人。

对于住房困难，我也有着刻骨铭心的辛酸记忆。从进馆一直居无定所，结婚是在传达室对面门房北头的那间六平方米的房间。生孩子后馆里找了一间久无人住、年久失修的小南屋给我住。孩子一岁多时，躺在婴儿车里睡觉，一块房顶塌了下来，所幸大块的垃圾没有砸到身上，可孩子满身杂草、尘土。当匆忙拉出婴儿车，看到如此场景，我欲哭无泪。在修房子的两三个月里，白天保姆带孩子在院子里树荫下转悠，下班后我们才能住进办公楼一楼东头的打字室里。不仅我，就连当时的张学海所长、罗勋章、吴文祺等老同志也是一家两代、三代一起蜗居在四五十平米的简易楼里。

可当时的考古所，一无住房，二无资金，佟所长又生病住进了医院。我有种呼天不应、叫地不灵的感触，有被架在火炉上烤的焦虑。野外的工地不能停，家里人手少，就以张振国、张路同志为主，李洪亮等其他同志配合，动用所有社会关系跑房源。回来后将位置、户型、价格都挂在会议室墙上，让大家评议。在整个过程中，由衷感谢省府行管局房管处张全会处长、省文化厅基建处田富正、蔡庆兴两位处长的尽心关照。特别感谢省文物总店宋玮总经理给予了无私援助。也感谢省安全厅肖泰岩处长（时任房地产公司总经理），最终答应将原售价每平米1550元降到1500元，又在未支付任何房款的情况下，签订了共计36套三千余平米的购房协议。加上从省博要来的考古所职工应有的9套两室一厅的搬迁房，让全部职工参加房改有了保证。

为进一步改善居住条件，我们又决定旧楼每户两套二室一厅，新楼正高则一户二室二厅加一户一室一厅，分完最后剩下了六套房子。房子多了事也多了，引起有些同志不满，甚至反映到省厅。当领导派人下来了解时，我心里也有说不尽的委屈，分房条例和评分标准是经全体同志反复讨论制定的，而且征求了部分老同志的意见。在当时有领导和同志提出正处可和正高一起分房，我也没同意，只按当时的副高职称和何德亮、李曰训同志一样分了相同面积的房子。当时我觉得，好事没办好，可能是我太笨了。后来看到新来的年轻同志也能有房子住，我又感到很欣慰。

安居固然不易，乐业则是一个更为漫长而艰辛的过程，甚至可以说是一些不堪回首的岁月。每每念及那些年大家受的苦和累，我从心底里有无限感慨。这是一个无畏严冬酷暑、雨雪风霜，一年到头面朝黄土背朝天，耐得住艰辛和寂寞，埋头奉献，不计索取的可敬可爱的群体。1997年夏天，潍莱高速、济泰高速多处工地激战正酣，人手奇缺。高明奎同志从长春来济南报到，吴双成同志从西安来报到，都没来得及从车站提取行李，即被赶到了西郊王府的发掘工地，如此不近人情。我们还告诉人家，办公室帮忙提取行李，那边有吃有住。实在疲于应对的是，连王桂萍同志也去了潍坊前埠下工地，李洪亮、司湘同志则到王府工地负责做饭等后勤工作。

当时工程的对外联络基本是张振国一人在跑，在他哥哥心梗进医院抢救到去世的一个多月里，他也没有耽误和工程部门的沟通和谈判。凡此种种，不能一一列举。那几年真正做到了全所上下一盘棋，心往一处想，劲往一处使，所有人再苦再累也没有怨言。人们常用汗流浃背形容一个人的辛苦，可谁看到汗水流到脚？1997年夏天，王府工地上为了提取一整座窑的标本，已近黄昏时，天空乌云密布，雨并没有下，是大家的汗水把探方下面的土和成了稀泥。为了赶任务，许多同志几个工地连轴转，甚至连回家换衣服的时间都没有，只能让其他同志捎衣服去。他们只能一个接一个地突击完成任务，根本没有时间整理编写报告（因为报告积压很多，我在北大参加所长培训班时，黄景略先生曾点名批评山东）。有的同志甚至连账目都来不及报销，最晚的工地收工时间到了腊月二十六。

特别是南水北调工程任务下来后，全线的调查、勘探、试掘、谈判忙得昏天黑地。济平干渠试验段的发掘任务全面铺开时，由于工期紧、任务重、人员有限，只能是泥里水里，加班加点。等到全线的调查、勘探任务完成，佟所长和王守功、张振国几次南下蚌埠，北上京城。有时候要跟着领导一天去拜见两个分管省长，还请蔡秋芳副省长来所里视察，汇报情况。经过几番艰难而又周折的谈判过程，终于和调水局签订了六千多万文物保护经费的合同。当时，我觉得这近乎天文数字，马上向省厅建议成立“南水北调工程文物保护办公室”。当领导问是不是觉得任务太多了时，我实事求是地回答他，前期的任务能做，后面的也能做；不是怕干不了活，只是怕花不好这么多钱。“南办”成立后，对这项工作最熟悉的王守功、张振国二位同志被借调到那里。历时十几年，后“南办”和省文物局成立的“配合工程文物保护办公室”合并，面向全省，执行相关法规，规范工作程序，为加强文物保护工作做出了很大贡献。

周而复始，斗转星移，忙忙碌碌过了十几年。由于大家的努力，全所的情况得以改观，工作和生活条件得到改善，不仅彻底扭转了经济窘迫的局面，而且在2007年12月底我退下来时，给下届班子留下差不多一千五百万元的资金和债权。业务工作也取得一系列重要成果，几年中，章丘西河遗址等四个项目获“全国十大考古新发现”。省文化厅和国家文物局的领导也很重视我们，在系统一把手年终考核时，十年中大约七八年给了我“优秀”等次。国家人事部、国家文物局又在1997年和2002年两次授予省考古所“全国文物博物馆系统先进集体”称号。

可每当看到和想到这一切，我也丝毫不感到骄傲和自豪，反而觉得这个所长当得很悲摧。我感激大家的付出，但对于三十多位积极工作的同志，既无法给予表彰，也无权进行奖励，不能给他们争取与付出和奉献相匹配的利益，我深感对不起大家。十几年当中，我一直都有一个强烈的感觉，因为事业单位管理机制的约束，既奖不了勤，更罚不了懒。在考古所这个集体里，付出更多的党员、干部吃亏，越努力工作的同志越吃亏。可他们却一句也不抱怨，让我心里极其不安。只能尽最大努力改善工作条件，给领队和工地配备交通、通讯、摄录器材；提高田野补助，改善食宿装备，配备煤气灶、电冰柜、电视机；职工上下班开了交通车。对职工家属子女的困难尽可能给予帮助，家人生病住院、老人去世，所里工会都要前往慰问。有的年轻同志得病后不在济南治疗，带了几包偏方草药回了老家。我和刘延常、张振国等同志即去乡下探望，劝说其回济南治疗，并亲自把他送到医院。因其家里很困难，单位承担了十几万元的医疗费用，使他恢复健康，结婚生子，正常工作。每年的“三八”节，男同志也一起过，带上所里的礼品和慰问信，回家交给媳妇。在系统内力争相同的情况：考古所的同志职称评定必须优先；出国随展和访问的名额绝对不能落后于其他单位，从而使大部分业务骨干和一部分行政后勤工作人员都有了出国学习考察的机会。无论怎样做，我还觉得无以为报，亏欠大家太多。

但考古所毕竟是一个科研机构，硬实力是要出人才、出成果。我任职后，1996—1997年间几条高速公路的考古工作进展顺利，和工程部门的联络也非常愉快，但必须尽快整理出版发掘报告集，给各方面一个交代。我们多年连轴转式的工作方式，不仅没有给大家喘息的机会，也让许多年轻同志读研深造的打算落了空，由青年变成了中年。考硕士年龄大了；报考博士的水平不是没有，而是中间少了一个台阶。尽管所内对人才培养也采取引进来、送出去的办法，并取得显著效果，但整个队伍建设遇到了瓶颈。当时的政策本科生只要有了研究生课程班的结业证，即有了报考博士生考试的资格。2003年，恰逢北京大学文博学院承办中国东部考古学和博物馆学研究生课程班。我们即申请放在山东，地点在临淄工作站，并表态考古所在人力物力方面给予全力支持。感谢北京大学文博学院高崇文、赵辉、孙华等院长们的重视、理解和大力支持。定下之后，由省文化厅向各地市发出了通知。可能怕影响正常工作，领导明确要求省考古所去学习的名额不能超过六人。我们商量，机会难得，能去则多去，学费全部报销。所内一共去了十二个人，差不多是总人数的三分之一。我们还约定所内的工作不停顿，如果上边派下来任务，再忙也不叫苦，不说没人干。

可真要开班，又谈何容易。工作站建成已十五六年之久，设施已陈旧。而且所有四五十人在此吃住，食堂、卫浴空间太小，设施简陋；会议室要改成教室，所有的办公用房要改成学生宿舍……当时正值“非典”期间，佟所长和张振国等同志精心筹划，并组织施工。保证了按期开学，并达到了北大领导、老师和学生们的满意。所内同志则全力搞好后勤保障，因大多是北京和外省的教师上课，最长的时间也就一两天，两三部汽车在机场、车站，济南、临淄之间往返穿梭，迎来送往。

临淄工作站的设施后来也发挥了很好的作用。之后国家文物局委托北大举办田野考古领队培训班，赵辉院长也选在临淄桐林田旺遗址，两季吃住都在工作站，并请孙波担任领队班的辅导老师。孙华院长在博兴搞龙华寺遗址的调查、勘探，也把临淄工作站当成了大本营。

张所长在任期间，亲自组织了全省第一、第二次文物普查，普查资料要按国家统一要求编辑出版《中国文物地图集 山东分册》。编纂工作进行时日已久，有的老同志已经退休，到20世纪90年代后期，只有吴文祺老师一人在做。国内其他省份已陆续出版，国家局要求很急。当时承担此项任务是要有一点奉献精神的，因为有的同志认为这项工作琐碎，不属于主系列的业务工作，又不能下田野。所里决定成立编辑小组，让李繁玲、崔圣宽同志参加，地点放在临淄工作站，集中时间进行整理。感谢国家文物局总编辑组黄景略、叶学明、叶小燕、吴梦麟、王凌云、史俐敏六位老先生，他们耐心细致，不仅在北京多次接受我们的请教咨询，还亲自到临淄工作站进行了半月多的初审，手把手地对我们进行指导，直到完成定稿（图一）。

图一 《中国文物地图集》编辑组专家黄景略、叶学明等在临淄初审合影

可我们的出版过程有些周折。仅为书前的署名就在厅里搁置八个月之久，由此也给我留下了莫大的遗憾。在2007年12月底我离任时，书稿还在西安煤航的印刷厂里，没有见到成书，也没能按照国家规定及时支付总编辑组的审稿费和省内编辑人员的稿费（出版费里包含稿费）。十几年过去，地市许多同志已离开，不少老同志已去世。这是我任期内一项有头无尾的工作。

遥感考古在20世纪90年代的中国还是开创性的工作。张所长具有超前的学术思维，在80年代后期就已经意识到该方法在考古上的应用价值，并派邱玉鼎去学习了“蜜蜂三号”飞机的驾驶技术。90年代中期，国家文物局将其列为“九五”工作的重点，和德国大众公司签订合作协议，在中国开展遥感考古项目，地点选在山东、河南、内蒙古。1996—1998年，德国专家对河南、内蒙古的选定区域进行了航拍，取得了清晰的第一手资料。而临淄则因几乎被大棚完全覆盖，无法进行航拍，另外选点亦无可能。面对此局面，我觉得不能让张所长争取来的课题砸在我手里，否则对国家局也无法交代。此时陷入了一个没有条件创造条件也得上的境地，最后和德方商量寻找购买最早的航片。我们在美国国家档案馆找到了1928年、1938年日本空军出于侵略目的拍摄的高度一万米的航片；又从省内买到了1975年、1995年的航片和地形图。虽然拍摄高度和比例尺不能和现在高度1500米的航片相比拟，但它的优势是时间早、信息量大。

搜集了这些资料，工作步骤还有许多。首先影像图制作要进行数字化处理，格式化转换；纠正数字化地形图、数字化航片；镶嵌数字化航片，以及设计影像地图版面等。之后才能进行影像图判释和建立文物考古信息系统，进行航片判释结果田野查证和多源考古信息的复合，最后绘制和编辑《中国临淄文物考古遥感影像图集》。因德国专家的在华时间只有九十天，所有工作必须在三个月内完成。

这些工作科技含量高，信息量大。可当时的考古所内连熟练运用计算机的人也没有，按照常规去做，朝九晚五是根本无法完成的，只能成立编辑组，并把工作地点安在临淄工作站，赶鸭子上架般让吴双成、崔圣宽上阵，边学边干。还要感谢靳桂云同志，由于录入量大，我们还用了高射炮打蚊子的战术，请博士毕业回来的她也帮助录入一些资料。

那是一段魔鬼训练营般紧张辛苦的时间。除了吃饭，没有人离开机房，晚上加班到十一二点成了常态。多数时间我是从济南下班后赶去临淄，正赶上他们晚饭后开始工作，一起研究相关事项。小吴素来好动，又不能离开电脑，坐得久了不断扭动身体，把电脑椅的轮子都给弄掉了。小崔文静，一天久坐，专注电脑，水也很少喝，鼻血流下来都全然不知。罗勋章先生眼睛本来就复视，成千上万图例、数字的标注，绣花一般，眼睛几乎贴到了纸上；有时胡子长到快半厘米了也顾不上打理。

感谢时任中国历史博物馆馆长的俞伟超先生，他是中国遥感考古的倡导者，业内同仁称他为“陆海空三军总司令”。先生非常关心、支持山东的工作，不仅亲率有关专家来临淄现场指导，还亲自寄来手稿，为本图集作序。也感谢省文化厅李国琳副厅长和科教处张钢处长，将该书成果组织专家鉴定，并申报科技进步奖。

本课题没有让大家失望。因是中国第一部遥感考古学著作，成果获省新闻出版局“优秀图书奖”，还获得省科技厅“省科技进步二等奖”、省社联“社科优秀成果三等奖”，并被《中国文物报》和读者评为“二十世纪文博考古优秀图书奖”。

回首在考古所的二十几年中，才疏学浅的我能够苦撑苦熬下来并对这项工作的性质、任务、规律、特点有了一定的认识，主要得益于文博界那些“学为人师，行为世范”的老一辈的言传身教。特别是黄景略、张忠培、俞伟超、严文明等几位老先生，不论是我们去北京请教，还是请他们来山东传经，他们总是谆谆教诲、循循善诱、和风细雨，让人肃然起敬，每次都让我有“胜读十年书”的深切感悟。

我曾和四位先生约定，临淄后李报告由张先生、城子崖报告由严先生、临淄齐故城报告由黄先生、遥感图集由俞先生分别作序。如今张先生已作古，在去世前几个月我和张振国去看望他，先生满脸落寞的表情，用他浓浓的湖南口音喃喃自语："你们那个后李啊……"今再忆起，不禁令人唏嘘，这竟成了先生心中放不下的一件大事。

还有美国匹兹堡大学讲座教授许倬云先生。我和乔梁、李顺华陪同他和张忠培先生夫妇在山东考察半月之久。这样一位学贯中西的著名学者竟是那般的重度残疾。从他身上我知道了什么是坚韧不拔，什么是自强自立，什么是学识渊博。他有力地证明了那句话：一个人拥有刻进生命里的坚强，就能打败岁月的沧桑，以最好的姿态，迎接新的人生。在他面前，你如果说有什么办不到的事情，都不会原谅自己。从他那里，我不仅学到了知识，更多的是汲取了力量，强大了自己的内心。

人们常说知识越渊博、内涵越丰富的人越没有架子。我不仅从上面几位先生身上得到了证实，而且在苏秉琦先生身上更是体会至深。我和苏先生见面不多，第一次是在临淄环渤海会议期间（图二），由于身份悬殊，交流机会更少。记得1993年全国考古学会在济南召开，我在家值班没有参会。晚上我去宾馆拜见苏先生，主要是交给他我陪同苏夫人去曲阜、泰安的照片。先生见到我，一直在问你怎么没来参会呢？还非常关心地问我是身体原因还是工作原因。我给先生汇报，单位人少，文物库房等需要看护，安全不能出事，他方释然。而后拉起工作及家常，先生对我关怀备至，语重心长。他慈祥、和蔼可亲的面容，细致入微的谈话，哪里有半点学界泰斗的架子？

图二　1988年环渤海会议与苏秉琦先生等合影

感谢老局长刘谷先生。我是在1986年任系统职称评审办公室主任时和他有所接触，看他威严的外表，我有些怕他。可后来他搬家到万字会后边，经常来所里坐坐，听我们倾诉，为我们解疑释惑。在我情绪不太稳定的时候，老先生曾赋诗一首，书赠与我，给我智慧与力量。先生虽突然转身驾鹤西去，但他的音容笑貌、如同长辈般的关怀，令我永志不忘。

感谢张所长对我的包容和理解。在十几年的合作中，我有时也控制不了要强的个性和火爆的脾气，和他在对一些事情有分歧时，也有争论。我作为副职和晚辈虽然没有记在心里，可也没有向他道歉过。他退休后，凡有老领导、老朋友来济，我还要请他出席主陪。当有一次黄景略先生跟我说："传荣啊，你知道学海是一般不说软话的，他给我说'有些事情我也误会他们了'。"听此我很震惊，凭所长的性情脾气能这么说该是有多么宽容的胸襟！令我十分愧疚。我退休后又聘请他担任海岱咨询服务中心专家委员会的副主任委员，城子崖等有些重要的规划、方案请他评审把关。

感谢我二十三年的搭档佟佩华同志。他出身考古之家，有思想也有能力，却在副所长的位置上一直干了二十五年。在我离职的时候，厅里本来有意见给他个正处级，前提是不再上班，他没有接受。而且在退休之后，还是坚持到所里整理资料。长期的合作过程中，我们有默契，也有争吵。他年长我几岁，本就话语不多，有时面对我的疾言厉色也选择了谦让。他能顾大局，不计名利，在评正高时和何德亮同时申报，当时定的制度就是党员干部让群众。尽管他票数高，所里决定让老何先上，他也没有意见。遥感图集获科技进步奖后，可以有12人得奖，凭他的付出，完全应该有一本获奖证书。我跟他说不报他了，把本子给其他需要晋升职称的同志，他也欣然同意。

感谢所内的中层和全体同志给予的宽容与理解。我脾气不好是出了名的，虽然不会无理取闹，但得理绝不让人，对上对下都是如此。我还有强烈的护短意识，在所内我基本不会表扬人，都是在批评，在外面我绝不允许外人说考古所的人不好。记得有一次厅里在历山剧院召开系统大会，要考古所介绍一下大家工作的情况。我很认真地准备了材料，所里全体中层干部全部去听会。记得当时郑同修还和大家说："咱得看看她在外面怎么夸咱们。"行政科长李洪亮同志在年终述职时说道："我就是把领导的批评当表扬听，更加好好地工作。"让我心里也不好受。我执行制度死板、教条，没有柔韧性。在我兼任文保中心主任、工程公司经理期间，按厅领导指示给有的同志降了工资，引来不尽麻烦，还殃及家人。还有是搬到万字会大院后，一年"三八节"的下午，女同志放假了，我去省图书馆开会，四五点钟突然想回所看看，结果六七位同志看到都没人了聚在一起想玩把扑克牌，正被我遇上。于是按照规定，每人罚了一个月的活津贴，有几百元。在当时这是要影响家庭生活的，确实对不住大家了。

感谢各级审计机构的严格审计和指导。十几年中我经历了从审计事务所、省审计厅、审计署驻济南特派办的层层审计。也顺利通过了省文化厅对我五年账目的离任审计。我在他们的指教下学习了新时期财务管理的相关知识。本来我对财务管理、账目设置一窍不通，大多时间认为事业单位没有成本核算，没有税、费缴纳等，收支也就是个加减法，只要不记错账，不做假账，原原本本地记录在账就可以了。

事实远非如此。还是张所长具有远见卓识，他从20世纪80年代就将配合工程经费设立了专户，并配备了专款会计。到我就任后，省文化厅决定各单位必须一本账对上面，撤销了专款账户，将行政事业费和各工程项目专款全部放到了一起。我们也几度要求设立项目专账，但未能如愿。因此每到审计都要将几铁皮柜的凭证、账本一并送去。

到了南水北调项目的专项审计，我们又如法炮制，将五个铁皮箱送到审计署驻济南特派办，在长达三四个月的时间内也没有进行一次汇报和交流。巨大的工作量给审计组带来了很大的麻烦。虽然量大，但他们非常认真，对大部分账目、凭证进行了复印，连司机洗车五元一张连号的票据，以及有的同志乘出租车连号的车票都审了出来。通报情况时发现有些经费并不属于南水北调项目支出，我们进行了汇报和解释，并表示要按项目进行梳理。我同时表态如果有问题，都是我作为一把手的责任，只处理我个人就行了。记得当时的吴处长非常理解，同意我们进行专项整理；并对我说真有事你就是领导责任，还有分管所长和经手人。是佟所长、张振国、戴尊萍、王秀伟、吴双成和所内其他领队、业务人员的共同努力，把所有凭证支出一张张审核、回忆、记录；把行政事业费和十七个工程项目分别列支，建立专账。这些工作得到了审计署特派办的认可，又被“国调办”和审计署驻济南特派办作为整改好的典型，在省调水局的会议上进行了表扬。

2007年12月21日，周五，下午，一个永不会忘记的时刻，我获得“解放”的日子。全系统女同志一把手中年满五十五岁马上离职，我是第一个，也是我自愿争取的。听说厅里要宣布一批免职名单，我立即打电话给邢厅长，请他下午来所。当时他说已约好下午两点半去另一家单位。我请求他四点半、五点半都行。邢厅不解，问为什么这么急。我说你一宣布，这个周六、周日我就可以彻底休息，三十多人、八辆车的安危，文物库房、发掘工地的安全就不用我再操心了。邢厅长表示理解并如约而至，令我非常感谢。

转眼我已经离职14年了，尽管对考古所的日常工作不再过问，但对考古所的发展则时刻挂念于心。近几年借助新时期文物考古工作的发展机遇，考古所有了突飞猛进的局面：扩大了编制，新建了现代化工作和办公基地，实现了几代考古人的梦想；众多新生力量不断加入考古队伍，许多专业领军人才崭露头角；考古研究成果和考古发现也在全国名列前茅。这些成绩令人甚感欣慰。在山东省文物考古研究院成立四十周年这个大喜日子里，作为考古所（院）的老员工，谨以此文志庆！并衷心祝愿山东省文物考古研究院在新一届领导班子带领下，以习近平新时代中国特色社会主义思想以及习总书记对考古工作的批示为宗旨，做好考古研究和基建工程的文物保护工作，为中华文明的建设和发展做出新的更大的贡献。

四海为家没有家，一年到头不是头——今日过年

赖　非

（山东博物馆）

我们成长在那个火红的年代——“知识青年上山下乡”，“到农村，到边疆，到祖国最需要的地方去”，“四海为家闹革命”，“为党的事业贡献一切”。这是革命人的口号，更是革命人的行动。无数豪杰志士为了祖国的建设，抛家舍业，把最美好的青春贡献在人民最需要的地方。这一切，只有亲身经历过的人，才能真正体会到那是一个多么值得歌颂、值得怀念的时代啊！两眼紧盯着金钱的人，永远无法理解。

几十年过去了，现在想想这些豪言壮语，仍然令人热血沸腾，感慨万千。“文化大革命”开始时，我虽然年纪还小，但多年的正统教育使我终生不忘立志做一个有道德、有品位，远离低级趣味，对国家有贡献的人。

1981年春，我接到指示，停下《莒县陵阳河》考古报告的编写，参加兖州至日照石臼所新建铁路沿线的考古钻探。山东省文物考古研究所杨子范所长任领队，济宁市文物局也抽调业务人员与我们共同组成联合考古队，队部设在曲阜县招待所内。

随后，我们由兖州出发，沿着兖石（兖州—石臼所）铁路设计好的路线，由西向东布点钻探。按田野考古钻探的基本要求，10米一个探位，打成“梅花桩”眼，发现“问题”，则加密圈定范围，明确内涵；没有“情况”，则继续前行，一直探到日照石臼所。东线任务由临沂考古队完成，西线任务交给我们，在铁路路基大规模动土之前，务必探个究竟，完成任务。

我们的考古队男8人、女3人，一辆地排车载着被子、炉子、探铲，还有锅碗瓢盆。由兖州开始，经小雪、曲阜、金庄、泗水到泉林，所经之处，马车店、大队部、社员家、场院屋，都曾是我们的宿营地。扛着3米长的探铲，布眼在辽阔大地上，知道的，说我们是考古队；不知道的，还以为我们是打兔子的，把钻探用的探铲当成了土枪。不管别人怎么说，我们自己则一路下来一路歌，天天都是新环境，处处都有好感觉。

由春及夏，由夏到秋又到冬，农历十月，我们的“家”移至在泗水县泉林镇。十一月初，接连

刮了几场西北风，气温骤降至零下五六度。由泉林向东推进，已开出去十六七里路，干活来回跑已经很困难了，我们商量着向东再挪一个据点。

说实在的，离开泉林还真有点舍不得，自离别泗水县城来这里扎营，已有一个来月。泉林真美啊！处处泉水处处山，山清水秀，一派清明爽润。天是蓝的，水是甜的，空气是香的，更重要的，人是朴实的。

泉林镇5天一集，集上说书的、唱戏的，吃的、喝的、玩的、用的，样样俱全。邻村有一单身汉，50来岁，小时候“出花”脸上落下麻子，人们都叫他“老花”。“老花”没娶成媳妇，但人心灵手巧，板胡做得尤其好。每逢大集，他便背上几把板胡，边拉边唱，卖板胡挣个钱养活自己，也图个快乐。不客气地说，“老花”板胡拉得真不错，豫剧唱得也很专业，生旦净丑，一板一眼，样样在行——拉得风生云起，唱得天旋地转。引得那些赶闲集的一聚一堆，“老花”唱到哪里，他们就跟到哪里，一直听到散集，听到“老花”回了家。

我喜欢豫剧，当民办教师的时候还专门学过拉板胡呢，而且自己也曾动手做过两把。板胡声音高亢悠扬，明亮悦耳，在我看来，世界上再也没有这么亮美的声音。所以只要一听到板胡响，立即就会兴奋起来。

“老花”的板胡音域宽厚，纯正亮透，比我做的好多了，我买了一把。要价3块钱，摸摸兜，钱不够，给了2块8，另加2斤山东省粮票。从此，考古队不仅有歌声笑声，还有了乐器声。这样一来，外人更猜不透我们是干什么的了。

刮了一夜西北风，早上起来，我与胡新立商量，还是去解放军那里求助，借辆汽车送我们。见到了团长，一听是考古队的，满口答应马上派车，而且还抱歉说：“只有卡车，没有客篷。”我们听后连连称谢，卡车也足足让我们高兴半天。

这一天格外冷，天灰蒙蒙的，凛冽的西北风嗷嗷地吼叫着，树枝被吹得噼里啪啦，掉得满公路都是。送我们的大卡车在公路上奔驰着，扬起满路的沙粒尘土，风一吹，打在脸上，像针扎一样痛。大家捂着嘴、憋住气，谁也不说话。孔庆国穿得单薄，冻得直打哆嗦，抓住卡车上装篷布的铁圈梁拉起了单杠，企盼能在运动中获得一点热量。

好在只有半个多小时的路程，汽车停在公路旁平邑县地方公社供销社饭店门口，目的地到了。大家忙着卸行李，饭店的员工们看着这些男男女女，坐着解放军的大汽车，自己带着地排车，锅碗瓢盆一大摊，长长的杆子（我们的探铲）一大捆，一时摸不着头脑，猜不出是些干啥的人。

送走了解放军，我吩咐大家往旅店里搬东西。同志们个个冻得鼻青脸肿，已经说不出话来。找到了房间，安顿下来，我急忙跑到供销社买来2斤红糖，3斤生姜。生着炉子，熬了一大锅姜汤，“命令”每个人喝两碗，不喝不行。考古队里数我年龄最大，不是领导胜似领导，完全可以“命令”所有人。

一番折腾之后，慢慢地大家才算缓过劲来，开始有说有笑，我也拿出“老花牌”板胡拉了两段。板胡一响，招来了几位女服务员，“哦，你们是剧团的吧!”

“是”，我高兴地回答。

显然，姑娘们高看我们了。如此，板胡拉得更响、更带劲，趁着高兴劲，索性来了两嗓：“祖国的大建设一日千里……”真是幸福无比，自豪无比，荣耀无比。

晚上，我们睡得很早，第二天早上起来，院子里已是白花花一片。哇，夜里下雪了，还夹杂着雨，不大，但很冷。西北风还在刮，我穿好衣服，出去看了看“情况”——街上一个人影也没有。

回来把新立叫醒，说：“这下完了，没法干了，估计连公共汽车也要趴窝。”我们原想，今天无论如何也要派人去临沂考古队借点饭钱，汽车一停，大家只有喝西北风了。

新立说：“给饭店里商量商量，可以赊账吗?”

新立是济宁文物局派来的业务人员，一路上我们配合得特别开心。他脑子好用，肯钻研，负责钻探记录与图纸绘制。他更是一位社会活动家，再难的事，只要他出面，没有办不成的。他一说“赊”，我心里似乎也有了底。

下午3点天转晴，风也停了，公路上已经有汽车来回跑了。活是没法干了，于是我们几个来到公路上，随便走走，也算兜兜风。

我们住的旅店旁有一个汽车站，不一会儿，一辆公交车停下，下来几个人，其中就有考古队的丁冲、钱道勋。丁冲兼任西线考古队的保管与会计，下车后，冲着我们就嚷：“我在这条路上（曲阜至临沂）来回跑了三圈，就是找不到你们的人影，我还以为你们蒸发了呢!”

我们曾捎信给他要经费，他这是给我们送钱来了。

一是钱来了，二是伙计们也有一个月没见面了，那个高兴劲可以用“手舞足蹈”来形容。

第二天天气尚好，新立带着队员们去工地继续干活，要去的探点是泉林之东李岗子村，也就是我们在泉林站的最后一个点。李岗子村归属平邑县管，距地方公社50多里路，因此只能乘公共汽车。一早，他们就出发了。

不知道是吸了凉气，还是姜汤（含红糖）喝得太多，我的老胃病又犯了，一夜翻来覆去没怎么睡，第二天一早，便去了公社医院。

这一天，我算是会偷懒的幸福人。

新立他们回来的时候已是夜幕降临，我站在大门口，看着他们扛着探铲从西边公路上走过来，个个筋疲力尽，无精打采。我想，他们在地里站了一天，中午停下来啃点馒头咸菜，估计连水也喝不上。周围山岗上灰茫茫一片，见不到一个人，除了嗖嗖的西北风，整个世界就像死了一般。

考古队的3名女战士——小董、小杨、小孔，小孔年龄最小，只有十六七岁。人长得白嫩，初中刚毕业就出来工作，想帮一帮母亲。她走在队伍的最后头，临进屋门口时，我看见她眼里含着泪。

“哭了，小孔?”

“哪里?！风吹的。”她苦笑着回答我，我也不好再说别的。

晚饭依旧是面条。等面条煮好吆喝大家吃饭时，没有一个愿意动弹的，有的干脆躺在床上睡着了。好不容易把大家叫起来，面条已经烂成一锅黏糊糊了。新立说：“庆国、小董、小孔都在发烧。”这下子我俩没了主意，大眼瞪小眼，相互看了半天，唯一的本事就是劝他们多吃点药，早早休息。

第二天是“大寒”，是看大门的刘老头告诉我们的。“大寒”在当地有“吃寒羊”的习俗。“吃寒羊”是啥意思我们没心情管它——反正自己也没羊吃。然而需要研究的是，“大寒”对于考古队的意义。

从春天开始，考古队员们有过中暑，喝点凉水就行；有过扭伤脚，贴上膏药就好；也有过被雨水激着，那就更简单了，擦干了便是。一路走来，一路快乐，丁冲的故事，钱道勋的玩笑，夏义勇的诚恳，冯衍秋的认真，胡新立的张罗。还有小董、小杨、小孔三位女士的活泼开朗，勤快能干……他们20岁上下的年纪，走到哪里，哪里一片欢声笑语、生机勃勃。考古队除了有“干革命志在四方”的豪言壮语，更有大家正在燃烧的青春火焰。差不多的年龄，差不多的性格，相互关照，情投意合。可以说，没有让大家犯愁的困难，没有挡住同志们前进的火焰山，怎么“大寒”就把人统统撂倒了呢?！

有人说：“二十四节气”是中国古代四大发明之外的第五大发明。我赞成这一说法。我们农村人讲：“年纪不饶人，节气不饶人。”又说：“春种，夏耕，秋收，冬藏。”“冬藏”不是单纯地藏东西，而是“物藏，人也要藏”。这是大自然规律给北方人设的警戒线。

考古队不仅没有“藏”，反而与天斗，其乐无穷，与地斗，越干越勇。我们还计划着春节探到临沂，与东线人马会师，喝场痛快的会师酒呢！我们有姜汤和面条，还有板胡与豫剧，更有大无畏的革命精神，我们什么也不怕。这下子可好，老天不怕你嘴硬，节气一到，立即兑现，让人接二连三地病倒，房间里再也没有笑声。我认真地看了看病号的脸，他们的脸都已经变了形。

在地方镇又住了四五天，也没正常上工地。一天，济宁文物局来人，通知我们撤出工地，回曲阜休整。

一辆卡车把我们连人带物拉到曲阜颜庙大院里。

颜庙大殿名“复圣殿”，殿东北角有一片很大的空地，不知什么人在这里建了两排平房家属院。房子建好有日子了，但没人敢搬进去住。据说国家文物局有指示，古建筑群内不准搞新建筑。兖石线考古队的领导瞧准了好机会，为节约经费，便与曲阜文管会的领导协商，让考古队临时住一住。

那时曲阜“三孔”还没有对外正式开放，颜庙内只有四五位看门值班的人。一天到晚，院子里格外宁静，除参天的古柏树上鸟儿在叫外，掉片树叶儿也能听得见。我们住的小院设计成一院一户，家家独立，精巧实用，可谓院中院、静中静。

省考古所的“领导”来到曲阜，又是给我们开会，又是给我们发工资，我们简直成了“圣人”，大家都说：“给个皇帝也不换。”开会的“领导”说：圣人也好，皇帝也好，牛该吹的吹，活该干的还得干。下一步，整理田野钻探资料，坚守第一线，春节不放假。

我请了假，先回了趟家。老家邹县，离曲阜不远。家里有老祖母、父母亲，还有夫人在农村教书，儿子一岁多点，已经好几个月没有回家了。在外边虽然热闹，但不时地还是想家。那时候，想归想，说不出口，好男儿志在四方，怎么能随随便便想家呢！本人政治上没有什么追求，但对做人的格调还是很讲究的，所以即使想，也不说，装作没想。

颜庙工作站内，炉子生得呜呜响。考古队员按照新的作息制度，各自做着自己的工作。新立整理钻探图纸，一卷又一卷，好大一箱子。我整理钻探记录，编写《兖州—李岗子铁路考古钻探报告》。此外，还抽点时间看看书，练练毛笔字。傍晚则走出颜庙大院，到街上散散步，看看行人，也让行人看看咱。总起来说，轻松又充实。

农谚说：“小寒、大寒，打春，过年。”大寒一过，离年就不远了。

这一天，我正在屋里修改稿子，院墙外突然传来了一阵鞭炮声。鞭炮一响，年味也就有了，在我们老家，已经到了最忙活的时候——杀猪、过油、蒸馒头，我小时候的年，都是从鞭炮响正式开始的。

宋秀田进屋来提醒我：“赖兄，过小年啦！”

“不干了，过年！”其实，我早已心不在焉。

我放下手中的笔，说：“考古队也要样正地过年。”派孔庆国出去买了几张大红纸来，我们也要贴上美丽动人、快活祥和的春联。

贴春联是中国人过年标志性的一件事。无论南方北方，也无论富人穷人，过年即便吃不上饺子，也要贴上春联。红纸黑字，图个吉利，今年过得好歹另说，重要的是期盼明年有个好兆头。

我小时候，每到年关，年年脱不了要帮村里“三爷”裁纸、叠纸、铺纸写春联。老人家是位私塾先生，写一手漂亮的馆阁体字。后来被划成了地主成分，但村里人没有敢欺负他、不尊敬他的。原因一是他家族大、辈分高；二是他有文化，三里五村的识字人，基本上都是他的学生；更重要的是，他人好、品高。因为排行老三，所以人人都尊称他为“三爷”。

我家是外来户，爷爷是位手艺人，十六七岁跟着曾祖混济南，承包饭馆，父亲、叔叔都是济南生、济南长。爷爷挣了点钱，托亲戚在村里买了十几亩地。父亲于20世纪50年代初参军去了部队，家里由爷爷主持着过日子。三爷喜欢下象棋，正好爷爷的棋下得也不错。据他说，在济南凤凰山、标山一带，能赢他的人不多。就这样，三爷与爷爷成了棋友，农闲时节，他俩没有一天不玩棋的。我当时年幼，站在一旁看，同时兼任他俩的“小跑堂”。耳濡目染之下，棋没学会，染上了书法的喜好。一到晚上，点上煤油灯，这边二位老人下棋，那边便是我练字的地方。这样，三爷（按村里辈分，我该称他“三老爷爷”）便成了我的书法老师。我虽然不能常年坚持练字，但村里没有第二个像我这样喜欢写字的孩子。所以一到春节，三爷写春联，我便是他唯一的书童。

三爷与爷爷都过世多年了，当孔庆国裁好红纸铺在桌子上，准备动笔写的时候，我脑海里突然出现了二位老人的形象。三爷之乎者也，满腹的文章，无论给谁写春联，都是根据人家的景况现编现写，工整对仗，风趣幽默，而又无不带着喜气。至于“爆竹声中一岁除”之类的旧联，他从来不写。

此时我拿着笔，心里酸酸的，站了一会儿，又放下，半天没写一个字，思绪就像涌来的潮水，再也离不开二位老人。我走出小院，围着“复圣殿”台基来回转了三四圈，心情还是无法平静下来，直到晚上，一个字也没写成。

第二天早饭后，我来了兴致，不知从哪里蹦出来两句话：

“四海为家没有家，一年到头不是头。”

一张红纸从中间裁开，上联用隶书写，下联用魏书写，擘窠大字一遍成功。贴在小院门墙上，十分醒目。缺少横批呀！没关系，补上就是：“今日过年。”是用楷书写的。

事实上这年春节我们还是放了假。腊月二十七，济宁宫局长来考古队，让我们锁好门回家过年，有事随时通知。

春节过后不久，国家文物局的一位领导来曲阜考察“三孔”，为对外开放做最后的准备。颜庙当然也是必看的地方。省文物局台立业先生全程陪同，早上九点，他们进了颜庙大院，走东路，不一会儿便来到“复圣殿”东台阶上。

站在这里，眼睛随便一撇，便看见了小院门口的春联，字大纸红，特别醒目。不知怎的，这位领导竟然下了台阶，径直走到小院门前，端详起春联来了，全然忘记了自己的考察，忘记了身边还有五六位陪同人员。领导看了半天，一句话也没说。台立业先生吓坏了，他曾被打成右派，20 年的折腾，他最怕这样的事。什么“一年到头不是头”啊，这不是牢骚吗！此时的台先生不知如何是好，连忙解释：“考古队年轻人瞎写，什么也不懂，领导别介意。”随手把春联扯了下来。

几天后，台先生回到济南，还把这件事认认真真向局领导作了汇报。领导怎么表的态，我就不知道了。因为直到两年后的 1983 年夏，我从省考古所调到省石刻馆后，才有机会回到济南——我的新工作单位。

兖石铁路考古两年半，留下来的故事用我们的地排车拉，足有两车半。

积涓流以成江海

——我的考古生涯

王永波

（山东省文物考古研究院）

自进入吉林大学考古专业读书至今，已经过去了40多个年头。因着际遇和缘分，经历了三进两出的工作变动，我最终以二级研究馆员的身份从山东省文物考古研究所退休，很是有些“我自豪、我骄傲”的感觉。借此庆祝山东省文物考古研究院（所）成立四十周年之际，拾捡思绪，罗列遗贝，以为纪念！

1982年1月，我有幸成为山东省文物考古研究所的职工；1990年10月，调任省文物局业务处副处长；1996年12月，省文物局降格，鼓励人员分流，我主动提出回原单位工作，第二次被调入省考古所，成为一名普通的考古工作者，着手后李遗址发掘资料的整理研究。1997年，以技术指导的身份参加了潍坊前埠下遗址的发掘，直至当年10月调任省博物馆副馆长。2000年10月，文化厅以文物管理需要专家型干部的名义，调我到文化厅文物处任副处长。2005年6月，又调任山东石刻艺术博物馆馆长，兼任文化厅文物处副处长。2007年底，调任山东省文物局副局长，至2011年3月，因专业技术职称管理改革的需要，我辞去省文物局副局长职务，第三次成为省考古所一名普通职工，直至退休。

一、求学

我的文物考古生涯始于1977年秋天的恢复高考。其时，我高中毕业已逾6年，种过地、当过兵，上大学则是我梦寐以求的愿望。参军的最初动机也是希望部队的推荐选拔过程更为公正，到部队后才发现，基层连队根本没有这种机会。

1977年10月21日，《人民日报》头版头条刊发了新华社《高等学校招生进行重大改革》的报道，在社会上投下了一颗震撼弹。当时，正值三秋大忙季节，我因在离村八里路的水库抽水抗旱而毫不知情。幸有母校的老师还记得我这个学生：10 月 25 日村里捎来一个口信，荣成第四中学校长郭申德给村里打了个电话，要我到中学去一趟。第二天我便以去公社拉化肥的名义，开着拖拉机来到了母校，从其他老师口中得知恢复高考和校长让我报名的消息。心中悲喜交加，喜的是莘莘学子终于有了公开、公平竞争的机会；悲的是自己苦苦追求而不得，感觉实在没有机会，遂决定悄然离开。刚出校门，碰到了外出归来的老校长："报名了吗？""学的没有忘的多，哪里敢报！"我回答说。"回去报名！你不行？比你强的不多！"就这样我成了当年的一名考生。本来我是以数学、物理学见长的，故而报了理工科。报名到考试只有 1 个多月的时间，又恰逢"三秋"大忙，白天还得上工。半个月之后，只是简单地翻阅了一遍数学，物理、化学看了不到一半，实在来不及，只得改选文科专业性较强的考古专业，有幸以文科全县第二、全公社第一的成绩"及第"。

二、入行

考古工作是一项劳心劳力、极为艰苦的工作。劳动强度大，成果周期长，有时还要冒塌方砸伤甚至是牺牲生命的危险，职业病更是司空见惯。

没有娱乐活动，没有文化生活，1990 年以前甚至没有收音机和电视。能否耐得住寂寞，是考古工作者首先必须面对的考验。

酷暑和寒冬、大风和雨雪是考古工作者另一个不容回避的历练，冬天和早春时节，凛冽的寒风掠过毫无遮拦的岗地，尘土夹杂着沙粒，无情地撕扯着考古工作者裸露的面颊，刺扎着他们的肌肤；盛夏季时节，炙热的空气让室内的桌椅、沙发等变得烫手，电扇吹出的风也会使人感到阵阵莫名的焦躁。坚守在发掘工地的考古工作者所面对的则是当空的烈日、灼热的地面和探方内让人窒息的空气。没有遮阳伞，更没有电扇和空调，用以消暑的只有一顶旅行帽。对于常年在农村劳作的农民来说，这或许算不了什么！但对于常年在有暖气和空调的室内工作者、对于刚出校门的大学生而言，则需要不怕吃苦的勇气和坚韧不拔的精神。

1982 年 5 月，我参加了莒县钱屯东周墓的抢救性发掘，清理了近 50 座东周墓。遗憾的是，发掘资料至今没有整理发表。当时的领队是邵明贵，参加人员有常兴照、李志勇、司湘等。现场因推土机、挖掘机联合作业，一片狼藉。地面被下挖了 2—3 米，不少墓葬已到底部。我们让民工以 2 米的间距排成纵列，在前面清理浮土，考古队员随后查看土质土色，辨认墓葬。在确认一座春秋墓的位置时，我发现了一柄侧向横置的青铜剑。其时，发掘工地四周围满了看热闹的民众，为保证安全，我将青铜剑出露的刃锋用土盖好，留下一名民工看守，就继续寻找其他墓葬了。不一会儿，那里发生了骚动。原来，一位村民想看看青铜剑，用手拂拭盖在青铜剑上面的土。"哦哟！"村民嘴里轻喊了一声，握着手指就跑了。第二天工地周围聚拢的民众成倍增加，声言来看“金人飞刀”。原来那个村民拨土时，手指移动的方向正好与青铜剑的刃峰顺向，手指遂被割破，抱着手指跑到卫生院包扎。随后就演绎出“金童骑金马，手持锋利的飞刀，见人就砍”的“故事”，体现了民间文学的创造过程，正所谓“东西越传越少，话越传越多”。

6月下旬，我奉命回单位参与荣成石岛筹备山东省考古学会成立大会暨第一次年会。会议结束，所领导根据当地文物干部汇报的线索，让我到荣成北部成山头一带做文物调查，寻找沿海地区的大汶口文化遗址。在一个多月的时间里，我徒步勘察了成厢、埠柳、港西、泊于4个沿海公社。当时的公共交通很不发达，我只好自备一点干粮，走到哪里，住到哪里，吃到哪里。有时错过了村庄，便就近住到水库或林场的看护房中，就着山水啃一点干粮。功夫不负苦人心，此次调查虽然没有发现新的大汶口文化遗址，却获得两个十分重要的意外发现：一是在成山头发现了秦皇汉武东巡“礼成山、祀日主”的庙宇基址、祭坛遗址及成组的玉器；二是发现了当时最早、最完整的海上独木舟，并在此基础上写出了《成山玉器与日主祭》《胶东半岛上发现的古代独木舟》《原始渡具与早期舟船的考古学观察》等文章。后者通过翔实的论证，证明了中国古代的两种主要船舶——福船和沙船（即尖底和平底船）分别起源于“加高”和“加宽”的独木舟，得到中国船舶研究会的高度评价。

1984年，为配合益（都）羊（口）铁路建设，我受命与时任潍坊市博物馆馆长杜在忠先生合作，共同主持寿光边线王龙山文化遗址的发掘。先后参加发掘的有省考古所何德亮、张竞放、张振国、李曰训，省博物馆李大营，潍坊市博物馆曹元启、李金新、单煜东，烟台市博物馆闫勇，寿光博物馆贾效孔、黄爱华，昌乐博物馆李学训，青州博物馆姜建成，高密博物馆李储森，诸城博物馆韩岗，寒亭博物馆杨新寿，昌邑博物馆姜龙启，等等。考古队员数月间一直待在工地，同吃、同住、同劳动，同事间的情谊更为深厚。然而，天有不测风云，30年来已有五位同仁不幸离世，其中三位尚属年富力强，最年轻的还不到40岁，令人痛惜。在此谨向逝者寄以深切的哀悼和追思！

边线王发掘历时三年，至1986年结束。其间发现了龙山文化城址，填补了海岱地区早期城市考古的空白，是20世纪80年代山东考古工作重大突破。此后，山东地区陆续发现了章丘城子崖、邹平丁公等10余处龙山文化城址，为中华文明起源的研究提供了丰富的资料。

边线王遗址是一处岗地，受自然和人为破坏十分严重。春季第一次发掘因受铁路占地范围的局限，除几个龙山文化灰坑底部和周代墓葬外，没有发现文化层。秋季发掘时，特意在公路占地范围之外、破坏程度略轻的遗址边缘布置了几个探方，意外的收获就出现在这批探方中。

当时，探方中发现了一条类似壕沟的遗迹，沟内填土坚硬致密、层次清楚、色泽分明，没有壕沟常见的淤泥，这些反常的现象让我十分困惑。城墙基槽？在反复捉摸的瞬间，突然闪出了这样的念头。20世纪30年代发掘城子崖遗址时，曾宣称发现了“黑陶文化城”，但受到学界的普遍质疑（后证实为岳石文化城）。故而在兴奋之余，又深感没有把握，便立即约请杜在忠速来工地商讨。

12 月上旬，配合工程的发掘任务完成，预想也得到了确认：基槽内的夯土层次分明、均匀，夯窝清晰可见。正在兖州西吴寺进行考古领队考核的国家考古专家组一行十人特意赴寿光现场考察鉴定，充分肯定了这一重大发现，并指示我们尽快把城址的平面布局搞清楚。

1985 年春季，我到兖州参加考古领队培训班学习，发掘暂停。秋季，继续主持边线王遗址的发掘。随着工作的不断深入，新的问题，如城门、道路、城濠、内外城关系等问题都被提了出来。在考古所领导的支持下，发掘计划不断地刷新、延期。为尽可能多做一点工作，我们尽量延长发掘时间，每个发掘季的野外发掘时间都在 4 个月以上。

由于专业人员数量不足，我在管理整个工地的前提下坚持自己开探方。四五个发掘区分散在城墙的不同部位，基槽的深度达 2—3 米，每巡视一周要走好几里的路程，还要下探方刮地层、检视工作面和出土遗物。我的腰部在农村生产队干重体力劳动时曾受过伤，在部队的训练中又被战马踢伤过，患有严重的腰肌劳损和椎间盘突出。在长春读书期间，因气候不适，每年的 5 月、10 月换季的时候都要发作，有时连路都不能走。到山东工作以后，由于气候条件改善，略有好转。尽管如此，一天下来，总是腰酸背痛，有时整夜辗转，难以入眠。

在边线王发掘紧张的时刻，两岁的儿子摔断了胳膊，为了不影响我的工作，妻子一直瞒着我。有道是祸不单行，老家的弟弟也不幸被倒塌的墙壁砸伤，住院半个多月，我却未能回去探视，只是借了 200 元钱寄回去。1986 年初的年终总结中，我被评为省文化系统优秀共产党员。

1988—1990 年，我受命率队发掘临淄后李遗址。后李遗址地处泰沂山系北侧淄河东岸的二级台地上，海拔高度 52. 2 米，遗址的西南部因河水冲刷形成十余米高的断崖。现存面积约 15 万余平方米，文化堆积厚 2—5 米。该遗址于 1965 年文物调查时被发现。同年冬天，北京大学历史系考古专业 61 级学生实习时，曾在遗址的西南边缘进行过一次小规模的试掘，发现了据称属于“龙山文化”和“晚商时期”的遗存。为配合济青高速公路的建设，文物部门于 1986 年又派员对遗址进行了重点勘探和试掘，据报主要堆积为“大汶口文化”和商周时期的遗存。

1988 年 3、4 月间，我和王守功同志到后李官庄做前期准备工作，村头有一座大杂院，墙壁、屋顶透亮漏风，门窗残缺不全，粪便、砖头、瓦块无所不有，其实是废弃多年的小学旧址，我们对房屋略作修缮，作为考古队的驻地。由于专业人员严重不足，前半期只安排了王守功、李振光、倪国圣、刘延常 4 名年轻的专业技术人员和 20 几名经过短期培训的技工进行发掘。发掘后期又增派张启龙、靳桂云、张振国和 40 余名技工。但是，面对公路全线专业人员紧张的状况，我们又不得不勉为其难，硬着头皮上。这对考古队和我本人来说都是富有刺激的挑战和极为严峻的考验。在全体同仁的共同努力下，经过 3 年 5 次较大规模的发掘，1990 年夏，我们圆满地完成了发掘任务，揭露面积达 6500 余平方米。

连续大规模的发掘证实，后李遗址的文化堆积由上至下分别是明清、宋金、隋唐、汉、春秋战国、商末周初、北辛文化、后李文化时期，不见大汶口文化和龙山文化堆积，俨然一部历史“天书”。令人振奋的是，第一次发掘就在北辛文化层下发现了一种以夹砂红褐陶和圜底器为主要特征的文化遗存。第二次发掘再次证明，这种遗存是一种前所未见的、早于北辛文化的考古学文化共同体。1990年冬，应刘伯勤同志的邀请，我在长春观对济南市在文物普查中收集的陶片标本进行了全面检视，从原定为北辛文化或大汶口文化的遗存中选出10余处含有同类遗存的遗址；还在已发表的《山东邹平县古文化遗址调查简报》中，发现邹平孙家遗址也有同类遗存。综合这些成果，1991年8月，我们提出了“后李文化”的命名（《我省考古有重大发现》，载《大众日报》）；同年10月，在“纪念城子崖遗址发掘六十周年国际学术讨论会”上，首次对后李文化的主要面貌、特征及其在海岱地区考古学文化谱系中的位置做了初步的讨论和概括。在没有^{14}C测定年代的情况下，提出了后李文化是海岱地区已知最早的、年代距今约8000年的一种新的考古学文化，是北辛文化的主要源头的学术观点。

后李遗址发掘的主要收获，在于取得了四项突破性重大发现：其一，首次发现了山东地区已知最早的新石器时代考古学文化，填补了山东地区新石器时代考古的空白，进一步完善了山东地区的考古学文化序列，为探讨北辛文化的来源、寻找更早的新石器时代考古学文化奠定了新的基础，这是20世纪90年代山东史前考古的重大突破。其二，首次在鲁北地区发现了有明确层位关系的北辛文化遗存，为探讨后李文化与北辛文化的相互关系提供了可靠的层位关系。其三，首次在山东地区发现了成批的商末周初平民墓，获得大批自春秋一直延续到汉初的实用器物标本，为齐地物质文化分期、编年标尺建立，以及周初夷夏交争、民族融合研究提供了宝贵的实物资料。其四，首次发现并成功地揭露了春秋大型车马坑，填补了山东考古的一项空白，被评为1990年度“全国十大考古新发现”。考古队经过艰苦细致的修复整理和多方呼吁，使珍贵的文化遗迹得以就地保护，并建成了举世瞩目的中国古车博物馆，取得了很好的社会效益和经济效益。这是山东地区考古成果转化为旅游景点的成功之作，给川流不息的高速公路平添了一幅诱人的画卷。

车马坑的清理是田野考古工作中一项难度极大的工作。由于年代久远，木质的马车已完全腐朽，只在坚实的夯土中留下一些较疏松的淤泥和漆皮痕迹，稍一疏忽便可造成难以弥补的损害。若经雨水冲刷，马车则将荡然无存，是以必须在雨季到来之前完成清理工作。当时工地上还有两座大墓、几十个探方正在发掘之中。任务繁重，雨季将临，工期迫近，而山东考古界还没有发掘车马坑的先例，我们更是缺乏清理此类遗迹的经验，真可谓十万火急。经反复思考，我们对清理人员做了专门化分工，马车不同部位分别由不同的专人负责，并从结构略为清楚的2号车入手，以取得经验，极大加快了工作进度。6月5日基本完成土方和轮廓清理后，搭起防雨塑料大棚，清理工作转入诸如漆皮和车舆等细部结构剥离阶段。

当时，户外温度已高达30℃—35℃，在烈日烘烤之下，塑料大棚内的温度就可想而知了。由于没有通风设备，坑内空气闷热难当，给人一种窒息、眩晕的感觉。为应付严酷的环境，我们挑选了十余名身体结实、业务较好、敢于吃苦的技工与干部一道坚持棚内作业。人毕竟不是铁打的，作为工地负责人，我必须为同志们的健康和安全负责。为此，我们将人员分成两批，轮流下坑作业。进入棚内作业时，人们恨不得把身上的衣服全部脱光。尽管如此，每10分钟还是要到外面换换气才能坚持下来。

当空烈日给我们以火的考验，滂沱大雨则使我们面临着“灭顶之灾”。6月13—14日，较常年提前到来的大雨使干枯多年的淄河头一次有了溪流，深陷地下的车马坑正是雨水的聚集处，临时搭起的塑料大棚抵挡不住阵阵大雨的攻击，刚刚出土的珍贵文物随时都有被毁掉的可能。14日下午，四面楚歌的考古队全体动员，在没有雨具、没有排水机械的情况下排成长龙，用铁锹、水桶、脸盆等同天公展开一场没有胜算的争夺战。天渐渐黑了下来，雨还没有停的意思，车马坑内临时集水沟中的积水越来越深，大家顾不得吃饭，顶着阵阵疲劳的侵袭顽强地搏斗着。闻警赶来的临淄区副区长、文化局局长等人也加入了战斗行列。晚9时许，借调的抽水机终于送达现场，险情才逐步有所缓解。不知是考古队员的顽强精神感动了雷公，还是雷公被抽水机的轰鸣声吓着了，大雨终于渐渐停了下来。考古队员回到驻地已是凌晨1点多。以后的几场雨也毫不例外被考古队员的顽强和英勇挫败。

紧张繁忙的工作和过度的体力消耗，对我的身体造成了较严重的损害，长时间的低头和蹲姿工作使原有的腰椎病进一步加重，有4节颈椎出现严重的骨质增生，颈弓和腰弓基本消失。1989年下半年开始，我常常感到前胸不适，到1990年春天有时连续几天出现剧烈的阵痛，趁回单位汇报工作的机会到医院检查，被确诊为心脏病，大夫嘱我住院。但是，工地发掘工作正处于紧张阶段，同志们都在顽强地工作，我不能将自己放倒在病床上。谢绝了大夫的好意，我返回工地，坚持到发掘结束。后经三年多的诊治，症状才基本得到控制。

1996年，受省文化厅的派遣，我携资参与并主持了双乳山汉墓的发掘（图一），发现了山东第一座、全国第四座未经盗扰的汉代诸侯王墓（巨野红土山汉墓规格上达不到王陵级别），获得了一大批珍贵文物，为了解汉代殓葬制度和诸侯王埋葬习俗提供了不可多得的实物资料。该墓被评为1996年度“全国十大考古新发现”。

双乳山汉墓发掘本来是由山东大学和长清文管所联合于1995年秋实施的，由于没履行报批手续、发掘经费告罄等原因，于当年年底被省文化厅、文物局勒令停工整顿。国家文物局根据大墓的埋葬状况较好、发掘技术要求高和大学不应参与抢救性发掘等缘由，要求由省文物局直接负责，调整、充实考古队技术力量。省文物局据此任命省文物局副局长蒋英炬和我作为正、副领队，筹措10万元发掘经费，正式介入。蒋先生因局里工作无法分身，发掘工作实际上是由我和山东大学任相宏老师共同主持的，参加发掘的有山大老师崔大庸以及长清文化局王传昌、马前伟等。

1996年5月中旬，墓室填土已清理至椁室盖板板灰上面不足10厘米的位置，稍有不慎，就可能对下面的文物造成难以弥补的损坏。为此，我们将两块木板按适当的间隔前后放置。一块置于清理工作线附近，作为工作人员俯身工作时的上肢支撑点；另一块放在后面，用以安放屁股和腿脚。考古队员就这样扭曲着身子，伏在两块木板上，一点一点地进行着艰难的剥离工作。此时的填土及板灰，用手轻轻一按就能出水；考古队员扒在板上又不能随意活动，只有保持一个姿势清理完眼前的一小块，才能站起来伸伸腰腿，调整一下姿势重新卧倒。一天下来，每人身上都粘上了黄色的泥斑和黑如炭墨的板灰，甚至连脸上也被涂抹得黄黑相间，活脱脱地一个出土文物，怪逗人的。

图一　长清双乳山汉墓发掘

阴湿的工作环境，使不少同志换上了皮肤过敏症。虽然工作很辛苦，队员们没有丝毫的退缩和怨言。尤其令人钦佩的是，三位平时特别爱干净的青年女性，面对令人难堪的工作环境和条件，多少有些娇柔纤弱的她们不怕脏、不怕累，凭借着女性的灵巧和韧性，始终坚守在自己的岗位上，很是有些“衣带渐宽终不悔”的味道。

5月下旬，大墓的发掘迎来了开棺的关键时刻。从一般的意义上说，开棺不过是把棺椁盖打开，弄清棺椁结构、了解随葬品埋葬状态，在确保安全的前提下，理清内部文物和遗体，并进行拍照、绘图，然后提取。对于双乳山汉墓而言，开棺却是一件令人大伤脑筋的苦差事。此时，呈现在人们面前的大墓椁室是一幅令人不可思议的画面：在深达20余米的竖井底部，平面近60平方米，高达3.8米，由无数巨大方木组成的棺椁，在两千多年的历史重压之下，已浓缩为数层薄薄的板灰，其间散落着残破的玉器、铜缶、瓦器。很难想象，曾经威风凛凛、显赫一时的墓主人，竟能不着痕迹地隐藏在这厚度尚不足10厘米的夹层之中。如果不是各层棺椁木板所施漆绘颜色不同，板灰层间杂着黑红相间、细如游丝的各色漆皮，恐怕神仙也难以理清它们之间的相互关系。

为寻找突破口，经过反复筛选、论证，我们决定采用“选点解剖，局部剥离”的清理原则。具体地说，就是选择几处没有文物的边角部位，作小探沟解剖，以便弄清不同部位的板灰层数，确定棺椁数目；在弄清棺椁数目和漆皮具体层位的前提下，分区分层重点剥离各层棺椁板的漆皮，以期从不同的角度、不同的部位了解每层棺椁的漆绘情况。经过反复对比、分析验证，最终证实大墓的棺椁制度是重椁（外椁和内椁）三棺（外、中、内）。至6月中旬，发掘工作圆满结束。

三、拓展

工作的调动、任务的变化，不断地拓宽着我的视野和研究领域。在省博物馆工作期间，我对馆藏文物的管理与分类、博物馆功能、陈列展览等进行了较为深入的探讨和大胆的改革，举办临时展览60余个，初步改变了博物馆门前冷落的局面。

在山东省石刻艺术博物馆工作期间，我主要抓了两件大事：一是组织《山东石刻分类全集》的调查、资料汇总、编撰工作；二是主持中德合作项目山东北朝摩崖刻经调查与研究工作，完成了东平洪顶山，邹城铁山、岗山、葛山、峄山、尖山、阳山、银山、司里山，泰山经石峪，新泰徂徕山，平阴天池山、书院东山、大寨山、二鼓山、云翠山，宁阳凤凰山，汶上水牛山，济南黄石崖，滕州陶山，龙山21个地点摩崖刻经的田野调查和图书资料收集工作。截至2017年，出版《中国佛教石经·山东省（一至三卷）》中英文双语调查报告，第四卷计划2021年出版，其他目标也在稳步推进之中。

在文化厅文物处工作期间，我主要负责古遗址保护、考古、科研和业务执法等工作。调任省文物局副局长后，业务范围扩大到博物馆以外所有文物保护工作。在此期间，我先后主持了南水北调东线一期工程山东段文物保护、齐长城资源调查（图二）和全国第三次不可移动文物普查的筹备、培训工作；组织举办了3届省文物系统科学报告月，6次齐鲁文博讲坛；参加国家人事部组织的专家西部行，支援西部开发建设；为全国文物行政执法山东片（6省）、福建片（6省）全省文物干部培训班、全省刑警打击文物犯罪培训班以及第三次全国不可移动文物普查、齐长城资源调查、第一次全国可移动文物普查等培训班授课50余次。

截至目前，我先后出版及正在校对的专著和各类图书15部，编辑或参与部分章节撰稿的图书8部，发表论文130余篇，共计600余万字；获山东省社会科学优秀成果一等奖一次、三等奖四次。1999年获山东省专业技术拔尖人才，享受国务院政府特殊津贴；2000年获文化部优秀专家称号。2008年，我有幸成为第29届北京奥运会火炬手，参与了山东境内的火炬传递（图三）。在长期文物考古、科研和文物保护工作的磨炼中，逐步形成了自己的信条：

图二　2008年12月长清齐长城调查
由左至右张溯、王新华、李振光、王永波、倪国圣、马前伟、朱彤

图三　2008年奥运会火炬传递（右1作者）

志向：做一个有用的普通人，干一点有意义的平凡事。

追求：学海泛舟，积跬步以至千里。

格言：海纳百川，有容乃大。

座右铭：百折不挠，做自己想做且能够做到的事，让每一次挫折都成为一个新的起点。

筚路蓝缕四十载，踔厉奋发再启航

——为山东省文物考古研究院建院40周年而写

常兴照

（中国文物信息咨询中心）

时光荏苒，白驹过隙。自1982年1月我从吉林大学考古专业毕业，被分配到山东省文物考古研究所工作至今，已近40年。和我同时入所的还有王永波、张雪莲等同志。当年我是带着一脸刚走上社会的青涩，浑身散发着沂蒙老家地瓜垄的土腥味，来到这个刚成立不久的考古所的，满眼里都是新奇。领导新：老所长杨子范先生西装革履，风度翩翩，金丝眼镜里透射着聪慧睿智的光芒，脸上的皱纹似乎也述说着高远深邃的学问；主持业务的张学海所长总是步履匆匆，风风火火，谈起考古就滔滔不绝——课题设置、研究方向、工作布置、“诸侯”任命等，令人耳目一新，心潮澎湃。同志们新（大都30岁左右）：赖修田、邵明贵、张竞放、何德亮、李曰训、张振国、万良等同事，或风趣幽默，或书生意气，或文质彬彬，或洒脱豪放、不拘小节，显现出这个新单位的生机与活力。而长我们十岁或二十余岁的一群老同志（实际年龄也不过40—50岁），如郑笑梅、蒋英炬、王树明、吴文祺、罗勋章、吴诗池以及毕宝启、韩树鸣、苏玉琼、吴钟珉等老师，都和蔼可亲，亦师亦友，有求必应，诲人不倦。还有行政方面的王瑞成所长、杨广芬老师、赵桂英老师、袁明老师、杜宗芳老师、翟富美老师等，或精明干练，或勤俭细致，或精通外联，或人脉广博，基本上没有他们解决不了的问题。还有一帮各有专长的同事，如帅气活泼的李志勇、李胜利，师承家传的大冀、小冀（冀介仁、冀介良）、驾技纯熟的苏庆林，年轻漂亮的王站琴，实在爽直的王桂萍，淳朴憨厚的司湘等，都让我对这个年轻火热的群体有了极强的依附感和向心力。之后随着佟佩华、邱玉鼎、李传荣、郑同修、王守功、邵云、孙桂杰、刘延常、魏成敏、李洪亮等同志的不断调入和集结，考古所可谓人才济济，生机勃勃。在当时全国的考古工作机构中，无论学术地位、专业人才、工作机制、任务成果等都独树一帜，引领风骚，成为众多考古人向往的地方。

当年我的父母年迈，家庭贫困，母亲又瘫痪在床多年。刚入所的一段时间内，我心头始终萦绕不开的是如何赡养父母、顾养家人，曾多次想申请调回老家临沂，以便照顾父母。所领导了解我的家庭状况后，就趁着临沂地区发现细石器文化（凤凰岭遗存）的时机，安排我到临沂地区开展专项调查和探索。这给我提供了很大的方便。在临沂期间，我主持发掘了莒县杭头遗址，调查了马陵山细石器遗存，试掘了罗庄湖台、汤头泉上屯以及日照丝山等遗址。1984—1986年，我父母先后病逝，爱人也从临沂调到济南，我才算真正在济南安了家。我的工作也就回到了考古所的主流工作中来。其间，我先后参加了临淄两醇工地发掘、广饶五村遗址发掘。1987年所里又安排我参与编辑《海岱考古》（第一辑），我又做了两年多的编辑。1990年10月，我被调入新成立的省文物局工作。1995年，因为筹建山东省文物科技保护中心以及探讨中心与考古所的隶属关系问题，我又回到考古所工作，直到2001年5月我被调入山东博物馆工作。所以，我在考古所前前后后一共工作了15年，可谓见证了考古所的成长和变迁，目睹了考古所的辉煌。今天，考古所（院）已非昨日可比，可谓兵强马壮，机构、人员、专业设施都处在国内前列，科研成就硕果累累。我深为自己服务过的集体感到自豪，为我的同事们感到骄傲。虽然自己已迈入花甲，满头华发，但过往之事仍然就像发生在昨天一样，倏忽间，我又回到那些青春的岁月，奋斗的年华……

我在考古所工作期间磨炼了自己吃苦耐劳、认真坚持的意志和品格。考古所建所初期，条件简陋，工作较为艰苦。我们出差都是坐长途汽车，到驻地后租用当地招待所的自行车，背个黄书包，带着手铲、水壶、卷尺、指南针、日记本等工具，漫山遍野地调查、寻找考古遗存。虽然风餐露宿、日晒雨淋，但大家都毫无怨言。记得1983年夏天，我和司湘同志到马陵山调查细石器遗存，在县招待所每人租用了一辆自行车、一床褥子、一顶蚊帐，所里配备了一个军用水壶。凭着县文管所开的介绍信，我们在马陵山上走了半个多月。晚上住农村麦场场院，睡在麦穰堆里。白天在生产队里吃派饭，每顿饭交0.5元、半斤粮票。因为时值盛夏，烈日如火，带的一壶开水不到上午十点就喝完了。马陵山上裸露的紫红色山岩吸热无限，地面温度高达50℃—60℃，汗水甩一把，地上可起一串白烟；脚底的塑料凉鞋不隔热，烫得人都不敢在石头上停留。口渴了，就到山沟背阴处洼地水坑里，拨开上面漂浮的青苔，捧一捧满是孑孓的浑水喝下去，润润冒火的喉咙和干裂的嘴唇。就这样，我们走遍了南北长120里、东西宽近30里的马陵山，完成了马陵山细石器遗存调查，并在很短的时间内写出了《马陵山细石器遗存调查报告》。1984—1986年，我父母先后病逝。老人病危时我都在考古工地上，家人发电报告知我母亲或父亲病危，我匆匆回家送父母去医院抢救，侍候一两天后，父母就撒手人寰。为了不耽误工作，我强忍失去父母的悲痛，又匆匆赶回考古工地。在临淄两醇工地发掘时，我穿着短裤、踩着绳梯，深入到十余米深的墓坑里清理骨架和遗物，抬头看天就像井底之蛙；回到地面上膝盖又疼又酸，不用热水烫烫就睡不着觉。作为考古人，在野外工作是家常便饭，两三个月不回家是常有的事。1985年我到国家文物局兖州考古领队培训班学习，离家时女儿刚刚出生40天。等五个多月后我从兖州回来，女儿已经半岁了。之后女儿渐渐长大，经常因为长时间不见面而不认识我了，或者看见我后一脸的惊恐。靠着这种吃苦和坚持，仰仗考古所提供的锻炼机会，受同仁们考古精神的熏陶和影响，怀着对亲人的歉疚，我取得了些许的成绩。其实，当时的考古工作也应该或必须是这样的。无论烈日如炙的酷夏，还是寒风凛冽的严冬，在考古工地发掘或者整理资料是考古所的工作常态，也是所有考古所成员必备的经历和意志储备。

是考古所为我提供了成长学习的条件和空间。20世纪80年代，考古所的学术气氛极为浓厚。山东史前文化讨论会（石岛）、环渤海考古讨论会（长岛）、第二次环渤海考古讨论会（临淄）、济青高速公路考古会战、临淄墓群考古发掘等重大项目和学术会议，让我眼界大开。这些项目和活动，让我真正了解了东夷文化、齐鲁文化的深厚和博大，也培养了我对考古、对史前历史、对东方文化的浓厚兴趣。虽然由于工作的不断变动、科研时间的不充裕使我对相关问题的研究断断续续，不成系统，但我始终没有放下自己的研究目标。正是由于考古所领导和师长们的信任，让我在刚毕业不久就独立主持马陵山细石器遗存调查和杭头遗址、五村遗址等地的发掘，培养了我独立解决问题、思考问题的能力。另外，考古所建所初期，有着较为齐备的专家团队，以郑笑梅、蒋英炬、张学海、王树明等先生为领军人物的史前考古、齐鲁考古、汉画像石研究、古文字和文献考古等，在全国具有相当大的影响力，同时也赢得了社科院考古研究所、北京大学、山东大学、国家文物局等科研单位、高校团体、领导机构的首肯和赞许。北京大学多次选定山东地区作为学生考古实习基地；社科院考古所山东队五人小组驰骋齐鲁几十年，取得众多考古和学术成果；国家文物局连续多年在山东举办多期考古领队培训班，培养了大批考古领军人才。这都与山东得天独厚的考古历史资源以及山东考古所众多专家学者的号召力和凝聚力密不可分。而我，就是其中实实在在的受益者。可以毫不夸张地说，山东考古所是我成长的港湾和远航的风帆。

考古所的众多师长是我学术道路的启蒙人和教练员。我在山东考古所期间，无论生活和工作，都曾受到所领导和众多师友们的关怀和帮助，我始终心存感激。在此我特别想感谢两位敬爱的长者和老师。首先是郑笑梅老师。由于郑老师和我大学老师张忠培先生是同学，张老师曾经写信委托郑老师关照和指导我们，所以刚到考古所，我自然地感觉郑老师特别亲切。郑老师为人爽快正直，快人快语；对我们谆谆教诲，严格细致。我们在大学里学到的只是考古学知识的皮毛，对考古的理解特别肤浅。刚入考古所时，我连大汶口陶片与龙山陶片都分不清楚。是郑老师手把手教我们区分大汶口文化、龙山文化，教我们分期，教我们排队，指导我们分析文化因素，和我们讨论关于泰沂文化区、区系类型等考古学理论。考古所办公楼一楼的大汶口遗址标本室是郑老师工作办公的地方，也是我经常去聆听教诲的训练场。另外，遇到外地专家造访郑老师，郑老师都特地约我们过去旁听；或者带我们到山大考古教研室、北大考古实习工地去参观学习。在兖州考古领队培训班上，郑老师是我们的指导老师。她不顾年迈和腿脚不好，蹲探方，上隔梁，帮我们划线找边，分析地层，处理遗迹；连夜审核探方记录和田野日记。她知道当时我爱人刚生完孩子，自己在家既照顾孩子又照顾老人，生活较为艰难，怕我思家心切，耽误学习和训练，就经常询问我家里的情况，不断鼓励我要坚持，训练班结束就会好的。1986年我父亲去世，我悲痛得难以自拔。郑老师亲切劝慰我：要想开，想想孩子和家庭，想想肩上的责任和义务，老人总会离你而去，孩子还需要你抚养长大；要努力自强，人生道路还很漫长。后期我去文物局工作，再后来我又跑去筹建山东省文物科技保护中心，偏离了考古研究的工作和方向，郑老师认为我不务正业，下海经商了，很长时间不高兴。我深知，正是因为她对我十分关心和爱护，才会对我的改行不理解。今天想来，仍然隐隐感觉对不起郑老师的亲切栽培和一片苦心。后来郑老师患病，不认识人了。春节假期我去探望她，看着她茫然的双眼、瘦小的身体，我特别的心痛，不忍多看她一眼。如今，郑老师已离开我们多年，愿老人家天堂安乐，再无苦难。同时也想告慰郑老师，我没有忘记她老人家的期望，仍然在治学的道路上努力向上。

我还特别想感谢的是王树明老师。我和王老师相熟相知是在1987年我调到他担任主任的《海岱考古》编辑部开始的。王老师为人热情，有侠义心肠，喜欢饮酒。正好我也能喝一点，故经常和王老师小酌。喝酒就会聊天，我们聊古今中外，聊海阔天空，慢慢地变得无话不谈。先生学功扎实，古文献功底深厚，聊起对古代文化的认识和解析时常常独出心裁，语惊四座。一开始，我对古代历史和齐鲁文化并没有多大兴趣，跟随着王老师一起到各地出发组稿，经常彻夜交谈，慢慢耳濡目染，渐渐深入其中。我们常常为一个问题争论得面红耳赤，又往往因一个共同发现而经夜难眠。王老师特别看重我能和他一起研究古代历史文化，因此不辞辛苦，费心指教。他常常把自己的读书卡片交给我，指定一个问题让我研究。如果我不负所望，能够把文章做出来，王老师比他自己写了文章还高兴。如《商奄、蒲姑钩沉》等文章就是这样出炉的。他在《齐地得名推阐》一文中指出：鲁北齐地原为一崇武尚箭之地，齐国的齐字原为三枚箭头的摹画；祖籍齐地的夷羿传说即与弓矢有着不解之缘；齐地土著纪国及其属邑之名均与箭矢有着密切的联系；鲁北地区史前文化特别是龙山文化中大量的箭镞说明齐地尚箭有着深刻的历史渊源。此为破解鲁北地区众多古代文化之谜提供了一把钥匙。其后，王先生又在《“亚醜”推论》《員祖夷羿疏证》等文章中深入论证了龙山文化西渐、夷羿代夏、少康中兴、二斟东迁的历史过程。王先生的上述观点，对于我思考龙山文化和后羿射日传说之间的关系有极大帮助。结合考古工作中发现的一个较为普遍的现象（鲁东南和胶东地区发现的龙山文化遗存以早期为多，晚期极少，鲁西和鲁北地区的龙山文化遗存则以中晚期为主），我提出了东部沿海地区的大汶口文化晚期和龙山文化早期遗存就是崇日民族，后羿射日是对东部龙山文化亦即崇日民族一次惨烈征讨的观点。同时，王先生的治学方法，即综合使用考古学、历史学、古文献学、古文字学、民俗学的知识和方法分析考证问题，对我以及许多师友同仁都有很深的影响。近几年王老师身体不好，做过手术，性格和记忆都发生变化。但只要见到我，仍然念念不忘我们共同探讨过的问题，不忘他始终想完成的论文体系。我曾经努力想帮他完成《王树明考古论文集》出版事宜，但囿于各种客观原因，至今尚没有眉目。欣闻考古院领导决定出版“齐鲁考古人文集”系列丛书，王老师的文集已被列入计划，今年可望付梓，甚感宽慰。王老师文集的出版，可能对山东古国史、先秦史研究起到重要的推动作用。衷心祝愿王树明老师健康长寿，颐养天年，能对后辈学人继续指导，更希望山东古代历史研究在王树明老师等一代学者的引领下，更加发扬光大，欣欣向荣。

山东考古所是我魂牵梦萦的旧地，也是我祈盼其繁荣昌达的老家。离客都有思乡意，游子均存恋家情。2003年我调到北京工作，屈指已经18个年头。无论在青藏高原还是在塞北大漠，不管是在西陲戈壁还是在天涯海角，我都时刻在关注着山东省考古院的点点滴滴。近年来考古所更名为考古研究院，扩大了编制，并即将搬迁至新的现代化办公中心。机构和设施的变化标志着新的目标和新的起点。仅2020年，山东考古研究院围绕继续探索未知、揭示本源，重点推进中华文明与早期国家起源、山东古代历史和海岱地区古代社会研究，取得了多项成果。滕州岗上遗址、曲阜西陈遗址、邹平东安遗址、东莱墓地考古、济南梁王遗址、黄岛琅琊台遗址、滕州母祖山遗址、章丘合庄南墓地等重要发现，更展现了山东考古人一如既往的努力和坚守。历年来屡上榜首的十大考古发现，更是山东考古研究院的名片和金字招牌。这都是我深感欣慰和自豪的事情。

近年来全国各地史前文化遗址如良渚、牛河梁、石峁、陶寺、双槐树、凌家滩、禹会村、石家河、七星墩、平粮台、三星堆等重要遗址如雨后春笋层出不穷的时候，各路神仙登坛作法，异说纷呈的场面着实令人兴奋。由于山东考古研究院一直处在配合基本建设的考古前线上，人员短缺，任务繁重，几乎无暇进行主动性考古研究，曾经被先辈学者引以为傲的山东大汶口、龙山文化研究近年也稍显沉寂，令人感到些许不足和遗憾。

考察中国早期文明发展史，不能离开黄、淮流域。论证华夏文明基本架构，不能缺少海岱地区的东夷和齐鲁。可以说，山东和中原地区是中国古代文明相互交叉的两根立柱，互为支撑。或者说，东夷文化是中华文明不可或缺的推动力和催化剂。其文化基因一直是夏、商、周三代文明的重要组成部分。因此，我衷心希望考古研究院在新的领导班子组织下，在原有基础和新的起点上，百尺竿头，更进一步；踔厉奋发，扬帆远航。以新时期党的号召、路线、目标为纲领，把握好战略布局；努力均衡配置专业人员，加大系统基础工作研究和课题布置，做好重要目标设置和领军人才培养，夯实基础工作，把东夷文化及齐鲁文化研究推向一个崭新的高度。

我在山东省文物考古研究所工作的岁月

张雪莲

（中国社会科学院考古研究所）

我是1982年春天从山东师范大学化学专业毕业，来到山东省文物考古研究所（山东省文物考古研究院的前身）工作的。虽然后来去了北京工作，而且随着岁月的流逝，之前的过往逐渐模糊，但脑海中仍然有些事情依稀可见。在山东省文物考古研究所（院）成立40周年之际回顾一下这段经历，为我曾工作过的研究所的这段历史，也为我们共同走过的流金岁月找回些许印记，作为心中的怀念。

一

近40年前我来这里工作时，山东省文物考古研究所（后文简称“考古所”）位于现在的山东大学齐鲁医院东侧一处清末时期建造的名为广智院（国内最早的博物馆之一）的院落内。这座院落南北进深180多米，考古所办公楼处于院子中部，具体位置是在广智院内那座融合了中西方文化风格的高大建筑的南面。

考古所办公楼坐北面南，是一栋三层砖混结构楼房，外观有点沙黄色，推测是20世纪70年代后期建造的。办公楼主门位于楼的中间位置，进门面对楼梯，逐层而上。楼内格局是中间一条大通道贯通东西，办公室分处通道的南北两边，每间办公室有10余平方米。行政办公室、所长办公室以及大部分的业务人员办公室均在二楼，一楼主要是照相室，也有少量的业务人员办公室。三楼主要是库房。来考古所报到后我被安排在二楼西部北面的一间办公室。那时所里的办公室陈设一般是有张办公桌，再加一把椅子。有的办公室有个文件柜，有的没有。这些办公家具大部分是用了多年的，据说那时考古所刚从省博物馆分出来不久，办公家具也是在博物馆时使用的。

我来考古所的工作是文物科技保护，但由于那时单位刚成立不久，经费也有限，文物保护工作一时难以开展，领导就先给我安排了一些临时性工作。做得较多的是资料整理这类的事情，通过这些工作，我接触到了一些文保单位的“四有”档案，还有要出版的考古报告等，开始逐渐了解了点文物、考古工作的内容。另外一项工作是库房的整理、文物的登记等，通过这些工作，我看到了出土文物的样子，包括文物的种类、形态，材质等，实际上这也是文物保护工作所需要掌握的基本情况。在这个过程中，我还学习了一些从事文物工作的基本要求。记得当时带领我们整理库房的老师先给我们这几位刚参加工作的年轻人讲述怎样搬文物、拿文物，并示范给我们看。老师要求我们小心谨慎、轻拿轻放，后来在工作中我也进一步体会到了这种小心谨慎、轻拿轻放的含义，感受到每当我们面对祖先留下的文化遗产时的心境。当时，老师所讲的这些我都一一记下，并认真照着做，此后也逐渐形成了每当触碰文物都要小心谨慎的习惯。这一点在后来我到文物科学技术研究所（1990 年改名为中国文物研究所，现称中国文化遗产研究院）学习时也得到了那里的老师的认可，认为我具备文物保护工作者的基本素质。

大概在我入所一年多的时候，有一天杨子范所长叫我去他办公室对我说，尽管目前单位还没有条件来开展文保工作，而且现在所里人员少，工作忙，但文物保护工作还是应该着手准备起来，因为这项工作很重要，所里也有许多需要尽快进行保护的文物。并且告诉我，文物科学技术研究所近期有培训机会，所里经过研究决定让我参加学习，希望我珍惜这次机会。杨所长还说文物科学技术研究所是我们国家最具权威的文物保护机构，研究所的领导对于山东的文物保护工作也非常重视。杨所长要我去后认真向老师们学习，掌握最先进的方法和技术，回来把单位里的事情做好。

之前听所里的老师们说，杨所长是黄埔一期（还有说二期的）培养出来的文博干部。据说在 20 世纪 50 年代，国家文物局举办过几期高水准的文物考古工作培训班，培养出许多后来成为我国文物考古事业中的中流砥柱的优秀人才。由此，那几期培训班也就被比喻为文物考古界培养人才的摇篮。杨所长有过那样的经历，对于文物工作的认识自不必多言。但让我没想到的是，杨所长对于文物科技保护也这么上心，这么有眼界，令我很是敬佩。毕竟那时“文物科技保护”这种理念在文博界还是比较新的，除了文物科学技术研究所，国内没有第二家这样的文物保护机构，在国内的文博单位中，从事这类工作的专业人员也是屈指可数。

二

去北京学习也是一个新的开始，在那里我有幸得到老一辈著名文物保护专家的指导。我的文博工作生涯也由此正式开启。

那是我第一次去北京，印象中坐了一夜的火车。时值冬季，天冷，也亮得晚。等我下了火车再乘汽车，辗转打听来到位于北京五四大街 29 号的文物科学技术研究所大门前，天还没完全亮。

这里曾经是北京大学红楼校址，那场著名的五四运动就是从这里开始的。不畏列强，勇于担当，倡导新文化，崇尚进步、民主、科学、探索，这种精神不知激励了多少年轻人。此时，透过冬日的晨雾矗立在面前的这座始建于民国初年的建筑，虽历经沧桑，但风貌依旧，仿佛将我置身于那段历史。而由此带给我的使命感，更让我的内心深受触动。

在那里学习期间，我先是被安排住在研究所北面的之前是文化部院子里的招待所，住的是地下室。虽然条件有限，但距离研究所比较近，工作方便。过了不久，我又被安排住到位于城东部的工人体育馆附近的招待所，那里条件就好多了。

那一次参加培训的人员不太多，还有个别开课之后又陆续来的。在京的文博单位人员，参加的只有几位。刚到不久，我就见到了文物科学技术研究所蔡学昌所长。蔡所长对我们的到来表示欢迎，并请当时在所里负责化学组工作的王丹华老师安排我们在这个组的培训学习。

化学组主要包括这样几个部分：纸张文物的保护、金属文物的保护、竹木漆器文物的保护、丝织品文物的保护等。

那次的学习，我接触到了当时可移动文物保护的许多方法、技术，学习期间得到王丹华、胡继高、陆寿麟等老师的悉心指导，收获很大。在国家博物馆负责文物保护工作的周宝中老师也经常来交流指导，给予我们许多帮助。

在这个过程中，我完成了一把西汉木梳的加固保护处理工作。那是在山西一所煤矿里发现的，木梳呈马蹄形，未施漆彩，送到研究所时木梳的梳齿断掉了一半左右。木梳整体有些变形，梳齿又很细小，加固复原有一定的难度。当时胡继高老师把这项工作交给我，借此了解我对所学方法的掌握情况。实际给木梳做加固处理的那段时间，胡老师每天都来查看实验进展情况，虽说是由我来做，但胡老师也倾注了许多心血。这中间还出现了一段小插曲。给器物加固定型之前需要通过打夹板的方式将木梳的每个断齿先给一一衔接固定上。这一环节是整个流程中最为关键，也是最烦琐、费事的。这一步完成后，我自己感觉挺不错，胡老师也觉得工作做得挺漂亮。正想着稍稍松口气，在整理木梳的包装材料时却发现有一小片木屑夹在包装纸的折缝中，取出来细看，正是木梳上最外侧那根小梳齿的齿端上残缺的部分。加上这一小部分，梳子就完整了。胡老师看后没言声，我则忍痛割爱一切重来。后来胡老师说，他之所以没说什么，是想先看看我想怎样做，并对我的做法表示赞许，说这一点是做文物工作最为基本的。经过努力，最终木梳的复原效果令人满意。这项工作得到了胡老师的首肯。

在文物科学技术研究所学习期间，让我感到颇有收获的另一方面，是老师们对待工作的严谨和讲究科学的态度，使整个研究所处于一种很浓郁的学术氛围中。在老师们的潜移默化中，我这个刚出大学校门不久的青年学生受益匪浅。在研究所给我们提供的学习资料中，我读到了王丹华老师关于出土纺织品及古代书画纸张防霉保护研究、胡继高老师关于出土饱水竹木漆器脱水保护，以及陆寿麟老师关于金属文物保护等方面的研究文章，都让我深受启发。我记得其中好些资料都是油印的，有些字迹也不是很清晰，自然更谈不上上好的纸张以及华丽的封面，但这丝毫不影响其应有的价值和科学内涵。

傍晚在返回住处的公交车上，我经常会看到背着带有冰刀的滑冰鞋的年轻人，特别是在周末的时候，他们显然是赶往北海后门参加滑冰活动的。因为文物科学技术研究所距离北海不太远，出了大门向西，过了故宫、景山再往北，没几站就到了。那时北京的冬天挺冷的，冰层冻得很厚，北海公园吸引了许多冰上运动爱好者，据说溜冰成为当时一项很时尚的娱乐活动。然而在文物科学技术研究所，晚上和周末仍有许多人在埋头工作，这里和热闹的都市生活形成一定的反差，也难怪其中的好些人多年后成为我国文物保护领域中成就斐然的专家、学者。

天气稍微暖和一点的时候，我和在京文博单位的几个年轻人跟随陆寿麟老师和李化元老师就青铜器文物保护的事情到河南安阳去了一次。那里由于几年前的黄河水泛滥，使一部分馆藏青铜器深受其害，爆发了比较严重的青铜病。一些器物上蜡白色的粉状锈斑蔓延，甚至有些器壁上出现了被这种有害锈蚕食出的小穿孔，令人心痛。这次的实地考察是由理论到实际的一次实践，使我增长了见识。

这里我还想顺便提一下我在北京学习期间一次看芭蕾的经历。

那时好像正赶上元旦放假，研究所的领导为了照顾假期还待在所里的外地来京学习人员，把兄弟单位馈赠给所里的两张芭蕾舞观摩票分配给了我一张，一同去看演出的还有黄克忠老师。黄老师去看演出我还是有点意外，因为黄老师那时在所里是石窟保护研究组的负责人，平日里工作很忙，周末也时常来所里加班，还经常跑野外，一般难得会有闲暇参加这类娱乐活动。

果然，后来我了解到，那次黄老师去看演出也是所里安排的任务。据说是研究所领导考虑到我初来乍到，对周围不熟悉，况且演出是在晚上，看演出的天桥剧场距离我住的地方又比较远，所以想请一位老师陪我去。而黄老师的家离我那里相对近一些，就把这事担了下来。黄老师在百忙中花时间陪我一个无名小辈看演出，直到现在每每想起这件事，我都觉得心里惶惶然，很是不安。而更有甚的是，那天到了剧场才知道我的票是在楼下比较靠前的，而黄老师的则是楼上靠边的。我还试图和黄老师调换一下，但到了也没能换成。

那晚舞台上呈现的是中央芭蕾舞团演出的经典保留剧目——古典芭蕾舞剧《天鹅湖》。据介绍，中央芭蕾舞团的这一剧目是享誉海内外的，而我也是第一次如此近距离地观赏这样的高雅艺术，自是赏心悦目，美不胜言。然而，最终在我记忆深处留下的却是看演出的这段经历，好似一程深刻的心灵之旅，至今难忘。

三

从北京回来后，我很快就在所里开展了文物保护工作。那确实是一个开头，因为此前什么也没有。我记得当时虽然经费有限，但领导还是给予了很大的支持。虽设备一类的暂时没有条件买，但容器、试剂等都给购置了，还腾出了一个较大的房间用作工作场地。

由于几乎所有文物的清理都需要使用去离子水，尤其是青铜器，所以我特向领导提出申请，希望能购买一台蒸馏水发生器。现在制备去离子水设备到处可见，价格从几千元到几万元不等，属于实验室必备设备，但那时市场上没有这样的设备，普遍使用的是蒸馏水，蒸馏水发生器是用于制备蒸馏水的设备。经过研究，所领导也同意购买。但调研后发现，一般的办公用电满足不了这种设备的用电要求，它需要使用三相电，而这种配电要求还需要专门申请，难度较大。这条路行不通，只能去购买制备好的蒸馏水。

当时市面上可以买到蒸馏水，大多是公共澡堂出售的。公共澡堂在市区中比较多见，是市民生活中不可缺少的配套公共设施，多数家庭的洗澡问题都是这样解决的，因此用水量较大，相应副产品蒸馏水的产出量也较高。我记得当时四十斤左右的一桶蒸馏水的价格大概是几毛钱。

有一个时期进行保护处理的器物中金属类器物比较多，用水量也较大，买水成了很大的负担，特别是往三楼搬运几十斤重的大桶有点费劲。为了解决这事，我一般尽量把买水的事安排在周末，这样我爱人可以帮上忙。但蒸馏水并不是天天都有得卖，所以很多时候还是所里的老师们帮忙搬运的。到后来随着市场经济的开放，售卖蒸馏水也出现了承包制。为了提高销售量，卖水的师傅不仅给运水，还帮忙送到楼上，使这一问题得到彻底解决。

为了保证用水质量，每一桶水都要现场取样检测，来送水的师傅要等在那里，直到检测完毕才能离开。我记得未曾检测出过有不合格的水，售水的师傅也比较讲究信誉。

照相机的使用现在也已很普遍，属于考古工作人员必备的器材，但那时绝对是紧俏物资，一个研究所可能都没有几部像样的。我到考古所工作一段时间后，正遇上杨子范所长准备出版报告抑或图录，在给器物照相。一次在杨所长办公室，所长说给器物拍照，如果相机差了，照片的效果就不行了。以后做工作，要用比较好的相机。杨所长说着给我写了张条，说让我到会计那里取支票，买个好点的相机，免得到时候耽误事。那时买东西取支票都得所长写条，我拿到条子后高兴了一阵子，准备了解一下相机的牌子、参数什么的就去买。但后来从周围的老师那里获悉，所里极少有人能配备上这样的相机，我一下就感觉到自己好像还不够资格，这事就暂时搁下了。等到后来工作中确实需要使用相机的时候，那时杨所长已调到省博物馆任馆长，考古所由张学海所长主持工作，张所长把他在使用的一部海鸥牌相机给我用了。虽然现在看来，这样的相机已很少使用，但那时所里总共只有两部，另一部是做考古发掘的一位老师在用。当时能够有这样的相机用，是令人羡慕的事情。

那些年我经手保护过的文物有青铜器、铁器、木漆器，竹简、石器、陶器等。回想起那段往事，有考古所的老师说，从那时候起我们所里那种看着发掘出来的青铜器文物被逐渐锈蚀掉也无能为力的情况再也不见了。之前有的确实已锈蚀到一拿一把灰的程度，这是一个很大的改变。现在看来这应该说是我们赶上了一个发展的时代，这项工作得到了重视并有条件得以开展，使文物得到了有效的保护。

1985年前后，我还参加了有关黄河文明展出土文物的保护工作，这是和日本山口县文化交流的展览项目。因为去日本展出的文物的清理保护有一定的要求，所以大部分的参展文物都需要视情况进行保护处理。我和博物馆梁老师等几人突击了一段时间，圆满地完成了任务。那次工作得到了省文物局领导的表扬，因为工作需要，我们每人还领到了一件白色工作服。我记得是鲁文生老师发给我们的，说是奉了省文物局由少平处长的指示给购买的，为此我们深受鼓舞，像是得到了奖励一般。这件工作服我现在还留着，没有穿过。

关于这次文物展，我还配合做了点宣传介绍工作，希望通过文物展这一文化交流的窗口，让世界了解山东文化、齐鲁文明。稿件是写给《中国日报》（China Daily）的，后来还收到了稿费。汇款单上注明了文章刊在哪一期哪一版，但因为那时很少见订阅这种英文报纸，不方便查寻，也就没再去细找。

考古所临淄工作站负责人罗勋章老师也非常支持文物保护工作，有许多文物是在临淄工作站进行保护处理的。罗老师给提供的工作条件比较好，有宽敞的工作室，还给购置了用于操作的简便小设备，比如小天平、加热器、干燥设备等，所以我有很长时间是待在那里的。在那里保护处理过的文物有青铜器、铁器、石器等。有时我还跟着罗老师去发掘工地。直到现在，临淄工作站那幢很有设计特色的小楼仍然让我记忆犹新，每次看到它，都会让人联想起童话故事里阿凡提身后的那座宫殿，令人愉快。

在保护过的文物中，我觉得比较有成就感的是20世纪80年代初鲁中北部出土的一批晚商时期的青铜器，据说其中有部分还被定为一级文物。由于有些器物出土时锈蚀严重，亟待保护，经该地区博物馆负责人向上级部门请示后，希望由我们研究所对其进行保护处理。当时我选择了其中锈蚀最为严重的器物进行保护处理，有10件左右，包括提梁卣、鼎、爵等。过后想想当时还真有点初生牛犊不怕虎的劲头，因为其中有的器物矿化已相当严重。

对于锈蚀青铜器的保护，我一般倾向于采用比较保守的置换法。也就是说，我不太提倡使用机械法去除锈层，而仅是通过置换迁移出其中的有害组分。这种方法对于锈蚀特别严重的青铜器更为实用，因为这样的器物一般矿化程度较高，除去锈层后就会所剩无几。通过置换法处理后器物外观几乎没有任何改变，而锈蚀的蔓延则会得到有效遏制。但这一方法的不足之处是效率低，进展慢，所用时间长。我印象中这批青铜器物的保护处理时间确实比较久，花精力多，用工时间长，但其效果非常显著。多年后再去该博物馆时发现，当时做过保护的这些文物没再有什么变化，特别是其中有几件当时看着要散架的器物状况也很稳定，经受住了考验。倒是原先看着状况比较好、没有明显问题的那些器物，可能由于馆藏条件有限，有些出现了锈蚀的苗头。看到这些，我心里很是惋惜。

保护项目中印象比较深的还有20世纪90年代初参加的一项关于刘公岛海底打捞文物的脱盐保护处理项目。当时和我一起工作的项目组成员有作为指导咨询的国家文物局专家组的老师，刘公岛博物馆负责人，省文物局负责相关工作的领导，以及刘公岛博物馆刚分来的大学生等。这批文物是甲午海战时期的遗物，包括铁甲板、铁锚、战舰上的蒸汽锅炉等。为了解决文物保护处理过程中的用水问题，我们还去岛上做了考察，对岛上各处的自然水质情况都做了取样分析，也进一步了解了文物所处环境状况。这项工作一直延续到我到省文物科技保护中心任副主任之后的一段时间。通过这项工作，我对于水下打捞文物的状况、特点，以及应该采用怎样的保护方法等有了进一步的认识。

那段时间，我在老师们的指导下做文物保护工作，并通过参加一些文物保护学术交流会、项目评审会等，业务水平有了一定的提高和进步，并担任了文物保护协会理事。20世纪90年代初期以来，我先后承担过国家文物局文物保护项目，担任过文物保护培训班辅导教师，多次参与国家文物局项目评审工作，还曾入选全国文博系统科技进步奖评审专家组。

一路走来，我学习了很多，也看到了一些问题，深感我们国家的文物保护之路任重而道远，需要我们每一个人做出努力。近年来随着国家经济的好转，对于文化遗产保护重视程度增加，文物保护投资力度的增大以及新的技术方法的不断问世，许多文物得到了及时抢救与保护。国家文物局陆续出台了各类文物保护项目管理要求，使文物保护项目的立项、审核、检查、验收等流程愈加规范，并落在了实处，也在很大程度上避免了保护工作中的失误和操作不当，这些都很令人欣慰。相信未来文化遗产的保护会迎来更大的发展。

四

1984年夏，配合临淄三十万吨乙烯工程上马的考古发掘项目开工。由于时间紧、任务重，由张学海所长为领队，全所人员差不多都参与了这次的抢救性发掘（图一）。

这是我到考古所之后第一次正式接触考古发掘工作。我记得我是和所里几位年轻的考古队员一组，发掘出一座战国时期的墓葬。整个发掘过程差不多都是用手铲一点点刮削土层，发现迹象，再逐步清理的。考古队员中有的原先参加过发掘工作，还有的经过吉林大学考古训练班的培训，对发掘墓葬都比较有经验。我知道自己在考古方面非常欠缺，所以在发掘过程中也非常用心地跟他们学习，比如观察土质土色，寻找墓边，清理人骨，甚至绘图要点，等等。发掘中，张所长还有参加发掘的郑笑梅、王树明、张江凯、吴文祺、吴诗池、罗勋章等多位老师也都给予我指导，让我有了不少的收获。实际上，无论是文物保护工作还是我后来从事的考古年代学研究工作，考古发掘都是非常重要的积累。

图一　1984 年前后跟随省考古所的领导和老师去野外
前排由左至右：张竞放、张学海、袁明、毕宝启
后排由左至右：罗勋章、李胜利、杨广芬、翟富美、张雪莲、李传荣、苏庆林、吴文祺

这让我联想起后来我去中国社会科学院考古研究所做年代学研究的时候，从一开始，我的导师碳十四年代学专家仇士华、蔡莲珍先生就要求大家注重学习考古，多向考古学方面的先生学习。之后的夏商周断代工程中，两位先生在关于碳十四与考古密切结合解决考古年代问题上的把握及贡献，也让我深刻领悟到先生要求之用心。参加夏商周断代工程后，我得到商周考古学家张长寿、殷玮璋等先生在考古学方面的指导，这让我受益匪浅。当时两位先生都是夏商周断代工程专家组成员，张先生还是我的博士后导师。记得有一次我们去偃师商城考古工地，正巧在所揭露出的遗迹中发现了路土，发掘者请张先生过去看，张先生看了后就招手让我过去，并指给我看路土所在的层位和它的形态。这些都给我留下了很深的印象。

那次配合三十万吨乙烯工程的考古发掘正值暑期，天气炎热，地面晒得厉害，墓坑里没有风，很闷热，我也算品尝到了一点田野考古的辛苦。但参加发掘的人员热情很高，干劲也很大，没有一点儿因此退缩的情绪。发掘工作进展也比较顺利，其间省文化厅吕常凌厅长等领导还去工地视察，给予我们鼓励。

发掘工作开始了一段时间后，有一天张所长在工地巡视工作，我们组的几个人那会儿正蹲在墓坑边上做记录，所长过来跟我们聊了几句后说，雪莲你写个简报吧。我听到后心里非常忐忑，觉得以自己的水平把握不了这些，也怀疑是不是自己听错了。由于一直担心这事最终会落到我头上，所以之后的发掘工作我就更不敢怠慢，也因此有了更多的收获（图二）。

图二　1984年前后和省考古所老师们在一起
由左至右：张雪莲、李传荣、杨广芬、翟富美

这次发掘工作结束没多久，张所长派我去寿光边线王工地，说那里发现了彩绘陶器，让我去看一下。我当天就去了长途汽车站，可是当天的车已经没有了。旁边有人告诉我，有一辆装货的大卡车去那里，但驾驶室没有地方，只能待在车斗里，会比较颠簸。因我着急赶去那里，就顾不上那么多了。

边线王遗址是潍坊杜在忠和我所王永波老师主持发掘的，彩绘陶器出自遗址比较晚的时段。陶器上的彩色是烧制后施彩，比较容易褪色、脱落。当时保护这类器物的方法是使用高分子材料，一般是水溶性的，做保护层防止其褪色或脱落。保护处理过程并不太复杂。但由此之后，我就开始对彩陶这类器物有了特别的关注。后来在社科院考古研究所工作期间，还因此帮助解决了点儿考古上遇到的问题。

那是长江流域的一处史前遗址，遗址中发现了一些白色粉末状物质。主持发掘的老师说，他为此请教了有关的专业人员，得到的答复说可能是面粉类的物质，但也说不好。所以他还是想再弄清楚。而且据这位老师说，他们那会儿正在整理考古报告，也想把这事在报告中交代一下。我听了老师的描述后，觉得面粉的说法确实有些疑问，因为在遗址中的面粉保持数千年而没有变化的可能性不大。我后来看到了这些白色物质，觉得应该属于无机类，不是有机质。

我当时在考古研究所负责碳十四实验室的工作，我把自己的想法跟实验室的几位老师说了，老师们二话没说就帮我把这一想法给验证了。他们找来一块铁片，把留给我们做检测的粉末取了一点放在上面，逐渐加热，温度达到数百摄氏度也没看到有什么变化。

既为无机类材料，我就想到有可能是颜料，因为那之前我做硕士论文的时候，接触过矿物颜料。我把我的想法跟那位主持发掘的老师说了，并希望他再看一下遗物中是否还有别的颜色的粉末状物质。后来发现果然除了白色的，还有黑色、红色、黄色的粉末状物质等。之后通过 X 衍射、电子能谱等分析也证明了其中有碳酸钙、赭石等。再之后，经过进一步的检测分析，发现这些与该遗址发现的彩陶上纹饰的成分有明显的对应关系。检测工作过程中，国家博物馆、北京科技大学等单位的实验室都提供了很多的帮助。

五

20 世纪 90 年代初我申请到了国家文物局古代纺织品保护项目。最初萌生做这个项目的想法实际上也是源自考古工作中的所见所闻。

临淄是战国时代的齐国所在地，依据文献记载，那里也是山东桑麻的主要产地之一。近年来在临淄齐故城发现了秦汉时期的织物，经检测其中有蚕丝织品，实际上之前也多有发现。所里的罗勋章老师在临淄工作了几十年，他参与的考古发掘中就发现过丝织品。罗老师说当时由于保护手段有限，眼睁睁看着色彩艳丽的丝织物变暗、变黑，翘曲、破碎，很快就变得面目全非。那种炭化的残片我也在库房里看到过。

面对当时丝织品文物保护的现状，自己也很想为此做点工作。之后在读硕士期间，就选了这方面的题目，是关于植物染料分析及古代丝织品保护的。我就读的复旦大学分析化学专业，之前也有一位硕士生的论文题目是与文物保护有关的，老师们对此评价挺不错的。我选了这个题目后，立即得到系里老师的支持。我的一位硕士导师是复旦大学分析测试中心负责教学和科研的副主任郭时清老师。当时中心集中了国内现代仪器分析的各类分析测试设备，郭老师很重视这个选题，为此也给我提供了分析测试方面的很好的条件。另一位导师唐静娟老师是从事分析化学专业方向的，她对分析化学专业的各类仪器分析方法都非常熟悉，在分析方面给予我具体的指导（图三、图四）。

图三　1987年夏在复旦大学相辉堂门前的草坪上和老师同学在一起
由左至右：李国清、韦荃、唐静娟、张雪莲

图四　1989年在复旦大学文博学院实验室

那段时间，复旦大学和国家文物局正在联合筹建复旦大学文博学院，唐静娟老师，还有也是化学专业并一直负责实验室方面工作的杨植震老师等几位老师，为文博学院的建立做了大量的前期工作。那时在文博专业中设立文物科技分析与保护这部分内容的学校不多，而这部分内容又是相当重要的，需求很大。为此，复旦大学和国家文物局共同举办过几届文物保护培训班，两位老师为培训班的学员编写教材、授课，联系教学设备、寻找实习单位，以及组织参观学习等，付出了大量的心血，为文物保护领域培养了许多人才，也为文物保护学科最初的建立做出了贡献。

做论文期间，唐静娟老师也经常和我一起去外地采样。杨植震老师在实验工作的环境条件等方面给我提供了很多帮助。这段时间通过大量的文献调研和实验，我在这方面得到了一定的训练和提高。其中有几点令我印象比较深刻，一是有关文献的调研，每天包里带上一个面包，从市区偏东北的五角场斜穿差不多整个上海市区到偏西南的徐汇区。那时还没有地铁，乘公交过去花时间比较多，只能很早就出发。二是有些实验器材买不到，只能买原材料自己动手制作，为此我还一路打听去浦东、真如火车站等找材料。去浦东要乘轮渡，票价一毛五分钱，只买单程票就可以。那时的浦东还比较荒凉，只有零零落落的小厂房。三是为了完成每个周期十七八个小时的实验，有段时间，好像还是冬天，每天清晨5点多钟就要叫醒宿舍楼看门的师傅帮我开门，因为研究生院宿舍区到学校本部还有段距离，然后蹬上自行车朝大院门狂奔，一路下来要叫开四个门，让许多人不得安宁。

为了节省时间，往往一项实验内容完成了大半的时候，唐静娟老师就联系好了下一项实验分析要用到的仪器设备，这样各项实验环节衔接紧凑，保证了论文的进度和完成时间。

当年对马王堆一号汉墓出土丝织品做研究保护的上海纺织科学院副院长高汉玉研究员是论文的评阅人之一。高院长对我的工作给予充分肯定，并认为从马王堆一号汉墓的研究工作看，丝织品的保护研究工作亟待开展，我的这项研究是一个很好的开始，应该继续做下去。后来这些研究结果还引起丝绸博物馆等单位有关专家的关注和重视。

在这些工作的基础上，我申请到了国家文物局的古代纺织品保护课题，主要是对光作用下丝织品的老化机理及有关的加固保护方法等做了一定的探讨。这些工作只能算是丝织品保护研究中的一点儿基础性工作，但也得到国家文物局的认可，并获得山东省科技进步二等奖。

近二十多年来我国丝织品文物保护研究工作得到进一步开展，丝织品的老化、病因等探讨有了进一步的深入，生物方法保护加固丝织品也获得了较大的成功，令人鼓舞，我虽然后来没再继续这方面的研究，但依旧很关注，也时常承担这一领域中硕博士论文的评阅工作，尽可能为这项工作出点力。

1985年12月到1987年5月，根据所里的安排，我参加了省委组织部组织的挂职锻炼工作，在沂蒙山区的乡镇任副镇长。后来集中开总结会时看到整个地区九十人左右的挂职队伍，只有我一位女性。那段时间经常要下到乡村里工作，大雪天翻过几十里的山岗，深秋时节蹚过冰凉没膝的沙河。虽然条件比较艰苦，但对于了解基层、了解社会，这些都是必不可少的课程。和我挂职到同一个县的有省文化厅和所属单位的几位青年干部，以及省委组织部、省科委的青年干部。他们素质高，工作能力强，对我影响比较大。

经过一段时间的乡镇工作，我对乡村民众的生活乃至疾苦有了较深刻的体验和感受。国民经济以农业为基础，农民的付出是巨大的，珍惜每一粒粮应该贯彻到我们的生活和实际工作中。自此，我保持生活上的简朴、工作上的尽职尽责，并审慎地对待每一笔经费的使用，进一步成为自觉意识。我在那里工作期间的任务之一是乡镇的基础教育工作。随着工作的开展，在有机会常常深入山区小学并和当地的乡村民办教师有了更多接触的过程中，我越来越清楚自己的职责和应有的担当，并为之做出努力。

回想在所里工作的那些年，得到了杨子范所长、张学海所长、王瑞成所长、李传荣所长、佟佩华所长等各位所领导的支持，得到了有关业务以及行政部门各位老师的关心和帮助，我内心非常感激，也借此机会向所领导和各位老师致以衷心的感谢。

去北京工作后，我常跟随老师们做研究。在前辈们的悉心指教和院、所等各级领导的关心和支持下，我在学业上有了进步，工作上也取得了一定的成绩，有一次还作为中国社会科学院唯一的获奖人员在人民大会堂受到国家领导人的接见。现在回想一下，这很大程度上得益于此前那些年的工作和学习经历。这段经历不仅为我之后的工作奠定了基础，更重要的是让我更明确了自己要走的路，而且对此充满信心。

山东省文物考古研究所是我从事文博工作起步的地方，也是我成长道路上重要的一站。

事业的出发点　人生的归宿点

——我与山东省文物考古研究所

佟佩华

（山东省文物考古研究院）

2021年，是山东省文物考古研究所（院）成立40周年的日子。作为与考古所休戚与共三十八年的退休老人，思绪万千，多年来的往事涌上心头，成就感和幸福感油然而生。我为这个英雄集体感到骄傲和自豪。

一

我是1982年7月从山东大学历史系考古专业毕业，被分配到山东省文物考古研究所工作的。当时所长是杨子范，副所长是张学海和王瑞成。我在上学期间已经同考古所的领导和老师有过多次接触，上商周考古课时又来省博物馆陈列室参加过教学实践。当时省博物馆陈列室就在我们现在所址的大厅和东西厢房中，是请张学海所长做的引导讲解。考古绘图是请韩树鸣老师讲授的，我的成绩是5-。记得我曾几次到考古所和曲阜林前村工地求援，讨要标签、表格和拓印工具。到所报到后，王所长派人派车到山东大学帮助我把行李和书籍搬到所里，使我感受到了考古所的温暖。杨所长、张所长分别同我谈话，教育我要脚踏实地，不怕吃苦，多走多看，尽快熟悉山东文物考古情况，做称职的考古工作者。1982年底，杨所长视察配合兖石铁路工程发掘的临沂凤凰岭东周墓，特意带上我。在山东大学学习时，我的两次田野实习都是在龙山文化时期遗址，对于商周时期考古遗存的认识仅限于课本知识。这次随行使我大开眼界。凤凰岭东周墓发掘过程中，在填土中发现细石器遗存，给我留下了深刻印象。

1983年，在张所长的安排下，我先后到齐国故城、鲁国故城和薛国故城进行调查，了解城址结构、文化内涵、年代分期和保存情况，这使我较快地对山东重要考古遗址有了基本了解。在滕州，我还与地方的同志对滕州南部重要古文化遗址进行了调查和复查。这一年中，我先后三次参加曲阜后花园、兖州西吴寺和广饶营子遗址小规模试掘，初练身手。

1984年对我来说是收获最多的一年，先后参加了青州杨家营遗址、临淄两醇墓地和兖州西吴寺遗址发掘，从考古理论和发掘技能等方面有了较大的提高。

1984年2月，山东省文化厅文物局和山东大学联合举办山东省文博干部田野发掘培训班，对青州凤凰台遗址进行发掘，我参加实习辅导和管理。出发前，省文物局刘谷局长把我叫到办公室，进一步明确工作任务，要求和山东大学老师以及地、县文物干部密切合作，管好人员、物资和经费，搞好山东省首届文博干部培训班。我深知责任重大，也感受到刘局长的关爱。此次发掘，我有机会随同山大老师们从遗址调查勘探开始，一步一步摸清遗址堆积、分布和时代，从而确定考古发掘重点和区域；使自己的视野从上学时只局限于一个或几个探方，上升到对整个遗址分析和把控的层面。同时，我还承担了工地的后勤保障、经费管理工作，使自己得到了很好的锻炼。

同年6月底，省文博干部田野考古发掘培训班结束。我接到所里通知，直接到辛店临淄区招待所报到，参加临淄齐鲁石化两醇厂区抢救性发掘全省大会战。

这是省里的重点工程，厂区内遍布东周墓葬，省领导要求省文物部门两个月完成发掘清理工作。考古所业务人员倾巢出动，并从地市抽调考古专业人员，组成60余人队伍。张学海所长担任队长，罗勋章老师为工地指导。考古所还专门成立临时党支部，任命我为支部书记。在全队同志的努力下，8月中旬顺利地完成了任务，共清理东周墓葬322余座。

在此期间，我的任务之一是民工管理。抢救性发掘面铺得较宽，墓葬又深，每天需要民工一百多人。我根据各个墓葬发掘进度，不断调整每个发掘单位民工人数。参加这样规模大、时间紧的考古发掘工地的管理工作，对我来说也是一次很好的历练。

1984年9月，国家文物局在兖州西吴寺龙山文化遗址举办首期田野考古工作领队培训班。为了配合国家文物局组织好领队培训班工作，省文物局和省考古所派我参加培训班的日常后勤服务管理工作。这样的一个机缘，使我有机会同这么多考古大家朝夕相处，耳闻目睹，学习了很多东西，其中有很多是潜移默化的，无法用语言或文字表达和总结的。在培训期间，考核委员们经常为工地出现的问题讨论到深夜。

在培训班，我亲耳聆听了俞伟超先生讲的考古地层学和考古类型学，当时就感到耳目顿开，解开了此前的许多困惑，也觉得自己对考古学理论和方法有了新的提高。在做好后勤服务工作的同时，黄景略先生也要求我们开一个探方，亲自动手刮地层、找遗迹，以不负大好的学习机会。

粗略算算，两年半时间，我大约有一半时间是在田野调查和发掘中度过的。很庆幸有这样的一些机会使我对山东史前和商周时期的古代遗址和考古发掘成果有了大致的了解，考古学理论水平和考古发掘技能有了新的提高。

二

1984年10月，山东省文化厅党组对山东省文物考古研究所领导班子进行调整，任命张学海为所长，李传荣和我为副所长。我当时在兖州西吴寺遗址发掘工地探方中，张学海所长从济南打来电话要我立即回所。回所后，张所长告知我被任命为副所长，厅里的任命会议已经开过了。在张所长主持下，新领导班子对1984年底的工作进行了研究和安排。三四天后，我赶回西吴寺遗址发掘工地，继续完成我所开探方的发掘工作。我被任命为副所长，在工地学员之间引起热议。我可能是恢复高考制度后，1977年和1978年考古专业学生中第一个走上领导岗位的。

1984年底至1985年初，张学海所长主持召开了一系列会议，目的是进一步明确考古所的性质和任务，最大限度地统一思想，建立健全各项规章制度，做到有章可循；调整考古所机构设置，明确分工和职责；制定和部署1985年工作任务。

张学海所长积20多年文物工作经验，强调新领导班子要带好头，明确省级考古专业机构的性质和任务，使所内形成共识。作为新班子成员，从一个考古人员走上领导岗位，是必须尽快增强的课程。山东省文物考古研究所，顾名思义，需要承担两大任务：文物保护和考古研究。经过多次讨论，其中也有一些争论，大家逐渐形成共识。山东省文物考古研究所是山东省文化厅下属的文物保护和考古研究的省级专业机构。其基本任务是：配合基本建设工程，组织实施考古调查、勘探和发掘工作；系统整理发掘资料，编写考古发掘报告；研究山东地区考古学问题及山东地方史；承担领导部门下达的有关文物保护管理的具体任务；对地（市）县（区）的文物工作进行业务指导。30多年过去了，以上共识在山东省文物考古研究所一以贯之，融汇在各项工作中。可见，张所长力推的省级考古所性质、任务的讨论的重要作用和深远影响。

文物普查工作，是国家文物局20世纪80年代布置的全国文物工作的一项重要任务。1987年2月，根据国家文物局“昆明会议”精神，山东省对文物普查工作进行重新部署：把原来由各地（市）负责分头组织的方式，改由山东省文物考古研究所统一组织，省、市、县三级文物干部共同组成文物普查小分队，逐县（市）逐乡（镇）进行，要求村村走到。由于具有统一的调查要求、规范的资料采集、充足的经费保障，大致到1989年3月，全省140余县（市、区）的野外调查任务基本完成。此次普查，发现不可移动文物15965处，其中古遗址7685处，古墓葬2994处，古建筑1040处，石刻摩崖造像2496处，近现代重要史迹481处，近现代纪念建筑物333处，另有部分其他遗址；初步摸清了全省各类文物的家底。由吴文祺老师具体负责编辑的《中国文物地图集　山东分册》，就是这一成果的集大成之作。

1987年2月，我带队对临朐县和青州市进行文物普查。我们从临淄老城工作站骑自行车出发，先到青州北部地区进行调查。在弥河、石河、黄楼、郑母、赵坡、宋池、谭坊等乡镇新发现古遗址（点）50余处。随后到临朐，临朐南部地处沂山腹地，山高沟深，为文物普查的空白区。我们从临朐县城搭乘公共汽车，用绳子将自行车悬挂在公交汽车后架上，一路上上下下、拐拐绕绕来到弥河上游的石家河乡，后沿弥河向南骑行至弥河源头白沙、九山。在九山见到乡文化站长，他感慨万分地说，工作了四五年，头一次见到县级干部骑着自行车来九山工作。我们推着自行车一路前进，没路时就扛起自行车，登上海拔1031米的沂山顶峰。从沂山开始，我们沿齐长城走了半天时间，经大关来到穆陵关。后经蒋峪、辛寨、七贤，一路骑行回到临朐。随后，我们又转至青州北部地区进行补查。

做好国家级和省级重点文物保护单位的“四有”工作和古城址的勘探与试掘是一项科学性、政策性很强的工作，也是落实文物保护管理的根本性措施。1984—1986年、1993—1994年，我所先后两期对薛国故城遗址进行系统勘探和试掘，查明薛国故城由外城和内城两部分组成。外城平面是不规则的横长方形，北城墙曲折多弯，周长10615米，大约形成于战国时期。内城位于外城东南隅，东墙、南墙与外城东墙、南墙重合，西墙和北墙完全淹没在地下，周长2750米。时代从西周、东周一直延续到汉代。

1990—1993年，我所对章丘龙山城子崖遗址进行大规模勘探和发掘。张学海所长任领队，我作为主要业务人员参加。在普探的基础上，在四面城墙上开了七条探沟，并在西北段城墙内、外两侧和南墙外侧布置了两个发掘区，发掘面积1000余平方米（图一）。在遗址西南角区域找到了1931年发掘的C1—C4探沟，清理出两侧剖面，与《城子崖》剖面图进行核对，以此作为60年后第二次发掘的比较和关联。通过勘探和发掘，发现城子崖遗址保存有龙山文化、岳石文化和周代时期三个历史阶段的城墙遗存；查明1930年第一次发掘时发现的夯筑城墙时代应属岳石文化时期，岳石文化城下新发现龙山文化城墙，时代在龙山文化中期，距今4200年左右。1991年，城子崖遗址发掘被列为全国1990年度和“七五”期间双十大考古新发现。同年冬，在济南召开了“纪念城子崖遗址发掘六十周年国际学术讨论会”。1994年，城子崖遗址发掘荣

图一 1990年章丘城子崖遗址发掘现场

获国家文物局首届“优秀田野考古成果二等奖”。

在城子崖遗址三年多的勘探发掘中，也是我同张学海所长在考古发掘现场共处和交流最多的一段时间。从考古勘探查看土样土质土色到分析堆积分布、勾画范围，从划分地层和遗迹界限到归纳文化层形成原因、判定遗迹性质，张所长一直身体力行，每一个重要层位和遗迹都留有他的铲痕。张所长在工地经常就某一重要现象开现场会，同我们交流，讲述他的理解和意见，有时我们也会有一些不同意见同他讨论。在这一铲一镢之中，我向张所长学习了许多东西，对他所倡导的大遗址考古的思路和方法有了新的理解和提高。

田野考古发掘工作以配合基本建设为主，这是国家制定的基本工作方针。多年来，我所一直把此项工作作为主要任务，保护了大批的重要文物，取得许多学术成果，保证了省内大型基本建设工程的顺利进行，探索了配合建设工程进行考古发掘工作的程序和基本规律，开辟了发展文物考古事业的新途径。

从 1984 年开始，为配合博潍公路、辛孤公路、济青高速公路建设，先后发掘了广饶傅家大汶口文化遗址、临淄尹家战国至汉代文化遗址、章丘宁家埠龙山文化至商周文化遗址、临淄后李文化遗址、临淄后李春秋时期车马坑、临淄淄河店二号战国墓、寿光三元孙汉代大型墓等。为配合益羊铁路工程建设，发掘了寿光边线王龙山文化城址。为配合临淄齐鲁石化 30 万吨乙烯工程，先后发掘了厂区东周至汉代大型墓群、辛店生活区两汉墓群、广饶五村大汶口文化遗址。为配合城市及农田基本建设，先后发掘和清理了长岛王沟东周墓地、临朐冶源北齐崔芬壁画墓、济南八里洼北朝壁画墓等。

在这一系列的配合发掘中，取得许多突破性成果。寿光边线王龙山文化城址的发现，开拓了考古专业人员的视野，对于探寻确认城子崖龙山文化城址和发现一系列龙山文化城址具有开启之功。临淄后李遗址后李文化的发现和确认，将山东地区有陶器的历史向前推进至 8000 年前，为山东史前文化谱系填补了空白，这也是我所建立以来确定的第一个史前考古学文化。临淄后李春秋车马坑、临淄淄河店二号战国墓，被评为中国 1990 年度“全国十大考古新发现”。

济青高速公路原称济青一级公路，全长 318 公里，途经章丘、临淄、青州、寿光等市（县）文物密集区。1986 年 4 月开始勘探设计，我受省文物局和考古所委派，参加了山东省交通厅组织的相关单位联合实地考察，从青岛至济南，大致了解了公路走向和位置。在张所长主持下，先后组织了沿线的调查、复查和钻探试掘。遵照国家“重点保护、重点发掘”“既对生产建设有利，又对文物保护有利”的方针，在公路沿线和取土场确定了十三处遗址和墓地为发掘点。在省政府领导关心下，文物和交通部门相互尊重、相互理解，各方进行了充分协商，签署了济青公路文物保护工作协议，济青公路工程总指挥部提供了 400 余万元经费。1990 年 12 月，济青公路的考古发掘任务基本上完成，保证了公路建设顺利进行。这是改革开放以来配合大型建设工程第一例，为我省大规模组织配合基本建设的考古发掘工作开了先河，在全国也堪称典范，得到了国家文物局的肯定和表扬。

济青公路考古发掘是从章丘宁家埠遗址开始的。1988 年 4 月，发掘组从临沂、菏泽、聊城招收了 170 余名农村青年进行考古技术培训。三十多年来，这批技工起到了极大的支撑作用，至今还有几十位活跃在全省考古发掘一线上。

1990 年 12 月，我所结合文物普查、济青公路配合发掘总结表彰工作，举办了山东省文物考古研究所建所十周年业务成果汇报展。从展品挑选、陈列设计、文物摆放到图文制作都是我们自己动手，火热的场面至今难忘。

考古学研究是省级考古研究所的基础性工作。根据中国考古学科发展趋势和山东地区考古工作实际情况，我所先后确立了四个科学研究课题：一是山东史前文化研究；二是齐文化与鲁文化研究；三是海岱地区古文化研究（区、系、类型研究）；四是海岱地区古文化、古城、古国史研究。我们以这些课题为指导，推动文物普查、“四有”和考古发掘工作。由于目的性的提高，学术成果也越加显著。临沂地区细石器遗存和鲁北地区后李文化的发现和发掘推动了山东史前文化和海岱地区古文化区、系、类型研究。章丘城子崖遗址和寿光边线王城址的发现和发掘，推动了海岱地区古文化、古城、古国史研究。薛国故城勘探发掘和临淄后李春秋车马坑、淄河店二号战国墓、齐鲁石化厂区东周至汉代大型墓群、辛店生活区两汉墓群的勘探与发掘，推动了齐文化与鲁文化的研究。

中国考古学泰斗苏秉琦先生于 1983 年、1987 年先后两次给山东省文物局负责同志写信，深刻阐述筹建“考古实验站”的重要意义，主张筹建“开放型、开拓型”的新型“实验站”。“实验站”的倡议是为了科学发展，是新事物、新思想。“实验站”的“新”就新在：把考古资料的积累、标本、档案、资料有系统、有计划地集中，像古人“藏书楼”一样，重在收藏、管理、开放、开拓、服务。在苏先生这一思想指导下，张学海所长在临淄积极筹建具有相当规模和较高水准的工作站。在国家文物局和省文化厅的支持下，1989 年，山东省文物考古研究所临淄工作站建成并投入使用。工作站集文物库房、资料整理、学术交流和教育培训等功能为一体，基本上达到了苏先生建立考古实验站的设想，在学术界得到好评，也成为后来各省文物考古研究机构效仿的典范。

三

1996 年 3 月，张学海所长退休，李传荣任所长，我仍任副所长、副书记，分工负责全所业务工作的计划、组织和管理工作，一直到 2009 年 12 月退休。

20 世纪 90 年代以来，随着改革开放的深入发展，全国掀起基础建设热潮。山东省高速公路、铁路和大型水利工程纷纷上马。如何做好配合这些工程的文物保护工作，给我们提出了新的挑战，同时也提供了出成果、增实力的机遇。

所领导班子认真分析了面临的形势和困难，充分评估了我所的实力和优势，以便合理有序安排各项工作。在李传荣所长主持下，所中推进全员聘任制改革。我所在省直文化系统中也是较早开展此项改革的单位之一。全所人员自主申报工作岗位，在全所大会上逐一竞聘演讲。经民主测评投票后，由领导班子集体讨论决定。为了有效做好配合工程考古调查、勘探和发掘工作，统一管理配合工程建设考古的文件、资料和图纸，探索和积累配合工程考古工作的规律和经验，所里增设了第三研究室，对外称山东省文物考古研究所配合基本建设办公室。张振国任第三研究室主任，兰玉富任副主任，他们全身心投入配合工程的考古工作中。

1997 年夏是考古所配合工程最繁忙的一个时期。全所男女老少齐上阵，所中只留少数老同志和女同志留守，承担所里日常工作和 24 小时的安全保卫工作。许多同志从一个工地直接转到另一个工地。当年毕业来所里的大学生也被要求放弃最后一个暑假，直接到所里报到，考古所负责带着他们的行李从火车站直接将他们送至考古工地。

在配合的建设工程中，最多的是高速公路工程。在这段时间，我所先后配合济南至德州段、潍坊至莱西段、京沪高速临沂段、京福高速枣庄段、日照至东明段、东营至红花埠段、京福高速曲阜段、滨州至博山段、同三高速青岛段和日照段、烟台至潍坊段、滨州至博山段、滨州至大高段、青岛至莱芜段、济南至菏泽段、枣庄至木石段等高速公路建设，设立发掘工地六十余处。还配合潍坊至高青公路发掘广饶傅家遗址、省道 106 线章丘段西河遗址以及青州旧公路改造中的西辛战国大墓等。时代从后李文化、大汶口文化、龙山文化、岳石文化时期至诸历史时期。发掘地域之广、时代之长、文物之多、文化面貌之丰富，为山东考古学研究提供了丰富的物质资料。章丘西河遗址发现的后李文化 30 余座房址为山东目前最早的村落遗址，距今约 8000 年（图二）。潍坊前埠下和张店彭家庄遗址发现的后李文化遗迹和遗物，将后李文化的分布范围大致确定在鲁北一带。广饶傅家大汶口文化时期 392 号墓发现墓主头骨近圆形颅骨缺损，是中国目前发现最早的开颅手术证据，距今 5000 余年。胶州赵家庄遗址发现的龙山文化时期稻作种植农田遗迹在山东为首见，为中国稻作农业研究提供难得的资料。平度逄家庄、黄岛南营、滕州庄里西等遗址发现的龙山文化时期城墙和壕沟，为中国文明起源探索增添了新的资

图二　1991 年章丘西河房址测绘现场

料。青州西辛战国大墓出土一件银盒，应是来自中亚的舶来品。日照海曲汉代墓群棺椁、漆器、丝织品保存完好，颜色如初，十分精美，被评为2002年度“全国十大考古新发现”。

在这段时间内，我所还先后开设配合日照至菏泽铁路复线、胶州至新沂铁路、胶济铁路电气化改造、胶济铁路客运专线、京沪高速铁路山东段等大型工程的考古发掘工地20余处。在济宁玉皇顶遗址发现北辛文化、大汶口文化遗存，填补了这一地区居址资料的空白。在鲁中南地区8个汉代墓地发掘和整理墓葬1676座，对陶器种类、组合、特征、分期、风俗、性质进行了综合研究，树立了一个新的汉代时空标杆。

2002年12月27日，平阴济平干渠开工，标志着纵贯中国东部地区南水北调东线工程拉开建设序幕。我所在没有设计图纸和经费的条件下，与地方同志一起对沿线动工地点和预征收土地区域进行了踏查，发现有石桥和许多可能埋藏文物的地点（图三）。2003年5月，我所报请山东省文化厅，向省政府呈送了《关于南水北调工程文物保护工作的报告》。济平干渠的文物保护工作得到了分管水利的陈延明副省长和分管文化的蔡秋芳副省长的高度重视，要求省发改委、水利厅、文化厅拿出解决南水北调工程文物保护工作的办法和方案。

图三 2003年所内专业人员考察齐长城西起点合影

从2002年底开始的济平干渠考古调查，系山东省文化厅文物局责成我所牵头，会同相关市、县行政主管部门和业务单位进行的。我们对沿线1191公里进行了考古调查、勘探和试掘工作，最初发现文物点150余处，后经复查，并同水利部门协调调整部分线路，最后确定文物点88处。山东省文化厅专门成立配合南水北调工程考古工作领导小组，指定我担任山东省文物保护规划编写小组组长，王守功、张振国为副组长。2004年11月，完成了《南水北调东线工程山东省文物调查报告》和《南水北调东线工程山东省文物保护专题报告》。山东省文化厅会同水利部门于同年12月12日在北京召开国家级专家论证会。黄景略、严文明、徐光冀等专家对我们编写的调查报告和文物保护专题报告进行论证和审核，最终获得通过。2003年3月，国家文物局局长单霁翔来山东考察南水北调东线山东段文物保护工作。在蔡秋芳副省长主持下，单局长听取了李传荣所长关于南水北调考古调查情况的汇报，并给予了充分肯定和高度评价。

在编制规划过程中，我们以科研课题为指导，坚持国家“两重”“两利”方针，明确重点，积极规避线路上的重要遗址，为后续开展考古发掘和文物保护工作打下良好基础。在聊城市境内的鲁北输水段，借用了京杭运河河道，沿途存有石桥、闸口和码头等运河水工设施。经我们同水利部门协商，决定采取修建弯形新渠绕行闸口的措施。寿光北部双王城水库及其周围发现商周时期制盐作坊遗址，水利部门也最大限度进行局部线路调整，规避重要的盐业遗址。2008 年，在寿光双王城水库盐业遗址发掘中，考古人员在 014A 号遗址中发现卤水井、盐灶、储卤坑等布局完整的制盐作坊遗迹，这为研究商代鲁北地区制盐业的发展提供了重要资料。高青陈庄遗址发现西周早中期城址、贵族墓葬、祭坛、马坑和车马坑等，出土大量陶器、铜器、玉器和骨器等，其中两件铜器上均有长达 70 余字的铭文，一件西周卜甲上残存有刻辞。该遗址被评为 2009 年度“全国十大考古新发现”。

配合南水北调东线山东段工程建设的考古工作对我是一个很好的历练。作为考古发掘队长，在八九年时间里，我全身心投入，一刻不敢放松。从考古调查、勘探开始，跑遍了所有文物点，获取真实的第一手资料。在编制规划过程中，不断对比筛选，有些还要到现场再次复核，及时完成了合格的保护发掘规划报告。在同水利部门同志的协商中，既坚持文物保护的原则，又考虑到国家工程的实际，想工程之所想，急工程之所急，相互理解，积极配合。在考古发掘阶段中，打前站，找房子，合理调配领队和技工，及时解决工地出现的问题，注意安全保卫，这些事我都是亲力亲为，未出现大的问题。配合南水北调东线山东段工程建设的考古工作，线路长、区域广，所涉文物点多、类别全、历史价值高，是有史以来我省配合基本建设工程文物保护和考古发掘最大的一个项目。

我们还先后配合西气东输——陕京二线联络线工程、省市县公路改扩建、城市改造等项目的勘探和发掘工作。2005 年，国保单位蓬莱水城进行小海清淤工作，发现 3 艘古船，省文化厅委派我担任领队，主持了古船清理发掘工作。

以课题为指导，做好各种类型的考古发掘和研究工作，是我所始终坚持的工作方向。后李文化将山东地区新石器文化谱系向前推进至距今 8000 年前。1993 年 3 月，我所主动对章丘小荆山遗址进行了勘探和发掘，确认小荆山遗址存有平面呈圆角三角形的环壕，面积约 5 万平方米，为后李文化聚落形态和社会性质研究提供了重要资料。鉴于我所先后发掘了临淄后李、章丘西河、章丘小荆山、寒亭前埠下、张店彭家庄等后李文化遗址，掌握大量后李文化一手资料，1995 年，由郑笑梅老师为课题负责人，申报了国家社会科学重点课题《山东地区新石器早期考古学文化研究——后李文化研究》。经过三年努力，课题初稿完成，1999 年，经全国哲学社会科学规划办公室批准结项。我于 1991 年和 1997 年先后主持章丘西河遗址两次发掘。1997 年发掘的 19 座房址，规模宏大，排列有序，对于研究 8000 年前山东古代先民的聚落布局、居址形态、经济生活和社会状况具有重要意义。《章丘西河》报告已完成初稿，准备进一步修改后出版。

2005 年和 2006 年，我所两次组织对沂源县北桃花坪村扁扁洞遗址的清理发掘，发现灰坑烧土面，出土陶片为夹砂红陶，可辨器形有釜、钵两类。洞内采集的人头骨碎片和兽骨经北京大学年代学实验室检测碳十四数据校正后约在距今11000年—9500年之间，已属新石器时代早期，为后李文化的来源提供了重要线索。2007年，又对沂源县土门镇黄崖村一洞穴遗址进行抢救性清理，发现的遗迹和遗物与扁扁洞相似。

山东地区文明化进程研究始终是我所科学研究中的重点。1995年，我所先后对五莲丹土、阳谷景阳岗、费县防城等龙山文化遗址进行勘探和发掘。1999年，对滕州西康留和滕州岗上大汶口文化遗址进行勘探和发掘。2000年，与中国社会科学院考古研究所合作，对茌平教场铺龙山文化遗址进行勘探和发掘。2001年至2002年，同北京大学合作，对临淄桐林田旺龙山遗址进行勘探和发掘。上述发掘工作均取得可喜成果。五莲丹土遗址发现的城址分属大汶口文化、龙山文化早期、龙山文化中期三个阶段，龙山文化中期城墙发现有四个城门，还有出水口和蓄水池（图四）。滕州西康留遗址发现两个大汶口文化时期夯土台基，大台基面积约800平方米。茌平教场铺遗址发现龙山文化城墙和两个夯土台基，大台基粗算有6—7万平方米。阳谷景阳岗遗址发现龙山文化城墙，城墙内存有五个台基。景阳岗龙山文化城址面积38万平方米，是山东发现最大的龙山文化城址。临淄桐林田旺遗址发现龙山文化时期的两道沟状遗迹，推测也应是大型工事性建筑——城墙。费县防城遗址也发现有龙山文化城墙。这些文明因素的不断发现，预示在大汶口文化和龙山文化时期，山东古代先民已跨进了文明的门槛。

图四　2000年所内业务人员考察五莲丹土遗址合影

齐文化研究和鲁文化研究是我所独有的科学研究课题。2001年，我所启动了鲁北地区齐国早期古城古国考古研究课题，先后对桓台前埠、唐山和李寨等遗址进行勘探和试掘。2002年对博兴寨卞遗址进行勘探和试掘。前埠遗址和李寨遗址发现龙山文化早期壕沟，沿用至龙山文化中后期，前埠壕沟面积约12万平方米，李寨壕沟面积约5万平方米。唐山遗址发现壕沟，面积较小，只有2.3万平方米，时代在商代至西周早期。寨卞遗址发现近方形城垣，面积近15万平方米，局部残存1.9米高城墙。城垣年代可分两期，早期城垣在商末至西周中期，晚期城垣当在战国时期。

2002年，我所与北京大学考古文博学院合作，对鲁北及胶东沿海地带进行了一次大范围盐业考古调查，获取了大量有价值的信息，加深了对这一课题的认识。在南水北调东线山东胶东输水工程考古调查中，我们极为重视对鲁北地区盐业遗存信息的采集。在寿光双王城水库盐业遗址，我们组织了大规模发掘，取得了重要收获。2007 年，又同北京大学联合启动“鲁北沿海地区先秦盐业考古”课题，现已取得阶段性成果。

对京杭大运河的关注，是从 2002 年配合南水北调东线山东段考古调查开始的。2005 年 3 月，根据国家文物局部署，中国文化遗产研究院牵头组织了对“大运河整体综合性保护研究立项可行性报告”的调研工作。我参加了聊城、济宁两市运河沿线文物点的现场考察，在此课题研究中，梳理了山东运河的基本资料，提炼了 8 个子课题，其中包括“大运河山东段闸口、码头、桥涵等水工设施研究”“南四湖地区大运河航道调查复原及沿线文物保护研究”“山东汶上南旺分水枢纽、龙王庙建筑群保护调查”等。2006 年，京杭大运河被国务院公布为第六批全国重点文物保护单位，我们立即编制了《山东京杭运河遗迹调查、研究与保护工作方案》，经山东省文化厅批准后上报国家文物局。

2007 年，科技部、国家文物局启动了国家科技支撑项目“空间信息技术在大遗址保护中的应用研究（以京杭大运河为例）”课题，我所承担子项目山东段京杭大运河现状的现场调查和报告编写工作。在调查中，发现与运河功能相关文物点 50 余处，与运河历史相关文物点 90 余处，初步摸清了山东运河遗产的家底。调查中，我走遍所有文物点，有的点不止一次。在与课题主持单位清华大学、中国文化遗产研究院、中国科学院遥感应用研究所、中国水利水电研究院专家们的接触和学习中，加深了对山东运河在京杭大运河中的重要位置的认识以及对汶上南旺分水枢纽工程价值的认识。

2008 年 2 月，我所同中国文化遗产研究院商定共同组队，对汶上南旺分水枢纽工程进行考古调查、勘探和发掘工作，由我担任考古领队。对南旺分水枢纽工程重要部位——汶运交汇口、明代南旺引水系统、元代济宁会源闸分水系统和南旺分水龙王庙建筑群等进行了调查、勘探、发掘和测绘。

南旺分水枢纽工程是一个完整的系统工程，集截水工程（戴村坝）、引水工程（小汶河）、分水工程（汶运河交汇口石磡岸）、控水工程（柳林闸、十里闸、寺前铺闸和开河闸）、蓄水工程（马踏河、蜀山湖和南旺湖）、堤岸工程（运河大堤、砖石堤岸、狭河）等导泉补源工程于一体。南旺分水枢纽工程依靠中国传统建筑材料和建筑技术，是 17 世纪工业革命前尚未出现钢筋和混凝土等高强度材料之际，世界土木工程和水利工程的最高成就。中国大运河申报世界遗产报告书中，将南旺分水枢纽工程特列为唯一的综合遗存，涵盖了南旺分水枢纽全部要素。南旺分水枢纽工程以其规模之大、数量之多、类型之全、价值之高，彰显了中国大运河是“穿山越岭”世界第一人工水道，诠释了中国大运河是工业革命前“具有重大科技价值”的水利工程。

2011 年 1 月，由我主编的《汶上南旺——京杭大运河南旺分水枢纽工程及龙王庙古建筑群调查与发掘报告》出版。因我在京杭大运河山东段调查和南旺分水枢纽工程考古发掘中做了一些工作，也比较熟悉情况，被由扬州牵头的大运河申遗办公室聘为大运河保护和申报世界文化遗产工作专家组专家，退休后被选为中国文物学会大运河专业委员会理事。

我们还推进了齐长城文物资源调查和保护工作。2008年，省文化厅指定我所牵头，结合沿线地市县区业务干部组成齐长城调查队。我担任队长，李振光为副队长。我虽然参加了调查前的培训辅导，只是当时年近60岁，故没有参加实地调查，当了挂名队长。

以我为主，相互学习，是积极推进国际交流合作的宗旨。2000年9月，我所同日本滋贺县立大学合作，对收藏出土的铜镜标本，从年代、铸造工艺、性质特征等进行全面调查、分析，并与日本收藏的铜镜进行比较研究。双方人员进行多次互访。研究成果结集为《鉴耀齐鲁——山东省文物考古研究所出土铜镜研究》。2001年，我所派遣刘延常同志去日本山口县埋藏文化财中心学习深造6个月。2003年，我所与瑞士苏黎世大学合作，对临朐白龙寺北朝佛教遗址进行考古发掘，基本搞清了白龙寺佛教遗址的范围、结构布局、年代等问题，成果结集为《临朐白龙寺遗址发掘报告》。2007年，又同中国社会科学院考古研究所联合美国哥伦比亚大学，共同对龙口归城周代城址进行调查和勘探，搞清了龙口归城始建于西周早期，延续至战国时代。春秋早中期，归城是一个规模相当可观的大都市。研究成果结集为《龙口归城：胶东半岛地区青铜时代国家形成过程的考古学研究（公元前1000～前500年）》。我们还先后同日本有关大学、博物馆、科研单位举办文物展览、学术交流。1997年中国山东省、日本山口县、韩国庆尚南道三个友好省县道，在山口县举办“黄砂与大海的交响史”讨论会，山东省文化厅委派蒋英炬和我参加，我们分别做了演讲（图五）。2007年，我所同法国巴黎国家自然和历史博物馆互访交流。2008年，我参加“空间信息技术在大遗址保护中的应用研究（以京杭大运河为例）”课题组赴法国、意大利进行人工运河和遗产保护考察活动，以资加强中外运河对比研究，推动京杭大运河综合研究深入开展。

图五　1997年赴日本参加“黄砂与大海的交响史”讨论会留影

2005年，我所出版《山东20世纪的考古发现和研究》一书，由我担任主编，何德亮任副主编。我们意在回眸20世纪峥嵘岁月，追寻采用近代考古学方法在山东章丘城子崖遗址的第一次发掘，总结20世纪山东考古发掘、研究、发展进程和丰硕成果；展望21世纪锦绣前程，明确山东考古学研究的重点和突破点，开展多学科、多角度、多层面的研究。我们编写此书的另一个意图是，组织全所中青年业务人员根据特长，按考古学时段大致拉开顺序，逐渐地确定各自的研究、发展方向。在撰稿过程中，年轻业务人员奋发努力，从收集资料、提炼重点到融会贯通、凝练升华都取得了长足的进步。在本书后记中，我们写下这样一段话："随着不断的摔打磨炼，这些初显学识的嫩芽，一定会生深根、长阔叶、开鲜花、结硕果，成为21世纪开创山东文物考古事业的栋梁之材。"我想，当年我们的企盼，现在已经实现了。回想当年，从制定编写计划、章节框架、要求规范和人员安排，以至于一字一句地改稿统编，所付出的心血都是值得的。

1999年11月，我所利用万字会第一进大院两厢的六个展室，建立了考古标本陈列室。陈列室总面积300多平方米，陈列文物2000余件，按时代、按遗址、按单位、按组合陈列，展示了我所的主要学术成果，也基本上勾勒出山东省古代文化谱系发展脉络和特征，得到了考察专家的认可。后来，省文化厅和省外办的尊贵客人也把考古陈列室当成友好交流的参访地。

四

从我进入考古所开始，就感受到相对独立的所址和大致说得过去的员工宿舍是我所面临的一个难题。历任所长都做了很大努力，因各种原因，一直没能解决。1995年，我们争取到从广智院搬进万字会的机会。一开始，文化厅和文物局的领导对此犹豫不决，因为我们进驻万字会，就要面临省博物馆提出的一系列问题。多次游说下，省文化厅和文物局的领导从支持我所开展工作的高度上，同意我所进驻万字会。省博物馆同志也显示出高风格，撤出了万字会内的六户居民，搬走了大量物品。搬入万字会，预示着我所建所15年来有了一个相对独立、相对宽敞的办公地点。当时大家纷纷说，这回从工地搬回的陶片可有地放了。万字会这样的仿古建筑群实际上并不适合考古所办公，我们只是临时在此办公，可是一临时就是二十五年。

关于考古所的宿舍问题，20世纪90年代初张学海所长就积极寻找地点，申请计划，筹措经费，几经周折，一直未能如愿。1997年，在李传荣所长主持下，宿舍问题终于有了着落。我所自筹资金购买了36套商品房，加上从广智院博物馆搬迁分给的9套房，我们一时拥有45套房产，大大缓解了员工的住房困境。所领导坚持公开公正的原则，使年轻人有了分房或者分到好一点房子的机会。当时所中流传着这样一个笑话：社会上大多数人是先逮鸟后扎笼子，意思是先搞对象后买房子，我们所一些年轻人是先扎笼子后逮鸟，有些年轻人一到单位就分到了房子。同时，许多老专家有了自己的书房，年轻同志的子女也有了独立学习空间。

我想，事到如今，所里分配的房子也是大多数人享受到的社会主义制度的最大福利。因为我自己的原因，我未申请参加所中宿舍的分配。我不知深浅，主动申请担任所中分配宿舍的组长。大家知道，分房是令人头疼的事，不可能使人人满意。我们坚持公开透明，一方面根据职称职级，另一方面根据历年评优结果，综合排序，几上几下，交给大家讨论，获得了多数同志的认可。应该说我所的这次分房还是比较顺利的，至今我仍然因替大家做这样一件事而感到欣慰。

职称问题是业务人员极为关心的问题，我们始终把这个问题当成所中的大事来办。职称评定实质上要求自身本领过硬，学历、年限、业绩和论文缺一不可。我们提前督促年轻人员准备好论文和资料，有些是前一两年就要准备的。在这个基础上，积极向上级推报材料、申请限额，并在大多数年份得到了领导的支持。我所业务人员在省直文物系统评选中是处于较优地位的，有些年还提前使用了限额。

2003年7月，我所与北京大学考古系合办了北京大学研究生课程进修班，所内有十余位年轻业务人员参加。举办地点在临淄工作站，师生同吃同住。北大派出了一线当班教授讲课，从考古谱系通讲到考古类别专题，展现了极高的教学水平。我所业务人员也是白天听课，晚上整理笔记，倾注了大量心血。筹办这样的高层次的学习班，目的是提高业务人员的综合素质。他们大学毕业后，经过一段考古实践，会发现许多问题，此时再来学习，会有很强的针对性。我也有幸代表所里参加了课程班在北京举办的结业仪式。

我所在对外学术交流中坚持互访程序和内容，使我所人员能有机会到合作国家考察和学习，增添我所人员参加合作研究的力度和广度。在山东省对外文物展览中，我所积极推荐代表我所最新科研成果的展品，受到参展国的欢迎。与此同时，也积极向省文化厅和文物局申请随展工作人员名额。我所人员大多是考古一线人员，对文物展品比较熟悉，具备随展人员的综合素质。在我退休之前，大多数专业人员或互访或随展，都有了出国开阔眼界、深入学习的机会。在对外交流方面，所领导坚持两年一次的自律规定，有些同志被合作方指名邀请时，也会想方设法同对方协商，选派同项目的其他人员参加。

我所1985年、1997年、2002年先后被国家文化部、人事部评选为全国文物系统先进集体。经过全所的共同努力，2005年12月，又被评为省直机关系统文明单位。

五

院里组织建院40周年纪念活动，使我们有机会静下心来回想走过的历程，总结成绩和经验，反思不足和缺点。我只是根据自己的时间轴，七拼八凑，完成了这份“豆腐账”式的作业。我现居北京，远离院里，许多事情无法一一查证，时间或地点都或许会有错。一个人的视野和角度也会有许多偏颇。我想肯定会有许多问题，等待各位老师和同事们的指教和纠正。我的这份作业在一定程度上勾画了我们这个集体从成立到发展的艰辛过程，很大程度上彰显了我们这个集体辉煌的业绩。我始终认为，我们这个集体是能打硬仗的集体，枪响了，大家都会往前冲。假如他日，单位组织专门人员，借助这次 40 周年活动整理各位老同志的回忆，依据所存档案加以必要核实，一定可以编写一部全景式的、饱满鲜活地反映我们这个集体 40 年创业史的著作。

回顾自己 70 年的人生历程，也算曲折，也算丰富。20 岁前在北京读书。1969 年 1 月响应毛主席号召到延安插队落户，接受贫下中农再教育。1972 年进入陕西汉中国防工厂，在子弟学校当老师。大学毕业工作时已经 33 岁，强烈的紧迫感使我很想多学一点东西，把工作做得更好。特别是 1984 年担任副所长后，我认为自己除了是一个考古工作者，还肩负着发展繁荣山东文物考古事业重担，要给全所同志特别是年轻一些的同志多提供一点机会，给全所同志特别是年长一些的同志多提供一点关爱。我自认为是用心了，努力了。

我从 1984 年担任副所长，一直到 2009 年底退休。据说，我保持了一个记录——在全国省级考古所副所长岗位上，我是连续任职时间最长的一个。其实 2008 年，我也有机会调任山东省文物局史志办公室主任岗位（正处级），当时在全所也做了民主测评、考察和公示。只是我自己感到临近退休，无力再承担新的工作任务，遂感谢上级领导的关心和爱护，婉言推却了新的职务。回想 25 年副所长任职历史，我首先要感谢 1982 年进所时的领导、老师和同事，是他们的指教，使我很快融入了考古所大家庭并走上了领导岗位，我的小家庭也在济南能够团圆，了却了我的一块心病。还有，要感谢全所中青年同事，是他们克服家庭和个人的困难，南征北战，东奔西跑，承担起全省文物保护和考古发掘的重担，推动着考古所不断前进。还要感谢全所年轻同事，包括我退休后叫不出名字或不曾相识的年轻同志，你们的成长构筑了考古所坚实的基台，预示了考古所美好的未来。

2011 年 12 月 3 日，家父佟柱臣（中国社会科学院荣誉学部委员、中国社会科学院考古研究所研究员）去世，郑同修所长专程从济南到北京参加告别仪式，并代表单位敬献花圈，同时带来全所二十几位同事好友的深切哀悼和诚挚问候。我们兄弟姐妹四人十分感动，再次向郑所长和全所同事好友表示感谢。

退休十余年来，我时不时地反思自己走过的路程，由于自己思想水平、认识水平、工作方式等方面的问题，许多工作目标不明确，没有做好；也有许多工作做得不到位、不理想；有些时候，工作安排不合理，强度过大，导致与一些同志发生口角；对一些同志业务发展方向尊重不够，影响了一些同志的情绪。问题可能还有许多许多，现在只有请受到影响的同事原谅了。

写到最后，该回扣本文的题目了。山东省文物考古研究所（院）是我从事文物考古工作的出发点，在这里我工作了 27 年，为山东省文物考古事业发展贡献了自己的力量，十分欣慰。山东省文物考古研究所（院）也是我人生的归宿点，教会我如何做事，也教会我如何做人，不枉此生。

考古不忘初心　回忆当年趣事

李曰训

（山东省文物考古研究院）

忆往昔，四十年飞驰而去；看未来，任重而道远。在山东省文物考古研究院成立40周年华诞之时，作为山东文物考古战线上风雨同舟、共同成长的一员，怎不心情激动，感慨万分！想起习近平总书记“不忘初心、牢记使命”的谆谆教导，怎能忘记单位建立初期艰苦创业的历程，怎能忘记为考古事业努力贡献的点点滴滴。考古不忘初心，激励后人奋进，使命传承未来，事业后继有人，这是单位老一代考古人的光荣传统和历史使命。回想起1981年年初，山东省文物考古研究所成立伊始，仅有20多人，业务人员还不到10人，而本人有幸忝为其中一员。于是，我便暗暗下定决心，牢记在大学毕业时向母校老师，以及入职时向单位党组织所做的一切承诺，积极工作，努力学习，刻苦钻研业务，向老一代考古专家看齐，把在学校学到的一切文物考古理论知识与实际工作相结合，埋头苦干，做出实绩！下面，我就把40年来的工作历程，以及于其中经历的趣事、成绩等，回忆概述如下。

一、山东临朐西朱封　龙山大墓雨水冲

回忆起20世纪80年代，山东省文物考古研究所刚刚建立不久，本人便遵照所领导的委派前往临朐，协助当地文物部门搞文物普查工作。我们历时近两个月，走遍了该地区十几个乡镇，共发现古代遗址及古墓地30余处。记得那是1987年5月中旬的一天，我与县文管所的宫德杰同志对西朱封遗址进行复查，在遗址西南部的断崖处发现一座被雨水冲开墓口的龙山文化墓葬，暴露出许多随葬陶器。从随葬品和规模来看，这应该是一座大型墓葬。于是，我及时给张学海所长做了详细汇报，张所长马上来到现场指导。鉴于该墓位于断崖处，已部分被雨水冲毁，实难再行保护，因此张所长安排我会同县文物部门立刻进行抢救性发掘。

回想当年的发掘过程，我们还是遇到了极大困难。首先是当时正处在阴雨连绵的时节，当地天

气预报说近期每天都会下雨，并可能会有大到暴雨。其次是装箱和运输问题，墓中大量的破碎陶器及葬具如何进行现场采集与保护。正当大家一筹莫展的时候，民工高大哥说可以把家里装衣服的木箱子拿来用，另一位姓王的民工也说把刚做好的一个大木柜子送来用。于是，在发掘的当天下午，尤其是在最后装箱搬运、抢救边箱内的蛋壳陶高柄杯时，两位民工送的木箱和木柜起了大作用，真是太感谢了。边箱内的6件蛋壳陶杯虽然出土时破损严重，但大体轮廓还比较清晰。这种黑如漆、薄如纸且往往多件一起随葬的精美的蛋壳陶杯，只有整体起取搬运室内后再抽时间慢慢整理修复，才能最大限度降低对它的破坏。这种起取搬运轻薄珍贵文物的做法，也是蔡凤书老师在给我们讲新时代考古时一再强调的。所以，整个墓葬边箱及脚箱随葬的蛋壳陶等比较轻薄的随葬器物，大都是连泥土一块起取装箱搬运的。

最后一天中午，墓室都清理完毕，绘图、照相也基本结束，刚准备回去吃午饭，突然东南方向的两声闷雷惊醒了大家，看来一场特大暴雨将要来临。我安排4个民工轮流吃饭，全体考古队员一起加班，起取搬运器物，抢救资料，抢救文物。就这样，大家奋战了一个多小时，终于把这座龙山文化大墓的所有文物资料全部装箱运往县城。就在文物进入库房的同时，特大暴雨从天而降，那辆运输文物的汽车停在室外整整积了半车厢雨水。这正是："倾盆大雨实无情，差点变成水帘洞。多亏民工献爱心，两只木箱价无穷!"

当清理完1号大墓时，在其附近断崖上另一座同样的大墓也暴露了出来。于是我向张学海所长请示是否继续发掘，他说过了雨季等秋后再发掘。但由于工作繁忙，当年并没有安排继续发掘。次年秋天，中国社科院考古所发掘了这座早已发现的大墓。时隔多年，当张学海所长回忆起此事时，仍后悔不已。

西朱封龙山文化大墓，完备的棺椁制度开史前墓葬之先河；墓室面积之大、随葬器物之丰，均为以往所罕见，具有非常重要的历史研究价值。这是山东省文物考古研究所建立初期最为重要的发现之一，当年被评为全国重要考古发现，并收录于《中华人民共和国重大考古发现》。

二、山东章丘女郎山　战国大墓解谜团

1989年11月至1990年6月，为配合济青高速公路工程建设，我与济南市文物处刘伯勤同志骑自行车对济青高速公路沿线进行了详细考古踏查。那段艰苦的调查工作至今仍历历在目，途中遇到深沟堤坝，我们都要把自行车扛过去，正是有路人骑车，无路车骑人。在长达20多天的调查中，共发现10多处古代遗址及古墓葬。其中包括宁家埠遗址、章丘女郎山战国墓、宋元壁画墓群、临淄淄河店春秋大墓等。由于发现遗址、墓葬较多，仅靠省内的钻探技工根本无法完成钻探调查工作。于是，我们又带领河南洛阳30余人的考古钻探队，对这些遗址、墓地进行了详细的考古钻探，为后来

定点发掘提供了重要的依据。

1990年7月中旬，开始对女郎山取土场古墓群进行发掘，我为队长，邱玉鼎为副队长，队员有李志勇、王建国等；大部分技工由寿光三元孙工地冒雨赶来，有解勇、刘德立、马文力、邢继春、陈建华、郭尚军、方瑞伟等。随后考古发掘正式开始，首先给大家分工。邱玉鼎负责女郎山南坡东汉砖室墓以及壁画墓的清理；本人负责女郎山西坡几十座汉代墓葬的发掘，以及附近大片鹅卵石堆积的勘探，确定其性质。身为领队，每天要合理安排工作，并亲临现场指挥。对于这处鹅卵石堆积是否为古墓，我早在带领洛阳钻探队勘探时就有所判断。当时，洛阳探工对这片大面积堆积的鹅卵石一筹莫展，正如其中一位50多岁陈大运师傅所说，他们在洛阳地区周围曾钻探发现过近千座古墓，基本上没有“空过”，“都中”。但这片鹅卵石堆积，却把这些好汉给难住了，光探铲就打坏了好几把。最后陈师傅摇摇头说：“不中，不中，这回的确是碰上霉运了。”当时，我对陈师傅说：“没关系，世上无难事，只要肯登攀。这块困难较大的硬骨头，等过几天发掘时，还是让我亲自来啃吧。”陈师傅不好意思地说：“那中，那中，我们确实无能为力了。”并说他们第一次遇到这种情况，犹如牛掉井里，有劲使不出。听当地村民说西山坡这片鹅卵石可能是古河道里的，山坡上没有这样的碎石子。我却觉得这种说法是不对的，古河道内的鹅卵石绝对不会自己跑到山坡上来，一定是人工搬运上来的。回忆起在大学期间上课时，曾听马良民老师多次讲授过，战国或汉代的大墓，为了防止盗掘，墓上或墓室常有积石、积沙及充填鹅卵石的现象。于是，我认定女郎山西坡这片大面积鹅卵石堆积的下面，是一座战国或汉代的大墓。

为了更有把握，我首先让技工把鹅卵石的堆积及分布范围搞清楚。但由于无法钻探，便在鹅卵石堆积的周边挖了几条小探沟，非常清晰地找出了墓上鹅卵石的堆积范围和主室墓口、五座陪葬墓，以及其开口层位等一系列地层关系。在对墓上鹅卵石堆积清理时发现，该墓在当初修筑时，首先要开挖一个带有斜坡墓道、深60—80厘米的墓圹，在其圹内，分别再开挖主墓室及五座陪葬墓。等主墓及陪葬墓全部下葬后，为了防盗，用鹅卵石夹杂大石块充填主墓室。五座陪葬墓的墓室内虽未充填鹅卵石及碎石块，但墓室填土均经夯打，极为坚硬。然后用鹅卵石将整个墓圹充填起来。

记得6月16日早上，天刚蒙蒙亮，我带领解勇、刘德立两名技工，提前吃完早饭，来到大墓发掘现场，首先把该墓的地理位置进行详细记录与拍照。随后，村里安排的十几位民工也全部来到。紧接着，把该墓发掘的基本操作规程向技工及民工讲清楚。至此这座战国墓的发掘才正式拉开了帷幕。

该墓是一座“甲”字形竖穴土坑木椁殉人墓，据方志及听当地老人传说，该墓上面原有十几米高的封土。打开后发现，墓圹中间是主墓室，为重椁单棺，外椁上面有被肢解的殉人。当主墓室最初发现外椁盖上的殉人时，有一位年轻的技工看到有人骨架出现，非常惊讶地大声对我说：“李队长，快来看啊，墓葬到底了，人骨架都露出来了。”我听后不太相信，仔细察看后，让技工把周围坍塌的椁板痕迹与人骨架的平面关系都搞清楚，然后再把四壁暴露的木椁立板范围找出来。墓室内面积较大的椁板痕迹出来后，发现四壁木椁立板并不到底，我肯定地说："现在绝对没到底，上面的人骨架不是墓主人，是放在椁盖上的殉人。"

问题搞清楚后，便对殉人进行了详细的记录，并就此迹象给全体干部、技工开了现场会，告诉技工发掘清理大型墓葬时，一定要把墓室内每层下葬时的平面关系搞清楚，然后才能逐层清理下挖，千万不要看到一点局部现象就匆忙下结论，要耐心仔细，多观察，勤思考。这次墓葬发掘现场会使大家增加了经验，掌握了发掘大墓的专业技能。

把主墓室殉人资料全部收集后，便对下面的堆积进行清理。那是6月27日的下午，在清理完椁盖板后，就在墓室东北侧棺椁之间发现几片红、黄、白等多种颜色相连组成的彩绘漆木箱。箱盖打开后，暴露出分层摆放的七把锋利的青铜剑以及成套成组的青铜戈、矛、箭镞等，原来这是一个彩绘兵器木箱。顺着兵器箱向南、向西继续清理，啊！在整个椁棺之间，均有发现大批青铜礼器与兵器。大家心情激动，从上午八点一直清理到下午一点半，连中午饭都没来得及吃，但没有人说饿。为了节省时间，就让技工去附近饭店买了包子，大家轮流吃，然后再接着发掘。就这样马不停蹄直到下午两点左右，整个主墓室的清理工作全部完成。正准备绘图照相，突然天空阴云密布，远处闷雷时鸣，提示着暴雨将至。为保护考古现场，粮食局在接到我们请求后派车直接把篷布送到工地，真是雪中送炭。刚把篷布盖好，倾盆暴雨就下起来了。为了确保万无一失，大家轮流扯住篷布四角在雨中淋了1个多小时，考古现场没有受到任何影响。

中央美院著名教授汤池先生看了这批文物特别是38件彩绘乐舞陶俑的照片后，非常高兴，专门撰写了一篇题为《齐讴女乐　曼舞轻歌》的文章，赞扬该套彩绘乐舞陶俑以保存完整、组合有序、造型生动活泼、风格写实逼真而引人注目，在迄今我国发现的战国时代陶塑作品中较为罕见。发掘期间，张学海所长、佟佩华副所长、济南市文物处刘伯勤处长、章丘文化局刘勇局长（图一）、章丘博物馆宁荫堂馆长等各级领导先后几次到现场参观指导，给予考古队大力支持和帮助。对此，特向诸位表示感谢！

图一　章丘文化局刘勇参观女郎山壁画墓发掘工地
左：刘勇；右：李曰训

与此同时，在山南坡还发掘清理9座宋、金、元、明时期的壁画墓。它们有规律地排列在同一地点，这在山东省境内还是首次，在国内也极为罕见。此次发掘获得了一批极为珍贵的考古资料。

这批壁画墓，均为仿木结构砖雕壁画墓，由墓道、墓门、墓室组成，在墓室内砖雕的表层均施有一层白彩为地，再描绘出各种图案纹饰。此次发掘宋、金壁画墓各1座，元代墓2座，明代墓5座。其中，元代墓出土一幅人物图，造型极为精美，栩栩如生。一座明代壁画墓的绘画内容较为精彩，前室东壁绘有一仕女图，后室北壁绘有一双鹤起舞嬉戏图，西壁绘有缠枝牡丹图。

蒲松龄老先生曾感慨："旧迹不知何处是，于今空说女郎山。"如今女郎山果真发现了大批古墓群，这正是："女郎之山战国墓，时代久远两千年。古墓成群遍山坡，考古发现解谜团！"

三、汉代彩绘画像石　车马出行不一般

2006年秋天，在邹平电解铝厂，我主持发掘了一座保存基本完好的东汉彩绘画像石墓。该墓为砖石结构，南北向，由斜坡墓道、画像石墓门、砖砌门道、前室、耳室、甬道、后室七部分组成。在墓门与甬道之间，置有封门砖五组。

打开绘有朱、白两色菱形纹的封门砖后，便暴露出精美的彩绘画像石墓门，由门楣、左右门框立柱、两扇门扉组成。垒嵌在墓室门楣上的画像石，雕刻技法为剔地浅浮雕，分饰红、黑两种彩绘。主体为车马出行，前为导卒，头戴圆形高冠，身着长袍，挥手向车骑队伍示意。其后为导骑，头戴进贤冠，身着短袍，一手持缰，一手握令旗回首观望。其后便为轺车，乘坐二人，前者为执辔驭手，头戴平巾帻，身着短袍服；后者为主人，头戴进贤高冠，身着袍服。在导骑与主人轺车中间，还浮雕有一表示象征吉祥的羊头图像。整体上，这组画像造型优美别致，色彩艳丽，栩栩如生，是目前我省汉代彩绘画像石中的精品。

另外，2007年夏天，我在昌乐东肖汉墓的发掘中还发现了一幅更为特别的画像。该画像位于墓葬的门楣上：车马出行中，头戴进贤冠、身着短袍服的男性与头戴高凤冠、身穿曳地长裙的女性，拥抱亲吻，其身后有一身着短衣衫挥臂欢呼跳跃的孩童。看来这描写的是母亲领着孩子迎接远归父亲的高兴场景。图案中表现的这一情节生动逼真，写实性极强，是汉代雕刻艺术家们对当时现实生活场景的细心观察和真实写照！

邹平和昌乐这两处画像石墓，内容形式稍异，而艺术上同样精彩。正是："两地汉代画像石，表现风格各差异；一处彩色实罕见，另处亲吻黑白地！"

四、文物考古趣事多　幽默风趣一大车

自20世纪80年代以来，我在滕州、曲阜、兖州、嘉祥、临沂、沂南、费县、长清、泰安等地，先后发掘东周至汉代墓葬2000余座，出土了一大批文物。工作中，大家建立了深厚的友谊，繁忙的

工作之余也有很多有趣的小事发生，尤值得回味。

记得2004年6月中旬，在对济荷高速公路长清前夏及平阴商庄路段进行考古调查时，由于时间紧、任务重，队员们7点半吃早饭，直到下午2点还没有吃上饭，饿得实在不行，只好在村里小卖部买饼干充饥。为了缓解大家的情绪，我与石念吉、李振彪、张敬伟、马文力、张学堂等几位技工，就他们的姓氏名字进行现场即兴作诗猜字谜，大家听后哈哈大笑，连连点头称赞。这项简单、幽默、诙谐的姓氏字谜游戏，解除了大家一时的劳累与寂寞，提高了工作效率。

在曲阜花山墓地发掘期间，还发生过与技工联手奋战，勇斗闯入工地之歹徒的故事。

那是2000年9月中旬，花山墓地发掘正在进行。可是，孟凡喜负责发掘的一座墓葬临到中午下班时还没清理完墓室，壁龛内出土的两件陶器由于下午还需要绘图照相，所以没有取出，只是用编织袋盖了一下。安排好看工地的老陈，一再叮嘱完后，我们便回驻地吃午饭，然后休息一会儿。还没躺下，就有民工急急匆匆过来，说看工地的老陈让我赶快去工地，有人硬闯工地，不听劝阻还跳下墓坑拿了文物。我听后马上召集考古队和几位身体强壮的民工，拿着探铲和铁锨，直奔工地而去。老陈见到我们，马上过来汇报情况，他说，有两个骑摩托车的年轻人来到工地要参观，保卫人员不让进入，他们非但不听，还辱骂老陈说这是他们的地盘，谁也管不着，不然的话，就让老陈白刀子进去红刀子出来。无奈，老陈只好派人速去考古队报告。我问那两个不速之客现在何处，老陈说又去那座深墓坑了。就在这时，孟凡喜告诉我，上午他负责清理的那座墓葬壁龛里的2件彩绘陶器不见了。见此，我马上安排刘得立、孟凡喜和另外两个年轻民工，一起手持探铲看住窃贼的摩托车，绝不能让他们逃走，然后马上报警。警察没到之前，首先得稳住两个窃贼，不让其有半点惊觉。我们就这样与窃贼斗智斗勇，等着警察。不一会儿，派出所的警车开进工地，两窃贼一看，就想逃跑，不等他们奔到摩托车跟前，派出所的同志就把这两个窃贼戴上手铐，拉入警车带到派出所去审讯，半个多小时后又开来一辆卡车，把窃贼的摩托车也拉走了。

经过审讯，窃贼交代了窃取文物的经过。他们先把两件陶器埋在挖墓的土堆中，想等到晚上没人时再取走。根据派出所提供的信息，我们很快在墓口边的土堆里找到了文物。这正是："发掘工地闯窃贼，盗窃文物藏土堆；勇斗歹徒施巧计，文化遗产得保全！"

还有一件事。2005年8月，我在长清前夏汉代墓地主持发掘，正在清理51号墓的技工徐桂云跑来说："李教授，可不得了了，你赶快去看一下51号墓吧，有两个从没见过的怪物，真是吓死'臣妾'了。"我马上跑过去，并安慰他说："老徐你害怕什么？有什么大惊小怪的，是不是晚上电视剧看多了？"但是当看到那两个双目圆睁、身着盔甲的怪物——护卫陶俑时，我也惊呆了。啊！造型太别致精彩啦！其中一件左手执盾，右手握刀，目视前方。另一件类同，但手中好像最初握有什么复合型木质兵器，可惜已腐朽无存。我告诉他们一定要仔细清理，周围很可能还有别的陶俑。不多时，徐桂云便尖叫喊道："哈哈，又清理出一只龇牙咧嘴的陶狼狗。"我告诉他："这就对了，古代的护卫俑，身旁一定要配备有护卫狗。这只凶猛的护卫狗，原来应立在两位护卫俑的中间。”徐桂云和侯广平两位技工高兴得合不上嘴。这正是：“长清前夏东汉墓，老徐误认为怪物；全国少有实罕见，执盾握刀真威武！”

五、考古工作苦与乐　学术研究结硕果

自山东大学历史系考古专业毕业后，我最初被分配到山东博物馆考古部工作，1978年秋天，曾参加过大汶口遗址的第三次发掘。1981年山东省文物考古研究所建立后，我便与文物考古结下了不解之缘。当时文物考古工作那艰辛的环境条件至今犹在眼前。1981年秋天，所里安排我到临淄工作站，协助罗勋章老师工作达多半年时间。当时我们还吃着国家供应的一少半粗粮，白天奋战在工地上，晚上很早就睡觉，由于当时的饭菜没油水，肚子经常饿得咕咕叫。技工们还为罗老师编了一首打油诗：“跟着罗司令，累得真要命。吃的是窝窝头，蘸点儿咸菜丁。”这大概就是建所初期，工地上考古工作者生活环境的真实写照吧。

随着考古所的发展，我自己也慢慢成长，逐渐积累起丰富的工作经验，对考古调查、勘探、发掘等工作越来越得心应手。2001年，胶新铁路考古工作中，在勘探定点沂南侯家宅子、宋家哨、杨家岭等几处汉代墓地时，又积累了新的工作经验。这几处墓地结构特殊，属于大型墩式封土家族墓，同一个封土之下埋了数个以至数十个墓葬，墓口上均充填有大量防盗碎石块。其现存封土虽高出周围地面一两米，但在前期勘探时，由于碎石分布范围较大，探铲打坏了好几把也无法确定是否为古墓。然而工程部门催得特急，于是佟佩华副所长安排我与齐炳学再次去现场勘探，尽快确定大片碎石块堆积是不是古墓葬。佟副所长幽默地说：“曰训出马，一个顶俩，我相信你与老齐一定会完成这项任务的。”

时间紧，任务重，我和齐炳学师傅先后到这几处碎石堆积现场进行了仔细观察，确认这几处上面堆积碎石子的高台地与以前发掘的章丘女郎山战国匡章墓大同小异，只是碎石子的分布范围更大、堆积更厚。如果确定一处碎石子堆积下面是墓葬，其他两处也基本相同，无疑就是汉代的积石土墩墓。但由于碎石子层的存在，无法通过钻探确定，于是我们到附近村里借了铁锨与铁镐，在一侧挖了一条小探沟，当挖到80厘米左右深时，便出现了疏松的五花填土。我们喜出望外，仅挖了3条探沟，奋战了两个多小时，就攻克了难关，解决了大问题。当天下午，便给单位领导做了详细汇报。当时佟佩华副所长高兴地说：“真是太好了，半个多月的难题被你们半天解决了，真是辛苦了！只要确定是古墓，最近马上就可组织人员进行发掘。”当时，我们两人手上虽都磨起了血泡，但心里甜滋滋的，有说不出的高兴与快乐。

从业40余载，我先后主持临朐西朱封、章丘女郎山、济南段店张庄、曲阜花山（图二、图三）、

曲阜柴峪、潍坊后埠下、费县西毕城、沂南侯宅、郯城大官庄、胶南河头、丁家皂户、长清国庄、小王庄、金村、前夏、平阴商庄汉代墓地、邹平电解铝厂汉代墓地、昌乐东肖、滕州小宫山、泰安西大吴等20余处汉代墓地及古代遗址的发掘。初步统计，主持或参与发掘的东周至汉代墓葬达2000余座，古代遗址30余处，出土各类器物数千件。近年来，编写考古发掘报告、简报30余篇，在国内学术刊物上发表学术论文近40篇，多次获得省社联和学会奖项。2011年，受到国家文物局颁发的从事文物工作30年表彰。

图二 单位领导与曲阜文管会负责人参观曲阜花山考古发掘工地
左一：项春生；左二：李传荣；左三：李曰训

图三 曲阜花山墓地发掘现场

2014年7月，我虽已办理了退休手续，但当时由于考古发掘工作的需要，直到2014年年底，我还奋战在田野发掘工地上。退休6年多来，我与夫人虽住在成都帮女儿照看孩子，但心里始终在想着单位的考古工作。由于退休前我主持发掘的工地较多，工作比较繁忙，一般每年都要主持五六个工地的考古发掘；有些考古资料尚未来得及整理，所以，退休后我便每年抽出几个月的时间，回单位整理资料、编写考古发掘报告。6年多来，我先后完成滕州小宫山、泰安西大吴、沂南侯家宅、胶南河头及丁家皂户5篇考古发掘报告的整理与编写。这5篇考古报告被收录于《京沪高速铁路山东段考古报告集》《山东沿海汉代墩式封土墓考古报告集》等报告集中。

山东省文物考古研究院已走过40周年艰苦历程。作为山东文博考古战线上的一名老兵，我与研究院共同成长，亲眼见证了单位的成长壮大并迎来文物考古事业的美好春天。这正是：“艰苦奋斗四十载，学术研究展风采；文博战线领头羊，考古事业春天来！”

我的考古之路

何德亮

（山东省文物考古研究院）

一

1975年秋，我怀着美好的憧憬，抱着追求科学知识和远大理想的强烈愿望，从生我养我的家乡——广饶县农村，梦一般来到位于山东省会泉城济南的著名高等学府山东大学历史系考古专业求学，由此与考古事业结下不解之缘，这条为之奋斗的职业生涯，改变了我一生的命运。

入校不久，军训完毕，根据学校的教学计划和课程安排，我们带着对知识的渴望和对考古的好奇心情，踏上赴日照东海峪遗址进行首次田野考古发掘的征程。带队老师是蔡凤书、宋百川、于海广、刘敦愿先生。对第一次考古实习，我们心情既激动紧张，又很兴奋。作为一位刚走进大学校门的学子，我当时对什么是考古一无所知，头脑中完全是张白纸，一切都要从零开始学起，从最基础的事情做起，只有这样才能得到不断进步和提高。

进入考古发掘工地现场，按照田野操作规程和技术要求，首先布方，然后去耕土，再根据土质土色的不同变化，进行层层清理。当时，学生负责的是墓葬区的发掘，山东博物馆的张学海、郑笑梅、苏玉琼等老师发掘的是居住区。这批房址均为高台式建筑，层位关系比较复杂，尽管我们经常过去学习观摩，聆听老师们对房址结构的讲解，对打破与叠压关系的处理等，但还是似懂非懂，理解甚微。与发掘房屋基址比较而言，墓葬的清理工作就相对简单些。东海峪遗址的墓葬均为长方形土坑竖穴小型石棺墓，随葬品也较少，但人骨保存比较完整，按照操作规程的要求，清理完人骨，进行画图与照相，然后起走骨架。这项工作需要非常小心，每块骨骼都要用纸包装好，以防断裂。另外还要及时做好记录，填写墓葬登记表。田野工作结束后，回到室内写完探方记录，这次实习发掘工作才算完成。

东海峪遗址的这次考古发掘工作，获得了重要科研成果，发现了“三叠层”，解决了大汶口文化向山东龙山文化的过渡这一学术课题。

通过东海峪遗址这次田野考古实习，我学到许多课堂上不可能掌握的知识，收获颇丰。初步了解到田野考古发掘是如何进行的，以及具体要求和注意事项。认识上的提高，为我下一步从事田野考古发掘工作开了一个好头。

1976年3—6月，按照教学计划，紧接着我又参加了临淄齐故城遗址的考古发掘。这是山东博物馆、山东大学1975级考古专业与北京大学1973级考古专业联合举办的一期全国性的亦工亦农田野考古培训班。带队老师有刘敦愿、蔡凤书、马良民先生。我发掘的是桓公台遗址，遗迹主要是建筑基址。这次实习较第一次东海峪遗址发掘，我的田野操作技能熟练了许多，对有些不太复杂的遗迹现象基本能独立进行处理。经过3个月田野实习的磨炼，我圆满完成了预期的发掘任务，返回学校开始了系统的考古学基础理论的学习。

时间很快到了1977年春天，兖州王因大汶口文化遗址的发掘是我毕业前的最后一次田野考古实习。这次发掘工地是中国社会科学院考古研究所山东工作队主持的，学校带队老师是蔡凤书先生。工地指导老师有吴汝祚、韩榕、胡秉华，还有沈强华和滕州博物馆万树赢。工地上指导同学们发掘的主要是韩榕老师。这次发掘的还是墓葬，看来我似乎与古代墓葬有了缘分。当时我所负责的探方，墓葬非常密集，相互间打破、叠压关系十分复杂，而且墓内外均为黄褐色砂土，墓葬开口层位很难辨认，这就给我们这些初学的大学生们增加了许多困难。好在有工地老师的现场指导和同学们的互相帮助，麦收前我顺利完成了这次实习发掘任务。这批墓葬的发现，为大汶口文化埋葬习俗的研究增添了一批新的重要资料。

光阴似箭，岁月如梭。转眼间三年的大学生活就要结束了，1978年8月中旬，我怀着恋恋不舍的心情离开了培养我的山东大学校园，即将走向社会，迈入新的工作岗位。

二

那个时代，大学毕业后由国家统一分配工作。根据所学专业，毕业后我被分配到山东博物馆文物管理组，从事田野调查、勘探与考古发掘、文物保护与学术研究工作。从大学校园到工作岗位，我实现了身份的转变，从此开始走上了一条漫长而艰辛的考古之路。

10月份，我参加了诸城呈子遗址第二次田野考古发掘工作，领队是王思礼、杜在忠先生。这是我毕业参加工作后发掘的第一个遗址。此次发掘是为了培训当地文物干部的田野操作技能，当然作为我这个刚走出校门不久的年轻考古工作者来说亦不例外，更需要通过进一步的田野考古实践来磨炼自己，以此不断提高自己的田野操作技能。过去虽然通过几年的大学学习，我也曾参加几次较大规模的考古发掘实习，在课堂上亦学到一些考古学理论和基础知识，但与实际田野操作技术要求还有不小的差距，对地层间的打破、叠压关系和遗迹现象，以及与周围探方之间的关系等均存在许多认识上的欠缺，这就需要通过参加较多的田野发掘工作来提升自己，因此，能参加这样的田野考古发掘是很难得的。

1979 年春，我又参加了莒县陵阳河与大朱家村遗址的考古发掘，领队是王思礼先生，参加人员有王树明、赖非、万良等。这两处遗址清理的主要还是大汶口文化时期的墓葬及部分遗址。这批墓葬，随葬品比较丰富，少的几十件，多的一百多件，而且互相叠压在一起。绘制这样大型墓葬的线图，对我这个没有美术功底的人来说，是很大的挑战。面对墓内大量随葬品，我不知从何处下手。由于当时田野发掘工地没有专门从事绘图的考古技术人员，什么事情都要自己动手。万事开头难，随着发掘工作的不断深入，绘制墓葬线图这样的技术问题也慢慢得到了解决。当时深深感觉到，从事考古学研究工作，如果没有一定的美术基础是难以胜任的，因此，必须练好基本功。

莒县陵阳河与大朱家村大汶口文化墓葬的发掘，最大的收获是发现大量陶器刻划符号（亦称陶尊文字），这是古代文明即将到来的重要标志，曾被誉为古代文明的火花。

1981 年，山东省文物考古研究所宣告成立。当年秋天，栖霞杨家圈遗址开始进行考古发掘，这是山东省文物考古研究所成立后参加的首次田野工作，主要是配合北京大学 1979 级考古专业的田野实习。发掘领队是北京大学严文明教授和我所郑笑梅老师，省考古所参加发掘的还有吴诗池、张竟放、邵明贵、李志勇、司湘和我。这次又给了我一次继续学习和提高的好机会。发掘期间，我们多次聆听严文明先生、郑笑梅老师在发掘现场对各种遗迹现象的分析和判断。在发掘工地现场，不论发掘中出现什么疑难现象，在严文明和郑笑梅两位先生面前，总能得出合理的解释以及处理的方法，许多遗迹现象经过先生们的讲解都会变得清晰、合理起来（图一）。

图一　1981 年栖霞杨家圈遗址发掘现场
左起：邵明贵、司湘、吴诗池、王锡平、何德亮

上面几处遗址的田野发掘工作，不仅使我们的操作技术水平得到不同程度提高，也使我们学习到前辈们的敬业精神和吃苦耐劳的职业道德。

接下来的几年，我刚刚成家，在上有老下有小，家庭需要照顾的情况下，为了钟爱的文物考古事业，只能舍弃小家顾全大家，常年坚持奋战在田野考古第一线，连续参加了曲阜南兴埠（图二）、林前村、广饶营子、临淄两醇、寿光边线王等遗址的考古发掘工作。

一系列的田野工作为我今后从事田野考古发掘和科研工作奠定了较好的基础。由此开始，我才真正踏上了漫长的考古之路。

图二 1982 年作者在曲阜南兴埠遗址发掘留影

作为省级文物考古研究机构，除了进行学术研究，还有一项主要工作是配合国家基本建设项目进行文物保护与抢救性发掘。

40 年来，无论春夏秋冬，还是酷暑严寒，我们经常风餐露宿，长年累月奋战在田野考古工作第一线，承担着考古调查、勘探与田野发掘的繁重任务。工作中，我们穿越山岭、横跨河谷，基本走遍了山东大地的山山水水、村村落落。每个县市都留下了考古工作者的足迹，每项国家基本建设工程均有大家洒下的汗水。在平凡的工作岗位上，我们默默奉献着自己微薄的力量，尽职尽责地完成了一名考古人应承担的工作任务。

据不完全统计，截至退休前，我参加配合国家建设工程的考古调查、勘探项目 20 余项，主要有兖石（兖州至日照石臼所）铁路工程、益羊（益都至羊口）铁路工程、济枣（济宁至枣庄）公路建设工程、南水北调工程、胶东调水工程、胶济（胶东至济南）铁路工程、京沪（北京至上海）高速铁路工程、高临（高唐至临清）高速公路工程、同三（同江至三亚）高速公路工程、潍莱（潍坊至莱阳）高速公路工程、烟台疏港公路工程、日照疏港公路工程、京福（北京至福州）高速公路工程、胶济（胶东至济南）铁路客运专线工程、西气东输管网建设工程、胶新（胶州至新沂）铁路建设工程、威乌（山东威海至内蒙古乌海）高速公路工程、青银（青岛至银川）高速公路工程、青临（青州至临沂）高速公路工程、济菏（济南至菏泽）高速公路工程、日东（日照至东明）高速公路工程、济莱（济南至莱芜）高速公路工程、枣临（枣庄至临沂）高速公路工程以及菏泽堌堆遗址专项调查等。

上述田野考古调查与勘探工作，不仅有力地配合了国家的基本建设任务，为建设工程部门赢得宝贵时间，而且对地下文物进行了有效的保护，做到了一名考古工作者守土有责的历史使命和基本要求。

在全面进行田野调查与勘探的基础上，要对重点遗址进行田野考古发掘。我参加或主持的田野考古发掘项目，除上面提到的遗址或墓葬外，还有济宁潘庙、凤凰台、程子崖，兖州西吴寺、六里井，邹县（现邹城）南关，泗水天齐庙，章丘城子崖、孙家东南，枣庄建新，滕州庄里西、薛故城、西公桥、朱洼，日照海曲，济南王府、催马庄、殷陈，高密乔家屯，长清大街，临沂朱家斜坊、耿家斜坊，曲阜朱家庄，费县方城，平邑杨顶庄、大东阳，苍山后杨家官庄，青州郝家庄，昌邑辛置，等等。

众多遗址与墓葬的发掘，为研究山东地区古代各个时期的物质文化遗存的面貌和特征提供了一批重要的实物资料，因而具有十分重要的学术价值。

三

为了使我国的文物考古事业逐步走上科学化与规范化，国家文物局决定以举办考古领队培训班的形式，来促进考古领队田野水平的提高。1984 年秋天，国家文物局决定在山东兖州市西吴寺村举办第一期田野考古领队培训班，我有幸参加了这次培训学习，这是一次很好的学习和锻炼的机会。当时黄景略先生担任培训班主任，亲临田野发掘工地坐镇指挥，指导老师是北京大学俞伟超教授和我所郑笑梅老师。两位先生对田野发掘要求非常严格，先生们严谨的工作态度、一丝不苟的敬业精神，为学员们做出了很好的榜样，值得我们永远学习。

经过四个多月系统、严格的培训与紧张的学习，我顺利通过了国家文物局考古领队培训班考核委员会答辩，拿到结业证书，获得考古领队资格。

根据培训班工作安排，结业后经国家文物局文物处黄景略先生（时任处长）和张学海所长协商，决定让我留在兖州国家文物局考古领队培训班，协助有关行政后勤管理工作，这是国家文物局和所领导对我的信任，也是一次严格的考验。接受任务后，没有来得及休整，我就立即投入到紧张的工作中。

1985 年上半年，在兖州西吴寺举办第二期田野考古领队培训班，来自全国各地文物考古部门的 33 名学员参加了培训。下半年又配合吉林大学 1983 级考古专业学生的田野考古实习，对兖州西吴寺遗址进行了第三次发掘。

1986 年，国家文物局考古领队培训班，根据培训学员的实际情况，决定将培训班地点从兖州西吴寺村迁移到兖州市区附近的唐庄。

实习地点转移，首先要对出土文物进行搬运。当时工地人员较少，只有我与国家文物局李季两人，为了保证文物的绝对安全，我们亲自动手装箱，押运，直至将文物安全运到，悬着的心才能平稳落下。随着发掘设备和办公用品陆续运达唐庄培训基地，我们才算真正在此安下了“家”。

刚刚站稳脚跟，下半年就在济宁潘庙、凤凰台和程子崖举办了第三期考古领队培训班，当时由于实习遗址地点比较分散，给教学和管理工作增添了许多的不便。考虑到 1988 年春天还要举办第四期考古领队培训班，时下寻找考古实习地点成为当务之急。根据国家文物局有关领导的意见，培训班的实习遗址首先要交通便利、食宿方便，其次所选遗址要有一定的厚度且包含两个以上的时代。带着这样的学术要求，我邀请我所冀介仁先生为技术指导，开始了寻找实习发掘地点的田野工作。我们在济宁市、枣庄市的兖州、曲阜、汶上、泗水、邹县、微山和滕州境内，先后对近百处先秦遗址进行了考古调查与重点遗址的钻探工作。经过长时间的田野工作，我们初步选择滕州岗上、微山尹洼、泗水天齐庙和兖州六里井 4 处遗址作为备选实习培训地点。考虑到交通情况和遗址保存状况，最终选定了泗水天齐庙遗址作为国家文物局第四至五期考古领队培训班的实习遗址，而将兖州六里井遗址定为 1992 年第六期考古培训班的实习地点（图三）。经过实际田野发掘证明，我们所选择的两处遗址，基本符合培训学员的要求，达到了很好的实习效果，得到国家文物局有关领导的肯定和好评。

图三　1992 年与国家文物局第六期田野考古领队培训班部分考核委员及工作人员合影
右起：张文军、张学海、高广仁、张忠培、郑笑梅、乔梁、黄景略、李伯谦、孟宪珉、何德亮

除去繁忙的事务性工作，我还多次聆听了来自全国各地许多高校、科研单位的一流知名专家教授的授课，如俞伟超先生的考古地层学与类型学、张忠培先生的聚落考古及文明起源研究、黄展岳先生的如何编写考古报告、郑笑梅先生的物质文化遗存分析等重大学术课题，思想认识及学术水平均有了较大的提高，有些不明白的问题也得到很好的解答。先生们的学术讲座犹如指路明灯，指引着我们这些青年学子在考古学研究中不断前行。

我不仅有幸聆听先生们的授课，还得到张忠培、吴汝祚两位先生手把手的指导，他们在百忙中帮助我修改文章，给我提出了许多好的建议。黄景略先生又把我修改好的文章推荐给有关学术刊物发表。而莒县大朱家村大汶口文化墓葬，则是在中国社会科学院考古研究所高广仁先生指导下完成的。先生们的提携和厚爱使我终生受益，成为我一生中宝贵的精神财富。

在兖州国家文物局考古领队培训班工作的日子里，我先后协助国家文物局李季、王军、乔梁、李培松进行班务工作。我们之间虽然属于上下级，但私人关系很好，宽松的生活环境，为我搭建了很好的工作平台，他们从不计较我工作中出现的失误。特别是与李季和乔梁在一起时间较长，他们身上所具有的宽容、大度、亲和力、领导才能和人格魅力给我留下很深的印象。

自 1984 年起，我在培训基地为大家服务，虽然付出很多，牺牲了许多休息时间，但收获的更多，一是受到老一辈专家学者的教诲，二是结识了全国各地众多文物考古界的前辈、同行、知心朋友。这份友情胜似亲情，十分珍贵，我会埋藏在心中，永远不会忘记。

在兖州唐庄培训基地，除做好日常工作外，我还利用有限的业余时间整理发掘资料。记得在整理西吴寺遗址资料期间，正是炎热的夏天，我与李季顶着 40℃ 高温，忍着蚊虫的叮咬。而严寒的冬天，则在冰冷的院子内统计陶片，记录着整理中出现的一些新情况。资料整理虽然很艰苦，但苦中有乐，乐中有甜。经过不懈努力，在李季具体安排下，我顺利完成《兖州西吴寺》所承担章节的编写工作。在整理过程中，曾得到黄景略、郑笑梅、张学海等老师的帮助和指导，1989 年夏初稿完成后，又请叶学明、李伯谦等老师评议指教。

利用田野发掘间隙，我还与孙波、燕生东等完成《枣庄建新——新石器时代遗址发掘报告》的编写。1997 年 10 月 9 日，故宫博物院张忠培先生在关于《枣庄建新——新石器时代遗址发掘报告》的意见中，曾称赞该报告整理编写、出版快，资料详尽，较为完整，是近年来考古报告中较为优秀的著作。我的老师山东大学蔡凤书先生也认为，《枣庄建新——新石器时代遗址发掘报告》详细而有条理，文化分期的度把握得准确，是继《大汶口——新石器时代墓葬发掘报告》《邹县野店》《胶县三里河》之后又一全面对大汶口文化分期编年的力作。

从 1996 年起，按照国家文物局尽快完成发掘资料的整理与发表的要求，在不脱离原单位工作的情况下，利用业余时间，我又与乔梁、朱延平合作编写了《兖州六里井》发掘报告，实现了出人才、出成果的初衷和愿望。

一系列田野发掘报告的整理与编写工作，不仅使自己的业务水平得到很大提高，而且为学术界提供了一批重要的考古研究资料。

1993 年，国家文物局根据田野考古培训需要，决定将国家文物局考古领队培训班迁移至河南郑州举办。由于有些遗留问题还要处理，我在兖州唐庄培训基地继续留守了一段时间，进行一些善后工作，不久后回到原工作单位山东省文物考古研究所，从事日常的田野考古调查、勘探发掘与学术研究工作，直至 2012 年退休。

在长期的田野考古工作中，我先后与孙波、燕生东等发掘枣庄建新遗址（图四），与刘延常等发掘滕州庄里西遗址，与高明奎、兰玉富等发掘滕州西公桥遗址（图五），与郑同修、崔圣宽等发掘日照海曲遗址，与王子孟、王龙等发掘昌邑辛置遗址（图六）。在这些遗址的考古发掘过程中，我们之间建立了良好的工作关系，大家在一起相互信任，相互支持，配合默契，合作非常愉快，共同解决了工地上出现的各种问题。有些难以解决的事他们抢着去干。在他们身上，我看到了文物考古事业的未来和希望，同时也学到如何与人相处和许多做人的道理。这些田野发掘工作虽然已经过去许久，但其间发生的许多感人故事还深深留在我的记忆里，这笔宝贵的精神财富值得永远珍藏。

图四　1993年枣庄建新遗址发掘合影
左起：孙波、燕生东、何德亮、刘智敏、范宗平、孔庆俊

图五　1998年国家文物局考古专家组考察滕州西公桥遗址发掘工地
中：叶学明；右：张学海；左：何德亮

图六 2012年昌邑辛置遗址考古现场向市领导介绍发掘情况

四

在从事紧张的田野考古工作的同时，利用有限时间对考古发掘资料进行系统整理，及时向学术界公布发掘信息，是考古工作者应尽的责任和义务。

一分耕耘，一分收获。自参加考古工作以来，我撰写学术论文90多篇、简报或报告20余篇，合作编辑报告集5本。同时，根据有关发掘资料，分别就枣庄建新、滕州西公桥、兖州六里井、潍坊前埠下、兖州西吴寺、济宁程子崖、栖霞杨家圈等遗址的文化面貌与特征、年代与分期、地方类型、文化性质以及与周边地区的文化关系等问题进行分析；还对大汶口文化时期的商品交换、埋葬习俗、彩陶艺术、打击乐器和文明起源的形成与发展过程，以及山东龙山文化的聚落形态、社会经济、历史地位等方面的考察等，进行重点研究。

在此基础上，对海岱地区史前时期相关的学术问题，如原始农业、自然环境、史前玉器、陶塑艺术、早期铜器、宗教祭祀、古代战争和与周边地区原始文化的交流等学术问题，也进行了系统的综合研究。

特别是原始农业与我国古代文明起源的关系，家畜饲养业、原始手工业的形成与发展对我国古代文明起源的影响；冶铜术的出现、文字的产生、城市的兴起、墓葬制度的演化、聚落形态的发展与递变、社会内部的分层与分级、遗址群的分布、金字塔式中心聚落的产生以及自然环境的变迁，等等。这类课题无不对中国古代文明起源的形成与发展产生重大影响，因此一直是我长期关注和研究的重点领域。

利用考古学有关资料，从多领域、多层次、多视角、全方位就海岱地区史前考古学文化进行综合研究，并对当时社会历史发展的演变进程以及我国古代文明起源进行全面诠释，是我们当代文物考古工作者义不容辞的责任。

40年的风雨兼程，弹指一挥间。这是不平凡的40年，众多的山东考古人艰苦奋斗了一生，把青春年华献给自己所热爱的文物考古事业，为此做出了重大的贡献，他们的事迹是可歌可泣的，他们是最可爱的人。

这种大好局面离不开党的好政策和各级领导的关心与支持，也是一代代文物考古工作者不懈努力、孜孜以求和薪火相传的结果。

忘记过去就意味着背叛，回顾历史不是怀旧，而是展望未来，激励大家勇往直前。回想起那段艰苦的岁月，就让人心潮澎湃，感慨万千。

在过去的年代里，由于受到当时客观条件的限制和认识水平的制约，我省从事考古工作的人员较少，山东博物馆文物管理组当时只有20人左右，专业人员不足10人，人才严重断层。因此，一年之中很难组织多处遗址的发掘，只能疲于应付。山东省文物考古研究所的成立，使情况发生很大改观，考古工作人员扩充到40人，每年不仅能组织多处遗址的发掘，还能配合国家多项重点建设项目的考古调查与钻探工作。

由于时代不同，过去工作条件非常艰苦，办公室相当简陋，冬天点煤炉，夏天用风扇。现在冬天暖气，夏天空调。20世纪七八十年代，田野发掘唯一的交通工具是自行车，有的工地连自行车也没有，只能以步代车。现在发掘工地多数配备有车辆，联系工作就方便多了。原来照相器材是120海鸥相机，还要用曝光表来测光圈和速度，不仅麻烦，还不准确；工地测绘仅有小平板、测绳和标杆，拍摄遗迹要先捆好梯子，然后站在上面进行拍照（图七）。现在拍摄不仅有高像素相机，测绘用全站仪，遗址摄影还用上无人机等高科技设备。真是翻天覆地的变化。科研人员写文章，开始先查阅资料、制作卡片，一篇文章从初稿到定稿，至少要抄写4—5遍，费时又费力，效率特别低。现在使用台式或手提电脑等现代化手段，查阅资料直接通过网络，既省事又方便快速，大大提高了效率。这些可喜的变化，都是由于社会在不断进步，同时也体现了党和国家对文物考古工作越来越重视，投入力度不断加大。

2017年，山东省文物考古研究院的成立，标志着我省的文物考古事业迈入一个崭新的历史阶段。田野工作和科研力量得到迅速加强，专业队伍编制扩充到80人，每年都有一批年轻学者进入山东省文物考古研究院工作，不断为田野考古和科研工作增添新鲜血液。一大批青年考古工作者茁壮成长，中年专业人员作为骨干力量发挥着重要作用，50多岁的专家学者老当益壮，依旧战斗在田野考古第一线。现在这支考古队伍，人员配备比较健全，老、中、青三结合，梯队建设非常合理。这一切均说明，山东省文物考古研究院的工作环境和学术氛围越来越好，大家凝心聚力，心往一处想，劲往一处使，拧成了一股绳。因此，山东的文物考古事业才出现生机勃勃、成绩斐然的可喜景象。

图七 2011年昌邑辛置发掘现场作者拍照

特别是在考古发掘方面，由于加强了工作力度，我院多次获得全国十大考古新发现及田野考古发掘奖，田野工作越来越受到重视。另外，科学研究方面也取得重大突破，每年不仅发表大量论文，而且出版多本发掘报告、文集及有关图录，并多次获奖。还有《海岱考古》，基本实现了每年编辑1辑的目标，现已出版13辑，不仅为专业人员提供了科研平台，也为全国了解我省文物考古工作打开一扇窗口。我作为一名兼职的编辑，为宣传我省的文物考古工作也尽了自己一点微薄的力量。

与此同时，2019年2月，山东省文物考古研究院还正式下发文件，为离退休科研人员编辑海岱考古人文集，现已经出版第1辑。这说明院领导尊重知识、尊重人才，也为后人快速成长提供了前进的动力。

古人说，人生七十古来稀。40多年来，我作为一个从农村走出来的青年学子，逐渐成为文物考古战线的一名老兵，与山东省文物考古研究所（院）风雨同舟，一起成长，共同进步。我深深感受到生活、工作在这个大家庭的温暖，大家在一起心情舒畅，互帮互学，以老带新，学术氛围非常浓厚，同时目睹了我省文物考古事业日新月异的发展变化和考古所取得的辉煌业绩，心情异常激动和自豪。

回顾过去自己所走过的路，离不开党组织的培养教育。同时，没有各级领导的支持，老一辈专家教授、有关学者的谆谆教诲，以及同事们的热情帮助，就不会有我今天所取得的成绩。滴水之恩，涌泉相报，我将永远铭记于心。同时我要做到看人长处，帮人难处，记人好处，以此来回报众多关心帮助过自己的同仁。

书山有路勤为径，学海无涯苦作舟。英国19世纪现实小说家狄更斯曾说：顽强的毅力可以征服世界上任何一座高峰。我虽然已经退休10多年，但目前还在单位整理过去所发掘的田野资料，编写考古报告，并兼做有关编辑工作。这是大家对我的信任。因此，我一定坚守初心，践行使命，克服倚老卖老和骄傲懈怠情绪。在身体允许的情况下，争取多为考古事业发挥点余热。同时还要与时俱进，多接受新事物、新知识，以此来充实自己；保持好的心态，树立健康的人生观和价值观，继续发扬无私奉献、吃苦耐劳的精神和不怕牺牲的优良传统，为我省的文物考古事业贡献自己的毕生力量。

五

今后，我们要乘山东省文物考古研究院成立40周年的强劲东风砥砺奋进。认真学习、贯彻落实习近平总书记关于考古工作和文物保护的重要讲话精神，凝心聚力，共克时艰，不断开创我省“十四五”时期文物考古工作新局面，用新的业绩争创山东省文物考古研究院美好的明天。

在省考古所学习、工作的那几年

李鲁滕

（滕州市博物馆）

一、“学步”临淄两醇

干考古，我非“科班”出身，仅在国家文物局郑州干部培训班参加过半年的理论加实践的强训。凭着学来的几招“花拳绣腿”，在20世纪80年代初期的基层文保岗位上，我尚能勉强应对。

记得那是1984年的夏季，一纸通知，我匆忙来到了临淄，第一次与山东省文物考古研究所及来自全省各地的数十位师友，共同参加齐鲁乙烯两醇工地的考古发掘大会战。第一阶段，我就领受了同时开挖四座土坑墓的发掘任务。去表土、找墓口，开局还算顺利。但随着发掘深度的增加，我的心情逐渐沉闷起来。面对四座墓葬的“脱边”，我手忙脚乱，喝水的时间都没有。往往一座墓的墓壁尚未清理干净，其他三座墓的民工已经在一旁闲坐很久了。六月的天，骄阳似火。那个年代，工地上又没配置任何遮阳设施，一通操作下来，衣服湿透、手腕酸痛，想想下面还有数米的填土，更是心急如焚。情急之下，操起铁锨对着墓壁就是一阵乱捅。学艺不精必然事倍功半，其结果就是：原本规整、光滑的墓壁，成了伤痕累累的“花脸”。无奈，我只能再用手铲修整。更可悲的是，这一通操作恰被张学海所长看在眼里，“训斥”也就在所难免（从此，“手铲功夫是田野考古的基本技能”也成为我数十年来工作和帮带新同事恪守的原则）。此时，邻方的山东省文物考古研究所老技工崔水源老师闻讯赶来，亲自教我如何既快又无伤地清理墓壁：将留置的墓坑四壁约一米高的墓葬填土切削至3—5厘米厚，然后自切削后的墓壁填土底根部起，用手铲清理出高约10厘米的原壁面，使粘合在四壁上的填土失去底部支撑，然后使用铁锨背部用力拍打四壁填土，在此振动下，大部分填土即可与墓壁分离，甚至自行脱落，残留部分用手铲轻刮即可。如此，一周墓壁不消半个小时即可轻松解决，而且干净、自然，基本不留痕迹。得此技法，我也从此脱离“苦海”，有了些许“悠闲”。

二、“困守”薛国故城

1984年冬天，坐落在滕州张汪、官桥、柴胡店三镇的薛国故城遗址开始了大遗址“四有”工作。山东省文物考古研究所的邵明贵（领队）、冀介仁、王守功（1985年秋季来此）率领来自临淄、莒县、青州、滕州、曲阜等地的三十余位技工，汇聚在滕州张汪镇皇殿岗村。我作为地方配合人员，再一次参与到山东省文物考古研究所的工作中。当时省所给的任务是：利用两年时间，完成薛国故城内6.8万平方公里及其附廓地区的地面勘探和重要遗迹、重点遗址的试掘。在此基础上，摸清薛国故城内外的功能布局、城址年代、文化面貌等基本情况。

正当发掘、勘探工作按照预定计划顺利进行时，邵明贵队长突然于1986年春季离开了工地，调离出山东省文物考古研究所。群龙无首，工地上的工作秩序随即也出现了些许混乱。按照计划和分工，本来负责勘探的老师率领一众技工应保证勘探进度，力争夏季汛期前完成城内总勘探面积的四分之三，为争取年底完成全面勘探任务打下基础。但在部分技工的鼓动下，带队老师带领全体勘探人员转移到尤楼墓地的发掘工作中去了。

转眼到了不适合田野工作的夏季，正计划放假休整，却接领导指示，要求打破常规，坚持勘探，补上春季未完成的勘探任务，务必完成年底总目标。更悲催的是，省所办公室通知，按照上级要求，单位所有在编人员立即回济南集中学习，不得缺席。在此情况下，我不得不接过了工地上的临时管理权，并按指示，在驻地临时招录了10名年轻村民，简单培训后插入到勘探队伍中。此时，部分探方的发掘还未完全结束，我不仅要督促、检查各个勘探小组的钻探情况，还要关照探方发掘的收尾、占压土地的丈量、资金结算等事宜。由于各勘探区、各发掘点相距都较远，骑自行车“巡视”一圈下来，往往需要半天时间。晴天时还好些，遇上突降雷阵雨，“车骑人”的窘态真是惨不忍睹。那个年代没有如今的通讯手段，一天之中，谁也不知道我的去处，往往某个工作点出现问题，只能等到下班回到驻地，我才能知晓和解决。顾此失彼，我更是焦头烂额。极度疲惫之时，真想着“撂下挑子”回单位喝茶看报，与家人团聚。屋漏偏逢连夜雨，一波未平一波又起。勘探区域大都种植了玉米，暑热时节，钻进密不透风的玉米地里，即使手脚不动也会大汗淋漓，更何况还要用力挥动探铲。同时，薛国故城西部地域多为深灰褐色的黏土堆积，不费力拧上几圈，很难带上土来。因此，暑热加之出汗较多，身体稍弱之人不免出现中暑症状，被同事抬出工作点。刚开始这种状况只是零星出现，我及时调整作息时间，将早上七点半上班改为五点半上班；下午改为三点上班、七点收工。如此调整后，情况有所好转。但随着暑热气候的加重，情况又严峻起来，几乎每天都有人中暑。有人提议伙房每天煮两锅绿豆汤送至各工作地点，或能减少中暑的人次。但那时候，技工每天的工资仅有一元四角八分钱，吃饭自己掏腰包，硬性增加每天两顿绿豆汤的伙食开销，技工极不乐意。而工地每年的经费仅有区区两万元，没有列支伙食补贴，这笔开销也无从支付。另外，伙房平时只有一名厨师干活，煮汤、送汤都需要增加人手，这超出了我的权限所在；同时绿豆汤功效如何，也还是个未知数。面对那么多难题，我也很是无奈。一方面是领导的信任和自己的承诺、技工们的切身要求（不希望无薪回家待命），此时选择退缩、终止勘探，显然并非良策；另一方面又担心出现重大人身事故，对上对下都无法交代。思虑再三，在与几位小组长多次商议后，最终我还是选择了坚守这条路。当然，前提是保障安全不出问题。在此原则下，我采取了继续执行早上班晚收工的作息时间、适当增加工作期间的休憩次数、延长休憩时间等应急措施。但如此一来，原定的任务量（每小组3个百米小区/天）就失去了工作时间的支撑，落下的任务只能等到秋季再弥补了。

三、“愉悦”宁家埠

1988年4月，我和临沂地区文物处的李玉亭老师，带领着从薛国故城考古队三十余名技工中精心筛选的9名队员，相继完成临沂地区平邑、沂水县的文物普查和沂水县良种场龙山文化遗址的发掘，正打算赶往蒙阴县进行普查时，接到张学海所长电话，命我尽快赶往章丘宁家埠，协助有关领导完成宁家埠遗址发掘前的后勤筹备工作。这项任务相当繁重，一周内要为约200名来自全省各地市的学员和约50位来自山东省文物考古研究所、山东大学、各地市抽调的文物干部，做好完善的吃、住、学习等后勤工作。

任务明确后，我即与李传荣副所长、乡文化站站长为寻找、商谈、确定房源，走遍了宁家埠乡的各条街巷。住房问题解决后，马上进行物资筹备。大到厨房设备、粮油煤炭、铺草毡席（学员当时住地铺），小到炊帚、钩秤、擀面杖，“不怕你想不到，就怕用时摸不着”。一句话，就是要保证老师、学员报到后，即刻能住得下、吃得上，不能因一事一物而耽搁。

紧张、忙碌的筹备工作随着全体老师、学员们的顺利入住，圆满地画上了句号。旋即，为期三个工作季的宁家埠遗址的田野发掘工作开始了。由于第一期发掘是结合考古专业人员和考古技工培训进行的，每位老师除分到一个5米×5米的探方外，还分到配属的几名学员。这样，一个探方就有四五人在工作。除分析地层、划定遗迹需要亲自动手外，其余工作都交由学员“代劳”了。于是，老师们就有了更多的“自由空间”。虽然张学海所长三令五申不许“串方”，还是阻挡不住老师们以“学习”为名，三三两两聚在一起开心地说笑。当然，说是说、笑是笑，工作时丝毫不敢马虎、懈怠，因为向来严厉的张学海所长可能随时巡视你的探方，当着众多老师、学员的面，让你解释对所作探方的地层、遗迹现象的分析和处理。

茶余饭后，爱好运动的去了篮球场，上不了场者就在场边“摇旗呐喊”；一批“打够级”的铁杆们，凝神静气，盘腿围坐一圈，围观者比打牌的人还多；就属“臭棋篓子”们势单，棋阵旁，却也总少不了“多嘴起哄”之人。按照分工，我还有学员大队的事务需要关照，一俟处理完毕，我都会想方设法挤进“够级”圈，投入到激烈的“战斗”中去。

曾几何时，圈内有老师提及“宁家埠精神”。我不知倡导者所指的具体含义，但我的体会是：师生、同事之间的和谐、愉悦；工作时的认真、严谨；工余生活的轻松、惬意。这也许就是构成“宁家埠精神”的诸多内涵。

四、难忘那份情谊

自临淄两醇工地始，我与山东省文物考古研究所（院）结下了三十余年的不解之缘。其间省所的各位领导、老师给予我的关爱、激励和提携，令我没齿难忘。难忘张学海所长对我恨铁不成钢的屡屡“严厉”，难忘他协调各方送我去北京大学学习前的叮嘱；难忘罗勋章老师送我工作站宿舍钥匙、以便随时阅读他的藏书，难忘他中秋夜将孤零零的我接至家中把酒赏月；难忘王树明老师彻夜修改我的第一篇小文，难忘他家中书橱旁的圈椅，那是我求教时的课凳；难忘与山东省文物考古研究所一众同事几十年不变的兄弟、姊妹之情……

结缘考古

魏成敏

（山东省文物考古研究院）

从山东省文物考古研究所退休已经6年多了，回想到能有幸进入考古所成为考古队伍中的一员，心中不免有许多感慨。

一、初识考古

我是1987年由地方调入山东省文物考古研究所的，之前在淄博市文化局文物科工作。虽然我于1982年参加了在山东大学历史系举办的文博干部进修班的学习，并在1984年春天实习的时候接触到田野考古，但当时学习只是为了提高文物方面的知识，方便后来的管理工作。至于考古工作，我认为是大学和专业研究机构才能做的事，所以在参加青州杨家营的田野考古实习时虽然也比较认真，但也只是为完成任务。后来从事考古工作，我才遗憾当时没有很好地珍惜那次学习的机会。

我与考古工作结缘，应该与参加山东省考古研究所主持的田野考古发掘工作有关，更得益于张学海所长的赏识和指导。1984年6—7月，作为地方文物干部参加当时由省文化厅组织、省考古研究所主持的临淄两醇墓地的发掘会战，在发掘中有幸得到张学海、罗勋章、吴文祺和朱玉德等各位老师及参与发掘的同事们的指导和帮助，对考古工作有了初步的认识。而且当时比较有利的条件是，作为配合两醇工地发掘的地方人员（当时我在淄博市文化局文物科），与省考古所的各位老师接触比较多，特别是有单独请教张所长的机会。张先生是考古界的知名专家，知识渊博，我能得到单独请教的机会实属荣幸。

记得我在临淄两醇墓地发掘的第一座墓葬编号为M1016，这也是我第一次发掘墓葬，而张学海先生的两次指导与鼓励，在我的考古生涯中记忆尤甚，也为我从事考古工作增强了信心。做考古的都知道，发掘墓葬时，找墓葬口是第一步，由于该墓葬墓口上部被一晚期的圆形灰坑破坏，清理的灰坑底部呈锅底状，形成一个圜底大圆坑。这种情况对初次发掘墓葬的人来说具有一定的难度。为寻找墓口，我用手铲对坑壁多次刮面，但没有发现明显具有墓葬填土特征的“五花土”，仅发现坑壁西侧中间有一条纤细的白线，内侧土的颜色有点杂乱，于是我用手铲沿着白线内侧做出一小段，发现为直壁。恰巧张学海先生过来查看，看到我做出的一小段直壁高兴地说：行啊，小魏，找出墓壁了！其实当时我对这是否为M1016的墓壁是拿不准的，因上部的晚期灰坑内掺杂着白石灰，而这条白线是壁上的白灰形成的，因白石灰出现得比较晚，当时我认为带白灰的壁可能年代不早，所以就问张所长，壁上有白灰是不是晚的（发掘前夕罗勋章老师领着临淄工作队已经发掘了一批墓葬，时代都是东周的）。他耐心地给我解释说：临淄东周时期的墓葬好多都在墓壁上刷白粉，白粉不是石灰，是用贝壳烧制加工成的。并告诉我沿着白灰线内侧做，两端找到拐角，就可以把墓口找出来了。

按照张先生的指点，在白灰线两端都发现拐角，很快我就把墓口找出来了，保证了发掘工作的顺利进行。当发掘到距离地表3米多的深度时，我看到墓壁西侧中间露出向外凹陷的痕迹，怀疑为坍陷的土洞。我用手铲慢慢掏，刚掏了一会儿，发现里面有陶器，一时也不知如何处理，我立即爬上去，准备向省所老师请教，这时看到张所长就在附近，就赶紧过去跟他说，发现一个洞里面有陶器。张所长听后说：那可能是个壁龛。随后同我到墓口处查看，说先不要动那个壁龛了，那里是放随葬器物用的，等向下挖一段再清理，不然里面的陶器容易被破坏。按照张所长的意见，我又下挖了一定深度，果然一个壁龛的痕迹完整暴露出来。通过仔细清理，壁龛内随葬的陶器是一组由鼎、豆、盖豆、壶、盘组成的陶礼器。后面的发掘清理工作进展得也比较顺利，棺椁葬具虽然腐朽，但朽木的痕迹还清楚，结构也基本顺利清理出来。棺内骨骼保存较好，清理得也比较干净。可能考虑到我是第一次挖墓葬，张所长又过来看了看，同时鼓励了我一番，说第一次挖墓就清理得整洁干净，做得挺好。

得到张所长的鼓励，我信心大增，干劲十足，在两醇墓地期间清理了墓葬8座、殉马坑1座（仅清理到马骨，未能清理完，由罗老师安排临淄工作队人员接手清理）。后来到考古所参加的考古发掘工地多了才明白，当时张先生鼓励我，只不过因我是地方上的新手而已。其实，M1016由于墓壁经过修整又刷过白粉，表面本身比较光洁，壁与填土很容易脱边，棺椁腐朽后的灰痕也比较清楚，墓主骨骼也保存较好，所以比较容易清理。而且当时省所的业务骨干大多都在发掘现场，发掘这样的墓葬对他们大多数人来说相对简单，不过就是小菜一碟。

现在回想起来，参加两醇墓地发掘对我个人而言，最大的收获是得到张学海先生的认可和鼓励，为后来我进入山东省文物考古研究所工作提供了机缘，同时大大提升了我对于做好考古工作的信心。

二、缘入考古

自参加临淄两醇墓地发掘后，从1984年秋至1986年12月，我大部分时间在罗勋章先生的指导下参与省所配合临淄地方建设的考古发掘工作。1987 年年初，局领导找我谈话，说市里的文物工作繁忙，而且马上要进行第二次全国文物普查，建议我将个人工作重点放在本单位。本来春节后还需要去临淄，我赶紧给张所长打电话，说明局里的工作安排，张所长停了停说："那还是服从你们单位安排吧。"春节过后大约 3 月初，我去济南参加省文物局召开的全省文物安全工作会议，住在山东剧院招待所，张所长也去参会，下午散会后张所长找我说晚上去他家一下。因他家就住在山东剧院后面，晚上我到他家后，他就问我愿意不愿意来省考古所工作。当时感觉他问得很突然，我心里还是很犹豫，一来在文物科工作比田野考古要安逸，二来我本身学考古只经过了短期进修培训，没有进入大学进行过正规完整的综合培养训练，担心以后自己不能做好这项工作。他看我犹豫，就说在市文物科工作主要是管理，如果想做点学问、做考古，到所里来才有机会。当时虽然心里再三犹豫，但能得到张所长的信任和鼓励我很感动，当时还是表示同意了。

能调入考古所工作还得感谢李传荣副所长和罗勋章先生。从张所长谈话后，直到 1987 年 6 月，局里也没找我，其间张所长问过我，可是局里没有任何消息。大概在 1987 年 6 月底前后，李传荣副所长和罗勋章先生来到淄博，找到我们局里，局里表示没有收到商调函。两人又到我家里征求我爱人肖鹏英的意见，得到同意的答复后，他们表示回济南后马上再把商调函送来。很快，我接到局里的通知，局领导同意我调往省文物考古研究所了。1987 年 8 月，我到考古所报到，正式成为考古所的一员。

三、融入考古

初到考古所工作，自己还是具有一定信心的，自认为参加过临淄两醇墓地以及临淄乙烯生活区汉代墓地、临淄齐故城 12 号春秋战国遗址、齐鲁乙烯厂区战国大型墓葬的发掘，得到了一定锻炼，做考古应该问题不大。但很快这种心理便受到打击。记得刚到考古所不久，在临淄老工作站，张振国从济南赶来，这是我到考古所后我们第一次见。他见到我就说："五哥（当时在山东大学进修班学习时的称呼）你胆子真大，你没有文凭，考古所这种地方你也敢来。我在考古所深知没有文凭的难处，以后评职称，没有正规学历可能都不行，更别说拿考古领队证了。"

我和张振国从 1984 年相识，振国虽然比我小几岁，但他参加工作后就在考古所，而且去吉林大学学习，得到黄景略、张忠培等老先生的指导，田野考古、文字水平都比较好，而且我们 1985 年在临淄配合乙烯生活区发掘时长时间住在一起，一同聊天，无话不谈。他对当时考古界的学术动态、考古技能、名人趣事很熟悉，而我到省所之前一直在地方工作，可谓"井底之蛙"，因此同他聊天受益多多，对我以后从事考古工作很有帮助，特别是他把当年在吉林大学学习时的讲课笔记借阅给我，对我编写《临淄两醇墓地发掘简报》《临淄东古墓地发掘简报》有很重要的指导作用。当时虽然知道他说话比较随意，但听他说后我心里确实感觉不舒服，能不能拿领队证我根本没想过，但没有正规文凭若不能评职称，那我来考古所是不是错了？本来在文物科也挺好。但想到后悔也没用，既来之则安之，就先干一段再说吧。

然而没多久，一件意想不到的机遇彻底改变了我的考古生涯。1988年春，所里组织一个培训班，招收了近200名学员，在章丘宁家埠遗址进行田野考古发掘培训，由张学海所长亲自负责培训，并聘请山东大学于海广教授、任相宏教授担任辅导老师，所里的大部分业务人员和抽调的部分地方文物干部也参加发掘培训，我也有幸参加。这次组织的考古培训班是考古所成立以来规模最大的一次田野考古培训，当时所里的人员也几乎全力以赴。这次培训不仅为山东文物考古研究所培养了一批田野考古骨干，也为山东文物考古事业打下了良好的基础，虽然后来好多学员离开了文物考古行业，但时至今日，省考古院和许多地市的文物部门的业务骨干多出自那次培训，可见那次培训成果影响深远，体现了当时张学海所长的远见卓识和宏大气魄。

参加宁家埠田野考古培训我是比较用心的，因为已经调入考古所，今后的本职工作主要就是做田野考古，而田野考古的基本功就是挖探方，这是我当时比较欠缺的部分，所以这次培训在我看来实在是一次难得的学习机会，必须认真学习为今后的田野考古打下基础。而正是参加这次培训，使我得到一次当时考古新人最羡慕的机会。大概在1988年8月上旬的一天晚上，我外出散步回来，有人跟我说张所长找我，当见到张所长，他说准备让我去兖州参加国家文物局组织的田野考古领队培训班培训，我的心情既兴奋又紧张。兴奋的是，田野考古领队班培训对从事田野考古的青年业务人员来说是梦寐以求的事，对我来说则更大大超出了我的心理预期，之前确实没想过能有资格去参加培训；心里紧张，则是因为听说兖州培训班要求非常严厉近似苛刻，不仅资格审查非常严格，一般只有大学考古专业本科毕业后参加考古工作满三年的科班出身人员才有资格报名，而且参加培训的学员也不是都能拿到结业证，有一定比例的淘汰率，特别是张振国聊天时说过的一句话令我印象深刻，他说去了培训班拿不到领队证在考古圈就没法混了。而我最担心的是资格审查，田野发掘自己可以努力，如果资格审查不过那在单位就难堪了，想到此，我就向张所长问道："我能行吗？"张所长好像知道我问的这两个意思，说按照规定的条件要求我不够资格，但所里向国家文物局文物处提出了申请，他们已经同意了。不过张所长又提醒我说培训班要求很严，这次所里由我和郑同修去，要好好珍惜这次机会，对自己要严格要求，多用心，郑笑梅老师一直在培训班当辅导老师，有疑问有问题多找她请教。可能看到我有些顾虑，他又鼓励我对自己要有信心，好好把握这次机会。

宁家埠遗址是当年为配合济青高速公路建设进行大规模发掘的一处重要遗址，我参加了第一批探方的发掘。当时为了培训技工，分配一个业务干部与几个技工学员挖一个5米×5米的探方，没有民工，每个探方由干部与技工自己挖。发掘中由张所长、于海广老师、任相宏老师对每个探方进行检查指导，要求探方负责人解释怎么划分的地层和遗迹，然后再做具体指导。记得当时我和房成来、王才阳3个人挖一个编号为T3737的探方。作为田野考古难得的学习机会，从去耕土、刮平面、做遗迹、文字记录、绘图等，我们都比较用心地去做。发掘中有两件小事令我记忆较深，可能也给张所长留下了比较好的印象，对后来推荐我去领队培训有所帮助。

第一件，划分地层。记得刚发掘时间不长，在划分第1层剖面时，发现该层上下之间略有差异，虽然土色相近，但下部的土质略硬，我们就根据差别划出凹凸不平的分层形态划分为上下两小层。当张所长来到我们探方查看时，看到这一分层划线后就问，这样划上下有什么不同（当时大多探方都将其作为一大层处理），我说土色接近但下部土质有点硬，上下好像有点差别。张所长就拿手铲刮了一会儿，说线划得对，一会儿组织大家都过来看看，边说边去集合人了。这时我的心里反而有些紧张，看到于老师在附近，赶紧请于老师来帮助看看有没有问题，得到于老师的认可后我才放下心来。这时张所长已经把大家召集过来，现场进行讲解，并解释这样细分的原因，对我们小组当场进行了表扬。

第二件，挖水井。这是我第一次挖水井，难度大又没有民工，所以印象尤甚。记得清理完东周遗存后，探方东部发现一个长2米多、宽1米多的长方形遗迹，开始认为是墓葬，因为工地已经发现多座周代墓葬，但经过仔细刮平面，发现四角不是直角而是弧角，就排除墓葬，作为灰坑处理。刚发掘一会，张所长从隔梁上经过问道是否为墓葬，我说四个角为弧角，不像墓葬，他说还是要注意点。当下挖到2米左右的时候，下部的土质变得更松软，就用探铲往下打探，结果2米左右长的探铲往下打仍然没有探到底，因此怀疑是水井，赶紧找于老师来看，确认是水井（J6）。记得挖到距井口3米多深的时候，用铁锨已经很难往上出土了，由于没有民工，当年房成来和王才阳年龄仅十六七岁，体力尚弱，幸亏附近有临淄工作站的李振彪、李新、王会田以及滕州王延平等老技工，主动轮流来帮助，才得以完成。大约在下挖到3米半以下时，开始变为灰褐色淤泥，并发现1件完整的盔形器，在4米多时又发现1件盔形器。水井的深度在4米半左右，在水井底部还有1件完整的盔形器。由于水井在东周遗存下，时代较早，又发现完整盔形器，其间张所长、于老师、任老师都比较重视，对我们的清理过程也比较认可。

多年后回想，我能够有幸进入考古所并获得参加田野考古领队培训班的资格，不仅与得到张所长的指导及认可有关，可能也与张所长培养壮大考古队伍的理念有关。张学海先生非常注重对年轻后学的指导与培养，不仅对所内业务人员，对地方文物干部也一视同仁。对此，我与聊城孙淮生、滕州李鲁滕、昌乐李学训等许多地方同事交谈时都有同感。正是由于得到张先生的指导和鼓励，许多地方文物工作者增强了自信心，更加热爱考古。

回想往事，感慨甚多！30多年的考古历程，始终得到张学海、罗勋章、吴文祺、王树明等先生的热情指导和同事们的关心帮助，感谢张学海先生引导我走入考古！同时也感谢在30多年的考古生涯中给予我帮助、关心和支持的诸位老师和同事们!

今年是山东省文物考古研究院成立40周年，40年来的考古成果不仅推动了山东省文物考古事业的不断发展，也对中国考古学文化构建做出了重要贡献。在当前建设文化强国的大好形势下，希望我们山东省文物考古研究院在新的起点上追求更高的目标，并不断超越自我，为全省文物考古事业和中国考古学研究做出新贡献。

我在省考古所十九年

邵　云

（山东博物馆）

今年是山东省文物考古研究院（前山东省文物考古研究所）成立40周年，也恰是我退休的年份。在40余年文博工作经历中，我曾先后在聊城博物馆、省文物考古研究所、省博物馆工作，其中在考古所时间最长，有19年。

我25岁到山东省文物考古研究所的时候，长辈先生们给了我很多关怀和教诲，更有许多包容和提携，回想起来，十分温暖。广智院里的三层小楼、简陋的标本室、整齐的资料架、冬季里生着铁皮烟囱火炉的办公室……当年那个年轻的考古所聚拢了三十几位热爱考古、真诚又执着的考古专家和青年才俊，踌躇满志。如今的考古研究院早已是枝繁叶茂、硕果累累。记得当年所领导曾经说，我们之所以叫文物考古研究所而非考古研究所，是因为文物保护与考古研究并重，这才符合一个省级文物科研机构的实际情况和职责担当。几十年来，文物考古研究所暨更名后的文物考古研究院也正是在配合国家基本建设、致力于文物保护与考古研究的道路上一路走来，文物保护成绩斐然，考古发现与科研成果迭出，人才不断涌现。

我在山东省文物考古研究所的19年，主要做了两份工作：一是文物资料管理，二是考古学会工作。

1986年我到所资料室工作，受苏玉琼主任领导，起初管理的只有书籍、刊物、报纸和业务档案这些纸质资料。当时在办公室三楼有一个两间大的通屋，里面堆放着由简易木箱、纸箱、柳条筐、编织袋盛装着的文物，这些文物出土于青州苏埠屯商代墓、济阳刘台子西周墓、沂水刘家店子春秋墓、临沂凤凰岭东周墓等，以青铜器居多。我到资料室不久，即受所领导安排，清理这些文物，工作目标是建立一个青铜器标本室。

我略作准备即开始了工作，将铜器从塑料编织袋里一件件取出，除去浮土，用从省立二院（如今的齐鲁医院）锅炉房买来的蒸馏水清洗抹净，然后对照原始标签，重新统一编写口取纸标签，逐件粘贴。然后以墓葬为单位，按时代早晚顺序摆放在新购置的铁质文物架上，残破器物也占一个编号随同一出土单位成堆放置，以待后续修复。经过半年左右的整理，几百件商至战国的青铜器按出土单位组合排列上架，还配置了一个保险柜，用于存放小件珍贵文物。这样，省考古所第一个文物标本室就此建立。

那几年，业界同行凡来我所，都要到这个小标本室看上一看，山东大学的同学们，日本、韩国、美国等地的学者们也有前来参观者。标本室文物陈列架之间安放了一个铺着原色毛毡的桌案，桌案周围时常聚拢着虔诚认真的研学身影，大家说着看着，很喜欢这种能触摸到实物的学术交流，也让我这个小管理员从中得到了很大的学术熏陶。在标本室北墙窗下摆了一张老式写字台，抽屉里存放着两本墨绿色封皮的手写文物账簿，还有文物绘图、拍照、修复时的出入手续，桌面上有我的字典和借来的有关标本室文物的书籍资料。那时候没有电脑，简单倒也专注，常常一坐就是一天，回想起来十分怀念。

后来，所领导又决定将青铜器标本室相邻的另一个两开间通屋里存放的文物继续清理出来，再辟为标本室。这间屋子里存放有潍坊姚官庄和临淄桐林田旺遗址出土的龙山文化陶器、曲阜鲁国故城出土的青铜器和陶器、几个战国和汉代小型墓葬的出土文物等，这样，更多堆放着的文物上了架，考古所的标本室就有百余平方米大了。

20世纪90年代前后的几年，山东省配合基本建设的文物保护与考古发掘任务十分繁重，全省的考古人员队伍也在不断扩大，考古所临淄工作站积存了大量考古发掘出土的文物，章丘龙山工作站也应时设立。大面积的考古发掘与大量具有重要研究价值的文物出土、后李文化的发现和确立以及对岳石文化的不断深入认识等，将山东地区新石器时代早期以来的考古学文化发展脉络串联起来，成就了黄河下游完整的新石器时代文化发展谱系，山东的考古成果日益受到国内乃至国际考古界的重视。如此一来，片段式的文物标本展示显然已不完美，也难以再适应以实物为基础的考古学研究的发展步伐，扩大标本室、建立全面展示山东地区古文化发展面貌的标本陈列就成了顺理成章的事情。

1995年，省考古所迁址至万字会（原为省博物馆西院），办公面积较之以前大出好多倍，这为标本室的扩展创造了条件。

这是一处三进古建筑大院落，所领导将第一进四合院作为文物标本室和文物库房使用，后院辰光阁为纸质图书资料室，大院东、西两溜厢房用作人员办公场所。这种安排足见其专业水准和开放思维。

省考古所搬迁的重头戏是给文物搬家，所里要借搬迁东风扩建新的开放式标本室意图明确，提前量身定做了一批封闭式玻璃橱柜，为文物搬迁一步到位做足了准备。因为涉及文物安全，决定不请社会用工，由全所人员共同参与。事前经过周密计划，大家分组合作，按设定顺序装箱运输，按预定位置存放就位。几天时间内，上万件文物有条不紊平安搬抵，上下一片欣慰。后经过一段时间的整理，又补充了部分齐国故城典型墓葬的铜、陶器组合陪葬品和龙山工作站存放的出土文物，再请全所有关专业人员共同参与，拣选山东地区各考古学文化的标型器、各时代不同规模古墓葬的陪葬品组合，上起后李文化下至魏晋北朝，完整清晰地陈列于一进四合院东西六间大厢房中，完成了省考古所标本室的华丽转变。这样完整的开放式标本陈列不仅为本所专业人员的科研工作提供了便利，更是为省内外、国内外专家学者展示了翔实系统的实物资料，其作用不言而喻，名副其实成了学术活动的好场所、校外教学的好课堂，并且还成为争取上级领导了解和支持文物保护与考古研究工作的好窗口。

学会工作是我在考古所 19 年中所做的另一项主要工作。

1990 年，学会秘书赵杜英老师退休，由我接班，直至 2005 年我调往省博物馆。做学会秘书 15 年，我对于考古所为学会团体的付出深有体会。

山东省考古学会于 1982 年 8 月成立，由省文化厅主管，挂靠省文物考古研究所，并接受省民政厅的监督管理。在 1991 年至 2004 年这一时段，学会共设有两个下属分支，一个是 1991 年 12 月成立的石刻碑帖研究委员会，一个是 1992 年 12 月成立的陶瓷研究委员会。

我做学会秘书期间，山东省考古学会共召开了三次会员代表大会，分别是在 1991 年、1997 年、2003 年，选举产生了第二届、第三届、第四届学会理事会，历届会长均由山东省文物主管部门领导担任，常务副会长和秘书长由山东省文物考古研究所主要领导担任，日常工作由考古所人员承担。

在我的印象中，多年来省考古所已经把组织学会的学术活动纳入了考古所自己的工作范畴，哪里的考古工地有重要发现，秘书长必定考虑到邀请全省尽量多的会员去观摩交流、共同探讨，并尽量帮助解决交通食宿费用。学会自主召开了一系列学术会议，也联合中国考古学会在山东召开过全国性学术会议。凡有学术活动，学会都专门通知会员准备论文，争取参会或旁听，目的就是尽量多地为我省基层考古工作者创造机会，提供信息、开阔眼界，努力提升全省考古人员队伍的业务水平。从这一角度说，历任考古所的领导、学会的领导甚是有大局观、事业观、使命观。

1991 年 10 月，我省以章丘龙山城子崖遗址发掘为背景，在济南召开了“纪念城子崖遗址发掘六十周年国际学术讨论会”，来自全国十八个省、市、自治区（包括台湾、香港）以及日本、美国等地的学者 70 余人参加会议，收到论文三十余篇，国内顶级专家如宿白、安志敏、黄景略、徐苹芳、黄盛璋、田昌五、石兴邦、佟柱臣、严文明等悉数到会，议题有龙山文化与中国东方考古学文化、中国文明起源、中国近代考古学方法与理论等，学术规格甚高，学术氛围甚浓。会议之前考古所与学会做了大量筹备工作，其中一项就是尽量多地争取本省参会名额，设法安排更多的旁听席位，帮助我省基层考古专业骨干到会学习。会后的 11 月 12 日至 15 日，考古所与考古学会又专门召集省内三十多位基层考古专业人员，举行了一场城子崖遗址发掘现场考察座谈会，组织大家考察参观了城子崖和田齐王陵区墓葬发掘现场及出土文物标本，结合前期听会心得与各自业务情况，进一步讨论研究，明确方向，振奋精神。

1992 年 12 月，考古学会在惠民县召开年会，议题为泰沂山北侧、渤海南岸考古学文化，参加会议的理事和会员代表共七十余人，收到论文二十余篇。与会代表就中国文明起源、山东新石器时代早期文化、山东古代陶瓷研究等问题进行了深入探讨。

1993 年 11 月，中国考古学会在济南召开第九次年会，议题为黄河中下游和东南沿海地区的考古学问题。山东省考古学会自夏季开始参加会议筹备，会议期间组织我省会员 40 余人到会，或为代表或为旁听，收获颇丰。

1996 年 12 月，学会陶瓷研究委员会联合淄博市文物局在淄博市召开了山东省古陶瓷研讨会，议题为山东古代瓷窑遗址和瓷器的发现、保护与研究。与会者 30 余人，提交论文 18 篇，会上通报了山东各地古瓷窑的发现和保护情况，对陶瓷研究中的一些问题进行了探讨。

2004 年 8 月，考古所、考古学会联合中国社会科学院考古研究所、山东省文化厅等单位在章丘共同举办了“汉代考古与汉文化国际学术研讨会”，这是一次关于汉代考古与汉文化研究的大型国际会议，受到了国内外学者的积极响应，来自全国各地以及日本、韩国、英国、瑞士等国的专家学者 120 余人参加会议，收到论文和论文提要 60 余篇，我省基层文物单位的业务骨干多有参加。

考古学会每年认真组织参加省社科联社会科学优秀成果评选工作，推荐的参评成果中，一、二等奖均有斩获，三等奖获评更多。

回忆 15 年的学会工作，我感觉学会就像是我们山东考古从业人员中间的一个小火炉，大家入会是一种找到归属的感觉，参加学术活动是切磋和欢乐，申报参评科研成果是激励也是期盼。苦哈哈的一群人平时在各自的岗位上埋头工作、学习，需要信息需要沟通需要合作，学会这个小火炉就不断生出些火苗散出些温度，调节着业内气氛，凝聚着大家的心。无形之中，学会的挂靠单位考古所就成了全省的考古中心和考古人的共同聚所，大家到考古所就像回家一样。我作为学会秘书，为大家服务，也被大家的敬业情怀感染，受益良多。

考古学会作为社会团体，践行其组织宗旨，起到了团结全省文物考古工作者、推动全省文物考古事业发展的作用。所有学会活动都离不开上级文物主管部门的领导和支持，更离不开考古所的主动策划和积极落实。时至今日，考古学会的工作更加有序运转，活动频繁，这与考古研究院对学会工作的高度重视与人力财力的无私投入是分不开的。

山东省文物考古研究院的发展历程也是山东省文物考古事业的发展历程，衷心祝愿考古研究院在文物考古事业的道路上越走越宽广。

择一事终一生

——我的考古情怀

郑同修

（山东博物馆）

从1984年7月大学毕业被分配到山东省文物考古研究所工作，一直到2019年8月31日被调到山东博物馆，我在考古所工作了35年，在自己担任所长之前经历了三任所长，见证了山东考古研究所的发展变化，实现了队伍的扩大和从山东省文物考古研究所到山东省文物考古研究院的转变，顺利地实现了工作的交接。本想就在考古院直到退休，做到真正的择一事终一生，但因工作需要到了一个新的环境，却并未因工作的变动完全脱离考古工作，仍然关注着山东考古事业的发展并承担着一些工作任务。回顾数十年走过来的考古之路，感慨良多。

在接受媒体采访时，我多次被问到为什么选择考古这一行业？可以说学习考古专业并不是自己本意，因那时根本不知道有考古专业，更不了解考古专业将来究竟做什么工作。如果说学历史学还受到了中学老师一定的影响，学考古则完全是歪打正着。20世纪80年代初，老师这个职业还不是特别受欢迎，许多人并不喜欢当老师，那时考大学还不像现在明确到专业，只是历史系。入校半年先是上大课，之后才开始分专业。当时山大历史系分为中国史、世界史和考古学三个专业，我们历史系八〇级共123名同学，而考古学专业只要20名，自愿报名。许多同学都有不愿意将来当老师的想法，听说学考古还可以到处参观，呼啦啦报名的有七八十人。我本来是没有要报名的，同宿舍的刘大平同学去报名，说也给你写个名吧，结果却是他学了历史学，我学了考古。因此可以说学考古是一种缘分吧。

记得那是1984年7月底，时任考古所副所长的王瑞成先生亲自到学校去接我，当时开车的是苏庆林同志。行李很简单，就一点随身用品和一些书。接到后苏问王所长去哪儿？王所长说“回机关”，当时我听到这话十分惊奇，“机关”二字对一个农村孩子来说是很神圣的一个词，没想到自己从此也成为机关的人了。当时的情景至今令我记忆犹新。

一、小试手铲——初生牛犊不畏虎

入所后我被分配到第一研究室工作。当时考古所的所长是杨子范先生，张学海先生和王瑞成先生是副所长。工作当年的秋天我就参加了所里第一个田野发掘工地的发掘，时值临淄齐故城历史博物馆建馆，馆址下面即为一古代遗址。当时的发掘队伍挺大，参加发掘的除所里的同志之外，还有从全省抽调的文物干部。记得参加发掘的同志有罗勋章、张竞放、魏成敏、张振国、邱玉鼎、李志勇、司湘、朱玉德等，抽调的干部有宋岩泉、朱学山、张立明、高登岗等，还有其他一些人，现在记不清了。有些同志如邱玉鼎、朱学山，现在已过世多年，时常怀念。我仍然记得自己在发掘中曾清理了几座瓦棺葬和瓮棺葬墓，还与大伙逮了一只野兔，回驻地炖了一锅。发掘工作结束回到单位已近春节，杨子范所长很关心年轻同志，他对我说“找时间我要和你谈谈工作的事”，结果还没等到谈话，因工作需要，老先生就调任博物馆当馆长了。

随后连续几年的工作，我基本就跟着罗勋章先生围绕临淄周边做考古发掘工作。1985年为配合三十万吨乙烯工程，发掘了五座大型墓葬，其中一号墓为一座大型东汉墓葬，发掘了整整一年，虽然被盗严重，但墓葬结构基本完整，还出土了各类文物百余件，尤其是出土的一套仓、灶、井、楼、享堂等模型明器，成为迄今为止山东地区出土汉代同类文物中最为精美的一批，发掘报告发表在《考古学报》上，我考证墓主人为东汉时期的齐炀王刘石，得到了学术界的认可。除了发掘汉墓，我还发掘了3、4、5、6号战国大墓，虽然都被盗掘，仍然出土了很多的随葬品，后来资料都收到《临淄齐墓》第一集中。刚毕业就参加了这么多大型墓葬的发掘，而且主要是由自己主持发掘工作，实在是有点初生牛犊不怕虎的架势，一段时间自认为挖墓没什么难的。后来田野工作做多了，积累了不少的经验，才认识到当时自己真的是年轻胆大。时隔多年后，我在对张学海所长谈起这个过程时，曾说过如果放到现在，我是真的不敢自己挖。当时所里也是人手不够，不然领导也不会放心让一个刚毕业的年轻人担负这样的发掘工作任务。后来自己当了单位领导，也在大会上对年轻人讲过，如果你认为发掘墓葬简单的话，我就可以判定你的田野工作还没过关，什么时候挖小墓都战战兢兢了，就说明田野发掘水平提高了。

为配合乙烯生活区建设，我又和魏成敏同志一起发掘了一批小型汉代墓葬。当时考古勘探队在辛店乙烯生活区占地范围内探出3800余座汉墓，我们一期就发掘了四五百座。临淄的小型汉墓埋藏普遍较深，最深的都能达到十四五米，如果不是每天跟进发掘，都不敢站墓边上往下看。安全问题是个大问题，如果出现塌方，后果将不堪设想，后来想想都有些后怕。记得当时工地上也发生了一次工伤事故，并不是塌方造成的，有一个民工在发掘过程中从墓口掉进了深七八米的墓坑内，因墓葬都很深，墓葬的土方发掘都是在墓口上搭一根钢管，利用滑轮、皮桶往上吊土，一个民工小伙子身体特别壮，不小心摔进墓坑，又碰巧连带着钢管也掉进去，正巧砸在身上，据说把肝脏砸裂了，造成大出血。工地上的技工和民工很多，都是乡里乡亲的，许多人跑去医院义务献血，抢救了一条性命。好在当时考古所与一家公司签订了土方发掘的协议，安全也由该公司负责，因此并没有对单位造成经济上的损失和太大的不良影响。这件事情虽然过去了很多年，但一直是对自己的提醒，以后的每个发掘项目都把安全生产放在第一位，我自己主持的发掘工地再没有出现过安全事故。在主持考古所工作期间，凡去工地必先强调安全，也就养成了习惯。

1986—1987年间，正逢第二次全国文物普查，我先后参加了寿光、昌乐、邹平三个地区的考古调查工作。寿光的调查是抽查，主要由我和当地的文物干部贾效孔先生负责，印象最深的是到了沿海一带，放眼一看，白茫茫一片盐碱地，就不认为会有古代遗址，因此并未深入调查。很多年之后，这一代发现了大量的古代海盐遗址，发掘成果获得全国十大考古新发现，才意识到年轻时确实是经验不足，错过了早发现这些遗址的机会。昌乐的普查是跟着吴文祺先生去的，那时候的吴先生还年富力强，和地方文物干部李学训先生等一干人，每天骑着大金鹿自行车奔波于田野中。有一次遇到大风，途中又正好是丘陵地，上坡时颇为费力，真是应了“骑车三大愁，顶风上坡带老头”的景况。邹平的普查是先后和李曰训、倪国圣等同志共同完成的，山东大学曾对邹平所辖八个乡镇进行了调查，剩下的15个乡镇由考古所补充调查，发现了大量的古代遗址，特别是黛溪河两岸，遗址分布密集，调查成果发表在《华夏考古》上。

考古普查是十分艰苦的一项工作，那时候没有今天的好条件，大家以自行车为交通工具。偏远的乡镇距离县城太远，大家不可能每天返回县城住招待所。而乡镇的小旅馆条件都很差，许多地方没有电，要用煤油灯，床上、地上往往会有鸡毛、鸭毛甚至粪便，跳蚤、虱子更不必说了。晚上睡觉有两种方式：或一丝不挂，怕沾上跳蚤；或不脱衣服，和衣而眠，我是采取后者。尽管如此，大家并没觉得很苦，因为每天都有新的收获，所以每天都乐呵呵的。一些老百姓看着我们满地找瓦碴片，往往把我们当成了收破烂的，会问我们是来收什么的。因此就出了一句名言，当时的昌乐文管所长李学训同志讲：我们的工作很神圣。这话后来我在很多场合都讲过。

文物普查还留下了很多美好的回忆，甚至于成了后来自己吹牛的谈资。邹平的调查工作结束后，我带着两个技工要返回临淄齐都镇，那时真是年轻，大家约定要骑自行车回去。当时又时值盛夏时节，近140里地，一个上午从邹平县城到达临淄齐都镇。中间走到淄博市，自行车链子断了，沿途又无修车点，技工就用绳子拉着，就这样一路返回。其情其景今天想来仍恍如昨天。

考古调查的途中也出现过危险，最危险的一次是1987年调查济青高速公路的时候，我和烟台市博物馆王富强、潍坊市博物馆单保升（我大学同学，33岁时就因病去世了，诚为可惜）负责淄博到青岛段的田野调查工作。记得那是冬天，穿着羽绒服，骑自行车在公路上，一个大货车，记得是平度玻璃厂的，疾驰之中挂到了我的羽绒服口袋，把口袋撕裂了，把我甩出去有五六米，等汽车司机发现挂到人了，车已经开出了有60米远。这一下直接把我摔恼了，好在冬天穿得厚，并未大受伤。等司机停下车往回跑着查看时，我爬起来破口大骂，司机反而高兴了。后来人家也陪着我到医院做了一番检查，并无大碍。人家还主动留下了联系方式，说万一有什么事随时和他们联系，大家都是为了工作，就各自离开了。如果当时不是挂到羽绒服口袋，而是挂到了自行车把，今天我也就不会在这里写下这段文字了。

1988年，国家文物局在山东举办考古领队培训班，发掘的是我老家泗水南陈乡的天齐庙遗址。我当时26岁，得到消息后就向所里领导主动提出希望能够参加培训，得到了所里的支持。那时的考古领队培训班非常严格，时间也长，1988年秋天是田野发掘阶段，记得是从8月底进驻工地，一直到春节前才结束。当时的田野考古工地指导老师是郑笑梅先生和张文军先生，遗址堆积很复杂，工地的要求也十分严格，发掘工作期间是不许回家的，就是要磨炼考古人的意志。因我是当地人，除发掘工作外，还担负着管理民工的职责。去参加培训时，我的孩子才出生两个月，一出发小半年不回家，着实不易，后来给年轻同志讲到这些还深有感触。所以，做考古工作除了需要自己努力，不怕吃苦，家人的理解与支持也是很重要的。次年的春天到夏天是考古资料的整理与报告编写阶段，从3月初进驻兖州唐庄考古基地，一直到6月3日结束回家，其间也是不允许回家的，严格得有些不近人情。最后还要答辩考核，结束了还不知道是否考核合格，能不能拿到领队证书。因为这次的培训异常艰苦，后来大家都戏称这一期培训班为“法西斯集中营”。但是正因为严格的管理和系统培训，为我们这些“黄埔四期”的学员打下了坚实的田野考古和考古资料整理的基础，学员后来大多成为各单位的领导和骨干。回到家之后，孩子已经快满一周岁了，还不会走，又不认识我这个爸爸，因此不让我抱，妈妈去医院上班只能早走。为了让爱人能吃完饭去上班，大夏天的每天早晨7点我就要抱着孩子出去，然后就不停地走着哄着，停下来孩子就哭。一直走到中午12点半，等爱人下班做好饭后才能回去替换吃饭。现在的年轻人可能难以理解，恐怕也很难做到了。因那时候条件不好，只有一间房，没有钱请保姆，也没地方住。我出差期间由母亲帮着带孩子，回来之后也就让母亲回老家休息了。就这样每天抱着孩子不停地走，每天都要出几身臭汗。当时尽管工资很低，仍然开玩笑说谁能帮我带一天孩子我就给他五块钱。尽管参加培训班很不容易，但确实为自己的考古生涯打下了较为坚实的基础。

经过系统的田野发掘和考古资料整理、编写报告的培训，我顺利取得国家文物局颁发的考古领队证书，此后基本上就是独立领队承担考古发掘工作了。

二、挖哪哪空——苦恼并坚守着

取得考古领队证书之后，自己就开始独立领队发掘了。第一个考古项目是配合济青高速公路建设的寿光孙集镇三元孙汉代墓地，这座墓地正是自己调查发现的。墓地位于村东南方向，是一个土岭，土层深厚，济青高速公路把这个土岭作为一个取土场。地面上分布着一个高大的土堆，为一座大型墓葬的封土。经过考古勘探，除这座大墓之外，取土场范围内还分布着150余座中小型墓葬。1989年的秋天首先对大墓进行发掘，当时队伍不大，只有我带着李淑鹏、渠志合两个技工。三元孙村位于寿光的最南部，与青州市交界，村子不大，有六七百口人。当时的村支书是孙金柱，村主任是孙炳臣，发掘工作得到了当地村干部和村民的大力支持，村里给考古队配备了厨师，名叫孙金亮，而且考古队的吃饭问题由村委解决，以每人每天5元菜金和一斤半面粉的标准供应，由孙金亮随时去村委领取。考古队很受村民的欢迎，与村民的关系非常融洽，村干部们都成了我们的好朋友，这种关系一直保持到后来的很多年，村里的人来济南遇到困难了也会找到我帮忙。这个墓葬地跨寿光、青州两县市，墓室在寿光地界，属三元孙村，而墓道则属于青州的小马家村。那时老百姓都想着能有点活干，能作为民工参加发掘赚点辛苦钱，两个村子都很积极，为了争着干点活甚至出现了不愉快。为保证工作的正常开展，还要从中做不少的协调工作。按照所里的计划，这座大墓工期是一年时间。因自己曾经在乙烯厂区同时发掘过几座大墓，自我感觉有些经验，发掘一座大墓并非难事，工程部门又催得急，所以就加班加点，力争赶在春节前完成发掘任务。村主任孙炳臣是复员军人，人很直爽，喜欢喝杯酒，但酒量不大，属于二两酒下肚就拍胸脯的，我一直尊称他为老二哥，并让他全天候在工地负责民工的管理，因此发掘工作进度很快。到了后期，甚至连夜发掘土方，赶在了春节前的腊月二十八结束。当时蔬菜大棚这一新生事物还刚刚起步，数量极少，蔬菜种类也不像现在那么丰富，无非是黄瓜、辣椒之属，但在那时的冬天绝对是稀有之物，因回家即是春节，村里专门给我摘了一小箱黄瓜，据说要7元钱一斤，带回后我不舍得吃，分别送给了几个老先生尝尝鲜。村里人的浓浓情谊令我至今难以忘怀。

转年之后，我继续大规模发掘工作，用了一个春天发掘季，带着一批技术工人，连同年前发掘的大墓，总计发掘了158座墓葬。这次发掘的墓葬占压区域除了三元孙村，还有邻村的三元朱村，也就是我国最早发展蔬菜大棚的地方。时任三元朱村党支部书记的王乐毅同志对我们的工作给予了大力支持，甚至提出了考古队不用负担民工费用并由村里派出义务工的提议，表现出基层党员干部超高的思想觉悟。

尽管三元村墓地被盗掘严重，大部分墓葬空无一物，出土文物数量不多，仅有陶器51件和一些车马明器等小件（车马明器主要出自大墓），但有许多现象是以前及以后的工作中所未见的，如一号大墓的墓室基本呈正方形，边长9米多，深度接近9米，在墓室之南12米外，还有一长达24米的墓道，墓道与墓室之间却都是生土。根据墓葬封土的堆积情况，我们怀疑墓道的底部或有地洞通向墓室，但当地的土色极难辨认，根本看不出挖洞的痕迹，最后采取由内向外剔剥的笨办法，果然发现了一条长达12米的地洞，系用木材建筑的一条地下甬道，其中散布着一些车马明器。由此证实该墓葬应属于一座二次葬的合葬墓，这种现象是我考古生涯中见到的唯一一次。三元孙墓地的发掘虽然对一个考古人来讲，所挖空墓居多，文物不算丰富，但这是我第一次独立主持的考古发掘项目，无论在考古发掘、工地管理还是和地方协调工作各方面，都为我以后的工作积累了经验。

接下来的发掘工地更惨，青州戴家楼墓地的发掘是和魏成敏同志一起主持的，109座墓葬，时代为战国至宋元时期，其中绝大部分是汉墓，因盗掘严重，仅出土了不足20件陶罐。整个发掘工作只用了不到十天，创造了自己考古发掘工作史上的最快速度。

挖哪里哪里空，几乎成了一种魔咒，这对于一个年轻的考古工作者来说不能不说是一种小小的打击。这种现象一直持续到1997年潍坊后埠下墓地的发掘，同样是十墓九空。1999年台儿庄画像石墓的发掘同样属于这种情况。看到别人主持的工地不断有新的重要的考古发现，自己不禁有点沮丧，这是自己不适合干考古吗？这个时候，我得到了我大学班主任老师栾丰实先生的鼓励，他说，山东缺少搞秦汉考古的，你就坚持下去，一定会干出点名堂来。栾老师的话给了我很大的鼓励，支撑我坚持下去，直到今天。

回想自己年轻时走过的考古历程，虽然参加的发掘项目并没有特别重要的大发现，不像其他人有那么好的运气，但基本上都是在独立工作，而且每一个发掘项目都及时地进行了考古资料的整理，分别发表在《考古学报》《考古》《华夏考古》《考古学集刊》等专业学术期刊上。一系列的田野发掘工作，为自己以后的工作打下了良好的基础。

连续的考古发掘工作之后，因过度劳累，我得了腰椎间盘突出，一段时间内没办法再从事田野工作。领导就安排我到当时的编辑室，跟随王树明先生学做编辑工作。王树明是北大毕业，先生人很好，文献功底深厚，发表了很多有分量的学术论文。初入编辑室，自己尚且不会搞研究，怎么能够给别人改文章呢？但王先生诲人不倦，手把手地教我。记得我写三元孙墓地发掘报告时，先生逐字逐句帮我修改，并一一点出为什么要那么改，有时先生坐着帮我修改，我就站在他身后，一站就两小时。边改边挨批：“你怎么就这么笨呢，这句话怎么能这么说呢？”然后又想起来，再补上一句：“我这么说你，你生气不？”那时候不像今天有电脑，是要用方格纸一字一句手写的。一篇考古发掘报告改了抄，抄了改，一遍遍誊清，反复数次。中间还请山东大学马良民先生修改，也是如此。因此大家看到的报告并不是那时候自己的真实水平，而是两位先生手把手教育的结果。后来的很多年，我常常拿此事讲给年轻同志们听，有几个人能做到王树明、马良民先生那样呢？如果说自己的研究还有点水平的话，与当年两位先生的谆谆教诲是分不开的。先生的教诲，今生今世永难忘记。

在编辑部的时间不算长，但学到了不少东西。后来王先生让我给别人修改报告了，这对我来说就是个学习的过程。经过一段时间，我的文字水平也有了一定的提高，并且对出版工作、印刷厂工作流程、选用纸张的规格、如何把握装帧印刷的质量都有了初步的了解，为后来的管理工作做好了一种铺垫。有一次山大马良民先生到编辑室和王先生聊天，他们谈到胶东地区吃鱼的习俗，且与男女之情有一种含蓄的隐喻，当时我正审阅宁荫堂先生的一篇简报，报道的是东平陵城内出土的几件汉代铜洗，铜洗内底为双鱼纹图案。听着先生们的聊天，我马上联想到正在修改的简报内容，这不正是与婚姻有关的物件吗，由此撰写了《汉晋鱼纹铜洗媵器说》小文，发表在《东南文化》上。在给别人修改汉画像石内容的文章时，受到启发，又撰写了《汉画像中“长青树”类刻画与汉代社祭》一文发表。所以说，工作的过程也就是自己学习的过程，学问二字，除学和问之外，交流是做学问很好的途径。

后来又主持或参加了章丘宁家埠遗址、费县左家王庄遗址、临沂西陆庄遗址、章丘西河遗址等考古项目的发掘，除西河遗址荣获1997年度“全国十大考古新发现”之外，其他项目也基本像发掘的墓地一样，并无重大考古发现，但自己仍然对田野考古工作乐此不疲，并积累了较为丰富的田野考古经验。

三、时来运转——考古生涯的转机

长期的坚持终于等来了考古生涯的转机。2001年，我主持发掘费县西毕城墓地的发掘。墓地位于费县上冶镇毕国故城的北边，是高速公路建设的取土场用地。这是一次大规模的发掘，考古队伍也较为庞大，一次性发掘了战国、汉代墓葬1660余座，是迄今为止山东地区最大规模的一次发掘项目。幸运的是，所有墓葬全部保存完整，出土了大量的陶器、铜器、玉器、铁器等各类随葬品。之后的数年间，西气东输工程、输油管线工程、高速公路连接线工程等又先后穿越墓地和城址，配合工程建设的考古发掘工作持续跟进，先后发掘战国、汉代墓葬2000余座。发掘成果被列为2001年度中国重大考古发现。接下来的2002年，我主持了日照海曲墓地的发掘，这次发掘以墓葬结构的完好和出土大量精美漆木器、丝织品等重要文物，被列入中国重要考古发现，并被评为2002年度“全国十大考古新发现”。在此基础上，我申请了国家社科基金课题项目，并以专家评审全优的成绩予以结项。

运气接踵而至，2003年我又主持了临沂洗砚池晋墓的发掘，共发掘了两座大型西晋墓葬，发掘成果又被评为当年度“全国十大考古新发现”。墓葬的发现纯属偶然，2003年是书圣王羲之诞辰1700周年，为此临沂市对位于市区的王羲之故居公园进行扩建工程，施工过程中偶然发现了一座大型砖室墓葬。时任临沂市委书记的李群同志正巧在工地视察，闻讯后第一时间赶到现场，并高度重视，指示一定要做好保护工作。时任政协主席的张洪涛同志组织召开专题会议，成立了由市政府、市政协、市容局、公安局、财政局、文化局等部门组成的抢救发掘保护领导小组，可见地方党委、政府对文物保护工作的高度重视。市文化、文物部门全力以赴，临沂市文物保护管理委员会和临沂市博物馆的全体同志都参加了发掘保护工作，建设部门给予了积极的配合。记得当时市容局局长朱崇耀同志是建设方的领导，还是全国五一劳动奖章获得者，他人很好，拖着病体坚持在建设工地，对考古队的要求更是有求必应，为发掘工作的顺利进行提供了保障。

这次共发掘了两座大型墓葬，其中一号墓保存完好，为一座双墓室并列的大型砖室墓，墓室前部有一个大庭院。墓顶被机械挖出了一个小洞口，掉落下几块砖。因墓葬的底部呈龟背状隆起，随葬的器物多滚落到四周，掉落的青砖并未砸坏文物。这个墓葬保存完好，规模又大，出土了大量珍贵文物。但墓主人是三个孩子，其中西墓室埋葬了一个六七岁的孩童，用了长2.3米的大棺。东墓室埋葬了两个不足一岁的婴幼儿。这种现象引起了大家的极大兴趣。又因墓葬位于王羲之故居公园之内，墓葬年代又与王羲之所处年代相近，自然而然地让人们联想到墓主人是否与王羲之家族有关。发掘期间人们最关心的就是这个问题，新闻媒体整天盯着进展情况，社会人士纷纷发表意见。因没有出土直接证明墓主人身份的证据，我个人是不倾向于墓主人与王氏家族有关的。记得我在接受媒体采访的时候，针对这个问题，就反问记者：你们可以自己想，既然这里是王羲之故居公园，墓葬会不会埋在自己家里？如果说是与王氏家族有关，是否故居的问题要重新考虑？这当然是一种耍滑头的说法了。

一号墓发掘结束后，随着公园建设的进展，在其西部三十余米处又发现了二号墓葬。之所以在建设工程施工过程中才发现，是因整个建筑工地除了建筑就是料场，根本没有办法勘探。这个墓葬规模更大，系一座成人夫妇合葬墓。遗憾的是墓葬至少经历过两次盗掘，所剩文物无几，但墓葬结构保存基本完好，很有价值。

鉴于此，我向当地党委政府建议，一定要设法把两座墓葬保护下来，建成地下博物馆，这个建议得到了李群同志的支持。多年之后，有一次和时任省委宣传部部长的李群同志聊天时，李部长还说道："老郑，你是临沂人民的功臣。"当然，这两座晋墓能够保下来建成博物馆，李部长才真正是文物保护的功臣。

2004年，我主持了青州西辛战国大型墓葬的发掘，发掘成果又入选了年度中国重要考古发现。四年内，自己主持的考古项目连续四次入选重要考古发现，连续两年入选全国十大考古新发现，可以说一扫挖哪哪空的阴霾，这是自己后来常常引以为豪的事。

随后的几年，自己主要从事单位的管理工作，没有时间再到田野考古一线主持工地，这种情况一直到2008年。这一年为配合南水北调工程中的胶东调水工程建设，考古所承担了为全省培训考古人员的任务，在高青陈庄遗址举办全省田野考古培训班。因文物局主要领导亲自担任培训班的领导，我只好再次担任考古项目领队。

陈庄遗址属于一处名不见经传的小遗址，面积不大，又地处黄泛区，本来这个遗址的发掘起初就是为了配合国家工程建设，发掘的目的就是完成一项工作任务。因工程建设要穿过遗址的中部，而且占压面积较大，计划发掘面积八千平方米。选择在该遗址举办田野考古培训班，一是山东地区地方考古人员匮乏，需要进行培训，二是这个遗址发掘面积较大，也需要组织一支较大的队伍。我虽然担任考古领队，但实际上作为单位的主要领导，不可能长期盯在考古工地上。因此发掘工地实际上由高明奎同志担任执行领队，又聘请了山东大学于海广教授指导考古工地的发掘和培训工作。没有想到的是，这次发掘竟然取得了十分重要的收获，因遗址位于周代齐国的近畿之地，遗址反映的内容无疑与齐国有关。此次发掘就收获了齐国考古史上的突破性成果，先后入选了“全国六大考古新发现”和“全国十大考古新发现”。言其重要性，要首推西周城址的发现。这里发现了一座西周时期的小城，城址呈正方形，边长180余米。虽然面积不大，却是鲁北地区第一次发现西周时期的古城址，更是齐国考古史上的一次重要发现。遗址的发掘工作漫长而艰难，除地处黄泛区、黄河淤土覆盖较厚、地下水位高、遗址堆积复杂等客观因素外，考古队员的经验不足、与地方各方面的协调不力等也为工作带来了较大的困难。但随着发掘工作的进展，新的重要的发现不断出现，带给考古人不断的惊喜。我在全国十大评选会上，曾经用五个第一次总结这次发掘的重要价值：第一次发现西周城址，第一次发现西周时期的贵族墓葬，第一次发现西周祭坛，第一次发现西周刻辞卜甲，第一次发现与姜太公直接相关的铭文铜器。北京大学李伯谦先生在做点评时讲道：同修的这五个第一，已足以说明这次发掘的重大意义。因此，这次发挥毫无悬念地入选了“全国十大考古新发现”，后来又被国家文物局评为优秀田野工地二等奖。

从2001年费县西毕城墓地的发掘到高青陈庄的发掘，我直接成了“福将”，从挖哪哪空到挖哪哪就会有重要发现，这是我从事考古工作最为得意的一段时期。因长期担任考古所主要领导职务，此后我就基本没有亲自带领队伍深入考古一线工作，而将目标放眼在全省考古事业发展上。我自1984年大学毕业后进入山东考古所工作，2001年担任考古所副所长，2007年担任所长，一直到2019年因工作需要调入博物馆工作，在考古所工作长达35年，其中担任领导职务18年之久。特别是在2007年担任所长之后，山东考古所考古发掘项目连续六年入选“全国十大考古新发现”，在各级领导的关心支持下，数万平米的新所得以建成并即将投入使用，完成了由考古所向考古研究院的转变，人员编制翻了一番，出版了大量的考古报告等科研成果。这些成绩的取得当然是全体考古同仁辛苦努力的结果，也离不开各级领导的大力支持。回想过去走过的考古之路，虽然自己付出了很多，有太多的酸甜苦辣，但总是为考古所的发展、为山东考古事业的发展尽了自己的一点绵薄之力，这也是自己值得欣慰的。

虽然目前我的工作岗位有所变动，也已临近退休的年龄，但未曾放弃考古，仍然心系山东考古事业的发展。目前，我仍然承担着考古资料的整理出版工作和定陶汉墓的发掘指导工作，今生大概是脱离不开考古了。但如果不干考古，我又会干什么呢？其他工作我也不会呀，也只能干考古，更何况我还热爱着这项工作呢。

守望考古 追梦考古

——我的考古历程

王守功

（山东省文化和旅游厅）

我的考古历程开始于1981年到北京大学考古专业学习，恰巧这一年是山东省文物考古研究所成立之年。经历了四年的考古专业学习和实习后，我于1985—2011年底在山东省文物考古所研究所进行了26年的考古调查、勘探、发掘和研究工作。2012年到山东省文物局（2018年合并至山东省文化和旅游厅），至今从事文物保护和考古管理工作。40年来，有收获，也有失去；有经验，也有教训；有欢欣鼓舞，也有无奈和不得已。在山东省文物考古研究院成立40周年之日，撷其朵朵浪花，与同仁们共同回顾40年的岁月时光。

一、我的考古心

1981年高考志愿填报是在分数下达后开始的。其时我最大的理想是做一名记者，初步想填报的志愿是复旦大学新闻系。历史老师听说后，谆谆教导我要报北京大学，可以报考古专业。当时我对考古专业还没有什么认识，但作为班主任的语文老师王九如先生也鼓励我报北大考古专业，于是新闻媒体就与我擦肩而过了。

北京大学历史系81级考古专业有33人，是考古专业本科一个年级中人数最多的班（图一）。开学时年龄最大的是班长秦大树，已经23岁，最小的是来自四川的谢丹，只有16岁。我当时是17岁，年龄在班里排倒数第六。说到报考志愿，最骄傲的是来自河北的张弛，他是河北文科状元，填志愿时只填了一个北大考古专业，是我们班中最铁杆要学考古的，也有部分同学是从别的专业调剂过来的。我们班有很多至今在业界很有影响的人，管理方面有顾玉才、关强、宋建忠、田凯等，学术方面有高星、张弛、秦大树、何努等，相信他们在未来几年会走得更远。

北大考古专业学习的很多课程都与理科有关。学习旧石器时代考古，就要了解地质学、生物学、体质人类学、环境学等知识；在第二学期学习新石器时代考古时，就开设了考古绘图和摄影；学习商周至秦汉考古时，老师就给我们讲了很多关于铜器、铁器铸造工艺，后来还请清华大学的杨根教授开设了中国科技史专题课。此外，我们还选修了历史地理、环境与人类等课程。最为奇葩的是张弛、陈洪海等人为了学习计算机，选修了《高等数学》等课程。北大考古专业教学非常注重基础课程，旧石器考古课是吕遵谔、李平生先生讲授，严文明先生讲新石器考古，李伯谦先生讲商周考古，俞伟超先生讲战国、秦汉考古，还有宿白先生讲隋唐考古、佛教考古和古代建筑，他们都是中国文博考古界的重量级学者，我们从他们的讲课中学到了知识，了解了研究方法。我虽然只是领会了先生讲课中的“皮毛”，却受益终身。

图一 1981 年圆明园留影

20 世纪 80 年代全国有十所全国重点院校开设了考古专业，北京大学考古专业是为数不多的能够进行两次田野考古实习的高校。因为田野实习需要充足的经费和大量的辅导老师，直至今天，很多高校的本科生还是只有一次田野实习或参观实习。我们的第一次实习称为“生产实习”，在大三。1983 年秋季，三年级开学后马上到烟台集合，乘船到长岛县黑山岛，参加北庄遗址发掘。带领我们实习的是张江凯、葛英会等一批老师和研究生，烟台各县还派出业务人员参加我们的实习，所以考古队有五十多人（图二）。记得当时学校还发了工作服。工作服应该“传承”很久了，有点文物的味道，女同学基本没有穿的，由于上衣宽大，裤子很肥，有的同学找了点草绳扎腰，就下工地了。当时电视上正在播放电视剧《少林寺》，以班长为首，一夜之间，全班有十八位同学剃了光头，号称“少林十八棍僧”，第二天拍的照片至今还挂在北庄遗址博物馆展厅内。发掘所用的民工都是岛上的居民和部队家属，大家对考古工作充满了好奇，也对这些来自“大城市”的大学生充满了好奇。每天上工，他们都给我们带点地瓜干、花生等“零食”，让我们每个人都感到了满满的幸福。由于是第一次实习，大家对田野发掘还处在懵懂的阶段，所以发掘进度很慢，每两个学生一个探方，由老师或研究生进行指导。我与荆文煌一个探方，发掘了一座战国时期的墓葬、大汶口时期的灰坑和大量房屋修建时挖的柱洞。由于遗址紧邻大海，我们每天早上早早起床，拿本书坐在海边的礁石上，一边倾听海涛，一边读书。所以尽管生活艰苦，但每个学生都留下了难忘的回忆。

图二　1983年长岛北庄发掘工地留影

北庄遗址是新石器时代遗址，1981年至1987年，北京大学与烟台市博物馆联合进行了六次发掘工作，发掘出100余座古房屋基址和60余座墓葬。北庄遗址不论是发现的房址数量还是提供的史实资料，完全可以与西安半坡遗址齐名，被誉为中国的“东方半坡”。发掘结束后，当地文物部门在遗址上建设了博物馆，按照考古遗址公园的理念，对史前环境和发掘的房屋进行复原，展示了五六千年以前胶东岛上聚落的生活、生产场景。由于种种原因，目前遗址公园的影响力还比较小，需要进一步的提升改造。2013年，正值我们班长岛北庄实习30周年，我们班二十几个同学一起到岛上，找到当时的部分民工进行了交谈。当我们看到北庄遗址考古展示很难体现遗址的价值时，大都惋惜不已。长岛北庄遗址至今仍没有发挥其应有的作用，至今仍是我无法向全班同学、向前来参观的游客交差的伤痛。

北庄遗址发掘一个月后，实习队又分出一批师生到别的工地。我与常青、田凯、陈祖军、宋国定等五人前往乳山县，在王锡平、王建新老师的带领下，发掘了南黄庄南斜山商周遗址和乳山寨龙山文化遗址。南黄庄南斜山周代墓葬的发掘，发现一批不同于中原文化的周代遗存，这就是后来命名的“南斜山类型”，我们为发现新的类型的文化感到十分自豪。发掘结束后，我们在乳山图书馆进行了一个月的整理，完成实习报告。在乳山的实习，得到当地文物干部刘培兴、姜书振的大力支持和帮助，毕业后我也曾几次到乳山，重温那段难忘的时光（图三）。

大四第一学期开始第二次实习，我们称为“毕业实习”，此次实习后要根据发掘情况写毕业论文。我与关强、陈祖军、谢丹四人被分配甘肃组，毕业论文归俞伟超先生指导。带领我们发掘的老师是赵化成、南玉泉，主要发掘永靖姬家川（现该村划归临夏市）、临夏莲花台，发掘辛店文化的遗址和墓葬。辛店文化是商周时期的甘肃当地的文化，当时我们把辛店文化分甲组和乙组，南玉泉认为甲组的年代更早，俞伟超先生认为乙组更早。通过莲花台的发掘，证明甲组文化早于乙组，俞伟超先生看了发掘的图片和资料后，马上承认自己的认识错了。俞先生对学术的严谨和大度深深影响了我们，北大自由、活跃的学风由此可见一斑。

图三　1983 年在乳山图书馆留影

我们一行先到姬家川进行发掘，看到当地老百姓都在烧水泡茶，比我们老家烟台仍喝凉水“文明”多了。第二天，我们到村子的水井打水，发现打上的水里漂着很多干草，水也浑浊不清，向老百姓打听才知道，这里尽管靠近刘家峡水库，但村里的水井都是“旱井”，水井无地下水，需要隔一段时间抽水库的水补充到水井中，如果不烧开泡茶，水根本没法喝。在姬家川发掘了一段时间后，老师安排我到临夏莲花台发掘。从刘家峡水库大坝乘船，大约一个小时就到了莲花台村，一个人寄住在永靖县图书馆馆长老家。经过近两个月的发掘，发现辛店文化墓葬二三十座。由于一个人孤军奋战，发掘、组织民工、考古绘图都需要亲力亲为，对自己是很大的考验，也是很好的锻炼。值得一提的是发掘期间，我还利用休息时间，参观了炳灵寺石窟。炳灵寺石窟在刘家峡水库上游，距莲花台不远，乘渡船一个小时，然后坐羊皮筏即可到石窟寺。当地的羊皮筏和船工哼唱的当地歌谣“花儿”给我留下了深刻印象。

发掘结束后，带队老师觉得我一个人在一个工地发掘不易，且取得了重要成果，特批我可以到青海西宁看一下。在西宁，我又去了塔尔寺，由于一个人去，感到索然无味，就匆匆赶回兰州，与同学们一起开始了资料整理工作。资料整理工作在甘肃博物馆附近的兰州送变电招待所进行，大约一个月的时间，白天我们拼对陶器，晚上画图、整理文字资料。其中最让我们头痛的就是吃饭问题，由于没有食堂，每到吃饭时间大家就发愁吃什么，后来发展到剪刀、包袱、锤，谁输谁拿主意。招待所周围的摊点、饭店让我们吃了个遍。每到难以取舍时，大家就说，还是兰州拉面吧。尽管当时吃兰州拉面往往是不得已，但直到今天，我对兰州拉面仍情有独钟：兰州拉面就是好吃。

基础资料整理完后，大家开始一起返回学校。途中经甘肃天水市时，参观了麦积山石窟；到河南洛阳时，参观了王城遗址、龙门石窟和少林寺，毕业实习圆满画上句号。

大学四年的学习，让我对考古有了初步的了解，大致形成了自己的学业方向。尽管我的毕业实习发掘的是商周时期遗址，毕业论文写的是《甘肃临夏莲花台发掘报告》，但我对史前考古有更浓厚的兴趣。除了悠久的史前文化让我神往，严文明先生极具逻辑的讲课也深深吸引了我，在学校期间我听了两遍他讲授的新石器时代考古课，也听了他的一些专题讲座。

大学生涯，培养孕育了我的考古心！

二、我的考古路

1985年7月，带着派遣证等证明，我第一次来到济南，找到位于广智院的山东省文物考古研究所。记得当时所领导（所长张学海，副所长李传荣、佟佩华）正在开会。我闯进会场，告知来报到，领导们让我到办公室等待一会儿。会后负责办公室工作的李传荣副所长告知我，考古所曾到北京大学要过毕业生，北大说今年没有名额，所以考古所没有报用人计划。所长们商量了一下，让我先回去等待半个月，再回来报到。半个月后再回到济南，办公室已经为我办理好各种手续，我就成为考古研究所的正式成员了。

从1985年至2011年，我在考古所度过了26个春夏秋冬，行进在漫漫的考古之路上。

考古工作从事的是调查、勘探、发掘、资料整理、学术研究等；贯穿的是家庭、单位、工地三点一线；无奈的是还要做工地、单位管理及对外联络工作。

20世纪八九十年代，考古工作还没有得到社会重视，社会各界对考古工作了解很少。无论考古调查还是考古发掘，一般组成一个考古队，工地报账也是以考古队为单位报销。记得有一次在宾馆开发票，我们报了“考古队”，服务员很快开出了“烤骨队”的发票。进行考古调查，最难解释的是“考古”，热心的人们总是问我们：“你们是干什么的?”“什么是考古，你们烤什么骨呀?”最难说明的是“文物”，当我们问当地有没有文物时，好奇的人们总是问：“文物是什么样子的?”“文物是干什么用的?”没有办法，我们就在背包里放一些陶片，问他们哪里有这类东西，于是聪明的人们马上理解了：“原来他们是烤瓦碴片的。”

1986—1987年，为配合全国文物普查，我先后到青州、临朐、周村、张店、桓台、博兴等地区进行了文物普查。其中在博兴调查的时间最长，进行了两三个月。调查队分两组，跑遍了博兴的每个村庄，发现了很多文物古迹。2020年夏天我在博兴县给县、乡干部做讲座时自豪地说：“你们当中很多人没有我到过的村庄多，博兴县一半的村庄我都到过，你们县很多文物点都是我们那次调查时发现的。”当时条件还比较艰苦，我们骑着自行车，顶风冒雪行进在每条乡村土路上，晚上住在乡镇的供销社旅馆里。旅馆一般都是四合院的平房，有个火炉就不错了；没有电视，晚上我们凑到一起用扑克牌打“够级”。在考古队，打牌成了重要的娱乐活动，考古队员一般“够级”水平比较高，打牌打出矛盾的事也时有发生。在这里，没有大学生和干部、技工之分，有的是一群筚路蓝缕之人，“上穷碧落下黄泉，动手动脚找东西”。

考古调查是考古工作的重要手段。文物普查能够发现新的文物点，建立文物资源数据库；配合工程建设的文物调查能够及时发现工程范围内的文物点，为配合工程建设的考古工作提供依据；围绕课题进行的区域调查、专项调查，为课题研究提供有用的资料和数据。

就文物普查而言，全国大的文物普查有三次，第一次是在20世纪六七十年代，当时的考古工作者扛着行李卷，住着马车店，徒步进行调查。晚上，为了防止虱子、跳蚤的侵扰，扒光衣服，把衣服挂在空中。第二次文物普查是在20世纪80年代末90年代初，就是我参加的那次文物普查，骑着自行车奔驰在乡间小路上，晚上住在供销社的旅馆里。冬天为寒冷所困，夏天为炎热烦恼。第三次文物普查是在21世纪初，考古队可以配备车辆到各个乡镇进行调查，各乡镇文化站的同志也成为调查的中坚力量。三次文物普查考古队员的经历，反映了不同时期中国社会的变化。

改革开放以来，我国的经济飞速发展，各类工程建设也不断增加，围绕工程建设的考古调查也就越来越多。我第一次参与的配合基本建设工程的考古调查是济青高速公路考古调查。济青高速公路全长300多公里，调查工作分两个组：郑同修、王富强调查临淄至高密；我与李曰训负责济南至临淄及青岛部分区域。为配合调查，考古所给每个调查的人员配备了一辆大金鹿自行车，在当时已经是很重的“装备”。从济南出发，到临淄120公里，大致用了半个月的时间。天气好的时候，我们根据图纸，骑上自行车，行走在乡间小路上；偶尔遇到大雨，就自行车骑着我们，徜徉在泥泞的道路上。经过调查，发现和确定了很多重要遗址，如章丘女郎山墓地、宁家埠遗址、临淄后李遗址等，这些遗址后来都进行了大规模的发掘，并取得重要的收获。

20世纪90年代以后，围绕基本建设的调查工作条件相对要好些，我们可以有一辆汽车，早晨送我们到当天要调查的起点，下午到约定的地点去接我们（每天调查5—10公里）（图四）。

图四　1997年寒亭前埠下调查发掘留影

调查工作是考古工作的基础，我们根据调查资料编制下一步的工作方案，为基本建设工程的考古工作提供依据。但是考古调查只是根据地表发现的遗物去认定的，至于地下有没有遗址，还需要勘探工作去进一步验证。

大学毕业后，我一直比较重视考古发掘工作，对勘探工作很不重视，认为勘探是技工们的事情。

1995年，时任所长的张学海先生在阳谷景阳岗勘探发现了龙山文化时期的城址，其后，由我主持进行了发掘（图五）。发掘工作完成后，我又主持了遗址的全面勘探工作，此后才真正地了解了考古勘探工作。勘探是一种既需要体力也需要脑力的工作，为了锻炼自己的勘探能力，我曾认真向考古所老技工崔水源老先生学习。崔水源是考古所最老的一批技工，1964年就参加了齐故城的勘探工作，据说在临淄用探铲打到20余米深处。勘探是艰苦的体力劳动，为了能锻炼自己的勘探技术，我与技工一起打排孔，手上不起几次泡、不磨出老茧是跟不上技工们的速度的。1997年潍坊至莱西高速工作勘探中，我就基本能跟上技工们的速度了（图六）。当然，勘探不仅要有体力和速度，更重要的是能够根据土样，对地下遗迹进行准确的判断，进而对整个遗址的范围、年代、性质等进行认定和研究。对单个遗迹如墓葬，要通过勘探，确定墓葬的大小、深度、年代，为此要打很多探孔。

图五　1996年阳谷景阳岗遗址发掘留影

考古工作者大多喜欢进行考古发掘工作，尽管发掘工作艰苦，但是具有挑战性。就遗址发掘而言，无论你发掘多少遗址，也永远不会面对两个完全相同的遗址，你也永远不会发掘到两个完全相同的探方。我先后参加了滕州薛国故城城址的勘探、发掘工作，对薛国的历史及物质文化有了进一步的了解。1987—1990年对临淄后李遗址进行了长达两年多的田野发掘工作，发现了山东地区早期新石器文化，并以该遗址命名为“后李文化”，该遗址发现的春秋车马坑被评为1990年度“全国十大考古新发现”。此外，我还参加了章丘城子崖遗址的发掘；主持了阳谷马庙遗址的发掘（图七），发掘明代墓葬10余座；主持了章丘小荆山新石器早期遗址的发掘工作；1995—1996年主持了阳谷景阳岗龙山文化城址的勘探、发掘工作；主持了潍坊前埠下遗址的发掘工作，

图六　与同事、技工们在一起

发现了后李文化遗存及大汶口文化墓葬，其中整体提取的大汶口文化的合葬墓被陈列在山东博物馆中；主持了滕州东康留遗址的发掘工作，发掘两周时期墓葬120余座，出土文物近千件；主持了滕州西康留遗址的勘探发掘工作，发现大汶口文化夯土台基，并根据该遗址发现的北辛文化遗存对北辛文化的分期提出自己的意见；主持了兖州徐家营、嘉祥长直集、滕州东小宫、滕州东郑庄、滕州丰山汉代墓地的发掘，并以这些资料为基础，申报2000年国家文物局社科重点课题“鲁中南汉墓的整理与研究”，出版了山东第一部汉代墓葬报告集《鲁中南汉墓》；主持发掘了郯城大埠遗址和墓地，发现两座春秋时期的大型墓葬；主持了章丘危山兵马俑坑发掘、勘探工作，发现山东第一批车马俑坑及西汉济南王陵，该墓与陪葬坑及陶窑被评为2003年度“全国十大考古新发现”；主持了寿光双王城盐业遗址的勘探、发掘工作，发掘出比较完整的商周时期的制盐作坊，为世界海盐业的研究提供了丰富的资料，该遗址被评为2008年度“全国十大考古新发现”。每个发掘工地留给发掘者的都是永不磨灭的记忆。

图七 1992年阳谷马庙元明墓地发掘留影

毕业之初，我首先参加的是滕州薛国故城的发掘工作。到了驻地，给我印象最深的是驻地的卫生状况，被子、枕巾、床单太脏了，洗了三次都洗不干净，食堂也很脏乱，为此我花了很多时间和精力改变这种现状。薛国故城东西长三公里，南北宽两公里，当时同时开工的发掘地点有四个：城北的汉代冶铁遗址、城中的冶铜遗址、城东南的周代遗址、东城墙周围的周代墓地。除技工外，这些都由刚毕业的我去负责，可谓初生牛犊不畏虎，当时干就干了，现在还真不敢这样干。我每天骑着自行车，背着三个相机，在各个发掘工地间来回跑，白天拍照，晚上洗照片，当时给自己取了个封号——“城墙内外自行车行走”。在东城墙周围，我们发掘了一批薛国贵族墓葬，出土了很多青铜器，加上城内发现的平民墓葬，大概有一二百座。当时也没有人专门鉴定墓主人的骨骼标本，我只能利用在学校学到的粗浅的人骨鉴定知识，再找书本比照，对发现的墓主人骨骼做了性别和年龄的鉴定。后来，由于种种原因，这些人骨都没有得到很好的保存，所以直到现在，有关墓主人的年龄和性别鉴定，还只有我当时“鉴定”的资料，也是当时的一种无知无畏吧。

这些工地中，我待的时间最长的是临淄后李工地，前后有近三年的时间。1988年春天，我与领队王永波一起从章丘宁家埠工地到临淄筹备后李工地的发掘工作。由于后李工地发掘面积大，需要做长期发掘的准备，经过与村里协商，决定以村里废弃的大队院作为考古队的驻地。由于多年没有人光顾，大队院已经破烂不堪，我们首先要做的就是大院的维修工程。维修工程主要包括：对十七间草房的顶部重新换草，对围墙坍塌部分进行修补，更换大门，改修储水池、修建厕所，可谓一个系统工程。为了节省资金，很多工作都由我们自己去做：自己从老百姓手里收集修房顶用的麦秸草，利用废弃的沼池改造储水池、修建厕所，等等。最具挑战的是修建厕所，因为建筑队价格太高，我们与打扫卫生的民工一起砌墙修建厕所。民工基本不会砌墙，被赶鸭子上架，墙砌得歪歪斜斜，实在看不过眼，我就说："我来吧。"边砌墙边想，大学学考古可没有学砌墙啊。硬着头皮砌下来，居然没倒。非常幸运的是，考古队在大队院居住了三年，虽经风吹雨打，我亲手砌起来的厕所居然没有倒塌。由于许多活都是我们亲力亲为，整个大院的维修花费了不足两千元。

根据与工程部门签订的协议，后李工地需要发掘7600平方米，我们进行了两年四个季度的发掘，加上前面几个月的筹备及发掘后半年多的整理，我在后李村待了近三年，是整个考古队中驻村时间最长的一个。

参加后李工地考古发掘的干部有：领队王永波，其他队员有我及倪国圣、李振光、刘延常、张振国、张启龙、靳桂云等，王永波为方便工作，还封了我一个副领队。技工人员少时二十几个，多时五六十个，为方便管理，我们将技工分为四个小队，每个小队有个小队长，这些小队长后来都成为业务骨干。

后李工地是一个延续时间非常长的遗址，有山东最早的新石器时代文化——后李文化遗存，其后有北辛文化遗址、西周时期的墓葬、东周遗址及墓葬、汉代遗址、北朝至隋唐环壕聚落、宋代墓葬、元代遗址、清代墓葬等各个不同时期的遗存。文化堆积最厚的达三四米，周代、汉代水井要挖至14米深左右。此次发掘最重要的收获是：发现了山东新石器时代最早的遗存，并以发现地命名为后李文化；发现了春秋时期的大型墓葬及陪葬的车马坑，被评为1990年度"全国十大考古新发现"（图八）。其中依托车马坑发现建设的中国古车博物馆，成为临淄区著名的旅游地。

图八　1990年后李车马坑发掘留影

中国现代考古学是一个仅有百年的新兴学科，涉及领域广，需要我们经常参加相应的培训和研讨，我先后参加了国家博物馆举办的中美古代陶器研讨班，国家文物局主办的考古领队培训班和考古所所长培训班；参加了北京大学中国东部地区博物馆学与考古学研究生课程进修班。

考古发掘资料的整理与课题研究是我们的重要工作，在考古所期间，我先后参加和主持了国家九五社科重点课题“山东地区早期新石器文化研究——后李文化研究”、中日合作项目“日本弥生人起源研究”、国家文物局社科重点课题“鲁中南汉墓的整理与研究”、教育部人文社会科学重点研究基地北京大学中国考古学研究中心课题“鲁北沿海地区先秦盐业考古研究”、科技部“中华文明探源工程（2）”重大项目技术与经济研究课题，以及国家文物局指南针计划中国早期盐业文明研究、山东省社科课题“济南城市发展中文物保护工作预研究”等课题研究，先后完成专著3本，完成发掘报告、论文数百万字，有数篇论文在省社科联和考古学会获奖。

我的考古发掘和研究工作取得了一定的成绩，也得到单位和社会的认可，我于1992年（28岁）取得文博馆员资格，1997年（33岁）取得副研究馆员资格，2005年（41岁）取得研究馆员资格，是获得同类职称中比较年轻的人。

作为考古人，出差在外是家常便饭，对于家的照顾基本上属于“靠不住的人”。我孩子出生后七个月就被送回老家由父母代管，直到两岁半回到济南上幼儿园。1993年发掘小荆山遗址时，母亲带着不到一岁的孩子，从招远坐一天车到济南，然后换车到章丘，再走一里地才到工地，就是为了让我看看还在练习走路的孩子。父母的这份心意，让我感恩终身。在考古圈里，流行着这样的歌谣：“有女不嫁考古郎，一年空守半年床。一朝一日回家转，带着一包脏衣裳。”（图九）在寂寞难耐中，我也曾发生过动摇。在后李遗址发掘时，曾趁着年假到威海，找本家的一位亲戚调动工作，已经有了接受单位。从威海乘车直接回到工地后，工地的忙碌、对考古工地的喜爱让我黯然长叹：“算了吧！”

图九 1991年章丘城子崖遗址发掘留影

这是我的考古路，也是大多数考古人的考古路！

三、我的考古梦

2011年底，山东省文物局与中华文化标志城办公室合并为正厅级文物局，根据领导安排，我从省考古研究所调到省文物局工作。对于从业务单位调到行政管理部门，我有过犹豫，有过彷徨。我在《海岱地区史前考古论集》自序中写道：“2011年，根据工作需要，我被调到山东省文物局工作，虽然大遗址保护与考古处的工作内容还没有完全脱离考古工作，但主要进行的是管理工作。一个人的精力有限，科研与管理不可兼得，因此这本论集的收集出版，有向学术与科研告别的意味，是无奈，也是不得已。”从此以后，我不再是考古工作的直接参与者，只能算是考古工作的“守望人”和“追梦人”。

我到文物局后负责大遗址保护与考古处的工作。2018年，省文物局、省文化厅、省旅发委组合成为山东省文化和旅游厅，我负责文物保护与考古处工作。近十年来，主要做了以下与考古相关的工作：一是2015—2020年兼任山东省水下考古研究中心主任；二是加强了对全省考古工作的管理；三是将考古成果运用到大遗址保护利用中，开展考古遗址公园建设。

20世纪80年代，为保护中国水下文物，国家相关部门积极策划，决定成立中国的水下考古队伍。1987年11月，中国历史博物馆成立水下考古研究室，这是中国第一个水下考古研究团队，标志着中国水下考古的开始。此后，中国水下考古走过了艰难的历程。2014年6月，国家文物局水下文化遗产保护中心成立，中国水下考古有了独立的机构。2015年3月，山东省水下考古研究中心成立，由我临时兼任主任，作为水下考古中心第一任主任，我整整“临时兼任”了五年。

山东省地下文物丰富，在三万三千余处不可移动文物中，大遗址（遗址、墓葬等地下文物）占一万六千余处，约占50%，大遗址保护与考古工作的管理任务十分繁重。从具体从事考古工作到进行考古工作管理，我在探索中不断改进，我省的考古资质单位同样也在探索中不断适应。作为考古工作管理者，应对山东省考古队伍和考古工作有基本的评价和把握。长期以来，山东省文物考古队伍发展缓慢，以省考古所为例，1981年成立时是40个编制名额，到2015年仍然是40个编制名额，其他资质单位人员也少得可怜，山东所有的考古人员加起来也没有河南洛阳一个地级市的考古人员多，21世纪以来山东省的考古工作已经不再走在全国前列。为此，我们与考古所、山东大学等专家、教授反复讨论，认为山东考古应“再创辉煌”。2017年9月1日，山东省召开全省考古工作会议，国家文物局副局长顾玉才、山东省分管副省长参加会议，并对山东省考古工作进行部署。这是山东省历史上召开的最高规格的考古工作会议，会上，山东省文物考古研究院、山东省古建筑保护研究院正式揭牌成立，考古院编制名额由40个增加到80个。

为加强考古工作管理，我们委托山东省文物考古研究所、山东大学等资质单位，举办了五期田野考古技术培训班。每年举办田野考古汇报会，并从2017年开始，评选年度山东省五大考古新发现和田野考古优秀工地。与此同时，我们积极开展考古成果转化工程，推动公众考古，倡导考古工地对外开放，加强考古宣传和普及，最大程度发挥考古服务社会的功能。从考古工作管理入手，我们积极探索考古工作高质量发展的途径，努力使全省的考古工作走在全国前列。

大遗址保护是国家文物局从“十五”期间开始重视的保护领域。在考古所时，某次我到国家文物局出差，看到考古处办公室有一本厚厚的《杭州良渚遗址保护规划》，还纳闷遗址为什么要做规划？到大遗址保护与考古处后，才逐步明白遗址也要做规划、做保护方案。山东省文物局成立之初，山东大遗址保护还远远落后于其他省市，基本处于起步阶段。经过与国家文物局及兄弟省市的交流，我们才明白大遗址保护的基本理论、方法、步骤，才明白什么是国家考古遗址公园，考古在考古遗址公园中的作用。从此，我们一手抓考古工作，一手抓大遗址保护利用。

针对山东省大遗址保护利用起步晚的现状，我们提出了项目带动战略，在做好曲阜鲁国故城、南旺分水枢纽、大汶口等三个立项的国家考古遗址公园的同时，积极开展全国重点文物保护单位中属于大遗址范畴的遗址规划工作，根据国家重点支持项目，编制文物保护利用方案，积极争取国家财政资金支持。2012 年，争取国家大遗址类文物保护专项资金近两个亿。在此后的几年里，我们申报了章丘城子崖、临淄齐故城、日照两城镇等为国家考古遗址公园立项项目，2013—2016 年，每年争取的国家财政大遗址专项资金为三个亿左右，比较好地完成了一系列大遗址保护项目。

在进行大遗址保护的同时，我们也从理论与方法上研究大遗址保护利用工作。我先后撰写了《大遗址保护与考古遗址公园建设——以山东地区为例》《黄河三角洲战略下的盐业考古研究与盐业遗产保护》《史前遗址展示的困惑与探索》《城市化进程中大遗址的保护与利用》等文章，并在三次大遗址保护利用培训班上做辅导讲课，在烟台大学、山东建筑大学、大众讲坛等做讲座，也算是在大遗址保护领域进行了一些学术研究。

与此同时，我们还积极探索省级考古遗址公园建设。从 2014 年开始，将一些有一定展示利用基础的大遗址如济南大辛庄、高青陈庄、平度即墨故城、费县西毕城等列为省级考古遗址公园，并在项目上予以支持。编制了《山东省考古遗址公园管理办法》，提请省政府法制办调研。由于种种原因，这个办法一直没有出台，严重影响了山东省级考古遗址公园的建设。尽管如此，我们还是努力支持了乐陵五里、淄川渭一窑址、高青陈庄等遗址按照省级考古遗址公园打造，取得明显效果。

应该说，无论是在大遗址保护还是在考古遗址公园建设中，考古工作发挥了决定性作用。同时，考古成果也需要考古遗址公园这个阵地进行展示，二者相互结合，相互促进。

党的十八大以来，以习近平同志为核心的党中央十分重视文物保护和考古工作，多次作出指示批示。2020 年 9 月 28 日，习近平总书记在中央政治局第二十三次集体学习时对考古工作专门做出重要讲话，指出：“必须高度重视考古工作，用事实回击对中华民族历史的各种歪曲污蔑，为弘扬中华优秀传统文化、增强文化自信提供坚强支撑。”“努力建设中国特色、中国风格、中国气派的考古学，增强中国考古学在国际考古学界的影响力、话语权。”并对考古学的发展提出具体的要求。这是我党成立以来，第一次从党中央层面对考古工作的关注和支持。考古学界欢欣鼓舞，大家感到考古工作的春天已经到来，考古工作者的梦想与实现中华民族伟大复兴的中国梦终于紧密地联系在一起。

走在新时代，我们应以让陈列在广阔大地上的遗产活起来为理念，科学谋划考古工作发展新格局。一是要坚持保护第一的理念，认真做好大遗址保护的基础工作，结合国家战略和重大工程，做好建设工程、城镇化进程中的大遗址保护工作，将不同时期的遗址及墓葬保护好、传承好。二是要加强对大遗址的利用，积极开展“文明探源”“考古中国”等重大课题研究，重塑中国古代历史，探源五千年历史文明；加强遗址公园中的考古工作，展示中国不同时期、不同类型的历史文化，为文旅融合发展赋新能、添光彩。三是加强公众考古工作，强化考古科普宣传，让全社会了解文物法规、掌握考古知识，发挥考古服务社会公众的功能，让考古成果成为凝聚民族精神、增强文化自信的重要手段。四是加强队伍建设，完善政策法规保障体系，强化科技支撑，开展学术交流与文化互鉴，努力使我们成为一支政治严明、本领过硬、作风顽强、氛围活泼、能打硬仗的队伍。努力建设好中国特色、中国风格、中国气派的考古学。

这是我的考古梦，也是考古学界的考古梦！

务实担当成绩斐然　风华正茂持续发展

——庆祝山东省文物考古研究院建院40周年

刘延常

（山东省水下考古研究中心）

1981—2021年，山东省文物考古研究院走过了持续发展、不断繁荣的辉煌历程，进入风华正茂、意气风发的阶段。作为省内考古界龙头单位，山东省文物考古研究院培养和储备了一大批专业人才，带动了全省文物考古事业的发展，为保护我省文物保护和考古学研究做出了巨大贡献。本人于1988年7月从山东大学考古专业毕业后有幸加入山东省文物考古研究院（当时为山东省文物考古研究所），直至2020年6月调至山东省水下考古研究中心，在考古研究院工作了33个年头。考古院的良好工作氛围、领导的关心、同事们的帮助、事业的发展让我度过了人生最美好的阶段，从成长到成熟、不断发展和提升，很好地阐释了个人价值和社会价值的统一，也见证了考古研究院的发展壮大。适逢今年考古研究院举办成立40年庆典活动，我非常高兴和激动，专此撰文表示由衷的祝贺。随着我国经济社会和文化建设的发展，国家日益重视文物考古工作，考古学科建设和学术研究引领着我们的步伐，考古专业人才队伍不断壮大，山东省文物考古事业取得了辉煌成就。在山东省文物考古研究院工作的岁月里，文物考古行业、考古学科、单位工作与个人经历相互交织与融合，展现了共同发展进步的局面。个人感悟是：紧紧依靠单位发展，以工作为基础，与同事和谐相处，个人学思践悟用、执着追求与不懈努力，田野考古能力和学术研究水平是两大发展主线。功成不必在我，成功必然有我，我很自豪是山东省文物考古研究院的一名老兵，见证了单位、山东省文物事业、中国考古学的辉煌发展历程。

一、融入大家庭，走上考古路（1988—1994年）

1. 工作简况

1988—1994年是我从事考古工作的第一个阶段，主要工作是参加配合济青高速公路、京九铁路建设的考古调查与发掘，1993—1994年参加国家文物局第七期田野考古领队培训班。当时考古所办公地址在文化西路103号，即现在的广智院南部、齐鲁医院门诊大楼这片区域。当时单位的年轻人比较少，我和李振光一起到单位工作，住在一间平房（集体宿舍）内。由于我们常年出差，单位集体活动不多，仅在夏季、冬季休整开会时能和同事们见几次面。记忆比较深的是参加了省文化厅组织的两次集体活动，1990年参加省直文化系统中国象棋比赛并斩获亚军，1992年作为3名队员之一代表文化厅参加省直机关工委组织的党的知识竞赛。那时我的月工资从70多元逐渐涨至130多元，田野生活补助从每天5元增加至16元，体现了配合工程考古任务和收入的增多。从农村考上大学，毕业后被分配至省级考古单位工作，我感到非常幸运和满足，一直感觉办公条件、考古工地条件都不错，同事们非常关心、帮助年轻人，考古队过着集体生活，从事田野考古发掘工作也是学以致用、收获多进步大，也常能见到大学的老师和同学，1990年也如愿成家，1994年单位在建设路有了宿舍楼房，一切都在发展上升。工作之初的7年，我实现了从学校到单位的转变和立业安家的发展，融入了考古所大家庭，稳定了专业思想，从此走上了考古路。

2. 考古经历

（1）济南至青岛高速公路是山东省第一条高速公路，在全国也是较早开始建设的高速公路，为了调查和保护沿线的考古遗址，我们开启了配合基本建设工程的考古工作模式。

1988年秋季参加的第一个考古工地是临淄后李遗址，属配合济青高速公路建设考古项目，印象比较深刻的是与单位同事王永波、王守功、倪国圣、李振光一起发掘。考古队成员相处融洽，“战斗力”也比较强，管理比较严格规范。

1989年春季，我参加了章丘宁家埠遗址的第三次发掘，主要印象是：针对配合济青高速公路建设考古工作任务重、专业技术人员力量不足的情况，张学海所长倡导省、市、县三级文物部门联合组队开展考古工作，地方文物干部主要有临沂李玉亭、章丘宁荫堂和王方、滕州李鲁滕、广饶王建国。宁家埠考古队培养了大批考古技工，直至现在依然是考古研究院田野考古工作的骨干力量，还有许多活跃在地方从事考古工作。考古研究院的每一项考古工作都有他们的辛劳付出，他们为山东省文物考古事业奉献了青春和人生。在宁家埠遗址发掘期间，考古队组成的篮球队“赫赫有名，打遍周边无敌手”；日常业余活动主要是打扑克“够级”和下象棋，相关比赛活动也是相当激烈。

1989年秋冬季节，我和李玉亭、王建国还共同发掘了寿光纪台遗址，1990年春季又共同整理了宁家埠遗址发掘资料。在工作过程中，我们结下了深厚友谊，直到现在一直保持联系，我们也是“省、市、县”联合工作模式很好的实践者，这对我的成长与发展产生了积极的影响。

1989年6月份，我与李振光试掘了章丘王推官庄遗址，1990年冬季我再次试掘该遗址，主要收获为岳石文化、商末周初和战国时期文化遗存。

（2）1993年，为配合京九铁路建设，我参加了聊城段的考古调查工作，作为执行领队主持发掘了阳谷县张大庙宋代窑址。在聊城工作期间，得到了市文物研究室（后为文物局）陈琨麟、孙淮生、吴明新等文物干部的大力支持，我从他们身上学习了不少地方文物工作经验。

（3）1993 年 9 月至 1994 年 6 月，我参加了国家文物局在郑州西山遗址举办的第七期田野考古领队培训班。1993 年发掘了两个探方并参加现场考核，1994 年整理资料、撰写发掘报告并进行答辩考核，所有工作均为自己独立完成，包括田野发掘、文字记录、绘图、照相、文物标本绘图、拓片、类型学排序、分期与断代等。领队班的培训是紧张的、规范的、全面的，我的田野考古能力与研究能力得到了非常大的提升，取得了良好成绩，顺利拿到领队资格证书。我和李振光在培训班的表现得到了老师们、同学们的一致好评。

3. 认识与感悟

（1）田野考古工作要经常出差在外，难以顾家，要有奉献精神。（2）从事业务工作和学习研究，需要逐渐培养兴趣，要有敬业精神。（3）田野考古工作条件和待遇一般，与社会打交道比较少，工作环境比较苦、比较土，要耐得住寂寞与清贫。（4）田野考古以配合工程建设为主，工作任务多，工作要强调课题意识。（5）在工作中，要与地方文物干部打成一片、交朋友，需要锻炼与民工打交道的能力。（6）当时考古所做得比较好的方面：培养了大批考古技工，倡导省、市、县文物干部联合组队开展考古工作，建设并较好地使用了临淄工作站，在兖州、泗水等地支持国家文物局连续举办六期田野考古领队班，山东省文物考古研究所的田野考古水平在全国各省是领先的，地方文物干部业务水平也是比较高的。（7）我个人得到的锻炼：与地方文物干部组队，共同发掘和整理资料，锻炼了综合协调能力；独立主持发掘了章丘王推官庄遗址、阳谷县张大庙遗址，田野考古能力得到了锻炼；参加整理章丘宁家埠、王推官庄遗址发掘资料（在当时考古工作繁忙、资料紧缺情况下实为幸运之事），提升了撰写发掘简报的能力；通过培训，取得了国家文物局颁发的田野考古领队证书，能够独立主持考古发掘工作。（8）通过发掘后李、宁家埠、王推官庄遗址并整理相关资料，对龙山文化、岳石文化、商周考古学文化遗存有了基本认识，为以后的学习与研究打下了基础。

二、奋战田野第一线，奠定考古基础（1995—1999 年）

1. 基本情况

1995—1999 年这短短 5 年时间，是我工作、生活、考古研究的重要发展阶段。1995 年秋季，考古研究所办公地址从文化西路搬迁至上新街 51 号万字会旧址，在此一待就是 27 年。有了前几年的工作基础，取得考古领队资格后，我一直在考古调查、勘探和发掘工作第一线。随着国家经济发展速度的加快，基本工程建设任务十分繁重，而我们单位专业技术人员少，因此我们常年奋战在田野。单位办公条件得到改善后，集体购买了宿舍，并顺利地参加了房改，我终于有了自己的住房。田野考古工作遵循“两重两利”工作方针，强调带着课题意识去工作，20世纪末考古学研究呈现出繁荣局面。这5年的工作使我奠定了田野考古工作基础，开始进入研究阶段并发表了相关成果。

2. 田野考古工作

1995—1999年这5年时间，我的田野工作绝大部分为配合基本建设工程的考古调查、勘探与发掘。取得考古领队资格后，我主持发掘了五莲丹土、蒙阴后里、寒亭会泉庄、青州东朱鹿及赵家庄、日照小古城、莒县大略疃、沂南西岳庄遗址和西岳庄春秋大墓9个文物点；主持了1997年京沪高速公路马湾至临沂段考古调查、勘探工作，1998年东营至青州高速公路调查工作，1998年日东高速日照至竹园段考古调查、勘探工作，1998年菏兖日铁路复线考古勘探工作；参加了禹城姚高、滕州庄里西、潍坊前埠下和济宁玉皇顶遗址的发掘工作。我们逐渐成为考古研究院的生力军，奋战在田野考古工作第一线。

通过系列集中的田野考古工作，取得了诸多收获，尤其是对山东地区考古学文化谱系有了比较清楚的认识，包括前埠下遗址后李文化和大汶口文化中期遗存、玉皇顶遗址大汶口文化早期遗存、丹土遗址和大略疃遗址大汶口文化晚期至龙山文化晚期遗存、西岳庄遗址西周早中期文化遗存、会泉庄遗址商代晚期至西周早期珍珠门文化遗存、东朱鹿和赵家庄遗址东周时期齐文化遗存、西岳庄春秋大墓等鲁东南地区东周时期文化遗存。这一阶段，自己的田野考古能力得到较大提升，包括协调组织大型基本建设工程考古调查、勘探工作，以及独立主持考古发掘项目。

3. 考古研究与成果

这一阶段开启了撰写考古简报和研究文章的初级学术研究阶段。1996—1998年发表《山东章丘市王推官庄遗址发掘报告》《试论岳石文化王推官类型及其相关问题》《潍坊会泉庄遗址考古发掘的意义》，另外主持发掘的文物点简讯均刊发于《中国考古学年鉴》。通过发掘和相关资料整理，对龙山文化、东周时期文化遗存有了比较深刻的认识，重点是为后来对珍珠门文化、鲁东南地区莒文化研究奠定了基础。

4. 认识与感悟

（1）通过考古研究，对龙山文化、岳石文化、珍珠门文化、莒文化、齐文化有了一定认识。（2）提出了岳石文化王推官类型的观点，认为鲁西北地区岳石文化与下七垣文化有密切关系。（3）提出会泉庄文化遗存性质为商周时期东夷文化。（4）发现五莲丹土有大汶口文化遗存，并有城址的线索。（5）对分析陶片产生了浓厚兴趣。（6）工作过程中与地方文物干部打成一片，喜欢看博物馆和文管所库房的文物标本。（7）结合地方既往考古发现，带着学术问题去开展考古工作，以发掘项目为基础出研究成果。（8）1996年有幸参加了省文物局举办的赴日本山东文物展，第一次走出国门，开阔了视野。

三、务实担当，考古与研究步入发展阶段（2000—2010 年）

1. 基本情况

这一阶段，个人主持发掘了许多重要的遗址和墓地，多次参加全国商周考古学术研讨会，发表10余篇考古报告和研究文章，明确了个人研究方向并初步形成了自己的学术研究体系。赴日本山口县埋藏文化财中心研修期间，提升了思想理念，开拓了研究视野。担任办公室主任期间，锻炼了组织协调能力，增强了担当和服务意识。这一阶段，单位办公条件得到改善和提升，员工工资持续调整上涨，福利待遇是当时省直文化系统中最好的。2005 年，单位被评为省直文明单位，工作车辆较多，田野生活补贴不断提高，考古工地较早地配备了手机，工作饮水从煤球炉人工烧水变为电动烧水炉烧水；大量购买图书杂志，与全国考古单位开展交换图书活动，学术交流活动频繁，科技考古、多学科合作、公众考古、规范化考古等学科加快发展，许多同事有机会出国交流。

2. 田野考古

2004 年协调组织了胶济客运专线考古调查、勘探和发掘工作，2005 年协调组织了济青高速公路南线工程的考古调查、勘探和发掘工作。2000 年春秋两季主持勘探、发掘五莲县丹土遗址，发现大汶口文化、龙山文化三个连续发展的城；2002 年发掘滕州庄里西周代墓葬；2002—2003 年两次主持发掘新泰市周家庄东周墓地；2004 年主持发掘胶州东王延庄遗址；2005 年主持发掘沂源县豪坪遗址；2007 年主持发掘莒南县东上涧春秋大墓；2008 年主持发掘章丘西河遗址；2009 年主持发掘临沭县东盘遗址（北辛文化、龙山文化、周代至汉代文化遗存）。

3. 学术活动

2000 年参加莒文化学术研讨会。2001 年 5—12 月赴日本山口县埋藏文化财中心研修，2004 年和 2010 年赴日本参加山东文物展览活动。参加的学术研讨会有：安徽铜陵青铜文化学术研讨会、香港孙子及其军事思想学术研讨会、湖南长沙湘鄂豫皖楚文化学术研讨会、山西侯马工作站建站 50 周年暨晋文化学术研讨会、江苏镇江吴文化学术研讨会、浙江绍兴越文化学术研讨会，以上学术研讨会议均提交论文并做会议发言。

4. 资料整理与学术研究

这一阶段参与整理 1991 年、1997 年章丘西河遗址发掘资料（哲学社会科学课题），努力开展整理新泰市周家庄东周墓地发掘资料（国家文物局项目）。

2000—2010 年发表《山东阳谷县张大庙遗址的发掘》《珍珠门文化初探》《莒文化探析》《齐国墓再现春秋争霸——山东新泰周家庄东周墓葬》《西岳庄大墓——解读一段东夷小国的历史》《试论东夷文化和日本文化考古学文化的关系》《山东地区先秦时期青铜器的发现与研究》《山东 20 世纪的

考古发现和研究（商代部分）》《山东地区楚文化遗存分析》《山东省新泰市周家庄周代墓葬出土兵器的初步研究》《山东地区周代考古的新进展》《山东地区吴文化遗存分析》等多篇论文。

5. 认识与感悟

（1）通过主持大型重要文物点的发掘工作，如五莲丹土、新泰周家庄、章丘西河等，进一步提升了对大遗址考古勘探与发掘工作的驾驭能力。（2）经过对西河遗址、新泰周家庄墓地发掘资料的整理，提升了对类型学研究方法的运用，加强了多学科合作研究力度，提高了撰写发掘报告的能力。（3）通过数次参加全国商周考古学术研讨会，发表考古报告、研究文章，快速提升了学术研究能力。（4）通过赴日本研修考古学、赴香港参加学术研讨会，开拓了研究视野，活跃了思想。（5）紧贴田野考古工作发展前沿，确立了商周考古、东夷文化的研究方向。（6）因担任办公室主任而兼顾田野考古和学术研究，形成了把压力转变成动力、注重目标和效率相结合的工作风格，常常思考考古工作、学术活动、撰写文章三者之间的关系，能够较好地结合工作安排、学科发展与自己的前进方向。

四、守正创新，田野考古、文物保护和学术研究全面提升（2011—2020年）

1. 工作情况

自2012年2月开始，本人任单位党总支副书记，分管政工人事、行政后勤、安全保卫、图书资料、文物保护等工作。田野考古方面，推动建设曲阜工作站、滕州鲁中南文物保护考古研究中心；6次主持发掘曲阜鲁故城、4次主持发掘滕州大韩东周墓地；努力探索实践田野考古新理念新做法，包括田野考古精细化、规范化，开展现场文物保护和实验室考古，注重多学科合作、科技手段应用和公众考古宣传等。学术研究方面，注重填补区域空白，重点研究商周考古、齐鲁文化和青铜器，注重发挥考古学在传承与弘扬传统文化中的作用；组织举办全国性商周考古学术会议6次、相关专业座谈会8次，参加全国学术会议、座谈会60余次，赴日本、美国、韩国、香港参加学术会议；主编图书6部，发表考古报告、研究文章20余篇。

2. 践行田野考古新理念——曲阜鲁故城2011—2019年考古

这一阶段主要工作：2010年，负责撰写曲阜鲁故城考古工作计划。同年，曲阜鲁故城国家考古遗址公园获得立项。2011年11月，进驻曲阜鲁故城开始考古勘探工作，至2019年，对周公庙建筑基址群、周公庙西夯土基址、立新联中冶铁遗址、盛果寺冶铜遗址、鲁故城西北角制骨制玉遗址、望父台墓地、郭城城墙与壕沟等进行了重点勘探；解剖了宫城城墙与壕沟，揭露了宫城西城门通道，发掘了周公庙建筑基址，揭露了大城北东门遗址，解剖了大城北墙东段，勘探发掘了望父台墓地、老农业局墓地。

工作理念与方法：结合鲁故城保护总体规划、国家考古遗址公园规划制定考古工作计划；以聚落考古、城市考古为基本工作思路，以解决鲁故城年代、空间、布局、文化属性、居址与墓地关系、社会发展、历时性演变等问题为导向；重点考古勘探、发掘解剖、发掘揭露相结合；加强高校、科研单位、地方文物部门合作；注重多学科合作；加强科技手段应用；注重现场文物保护和实验室考古；加强规范化管理，积极开展公众考古。

主要收获与认识：发现并确认了东周时期宫城的形制、规模、布局、分期与年代、城墙、壕沟、城门、道路、建筑基址等，宫城位于周公庙建筑群基址及其周围，年代为春秋晚期至战国晚期；重新确认了大城城墙、壕沟的具体位置、形状结构、保存现状、分期年代（年代包括春秋早期、中期、晚期和战国早期、中期、晚期）；新发现并发掘了老农业局东周遗址和墓地，春秋晚期至战国早中期中小型贵族墓葬、车马坑是重要发现；发掘了望父台一批春秋早期至战国中期的中小型贵族墓葬，其中 M1 为战国中期中型墓葬，存在以大量玉器装饰棺椁现象；鲁故城内发现多处东周时期的墓地；对鲁故城内的水系进行了重点勘探分析。总之，通过连续 8 年多的考古工作，对鲁故城的年代、布局、文化内涵有了新的认识，促进了鲁国故城国家考古遗址公园建设和鲁文化、传统文化的研究。

工作特色与亮点：2012—2013 年周公庙建筑基址考古发掘因管理规范化、重点考古勘探的全面实践、大型房屋基址的发现、宫城的发现等被国家文物局验收专家组评为优秀等次。我们整体移取老农业局东周车马坑、望父台一号战国墓葬，开展实验室考古与展示，建成曲阜工作站并集中开展办公管理、田野考古、资料整理、文物绘图、文物保护修复、实验室考古、宣传展示等工作。2014 年中国考古学会两周专业委员会在曲阜成立，鲁故城考古队承办会议，本人担任副主任委员。

值得一提的是对考古勘探工作的探索实践：我们十分重视考古勘探工作，注重发挥其在大遗址保护与考古工作中的作用，率先在曲阜鲁国故城国家考古遗址公园考古工作中开展规范化勘探，在制定勘探工作计划、仪器布设探区探孔、科学记录、全面分析、注重遗存分析等方面全面提升，为鲁故城的考古发掘、聚落历时性演变、空间布局研究等提供了坚实资料；国家文物局专家组在检查验收鲁故城考古工作中，尤其对勘探工作给予充分肯定，之后我们数次在高校考古专业、全省考古勘探工作培训中推广我们的做法。

国家文物局专家组在检查验收鲁国故城国家考古遗址公园时，充分肯定了我们的工作，我们为曲阜鲁国故城国家考古遗址公园顺利挂牌做出了贡献。

3. 提升田野考古新水平——滕州市大韩东周墓地 2017—2020 年考古

工作前奏：经过前期多方协商对接，我们促成了对滕州大韩东周墓地的发掘，并由抢救性发掘转变为课题性发掘，保护了墓葬，缓解了滕州市文物保护工作的压力。

工作思路：以聚落考古方法为指导，强化学术研究引领，结合薛河流域区域调查成果和周边重要遗址的关系，对大韩遗址进行全面勘探，连续 4 年分期发掘、全面揭露大韩墓地，紧跟田野考古发展前沿提升考古工作水平，及时保护修复出土文物，尽快发表考古成果，积极开展公众考古，带动地方文物考古事业发展。

基本做法：(1) 总结提出了“安全、干净、清楚、科学、高效、惠民、和谐”十四字考古工作方针。(2) 规范管理：铁丝网围挡、封闭管理、专人24小时值守、派出所民警警车夜间值班，制度上墙，有标语口号、展板展示、工作板房、工作大棚。(3) 注重文物保护：单位安排两位文物保护人员参加发掘工作，对出土彩绘陶器进行及时保护，对有机质文物及其现象进行及时保护，争取国家专项资金开展彩绘陶器与青铜器保护修复。(4) 实验室考古：发掘整体提取成组兵器和明器锡编钟，整体移取M202回到实验室进行发掘。(5) 多学科合作研究：与山东大学历史文化学院和文化遗产研究院合作，开展动物、植物、人骨研究；与北京大学考古文博学院、北京科技大学冶金与科学技术史研究所、上海博物馆、中国科学院自然科学技术史研究所合作，开展冶金考古和青铜器保护研究；与秦始皇帝陵博物院合作，开展彩绘陶器保护研究；与中国社会科学院考古研究所、复旦大学合作，开展玉石器保护研究等。(6) 专家指导：召开数次专家座谈会，中期检查，阶段验收，举办学术研讨会。(7) 公众考古与宣传：数次开展公众考古活动，支持大韩村设置专题展示室，数十次接待同行与地方人员参观，在高铁新区管委会大讲堂举办专题讲座，促使央视“探索·发现”栏目两期三次报道大韩墓地发掘及其收获。

主要收获：对墓地进行了全部揭露，既保护了文物安全，也便于对墓地埋葬制度进行整体研究。共发掘东周墓葬198座，出土青铜器、陶器、玉器等文物近3000件，其中春秋晚期至战国晚期大中型贵族墓葬46座。春秋时期墓葬分布在内侧，外围有兆沟；战国时期贵族墓葬主要分布在外围，部分填补在墓地中间，有的墓葬打破兆沟，东部发现有两座车马坑。大中型贵族墓葬排列有序，有夫妇并穴合葬墓，墓葬形制结构、棺椁、葬俗、随葬品摆放位置、随葬品种类与组合等具有地方特点。文化性质属东夷文化，有较多的越文化因素，以及部分燕文化、赵文化因素。出土小邾国铭文青铜器，故我们认为该墓地是小邾国贵族家族墓地。大韩墓地对研究墓葬埋葬制度、泗上十二诸侯国、泗河中游区域文化演变、古国关系等诸多学术问题具有重要价值。

带动发展：通过大韩墓地的发掘，促成了山东省文物考古研究院在滕州陈岗村建设工作站——鲁中南文物保护考古研究中心，滕州市政府决定对2020年发掘的东周时期车马坑进行现场保护展示。滕州市博物馆业务骨干参加墓地发掘和文物保护修复，经常参与墓葬及其出土文物的分析研究，大大提升了业务素质和技术能力。

4. 开创文物保护修复工作新局面

建设文物保护修复室：在单位办公场所空间十分紧张的情况下，我们设置了4个文物保护修复室，计100平方米左右，包括以金属文物为主的无机质文物保护修复室、以日照海曲汉代墓葬出土漆木器为主的有机质文物保护修复室、照相室与临时文物库房、药品存放室，配备了专业工作台、基本设备、工具仪器等，安排了文物保护修复专业人员负责，引进了多名莱芜职业技术学院文物保护修复专业毕业学生。

探索工作模式：以项目为依托，以熟悉工作路径和程序、锻炼队伍为基本目标，在出土文物属地博物馆开展文物保护修复工作，咨询专家和不定期邀请专家现场指导工作，重要项目则寻求专业单位合作开展。其特点或优势有两个：一是保护修复项目为单位发掘出土文物，这些文物埋藏背景和保存环境比较清楚；二是我们对文物价值评估有学术研究基础。我们在地方博物馆建设文物保护修复室，吸收博物馆专业人员参与，利用项目资金安装设备设施、购买工具和材料，既保证了文物安全又培训了保护修复人员，形成了文物保护修复工作站的雏形。如在新泰市博物馆、定陶区博物馆设置工作站，吸收地方文物干部参加，实施项目负责制，统一技术标准，把握质量和效果，规范管理，邀请专家指导，保证了项目顺利推进和如期完成。

承担并完成项目：修复团队完成了新泰市周家庄东周墓葬出土青铜器保护修复、定陶王陵汉墓出土文字陶砖保护修复、曲阜柴峪汉代彩绘陶器保护修复、日照海曲汉墓出土漆木器保护修复等项目，还对日照海曲汉墓出土丝织品、临淄大夫观战国墓葬出土丝织品进行了保护修复，各项目保护修复效果良好，得到验收专家组的充分肯定。成功组织发掘沂南县河阳清代墓葬，完成现场出土木棺及服装的提取。

接续发展，稳定队伍：两位文物保护修复工作带头人调离考古研究院后，我们面临着诸多不利因素，如文物保护修复人员全是聘用人员，基本都是莱芜职业技术学院毕业的年轻人员。我们决定稳定原有修复人员队伍，并立即从北京科技大学聘用 1 名硕士毕业生作为工作带头人，一年后又从西北大学聘用 1 名文物保护专业硕士毕业生，然后从考古技工队伍中调整 1 名具有保护修复经验的老同志做文物保护修复工作，重新整合队伍、制定工作制度、安排工作内容，鼓舞了大家的信心。随着对日照海曲漆木器的继续保护修复、诸多墓地出土陶器的修复，以及对曲阜鲁故城和滕州市大韩墓地出土大量青铜器、彩绘陶器等的保护修复，文物保护修复队伍得以重建。

5. 探索大型考古报告编写新途径

2010—2014 年继续主持对新泰市周家庄东周墓葬发掘资料的整理，在文物出版社出版了《新泰周家庄东周墓地》大型考古专题报告。我们创新编写体例，着重加强与全国高校、科研单位合作开展多学科研究，并将相关研究成果列为考古报告中的独立章节，以墓葬为单位全面发表资料，力求通过高度清晰的照片、表达准确的线图和多种表格，全面深刻解读墓葬学术价值，在学术界、出版界产生了积极影响。其中青铜器保护修复和研究水平的提升，很好地促进了齐文化、鲁文化、齐鲁文化融合、吴国与越国北上争霸等学术问题的研究。

6. 执着追求，全面提升学术研究水平

这一阶段，组织举办了“青铜器与山东古国”（2015 年）、“保护与传承视野下的鲁文化”（2016 年）、“传承与创新：考古学视野下的齐文化”（2017 年）、“青铜器、金文与齐鲁文化”（2018

年）、“苏鲁豫皖地区商周时期考古学文化”（2019年）等学术研讨会，参与组织举办胶东地区商周时期考古学文化研讨会（烟台），以及临沂市河东区、临沂市经济技术开发区、临沂市兰山区、滕州市高铁新区等区域历史文化与文化遗产保护研讨会。参加在北京、石家庄、山西临汾、甘肃庆阳、西安、成都、湖北石家河、荆州、洛阳、洛阳偃师、郑州、开封、上海等地举办的中国考古学年会、商周时期青铜器研究等学术会议，赴美国、韩国、日本、中国香港等地参加相关学术活动。主编《新泰周家庄东周墓地》《青铜器与山东古国学术研讨会论文集》《中国出土青铜器全集　山东卷》《保护与传承视野下的鲁文化学术研讨会论文集》《传承与创新：考古学视野下的齐文化学术研讨会论文集》《青铜器、金文与齐鲁文化学术研讨会论文集》等考古报告与研究文集，发表《山东地区商周时期考古学文化格局与演进》《齐鲁文化的考古学解读》《西周晚期至春秋早期山东地区东土青铜器群的转变与传承》等学术论文17篇。

7. 积极参加相关活动，服务学科和社会发展

这一阶段，我积极参加山东省文物鉴定中心文物司法鉴定、省内博物馆文物定级工作，积极参与田野考古项目检查验收、文物保护修复、文物保护工程项目的评审，积极到相关高校、文博单位开展学术讲座，兼任山东大学历史文化学院研究生合作导师，在曲阜师范大学、山东师范大学齐鲁文化研究院、北京电影学院现代创意媒体学院（现改为青岛电影学院）和莱芜职业技术学院等高校做兼职教授，授课或指导学生学习，积极帮助地市县区文物部门开展业务活动。

研究方向：主要致力于商周考古，以及东夷文化、齐鲁文化、古代青铜器、传统文化研究。学术目标：推动商周考古学科发展，促进齐鲁地域文化研究，带动地方文物考古事业共同进步，倡导以考古学视野研究、传承与弘扬传统文化，积极探索东北亚文明互鉴研究和东方文化研究。

五、结语

2021年注定会被载入史册。这一年，我国全面建成小康社会、开启全面建设社会主义现代化国家新征程。在中国共产党建党100周年、中国考古学诞生100年之际，我们迎来了山东省文物考古研究院成立40周年。2021年，考古研究院喜迁新址，人员队伍不断壮大，综合管理、田野考古、文物保护、学术研究、成果出版与转化利用等呈现出蓬勃发展的新局面，借此机会对考古研究院表示热烈祝贺！衷心祝愿考古研究院不断前进，再创辉煌！考古研究院决定出版纪念文集作为庆祝活动之一，我也通过撰文回顾了自己在考古研究院的工作历程，再次感谢考古研究院对我的培育！考古研究院良好的工作氛围、向上的奉献精神、扎实的考古作风、创新的学术追求等优秀传统深深地影响并激励着我不断前行。

考古研究院的前辈们砥砺前行、代代相传，为考古研究院的发展奠定了坚实基础；同事们相互

支持，共同担当，与时俱进，执着追求，勇于奉献，为考古研究院的持续发展做出了积极贡献。从22岁到54岁，我在考古研究院工作了33个年头，从初出茅庐到稳步成长，再到全面提升，我的进步与考古研究院良好的工作氛围息息相关。我个人的工作及成果是考古研究院历史内容的组成部分，我在这里实现了个人价值与社会价值的统一。

展望未来，我们正进入新时代奋斗的新征程。党和国家更加重视考古研究工作，考古学科发展和人民群众对文化的需求成为我们进取的不竭动力，让我们携起手来为建设中国特色、中国风格、中国气派的考古学，为建设经济文化强省做出更多新贡献。

祝福山东省文物考古研究院未来更加美好！正是：

务实担当成绩斐然，风华正茂持续发展！

我的第一所社会大学：山东省文物考古研究所

靳桂云

（山东大学文化遗产研究院）

人的一生，接受学校教育和在社会大熔炉里锻炼，是两种基本的经历，后者无疑是学校教育的继续，或者我们可以称之为社会大学。我的第一所社会大学，就是今天的山东省文物考古研究院，当时的名称是山东省文物考古研究所。值此山东省文物考古研究院成立40周年之际，我非常荣幸地应邀记录一下我在这里学习、工作、成长的经历。这里是我走出大学校门之后接触到社会大学的第一站，我在这里经历了从学生到文物考古工作人员的身份转变，“转变”二字包含了非常丰富的内容，在此重点记录一下自我发现的过程。

“自我发现”被认为是现代大学的重要意义之一。在第一所社会大学里，我基本完成了自我发现的过程，奠定了今天从事文物考古科研与教育事业的重要基础。

在温暖的集体中学习温暖他人。毕业之前，我对即将加入的这个集体有着丰富的想象，基本上来说，在山沟里长大的我，对于在城市里的工作与生活多少有一些畏惧心理，虽然并不清楚到底畏惧什么，我想这种畏惧主要来自“无知”，因为那个时候我对城市里的事情所知甚少。到单位报到的第一天，办公室主任杨广芬老师带着我到各个办公室认识各位老师们，在每个办公室我都受到了热烈欢迎，大大地缓解了我对新环境的恐惧感；特别是杨老师那和蔼可亲的笑容，让我有一种回家的温暖。在此后的工作中，杨老师也给予我很多关怀与帮助，我自己也开始有意识地学习杨老师这种风格，积极主动地关心和帮助同事，积极参加集体活动。

在山东省文物考古研究院这样的单位，工作人员分两大部分，即长年在野外的发掘人员和多数时间在单位里工作的科研与行政系统人员。参加工作最初的几年，我长年在野外发掘，平时接触比较多的就是同一个发掘队的老师们，几年下来，我和所里的大多数老师依然不太熟悉，但是当我遇到困难的时候，他们都像老朋友、像亲人那样无私地提供各种帮助，这些温暖人心的故事一直装在我的心里。1991年春天，我的腰椎间盘突出症已经到了必须停止工作、卧床休息的程度，可是我真的不想离开城子崖遗址发掘现场；为了尽快返回工作岗位，我很想通过治疗尽快恢复，据说齐鲁医院有一个专治该病的医生，但是因为医术高明很难请。办公室负责后勤工作的苏庆林和李洪亮老师知道了我的情况之后，不仅主动帮我去找医生，而且开车负责接送医生到我家治疗，这可解决了我的大难题，否则，如何能请到这位医生我真是束手无策；即使请到了医生，如果我在齐鲁医院做了复位手术，如何回家也是大问题，那个时候我从来没有听说过出租车这个东西。两位老师的帮助，让我和我的先生非常感动，等我能下地行走的时候，我们提出来请两位老师和医生一起吃个饭表示谢意，他们婉言谢绝。后来随着交往的增多，我发现，不仅是这两位老师，所里其他的老师们也都是热心肠，不论是生活中还是工作中，遇到任何困难，都能得到他们热情的帮助。

限于篇幅，我不能在这里讲更多的温馨的故事，但是，在这样温暖的集体里工作和生活，让我在离开学校之后第一次意识到，在社会这个大家庭里，人与人之间是充满友爱的，我得到了各位老师的帮助，我也要尽力帮助他人，这样的意识一直指导着我的行动。我感谢当初给我各种帮助的同事们，他们帮助我实现了“自我发现”，找到了社会生活的原则，那就是人与人之间互相帮助。

我是考古队的一员。硕士毕业后，我于 1989 年 12 月 25 日到山东省文物考古研究所报到，开始了我的文物考古职业生涯。我接受的第一个工作任务就是加入临淄后李遗址考古队，接下来，在临淄淄河店、章丘城子崖、阳谷景阳岗等考古队分别参加过时间长短不一的发掘工作。在这些工作中，我逐渐意识到考古队员的集体和个体双重身份：作为集体的一员，各项工作都必须有高度的合作精神；而作为一个个体，要有能力承担必要的任务，为这个集体做贡献。

作为一个从事文物考古事业的年轻人，集体是我成长的摇篮。刚出校门的那几年，我和很多年轻的朋友一样，面临着适应社会的挑战。在这个过程中，每一次新的实践、每一点点进步的取得，都离不开经验丰富的老师们的支持和指导。在临淄工作的那些时间里，我最害怕的就是承担一些事务性的工作，如果是独立承担，那就更可怕了。我遇到的第一个比较艰巨的任务就是，临淄工作站从齐故城搬到辛店新建立的工作站。罗勋章老师应该是为了让我接受锻炼，安排我负责搬家过程中的文物清点、打包，以及到新工作站之后拆包、上架等一系列室内工作。此前，不论是田野发掘还是一些事务性的工作，我都是作为协同人员参与的，除了自己处理力所能及的发掘中的问题，不曾独立处理任何事务性的工作，而且齐故城和辛店之间空间上还有一定的距离，有什么问题也不能随时请老师们帮忙。刚开始的那几天，我特别忐忑，生怕把事情搞砸了，担心在文物清点登记的过程中损坏文物、出现遗漏、文物标签弄混了……总之，有一大串的担心；为了把工作做好，我不停地在库房里转悠，盯着工人清点登记的每一个细节，这样下来每天都搞得自己身心疲惫，每天都像经历一次大考那样紧张。谢天谢地，搬家工作总算顺利完成了，而能够顺利完成，亦多亏了罗老师和魏成敏老师的指导和帮助，罗老师不仅抽空从辛店跑到临淄督战，而且在参加搬家工作的工人中找了两个经验丰富的老工人，嘱咐他们协助我完成搬家任务。完成了这次搬家任务，我对自己信心倍增，也从内心里感谢罗老师对我的关照和培养。我为自己走向社会之初就遇到罗老师这样的师长而感到幸运。

田野考古是我考古生涯的重要支点。虽然报考山东大学的考古学专业有点误打误撞的意思，但我喜欢田野考古则是发自内心的，到今天依然如此。本科阶段我参加过两次田野发掘实习（1984年和1985年分别参加了大辛庄、尹家城遗址发掘），硕士研究生阶段参加了一次田野发掘实习（1987年参加丁公遗址发掘），三次实习成绩都是优秀，现在回想起实习的经历，依然是满满的甜美的回忆，足见学生时代的我是非常喜欢田野考古的。这也是我毕业后执意想进入一个以文物考古发掘为主的业务单位的原因。田野发掘期间能够走进乡村，每天不仅能够近距离观察日出而作日入而息的村民的生活，而且可以与他们在一个16平方米范围的探方内拉家常，这对于在农村长大的我是非常开心的事情。

随着田野考古工作经验的积累，特别是1990—1992年参加了城子崖遗址的发掘之后，我渐渐意识到，田野考古不仅是我工作乐趣的源泉，更应该是我事业的重要支点，因为只有在田野考古第一线，我们才有机会观察古代人类行为留下的丰富的信息，任何综合的分析与理解都必须以这些信息的获取与初步解读为基础。在城子崖遗址发掘的过程中，我负责西北豁口生活区发掘。发掘过程中，判断龙山文化和岳石文化的灰坑、房址和墓葬都相对容易，因为这些类型的遗迹规模都比较小，结构也相对简单，难度最大的是发掘史前城墙，特别是夯土识别，这在当时曾成为整个项目的“老大难”。我最初认为夯土和自然堆积的土是很容易区分的，但到了实际工作中发现并没有那么简单。首先，龙山文化时期依然处于夯土建筑技术发展的初期阶段，人们对自然堆积的黄土（这里是更新世黄土）只是进行了简单的夯打甚至仅仅是堆筑，用肉眼看，这些所谓的“夯土”与自然的黄土堆积区别并不明显。其次，发掘项目组织者张学海所长和负责城墙发掘的几位老师，他们对“夯土”与“生土”的认识并不一致，我听他们说的都有道理，但到底哪个观点是正确的，我也不知道。在这个过程中，我们还邀请山东省水文地质局的专家到现场进行考察，我自己也查了一些关于山东地区第四纪黄土的文献，但依然没有解决问题。正是这个难题，促使我后来跟随“黄土之父”刘东生院士学习第四纪环境科学，希望能更多地了解人类生存的环境。我曾经详细地向刘先生汇报了我们在城子崖遗址龙山文化城墙发掘中遇到的问题，先生告诉我，或许可以通过沉积物的微结构分析考察人类的夯筑行为，并推荐我向郭正堂研究员（现在已经是院士）请教土壤微形态分析方法。我不打算在这里详细介绍我学习和实践这个方法的详细过程，但是，最近几年我和我的学生、朋友们的实践证明，土壤微形态分析方法，是田野—实验室—对人类学行为的理解—全面准确复原古代历史这个过程中不可或缺的一个环节，我更坚定了以田野考古作为事业重要支点的信念。

带着温情考察古代先民的生活。读硕士的时候，结合丁公遗址的发掘和当时学术界对龙山文化的研究，我选择了《龙山文化城子崖类型》作为硕士论文题目，系统地梳理了海岱地区不同地理环境和文化区内龙山文化时期陶器的特征，带着这些初步的认识开始了我的考古生涯。开始的时候，我依然更多地关注陶器本身；但参加了城子崖和景阳岗遗址的发掘之后，我注意到，这两个同属于鲁北地区的龙山文化聚落，所处的自然环境非常不同，我开始从陶器出发，思考古人的生活，即以陶器组合、形制、纹饰为切入点，想象古人选择陶土、制作陶器等一系列过程，甚至想象他们用陶器来加工食物的行为。正是这些思考，促使我在攻读博士学位的过程中，阅读了一些人类与环境相互关系的文献，而且在关注人与环境关系的同时，注意考察文化变迁的社会和文化背景，这些基本的研究思路一直贯穿在我的教学与科研工作中，让我受益匪浅。

我于 1989 年 12 月 25 日入职山东省文物考古研究所，2004 年 12 月 31 日离开，在此工作、学习了 15 年。在这所社会大学里，不知道能不能拿到毕业证，但我认为自己收获满满：从一个对外面的世界所知甚少的山里娃，一步步走到今天，这 15 年里的收获一直是我人生中最宝贵财富的重要组成部分。我想借此机会，感谢那 15 年里陪伴我成长的老师、朋友们；也感谢今天在这里工作的每个人，你们的热情支持保证了我和我的学生们对海岱地区古代人类与环境关系的研究得以顺利开展。感谢各位给予我的一贯的谅解、支持和帮助！

学习　融合　创新

——在省文物考古研究所工作的五年

燕生东

（山东师范大学历史文化学院）

我虽然是在2000年底才进入山东省文物考古研究所（现称院，以下简称省所）工作，但是很早就参加过省所组织的考古发掘和资料整理工作，学到了很多东西。1992年秋和1993年春夏，我同现任省文物考古研究院院长的孙波一起参加了何德亮老师主持的枣庄建新史前聚落遗址考古发掘工作。何老师长期在国家文物局组织的兖州考古领队培训班工作，对田野日常管理、考古发掘、资料整理和考古报告编写等工作都十分熟悉。我在建新遗址发掘期间，从何老师身上学到了如何发掘和认识一个史前聚落，如何提高工地管理效率和节省开支，如何以考古报告的编写为导向来认识、清理、描述遗迹，收集相关遗物，如何拼对陶器、选择标本，精确描述遗迹遗物。何老师不厌其烦地从目录与标题编排、文字描述、器物分型分式乃至中国数字与阿拉伯数字运用、标点符号使用等方面，手把手教我们如何编写考古报告，让我终生受益。发掘期间，我同孙波经常讨论如何整体发掘一个遗址和认识史前聚落结构，也经常讨论些学术热点问题，还在周围进行了区域调查和钻探工作。孙波带领技工在兖州唐庄工作站成年累月、夜以继日地拼对陶片、修复陶器，整理遗迹遗物，建立资料卡片档案，为编著出版《枣庄建新——新石器时代遗址发掘报告》做了全部的基础性工作。

1993年秋冬，我同孙波、冀介仁老师还参加了滕州薛国故城的发掘工作，解剖了春秋时期薛国郭城城墙，发现了西周时期的城墙，还清理了城内东部龙山晚期遗存。张学海先生多次到现场指导工作，教我们如何通过城门、道路和宫殿来把握古都城布局，如何在古城址里进行考古钻探、解剖和试掘工作。尽管我当时年轻，知识积累不够，对很多问题不太理解，但随着后来的工作和学术积累，就慢慢明白了些。当年我们住在草房和泥坯老房子里，一下雨院子里就泥泞不堪，冬季一场大雪还把我们困在野外七八天，那时的工作场景和虽苦犹乐的精神至今历历在目。这些经历让我初步熟悉了省所的工作性质，认识了些专家，学习到了很多专业知识，逐渐领教了所里工作人员的敬业精神。

在省所工作期间，我与同事们先后参加了近十条公路、铁路、南水北调水道和双王城水库选址以及十几个工厂、电厂、居住区建设项目的文物调查、钻探等工作，参与或主持发掘了桓台前埠、后埠、唐山、李寨，博兴寨卞，五莲董家营，阳信李屋，临淄董褚，胶州赵家庄、薛家庄，胶南黄山齐长城、纪家店子，滕州庄里西、前掌大等十余处不同时期聚落遗址、城址及墓地。由于个人原因，我在2005年9月离开省所，但无论是专业学习和科研成果上，还是工作态度、方式方法以及处理社会关系等方面，在省所工作的五年是我人生收获最多、业务水平提升最快的五年。在这五年里，我学习、融合和探索了不少田野工作方法，扩展了学术视野，撰写和发表了一系列论文，丰富了工作经验，积累了人脉，收集并掌握了大量考古资料，为以后的学习、教学和科研工作打下深厚的基础。我每每想到这些，心情久久不能平静，有时候会禁不住热泪盈眶。衷心感谢省所领导的精心培养和同事们的关心、帮助、支持，感谢共同工作过的每一位同事。

一、学习

省所工作人员普遍具有敬业奉献精神，为了集体牺牲个人利益，不计较工资待遇低、工作条件差，一年四季在野外、在农村工作，吃苦耐劳，无怨无悔。无论是干部还是技工，大家人品好，业务水平高，学习能力、工作能力和动手能力都强，适应新环境快，勇于开拓。大家讲团结，易合作，乐于奉献，舍小家顾大家。我在省所工作的五年时间里深深受到熏陶，得到了磨炼，学习到了省所的精华。体会比较深的有以下三个方面。

1. 讲奉献的敬业精神

21世纪初是山东高速公路建设和基本工程建设的高峰期，考古工地多，省所工作特别繁忙，工作人员野外调查、试掘和发掘工作的时间较长，每年平均5个月以上。我们经常面临着春日沙土飞扬、夏季烈日炎炎、潮湿多雨以及冬季寒风凛冽，经受了种种困难，其中的艰辛难以言状。有时候野外连续调查、发掘工作达6个月以上，除了一个个考古新发现带来的喜悦多少能消解些多风多沙、高温多雨、风雪交加、生活困苦等不便和野外考古工作的孤寂，更多的是奉献精神、爱岗敬业精神支撑着大家。

印象比较深的是2002年春节刚过，时任省所副所长郑同修带领我们三十多人沿同三高速公路路基进行钻探。从济南出来时是冬季，一个半月的钻探工作结束后已经到了春季。钻探快要结束时，由于发掘工作量大、时间紧，所领导决定我们分成六个团队就地转入考古发掘工作。我们当时穿着冬天的衣物，没带发掘用具，借用单位的钱款已花尽，连正常吃饭都维持不下去。但是大家没有怨言，快速进入发掘工作状态，分批轮流回济南带衣服、领出发掘工具、借工作经费。那年春末夏初一个半月多时间里，郑同修副所长领着我、李曰训同现任省文化和旅游厅文物保护与考古副处长的兰玉富等辗转发掘了胶南河头遗址、祝家庄遗址、丁家皂户墓地、纪家店子墓地、黄山齐长城和胶州薛家庄墓地。

2001年盛夏，为配合曲阜三孔啤酒厂货仓建设项目，我同兰玉富带队钻探货仓占压地，住在厂子瓦顶平房内。那时天气酷热，干旱无风，屋里闷热无比，夜里根本无法入睡；把床抬到室外，附近草丛里蚊子又多。那段时间天天睡不着、睡不好，白天无精打采，兰玉富不得不自己花钱去宾馆睡了一夜，恢复精力。

2003年夏，我在阳信李屋遗址发掘时，时值麦后，那里不仅炎热，饮用水还是村边洼地里积累的雨水，苦涩难咽。后来，我们从村民处得知，这里本来就没有淡水，平时喝雨水和黄河水，他们把刚下的雨水叫甜水，但存放在村边洼地的雨水受到地下咸水影响，很快变苦变涩，村民时间长了就适应了，但我们饮用就会腹泻。由于时值非典期间，不能随便外出买水喝，我们拉了半个月肚子，腰都直不起来了。后来疫情结束后，我们每天从大高镇一带买淡水喝，才解决了基本生活问题。就是在那种条件下，我们也没向上反映遇到的困境，坚持工作了两个月，按时完成了任务（图一）。

图一　2003年阳信李屋遗址考古发掘工作人员合影
后排左一：王敬堂；后排左二：常叙政；前排左二：赵岭

我所经历过的夏天考古工作，除了在曲阜三孔啤酒厂和李屋，还有寿光双王城水库建设工程项目的调查和钻探工作（图二）。那里海拔4米左右，地势低洼，常年积水，属于盐碱地，很少发现遗址。我们夏天去过两次，一次是在连续暴雨后，下不了地，另一次没下雨，但是河沟里全是水，我们沿着高地，蹚着水，顺在沟旁走，有时盘在芦苇上的蛇会掉在腿上和脚面上，冰冰凉凉的，它们爬来爬去，挺瘆人的。双王城水库的调查、钻探工作，经历了夏天的雨、冬天的

图二　2003年夏天寿光双王城水库的调查工作
自左至右：周登军、刘晓亮、张敬伟

雪、春天的风沙，一年半后才完毕，仅在工程建设范围内我们就发现了 39 处龙山文化和商周时期盐业遗址，震惊了考古界。

2005 年，我同兰玉富在胶州赵家庄遗址的发掘工作经历了仲春、盛夏、初秋，在我去北京读书的前三天才结束了发掘。赵家庄一带距海边不远，夏天多雨多雾，褥子被子都长了毛。但大家连续工作 5 个多月，无人叫苦叫累（图三、图四）。

图三　2005 年胶州赵家庄发掘合影
前排中：兰玉富

我经历过的隆冬季节考古发掘工作有三次。一是 2001 年在五莲董家营遗址发掘。11 月份清理大汶口文化墓葬时，下了大雪，为了便于集中清理和拍照，又担心墓葬被盗或破坏，我们在工地上用玉米秸搭建了简易草棚，我同高明奎、崔圣宽带队轮流在野外值班。夜深风大，寒气逼人，且深夜要么沉寂无声，要么各种怪声音阵阵传来。因为担心墓葬被盗，睡一会儿就被惊醒，天亮后才能睡踏实。二是在 2001 年滕州庄里西遗址的

图四　2005 年雨后燕生东在胶州赵家庄遗址铲刮地面

发掘。当时春节将至，三九严寒，一天我恰好感冒卧床，但那天工地上清理出一座保存较好的周代墓葬，随葬有一批铜器，需要我去处理和拍照，他们做了个担架抬着我去的工地。三是在2002年冬博兴寨卞遗址。当时参与发掘的有我、魏成敏老师、党浩和五名技工，元旦后的一场暴雪和降温致使一周多未能开工。

需要特别一提的是，多年来同我一起工作的李振彪、崔来临、石念吉、魏恒川、房成来、张胜现、苏凡秋、杜义新、孙亮慎、张敬伟、张宪英、周登军、张子晓、杨家学、刘晓亮、李玉亮、崔猛等人，无论是野外调查、钻探、发掘工作，还是室内整理、器物绘图工作，他们业务能力强，人品好，工作起来都是多面手，吃苦耐劳，任劳任怨，不计回报，不计待遇，不计工作条件，克服诸多困难，总是出色地完成各项任务，表现出良好的敬业精神和优良的工作作风，非常值得敬佩和学习。

2. 田野动手能力和协作能力

省所有个田野工作传统一直延续到现在，就是在野外工地，无论是领队还是文物干部，上至魏成敏、王守功、刘延常、李振光、孙波，下至刚来的研究生、大学生，必须亲自开探方，铲刮地面，清理遗迹现象，记录工作日记。每天，往往第一个到工地铲刮地面的就是领队。我同魏成敏、党浩、兰玉富、高明奎、崔圣宽等合作时，大家都以身作则，互相合作，亲如一家人。领队几乎每天都是第一个到工地，最后一个离开；雨后或者工地泼水喷水之后，往往在太阳未出之前就来到工地刮地面。这样就能每天掌握第一手资料，也能尽快熟悉遗址土质土色、堆积特点、性质，在安排和指挥他人工作时，就能心中有数，得心应手。

在工地上，年轻干部主动承担起财务管理工作，有的负责工地拍照和小件文物清点、保管工作，而技工们负责工地后勤、生活、民工上下工记录和各类工具用具分发管理工作，大家分工明确，各负其责，团结一致，从未出现民工上工记录错误、财务违规填报和文物丢失事件。

3. 适应新环境能力，勇于开拓的能力

来省所后，时任所领导李传荣所长、佟佩华副所长、郑同修副所长考虑我虽曾长期在鲁南地方工作，但独当一面的野外业务工作能力不强，就有意识培养我和一批年轻人快速适应新环境能力、团结合作协同能力、敢于开拓能力，不断压担子、加任务锻炼我们，提升我们的综合素质。

所领导派我同兰玉富、高明奎、崔圣宽、党浩等年轻同事先后到以往省所开展工作较少的青岛市胶南、黄岛（现青岛西海岸新区）、胶州、平度、即墨、莱西，滨州市阳信、滨城、沾化，潍坊市诸城、高密、寿光、昌邑等地，开展调查、钻探、发掘等考古工作。我们团队在那里很快打开工作局面，同当地文物干部和专家密切合作，出色地完成了工作任务。我不仅在专业学习、工地管理、协同作战能力方面得到迅速提升，而且同青岛市、潍坊市、滨州市、日照市、烟台市、淄博市及辖区县市区文博界领导和专家结下了深厚友谊（图五、图六）。

图五 淄博市文物干部和专家到临淄董褚遗址工地指导工作

图六 青岛市文物干部与所领导在胶州赵家庄工地指导工作

二、融合

20 世纪 80 年代末，我在山东大学历史系考古专业先后参加了昌乐后于刘和邹平丁公遗址的考古实习，接受了严格的田野调查、发掘和资料整理方法的训练。山东大学考古专业老师们严谨、严格甚至略显苛刻的田野发掘要求，让我亲身感受了什么是考古地层学、类型学，见到了书本上介绍的灰坑、墓葬、地层等遗迹以及各种遗物，也初步了解了考古学文化判定以及分期、区域类型分区等当时考古学研究的主流。大学毕业后，我在枣庄文物部门工作，其间先后参加了中国社会科学院考古研究所山东队胡秉华、焦天龙队长主持的枣庄峄城二疏城遗址和滕州前掌大墓葬的大规模发掘工作，学习到了以学术和课题为导向的田野考古发掘方法，从另一个角度认识了地层、灰坑、墓葬等遗迹现象，尤其是山东队对重要遗迹现象的精细清理方法让我耳目一新。在北京大学考古文博学院攻读硕士学位期间，除了理论学习，我还三次参加了由张弛老师主持的河南邓州八里岗聚落田野实习。北京大学考古文博学院新石器时代方向的老师们对聚落布局和遗存结构的整体认识，开放式发掘方法，对灰坑、地层、房址、界面等遗迹现象的新认识及相关的辨别，以及全新的清理方式和表格式记录方法，不仅让我眼界大开，而且更新了过去我对田野考古的所有知识。尤其是在田野发掘中，张弛老师放手让我们研究生去思考、去探索、去实践、去失败、去创新，所有的技术和方法，不仅使我目瞪口呆，更使我醍醐灌顶。

在省所工作期间，我结合以往所学所见所悟，又学习了省所一些成熟经验和方法，与同事们一起做了些融合性田野考古和研究工作。

1. 关于地层和灰坑堆积的思考

地层和灰坑是中国田野考古学中最常用的两个基本概念，也是田野考古作业中发现的最普通的堆积现象。对于什么是考古学地层堆积，什么是灰坑堆积，怎么认识和清理它们，大家的理解是不一样的。

根据多年的思考和在不同部门的田野实践，参照国外材料，我初步认为，地层堆积在形成过程中所依托的地面是水平或者是较平整的，人们在其上的活动如果不是破坏原有的地面或者较为水平地破坏原有的地面（如耕地等）留下的遗存，若呈层状就是地层堆积。其形成过程可分为两类，一是一次行为或事件的结果，如在平整地面倾倒生活或建筑垃圾、平整土地、铺垫场院等，二是较长时间多次重复行为或事件的结果，如耕种田地，又如在庭院的活动场所留下的堆积等。而灰坑是个复合概念，包含两部分，一是坑，二是坑内的填土堆积，二者都是田野考古中的遗存，但往往并没有必然的联系。在省所期间，我不断思考和摸索地层与灰坑堆积的形成、性质以及清理、记录方法（见《关于地层堆积和灰坑的几个问题》，《华夏考古》2008年第1期）。

2. 关于判定聚落面积、等级问题的思考

如何判定聚落面积、等级或性质问题，比较流行的是借鉴或利用国外工作方式、理念，如：通过系统的考古调查，尽可能获得各时期遗址（聚落）的数量、面积及其空间分布等信息；以地面采集到的遗物（主要是陶片）的分布范围确定聚落规模，由聚落规模划分聚落等级结构和性质。这种方法强调的是聚落等级层次的分类及其与酋邦、国家管理等级方式的契合（对应）问题，并以此探讨其聚落分布模式及其演变，尤其是某区域文明化进程中聚落结构的变化。北京大学考古文博学院老师们通过多年的努力，也初步形成了一套具有中国本土特色的田野作业方法，其指导思想是，在区系类型研究成果的基础上，重视不同地区、不同时期、不同功能的聚落特点，通过大量试掘和较大规模的考古发掘和研究，在了解某地区文化编年、文化面貌、堆积形成过程及特点等基础上再进行区域聚落考古作业；更多地关注遗址内聚落布局、功能区域的划分以及聚落间表现在政治、经济、宗教、文化等方面的差异（分化）和互动关系。在工作和研究过程中，以遗迹如地层堆积、灰坑、窖藏、房址、墓葬等的存在以及它们的分布范围作为判定遗址的有无及其聚落面积的标准；在划定聚落规模等级和性质上，采取灵活多样的方式，除了把规模大小作为一项指标，还把反映政治、经济、宗教等重要遗迹、遗物的有无看作重要指标（见《关于判定聚落面积、等级问题的思考》，《中国文物报》2007 年 2 月 16 日）。

省所在田野考古工作中，在对遗址的范围、堆积的厚薄及重要遗迹的寻找上，更多的是利用钻探手段。此种方法由张学海先生提倡，魏成敏、王守功、刘延常、孙波等反复实践，也获得较大成功。我同魏成敏、党浩等在桓台西南部的具体田野工作方法上也进行了探索与实践。如，认真分析该地区以往的考古工作成果，并有目的地进行试掘和较大规模发掘，在获知该地区各时段遗迹堆积特点后，再进行系统调查，并尽可能利用钻探手段，通过多次反复工作，比较好地理清各时期的聚落分布形态、聚落内布局及聚落的性质或功能。

我们对桓台西南部的李寨、史家、唐山、前埠、后埠等遗址的相关重要遗迹进行了调查和跟踪钻探；对保存较好的区域，以 100 米×100 米为单位划分探区，区内采用 10 米×10 米探孔网普探，对重要地段和重要遗迹则采取重点钻探。通过调查、钻探工作，初步摸清了这些聚落内的遗迹单位如房址（居住区）、灰坑、窖穴（窖藏区）、墓地等的分布情况。此外，还在史家、唐山、李寨遗址发现壕沟，大体了解了龙山文化和商代壕沟（夯土墙）的形状、保存长度、宽度、深度以及填土堆积情况。为了解这些遗址内壕沟（夯土墙）的年代、形成过程，我们还对壕沟（夯土墙）进行了重点解剖；为了解该地区龙山、晚商时期文化面貌、分期以及聚落堆积过程与特点，又重点发掘了保存较好的前埠、后埠、唐山遗址，清理了一系列重要聚落遗迹，并获得一批相关遗物。获得了该地区龙山、商代遗迹堆积特点的认识后，最后又对桓台西南半部进行了地面系统考古调查和钻探。如此反复工作，就比较清楚地了解了这一带的龙山时期和晚商聚落分布、布局、性质和功能区划、等级划分等内容及变化过程，进而把握了当时的社会基层组织构建和变迁过程（见《桓台西南部龙山、晚商时期的聚落》，《东方考古》第 2 集，科学出版社 2005 年）。

我同王守功、兰玉富、党浩等还把这种方法利用在渤海南岸地区的盐业遗址聚落形态田野作业中。我们的盐业聚落考古也大体分为三步：第一步，通过系统考古调查、钻探和试掘，了解各时期盐业遗址聚落形态的堆积特点、分布形式、数量、规模及空间布局等，并初步整理调查所获资料，建立起每个盐业遗址或遗址群的详细分期框架，总结出各时期每处盐业遗址的年代延续规律；第二步，通过大面积的考古发掘，揭露一个完整的制盐单元，并尽可能地发掘若干个盐业遗址来总结或验证制盐作坊基本设施结构的规律和特点，在此基础上总结古代尤其是商周时期该地区的制盐工艺流程，如制盐原料、制卤过程、成盐方式，以及煮盐所需燃料、盐工居住和生活情况，同时通过发掘，认识到哪类遗迹、遗物代表哪类制盐单元的功能设施；第三步，当有了各类遗迹、遗物与不同制盐功能设施对应关系的认识后，再重点复查和钻探一系列盐业遗址，目的是分析不同规模盐业遗址内功能区划和制盐单位数量、每个盐业遗址和盐业遗址群的制盐单元数量与空间分布形态，并寻找、分析有无堆积形态特殊的遗址或遗迹。运用这些方法，通过这三个阶段的考古工作，不仅获得了对一个盐业聚落内部结构的认识，也获得了晚商至周初、东周和金元时期数十处规模巨大的盐业遗址聚落群、上千处盐业遗址资料，对每个时期的制盐工艺流程、盐业生产组织、生产规模、生产性质等也有了初步了解（见《渤海南岸地区先秦盐业考古方法及主要收获》，《东方考古》第7集，科学出版社2011年）。

在龙山文化聚落等级划分上，我同高明奎等还利用玉器这种贵重物品分析了五莲丹土与日照两城镇聚落的关系。通过类型学比较分析，我们发现，丹土玉器的年代大部分属于大汶口文化晚期后段，部分属于龙山文化初期，而两城镇玉器多属于龙山文化中期，丹土与两城镇的玉器不是同时代关系而是前后传承关系。由于丹土玉器在海岱地区大汶口文化晚期后段所占的独一无二的地位，加之在丹土遗址发现了大汶口文化晚期后段的环壕、夯土墙和带有刻画符号的大口尊、兽面纹蛋壳陶杯等重要遗迹与遗物，可以确定丹土是大汶口文化晚期后段至龙山初期日照、五莲一带的中心聚落，而龙山早期偏晚到中期，规模达上百万平方米、有环壕或夯土墙的两城镇在该区域才具有中心聚落的性质（见《丹土与两城镇玉器研究——兼论海岱地区史前玉器的几个问题》，《东方考古》第3集，科学出版社2006年）。

3. 田野考古发掘中对聚落相关遗迹的认识与实践

在邓州八里岗遗址发掘时，张弛老师经常提醒我们要对聚落布局通盘考虑，比如，从日常生活常识看，居住区域的房屋及周边比较干净，垃圾堆积少；墓地属于“神秘、神圣的地方”，堆积相对比较单纯、干净。这些地方应该受到重视。早年在枣庄建新钻探发掘时，我们也曾遇到这些现象。因此在考古钻探和发掘中，我就比较关注那些所谓堆积单薄、遗物少、遗迹现象相对简单的地方。比如，我同高明奎、崔圣宽在五莲董家营遗址发掘时，同兰玉富在胶州赵家庄、临淄董褚遗址考古工作时，就特别留意聚落中那些“片区”，以及看似生土无遗迹现象的地方，在雨后、雪后反复铲刮，又不断洒水让地面湿透后反复铲刮。在董家营就发现了几十座大汶口文化中晚期墓葬，龙山房址旁还发现了龙山时期大墓；在赵家庄清理出几十座方向不一致的龙山文化墓葬，这些墓葬围绕着仅存柱洞、柱础的居住区。这些新发现让我们对大汶口和龙山文化的聚落整体布局有了全新的认识。

三、创新

在省所工作期间，我们还在田野工作方法上进行了创新性实践。

1. 田野发掘分工协作的探索

考古发掘中一般是一名干部或技工负责一个或多个探方或探沟。但有时考古工作任务重，工作人员少，时间紧，发掘面积大，遗迹现象复杂，传统的发掘方式有时效率低，窝工误事，很难按期完成工作任务。考虑到每位工作人员的能力不一样，因此我同高明奎、崔圣宽在五莲董家营遗址发掘，同兰玉富在胶州赵家庄遗址、胶南纪家店子墓地发掘，我负责的滕州庄里西、阳信李屋、临淄董褚等多个遗址大规模发掘时，就逐步打破每人负责一个探方或探沟的发掘方法，让那些在田野考古中刮面技术好、遗迹辨别和分析能力强的人员专门负责整个工地的平面和剖面铲刮，划出遗迹现象和打破或叠压关系；让那些清理遗迹现象比较细致的人员专职清理；让那些绘图和记录信息水平高的人员一心一意绘图和记录遗迹；让那些后勤事务管理和组织能力强的人员做好服务工作。如此分工明确，各负其责，工作效率提高了好几倍。我们在多个遗址和墓地发掘中，在只有技工和干部10人左右的情况下，清理面积达三四千平方米，还能保质保量地按时完成任务（图七、图八）。

图七　2001 年冬季在五莲董家营雨雪后集中刮地面

图八　2003 年夏阳信李屋遗址发掘中集中测绘

2. 尽量全面揭露的聚落考古方法

公路、铁路等工程建设的路基一般呈条状穿过遗址，尽管有预定的经费、约定的时间和固定的发掘面积，但是为了更清楚认识一个遗址或聚落的结构和布局，更好地保护重要文物遗存，我们改变了以往简单钻探就直接确定发掘位置的做法。首先，在路基占压的遗址下先清地面表土，经全面铲刮后，就能看出聚落、遗址的分布范围和主要遗迹现象及分布情况，如：有无壕沟、寨墙、栅栏

图九　2001 年五莲董家营发掘现场

等，居住区、窖穴区、倾倒生活生产垃圾区以及墓地等功能区划，往往一目了然。其次，在了解各类遗存基本情况后，根据遗迹分布、文物保护和待解决的学术问题，再布方清理，尽量扩大考古发掘面积。最后，在发掘过程中或结束后，也就是在了解其各类堆积特点、时代演变之后，再钻探整个遗址，这样就能基本掌握该遗址各时期的堆积特点、性质与重要遗迹分布情况，这不仅有利于开展文物保护工作，还为以后的保护利用和考古工作提供了很好的参考资料。

我们利用这种方法，在阳信李屋发掘中，根据各遗迹的分布及其历时性、共时性等情况，在发掘区及相邻地区内分出三片由房屋、院落及从属的墓葬、窖穴、取土坑和生产、生活垃圾倾倒区等组成的聚落单元；据层位关系和出土陶器的分期，每片聚落单元均经历了殷墟第一期至第四期，显示它们同时共存。在临淄董褚遗址数千平方米范围内，发现了龙山文化墓地、窖藏区，了解了西周时期遗存分布、春秋和战国时期墓地等内涵。在五莲董家营遗址发现了大汶口文化墓地，龙山文化的居住区、墓地、窖藏区，以及东周时期的壕沟（图九）。在胶州赵家庄遗址辨认出大汶口文化遗迹分布区，龙山文化时期的居住区、墓地、水井、垃圾倾倒区、农田等，以及东周时期壕沟和壕沟外的窖穴集中分布区。

3. 重视聚落遗址边缘的考古工作

聚落遗址的边缘往往有夯土墙、壕沟、栅栏、农田等遗迹，壕沟、夯土墙等通过钻探就很容易发现，往往被重视，而栅栏、农田就不易发现，往往被忽略。我们在多个聚落考古中时常留意栅栏问题，虽没有新发现，但在遗址边缘区就曾发现特殊遗迹现象。

比如，我同兰玉富在胶州赵家庄龙山文化遗址东部边缘就发现了堆积较薄、灰坑较少的遗迹区，这些遗迹由蓄水坑、水沟、不规则浅坑、疑似田埂和田块等组成。这些遗迹大体可分东、西两大片，中间有宽 3—10 米的黄褐色生土相隔。

西片是由蓄水坑、水沟、不规则浅坑以及水沟间的层状堆积等组成的遗迹群。蓄水坑两座，位于遗迹的中部，直径约 1.5 米，深在 1 米以上，底部有淤泥。水沟、不规则浅坑环绕在蓄水坑四周，并与之相通。西北部的水沟数量较多，有主沟、支沟之分，南北向的主沟宽而深，较长，延伸发掘区以外；支沟窄而浅，较短。主沟间距在 1 米左右。沟与沟间的层状堆积厚约 0.2 米，为灰褐色粉沙土，土质稍软，夹杂少量灰黑色黏土，包含少许草木灰和烧土粒。沟和层状堆积东缘有断续的黄褐色五花土堆积环绕。水坑一侧的不规则浅坑，面积在 5 平方米左右，坑内堆积为黑褐色粉沙土，夹杂大量黑色黏土，包含物与水沟间层状堆积相同。东片遗迹面积较大，为南北向长方形浅坑状堆积，宽约 10 米，发掘长度 25 米，深仅 0. 2—0. 4 米，清理面积超过 250 平方米。南、北缘有条带状黄褐色硬土堆积。东西向的三条条带状堆积把浅坑分隔为若干块。条带状堆积为黄褐色粉沙土，土质硬，也纯净些。坑内堆积为黑褐色粉沙土，夹杂大量黏土块，出土少量碎小、磨圆度较高的龙山时期陶片。

为了证实这些遗迹性质，一方面我们对灰坑、窖穴区和生活垃圾倾倒区堆积进行了系统浮选，发现大量炭化稻米。另一方面，我们在山东大学靳桂云教授指导下做了植硅体采样（图十）。对疑似田块区和一般区域的土块进行了系统采样，共布置 63 个采样点。靳老师团队对土样标本进行了植硅体定量分析，结果发现，疑似田块内的水稻扇型植硅体密度（每克土）1 千至数万不等，而一般区域内的水稻植硅体数量却极少甚至没有。参照日本学者判断稻田的标准，在考古现场怀疑为田块的区域应该就是稻田（《山东胶州赵家庄遗址 4000 年前稻田的植硅体证据》，《科学通报》2007 年第 18 期）。

这些新发现和新认识，促使我们在田野工作中开始重视古代遗址边缘区的考古发掘工作。

图十　山东大学靳桂云教授到胶州赵家庄指导稻田遗迹的清理
左：燕生东；右：靳桂云

虽然离开省所有 16 年了，但历任、现任所领导张学海、李传荣、王永波、佟佩华、郑同修、王守功、刘延常、孙波等时刻从不同角度爱护我、关心我的成长，并无偿给予我现在的工作很多支持和帮助。攻读博士学位期间，我代表北京大学考古文博学院与省所兰玉富、党浩共同开展盐业考古工作，获得一批新发现，在此基础上我撰写了相关博士学位论文。毕业后回到山东师范大学工作，我时常参加省所的业务活动，经常见到一块共事的朋友，感到非常亲切。多年来，我已同所里新老同事结下深厚友谊。我感觉，我从没离开省所这个大家庭。

手铲释天书　乐做考古人

——琐忆曾经的十年考古岁月

兰玉富

（山东省文化和旅游厅）

值山东省文物考古研究院建院（所）40周年之际，应约写下这篇纪念文章。自1997年山西大学毕业至2007年，我在山东省文物考古研究所工作了整整十年。那是我精力最为旺盛的十年，那是未负韶华的十年，也是我记忆最深刻、最难忘的十年。

初来乍到的印象

1997年夏天，山西省考古研究所宋建忠老师的一封推荐信，让我走进了山东省文物考古研究所的大门。7月22日，我告别美好的大学时代，从山右来到海右，正式到单位报到。对初来乍到的我来说，最难熬的是济南夏天的热。从清爽太原来到火炉济南，热浪滚滚，早晚没有温差，站着都能出汗，我身上的衣服就从来没干过。到单位上班第一天，把行李扔进后面宿舍小屋，头一个礼拜保卫值班，我就没敢进过宿舍，热啊！值班期间还曾在院中大杨树下睡过。吉林大学毕业的高明奎早我半个月报到，被直接安排到了济南王府遗址考古发掘工地，我在单位值班期间，也被临时调到王府遗址工地，帮忙对发现的周代陶窑址进行迁移保护。在坐着不动都出汗的桑拿天里，工地的同事们冒着酷暑进行发掘。我在参与石膏加固套箱抬升时，还没搭几把手，手掌便被磨出水泡。对于我这个初出校园的白净书生，以后要走的路、经受的磨炼还很长。记得当时我跟高明奎面对山东这么艰苦的考古工作环境，心里都有点小小的失落和怯意。当然，尽管济南热，但济南人、单位领导、同事都很热情，我还是发自内心地喜欢这座充满浓厚人情味的泉城，喜欢这里人的淳朴、热情、善良，更喜欢省文物考古研究所古色古香的幽雅环境和单位领导、同事间的一团和气。

十年考古的田野发掘琐忆

1997 年 7 月底至 9 月下旬，我参加章丘西河遗址考古发掘，佟佩华副所长任考古发掘领队。这是我毕业后第一次参与系统的考古发掘项目，除了参与发掘工作，我还承担了工地物资管理和出土文物小件、标本登记保存工作。当时的工作场景，今日思来仍历历在目，点点滴滴记忆犹新。我与郑同修主任及时任章丘博物馆馆长宁荫堂同住一个宿舍，得以时常聆听两位老师的教导。每日晚饭后都与刘延常去龙山镇街上散步，边走边聊，他说我听，印象最深的是他对陶器五要素的讲解。西河遗址的考古工地发掘规模大，汇集了省文物考古研究所大部分业务骨干力量参与，还聘请黄景略、张忠培、严文明等国内知名考古专家来指导工作，郑笑梅先生则作为顾问常驻工地。我在工地还拜当时的技工张子晓为师，学习如何使用洛阳铲进行考古勘探。与各位资深同事一起工作，接受专家学者的现场指导和教诲，使我受益终生。通过西河遗址的考古发掘工作，我亲手清理出了约 8000 年前的房址，首次认识了海岱地区最早的新石器时代考古学文化——后李文化的面貌和内涵。西河遗址的考古发掘成功入选当年“全国十大考古新发现”。能够一毕业就参加这么重要的考古发掘项目，是我考古生涯的一件幸事。也正是从西河遗址开始，我的田野考古职业生涯正式开启。

1997 年至 2000 年期间，我的工作岗位在文物考古研究所临淄工作站。我先后参与了临淄金茵小区、人民银行汉代墓地、章丘城角头墓地（一期）、顾庙汉代墓地、东郑庄汉代墓地、东康留周代墓地、泗水尹家城遗址的考古发掘。山东大学曾对泗水尹家城遗址进行五次考古发掘，发掘区域均在高约 10 米的河边台地上，发现了龙山文化、岳石文化、商周时期文化遗存，出版有《泗水尹家城》遗址发掘报告。2000 年 1 月，我也赓续前辈工作，为配合兖石铁路复线工程建设，对尹家城遗址进行考古发掘，当时是李曰训任考古发掘领队，发掘地点在尹家城遗址高台地东南侧缓坡地带。这次发掘发现了龙山文化、岳石文化、两周以及隋唐时期文化遗存，其中包括周汉时期排水沟和路沟 4 条、东周土坑墓 36 座，这为进一步认识泗水尹家城遗址文化内涵和价值提供了有益补充。考古发掘期间，还在距尹家城遗址不足 3 公里的戈山村征集到 15 件龙山文化石器，以石铲、锛、凿、镰为主，出自村附近山地岩缝，可惜岩缝因采石损毁。又就近发现龙山时期灰坑 1 处，残存坑底，内填草木灰和红烧土，出土浅篮纹夹砂黑陶片 1 片、兽骨 1 块。这批石器的发现成为我学术研究的发轫契机。

2001 年至 2004 年期间，我的工作岗位调至第一研究室，先后承担或参与了诸城薛家庄遗址、胶南河头遗址、危山汉墓兵马俑坑、章丘城角头墓地（二期）的考古发掘。在诸城薛家庄遗址考古发掘期间，与同事燕生东、诸城博物馆张健馆长和韩岗副馆长等人，陪同山东大学栾丰实教授考察了六吉庄子遗址。在村办工厂看护房内发现 2 件完整石磨盘，在当地派出所的大力配合下，从下午交涉到傍晚，成功收缴。田野发掘工作结束后，带领技工对遗址进行了考古勘探和断崖剖面清理，发现有烧烤面的半地穴式房址和少量夹砂红陶片等遗迹、遗物。相关成果以调查简报的形式发表在《华夏考古》上。这些材料的发现，为完善鲁东南地区考古学文化谱系、探讨山东地区早期考古学文化研究提供了重要线索。2002 年寒冬，我参与危山汉墓兵马俑坑的考古发掘，印象深刻的是一号坑发现了一辆陶车和五个女陶俑，女俑们婀娜多姿，彩绘艳丽，我们将保存最好的一个女俑戏称为“危山一号美女”。该项目成功入选 2003 年“全国十大考古新发现”。城角头墓地（二期）范围内分布有战国、汉、唐、宋、元、明、清各时期墓葬，时间跨度大，墓葬类型多。我承担唐代墓地的考古发掘，共清理了 22 座墓葬，多为夫妻合葬墓，其中 M465 为砖室墓，墓室遭到损毁，出土一件形体硕大、制作精美的青釉辟雍砚，墨池下 24 只蹲立莲座兽形足环绕一周，兽足栩栩如生，活灵活现。这是我发掘过的数量最多、保存最完好、布局最规整的唐代家族墓地，具有极高的学术价值。

2005 年，我取得了国家文物局颁发的考古发掘个人领队资格。为配合青岛至莱芜高速公路工程建设，我与燕生东分别主持了胶州里岔镇赵家庄墓地和赵家庄遗址的考古发掘工作。遗址在平地，墓地在岭地，东西相距不远，相互可见。考古队共驻韩家村，大家相互配合默契，共同研究，开展田野考古工作，协调处理工地各种事宜。我们对解剖清理工作做了大胆创新，首次采用开挖多条平行探沟的方式，利用多条探沟平剖面，分析研究土墩墓的结构、堆筑方式、形成过程、墓穴布局和层位关系，取得显著成效，在研究该类汉代墓葬营造技艺和鲁东南地区丧葬习俗方面取得突破性进展。该墓地的发掘被列入 2005 年度中国重要考古发现。

2006 年，我正式调至第三研究室，任副主任。在第三研究室期间，我主要协助张振国主任开展基本建设考古工作的前期联系及沟通协调、工作方案制定和工作协议签订、经费预算编制、项目组织实施等工作，具体参与组织实施的建设工程考古项目近百项。在职期间，逐步完善了工作流程，规范了工作要求，制定了工作报告编写规范，并对所有建设工程考古工作资料实行科学化、规范化档案管理。俗话说：“一分耕耘，一分收获。”努力从来不会白费，今日撒下的种子，正在你看不见、想不到的某处，悄悄地生根发芽。这段工作经历和积累的实践经验，为我后来开展基本建设考古工作管理打下了坚实基础。

十年考古的学习研究琐忆

在省文物考古研究所工作的十年中，与科研院所和高等院校的专家、教授学者有很多接触，各位先生的指导点拨让我受益终生。2003 年至 2005 年，我参加了北京大学和山东省文物考古研究所联合举办的东部地区考古学与博物馆学研究生课程进修班，圆满完成学业并获得结业证书。进修班设在临淄工作站，学员是省文物考古研究所的职工和各地市文博干部。北京大学考古文博学院的知名教授利用每年暑假，轮流赶赴临淄集中授课。通过和各位教授近距离的接触以及对文博知识的系统学习，我极大地开阔了自己的学术视野，提高了自己的考古学理论水平和业务能力。2003 年秋冬季节，国家文物局委托北京大学在临淄区桐林田旺遗址举办田野领队培训班。我跟随秦岭和张海老师学习 GTS、GPS 等现代仪器在考古测绘中的应用，学习期间有幸聆听北京大学赵辉、刘绪和吉林大学朱泓等教授的教导，获益良多。

参与重大科研课题也是很好的学习机会。北京大学中国考古学研究中心与山东省文物考古研究所联合开展鲁北沿海地区先秦时期盐业研究课题，课题负责人为李水城老师。2002 年 8 月下旬至 9 月初，我陪同李水城老师对山东沿海地区盐业遗址和有关地方博物馆进行实地调查，同行的还有北京大学的胡明明和王辉。这是我第一次接触盐业考古领域，通过调查，我对山东地区古代盐业遗存的分布有了初步了解，对盐业遗址出土的制盐器皿盔形器有了直观印象。2007 年春夏之季，我与正在北京大学读博士的燕生东一起，根据研究课题需要，对渤海南部沿岸地区商周时期盐业遗存开展系统调查，取得重大收获，新发现商周时期盐业遗址近 150 处，确认了渤海南部沿岸地区是商王朝晚期的制盐中心，首次发现了东周时期制盐工具和盐业遗址群。2002 年 11 月，我还参与了山东大学与美国芝加哥博物馆合作的日照地区区域系统考古调查，跟随栾丰实、方辉及美国的文德安等学者团队，学习区域系统考古调查工作理念和方法。

考古发掘工作为考古学研究提供了第一手基础资料，是考古学研究的前提条件。俗话说："巧妇难为无米之炊。"如不对考古资料进行系统有效整理，考古学研究就无从谈起。参加工作第二年，我跟随佟佩华副所长、刘延常老师，利用田野考古工作间隙，整理章丘西河遗址、潍坊会泉庄遗址的考古发掘资料，撰写考古简报和发掘报告。在他们的指导下，从陶片的分选拼对、器物的分型定式、绘图照相、遗迹遗物的规范描述、文化遗存的年代分期、考古简报或发掘报告的编写等各个方面和环节，进行实践学习，逐渐掌握了这些基本技能和工作必备要求。何德亮老师擅长考古报告编写和论文编辑工作，我和高明奎参与了他主持的西公桥遗址考古发掘资料整理工作。在资料整理过程中，他对编写考古发掘简报和报告的认真指导、严格要求，让我们受益匪浅，这为我独立开展考古资料整理和发掘报告编写打下了坚实基础。十年期间，我先后参与执笔并发表了《山东章丘市西河新石器时代遗址 1997 年的发掘》《山东滕州市西公桥遗址考古发掘报告》《莱州湾地区古代盐业考古调查》等，作为第一执笔完成并发表了《山东诸城市六吉庄子新石器时代遗址考古调查》《2000 年泗水尹家城遗址发掘报告》等。由当时第一研究室主任王守功主持的国家课题"鲁中南汉墓的整理与研究"共涉及 8 个汉代墓地考古发掘项目，我负责整理东郑庄墓地和顾庙墓地两个考古发掘项目资料，并执笔撰写考古发掘报告。该课题顺利结项，被评为山东省第二十五次社会科学优秀成果三等奖。

在省文物考古研究所工作期间，本人对国内外考古研究现状及其发展趋势有了一定认识和理解，对许多考古学术问题进行了积极思考和认真探索。对于泗水尹家城遗址发掘期间在戈山发现的那批石器，我当时对其性质的第一判断为山地祭祀遗存。令人惊喜的是，沂南罗圈峪、五莲上万家沟北岭同样发现类似山地祭祀遗存，且也为龙山文化时期，并处于大致相同的埋藏环境。这激发了我的好奇心，让我产生了极大兴趣，从而进行了研究。为写好这篇论文，我用了很大心思和精力，曾于 2007 年 7 月份前往沂南县对罗圈峪玉石器出土地点及地理环境进行实地考察；8 月份再次到泗水县戈山村实际考察石器出土现场，寻访石器发现当事人李长银。还查阅了大量考古学、历史学、民俗学、民族学等方面的资料，并专门向王树明先生请教。王先生不厌其烦、悉心指导，无私提供相关考古及文献资料给我参考。经研究，这类山地祭祀遗存祭祀的对象应为山神，但其与农业生产方面的宗教祭祀活动有不解之缘，其祭祀目的很有可能是祈求风调雨顺、农业丰收，这应为古人重农思想的反映。经多次修改，数易其稿，最终写成《谈海岱地区发现的史前时期山地祭祀遗存》一文，发表于《中原文物》。这是我发表的第一篇真正意义上的学术论文，在稿件修改过程中，王先生对我谆谆教导，持续鼓励，还就如何写好一篇论文提出宝贵意见和建议。在此对王树明先生表达诚挚谢意。

此外，我先后参与撰写了《山东最早的新石器文化——章丘西河遗址》、《山东 20 世纪的考古发现和研究》之北辛文化章节、《北辛文化相关问题的探索》、《山东胶州赵家庄抢救性发掘汉代墓地》等多篇文章。省文物考古研究所 2001 年正式启动《山东 20 世纪的考古发现和研究》编撰工作，王守功主任安排我独立承担北辛文化章节的撰写，历时两年完成定稿。撰稿期间，我查阅了省内几乎所有北辛文化考古资料，为理清北辛文化源流及其与周边文化的关系，还对后李文化、大汶口文化及周边省同时期的磁山裴李岗文化、青莲岗文化、石山子早期文化等相关资料进行分析比对。独立承担该工作，不仅让我对山东地区北辛文化的地域分布、文化面貌、年代分期、地方类型、源流、经济形态、社会状况、研究历程及存在问题等有了全面的认识和把握，而且让我对山东史前文化谱系及周边省份史前文化有了一定的了解和认知。这些考古学知识的储备毫无疑问对我大有裨益，在我那些年的考古工作中发挥了很大作用。

十年考古的酸甜苦辣琐忆

很多人不了解或者根本不知道什么是考古，肤浅地认为考古就是“挖坟掘墓的”。记得有一次参加朋友聚会，有人问从事啥职业，我说是干考古的，对方回了一句：“炒股的啊，这职业好，挣大钱！”真是令人哭笑不得。“远看是挖土的，近看还是挖土的，再走近细看，原来是考古的。”这虽然是对考古工作者的戏谑，但也正是他们野外工作的真实场景。有前辈说：“吃不了苦，考不了古。”考古确实是个又苦又累的职业。

说艰苦，一年四季无论是刮风下雨还是严寒酷暑，都要随时开展野外考古工作，因为基本建设工程不会等你。野外作业，冬天冷夏天热，冬无暖气夏无空调。冬天的夜晚靠煤炉取暖还好受些，但白天在工地一待就是半天，还是非常冷的。夏天在工地上因暴晒导致皮肤灼伤蜕皮是常态，晚上只能靠小风扇降温，经常热得睡不着。记得1999年东郑庄汉代墓地考古发掘时，与丰山墓地考古发掘队共同租住在西公桥村两处民宅中。发掘工作正处在七八月，工地连棵树都没有，无处遮阴，酷暑难耐，头戴草帽根本不顶事。晚上我热得睡不着，实在没办法，就和高明奎一起卷起铺盖到屋顶睡觉。那段日子确实难熬，但是咬牙坚持过来了，竟然没中过暑。在胶南河头遗址发掘期间，风干物燥，嘴唇经常开裂；加上干旱缺雨，极不利于考古发掘工作的开展。沿海地区几乎天天刮风，由于无高空摄影设备，工地就买了两个高五六米的竹梯交叉绑在一起，两侧用绳子拉扯固定，我们爬到顶端进行拍照时，风吹得梯子不停晃动，站在上面心惊胆战。若真掉下来，后果不堪设想。

一年365天中，我至少有一半时间是在考古工作第一线。工作间隙回趟家就像住宾馆一样，来去匆匆，根本无暇照顾家庭和孩子，陪孩子共同成长更是奢望，仅能电话联系问候。刚工作的那几年，手机都是单位统一配备，每次出发，一支考古队伍只能随机领取一个使用，与家人联系很不方便。儿子喊的第一声“爸爸”，竟是我在2003年3月胶南市河头遗址发掘工地上通过电话听到的，当时的心情五味杂陈。但是想到自己的工作能得到家人的理解和支持，得到单位领导和同事认可，又感到很欣慰。

考古人作为穿越时间隧道的逆行者，是真正的唯“物”主义者，无论是解读史前无文字历史还是印证历史时期历史，都靠考古发现的实物来说话。考古工作虽然艰苦，但确实有意义，这是一件神圣的、值得做的事。干久了，便对考古工作产生了感情，培养出了一种情怀。尽管这个工作的社会存在感不高，但是自我认同感还是很强的。正如习近平总书记指出的那样，我们广大考古工作者风餐露宿、青灯黄卷，展现了深厚的爱国情怀、坚定的学术志向、顽强的工作作风。考古工作者具有“择一事终一生，不为繁华易匠心”的敬业精神，具有科学严谨的治学态度，具有不畏艰苦、甘于寂寞的坚韧性格，具有良好的职业操守和道德情怀。《徐旭升先生西游日记》中有首诗：“苦乐由来任心造，宴安鸩毒岂是宝。男儿生当东西南北游，安能株守田园老！”这是对考古工作者的生动写照。

十年考古的快乐和情谊琐忆

考古工作虽苦，但苦中有乐。当考古发现重要遗迹或出土重要文物时，那份喜悦立马油然而生。诸城薛家庄遗址按计划一个礼拜发掘结束，因为通过勘探仅发现极少量灰坑且很浅，初步判断地下遗存不会很多。可是揭开扰土层后，竟然在不足700平方米范围内，发现50个龙山文化窖穴及少量汉代遗存，当时那份惊喜可想而知。这也正是考古魅力所在，在发掘过程中，你永远猜不透下一文化层会给你带来多大的惊喜。

考古工地有很多印在我脑海中的人和事。有一段时期，考古发掘工地有个不成文的规矩，大家按照职称高低、年龄大小排序，个人轮流“过生日”掏钱请客。钱不多，三十至五十元不等，但是成为当时工地上改善生活、苦中作乐、团结同事、增进友情的重要纽带。1998年底，我参与了何德亮老师主持的滕州市西公桥遗址考古发掘，驻地在官桥镇老电影院放映室和办公室内。电影院前广场西南角有一旱冰场，白天经常能看到一帮年轻人伴随着激烈高昂的现代舞曲玩耍。广场中央，经常会出现一独腿残疾中年男性，一手拄拐一手握麦克风，听着伴奏带，自我沉浸式、陶醉式卡拉OK。唱到兴奋时，还不时把手中拐杖高高抬起舞动，而且一唱就是一个多小时。尽管他每一句都是跑调的，但是他的那种无拘无束、自由洒脱、知足快乐深深感染着我们，那个场景成为每一位考古队员脑海中一幅永远抹不掉的画面。

通过考古工作能够认识和结交很多地方业务干部并建立深厚友谊，有时这种友谊能延续好长时间，即使有的人不从事文物考古这个行当了，也依然保持联系和来往。在章丘西河遗址考古发掘工地，有三个年轻地方干部孙涛、宁述鹏、韩绍喜全程参与工作，他们年龄相仿，均为80后，号称“三剑客”，勤快好学，乐于助人。我与他们共同工作、学习和生活，建立了深厚友谊，相信他们也会对那段美好时光念念不忘。2002年春天，青岛市文物局的林玉海处长、胶南县博物馆的纪中良馆长和于元林老师等地方干部参加了张家楼镇河头遗址墓地、纪家店子墓地的发掘工作。纪馆长和于老师为同三高速公路工程考古调查勘探和考古发掘工作付出了巨大辛劳，全程参与配合，全力协调沟通，确保后勤保障。据说纪馆长因劳累过度，在4月25日考古队全部撤离工地后，便住进了医院，一住就是半个多月。于老师属于当地名士，擅长“三句半”打油诗，在考古发掘期间经常趁酒后雅兴即兴作诗，惜未能及时记录，甚为遗憾。

省文物考古研究所在20世纪80年代末利用济青高速公路沿线考古发掘的机会，培养了一批考古技术工人。这批人中有一大部分属于当时的高中毕业生，文化素质还是很高的。大浪淘沙，上百名培训学员中仅有不足20人留了下来，一直在省文物考古研究所工作至今。他们常年在外，日复一日，年复一年，要么奔波于各个考古工地，要么在所里修复文物和整理考古资料，只有逢年过节和收割庄稼之时才回家待几天，根本无暇顾及家庭。而在那个年代，那点微薄的工资和补助甚至不够维持家用，但是他们默默坚持干到现在，任劳任怨，吃苦耐劳，一晃就是三十多年。这帮考古兄弟把自己的青春年华甚至自己的一生都献给了我省的考古事业，可以说是考古事业发展背后的无名英雄。那十年的考古岁月里，我与这帮兄弟在工地上一起吃住，同甘苦，共患难，共同分担解决工作中遇到的困难和问题。记得在赵家庄遗址发掘时，一天晚上一帮当地小混混开车到驻地寻衅滋事，兄弟们团结一心，成功应对了那次的突发事件。我还记得开展高速公路和铁路工程考古调查勘探时，与兄弟们一起住便宜小旅馆、吃小饭馆或者路边摊的场景。我们同甘共苦，苦中有乐，情谊难忘。

考古发掘工地的人员组成包括领队、业务干部、技术工人和民工四级架构，各有自己的工作职责和任务。具体清理工作主要由民工承担，民工多来自发掘工地所在村庄。考古队员与民工间大都保持良好协作配合关系，碰到投缘的，甚至还会成为朋友，在考古工地结束后，逢年过节相互打电话问候，甚至还时常走动。在顾庙墓地发掘工作期间，一位外号叫“华子”的民工，当时年龄应该在18岁左右，高高瘦瘦的，不善言辞，但热心周到。工作之余，他经常去河里挖泥鳅、抓螃蟹，送到工地改善我们的伙食。在每个考古发掘工地都会有让你记得住并心存感激的民工，或善良，或勤快，或热心，这样的事不胜枚举。

考古工作展望

现在的田野考古工作条件和环境尽管比以前好多了，但是相比较其他行业来说，还是一项需要耐得住寂寞、守得住清贫的职业。习近平总书记高度重视考古和文物保护工作，曾在不同场合多次强调考古工作的重要性，尤其是在2020年9月28日中共中央政治局第二十三次集体学习时就考古工作做出的重要讲话，使我们深刻认识到，考古工作乃至整个文物事业的春天真的来了！他要求各级党委和政府“关心爱护考古工作者，积极提供人力、物力、财力等方面的支持，为考古事业、文物保护、历史研究创造良好条件”。期盼我省考古工作的境况能够有所改善和改观，田野考古工作津贴等待遇能真正得到落实，以保证一线考古人员专心致志，全力做好田野考古与研究工作，这也是我省文物保护事业良性发展的重要保障。

“十四五”时期是我国由全面建成小康社会向基本实现社会主义现代化迈进的关键时期，随着国家“放管服”发展改革的强力推进，我省文物事业也将进入大发展新常态。目前乃至今后相当长一段时期，我省基本建设考古工作仍是整个考古工作的主要任务，形势将更加严峻，任务将更加繁重，时间将更加紧迫。国家已正式出台“先考古，后出让”的政策机制，落实这项考古前置制度将面临诸多问题和困难，这是摆在我们面前的一项重大课题。这需要我们大家一起集思广益，积极探索，勇于创新，尽快构建符合山东实际的基本建设考古工作新路子、新模式，并切实加强我省考古力量和能力建设，确保文物保护与经济建设协调共赢。

路漫漫其修远兮！我们每一位考古工作者，都应深刻把握建设中国特色、中国风格、中国气派的考古学的光荣使命，充分发扬“为民服务孺子牛、创新发展拓荒牛、艰苦奋斗老黄牛”的精神，不忘初心，砥砺前行，努力开创山东考古工作新局面。相信在各位同仁的共同努力下，我们山东考古的明天会更好！

与时间赛跑、与建设抢速

——记小清河考古攻坚战

高明奎

（山东省文物考古研究院）

2020 年春节来临前夕，正当全国人民欢欣鼓舞迎新年的时候，一场突如其来的新冠疫情降临人间，大河上下顿失滔滔，大江南北迅速进入“速冻”模式。首先是武汉封城，接着是蔓延全国的停运、停航、停工停产。除夕当日，山东省委省政府召开紧急会议，齐鲁大地也打响了疫情阻击战，道路设卡、村村封堵，除特殊行业和社会需求外，一夜之间，人们似乎进入了冬眠状态。春节过后，虽然已到上班时间，可疫情蔓延肆虐，开始居家办公，也开始了有史以来第一个春节长假。随着全国疫情防控形势的好转，2 月 18 日，山东省委发出《关于加快全省企业和项目建设复工复产的若干措施》的通知，春寒料峭的齐鲁大地也难掩生命的脉动，蓄势待发的小清河应急防汛工程迅速复工，作为重要历史文化长廊的小清河沿线文物抢救保护工作也迫在眉睫。

生命工程吹响集结号

小清河应急防汛工程是省委、省政府确定的 2020 年全省重点水利工程中的头号工程。2018 年、2019 年，接连两年遭强台风影响，小清河全流域连续发生洪涝灾害，给人民群众生命财产安全造成重大损失，省委、省政府下决心根治小清河水患。为加快工程进程，2020 年 1 月 16 日，省委常委、副省长王书坚主持召开协调推进会议，副省长凌文、于国安出席会议。会议明确工程建设的目标，要确保 2020 年主汛期前（6 月 30 日），完成干流复航段金家桥闸下河道全断面及闸上河道 23 米底宽扩挖，以及干流非复航段、主要支流、蓄滞洪区、支脉河（连通）和分洪道治理主体工程。该工程被称为生命工程、政治工程，省领导要求各部门通力协作，由于工程紧急，可以暂时容缺建设，边申报相关手续边建设。该次会议，要求文物部门做好沿线工程的文物保护工作，省文化和旅游厅主要负责人参会。按照会议要求，工程建设要加快推进，可面对突如其来的疫情，春节过后无法及时开工，全线建设压力越来越大。

小清河诸多河段利用了古济水故道。自古以来，济水是连接东西的通道，也是一条文化带，沿河区域古文化高度发达，遗留下丰富的文化遗存。小清河应急防汛工程规模大，尤其河道拓宽及相关水利设施的建设将占压大量古遗址，对文化遗产的保护带来较大威胁。依照文物保护法规，工程建设施工前要做好相应文物保护工作。可工程建设紧急，如何在紧张的工期内，既要保障工程顺利实施，又要做好文物保护工作，这是摆在文物部门面前的重要考验。

考古队员急赴小清河

面临着工程建设紧急与文物保护任务繁重的形势，省文化和旅游厅党组迎势而上，积极作为，紧急组织动员全省考古人员投入小清河应急防汛建设工程中。2 月 20 日，在全国疫情严控期间，在城市、乡村严控人口流动及要求居家办公形势下，省文化和旅游厅在省考古研究院举行了重点工程考古复工仪式。王廷琦副厅长在仪式上代表厅党组饱含深情地讲话，发出了奔赴小清河考古的出征令，表示这是我省第一支复工复产的文旅队伍，体现了文旅系统和考古工作者的大局意识和责任担当，同时强调考古工作一定要以人为本，把考古工作者的身心健康放在首位，统筹做好考古现场防疫、后勤保障和考古工作，确保重点建设工程顺利实施。次日，在事先没有与建设方签订协议、落实经费的情况下，省考古研究院委派赵国靖带领近 20 人的考古勘探先锋队到达小清河济南段，打响了小清河考古攻坚战的第一枪。

那时小清河济南段尚未动工，早春时节乍暖还寒，静静流淌的河水，两岸干枯的野草，本来就人迹罕至的荒郊野外，疫情期间更显得一派肃静，唯有一阵疾风卷起河滩中的落叶枯草，惊飞树枝上叽叽喳喳的麻雀，方显得有些生机。突然造访的考古队员打破了河边的宁静，两队人员夹河而行，每队七八个人一字排开，每人手持一根长数米的考古探铲，间隔数米便人工钻一排探孔，远远看去俨然训练有素持枪荷弹的战士。队员前行的脚步常常惊起周围趴伏的野兔或野鸡。这些情景，在紧张的工作中或能带来些许生趣，但疫情严控带来的交通、生活的诸多不便和困难，需要考古队员逐一面对和克服。勘探之初，因绝大部分餐馆未开门营业，一日三餐成了大问题。为了解决温饱，只能从超市备粮，也真正体会到兵马未动粮草先行的现实意义，考古队员购买泡面、拉面、饼干、火腿肠、榨菜等袋装方便食品，带上热水，蹲在田间地头，或在野外建筑物、沟坡的背风向阳处，或蜷缩在车内，解决了一顿顿的早餐、午餐。喝上一口热乎乎的粥、吃上一顿炒菜便成了队员每天的奢望。午饭后，劳累了整个上午的探工师傅，有的躺在背风向阳的沟坡上或背靠大树而坐，或三两人聚在一起抽烟聊天，算是午休。计划好的工作地点，我们按导航前往，但因村村设置卡点，几乎寸步难行。看着村口值班的大爷，最初还尝试苦口婆心解释望能穿行，但无一成功，只能望村兴叹，常常不知要绕过几个村、转几个圈才能到达。有的县城酒店还未复工，只能白天在该县域沿河道勘探，晚上就近到邻县吃住。

前线吃紧，再增援兵

勘探任务涉及两个工程项目，一是防洪工程，二是小清河复航工程，前者主要是小清河两岸堤坝加固和开挖分洪道，后者则是小清河主河道的清淤、拓宽。两个项目调查勘探总长度达300多公里，需要考古队员一个多月内一步一步用脚丈量并每间隔数米人工钻探打孔。这么短的时间，这么大的工作量，又有疫情防控的不可预知因素，这项任务能否按时完成，考古队员心里还是打了问号。由于疫情防控带来诸多不便，更主要的是埋藏深、勘探难度较大，小清河博兴县以西沿线淤积严重，文化堆积普遍埋藏较深，汉代以前的遗址、墓地均在地表下2—4米，高青以西，商周及更早期的文化遗存埋藏于地表下5米或更深，这就意味着需要考古探铲穿透2—5米厚的黏土淤积层方能触及古代遗存，这对于完全靠人工作业的考古勘探来说，其难度和工作量则是成倍增长。历城、章丘、邹平、高青段淤积严重，为尽可能发现古代遗存，要求考古队员至少间隔50米要打一个5—7米不等的深探孔。于是，在小清河河畔，可看到一两人竖立3层楼高的铁探铲杆在风中摇摇晃晃，拧拔探铲杆的队员手掌磨出了一个个血泡，老的未消，又磨出新的，渐渐磨出了老茧，年轻人的手变成了粗糙的“熊掌”。

随着疫情防控形势的好转，小清河沿线高青、邹平等县市宾馆开始复工营业，为加快进度，3月上旬，省考古研究院先后派出赵益超、刘文涛带领的第二、第三支勘探队，集中于高青地段，同时调集赵国靖带领的一队前往博兴、广饶。勘探工程涉及2处全国重点文物保护单位、2处省级文物保护单位，这些遗址需要先期编制报告上报国家文物局审批，然后再分别从广饶、桓台开始沿河分段进行。随着工程建设的全面复工，小清河全线机械轰鸣，约数千台挖掘机械同时作业，前线勘探队不时传来施工破坏文物的消息，虽然与建设单位多次协调沟通，但战线太长，文物保护面临的形势日益严峻。为进一步掌握工程建设现场状况，3月19日上午，孙波与我赴博兴、高青段施工现场，在当地文物部门陪同下，查看了勘探工地、受破坏的遗址和墓地及全线施工情况，协调建设单位要求发现文物的现场立即停工。当日下午我们又返回济南，向省文旅厅文物保护和考古处领导做了汇报，并商定由省考古研究院起草新的小清河考古工作方案，调集全省考古力量，加快考古工作进度。3月22日，省文旅厅组织召开小清河考古工作紧急协调会，王廷琦副厅长及文保处、行政许可处、全省10家考古资质单位业务工作负责人参会。在会上，省考古研究院汇报了小清河工程建设基本情况、考古调查勘探工作进展情况及目前存在的问题，并提出下一步考古工作方案。厅领导对方案予以认可，并就下步工作做出指示，要求集中全省的考古力量，开展小清河考古会战，确保工程建设顺利进行，各考古资质单位要切实提高政治站位，自筹经费垫付，不讲条件、不讲困难，立即投入到小清河考古工作中。会议研究了面临的工作任务，安排了分工，明确了工作时间节点。厅文物保护与考古处负责与工程建设相关单位沟通协调，解决文物保护工作过程中遇到的有关问题，负责考古发掘计划和省保及以上文物保护单位文物保护方案的申报；厅行政许可处负责考古勘探和工程选址意见的行政审批工作；省文物考古研究院负责组织开展建设工程范围内的田野考古工作，其中考古勘探工作由省文物考古研究院和日照市文物考古研究所、临沂市沂州文物考古研究所、菏泽市曹州文物考古研究所共同承担，分段实施；防洪工程涉及的 4 项考古发掘工作先行开展，由省文物考古研究院和省水下考古研究中心、济南市考古研究所、青岛市文物保护考古研究所、烟台市博物馆分别承担。各考古单位务必于 3 月 25 日前进驻考古工地开展考古工作，3 月 27 日前完成未定级文物点考古发掘计划的申报工作，工程全线的考古勘探工作要在清明节前完成；省文化和旅游厅行政许可处于 4 月 10 日前完成工程选址意见审批工作；省保及以上文物保护单位的文物影响评估和保护方案编制工作要在清明节前完成，并于 4 月 10 日前上报国家文物局审核。

根据省厅会议精神，各考古资质单位迅速行动，3 月 24 日人员进场到位，小清河全线形成了 6 支考古勘探队、5 支发掘队同时开展工作的局面，人员共达 200 多人，全面拉开了小清河考古攻坚战的大幕。

勠力同心，拼搏勘探

为切实加快推进小清河应急防汛工程中的文物考古工作，发挥文物工作者在支撑重点工程建设中的作用，努力做到文物保护和工程建设工作的双促进，3 月 27 日，省文旅厅发文成立“小清河应急防汛工程文物保护工作专班”。王廷琦副厅长挂帅担任组长，王守功处长、孙波院长任副组长，文保处分管处长、省考古研究院业务负责人及济南、滨州、淄博、东营、潍坊市文化和旅游局分管局长为成员，在厅文物保护和考古处设办公室，王守功处长兼办公室主任。专班办公室组织、协调、监督各方考古力量，做好与相关部门的沟通协调，汇总、上报相关信息。省考古研究院牵头田野工作，协同各考古单位共同完成考古勘探、发掘任务，负责总体工作方案的制定及前期业务工作的相关组织、安排、协调，负责工作中及结束后有关信息资料的汇总、上报。为落实分工职责，快速推进各项工作，建立了小清河文物保护工作微信群，群人员由厅文保处、各考古单位、各考古队负责人，以及沿线地市、县区文物行政管理部门业务分管领导、业务联系人等构成，勘探发现情况、工作进度、存在问题等在群内及时通报沟通，协调相关事宜，这样，文物系统形成了“省市县上下联动、区域统一协调、省厅统筹推进”的联合工作机制。同时，省厅文保处分管处长、省考古研究院业务负责人加入小清河应急防汛工程工作群，该群由省水利厅、交通厅、省水利管理服务中心、中铁建投小清河公司相关负责人构成，跨部门及时沟通交流相关信息、需要解决的问题。

勘探队是小清河考古攻坚战先遣侦察兵，也是整个建设工程的“排爆队”，需要迅速、全面、准确摸排地下文物分布埋藏点及分布范围，需要将发现文物点的埋藏信息尽早提供给专班办公室，以便尽早通知、安排工程施工单位避让保护，尽早安排发掘人员进入现场抢救。为及时掌握每天勘探进展情况，省考古研究院建立考古勘探工作群汇总每天勘探进展情况，监督6支勘探队的工作进度，做到“日汇总、日上报”。勘探队白天勘探，晚上整理勘探成果，勘探负责人需填表汇报每天调查勘探的公里数以及发现文物点的位置、范围、文化内涵、埋藏状况等基本信息，考古院将6支队伍的工作情况汇总后上报专班办公室，每天汇总完成都要到子夜或凌晨。第二天，专班办公室再将发现有关文物点的信息通报给建设工程单位，以便在施工中依法预留。

3月25日至4月4日，6支勘探队共130多名勘探人员，每天沿小清河两岸工作9—10小时，平均每队每天勘探4公里，有的队伍最后一天竟勘探了10公里。经过十多天的连续奋战，终于在清明节前完成全线勘探工作任务。为按照省文旅厅要求的时间节点完成任务，刚勘探完的各队没有来得及喘息，便立即就地整理勘探资料。为在清明节后上交勘探报告和工作方案，我和王子孟、赵益超、刘文涛、赵国靖利用清明假期，集中到高青宾馆，按照分工，连续工作了三天三夜，每天睡几个小时，困了在房间休息，醒了再继续工作，最终编撰完成了《小清河应急防汛工程文物保护工作方案》《小清河防洪工程考古调查勘探和文物影响评估报告》《小清河复航工程考古调查勘探和文物影响评估报告》三本工作报告，文稿共计5万多字。

6支勘探队伍前后奋战40余天，共完成小清河复航工程169.2公里及两侧防洪堤坝工程198公里、分洪道工程82.5公里、8个取土场20万平方米的勘探工作。勘探发现43处文物点，已知文物点8处，包括2处全国重点文物保护单位、2处省级文物保护单位，其余35处均为新发现。43处文物点从西向东分布于邹平、高青、桓台、博兴、广饶、寿光6个县市，其中邹平13处、高青6处、桓台5处、博兴5处、广饶8处、寿光6处，包含了龙山文化、岳石文化、商、周、汉、隋唐、金、元、明清等时期的遗址，其中商周时期的遗址最多，集中分布于邹平、高青、桓台段，广饶、寿光则集中发现了较多古代制盐遗址，时代从商周到金元时期。此次商周时期遗址大量的发现，对于了解小清河沿线商周以来古地貌的变迁、古遗址的分布与埋藏特点具有重要意义。

统筹保护与建设，分类施策

面对省委、省政府确定的主汛期来临前完成既定建设目标及新发现大量古遗址、古墓葬的现状，如何在有限时间内最大限度抢救保护文物、保障工程建设的顺利进行，是摆在文物部门面前的亟待解决的重要难题。为做好该项工作，山东省文物考古研究院紧急编写了《小清河应急防汛工程文物保护工作方案》。4月7日，省文旅厅组织召开考古专家论证会，我在会上就考古勘探情况、工程建设情况及下一步文物保护工作总体思路、具体举措、实施方案做了汇报。经讨论，专家组基本认可工作方案，并进一步确定了需要发掘的遗址、墓地及面积大小。从有关学术课题研究出发，综合考虑诸遗址的文化内涵、学术价值、保存与埋藏状况、工程占压影响大小等多方面因素，坚持分类保护、分级施策，尽可能多地进行抢救性发掘，努力减少文物损失。出于上述考虑，将43处遗址分成A、B、C三类，以A类为最高优先级，向后逐次降低。每类采取不同的保护措施，由不同的单位负责。

A类：文物点15处，历史文化内涵十分丰富，保存较好，价值重大，需进行考古发掘，涉及区域工程应预留，须考古发掘后再施工建设；B类：5处，历史文化内涵较丰富，保存好，价值大，但埋藏深，不易发掘，或工程影响较小，须在考古机构指导下施工建设；C类：23处，文化内涵欠丰富，保存一般，工程影响较小或基本无影响，工程单位可先行施工，当地文旅部门加强巡查，视发现情况决定考古人员是否介入。

决战5.20，全力发掘

4月10日，山东省文旅厅向建设单位、沿线地市文旅部门正式发文，将上述文物保护工作要求通知到各单位，要求各施工单位、文旅部门、考古单位落实各自责任，确保文物安全和工程建设顺利推进。各考古单位闻令而动，仍然在发掘经费没有着落的情况下，不讲条件，不谈困难，立即启动筹备工作，向国家文物局申报发掘执照、调集人员、购买物质，在不到一周时间内陆续抵达小清河沿线各发掘工地。至4月18日，省考古研究院、省水下考古研究中心、济南市考古所、青岛市文物保护所、烟台市博物馆、潍坊市博物馆、临沂沂州考古所共组织11支发掘队进场，除省级以上重点文物保护单位保护规划尚待国家文物局批复外，其他遗址均已展开抢救性发掘，标志着发掘工作全面展开。

4月20日，省政府小清河工作专班办公室召开会商会议，文保处兰玉富副处长和我代表省文旅厅参会，就前期文物保护工作开展情况、施工破坏文物、发掘经费不落实、工作时间紧张等问题向专班做了汇报。会议就我们提出的问题作出回应，仍坚定5月20日前完成专项设施迁建目标不动摇，要求文物部门加快工作进度，千方百计抢时间、抢工期，尽最大努力为施工争取时间，确保防洪治理工程按期完成建设目标。为完成工程建设目标，省文旅厅也提出文物保护工作时间要求，除邹平东安遗址外，其他各发掘项目须在5月20日前完成，邹平东安遗址不迟于6月底完成。如此，除先期开展的5个发掘项目外，其余7个项目仅有一个月的工作时间。面对紧张工期，各发掘单位唯有争分夺秒。在疫情期间，外省考古力量无法进入，高校严控学生不得出校门，我们只能依靠省内文博单位的力量。全省的考古发掘力量基本全部投入到小清河建设工程中，所有人员没有休息日，除特殊情况，不得请假，延长工作时间、加班加点成了常态。一个发掘队往往因邻近施工区域发现文物，又被紧急调往新发现文物点，如救火队般在小清河两岸来回奔波。为加快工作进度，省文旅厅专班要求发掘实行周报告制度，每周汇总通报各发掘项目进展情况及存在问题，协调各方力量，督促各支队伍加快进度。5月7日至9日，省政府组织相关部门对小清河应急防汛工程建设开展督察。督察组查看了高青胥家村南遗址、博兴寨卞东南遗址发掘情况和高青陈庄—唐口遗址现场，要求紧抓5.20和6.30两个节点，加快文物保护工作进度。层层督导，层层压力传导，各考古队唯有延长工作时间、加班再加班，每天野外工作时间7小时、8小时、9小时、9.5小时……

经过各方不懈努力，除个别发掘项目外，绝大部分在5月20日前完成。5月15—16日，省文旅厅组织专家进行现场验收，其中9处通过验收，另有2处可延迟至5月底结束。邹平东安遗址因涉及河对岸全国重点文物保护单位——高青陈庄遗址，保护方案5月中旬才得到国家文物局批复，该河道实行南岸单侧拓宽，东安遗址的发掘也迟至5月中旬才开始启动，要求该项发掘6月20日前必须结束。东安遗址规模大、文化内涵丰富、发掘面积大，由省考古研究院承担，是整个工程建设中发掘任务最重的项目，若完不成，则影响到汛期整个主航道的通行。为按时完成工作，省考古研究院陆续调集其他已完成任务的队伍加入，准备打一场最后的考古大会战。

重要发现，余音未了

5月中旬，邹平东安遗址发掘大会战打响，专业人员陆续增加，民工也不断上新。至6月初，发掘工地工作人员已达一百多人，民工分别来自附近两个村庄，一个村庄难以满足。该遗址发掘战线长，沿河600米，西部为集中的西周小型墓地，东部为东周窖藏区、汉代墓葬区。发掘前从当地人员处获悉，相传20世纪末遗址所在区域小清河拓宽清淤时曾发现有青铜器。考虑到河对岸就是陈庄西周城址，该传言真实性较大。于是，自决定发掘该遗址开始，发掘负责人心里就一直充满期待。可随着越来越多汉代、战国、西周小型墓葬的清理，发掘面积逐步扩大，最初的那份期待感觉越来越不可靠，所有工作人员也都是在每天紧张的工作中按部就班地朝着6.20工作期限目标前行，整个工作显得既紧张又平静。直到5月31日，工作人员在靠近河边的一座方形坑中发现了绿色铜锈，才打破了这日常紧张中的平静。经现场确认，这是一件青铜器，此处或许是大型墓葬。当地百姓的传言果然不虚，前段时间已近熄灭的希望之火又被这小小的铜锈斑块迅速点燃。经进一步清理，方形坑为一座车马坑，最初暴露的铜锈为一件车器。坑内葬四匹马，每匹马都佩戴精美的青铜马具、贝饰，规格较高，与之相连的北部还有两座方形坑，如此三座车马坑南北成一列。现场可以确定其为西周车马坑，与车马坑匹配的大墓在哪里？于是，工作人员在周围勘探，多日找寻未果。省考古研究院将该重要发现立即向省文旅厅领导汇报，并要求延长工作期限，但囿于整个工程的6.20日期大限，厅里还是要求考古队加快进度，按原计划6.20时限进行。车马坑的发现，似乎让考古队员急躁的心平静下来，每天随着竹签、毛刷的清理，埋葬的车、马的形制、形态也逐渐清晰，距6月20日的时限也越来越近。为按时向工程建设单位移交发掘区域，6月18日，省文旅厅组织王永波、任相宏、方辉三位考古专家到东安遗址现场验收，当看到清理的车马坑后，专家们都大为震惊，认为该车马坑规格较高，可能与国君级人物有关，该遗址应该非同一般，如果未完全开展考古工作，被工程建设挖掉太可惜了。了解到工程建设的紧迫情况后，三位专家均表示，他们可联名向国家文物局、省委省政府反映此情况，要求工程暂缓施工，继续抢救发掘文物。验收的当日，恰好省水利厅、交通厅有关领导也来现场查看，当他们从专家口中了解到该发现的重要性后，表示这块区域可以延后交付施工单位。由于现场已难以按时清理完成，为保护车马坑，省考古研究院决定将其整体搬迁到室内，一场套箱提取车马坑的突击战又开始了。

从规划设计套箱大小、用料多少，到去钢材、木材市场考察和订购材料，再到解决工地电源等一系列问题，我们事无巨细，在做好人员分组分工基础上，面对6.30工期大限，各组人员快速准备。经过3天工作，前期准备一切妥当，所有考古队员齐上阵，箱底掏土、穿底板、套木框、箱内发泡填充、封箱加固等系列工作有条不紊地进行着。为防大雨到来，考古队员轮流工作，每天工作10个小时，晚上也加班干。经过连续7天奋战，3个车马坑套箱工作大部分完成，但其间6月25日的大雨造成河水上涨，水漫到车马坑周围的工作面，文物安全面临极大风险。经过紧张的排水和加固后，总算有惊无险。后又多次下雨，运输车辆无法进入工地，至7月5日，大型吊车、运输车才进入。虽然在吊装过程中也有波折，但当天晚上总归将它们安全迁移至目的地，该遗址发掘总算告一段落。但与车马坑关联的大型墓葬在哪里，一直困扰着考古队。考古队与省物探院和水下考古中心展开合作，在该河段采取物探方式寻找大墓，但受水流湍急等诸多因素的影响，仍无果。

王永波、任相宏、方辉三位专家联名向省委写信，反映了邹平东安遗址的重要性和继续发掘抢救文物的必要性。信件得到了时任省委书记刘家义的批示，后经省水利厅、交通厅、文旅厅及滨州市相关单位联合现场考察调研并座谈商议，决定继续发掘邹平东安遗址，待发掘完毕后再施工。于是，我们开始了为期三个月的第二期发掘，虽然清理了大量东周窖穴、西周小型墓葬，西周大型墓葬仍未发现。遗憾仍存，工作未了……

从工作的紧迫性、工作强度、关注度、参与范围来说，小清河考古无疑是山东考古史上最为紧迫、工作强度最大、各级领导关注度最高、全省文物力量上下联动动员范围最大的一次田野考古工作项目，无疑是一场考古攻坚战、文物保护战。参与作战的各位考古队员，能吃苦、善战斗、敢冲锋，用脚丈量出了小清河的长度，用洛阳铲探出了小清河沿线4000多年来的历史厚度，用手铲挖出了小清河沿线4000多年来的光辉灿烂的文化成就。小清河考古将载入山东考古史册，对山东考古事业的发展产生深远影响。

做好扶贫工作　齐心奔小康

——我担任驻村第一书记的两年

孔胜利

（山东省文物考古研究院）

值此建院四十周年之际，我把在曹县安蔡楼镇韩双楼村担任驻村第一书记的经历写成文章，作为献给建院四十周年的礼物。2013年至2015年，我有幸通过山东省文物局的选拔，成为第一轮第二、三批第一书记。驻村的两年里，我在省文物考古研究院及当地党委政府的支持下，带着感情驻村，真心实意帮扶，不仅和群众吃住在一起，更和群众想在一起、干在一起。围绕改善群众生产生活条件、促进群众增收、丰富群众业余文化生活等方面做了大量的工作，帮助村内解决了一些多年来想办却办不到的事。两年内韩双楼村“五通、十有、三达到”全部完成，村民人均年收入已达11000多元，绝大部分家庭已奔上小康路。这些工作真正让群众看到了变化、得到了实惠，为村里的长远发展奠定了基础。

一、驻村基本情况

韩双楼村地处黄河故道区，由四个自然村组成，共779户，2754人。耕地面积3334亩，种植模式以小麦、玉米为主，棉花、花生、油菜、麦冬为辅。2013年刚去的时候，村集体经济收入几乎为零，村里外出务工人员占劳动能力人口的90%以上。村“两委”班子成员不仅年龄大、缺乏进取心，而且人心不齐、明里暗里常常互相较劲，党支部组织生活会一年到头也开不了几次，党员在群众中没有威信，说话也没有什么号召力，是个名副其实的难点村。

二、靠真情叩开群众心门

记得当年我是在单位又一次动员后，才下定决心报名参加第二批驻村第一书记的，当时我对这个活动的意义理解并不深，对于去落后的农村当个“村官”，内心着实有点接受不了。被单位选定后，我思想上仍然有很多顾虑，说句实在话，我是抱着应付一年就交差走人的心态去上任的。

驻村之前，我也参加了学习培训班。在培训班上，省委组织部领导推心置腹的热情讲话，让我真正领会了省派第一书记的重要意义，沂蒙老区英雄先烈们的感人事迹让我感到既羞愧又震撼。改革开放四十多年了，有的地区已经发生了翻天覆地的变化，可这些在抗日战争、解放战争时期曾经为国家做出巨大贡献的老区百姓，日子竟然还是这样困难，我们无论如何也不能无动于衷。选派第一书记到农村工作，让各位第一书记充分发挥各自的职能特点和部门优势，在政策、信息、项目、资金上给予落后农村更多的支持和倾斜，实在是中央和省里一项英明的举措，自己有机会参与其中，这难道不是一种莫大的荣誉吗？带着这种心态，我便上路了……

带着真情走到群众中间。刚到镇上，我没急着搞走访调研，心里暗想怎么才能得到真正的实情，这是最应该需要准备的。经过一番思考，我想到两点。一是从镇里领导处得到村里的基本资料，白天镇里领导特别忙，我利用晚饭后等闲暇时间，同他们聊天，问一下村里的基本情况，班子成员、工作开展情况，具体有什么问题和难点，进村后需要注意哪些方面。镇领导看到我真正想干事，就把实情和盘托出。得到第一手资料后，会同管区书记和包村的乡镇干部进行沟通，包村干部对村情掌握更细，我把得到的所有信息都做了详细的记录和整理，做好了进村第一课。二是考虑第一次进村的方式，我怕老百姓知道我的身份后不敢说真话，所以第一次进村，我换上组织部门发的军大衣，骑上配发的电动车，打扮成来村收购农作物的商贩，到田间地头、农村小卖部等人多的地方，见了老百姓就攀谈起来，聊聊家常，这样老百姓以为我是做生意的，说得很带劲，由此我摸清了村里的基本情况。

带着真情倾听群众的想法。韩双楼行政村由四个自然村组成，村子比较大，各个村老百姓的意愿也不尽相同，我逐一进行整理分类。怎样才能让老百姓跟你吐真心话呢？一是要用老百姓的语言和老百姓聊天，既然在农村干事了，我把在济南说的普通话放下，学了点菏泽的方言，和老百姓沟通起来就方便多了，他们听着也很舒服，感情马上也拉近了；二是深入浅出，先不要触及村干部的问题，刚到村里，不知道老百姓与镇里、村里干部之间的关系，如果这个村民和哪个村干部是亲戚或者有矛盾，说的就不一定是真话；三是多聊一下家常话，比如老百姓自己的家事，日子过得怎么样啊，靠什么赚钱，孩子在哪里工作啊，有的老百姓的孩子在外地上班出息了，最愿意和你说自己的孩子多么优秀、日子过得怎么样之类的话题。这样就打开了老百姓的心扉。老百姓心里敞亮了，才能说出自己的真实看法和意愿。

带着真情和群众打成一片。到村后，见了老百姓打招呼，见了年长的喊一声大爷或者大娘，见了平辈的喊一声老哥或者大姐，这样和老百姓的距离一下子就拉近了，让他们感觉到你把他当亲人，自然什么话愿意跟你说。平时在村子工作时，老百姓对我们非常客气，入户时不能嫌弃老百姓家里不卫生什么的，扑下身子，坐得住，这样才感觉像一家人一样，老百姓才感觉这个书记和老百姓差不多，把你当成自己人看待，只有把群众当亲人了，才能真正地融入群众。

三、用行动赢得群众点赞

虽然今天的老百姓温饱已经不是问题，但是多数人生活质量还是很低，甚至有一些方面还比较恶劣。比如吃水、用电问题，还有交通、教育、环境卫生等，每个问题都可能是一大心病，每一个问题也可能让他们寝食难安。帮助解决这些难题是我的工作，更是我应尽的义务。融入群众后，有时在田间地头，有时在街头巷尾，我一有机会就调研群众生产生活的困难，同时虚心倾听老党员、老干部、困难户及创业致富带头人的各种意见，在此基础上，我逐步明确了工作思路。

一是改善生产生活条件。鲁西南大部分的乡村道路是晴天一身土，雨天一身泥，村民外出很不方便，收购粮食、中药材的商贩见状都要绕道走，这严重影响了老百姓的生产生活。我与其他第一书记积极协调交通部门，又借力省文物局领导支持，多方筹钱修路。首批已经撤回单位的高庄集村第一书记，现在的省博物馆副馆长卢朝晖，听说村里修路，马上掏了2000元钱让人捎回村。接任的赵枫书记也不甘落后，在把工作经费差不多都用在了村里之后，自己又带头捐款3000元。我们村是四个自然村组成的，不在一个方向，正好分布东南西北四面，道路长达5公里，可是省里指标就是2公里，这个时候怎么办？到底修哪一段？这个难题摆在了面前，给这个村修，那个村有意见，意见不统一。老百姓都说要修都修，要不修都不修，在农村“没钱办不成事，有钱也不一定办成事”。我们接连开了几次会，要把路全修完的话，资金缺口太大，但看着老百姓渴望修路的眼神，再大的困难也要克服，我下定决心一定把路全修起来。修路既然是大家的事情，两委开会决定所有干部和村民都得捐钱。作为第一书记，我毕竟生活在省会济南，比当地村干部及村民生活富裕些，为了当好领头雁，发挥好模范带头作用，我拿出6000元带头捐款，村里干部很受启发，当晚村两委成员就捐了16000元。第二天张榜公布，大喇叭不停地宣传，不到一星期就募捐到31.6万元的修路款，连老头老太太也取出养老钱争先恐后地捐款。另外，我也得到后方单位支持的修路款25万元，还有省交通厅指标50万、水利厅移民资金20万、县交通局路网工程补助15万，总共141万余元。共修5条柏油路，总长5.6公里，一下子就把偏远的小村子连到了大路上。

虽然路通了，但村里用电问题很严重：线路老化，设备陈旧，用电不方便，还存在安全隐患。为此，我与其他第一书记一起，积极协调电力部门投资120余万元，对村里线路进行了彻底改造。工程关键的时候，适值天气炎热，人站在阴凉地照样大汗淋漓。为了赶工期，我们几个第一书记在各自的工地亲自带人前前后后张罗，还自己掏钱为大伙买饮料，带动了好多人义务帮忙，许多村民还从家里烧好绿豆汤送到工地。看着一碗碗的绿豆汤送来，大家心里特别感动。我曾经目睹浇不上水的小麦矮小发黄，面临着绝产绝收的危险，也看到有的农户因为没水浇地无法播种而着急的样子。我也是农村长大的，尤其能理解农民的心情。所以，在水利资金尚未到位的情况下，我赶紧协调打井队，在用我工资担保的情况下，对方同意垫资先干，并且立即开工。我始终忘不了那天的场景：这边井刚打好，那边浇地的水泵就准备好了，浑浊的井水就像营养液一样，一夜间让一垄垄麦子打起了精神。

过去村里一直没有自己的幼儿园，孩子入托十分不便，家长冬天骑车来回接送孩子，路又不好，孩子遭罪，大人受累。考虑到村里暂时没有能力自建幼儿园，因此省教育厅下达了资金30万元，用来建设一所高标准的乡村幼儿园。这中间的心酸只有我自己知道，土地的征用，房屋的建设，院内的绿化都是自己在跑手续。幼儿园建成后，孩子们就在家门口入园，甚至大点的孩子都不用家长接送了。村里有活动的时候，幼儿园孩子们表演的精彩节目常常逗得大家乐不可支，已经成了小村一景。2013年8月，在局领导支持下，省文物局第一书记又组织开展了“同在蓝天下，快乐共成长——齐鲁少年文化行”活动，邀请部分留守儿童到省城济南参观科技馆、博物馆、图书馆。吃完晚饭，省博物馆的领导和广大员工分别邀请小朋友们到家中做客，让自己的孩子和他们交朋友。临别时，小朋友们互赠礼物，恋恋不舍，场面十分感人。

二是关心关爱弱势群体。我到村里后，对五保户、低保户、残障人员等群众进行摸底，把每家每户都走到。这里面，各家的情况又不尽相同，我还重点做了标记，通过省残联连续两年给每个残疾人1000元的助残奔小康资金扶持，结合本单位党的群众路线教育实践活动，把一部分五保户和低保户作为联系户结成对子，作为重点关爱对象。在走访过程中，了解到村里有一位五保户老大娘叫吴永兰，家里子女全部不在了，自己无依无靠、辛辛苦苦把孙子拉扯大，知道这个情况后，我便经常过问老人的生活困难。后来听说她的孙子要结婚，我赶紧发动村干部去帮忙筹办婚礼。结婚当天，我又替老大娘包了一个红包让她给孙子当贺礼，一家人终于欢欢喜喜地吃了团圆饭，照了全家福，几十年的心事终于放下了。再后来，得知小伙子有意回乡创业，我又多次与他交流沟通，一起探讨创业路子。他在外地学了做粉条的好手艺，村里给他找了两间闲置房，从两间房开始做粉条生意，经过两年的努力和村里的协助，他的粉条店在整个乡镇有了名气，也有了自己的品牌，在曹县第三届物质文化交流会上，作为乡镇特产推广到全县，收到了很好的经济效益。

对一些不符合低保标准违规办理低保的农户，我和村书记、委员分别找他们谈心，他们起初都有抵触情绪，我们耐心细致地讲解，让他们和更困难的群众做对比，将心比心，他们自己都感觉不好意思了。然而这些不符合标准的低保户，许多都是以前老书记和一些镇里干部的亲戚，在处理这个问题的过程中也遇到了一些阻力。把每户的情况了解后，我逐一找到当事人，经过沟通，当事人没了意见，说孔书记你说咋办就咋办。后来，通过民众投票，集体研究进行了清理，对符合标准的进行了重新登记和补报。老百姓都说，孔书记来了风气正了，气也顺了。每年的重阳节，我还联系济南的企业组织人员到村里看望和慰问老人，给企业做公益事业搭建平台。一年把握好几个重大节日，如三八妇女节看望困难妇女，六一儿童节关爱留守儿童，七一建党节慰问困难老党员等。

三是雪中送炭解燃眉之急。人在困难的时候最需要同情和关怀，贫困地区的老百姓遇上难事更显得无助。了解到村民万东海的孩子有病后，我一方面帮助跑各个部门，争取减免医疗费，一方面积极协调，确定其为文物局机关党员联系的困难户重点对象，同时安排他跟随在潍坊发展的村干部李文民打工挣钱，结果一年就挣回了五六万，大大缓解了生活压力。现今八十多岁的李广芝老大娘苦了大半辈子，家里没有劳动力，日子过得异常艰难。我在帮助她解决低保的同时，积极联系县人社局、乡领导，终于解决了她孙女高莉15年没能落实的工作问题。现在，高莉已经在仵楼乡政府上班一年多了，有空就回家看望奶奶，每当这个时候老人特开心。

老党员刘先中，前年麦收期间家里突然失火，三间瓦房和家具顷刻间化为灰烬。得知这一情况，我第一时间赶到现场组织抢救。当邻居们提出能否申请点救济的时候，我想都没想就答应了。其实我也知道，镇政府工作人员已经三个月发不出工资了，财政很紧张。安排妥当后，我赶紧骑自行车回住处取出2000元现金，又拿上一些日常生活用品，返回去亲手交给老刘一家。村民王志连，一家人骑车子陪他到镇医院看病，却因为躲车一不小心跌到了臭水沟，老伴和孩子都被压在车底下。当时正巧被我碰上，连忙和村里的热心人组织抢救，把他们送到县医院。在掏钱垫付了医疗费之后，我和正准备一起出差的镇党委孔书记等人一起，抬着病号楼上楼下去检查。最后，我又打电话找到刚认识不久的医院领导，他们也很受感动，不但前去看望，还减免了不少医疗费。

真心实意为群众做好事，虽然辛苦些，可是由此换来了乡亲们的尊敬和拥戴。他们用各种方式表达心意，从此不把我们当外人，平时有什么心里话总要找我们说一说。而我们呢，每一户人家家里是什么状况，村里谁和谁有矛盾，很快就了解清楚，甚至连许多人的绰号都知道。有时我不在村里，也常常接到他们的电话，除了互相问候，还要帮助乡亲们协调解决一桩桩家务或者生产的事情。所以说，时间长了，在村里工作大家都愿意听第一书记的，只要我招呼什么事情，总是挺顺畅，他们把我当成了贴心人。

四、抓党建打造发展核心

一个人的能力是有限的，浑身是铁能打几根钉，关键要把班子队伍带好，把党员作用发挥好，形成合力，共同做好工作。我们在当初的培训班上听过许多好典型给我们讲课，直到现在我还深受启发。他们负责的每一个村都有一个由穷到富、由乱到治的过程，突出的一点就是首先要有一个好的带头人和一个生机勃勃的支部班子。在给村里老百姓办了不少实事后，我决定开始配强“两委”班子，抓好党员队伍，增强后备力量。

一是把干部思想统一好。谈到村“两委”班子，比较突出的问题是长期软弱涣散。村办公场所长期寄身在一间简陋的小房子里，党员队伍、支部班子普遍缺乏朝气，甚至是矛盾重重，缺乏团结互信。进村工作之初，个别村干部很不自在。他们或者担心有了第一书记，今后他们说话不算了，或者担心我们像过去有的驻村干部那样吃吃喝喝，啥事办不了，最后拍拍屁股走人。刚开始带领班子走访慰问的时候，有的人还说些怪话，说是作秀。看到这些，一开始我也有些郁闷，但转而又想，只要我真心对待大家，相信时间长了他们会理解的。

工作的第一步，努力做好村班子成员思想工作，使大家互相理解，互相支持，团结一心。通过一段时间的接触，我和班子成员谈心、聊天都没什么避讳，也不隐瞒什么，有什么误会和疙瘩都放在桌面上讲。经过了解，发现根结在工资和待遇发放上，虽然钱不是很多，但各个委员都有情绪，书记一个人老把持着，其他委员得不到相应的待遇。得知这个信息，我找到村书记谈得很深入，她慢慢也理解了我的苦口婆心，思想也在转变。谈到工资这事时，她自己也不好意思了，说绝对一分不落地该给谁就给谁。通过这事，班子也消除了误会，增强了团结。第二步，配合镇党委首先确定了班子建设的基本目标：主要领导要年富力强，能带领群众致富，会做群众工作，两委成员要经常补充新鲜血液，人人都要绷紧遵纪守法这根弦，警钟要长鸣，监督要到位。为了给大家经常敲警钟，我挑选了许多廉政宣传资料组织大家学习，开会的时候又反复讲一些活生生的法制案例。村里七十多岁的王志元，前几年因为无证行医治死了人，赔偿问题没协商好，被判了十一年有期徒刑。走访的时候，遇上了他的老伴，眼见他老伴的眼睛因为伤心哭得差点瞎了，很可怜。在帮助她联系治疗眼疾的同时，我找时间联系了省监狱局领导请他们支持，带领村班子一起往菏泽监狱探望王志元，鼓励他好好干，争取早点回家。回村的路上，班子成员们就发表感慨了，大家一致说：关心老王一家人的过程，实际上是大家上了一次法律课，法律高压线不能随便碰啊！那么多人因为触犯法律而失去人身自由很可悲，我们可不能走他们的路子。

二是把党员作用发挥好。作为一名普通党员，可能会存在一种困惑，有时会觉得无法发挥党员作用，或者说不知道怎么发挥党员作用。有时和村里的党员闲谈，很多人都有这样的困惑：作为村民中的党员究竟应该怎么发挥作用呢？我认为立足点就落在普通的各自岗位和角色当中，比如有搞种植的，有养羊的，发挥好致富带头作用，发挥好榜样作用。三百六十行，不管哪行，都需要一种精神，都需要一种表率，都需要一面旗帜。在村里工作两年，我先后慰问老党员，给每位党员做了光荣牌，让大家始终自省，明白什么时候都不能忘了自己是一名共产党员，处处带头，处处维护党的形象，把党员的作用发挥好。我坚持定期开展组织例会，带领村里党员重温党章，增强党员干部荣誉感和责任感，坚定他们为群众服务的信念。另外，我还组织村内全体党员开展重温入党誓词活动。活动当天，我亲手为每名到会的党员戴上了一枚党徽，带领他们面对党旗集体宣誓。当那些老党员用颤抖的方言宣誓完后，心情都特别激动，好多人眼角泛起了泪花。

三是把后备力量培养好。当前，村干部队伍普遍存在后继乏人的现象，原因是多方面的：一是工资待遇低，造成没人愿意干；二是“七个党员八颗牙”，党员年龄结构老化显得格外突出。驻地县委十分注重基层组织建设，在全县范围内大力实施村居党支部书记“双向培养”工程，把不属于“五类人”（个体工商户、企业法人代表、退伍军人、致富带头人、回乡大学生）的村党支部书记培养成“五类人”，把“五类人”培养成村党支部书记。在县委组织部、镇党委的支持下，着意鼓励、培养善于经营、热心村里工作的年轻人加入党组织或进班子参与工作。村民李文民常年在外搞建筑承包工程，但他一直关心家乡建设，在新农村建设出现困难的时候，我们积极配合镇党委做他的思想工作，吸收他进班子参与村里工作，同时热心帮助他解决家里一些生活问题。结果他不负众望，协助村镇工作组做了大量有益工作，受到群众好评。在村里搞养殖成为致富带头人的李建民在加入党组织后又进入了村班子，他始终严格按党员标准要求自己，带领许多人走向富裕的同时，积极为村里做好事。特别是当了村干部后，他配合村镇领导解决了许多新农村工作中的棘手问题，受到大家好评。

五、找路子带领百姓致富

群众最关心的是什么？是怎么让腰包鼓起来，怎么才能过上好日子。群众最担心的是什么？第一书记走了后，村里返贫了怎么办？这是群众最近以来最大的思想问题。

省委原副书记王军民同志，曾经在第一书记工作推进会上指出：把第一书记工作简单化，以为第一书记工作就是帮钱帮物办实事，这些想法是片面的。投钱、上项目固然重要，但这不是第一书记工作的全部，甚至不是主要的方面，第一书记就是要用更多的心思和精力抓好强农富农惠农政策的落实，加强村级组织建设，选好致富路子，做好群众工作。王书记还谆谆教诲要突出抓班子、理路子、建机制、强服务，着力在培养造血功能上下功夫，要多做打基础、利长远的工作，甘做艰苦细致、默默无闻的工作，要着力提高群众工作质量，注意把群众的积极性、主动性、创造性调动起来，让他们通过自己的努力实现脱贫致富梦想，防止出现第一书记一离开，村子重新返贫的情况。

王书记说得多好啊！只是强调要带着真情实意到农村去其实远远不够，长远大计是，必须注重“造血”工作，解群众的后顾之忧。

解决好贫困人口的脱贫致富问题，是省委、省政府向全省人民做出的庄严承诺，也是驻村第一书记的首要职责。组织专家讲课，组织村民外出学习参观，又组织村干部、村民代表交流讨论……围绕“推动贫困村脱贫致富”，我与省文物局其他第一书记一起做了大量工作，让许多村民坚定了搞项目致富的决心。一开始我们也联系了许多企业争取投资，但后来我们转变了思路，打算积极鼓励本地村民自发创业致富。为什么要强调鼓励自发上项目呢？因为只有这样，才能充分发挥村民的主观能动性，才能“逼”着大家理性投资，规避风险，“逼”着大家注重长远发展，谨慎走好每一步。

一是依靠能人带富。用一家人辛苦积攒的血汗钱上新项目，不管是谁都会非常谨慎。我们的职责，就是要帮助他们多考察、多论证、多出点子，帮助解决一些难题，绝不能让他们的血汗钱打了水漂。村干部麻荣亮，有意筹资上家畜养殖合作社，了解情况后，我首先是提醒他仔细论证好，之后又陪他一次次到外地考察，反复论证预期风险和利润，论证可行后再积极帮他跑手续、找场地。为了便于后期货物运输，我又协调交通部门在修通村路的时候顺便帮他修通了养殖合作社门前的一段路。再后来，我又积极帮他跑扶持政策。很快，省里专业扶持资金30万元批了下来，村里数十户经过民意推选的贫困户成为他的小股东。养殖场完工后，麻荣亮又流转了几十亩地，积极筹备特色种植，搞粮食收购、加工。他说，这些项目风险小，见效快，还能发挥自己的长处，只要肯用心肯出力，没有不赚钱的道理。在这之后，村民万东正在家里人的支持下，也主动回乡投资70多万元建起了自己的养殖场；村民李安纯等人转变思路，投资干起了木器加工业务；有人搞起了大棚种植，有人办起了饭店……大伙的积极性被彻底调动了起来。依靠这些“小能人”，带动村里其他村民奔上小康路。

二是挖掘地方资源。“五通十有”类问题解决后，发挥村里地方资源优势，改变村里的种植模式是当务之急。我感觉农民脱贫致富，必须要从土地上做文章。这里是黄泛区，土质疏松，排水性好，为了彻底弄清该土地适合种植什么，通过朋友，我联系到了土壤检测专家，对村里的土地进行实地检测，发现为沙性土地，非常适合种植麦冬。麦冬是一种中草药，适宜种植在土质疏松肥沃、排水良好的沙质土壤中。村里有几户一直在种植麦冬，我便请他们给老百姓介绍种植经验。经过这几户的带动效应，加上我们正确的引导，我村现在家家户户种植麦冬，面积达到了1700亩，占整体耕地面积的50. 9%，后来，又成立了曹县亚威麦冬种植合作社。为了方便群众销售麦冬，我们把村里道路连到省道，路通畅了，各地的老板也愿意来这里收购麦冬。其中一位湖北老板何先生看好我村的麦冬，合作社与他签订了供销协议。为了收购方便，大家商量在村头建个交易市场，我说这个主意很好。说干就干，我咨询了镇里土管所，村头那3亩地是林地，可以开发使用。我们把手续完善好，拉起来围墙，把地面进行了硬化，盖了办公室，交易市场已初步成型。交易市场建成后，方便了老百姓销售，外地来的销售商也避免了去每家每户收购麦冬的辛苦，提高了办事效率。土地是集体的，通过征收一小部分管理费，给村集体也创造了收入。按去年的麦冬价格，一亩地的纯收入在11000元以上，村民喜出望外，彻底摘掉了贫困的帽子。

菏泽地区文化资源非常丰富。省文物局帮包的高集村有一座历史悠久的东岳天齐庙，以往每年农历三月二十八庙会，苏鲁皖冀豫会有数万香客云集。我觉得这是一个难得的、尚需深度开发利用的文化资源，于是就在深入调研并听取群众意见的基础上，组织村委班子和庙会管理人员反复探讨。一开始好多人不以为意，我又组织大家到外地参观学习，看了外地火爆的庙会场面，好多人都开始动心了。有的人甚至自己跑到洛阳、商丘、开封、曲阜等地，观摩人家搞的各类庙会旅游活动。最终，高集村领导班子转变了观念，充分认识到了古庙会的文化与经济价值，决定筹资修缮东岳天齐庙。为了让庙会活动更有新意、更有看点，我提议参考济南、河南等地经验，即时举办赏心悦目的菊花会，大家一致赞同。之后我便联系了济南一家古建筑公司，向他们详细说明情况，他们在感动之余很快同意先行垫资几十万元，对庙宇本体进行规划、维修和环境治理。不久，本地一位企业家又主动投资二百余万元，对部分古建筑进行了重建。由于创意新颖，选时得当，东岳天齐庙庙会活动一时成为当地的盛景，各方领导、嘉宾纷纷造访，四方百姓蜂拥而至，地方媒体争相报道，菏泽电视台还做了一期专题节目。高集村的乡亲们在家门口欣赏县豫剧团赠送的精彩大戏，来自四乡的秧歌、抬花轿、推小车、高跷、唢呐等节目轮番表演。在遍请亲友饱享精神文化大餐的同时，争相开展物资交流和旅游服务活动。庙会第一天，由于人多，各类小吃食品一卖而空，一个庙会下来，村里经营业户赚到数千元的比比皆是。

三是发挥单位优势。作为省文物局这样的文化部门，在文化富民上大做文章是拿手好戏。结合我们本职工作的特点，我在做好驻村帮扶“日常功课”的同时，积极与地方文化部门联系，一是请他们发挥行业部门优势支持、参与我们的帮扶工作，二是积极协助开展文物普查、保护和科研工作。依托县文物所收藏的部分遭损文物修复项目，争取到了国家文物局90多万元专项费用支持。山东商氏生态农业公司领导在我们的引荐下，确认商汤陵为他们祭祖的最终落脚点，在发挥公司优势投资保护好文化遗址的同时，企业免费提供技术、种苗，保证收购，带领当地百姓搞规模化中草药种植。通过长期的工作接触，已经成为省保单位的商汤陵、伊尹墓所在地的村王书记、孙书记，一再邀请我们到他们村当第一书记。尽管未必能够如愿，但反映了他们看好文化推动经济发展的大好前景、渴望依靠历史文化优势改变家乡面貌的迫切心情。他们主动说作为好朋友，我一定要当好他们的顾问、帮手，好好谋划做一番文化富民的文章。

六、做好群众工作的几点体会

有一位省直第一书记这样描绘群众的模样：“他们是盼着庄稼有个好收成的老王家，是想着孩子毕业后留在城里工作的老李家，是让丈夫打工挣大钱回家的新媳妇，是养三五只鸡赚几个钱换袋烟抽的老大爷。他们有自己的小算盘、小九九。有时候很大气，能用乳汁救伤员；有时候又很小气，谁动他一棵庄稼就跟谁没完。有时候很可爱，吃他几根自家种的黄瓜，给他钱，他跟你急；有时候又很可气，为点鸡毛蒜皮的事，闹得邻里不和，好几年都不来往。”最朴实的话语道出最真实的情怀，这就是生活在中国基层的群众。望着破败的院落、低矮的土房、简陋的家具，看着渴望的眼睛、无助的眼神、期盼的目光，我们的思想和心灵受到“海啸”般的强烈震撼。如何带领基层群众脱贫致富，不仅是党和政府的职责，也是每位党员干部的良心，更是今后做好群众工作的底线。要想做好“抓党建，促脱贫”工作，起码要做到以下几条：

一要带着真感情。感人心者，莫先于情。自己充满了感情，与群众的结合就会自觉，就会由衷地产生责任感、使命感，就会时刻把群众的安危冷暖挂在心上，倾全力解决群众的困难和问题。后进村普遍存在村级组织软弱涣散、经济社会发展滞后、社会治安较为混乱、文体活动开展较少、经济基础薄弱等一些突出问题，因此，第一书记要带着高度的责任感和热情，投入到解决人民群众困难的工作中，在思想上与人民群众打成一片，真正站在人民群众利益的基点上想问题，办事情。

二要严格自律。要做好群众思想工作，第一书记必须与时俱进，严格自律，结合党的群众路线教育实践活动，牢牢把握“照镜子、正衣冠、洗洗澡、治治病”的总要求。坚持自我净化、自我革新、自我提高，具体要求就是不拿群众“一棵葱”，不吃群众“一顿饭”。做到大事会议决定并做好会议记录，小事多通气，敏感的问题要慎重，不许诺，做到一碗水端平。

三要讲究工作方法。新时期、新形势下，群众工作面临许多新情况、新问题，头绪繁多。许多第一书记往往打怵，感到不知道如何下手，不敢面对复杂的矛盾和问题。处理好这些问题、及时做好群众工作，仅有热情和干劲远远不够，还要有新方法、新招数，善于处理各方面的利益关系，把一切积极因素调动起来。一是心里装着群众，要乐于做群众工作；二是一切依靠群众，要敢于做群众工作；三是一切为了群众，要善于做群众工作。

“人心换人心，八两换半斤。”我们修水泥路、柏油路，也修干部和群众之间的心路。心里有群众，用真感情投入工作，村民们自然都把我们当成自己人。时间长了，许多人见不到我常常要打个电话问问，问我怎么好长时间没见到我。基层的生活毕竟还是挺苦，百味杂陈全都体会遍了，但是我感觉自己明显接足了“地气”，增长了才干，为将来更好地做好本职工作打下了基础。群众思想工作是一篇大文章，只要用真心、动真情、下真功，坚持思想上尊重群众、感情上贴近群众、工作上依靠群众，始终与人民群众同呼吸、共命运、心连心，坚持一手抓党建、一手抓扶贫，帮助贫困村强班子理路子，解难题办实事，促发展惠民生，我相信工作就一定可以做好。

驻村工作已结束多年，现在回忆起来仍记忆犹新。两年来，奋斗伴随艰辛，成绩饱含关爱，在为当地群众带去实惠的同时，这段经历也给我上了一堂刻骨铭心的“党课”。今年 2 月 25 日，党中央召开了全国脱贫攻坚表彰大会，我国脱贫攻坚工作已取得全面胜利。功成不必在我，功成必定有我，此时此刻，作为脱贫攻坚的一分子，我内心感到无比自豪和光荣。经历是人生的一笔财富，相信驻村工作是我人生一笔宝贵的精神财富，同时也是山东省文物考古研究院的一笔精神财富。

四十周岁与十八年

吴双成
（山东省文物保护修复中心）

对一个人来讲，四十周岁是不惑之年；对一个单位来讲，正是风华正茂时。2021 年是辛丑牛年，山东省文物考古研究院迎来了四十周岁华诞，是非常值得祝贺的事情。我在春节前就收到了省考古院的邀请，要求写点纪念性文字或论文。平时我也会常常想起 1997—2015 年这 18 年间在省考古院（所）工作时的场景，但真正要写出来，对于一个理科生来讲是有点头疼。近期通过查看 18 年的年度考核表，慢慢回忆了 18 年间工作的点点滴滴。

一

1996 年国家启动大学生自主择业。毕业前夕，我向全国各省考古所、博物馆寄出自荐信，也陆续收到很多热情回信。作为一个山东人，从情感上非常希望回来工作。恰巧收到了省考古所的回信，让我来面试。1996 年寒假我直接到了济南，面试官是李传荣所长、佟佩华副所长和孙桂杰科长，说让我回去等消息。从当时谈话情形来看，应该没有问题。

1997 年 7 月 2 日，我由西安乘火车，3 日凌晨从兰考站下车，转汽车到菏泽，再乘汽车到济南。该趟汽车恰巧经过老家村头，我没有下车，只是把行李交给同村的大叔，然后直接到了济南。到单位已是下午两点多。领导说所里暂时没有住的地方，让我去田野。当天下午就被李顺华老师送到王府发掘工地，见到比我先到的高明奎同学，以及后来的兰玉富同学，这才知道这一年省所一共接收了我们三名毕业生。因所学专业是文物保护技术，时任工地领队孙波（现任院长）让我协助后勤管理，有时间到工地上转转。这是我第一次接触田野工地，所学的点滴考古知识终于有机会得以实践。

忘记具体什么时间了，当时自己不小心被蜂窝煤炉子烫伤。戴尊萍老师到工地时得知这个情况，说她家里有獾油，让人帮我捎些来，我第二天就收到了，烫伤很快就好了。其实这是第二次见到戴尊萍老师，第一次见她是我来面试时，我出考古所大门，她下班推车上门前大坡，我主动上前帮助推了一下，聊了几句，知道我是求职的，她说考古所单位好。也正是她的善意提醒，更加坚定了我来济南工作的决心。

二

在王府工地待了大概一个月，7 月 31 日我和张雪莲老师一同前往临淄工作站，开启了文物保护工作。在临淄工作站共待了两年，主要工作是文物保护、临淄遥感考古和工作站日常管理。在临淄工作站期间，得到罗勋章老师、魏成敏老师的照顾和帮助。魏成敏老师是临淄工作站主任，罗勋章老师业已退休，被返聘到临淄工作站整理《临淄齐墓》考古报告。临淄工作站是不挂名单位，1998 年日本要来拍摄影视材料，魏成敏主任安排临时制作了门牌，抓紧让我拍照留念（图一）。

图一　1998 年秋在临淄工作站

利用张雪莲老师在临淄工作站建立的简单文物保护实验室和金属文物修复室，我们完成了出国展览所用济阳刘台子、青州苏埠屯、滕州庄里西等遗址出土青铜器，以及临淄金茵小区等遗址出土的青铜器的修复。青铜器的修复工作主要由崔水源和李振彪两位老师负责。这次修复工作虽然不是很系统，但总体上完成了应急任务。

临淄工作站是考古所重要的科研基地，是考古资料整理、考古报告编写基地。在临淄期间，我主要是协助《中国文物地图集　山东卷》以及临淄后李遗址等重要项目的整理和研究工作。其间非常期待有所里人员来，他们在站里不仅可以增加人气，而且方便我向他们学习考古知识。工作站的学员、老师因发掘工作需要，常常不在，有时只有我一个人在站里，实感孤单和责任重大，偶尔半夜还会被报警器叫醒，晚上总睡不踏实。

临淄遥感项目是我到所里工作以来参加的第一个正式项目，也是我国第一个中外合作的遥感考古项目。该项目于 1995 年启动，在临淄的工作内容主要是航片考古信息的辨释以及编辑出版图集。2000 年年底，我们正式编辑出版了《中国临淄文物考古遥感影像图集》，后来该项目获得了山东省优秀图书奖、山东省社会科学优秀成果三等奖、山东省科学技术二等奖等多个奖项（图二）。

图二　观察1975年航片（立体相对）

中方负责人是时任考古所所长李传荣，参与人员有罗勋章、崔圣宽、靳桂云和我，德方是就职于波鸿鲁尔大学的德籍华人宋宝泉先生。我们大致工作了4个月，每天早上从8点开始，大多工作到晚上10点。其间虽然工作非常单一、重复，但培养了我耐住性子做事的心态，而且让我学会了使用电脑，学习了WORD、PS等常用办公软件的操作。这些技能在单位职称评审材料整理、南水北调工程、会务等事务性工作中发挥了一定的作用，也启发了我对如何将计算机技术引入考古学研究的思考。

去年再去临淄工作站，办公、住宿条件都得到了改善，考古整理场地也扩大了。

三

2000年年初，我离开临淄工作站回到济南工作，进入技术资料室。技术资料室是考古所人数最多的科室，在技术资料室王占琴主任的带领下，全室人员通力合作，完成了所里报告整理所需的绘图、照相以及资料整理、文物库房管理、文物保护修复工作。考古所当时不足40人，整体工作一盘棋，大家团结协作，确实做到了分工不分家、遇到工作集体上。

2000—2015年这16年工作期间，我的主要业务工作大致可以分成两大块：一是参与考古发掘，二是可移动文物保护修复工作。作为一个理科生，参与考古调查和发掘工作，一切都得从头来。在具体工作中积极向团队人员学习、请教，工作讨论中积极建言献策，促进了自己的成长。主要参与了汶上南旺分水枢纽、临朐白龙寺、蓬莱古船、菏泽古船和定陶王陵等考古项目的调查和发掘工作。

南旺分水枢纽的考古调查和发掘工作，分为2007—2009年和2011年两个阶段。第一个阶段领队是佟佩华副所长，第二阶段领队是李振光研究馆员。在参与南旺分水枢纽考古调查工作期间，我借助自己在临淄遥感考古项目所学知识，以乡镇文化站马洪勇为向导，开展了对近400平方公里的三个湖区和运河河道的调查，确认了三湖的范围和保存状况，并结合文献资料，推演南旺分水枢纽的运行模式。这些也得益于清华大学、中国文化遗产研究院等诸位同仁的帮助。

参与临朐白龙寺和蓬莱古船项目期间，我主要协助发掘执行领队李振光研究馆员做好现场保护和后勤工作。临朐白龙寺是中瑞合作项目，蓬莱古船发掘是配合小海清淤项目。非常有幸，我所参与的这三个项目的考古发掘报告都已经正式出版。这三个项目的工作经历，不仅丰富了我的考古知识，也让我学会了如何编辑出版一部著作，为编辑出版《寿柏巧榇——沂南河阳清代棺木保护修复与研究》和《山东可移动文物保护修复与研究》奠定了坚实基础。

随着考古发掘越来越重视现场保护工作，我后期参加的定陶汉墓和菏泽古船项目均以现场保护为主。在定陶汉墓发掘过程中，我主要参与了对现场暴露木材的保护、三维扫描、搬迁方案设计等工作。在菏泽古船发掘中，我主要参与了现场保护与搬迁工作，以及后来的保护方案编制和项目实施。

四

2006年，在时任所长郑同修研究馆员、副所长王守功研究馆员和专职副书记刘延常研究馆员的支持下，考古所引进了西北大学文物保护技术专业的毕业生蔡友振同学，所内文物修复从此不再是我一个光杆。2011年招入王凯，后来陆续招入刘胜、张坤、张勇、刘建国等人，项目执行过程中还临时聘用工作人员和实习生，文物保护修复团队不断壮大。考古所成立之时，文物修复只有张雪莲老师一人在做，中间虽经断续发展，但真正建立团队应该是在2012年，之后逐渐壮大。

2007年年初，国家文物局实行可移动文物保护修复资质管理，当时考古所可移动文物保护修复力量虽然较弱，但考古所响应国家文物局的要求，积极申报并获得首批国家文物局颁发的乙级设计资质和二级修复资质，这也是山东省内第一家获得国家文物局修复资质证书的单位（图三、图四），从此我们可以持证上岗了。资质的获得得益于中国国家博物馆首席文保师潘路先生的大力支持。

可移动文物技术保护设计
资质证书
单位名称：山东省文物考古研究所
资质等级：乙级
业务范围：
证书编号：
有效期：
发证机关
2008年 7 月12 日

图三 可移动文物技术保护设计资质证书

可移动文物修复资质证书
单位名称：山东省文物考古研究所
资质等级：二级
业务范围：
证书编号：
有效期：
发证机关
2008年 7 月12 日

图四 可移动文物修复资质证书

自2007年起，国家可移动文物保护修复工作愈来愈规范，需要有资质才能申报和实施项目。当时考古所虽获得资质，由于是乙级资质，尚不能独立编制、上报保护修复方案。在所领导支持下，我们积极向荆州文物保护中心、陕西省考古研究所、秦始皇帝陵博物院、山东博物馆请求帮助，借用他们的资质共同申报。

2014年春节后一个月内，所里组织全部文物保护修复人员，每晚加班到9点，绘制病害图，编制日照海曲墓地出土漆木器、沂南棺木和纺织品、鄄城凤凰古船、聊城古船、沂水纪王崮出土青铜器、定陶汉墓彩绘文字砖等七个项目的保护修复方案。这七个项目陆续获得国家文物局批准，并得到经费支持。至2014年，共为省考古所申请到可移动文物本体保护经费约1500万元。

我具体承担的可移动文物保护修复项目主要有：薛国故城、沂水纪王崮和新泰周家庄出土金属文物，招远市博物馆馆藏金属文物，菏泽古船，定陶汉墓出土彩绘文字砖等项目。菏泽古船保护修复项目被船史专家誉为古船修复的典范。定陶汉墓出土彩绘文字保护修复项目涉及文物数量13000件，我们优化并建立能实现流水作业的保护修复流程，提高了工作效率，锻炼了队伍，较好完成了保护修复任务，同时我自己的项目管理能力也得以提升。

这些项目方案顺利获得国家文物局批复和实施，离不开出土木漆器保护国家文物局重点科研基地主任吴顺清、考古发掘现场文物保护国家文物局重点科研基地主任赵西晨、秦始皇帝陵博物院文保部主任夏寅等多位先生的大力支持。通过这些项目的申报和实施，带动了省考古所文物保护修复队伍的建设，完善了基础设施，为后续发展奠定了基础。

五

省考古所非常重视对人才的培养。我前后被派遣参加国家文物局组织的培训班以及各种学术会议。通过培训班和学术会议的学习，既学到了文物保护知识，了解了全国文物保护修复动态，也认识了不少全国同行，这些同行在我后续的工作中多给予大力支持。在李传荣所长、佟佩华副所长的支持下，2003年我考入西安交通大学，攻读环境工程硕士学位。2005年拿到硕士学位后，领导支持继续进修，但由于个人原因未能实现。为实现自己梦想，在山东省文物保护修复中心王传昌主任的支持下，2020年，我正式成为西北大学文化遗产学院一名博士生，继续学习。

我的本科毕业论文是在陕西考古研究院实习时的工作总结。一次偶然机会，被何德亮研究馆员看到，鼓励我修改发表，后来在《人类文化遗产》期刊上发表了。这是我人生第一篇变成铅字的文章。后来，结合自己从事临淄遥感考古和工作中使用电脑的经历，我写了《浅谈计算机技术在考古学研究中的应用》小文，当然这篇文章现在看来是非常肤浅的，但有幸被期刊收录，我收到了人生第一笔稿费。后听说该文被编入南京大学的考古学教材。

我的硕士论文是以日照海曲墓地出土夹纻胎漆器为研究对象，写作过程中得到郑同修研究馆员的大力支持，他毫无保留提供样品资料。在出土木漆器保护国家文物局重点科研基地主任吴顺清先生支持下，以《汉代夹纻胎漆器结构研究》为题的项目成功申报了国家文物局2012年度重点科研课题。课题研究的开展不仅提升了自己的学术研究能力，也为自己2020年晋升研究馆员职称奠定了基础。

这些成绩的取得，都得益于考古所浓厚的学术氛围，以及同事的鼓励和帮助。在实际工作中，我时刻严格要求自己，许多项目结束后都及时总结成果并陆续发表。

非常怀念在考古所流汗、奋斗过的18载春秋，也常回忆起在万字会大院深夜值班或加班的情形。在考古所这个大家庭中，我不仅得到学术上的锻炼，也得到单位同事在生活上的帮助。非常幸运的是，我还分到了考古所前辈用心血建造的90平方米住房，解决了住的大问题。后来结婚、生子、孩子入学等也得到诸多同事的帮助。

我离开省考古研究院虽然已有6年，但时常关注省考古研究院文物保护修复团队的发展。欣闻现在已有来自北京科技大学、中国科技大学、西北大学、南京艺术学院等高校多名毕业生加入研究院文物保护研究团队，文物科技团队力量不断壮大，研究方向不断拓展，科技考古也逐渐受到重视。

相信今后省考古研究院文物科技团队在开展新出土文物的保护、修复、研究工作的基础上，必然能取得更大的成绩和成果。也请研究院同仁放心，我当与同仁一同奋力工作，为山东文博事业贡献自己点滴之力。

第一次可移动文物普查纪实

李繁玲

（山东省文物考古研究院）

2013年，我接受单位安排的一项新的工作任务，即第一次全国可移动文物普查。这项工作虽说是临时工作，却也历时近三年半，当时的工作情景至今仍历历在目。

一、工作缘起

第一次全国可移动文物普查是新中国成立以来，首次针对可移动文物开展的重大国情国力调查项目。2013年4月18日，第一次全国可移动文物普查电视电话会议召开，会议对普查工作进行全面部署。8月底至9月初，山东省第一次全国可移动文物普查领导小组组织举办全省普查业务骨干培训班。单位委派刘延常副书记带队，李顺华、王春云、王龙和我参加了西部地区骨干培训班。省考古所的第一次可移动文物普查拉开帷幕。11月，《山东省第一次全国可移动文物普查实施方案》正式颁布，全省可移动文物普查工作有了明确的政策依据。

二、初入普查办公室

我所的第一次可移动文物普查，领导高度重视，多次开会研究，进行部署。2013年9月成立领导小组，郑同修所长任组长，负责全所普查工作的组织和领导，协调解决重大问题。下设领导小组办公室（简称所普查办），负责日常组织和协调，主任由刘延常副书记和孙波副所长兼任，所内各科室中层均为办公室成员。普查办成立后，面临的主要工作是制订普查实施方案、制订各阶段工作计划，并组织实施；指导开展文物调查、文物认定、信息采集和登录，对遇到的各类实际问题进行咨询、解答，以及协调相关科室；汇总、审核、验收全所普查数据，按要求上报省普查领导小组办公室；开展普查档案的建档备案工作，建立文物普查数据库，与国家可移动文物信息管理平台相连接；

编制并提交第一次全国可移动文物普查工作报告、第一次全国可移动文物普查文物名录；编制相应年度普查经费预算并督促落实，等等。而可移动文物普查作为一项紧迫的新任务，大家对此项工作如何开展毫无头绪。且作为省级文物考古科研单位，我所还担负着繁重的考古调查、勘探、发掘任务，田野考古发掘业务骨干不可能全部投入到可移动文物普查工作中。在这种情况下，由于领导的信任和推荐，我担负起了所普查办的工作。

刚入普查办，我还存在畏难情绪，担心这项工作千头万绪不好开展，工作做不好会辜负领导的信任，又担心普查办成员多为所领导和中层干部，协调工作不太好做。后来证明我的担心是多余的，大家对普查办的工作非常支持。根据要求，首先起草报送了《山东省文物考古研究所第一次全国可移动文物普查实施方案》。文中陈述了单位藏品普查的范围和内容，开展普查的技术路线，普查的时间与实施步骤，普查队伍的组建和登录时间安排，以及普查中环境安全、普查数据安全与保护，普查的宣传、总结和近期工作要点与工作要求等内容。同时，报送首批29位参加普查工作的普查员的登记信息，并办理相应的普查员证；填报《第一次全国可移动文物普查工作督查表》《国有单文物收藏情况调查表》。

三、可移动文物普查前的准备工作

2014年初，普查办的主要任务是进行可移动文物普查的前期准备工作，包括组织业务培训、普查物资筹备、开展工作的技术准备、单位入藏文物摸底调查、普查队伍的组建等。

业务培训。2月，所普查办组织第一次全国可移动文物普查的前期动员和业务培训，党总支很重视，三位领导一起出席，所内业务骨干全部参加。我重点解读了《全国可移动文物普查登录规范》。为了让大家对普查登录内容有更直观的印象，我将普查内容涉及的14个基本指标项和11类附加信息做成PPT，用92幅幻灯片简要释读，并演示如何规范地采集和登录。王龙现场演示了普查相关采集软件的安装。3月，又组织文物普查影像信息采集的培训，李顺华老师给大家讲解了可移动文物普查影像信息采集的规范和要求。业务培训使即将参加可移动文物普查的同事基本了解了工作的内容和技术要求。

物资筹备。3月，报请所领导批准后，我着手筹备第一次可移动文物普查物资和工作室的搬迁事宜。所需普查物资，有的可直接购买，有的需根据工作实际重新设计和印刷。我按工作程序列出详细的物资筹备清单。办公室司湘老师根据多年工作经验对购买物资提出合理化建议，王秀伟则根据普查办容量要求帮助购买电脑、硬盘等。根据工作需要，我们设计和定做了藏品分类登记卡及文物总账。单位的藏品多为出土文物，分类登记卡和博物馆不尽相同，除涵盖普查登录的14项基本内容外，新增加考古发掘信息，包括出土时间、地点及位置、考古领队和主要业务人员、考古报告名称、出版社及出版日期、文物出土时的保存状态等。藏品分类登记卡内容的设计，既要符合单位藏品的特点，又考虑到卡片的方便、实用和美观，一张小小的分类登记卡，我和刘晨反复修改，前后十多稿才确定。为便于管理，将这些卡片每100张装订成一册，外加封面和封底，封面预留器物总号、类别和册别，便于快速查找单件文物的基本信息。这便是我所第一次可移动文物普查登记册的蓝本，也称之为分类账。借助文物普查的契机，计划完善文物总账，同时重新定制省考古所库房总账。根据全所文物藏品总数，统一印刷我所藏品分类登记卡800册、藏品总登记账50册。物资筹备阶段，起草请示、筹备计划、物资清单、印刷协议等各类文表六千余字。这期间也敲定了普查工作地点：单位第一进院西厢北头。在该室放置一张大的工作台、几张圆凳，开展文物普查的工作室基本就绪了。

普查工作的技术准备。进行物资筹备的同时，我开始考虑开展文物普查的工作计划、操作流程、文物信息采集和登录等细节问题，先后起草了可移动文物普查实施细则、技术操作细则，经领导审批后在全所实施。普查实施细则重点阐述安全原则、参加普查队员的构成、工作要求、工作程序、纸质文档登录流程等。技术操作细则详细解释总登记号怎么编、不同质地文物的定名规范、年代的表述、文物类别的划分、质地类别的界定、计量的界定、尺寸测量的细节要求、重量单位的细微区分、完残程度的界定、文物的级别等17项文物基本信息的填写细节。算是为全所可移动文物普查工作的开展提供了简写版的理论依据和技术指导。

入藏文物的摸底调查。摸底调查是开展可移动文物普查必须提前做的一项工作。为摸清所内收藏文物的数量和文物收藏分布情况，趁研究室和临淄工作站各考古工地未开展田野工作之前，进行全所文物收藏摸底调查，逐个办公室找各考古领队进行了解。在同事们的理解、配合和支持下，初步摸清了我所文物收藏的基本情况：所库房收藏各类文物2万余套，涉及160余处遗址；领队临时库房放置文物标本1.3余万套，涉及90个文物点；临淄工作站存放文物标本7000余套，涉及110处遗址或墓地。就各遗址或墓地出土文物的数量及存放位置，列出详细的分布一览表，以便于全所统筹计划、合理安排可移动文物普查工作的开展。

组建专业队伍。单位收藏的四万余套文物标本，依其存放位置和收藏的实际情况，我们建议成立以所库房、研究室、临淄工作站等科室业务人员为主的三支普查队伍，由我、吴志刚和魏成敏老师分别负责。随着普查工作的开展和普查任务的紧迫，普查工作组又细分成八个，各组普查队伍之间团结协作，共同参与。

具体分工，我所在的第一小组负责所库房文物的普查，协助第二、第三普查小组的考古领队们开展普查登记。第一小组普查队员4—8人，以库房管理人员为主，其他人员由所领导统筹安排。为保证工作的熟练度和普查工作的流畅性，建议普查队员不宜频繁更换，其中至少3人应该固定。这组队员正常上班时间主要从事可移动文物普查登录，直至整个普查工作结束。

第二、三小组负责临时库房、临淄工作站存放的文物标本普查，成员分别由第1—3研究室、临淄工作站的业务骨干组成。各领队负责自己发掘的临时库房存放文物的普查和登录工作。普查、登录的时间，以不耽误田野考古工作正常进行为前提，在各考古工地田野工作结束撤回单位时进行。所普查办负责普查的业务咨询和协调。临淄工作站存放文物的普查、登录，由临淄工作站和暂时存放出土标本的考古领队们负责，普查时间由临淄工作站和领队灵活掌握，第一普查小组成员协助开展。

四、普查工作初步开展

2014 年 3 月开始，单位稳步开展可移动文物普查工作。所普查办每月定期向省普查办报送山东省第一次全国可移动文物普查省直文博单位工作进展统计表、省考古所当月的可移动文物普查工作进展情况报告。7 月开始往文物信息登录平台上传文物数据。为保障和促进可移动文物信息登录和审核工作顺利开展，我参加了国家文物局 4 月在成都举办的全国可移动文物信息登录平台骨干培训班，刘晨等参加了省文物局举办的省直文博系统可移动文物信息登录平台骨干培训班，徐倩倩、王春云参加了省文物局全省可移动文物信息登录平台审核员及用户管理员培训班。

普查工作的规范化。7 月，为规范管理可移动文物普查工作，在办公条件拥挤的情况下，所领导批示挂牌“可移动文物普查办公室”，并改善设备设施。我起草《可移动文物普查办公室职责》和《第一次可移动文物普查工作流程》，经所领导审批后，做成制度牌挂在墙上，规范全所可移动文物普查工作。当时根据普查登记的内容和工作方法，普查工作流程归类为四大程序。第一项为可移动文物普查信息采集，这是普查最基础、最费时的一项工作。第二项为电脑录入，依据《可移动文物信息采集登记卡》，将文物信息数据录入对应的 Excel 采集模板。第三项是数据上传，将已经录入 Excel 表格的文物数据，采用在线或离线工具形式上传至全国可移动文物信息登录平台。第四项为数据审核和报送，单位审核员在线逐件审核录入员上传的文物信息，确认无误后，再上报省文物局普查办审核。普查工作流程相当于一本书的目录，让参加普查队员快速了解可移动文物普查的内容和工作流程。

文物信息数据采集及登录工作。因为单位工作性质的特殊性，初始阶段的文物普查仅第一小组亦即库房工作组开展了文物的信息采集，参加人员相对较少，成员有李顺华、李志勇、刘晨和我 4 人。作为主导第一小组普查工作的我，首先要做的是协调好大家的工作情绪，分配好各自普查流程中的工作环节。两位李老师为人谦逊平和，随着对工作流程越来越熟练，大家的配合也越来越默契。我们普查登记的文物存放在工作室之外的另一个库房，每天开展数据采集前，需将计划采集数据的文物运到工作室来，采集登记结束后，再将文物放回存放处。由于人员较少，我们 4 人既是普查数据的采集者，又充当文物的搬运工，两位李老师和刘晨从未发过怨言。为了库房的文物安全，普查组成员严格遵守文物库房标本室管理制度，不携带任何包具等与工作无关的物品进入普查工作库房；

不随意在库房内走动或触摸、搬动藏品。工作日时间，下班后一律将工装放在普查现场，不能外带。周末休息时工装外带清洗，出库前自觉将工装所有口袋外翻。这听起来似乎有点不近人情，但为了避嫌，大家都很自觉地遵守。

普查登记文物，首先进行文物整理。器物号书写不清晰或者器身无器物号者，在器底或不妨碍观瞻处重新书写；器物标签腐烂或不清晰者，重写器物标签，即使实在看不清，也要在新标签上尽可能详细写明该器物的情况以备核查。其次是清点、编号。每件器物按遗址或墓葬归类，编上库房分类号和器物总号。第三是登记造册。将已经编号的文物，按普查登记的要求逐项采集文物数据，登记在册。记得当时进行文物信息采集的分工是，我负责编器物总登记号和分类号、器物命名、断代等，李顺华老师负责称重，李志勇老师负责测量，刘晨负责逐项登记、核查信息。第四是文物拍照。数据采集结束后，李顺华老师司职照相，其余成员密切配合。第五是装箱封存。已经登记、拍照的文物，根据装箱文物清单，核对无误后，装箱封存；箱内放入一份装箱清单，箱外贴加盖公章的封条，并逐箱编号，为后期的文物搬家做准备。当时普查登记的工作原则是保证当日提取的文物，全部完成数据采集、器物拍照，并于当天入库。

为推进工作进度，大家周末至少加班1天。在省普查办帮助下，2014年先后有8名志愿者加入到可移动文物普查工作行列。当年完成莒县陵阳河遗址文物的数据采集、信息平台的数据上传、文物数据终审以及上报工作。共计采集文物数据近1000件（套），上报国家文物局信息登录平台近1000件（套）、照片近4000张。上传平台的各类数据，严格按照国家文物局第一次可移动文物普查的要求，先由本单位审核员严格审核，再提交省局普查办审核，力求提交数据准确，避免重复性工作，上报的文物数据质量合格率达98%，多次获得省普查办的表扬（图一）。

图一　2014年6月可移动文物普查工作现场

五、2015年普查工作全面展开

本年度，省普查办要求各业务单位报送全年的第一次全国可移动文物普查工作计划和进度表；

单位第一责任人签订承诺完成单月计划责任书。这一举措客观上推进了我所可移动文物普查工作的进展，单位的可移动文物普查数据采集和登录工作进入快车道。

领导重视。郑同修所长亲自挂帅可移动文物普查工作，直接领导所可移动文物普查办公室，督导文物普查工作；孙波副所长督导各领队库房和临淄工作站的文物普查；刘延常副书记督导考古所标本室、库房和文物修复室的普查工作。三位领导亲自带队，率先开展自己作为领队发掘的考古文物点的普查，领导的重视和以身作则令我所的普查工作成果显著。

组建专业队伍。2015 年，在原来三个普查工作组的基础上，我所快速组建了八支专业普查队伍。实行组长负责制，各组长负责制定本组工作计划，视单位工作的总体安排和考古工地的实际情况，列出本组需要普查登记的遗址或墓地顺序。常规开展普查工作的 2—8 个工作组中，所内业务骨干 1 人任组长主持本组工作，同时配备 1—2 名年轻的业务人员、3—5 名大学生志愿者，保证每组开展普查人员不少于 5 人。每月开展普查工作组的数量，视单位未出差业务人员多少而定。3 月，有 2 个工作组开展普查，4 月增加到了 7 个工作组，后期最多时达到 8 个。当年先后参加可移动文物普查的业务骨干达 40 余人（含文保人员），聘请山东大学、山东财经大学、东北师范大学等校在校大学生志愿者 50 余人。

明确办公场所。尽管所内办公场所紧张，所领导仍特批专门场地作为各组普查工作室，为文物普查工作的顺利开展提供了后勤保障。库房普查工作组办公室最早设在大院西厢北端，后来随着普查工作规模的扩大，及考虑到小件文物的普查安全，另增批单位大会议室作为新的普查地点；各领队普查工作室或设在各自文物存放的临时库房，或另辟其他安全、适合的地点。

特事特办、快速购买所需物资设备。文物普查每月进度承诺责任书的签订，像一把尚方宝剑悬挂在大家头顶。为了快速推进可移动文物普查工作的开展，党总支在后勤保障方面全方位支持，普查物资设备购买特事特办，快速签批，后勤保障一路绿灯。

明确审核流程。为保证普查工作质量，所普查办明确了“数据审核工作流程”，各小组和所普查办分级审核，责任到人。各普查小组负责本组遗址或墓地文物数据的采集和上传，组长负责本组的数据初审，然后上报所普查办，所普查办负责全所数据终审。

当时按组别明确了各组初审责任人，我负责第一小组，徐倩倩、刘晨负责第二小组，王泽冰、赵国靖负责第三小组，郝导华负责第四小组，李振光、党浩负责第五小组，张溯、王子孟负责第六小组，高明奎、崔圣宽、曹军负责第七小组，蔡友振负责第八小组。最后，由我负责全所上报的普查数据终审。明确分工、责任到人的做法，最大限度保证了普查采集数据和平台上传数据的质量。

数据采集、信息登录迅速展开。参加普查的业务人员均身负多项工作任务。库房组在进行文物清点的同时，兼负标本室参观接待、库房业务管理、兄弟单位借展文物出入库，以及普查办的日常工作。各考古工地领队及临淄工作站兼负田野考古调查、勘探、发掘、编辑出版考古报告、进行科研等多项任务。文物修复室进行所内文物修复保护的同时，支持各地市展陈文物的修复。但在全所普查任务大局面前，大家在力争完成原有工作任务的前提下，克服困难、加班加点投入到可移动文物普查中。在全体同仁的共同努力下，我所普查工作进展迅速，文物数据采集、文物信息登录工作成果显著。全所完成可移动文物普查数据4万余套、实际数量近7万件（图二）。

2015年全所围绕普查开展工作。我重点负责三方面工作：主持所普查办的日常业务工作，所库房文物的数据采集、登记、上传和审核，全所上报省普查办文物普查数据的终审。

第一方面的工作，具体负责与省普查办的联系，各种文件、报告、报表的起草和上报；协助所领导协调和督促各领队库房、临淄工作站文物普查工作的开展。

图二　2015年9月可移动文物普查工作现场

第二方面的工作属于所库房普查组白天的常规工作。主持普查工作的过程中，最大的困难是人员少、时间紧、任务重。所库房需要普查的文物总数，约占全所普查登记工作总量的一半。若想在省普查办要求的时间内完成普查任务，仅靠2014年参加普查工作的人员远远不够。所领导也理解我们面临的窘境，一方面支持聘请大学生志愿者充实普查队伍，另一方面调配所内业务骨干增加普查组的实力。人员到位后，我根据每人的业务熟练程度，将所库房工作组一分为二，变成两组分别进行数据采集。为保证进度，大家克服夏天炎热等不利条件，每天坚持入库进行文物数据采集。常规工作时间定为周一至周六，节假日至少加班1天。由于工作组成员既是文物数据的采集者，又是数据初审、上传和终审的执行者，为争取将本月采集的数据上报省普查办，大家晚上加班至8点已成常态。功夫不负有心人，2015年，所库房普查组完成文物数据采集和数据登录2.3542万套，约占全所工作总量的58%。

第三方面的工作为数据终审工作，2015年时一般是在晚上进行，因为白天需要和同事们一起入库采集数据。当时的工作原则是，当天上传信息登录平台的数据，尽量当天审核。因单位数据终审由我一人负责，所以往往加班到晚上9点多才能将当天上传的数据全部审完。后来随着采集的数据越来越多，数据上传文物信息登录平台也出现了瓶颈。因为各地市都在赶进度，可移动文物信息登录平台上传数据速度变得很慢，终审完的数据，好长时间传不上平台。省普查办的肖贵田等专家建议避开数据上传高峰期。于是我们改变了工作方式，终审由在线改为离线审核。即错开上网高峰期，先离线审核已采集的文物数据，在保证各种数据无误的前提下，再上传国家信息登录平台。为此，所普查办请当时刚刚大学毕业、住在单位宿舍的同事曹军，在晚上 10 点以后帮助上传数据。小伙子工作积极上进，仗着年轻身体好，不下考古工地期间经常熬夜帮我们上传数据，忙到凌晨 1 点也是经常的事。2015 年完成文物数据终审近 1 万件（套）。

六、2015 年普查工作的中期调研评估

2015 年 11 月初，国家文物局进行第一次全国可移动文物普查中期进展情况评估调研。省普查办荣瑞峰处长、高震、布明虎等陪同北京化工大学王明明教授团队，来我所评估调研普查工作进展情况，我和刘延常副书记参加了座谈。汇报的内容有：普查的进度，影响进度的主要问题和原因，数据审核过程中发现的质量问题和数据出错的原因分析以及解决办法，普查人员投入情况，普查的业务流程分组，普查信息质量检查方式及提高效率的措施，组织管理方面的做法，以及下一阶段的工作思路和计划等内容。

省普查办领导陪同评估团队参观了我所的文物普查工作现场，评估团队对普查的实施方式，尤其是普查业务流程和提高普查信息质量及效率的做法极为赞赏。我们的普查业务流程，是将每个普查团队细分为五个小的工作组：分类编号组、测量登记组、照相组、数据登录和上传组、数据审核和上报组（图三、图四）。前三个小组系流水作业，在文物普查工作室同时开展；后两个小组则利用晚上时间加班，在办公室进行登录上传。由于人员的限制，前三个小组和后两个小组系同一套工作人员。为保证上传普查信息的质量、提高工作效率，我们改变了早期网上在线审核数据质量的做法，采取离线审核方式。

图三　2015 年文物普查分类、编号和测量登记工作现场

图四　2015 年数据登录和审核工作现场

七、文物普查工作圆满完成

2016年的可移动文物普查工作主要有两项，一是将山东博物馆借用文物进行普查登记，新增加1341套文物的数据采集和上传。二是完成全所42194套、实际数量近7万件可移动文物普查数据的终审。终审是2016年可移动文物普查中压力最大、任务最重的一项内容。

终审工作从年初开始，至11月完成。最初是我一个人负责，虽然上一年已完成近一万件（套）数据的审核，但剩余的3万多件（套）数据的终审，也不是一个人能够在省普查办要求的时间节点完成的。经请示所领导批准，增加刘晨和我一起进行审核。审核内容主要是对上传文物的命名、断代、完成状况、照片等数据要素不妥处提出修改意见。其中既有专业性较强的命名不规范、断代不准确、完残情况描述不当、尺寸测量不符合常规、照片体现情况与填写文字内容中完残状况或保存状态不符、照片与实物不符等问题，也有因操作不当引起的技术层面上的问题。文字内容不符的可直接修改；照片不符合要求的，则需要提出清单请李顺华老师重新拍照，再上传至信息平台。为保证在省普查办要求的时间节点完成终审工作，节假日、晚上加班已成常态。至8月底终于完成全所42194套文物数据的第一次审核。9—11月又进行部分数据的修改和补充，先后经过了两轮完善，最终于11月完成全所普查数据的二审和三审。至此，持续三年多的省考古所第一次全国可移动文物普查工作圆满结束。

我所的可移动文物普查工作成果获山东省文物局、省普查办的高度认可，12月省政府组织召开的全省文物工作电视会议上，对全省第一次可移动文物普查工作进行总结表彰，我们单位荣获“全省第一次全国可移动文物普查先进集体”，我和刘晨也获得“全省第一次全国可移动文物普查先进个人”荣誉称号。

八、工作收获与感悟

（一）工作收获

三年多来的可移动文物普查，既有压力，也是一次难得的锻炼机会。通过主持这项任务，我积累了一定工作经验，获得以下几点收获：

第一，开拓思路，巧借外力，实现共赢。以快速推进可移动文物普查工作进度为目标，积极与开设考古学、历史学专业的多所大学联系，欢迎山东大学等高校大学生志愿者以社会实践的方式参加可移动文物普查工作，实现了普查工作的推进与大学生社会实践的双赢，获得良好的社会反响。

第二，利用和转换普查成果，推进文物搬迁、库房分层管理和发掘资料整理工作。我们借这次普查的契机，在进行文物数据采集的同时，将相应文物严格按照搬迁标准装箱封存；箱内放文物清单，箱外贴盖公章封条；普查文物装箱封存的做法推进了下一步的库房搬迁工作。此次普查，摸清了各类库房收藏文物标本的数量和存放位置，为针对性加强文物安全和库房分层管理提供了可能。文物普查的另一个成果，是统计出了各库房存放文物涉及的遗址和墓葬总数，为领导统筹安排全所考古发掘资料整理，尤其是历史遗留发掘资料的整理工作，提供了决策支撑。

第三，响应国家号召，促进文物“活”起来。在摸清库藏文物家底、保留考古科研标本的同时，支持各地市兄弟单位文物借展。目前已借展到滕州、黄岛、章丘、山东博物馆等单位文物7000余件。这些活跃在各博物馆展线上的文物，令考古出土品彻底“活”起来，焕发了新的生命力。

（二）感悟

可移动文物普查工作虽然很苦、很累，但收获颇丰，感受颇深：首先，只要把工作当成自己的事情来做，就一定能做好。工作用心，对人耐心，做事恒心，不忘初心，定能所向披靡，什么事情都能做好。其次，在任务面前，要有担当，有责任感，遇到问题想办法解决，而不是推卸责任，就一定能完成既定目标。记得2015年底，接到省普查办通知，文物普查总数上报还差两千件。当时我意外受伤准备做手术，接到电话后我推迟了手术，刘晨、万菲等五个年轻同事陪我连续加班两天两夜，至今回忆起来仍令我感动不已！第三，领导的支持和重视，是完成任务的重要保障。党总支高度重视，领导鼓励大家开动脑筋想办法，只要有利于可移动文物普查工作的开展，给予全方位支持。第四，个人统筹和组织协调能力得到锻炼和提高，同时结识一批工作上的合作伙伴和朋友，尤其是省普查办有关领导、专家对我所普查工作的指导和帮助。

让人感触最深的是同事们不计个人得失、共同奋战的精神。在其乐融融的日子里，省考古所整个集体团结协作，能打硬仗、敢打硬仗的传统，在这次全国可移动文物普查中得到很好的诠释。各普查工作组为早日完成普查任务，节假日都在加班加点，为赶任务舍小家、顾大家的精神令人感动。

敢问路在何方

——忆齐长城调查

张　溯

（山东省文物考古研究院）

转眼间，从事考古工作已经16年了，加上大学的四年考古学习，满满的20年时间，竟占了我年岁的一半时光。现在仍记得刚来到考古研究院（那时还叫山东省文物考古研究所），同兰玉富老师（现为山东省文化和旅游厅文物保护与考古处副处长）去西河遗址勘探时，我连探铲都不会打，被编进勘探队伍打探眼的时候，我感到非常紧张和窘迫。之后便像上了发条一样，一刻不得停歇地调查、勘探、发掘。尤其是调查、勘探工作非常多，当时所里只有十几个业务人员，配合基建工作任务重，而我又是新来的，自然要多做一些。两年之后又来了两位新同事，便由我们三个年轻人主要跑配合基本建设的调查和勘探。那时候自己也没有研究方向，实际上有方向也不会有时间搞，只能是碰到什么工作做什么工作。调查过的项目有很多，大运河、铁路、公路、高速、输油输气管道，许多都不记得了，只有模模糊糊的印象。发掘过的遗址有8000年前的西河遗址、7000年前的黄崖遗址，也有战国及汉代墓葬、隋唐瓷窑址、龙山文化聚落，还发掘过我省第一座西周城址高青陈庄城址、夏商时期的定陶十里铺堌堆遗址、运河边宋元时期的村落梁庄遗址、北朝隋唐时期的佛教圣地龙华寺遗址、汉代的济南城东平陵城遗址等。这些工作有的印象深刻，有的却很少再想起，然而齐长城调查则是对我影响最大的一次考古工作。

一、国家文物局的长城调查培训

2006年，大运河项目在济宁启动，这条线路也是我和党浩老师调查的，我们单位在运河边的程子崖遗址举行了启动仪式，然后发掘程子崖遗址。这个遗址参加的人员特别多，我们挤在一座二层楼里，单位的业务人员几乎都在，领队是孙波老师。当时挖的什么记不清了，只记得是在运河边，我清理的一个灰坑里面出了件鬲。然后就是记得崔圣宽老师酒量很大。一天领导突然找我说国家启动长城调查项目，你去参加培训吧。于是我收拾行李，背上双肩包就进京了。

过去我们说万里长城，但长城到底有多长谁也说不清。国家文物局组织长城资源调查的目的就是摸清我国长城的家底。我先在北京接受了培训，主要学习调查的意义、目的、方式、方法等，之后参加试点调查，和河南、天津的几个同行一起去河北青龙县调查明长城，为期三个月。

调查的地方在河北青龙县的一个小山村里，这个村子在一条山沟里，有十几公里长，却没有多少人家，几十户散布在山谷河畔。这里自然风光很美，山清水秀。我们调查队住在一位老乡家里，他家西屋里有两个炕，全被我们占领了。院子里有条黑驴，门口有一口水井，每天都要在这里打水喝。院子南边有一条小河，河南岸种有葡萄树。

调查队由河北的同行和来自山东的我、天津蓟县独乐寺的刘福宁组成。驻扎之后，很快就进入田野调查实战了。这边都是大山，没有开发，没有路，上山的路径必须找当地熟悉的老乡带着；有时没有山路，只能披荆斩棘。所以走在最前面的队长或老乡手拿一把大砍刀，遇到拦路的荆棘、藤蔓、杂草、树枝等直接砍掉，开辟出一条道路来。一上午时间能到达山脊并找到长城就算胜利了。每个队员都要负重几十斤，相机、录像机、笔记本、手持式 GPS、地图等，最主要的还是水和食物。我们穿的都是迷彩的军装或户外装（那时户外装备还不多），裤腿都要绑起来，防止划伤和蚊虫叮咬，手里拿着登山杖，背着水袋，一条管子伸到胸前方便喝水，因为两手还要攀爬或拿东西。找到长城后在地图上做标记、测绘、拍照、记录等，大家都有明确的分工，但是我们两个外省的实习人员需要每一项都学会，所以每个人都背负着全套设备。中午时我们就在长城上把食物拿出来分着吃，馒头、火腿肠、饼，有时用铝制行军饭盒烧点水，煮包方便面。这样一天能调查几公里的长城，但是上下山的路，两倍都不止。实际上最累的也是上山和下山，尤其是山里没有路，上下真是太困难了，在长城上走反而不是那么辛苦。

青龙县太落后了，这里仿佛还没有进入现代化。一次我们下山后，带的水都喝光了，路过一个小卖部，看了一下里面的饮料有旭日升冰茶。于是买了一瓶，打开喝了一口，味道不对，一看生产日期是 1998 年的。

最难忘的一次调查是某一天，我们按计划爬了一上午到达山顶，队长看天气预报说有大雨，但是我们带的帐篷不够，于是决定他们几个经验丰富的队员留下，我们三个年轻的先回去。我们三人背着行李往下山走，带了地图，但是我们在大山里行路的经验太缺乏了，竟不小心走到山沟里，两侧均为悬崖峭壁，找不到出路，只能顺着山沟走。眼前看到山口了，走近后一转弯，又是长长的一条山沟，如此反反复复，也不知道走了多远。某些地段较为平坦，但是积了一潭水，只能冒险涉水过去，每次都怕水里有蛇或虫子，还好都是有惊无险。我们从中午走到晚上，又从晚上走到深夜。天上的星星亮了，远处的城镇也灯光闪烁，但是就是走不出大山涧。最后走得腿已经没有知觉了，只是机械性地走路，仿佛腿不是自己的腿，脚不是自己的脚。带来的火腿肠和面包早吃完了，饥肠辘辘，后来也不饿了。感觉自己已经麻木。下午时在路上还和两个小伙伴边走边聊天，后来都不说话了，三个人一句也不说，只有森林草丛里的虫鸣。当时心里什么也不想，只想活着走出大山。到山下村庄时，正好过了夜里十二点。打电话让车来接，回到住处我们扑到炕上就睡了。

河北青龙的长城调查是艰苦而快乐的，青龙县的自然风光、壮美的长城、淳朴的村民、浓厚的队友情谊，都给我留下了深刻的印象。我在这里学会了做拓片，学会了拍摄长城、看地形图、测绘等。调查结束后我们在山海关——万里长城的起点处休整。实习结束后我们各自返回，我也回山东了。

二、山东开展齐长城资源调查工作

长城调查实习回来之后，我又奔赴各考古工地了。国家文物局的长城调查试点结束之后，认为试点调查比较成功，于是着手准备全面展开长城资源调查。2007 年 3 月，国家文物局和国家测绘局在北京居庸关举办长城资源调查与测量领队培训班。我和本单位的李振光以及山东省文物局的倪国圣、兰玉富参加，学习过程中学员应用河北省的经验在居庸关进行了实践。培训很快结束，之后山东就开展齐长城资源调查了。

齐长城调查工作启动的时间是 2008 年 10 月，我正在发掘高青陈庄遗址。这次发掘是为了配合小清河清淤工程，领队郑同修所长，参加发掘的人员有我所的高明奎主任（执行领队）和山东大学的于海广老师（指导老师），山东田野考古培训班的马静（菏泽）、邱波（临沂）、熊竟博（济宁）、吕宜乐（沂南）、刘红军（日照）、李玉（日照）、李猛（枣庄）等 40 余人。我们在第一批探方中发现了我省最早的西周城址，也是目前发现的唯一一座西周城址。我在这里发掘了一个多月，之后被调去参加齐长城资源调查。

山东的齐长城资源调查方案是山东文物局兰玉富副处长起草的，之后我们基本按照这个方案来执行，只是根据国家文物局的具体要求又进行了细化。调查组分了两名队伍：一队由李振光带队，包括文保中心的两名同志；二队由我带队，包括师弟王泽冰、文保中心的张艳群和魏健。齐长城由济南长清的孝里镇大街村西开始，往东至陡岭顺泰沂山系一直到黄岛的于河家入海，东连大海，西接黄河（即古济水），涉及几个地市 18 个县市区，每个地市的文物干部配合调查。我们在济南灵岩寺举办了山东省齐长城资源调查培训班。除了在课上讲调查的方式、方法，还在长清靠近泰山的钉头崖一段进行了试点调查。通过培训，我们统一了工作方法和程序，掌握了齐长城的基本信息和调查方式、方法。

灵岩寺培训结束之后，我们两个队一起在济南长清进行调查，长清博物馆的马前伟老师配合我们工作。调查的起点即大街西边齐长城源头，该处路边有保护碑，往西行，地势渐低，有一条稍高的土垄，宽 20 余米，这里就是土筑的齐长城了。走到一口大井处，长城消失，这个井一般被当作齐长城起点。再往西不远就是孝里洼和古济水。《左传》中记载襄公十八年晋伐齐，齐灵公“堑防门而守之，广里”，应该就是指这个位置。

从省道往东，齐长城渐高。过去有先生曾在这里做过剖面，认为是战国时修筑。跨过济菏高速之后，长城宽阔、高大，直顶陡岭。由此，齐长城改为石筑，即以石块垒砌，沿山脊蜿蜒东行。跨过山之后，齐长城消失不见，但我们发现一条东西向大沟，宽近 20 米。我怀疑这就是齐长城的壕沟，因为山的北麓黄土堆积很厚，但是大多由南往北行，都是被水冲出来的，只有这条沟为东西向，不符合水势。山下老乡说过去沟的南侧还有高起的土墙，只是后来均被取土平毁。由此我们发现了齐长城上唯一一条壕沟。

为加快调查速度，我们两个队分队进行，我、王泽冰、马前伟、魏健、张艳群五人往东，直至钉头崖。长清段调查结束之后，我们跨过历城区直接转移到章丘区调查，孙涛（今济南章丘区文管所所长）加入调查队。钉头崖至章丘的四界首几乎是没有长城的，这一段山势太高，直接以山险作为防御。由四界首开始，出现明显的长城墙体，该处的七星台景区还建了一段新的长城作为旅游景点。章丘南临莱芜，齐长城便建在两区的分界线上，也就是山脊线上。这条线山势较高，山体陡峭，上山比较困难，我们约定了每天调查七八公里的距离，在 1∶10000 的地形图上寻找上下山的路，但是达到了约定的调查距离之后，找不到下山的路，只好继续前行，每天徒步的路程都有十几公里。有时找不到路甚至只能穿越山林或攀岩下去，所以每天都要背着登山绳。带路的孙涛网名孙悟空，我们背着调查设备、午餐、水等物资，行走在崇山峻岭上，真如唐僧四人西天取经一样。

章丘段虽然艰苦，但依旧有很多乐趣。壮美的锦阳关、黄石关，沿线的青山绿水，每天的欢声笑语和爬山回到住处后体会到的身心的疲惫，都给我留下了深刻的印象。

在章丘段快结束的时候，我一不小心负了伤，膝盖突然痛了起来。当时负重爬一段悬崖，需要两手抓着上面的岩石，攀岩而上，可能用力太大，引起了滑膜炎。一开始我还不当回事，第二天就走不动路了，经验丰富的孙涛说抹点红花油就行，于是买了红花油抹上。休息了两天再上山。

霹雳尖是章丘最东端的一座山峰，至此往东就进入博山境内了。

博山段西边的第一座关口青石关是防捻军修建的，至今还保存有关楼的底部，有座房屋的西墙上保存着“青石关”三字石碑。据说曾国藩曾在这里坐镇。该处位于莱芜、博山的交界处，地势险要，曾国藩坐镇青石关，画地为牢，坚壁清野。至今关口两侧仍可见当年修筑的墙体，老百姓俗称“围子”。

博山的山势很险要，大体位于博山和淄川的分界线上。南侧是高高的悬崖，北侧群山起伏，所以有许多地方都没有修长城，我们称之为“山险墙”，也就是以山险代墙。淄川还有许多石头垒砌的围寨，像一座座城堡一样。这种围寨是社会动荡的表现，据说土匪来时，老百姓就住进围寨，等土匪走后再回村居住。

淄河作为该处最重要的一条河流，也是最重要的交通线，连通了莱芜、博山、淄川，顺河往北就能到达齐都，所以城子村修筑有一座城，扼守齐国的南大门，这也是淄博地区齐长城中部最重要的一处关口。淄川东部直至沂源西部是连绵的群山，也是以山险为主要防御手段。直到沂源和临朐的交界处，地势渐缓，才再次出现长城迹象。

我们二队在淄博大约待了一个月的时间，正赶上春季，是一年中天气最好的时节。我们去王予幻老师的果园吃了樱桃，品尝了美味的博山菜豆腐箱、南瓜花、酥锅、春卷，这些美食都令人难忘。博山菜这种精致又不重口的鲁菜并不多见。

临朐段交给一队来调查，我们直接去诸城和胶南。这时国家文物局举办的水下考古开始了，队员王泽冰被调去参加水下考古培训，张子晓加入我们的队伍。诸城段齐长城以土筑为主，这边均是低矮的丘陵，只有个别山头比较高，总体上比较好走。虽是土筑，但是保存比较好，是非常难得的一段土筑长城。

诸城之后到胶南，胶南博物馆的纪中良配合我们的工作。纪馆长对胶南的地形和长城的位置都非常熟悉，对胶南的文物古迹如数家珍，这为我们省下了许多时间，调查工作非常顺利。到黄岛时，经小珠山，山势又险峻起来，这时天气也变热了，我们几个经常汗流浃背，便脱下衣服来把水拧干，光着膀子前进。在山上几乎一个人都遇到不到，只有悬崖上的山羊歪着头，似乎在嘲笑我们。

到最东端，离开小珠山，进入开发区，跨过一座小山浮山之后，均是平地，齐长城也消失了。据李居法老师说，开发前该地还有齐长城保存，黄岛开发时此处的齐长城没有保下来，只在于家河齐长城入海处新建了一段并树立了保护碑，我们也只能在老照片里回想齐长城入海的状况了。齐长城东接大海，与明长城是一样的。

图一　齐长城章丘段调查留影
从左往右：章丘区文管所孙涛、山东水下考古研究中心王泽冰、山东省文物考古研究院张溯、山东省文物保护中心张艳群

调查结束后是喜悦的，半年多的时间，从冬天到夏天，我们终于完成了这次系统的齐长城调查，这也是文物部门用当时最先进的理念和设备仪器第一次对齐长城进行的全线调查（图一、图二、图三）。我们对齐长城的线路、保护情况，相关的附属设施如烽燧、寨堡等，都有了全面而系统的认识。拍摄了一万多张照片，各段长城都拍摄了录像，保存了珍贵的文物资料。调查结束之后进行了

资料整理，2011 年 11 月 11 日至 13 日，国家文物局专家组对齐长城资源调查进行了验收，我们的工作顺利通过验收。

图二 在图纸上标注齐长城的位置，手持式 GPS 为当时最先进的定位设备

图三 崇山峻岭、漫漫长路，调查队行走在山脊上

三、齐长城的研究

在齐长城资源调查过程中，我一直在想齐长城是什么时候修筑的。当时最重要的研究成果是任相宏老师的《齐长城源头建置考》，任老师认为齐长城筑于战国时期，且是分段修的，先修西段，再

修东段，最后修中部。但也有一些专家认为，齐长城在春秋时期已经修筑，主要依据是《左传》襄公十八年的晋伐齐事件，齐灵公在平阴城处“堑防门而守之，广里”，认为防门就是长城上的门。我结合文献和调查情况，对这个问题重新进行了思考，写了《试论齐长城源头及相关问题》，对齐长城建置年代进行了系统的研究。这篇文章是我研究的起点，用力也深，我把相关文献通读了几遍，完成初稿之后也没有着急发表，请我们单位的孙波、北京大学的韦正等先生提修改意见，修改了近十次，直到2013年才最终发表在《海岱考古》第六辑上。

此后，结合调查中的收获，我又写了《〈清华简〉系年与齐长城考》《齐长城布局和建置的考古学研究》两篇文章，前一篇是结合清华简中记载的齐长城始建年代和历史背景进行的研究，以文献为主，后一篇是对齐长城布局和建筑特点的一些思考，则是以考古调查为主了。

通过对齐长城的研究，我真正走上了学术研究之路，学会了将历史文献和考古发现相结合这一基本的研究方法。虽然之后兴趣发生了转移，主要研究史前考古和夏商考古，但是对齐长城的调查和研究可谓个人学术的起点。而齐长城的调查也给了我将宏观视野和微观的遗物、遗迹相结合进行研究的启发。

四、结语

齐长城横亘在山东腹地，齐长城资源调查将一个大范围的遗迹呈现在世人的面前，为我们思考山东考古提供了一个宏观视角。考古学是一门复杂的学科，涉及社会的各个方面，因此现在的考古已经与二十年前大不相同，各分支越来越多，也越来越专业。对于田野考古来说，细节和宏观两个方面的结合非常重要，我们一方面要学会清理遗迹，将器物的出土单位清理好，另一方面又要从聚落甚至社会层面思考其时代背景，即所谓社会考古。

前几天，河南古建院的杨华南老师及其同事来到单位交流黄河文物资源调查的情况，领导安排我参加座谈。此前我只知道河南古建院的调查队要来，并不知道其中有他。杨兄一进会议室，我就认出来了。他是我2006年长城实习班的同学，现在又负责黄河文物资源调查项目，真是巧合！只是转眼之间，15年就这样去了。考古学思考，经常动辄数百年甚至上千年，考古学分期一期至少也有50年，而人生却是这么短暂，真是让人感慨万千。

长城是世界文化遗产，齐长城也是中国长城的重要组成部分，是山东齐鲁文明的重要物证、山东最大的历史遗迹。回首十几年前国家局组织的那次大规模的长城调查项目，有幸能参与其中，并有所得而乐在其中，我想，这就是考古的魅力吧。

不忘初心，不负韶华

——回忆考古路上成长的点点滴滴

孙亮申

（山东省文物考古研究院）

从事考古工作33年（1988—2021年），我从一个追逐梦想而不知所从的年轻人到现在成为山东考古的排头兵，从一个毛头小伙到如今已知天命，人生大半与考古相伴。回想30多年的考古工作风雨历程，有数不尽的欢欣与快乐，也有道不完的辛酸与无奈。此时此刻，点点滴滴如在昨日……

一

我是土生土长的农村娃，上有姐姐哥哥，下有弟弟妹妹。在那个贫困的年代，为了减轻家庭负担，姐姐哥哥被迫早早停止学业在家务农帮衬家里，我则成了家里重点培养的对象。父母把知识改变命运当成沉重的砝码施加在我身上，而我也把脱离农村当成了自己的最初梦想。

1988年，山东省文物考古研究所在全省招募社会适龄青年。父亲得知消息后通过关系为我争取了一个名额，而我也是满怀憧憬地想出去闯一闯。随后的考试顺理成章。

同年3月，扛着简单的行囊，怀揣着美好的梦想和父母的殷殷期望，我第一次离开父母踏上了追梦之路，奔赴章丘宁家埠考古培训班。

梦想是美好的，然而现实很残酷。报到第一天，一张张陌生的面孔有说有笑，打打闹闹，而我独自坐在麦秸铺的地铺（每人60厘米宽度）上，看着人来人往，难免阵阵惆怅。然而当想起父母的嘱托，我又促使自己振作起来，我告诉自己，这里是我追梦开始的地方。

集结、培训，短短数日，考古一词在我脑子里初有萌芽。特别是前所长张学海先生的谆谆教导和要打造一支“山东考古铁军队伍”的坚定之心，还有山东大学历史系考古专业于海广、任相宏两位先生把什么是考古学以及考古发掘的基本理论常识向我们声情并茂地讲解，让我渐渐对考古不再陌生。

而真正的考验来自田野实习。最初，我的满腔热情全都用在了每天不知疲倦的挖土推土上，每出土一片陶片，那种兴奋劲不亚于发现灿灿黄金。然而几天过后，看看其他探方逐渐暴露、清理的遗迹，再看看自己挖的探方里灰呼呼一片犹如光板，傻了，蒙了。就在我茫然不知所措时，中队长王元平老师来到我的探方，蹲下来详细给我讲解手铲的使用要领，如何根据土质、土色及包含物的差别来分析遗迹现象，又看着我亲自操作。正是在王老师手把手地指导下，才有了我的处女之作——H73。此后，我处理遗迹现象相对从容了许多。

发掘期间我还做过一件极其幼稚的事，使我终生不忘。在工地上，老师经常组织大家现场观摩，开会交流。每当看到别人清理的一个个又圆又规整的灰坑、方方正正的墓穴，我好不眼红，纳闷自己挖的怎么不是如此呢？回到探方3人一商量，我们也挖了个圆圆的坑。四周不见生土怎么办？于是在土堆上找来好多料姜石，一块一块地镶嵌在坑壁上。要号时，于海广老师看到这一切笑了，转而给予我们严厉的批评：考古讲究的是实事求是，半点虚假与马虎就可能改变一段历史，那我们就是罪人。于老师言语不高却掷地有声，“训”得我们耷拉着头，不敢作声，霎时身上都渗出了汗。最后于老师语重心长地说，作为一名初学者，可以犯错，但像这样的低级错误是绝不允许的。考古从开始就必须有仔细、认真、实事求是的工作态度。这件糗事我至今难忘，还在多个工地当笑话说给众人听，一是时刻鞭策自己，二是告诫别人。

二

宁家埠发掘工地结束后，从200多人中脱颖而出的不过几十人。1988年9月，这些人又分别分到济青高速公路沿线的章丘宁家埠、寿光纪台、昌乐后于刘遗址等发掘工地。我也从此开启了自己考古生涯的新篇章。

后于刘遗址是山东大学历史系考古专业班学生的实习工地，指导老师是于海广和方辉先生。这是我第一次独立负责发掘探方，内心免不了紧张。特别是每当直面于老师，想起自己做过的糗事，我心里总是七上八下的。也是那一次的接触，我给于老师留下很深很“美好”的印象，在后于刘工地于老师特别关注我，时常到探方来指导，从此我的田野发掘技术有了极大的提升。

山东大学学生在实习工地并非只学习田野发掘，每逢下雨天，老师就把学生们组织起来拼对陶片，现场演示拼对陶片的要领：首先根据器物口沿、底、足来挑选器形，再按陶片质地、颜色、纹饰进行分类。实际拼对起来很不容易，半天对不上一片还蹲得腿疼，最后的总结是对器物还是认识不够，还需要多看多摸。

后于刘遗址发掘短短一季，能和大学生们共同学习是我最大的幸运，还有于老师的教诲让我受益一生。

1989 年秋，我被安排到临淄后李发掘工地，此时后李遗址的发掘工作正如火如荼。到驻地已是傍晚，大家刚从工地下班回来。我首先与领队王永波老师见面，又与王守功、倪国圣、李振光老师打过招呼。晚饭被几个老乡（禹城刘相文、杨卫国，夏津韩荣福，齐河老街坊徐海）招待，两瓶龙口老窖、半斤花生米、一份食堂的炖土豆。喝着酒叙着旧，聊些奇闻趣事，最后说到了工地上的事，才知道后李工地的管理及纪律相当严格，对每一个人不能说要求做到极致，也必须是精益求精。开始我还不以为然，可真正到了工地，看看已结束的探方深 2—3 米，地层线错综复杂，才知道不如我想象的那么简单。

分探方，一人一个探方，配一名民工。去耕土相对轻松，但进入文化层后，真正的考验开始了，遗迹的复杂程度远超出了我的想象。我私下里与刘相文、杨卫国交流，得到的忠告就是多刮平面，层面可以适当做过一点，平剖面相互结合着分析。按照这种方法果然事半功倍，效果显著。由于不停地刮平面，不几天的工夫，食指上就磨起厚厚的茧子。

在一次要灰坑编号的时候，王守功老师顺便问起了对后李工地的认识和感受，我说挺复杂，挺难做的。王老师笑了笑说："是啊！但他们都是这么挺过来的，这里有二三十个学员，我们不可能去指导每个人，这就要求你们必须自己动脑、动手去处理一些现象。做好了你是好样的，受不了你就滚蛋。"果不其然，没有多久，跟我从后于刘一块过来的同事中有几个人经受不住这种工作方式的考验而临阵逃脱，而我则挺了过来。

后李工地管理制度严格是出了名的，几乎是半封闭式管理模式。在当时好多人对此是不理解的，有的甚至公然违抗，我就是其中之一。那时的我们正值青春，而工地雇佣的民工也都是十八九岁的小姑娘，在一起接触时间久了，嬉笑打闹或有的擦出点爱情小火花在所难免，而所有这些现象在队规中是绝不允许的。另外，二三十个小青年出现在一个村里，和本村的女孩嬉笑打闹，必然使村民内心不爽，去队部找事、闹事的现象时有发生。若不加强管理，后果是难以想象的。

当时的工地条件一般，大家工作之余除了喝点小酒，就是打够级，玩高兴了哈哈大笑，急眼了也吵架，这些都是让领队所操心的。记得一次我和韩荣福、孟凡功相约去刘家营民工家喝酒，回来已经十二点了，翻墙而入，悄悄溜进宿舍以为万事大吉，哪承想进门后发现李振光老师坐在床上还等着我们，看到我们平安回来，只说了一句"回来就好，不早了快睡觉吧"。本来以为躲过一劫，哪知道第二天得到的是劈头盖脸的"训斥"和打扫厕所一周的惩罚。

后来王守功老师说过，没有后李工地的磨炼成就不了我们的今天，凡是经历过后李工地洗礼的个个都是精英，果然是严师出高徒。

1990 年春，为纪念城子崖考古发掘六十周年，在山东省文物考古研究所老所长张学海先生带领下，我们对城子崖遗址进行全面勘探，并在西豁口处发掘，带队的还有佟佩华副所长、何德亮老师、聊城市文物局副局长孙淮生。我和杜以新、韩荣福、孙贵民被抽调到此，算是火线驰援。来到时勘探工作已结束，发掘刚刚开始，我们被安排在西豁口。这里文化层堆积不厚，但有大量的草木灰和红烧土，还有一个个圈圈洞洞以及乌黑发亮的陶片，堆积和遗物跟之前挖的大不一样。过后孙淮生老师说，这些圈圈洞洞是柱洞，是四千年前的古人类建造房子埋柱子的坑，而红烧土则是房子里的垫土。我被惊呆了，四千多年就有房子，还有如此精美的陶片，古人的智慧太高了！

在城子崖两年的发掘时间里，我对考古又有了新的认识，田野技术又上一层台阶，老所长张学海先生多次告诫我们清理遗迹一定要亲自动手，才能发现更多迹象和古人类遗留的活动信息。工地上我与何德亮老师是邻方，接触后得知何老师参与过兖州西吴寺等多个史前遗址的发掘和资料整理，是研究龙山文化的专家。此时我心里的小算盘又开始打得啪啪响：多接近何老师岂不能学到更多的东西？此后我有事没事就跑到何老师的探方里问这问那，而何老师可能是被我强烈的求知欲望打动，对我提的每一个问题都解答得详尽、透彻，而且不厌其烦。白天在工地上讲如何根据陶片的外部特征来判断它的早晚与型式，晚上“逼着”我和杜以新学习器物绘图，学习的乐趣一下又被激发起来。

考古不仅是田野发掘，调查、勘探也是重要环节。学习考古勘探，我第一次打探孔也是在城子崖工地。城子崖遗址还是一座较大的龙山文化城址，推断城址外围应该有相应的墓地，为此，在发掘淡季组织了一次对城子崖城址周边的勘探，由有“山东第一铲”美誉的崔水源老师带队。

当时勘探是按5米×5米的排孔，一人一排。这对大多数人来说是轻车熟路，而对我来说则是第一次。别人都到了规定的位置坐下休息了，我还在后面手忙脚乱地赶着，我到头了，大家又爬起来开始。弄得我不得休息，狼狈不堪。半天时间，手上就磨起五六个大水泡，疼痛无比，最可气的是越急越慢越出状况，厚厚的黏泥带不上来还夹铲，不得要领的我用力往上提铲时，探铲杆顶到下巴，当时鲜血直流，气得我当时就摔杆“罢工”了。

下午崔老师安排我在家休息，我倔强的脾气岂能愿意。到工地后崔老师还是给予我特殊关照，让我自己单独去一个位置，告诉我钻探要领后让我自行练习。三天后，我手上的水泡消了，茧子起来了，也能跟大家齐头并进了。

后来听说崔老师在领导面前说，考古勘探进步最快的是我。

四年追梦，从不言放弃，得益于有幸遇上慈父一样的于海广老师，严师一样的王永波、王守功老师，既是老师又是益友的何德亮、李振光、孙淮生等老师。他们对我的人生定位起到了重要的作用，没有这些老师的引导，我的考古之路可能走不到今天。目前我不仅能独立完成探方的发掘工作，而且在资料整理、器物修复、勘探中对地层堆积的特性研判都有了长足的进步。我的下一步目标是守住初心，做一名合格的考古人。

三

随着国家经济突飞猛进的发展，各种工程基建越来越多。山东是文物大省，施工占压古遗址是不可避免的，这对我省的文物保护工作带来巨大压力。既要保证工程建设顺利完成，又要确保地下文物不受破坏，这是一项艰巨的任务。时任山东省文物考古研究所所长李传荣、副所长佟佩华顶住各方压力，提出“经济建设文物先行”的口号。

从1995年到1997年、1998年，济德高速公路、京福高速公路、京沪高速公路建设全面展开，线路长，沿线遗址多，而考古所业务人员就十几个人，困难可想而知。于是单位号召全体业务干部、所有技工，以及能离开家、出去门的其他行政人员，全部轻装上阵。当时的工作条件、交通工具相对落后，时常拉着床铺、锅灶、行李，几天搬家一次。临时搭建的住所居住生活环境极差，蚊蝇横飞，老鼠乱窜。面对恶劣的环境，大家没有退缩，依然按时保质保量地完成了任务。

印象最深的是1997年济南王府遗址发掘，领队是现任院长孙波，业务干部有何德亮老师、郝导华和刚刚毕业的高明奎、兰玉富、吴双成，技工有张子晓、马文立和我，后勤人员是王桂萍、罗鹭凌两位女士。时值盛夏，我们住在一处废弃的厂房里，破旧的小楼既脏又闷，院子已改成驾校练车场，本来天气就炎热，加上楼下练车的嘈杂声，大家都不能很好地休息，疲惫不堪。夏季里男人是可以光着膀子的，但是两位女士的加入，使我们不敢肆无忌惮，矜持了好多，连洗澡都成了问题。那时候在屋里躺着闷热难耐，在外面免不了蚊叮虫咬，大家到了崩溃的边缘。幸好有孙波队长经常买些好吃的犒劳大家，两位女士各显本领，变着花样调剂生活，我们才挺了过来，并且取得了重大的科研成果，收获颇丰。

还有1998年滕州西公桥遗址的发掘，领队是何德亮老师，指导老师高明奎、兰玉富，队员有滕州本地技工，也有考古所的魏恒川、杜以新、房成来、周宽超和我。此次发掘开始于深秋，结束于春节前。队部驻扎在官桥镇老电影院的大厅里，天暖时不觉咋地，到隆冬季节，电影院里不让生炉子，门窗缝隙间透着寒风，室内外没有温差，盖着两床被子都被冻得蜷缩着。工地上透骨的冷风把脸刺得通红，生疼。曾记得我清理的H138出土大批陶器，分上下3层，戴手套干活不方便，我和周宽超、房成来都去掉手套，赤手上阵，手都裂开一道道血口。房成来画图更是画一笔在嘴上哈一下。后来单位的慰问品来了，是一件羽绒坎肩，大家感到心里暖暖的，不过也调侃说发一次还不发个带袖的。

让我难忘的、值得回味的工地还有好多：忘不了费县西毕城工地，每个人同时看六七个墓口，人人都像上紧发条一样不停地忙碌着。3米多深的墓穴，当我清理完爬上来时全身上下都是汗水和泥水，还没晾干又要下到另一个墓穴。忘不了嘉祥长直集工地，有人从工地上抢走一件陶罐，李振光老师追出1里多地，穷凶极恶的家伙拿着匕首威胁，李老师毫不畏惧，硬生生地把文物追了回来。忘不了日照海曲墓地的紧张，计划的工期与墓地的规模出现偏差，为了赶工期，大家加班加点，民工跟不上就亲自动手。看到出土的一件件精美漆器，喜悦盖过了疲惫。忘不了高青陈庄工地，前期培训班学员能力参差不齐，我们既要自己挖方又要兼顾他们，但我们依然无怨无悔、乐此不疲。后期发现西周大墓，民工多被辞掉，我们二话不说抡起铁锨自己干。当地有人阻止我们将出土文物运回济南，郑同修所长斗智斗勇，使此事得到化解。

就这样，我们战严冬斗酷暑，发掘了一个又一个工地，为国家工程建设赢得了时间，使大量珍贵文物免遭破坏。

2000年以后，考古发掘工地更多，工作更繁忙，照顾家庭的时间越来越少，家里孩子不大不小的正让人操心，老人又需要照顾，还有十几亩的土地需要耕种管理，媳妇柔弱的身体不堪重负，开始心生怨气。她几次恳求我放弃考古工作，在附近找点事做，重心回归家庭。

思想斗争几经反复，一头是自己的梦想，一头是自己的家庭，求齐全很难很难，放弃自己追逐的梦想又心不甘。最后还是媳妇看出了我的心思，流着泪说："让你回来是不可能了，但你也不能不顾家，不忙了常回家看看。"听着媳妇的话，我也流泪了。

这些年我能够安心工作，多亏明事理的媳妇在背后默默地奉献与支持。

有了家人的理解和支持，工作起来踏实多了。随着岁月的积累，我的业务水平在不断提高，工作经验越来越丰富，在工地上承担的任务也在增加。管理民工，管理生活，为领队分担点力所能及的事情已是平常事。同时，我还把自己锻炼成了多面手，好多工地租住的民房多是闲置房，院子脏不说，还缺水少电，大家收拾院子的时候，我就主动请缨架线扯电，忙活完事衣服脏了，成了花脸，但看到自己的成就和大家能够舒心地生活，自己也开心。

考古工作长年在野外，工作很辛苦，生活也乏味。业余生活除了看看电视，最开心的就是打够级了，而且还是变着花样地玩，有时候用抓阄的形式选同伙和对门，有时候业务干部对技工。奖罚方法也是花样翻新，有时候进贡，也有时候积分，这些有趣的事情常常发生在工地上。记得2006年以前，在工地上生活都是自掏腰包。大家都拖家带口的，还是想能多省点钱贴补家里，所以吃得很一般。

2001年在费县左家王庄发掘，领队是时任考古所副所长的郑同修，五六个人的工地，加之物价开始上涨，生活状况可想而知，郑所长就想出一个奇妙的方法来改善大家的生活。众所周知，郑所长喜欢打够级，而且水平一级棒。他拉着两名地方文物干部一伙，我和杜以新、魏恒川一组，采取积分制，先满六十分为赢，输的一方买一百块钱的排骨，比赛很激烈，但每次输的都是郑所长那组，第二天一定改善生活，当然我们也知道郑所长是故意输的。后来一说够级赢排骨，郑所长就说："怎么又馋了，好，不吃排骨了，这次赢点别的。"果然又是一顿大餐。

2004 年长清小王庄发掘，李曰训老师也是如法炮制，既丰富了大家的业余生活，又使工地有了欢快的娱乐活动。

亲历这么多工地，经历的事情、发生的故事太多太多，有趣的，感动的，伤心的，正是这么多的人和事使我一步一步成长。

四

社会在飞速发展，考古所前进的步伐也在加快。2007 年以来，考古所新老交替较快，每年都有新的同事加入，他们都带来了新的知识、新的思想、新的考古理念。从此，考古工作也进入了崭新时代。而对我们这些考古中生代来说又是新挑战，重新培训上岗已不现实，这就要求我们边工作边学习，只有虚心学习才能与时俱进，不至于掉队，更不至于被淘汰。

新时代的考古工作虽然不能摒弃传统的工作方法，但绝对离不开先进的工具，电脑、全站仪、RTK 等是必不可少的，年轻人可以信手拈来，但我们想要尽快掌握是非常困难的事。

我第一次接触全站仪是 2003 年临淄桐林考古培训班，仪器是北京大学的，当时觉着用它画图省劲多了，出于好奇，在工地上每次架设全站仪时我都跑过去看，默默地记着每一步操作。我的这一举动被当时作为工地指导老师的高明奎主任看在眼里。工地快结束时，他单独把我叫过去，又一步一步地操作演示给我看，算是给我开了次小灶。他告诉我：“全站仪操作并不麻烦，它就是一台电脑，只要记住操作程序就没问题。”

2006 年，单位买的第一台全站仪配备给汶上梁庄工地，我在这里把它运用得很是熟练，还学会了平面放样。2014 年，我又跟董文斌学会了 RTK 的常规运用。

目前科学考古已全面展开，考古发掘已不仅是挖个坑、装几袋陶片那么简单了，所涉猎的学科越来越多。譬如通过土样浮选、土壤微形态考察等不同的科技手段，获得更多的古人类生活信息。

2018—2019 年度，在滕州西孟庄发掘的一处龙山文化遗址，面积不大，地层堆积不厚，当时被很多人认为是“鸡肋”遗址，不被看好。但是好强的梅圆圆队长顶着压力和无数的嘲笑进驻工地，第二天就带着我们重新勘探，选发掘位置。布方发掘后，探方里黄呼呼一片，零星的几个灰坑，只有东北角有一块带状黑灰土，我凭经验告诉梅队，灰土带是净水沉积形成的，然后又把燕生东老师的工作经验告诉梅队，说有黄土的地方虽然只有几个灰坑，但黄土里夹杂有烧土颗粒，极有可能有房子或墓葬。梅队也认可我的说法，于是组织人员突击黄土，就这样我们天天喷水、刮面、分析迹象，梅队亲自上阵，天天重复着这些动作，蹲累了就跪着。五十几岁的我身体已发福，刮面时也跟着梅队学会了跪着干活，还跟她开玩笑，让她赔我裤子。那几天腿也疼，手腕也疼，梅队的手腕都肿了，手上有了厚厚的茧子，一个女孩子的纤纤细手成了这样依旧毫无怨言，让人敬佩。但是收获并不理想，除了北部发现一条窄沟和沟边的几个圆坑，一个房子也没发现，大家纠结起来。

转机出现在11月份，燕生东老师来参观工地，看到那条窄沟及沟边圆坑说："这不一定是单纯的沟哈，也说不准是院墙呢！哈哈哈，我胡说八道哈，哈哈哈。"送走燕老师后我们觉着他说的不无道理，带着这种设想开始追沟的走向，向西扩方。虽然西部被破坏严重，仍有一些蛛丝马迹，与北部都能连起来，这条窄沟应是围墙的基槽，我们对燕老师佩服得五体投地。这时我又有了新的设想，东北角的黑灰土离基槽不远，西面虽然被破坏，但也断断续续，应该是相连的，推断灰土带应该是围墙外起防御作用的环沟。

围墙基本确定，又有环沟，那么里面一定有房子，所以需要再努力。果然功夫不负有心人，一座座房基应声而出。

此次发掘成果轰动一时，单位领导来工地视察后立马决定向南征地扩方，一个完整的聚落遗址被揭露出来。2019年西孟庄遗址的发掘工作获得了中国社会科学院六大考古新发现。

田野工作中，我们采取了最新最科学的发掘方法，譬如对较大遗迹的清理不再采用二分之一或四分之一法，而是采用网格清理，每一层土样全部采集，通过实验进行对比，获取更准确的信息。

春去秋来，寒暑交替，我们一直奋战在考古一线，有趣的、有意义的事和人可不止这些，我所表述的不过是大海里的几朵浪花。

三十多年的风雨历程，我的足迹踏遍齐鲁大地。我参加发掘的遗址主要有章丘宁家埠、昌乐后于刘、临淄后李、章丘城子崖、章丘西河、五莲丹土、济南王府庄、蒙阴后里、滕州西公桥、嘉祥长直集、曲阜柴峪、费县西毕城、左家王庄、日照海曲、长清月庄、长清小王庄、章丘危山、临淄桐林、长清四街、长清大街、平阴张沟、胶州赵家庄、蓬莱小海、济宁长沟、汶上梁庄、寿光双王城、博兴寨卞、高青陈庄、青州郝家庄、苍山后杨家庄、曲阜周公庙、汶上徐建口、临清戴闸、汶上柳林闸、曲阜旧县四街、滨北秦皇台、济南唐冶、昌乐都北、临淄荣家、临淄王青、大秦水库寺院遗址，以及曲阜杏坛、滕州西孟庄、莱芜乔店、博兴龙华寺等60余处。

而参与的配合基建和大遗址保护的考古调查勘探工作更是不胜枚举，主要有潍莱高速公路调查勘探、京福高速长清至济南北段调查勘探、德烟铁路莱州龙口段勘探、兖石铁路复线勘探、日东高速公路勘探、胶新铁路勘探、同三高速公路调查勘探、费县公路连接线勘探、曲阜三孔啤酒厂勘探、南水北调长清段调查勘探、西气东输管网勘探、济青高速南线济南至章丘段调查勘探、威乌高速公路沾化至东营段调查、青银高速连接线即墨至平度段勘探、南水北调聊城至德州段调查勘探、胶济铁路客运专线济南至淄博段调查勘探、胶东调水济南至博兴段调查、京沪高铁德州至泰安段勘探、青银高速高唐至临清连接线调查、日照疏港公路调查、龙口疏港公路调查、莱州疏港公路调查、石家庄至青岛城际高铁淄博段勘探等建设项目。

大遗址保护项目主要有城子崖遗址及周边调查，平度即墨古城勘探、台儿庄偪阳故城勘探，以及沾化杨庄盐业遗址、五莲丹土遗址、莒县古城改造和汶上东贾柏遗址等项目。

五

时光荏苒，岁月如流，弹指一挥间。回想三十多年的成长经历，感慨万千，如果没有这么多好的师长给予指引和教导，哪有我的今天？感谢各位老师的一路关爱，感谢各位同仁的一路陪伴，感谢家人的支持与奉献。

今年是山东省文物考古研究院成立40周年，其中，我陪考古院一起走过三十多个春秋，亲历考古院从无到有、从弱小到壮大的全过程。是考古院陪伴我成长，因此，我爱你到永远。三十多年的考古生涯，能够坚持下来，靠的是一种信念、一种喜欢，更是这个充满正能量的团队所给予的一份热情和凝聚力。“不忘初心，牢记使命。”因为坚持，我才走过了漫长的考古路程；为了坚持，我还要继续努力再出发。“以梦为马，以汗为泉，不忘初心，不负韶华。”我一定不辜负院领导的殷切期望与厚爱，诚实做人，认真做事，恪尽职守，遵纪守法，继续为我省、我院的文物考古事业努力工作，以实际行动向建党100周年献礼。

从陆地走向海洋

王泽冰

（山东省水下考古研究中心）

我离开省考古所（现山东省文物考古研究院）已经满5年了，每每回忆起在所里的时光总是那么让人留恋。或许很多人并不理解我对它的感情，因为它并不仅是我毕业后入职工作的地方，而且是我工作和研究方向发生改变的地方。我依然清楚地记得临毕业时栾丰实老师和方辉老师对我的叮嘱：认真努力地工作，好好为山大、为你的师兄弟就业开拓好道路。这句话被我一直牢牢记在心里，在单位的所有工作安排中我一直以此为激励，努力做好所有工作。

初出茅庐，实现了此生所爱的梦想

2007年7月4日，我接到当时在省考古所担任办公室主任的刘延常老师的电话，通知我被省考古所录用了，让我7月5日到所里跟领导见个面正式报到。那一刻真的终生难忘。我喜欢考古是发自内心的，在山大第二年选专业的时候，我第一个报的考古系。也很感激那一年重开考古专业，毕竟之前都是隔一年开设一次考古专业。对于毕业去向，当时真的没敢考虑省考古所，毕竟我是本科毕业，能回老家博物馆就是最大的奢望了。收拾好激动的心情，我给家里报了个喜讯，便着手准备随时待命下田野。

果然不出所料，见完领导后，刘主任直接安排我去兰玉富队长（现任省文旅厅文物保护与考古处副处长）带领的淄博房家遗址发掘工地。值得庆幸的是，毕业后我把所有东西打包寄回家里了，随身所带只有几件换洗衣服，可以说走就走。不过为了和我的甘宁兄弟毕业告别，我还是推迟了一天再走。

7月6日，我踏上了就业后的第一个考古发掘工地。说实话，当时我真不知道淄博有一个地名叫张店，所里领导告诉我去张店工地找兰玉富领队，我多方打听知道考古工地位置。随后，我便遇到了第一位同事张溯，他个子不高，晒得黑黝黝的，笑起来很温和的样子。他把我带到了一个农村大院里，眼前的场景是那么熟悉，跟实习的所有工地一样，具有典型的考古队布局和风格。首次见到兰领队感觉他特别和蔼可亲，平易近人又热情大方，这也是考古人具有的独特魅力。他带我与各位技工师傅见面认识，介绍了我这个考古新“菜鸟”。我被安排与兰领队和张溯住同一个房间，三张单人床围绕房间三面墙布设。由于工地进行到收尾阶段，所以发掘工作并不是很繁忙了。当然，作为考古发掘人员，我还是被安排与一个年轻的技工一块清理两个墓葬。墓葬发掘对我来说并不陌生，毕竟实习时都经历过，所以按照田野考古操作规程按部就班清理即是。但在实际操作过程中，不到半小时人家已经清理完毕了，我这儿却刚清理完头骨和上半身，真是令人汗颜，看来我这个小“菜鸟”今后要努力才行啊。

就这样，我从一个学校毕业的考古“菜鸟”踏入了考古行业，在一个接一个的考古工地上不断磨炼自己。当年 98 天的野外考古工作，在别人眼里也许觉得艰苦，在我心里却是充满了美好和快乐，因为这是在从事自己喜爱的行业，也将是毕生要为之付出的事业，虽然我很“菜”，但我会努力，不怕吃苦就怕没有考古工地！

职业步入正轨，遇到机遇迈入水下

回顾过去的这段职业经历，2009 年是我职业生涯中最重要的转折点，这一年发生了两件对我来说最重要的事，即正式入编和参加全国第五期水下考古培训班。

考古所正式编制是 40 个，早在 2000 年以后已经满编运营了，后来基建项目逐年增多，考古业务研究人员已经远远不够安排。2006 年，所里跟当时的文化厅申请了 3 个聘用业务岗位解决燃眉之急，这在当时也算是一个公益一类事业单位编制受限的破局之法。因此，2007 年我和韩辉两人是以聘用人员身份进入考古所的。2009 年所里有了 1 个空编，完成入编考试就成了我最重要的任务。

当时我和张溯师兄一起负责齐长城野外调查工作，我们组一共 4 个人，从章丘往东到潍坊段。由于任务量大，我们每天需要根据地形图制定好调查线路，计划是每天完成 10 公里，但是在实际调查过程中远远不止这些，粗略估计每日翻越至少 10 座山峰。每天我们都是背着面包和水，早出晚归，午餐全部在调查线路上就地解决。有时候到了制定的结束位置，但是现场往往是深山之处，过来接的车都无法到达指定地点，所以我们经常继续边调查边找新的会合地点，每天的行程都远超预期计划。就是在这样的环境中，每天白天外出调查，晚上回来做好资料整理后，便是我复习考试资料的时间。大概经历了 2 个多月，我顺利完成了入编考试，这也算是对自己有了一个完美的交代，虽然很苦很累，但是付出还是获得了回报，从这一刻起自己的职业才算是正式步入正轨，也进入了所谓的“体制内”。

当然，齐长城调查我并没有走完，调查到博山区尾段我就离开了，因为当时我接到所里的通知，让我去青岛面试水下考古。说实话当时我压根不知道国内还有这个专业分支，咋就让我去呢？我咨询过领导，领导的意思是所内考古专业的年轻人就韩辉、张溯和我，韩辉不会游泳，张溯又带队调查齐长城无法离开，我正好最年轻，体格上也符合要求，所以就把我报上去了。这解释听上去倒也在理，不过他们也没问过我会不会游泳呢？我的游泳水平只不过都是夏天在小河里“狗刨”游着玩，什么蛙泳、自由泳甚至蝶泳等专业的名称我都没了解过。

既然所里有安排了，那还是要去一趟青岛面试。当时到青岛参加面试的一共6个人，我是省所代表，梁国庆是省博代表，尹锋超和魏超是青岛代表，周强和王茜来自威海博物馆。

面试我们的是国内水下考古界的两位领军人物：张威副馆长和赵嘉斌主任，这两位大佬同时来面试，可见对此事的重视程度。后来我了解到当时第五期水下考古培训班一共就20个名额，按照规定沿海各省只有1个名额。由于之前几期培训班山东仅完成1名水下考古队员培养，至今一直未有新增人员，所以省文物局这次多争取到几个名额。经过严格的面试和游泳考核，最终我们6人都被录取了。

随后的几个月，我们被派到了广东阳江基地进行了基础理论和潜水培训，考取各类潜水资质证书10余张，完成了第一阶段的水下考古技能培训，最后被统一安排到福建平潭县屿头岛水下考古工地进行首次实习。

水下考古的实习过程是一段令人难忘的回忆，虽然大学期间我们经历过半年的考古发掘实习，但是水下考古实习跟田野考古实习是完全不同的。水下考古面对的发掘资料都在水底或者淤泥中，最重要的是我们这些发掘者要到另外一个陌生的“水世界”中去从事相关的考古工作。对于水下这个陌生的世界，我们必须保证自己的生命体系完好，才能在水下从事各类体力活动，比如安装硬探方、清理掩埋的淤泥或者搬运凝结在沉船上的凝结物等。

在实际的工作过程中，每天制订工作计划和潜水计划表是最重要的步骤。每个地区的海域有不同的潮汐时间，而涨潮和退潮过程中是不能潜水作业的，因为这时候水是在流动的，而且一般流动的速度特别快，所以适合潜水员入水作业的时间是在退潮和涨潮之间的平潮期。受限于有效工作时间，我们大量的精力或者工作都是在出海前和入水前的准备，需要将当地的海况、天气和潜水人员的身体状况等因素全部考虑到，另外辅助类的设备和各类物资都必须在工作前一天准备好并放到工作船上。

可以说水下考古的工作是一环扣一环，绝对不能出现任何一点纰漏，否则就影响到这一天的工作量。很多时候大家准备大半天就是为了能够在水下待30分钟或者1个小时，为了尽量做到更好，每次潜水的工作目标和工作量都必须明确到每个人。如果有一个人没有完成当次潜水的工作量，那么其未完成的部分就落到了接替他的那组人身上。

2009年是忙碌的一年，也是收获颇丰的一年，从这一年开始，我的职业有了新的转变，顺利完成水下考古的培训后，成为全国第五批水下考古队员，也获得了从事水下考古工作的资质。之后每年偶有机会参与全国的水下考古工地项目，逐渐涉足水下行业。虽然当时没有机会在所里成立水下考古研究室，但是从我完成培训那天，省考古所已经具有了水下考古的专业人员，这也足以代表省内考古事业的发展掀开了新篇章。

我在省考古所工作的十年

蔡友振

（山东省文物保护修复中心）

还记得 2005 年冬天，天气寒冷且下着小雪，我第一次带着学校介绍信只身一人从西安到济南，从泺源大街顺着西双龙街，穿过齐鲁医院北门到了上新街，看到一处高墙大院，高高围墙内的古建筑显得格外引人注目，向路人打听才知道这就是我来济南工作的地方——山东省文物考古研究所。给传达师傅出示介绍信后，我顺利进入考古所大院并受到所领导亲切接待，这也算是我到所里参加的面试吧。自从那时起，我就下定决心一定要在这里工作，除了大院的景色及建筑特色吸引我，更重要的是领导的平易近人、考古所前辈们的学术素养以及宽松舒适工作环境坚定了我在这里工作、学习的信心。

一、角色转变

2006 年 7 月，我从西北大学考古系文物保护技术专业顺利毕业，如愿到考古所参加工作。由于所学专业为文物保护，我被分配到技术资料室。后来才知道，技术资料室是考古所人员较多的科室，是涵盖文物绘图、照相、拓印、图书资料及文物修复为一体的综合性科室。不久我随同科室主任王站琴老师参观了青州香山汉代墓葬考古发掘现场，墓葬出土大量彩绘陶马、陶楼及陶俑等文物，场景十分

图一 2014 年考古所青铜器保护修复项目验收
右起：任相宏、蔡友振、李化元、王浩天

壮观，但文物面临的保护形势也十分严峻。在后来室内文物保护工作中，我主要参与了长清岗辛、临淄办公中心、曲阜林前村、阳信李屋、泰安西大吴、昌邑辛置、招远文管所、费县西毕城、临淄齐国故城、枣庄凤凰山、高青陈庄、薛国故城、新泰周家庄、曲阜花山等地青铜器、铁器及陶器保护修复工作（图一）。这是对自己大学所学文物保护知识的检验，也是自己由学生到专业技术人员角色转变的过程。亲身经历文物保护过程后，我不仅体会到文物保护的重要性，而且感觉到自身知识匮乏，时常想起那句话："书到用时方恨少。"

二、我的考古时光

时间过得很快，转眼到了2007年春。根据工作安排，我参加了济宁汶上梁庄遗址发掘，任务是协助领队高明奎老师做好考古现场出土文物保护及日常管理。虽然这次发掘时间较短，但这是我第一次正式参加考古发掘项目，现在还记得当时用手铲刮地层、清理灰坑、提取文物标本及照相记录等场景。这次考古实践使我感受到考古人对待工作的责任意识、朴实耐劳的工作作风，以及大家团结协作、相互帮衬的工作氛围。至今我还保留着对梁庄参与发掘的村民们的记忆，当然对村梁书记印象更深。

2007年、2008年两个春节我都在考古所临淄工作站值班。在工作站过年也别有一番趣味，如今脑海中还不时显现当时与值班同事买年货、包水饺的情景。工作站环境比较安静，十分适合读书与学习。值班期间更是接到所领导慰问电话，使我感受到考古所这个大家庭的温暖，无论身在哪里考古所都像家一样舒心。年后，临淄山王村汉代兵马俑考古发掘工作陆续展开，我也参加了这项重要的考古工作，主要任务是协助领队开展出土彩绘车马及陶俑临时保护及文物包装提取（图二）。

图二　2008年临淄山王村汉代兵马俑考古发掘

2008年5月12日是每一位现场考古工作人员难忘的日子，当天汶川大地震发生了，对我们国家和人民生命财产造成极大损失。为了表达心意，大家在项目领队魏成敏老师带领下，在发掘俑坑中集体向遇难同胞致哀，为困境中的老人、孩子、伤者以及所有人祈祷。在发掘过程中有针对性地对陶俑彩绘取样分析，逐步开展保护工作。这一次我们在彩绘颜料中发现少量的"中国蓝"，这一重要发现扩大了"中国蓝"的使用范围，研究成果发表于2011年《文物保护与考古科学》期刊。因此，这个考古项目对我启发很大，收获也很多。

临淄山王村兵马俑考古项目结束后，2009—2010年我有幸参加了南水北调高青陈庄遗址考古发掘。此次发掘荣获2009—2010年度国家文物局田野考古奖二等奖，被评为2009年度“全国十大考古新发现”。作为刚毕业不久的年轻人，能够经历如此重大的考古发现，亲手发掘如此珍贵的历史遗存是十分幸运的，更是可遇不可求的。遗址出土有齐公铭文青铜器、直立跪伏车马坑、夯土祭台、刻辞卜甲等重要文物，引发考古学界对齐文化的深入研究和学术讨论。通过参与对这些青铜器、陶器及车马坑等文物的临时保护，以及后期车马坑的搬迁、清理及马骨加固保护等工作，自己也积累了一定的现场文物保护实践经验，可以说积累了一笔宝贵的人生财富。

图三　2009年高青陈庄遗址车马坑套箱整体提取留影

陈庄遗址考古工作时间紧迫，考古队员们在腊月二十八才撤离工地。可以说，后期考古发掘工作是在周围村民准备过年的鞭炮声中度过的。遗址内大型车马坑整体搬迁工作难度很大，为了确保车马坑安全，避免运输途中出现意外，考古所专门邀请中国社会科学院考古研究所李存信老师进行现场指导（图三），租用大型拖车及起吊设备整体打包运输。为保障路途中的文物安全，运输车辆车速很慢，以至于在凌晨2点多才将文物安全运送至省博物馆。正是由于领导们高度重视，亲临现场指导、多方协调工作，以及考古队员们齐心协力、克服各种困难，这批珍贵文物才得到有效保护。现在她们已安静地陈列于山东博物馆考古馆展厅，充分发挥其应有价值。

图四　2009年高青陈庄遗址考古发掘二期培训班老师及学员合影

冬去春来，冰融花开。尽管陈庄发掘工作已经结束很久，但考古发掘生活的点点滴滴令我至今记忆犹新。这次发掘最为重要的工作之一是对全省基层文物干部开展两期培训（图四）。目前学员们都已奋斗在各地工作岗位上，多数业已成为各地文博界领导或业务骨干。闲暇之余，我有时候会翻看一下当时的工作及生活照片，思绪很快回到了当时发掘的场景中：对探方中遗迹现象热烈讨论，对遗迹现象做记录与测绘，老师们手把手教学员刮剖面、画地层、分析包含物，讲解发掘方法等，更有大家工作之余一同聚餐、包水饺、晚上烤火炉促膝畅谈人生的场景（图五）……由于考古发掘工作大多地处农村，各方面条件相对于城市会艰苦一些，但是大家在各位老师的带领下，以考古驻地为家，吃住在一起，工作学习在一起，业务讨论与欢乐笑语时常伴随在身边。短短几个月的实习生活，使大家建立了牢固友谊。一晃十多年过去了，虽然大家平时工作很忙，只是偶有联系，但这种在“考古战壕”中一起动过铲挖过土的学员之情不仅没有改变，而且会随着时间的流逝而历久弥深。

图五　2009 年冬至日高青陈庄考古工地包水饺

我参加的另外一个大型考古项目是定陶灵圣湖汉墓发掘。该墓葬是国内已发掘汉代墓葬中规格最高、保存最好、规模最大的黄肠题凑墓，由此可见此项目之重要。时间回到 2010 年 10 月 18 日，深秋之季，我随同考古领队崔圣宽老师来到定陶汉墓考古现场。当时田野里玉米等植被已收割得差不多，一眼望去能看很远。灵圣湖汉墓中央是一低洼之处，为防止文物被盗，临时采取灌水保护措施，可见此发掘工作是多么紧迫。因此在进驻工地之后，考古队就进行大范围勘探，以掌握墓葬陵区布局范围（图六）。其间，孙波老师陪同省文物局领导及考古专家们到现场指导发掘工作（图七），为该项目的顺利实施提供了坚强保障。

图六　2010 年定陶汉墓发掘区勘探

第一阶段考古发掘持续至 2011 年底，在荆州文物保护中心专家的指导下，对墓室表层木质文物喷洒保护剂，做防霉、杀菌、保湿处理等临时保护，对墓室表层近 1. 3 万块文字砖采取预加固、防晒、防雨及防冻措施。我后来也参与这批文字砖的保护修复方案编制、经费申报及项目实施等工作。

文字砖修复是在定陶博物馆文物修复室开展的，为了能够胜任此项工作，当时考古所集中全所修复力量，并邀请秦始皇帝陵博物院老师进行现场指导。大家通过共同努力，按时完成了这项工作。现在我们看到的库房中的一排排文字砖，正是以考古所修复人员为代表的全体人员共同努力的结果。他们兢兢业业的工作态度、与人为善的品行、任劳任怨的精神风貌，是大家有目共睹的。我想，这也是考古人共同的秉性、共同的风采。

图七　2011年专家领导考察定陶汉墓
后排右起：倪国圣、蔡友振、孙波、方辉、丁献军

时光荏苒，岁月如梭，转眼到了2013年春季。我作为现场文物保护人员，参与了沂水纪王崮春秋墓考古发掘工作。此项考古发掘工作在纪王崮天上王城景区，人流量比较大且属于窗口单位，发掘过程也有中央电视台现场直播，因此做好现场文物保护工作极为重要。在考古发掘结束后，2014年该遗址出土青铜器保护修复方案获得国家文物局批复。沂水县博物馆专门腾出1大间库房、3间工作室提供给项目组，为项目的开展提供了极大的方便。

沂水纪王崮出土青铜器保护修复项目是考古所在异地独立执行的可移动文物保护修复项目，吴双成老师为项目负责人。我作为常驻人员与项目组成员租住于县城旧村改造小区，其间也邀请新泰市博物馆高雷老师参与到项目之中。该项目持续一年多，为了保障项目实施的科学性，我们邀请了上海博物馆专家现场指导并提出保护建议（图八）。2016年4月，项目组完成186件青铜器保护修复任务。虽然

图八　2015年专家指导沂水纪王崮青铜器保护工作
右起：刘延常、周亚、丁忠明、蔡友振

项目已顺利通过验收，但是现在回想起来，感觉当时的工作还是不够完善，这么重要的文物保护修复项目竟未能出版保护修复报告，这也是该项目的小小遗憾吧。不过后来所里出版《沂水纪王崮春秋墓出土文物集萃》一书，使得该项目的保护修复成果得以展示，也在一定程度上弥补了这一憾。

当然，项目实施过程中既有艰辛又有快乐。对于大型器物修复工作，我们毕竟接触较少，也缺乏经验。我记忆最深的是对 M1：52 大型铜鼎的修复。这件器物由于体积硕大，变形、开裂严重，采取一般修复方法无法完成任务。大家集思广益、查阅资料以及定制金属矫形器，通过 CAD 软件绘制器物线图，测绘这件器物变形情况，在遵循文物修复最少干预原则下，费了九牛二虎之力终于完成这件重器的修复工作，在项目结项验收会上得到验收专家们一致好评。现在这件重器能够得以完美展示，也是对大家辛勤付出最好的回报。当然有些辛苦完全可以当作乐趣或者锻炼。驻地离博物馆工作室较远，我们每天往返博物馆与驻地至少 4 次，在路途中的时间超过 1 小时，因此我们把每天走路当成最好的锻炼。有时候为了偷懒少走路，我们会抄近路过一处小河，夏天由于河水上涨，小河中的石头被淹没，我们只能绕远路而行。后来我们发现河水中有很多小鱼，每当周末空闲之时，几个人去河边钓鱼，高雷老师是钓鱼能手，每次都收获颇丰，这也是工作之余难得的乐趣。

在考古所工作的十年，自己是非常幸运的，参加过的考古发掘项目中有三项被评为年度全国十大考古新发现。除此之外，我还参与了一些田野调查及勘探工作（图九）。2007 年参加线路总长 64 公里的德商高速公路夏津至聊城段调查，2012 年参加线路总长 143.2 公里的中石化新疆煤制天然气外输管道工程山东泗水至嘉祥段沿线文物田野调查，并对重要文物点进行勘探，在这些新的领域中我也得到了锻炼与提升。

图九　2012 年中石化天然气管道工程泗水至嘉祥段田野调查

三、学习与成长

说实话，我原来是不爱看书的，对查询文献资料也不感兴趣，但后来工作实践告诉我看书学习、查阅资料的重要性。郑同修所长不止一次给文物保护人员讲过文物保护过程就是研究过程，我当时还不太理解这句话的含义。文物保护特别是考古发掘现场文物保护，当面临很多问题时怎么去解决？

用哪些知识去解决？解决效果如何？若文物保护知识匮乏、肚子里面没有那么多“墨水”，是完不成文物保护任务的。所以我们需要带着研究目的去看书、查阅相关资料，及时“充电”，弥补自身知识的欠缺。正是经过困难历练，通过多个文物保护项目实践之后，我才理解这句话的深刻含义，也正是老师们的教导与帮助，才使我逼迫自己去学习、丰富自己，使自己有了更深的体会与收获。

看书学习是从事考古研究、文物保护等工作“练好基本功”的起码要求，而不定期外出参加培训学习或会议交流更是一条重要“充电”途径。参加培训或会议不但可以有机会与同行们切磋、沟通，也可以增长见识，了解最新的考古与文物保护知识。得益于考古所对文物保护工作的重视，十年间我有幸多次参加国内文物保护行业培训或会议，每次学习过后都能及时将最新标准及政策等运用到实际工作中，全方面提升自己（图十）。在考古所学术研究氛围影响下，结合文物保护实践，我从单件青铜器保护开始，到参与考古现场文物保护，再到目前主持文物保护项目实施，可以说是由点到线、由线到面的积累过程。十年间我撰写了《山东临淄山王村俑坑出土陶质彩绘颜料初步分析》等多篇论文，曾获得山东省社会科学优秀成果奖等奖项，业务能力与科研水平均有较大提高。这一切都离不开考古所领导的大力支持，离不开前辈及老师们的帮助。

图十　2014 年安徽亳州第十三届全国考古与文物保护化学学术研讨会发言

四、组织培养与感想

回想当时刚毕业时，我还是一名中共预备党员。在党组织的培养与教育，以及党员同志们的关怀与帮助下，2007 年 6 月 14 日我被党组织批准成为一名正式党员。这是组织对我个人思想与工作的肯定，更是对我以后工作和学习的鞭策。我将以宣誓为动力，用自己的实际行动来践行入党誓言，在工作中多向老同志学习，向优秀党员学习，以更大的进步来回报组织。

由于工作原因，2016 年我被调入新成立的山东省文物保护修复中心工作。回顾从 2006 年到 2016 年这整整十年，真是感慨良多，时间说长不长说短也不短，它是我人生的一个刻度，更是一段宝贵的人生经历。考古所给了曾经在她怀抱里工作的每一位考古人所有的机遇与条件，也包容了每一位考古人的一切。正是在考古所这个大家庭中，我从一个毫无工作经验的学生，历练、成长为现在能够独立主持文物保护项目的专业技术人员，这段工作经历弥足珍贵，我会怀着一颗感恩的心永志不忘。

省考古所自1981年成立以来，走过了40年风雨历程，现业已晋升为考古院，单位规模、人员数量及研究水平均有大幅提升。作为与其共同成长的同龄人，我衷心表达对考古院四十华诞的祝福。“谁言寸草心，报得三春晖。”在以后的工作中，唯有将考古人朴实的工作作风传承下去，将学术研究成果贡献出来，将敢于担当的干事创业精神风貌发扬光大，才能报答考古所对我的培养。诚然，生命可以平凡，却不可平庸。作为新时代考古人，我们没有驰骋沙场的轰轰烈烈，却有着平凡中最真诚、最执着的奉献。青春易逝，敢为人先；大鹏展翅，早搏云天。如今，在全省文旅大融合、大发展过程中，我们应该百尺竿头更进一步，努力为山东考古及文物保护事业发展贡献一份考古人的力量。

难忘的十公里

刘文涛

（山东省文物考古研究院）

欣逢山东省文物考古研究院不惑华诞，作为这个光荣集体中的一员，我从内心深处感到骄傲与自豪。四十年的栉风沐雨，几代人的忘我奉献，山东考古人古考海岱，山东考古院屡谱华章。从去年开始，院里征集回忆过往考古工作经历的文章，我作为新人，与前辈老师们的曲折、艰苦经历差之万仞，但为表达我对这个集体的热爱和记录一个事件背后的曲折，我还是写了如下一段回忆。

思绪回到一年前的那个春天，华夏大地举国同心，命运与共，共抗疫情。但小清河的防洪治理工程也关乎着沿线几百万人的生命安全与经济发展，为赶在汛期前使工程完工，沿线的考古调查与勘探迫在眉睫。山东省文物考古研究院小清河勘探队作为全省文博系统首批复工队伍在疫情肆虐的2月底开赴小清河沿线，进行考古勘探。急匆匆地开展，悄无声息地结束，我又急匆匆地开赴下一个发掘工地。小清河勘探后，到今天，我已经参与四个考古项目。今天回忆起那段难忘的十公里，突然有想哭的感觉，泪水在眼眶里打转儿。我理性地思索着：是苦？是委屈？是发泄？好像都有点，又好像都不全是。

小清河工程伊始，高明奎主任说："小清河考古是一场山东考古的突击战，以前从来没有这么干过，也从来没有这么多领导关注和直接调度。"当时我还没有什么感受，但在接下来的二十天里……

3月15日，我接通知从济青高速中线勘探现场紧急前往小清河勘探现场。3月17日中午前，我从潍坊赶到高青，下午即在胥家庙遗址开展工作，4米的淤层，10米的排孔，近10万平方米的面积（已除去南水北调办公区、光缆区），7天的时间，硬是啃下来了。遗址勘探报告还没来得及写完，3月24日晚又接高主任通知，先探杏花沟，再从航道K96向东与从K185向西探的三队于4月5日前必须汇合，4月7日前，必须出勘探报告。10天时间，近90公里的路程，平均每队45公里，这是走平地的话，肯定不在话下，但这是隔50米就要打一个5米左右深的探孔，记录、拍照，前方的路早已被挖断，桓台、博兴又地处湖区，为了绕一条有水的沟渠，可能又要多绕好几里路。这还不算发现遗址、墓葬卡定范围的时间。第一天探了3公里加一个遗址，晚上高主任在微信群里再次要求每队进度，每晚上报勘探公里数、发现新遗址情况等内容。想着被机械挖得狼藉的现场、被破坏的遗址及墓葬，看着漫长的线路图，再看看微信里催进度的通知，我一下感觉出了火药味。怎么办，没有别的办法了，只能硬着头皮加大工作量向前赶了。这才有了26日这天的10公里。

26日早上，风大，天阴沉沉的，我的脸也和天气一样。因为疫情，每天我们还得为吃饭找地方费些时间。早饭前，和队员开了一个简短小会，最后我说："高主任给我下的是死命令，我给你们下的也是死命令，早上都吃饱，每人再带上点，中午不回来吃饭。今天最少勘探10公里。"怕队员们有情绪，最后我又补充道："用不了10公里就是博兴地界了，我在博兴做过工作，那边水位浅，2米多就见水，熬过这10公里，就不这么累了。"想象是美好的，下决心也是容易的，但真正到了工地上干起来，确实不是那么回事。桓台境内地表下1米左右有一层0.5—1米厚的灰褐胶黏土，桓台号称江北第一个"吨粮"县，地层中的这种胶黏土能托住水分，对滋润庄稼有利，但对于我们来说硬、黏，不好打、不好带，心中的厌恶就如同粘在探铲上的胶泥，挥不去，铲不断。艰难的步伐越走越慢，理想的距离还遥遥无期。此时的我也没有了主意，拖着步子，记录着地层，木偶一样在大堤畔移动着，丰满的目标都消失在满天的尘土和震天的机器马达声中。

天近中午，正好到K101大元村点，我们稍事休息，河边吃饭。渡口处有一棵百年杨树，高大挺拔，是渡口一景，当地人称渡口一炷香。边吃着饭我边想，这棵古树应该能在复航工程中保留下来，我要记住这棵杨树，等以后小清河复航了，我一定坐上船，顺着河游一趟，这棵树就是个标记，看看我们流过汗受过累，说高尚一点，我们为小清河防洪复航做出过贡献的地方。再看看旁边几位和我一起奋斗的老哥、兄弟们，周登军老师五十多岁了，耷拉着头，饭也不想吃，明显是累了，但此时我又能说什么呢？小兄弟李昊刚20岁，手上磨出了血泡，血泡磨破，皮粘在手上，让人不忍直视，这个年纪在家哪受过这种罪？队员殷阳光，探工兼司机，因堤坝挖断，车不能走，我们中途休息时他再走着回去开车，因疫情封村封路，我也不知道他绕了多少路。我觉得这不是高尚，也不是奉献，因为我们吃的就是考古这碗饭，没有必要唱什么高调，但今天想到这里，我的眼泪会在眼眶里打转，什么原因，我自己也说不清楚。

休息过后，还是艰难的跋涉，2公里后，到桓台崔家庙点，前面就是博兴了，不管前面是不是马上就没有了这片灰褐黏淤土，但博兴地界就在眼前，从心理上我们起码距脱离"苦海"又近了一步。在光明前途的召唤下，我们还在跋涉，又过了1公里，虽然灰褐胶黏淤土层薄了，但还有。我自己先沉不住气了，让队员开车又前行2公里，到K108处打探孔看看。过了一会儿他们来电话，土层果然变了，表土为灰褐沙土，再下为灰黏淤土，2米左右为黄粉沙土，2.2米左右见水。终于有盼头了，马上就能走出这片灰褐黏土。有时就是这样，眼看熬不下去了，前面有了希望，浑身就又有了力量。事后得知，我们再往前走几百米，到博兴三官庙附近，土层就变了，但如果没有开车到K108点提前探探的话，我真担心熬不到前面几百米。那天下午4点半，探到K108点，其实只探了9公里，还差1公里完成目标，但队员们中午只垫巴了点吃的，确实透支了，所以我决定回去，休息。虽然没有完成任务，但留下了难忘的10公里目标。

因为我在博兴开展过发掘工作，后面的路心里还是有底的，水位很高，有些遗址都是分布于类似崮堆的高台上，一般不会有桓台境内的有硬度的胶黏土了。是非经过不知艰，这10公里的目标锻炼了我们这支队伍，我们观察了堤内开挖后的剖面，对桓台以下小清河沿线的地层淤积有了一个初步的认识。回过头来看看当时拍的地层剖面照片，还是很感慨的。我同事说，春赏百花是考古人的福利。我想说，在紧张的工作之余，看着深浅不一、层层累积的地层，苦中作乐，感叹大自然的神奇与伟大，又何尝不是他人享受不到的福利与乐趣?

后来，我把在大元村渡口边拍的“一炷香”照片发给著名画家孙文韬教授，请他以这棵白杨作张画，以作留念。孙教授很快画好了，渡口边的破船和栏杆都画进去了。我又请老师孙敬明先生在画上题跋，孙先生跋曰：“大元村，渡口边。一炷香，势冲天。喜鹊双双筑福巢，迎来送往摆渡船。报喜已有兆，收获在眼前!”借先生吉言，接下来我在小清河勘探新发现文物点——胥家村南墓地发掘中，确实收获颇丰。

一年过去了，我却难以忘却这段时光。

风雨兼程40年

山东省文物考古研究院
建院纪念文集（下册）

山东省文物考古研究院 编

齊鲁書社

学术篇

再论东夷文明的诞生与发展

张学海

（山东省文物考古研究院）

山东是我国最早开展考古工作的地区之一。20世纪的中国考古学证明，以山东为中心的海岱地区是一个重要的古文化区，是中国文化、中华文明的主要发祥地和发展中心之一，该文化区的主人是古夷族团。已知山东地区具有三四十万年的旧石器时代，有着发达的细石器文化，有陶新石器文化早到距今8500年，而距今6500年以后的晚期北辛文化、大汶口文化、龙山文化的东夷文化体系，其文化区系与聚落时空关系演变都已比较清楚，加上有较多的文献记载，已有可能对东夷文明的诞生与发展进行探索。笔者曾在《古代文明》第一卷发表《论东夷文明的诞生与发展》一文，表达了对此问题的基本认识，现就有关问题再作论述。

文明的诞生是经济基础、上层建筑与意识形态综合作用的结果，是不平等的阶级社会取代平等的无阶级社会。实践证明，所谓的文明三要素很难成为探索文明起源的基本标志，即使对社会经济的发展作出系统考察，也难以准确回答文明的形成标志，因此必须确定一种有效的可以操作的科学标志。恩格斯指出："国家是文明社会的概括。"国家作为一定经济关系与阶级社会的产物，集中体现了所在地区的文明及其特征，因此国家诞生是文明形成的根本标志。只有找到一些最早的国家实证，才能有效证明文明的形成。从这一意义上说，中华文明起源研究实质上是中国国家起源研究，至少两者密不可分。没有哪个因素比国家的诞生更能有效证明文明的形成。

探索最早的国家实体，必须从国家的前身或者说国家的母体入手，目前学术界仍未就中国国家的母体取得一致认识。但古文献记载中国古时的国家极多，而国土很小，不过方百里、方七十里、方五十里而已，西周初年分封的诸侯国也不过如此。而当今有两种国家起源的著名理论，一是恩格斯的学说，国家由部落或部落联盟发展而来；二是塞尔维斯的学说，国家由酋邦发展而成。中国国家无论是由部落还是由酋邦发展而来，一般都只能由某个、某二三个紧邻部落或酋邦发展成一个国家，不会由很多部落或酋邦发展成一个国家，国家诞生之初都是小国，不可能有广袤的国土，这从古文献记载和西周初封齐、鲁、唐、楚时的封土都是"方百里"，灭夏前的汤也是"方百里"或

“方七十里”可知。如此看来，各大文化区都包含许多部落或酋邦，包含许多早期国家。这些部落、酋邦或国家可从聚落分布形态上得到一定的反映，通过系统考察一大文化区聚落时空关系的发展变化，可确定国家的母体是部落还是酋邦，找到一批最早的国家，对文明的形成作出回答。

山东地区史前文化经历了从多元到单一文化的发展过程，单一文化的基本形成，反映了古夷族团的诞生。同时，史前聚落则经历了由稀疏分布到成群分布的演变，体现了社会组织的演进。

目前海岱地区主要是山东，距今8500—6500年的西河—后李文化、月庄类型和早中期北辛文化的区系还不是很清楚，聚落总计不到20处。其中西河类型7处，后李类型3处，月庄类型2处，北辛文化早期聚落1处，相当于北辛文化中期阶段的聚落有四五处。海岱地区距今6500年以后的晚期北辛文化、大汶口文化、龙山文化的文化区系脉络已相当清晰。粗略统计，距今6500—6200年的北辛文化晚期聚落址约50处；距今6200—4600年的大汶口文化聚落址共约500处，但尚不知早中期阶段聚落址的大致数目。距今4600—4000年的龙山文化聚落址有1500处以上。承袭龙山文化的岳石文化，聚落剧减，虽尚无准确统计数字，但目前所知海岱地区岳石文化遗址少于大汶口文化遗址。尽管这些数字存在误差，而且各文化的遗址有些已经消失，有些可能尚未发现，但已反映出自北辛文化晚期以来2500年中聚落持续快速增长的事实。由此得知在北辛文化中期以前，山东与海岱地区的文化具有多元性，约在北辛文化中期阶段，山东内陆的文化逐渐融于北辛文化，晚期北辛文化已成为山东内陆的单一文化，并给予半岛地区的白石文化以影响，表明以晚期北辛文化为标志的古夷族团登上了历史舞台，并迅速发展壮大，在其发展过程中创造了繁荣发达的大汶口文化、龙山文化，其聚落形态也相应发生重大变化。

目前，山东地区7000年以前的聚落址，几乎都在泰沂山北侧地带，南侧地带只有一处北辛遗址。这一阶段的聚落很少，分布稀疏，一个聚落周围有着宽广的土地，生活资源充足，它们各自应当是独立的。尽管在章丘胶济铁路以北东西约10公里、南北约16公里的范围内，集中了5处西河类型遗址，但其中的摩天岭与绿竹院遗址紧邻，原本可能是同一聚落；小荆山与小坡遗址南北相距也只有1公里许，尚不知是共存还是前后期的聚落，但这里至少曾同时存在3个聚落，也可能是4个聚落，像是个聚落组。不过西河类型的年代约在距今7000年以前，其总人口与聚落都很有限，很难说如此古老文化的这些聚落已经联合成某种社会组织（笔者以前曾推测它们在某个时候可能已联合成部落，仅是推测）。稀疏分布的聚落，表明这时期新产生的聚落大都是远离母聚落的，说明这时期聚落之间的联系并不密切，聚落之间的亲缘关系似乎比较淡薄。但就聚落个体而言，却非如此。初步资料证明，这时期的聚落布局规整，秩序井然，以血缘关系凝聚在一起。例如章丘西河遗址是一处西河类型聚落，面积10余万平方米，西北两面临西河，在其东北部和东南部各有一组房子，都有20座左右（东北部一组因烧砖大多被破坏），南北相距70米许，其间的地层堆积简单而纯净，不见居住痕迹与文化遗物。房址均半地穴式，圆角方形，面积20平方米到五六十平方米不等，室内地面和墙壁修整平整，有的略经火烤，灶址以条石呈正三角状支撑，有灶的房子都是三灶或两灶在一起，不见单灶者；尚存房门道的房址，门都在南面。这些房子基本没有打破关系，只有个别房子稍有叠压现象，显然这两组房子各自是一个母系家族。遗址北部因先前挖土被彻底破坏，不知其详，中西部未发掘，一般来说，人们会首先靠河居住，所以西北部临河地带应当有更早的家族，随着人口的繁殖逐渐扩展到聚落的东北部与东南部；还应有窑场、墓地等，聚落中部可能有广场，因而是个至少包含四个家族的母系氏族居地。陕西姜寨下层聚落更为清楚，在聚落中部的广场周围分布着5组房子，每组房子各有20余座，每组中都有一座大房子，所有房子的房门都面向广场，聚落外围有5处墓地，有窑场，表明这是个拥有5个家族的母系氏族，未必是胞族。虽然这是仰韶文化聚落，但同属黄河流域，可用以说明海岱地区聚落的性质，证明海岱区这阶段的聚落都是血缘性的族居地，基本上都是氏族，各自构成独立的经济实体和社会组织。这阶段的社会是氏族社会，不排除在这阶段的晚期可能产生了胞族，如有的两个聚落十分靠近，显然是两个近缘氏族，有可能是胞族，但也可能仅是两个近缘独立氏族，现在还难以说清。

至距今6500—6200年的北辛文化晚期阶段，聚落出现快速增长势头，已知北辛文化晚期聚落址约50处，是其前2000余年已知聚落址的3倍，分布于今环泰沂山地带的20余个县市区，大多每一县市区只有一处，基本上仍呈零散分布状态。但在滕州、章丘、青州等地出现了聚落组，即在这些地方的特定地理小区间内同时存在三四个北辛文化晚期聚落，说明聚落时空关系与聚落分布形态出现了显著变化。聚落组归根到底是由组内的一个老聚落发展成的，例如滕州薛河流域聚落组是由北辛聚落发展成的，它不仅是滕州而且是目前泰沂山南侧地区最早的有陶新石器文化聚落，迄今唯一的北辛文化早期聚落址，上限年代约距今7500年。老聚落人口繁殖，派生出新聚落，新聚落继续产生，大多未远离母聚落（当然仍有远离母聚落的），因而形成了聚落组，所以聚落组的聚落具有“母子”“祖孙”关系。而且聚落组大都先后发展成聚落群，也就是同一地理小区间内同时存在5处以上的聚落，聚落组实际上是聚落群的雏形阶段。聚落群的出现，表明产生了高于独立氏族的社会组织，换言之，聚落组的聚落（氏族）已联合成一种更高的新组织。这种高于氏族的新组织无疑是部落，聚落群的特征也对此给予了证明。

聚落群是大汶口、龙山文化时期聚落存在的主要形态，具有三个基本特征。一是具有明确、稳定、不大的地理范围，始终或长期在同一地理小区间内发展。二是大型聚落群和一部分中等群都先后出现了明显的中心聚落，其规模十分突出，文化内涵丰富。三是随着中心聚落的明朗化，群内聚落规模出现分化，产生了等级，以致群内的中心聚落、中级聚落与小聚落形成金字塔形层级结构，中心聚落为塔尖，为数不多的中等聚落相当于塔身，占绝大多数的小聚落相当于塔基。聚落群的上述特征表明，它是当时占主导地位的稳定的社会组织。这种社会组织和聚落组所体现的社会组织是相同的。因为聚落群都由聚落组发展而来，聚落组是聚落群必经的雏形阶段，组、群之间只是聚落多少之差，并无性质之别，所以聚落组与聚落群都是部落，从聚落组到聚落群说明部落在发展。如果说聚落组作为部落的产生阶段还不够典型，那么聚落群阶段的部落已经很典型了。

但是，聚落群并非始终是部落，绝大部分聚落群在其发展过程中发生了质变。虽然目前我们还不能详尽描述海岱聚落群的发展演变过程，但已知道其大致发展阶段和大体在何时开始发生质变。

估计在海岱地区尤其是山东地区，聚落群很可能产生于北辛文化之末，当时的青州、滕州等地可能已出现小聚落群。聚落群产生后，约经历了大汶口文化早期五六百年以上的早期发展阶段。因大汶口文化早期人口不多，聚落在逐渐增长，聚落数量有限，因而聚落群在逐渐产生和缓慢发展，估计只有少数小群，更多的还是聚落组。在距今5700年前后，大汶口文化进入中期发展阶段，随着人口与聚落的快速增长，聚落群在数量与规模上也得到快速发展。这时环泰沂山地带的一部分群体先后发展成大型和中大型聚落群，这部分聚落群包括章丘群、宁阳群、曲阜南部群、泗水泗河河谷群、邹城西部群、滕州中部东北部群、滕州东南部薛河流域群、平邑北部群、苍山南部群、临沂西部群、莒县南部群、昌乐南部群、青州东部昌乐北部群、寿光西南部群约10余群①。目前所知这些群体大都包含了16—41处大汶口文化遗址，虽然其中有的可能只是大汶口文化早期聚落址而未延续到中期，但仅是个别现象；有些是大汶口文化晚期的聚落，而非中期阶段的聚落，但在群内一般不占很大比例，况且许多聚落群内肯定还有些遗址尚未发现和早已消失，所以这些大中型聚落群基本上反映了大汶口文化中期晚段聚落群体的大致规模，属于这阶段的主要大汶口文化聚落群体。它们无一例外地分布于环泰沂山及其浅山地带，没有一处在远山平原上。它们的中心聚落较早地明朗化，并得到突出的发展。目前已经确认的章丘群焦家聚落、宁阳群大汶口聚落、邹城西部群野店聚落、滕州东南部群西康留聚落、莒县南部群陵阳河聚落，规模大，文化内涵丰富，文化总体水平高。焦家聚落实际上是由北辛文化晚期的董东聚落发展起来的，大汶口聚落则由北辛文化晚期直接发展而来，焦家、大汶口、野店作为各自群体的中心聚落，从大汶口文化早期就已脱颖而出；西康留、陵阳河目前所知遗存年代虽然较晚，但各自的聚落群是两个最大的大汶口文化聚落群，群内其他聚落址都比西康留、陵阳河小得多，而且两者都已发现大汶口文化城垣线索②，迄今的发掘面积很小，可能未碰到较早的遗存，其年代不会晚于大汶口文化中期。在中心聚落较早地明朗化的同时，这部分大中型聚落群体的聚落也较早地出现分化，产生了不同等级，至距今5000年左右的大汶口文化中晚期之交，群内的中心聚落、中级聚落和小聚落之间已形成金字塔形层级结构，表明这些聚落群体的性质率先发生了质变，其余的群体则在其后陆续发生质变。

聚落群体的这种质变意味着什么？它意味部落转变为国家。因为群内聚落的这种金字塔形层级

---

① 参阅拙著《山东史前聚落时空关系宏观研究——苏秉琦学术思想在山东考古的再实践》。

② 参阅拙著《中国城的起源与原始城的发现》《莒史新探》。

结构基本上具有“都邑聚”层级结构的性质，塔尖的中心聚落已转化成都城，若干处于塔身地位的中级聚落相当于都以下的邑，绝大多数处于塔基位置的小聚落是村落，群内聚落已形成垂直的隶属体系。它反映出群体内已产生了公共权力，社会形成金字塔形分层秩序，这一点在当时墓葬与建筑的类似层级结构中也得到了证明。社会的这一巨变，是生产力、私有制和社会经济发展综合作用的结果。北辛文化晚期生产力的进步，导致私有观念的产生，大汶口文化初期大汶口等聚落的墓葬已出现随葬陶器的数量有所差别，说明私有制已伴随大汶口文化的产生而登上历史舞台，并得到快速发展。进入大汶口文化中期后，私有制已势不可挡，导致贫富分化愈演愈烈，社会急剧分化，这在大中型聚落群体尤其是它们的中心聚落中表现特别明显。至大汶口文化中期之末，私有制已在这些群体中深深扎根，尤其已在它们的中心聚落中取代了原始共产制。私有制的发展反过来促使生产力持续高涨，进入大汶口文化中期，生产力已跃上新台阶，手工业迅速发展，工艺技术不断提高，产品日益丰富，陶、石、骨牙器的制作愈来愈精美，社会财富不断积聚，经济文化日臻繁荣，人口与聚落快速增长。大汶口聚落的墓葬表明存在大汶口文化中期后段的手工业者，说明当时已进行着第二次社会大分工，而从大汶口文化进入中期后私有制、手工业和部分中心聚落的迅速发展势头以及陶器石器的精美程度综合分析，第二次社会大分工可能在大汶口文化中期前段就已启动。至大汶口文化中期后段，大汶口、焦家、野店等中心聚落已得到突出的发展，表明正为早期城市的产生做着准备，这些中心聚落的群体正处于城乡分离的进程中。至距今5000年左右的大汶口文化中晚期之交，有的中心聚落已发展成早期城市，而成为所在地区主要的政治、经济、文化中心，最明显的莫过于大汶口聚落①。实际上史前早期城市无一例外都是国都，所以城市的产生标志着国家的诞生，但只能证明国家已经诞生，不能提供具体的国家实体。上述一系列重大变化，说明长达700年左右的大汶口文化中期阶段，正处于新旧社会的交替阶段，部落在逐渐瓦解，国家在部落的母体中渐渐孕育，当一个部落（聚落群体）的中心与中小型聚落形成“都邑聚”式金字塔形层级结构时，即表明国家已脱胎而出。换言之，群内聚落“都邑聚”金字塔形层级结构的形成标志着国家的诞生，可作为探索早期国家的基本标准。依据这一标准，将能确定的许多早期国家，绘制出一大文化区乃至全国的近乎史实的政治版图，了解各国的国都、国土、聚落、人口、文化、经济、习俗和族系等具体情况，获得早期国家诸多方面的认识。

这一国家诞生的标志，关键是都城的确定，即部落中心已转变成都城。考古界通常依据其规模、殿堂性质的大建筑基址、王墓性质的显贵墓葬和高于一般的物质文化总体水平来确定都城。早期国家的都城大都是由部落中心直接发展而成的，采用大遗址探掘方法对中心聚落进行适当的钻探与调查性发掘，可以用较短时间获取这些资料从而确认都城，并得知其在何时转变成都城。部落向国家

---

① 参阅拙著《城子崖与中国文明》《论山东地区的龙山文化城》。

过渡，集中体现在部落中心向政治中心即国都的转变上。虽然我们还不清楚这一转变的具体演进过程，但可以作出推测。估计私有制的发展是这一转变的基础，人口不断向中心聚落集中是催化剂，管理机制的改变是实现转变的标志。大汶口文化中期的大型和中大型聚落群，几乎都有一个规模宏大的突出的中心聚落，例如大汶口、野店、西康留、陵阳河（应产生于大汶口文化中期）、傅家、焦家聚落等，其面积大都远超群内的其他聚落，其人口当然也比其他聚落多得多。显然这并非这些中心聚落原住氏族人口自然繁殖的结果，而是人口不断向中心聚落集中所致。迁入者主要是手工业者及其家庭成员，农业人口束缚于土地是不能随意迁徙的。迁入者属于外氏族成员，不能融于中心聚落的原住氏族中，因而将渐渐形成不同于原住氏族族居的外来手工业者的聚居区。聚居区的居民分属众多不同的氏族，不能按氏族原则来管理，只能按聚居区或行业进行管理，这样就在中心聚落内出现了不同于氏族法则的新的管理办法。这对部落社会是一大冲击，也是私有制的发展促使氏族制瓦解的一个重要体现。而且这种手工业者聚居区有可能形成最初的“市”。《古史考》“神农作市”的传说，说明我国市的出现很早。市的产生推动手工业加速发展和商品交换的发展，并促使某些中心聚落向早期城市迈进。中心聚落的人口基数比其他聚落大得多，绝对人口增长数自然大大超过其他聚落，而且外来人口继续不断进入中心聚落，聚落因而逐步扩大，但不能无限扩大，特别是当中心聚落是一座城时。这势必导致杂居，杂居的发展破坏了原住氏族的族居，原住氏族也无法坚守氏族法则了，于是便在整个中心聚落采用新管理办法，对其实施分区管理。一旦采取了这一措施，就宣了告中心聚落氏族制的消亡，实现了部落中心向政治中心的转变，标志着国家与文明的诞生。

随着中心聚落管理机制的改变，便产生了公共权力。部落酋长转变成行政首脑，具有了君王的地位，无论对他的称呼是什么。他和其助手或者部落议事会之类组成最初的朝廷——政府。原先的氏族、胞族长老可能仍然任职，但已非其胞族、氏族的代表，而是他所在居住区的长官，是一种社会公职。大型和中大型聚落群所体现的部落，内部应该具有氏族、胞族、部落的完整组织体系，尽管部落内部实行民主原则，但三者的管理范围、职权毕竟不同，这种部落内部实际上具有三个层次。当部落中心转变为政治中心，公共权力产生后，新的管理机制将顺理成章地被推行到全部胞族与氏族，胞族、氏族或早或迟都将转变成该国的中层与基层组织，形成垂直的都、邑、聚式的行政管理体系，最终完成部落向国家的过渡。这种早期国家的中下层尤其是基层管理机构的长官，可能更多的是由头人、长老来担任的，利用宗族血缘关系实施政治统治曾长期存在于中国古代社会。由上所述可知，国家的诞生不是通过暴力实现的，而是顺理成章、自然而然地诞生，是社会分工、经济关系发展到氏族制无法承载时，自上而下地改变管理机制的产物，这和人口繁殖、聚落增多、人口及聚落密度大增密切关联。人口快速增长，聚落日益增多，人口不断向中心聚落集中，从一个至关重要的方面体现了社会复杂化的进程。率先转变成国家的部落，都是成员与聚落众多的大部落和中大型部落。总之，整体而言，聚落群先是部落，后是国家，其发展过程贯穿了从部落到国家的历程。

概括以上所论，海岱地区在距今6500年以前是氏族社会，其后进入部落社会。部落社会经历了北辛文化晚期、大汶口文化早期共七八百年的早期发展阶段，在距今5700年前后大汶口文化进入中期阶段时发展到晚期阶段，这时少部分部落先后迈出向文明过渡的步伐，并在距今5000年左右的大汶口文化中晚期之交，其中的大汶口、西康留、陵阳河等若干部落率先过渡到国家阶段，标志着东夷文明的诞生，海岱地区进入古国时代。海岱地区的史前社会是沿着氏族、部落、国家的道路发展的，这和恩格斯的理论基本一致。但海岱地区的国家不是阶级矛盾不可调和的产物，基本上也不是由部落联盟发展而成，而是直接脱胎于部落。海岱史前社会的发展道路，也印证了苏秉琦“古文化—古城—古国”学说。这里的古国是指高于部落的稳定的政治实体，是由部落直接发展成的早期国家，笔者的前述观点实际上是将此学说实践于海岱地区的心得，证明“古文化—古城—古国”学说是考古学探索中国文明起源的科学理论。至于塞尔维斯的“群队—部落—酋邦—国家”的史前社会演进模式，并不符合中国东部地区，恐怕也未必适用于中国其他主要文化区。

前面已经论述了海岱史前社会是按氏族、部落、国家的道路发展的，不存在酋邦时期。尽管大汶口文化中期阶段的那些大型和中大型聚落群所体现的部落，颇似酋邦，实际上不是酋邦而是发展到最后阶段的部落，是处于瓦解阶段即向国家与文明过渡阶段的部落。新旧社会的交替，是个从量变到质变、从渐变到突变的过程，旧社会不会猝死，新社会不会一夜之间从天而降。大汶口文化中期的这部分聚落群正处在量变、渐变阶段，其变化相当迅速，不存在一个相对稳定时期，至距今5000年左右终于发生质变，过渡到国家，所以在它们发生质变之前是处于瓦解阶段的部落，不是酋邦。如果把这些部落说成酋邦，将无法说明酋邦是如何从这些部落中孕育的，这些酋邦又如何孕育出国家，酋邦和国家都将骤然降生，没有孕育期，这同历史唯物主义原理不符。那么古国是不是酋邦呢？海岱地区的古国都诞生于距今5000年左右，其诞生虽前后参差不齐，但都体现为大汶口文化晚期和龙山文化时期的聚落群，的确有把这个时期看成酋邦时期的，虽然没有明说这一阶段的聚落群就是酋邦，但有人认为古国和酋邦相一致。实际上，大汶口文化晚期的少数聚落群，生产力已跃上又一个新台阶，而龙山文化大部分群体的生产力已发展到史前巅峰，社会经济达到空前高水平，社会分工得到引人注目的发展，贫富分化和社会分化已十分深刻，社会形成金字塔形的分层秩序，城已十分普遍，其中包括一些早期城市，在其所在群体已形成比较典型的城乡分离的社会格局，这些现象说明这些聚落群体的社会已是阶级社会，即使依据塞尔维斯的学说它们也已经是国家，总不能因为都是“小国寡民”，就说是酋邦吧！酋邦论者认为，“酋邦是属于前国家时期的。但在政治权力的结构上，它却可以同国家归入同一种范畴，即人类学家所称的‘集中的政治制度’”①，认为酋邦首领具有分配土地，在成员中征兵役，控制社会剩余产品、物资和资源，有的还有生杀予夺等诸

① 谢维扬：《中国早期国家》，浙江人民出版社1995年版，第175页。

多权力，而且这种权力是不受成员制约的，人们相信他的这种权力是“神灵赐予”的。总之，“同典型部落社会的首领相比，酋邦首领的权力要大得多。他‘一般是一个实权人物’”[①]。据此有的学者问道：“如此集权的酋长，和集权专制国家的国王又有何区别，为什么不将酋邦划入国家范畴？”[②]对此发问，相信读者都会产生共鸣。中国是否存在酋邦这一“前国家时期”，应当认真研究。这必须是依据自身的资料，通过一定的实例，对部落的产生发展过程及部落怎样发展成酋邦、酋邦又如何发展为国家作出论证。但分析海岱区资料的结果，证明本区不存在酋邦时期。海岱史前社会具有典型性，在相当大程度上可以代表中国史前社会的发展历程。

海岱地区自距今5000年左右开始进入古国时代。海岱古国时代和考古学的龙山时代、史学的五帝时代大体相当，属于东夷早期文明时代。东夷文明植根于环泰沂山脉肥沃的山前平地与近山平原，逐渐向远山平原推进。由于东北面临海，南面和西北面分属淮河、黄河下游，地势低洼，不利于耕作，所以主要是向西发展，因而在文明诞生不久的大汶口文化晚期即出现了“逐鹿中原”的现象，夏代初年更演出了后羿“因夏民而代夏政”的历史剧，为夏代文明的产生发展作出了重要贡献。综观东夷早期文明，目前可以初步指出下列若干特征：

1. 东夷早期文明是农业文明，粟作、稻作混合农业文明。10余年来相继在若干龙山文化遗址中发现了稻谷，包括泰沂山北侧的临淄田旺遗址[③]和半岛的栖霞杨家圈遗址，而在连云港藤花落龙山文化城址中不仅发现了许多稻谷，而且发现了利用城壕种植水稻的稻田，另有引水渠、水口等遗迹，从这里的岳石文化稻田采取撒播种植，可知龙山文化时期的藤花落地区也以撒播种植水稻。据裴里岗文化已经种植水稻，估计大汶口文化后期很可能已在种植稻谷。在临沂大范庄、海阳司马台等遗址出土了曾被称为牙璋的玉礼器，前者年代属龙山文化之初，有可能早到大汶口文化之末。这是一种前端分歧后端有柄的扁平长条形玉礼器，类似耜，所以有的学者称为刀形端刃器、双歧端刃器或称耜形器，源于耜，是礼天祈年的礼器，其说可信[④]。耜这种农具和挖土工具转化为祈年的礼器，说明海岱地区的农业早已是耜耕农业，可能主要使用木耜，不像河姆渡文化大量使用骨耜，实物未能保存下来。自大汶口文化中期以后，手工业的持续快速发展也折射出农业具有较高的生产率与发展水平。手工业及其专门化的发展是以农业生产率的提高，能够源源不断地提供手工业劳动力为前提的。同时，大汶口文化中期以来人口与聚落的快速增长、大中型聚落群的产生，以及它们的中心聚落的突出发展，也反映出农业的高度发展水平。民以食为天，刀耕火种的低水平原始农业，或者主要依靠采集与渔猎获得基本食物的方式，是不能促使人口持续、快速繁殖的，也不可能在许多小区

---

① 谢维扬：《中国早期国家》，浙江人民出版社1995年版，第73页。

② 张忠培：《关于中国文明起源与形成研究的几个问题——在〈中原文物〉百期纪念暨中原文明学术研讨会上的讲话》，《中原文物》2002年第5期。

③ 靳桂云等：《山东临淄田旺龙山文化遗址植物硅酸体研究》，《考古》1999年第2期。

④ 王永波：《关于刀形端刃器的几个问题》，《故宫文物月刊》1994年总第135期。

间内集中众多的聚落。自大汶口文化中期以来，聚落由山前平地、近山平原迅速向远山平原扩展，既表明种植粮食和饲养家畜（特别是猪）已成为保证生存发展的基本手段，也反映出农业的迅速发展。正是农业的迅速发展，孕育出东夷文明。

2. 东夷早期文明具有繁荣发达的手工业。自大汶口文化中期开始，手工业就在持续、快速发展，很快取得了领先地位。首先是制陶业得到突出发展，制作水平高超，工艺先进，大汶口文化晚期已在推广快轮制陶，龙山文化时期已普遍使用快轮。陶器种类纷繁，器形优美，早在大汶口文化中期之初的陶器，例如大汶口文化遗址 2005 号墓的鼎、豆，以及稍后的太阳纹彩陶豆、彩陶壶、三足高柄杯等，都很美观，令人赏心悦目，已在同期各文化的陶器中脱颖而出。而龙山文化时期的陶器已把实用性与艺术性完美地结合在一起。其蛋壳黑陶高柄杯，胎薄如蛋壳，轻如纸制，制作工序十分复杂，采用匣钵烧成。取水煮水器袋足鬶，造型源于鸟禽，喙夸张为长短不一的流，直腹或横腹下接三袋足，重心稳固，又能扩大承烧面积，造型别致优美而实用，其色泽分别呈红、黄、白色，在黑陶器群中格外醒目。黑陶中的精品，里表全黑如漆，质硬似瓷，光泽明亮，十分优雅美观，和蛋壳黑陶高柄杯堪称古陶艺术珍品。龙山文化制陶业已在全国独占鳌头，石器制作也有很高的水平与悠久的渊源，早在距今 8000 年前后的西河类型的石器，通体磨光者就已占相当比例，磨制石斧和大汶口文化前期石斧已难分伯仲。至大汶口文化时期，不仅石器基本上都通体磨光，器形规整，磨制精工，器类增多，而且石锛等工具已大中小型成系列。制玉是石器制作的升华，海岱地区玉器制作历史虽然较短，但精湛的石器制作技艺为制玉提供了基础。三里河遗址出土的玉腕饰表明大汶口文化晚期已在制作玉器，而大汶口文化遗址两件玉斧的精美程度，则说明当时的切割、琢磨与抛光技术已达很高水平。龙山文化两城遗址的双面兽面纹扁平玉斧，纹饰纤细繁缛流畅；西朱封出土的玉冠饰与玉簪，器形特高长，造型独具匠心，极其精美，实为旷世瑰宝，不知情者恐怕都会说成东周玉器；还有西朱封、两城、丹土等遗址出土的多孔大玉（石）刀，长达数十厘米甚至半米，器形扁平而厚薄均匀，刀背厚未超过 1 厘米，可见龙山文化时期的制玉工艺已后来居上，代表着当时全国制玉工艺的最高水平。大汶口文化中期偏晚，出现骨牙雕刻镶嵌绿松石工艺。大汶口遗址大汶口文化晚期的雕花牙梳和镶嵌绿松石的骨牙雕筒已很精美，龙山文化时期更在玉器上镶嵌绿松石，例如西朱封玉冠饰的璜形冒部透雕成兽面，而兽面的双目位置镶嵌了绿松石粒，格外传神。东夷早期文明具有比较先进的建筑业。住房大都已建在地面上，较早使用了低台基与高台基，较早使用土坯砌墙、铺地，西部地区还烧制石灰，用石灰敷抹室内地面。大汶口文化时期已在筑城，龙山文化时期城已十分普遍，筑城方式以堆筑与原始版筑相结合为主，主要属于台城。台城对地形有更大的适应性，具有更高的筑城效率，因而可以普遍筑城和修筑大规模的城。龙山文化时期的筑城方法是在新的历史条件下对原始的方块版筑法的改进，而且龙山文化时期的版筑大都属于长方块版筑，版长一般是方块版筑的二三倍，已比方块版筑进步。龙山文化时期的纺轮无论是数量、质量还是式样，都为大汶口文化时期无法比拟，说明龙山文化时期的纺织业在长足发展。龙山文化纺轮大都比较轻巧、精致，以陶纺轮为主，可能反映了所纺之线比较纤细；发掘中经常发现细小光滑、针孔微小、针尖锐利的骨针，也说明麻线纤细或已有丝线。姚官庄遗址所出陶器底的布纹，一平方厘米经纬线10—11根，比大汶口文化器底的布纹紧密些，不过仍然很粗疏。垫陶器的麻布不会是纺织精品，不能代表龙山文化的纺织水平，估计东夷早期文明的纺织业水平不会很低。自20世纪70年代中期以来，在山东三里河、呈子、尧王城、杨家圈、大范庄、店子、河南栾台等近10处遗址内发现了龙山文化冶铜遗物，分布范围自鲁东南沿海北达渤海之中的长岛，西抵豫东，说明至晚在龙山文化时期已兴起冶铜业，东夷早期文明处于铜石并用时代。以上说明自大汶口文化中期以来，东夷的手工业持续、快速发展，繁荣发达，总体水平长期保持领先地位，催化了东夷文明的诞生及初期发展。

3. 东夷早期文明，国家不断涌现。古夷族团以环泰沂山地带为大本营。在距今5000年左右，该地带的若干部落率先转变为国家，进入文明时代，例如章丘、宁阳、邹城西部、滕州东南部、莒县南部、弥河中游诸地的部落等。其他的部落主要在龙山文化时期陆续发展成国家，东夷国家的分布空间迅速扩展，至龙山文化晚期，东夷古国已遍布海岱文化区。这时在周代诸侯国的中心区或其附近，大凡都诞生了国家，例如山东的谭、遂、鲁、郲、曹、滕、薛、费、莒、莱、纪、齐等国的中心区或其附近，大都存在大汶口文化聚落群，全都有龙山文化聚落群，它们都先后经历了从部落到国家的转变过程。其中有些国家可以同文献记载的国家相印证，例如邻近德州德城区的禹城、济阳龙山文化晚期聚落群是鬲国，滕州南部的大汶口、龙山文化聚落群是薛国，曹县县城周围的龙山文化聚落群是莘国，莒县东南部的大汶口、龙山文化聚落群是莒国等①。这些国家诞生后，国号、地域基本未变，直到灭亡。现知鬲国、莘国都建于龙山文化时期，未知亡于何时；薛、莒都是五千年的东夷古国，一直延续到战国时期。有些东夷古国例如齐鲁中心区的国家建国也很早，只是一再发生移宗别主，不同国家互相更替，但在这些地点，国家并未间断。更多的古国例如纪、莱、谭、滕、费、曹国中心区以及其他地点的东夷古国，虽不知延续到何时，但估计基本不外乎上述两种情况，即有些在原地延续了很长时期，有些可能在同一地点由不同国家互相更替。当然有些古国也不免被吞并。不过弱肉强食的兼并是随着文明的发展愈演愈烈的，古国时代似乎并不激烈，这由龙山文化聚落群的状况得到了证明。龙山文化聚落群可分为两大类，一类由某个、一个半、两个或两个多大汶口文化聚落群发展成，另一类是新产生的龙山文化聚落群。后者占大半数，在前者中包含一个以上到两个多大汶口文化群体的龙山文化聚落群只有若干群。可见国家虽不断涌现，国与国之间的兼并却不激烈，只有很少数古国在建国前后曾整个或部分兼并了紧邻的小部落。

综观东夷早期国家的形态，可初步指出以下几点：（1）东夷早期国家都由部落直接发展而来。

① 参阅拙著《论东夷文明的诞生与发展》。

尽管有的龙山文化聚落群包含了两个大汶口文化群体，但这更可能是兼并的结果，未必是由大汶口文化的部落联盟发展成国家，况且不是普遍现象。因国家脱胎于部落，所以国家诞生之初的国民基本是原部落成员，除了国都，在其他聚落特别是村落中血缘纽带将长期起着作用。(2) 国土都很小，以其母体部落的领地为基础。国土范围从聚落群聚落的四至范围计算，一般从数百到2000余平方公里不等，因绝大多数聚落群周围都有一定的空地，所控制的国土自然会比聚落四至范围大，但也大不了许多。如此除一部分大国的面积稍大于古文献所谓的“方百里”之国外，大部分国家分别同方百里、方七十里、方五十里和不足方五十里的大中小国与附庸国相仿。(3) 东夷早期国家大都具有典型或较典型的都、邑、聚式层级结构。有一个突出或较突出的国都，其中已知有许多城或城的线索，包括一些早期城市。另有数量不多的中级聚落，规模比国都小得多，但显著大于那些小聚落，其中也已发现城，这些中级聚落应有中层管理机构，相当于都以下的邑。无论在大中小国家中，小聚落都占绝对多数，其面积基本上都在3万平方米以下，而以2万平方米以下的小聚落占绝大多数，它们显然是村落，从事农业生产活动，构成古国的经济与社会基础，各村落应该有古国的基层组织。这些村落的居民基本上是同氏族的成员，具有共同祖先，血缘关系在村落生活中仍起重要作用。总之，东夷早期国家大都具有都、邑、聚式三级行政管理体系。

东夷早期国家的政体、土地制度与贡赋制度如何，目前还不清楚。

4. 东夷早期文明，众多古国与大量的小部落、氏族共存。大汶口、龙山文化的聚落，除大部分以聚落群形态分布外，还有许多是零散分布的，单个、两个或三四个成组地分布于聚落群之间和文化区边缘地带，所处自然地理条件较差，离聚落群远，不能归入附近的聚落群，而孤单或成组地独立存在。它们各自是氏族和小部落，包括那些很小的聚落群也还是部落，其总数比古国多得多。因各自独立，互不隶属，统被古人视为国家，所以古人说当时有万国。万国只是表明数量多，并非确数，万国说近乎史实，但万国包括全国的全部古国、部落、氏族在内，真正意义上的国家相对来说是个少数。目前海岱文化区的文物普查资料尚未全面发表，估计发表后龙山文化聚落群最多也只能有五六十群，即使有些聚落群已经消失，但消失的聚落群不会很多，东夷早期国家的大体数目可知，并非多得不可胜计。但独立的小部落、氏族比国家多得多。大量的国家、部落、氏族共存，构成东夷早期文明的一大特征。

此外，东夷早期文明崇尚占卜，以牛羊鹿骨为卜具。用“耜形器”祀天祈年。盛行饮酒之风。以蛋壳高柄杯为专用陪葬礼器，体现墓主生前一定的社会地位。流行棺椁，并趋向制度化。社会最高层的墓葬棺椁齐全，已采用重椁，并以边箱、脚箱放置随葬品，其次有椁无棺或有棺无椁，社会下层没有棺椁。玉器为社会最高层所占有，随葬玉器包括礼器与装饰品，玉礼器以钺、斧、刀为主。随葬陶器可能已礼器化，前阶段即大汶口文化晚期以鼎、豆、壶为基本组合，后阶段即龙山文化时期，则以鼎、豆、罐、鬶、盘、罍为基本组合。

目前已发现大汶口文化晚期的陶缸图文、书写在陶器上的文字和丁公遗址的龙山文化陶文，说明东夷早期文明已在使用文字。

东夷早期国家众多而国土很小，大量国家、部落、氏族共存的事实，说明东夷早期文明的原始性，但毕竟已进入文明时代，而且东夷早期文明在一些方面取得了突出成就，对周边文化区和后来的中华文明产生了重要影响，在相当程度上代表着中华早期文明。

东夷古国时代何时结束，何时开始进入方国或王国时代，尚不清楚。从文献分析，也许舜时的虞国已是个方国。方国首先表现为领土比古国大得多，同时国家机器发展到新阶段，代表了文明的发展新阶段。有虞本是东夷古国，综合分析文献与考古资料，舜时的有虞最可能在山东西部的阳谷、梁山、郓城、鄄城一带，以古大野泽及雷夏泽以北、今东平湖以西的山东西部地区为主要活动中心。该地区原有个龙山文化大聚落群，因黄河改道和河、济屡屡泛滥，冲毁、淹没了许多遗址，现存龙山文化遗址稀疏，群体范围因而也不易确定。笔者曾大体定为近3000平方公里，并无确切依据，只觉得其他龙山文化聚落群面积都较小，3000平方公里已是最大的龙山文化群体，因而没有再把南面鄄城县东南境的历山庙遗址和最西的河南范县西南部的丹朱遗址等包括在群内，而把它们看作孤单存在的遗址。实际上可能是因许多遗址已被冲毁、淹埋和压在了村庄下，致使群体外围的遗址显得孤单，况且历山庙、丹朱遗址分别和舜耕历山与舜囚唐尧、丹朱父子的传说相关，如果把西、南面这些看似孤单的遗址包括在该群内，其聚落分布范围自东北到西南达104公里左右，东西最宽约80公里，面积约7000平方公里，地跨山东阳谷、东平、梁山、郓城、鄄城，以及河南台前、范县七县市。其中心聚落景阳岗遗址是一座面积达38万平方米的城，城内中部偏北有宏大的夯筑台址，群内并已发现王家庄、皇姑冢两座二级城（邑城），面积分别为4万与6万平方米。该聚落群气势非同凡响，地处《禹贡》中所说的兖州中东部，基本属汉东郡的东部地区，地当东夷势力前沿和东西方文化的交会地带，西距颛顼之墟濮阳县30余公里，濮阳县一带也是个中原龙山文化聚落群，两群之间隔有宽广的空白区，但景阳岗群的面积要大得多，不仅是最大的龙山文化聚落群，也为中原龙山文化聚落群所罕见，说明此地是个龙山文化晚期的方国。梳理有关舜的文献记载，二者地望与时间都相一致，说明此处应该是舜时的虞国①。由于虞国在舜时已发展为强盛的方国，所以舜才能继尧而成为黄河流域乃至北半中国联盟的盟主。所谓尧舜禹禅让说实无其事，很可能是由这个联盟推举盟主之事演绎而出。舜大约处于公元前22世纪到23世纪，如果上说能够成立，就说明东夷在五帝时代之末已进入方国时代，东夷文明发展到新阶段。

虞夏之际东夷文明的强盛，不仅由虞舜得到了体现，而且还由有穷后羿“因夏人而代夏政”的事件得到证明。处于河洛地区的夏古国至禹时可能已发展为中原的一个方国，禹很可能也是一

① 参阅拙著《东土古国探索》《论龙山文化景阳冈类型》。

“帝”，曾是继舜以后的一位盟主。禹以后，东西方以益、启为代表发生了盟主之争，以益为启所杀而告终，东土势力受挫，但不久即发生了有穷后羿代夏事件。后羿为东夷人史无异词，有穷很可能是邻近夏国的东夷方国。《左传》记魏庄子说，后羿自钼迁于穷石，因夏人以代夏政。《括地志》称故钼城在滑州县城东10里，又引《晋地记》说河南有穷谷，盖本有穷氏所迁也。如果《括地记》所说可信，代夏前的后羿就在夏国东北不很远的滑县一带，两国相邻。因为相邻，所以后羿能够伺机逐步夺取夏的领土，最终占有夏人的发祥地，迫使夏王相逃亡，终至被灭。后羿也把国都由钼迁于河南穷石，并号有穷氏，成为显赫一时的方国，此时的有穷国土绝不会比其前的夏方国小，有的古文献称羿为帝羿并不算过。至于有穷氏何在，羿是否曾居于斟鄩，斟鄩会不会是河南巩义市西境的稍柴遗址等，在这里都不成为关键问题了，即使不能很快得到解决，也不影响夏代初期东夷文明的强盛。不久，相之子少康依靠虞等东夷国家的支持而复国，对夏初东夷文明的强盛给予了进一步的证明。

少康中兴，与其子王杼相继灭掉有穷寒浞及浞子的过国与戈国，有穷灭亡。夏人继而经略东方，东夷文明失去光辉。岳石文化聚落骤减，人民流散，东夷国家大都臣服于夏，古本《竹书纪年》中不乏夷人朝贡夏王的记载。但少康中兴以后的夏朝只是压制了东夷势力，迫使其退回东土并臣服于自己，夏人的东境基本上稳定在河南山东的接壤一带，并未深入山东地区。虽然岳石文化遗址剧减，仍稀疏覆盖了海岱地区，并已发现城子崖、田旺等岳石文化城址，而且迄今在山东、苏北境内并未发现夏文化的二里头文化遗址，只在西部地区有二里头文化不强的影响，海岱地区仍是夷人一统天下。而且岳石文化已是青铜文化，石器得到明显发展，版筑技术接近成熟，聚落分布形态可能发生了巨大变化，集中成群分布的现象似已消失。这也许表明宗族血缘关系的削弱，以地域为基础的国家已取代以部落领地为基础、以同部落成员为国民主体的早期国家，表明岳石文化时期东夷文明在继续发展并处于文明的新阶段，这一新阶段是从龙山文化晚期开始的。至夏朝晚年，东夷文明再度崛起，东夷的主要国家已不再听命于夏，《史记·夏本纪》说“自孔甲以来而诸侯多畔夏”，其中当然包括东夷国家。自孔甲经皋、发两王至夏桀，商汤起而灭夏，建立了商王朝。汤的顺利灭夏，有赖于东夷势力的支持。

商人发祥之地，旧说多以为在山东西南部，是夷人的一支。20世纪80年代以后起源于太行山东南侧冀南豫北地区的观点逐渐成为主流意见，不过持旧说的学者仍有不少。商人即使不是夷人的一支，但其渊源与夷人恐有密切关系。先秦诸子都说灭夏前的汤只有“方百里”或者“方七十里”之地，一个区区小国何以能一举灭亡占有中原地区的大国夏国呢？究其原因，得到东夷势力的支持是汤获胜的决定性因素。先是汤在郑州建立灭夏的大本营亳都，即东向灭葛，继而在景亳与诸侯会盟，景亳应在今鲁西南的曹县一带。从会盟的地点可知，参与会盟的主要是鲁西南、皖北、苏北一带的夷人势力，自孔甲以来他们大都已和夏对立，汤通过会盟和他们结成了反夏联盟。随北向灭韦、顾与昆吾，乘势一举灭夏。据今本《竹书纪年》记载，汤自灭韦至灭夏，首尾仅四年，其兵锋之锐可想而知。如无东夷势力的支持，岂能如此！也许汤的灭夏大军是包含东夷军队的联军，这从史载汤与有莘联姻、薛君仲虺曾任汤左相可看出点信息。这充分说明，夏末商初东夷文明的复兴再度成为举足轻重的政治力量。

商朝建立不久，即向周围大规模扩张。二里岗上层时期的商文化，其影响已越过长江，东面迅速跨越微山湖与济水抵达山东滕州和济南地区，先后基本取代了该地区的岳石文化，特别是在文化中心区。至商代晚期，商文化已扩展到鲁东南和胶莱平原，但未越过潍河，鲁东与山东半岛地区至今不见商文化，其影响也微乎其微。商文化东渐是商人势力东扩的结果。商人东扩虽有扩展领土的成分，但主要目的不是灭国略地，而是迫使东夷国家臣服，并以其先进强大的文化融合影响土著文化，有莘、薛、奄、谭、薄姑、纪、莱、莒国等，特别是它们的都城与中心区的文化，先后都变为商文化或者商文化成为主要文化因素，但这些国家始终与商代或者和商代后期共存，像薛、莒、纪、莱等国还直接延续到春秋与战国时期，就说明商人的东扩主要不是为扩展领土。虽然如此，商人所至之处，商文化随之生根发展，进而取代当地文化或成为当地主要的文化因素，说明商文化的强盛。这一强盛的文化在其东面的发展过程，大大改变着海岱地区的人文环境。早在少康中兴后，海岱人文环境也曾发生剧烈变化，但气势较弱，时间较短，影响较小，虽然促使了龙山文化转变成岳石文化，不过仍按本土的文化传统演变，夏人的二里头文化并未取代东夷的岳石文化。这次剧变则是在新的历史条件下发生的，和前一次不同，势头强，时间长，影响深远，海岱西部地区的土著文化都先后被中原商文化取代，在中部地区商文化也逐渐成为占主导地位的文化因素。但商文化在东土的发展不是直线推进的，而呈波浪式由西向东曲折发展，其间有起有伏，有进也有退，而且在中东部地区可能存在不平衡性：在各国的都城与文化中心区，商文化因素浓郁强烈；边远乡村地区，商文化因素可能较淡薄。但即使是都城与文化中心区的文化因素也不是单纯的商文化，其中存在明显的当地文化因素，因而晚商时期薛、莒、齐、莱等地的文化究竟是商文化，还是由商文化与土著文化重组成的当地新阶段的文化，尚需深入研究。但自商文化开始进入山东地区并继续向东推进，无疑就在不断改变着东土的人文环境，东土文化就处于重组过程中，以族团为基础的东夷文化、东夷文明在渐渐变质，逐渐向更大人群的地域文化与文明转变，所以即使海岱区中东部地区商代晚期的文化是岳石文化以后阶段的当地文化，除鲁东、半岛地区的文化外，已不能称为东夷文化。卜辞与史书所称这一时期的夷或东夷，就东土大部分地区而言，已由原先的族团、文化、地理三位一体的概念，基本上变成地理概念。

周武王灭商，成王大举东征，东土国家或被灭或臣服于周，周在薄姑、奄地分封了齐、鲁两国，东土文化和中原文化的重组与融合进程，在更新的历史条件下继续运行。周人“溥天之下莫非王土，率土之滨莫非王臣”的政治理念，赋予了文化融合及民族融合以新的含义和有利的人文环境。同时齐、鲁的不断扩张，春秋时期鲁灭九国，齐灭十国，成为春秋十个大国中的两个，尤其齐在春秋晚期占有了整个山东北半部地区，加上频繁的争霸战争，大大加速了融合进程。夷的含义继续变化，春秋时期已演变成对文化滞后、政教相异人群的称呼，所谓“孔子之作《春秋》也，诸侯用夷礼则夷之，进于中国则中国之”。在这里“中国”是文明之国的意思，其主体是西周和西周以来新分封的诸侯国。她们又自称夏、诸夏或者华，占据着黄河中下游地区，这正是原先夏商与东夷的主要势力范围。春秋末年，随着齐的领土扩展到山东半岛，整个东土地区也都包括进中国的礼仪之国以内。紧接着齐鲁成为全国思想文化与中国传统文化最主要的中心，东土与中原终于最先融合为一体，构成中华民族及其文化最早的主体部分。东夷文明的诞生与发展过程，体现了中华文明的形成与发展过程，是中华古文明的重要组成部分。

（原文载《东方考古》第1集，科学出版社2004年版）

对山东史前考古的追述与瞻望

杨子范

（山东省文物考古研究院）

一九八二年八月，山东省文物考古研究所、山东省考古学会，在山东省荣成县石岛，召开了第一次山东史前考古学术讨论会。这次会议主要讨论了以下几个问题：

关于胶东半岛的原始文化；

关于大汶口文化；

关于龙山文化；

关于夏文化。

以上几个议题，对中国考古界、史学界来说，都是多年来一直关注的问题。因为，这关系到中国东方以及整个中华民族的古代社会史应当如何编写的问题；关系到如何以科学的态度、观点、立场、方法，去揭示、解释中国原始社会不同区域经济、政治的发展、变化、变革的规律等。当然，在探讨过程中，发生这种或那种不同见解乃至争论，是不可避免的，应该说也是必要的。因为这是合乎认识事物规律的。这次讨论会就是按照求同存异、各抒己见的原则进行的。

一

在开展山东史前文化探讨时，我们首先想到的是老一辈考古学家们，如揭开山东史前考古"序幕"的吴金鼎、梁思永、李济、董作宾、尹达诸先生。他们有的已经谢世，有的已是年逾古稀的老人。五十年前，是他们首先发现、发掘了城子崖遗址，并提出龙山文化的命名。这一成就对瑞典人安特生的所谓"仰韶文化报告"是一有力的回击。安氏"报告"的目的无非是散布中国文化西来的谬论，而山东龙山文化的发现，证明在原始社会时期，中国的东方早已有了人类的活动足迹，因限于当时的条件，对整个半岛地区史前人类的活动情况未能作出全面的了解。

不应隐讳，五十年前山东的史前考古只是提出了问题，还没能认识到它的规律性，所以更难谈到掌握其规律了。正因为如此，在中国的考古界和史学界形成了一个概念，总以为在中国黄河流域的所谓史前一段人类历史，只有两支文化：仰韶文化和龙山文化。后来考古学界在探讨史前文化时，便形成一个公式：凡遇到原始社会时期遗址内涵中含有红陶、彩陶者，即称之为仰韶文化；含有黑陶、灰陶者，即称之为龙山文化。随后又是什么典型龙山文化、河南龙山文化、陕西龙山文化，等等。这些命名，没有或者很少涉及地区性史前人类活动的经济与上层建筑方面的问题，而是忽略了人同社会、生产、生活的关系，仅偏向于依靠着陶系、陶质、陶器造型等简单工艺去探索中国史前社会史，无疑，这是学术研究上的缺陷和片面性。

二

中华人民共和国成立后的三十多年来，山东的史前考古工作有了新的发展，史前原始社会遗址先后发现一百多处，有的发表了资料，有的正在研究、编写报告，有待公布于世。

分布在黄河下游入海处和整个山东半岛上的史前原始社会村落遗址，可以说星罗棋布，比比皆是。那么，为什么过去考古界对此未予以重视?

这是因为：

第一，中国考古学界对山东一带的史前考古，受了过去史学界治学方法的影响，就文献论文献，仅依《史记》《左传》《后汉书》等历史文献所载诸“夷”在史前中国东方活动的茫然情景，加以论述。

第二，新中国成立以后，部分考古学者，因受不同程度传统观念或传说的影响，对山东半岛未被开垦的考古处女地，没有进行系统的调查、发掘工作。所以，山东半岛的史前考古是没有地位的，一直没有得到应有的重视。

新中国成立后的一段时间内，山东的史前考古工作确实忽略了地方性的特点而走了一段弯路。山东的史前考古工作者曾经认为：山东的原始社会文化是继承河南的仰韶文化发展而来，并以此类推。比如，笔者在二十世纪五十年代中期，对山东安丘景芝镇、曲阜西夏侯村原始社会遗址的发掘资料，仅依据“陶系说”，没有进行社会性分析研究，便笼统地划为龙山文化；将滕县岗上村含有红陶、彩陶的遗址，定为仰韶文化。

二十世纪五十年代晚期，我们发现和认识到大汶口文化是一支独立的原始社会文化，为探讨山东史前史提出了新的研究课题。初次接触和认识一支文化，以至于找到其自身的规律性，然后为其命名，确实需要经过反复地认识过程，当我同已故考古界前辈王献唐先生，在一九五九年四月中旬，见到当时济南市博物馆副馆长刘锡曾随身带来的一批大汶口遗址的红陶、彩陶、灰陶、黑陶和蛋壳黑陶等陶片标本时，如同见到了陌生人，相对无语，实在是叫不出名姓来。及至同年四月二十四日我们到达大汶口，开始了发掘工作。在发掘到M4时，我发现了红质白彩陶壶，便认为该遗址属于仰韶文化类型；当发现M10和M47随葬陶器中，有红陶、灰陶、白陶盉和红陶袋足鬶和薄于蛋壳的黑陶高柄杯时，又引起了思路上的混乱，认为这一遗址的时代属于由仰韶文化向龙山文化过渡的时期，即所谓混合文化。所以，在工地编写的一份《简报》结语中，写有“……既有仰韶因素，又有龙山因素”的词句。这说明，当时对这一文化并不认识。尔后，我逐渐地意识到：大汶口的原始社会文化与仰韶文化不是一回事，倒与山东的龙山文化关系接近。于是与王思礼先生商谈此事，并于同年合写了《试谈龙山文化》一文。但由于材料和水平的限制，只就器物的类型做了必要的说明。真正进行系统分析与研究大汶口文化，还是我们在编写《大汶口》报告过程中，经过多次的排比工作，摸到了这一文化的自身规律，最后才提出了大汶口文化的命名。

大汶口文化的特点是：

一、从养猪业的发达程度上看，可知当时已进入农业发展时期。

二、制陶工艺、造型上，它与中原地区的仰韶文化有着严格的区别。大汶口文化多是棱角明显的平底器，器物组合为鼎、豆、壶、杯、鬶。这与中原地区是不同的。

三、死者头向东方，学者多认为，原始社会墓葬的头向可能反映它们死后要回到各自家乡的意念。如是，这应表示大汶口人起于东方，本是东方人，不属于西方人。

四、合葬墓主的排列，是男在左女在右。

五、在殉葬器物的数量上有明显的差别。随葬品多少不同，是贫富分化、阶级产生的标志。大汶口的墓地材料表明，在整个黄河流域一带，山东地区原始社会的贫富分化、阶级的产生以至于进入阶级社会的时间，比其他一些地区要早一些，文化也较为发达。

山东大汶口文化的被认识，应当肯定地说，是中国考古学界对中国东方史前社会史研究课题中的一项大的突破。不过，在命名这一原始文化时，亦非轻易。当一九六一年春，陈晶晶同志同笔者提出大汶口文化的命名时，即有“权威”人士的反对和抵制。这些学者虽提不出任何反对的根据，却各方不予承认。但是，我们的提法得到了中国考古界的前辈苏秉琦、石兴邦、张效光和原山东省历史研究所朱活、山东大学历史系刘敦愿等先生的支持和赞同；南京博物馆曾昭燏院长和尹焕章先生也对这一命名表示同意。

关于发现和提出由大汶口文化向山东龙山文化过渡并属继承关系的结论，是依据大汶口发掘基地中M10、M47等几座墓中的随葬陶器的特征，与昌潍地区安丘景芝镇墓葬中的随葬陶器相互引证而得出的。

至于一九八二年的《文物》第十期所刊伍人一文，提出曲阜单县西夏侯村原始社会遗址所获资料是确立命名大汶口文化之本，是不符合事实的。因为，山东大汶口文化的命名，在时间上，是在曲阜西夏侯村工程发掘之前，而西夏侯村遗址的被认识恰是在大汶口遗址的发掘工作之后，这是人所共知的事实。

在山东继大汶口文化发现之后，又由中国社会科学院考古研究所陆续地发现、发掘了胶莱河附近的三里河遗址、潍县的鲁家口遗址、鲁西南一带的兖州县王因遗址、滕县的北辛遗址，由山东省文物管理处发掘了日照县东海峪遗址、邹县的野店遗址以及胶东半岛沿海一带的古遗址，等等。这些史前考古资料堪称丰富多彩，有的资料虽未完全公布出来，但已披露出的考古线索是很值得研究和探索的。

三

山东省所处的地理环境，从我国的地图上，一眼便可看到好像一只“触角”伸向了黄海、渤海湾。有“似诗与画”、“景色迷人”、气候温和的胶东半岛，还有珍珠般的长山列岛和连绵的泰、沂山区。对考古界来说，在新中国成立前后的一个时期，只知道中国史前考古仅有黄河流域的所谓仰韶、龙山两大文化系统，“形成中华民族之宗”。历史的事实是，一个民族的形成是由许多内在的和外来的因素逐渐融合而成的，从来不是一元论。这一规律也可适用于考古学文化。但是，我在二十世纪五十年代初期，对考古学的理解既简单又偏狭，只知道黄河流域在史前考古上的零星材料，依据有限的文献记载，发表一些一知半解的议论，对于胶东半岛的史前文化则什么也不知道。我所见到的有关黄海、渤海之滨的史前资料，还是五十年前日本学者鸟居龙藏叙述的荣成一带的巨石文化。这一发现究竟如何？至今还是个“谜”。但是，这位日本学者总算是对这一地带，提出了考古学上值得注意的看法。二十世纪六十年代，我对有人认为胶东半岛的史前文化落后，曾有过疑问：为什么如今胶东濒海居民的文化水平普遍地高于内地人民，而古代的人们在同样的自然条件下却落后于内陆地区人民？近年来的考古发现证明了这种古代文化落后于内地乃至于此地是考古空白之地之说，是不合情理的，也是违背历史事实的。

对胶东沿海史前考古工作的开展，我们曾打算在二十世纪七十年代初进行一次系统性的调查、发掘工作，由于种种原因，这个意愿未得实现。

二十世纪七十年代的中期，考古学界的前辈苏秉琦先生同北京大学考古专业师生，来到这三面环海、曾被考古界称为考古空白区的胶东半岛上，他们为探索东海之滨的史前文化，辗转于整个半岛和隐现在渤海湾而绵延伸向辽东半岛的长山列岛中的若干岛屿，经过了几年的辛勤努力，终于将湮没了若干个世纪的胶东半岛史前文化的秘密，初步地揭示出来。尽管所获得的资料尚未发表，但实际上已经证明了这个半岛在古代并非一处荒无人烟的草莽地带，而是在所谓的史前一段很长的岁月里，就已经有先进的人类物质文化了。

一九八二年九月，笔者同本所王瑞成、王树明、袁明、张振国等几位同志，专程去胶东半岛上的荣成、文登、乳山、海阳、栖霞、黄县、掖县等县市，对其所藏的史前考古实物资料，作了粗略的调查。语云，“闻名不如见面”，此话虽俗而实。大量的实物资料，多是史前胶东半岛上的原始人所留下来的生产工具。这些工具，多是经过简单打制的石质、直径0.5厘米左右的猎球和石条式工具和少量的还不能称其为陶器的泥质生活用具，荣成文化馆所存原始人鱼雕工艺品可以说明，人们在意识形态领域所崇拜的是海中的鱼类。由此可以证明，考古学上所称道的旧石器文化，在胶东半岛地区也应当存在。即使一时尚未找到原始人遗迹，是因为考古工作做得不够，随着时间的推移，在这里总会找到最早人类活动的遗迹、遗物。当前看到的原始遗物证明，这一带原始社会的人们是依靠渔猎，依仗海滨的软体海产品如蛤蜊、蟹等而生存，由于他们长期以高蛋白质海产品为食，可以推想，当时人们的体质是健壮的，脑神经系统也一定会富有智慧和创造能力。

沿海一带的原始渔猎人，由简单的流动渔村，逐步过渡到定居的渔、农业村落，因而人们的制陶工艺也逐渐发展了起来。但这时只能制作质粗、壁厚而笨拙的红陶器。在荣成海滨的河口原始社会遗址中见到的陶器均是手制，且较为笨、粗，看不出规律性的组合。遗址中大多有大量的蛤蜊等壳皮堆集，证明人们主要生活资料来自海中，是依海为生的。人们由沿海迁移到半岛内地，成为原始的农业村落时，便是今烟台市附近的所谓邱家庄类型遗址。这一时期的石器已是磨光、精制，陶器种类繁多，工艺先进。

在蓬莱的紫荆山、栖霞的杨家圈、黄县的唐家泊等原始社会遗址中，可以看到其生产工具、生活用品，如石器、骨器、陶器、医疗器，乃至小儿玩具等。尤其是原始绘画艺术施用于陶器上，表现出东方原始的现实主义写生手法。着色陶的纹饰，多是勾描自然界的景物。如：波浪滔天的水势，或日升东方，或缀以微波的静静的海面，或渔网式的纹饰，等等。在黄县文化馆里，还保存着一件唐家泊遗址中出土的刻面图案，似有原始文字的意义。这一重大发现，在胶东地区还是第一次。

素为考古界所未注意，并认为十分微妙的长山列岛，近几年也发现了许多史前社会的遗址、遗迹、遗物。发现的遗存有的可能是中石器时期，也有的属于龙山文化时期。史前时期的人们，如何跨海而来？这些史前人类由何地迁来？考古材料告诉我们，他们是由胶东半岛陆地迁来的，并且已有迹象表明，也有向辽东半岛迁徙的趋向。至于有人说，当时长山列岛原是一条通向辽东半岛的陆路，后因地壳变动而下陷为海等，此乃地质学方面的研究课题，不是本文讨论的范围。

关于长山列岛上的考古工作，近几年由北京大学考古专业的师生主持，陆续开展起来了。详细资料将由北京大学整理报告，不久当可问世。

胶东半岛的史前考古工作，不到十年的时间，终于为考古界拨开了层层疑云。认为“胶东无古可考”的说法，可以止矣！事实证明，地处中国最东端的地带，史前文化遗存相当丰富，同样应当得到重视。

大家知道，胶东半岛是一个古陆块，早已为古生物学者所关注。这个半岛，远古时代的物质文化遗存就是很丰富的。近年来旧石器、中石器时代遗迹、遗物的发现，提出了这样的问题：胶东地区是否也是中国人类发祥地之一呢？是否也可以这样认为，胶东地区的原始文化，一支由东向西往潍河流域的平原地带发展；一支经长山列岛向辽东半岛上发展而去。

胶东半岛上所发现的着色彩陶，有人认为是大汶口文化传播的结果，或者是受到了它的影响。此说与客观事实是不相符的。因为：第一，从彩陶器的工艺、造型、绘画风格、内容上看，两者是完全不同的。胶东半岛的彩陶器，反映的多是自然景物，同时，又具有原始浪漫主义的色彩，远不如大汶口文化彩陶的纹饰那样抽象、规矩、有序；第二，地理条件往往给历史发展以助力、阻力，愈是古代愈是这样。大汶口文化的中心区域与胶东相距千里之遥，说后者是前者的传播、影响的结果，显然也是缺乏依据的。

至于所谓胶东半岛上的龙山文化，可以肯定地说，这里所谓的龙山文化只可说就时代相当而言，它不等于“城子崖”的龙山文化。如非加等号不可，只能说是概念上的混淆。不过这一问题要追问一个究竟，尚需待后再议，可暂作悬案。

鲁南一带的史前考古工作，以前考古学界仅知道日照两城镇龙山文化遗址，且至今没有正式发表资料，只有一些不系统的调查材料，对遗址所反映社会性质的了解，似是而非。对这一地带史前文化的探索工作未能引起重视。这应当说是一个失误。但二十世纪六十年代初期，南京博物院的尹焕章先生注意到鲁南的史前考古工作，他曾两次由江苏省的北部越过省界，调查鲁南一带的史前文化，可惜的是，材料未及公布于世，先生即与世长辞了。

不应以任何借口为理由来原谅自己。山东考古界在新中国成立以后，未对鲁南一带的古代文化遗址、山川河流作系统的历史考查，仅将重点放在鲁中南一带地方，因而失去了发言权。

一九八一年秋，沂源县发现了据鉴定相当于北京猿人时代的沂源人头骨化石及其他兽类骨。一九八二年，兖石铁路考古队在临沂发现了相当于中石器时期的遗址、遗物。另外，沂、沭二河流域分布着极为密集的大汶口文化、龙山文化时期的村落遗址。二十世纪七十年代末，在莒县陵阳河大汶口文化晚期的基葬中，发现了十七个刻有原始文字的陶器。上述种种，说明山东的沂蒙山区一带地方，乃是中国东方又一人类文化发源地！

有关鲁南地区的史前文化，文献记载甚少，亦不系统。但近年来的考古发现一再证明，沂蒙山区、古沂河流域也是我国古代文明的摇篮之一。原始社会的人们，依仗纵横交错的巨大河流，依山为猎，傍水为渔，在此生息、繁衍。随着时间的推进，经过漫长的发展道路，这里的人们逐渐迈入了新石器时代，分别沿着不同的河流或支流，向今泰、莱平原，鲁西平原，鲁中、鲁西北平原地带，交会式发展。这一时期的社会结构，大概也已进入了部落集团时期，出现了农业村落，人们过着定居的锄耕农业生活。

在泰山山系和汶、泗河流域，近几年陆续发现了许多史前文化遗址。这些遗址，有的属于大汶口文化时期，有的处于大汶口文化与龙山文化首尾衔接的阶段，形成了山东地区史前文化的又一个原始社会文化体系。

关于大汶口文化的特点，已有刊本问世，本文前段也有略述，这里不想过多重复。应当看到，任何事物都存在着发展的不平衡性。原始社会时期，由于某些条件不同的原因，有的地区比较先进，有的地区发展缓慢。所以，在开展对大汶口文化乃至史前时期原始文化的研究时，必须注意这一点。

四

关于山东龙山文化，考古界学人已有不少的文章从各个方面论证了龙山文化是大汶口文化的发展和继续。

提及山东龙山文化，对中国的考古学家来说，如同老朋友见老朋友一般熟悉。有意思的是，这一文化所分布的地区，只限于今山东地区。笔者曾调查该文化的分布区域：南至苏、鲁边界；西至鲁西的菏泽，北至聊城、德州、惠民，东至胶东半岛并长山列岛。龙山文化晚期的文化面貌（比如石制、骨制等生产工具，尤其是陶器的组合如鼎、豆、壶、杯、鬶等），各地差别不大，陶器组合似乎制度化。山东龙山文化时期的这种器物组合体，不仅反映了当时社会生活的一个侧面，而且，一直商周时代的礼制器皿也由此导源而来。

近年来，北京大学考古专业师生及中国社会科学院考古研究所、山东省文物考古研究所和潍坊地区等考古界的专家们，先后在诸城呈子、胶县三里河、潍县鲁家口等地，对龙山文化遗址做了大量的发掘工作，与此同时，在胶东半岛上也做了许多工作。就这些遗址的物质文化面貌来看，似乎可以这样说，山东史前龙山文化“统一”了整个山东半岛。

中国东方的（今山东地区）龙山人是怎样“统一”和“统治”这一半岛地区的呢？这是值得探讨的问题。假如当时没有较发达的经济基础，没有一定高度的文化，没有享有崇高威望的领袖人物来做好社会的组织工作，没有一些合乎当时人们利益需要的原始法规等手段，这种“统一”“统治”是令人难以设想的。考古工作者不仅要研究古代社会的生产力，通过这一手段揭示当时的生产关系、经济基础，还应在这一研究基础上，去揭示意识形态、上层建筑方面的问题和国家的起源问题，等等。这是摆在我们考古工作者面前的一项重要任务。

这里不惮絮烦地再重复一句，龙山文化在它的末期才传播到胶东半岛上，它同胶东地区原有的文化并非同一个文化体系。

至于山东地区的龙山文化，往后发展又是什么文化，有待于考古界去继续探索。

五

中国历史上的夏文化，是我国考古学界正在讨论的问题，亦是中外学者所关心的问题。我国黄河流域各省份的考古工作者，正在争先恐后地进行夏文化发迹之地的相关探讨，近来有的省份的同志认为已找到了夏文化发迹地，究其实，确凿的根据如何，回答尚不甚了了。以事实为根据，断定某一文化的所属，从考古学上要求，是要以“物”为证，多方探索、综合判断。轻易以孤证来论定是否，是会失于谬误的。

对夏王朝的来龙去脉，按文献记载说话的史学家，以为无需再论此事。也有的史学家尚持有不同论点。几十年前，我曾读过杨向奎先生发表于《禹贡》杂志上的一篇文章，题为《夏民族起于东方考》。编者为此文专加了一段按语，大意是不同意杨先生的论点，为了开展学术讨论才发此文。该文在当时虽是就文献论文献，缺乏考古资料，但现在来看，其论点也不无道理。杨先生在当时能冲破传统观念，是一件不容易的事情。后来我也曾读过徐旭生先生等人写的文章，文中找出一些依据以确立夏文化发迹于今之河南省。以后，我国的考古学者便云集河南，展开探索工作，终于找到一处二里头遗址，似乎以为这就是所谓中国历史上的夏文化。其实，二里头遗址到底能否肯定为夏文化，还有待于以后继续研究。考古离不开田野工作、文献研究。考古工作同文献研究工作的关系是相互联系、相互补充的。文献研究历史不能离开田野考古工作，而田野考古工作中的发现也需根据文献记载进行探讨。但文献记载谬误之处往往甚多，难免有不足、混淆之处。今对于《夏本纪》所述之夏王朝的列次，俱按《史记》所述为结论，即毋劳今日考古学者之辛苦，如果田野考古资料不依文献记载稽考之，又势必落入就物论物的泥潭。所以，田野考古与文献记载相结合，是考古工作的必由之路。

夏代同夏王朝不是同一概念。所谓夏代可能是指史前的这一时期，人们已经掌握了四季变化的规律，即春、夏、秋、冬四季概念。当时人们从认识到掌握这一与农业生产密切相关的自然界规律不是一朝一夕之事，而是经过了一段漫长的时代，这一时代便可称之为夏代。“夏王朝”则是司马迁《史记》中记述的中国的第一个王位由父传子的王朝。关于夏王朝的世系系统，是否即如《夏本纪》中所述，是一个值得讨论的问题。“夏传子，家天下开始”，我认为也可这样理解：到了夏代，中国进入了父系氏族社会的阶段，所谓夏王朝，与商、周以来的封建王朝，不能相提并论。

那么，夏文化在哪里？夏王朝的发迹之地又在哪里？从考古学的观点和目前所掌握的考古资料，特别是农业、牧业、制陶工艺、文化方面的实物资料，经过综合分析、判断，所得到的结论是，夏文化应是山东的龙山文化。此说定有人不会同意，不妨继续探讨。多年来山东地区所发现的龙山文化遗址，从分布密集的程度，农业、手工业的发展水平，造型工艺，房屋的建筑，宗教信仰等方面，都可以反映出山东龙山文化到了晚期阶段，在整个山东半岛上，可能已形成一个庞大的部落联盟集团。这个集团，应当有一个领导和统治的中心，即夏代的统治中心，只是今天我们还没有找到而已。

《史记》记载，夏王朝的第一个王是禹。《史记》和其他文献中又记载禹为舜所禅，即虞舜让位给禹。“虞”“禹”二字今本同音。古代这两个字是否“混同一音”？写到这里，不仅想起《孟子·离娄下》这样一段有趣的记载：“舜生于诸冯，迁于负夏，卒于鸣条，东夷之人也。”按：诸冯地当今诸城莒县一带，负夏当位于今曲阜西，鸣条相传在定陶西的河南一带。舜即虞舜，即有虞氏。从其传说时代推测，舜部族大致与大汶口文化末期抑或其后的龙山文化相当。综合上述情况，所谓禹，可能就是传说中的帝舜或曰虞舜。如果这一推度不误，那么大汶口文化末期及至以后的龙山文化，应该就是夏文化了。

至于夏代、夏王朝因何而得名为“夏”，考古界有人提出了这个问题。甲骨文中似尚无人发现“夏”字。我认为“夏”之为名，似可从语音学角度去推索，一九六〇年，山东省文物管理处在益都苏埠屯发掘了一座奴隶制时期的大型基葬，墓中发现的铜器祖徽为“亞”即“亚”字，“亚”和“夏”古音相通。“夏”可能即借用“亚”而来。

夏代的最末阶段是夏王朝时期，已进入了阶级社会，有一整套统治人们的工具——国家机器。夏王朝建都在哪里？根据近年来考古调查所得到的初步材料看，它应当在今山东省的益都、寿光一带，寿光县南部的呙宋台遗址有可能是夏王朝的都址，文献记载中的“少康中兴”“斟灌”“斟鄩”的活动，也可能在此一带。是否如此，尚待以后探讨。当前适值考古界热于探索夏文化之际，所以，借此机会谈点浅见，以就正于学人。

六

一九八二年冬，我在北京大学见到了苏秉琦教授，谈及山东的史前考古工作，苏教授对山东的史前考古工作是十分重视的。他认为“山东是中国考古学界的三大支柱之一”，并提及山东的“夏、商、周……”等问题。虽寥寥数言，但耐人寻味。笔者在山东从事考古工作三十多年，过去曾有过偏见，认为中国的文化，唯有黄河中游地区最发达，其他地区都是落后的。如今看来这是不妥当的。只能说某一地区在一定时期内先进或落后。不能以静止的观点，把中原地区永远看成先进，边远地区永远看成是落后的。这是不符合马克思主义的，也是不符合中国历史发展实际的。近几年来，考古界出现的另一偏向，即谁在那里主持的发掘，并且又有所发现，就极力渲染其重要性。甚至在同一地区发现了大同小异的一些文化遗址，即抓住“小异”大做文章，更立新“文化”以“标新”，也是不妥当的。

这次在山东荣成石岛召开的山东史前文化讨论会上，许多学者提出了一些新的、值得研究的问题。比如：胶东半岛史前文化的渊源问题，大汶口文化与北辛遗址文化内涵的关系问题，龙山文化与所谓岳石类型的关系问题，等等。在今后的工作中，能经过实际的努力，并同兄弟省即辽宁、河北、河南、江苏的考古工作者进行一些“联合性”的探讨，上述诸问题或可得以解决，今天认为混沌不清的问题，也就不是什么问题了。到那时，再来编写中国古代东方的史前史，在学术上，将会有新的突破。

（原文载《山东史前文化论文集》，齐鲁书社 1986 年版）

田齐王陵初探

罗勋章

（山东省文物考古研究院）

被人们称为“四王冢”和“二王冢”的田齐国君的陵墓，坐落在临淄齐故城东南8公里的临淄齐陵镇和青州东高镇一带。陵墓南依山岭，北面淄水，古时山上树木葱茏，风景秀丽，是古代人们定茔的好地方。齐景公常登牛山北望齐都[①]。战国田齐的统治者在此修坟筑墓，显然是经过精心选择的。

“四王冢”和“二王冢”隔胶济铁路两两相望，以其庞大的规模特别引人注目。

为了解田齐公墓的陵寝制度，结合田齐王陵的“四有”工作，在国家文物局的支持下，我们于1992年秋，开展了对田齐王陵的调查和勘探。勘探面积约560万平方米。

“四王冢”建于一座无名小山的北坡，四冢相连，宛如连绵群峰，气势巍峨。“四王冢”和“二王冢”的封土形制有一个共同的特点，即在长方形陵台上筑有逐级收缩台阶状的方形台基，台顶有圆形坟堆。沿用前人的说法，就是“方基圆坟”形。

“四王冢”一基四坟，东西直列。陵台全长约700米，南北宽约245米，北面高约15米。西起第一冢东西155米，台基三层，高8.5米；圆坟径48.6米，高7.9米；通高21.4米。第二冢东西138米，台基三层，高7.1米；圆坟径53米，高11米；通高34.1米。第三冢东西145米，台基二层，高3.4米；圆坟径44.7米，高14.2米；通高25.1米。第四冢东西155米，台基三层，高6.1米；圆坟径44米，高4.8米；通高26.9米。第一、三、四冢的北面各有一座冢，封土形制与“四王冢”相同，有台阶状方基和圆形坟堆。

勘探中，“四王冢”四畔发现有短圭形壕沟，底南角北，将“四王冢”环绕其中。南壕是“四王冢”与冢南山冈之间夯筑的东西向凹状沟槽。壕沟两端已遭破坏，残长约450米，宽30—50米，深约5米。其余壕沟都是人工挖掘而成。除西沟南段被冲沟破坏，余均保存完好。壕沟通

---

① 《孟子·告子上》。

长约3200米，残长1700米，宽30—50米。为了使挖掘的壕沟沟底大致保持在同一平面上，北部深度不足4米，南部深达6米尚不见底。沟内淤土中夹杂螺蛳等水生物残骸。此沟早已被淤塞填平，地面杳无痕迹。就地理形势而言，挖这条壕沟，既不是为了蓄水，也不是为了排水。它应是像陕西秦公陵的"隍壕"，河北邯郸赵王陵的"宫垣"那样，是区分陵园内外而挖掘的界沟，是"四王冢"茔域的标志。其目的显然是为了阻止外人进入，即《周礼·春官·冢人》所谓的"跸墓域，守墓禁"。

在"四王冢"周围分布着许多墓葬，其中有有封土的，也有没封土的。仅"四王冢"壕沟范围内，除了"四王冢"本身，在它的北面有三座方基圆坟形冢，分别与"四王冢"一、三、四号墓南北相对。此外还有四排27座无封土墓葬，其中一排6座，二排8座，三排9座，四排4座。这些壕沟内的墓葬井然有序，没有叠压现象，无疑是"四王冢"的陪葬墓。

散布在"四王冢"壕沟外的其他墓葬，或三座一组，或二座一组，或孤立一墓。二墓一组的，墓室往往大小不一，并列埋葬，孰东孰西无一定规律，应是夫妻异穴并葬墓。虽然临淄齐故城到秦汉时仍继用不衰，墓葬年代不那么单纯，既有属齐的，也有属汉的，但是，这一带既为战国田齐王室的陵墓所在，秦汉相去战国未远，这些墓冢当时都还能确认，凡有身份地位的人在"非我族类，其心必异"思想指导下，忌讳在此修坟筑墓。当时此处既为齐王兆域，在此埋葬者必是王室成员或其臣属（图一、图二）。

图一 四王冢及其陪葬墓1975年航片

图二 四王冢及其陪葬墓

"四王冢"是田齐公墓中唯一有茔域标志和众多陪葬墓的陵园。据《周礼·春官·冢人》记载："冢人掌公墓之地，辨其兆域而为之图。先王之葬居中，以昭穆为左右，凡诸侯居左右以前，卿、大夫、士居后，各以其族。凡死于兵者，不入兆域。凡有功者居前，以爵等为丘封之度，与其树数。"像"四王冢"北分四行排列的27座墓葬，埋葬如此整齐，没有叠压现象，显然是事先做好了规划，排定了墓位，死后按所定茔域下葬的。目前虽然无法知其墓主的身份地位如何，但这种埋葬方式，应该是“子孙各就其所出王，以尊卑处其前后”的公墓地埋葬原则的体现①。

1990年配合济青公路工程建设时，曾在“四王冢”西北700米处发掘4座战国时期的大墓，其中2号墓（即ZM2）为有封土的甲字形石椁大墓。地下墓口南北长16.5米，东西宽16.3米。出土鼎、鬲、簋、豆、壶、盘、匜、鉴、禁等陶质仿铜礼器。又出土多套铜编钟、编镈和编磬等乐器。墓内有12个殉人，随葬20余辆车。墓室北侧有45米长的马坑，内殉马69匹。鼎、簋之匹配为鼎7簋6，墓主当为卿一级的贵族。像“四王冢”如此规模的墓葬，其墓主的身份地位自然是可想而知了。

“二王冢”的规模比“四王冢”有过之而无不及。“二王冢”高踞鼎足山上（山因紫荆、牛士、菟头三山呈鼎足状而得名），更是雄伟壮观，不同凡响。

“二王冢”系一基二坟，东西并列。陵台东西长约296米，南北宽约172米，高15米。西冢东西88米，台基三层，高10.5米；圆坟径21米，高5米；通高30.5米。东冢东西53米，台基一层，高5.5米；圆坟径31米，高5米；通高20.5米（图三、图四）。

图三　二王冢1975年航片

图四　二王冢（南—北）

笔者在调查、勘探时，在青州市的普通镇和东高镇发现了三处封土形制与“四王冢”“二王冢”相同、规模不相上下的五座墓冢。

一处在普通镇沈家营村南500米的尧山北坡上，人们称为“田和冢”。方基边长约200米，台基三层，高16米；台顶坟堆作椭圆形，长74米，高10米；通高26米。冢南300米处有一座台阶状方基的小冢，应是“田和冢”的附葬墓（图五、图六）。

① 《周礼·春官·冢人》郑玄注。

图五 田和冢 1975 年航片

图六 田和冢（南—北）

一处在东高镇南辛庄南 200 米处，西北距“二王冢”约 1600 米。共三墓，平地修筑。其中两墓东西并列，相距 70 米，另一座略偏西北，规模略小，可能是附葬墓。东墓方基边长 110 米，台基 3 层，高 12.8 米；圆坟径 22 米，高 9 米；通高 21.8 米。西墓方基边长 110 米，台基二层，高 7.8 米；圆坟径 27 米，高 8.7 米；通高 16.5 米。附葬墓遭严重破坏，边长约 80 米，只能看出一层台阶，残高 5 米；圆坟径 47 米，高 3 米；通高 8 米（图七、图八）。

图七 南辛庄墓 1975 年航片

图八 南辛庄一、二号墓（南—北）

一处在青州市邵庄镇石羊村东南 800 米明祖山山脚下，东北隔胶济铁路与南辛庄大墓相望。台阶状方基，边长约 180 米，台基四层（因傍山修筑南面只一层）高 12 米。台顶边长 68 米。从 1938 年和 1975 年拍摄的航片分析，台顶似有残存的东西向坟堆，现已平整成耕地。当地群众称为“点将台”（图九、图十）。经勘探，台上有二座墓葬，一大一小，东西并列，应是夫妻异穴并葬墓。

临淄、青州两地有墓冢将近 200 座，然而封土形制与“四王冢”和“二王冢”完全相同作方形台阶状、规模也不相上下的只有上述五处，因此它们应属于同一等级的墓葬。如果“四王冢”和“二王冢”是田齐国君的陵墓，那么，青州的三处墓葬也应是田齐国君的陵墓。关键在于“四王冢”

和“二王冢”是不是田齐国君的陵墓。

图九　点将台墓 1975 年航片

图十　点将台墓（北—南）

千百年来，人们曾经对“四王冢”和“二王冢”的墓主作过种种推测：称“四王冢”为田齐四王墓葬者，始于北魏郦道元。他在《水经·淄水注》中说：淄水“又东迳四豪冢北，水南山下有四冢，方基圆坟，咸高七尺（按：七尺当为七丈之误），东西直列，是田氏四王冢也”。《齐记补遗》则指出这“四王”乃威、宣、湣、襄四王。顾炎武在《齐四王冢记》中又进一步作了论证，此后更无异说，直至于今。于是“四王冢”为田齐威、宣、湣、襄四王的陵墓几乎成了定论。

至于“二王冢”的墓主则是言人人殊，莫衷一是，其中又以“二王冢”墓主为齐桓公者最多。《水经·淄水注》记载：女水“出东安平县之蛇头山。《从征记》曰：‘水西有桓公冢，甚高大，墓方七十余丈，高四丈，圆坟围二十余丈，高七丈余。一墓方七丈……冢东山下女水，原有桓公祠，侍其衡奏魏武王所立。曰：近日路次齐郊，瞻望桓公坟垄，在南山之阿，请为立祀，为块然之主。’郭缘生《述征记》曰：‘齐桓公冢在齐城南二十里，因山为坟。大冢东有女水，或云齐桓公女冢在其上，故以名水也。’”《括地志》也说：“齐桓公墓在临淄县南二十一里牛山上，亦名鼎足山，一名牛首堈。一所二坟”。《史记·齐太公世家》集解引《皇览》则说是齐景公和齐桓公的墓。齐国有两个桓公，一是姜齐桓公，一是田齐桓公。这里所指的是因“九合诸侯，一匡天下”被列为春秋五霸之首的姜齐桓公。

前人在判断“四王冢”和“二王冢”的墓主时，显然只注意了墓葬封土高大若山之规模，而忽视了墓葬的时代。他们往往把“二王冢”的墓主判断为姜齐国君，其原因就在于此。

笔者以为，在没有可靠的文献记载或不作发掘、缺乏直接证据的情况下，考证墓主可以从墓葬封土所反映的墓葬相对年代及其等级地位去考虑。

墓葬封土作为社会等级的标志是随着春秋战国时期的社会变革产生并发展起来的，它的普遍出现应是在春秋战国之际。商代、西周时期墓葬是没有封土的。《易·系辞下》说：“古之葬者，厚衣之以薪，葬之中野，不封不树。”西汉刘向也说：“殷汤无葬处。文、武、周公葬于毕……皆无丘垄之处。”[①] 考古发掘已证明了这一点。墓葬之有封土，一般认为始于春秋时期。《礼记·檀弓上》记载，孔子把他的父母合葬于防的时候，曾说“古也墓而不坟”，但由于他是东西南北四处奔走的人，为了便于识别父母的葬处才起筑封土堆。不过这不是孔子的发明，因为他说过，他见过四种不同形制的封土[②]，说明封土在孔子之前就有了。目前考古发掘的时代最早的封土大墓是公元前 5 世纪中叶春秋战国之交的河南固始侯古堆 1 号墓，封土直径 55.7 米[③]。临淄敬仲镇白兔丘村的“高傒墓”封土直径约 40 米，高 7 米。墓的附近曾出土过一件“高子戈”和数枚石磬。如果此戈与墓葬有直接关系的话，那么“高子戈”形制所显示的是春秋晚期的特征[④]。《晏子春秋·内篇谏下》记载齐景公欲为宠臣梁据丘“丰厚其葬，高大其垄”，也是春秋晚期的事。迄今为止，在临淄发掘的 20 余座有封土的齐墓中，时代最早的只是战国早期，说明春秋晚期以前齐国墓葬不可能有如此规模巨大的封土。20 世纪 60 年代在临淄齐故城勘探时，于大城东北部的河崖头村发现了 20 余座大型墓葬，经发掘 5 号大墓的墓室面积约达 600 平方米，墓室东、西、北三面有长达 215 米的殉马坑，全部殉马不下 600 匹。根据墓葬的年代、规模、形制及大量的殉马推断，墓主应是春秋时期姜齐国君。河崖头一带无疑是姜齐国君的公墓地，墓葬上方也不见有封土存在，所以无论是“四王冢”还是“二王冢”，只能是战国时期的墓葬。那些关于“四王冢”和“二王冢”的墓主为春秋姜齐国君之说是不可信的。

文献记载和考古发掘表明，墓葬的形制、大小，棺椁的厚薄、数量，以及随葬品的多寡，是与墓主社会地位的高低密切相关的。同样，墓葬的地面标志，即封土的大小、高低和形制，也与墓主的社会地位紧密相连。

《周礼·春官·冢人》记载，掌管公墓的“冢人”，其职责之一就是“以爵等为丘封之度，与其树数”。郑玄注：“别尊卑也……，汉律曰：列侯坟高四丈，关内侯以下至庶人各有差。”贾公彦疏：“尊者丘高而树多，卑者封下而树少。”《吕氏春秋·孟冬纪》和《礼记·月令》都提到孟冬之月审棺椁之厚薄，营丘垄之大小、高卑、厚薄之度，贵贱之等级。可见墓葬封土之大小、高低与墓主身份地位的尊卑、贵贱有关。至于当时各种爵等封土的尺度，周礼本来的规定已无法确知，郑玄也只能以汉律加以说明。《礼记·礼器》记载：“有以大为贵者，宫室之量，器皿之度，棺椁之厚，丘封之大，此以大为贵也。”在封建等级社会里，地位越高、越尊贵，其封土自然越大、越高，反之亦然。王公大人有丧者，“棺椁必重，葬埋必厚，衣衾必多，文绣必繁，丘陇必巨”[⑤]，而没有丝毫社

---

① 《汉书·楚元王传附刘向传》。

② 《礼记·檀弓上》。

③ 固始侯古堆一号墓发掘组：《河南固始侯古堆一号墓发掘简报》，《文物》1981 年第 1 期。

④ 张学海：《田齐六陵考》，《文物》1984 年第 9 期。

⑤ 《墨子·节葬下》。

会地位的庶人则“不封不树”①。国君是一国的最高统治者，墓葬封土必然最大、最高，其规模是一般人无法相比的。河北平山县中山王墓的封土，比那些同族近臣的封土高大得多。其中，1号墓封土平面呈方形，作三层台阶状，底边东西长约92米，南北长约110米，高约15米；6号墓的封土底径也有91米②。燕下都东城的“虚粮冢”和“九女台”两个王陵区的墓葬封土，也是大小、高低悬殊。“虚粮冢”陵区四排13座墓葬，封土以最北的一排三座最大也最高，长、宽40—55米，高7—15米，其余墓葬封土长、宽15—30米，高2—7米不等③。邯郸、永年的赵王陵，都有长方形的陵台，周边5米，经夯打加固。台上又筑有圆形坟堆。邯郸1号陵陵台南北长288米，东西宽149米；封土径47—57米。永年1号陵陵台南北长340米，东西宽216米④。为了显示其高大，一些国君的陵墓还修筑在山坡或山顶上，比如“田和冢”“四王冢”“二王冢”。

战国时期墓葬封土的等级不仅表现在它的大小、高低、规模上，更重要的是表现在它的形制上。从考古调查和考古发掘看，一些战国国君陵墓封土的形制大都是方形的。赵王陵有长方形的陵台；燕王陵作方形覆斗状；平山县中山王墓呈方形台阶状；陕西秦惠王的公陵和秦武王的永陵是方锥形的⑤；河南辉县固围村的魏王墓则修筑在长方形平台式高地上，利用冈坡形势，经人稍作修筑而成⑥。上述赵、燕、中山、魏、秦等国国君陵墓封土都作方形，而不是现在常见的圆形，这绝不是偶然的巧合，应该是周代的礼制使然。文献虽然没有这方面的记载，但从上述已知国君陵墓的封土都是方形就可以看出方形是最高等级的、只有国君才能使用的一种封土形制。

方形的封土形制，后来一直为汉、唐乃至宋代的帝王陵墓所继承。汉代大多数皇陵封土都作方形覆斗状（从1975年航片看，临淄大武汉墓和济南洛庄汉墓都是方形覆斗状）。唐代亦然。在唐太宗昭陵的大量陪葬墓中，方形覆斗状的坟墓，级别远较圆锥形的要高。

战国时期的方形墓葬封土不是空穴来风，而是渊源有自。春秋时期“封之若堂者”大概就是它的前身。《礼记·檀弓上》记载，孔子的弟子子夏对来参观孔子葬礼的燕人说，以前孔夫子曾经说过，他见过的墓葬封土有“若堂者矣，见若坊者矣，见若覆夏屋者矣，见若斧者矣”。郑玄解释这四种封土的形制分别是：四方而高，旁杀平上而长，旁广而卑，旁杀刃上而长。“若堂者”的封土，据郑玄说是“四方而高”，总不会是一个四方体，上部四边应该有所收杀。那么这种形制的封土，岂不是我们现在通常所说的方形覆斗状吗？笔者认为，战国时期国君陵墓的方形封土，是继承了春秋时期“封之若堂者”之制，并由此发展变化而来的。从战国时期的国君以至汉唐的帝王陵墓都作方形，

---

① 《礼记·王制》。
② 河北省文物管理处：《河北省平山县战国时期中山国墓葬发掘简报》，《文物》1979年第1期。
③ 河北省文化局文物工作队：《河北易县燕下都故城勘察和试掘》，《考古学报》1965年第1期。
④ 河北省文管处等：《河北邯郸赵王陵》，《考古》1982年第6期。
⑤ 杨宽：《中国古代陵寝制度史研究》，上海古籍出版社1985年版。
⑥ 中国科学院考古研究所：《辉县发掘报告》，科学出版社1956年版。

推测当时的四种不同封土可能有等级之分，而“封之若堂者”是最高等级的封土形制。

临淄、青州两地，有封土的墓葬大约不下200座，除前述五处墓葬的封土是方形台阶状外，只有一处传为齐庄公墓的作方形覆斗状，其余的均作圆形或椭圆形。这些墓葬的封土很少有直径超过50米、高超过10米的。临淄辛店齐鲁乙烯厂4、5号墓是夫妻异穴并葬墓，两墓并列，同在一封土之下。出土有7鼎6簋，墓主身份当属卿一级的贵族，封土直径才50米。所以，无论是封土的形制还是规模，或是大型附葬墓数量及其埋葬方式，无不说明“四王冢”的墓主非田齐国君莫属。“二王冢”也不例外。青州三处墓葬，形制与“四王冢”“二王冢”相同，规模也与“四王冢”“二王冢”不相上下，墓主亦当是田齐国君无疑。

齐平公时，田和为相，专齐之政，尽诛鲍、晏、监止及公族之强者，割齐自安平以东至琅琊，自为封邑[①]。青州普通一带，当属齐安平邑。田和将茔地定在田氏封邑内是必然的。太公田和是田齐始封君，他的陵墓既在普通镇尧山北坡上，那么以后田齐各君陵墓沿鲁沂山北侧修筑也是情理中的事。因此，东起青州田和冢、西至临淄“四王冢”之间长约10公里鲁沂山北侧的狭长地带自然而然就成了田齐的公墓区域。东高镇南辛庄、点将台二处墓葬的主人能入葬田氏公墓，其身份也就不言自明了。正是因为这一区域是田齐的公墓区，所以这一带有封土的大墓少之又少。这样一来，田齐国君的陵墓由“四王冢”“二王冢”二处6墓，变成了五处10墓，因此，墓主的问题又成了新的课题。

笔者认为，前人之所以把“四王冢”四座墓葬说成是威、宣、湣、襄四王的陵墓，是因为这四墓同处一地，规格一样，而田齐又恰好只有四个王，两相对应，想当然耳，并非就有什么根据。如果是这样，“二王冢”的墓主又是谁呢？试想，“四王冢”陵台上只有三座墓，或是田齐只有三个王，其结果又当如何呢？很难想象人们还会叫出什么新花样。为什么自郦氏提出“四王冢”后，能众口一词，而“二王冢”则众说纷纭，莫衷一是，不就是很好的说明吗？

其实，“四王冢”可以不是田齐四个王的陵墓，“二王冢”也没有必要非安排上两个田齐国君不可。考古发掘也已证明了这点。辉县固围村魏王墓就是三墓并列在一个长方形的台基上，中间一座较大，两旁的略小，可以肯定不是三个王的墓葬。平山县中山王墓出土的“兆域图”，是陵园平面规划图。兆域内有五间堂，王堂居中，规模最大，两侧是王后堂、哀后堂，再两侧为夫人堂，尺寸依次递减。如果按图实施，那将是五墓并列。邯郸、永年赵王陵五座陵台，唯独邯郸2号陵台上有两个封土堆，其余陵台只有一个，2号陵台估计也不会是两个王。所以，“四王冢”“二王冢”的六个封土堆，不一定就是六个国君的陵墓。《礼记·曲礼下》记载：“天子有后，有夫人，有世妇，有嫔，有妻，有妾。”中山王就是和两后、两夫人同处一兆域。固围村魏王墓两侧较小的墓主，亦当是王

---

① 《史记·田敬仲完世家》。

后、夫人之属。因此，“四王冢”、“二王冢”、南辛庄三处墓葬，每处只能有一个国君，其余的均是王后、夫人等王室成员。正如中山王墓那样，“四王冢”上四墓墓主之间不是父子关系，而是夫妻关系。是夫妻异穴并葬的埋葬形式。“四王冢”周围就有10组两两并列的夫妻异穴并葬墓。“四王冢”如果是四个王的墓，那么四王冢北面的陪葬墓，特别是二、三排的附葬墓就不会那样集中在中间，按照“子孙各就其所出王，以尊卑处其前后”的公墓墓地的埋葬原则，理应分组、分排，各以其族，分别埋葬在四座墓冢之前。然而，事实并非如此。这也可证明“四王冢”这一处墓葬中只能有一个国君，而且处于中间位置。其他四处墓葬也只能是一处一个国君。

自太公田和被立为诸侯到齐王建降秦，前后173年间，田齐历经八君，即太公和、田侯剡、桓公午、威王因齐、宣王辟疆、湣王地、襄王法章和齐王建。笔者认为田齐八君中，田侯剡、湣王地、齐王建等三君都应排除在田齐公墓区外。根据如下：

田侯剡不见于《史记》记载。《田敬仲完世家》索隐引《竹书纪年》曰：“齐康公五年，田侯午生。二十二年，田侯剡立。后十年，齐田午弑其君及孺子喜而为公。”《春秋后传》亦云：“田午弑田侯及其孺子喜而兼齐，是为桓侯。”说明桓公午之前确有田剡为齐之君。田剡既被桓公午篡杀，连谥号都没有，桓公午当然不会按国君之礼葬田剡，甚至有可能像崔杼对待齐庄公那样，将他葬在田齐公墓以外的其他地方。《左传·襄公二十五年》记载：“崔氏侧庄公于北郭。丁亥，葬诸士孙之里。四翣，不跸，下车七乘，不以兵甲。”北郭可以指郭城的北部，也可以指郭城的北郊。《孟子·离娄下》载：“齐人有一妻一妾而处室者，其良人出，则必餍酒肉而后反。……（其妻）蚤起，施从良人之所之，遍国中无与立谈者。卒之东郭墦间，之祭者乞其余，不足，又顾而之他。此其为餍足之道也。”赵岐注：“墦间，郭外冢间也。”此“东郭墦间”，指的是东郭城外墓冢。《左传》特别指出“崔氏侧庄公于北郭”“葬诸士孙之里”，显然是说齐庄公没有埋葬在齐故城大城东北角河崖头的姜齐公墓墓地。此“北郭”和“东郭”一样，应指郭城外。庆封杀崔杼，齐人曾迁葬庄公，但仅以国君之礼重葬，并未迁入姜齐公墓区。据《左传·襄公二十九年》记载，其葬处仍在“北郭”。杜预注：“兵死不入兆域，故葬北郭。”今齐故城北、泄柳店村西有一座墓葬传为庄公之墓，封土形制与众不同，作方形覆斗状，边长50米，高约5米，或是迁葬庄公时修筑的陵墓。田侯剡的情况与庄公相类似，桓公午是不会将他埋入田齐公墓墓地的。

公元前284年，燕将乐毅率燕、秦、韩、赵、魏五国之兵伐齐。济西一战，齐军大败。乐毅又独率燕军，长驱进击，一举攻下齐都临淄。齐湣王惶惶然如丧家之犬，先是出亡之卫，又走邹、鲁，最后折回到莒。楚派淖齿将兵救齐，因相齐湣王。他为了与燕共分齐之侵地卤器，结果把齐湣王杀了[①]。《史记·田单列传》也载：“燕军闻齐王在莒，并兵攻之。淖齿既杀湣王于莒。”齐湣王既然在

① 《史记·田敬仲完世家》。

莒被杀，其葬埋当在莒县。公元前279年，田单复国，收复齐地，燕军占据齐都已长达5年之久。此时湣王尸骨已朽，不可能返葬临淄。退一步讲，即使齐襄王将他迁回临淄，格于“兵死不入兆域”，齐湣王也不会被葬入公墓墓地。

齐王建降秦，被迁于共（今河南辉县），处松柏之间，饿而死①。其墓当在河南辉县而不在山东临淄。

田齐八君排除了三个，剩下太公和、桓公午、威王因齐、宣王辟疆、襄王法章五君。五个国君五处墓地，应该是合理的。但是，这五个国君究竟谁葬何处，只凭封土是无法辨别的。笔者根据文献记载中的一些蛛丝马迹，结合当时的政治、经济形势，以及墓葬封土情况，试作如下分析。

太公田和之墓在青州普通镇沈家营南尧山之北，旧有记载。《七国考》引《续从征记》说：“太公冢在尧山北五里，平地为坂（坟），高十丈。”《齐乘》也说：“田和冢，府北二十里普通店。和为田齐之太公。《皇览》作太公吕尚冢。按《檀弓》云：‘太公封于营丘，比及五世，皆反葬于周。此不应有冢。’”平公五年，田常割安平以东为田氏封邑，普通店距安平30里，当属安平邑。田和将茔域定在田氏封邑内是可以理解的。田和为诸侯，立二年而卒，葬在此处极有可能。可依旧说为太公田和冢。

桓公午在位期间，正值三晋强盛时期。桓公午弑田侯剡时发动的宫廷政变，在国内引起一定混乱。三晋及鲁、卫、燕乘机进攻齐国，齐国受到沉重打击，国势衰弱。威王即位之初，又不亲理政事，造成“诸侯并伐，国人不治”的局面②。桓公午陵墓的修筑必然受到一定程度的影响。青州东高镇点将台大墓或许就是桓公午的陵墓。

《七国考》卷十《田齐丧制》引刘向云：“昔齐威王卒，从死七十二人。”刘向，西汉时人，去古未远，应有所据。齐威王在位三十六年，实行一系列改革，国富兵强，取代魏而称雄诸侯。五处墓地中，以四王冢一处规模最大，附葬墓最多。“四王冢”或是齐威王陵墓所在。

《史记·苏秦列传》载：“齐宣王卒，湣王即位，说湣王厚葬以明孝，高宫室大苑囿以明得意，欲破敝齐而为燕。”《七国考》卷十《田齐丧制》引《七略》云：“齐湣王厚死人。”《论衡·薄葬》也说“苏秦为燕，使齐国之民高大丘垄”。“四王冢”既为威王陵墓，所余二处唯“二王冢”规模最大，齐湣王受苏秦鼓动，高大丘垄葬宣王于鼎足山上不无可能。

齐襄王是在燕军侵齐的情况下上台的，以后虽然靠田单收复了失地，赶走了燕军，但齐国从此国力大衰，一蹶不振。襄王死，齐王建年幼，已不可能像威王、宣王那样将襄王陵墓修筑在山上，

① 《战国策·齐策六》。
② 《史记·田敬仲完世家》。

只能平地修建。南辛庄一处墓葬，可能就是齐襄王陵墓。

本文除了简报田齐王陵的调查、勘探情况外，还就战国时期国君陵墓封土的特点进行了分析，进而认为田齐国君的陵墓不仅包括临淄“四王冢”“二王冢”二处，青州田和冢、南辛庄、点将台三处大型墓葬也是田齐国君的陵墓。又根据《周礼》关于公墓的埋葬原则，提出田侯剡、湣王地、齐王建三君不可能入葬田齐公墓的见解。对其他五个田齐国君各葬何处的问题也提出了肤浅的看法。虽然如此，毕竟是隔皮猜瓜，难免乱点鸳鸯。但本文目的在于抛砖引玉，以利于田齐王陵保护范围的划定。

（原文载《中国考古学会第九次年会论文集》，文物出版社1997年版，略有修改）

玉器起源四题

——兼论鲁东南大汶口文化的族属

王永波 乔文江

（山东省文物考古研究院 荣成市文化和旅游事务服务中心）

中国史前文化的玉器，首见于距今8000年的兴隆洼文化和后李文化，兴盛于距今5000年前后，在红山、大汶口、凌家滩、良渚等文化中得以集中体现。依文献记述而言，则以《越绝书》所谓黄帝“以玉为兵”为最早。到虞舜时代，玉器已发展出“瑞”和“器”，也就是瑞玉和礼玉两个系列。

《尚书·舜典》：“正月上日……辑五瑞。既月乃日，觐四岳群牧，班瑞于群后。岁二月，东巡守，至于岱宗，柴。望秩于山川，肆觐东后。协时月正日，同律度量衡。修五礼、五玉、三帛、二生、一死贽。如五器，卒乃复。”

《周礼·春官·典瑞》：“典瑞掌玉瑞、玉器之藏，辨其名物与其用事。”

《周礼·春官·大宗伯》：“以玉作六瑞，以等邦国。王执镇圭，公执桓圭，侯执信圭，伯执躬圭，子执谷璧，男执蒲璧。……以玉作六器，以礼天地四方。以苍璧礼天，以黄琮礼地，以青圭礼东方，以赤璋礼南方，以白琥礼西方，以玄璜礼北方。”

比较两者，不难发现《尚书》所记分别有“五瑞”与“五器”，《周礼》所记则分别多了一种，成为“六瑞”“六器”。笔者在早年中曾做过细致的剖析①，指出：谷璧和蒲璧是周代才出现的器类，不可能成为夏商乃至史前时期的“瑞”；玉琥出现的时间虽然不算太晚，但其象形或写意的造型，与五器即圭、璧、璋、琮、璜的板状几何造型完全不符，周代的虎状玉器则大多为璜或配饰，故而也不可能是“五器”的组成部分。

总之，史前乃至夏商时期的“瑞”和“器”分别只有五种，“瑞”属于一种造型特殊的“耜形端刃器”，是学界误称为“牙璋”的圭类玉器，即所谓瑞圭，包括大圭、镇圭、桓圭、信圭、躬圭；

① 王永波：《耜形端刃器的分类与分期》，《考古学报》1996年第1期；王永波：《耜形端刃器的起源、定名和用途》，《考古学报》2002年第2期；王永波：《虞舜五瑞五器的考古学观察》，载《玉魂国魄——中国古代玉器与传统文化学术讨论会文集（五）》，浙江古籍出版社2012年版。

礼器则只有（礼）圭、璧、璋、琮、璜五种。从功能上说，玉瑞，亦即瑞圭，是“班瑞于群后”“以等邦国”的身份标记，有如后世的玉玺；玉器，亦即礼玉，是“望秩于山川”“以礼天地四方”的献祭信物。二者区别极为清晰，不可混淆。虽然在考古发现的古墓中，“器”“礼玉”也有显示社会地位和身份的作用，但其与“以等邦国”的标记还是不可同日而语的。

本文拟通过对瑞圭、璇玑、玉衡、玉琮的起源以及图像文字揭示的历史典故和族源问题的讨论，对鲁东南史前文化所属族团及其在中华文明形成过程中的作用谈一点粗浅的意见。

一、瑞圭

瑞圭，为《尚书·舜典》的“五瑞”，《周礼·春官·典瑞》的“玉瑞”，《周礼·春官·大宗伯》之“以等邦国”的“六瑞”，是一种由农作工具耒耜演变升华而形成的大型凹首①，最早见于海岱历史文化区。迄今，已在山东省域内4个地点出土8件。

（1）临沂大范庄，1977年冬季平整土地时发现2件，原称石钺。77：1，灰绿色，有褐色斑纹，制作精制，器体两侧边缘较厚，中部较薄。凹弧首，器阑为肩突式，一面钻孔，长32.9厘米。77：2，苍灰色，出土时碎裂为数片，质地极松软，比重很小，似为玉石经高温长时间烧烤所致。凹弧首，歧尖略残，一面钻孔，器阑为低四突式，长27.5厘米（图一，上1、2）②。

（2）海阳司马台，1979年12月在农田改造过程中发现1件，登记时称为墨玉戈，简报改称玉钺。墨绿色，玉质较好，制作较精，但一面尚残留没有磨掉的开片锯痕。弧斜首，器阑为单突式，一面钻孔，长27.2厘米（图一，上7）。同出的还有玉璇玑、有领玉环和陶罐等③。

（3）五莲上万家沟北岭，1986年开山造田时发现1件，灰褐色，有青色斑点，一侧边缘较薄。凹弧首，单面刃，器阑为单突式，一面钻孔，长33.5厘米（图一，上6）④。

（4）沂南罗圈峪村西南山，1988年7月于山东沂南罗圈峪村西南山坡岩体的裂缝中发现4件，原称牙璋。标本YL：10，青黄色，有斑点，平弧首，器体较宽厚，双突式侧阑，无肩，双面钻孔，长24.8厘米，出土时柄部残断；标本YL：11，深褐色，有斑点，凹弧首，单突式侧阑，双面钻孔，长25.8厘米，出土时器身残断；标本YL：12，深褐色，有斑点，凹弧首，肩式阑末端略残，其前有小突装复阑，双面钻孔，长30.8厘米，出土时残为若干段（图一，上3—5）。另1件仅存柄部残端，

① 王永波：《耜形端刃器的起源、定名和用途》，《考古学报》2002年第2期。

② 临沂文物组：《山东临沂大范庄新石器时代墓葬的发掘》，《考古》1975年第1期；王永波：《牙璋新解》，《考古与文物》1988年第1期；王永波：《关于刀形端刃器的几个问题》，《故宫文物月刊》1994年总第135期。

③ 王洪明：《山东省海阳县史前遗址调查》，《考古》1985年第12期。

④ 王永波：《关于刀形端刃器的几个问题》，《故宫文物月刊》1994年总第135期。

形制不明。共出的还有玉镯（图十二，1）、石锛、石铲、石凿、石矛（图二）等文化遗物①。

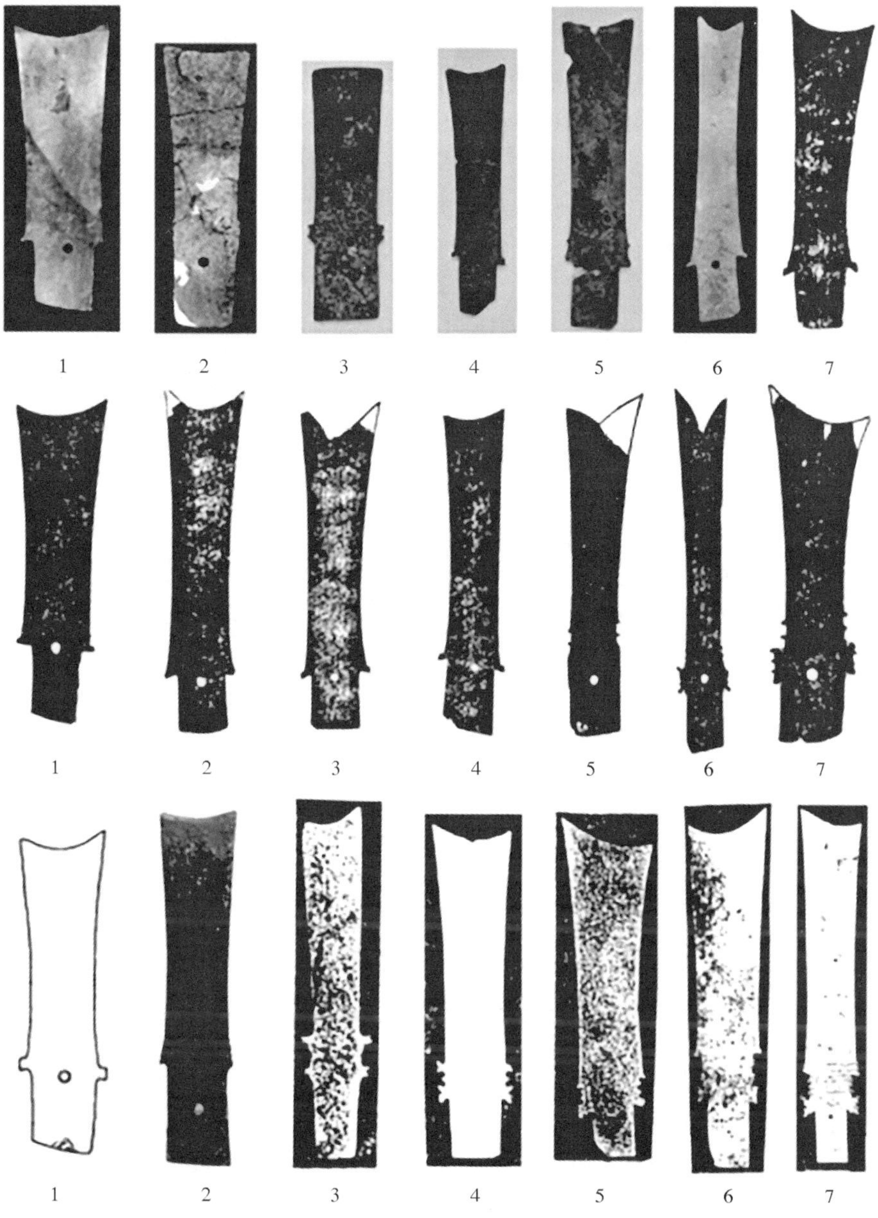

图一 海岱史前、神木石峁、二里头文化瑞圭比较图

上：海岱史前 1、2. 大范庄（77：1、77：2） 3—5. 罗圈峪（YL10-12）6. 上万家沟
7. 司马台 中：石峁遗址 1—7. ssy7、ssy8、ssy1、ssy6、ssy22、ssy17、ssy18
下：二里头文化 1. 东龙山 M83：1 2. 花地嘴 H40：1 3. 二里头ⅢM6：8
4. 二里头ⅤM3：5 5. 望京楼 80：1 6、7. 二里头ⅤM3：4、75：1

① 于秋伟、赵文俊：《山东沂南县发现一组玉、石器》，《考古》1998 年第 3 期。

图二 罗圈峪出土其他玉石器

1、5—7. 石锛 2. 玉凿 3. 石铲 4. 石矛 8—12. 石凿

笔者早在《关于刀形端刃器的几个问题》中就对山东瑞圭出土情况、年代作了详细的解读①。其中，临沂大范庄属于大汶口文化晚期的典型遗址，延续到龙山文化早期②，该遗址没有夏商时期的遗存，因此，大范庄遗址出土的瑞圭，年代绝不会晚于龙山文化早期。海阳司马台为大汶口、龙山、岳石文化、周至汉代的遗址。瑞圭与璇玑、玉衡及1件陶罐共出，可惜陶罐已经散佚。从逻辑上说，这件瑞圭可以是大汶口文化、龙山文化或岳石文化的遗物，但不可能晚到周汉时期。其共出的玉璇玑、玉衡（图八）则是山东大汶口文化、龙山文化的典型器物，特别是玉璇玑与诸城前寨出土的大汶口文化璇玑（图九，5、2）几乎别无二致，而与龙山文化的同类器具有较大差异，对该件瑞圭的年代认定极具指标意义。五莲上万家沟的瑞圭出土于其北岭的乱石之下，虽然未见伴出的器物，但其周围有大汶口、龙山文化遗址，瑞圭的形制亦不晚于海阳司马台的瑞圭（图一，上6、7），故而也可确定为龙山文化时期的遗物。沂南罗圈峪的4件瑞圭（图一，上3—5）发现时间略晚，出土于村西南丘陵地带的山石裂缝中，共出的有玉镯、玉锛、石铲、石锛、凿等共计16件器物（图十

① 王永波：《关于刀形端刃器的几个问题》，《故宫文物月刊》1994年总第135期。

② 临沂文物组：《山东临沂大范庄新石器时代墓葬的发掘》，《考古》1975年第1期。

二)[①]，均属大汶口、龙山文化的典型器物，其中，玉镯与胶县三里河[②]、诸城前寨、广饶傅家[③]、新沂花厅[④]出土的大汶口文化中晚期玉镯（图十二）十分接近。这批文物虽然不是正式考古发掘所得，但据其“山石裂缝”的埋藏特点，可认定为史前时期某一族团祭祀活动的遗留，可视为一个完整的遗迹单位，表明罗圈峪裂缝出土器物的年代约当大汶口文化晚期至龙山文化时期。

上述8件瑞圭，除海阳司马台的1件外，全部出土于鲁东南地区，是目前中国所见此类玉器中年代最早的一批标本。年代略晚的是陕西神木石峁发现的一批（图一，中），大约处于龙山时代末期至二里头文化早中期。再往后则见于二里头文化、商代和西周时期。这类较为罕见、传承至商周时期的特殊瑞圭，是海岱史前文化对中华文明做出的巨大贡献。

有学者以山东出土的瑞圭均非正式考古发掘所得为由，不承认其早期属性，又依据海阳司马台与瑞圭同出的“凸缘璧”（有领玉环）之凸缘外表饰有平行弦纹，沂南罗圈峪与瑞圭共出的“玉石器中有石矛，表明其埋藏年代较晚”，认为这两个地点的年代“可能在商代晚期及其之后”，并武断地提出“山东地区缺乏制作牙璋（瑞圭）的文化传统”“山东东部地区发现的牙璋（瑞圭）应是其他地区传入的，传入的年代应在西朱封大幕之后”的说法，进而以2000年在商洛东龙山第三发掘区墓葬中和2004年在河南巩义花地嘴遗址“新砦期”遗存中发现的瑞圭（图一，下1、2）为此类玉器的最早形态，并推定这种玉器发源于二里头文化，是夏部族发明的在祭祀活动与其他仪式活动中使用的祭器与仪仗用具，其他地区发现的各种型式的玉石牙璋也都可能与夏部族在夏王朝之后或夏社被废黜之后四处流窜的事迹有关。[⑤]

如前所述，海阳司马台的“凸缘璧”（有领玉环）与玉璇玑（所谓牙璧）同出，其形制结构完全符合大汶口、龙山文化的时代风格；其玉璇玑的形态与诸城前寨大汶口文化晚期的同类器更为接近（图九，1—6），而与龙山文化的同类器差异较大（图十，1—7）。至于罗圈峪的石矛，原报告介绍说它形制细长，浅黄色石质，质地极酥松，宽度由柄部向矛头收缩，矛的头、柄残损，残长8.8厘米，宽1.7厘米，厚0.6厘米[⑥]（图二，4）。依其形制和共出器物判断，此石矛非常可能是大汶口文化晚期和龙山文化时期的器物。不知论者何以罔顾考古学基本常识，认定它们“必须”要晚到“商代晚期及其以后”？所谓“山东地区缺乏制作牙璋（瑞圭）的文化传统”的认识，更是让人不知所以。

① 于秋伟、赵文俊：《山东沂南县发现一组玉、石器》，《考古》1998年第3期。
② 中国社会科学院考古研究所：《胶县三里河》，文物出版社1988年版。
③ 山东省博物馆等：《玉润东方：大汶口—龙山、良渚玉器文化展》，文物出版社2014年版。
④ 南京博物院：《花厅——新石器时代墓地发掘报告》，文物出版社2003年版。
⑤ 朱乃诚：《牙璋的流传与分布所反映的夏史史迹》，《故宫文物月刊》2014年总第373期。
⑥ 于秋伟、赵文俊：《山东沂南发现一组玉、石器》，《考古》1998年第3期。

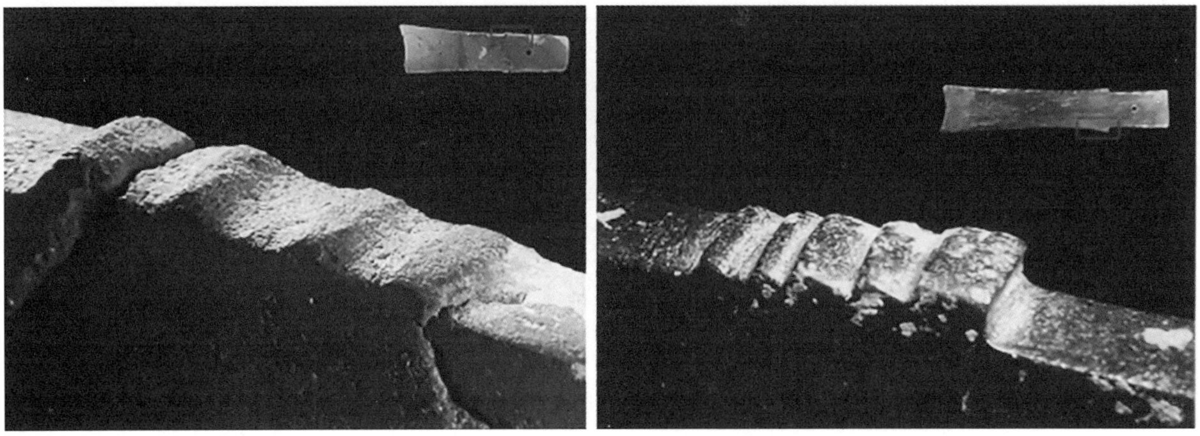

图三　大范庄77：2（左）与花地嘴H40：1（右）器阑对比图

以瑞圭的器阑形态推定瑞圭形制的早晚在学界已形成共识。原报告明确将商洛东龙山M83：1（图一，下1）的年代确定为二里头一、二期①，其器阑形态比较古朴，应是海岱大汶口与龙山文化、神木石峁文化早期形态的遗留；花地嘴H40：1（图一，下2）属新砦期②，器阑形态近似于临沂大范庄77：2，但其加工技术和造型工艺更精细、更成熟（图三），与其所属年代正相吻合。海岱史前文化出土的瑞圭，器阑造型普遍古朴、简单；时代稍晚的神木石峁出土的瑞圭，则兼有简单和复杂两种形态；更晚一点的二里头文化，除早期的2例还保留着古朴、简单的造型外，均有了明显的进步，到二里头三期，已发展成威严的神兽形态。

瑞圭作为天子及诸侯的身份、地位的象征，在三代时期是比较严格的，所以迄今全国出土的此类玉器，包括流散海外的，总计不足150件。其中绝大多数见于陕西神木石峁、四川广汉三星堆和成都金沙遗址。神木石峁的30余件瑞圭多为征集品，出土情况不明；后来则在城墙的石缝中发现过残器。三星堆和金沙遗址的瑞圭则为大型器物坑的集中埋藏。山东罗圈峪村西南山和上万家沟北岭的5件均为祭祀的瘗埋，余者出土情况不明。其他瑞圭，包括国外博物馆收藏的40余件，多数情况不明。唯偃师二里头文化三期墓葬ⅤM3出土的2件瑞圭，平面摆放情况较为清楚，对诠释《周礼·春官·典瑞》的相关记述具有一定的启示作用。

ⅤM3周边地势较高，被夯土叠压，又打破夯土。墓口距地表0.8米，墓口长2.15米，宽1.3米，有棺木，墓底铺有厚2—3厘米的朱砂。随葬器物12件，其中6件为玉石器，包括1件玉钺和2件瑞圭③。玉钺，白玉质地，略呈梯形，宽8—9.4厘米，长9.2厘米，有2个穿孔，下穿镶嵌绿松石（图四，3）。瑞圭标本ⅤM3：4，青灰色，长54厘米，中宽14.8厘米，凹弧首，阑饰复杂，长边

① 陕西省考古研究院等：《商洛东龙山》，科学出版社2011年版。

② 郑州市文物考古研究所等：《河南巩义市花地嘴遗址"新砦期"遗存》，《考古》2005年第6期。

③ 中国社会科学院考古研究所二里头队：《1980年秋河南偃师二里头遗址发掘简报》，《考古》1983年第3期。

一侧近端处有一圆穿，内镶绿松石。ⅤM3：5与ⅤM3：4近似，长48.1厘米，中宽11.4厘米，凹弧首，器阑与ⅤM3：4略有差别（图四，1、2）。同出的有绿松石珠和坠形饰等。

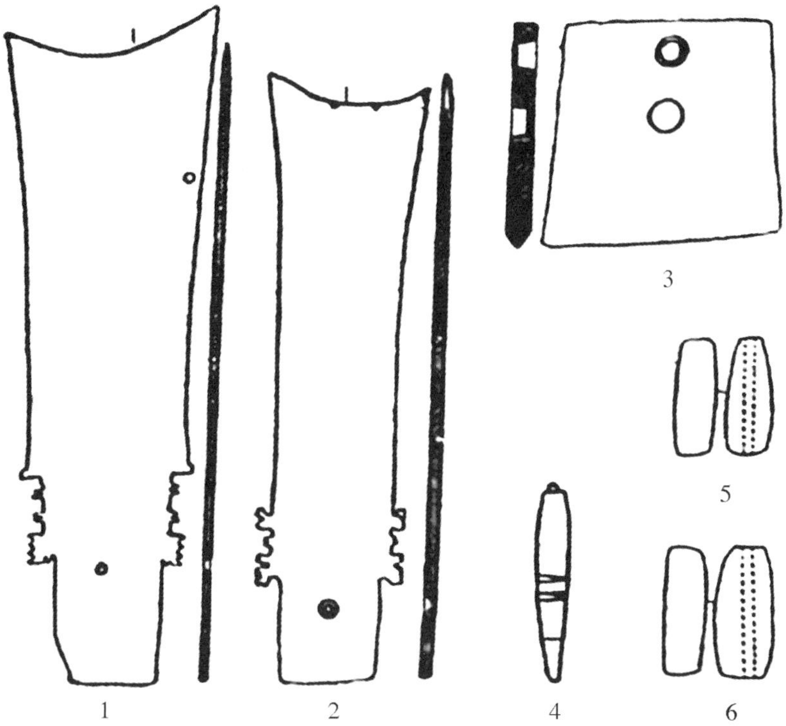

图四　二里头ⅤM3出土玉石器

1、2. 瑞圭（ⅤM3：4、ⅤM3：5）　3. 玉钺（ⅤM3：3）
4. 尖状玉饰（ⅤM3：7）　5、6. 绿松石珠（ⅤM3：6）

该墓规模不算很大，但有象征墓主地位的玉钺和瑞圭出土，且整个墓葬被保存较好的夯土环绕，墓底又铺有2—3厘米的朱砂，表明墓主身份非同小可。而两枚瑞圭大小不一，反向置于墓室中部，柄端位于墓主腰部（图五），反映了一种什么样的习俗？“执”为双手拱奉，“晋”为插于衣带间，瑞圭的这种摆放方式，是否可视为“王晋大圭，执镇圭”的写照?!

《周礼·冬官·考工记》：“大圭长三尺，杼上终葵首，天子服之。……镇圭尺有二寸，天子守之；命圭九寸，谓之桓圭，公守之；命圭七寸，谓之信圭，侯守之；命圭七寸，谓之躬圭，伯守之。”

《周礼·春官·典瑞》“王晋大圭，执镇圭，缫藉五采，五就以朝日。公执桓圭，侯执信圭，伯执躬圭，缫皆三采三就；子执谷璧，男执蒲璧①，缫皆二采再就，以朝、觐、宗、遇、会、同于王，诸侯相见亦如之。”

① 按，谷璧是西周以后、蒲璧是战国时期才出现的器物，不可能成为虞夏时期乃至商代的“六瑞”。

《论语·乡党》："执圭，鞠躬如也，如不胜，上如揖，下如授，勃如战色，足蹜蹜，如有循。"

图五　二里头ⅤM3平面图

1. 陶杯　2. 陶盉　3. 玉钺　4、5. 瑞圭　6. 绿松石
7. 尖状玉饰　8. 圆陶片　9. 单耳罐　10、12. 陶罐　13. 人骨

如果说，二里头ⅤM3瑞圭的摆放方式是孤证，尚难定论，那么，广汉三星二号坑堆出土的奉圭铜像[①]则给我们提供了更直接的证据。这种青铜塑像属于被称为"神坛"青铜器上的附属物。"神坛"上部屋顶每面有五个铜人像，公布的3件执瑞圭标本，1件无下肢，手中的圭已经脱落；另外两件头部残损，分别作跪拜状和立拜状，后者手中的圭也已经脱落。但它们清楚地显示了瑞圭的执奉方式（图六，1、2），与《论语·乡党》的记载可进行对比。三星堆二号坑出土的边璋（图六，3）上的图像则显示了瑞圭在祭日场合的摆放方式[②]：以玉璋中部空白处为界，两侧的第一组图像均为

① 陈德安：《试论三星堆玉璋的种类、渊源及其宗教意义》，载《南中国及邻近地区古文化研究》，香港中文大学出版社1994年版。陈显丹：《"牙璋"初论》，《四川文物》1989年第1期。本文照片承陈显丹先生提供。

② 陈德安：《试论三星堆玉璋的种类、渊源及其宗教意义》，载《南中国及邻近地区古文化研究》，香港中文大学出版社1994年版。

“山前日坛，两侧竖圭”。如左侧放大图像所示，跪姿三人之下有两个类似山形的图像，山前各设一坛，坛上有圆形之“日”，其上有类似垂帐的结构。山头外侧各放置一个竖立的瑞圭。尽管三星堆的时代可以晚到商代后期，但对我们理解上述记载和早期瑞圭的使用方式还是具有很强的启示意义。

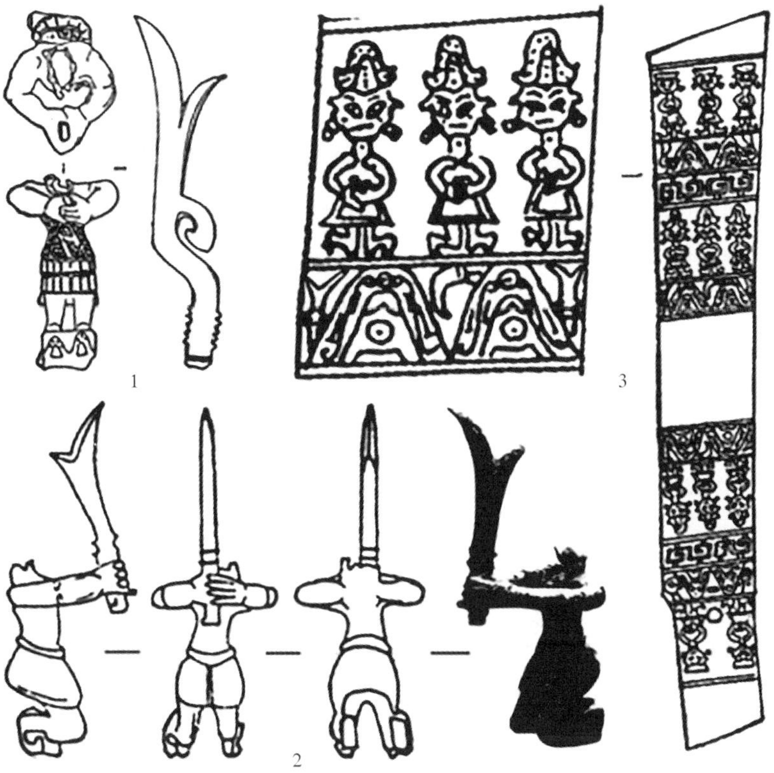

图六 广汉三星堆出土执瑞塑像和图像

1、2. 神坛组件奉圭青铜人像 3. 玉器刻画图案

二、璇玑、玉衡

璇玑、玉衡在上古玉器分类中，属于“五瑞”“五器”及“六瑞”“六器”之外的礼玉，《尚书·舜典》：“正月上日，受终于文祖，在璇玑玉衡，以齐七政。”表明璇玑、玉衡是上古用玉制度的重要组成部分。历代的诠释多有附会之嫌，那么，考古学文化遗存中是否存在璇玑、玉衡一类标本，就成为我们必须讨论的问题。

《尚书·舜典》孔氏传解释说：“在，察也；璇，美玉；玑衡，王者正天文之器可运转者。”“王者”之“王”，原注作“玉”，此据闽本和孔颖达疏改定。《史记·天官书》则以北斗七星解之①。正义引《晋书·天文志》以北斗魁四星为璇玑，杓三星为玉衡。司马贞不同意这种解释，称《尚书》“璇”作“璿”。马融云：璿，美玉也。机，浑天仪，可旋转，故曰机。衡，其中横筒，以璇为机，以玉为衡，盖贵天象也。郑玄注《大传》云：浑仪中筒为旋机（璇玑），外规为玉衡也。仍以浑天仪为说。

上述解释望文生义，没有实物佐证。清末文物收藏家吴大澂，将其收藏的1件“牙璧”，即外缘有三个“风轮形”突起的玉璧形玉器，定名为“璇玑”。认为“是玉外郭有机牙三节，每节有小机括六，若可钤物，使之运转者，疑是浑天仪中所用之机轮，今失其传，不知何所设施”②。这一说法得到了美国汉学家劳费尔（B. Laufer）的高度赞赏，并从宗教内涵的角度进行了阐释。劳费尔在学术界具有一定影响，这种观点随之得以流行。20世纪上半叶，比利时的密舍尔（H. Michel）对此进行了过度的阐发，将所谓的“璇玑”标本定为“环极星的观测版”，以玉琮为其相互搭配的组件，可放在“璇玑”即“观测版”的圆孔上作为观测窥筒，二者结合就是简易浑天仪。进而按照自己的思路进行了模拟实验。通过对《舜典》编纂时期，即战国初期天象的模拟“观测”，得出了北极星则正好位于“璇玑”圆孔的中心点，环极各星大多数恰好落在“璇玑”外缘齿和牙之间下凹之处的结论（图七）。因其实验具有自然科学属性，得到了包括李约瑟（J. Needham）③ 等著名学者的广泛认可。

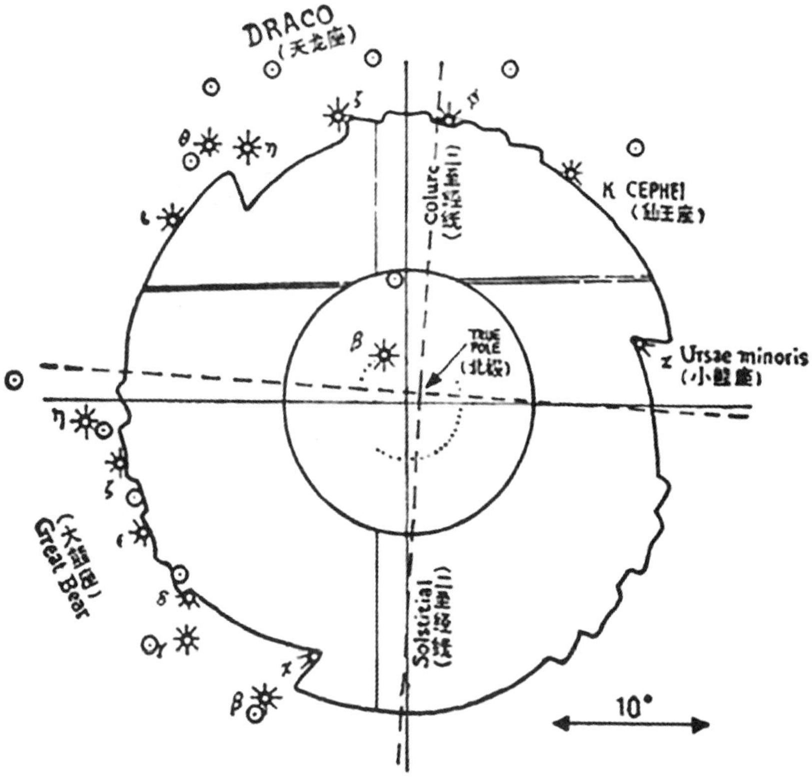

图七　吴大澂所藏璇玑与密舍尔形象图、卡楞校正图（圆圈带点为星位）

笔者认为，吴氏所称“每小节小机括六”，指的是遍见于龙山时代及其以晚的同类器及玉戚、玉

① 《史记·天官书》：“北斗七星，所谓‘璇、玑、玉衡，以齐七政’。”
② 吴大澂《古玉图考》。
③ 见李约瑟《中国科技史》（第三卷）以及其所引密舍尔的著作。

刀等器物外缘的扉齿。这种装饰的作用同青铜礼器的扉棱装饰一样，用以渲染礼仪重器庄严、神秘、威严的气势。就考古发现而言，大汶口文化的牙璧尚未发展出这种“小机括”，其他时代的牙璧，“风轮形”突起的形状和小扉齿的数目亦不尽相同。玉制品，特别是蛇纹石制品有着硬度低、韧性差的物理特点，其外缘也不规整，故而不可能具有“齿轮”的噬合功能，与浑天仪无涉。唯其“璇玑”的定名尚可成立。

密舍尔将玉琮与牙璧组合在一起则显得更为离谱。是以中国当代学者，如夏鼐、安志敏等对浑天仪之说持坚定的否定态度。而将这种玉器名之为“牙璧”①。1983 年，英国学者卡楞（C. Cullen）和法勒（A. S. L. farrer）用实验考古学的方法，对密舍尔的结论进行复核，发现密舍尔的模拟实验存在明显的造假嫌疑，北极星和环极星的实际位置与密舍尔标出的位置有着明显的不同②。

图八　海阳司马台出土玉衡璇玑及其对合

1979 年，出土于海阳司马台遗址的“牙璧”和“有领玉环”组合，为我们探讨上述问题提供了难得一见的实物证据。璇玑，即所谓“牙璧”，应为马融所谓“可旋转，故曰机”的器具。早期标本外缘的斜状齿突较小（图九），形态与玉璧更为接近。玉衡即为“有领玉环”，即马融所称“衡，其中横筒”，形状亦与玉璧近似，唯其中央的圆孔为两侧高耸的圆筒（图八，上左）。这两种玉器均为海岱大汶口、龙山文化的特有器类。璇玑最早见于三里河遗址，时代约当大汶口文化中晚期。诸城前寨遗址发现 4 件③：

M3：1，体扁平，略呈圆形，形态与玉璧近似，唯其外缘雕出三个斜向缺口，有如纸风车的三个风齿；好较大，单面穿。通体灰绿色杂有白色的斑点，直径 4.3 厘米，孔径 2.1 厘米，厚 0.4 厘米（图九，1）。

M46：9，乳白色，器体略呈椭圆形，外缘三个斜向齿牙略小；好较小，单面穿，直径 5.3 厘米，好径 1.8 厘米，厚 0.5 厘米（图九，4）。

M44：5，乳白色，通体呈椭圆形，外缘有三个突起的齿牙，其中一个残损；好为圆孔，单面穿。直径 4.7 厘米，好径 1.9 厘米，厚 0.4 厘米（图九，2）。

---

① 夏鼐：《商代玉器的分类、定名和用途》，《考古》，1983 年第 5 期；《所谓玉璿玑不会是天文仪器》，《考古学报》1984 年第 4 期。安志敏：《牙璧试析》，载《东亚玉器》（第一册），香港御印堂 1988 年版。

② ［英］卡楞、法勒：《“璿玑”一名和牙璧》，《东方非洲学院院刊》（英文）46 卷 1 期，1983 年。

③ 山东博物馆等：《玉润东方：大汶口—龙山、良渚玉器文化展》，文物出版社 2014 年版。

M75：49，通体呈斑驳的绿色，形状略呈弧边梯形，外缘有三个齿牙；好略大，单面穿。残断为三块，经粘合。直径6.7厘米，好径2.8厘米，厚0.6厘米（图九，3）。

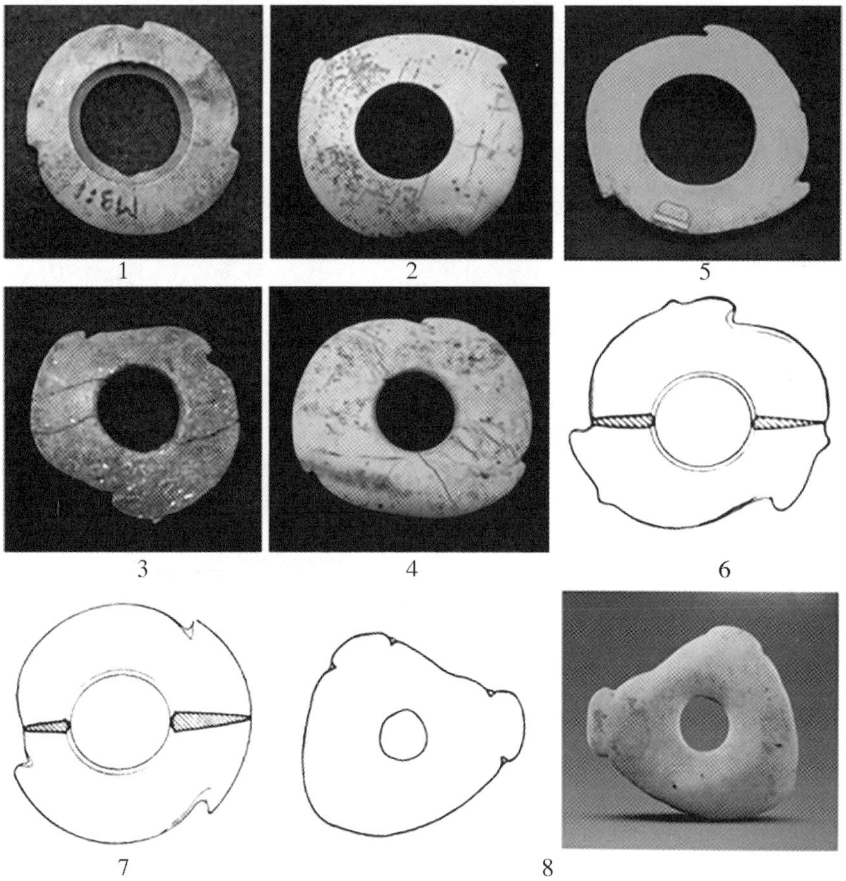

图九 大汶口文化玉璇玑

1—4. 诸城前寨（M3：1、M44：5、M75：49、M46：9）
5. 海阳司马台 6、7. 胶县三里河 8. 新沂花厅

M3出土陶鼎、M44出土陶鼎、M46出土背壶（图十三，2、3）、M75出土“地瓜鬶”，大约相当于大汶口文化三期11段中的第8段，也就是大汶口文化晚期早段（详后）。从形态上说，M3：1就是在1件玉璧的外缘雕出了3个缺口，从而形成了3个呈旋转状态的齿牙；M46：9在制作方法上同M3：1基本一致，但其总体形状已变成了近似椭圆形，表现出偏离玉璧形态发展轨迹的意味。M44：5、M75：49总体形状均非正圆形，其呈旋转姿态的三个齿牙从为圆形外缘事先预留，演变为凸出于其椭圆或圆梯形外缘的突起，完全脱离了玉璧的形态而走上了璇玑的演化轨道。

郯县三里河（图九，6、7）[1]、新沂花厅（图九，8）[2] 遗址大汶口晚期遗存也有璇玑出土。海阳司马台遗址发现的璇玑、玉衡出土时处于套合状态（图八）[3]。璇玑内孔直径7.2厘米，形态与诸城前寨M44：5极为接近（图九，2、5）。玉衡领部外径7厘米，两者套合十分吻合。成都金沙出土的1件属于晚商至西周时期璇玑、玉衡合二为一的标本。笔者曾根据这一现象，参考殷墟妇好墓和金沙出土玉衡环盘表面上的同心圆刻纹，将此类“套合式组合”的玉器推定为一种可以转动的、用于推算或预测某种事项，如方向、角度和时间等的宗教法器[4]。这可与《尚书·舜典》“在璇玑玉衡，以齐七政”的记述相互印证。

大汶口文化时期发明的璇玑、玉衡，特别是前者，在山东龙山文化中得到了很好的继承，如滕州庄里西（图九，1）、临朐西朱封（图九，2、3）[5]、五莲丹土（图九，4）[6]、胶县三里河等遗址均有发现，形态上与大汶口文化晚期有了较大变化：三个大的斜状齿突更为张扬，多数在“斜状齿突”外缘又增设成组的小扉齿。这些璇玑的出土地望，大致在鲁东南及其相邻地区。而早在1941年，在辽东半岛南部地区，相当于海岱龙山文化晚期的大连营子四平山第36号石冢中就发现过同期的器物（图十，6、7）[7]

随着大汶口文化中晚期挺进中原的拓展，将这一文化传统原传播到晋南、陕北地区，成为中原王朝用玉制度中的一项重要内容。如山西芮城清凉寺三期墓葬（图十，8）[8]、陕西神木石峁文化遗址（图十，6、7）中都有发现[9]。在清凉寺二、三期墓葬中，还出土了大量的与五莲丹土同类器型近似的多孔大石刀（以3—7孔为多）。发掘者认为，二期墓葬的年代只能到庙底沟二期向龙山时期过渡的临界点，整个第三期应该全部属于龙山文化的范畴；清凉寺第二期墓葬成为中原地区大量随葬玉石器年代最早的实例，统治这一带的集团在继承庙底沟二期文化以来传统的同时，继续受周边地区文化不同程度的影响，大汶口晚期文化亦参与其中[10]。在商代后期，如安阳小屯232号墓和殷墟妇好墓中均有发现（图十，11、12）[11]，其后仍有流行，不赘。

---

① 中国社会科学院考古研究所：《胶县三里河》，文物出版社1988年版。
② 南京博物院：《花厅——新石器时代墓地发掘报告》，文物出版社2003年版。
③ 王永波：《关于刀形端刃器的几个问题》，《故宫文物月刊》1994年总第135期。
④ 王永波等：《齐鲁史前文化与三代礼器·下编》第四节《璇玑玉衡》，齐鲁书社2004年版。
⑤ 山东省文物考古研究所等：《山东临朐县史前遗址普查简报》，载《海岱考古》第一辑，山东大学出版社1989年版。插图据安志敏《牙璧试析》。
⑥ 山东省文物局：《山东文物精粹》，山东美术出版社1996年版。
⑦ 《世界考古学大系》卷5（日文），参见夏鼐《所谓玉璿玑不会是天文仪器》，《考古学报》1984年第4期。
⑧ 山西省考古研究所等：《清凉寺史前墓地》，文物出版社2016年版。
⑨ 戴应新：《陕西神木县石峁龙山文化遗址调查》，《考古》1977年3期。
⑩ 山西省考古研究所等：《清凉寺史前墓地》，文物出版社2016年版。
⑪ 中国社会科学院考古研究所：《殷虚妇好墓》，文物出版社1980年版。

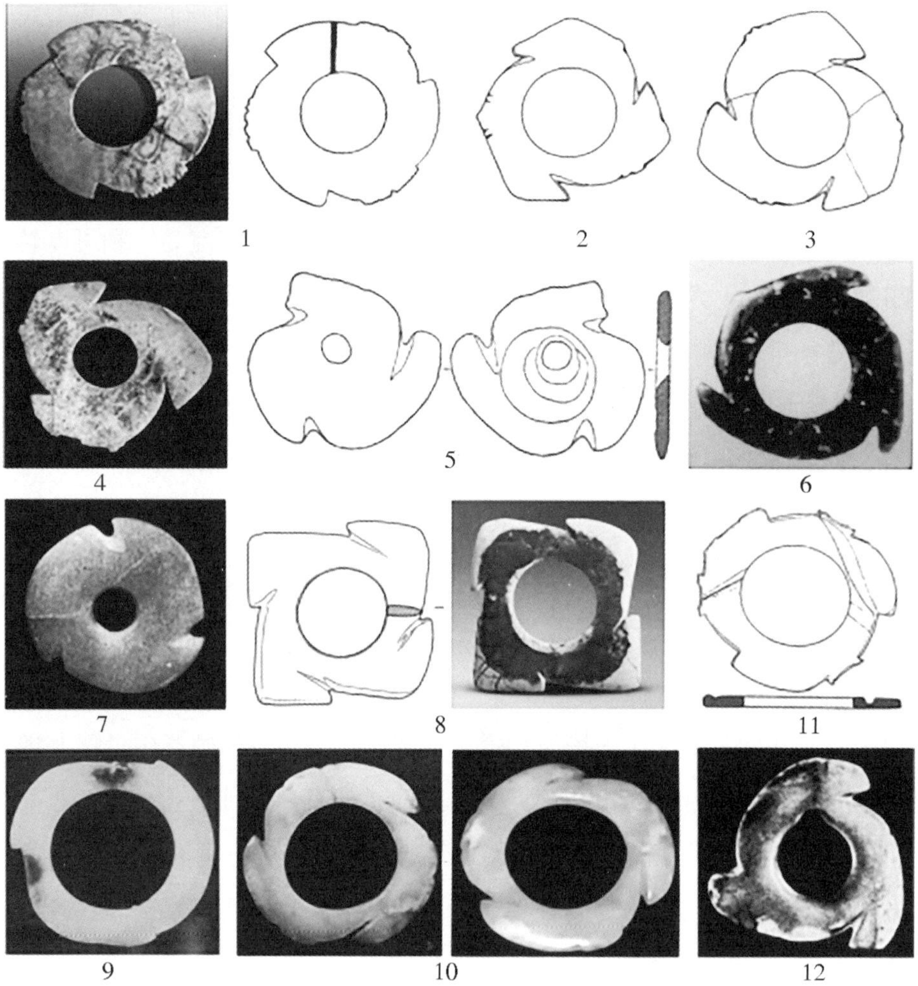

图十　海岱龙山文化、芮城清凉寺、神木石峁、殷墟出土玉旋玑

1. 滕州庄里西　2、3. 临朐西朱封　4. 五莲丹土　5. 胶县三里河　6、7. 大连四平山　8. 芮城清凉寺　9、10. 神木石峁　11. 安阳小屯西北地　12. 殷墟妇好墓

概言之，“牙璧”即为璇玑，“有领玉环”则是玉衡，两两套合，正是璇玑、玉衡的使用状态。虽然与后世的“浑天仪”有着天壤之别，却也是上古时期用于观测天象的神秘法器。或者，璇玑在其转动过程中，其齿突指向某一星座的相对位置，即可作为占星者判断凶吉、预测事件发展方向的依据。由于文献记载不详，玉衡（有领玉环）出土数量又比较少，今天很难对璇玑、玉衡的使用方法和具体功用做出更准确的阐释。

三、玉琮

玉琮，属“五玉”“五器”，亦即五种礼玉（圭、璧、璋、琮、璜）中的一种。考古发现已经证明，这是一种由佩戴于手腕上的装饰品发展升华而形成的玉器。在史前时期遗址中，玉琮以良渚文化遗址出土最多，其他如安徽潜山薛家岗文化、山东大汶口、龙山文化、山西襄汾陶寺文化、陕西华县客省庄二期文化、广东韶关石峡文化遗址中都有发现，三代时期遗址中这类器物也屡有出土。

关于玉琮的起源，学界通常以良渚文化为说。1986 年，王巍的《良渚文化玉琮刍议》将良渚文化的玉琮分为短筒形和长筒形两类。认为江苏张陵山 M4 出土的标本为玉琮的最早形态（图十三，6）[①]。杨建芳基本承袭了王巍的观点，进而将早期玉琮形制的演进脉络归结为：长方形凸起呈微弯的弧形→长方形凸起呈外折的钝角→长方形凸起呈外折的直角。杨建芳也以张陵山 M4 出土的玉琮为最早，认为玉琮的分布中心是江南一带（良渚文化），而这里也应是琮的起源地[②]。周南泉认为，玉琮很可能是从比其更早的“外方内圆牙身”形玉管状佩演变而来的，并将薛家岗文化的“外方穿孔”管状玉饰称作玉琮，进而将玉琮分为细小型、宽矮型、长高型、四方委角型、扁平型和八角型等，而以细小型出现时间最早[③]。李映福将良渚文化出土玉琮分为五期，并谓玉琮图案是一个由繁到简的过程，其中并没有反复的阶段变化。李映福仍以张陵山 M4 出土的玉琮为最早[④]。但是，张陵山玉琮图案处于繁复阶段，说明其并非初始作品。诸城前寨的发现为我们提供了一种崭新的视角。

诸城前寨遗址是 1980 年发掘的，笔者在馆藏文物定级鉴定的过程中曾见过这批资料，苦于发掘报告没有发表，不便使用。2014 年 7 月，山东省博物馆与良渚博物院共同举办了“大汶口—龙山、良渚玉器文化展”，出版的《玉润东方》[⑤] 图录正式刊载了这批玉器：

M60：21，玉镯，整体略呈筒状，两端略微外侈，形成中部略细的束腰状；一端略残。通体呈乳白色，有较多的墨绿色斑点，磨制精细。通高 4.6 厘米，口径分别为 7.4 厘米和 7 厘米，肉厚 0.6—0.71 厘米（图十一，1）。

M2：1，玉镯，整体呈圆筒形，通体磨光，无装饰。色白泛绿，局部有绿色斑块。通高 3.6 厘米，外径 6.9 厘米，内径 5.7 厘米，肉厚 0.6 厘米（图十一，2）。

M44：6，玉琮，整体略呈圆筒状，有 4 组 8 道竖向浅槽，将外壁分隔成 4 个区段。通体呈黑褐色，间杂乳白、红褐、青灰等杂色斑点，磨制光滑，通高 4.5 厘米，外径 7.5 厘米，内径 5.9 厘米，肉厚 0.7—0.8 厘米（图十一，3）。

---

① 王巍：《良渚文化玉琮刍议》，《考古》1986 年第 1 期。

② 杨建芳：《玉琮之研究》，《考古与文物》1990 年第 2 期。

③ 周南泉：《玉琮源流考》，《故宫博物院院刊》1990 年第 1 期。

④ 李映福：《论良渚文化玉琮的分期》，载《四川大学考古专业创建四十周年暨冯汉骥教授百年诞生辰纪念文集》，四川大学出版社 2001 年版。

⑤ 山东省博物馆等：《玉润东方：大汶口—龙山、良渚玉器文化展》，文物出版社 2014 年版。

图十一　诸城前寨遗址出土玉镯、玉琮

1、2. 玉镯（M60：21、M2：1）　3、4. 玉琮（M44：6、M16：4）

M16：4，玉琮，整体略呈抹圆的近似方柱状筒形，外壁有4组8道竖向浅槽，将外壁分隔成4个区段。在每个区段内形成了一个微凸的长方形结构：凸起的部分分别比筒体略短，在两端筒口形成了所谓的“射”；长方形结构中部略厚，从而改变了玉镯的圆筒状形态，而略呈抹角的近似方柱体，具备了玉琮形态的所有基本要素。唯该器“微凸的长方形结构”尚为圆弧状，而不是后期的折角状。通体呈乳白色，有褐色的沁斑，磨制光滑。通高3.8厘米，外径7厘米，内径5.8厘米，肉厚0.5—0.7厘米（图十一，4）。

乍一看来，这4件玉器并没有有大的差别，仔细观察则可发现一个有趣的现象：

M60：21两端外侈，中部略细，还是典型的腕饰，即手镯。M2：1呈直筒状，形态与另外两件很相似，但没有玉琮的分区结构，从分类学的角度说，仍应归入玉镯一类。

M44：6在总体造型上与M2：1一致，唯其器表出现了4组双线纵向刻槽，将玉器表面分为4个等分体，这应是玉琮最原始的形态。故无论其实际上是作为手镯还是玉琮使用，在分类上都应把它归入琮类玉器。M16：4更进一步，整体略呈抹角方柱状，而不是规整的正圆筒状。4组双线纵向刻槽将其分成4个等分体，已经出现了射和角，具备了后期或者说成熟玉琮的一般特征。

作为玉琮升华的祖形，玉镯在大汶口文化晚期屡有发现，如诸城前寨、沂南罗圈峪、胶县三里河、广饶傅家、新沂花厅、五莲丹土等地。其发展脉络比较清晰，其基本造型为短圆筒状，较早的形态为圆筒两端口部多略微外侈，较晚的则多为直筒状，图十二展示的6件，以五莲丹土出土的那件最晚。诸城前寨这4件玉镯、玉琮的组合，反映了从玉镯到早期玉琮演变的全部过程，是一个难得的实物证据链条。按照大汶口文化三期11段的划分，诸城前寨M2出土陶鬶、M44出土陶鼎大致相当于第8、9段；M60出土“地瓜鬶”，大约相当于第8段，M16仅见1个器盖（图十三，1、2、4、5），年代不易判定，但从总体上说这4座墓葬的年代均不晚于大汶口文化晚期早段。

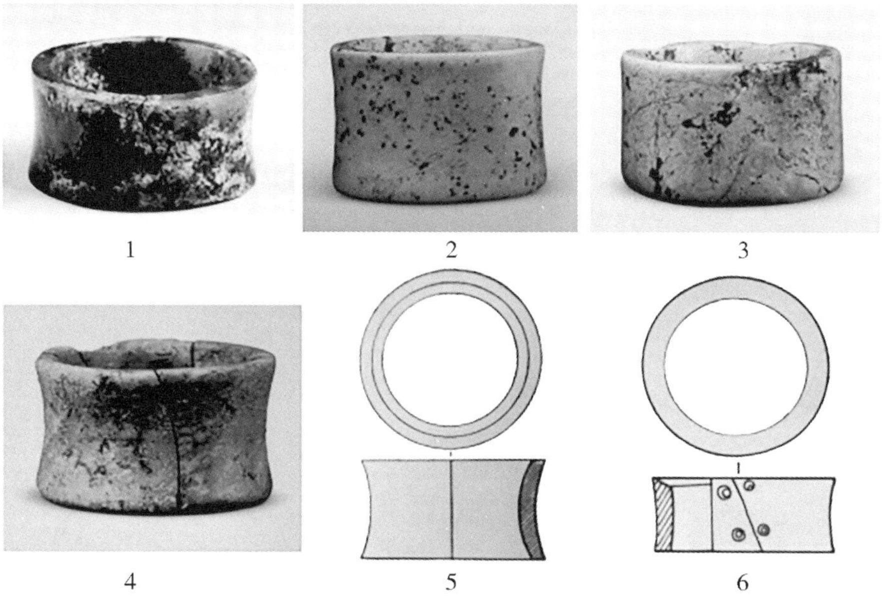

图十二　大汶口文化发现的玉镯

1. 罗圈峪　2. 前寨　3. 丹土　4. 傅家　5. 三里河　6. 花厅

江苏张陵山M4的“良渚文化早期”玉琮，出土于1977年5月。原发掘简报没有给出具体的尺寸，只介绍说其为短圆筒形，似镯，外壁用减地法突出四块对称的长方形凸面，凸面上阴线刻画兽面形图案，粗眉圆眼，阔口獠牙（图十三，6）。发掘者认为该墓葬的年代与中原地区仰韶文化相当①。通常认为，中原仰韶文化相当于北辛文化至大汶口文化早中期，大汶口文化晚期则相当于中原庙底沟二期文化；良渚文化存续时间为距今5300—4300年前后，大汶口文化晚期距今5000—4600年（或曰4300年）。如此说来，诸城前寨出土的这几件玉琮所处年代似乎明显晚于良渚文化张陵山M4出土的同类器。

从在器物造型和演化轨迹的角度说，张陵山出土的玉琮有规整的“射”和4块方形凸起，凸起上有阴刻的兽面纹，已经是很成熟的玉琮。与诸城前寨M16：4相比较，张陵山出土的玉琮更为规整，显得更为成熟，也没有发现前寨这种从玉镯到与琮的演化序列。之所以出现这种现象，抑或是张陵山遗址M4的年代还有待于进一步的探讨，王巍即认为张陵山上层文化的测定数据可能偏早，其

① 南京博物院：《江苏吴县张陵山遗址发掘简报》，载《文物资料丛刊（6）》，文物出版社1982年版。

年代在公元前 3000 年左右①；也可能是这种玉器的演进存在着不同地区的差异——如海岱史前文化玉琮不见良渚文化玉琮流行的阴刻兽面纹等。这一问题需要更多的证据和更深入的研究才可能得以解决。

图十三　诸城前寨陶器、江苏张陵山玉琮

1. M2 陶鬶　2. M44 陶鼎　3. M46 陶背壶
4. M60 陶地瓜鬶　5. M16 陶器盖　6. 张陵山玉琮

总之，诸城前寨遗址出土的玉镯、玉琮是目前所知玉琮演化过程中序列最完整、形态最原始的一组玉器，它们的出土，不仅明确了玉琮赖以演化的祖本器形，也为其演化轨迹研究提供了极为珍贵的实物资料。

---

① 王巍：《良渚文化玉琮刍议》，《考古》1986 年第 1 期。

四、图像文字

如众所知，大汶口文化早中期以鲁南汶泗流域最为兴盛，直至大汶口文化中晚期，特别是大汶口文化晚期至龙山文化早期，鲁东南地区的史前文化“突然兴盛起来”。这一现象不仅与上述四种玉器起源密切相关，更为重要的是，在大汶口文化三里河和陵阳河类型中，发现了中国迄今最早的“图像文字”。

大汶口文化的图像文字见于诸城前寨遗址，莒县陵阳河、大朱村、尧王城遗址①，安徽蒙城尉迟寺遗址，五莲丹土、宁阳浮山镇于庄东南遗址也有发现，已公布的有32个。其中，莒县大朱村、陵阳河出土14例②（图十四，1—7，9—21），诸城前寨1例（图十四，22），安徽尉迟寺11例（图十四，8、23—32）。其中，除“太阳飞鸟三叉冠状”图案组合（图十四，24）造型较为特殊外，余者均与山东地区的同类符号大同小异③。

据其形体结构可区分为单体象形（图十四，1—3）、复体象形（图十四，9）、单体会意（图十四，16、17、20）、复体会意四大类，而以后者数量最多，且以和形符号最为引人注目，是本文讨论的重点。

此外，美国弗利尔美术馆收藏的1件筒形玉琮形器，一侧有阴刻的形图案，另一侧有与良渚文化“冠状神徽”相近似的图案④。石志廉在《中国文物报》上介绍一件玉琮，称其上端正中刻有阴线形纹饰，细若毫发；底部内壁一侧刻有一阴线斜三角纹饰，作◁形⑤。

学界通常将、图像，称之为“日月”或“日月山”，是将圆形日纹和山形纹之间的弧形纹视为弯月。如此似应释为“明”或“明山”，但论者无一作如是观者。或将圆形日纹之下的弧形纹视为云气，而将最下面的图案看作火焰纹，分别释其为“旦”和“炟”；把弧形纹视为火焰纹，而以最下的图案为“山”的摹画，则释其为“炅”⑥或“炅山”。综合分析这类图像不难发现，上述说法均难以成立。

形图像共计7例，上部的圆形图案之下为弧形纹，值得注意的是，弧形纹中部凹曲中都有一个向上凸起的尖峰；形符号共计11例，情形与相同，唯大朱村采：20的弧形纹没有向上凸起

---

① 中国社会科学院考古研究所：《尧王城遗址第二次发掘有重要发现》，《中国文物报》1994年1月23日。

② 山东省考古所等：《山东莒县陵阳河大汶口文化墓葬发掘简报》，《史前研究》1987年第3期；王树明：《谈陵阳河与大朱村出土的陶尊“文字”》，载《山东史前文化论文集》，齐鲁书社1986年版。

③ 中国社会科学院考古研究所：《蒙城尉迟寺》，科学出版社2001年版；《蒙城尉迟寺（第二部）》，科学出版社2007年版。

④ 林巳奈夫：《中国古玉器总说》（日文）第二部第五章，吉川弘文馆。

⑤ 石志廉：《最大最古的纹碧玉琮》，《中国文物报》1987年10月1日。

⑥ 唐兰：《关于江西吴城文化遗址与文字的初步探索》，《文物》1975年第7期。

的尖峰，诸城前寨采集的 1 件弧形纹缺失。不难看出，这些弧形纹与“弯弯月”的形象完全不类，与火焰、云气也没有形态上的共同之处。有些弧形纹还演变为类似向上斜出的“牛角”造型（图十四，12、18），与弯月或火焰、云气更无关联。

图十四　大汶口文化陶尊文字

1、2、4、5、9—18. 陵阳河　3. 杭头
6、7、19—21. 大朱村　8、23—32. 尉迟寺　22. 前寨

“”图像下部构形，唯尉迟寺 M177：1 下部较为特殊，为与“山”无关的三叉形，其含义不易释读。下部山形底线较平直的图像有 7 例（图十四，13、22、23、25—27、31），下部边线为弧线的图像有 3 例（图十四，21、29、32）。仔细品读，底线较平直的构图，其五个所谓的“山峰”更像是火焰升腾而不像山峰；M215：1（图十四，26）则是一个燃烧旺盛的火盆形象。JS4：1（图十四，23）的构图，特别是中间三峰更像火焰而与山峰无涉；下部边线为弧线的 3 例，其总体构形则完全是火焰纹的形态。

《山海经·海外东经》："汤（旸）谷上有扶桑，十日所浴。……九日居下枝，一日居上枝。"

《山海经·大荒东经》："汤（旸）谷上有扶木，一日方至，一日方出，皆载于乌。"

《淮南子·精神训》："日中有踆乌。"高诱注："踆，犹蹲也。谓三足乌。"

笔者认为，上述记载可作为我们释读、基本意涵的文献依据，换言之这两种图像就是《大荒东经》"一日方至，一日方出，皆载于乌"的具象写意：其最上部的圆圈表示太阳，下、中部的所谓弯弯月，应为凌空翱翔的飞鸟，亦即"踆乌"或"金乌"，也是神话传说中"踆乌负日"最早、最原始形象化的表达。形构图下方之"五峰山"则是"火焰纹"，是"一日方出，皆载于乌"的背景图案，用以表达烈日当空，热气升腾的含义①。如上述释读成立，则可证明，《山海经》的相关记述有着极为深远的历史背景；而大汶口文化晚期，以及下文有关中原庙底沟文化、江淮河姆渡文化及良渚文化的相关图像，则是这一神话传说的滥觞。

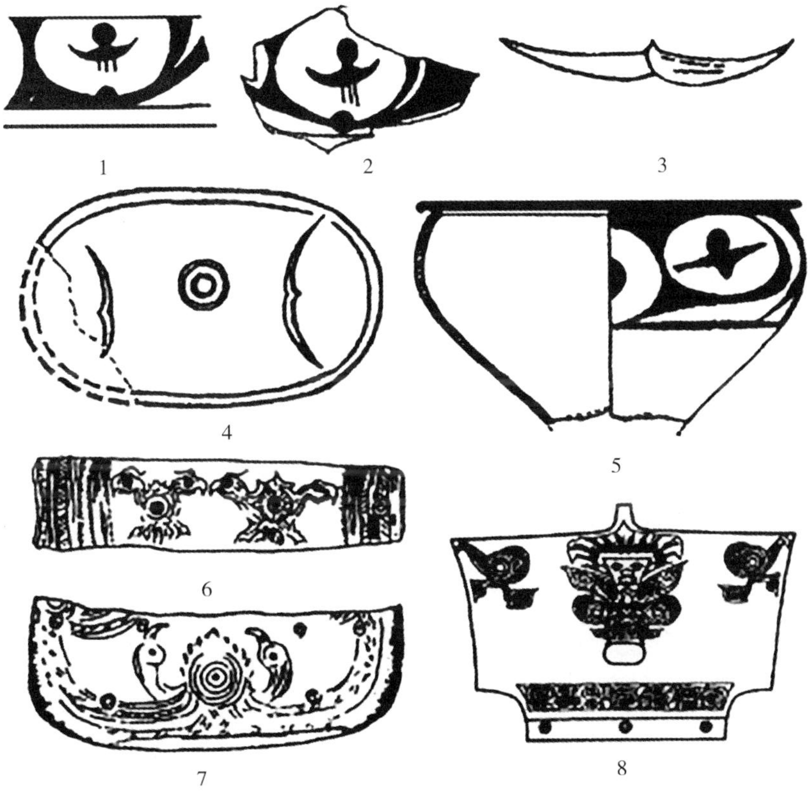

图十五　玉器、陶器鸟纹纹样

1、2、5. 中原始前文化彩绘鸟纹（华县柳镇、陕县庙底沟、汾阳般家庄）
3. 上海博物馆藏玉琮鸟纹　4. 余杭南湖陶豆盘刻纹
6、7. 河姆渡遗址出土骨雕、牙雕　8. 瑶山遗址出土玉梳背

① 笔者在此前的有关文章中，也曾将"火焰纹"解释为"山"的摹画，现予以更正。

从器物造型、器类组合等文化要素的角度观察，江浙地区与海岱地区的史前文化有着极为密切的亲缘关系。难能可贵的是，在浙江余杭南湖出土良渚文化椭圆形陶豆的豆盘上，发现两只刻划的翱翔飞鸟图案（图十五，4）①，以及上海博物馆馆藏玉琮上类似的鸟形刻纹（图十五，3）②，对我们理解大汶口文化形刻划符号的内涵有着极为重要的启示意义：所谓的“弯弯月”弧曲的中部向上凸起的尖峰，与豆盘和玉琮上的鸟纹都是大型鸟类翱翔状态的大写意式摹画。河姆渡遗址中出土的骨雕和牙雕③，其上也刻有“双鸟负日”图像，不同的是其鸟形图案的头部较为写实：双鸟头向相背，两鸟之间有一个由双重或多重同心圆组成的、其上有热气蒸腾构形的太阳图案（图十五，6、7）④；良渚文化出土的玉器上也常见一种被称为“神鸟”的、由奔鸟与多重同心圆太阳纹组成的图案（图十五，8）⑤。毋庸置疑，这类图像均应为“踆乌负日”的滥觞，均应称之为“太阳飞鸟”或“太阳奔鸟”图案。

陕晋豫地区的庙底沟文化受海岱史前文化崇日、尚鸟习俗影响，出现了较多的鸟形装饰图案⑥，特别是彩绘三足乌图像（图十五，1、2）⑦，为我们准确解读大汶口文化的、图像内涵提供了更为直接的证据。如图所示，这种三足乌图像，就是在大汶口文化的“太阳飞鸟”图像上添加了三道垂直的竖笔，“太阳飞鸟”就变成了真正意义上的三足乌：象征太阳的圆形图案演变为鸟头，翱翔的飞鸟演变为张开的双翼。去掉下附的三道竖笔，其形态与大汶口文化的“太阳飞鸟”图像符号别无二致，完全可以互换。因此，我们认为，河姆渡、庙底沟、大汶口、良渚文化的这类图像，就是“踆乌负日”传说的滥觞。

大汶口文化特有的器类——背壶，其肩部添加的朱绘圆点与鋬手及腹部鸟喙盲鼻组成鸟首形象（图十六，1—4），突凸显了大汶口文化尚鸟的文化习俗。发源于大汶口文化、繁盛于龙山文化的三足陶鬶，则是“三足乌”形态的高度抽象。如呈子遗址的实足鬶，腹部左右对称的斜向泥条堆纹与流口颈部之下、器鋬（抓手）下部的泥突，共同形成了一只飞鸟的构形（图十六，5）⑧。陵阳河遗址出土的白陶鬶则可视为则写实的鸟形构图：前端高耸的颈部和鸟喙形流口，与两个前端外张桥形

① 余杭县文管会：《余杭县出土的良渚文化和马桥文化的陶器刻划符号》，《东南文化》1991年第5期。

② 薛婕：《鸟纹玉琮》，《北京日报》1984年11月10日；又见《馆藏文物精品“鸟纹大玉琮”》，载《首都博物馆国庆四十周年文集》，中国民间文艺出版社1989年版。

③ 浙江省文管会等：《河姆渡遗址第一期发掘报告》，《考古学报》1978年第1期；河姆渡遗址考古队：《浙江河姆渡遗址第二期发掘的主要收获》，《文物》1980年第5期。

④ 分别转引自王育成：《含山玉龟及玉片八角形来源考》，《文物》1992年第4期；张明华：《关于一批良渚型古玉的文化归属问题》，《考古》1994年第11期。

⑤ 浙江省文物考古研究所：《余杭瑶山良渚文化祭坛遗址发掘简报》，《文物》1988年第1期。

⑥ 晋中考古队：《山西汾阳孝义两县考古调查和杏花村遗址的发掘》，《文物》1989年第4期。

⑦ 中国科学院考古研究所：《庙底沟与三里桥》，科学出版社1959年版；王子今：《文明初期的部族融合与龙凤崇拜的形成》，《文博》1996年第1期。

⑧ 昌潍地区文物管理组等：《山东诸城呈子遗址发掘报告》，《考古学报》1980年第3期。

把手（器鋬）、后端一个特意做成尾羽状的附加泥凸，共同构成了一只形似引颈高歌的鸣禽（图十六，6）[1]。长岛县大黑山岛房址中发现的褐陶鬶几乎完全写实[2]（图十六，7）。

概言之，形图像是由太阳、踆乌两个符号组成的“踆乌负日”图；形图像则是在太阳、踆乌之外，增加了一个“火气升腾”的背景图像，以突出“昊日当空”意涵。田昌五认为该图像是一个氏族部落标志，其意应是太昊和少昊之“昊”字，有如后来的族徽[3]。此说颇有新意。

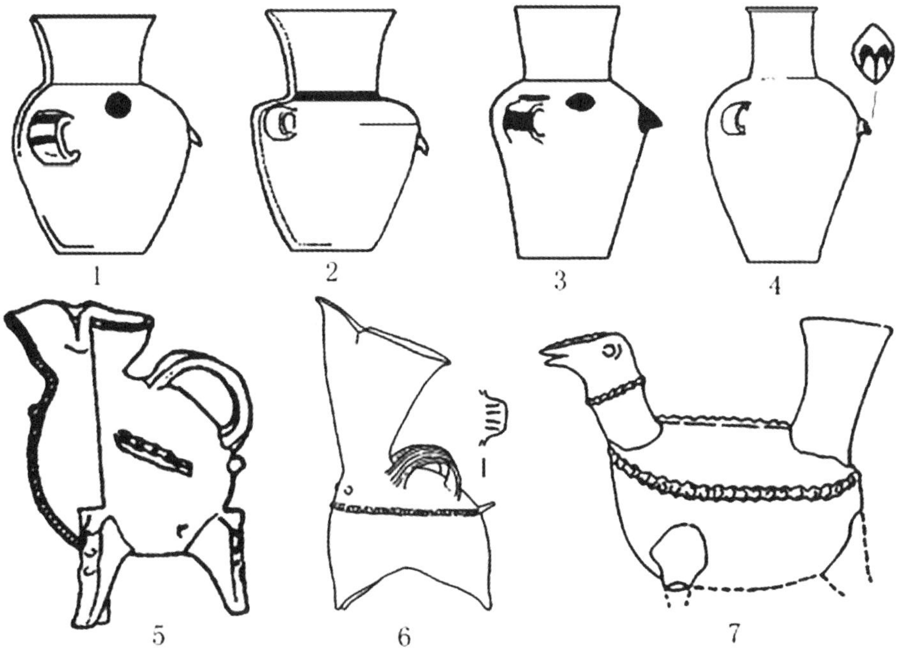

图十六　海岱、江淮史前文化的相关造型

1—4. 大汶口文化背壶（大汶口 M105：8、M117：60，西夏侯 M4：18，花厅 M19：11）
5、6. 大汶口文化陶鬶（呈子 M50：5、陵阳河）　7. 大黑山岛陶盉

《山海经·大荒南经》：“东南海之外，甘水之间，有羲和之国。有女子名曰羲和，方浴日于甘渊。羲和者，帝俊之妻，生十日。”

《山海经·大荒东经》：东北海外“有女和月母之国，有人名曰鹓。北方曰狻，来之风曰鹓[4]，是处东极隅，以止日月，使无相间出没，司其短长”。

《山海经·大荒南经》：“帝俊妻娥皇，生此三身之国，姚姓，黍食，使四鸟。有渊四方，四隅皆达……北旁名曰少和之渊，南旁名曰从渊，舜之所浴也。”

---

① 苏兆庆：《古莒遗珍》，人民美术出版社 2003 年版。
② 刘敦愿：《古史传说与典型龙山文化》，载《美术考古与古代文明》，人民美术出版社 2007 年版。
③ 田昌五：《古代社会断代新论》，人民出版社 1982 年版。
④ 原作“北方曰鹓，来之风曰炎”，此据丁山《中国古代宗教与神话考》订正。

少昊为尚日崇鸟部族，“昊”字的原始摹画，实为“烈日当空”。“日轮、金乌、火气升腾”组合起来就是“红日高悬”，为“一日方至，一日方出，皆载于乌”的金乌和“以止日月”的鵷风（凤）、女和、羲和等的意象摹写，下面的“火气”则为“踆乌负日”的背景图像，由此衍生出“踆乌负日”的原始神话。“羲和之未扬，若华何光?”屈原《天问》讲的就是“金乌尚未起飞，太阳何以发光?”在人类智慧开启初始阶段的远古时期，人们很难理解日、月等天体周期性的运行，于是有了羲和、女和等不惧炽热炙烤的金乌（大鸟）作为日御，“以止日月，使无相间出没。”

与本文讨论内容相关的还有“”图像。该类图像目前只发现2个，整体作内弧四边形，两角线条分别为闭合和不闭合。商代甲骨文和金文中也有类似的符号，通常作为人名出现，释为“凡”字，为一种吹奏乐器形态的摹写。甲骨文字多以“凡”字假为“风”。《说文》：“凡，最括也。”“括，絜也。”高田忠周云：“云最括者，积也，栝者絜也，絜者束也，最括者，总聚而絜束之也。”王树明据此认为：“凡”假为“风”，所谓风为号令，乃是以“凡”为号令的谬传。该图像符号摹画的是用于军事方面的吹奏乐器；“风”姓或曰“凤”姓，“风”“凤”互通，皆由“凡”字取声，都由“凡”字孳乳而来。图像文字“凡”，可能就是东夷部族风（凤）姓由来的远源。“这一推测，从太昊氏的历史传说与陵阳河、大朱村一带大汶口文化的发展阶段上看，也是吻合的。”①

“”形图像与少昊的嬴姓也有关联。“嬴”字仅见于金文而不见于甲骨文，王延林认为：金文“嬴”从女，声符似“能”字，是一动物之形象。细审其所列嬴氏诸器的“嬴”字声符皆为背有羽毛的动物在吹奏“”形物体②，说明嬴、凡二字，皆源于这种吹奏乐器。同时也从这样的角度证明少昊、太昊和嬴、风（凡）两族血肉相连的渊源关系。

上引《山海经》之“少和”可释为“少昊”或“女和”，“北旁名少和之渊，南旁名曰从渊，舜之所浴也”，表明虞舜与少昊、女和有一定的内在关联。在《大舜文化与夏商西周历史》中，笔者曾引用学术界的成说，专门论述帝舜与太昊、少昊的关系，指出少昊在“东海之外大壑”建立新的“少昊之国”，并“弃其琴瑟”，标志着文化属性和宗族关系的某种改变，太昊之族就是在这种情况从少昊之国脱胎而来③。

五、史影钩沉

少昊是上古海岱民族的重要代表人物，在上古帝系中是炎帝、黄帝之后，颛顼、帝喾之前的著

① 王树明：《谈陵阳河与大朱村出土的陶尊“文字”》，载《山东史前文化论文集》，齐鲁书社1986年版。
② 王延林：《常用古文字字典》，上海书画出版社1987年版。
③ 孟祥才、王永波等：《大舜文化与夏商西周历史》，山东人民出版社2013年版。

名古圣。《逸周书·尝麦解》："昔天之初，□作二后，乃设建典。命赤帝分正二卿，命蚩尤于宇少昊，以临四方，司□□上天末成之庆。蚩尤乃逐帝，争于涿鹿之河九隅无遗。赤帝大慑，乃说于黄帝，执蚩尤，杀之于中冀。以甲兵释怒，用大正顺天思序。纪于大帝，用名之曰绝辔之野。乃命少昊清司马鸟师，以正五帝之官，故名曰质。天用大成，至于今不乱。"

这是今天所见有关"中原逐鹿"的最早的记载，据信是甲骨、金文之外最可信据的西周"成王亲政后的记录文献"[①]。笔者在《炎黄族系与中原逐鹿》[②] 一文中，通过相关史料的相互认证指出：炎帝与蚩尤、少皞（昊）是东方同一族群不同时期、不同支系的代表人物，黄帝则是西方敌对族群的首领。炎黄交争发生在第八代炎帝榆罔及其二卿蚩尤、少皞所处时代。黄帝分别战胜了末代炎帝榆罔和自立为炎帝的蚩尤，将炎帝族系的领地纳入自己的势力范围。炎帝号称神农氏，是农耕时代的丌创者，其部族繁衍年代久远，人口众多，生产力水平较高。刚刚取得强势地位的黄帝虽然赢得了对榆罔的战争，但在蚩尤彪悍的勇士面前连吃败仗[③]，不得已只能与榆罔"二卿"之一的少皞媾和。《尝麦解》："命蚩尤于宇少昊，以临四方"的说法，似乎含有"少皞对联合抵御黄帝一事的态度有些暧昧"的暗示，榆罔因此而命蚩尤前去督促，黄帝也因此才有与少皞媾和的可能。允少皞"司马鸟师"，就是一种赎买政策。少皞的条件，或者也是双方商谈的"合约"，就是推行"用大正顺天思序"的双赢共和政策理念，以安抚炎帝族系的各种势力。黄帝与少皞合作后事情才有了转机，属于炎帝族系的力牧参与对蚩尤的征伐，原在蚩尤阵营冲锋陷阵，纵大风雨的风伯（风后）倒戈相向[④]，以及黄帝族系的颛顼也于此时被"派驻"少皞腹地，以为"督军"或"质子"，都应是"媾和政策"导致的直接结果。姬、姜两族长期联姻恐怕也是由这种理念导引出来的一种政治选择，从而开启了长达上千年"至于今不乱"的"五帝共和轮值"时代。

少皞旧地，文献记载基本上是一致的，大体都指向今鲁南地区汶泗流域的曲阜，与炎帝和黄帝共用同一都城，似乎令人难以理解。细审之，少昊与炎帝为同一族群不同时代的代表人物，是后炎帝时代的炎帝，都曲阜并不存在逻辑矛盾。其次，黄帝族系沿黄河而下，灭蚩尤而登帝，与"黄帝自穷桑登帝位，后徙曲阜"的说法吻合。再次，"黄帝生于寿丘，鲁城东门之北"应是一种历史讹传。也就是说，炎黄之争以黄帝取胜而告结束，黄帝将炎帝"故都"纳入自己的势力范围，成就了"天用大成"，于是有了"黄帝生于寿丘"的传说。

汶泗流域是大汶口文化最为繁盛的地区。距今 5800—5500 年左右是庙底沟文化最为强势、文化辐射力最强的时期，这一时期的庙底沟文化对东方的影响举急剧扩大。大汶口文化早期后段的彩陶

---

① 刘起釪：《古史续辨》，中国社会科学出版社 1991 年版。李学勤也认为《尝麦》等篇"可信为西周作品"，见《逸周书汇校集注·序言》，上海古籍出版社 1995 年版。

② 见《海岱考古》第七辑，科学出版社 2014 年版。

③ 《路史·黄帝纪》引《黄帝出军诀》和《太白阴经》云："帝征蚩尤七十一战，不克。"

④ 《帝王世纪》：黄帝"得风后于海隅，登以为相。得力牧于大泽，进以为将"。

数量和纹样迅速增多，其色彩和花纹图案也与庙底沟文化类似，在大汶口遗址中还发现了大司空类型陶片[①]，可为这一历史现象提供考古学佐证。黄帝取得了炎帝故都的“控制权”，被黄帝命为“司马鸟师，以正五帝之官”的少皞，又当何处？

《山海经·大荒东经》：“东海之外大壑，少昊之国，少昊孺帝颛顼于此，弃其琴瑟。”

《史记·五帝本纪》：“玄嚣，是为青阳，青阳降居江水。”《索隐》：“皇甫谧及宋衷皆云玄嚣、青阳即少昊也。”

《史记·殷本纪》引《汤诰》：“古禹、皋陶久劳于外，其有功乎民，民乃有安。东为江，北为济，西为河，南为淮，四渎已修，万民乃有居。”

历史地理学者石泉根据古籍的有关记述，推断《汤诰》所称“东为江”之“江”当为今苏北、鲁南之沂河[②]，所见很是。而沂沭河谷即为《山海经》所称“东海之外大壑”，是为滨海的日出之地。诚如是，则“青阳降居江水”，在“东海之外大壑”建立新的少皞之国，也就有了合理的解释。所谓“青阳降居江水”，是说少昊被迫迁至沂沭河流域，并在这里，也就是“东海之外大壑”建立了新的“少昊之国”，以缓解黄帝族系入主曲阜所带来的压力。

从考古学上说，鲁南地区的汶泗流域一直是大汶口文化最为繁盛的地区，但是到了大汶口晚期，该地区的古文化似乎出现了某种程度的停滞，鲁东南一带却“突然”出现了一批规模大、规格高的大汶口文化晚期至龙山文化早期的典型遗址，如郯县三里河，诸城前寨、呈子，五莲丹土，日照两城镇、尧王城、东海峪，莒县陵阳河、大朱村，临沂大范庄，等等。这种现象或与少昊“降居江水”、东徙“东海之外大壑”建立新的国度有关，否则很难对这种反常的现象做出合理的解释。

鲁东南地区与皖北地区相隔上千里，却发现了构图造型完全相同的图像文字；在文化属性上，尉迟寺类型则属于大汶口文化晚期的一种地方类型，表明两者共为同一族团。换言之，尉迟寺类型应是鲁东南地区大汶口文化向中原挺进的一支，并在向中原地区拓展的过程中完成了从少皞到太昊的转变。

六、结语

《礼记·礼器》：“礼也者，反本修古，不忘其初者也。”

名称为定义化的概念，用途则是对定义内涵的彰显，二者合一才能完整地反映事物的属性和全貌。经验告诉我们，某种礼仪传统已经形成，便不容易被改变。考古学和古文字研究取得的各项研究成果已

---

① 山东省文物管理处等：《大汶口——新石器时代墓葬发掘报告》，文物出版社1974年版。
② 石泉：《古文献中的“江”不是长江的专称》，载《古代荆楚地理新探》，武汉大学出版社2013年版。

充分证明了《尚书》《周礼》等历史文献不可替代的史学价值，具体到五瑞和五器，大部分已经被证明是可信的。沂南、临沂、五莲发现的瑞圭，诸城前寨遗址发现的玉镯、玉琮、玉璇玑，清楚地展现了相关器物的起源与演化轨迹，极大地增强了《舜典》帝舜“修五礼五玉”记述的可信度。

玉瑞、玉琮、璇玑、玉衡四种重要的礼仪用玉和作为文明重要标志的图像文字，均起源于鲁东南大汶口文化，龙山时代的同类玉器也仅见于“东海之外大豁”及周边地区；“”“”字的识读，“踆乌负日”及昊族的史影钩沉，与海岱大汶口文化分布、发展递演情况，以及“东海之外大壑，少昊之国”的记载正相吻合，充分显示了鲁东南史前文化对中华文明的卓越贡献，标志着该地区在大汶口文化晚期已跨入文明的门槛。山西清凉寺、陕西神木石峁龙山时代晚期遗存，以及二里头夏文化、商代、周代相关遗址发现的同类器[①]，则从考古发现的角度证明了夏、商、周三代对有虞氏礼仪制度的传承。

① 王永波：《耜形端刃器的分类与分期》，《考古学报》1996年第1期。

钩戟、戈戟考辨

——从章丘女郎山出土的战国青铜钩戟谈起

李曰训

（山东省文物考古研究院）

1990年春夏之季，山东省文物考古研究所考古队，为配合济（南）、青（岛）高速公路建设工程，于章丘绣惠女郎山西坡，发现并清理了一座较为重要的战国大墓①。墓葬共出土各类随葬器物达380余件；其中，仅青铜兵器就出土200余件。在兵器中，不但出土大量铜剑、戈、殳、镈、盖弓帽等，而且出土1件较为罕见的青铜联装钩戟（图一）。

图一　山东章丘女郎山战国1号大墓出土带钩距铜戟

这件异形铜戟发现于大墓椁室南侧的内椁顶盖上，由戟刺、戟体、钩距三部分捆绑联装而成。出土时，戟刺内残留有朽木，戟体与钩距上面均留有捆扎绳子的痕迹。戟刺为双面刃，中脊有一凸棱，凸棱两侧为血槽。戟刺外形呈扁矛状，长10厘米。戟刺下联装的戟体，形如戈状。援、内微上翘，援较窄长，前锋尖利，斜长胡，援根有一圆穿，胡阑侧有两个长方形穿。援长16.4厘米，胡长12.3厘米，内长9.2厘米。在戟体的胡部下端两侧，捆绑联装有一对形体相同的钩距。其钩距呈上尖下宽的棘突弯钩状，内侧下端置有一捆绑绳子及镶嵌在木柲上专用的凸棱凹槽，钩距体长11厘米，宽2.16厘米。另外，在这件钩戟左下侧2米多的地方，发现一件与此方向一致的铜

① 济青公路文物考古队绣惠分队：《章丘绣惠女郎山一号战国大墓发掘报告》，载《济青高级公路章丘工段考古发掘报告集》，齐鲁书社1993年版。

镦，该铜镦外形呈圆筒形，口沿外侧置有一周铜銎，在铜銎的内侧有一圆孔，孔内置有竹质铆钉。在铜镦的筒内，并残留有一段木柲朽迹。根据现场观察，该铜镦可能就是用于铜戟把柄上的套筒构件。因此，章丘女郎山出土的这件战国青铜钩戟，具有非常重要的意义和研究价值。它不但为我国古文献中关于钩戟的记载找到了真实的依据，而且还为我们探讨铜戟构件中戈与矛的产生与发展，以及戈戟、钩戟的考证与分辨等，均提供了极为可靠的实物数据。

一、青铜戟的最早记录与考古发现

铜戟是我国古代战争中经常使用的一种冷兵器。它既有直刃，有横刃，这种主要用于车战或格斗的青铜兵器最早出现在什么时候，目前还不甚清楚。但关于古代文献对铜戟的最早记录，要首推《左传》。《左传·宣公二年》载："晋侯饮赵盾酒，伏甲，将攻之……倒戟以御公徒而免之。"同年，又载："狂狡辂郑人，郑人入于井。倒戟而出之，获狂狡。"《左传·襄公十年》晋伐偪阳之战中又载："狄虒弥建大车之轮，而蒙之以甲，以为橹。左执之，右拔戟，以成一队。"《左传·襄公二十三年》还载："（范）鞅用剑以帅卒，栾氏退，摄车从之。遇栾乐……乐射之，不中；又注，则乘槐本而覆。或以戟钩之，断肘而死。"另外，《周礼·冬官·考工记》曾载："司兵，掌五兵五盾。"郑玄注："五兵者：戈、殳、戟、酋矛、夷矛。"由于铜戟是我国东周时期军队普遍使用的格斗兵器，以至到战国晚期以后，常用"持戟"一语来作为士兵军队的代名词，如《史记·平原君列传》曾载："今楚地方五千里，持戟百万，此霸王之资也。"又如《史记·高祖本纪》载："秦，形胜之国，带河山之险，县隔千里，持戟百万，秦得百二焉。"又载："夫齐……地方二千里，持戟百万，县隔千里之外，齐得十二焉。"根据上述古文献记载，过去一般认为，铜戟的出现大约在春秋时期。然而，我国的考古工作者，1973 年在河北藁城台西村商代早期遗址的发掘中[①]，发现了 1 件用绳子捆绑联装在木柲的戈与矛合体的青铜戟，出土现场清晰可辨（图二）。这件联装铜戟，是目前我国境内发现的时代最早的铜戟，距今已有三千余年的历史（图三）。

图二　河北藁城台西村商代铜戟出土现场

① 河北省博物馆等：《藁城台西商代遗址》，文物出版社 1997 年版。

在我国商代所使用的兵器中，主要有直刺的铜矛和用于钩杀的铜戈。而铜戟可能还处在初期的试用阶段。当时的人们大概是为增强单件兵器的杀伤效能，便开始尝试把戈、矛这两种兵器同时安装捆绑在木柲上使用，这样，便产生了一种新型的兵器——铜戟。戟的试制成功，是我国商代军队在长期的作战实践中总结出来的。当时的人们可能发现，在战斗中经常使用的铜矛，虽然前锋尖利，易于直刺，但如果战斗中敌人躲避及时，或距离稍远，就不容易刺中。而当时使用的铜戈，虽然易于勾击，但不能直刺。因此，商代发明的这种铜戟，不但具有铜矛的直刺优点，而且又具有铜戈的钩击特征，其杀伤效能大大提高。

图三　河北藁城商代墓葬出土铜戟

二、商代联装戟的衰落与西周合铸戟的发展

我国商代试制发明的捆绑式联装戟，在当时的战争中，可能起过一定的作用，但是到了西周时期，这种联装戟便立刻衰落消失了。这大概是因为周氏族与商族的风俗习惯不同吧。所以，西周王朝建立后，对商代发明的联装戟根本没有继续实践发展下去。而在西周时期，普遍流行的却是一种把矛、戈合铸在一起的连体铜戟。这种新型铜戟，早在商代晚期先周居民活动的晋、陕地区就已流行。例如近几年在江西新干大洋洲所发现的商墓中[①]，不但出土了多件形体别致的直内戈与虎首曲内铜戈（图四），而且出土了一件连体合铸铜戟（图五）。

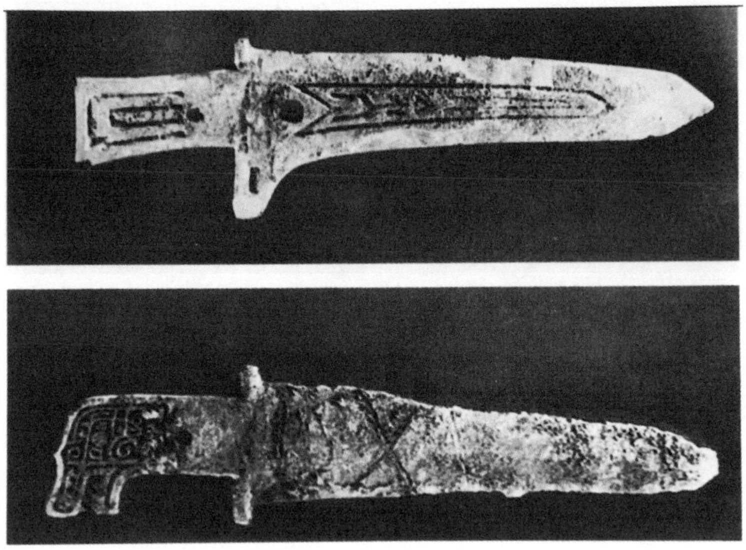

图四　江西新干大洋洲商代墓葬出土直内戈（上）与虎首曲内戈（下）

这件标本为133号的铜戟，为三角形长援，锋也呈扁状三角形，脊隆起，两侧有血槽，长胡，

① 詹开逊：《谈新干大洋洲商墓出土的青铜兵器》，《文物》1994年第12期。

胡阑侧有三个长方穿，向上延伸的戟刺反卷成弯钩状。内为长方形，中间有一圆穿。而西周时期的连体合铸戟，最初是在河南浚县辛村西周墓中发现的（图六）。

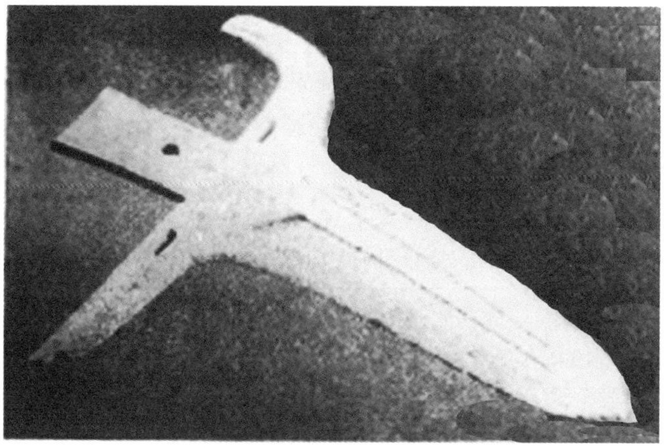

图五 江西新干大洋洲西周墓出土铜戟

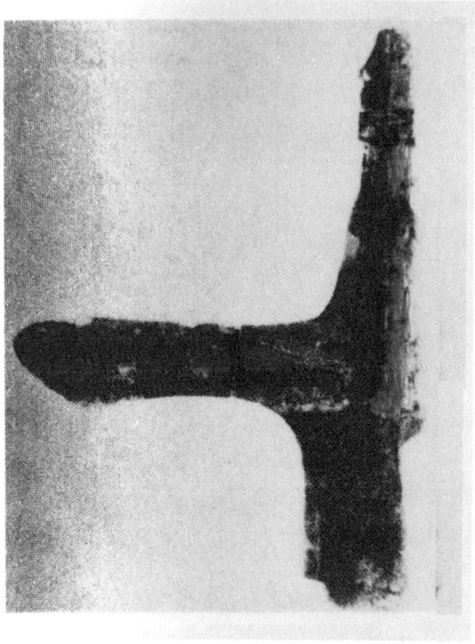

图六 河南浚县辛村西周墓出土合铸铜戟

后来，全国各地陆续又有许多新的发现。据统计，到目前为止，全国地共各发现西周连体合铸戟 60 余件。现统列计表如下（表 1）。

表 1 各地出土西周连体合铸铜戟统计表

出土时间（年）	出土地点	数量（件）	参考文献
1932—1933	河南浚县辛村	34	郭宝钧：《浚县辛村》，科学出版社 1964 年版。
1934—1937	陕西宝鸡斗鸡台	1	苏秉琦：《斗鸡台沟东区墓葬》，北平研究院史学研究所 1948 年版。
1958	陕西宝鸡桑园堡	1	程学华：《宝鸡扶风发现西周铜器》，《文物》1959 年 11 期。
1963	陕西岐山贺家村	1	陕西省考古研究所：《岐山贺家村周墓发掘报告》，《考古与文物》1980 年创刊号。
1964	河南洛阳庞家沟	2	洛阳博物馆：《洛阳庞家沟五座西周墓的清理》，《文物》1977 年第 10 期。

（续表）

出土时间（年）	出土地点	数量（件）	参考文献
1967—1972	甘肃灵台白草坡	2	甘肃省博物馆文物队：《甘肃灵台白草坡西周墓》，《考古学报》1977期第2期。
1970	陕西宝鸡峪泉	1	宝鸡市博物馆：《陕西省宝鸡市峪泉生产队发现西周早期墓葬》，《文物》1975年第3期。
1973—1974	北京房山琉璃河	1	琉璃河考古工作队：《北京附近发现的西周奴隶殉葬墓》，《考古》1974年第5期。
1975	北京昌平白浮村	9	北京市文物管理处：《北京地区的又一重要考古收获——昌平白浮西周木椁墓的新启示》，《考古》1976年第4期。
1976	山东胶县西菴	1	山东省昌潍地区文物管理组：《胶县西菴遗址调查试掘简报》，《文物》1977年第4期。
1980—1986	陕西陇县板桥沟	2	肖琦：《陕西陇县出土周代青铜器》，《考古与文物》1991年第5期。
1986	北京琉璃河	4	中国社会科学院考古研究所等：《北京琉璃河1193号大墓发掘简报》，《考古》1990年第1期。
1960	四川彭县竹瓦公社	1	冯汉骥：《四川彭县出土的铜器》，《文物》1980年第12期。
1980	四川彭县竹瓦公社	1	四川省博物馆等：《四川彭县西周窖藏铜器》，《考古》1981年第6期。

在1932—1933年期间，我国先后对河南浚县辛村西周墓地进行过四次考古发掘，共发掘清理西周墓葬80余座。其中，在M2、M4、M8、M29、M42中均发现有连体合铸的青铜戟，多达30余件。以M42墓出土的数量为最多，1座墓就随葬23件青铜合铸戟，并且出土的许多铜戟在墓内都是两两相似、各自成双摆放的。

1967—1972年，在甘肃灵台白草坡先后发掘了9座西周墓，在M2出土的2件铜戟中，有1件形制较为特殊，戟刺铸成人头状銎。该墓葬的年代，约为西周康王时期。另外，在1975年发掘的北京昌平白浮村3座西周木椁墓中，有2座墓（M3、M4）都出土有青铜戟，共计9件。其中2件戟援弯曲，戟内下卷，形体也非常特殊。其墓葬时代属于西周早期。1976年，在山东胶县西菴村发掘了一座西周时期的车马坑。坑内出土1件摆放在车舆上的合铸青铜戟。这座车马坑时代约为西周早期。西周时期的连体合铸戟，其形体特点大同小异，但个别的差距较大。下面，我们根据全国各地出土的60多件合铸戟的形制特征，将其大体区分为三大类。

第一类是以銎装木柲的无穿合铸戟。这类合铸铜戟有的有内，有的无内，有的形体较厚重，推测这类铜戟可能是以矛为主体，并在侧旁加铸戈援而组成的。这类合铸戟发现的较少，仅在河南浚县辛村2号墓及山东胶县西菴车马坑内各发现1件（图七、八、九）。

图七　河南浚县辛村西周墓出土铜戟

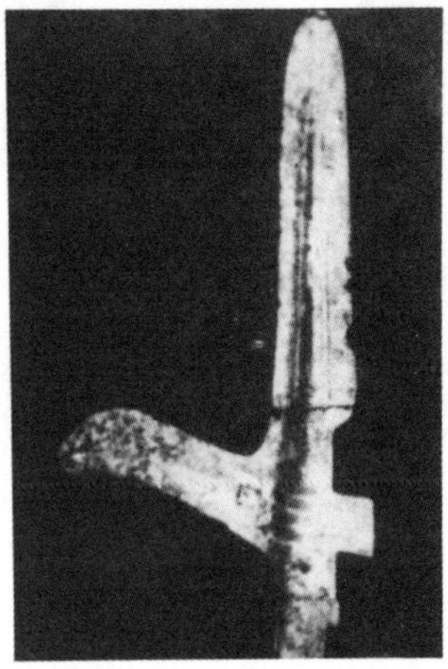

图八　山东胶县西庵西周车马坑出土铜戟

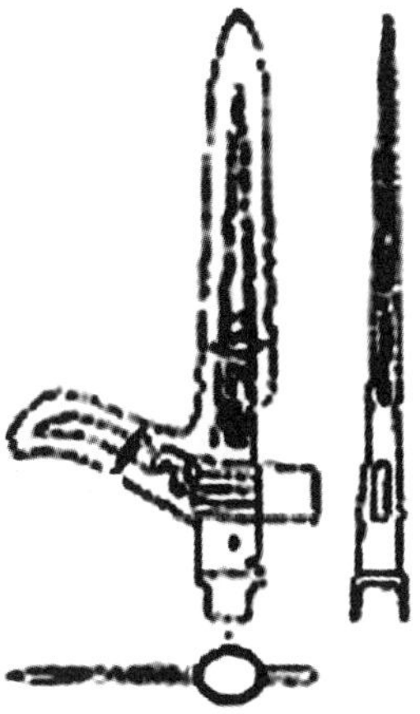

图九　山东胶县西庵出土西周铜戟

第二类是加铸扁体戟刺的长胡多穿戟。以往各地出土的西周合铸戟，绝大多数属于这一类。这类铜戟大都为长胡多穿，均有内，上铸扁体的戟刺，援宽有脊；有的戟援短而宽，近于等边三角形。中脊处常有脊棱，后联一较大的圆穿，援锋呈舌状。还有的合铸铜戟援稍长，也有中脊，长胡方内，并有阑，但戟刺无尖锋，呈扁体状，后侧与阑平齐，无尖刃。阑侧多数为四穿，二穿在胡上，二穿在刺侧，上下对称。推测这类合铸戟可能是以戈为主体，上端加铸扁体刺而组成的。这一类合铸戟，河南浚县辛村至少有25件（图十），洛阳庞家沟出土4件。此外，陕西岐山贺家村及陕西宝鸡斗鸡台（图十一、十二），还有北京琉璃河、陕西宝鸡桑园堡等地，也均有发现。

图十　河南浚县辛村西周墓出土扁刺铜戟

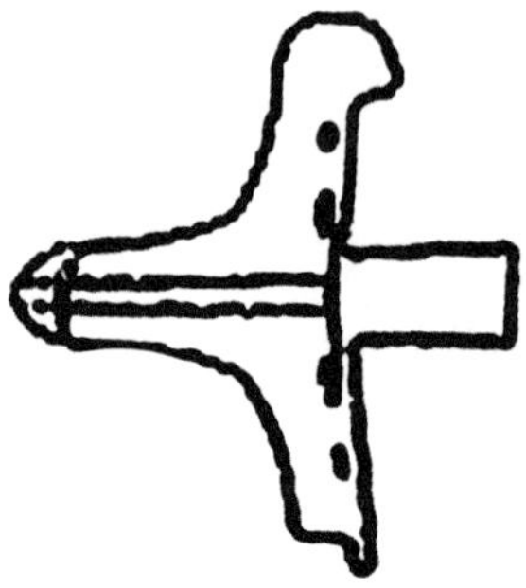

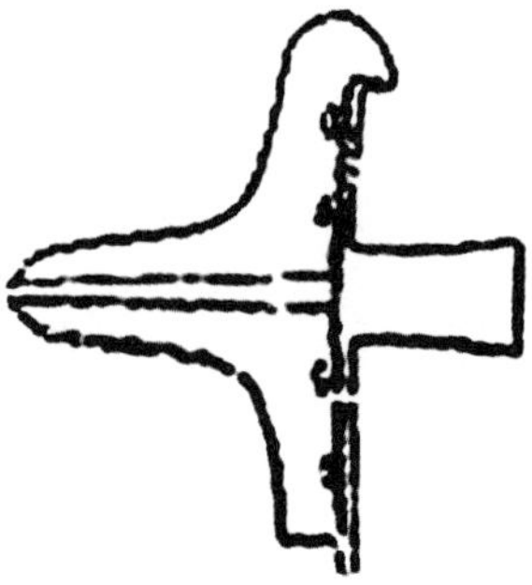

图十一　陕西岐山贺家村出土西周铜戟　　图十二　陕西宝鸡斗鸡台出土西周铜戟

第三类是异形合铸戟，这类铜戟发现的较少。其主要特点是形体变异，有的戟刺弯曲呈钩状，有的戟内曲卷似象鼻，如北京昌平白浮村 2 号墓出土的 2 件就是这类铜戟。这 2 件铜戟，戟援上翘，援锋向下回卷，而向上伸延的戟刺却向后反卷成弯钩状，戟内的末端也向下卷曲成象鼻状。该合铸戟刺上无穿；仅在胡上设二穿（图十三、十四）。

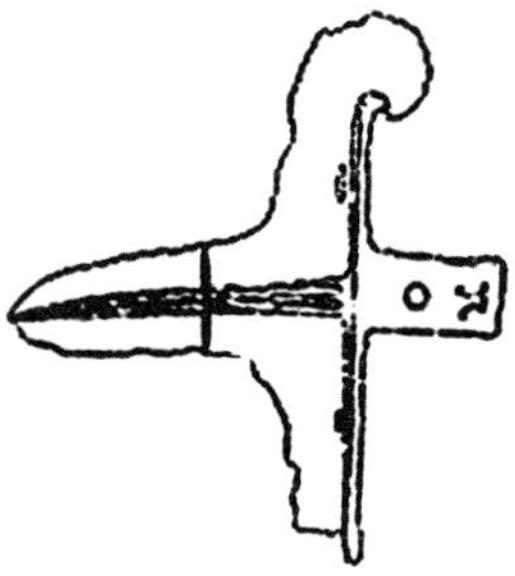

图十三　北京昌平白浮村西周墓出土铜戟　　图十四　北京昌平白浮村出土西周铜戟

另外，甘肃灵台白草坡 2 号墓出土的异形戟，其戟援上翘而锋端钩曲，中有脊棱，棱基上饰 1 牛头。戟刺顶端无尖锋，而铸成一个浓眉大眼的人头像。又在其人头像的脖颈上铸 1 个椭圆形的銎孔，用来安插柲柄。内为方形，内末并岐出三齿，内表面饰有牛头图像。其铜戟长胡有阑，胡上有二穿，刺侧有一穿（图十五）。上述这类异形戟的造型奇特，不便作战，大概是用于庆典的仪仗戟。

图十五　甘肃灵台白草坡西周墓出土铜戟

从上述各地出土的铜戟得知，西周时期的合铸戟在当初发现时，绝大多数是伴同其他兵器和车马器一块出土的。如山东胶县西菴车马坑出土的铜戟，当时就是与戈、镞、胸甲等放在一起。另外，北京昌平白浮村西周墓所发现的 9 件铜戟，当时出土时也是与车軎、马衔、当卢、马冠等车马器放在一起的；这说明铜戟与车战有着密切关系。西周出土的连体合铸戟，大概就是当时用于军队车战的格斗兵器。其他如陕西宝鸡斗鸡台桑园堡和峪泉，以及陕西岐山贺家村、甘肃灵台白草坡、北京琉璃河等西周墓出土的铜戟，也均同时出土一些车马器。这充分说明，西周时期这种新型合铸戟，可能是为了进行车战而专门铸造的。但是，由于这种新型兵器铸造工艺过于复杂，决定了它并无发展前途。既然西周时期试制的这种连体合戟很快就被淘汰了，当时的人们不得不再另外探索制作铜戟的新途径。于是，到了春秋时期，人们又把商代已试制使用过的用矛、戈联装成新的类型的做法，重新应用起来，这就使铜戟的试制和使用步入了一个新的发展阶段，以致后来达到它的鼎盛时期。至于在西周时期，是否继续进行过戈、矛联装戟的试验呢？现在还不太清楚。不过在我国边远地区的一些古代民族中，曾经有过类似的尝试。例如，1960 年，在四川彭县竹瓦街出土的窖藏铜器中就曾发现过 1 件戈、刺分铸联装的青铜戟，戟的上面刻铸有鸟纹。后来，1980 年又在竹瓦街发现过类似的窖藏铜器，其中也出土过上述类型的联装戟（图十六）。

图十六　四川彭县竹瓦街巴蜀墓出土铜戟

这类铜戟援和刺上均饰有目纹和蝉纹。而这类联装戟的时代，相当于西周末期或春秋初期，即所谓“巴蜀文化”的中期偏早阶段[①]。这些戈、刺联装而成的铜戟，不论是它的形制还是它们的纹饰，都具有鲜明的地方特色。以四川盆地为中心的巴蜀文化，它们与中原地区的周文化是否有着密切的联系，还需作进一步的探讨和研究。

三、东周联装戟的鼎盛与戈、戟之考辨

西周初期发明试制的联体合铸戟，由于它的制作工艺较为笨拙复杂，所以到了西周晚期，这种兵器便逐渐衰败绝迹。进入春秋时代，一种仿效商代矛、戈捆绑联装在一起的新型铜戟便产生了。当时的一些古文献，也便开始出现大量用戟来进行作战格斗的记述。然而，在春秋之前，虽然铜戟已经产生，但它并不是当时最主要的格斗兵器，其数量也较少，并且大都是些用于车战的车戟。所

① 赵殿增：《巴蜀文化几个问题的探讨》，《文物》1987 年第 10 期。

以，在春秋之前古文献中出现的有关兵器的记述，还找不到铜戟的代表名称。如《尚书·牧誓》，仅记述有“称尔戈，比尔干，立尔矛，予其誓”，却没提到铜戟的名字。这说明在西周时期，戈与矛是当时最主要的格斗兵器，而铜戟还没有资格与其相提并论。所以，直到春秋时期，铜戟才真正成为当时比较重要的格斗兵器。因此，前面所引《左传》等文献记述用戟的事例，都说明铜戟在春秋时期已成为较为常用的作战兵器。所以，《周礼·考工记》中对戟的形制特点有了较清楚的记述。例如在《周礼·考工记·冶氏》就曾记载当时的兵器：“戟广寸有半寸，内三之，胡四之，援五之，倨句中矩，与刺重三锊。”上述文献记载，对戟的形制特征虽作了较明确的记述，但由于战国晚期铁戟的出现，因此到了汉代，当时的一些名儒文人，已弄不清东周之前铜戟的真实面貌，所以常依汉代的铁戟的形制特点来进行注解。如孔颖达在《尚书正义》中，把戈注疏为“戈即戟也”。并把《考工记》中所记述的戈、戟木柲尺寸的长短不同，附会为“然则戈、戟长短异名”。并进一步错误地解释说：“戈者即戟，此云举戈，宜举其长者，故以戈为戟也”。汉代的名儒和文人把戈与戟两种兵器混为一谈的错误注疏，到了宋代以后虽有所澄清，但当时还是有许多人搞不清楚戈与戟的真正区别是什么。众所周知，戈为古代的钩兵器，它主要用于钩勒或钩啄敌人，关于戈的形制特点，人们早就比较清楚了，但是对于铜戟的形制特点，从汉代以来一直是一个不解之谜，以致造成不少现代文人学者哀叹：“戟制沈冤二千载，不知何时洗清白?”清代著名的考据学者程瑶田①，最先提出铜戟的造型应作“十”字状。与此同时，程氏本人还作了一个铜戟形状的假想图。由于一直得不到出土实物证实，后来，程瑶田对自己以前的设想又产生了怀疑。于是，他又提出了一些新的想法。到了1930年，郭沫若先生翻阅了大量的古代文献资料，明确指出戈与戟的确不是同一种兵器。当时，他还专门作了一篇题为《说戟》的考证文章②。他认为，戈与矛结合在一起的才称为戟，其主要的特点要看上面有没有“刺”。他说：“故余意戟之异于戈者，必有刺……而刺，则当如郑玄所云：‘着柲直前，如镈者也’；此物当如矛头，与戟之胡、援、内分离而著于柲，故《记》‘文言’‘与’‘刺’与戟体本分离，柲腐则判为二器，故存世者仅见戈形，而无戟形也。”郭沫若先生进一步阐明，铜戈发现的比较多，而戟却发现的较少，其原因就是戈与矛结合联装组成了戟，但由于发现时其连接戈、矛的木柲已腐朽残断，所以人们往往把一件联装而成的完整的铜戟，误认为是戈与矛两件兵器。到了1932年，胡肇春先生也作了一篇题为《戟辨》的文章，对铜戟的形制特点及其用途等进行了较为详细的考证。他认为，戟为三用之兵，可勾可斩，而主要用在刺③。上述诸位先生的这些考证，虽对铜戟的形制特点及用途有较深刻的认识与发现，但是，真正证实戈与戟为两种不同格斗兵器的事例，还是在1936年，我国河南汲县山彪镇1号墓中出土的2件上面带有水陆攻战图

① 见《冶氏为戈戟考》《考工创物小记》。
② 郭沫若：《说戟》，载《殷周青铜器铭文研究》，人民出版社1954年版。
③ 胡肇春：《戟辨》，载《考古学杂志》，黄花考古学院1932年版。

像纹饰的青铜鉴（图十七）。铜鉴图像中持戟搏斗的士兵手中所拿的兵器，就是由戈、矛、木柲所联装而成的铜戟。另外，还发现在铜戟木柲上端靠近戟体的地方，并安装有一组带刺的钩距（图十八）。

图十七　河南汲县山彪镇出土周代铜鉴壁上的持戟士兵格斗图

图十八　山彪镇铜鉴壁上的士兵持戟水陆交战图细部

这一图像不仅展现了当时的士兵在陆地或船上用戟作战的情景，而且展现了铜戟的使用方法及真实的形体造型。更重要的是，在这座墓葬中，同时出土的还有 4 组戟刺、戟体分铸的联装铜戟。这 4 组联装戟，均安装有捆绑在木柲上特制的戟距，与上述铜鉴纹饰图像中戟距的造型完全相同。此外，次年又在河南辉县琉璃阁战国 75 号墓中发现了 1 件与山彪镇出土形制类似的联装铜戟。这件铜戟的戟体与戟刺接近垂直状，出土时其间并有明显的木柲捆绑痕迹；这说明此种兵器，正是由戟刺、戟体联装捆绑而成的。自 50 年代以来，我国的田野考古工作迅速发展，各地所获取的东周铜戟的资料更是不胜枚举。假如说早在西周之前，其铜戟的试制还处在原始发展阶段的话，那么，到了东周时期，铜戟的制作已达到前所未有的鼎盛阶段。到目前为止，全国各地共发现东周铜戟达 100 多件，我们根据各地当时出土铜戟的先后顺序，统计列表如下（表 2）。

在各地出土的东周铜戟中，许多带有铭文自铭为戟。如在河南淅川下寺发现的一批春秋时期的墓中，其中两座墓葬出土的 6 件铜戟，上面均有铭文，自铭为："王孙诰之行戟"或"王子午之行戟"；还有 2 件自铭为"以邓之用戟"（图十九、二十、二十一）。

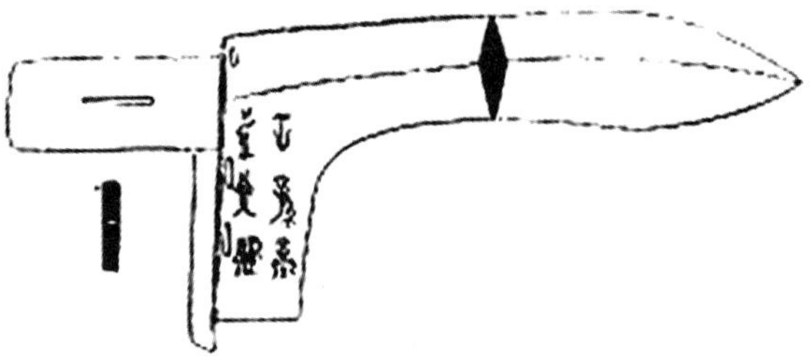

图十九　“王孙诰之行戟”

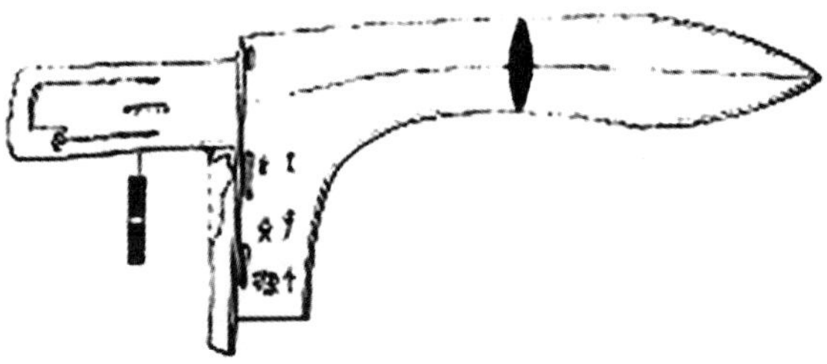

图二十　“王子午之行戟”

图二十一　“以邓之用戟”

上述这6件铜戟，其形制特点及上面的铭文，各自成双，两两相同。再如，在湖北随县曾侯乙墓的发掘中，不但出土30余件基本完整的铜戟，而且出土了66件基本完好的铜戈。这些铜戟与铜戈上面大都有铭文。其铭文既有自铭为戈者，又有自铭为戟者，但戈与戟的形制特点有所不同，而各自安装木柲的长短及木质也不一样。该墓出土的铜戈，均为肥援短柲，一般柲杆长1.31—1.4厘米，其柲杆均为木质。在出土的66件铜戈中，有48件戈头上带有铭文，其中有42件自铭为戈。戈上铭文有“曾侯乙之走戈”，有“曾侯乙之用戈”，还有“曾侯乙之寝戈”等（图二十二、二十三、二十四）。

表2　各地出土东周联装戟统计表

出土时间（年）	出土地点	数量（件）	参考文献
1936	河南汲县山彪镇	4	郭宝钧：《山彪镇与琉璃阁》，科学出版社1959年版。
1937	河南辉县琉璃阁	1	同上
1951	河南辉县赵固	2	中国科学院考古研究所：《辉县发掘报告》，科学出版社1956年版。
1952	河北唐山贾各庄	1	安志敏：《河北省唐山市贾各庄发掘报告》，《考古学报》1953年Z1期。

（续表）

出土时间（年）	出土地点	数量（件）	参考文献
1954—1955	洛阳中州路西工段	2	中国科学院考古研究所：《洛阳中州路（西工段）》，科学出版社 1959 年版。
1957—1959	河北邯郸百家村	4	河北省文化局文化工作队：《河北邯郸百家村战国墓》，《考古》1962 年第 12 期。
1958—1959	安徽淮南赵家孤堆	4	安徽省文化局文物工作队：《安徽淮南市蔡家岗赵家孤堆战国墓》，《考古》1963 年第 4 期。
1959—1961	山西长治分水岭	2	山西省文物管理委员会等：《山西长治分水岭战国墓第二次发掘》，《考古》1964 年第 3 期。
1964	江苏六合程桥	1	江苏省文物管理委员会等：《江苏六合程桥东周墓》，《考古》1965 年第 3 期。
1971	湖南长沙浏城桥	1	湖南省博物馆：《长沙浏城桥一号墓》，《考古学报》1972 年第 1 期。
1972	四川涪陵小田溪	3	四川省博物馆等：《四川涪陵地区小田溪战国土坑墓清理简报》，《文物》1974 年第 5 期。
1973	湖北江陵藤店	1	荆州地区博物馆：《湖北江陵藤店一号墓发掘简报》，《文物》1973 年第 9 期。
1977	安徽贵池	4	安徽省博物馆：《安徽贵池发现东周青铜器》，《文物》1980 年第 8 期。
1978	河南淅川下寺	6	河南省文物研究所等：《淅川下寺春秋楚墓》，文物出版社 1991 年版。
1978	湖北随县擂鼓墩	30	湖北省博物馆：《曾侯乙墓》，文物出版社 1989 年版。
1978	湖北江陵天星观	戟刺：20 戟体：12	湖北省荆州地区博物馆：《江陵天星观 1 号楚墓》，《考古学报》1982 年第 1 期。
1979	湖南溆浦马田坪	1	湖南省博物馆等：《湖南溆浦马田坪战国西汉墓发掘报告》，《湖南考古辑刊》第 2 辑。
1980	安徽叙城九里墩	1	安徽省文物工作队：《安徽叙城九里墩春秋墓》，《考古学报》1982 年第 2 期。
1980	安徽霍山上元村	1	王步毅：《安徽霍山县出土吴蔡兵器和车马器》，《文物》1986 年第 3 期。
1981	湖南慈利官地	2	高中晓、袁家荣：《湖南慈利官地战国墓》，《湖南考古辑刊》第 2 辑。

（续表）

出土时间（年）	出土地点	数量（件）	参考文献
1984	湖南津市市金鱼岭	1	津市市文物管理所：《津市市金鱼岭东周墓葬》，《湖南考古辑刊》第5辑。
1987	四川青川白河乡	1	尹显德：《四川青川出土九年吕不韦戟》，《考古》1991年第1期。
1987	武汉汉阳熊家岭	1	武汉市考古队等：《武汉市汉阳县熊家岭东周墓发掘》，《文物》1993年第6期。
1988	湖北襄阳团山	1	襄樊市博物馆：《湖北襄阳团山东周墓》，《考古》1991年第9期。
1990	山东章丘女郎山	1	济青公路文物考古队绣惠分队：《章丘绣惠女郎山一号战国大墓发掘报告》，《济青高级公路章丘工段考古发掘报告集》，齐鲁书社1993年版。
1991	安徽六安县城北	2	六安县文物管理所：《安徽省六安县城北楚墓》，《文物》1993年第1期。
1992	四川茂县牟托	5	茂县羌族博物馆等：《四川茂县牟托一号石棺墓及陪葬坑清理简报》，《文物》1994年第3期。

图二十二　“曾侯乙之走戈”

图二十三　“曾侯乙之用戈”

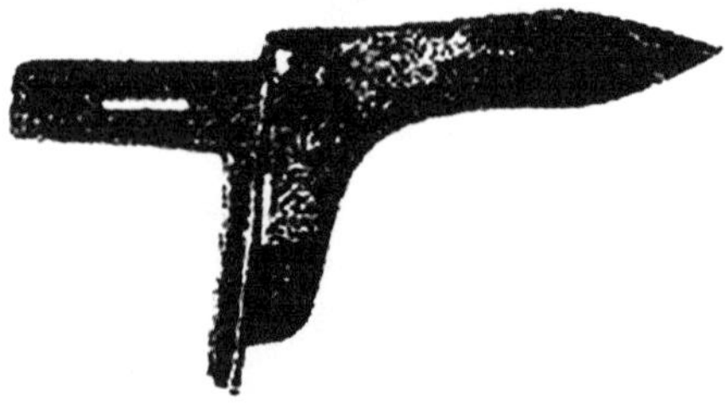

图二十四　“曾侯乙之寝戈”

而该墓出土的铜戟，均为瘦援长柲，一般柲杆长3.21—3.5厘米。柲杆中间为木心，断面呈梨形，前窄后宽，外贴积竹，再用丝线缠成宽带状，表层均髹涂红、黑两色漆（图二十五）。其形制大体有三种：一种为三戟头有刺，另一种为三戟头无刺，再一种为双戟头（图二十六）。

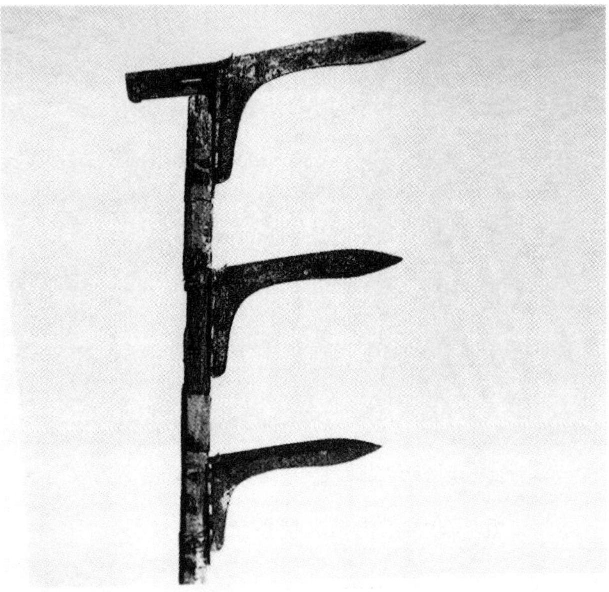

图二十五　曾侯乙墓出土木柲髹漆铜戟

图二十六　曾侯乙墓出土三戟头有刺与三戟头无刺及双戟头铜戟

其中，三戟头无刺的安装方法是，最上面安装一有内戟头，中间及下面均安装无内戟头。最上面的戟援较长，中间及下面的戟援长度依次递减。即第二戟头短于第一戟头，第三戟头短于第二戟头（图二十七）。

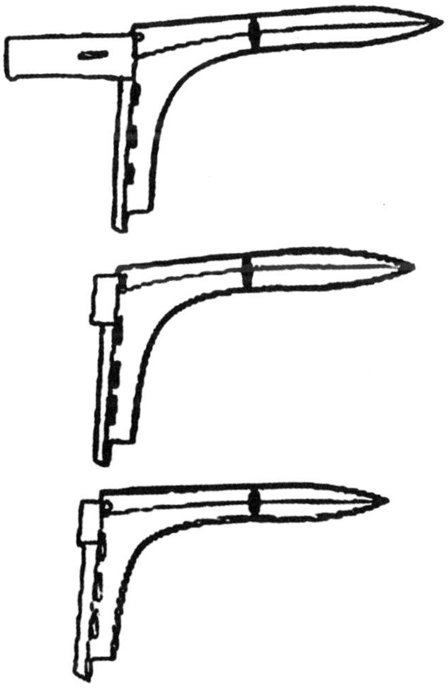

图二十七　曾侯乙墓出土三戟头无刺铜戟

上述曾侯乙墓出土的这些双戟头无刺或三戟头有铭文的兵器，多数上面不带刺，是否因为没有刺，就不应称其为铜戟呢？为什么有许多形体像戈的联装兵器却自铭为“戟”呢？前引郭沫若先生《说戟》的论述，他认为戈与矛结合才是戟，戟的主要特点在于“刺”。那么无刺的铜戟就不叫戟吗？这一千古之谜，我们可从曾侯乙墓墓主内棺两侧的彩绘图案上找到答案。因为在内棺两侧的门两旁，均绘有手持双戟头兵器、肃立而站的神兽武士。它们手中所持的戟，绝大多数没有刺（图二十八、二十九），因此，这种双戟头或多戟头联装的兵器，无论上面有刺还是无刺，都应称其为戟，而决不能称它为戈。《说文·戈部》把戟解释为“有枝兵也”是正确的。在该墓出土的30余件铜戟中，有8件铭文自铭为戟的。这些铭文的写法，有的上下2件或3件戟头的铭文完全相同，如“曾侯乙之用戟”和“曾侯郕之行戟”等。还有的一句铭文分别铸在上下两件戟头上（图三十、三十一）。

图二十八　湖北随县曾侯乙墓侧内棺壁上的神兽持戟图像

图二十九　曾侯乙内棺左侧壁上的持戟图

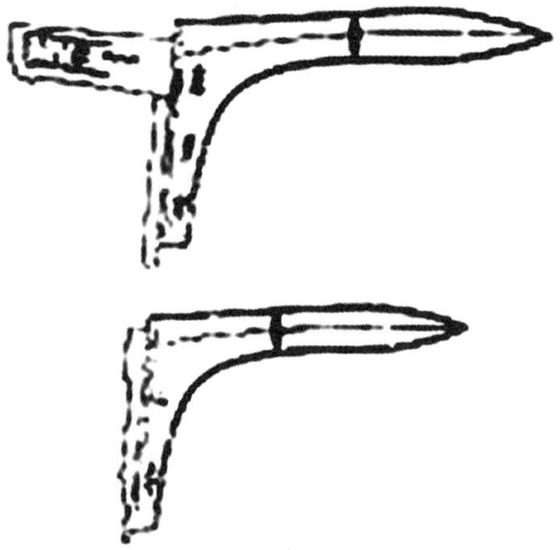

图三十　曾侯乙墓出土同铭文铜戟

图三十一　曾侯乙墓出土上下连读铭文铜戟

据统计，该墓在出土的30余件铜戟中，戟头铭文较完整的有15件，有铭文但不配套的有5件，累计可达20件。然而，从铜戟的铸造与铭文来看，曾侯乙墓有两件铜戟最为精致，其中一件戟头铭文皆鸟书，并且有两戟头错金装饰（图三十二）。

戟头与刺结合为“有枝兵”，那么，双戟头或多戟头联装结合也是“有枝兵”。因此，铜戟的真正称谓特点应是“有枝兵”。上述这种“有枝兵”的双戟头或三戟头的铜戟，过去在各地的一些考古发掘中，均有许多发现。只因为当时人们对此种兵器缺乏一定的认识，所以一直误称其“残戈”。

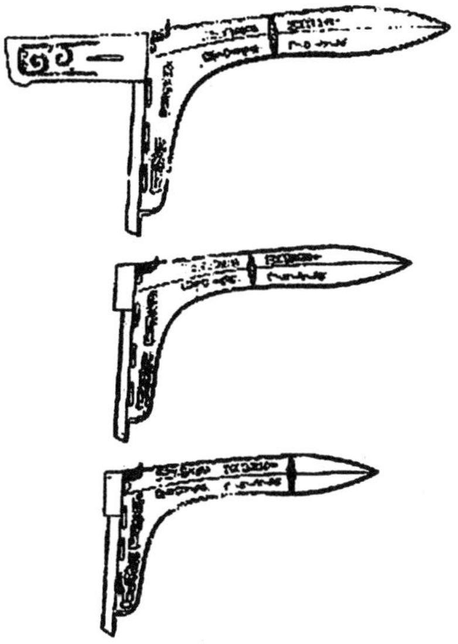

图三十二 曾侯乙墓出土错金鸟书铭文铜戟

例如江陵出土的楚王孙𤔲（鱼）戟①，原发掘简报就称其为戈。实际上，这件兵器为上下 2 个戟头，下面的戟头无内，上面的有内，它是 1 件由上下 2 个戟头联装而成的铜戟。另外，江苏六合程桥也曾出土过 2 件无内的铜戟②，原发掘简报介绍说戈内已残缺，但从照片上看，这 2 件均是联装戟头组成的完整铜戟。还有江陵雨台山楚墓③出土的 2 件被称其为残戈的兵器，也应是由上下 2 个戟头联装而成的铜戟。1980 年，安徽霍山县南岳上元街也曾出土过 1 件错金并带有铭文、自铭为“政敌工差自作用戟”的铜戟，而原报告说此戟内已断失，但从照片观察，实际上戟内根本没有残断，而是 1 件无内戟头的铜戟。1983 年，湖北襄阳团山东周墓葬中也曾出土 1 件由上下 2 个戟头联装而成的铜戟（图三十三）。

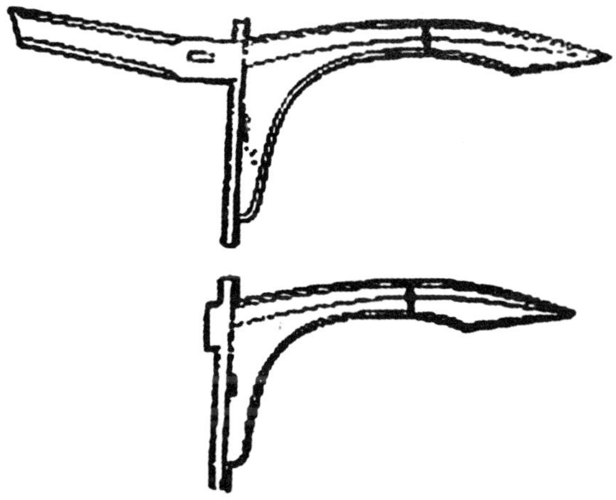

图三十三 湖北襄阳团山东周墓出土两戟头无刺铜戟

1978 年，在河南淅川下寺所发现的几座春秋墓中，出土了几件与此类似的联装多果铜戟，当时也被误认为是什么“短内戈”。上述许多地方发现的这些联装铜戟，上面均未带刺，但我们不能称它为戈，因为戈头与戟头虽然外形大体有些相似，但仔细观察，实际上它们是有明显区别的。我们从出土的实物来看，一般戈援较短宽，脊不太厚，而戟援却狭窄细长，脊较厚。另外，戈头与戟头的多寡也是区别戈与戟的显著特点之一。《增韵》曾载：“双枝为戟，单枝为戈”。唐释慧苑也曾提出：“戈形，旁出一刃也，戟形，旁出两刃也”④。由此可见，铜戟有没有刺不是主要的，而最主要的是看是否具有 2 个或多个戟头。从出土实物来看，凡是多戟头的铜戟，除第 1 个戟头有内之外，其余的戟头均无内，这又是区别戈、戟的又一特点。关于戈与戟各部位长短的区别，据《考工记》

---

① 石志廉：《“楚王孙𤔲（鱼）”铜戈》，《文物》1961 年第 3 期。
② 江苏省文物管理委员会等：《江苏六合程桥东周墓》，《考古》1965 年第 3 期。
③ 荆州博物馆：《江陵雨台山楚墓发掘简报》，《考古》1980 年第 5 期。
④ 见程瑶田《冶氏为戈戟考》《考工创物小记》。

载：“戈广二寸，内倍之，胡三之，援四之……戟广寸有半寸，内三之，胡四之，援五之。”贾公彦疏：“戈广二寸者，据胡宽狭。”除此之外，戈与戟的区别还因戟是长兵器，而戈是短兵器。《考工记》曾载：“攻国之兵欲短，守国之兵欲长。”戈与戟这两种兵器的长短程度，正是因为它们有着不同的用途。所谓的“攻国之兵”，就是进攻性的武器，要求必须灵活机动；因此，使用短兵器比较好。“守国之兵”也就是防御性武器，一般来讲防守城池，对付攻城来犯的敌人，自然还是长兵器比较好。因此，我们根据上述两种兵器的实际用途分析，确认戈是专门用于进攻性的武器，而戟却是防守用的武器，正如《周礼·夏官·司右》郑玄注引《司马法》所载：“凡五兵，长以卫短，短以救长。”可见戈与戟长短有别，用途不一。另外《考工记》还载：“庐人为庐器，戈柲六尺有六寸，殳长寻有四尺，车戟常……”郑玄注：“八尺曰寻，倍寻曰常。”据陈梦家先生考证，战国时期的1尺，相当于现代的23厘米，楚国的1尺还略小于此数①。按上述尺寸计算，戈柲六尺六寸，相当于1.51米，而“车戟常”即为16米，相当于现代的3.68米。当时楚国的尺寸略小，因此，受楚影响的附近地区，其戈、戟尺寸也应比此略小。例如，长沙浏城桥1号墓出土的戈长1.4米，戟长3.1米。而江陵天星观1号楚墓出土的戈长1.5米，戟长3.38米。由此可见，古文献中的记载与出土戈、戟实物对比，其长短数字基本一致。所以，上述《考工记》等古文献对戈、戟形制特点的记载与描述，正好也反映出戈与戟这两种格斗兵器的不同之处。

四、东周铜戟的形制特点与演变

东周时期的青铜戟，无论在数量上还是在形制上，都有迅速的发展与提高。全国各地发现的铜戟，比较典型重要的主要有以下十几处：

1. 河南辉县赵固战国1号墓出土铜戟，共2件。出土时，戟体与戟刺还联装捆绑在腐朽的木柲上。其中一件，戟体为长胡三穿，有阑，在阑的上角还设有中一件援有中脊，细长体微曲，锋端下弧。内末上斜，有刃，呈斜刀状。内有一横穿，长胡上面有两个锐利的小孑刺。戟刺似矛状，但在刺叶居中处也突起2个小孑刺，而在刺叶的后下角，又翘起一个向上直挑的小孑刺。戟体援内全宽29厘米，刺高8.9厘米（图三十四、三十五）。

① 陈梦家：《战国度量衡略说》，《考古》1964年第8期。

图三十四 河南辉县越固战国墓出土铜戟

图三十五 河南辉县越固战国墓出土铜戟

2. 河北唐山贾各庄战国墓出土铜戟，共1件。也为体刺分铸的联装戟。出土时，戟刺位于戟体的上方。戟体为长胡三穿，内上有一穿，内末弧刃上翘。戟刺为穿叶矛状，骹筒细长，筒中空直透脊部，筒口附近并有两个对穿的铆钉圆孔，以固木柲之用。戟体宽27.5厘米，刺高17.6厘米（图三十六）。

图三十六 河北唐山贾各庄战国墓出土铜戟

3. 河北邯郸百家村战国墓地出土铜戟，共4件，也为体刺分铸的联装戟，戟体均为长胡三穿，内末似一有刃斜出，内上有一穿，有的内窄斜上翘。戟刺也分两种形制，一种为刺叶中部突出两个小孑刺，筒上有一铆钉圆孔。戟体宽14厘米，刺高6厘米（图二十五）。另一种戟刺为扁锥形，刺锋圆钝。戟体宽13.5厘米，刺高4厘米（图三十七、三十八）。

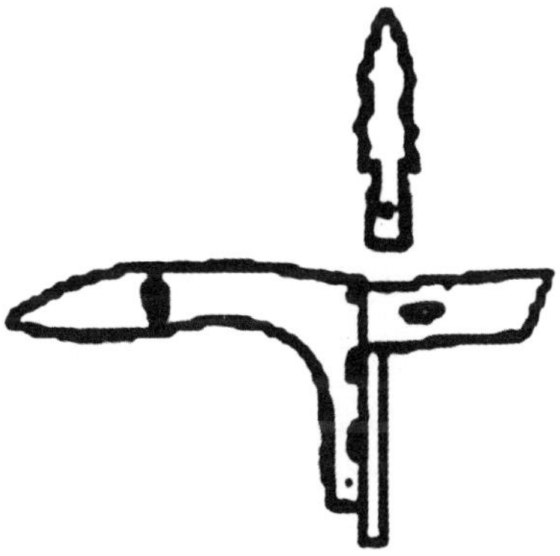

图三十七 河北邯郸百家村战国墓出土铜戟

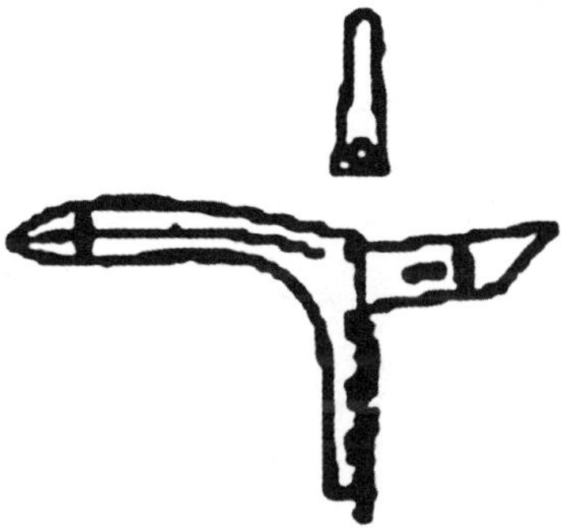

图三十八 河北邯郸百家村战国墓出土铜戟

4. 山西长治分水岭东周墓出土铜戟，共2件，也为体刺分铸的联装戟。其一，戟体为长胡三穿，阑上角有一穿，援微曲，直内有二穿，刺叶两侧刃部突出四个对称的小孑刺。戟体宽29厘米，刺高12厘米（图二十七）。其二，戟体为长胡二穿，阑上角一穿，内末似一有刃斜刀，内上有一穿。援微曲，援锋下斜有刃，并形成折角，再弧接长胡。戟刺为三棱形，戟体宽26厘米，刺高12厘米（图三十九、四十）。

图三十九　山西长治分水岭战国墓出土带铭文铜戟

图四十　山西长治分水岭战国墓出土带铭文铜戟

5. 江苏六合程桥东周墓出土铜戟，共1件。也为体刺分铸的联装戟，戟体为长胡二穿，阑侧上角有一穿，内有一方穿，内末下缘有一小折角，刺为长骹最窄叶矛状，隆脊有棱，筒两面均有固定的木柲铆钉圆孔。戟体宽27.5厘米，刺高24.6厘米。值得注意的是，在戟体的下面，发现有安装连接戟体的柲杆朽木。而柲杆下面的铜镈柄，还保留在原来的位置上。铜镈为平底椭圆形，上饰云雷纹。从柲杆的朽迹来看，其杆柲中间为木心，木心外面缠绕丝织物，丝织物的表层又髹涂有赭漆。据测量，该铜戟全长为227厘米（图四十一）。

图四十一　江苏六合程桥东周墓出土铜戟

6. 湖南长沙浏城桥东周墓出土的铜戟，共1件，但形体较为特殊。刺援相连，刺末稍残，内末向下弯曲呈钩状，刺较长宽，通体无穿，戟体表面有捆绑固定在杆柲上的绳子痕迹。戟体宽17.5厘米，刺高28厘米（图四十二）。

另外，戟体下面的柲杆朽迹可辨，其柲杆中间为菱形木心，木心外层为积竹，积竹外面又包裹一周竹篮，而竹篮外面又用丝线缠绕，表层再用髹漆粘牢，其柲杆全长283.5厘米。

7. 湖北江陵藤店战国1号墓出土铜戟，共1件，为体刺分铸联装戟。戟体一穿，戟体下面伸出一钩距，内较长，内首有一穿，内末弧刃上翘，锋稍残缺（图四十三）。

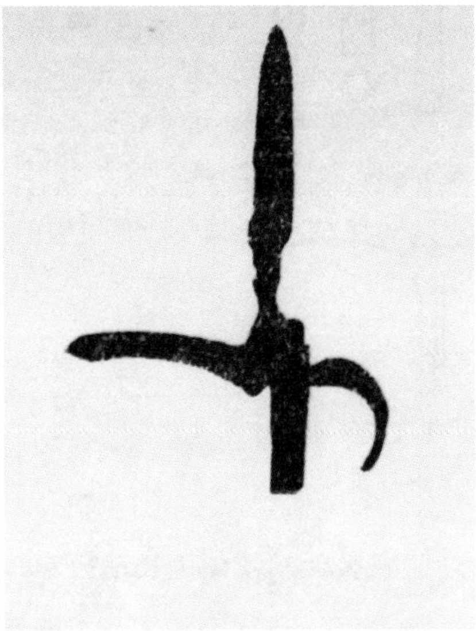

图四十二　湖南长沙浏城桥1号墓出土铜戟

图四十三　湖北江陵藤店战国墓出土铜戟

8. 湖北随县曾侯乙墓出土铜戟，前面曾对该墓出土的铜戟作过论述。该墓出土的联装戟比较完整的有3件，均出自北室。出土的这些铜戟，除戟体和戟刺外，许多还在戟体的下面。另外再安装2件无内的戟头。该墓出土竹简铭文中所记载的随葬铜戟，几乎都加注“二果”或“三果”的注语。因此，这类铜戟上面有几个戟头的，应该就叫作几果戟。有几件铜戟的柲杆保存非常完整，一般通长为343厘米左右（图四十四）。

9. 湖北江陵天星观1号楚墓出土铜戟，也为体刺分铸联装戟。因墓内盗扰严重，出土时戟体与戟刺已分离，此墓仅存戟刺20件，戟体12件。另外，该墓还出土许多残断戟的柲杆。出土的戟体，大都为长胡三穿，戟援窄长，援锋下斜呈宽刀，然后形成折角，再弧接长胡。内平伸后上翘，形成向下弯曲的锐钩刺。短内中部有一横穿，以标本288号为例，戟体宽35.7厘米，脊厚0.6厘米。该墓出土的戟刺，均为有骹的短矛状，数量最多的是刺叶前锐后转圆钝的刺，这种戟刺形似毛笔头，筒侧有一铆钉圆孔，体高11.2厘米。另还有一些刺叶窄长或作柳叶状的戟刺，体高一般在15.1厘米左右（图四十五）。

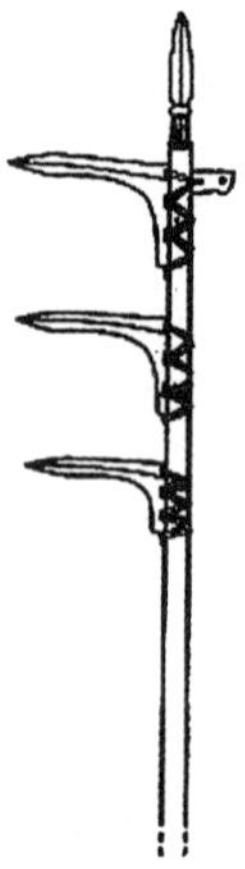

图四十四　曾侯乙墓出土三果铜戟

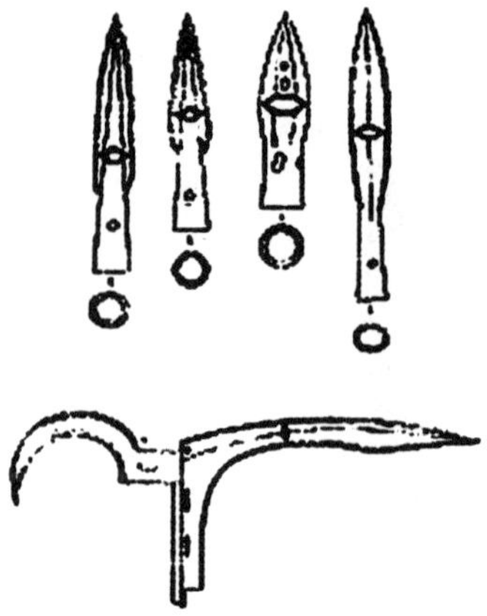

图四十五　湖北江陵天星观1号楚墓出土铜戟及戟刺

10. 安徽舒城九里墩东周墓出土铜戟，共1件，也为体刺分铸联装戟。戟体为长胡三穿，援有脊，锋似圭首状。内上有二穿，一作长方形，内末另一作圆形，内表面饰有错金纹饰。在戟援和胡上共有6个错金铭文，为“蔡□□之用戟”。戟刺较长，脊为三棱形，锋夹已残，短骹下附。刺下面并有扁圆形銎，骹刺之间还有一周上饰卷云纹的宽箍，戟体宽24厘米，刺高15厘米（图四十六）。

11. 章丘女郎山战国1号墓出土铜戟，共1件，也为体刺分铸联装戟，前面已作过论述介绍。但该铜戟在戟体的下面两侧，又联装一对锐利的钩距（图四十七）。

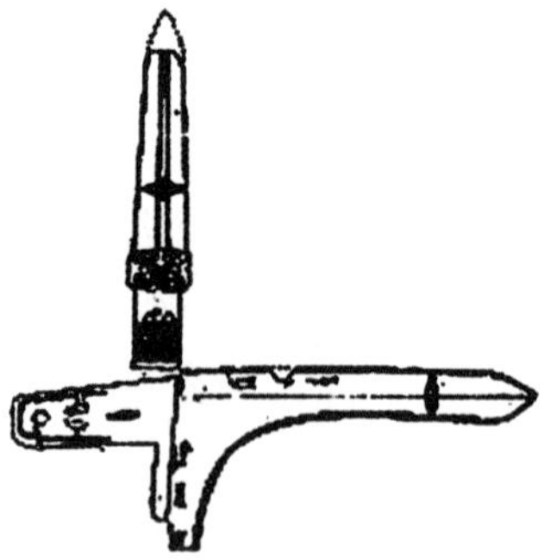

图四十六　安徽舒城九里墩东周墓出土铜戟

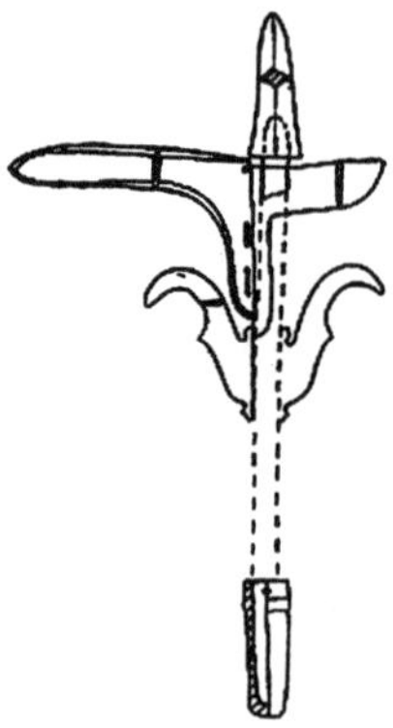

图四十七　山东章丘女郎山战国1号墓出土铜戟

章丘女郎山战国墓出土的这种联装双钩距的铜戟实为罕见。近年来，在河南新郑大高庄东周10号墓中，曾出土过1件与此同样的单钩距。然而，像这种联装附设的钩距，在以往的考古资料中早已发现过。例如，在1957年发掘的河北邯郸百家村3号战国墓中，就曾出土过1件与上述形制特点基本相同的单钩距（图四十八、四十九、五十）。但因当时该钩距是在戟与戈众多的兵器附近发现的，发掘者还不了解此种钩距的真正用途，所以，该报告把此钩距误称为“残戈内”。邯郸百家村出土的钩距，上面有铭文。由此可见，战国铜戟上联装的这种钩距，有的安装1件，为单钩距，有的安装2件，为双钩距，其用途是为了增强铜戟的钩击效能。

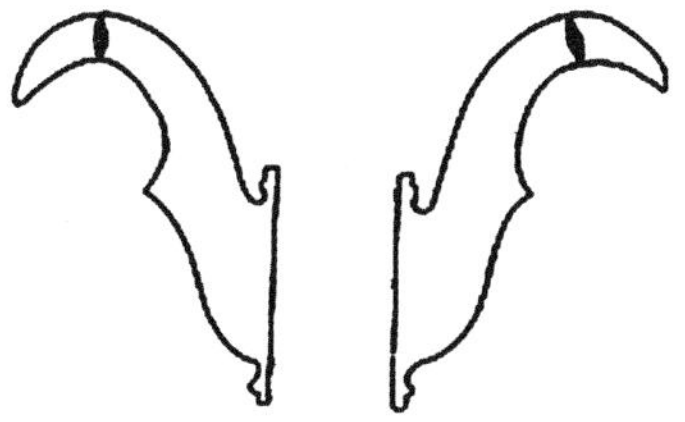

图四十八　山东章丘女郎山战国墓出土铜戟双钩距

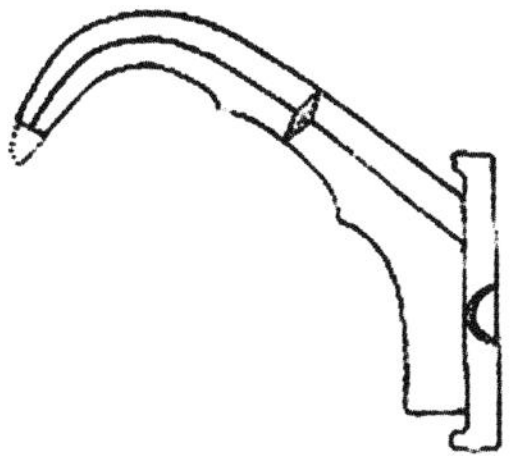

图四十九　河南新郑大高庄战国墓出土铜戟单钩距

图五十　河北邯郸百家村战国墓出土铜戟单钩距

12. 四川茂县牟托1号石棺墓及陪葬坑出土铜戟，共计5件，也为体刺分铸的联装戟。其中，1号石棺墓出土的3件较为完整，这3件铜戟形制大同小异。戟体均为直援两穿，援中部起脊，无胡直内，内末有一菱形小穿。戟刺与戟援形制基本相似，有的援部为素面，有的在一侧饰有排列整齐的方框纹，另一侧延中脊饰一条张口向前爬行的长蛇图像。有的戟刺稍长，有的略短，有的还在刺的下部饰有放射纹，在刺援部饰有排列一致的方格纹，每个小方格内又套饰2个小方块。戟体宽一般在23.5厘米左右，戟刺长在18厘米左右（图五十一、图五十二）。

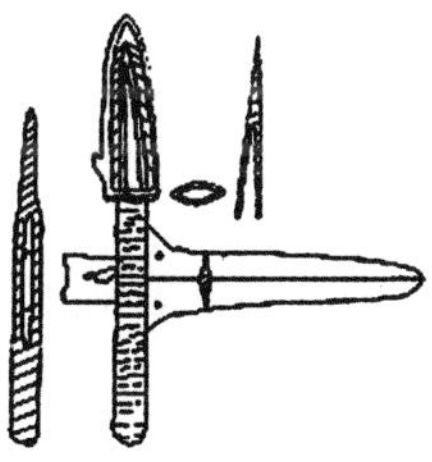

图五十一　四川茂县牟托1号石棺墓及陪葬坑出土铜戟

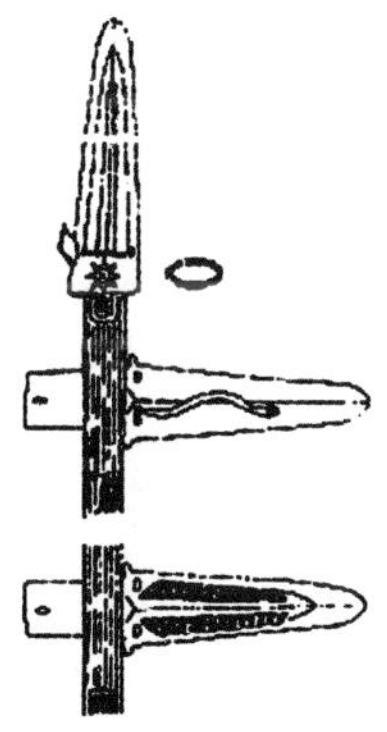

图五十二　四川茂县牟托1号石棺墓及陪葬坑出土铜戟

另外，铜戟的柲杆虽已腐朽，但大都还联装在朽柲上。有的联装戟其戟头部分保存完好（图五十三）。根据出土器物观察，该铜戟的联装方法是，戟内夹装于木柲穿孔中，刺套装于柲杆的顶端，戟刺距内约3.4厘米；出土时，柲杆的朽迹长度为16.2厘米。上述出土铜戟的石棺墓及陪葬坑，为四川盆地地区巴蜀文化的墓葬区系，相当于中原地区的战国早中期[①]。

13. 河南淅川下寺春秋墓群出土铜戟，共6件。其中，2号墓出土4件，均为长胡三穿，上面带有铭文。其一，为一式2件，长援有脊，援前部较宽，中部变窄。内上有一穿，周沿饰双线纹。戟援上部微弧，锋无收刹，胡较宽，内上方穿较长。胡正面有错金鸟书铭文："王孙诰之行戟。"通长27.4厘米，援长20厘米（见前图十九）。其二，也为一式2件。援身稍短，锋尖收刹，内上方穿较短，胡正面有篆书铭文2行6字："王子午之行戟。"戟体通长26.9厘米，援长19.5厘米（见前图二十）。另外，8号墓出土2件，形制及铭文均同。戟体援身较短，锋尖收刹。内上方穿较短，内较窄，阑后稍残，其上有安装木柲痕迹。胡上有篆书铭文两行6字，字迹较清晰。其胡正面的铭文："王子午之行戟。"除上述各地发现的各类铜戟外，在河南省南阳地区东周遗址附近，曾采集到1件形制奇特的剑形戟。这件铜戟，戟刺尖长作剑形，刺下有1铜銎。援锋下刃弧斜，胡下有2个小孑刺，内作尖利的弯钩状，下刃有1棘突。銎上饰变形蟠螭纹，戟援宽约21厘米，刺高30厘米。

图五十三　四川茂县牟托1号石棺墓及陪葬坑出土铜戟

我们根据上述全国各地出土的这些东周铜戟的形制特征，可大致把其区分为四种类型。

A型：戟体一般为长胡多穿，援和内的上缘基本上为一条直线，有的为直内直援。有的内较窄短，援体较宽，援与柲杆的夹角稍大于直角，援锋还保持着早期的圭首状。有的在阑侧的援穿上，常有一鼻饰，并且戟刺较长，还保留着铜矛的原始形状。如安徽舒城九里墩春秋墓出土的铜戟，以及四川茂县牟托出土的铜戟。

B型：一般戟体也为长胡多穿，但戟援上翘，有的有内，有的多果无内。有的戟内平伸，有的逐渐上扬，而戟援渐渐变得瘦长，并呈弧曲状，援锋成锐角，援与柲杆的夹角逐渐增大，有的可达100度。戟刺除有的还保持矛的原形外，有个别的形体开始逐步变小。有的形体变得有点特殊，常在刺叶的侧刃突出1—2个小孑刺，或在刺叶下翘起2个小孑刺。河北邯郸百家村战国墓，以及山西长治分水岭战国墓出土的铜戟就是如此。另外，还有湖北随县曾侯乙墓出土的铜戟。

C型：也可称其为钩刺型。这种铜戟戟体一般也作长胡多穿，但戟援大都向上扬起，下斜成斜刃，然后形成折角，再弧接长胡。使援的上刃成弧刃，下刃的弧度也逐渐增大，加强了钩击的威力。

① 赵殿增：《巴蜀文化几个问题的探讨》，《文物》1987年第10期。

使援与柲杆之间的夹角度变得越来越大，一般大都超过 100 度。有的戟内平伸后面上翘，内末形成向后下方弯曲的锐钩距刺。湖北江陵天星观 1 号楚墓、湖南长沙浏城桥战国 1 号墓，以及湖北襄阳蔡坡 12 号墓（图五十四）①、湖北江陵藤店 1 号墓出土的铜戟属此类型。除此之外，山东章丘女郎山战国一号墓出土的在戟体下侧联装双钩距的铜戟，也应属于此种类型。

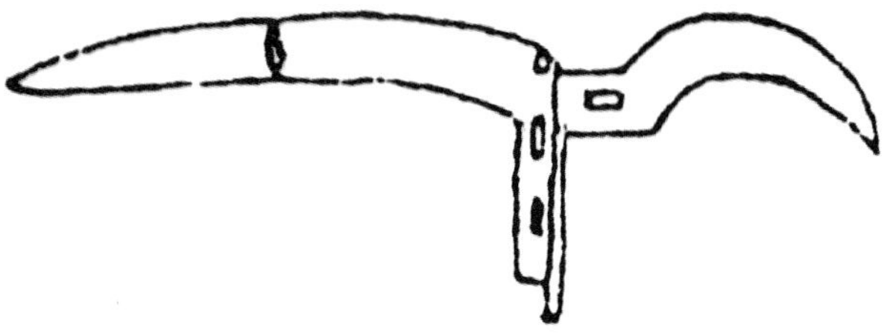

图五十四　湖北襄阳蔡坡 12 号东周墓出土铜戟

D 型：为变体剑形戟。这种铜戟戟体作长剑形，下有銎，援下刃有一凸起的孑刺，内作弯曲的尖钩形，下刃有一棘突。这种变体戟发现的较少，仅在河南省南阳地区东周遗址附近采集到一件（图五十五）。

我们根据上述东周铜戟四种类型的形制特点，可以看出这个时期铜戟发展的基本轨道及时代特征。其中，A 型铜戟的戟体和戟刺，还保留着戈与矛较原始的形状，可以看出这种联装戟成型的时间不长，应为分铸联装戟的初期试制阶段。这种戟大约流行于春秋至战国早期。B 型铜戟的戟体和戟刺与 A 型相比，均有了进一步的发展与改进，特别是戟刺变得越来越小巧玲珑，而在刺叶的刃部又新增设了孑刺等变化，使铜戟的勾击杀伤效能大大提高。B 型铜戟大约流于战国早中期。C 型铜戟与 A、B 型相比，又有了更进一步的改进与变化。首先，这种类型铜戟的戟援明显向上扬翘，刺锋变得越来越尖利，就连尖斜的弯曲长内，也可用来勾杀敌人。还有的在戟体的下侧专门设置联装了尖锐的双刺钩距，这使铜戟的杀伤性能有了进一步的加强与提高。这种 C 型的铜戟，有的内末弯曲带钩，有的在戟体下面带钩。该型铜戟大约流行于战国中期前后，如山东章丘女郎山战国一号大墓出土的戟体下面带有钩距或弯钩的铜戟就是此种类型的代表。D 型铜戟与上述三种类型的铜戟相比，均有了较大程度的变化，并且出土数量较少。这种剑形戟，造型极为特殊，形态演变得似剑像戟，即有剑的因素，又有戟的特征，可为东周铜戟逐渐走向衰落的变异。其时代，大约在战国晚期前后。

图五十五　河南南阳地区东周遗址采集的剑形戟

另外，出土东周时期铜戟的墓葬，墓主的身份大都是卿、大夫以上的官员或军事将领。并且在出土

① 刘旭：《中国古代兵器图册》，北京图书馆出版社 1986 年版。

的铜戟附近，大都发现许多其他兵器和车马器。这充分说明铜戟是当时用于车战的重要兵器。但是因为铜戟出土时往往与戈、矛混杂伴出，由于当时发掘者对铜戟的形制特点不够清楚，所以在过去的出土文物中，有许多分铸联装戟都被误认为戈与矛是不同的两件器物，这无形中就把一件完整的铜戟错定为两件兵器。前面已作过论述，戈与戟不但形制特点有所不同，其柲杆的长度区别更大。关于铜戟的总体长度，《考工记》在论及“车有六等之数”时，明确指出：“车戟常，崇于殳四尺，谓之五等。”又载：“八尺曰寻，倍寻曰常。”而当时记载一般人是“身高八尺”，所以，车戟的长度一般是高出人体的一倍。而江苏六合程桥1号墓，长沙浏城桥1号墓、随县曾侯乙墓、江陵天星观1号墓及山东章丘女郎山战国一号墓，出土铜戟的长度分别是：2.27米、2.835米、3.43米、3.38米、2.32米。其长度与《考工记》中所载的规定基本上吻合。由此可见，我国各地出土的东周铜戟，绝大多数是专门用于车战的车戟，但也有一些墓葬出土的形体较小、器壁甚薄的铜戟，大概是一些仪仗用戟。至于战国晚期前后出现的剑形戟，它已失去了车戟的资格，但也不是仪仗用戟，它应是一种用于防身自卫或近卫专用的短兵器。《晏子春秋》曾记载崔杼杀庄公后，与庆封劫诸将军大夫盟于大宫之坎上，对不盟者，“戟拘其颈，剑承其心……曲刃钩之，直兵推之”。古文献中记载的此种既有戟的钩斫特点，又有长剑直刺推击特征的短兵器，很可能就是这种剑形戟，而不是柲杆较长的车戟或仪仗戟。

综上所述，我们从商代、西周、东周时期铜戟的产生与发展，以及对戈与戟这两种不同兵器的分析和考证，进一步阐明了最早的铜戟是商代用戈与矛捆绑而成的。但到了西周时期，商代试制发明的这种捆绑联装戟并没有继续发展下去，而是被一种体、刺合铸在一起的铜戟取而代之。这大概是因为周氏族与商族有着不同的习俗，所以，西周根本没有沿用商代分铸联装的铸戟形式，而是重新试制发明了一种体、刺合铸铜戟。这一切从出土的大量西周联体合铸戟的实物，可以得到有力的证实。然而，此时我国的一些边远地区，如四川彭县等地，可能不大受周王朝的控制，所以，这些地区发现的相当于西周末期的青铜戟，均为体、刺分铸联装的铜戟，并且具有鲜明的地方特色。但是，西周时期中原地区广泛流行的联体合铸戟，其命运却非常短暂，它随着西周王朝的灭亡而逐渐绝迹。于是，到了春秋时期，当时的人们感到西周合铸戟的铸造过于复杂，所以，人们又联想到商代已发明使用过的分铸联装戟，因此，从春秋早、中期开始，人们便又重新开始铸造、使用这种体、刺分铸的联装戟，从而使铜戟的发展进入了一个崭新的阶段。此时，人们已总结出不同类别兵器的合金配方，即《考工记》中的“六齐”。其中四项为戈戟之齐、大刃之齐、削杀矢之齐、斧斤之齐。尤其是进入战国以后，青铜联装戟的铸造与使用达到了前所未有的水平。这个时期铜戟最主要的杀伤效能表在：

1. 首先是戟援的上翘，援与柲杆的夹角从近于直角逐渐发展到后来的100°，而从100°又发展到此时的110°上下。

2. 戟援由宽变窄，由直变曲，由短粗变得细长。

3. 戟锋逐渐变得锐利，由最初的弧圆刃而演变成斜刃，然后又形成折角，再弧接长胡，使得弧接长胡的一段下刃的弧曲度，几乎接近圆周的弧度。

4. 戟内由方角变成斜刃利刀，再由斜刃利刀变成尾部向下弯曲的钩距利刺，或在胡的下端一侧或两侧，设置尖利的钩距。通过上述改进，战国中期前后的铜戟，不论是戟援的钩斫效能，还是戟内斜刃利刺的钩距作用，均有了较大程度的发展与提高。众所周知，对敌人来讲，其身体最易遭受致命伤害的部位，主要是颈部及头部，其次是上肢，特别是人的脖颈，很容易招致伤残。前引《左传·襄公二十三年》所载范氏和栾氏的交战中，有关于栾氏用戟作战车覆人亡的记载："或以戟钩之，断肘而死。"其中的"以戟钩之"之戟，很可能就是上述这种带有钩距利刺的联装戟。总而言之，东周的联装戟，尤其是战国中期前后发明的这种上面带有利刺钩距的联装戟，的确在当时的战争中起到了巨大作用。然而，到了战国晚期以后，由于铁戟的出现及车战的逐步消失，联装铜戟便逐渐衰落乃至绝迹。战国晚期前后，普遍流行的是一种"卜"字形的铁戟。然而，1965 年，在河北易县燕下都的考古发掘中，不但出土有"卜"字形的铁戟，而且出土了一件与铁戟器形相同的青铜戟。这件极为罕见的"卜"字形铜戟，其形制为直援横出，援根有一横穿，与援相对，一面有刃，上延呈矛形，已残。阑在援的对面，阑侧有三穿，援上并有铭文，戟体残长 22 厘米，援长 16 厘米（图五十六）。

图五十六　河北易县燕下都出土卜字形铜戟

燕下都铜戟与铁戟的同出，这说明此时正处在铁戟取代铜戟的试用交替阶段。而铁戟与铜戟相比，前者硬度更大，杀伤力更强。铁戟的大量出现，使青铜戟这种古代的格斗兵器逐渐走向它的定型期。从此以后，使用大批步兵持铁戟作战的战争便日益增多。以致后来出现了如《史记·平原君列传》中所记载的以"持戟百万"而代表兵力多寡的说法。而在我国唐宋时代，广泛使用对付骑兵的所谓"钩连枪"，即在所谓"长矛标枪"的两侧，附加捆绑上特制的金属钩。这大概也是受到商代、西周、春秋、战国乃至汉代广泛流行的铜戟及铁戟的启发与影响吧。但无论如何，没有商周时代的青铜戟，就不会出现后来如此众多的铁戟与其他各种钩兵器。由此可见，铁戟以及历代出现的各种钩兵器，都是在商周时期青铜戟的基础上产生并发展起来的，所以，今天我们探讨研究青铜戟的产生与发展，考证戈与戟名称的由来与分辨，这不但具有尊重历史、提高我们的辨别是非能力的现实意义，而且具有推崇祖先的聪明才智、增强我们民族自尊心与自信心的历史意义。

（原文载《故宫文物月刊》1995 年总第 153 期，略有修改）

大汶口遗址——东方文明的曙光

何德亮

（山东省文物考古研究院）

大汶口遗址是大汶口文化的命名地，位于山东省泰安市岱岳区大汶口镇，北距泰山约 30 公里，东距徂徕诸山约 25 公里。遗址坐落在汶河和柴汶河交汇处，被自西向东横穿的大汶河分为南北两部分，南部隶属宁阳县堡头村，北部为泰安岱岳区的大汶口镇卫驾庄村。遗址平面为椭圆形，呈西北—东南走向，地势北高南低，北部和南部边缘因河流历年冲刷破坏比较严重，而遗址的南部则被堡头村占压，现存面积约 82.5 万平方米。

一

20 世纪 50 年代，为配合津浦铁路复线建设工程，山东省文物管理处、济南市博物馆于 1959 年首次对大汶口遗址进行抢救性发掘（由于该遗址一部分属于宁阳县堡头村，故使用过“堡头遗址”的名称），发现墓葬 133 座。① 这批墓葬按照形制可以分为大、中、小三类。小型墓葬墓坑狭小简陋，只能容放尸体，没有或只有 1—2 件随葬品。中型墓葬少数有木椁，随葬品只有 10—20 件。大型墓葬墓穴规模大，棺椁俱全，随葬品十分丰富，少者 50—60 件，多的达到 180 余件。墓葬中出土的这批特征明显的随葬器物，曾一度引起考古学界的普遍关注，以此命名为大汶口文化。1974 年出版有《大汶口——新石器时代墓葬发掘报告》。

对这批考古资料，当时有的同志认为它是山东龙山文化早期类型，名曰“堡头类型”。1961 年出版的《新中国的考古收获》一书就把大汶口墓地单独以“堡头类型”进行介绍，指出这一遗存的文化性质具有它的特殊性，虽然基本上与典型的龙山文化相类似，但和青莲岗文化似乎也有某些联系。有人认为它可能是早期的“典型龙山文化”，也有人提出它可能是晚期的“典型龙山文化”，或

① 山东省文物管理处、济南市博物馆：《大汶口——新石器时代墓葬发掘报告》，文物出版社 1974 年版。

者属于另一类型的文化遗存。这种现象反映了当时学术界对大汶口遗址这批墓葬的认识水平。

1974 年、1978 年，为了配合泰安至兖州公路的修建工程，山东省文物考古部门又对大汶口遗址进行了第二、三次发掘①，揭露面积 7000 多平方米，获取了一批北辛文化以及大汶口文化早期的房基、灰坑等遗迹，以及陶器、石器和骨器等文化遗物。这批遗迹遗物的发现，对于进一步了解有关北辛文化的面貌特征以及与大汶口文化的因袭关系等，无疑提供了一批难得的珍贵资料。这批年代较早的房基、灰坑、墓葬等遗迹以及大量陶、石、骨、牙器等各类文化遗物，进一步丰富了该遗址中的早期大汶口文化和更早一些的文化遗存的内涵，为大汶口文化渊源、发展谱系研究提供了一批崭新的资料，同时也为研究大汶口文化早期社会结构和意识形态的变化研究提供了新的线索。

遗址中的北辛文化遗存主要有房址、灰坑、窑址、墓葬等。房址以椭圆形居多，另有圆形、方形者。这批房址面积较小，多在 3.5—5 平方米，浅穴式房基，由居室和门道两部分构成，斜坡式门道，方向不一。灶多位于房室中后部。房基分浅穴和半地穴式两种，门道附近有一面坡式门棚。遗物主要有陶、石（玉）、骨、角、牙器等。陶器分泥质和夹砂两大类。陶色以红色为主。纹饰有锥刺纹、划纹、压印纹、附加堆纹和凸棱等。制陶工艺以手制为主。主要器类有鼎、钵、壶、盆、三足钵、支脚和漏缸等。石器以打制者居多，斧多数刃部精磨，通体磨光者极少。主要器类有铲、斧、锛、刀、镞、锤、球、纺轮、磨棒和磨盘等。骨、角、牙器有矛、镞、锥、两端刃的雕刻器和骨针等。

大汶口文化遗存主要有房基、墓葬、灰坑、陶窑等。房基分地面和半地穴式两种，平面形状主要为方形。房屋面积一般为 4—5 平方米，最大者近 17 平方米。门向朝北或东。灶址多在房内西部。半地穴式房址带斜坡或台阶，出入口两侧有柱洞，可能搭建有顶棚。陶窑为马鞍形，属横穴式，由窑室、窑壁、火道和火膛四部分组成。灰坑呈椭圆形、圆形、长方形和不规则形。地层中出土的遗物多为陶器，器类有鼎、三足碗、钵、双耳壶、盆、觯形杯、觚形杯、器盖、支脚等。石器有斧、锛、刀、镞、锤、砺石、纺轮等。骨、角、牙器有锥、凿、镞、雕刻器等。

墓葬形制以长方形土坑竖穴为主，方向多在 73°—125°之间。墓主头向大部分朝东或东南，少数朝向西南或正西。这批墓葬大部分无葬具，仅少数使用木椁或木棺。有的墓穴面积超过 10 平方米，小者面积不足 1 平方米。埋葬习俗盛行单人葬，有同性多人合葬墓和成年男女合葬墓，亦有部分迁出葬。葬式以仰身直肢为主，其次为侧身葬，偶见俯身葬和屈肢葬。部分人骨上存在枕骨人工变形和拔除上侧门齿的现象。墓葬内一般有数量不等的随葬品，其中随葬品以陶器为主，陶色有红陶、彩陶、灰陶、黑陶和白陶。代表性器物有鼎、觚形杯、豆、罐、壶、背壶、袋足鬶、盉、双耳宽肩壶、盆、筒形杯、高柄杯、单把杯、钵、碗、匜、瓶、彩陶釜、鼓、尊和器盖等。这些随葬品多寡

① 山东省文物考古研究所：《大汶口续集——大汶口遗址第二、三次发掘报告》，科学出版社 1997 年版。

优劣相当悬殊，大型墓葬随葬品达数十件甚至百余件，有精美的陶器、玉器、象牙器等各类贵重物品，而小墓则空无一物。这些现象说明，氏族内部已经出现了明显的贫富分化。如 20 世纪 70 年代发掘的 46 座墓葬，从墓葬规模看，已存在大小有别，随葬品的数量和种类差别明显并出现多寡悬殊现象：少者不过数件或一无所有，多者则随葬成组的陶、石、骨等百余件。大墓规模一般长为 2 米，宽 1 米左右。小墓墓坑狭窄，一般长不超过 1. 8 米，宽 0. 4—0. 5 米。大墓墓室宽大，特别在第一墓组中大型墓葬多实行厚葬，随葬品达百余件。与其他墓组相比，第一墓组当是富裕家族的墓地。其中墓 2005，长 3. 6 米，宽 2. 45 米；墓 2019，长 3. 3 米，宽 1. 9 米。仅陶器一项，这两座大墓就占墓葬随葬陶器的四分之一左右，而且还有大量骨器、石器和装饰品等，显示出在大汶口遗址早期阶段贫富差别已经相当明显。由此进一步说明，大汶口文化遗址的经济实力还是比较强的，与周围其他同时期遗址相比，其生产力水平要高许多，在山东地区乃至全国处在领先地位。正如严文明先生所说，在大汶口遗址中，大型墓占少数，小型墓也占少数，多数还是中型墓。而同一文化的其他墓地，如以大汶口做标准，则以中型墓占少数，小型墓占多数。有的墓地即使有大型墓，也没有玉器、象牙器、鳄鱼皮鼓等特殊器物。所以说，大汶口这个聚落的居民无论在财富上还是在社会地位上，都比别的聚落为高。这个聚落中的贵族们不但统治着本聚落的平民，还统治着其他聚落的人民。① 可见大汶口遗址在当时已经成为大汶口文化时期的一个政治、经济、文化的中心区域。

石质生产工具有斧、铲、锛、凿、刀、砺石和磨棒等。装饰品有联孔长方形石片、管状石珠、笄、环、璜等。骨、角、牙器有矛、镞、锥、凿、两端刃器、鱼镖、梭形器、骨匕、针、坠、束发器、笄等，还有作为礼器的玉铲以及精美的透雕象牙梳、镶嵌绿松石的骨雕筒等。随葬品的精美程度达到了相当高的水平，说明当时手工业已经成为一个独立的生产部门。墓葬内普遍盛行随葬獐牙和獐牙勾形器的风气，一些死者腰部放置有涂朱的或穿孔的龟甲，这为其他新石器时代文化所少见。另有随葬猪头骨及猪下颌骨的现象，猪骨作为私有财产的象征，说明私有制已经出现。

二

大汶口遗址延续时间较长，内涵特别丰富，包含有北辛文化、大汶口文化、龙山文化三个时期的遗存，尤以大汶口文化遗存最具代表性。经 ^{14}C 年代测定，其年代距今 6300—4600 年左右，前后延续 1700 多年，比较全面反映了该文化早、中、晚三个发展阶段的面貌特征，对探讨大汶口文化的年代、分期以及文化渊源等均具有重要的学术价值，同时，也为大汶口文化的确立打下了坚实的基础。其社会形态，早期处于母系氏族末期向父系氏族社会过渡阶段，中、晚期则进入父系氏族社会

① 严文明：《中国新石器时代聚落形态的考察》，载《庆祝苏秉琦考古五十五年论文集》，文物出版社 1989 年版。

时期。该遗址的发现，为山东地区龙山文化找到了源头，证明山东、苏北一带是以大汶口文化、山东龙山文化为主体的自成系统的文化区。同时，也为研究黄淮流域及山东、江浙地区的原始文化提供了重要线索。1982 年，该遗址由国务院公布为第二批全国重点文物保护单位。

大汶口文化的范围比较广泛，主要分布在黄河下游的海岱地区，东自胶东半岛，西到河南中部，北到辽东半岛南端，南达江苏北部和安徽的北部地区。据不完全统计，仅在山东境内就发现大汶口文化遗址 550 余处，经过正式发掘的遗址，主要有泰安大汶口，邹县野店，滕州西公桥，枣庄建新，兖州王因、六里井，茌平尚庄，泗水天齐庙，曲阜西夏侯、南兴埠，临沂大范庄，日照东海峪，长岛北庄，蓬莱紫荆山，胶县三里河，诸城呈子、前寨，莒县陵阳河、大朱家村、杭头，五莲董家营，潍坊前埠下，广饶五村、傅家，等等。江苏省境内主要有刘林、大墩子和花厅遗址，安徽省主要是皖北蒙城尉迟寺遗址。

在漫长的历史进程中，大汶口文化的社会生产力发展水平得到了不同程度的提高，为中华古代文明的起源、形成与发展等提供了坚实的物质基础。

农业是大汶口文化居民最主要的经济部门，人们过着定居生活，农作物以粟类为主，同时还兼种黍和水稻。早期农作物发现较少。中、晚期农作物大量增加，莱阳于家店遗址发现粟壳，广饶傅家遗址见到过粟粒①。陵阳河遗址 M12 人骨经测定，发现其食谱中有粟类植物②。建新遗址发现 60 粒轻度炭化的粟粒③。三里河遗址窖穴内发现大量炭化粟粒，在一座不足 8 平方米、容积约 3.5 立方米的椭圆形半地穴粮食库房内，储备有 1.2 立方米的炭化粟粒，折合新粟三四千斤④。蒙城尉迟寺遗址植物硅酸体分析证明，当时的先民以种植粟类农作物为主，同时也兼种稻类作物⑤。西公桥遗址先民的食谱分析中，先民食用稻、粟混食的食物结构⑥。从早期到晚期，经历了从稻、粟混食至稻为主再至粟比例有所回升的发展过程。但不同时期内先民的食谱有所变化，早期阶段，以稻、粟混合食物为主，两者在人们食物中的比例相当（各占 50%左右）。中期阶段，粟的比例减小（小于 50%），稻的比例则相应增加，反映了稻在先民食物中占有较为重要的地位，在某些时期甚至是主要食物。晚期阶段，先民对粟、黍类植物的利用又有所增加。

生产工具作为农业发展水平的重要标志，又有了很大提高。石器多通体磨光，棱角分明，刃部锋利。主要有石铲、石镰、石刀、角锄、牙刀、牙镰、蚌镰等。在三里河遗址大汶口文化墓葬中还发现了鹿角镰。从墓葬中随葬的农业生产工具看，收割工具占较大比例，反映了这一时期粮食收获

① 山东省文物考古研究所等：《山东广饶新石器时代遗址调查》，《考古》1985 年第 9 期。
② 蔡莲珍、仇士华：《碳十三测定和古代食谱研究》，《考古》1984 年第 10 期。
③ 山东省文物考古研究所等：《枣庄建新——新石器时代遗址发掘报告》，科学出版社 1996 年版。
④ 中国社会科学院考古研究所：《胶县三里河》，文物出版社 1988 年版。
⑤ 王增林：《植物硅酸体分析在安徽蒙城尉迟寺遗址中的应用》，《考古》1995 年第 1 期。
⑥ 山东省文物考古研究所：《滕州西公桥遗址考古发掘报告》，载《海岱考古》第二辑，科学出版社 2006 年版。

量是很大的。

农业生产的发展，为家畜饲养业的繁荣奠定了雄厚的物质基础。遗址中出土有大量猪、狗、牛、羊、鸡等骨骼，这些都是人们饲养的家畜，其中以猪骨数量最多。刘林遗址出土有猪牙、牛牙床及牛牙、羊牙床、狗牙床等动物骨骼。大墩子遗址墓葬中发现用整条狗随葬的现象。① 野店遗址2座猪坑内各埋1头猪。② 墓葬中盛行用整猪、猪头或猪下颌骨随葬。大汶口遗址墓葬有1/3随葬猪，最多有14个。三里河遗址③ 66座墓葬中有18座随葬猪下颌骨，最多者37个。另外，在一个袋状灰坑内出土5具完整幼猪骨骼。大朱家村遗址18座墓葬内放置猪下颌骨80多个。④ 陵阳河遗址⑤ 45座墓葬中，有25座墓葬随葬猪下颌骨160多个，每墓平均7个，最多者33个。这充分反映了这一时期养猪业的兴旺发达，同时说明当时的农业生产有了较大的发展。另外，在大汶口遗址墓2005内还发现用牛头随葬的现象。这些充分表明，像家猪一类家畜已经不等地为一夫一妻制家庭所占有，并成为他们的私有财产，以猪头随葬的习俗成了衡量财富多寡的标志。

渔猎经济在大汶口文化居民生活中占有非常重要的地位。王因遗址⑥灰坑内发现大量水生动物残骸，说明渔业捕捞活动的发达。前埠下遗址⑦ 35种动物骨骼包括8种淡水软体动物，2种浅海相软体动物，5种淡水鱼，2种爬行动物，1种鸟，12种野生兽类和5种家畜。三里河遗址发现11座大汶口文化墓葬中随葬鱼骨，说明渔猎经济作为大汶口文化人们生活的补充还起重要的作用。

三

大汶口文化的原始手工业发展迅速，制陶是人们日常生活中不可缺少的生活用具之一。早期阶段，陶器均为手制，烧造火候较低，器形不甚规整。陶色以红陶为主，黑陶、灰陶少见。器类不多，造型简单，仅见觚形杯、钵形鼎、罐形鼎、盆形鼎、钵、豆、罐、杯等。彩陶器类单调，构图古朴，花纹简洁、草率，主要为黑色单彩，未见复彩。花纹图案简单，且数量少，仅有三角纹、横直线纹和波浪纹等，多在器物上面施单彩，或施红彩，或施黑彩，未见多种色彩同绘一件器物之上的现象。早期后半段，彩陶器类增多，花纹图案复杂多样，开始在一件器物之上使用多种色彩构图，一般以

① 南京博物院：《江苏邳县四户镇大墩子遗址探掘报告》，《考古学报》1964年第2期；《江苏邳县大墩子遗址第二次发掘》，《考古学集刊》第1辑，1981年。

② 山东省博物馆等：《邹县野店》，文物出版社1985年版。

③ 中国社会科学院考古研究所：《胶县三里河》，文物出版社1988年版。

④ 山东省文物考古研究所等：《莒县大朱家村大汶口文化墓葬》，《考古学报》1991年第2期。

⑤ 山东省考古所等：《山东莒县陵阳河大汶口文化墓葬发掘简报》，《史前研究》1987年第3期。

⑥ 中国社会科学院考古研究所山东工作队等：《山东兖州王因新石器时代遗址发掘简报》，《考古》1979年第1期；中国社会科学院考古研究所：《山东王因——新石器时代遗址发掘报告》，科学出版社2000年版。

⑦ 山东省文物考古研究所等：《山东潍坊前埠下遗址发掘报告》，载《山东省高速公路考古报告集（1997）》，科学出版社2000年版。

红、褐、白等为底色，绘制不同层次、不同形式的图案。主要有钵、盆、罐、豆等，其中花瓣纹、八角星纹钵、盆和豆最具特色。新发现了花瓣纹、涡漩纹、八角星纹、圆点纹、勾连纹、折线纹、连山纹、菱形纹等。这些花纹图案，彩绘技法娴熟，线条流畅，色彩艳丽，花纹秀美，构图新颖别致，结构严谨匀称，配色协调美观，既坚固又大方。

中期阶段，红陶数量减少，灰褐陶比例上升，制法仍以手制为主，一般采用泥条盘筑，开始使用轮制技术，烧制火候较高，器类增多，新出现实足鬶、浑圆体背壶、大镂孔豆、盉、折腹鼎等。彩陶数量较前段明显增加，色彩增加，一般采用多色构图，常见红、褐、白、黑诸色。器类数量多，器形复杂，主要有盆、钵、鼎、壶、豆、背壶、盉、鬶、罐、鼓、杯等。花纹图案多样化，有花瓣纹、圆圈纹、线条纹、勾连纹、网纹、三角纹、宽带纹、水波纹、连弧纹、斜栅纹、连弧纹、辐射条纹等。

晚期阶段，陶色以灰、褐陶为主，红陶罕见，新出现白陶，器类增多，器形复杂，器类有袋足鬶、背壶、长颈盉、宽肩壶、瓶、折腹鼎等。人们一般不再用色彩来装饰陶器，而是采用素面或磨光技术进行装饰。因此，彩陶数量明显减少，器类也很单纯，一些花纹图案色彩单调，仅有红赭色，而且画面潦草，构图简化，有的图案仅寥寥几笔，有的则只画几个大圆点。图案主要有菱形纹、三角纹、网纹、宽带纹、圆点和花瓣纹等。特别是薄胎镂孔黑陶高柄杯的发现，代表了当时制陶工艺的最高水平，为龙山文化蛋壳陶的生产准备了条件，反映了当时人们工艺制作技术和制陶业的兴旺发达。

石器制作技术发生很大变化，早期阶段粗糙，器类少，只有斧、铲、磨棒等，有的采用半打半磨方式制作；有的琢制，仅刃部磨光。到中、晚期阶段，石器磨制比较精细，较多地使用穿孔技术，多选用硬度较高的蛋白石等。石器一般通体磨光，器形规整，器类增多。主要有铲、斧、锛、凿等，新出现大型有段石锛。在石器制作技术提高的基础上，玉器制作水平有了很大进步，在花厅遗址出土的玉器达到430件（组），主要器形有兽面纹玉琮、玉琮形管、刻简化兽面纹的玉锥形器、长条形有段大玉锛、玉冠饰、大型玉颈饰等。玉琮上琢刻繁缛工整、细如毫发的人兽纹是微雕玉器的精粹。大汶口墓地发现的玉铲，制作精致，刃极锋利，磨制光滑、制作精美。另外，近30座墓葬随葬种类繁多的玉器，主要有头饰、耳饰、颈饰、佩饰、指环和臂腕饰等装饰品。野店遗址墓22死者头部的玉环，由玉单环、双连环、四连环以及绿松石串饰等组成，不仅色泽艳丽，造型美观，而且制作极其精巧，达到了相当高的水平。

除石器外，骨、角、牙器的制作水平得到飞速发展，刘林遗址发现的刻有猪头的牙质饰件、大墩子遗址的雕花骨珠、野店遗址的刻花骨匕等，都非常精美。大汶口墓地的骨雕筒、花瓣纹象牙雕筒、象牙琮，有的镶嵌有绿松石。在没有金属工具的情况下，达到如此精美细致的地步十分难得。特别是2件透雕十六齿象牙梳以及制作精细的骨指环、獐牙勾形器等，代表了当时骨、角、牙器制造业的最高水平。

纺织业相当发达，许多遗址均发现陶、石纺轮，以及骨针、骨锥、骨梭形器等纺织缝纫工具，如大汶口遗址墓葬中出土大量纺轮。骨针长者18.2厘米，粗者7毫米。针顶端有鼻，孔径细的只能穿过一根细线，可见纺织缝纫技术的进步。特别是大量布纹痕迹的发现，足证这一时期纺织业的存在。由此判断，大汶口文化的纺织业可能已经从农业中分离出来，成为专门从事纺织的手工业生产部门。

酒的酿造与农业有着密切的关系，酿酒业的兴起只有在粮食出现剩余的前提下才能进行。人们利用剩余的粮食来酿酒，说明农业经济的发展已能满足社会中非生活必须的需求。大汶口文化时期，酿酒业非常盛行，墓葬中大量陶鬶、壶、高柄杯、盉等专用酒器的发现，就是酿酒业盛行的重要标志。它从一个侧面反映出当时酿酒业的发达程度。尉迟寺出土了大量大汶口文化的水容器，一般认为这类器物与酿酒和饮酒有关。大汶口遗址42座墓葬随葬高柄杯、筒形杯、单把杯等各种杯类171件，大部分为酒器。大范庄遗址出土陶器725件，其中酒器644件。陵阳河遗址出土陶器1400多件，其中高柄杯650多件；墓6随葬陶器160多件，高柄杯达90余件。特别是一批器形较大的瓮、壶、漏器等，可作为发酵、储酒、沥酒之器。墓葬中两件陶质酿酒工具的发现，在山东地区还属首次。它不仅为研究大汶口文化时期的酿酒工艺提供了重要的实物资料，而且为我们正确估计这一时期农业发展水平提供了重要的参考资料。

四

资料显示，大汶口文化时期已经发现早期铜器的迹象。大汶口遗址墓1出土一件孔雀骨凿①，经鉴定，含铜量为0.099，系被含铜物质污染所致，也可能是铜器加工的痕迹。该墓属于大汶口文化晚期阶段，大约在距今5000—4600年之间。这一例证，虽不能说明大汶口文化时期已经出现冶铜业，但它给我们以启示，证明大汶口文化晚期的社会生产力水平已经具备冶炼铜器的能力。尽管遗址中没有再发现铜器标本和冶炼遗迹，但大汶口墓葬中随葬品所显示的手工业规模以及骨针的针鼻、龟甲上的圆孔、象牙梳等，都应是有铜器的证明。

文字的发明和使用，在人类历史上具有划时代的意义，它是人类社会进入文明阶段的重要标志之一。大汶口文化时期发现的图像文字，主要在陵阳河、大朱家村、杭头、前寨以及安徽蒙城尉迟寺等遗址出土的陶尊或陶瓮上面，目前发现20余枚，有八九种个体。其中在尉迟寺遗址墓葬的葬具

① 山东省文物管理处、济南市博物馆：《大汶口——新石器时代墓葬发掘报告》，文物出版社1974年版。

上发现3枚。[①] 这些陶器上刻划的图像文号，有的像自然物体，有的则像工具和兵器，如日、月、山、斤、斧、锛、炅、封、皇、凡、南、享等。这些图像文字，曾被誉为“远古文明的火花”。总之，大汶口文化图像文字的发现与使用，标志着人类社会已经进入或者已经接近文明时代。

城址的出现是古代人类社会发展到一定阶段的产物，是与生产力的发展、私有制的产生分不开的，与阶级的产生和国家的出现也是息息相关的。我们在对滕州西康留大汶口遗址进行普探时，虽然未见城址，但发现3处夯筑建筑遗迹[②]，其中两处已被证明为台基，呈圆角长方形，但方向和大小不一致。1号台基位于遗址的中南部，东北—西南向，宽20米，面积700—800平方米，2号台基位于遗址的中部，西北—东南向，长10—15米，面积约400平方米。五莲丹土遗址发掘中发现一座大汶口文化时期的城址[③]，这是目前在山东地区唯一经过正式发掘所发现的大汶口文化的城址。该城址平面略呈椭圆形，东西长400余米，南北宽近300米，城内面积9.5万平方米；城壕宽约10米，口至底深约2.5米；城墙仅存墙基部分，墙体残宽约10米，残高约1米，墙为分层堆筑，夯层较平整，每层厚0.1—0.2米。壕沟形状均敞口、平底、沟壁下部斜直、上部缓坡；城墙均在清理了地表或早期城壕基础上堆筑，用土多是挖掘城壕时取出，沟内侧多有护坡。大汶口文化城墙之下有大汶口文化晚期灰坑，城墙又被大汶口文化末期的房基垫土、基槽和墓葬打破。城墙年代可定在大汶口文化晚期偏晚阶段。大汶口文化城址的发现，是中国古代文明起源的重要标志。

五

农业、家畜饲养业、各种手工业生产的发展，社会分工的日益精细，白陶、薄胎黑陶、玉器、象牙器、镶嵌工艺的出现以及快轮制陶技术的应用，说明这一时期部分手工业已经从农业中分离出来，成为相对独立的经济部门。由于新技术和新产品的相继出现，使生产领域不断扩大，产品的种类和数量也越来越多，这就为生产关系的变动、私有制的出现提供了物质前提，促使新的社会管理机制的产生。由此导致了贫富的两极分化，在氏族内部产生贫者和富者的严重对立。少数富有者积累了较多的财富，而绝大多数贫穷者则一无所有。经济基础的改变必然导致上层建筑的变化。

早期阶段，社会生产力水平较低，当时物质财产还不丰富，多数墓内没有随葬品，有随葬品的墓葬一般只有二三件。其数量差别不大，还不足以形成贫富悬殊，更没有明显的阶级分化。偏晚阶段，其社会由大体平等向初步不平等转变，在转变后的父系社会中，家族与宗族日益发挥着各自的功能作用，而氏族纽带的束缚则日趋衰退。反映在葬俗方面，墓葬之间随葬品数量差别较早期明显。

---

① 中国社会科学院考古研究所：《蒙城尉迟寺》，科学出版社2001年版。

② 山东省文物考古研究所滕州西康留遗址发掘资料。

③ 山东省文物考古研究所：《五莲丹土发现大汶口文化城址》，《中国文物报》2001年1月17日。

如刘林遗址第二次发掘的145座墓葬[①]，其中127座有随葬品，随葬1—8件的有100座，6—15件的有19座，19—32件的有8座。这种比较富裕的墓葬，与没有随葬品或只有1—2件随葬品的墓葬相比，悬殊相当明显，说明社会上开始出现贫富分化，私有财产已经萌芽。

中、晚期阶段，社会生产力发展水平有了很大提高，随之而来的是私有制、贫富差别、阶级分化、社会内部的分层等新的社会现象开始产生，财富分化和阶级对立现象日趋明显，在氏族内部出现了贫者与富者的严重对立，社会组织已经存在不同的等级，少数富有者积累了大量财富，而多数贫穷者则一无所有。一些特殊富有者的大型墓葬说明，这一阶段社会制度将要发生变化。大汶口遗址同一墓地中，有的墓坑狭小简陋，只能容放尸体。许多小墓没有或只有1—2件随葬品，其中8座小墓孑然一身，空无一物，反映了死者生前贫困的社会生活。据统计，40座小墓的随葬品还不及墓10一座墓葬丰富。相反，少数富有者的大墓，不仅墓穴宏大，而且棺椁俱全，随葬品十分丰富，多者50—60件，最多的甚至达到180余件。这是在中心聚落内部，财富与地位上的不平等以及社会内部分化与分层的生动写照。也是私有财产业已发生、贫富差别已经出现的重要例证。

花厅遗址贫富分化现象也很严重。[②] 在南区的23座墓葬，规模都较小，随葬品虽有多寡，但差别不大。而北区发现的62座墓葬，贫富分化比较明显。有的大墓墓室长5米、宽3米左右，面积15平方米左右，随葬品百件以上，其中以陶器和玉器为主，陶器有鼎、鬶、豆、罐、盉、盆、碗、簋、壶、背壶、筒形杯、钵等；玉器有琮、钺、璜、琮形器、镯、环和串饰。说明贫富差别相当明显，阶级对立亦十分尖锐。特别是遗址大墓中出现的殉人现象，这是文明时代即将到来的重要信息，反映了当时社会上阶级矛盾的尖锐和特权阶层的扩大。据报道，在花厅遗址10座大墓中有8座使用人殉。人殉以少儿和幼儿为主，亦有成年女性和成年男性，人殉的位置一般在墓主人的两侧墓边和脚后。例如，M60，长方形竖穴土坑墓，长4.35米，深2.2米，墓主为30岁左右男子。随葬品149件，有陶鼎、鬶、豆、壶、罐、盉、杯、缸、器盖、纺轮等。另外在墓主胸部发现由24件鸟纹玉佩、半圆形玉璜和玉环、玉坠组成的特大形项饰，左右手臂上戴有环式玉镯。全墓殉葬5人，在随葬品左外侧，殉葬中年男女各1具，在女体的身旁依偎着一个10—12岁的儿童骨架，在他们的头上方还有一具6—7岁幼儿骨架，在墓的南侧还有一具少儿骨架，骨架被挤压成扁薄状，紧贴在墓壁上。墓主脚后还殉葬一头猪和一条狗，这在大汶口文化墓葬中实属罕见。M20为长方形竖穴墓，墓口长4.98米，墓深1.8米。随葬品66件，以玉器和陶器为主。内发现3具人骨，墓主为一成年男性，仰身直肢，在脚下并排横置2具人骨架，均为仰身直肢，经鉴定为少年个体，应是墓主的殉葬者。可以认为，这些人殉墓葬，除墓主外，其余均为非正常死亡，应属殉葬无疑。这些殉葬者大部

---

① 江苏省文物工作队：《江苏邳县刘林新石器时代遗址第一次发掘》，《考古学报》1962年第1期；南京博物院：《江苏邳县刘林新石器时代遗址第二次发掘》，《考古学报》1965年第2期。

② 南京博物院：《花厅——新石器时代墓地发掘报告》，文物出版社2003年版。

分是墓主身边比较亲近的人，有的当时社会内部因贫富分化而产生的奴隶。反映了当时社会上阶级矛盾的尖锐和特权阶层权力的扩大，以及自由人与非自由人之间社会地位的不平等。

对于这批人殉墓葬的发现，也有不同的认识，一种看法认为这是在军事民主制下征服异族的产物，不是社会内部激烈阶级对抗的体现。也有人认为在仰韶文化、大汶口文化、良渚文化时期已全面进入了古国时代。随着国家统治机构的建立和宗教的发展，必然会有殉人现象的出现。总之，花厅殉人现象的产生对探讨中国古代，特别是海岱、黄淮地区奴隶问题的发展具有重要的意义。

可以看出，大汶口、陵阳河、花厅等特大型遗址中的大墓，无论墓穴规模、葬具或随葬品的数量、质量以及品种等，都远非一般墓葬所能比拟，远远超出个人日常生活所必需，这是社会内部分层和分化均已出现的重要例证。所以，中心聚落与其周围地区的一些普通聚落，存在着经济上、政治上的不平等以及某种程度上的主从关系。这种不平等或主从关系，是中国古代由原始社会迈向文明时代的一条必经之路。①

六

综上所述，大汶口文化早期阶段尚处在氏族公有制的末期，大致处于母系社会末期向父系氏族社会过渡阶段，贫富分化不明显，多人合葬墓可能反映着氏族成员间血缘纽带还相当牢固。中、晚期特别是晚期阶段，随着社会生产力的不断提高，农业、家畜饲养业的发展，制陶、制石（玉）制骨、雕刻、镶嵌、纺织等各种手工业部门已经脱离农业，成为独立的生产部门，尤其是文字的发明、城址的产生、人殉现象的出现等，这一切都闪耀着古代文明的火花。并且由此导致了贫富两极分化，促使私有制、社会分层与分化现象的产生，金字塔式的社会结构正在逐渐形成。男女合葬墓的出现，则表明父权制已经确立，家族私有制得到进一步发展，这些都意味着社会形态将要发生本质的变化，即原始共产主义社会开始向阶级社会过渡，中华民族已经处在文明时代的前夜，古代文明的曙光已经在我国东方冉冉升起，人们行将步入文明社会的门槛。

（原文载《史前研究（2006）》）

① 何德亮：《从大汶口文化看古代文明的发展过程》，载《古代文明研究》第一辑，文物出版社 2005 年版。

临淄齐故城的营建年代及相关问题

魏成敏

（山东省文物考古研究院）

临淄是周代齐国的都城，也是古代东方重要的政治、经济、文化中心，在古代都城和周代文化研究中具有重要地位。长期以来人们对临淄城的始建年代、性质以及是否为太公所封之营丘等问题一直存有争议。20世纪60年代以来对临淄齐故城进行的考古勘探和发掘，已经基本明确城址形制、规模、文化遗存的年代和大致分布范围，但由于考古发掘的规模有限和考古勘探资料的局限性，有些问题目前仍然存有争议。现就相关问题提出几点认识。

一、临淄城的营建年代

临淄齐故城由大城和小城共同组成，总面积达到15.5平方千米，但与一般周代诸侯国都城将小城作为宫城且置于郭城即大城之内的布局不同，临淄城的小城基本独立于大城之外，仅东北部嵌入大城西南部①。考古发掘资料证明，临淄城的基本格局是城市多次扩展的结果，城垣的营建大体经历了大城始建、增建、扩建和小城的营建、修补等多个发展阶段。

1. 大城城垣

现存大城的形制平面大体呈不规整的长方形，周长14158米。其东墙东临淄河，随着河流的蜿蜒曲折而形成多处曲折，全长5209米；西墙南端与小城北墙相交，随着城外系水的弯曲城墙中部略向外鼓，北端稍内收略呈弧形，全长2816米；北墙在2号排水道相交处有一拐角向北外折不远又拐向东折，大体近之字形，分东西两段，西段平直较短，拐角以东墙体近直，由西略向东南倾斜，全长3317米；南墙较直，西端与小城东墙相连，全长2821米②。自1981年以来，文物部门分别对大城北墙东段、西墙南端、东墙北段、南墙中段进行发掘解剖。

---

① 群力：《临淄齐国故城勘探纪要》，《文物》1972年第5期。

② 山东省文物考古研究所：《临淄齐故城》，文物出版社2013年版。

1981 年，为了解城垣的营建年代和墙体结构，在东古城村东开设南北横切城垣的探沟，探沟总长 46 米，宽 2 米，编号为 T101、T105、T106。该段城垣共分为七期。

第一期　包括 T101 第 1 期夯土与 T103 第 1 期，两者夯土层位关系和结构相近，均在大汶口文化层上起建，被西周中期的墓葬 M11 和遗迹打破，从层位关系看，属于大城最早营建的城墙。可以确认大城北墙东段的年代应在西周中期以前，这对探讨临淄城的始建年代及性质均具有重要意义。

第二期　T101 第 2 期夯土，位于第 1 期夯土的外侧。夯土的结构似是分段夯筑，对第 1 期城墙进行修补或加宽。夯土内遗物极少，仅出土大汶口文化和西周早期碎陶片。从发掘的层位关系看，被 G202 打破，而 G202 又被春秋时期的 G1 打破，G202 的年代属于西周晚期，该期夯土的年代上限不早于第一期夯土即西周中期以前，下限不晚于西周晚期。

第三期　包括 T103 第 2 期夯土、T101 第 3 期夯土。T102 第 2 期夯土下部发现有比较规整的基槽，与 T101 所见的第 2 期夯土结构有所不同，但从层位关系看，T102 第 2 期城垣夯土与 T101 的第 3 期夯土相近，两期夯土都处于大城北墙的内侧，也均为墙体的主体部分，并直接叠压或打破第 1 期夯土。T101 内第 3 期夯土直接叠压下部第 1 期夯土，保存相对略高，而 T103 第 2 期夯土打破第 1 期夯土，但上部被 M5 打破，从层位关系看，两者都属于春秋时期的城墙遗迹。其上限不早于西周晚期，下限不晚于春秋早中期。

第四期　T101 的第 4 期，系斜坡状堆筑的夯土，相同结构的夯土在 T102、103 探沟中未见。在 T101 内的第 4 期夯土由三大部分即夯Ⅲ、夯Ⅳ、夯Ⅴ组成，从结构和层位关系看系对第 3 期夯土的修补和加宽，属于春秋时期的城墙遗迹。而且使用的年代比较长，可能跨越了整个春秋时期。其上限不早于春秋中期，下限不晚于春秋晚期。

第五期　包括 T101 的第 5 期、T103 的第 3 期，两者夯土结构、层位可以相对应，年代基本相同，属于战国时期的城墙遗迹。其上限不早于春秋晚期，下限不晚于战国早期。

第六期　包括 T102 第 6 期夯土、T103 第 4 期夯土。两者的夯土结构、层位可以相对应，年代也基本相同，属于战国时期的城墙遗迹。其上限不早于战国早期，下限不晚于战国晚期。

第七期　T103 第 5 期夯土。该期夯土为金属平底夯具修筑，从层位关系及夯土的结构看，T103 采用金属夯具的第 5 期夯土年代最晚，应晚于第六期夯土，其上限不早于战国晚期，下限不晚于至西汉早期。

1982 年对西墙进行发掘解剖，当时为解决大城与小城的层位关系和结构，选择的发掘地点位于大城西墙与小城北墙的结合部，分别开设四条探沟，编号为 T301、T302、303、T304。其中 T301 沿西墙东侧纵剖，探沟南北总长 40 米，宽 2 米，仅南北两段发掘到底部。该段大城西墙可分为两大期。

第一期　包括 T301 北段的夯Ⅱ、夯Ⅲ，南段的夯Ⅲ、夯Ⅵ，T303 夯Ⅲ。本期夯土是大城西墙的主体，夯土结构紧密，质地比较坚硬，层次分明。夯具痕迹大多比较清晰，采用由多个夯具组成的组夯进行加工，一般以5—7个或7—11个为一组。夯窝呈圜底形，单个直径1.5—3厘米，在夯土层之间大多发现有一层草木灰。夯土采用分段版筑，T301北段比较明显，夯Ⅱ与下部的夯Ⅲ土质土色有所区别，但夯土的质地、结构、夯具痕迹基本相同，而且夯土之间结合紧密，没有进行修整、修补或明显交错的现象，应为同一期夯土，其土质、土色的差别，说明修筑城墙是分段进行的，即先修筑城垣下部基础到一定高度，再分段修筑城垣上部的夯Ⅱ。

该期夯土属于大城始建西城垣主体，建筑于当年原地表之上，夯土包含物中具有时代特征的陶器有鬲、豆、盂、罐、盆等器物残片。具有西周晚期至春秋早中期的特征，未见春秋晚期以后的器物。同时夯土的上部被属于战国时期的堆积叠压或打破。本期属于大城西墙的始建年代，其上限不早于春秋中期，下限不晚于战国早期。

第二期　包括T301北段夯Ⅰ、南段夯Ⅱ，T302夯Ⅱ。T301北段夯Ⅰ位于大城西城垣上部，叠压夯Ⅱ，夯窝底部为平底，直径为8厘米，夯具属于平底金属夯具。探沟内该期夯土高度仅0.36米，南北长度也只有1.14米，用来修补城垣。T302夯Ⅱ西侧紧靠大城西墙，该期夯土与T301北段大城西墙的早期夯土虽然都处在原地表之上的相同层位，但夯土的质地相差甚远。夯土虽然经过加工，但质地较差，层次不明显，未发现明显的夯具痕迹，应与城垣内侧的护坡或与修补城垣有关。本期主要属于大城西城垣的修补部分，从层位关系看，要明显晚于大城西城垣的建筑年代，该期夯土内夹杂战国时期的绳纹瓦片，其上限不早于战国早期，而且建筑夯具采用金属平底夯，这种夯具属于战国晚期至西汉时期的常用夯具，大城西城垣使用的下限可能迟至西汉时期。

2014年对东墙北段进行发掘解剖，开设长60米、宽2米的探沟横切城垣。城墙夯土可分为四期。其中西周晚期墓葬2014M11打破层位最早的第一期城垣，该段城墙营建年代上限不晚于西周晚期，下限可至战国晚期。

2019年对南墙中段进行发掘解剖，开设长100米、宽2米的探沟横切城垣。城墙大致分为三期，时代最早的为春秋时期，营建年代上限不早于春秋时期，下限可至西汉时期。

对城垣的发掘解剖资料证明大城最迟营建于西周中期，属于西周时期的城垣发现于大城北墙东段和大城东墙北段，东墙北段与北墙东段的城墙结构基本相近。2014年对东墙北段进行的发掘解剖，证明崔家庄以北的大城东墙北段与东古城一带的北墙东段形制结构基本相同，城墙内侧均为斜堆状的夯土结构，而且西周晚期墓葬打破第一期城墙，应属于西周时期的城垣。大城西墙与南墙的结构与北墙东段、东墙北段具有明显的差异，时代也相对较晚。大城西墙营建的年代上限不早于春秋晚期，说明西周时期的城垣未能到达目前大城的西墙一带。大城在东关村以东地面上还保留南墙的遗迹，从2019年发掘的情况看，南墙的夯土结构与大城北墙第四期和西墙第一期的结构相近，大城南墙与西墙营建的年代相近，应不早于春秋晚期，下限可迟至西汉早期。

2. 小城城垣

小城平面大致近似南北向长方形，其东、南、北三面为直墙，只有西墙因西邻系水随河流的弯曲而有两处直角曲折，周长约7275米。其东墙南北大体呈直线，全长约2112米；南部被元代临淄县城西墙占压，北部及东北角处保存较好；西墙南北两段为直墙，中间有两处直拐角，全长2274米；南墙为直墙，全长2195米，墙体从东南略向西北斜；北墙为直墙，全长约1404米，中间偏西侧与大城西墙相连①。

1964年秋，为了解小城的营建年代和城墙结构，分别在小城东、西、北三面城垣上进行解剖发掘，共开设探沟7条。T101位于东墙，T201—T205位于西墙，T301位于北墙。探沟均横切城墙。

根据对三处城墙发掘所获层位关系、夯土结构、夯筑技术以及夯具使用痕迹等特征进行考察分析，可将小城城垣分为五期。

第一期　包括小城城垣T101、T202—T204、T301三处发掘点划分的第1期城垣。该期城墙属于小城城垣始建墙体，也是整个小城城垣的主体部分。东墙、西墙的结构基本相同，而以西墙的结构比较清楚。北墙的结构有所不同，1964年发掘的T301位于小城北城垣东部，在其第1期城墙下未见基槽，系在原地表夯实起建，由于城垣上部破坏严重，城垣保留高度仅有1米左右，也发现使用木骨的痕迹，但未见明确的筑版痕迹。

该期城垣在T203探沟内被第7层叠压，而7层属于战国时期的地层堆积。同时夯土内夹杂少量碎陶片，可辨器类有鬲、豆、罐、盂以及绳纹瓦片等，多为春秋晚期所常见。由此，该期夯土年代的上限不早于春秋晚期，下限不晚于战国中期。

第二期　相当上述三处发掘点的第2期。该期城垣在东墙、西墙的位置及性质相同，均位于第1期夯土的外侧，属于对小城的扩建部分。而北墙则不同，位于第1期夯土的内侧，属于对第1期夯土的修补增加部分。夯土结构比较明显，发现使用木骨的现象，但不见筑版痕迹。所用的夯具有二种：第一种平底夯，径4.5—5厘米；第二种为圜底夯，径7—10厘米。出土陶片很少，器类有夹砂黑陶罐及绳纹筒瓦、板瓦等。

该期夯土出现了平底金属夯具，这种金属夯具一般出现于战国晚期，汉代比较多见，而且出土的陶器也均有战国晚期的特征，瓦片表面绳纹比较整齐，内面凹凸不平，并留有圆点、方格纹等痕迹，但不见圆瓦当，不见砖。该期城垣的年代上限不早于战国晚期，下限不迟于西汉初期。

第三期　该期城墙在小城东、西、北三面均位于城垣的外侧，为城墙外侧的扩建修补部分。在修筑该期夯土时先将与第二期城墙的结合处用铁镬随势切修齐整，从夯土交接处可见到铁镬工具痕

① 山东省文物考古研究所：《临淄齐故城》，文物出版社2013年版。

迹。夯筑时使用多层木骨，而且木骨排列比较紧密。夯具有尖底组夯和单个平底金属夯两种，组夯以4枚或5枚夯具构成一组。在T204内该期城垣还叠压着打破第二期夯土的一座墓葬M206，该墓属于战国末至西汉初期的瓮棺葬。该期夯土发现的绳纹瓦片较多，并出有个别圆形铜钱。其年代上限不早于秦汉初年，下限不晚于西汉早期。

第四期　该期城墙位于西城垣的最外侧，小城西城垣的第4期城墙，即T201夯Ⅰ和T202—T204内的夯Ⅰ。修筑该期夯土时仅将与第三期城墙的结合处的上部进行清理，而下部直接叠压在第三期城墙夯土外侧形成的堆积之上。该期城墙夯土质地不如第三期坚硬，夯土中使用多层木骨结构，夯具为平底金属。夯土内有陶盆、浅盘豆、直口罐、粗砂平口罐等器物残片。在出土的绳纹或瓦纹的板瓦片中，未见瓦内侧装饰布纹的现象。综合层位关系和夯土特征看，该期城墙的年代上限不早于西汉早期，下限不迟于西汉晚期。

第五期　该期城墙包括东墙第4期、北墙第4期。属于东墙第4期的夯Ⅲ在城垣内侧，并在城内文化堆积层上直接夯筑。北墙的第4期分为夯Ⅰ、夯Ⅲ两部分，夯Ⅰ在北城垣内侧，而夯Ⅲ在城垣的外侧，同为加宽和修补城墙。该期夯土内包含有较多的夯土块碎块，层次极不明显，看不出夯窝，未见使用木骨的现象。夯土内出土遗物有陶豆残片及瓦片等，时代较晚，从出土遗物特征看多属于西汉中晚的遗物。该期城墙属于西汉晚期以后对城垣的修补部分，上限不早于西汉中晚期，下限或迟至东汉时期。

发掘资料显示小城的年代明显晚于大城，应始建于战国早期之后，并一直沿用到汉代，各期城墙之间互相衔接，在长期使用期间曾进行多次扩建修补，比较明确地于战国晚期、西汉初期、西汉中晚期、西汉晚期或迟至东汉时期进行过四次大规模扩建维修。

二、西周城的分布范围

根据上述对临淄城城垣发掘资料的分析，西周时期城垣发现于大城北墙东段和东墙北段，均位于大城的东北部，由于在西墙和南墙没有发现西周时期的城垣，西周城的南端和西界还需要通过文化遗存来进行对比分析。临淄大城的面积比较大，城内的文化堆积分布、时代也不均衡，根据勘探资料和考古发掘资料的综合分析，可将大城分为大城东北区、大城东南区和大城西区三大部分。

1. 大城东北区

主要为东辛公路以东、葛家庄以北的大城东北部，包括傅家庙、阚家寨、河崖头村、东古城、田家庄、苏家庙等村庄周围，这一区域地势起伏显著，有10余处此起彼伏、连绵不绝的高地。勘探发现这一带的地层堆积厚文化内涵丰富，尤其是河崖头村西南和阚家寨东北一带的“韩信岭”高地，文化堆积厚度一般在3米以上，是城内文化堆积最厚、文化内涵最复杂之处，也是大城内文化遗存年代最早的区域。综合这一区域的发掘资料，可以将该区的文化分为六期七段。

第一期 以65LKH59、H57，71LK第⑤层、H137、H151，76LH第⑩层等单位为代表。出土器物具有西周早期或商代末期的特征。如65LK出土的A型Ⅰ式鬲（65LKT212⑧：26）、71LK出土的A型Ⅰ式鬲（71LKH137：5、71LKH137：6），有的为斜折沿，沿面内凹，饰较粗较深的绳纹，遗留有商末陶器的特征。标本65LKH59：2，为夹砂红褐陶，大宽沿，口部近似盘口，分裆较高，绳纹很浅且裆部和足部被抹平，具有晚商东夷土著陶器的风格；71LK出土的B型Ⅰ式素面鬲（标本71LKH137：8等）则为斜折沿，方唇略内凹，沿面微鼓，并出土有肥大的袋形足，系商末周初东夷土著典型陶器。另外，71LK出土的A型Ⅰ式鬲（71LKH151：1），为斜折沿，瘪裆较高，还能看见足裆之间明显的捏合痕迹，是西周早期典型的周式鬲。该期应为西周初年至西周早期的遗存。

第二期 以65LK第⑧、⑨、⑩层，71LK第④层、H127、H144、H140，76LH第⑧、⑨层，81LH第⑦、⑧、⑨层，81东古T101⑩B层、⑩C层、M11以及T103第⑩层、M6等单位为代表。81东古出土的Ⅰ式鬲（81东古T101M11：1、81东古T103M6：1）、A型Ⅰ式豆、B型Ⅰ式豆和圈足簋等具有典型的西周中期特征。71LK出土的A型Ⅱ式鬲（71LKH144：1）、B型Ⅱ式鬲（71LKH127：8），81LH出土的A型Ⅰ式鬲（81LHT201⑧：1、81LHT206⑧：10）、B型Ⅰ式鬲（81LHT203⑧：2）均为斜折沿，方唇，鼓腹，颈腹不明显；而出土的仿铜陶鬲沿面有凹槽，裆部与柱状足均较高。除此之外还出土了矮柄凸棱豆、斜腹圜底盆等。这些器物均具备西周中晚期的典型特征。该期年代应为西周中晚期。

第三期 以76LH第⑥、⑦层，81LH第⑥层、H10为代表。81LH出土的A型Ⅱ式、B型Ⅱ式和C型Ⅱ式鬲颈部均略内束，腹部外鼓不明显，裆部则变矮；出土的盂（81LHT203⑥：12、81LHT203⑥：13）沿面有折棱，豆（81LHH10：2）盘外壁内凹，豆柄较矮。71LKH124出土的B型Ⅰ式豆盘壁较矮，外壁内束，Ⅰ式盆斜折沿，腹部斜鼓，圜底近平。均具有春秋早期的特点。

第四期 以76LH第⑤层、81LHH11为代表。81LH出土的B型Ⅲ式鬲口沿变平，束颈，颈腹分界明显；而Aa型Ⅱ式盆（81LHH11③：3）、Ab型Ⅰ式盆（81LHH11③：1）沿面较宽且在沿面内侧与口部折收处有小凸棱。71LKH146出土的A型Ⅳ式鬲平沿、束颈、连裆，出土的Ⅱ式盂则为厚方唇、直腹圜底，均具有春秋晚期的特征。

第五期 以65LK第④层、⑤层、H41、H51、H19、H20等，71LK第②层、H135、H141、J102，81LHH14、H16、H18等为代表，时代均为战国时期，也可以分为早晚两段。其中以76LH第④层为代表的为早段遗存，时代为战国早期。晚段则以71LK第②层、H135、H141、J102等为代表。71LK出土的B型盂无沿，直口，平底且多饰暗弦纹，A型Ⅴ式鬲为厚平沿，束颈，鼓腹，沿面饰凹弦纹。二者均为战国晚期的典型遗物。

第六期 以65LK第②、③层及相关遗迹为代表。出土有花纹砖、铜带钩、五铢钱等遗物，为汉代常见的遗物，属于汉代文化遗存。

2. 大城东南区

大城东南区以刘家寨为中心，这一带是城内文化堆积相对丰富的区域之一，也曾多次发现过汉代封泥。1965年，在刘家寨村南一带进行了小范围的试掘工作。发掘选在刘家寨村南约300米处，发掘面积约100平方米。因地下水的缘故，仅发掘至第4层或第5层，下部未能发掘。已发掘部分可分为两大期。

第一期　T103、T104的第4A、4B、5A、5B层，T105、T106的第4A、4B、5层，包括灰坑H106、H107、H112、H120、H126—H128。出土的陶盆、罐、豆、盂、壶等器物残片和绳纹瓦片及骨器、蚌器、兽骨等遗物，陶器具有战国时期的特征，第一期应为战国时期的遗存。

第二期　T103、T104的第2层、3A、3B，T105、T106的第2层、3A层，包括灰坑H101—H105、H108—H111、H113—H119、H121—H125、H129，出土陶罐、盆、豆、盂等器物残片，砖瓦碎片，半两钱，残骨器等遗物。该期出土的遗物属于汉代文化遗存。

地处大城东南部的刘家寨一带，是大城南部重要的居住区，发现多处夯土建筑基址。在村东为第36号、37号两处重点保护区，村北为第38号重点保护区。第36号保护区面积约为5万平方米，遗址内发现大面积的夯土遗迹，夯土处于在上下文化层之间，上文化层厚0.7米，下层厚0.3—0.5米，内含绳纹瓦片、陶片。从夯土层位、质地和出土器物观察，夯土的年代较晚，主要可能属于汉代遗存。第37号重点保护区与第36号保护区相距不远，西距村舍约100米。发现的夯土遗迹东西长80米、南北宽60米。夯土处于在上下文化层之间，内含绳纹瓦片、陶片。夯土质地较好，层次比较明显，夯具痕迹近平底。从夯土层位、质地和出土器物观察，夯土的年代属于战国时期。

3. 大城西区

大城西区主要为东辛公路以西小城北墙以北部分。据20世纪60年代的勘探资料，大城西部东辛公路以西地区，一般地层较浅，除石佛堂村所在的高地较深以外，一般都在1.5—2米之间，地层也相对简单。东辛公路以东文化堆积厚，一般在2—3米之间，文化遗迹丰富复杂。1964年，在大城西南部进行了小范围的试掘。1965年配合东（营）辛（店）公路加宽工程建设，又在公路两侧加宽占地内进行了试掘。

1964年发掘的T1耕土层下②—④层均属于东周文化堆积。T2中的③层内出土有“齐内史印”汉代封泥及具有汉代特征的陶器残片，该层属于汉代遗存。而③层下开口的H2、H3则出土东周时期的陶器残片，应属于东周时期遗存。其第④层虽未发现陶片之类的遗物，时代应不晚于东周时期。1965年发掘位于路西的T1—T5，耕土层下的②—③层为东周遗存。T6、T7②—③层为汉代层，④—⑥层为东周时期的遗存。从1964年、1965年两次试掘的资料看，大城西部的文化遗存主要以汉代和东周时期为主，虽然几处发掘点的选择带有一定的局限性，但与勘探资料可相互印证，东辛公路以东地区，文化堆积层厚，曾是人口密集、长期居住的区域；而道路以西特别是河道以西地区，由于地势低洼，文化堆积层相对较薄，居住点比较分散。

从上述资料中可以看出，三个区域内的文化堆积时代有所不同，经过考古发掘，属于西周时期的遗存仅发现在大城的东北区。与东北区相比，大城东南区和西区的文化堆积主要属于春秋战国至汉代的遗存，在试掘的资料中，未发现有西周时期的遗迹和地层堆积。

4. 西周城的南端边缘

对西周时期临淄城南墙的大体范围的推断除主要依据文化遗存的分布范围外，也可参考大城东部存在的多处雨水冲击沟的现象。一般周代城址选址多靠近河流，便于城内用水，也方便雨水多时排水，并且在城垣周围多设有防护措施的城壕，城壕与河道相通便于引水、排水。临淄大城东临淄河，不仅城内需要向城外的淄河排水，而且城壕一般也应该与淄河相通，由此在大城东部与淄河之间形成了多条冲击深沟，借助这种现象来考察早期城墙的南壕与淄河相通的遗迹，并由此可推测南墙的所处的大体位置。

目前在东墙发现的规模较大的冲沟大多与道路和城门的位置相关。在苏家庙以南大城东墙南部存在4处规模较大的冲沟遗迹，最北端1处在葛家庄村北，与城内的一条道路相连；北起第2处在葛家庄村东，下泄的缺口较宽；第3处在邵院村和蒋王庄村北，冲沟较长，下泄的缺口也比较宽；最南端1处在蒋王庄村南，下泄口较窄，并与城北的一条晚期道路相通。从4处冲沟所处的位置看，南侧2处距离大城北部早期文化堆积较远，而且与周代建城的布局平面也有差距，应予以排除。最北侧葛家庄村村北的冲沟，外口呈喇叭口状，但冲沟相对比较短，也比较窄，而且西端与城内的道路相连，可能与道路或城门有关。位于葛家庄村东北起第2条冲沟，相对较长，西部为村舍所压，其外口较宽大，或与沟内大量排水冲击或城外修筑壕沟有关。从城市的规划布局看，临淄城西周时期南墙在葛家庄村北第1条冲沟与村东第2条冲沟之间相对比较合理，而且城内的早期文化堆积的分布也大体以此为界。

5. 西周城的西部边缘

临淄的调查和试掘资料证明，西周时期的文化遗存，西部未能越过东辛公路，分布范围大体在公路以东，这为确认西周时期临淄城早期的西界提供了信息。在东辛公路之西不远处为大城西部排水河道，沿公路西侧向北通至大城北墙排水道口。在20世纪60年代勘探时，在大城北墙西古城村西北发现有缺口，为北墙中门，但与其他的城门缺口不同，该缺口下仅发现很厚的淤泥层，而且在缺口内外均未见路土，缺口以西至大城排水河道一带均为沼泽淤泥。这一现象说明在东辛公路以西的西古城村西、村西北一带地势较低形成沼泽，而通向城墙缺口可能为城以西的河道或护城河，西周时期的临淄城可能没有超越过东辛公路以西的河道和沼泽。目前的大城西部排水河道南北较直，北端正对大城北墙第一拐角，可能在春秋时期大城扩建时将河道或护城河取直西移，现存的东辛公路或修筑叠压在临淄早期城址的西墙上。在废弃的墙基上修筑道路不仅方便利用地理环境，而且可以节省大量的人力物力。这种利用废弃墙基改建道路的方式比较多见，而且就临淄城而言，东辛公路南北穿过临淄城，其南部的路基就叠压在小城的东墙墙基之上。

以上分析西周时期临淄城南端和西界的大体范围，结合大城北墙发现的早期城墙和东部城墙的结构，可以大体推测西周时期临淄城的基本范围：其北部以田家庄、东古城村北的大城北墙为界，东以淄河西岸葛家庄村北的大城东墙北段为界，西部约以穿过西古城村的东辛公路至晏婴冢以东路段为界，南部约在刘家寨村北及葛家庄以西相对的“晏婴冢”与小城北墙之间，其东西约2100米，南北约2640米，总面积约554万平方米[①]。

三、小城与田齐宫城

战国时期，临淄的最大变化是小城的营建，由此构成现今所见大小城镶嵌的总体格局。战国早期，临淄城经济比较发达，从大城的勘探发掘资料看，在大城内分布着众多手工业作坊遗址，特别是以冶铁、炼铜、铸钱为主的冶铸制造业非常兴盛，新兴手工业作坊区主要集中位于大城的西部和南部新扩建的新区内，在大城西部形成以石佛堂村为中心的冶铸区，在大城南部形成以刘家寨为中心的冶铸区，临淄应延续了春秋时期的总体布局。

战国中期，齐国的政坛发生重大变动，以田和为相的田氏取代姜氏，并被周王正式立为齐侯。《史记·田敬仲完世家》记载：“田太公相齐宣公。……宣公卒，子康公贷立。贷立十四年，淫于酒、妇人，不听政。太公乃迁康公于海上，食一城，以奉其先祀。明年，鲁败齐平陆。三年，太公与魏文侯会浊泽，求为诸侯。魏文侯乃使使言周天子及诸侯，请立齐相田和为诸侯。周天子许之。康公之十九年，田和立为齐侯，列于周室，纪元年。”田氏取代姜齐经过了漫长的过程，自春秋晚期采取收买人心和打击削弱姜氏权势等手段，经过长期准备，势力逐渐增强，到战国时期形成一家独大局面，执掌齐政近百年。田和作为康公齐相长达20余年，虽然在取代姜氏康公过程中并没有引起社会的激烈动荡，整个过程也比较平和，但国家权力中心的变更必然引起对统治中心即都城的变化，临淄最大、最明显的变化即是田氏宫城也即小城的兴建。

田太公和于周安王十六年（前386）立为诸侯，考古发掘资料所见临淄小城建于战国早中期，其营建年代与田氏代齐立为诸侯时间基本相合。田氏经周王立为诸侯，营建宗庙成为必然，但文献记载姜齐太庙、公宫、内宫、寝宫、社等均位于临淄宫城之内，特别是宫城内有祭祀太公姜氏宗庙，田氏不可能在立有姜齐宗庙的宫城内另建宗庙。同时田氏由周王命为诸侯，姜齐太公为周王朝功臣，

① 山东省文物考古研究所：《临淄齐故城》，文物出版社2013年版。

而姜氏也有恩于田氏，故不可能毁姜氏宗庙而建田氏宗庙，因此到宫城外另建新宫设祖庙成为田氏被立为诸侯后的首要选择。

此时齐国国势强盛，都城临淄已经发展成为东方的大都市，人口众多，经济文化都十分发达，大城内到处都布满居住区、手工业作坊和商业集市，在此背景下田氏如要在城内大规模营建新宫城，需要占用大量的土地、住宅、商业集市或手工业作坊，如要强制推行难免会引起众怒，也与田氏一贯采用的笼络人心的方针相悖。而选择大城西南角处园囿区作为营建宫城新址，并利用大城外系水、申池等地理环境，将宫城与大城分出又与大城相连，成为田氏营建新宫城最佳选择，也会顺应民心，便于稳定田氏的统治地位。

据勘探发掘资料，小城内的文化遗存主要分为北、中、南三大部分。小城北部以宫殿建筑为主，南部以冶炼、铸钱为主。小城西北部发现以桓公台为中心的范围较大的宫殿建筑群，南北长约650米，东西宽约500米，面积约33万平方米。“桓公台”是宫殿区南部的一处高台建筑基址，南北长70米，东西长86米，高14米。桓公台宫殿区桓公台周围宫殿建筑遗迹密布，仅桓公台周围具有一定规模的大型夯土建筑基址就达9处。1976年在桓公台东北发掘清理第5号建筑基址，发现宫殿建筑遗迹有上下两层：上层为汉代宫殿建筑，有回廊、散水、石柱础等，天井等遗迹多为砖铺地面，并出土大量圆瓦当；下层有方形台状夯土基址，发现许多排列有序的大型石柱础，属于战国时期。

在小城东北部第10号重点保护区有一处大型建筑夯土基址，为小城内10号建筑基址，占据小城东北部中心位置，俗称“金銮殿”，10号基址属于夯土高台建筑基址，中心地势较高，周围地势低洼并发现淤土和水浸现象，在功能上可能与桓公台宫殿建筑群有别。2012年对10号建筑基址的发掘证明，该建筑为四面环水的大型单体殿堂式建筑，中心建筑底部为大型夯土台基，东西长约113米，南北宽约87.5米，现存最高处在3米以上。其形制独特，前凸后凹，台基南侧中间凸出长23.5米、宽11米的廊道，后部中间凹进540平方米的缺口，由于上部遭到毁灭性破坏，建筑的形制已无法得知，但该台基外壁四周采用立柱和镶板装饰考究极为少见，显示出其具有高规格的等级。在台基四周有约5米宽的水面环绕，这座四面环水的大型高台建筑或为田齐宗庙建筑①。

从上述分析可知，小城为田氏营建的新宫城，其南北长约2195米，东西宽约1403米，总面积约300万平方米。小城作为田氏宫城规模十分宏大，北部为以桓公台和10号建筑为中心的宫殿区和宗庙等重要建筑。

四、临淄与营丘

据文献记载，西周夷王时献公率营丘人袭薄姑杀胡公而自立，并徙都临淄，由此临淄从西周晚

① 山东省文物考古研究所等：《山东临淄齐国故城10号建筑遗址发掘简报》，《文物》2016年第8期。

期至战国晚期一直作为齐国的都城。根据发掘资料，临淄大城北墙东段发现西周中期的墓葬81东古M11打破最早的第一期城墙，临淄城始建年代的下限不晚于西周中期，即在献公徙都临淄之前，这为研究临淄城性质及其是否与太公之营丘有关提供了重要信息。

关于营丘的位置，自汉代以来就有临淄齐城或昌乐营陵城之争，根据近年对营陵城的考古调查研究，基本排除作为营丘的可能性①。目前对临淄城的性质主要有两种观点。第一种观点认为临淄为西周初年太公所封之营丘，主要依据《汉书》等有关文献记载。《汉书·地理志》："临淄，师尚父所封""临甾（淄）名营丘"，《括地志》《元和郡县图志》《春秋左传正义》《尔雅注》《水经注》《齐乘》《读史方舆纪要》等均持相同观点。营丘作为太公建立齐国的第一个都城，因胡公迁都薄姑而废，献公弑胡公又由薄姑迁营丘，并同时将营丘更名改称临淄。随着20世纪60年代临淄城内考古工作的开展，许多学者也多认同临淄为营丘的观点，将城内发现西周早期遗存作为临淄即营丘的依据②。

第二种观点，主要依据《史记》有关记载，认为临淄为献公自薄姑所迁之新都城，是齐国的晚期都城。《史记·齐太公世家》："哀公时，纪侯谮之周，周烹哀公而立其弟静，是为胡公。胡公徙都薄姑，而当周夷王之时。……献公元年，尽逐胡公子，因徙薄姑都，治临菑。"依据《史记》记载，太公就国之营丘边莱，五世哀公因纪侯之谗言被周王烹杀，六世胡公为避纪国锋芒退而迁都薄姑，其弟献公怨恨胡公，率营丘人袭杀胡公而自立，并徙都临淄。许多学者认为《史记》将营丘、薄姑和临淄并列，而营丘与临淄就非指一处，由此得出齐国先后有营丘、薄姑、临淄三都。对于临淄城内发现西周早期遗存或存在西周城的可能，认为献公迁都临淄并非在荒野上一蹴而就，而可能利用齐国原有的邑城③。

对于上述两种观点结合文献及考古发掘资料分析，均具有一定的合理性。临淄城营建于西周中期，可以确认在献公迁都之前临淄城已经存在，这对认为临淄即为营丘的观点无疑增添了重要依据。而对于第二种观点来说，即便临淄城营建于西周早中期，也不能确认临淄就是太公之营丘，西周中期发现的临淄城也可以是献公迁都之前齐国在西周早中期的一处重要城邑，不能仅凭临淄城早于献公迁都之前就确定其为营丘。

从目前掌握的资料看，临淄城内出土西周早期的遗存基本位于大城东北北部一带，在大城东北部阚家寨、河崖头村遗址的发掘中，均发现商末周初和西周早期的遗存。阚家寨H157中出土的2件陶鬲有明显的晚商风格，而H159出土的1件灰陶鬲则具有晚商商式陶鬲的特征。1981年河崖头村南出土属于西周早期、裆底部袋足还保留捏合痕迹的典型周式陶鬲。这一范围应属于西周时期临淄城

---

① 魏成敏：《营丘考疑：昌乐营陵城新探》，载《中国考古学会第十五次年会论文集》，文物出版社2012年版。

② 王恩田：《齐都营丘续考》，《管子学刊》1988年第1期。

③ 张学海：《齐营丘、薄姑、临淄三都考》，载《张学海考古文集》，文物出版社2020年版。

早期的大体范围，大体东起淄河西岸大城东墙，西至东辛公路一线，北至大城东古城一带，南部在阚家寨与刘家寨之间。

大城东北部河崖头村一带发现早于献公迁临淄之前西周中期的贵族墓葬，也为探讨临淄城的性质提供了重要信息。1989 年在齐故城大城河崖头村西发现 3 座西周墓，墓葬南北排列，相距 4 米左右。3 座墓葬规模不大，最大的 M1002 墓口长 3.2 米，宽 1.7 米，出土包括铜鼎、簋、鬲在内的青铜礼器以及陶鬲、罍、簋、罐及瓷豆等生活用具，在铜簋底部有铭文，内容为“伯俞作其尊彝”①。M1002 随葬陶器也极为精美，2 件陶罍器表面光洁，并刻划三角蕉叶纹，陶簋器形规整，器表经磨光处理，腹部刻有蕉叶纹卷云纹，在圈足底部刻有一“侯”字。M1002 出土铜鼎的特征与北京琉璃河 M251 的“父乙鼎”、M35 的“复鼎”比较相近，均为圆腹、圜底、深腹、三柱状足。出土的铜鬲与琉璃河 M251 的“麦鬲”形制也基本相同，而出土的铜簋为深腹矮圈足。上述三类器物均具有西周早期的特点，从总体特征观察略，其时代晚于琉璃河 M251，墓葬年代应在成康之后，但不晚于穆王时期。稍晚的 M1001 出土的铜鼎与曲阜鲁国故城 M23 出土的 I 式西周铜鼎相近，与宝鸡竹园沟 M13 出土的“父辛鼎”也比较相似或略晚，出土的铜簋也具有中期偏早的风格，因此，M1001 年代不晚于西周中期前段。

河崖头 M1002 及 M1001、M1003 由南而北排列，规格相近，而且头向相同，墓向一致，具有明显的规律，属于一组重要的贵族宗族墓葬。“伯俞”家族应为西周早中期齐国宗室成员或上层贵族。

除西周早期遗存外，在大城东北部的东古城、河崖头也发现晚商的遗物。

1965 年在临淄齐国故城大城东北部东古城村附近出土一组制作精美的车马器，计 13 件，包括軎、车踵、车軓饰和车轸饰及马衔等，各部件造型古朴，纹饰精美，有的并镶嵌绿松石，应属于车马实用部件。古城村出土的铜车軎、车踵、车軓饰、车轸饰及马衔等车马器，基本属于 1—2 套大体完整的车马构件和装饰件，应出自墓葬或附葬的车马坑②。车軎为长筒状，车軎的形制到纹饰均与河南安阳市梅圆庄殷代车马坑出土的车軎几乎完全一致，均在内侧对穿的辖孔两侧各装饰 1 条夔龙纹，外端则饰四个长蕉叶纹，以云雷纹作地纹，仅顶端略有不同③。车踵器呈方筒状，两侧铸有对称的半圆形鼻钮，踵身主纹为 2 条夔龙纹，内端饰三角蕉叶纹，底纹饰云雷纹，并镶嵌绿松石。安阳市梅圆庄车踵两侧饰夔龙纹，下饰三角纹，与东古城出土的形制纹饰几乎完全相同。铜车軓饰与安阳梅园庄车马坑所见的同类器也基本相同。长条形轸板贴在舆前车轸上，正面铜车軓有一夔龙纹，弧形板则盖在车辕上，正面饰均铸有造型精美兽首形的饕餮纹。东古城车马器中有夔龙形车轸饰 6 件，

① 魏成敏、贾健：《临淄齐故城出土商周青铜器与相关问题探索》，载《青铜器与山东古国学术研讨会论文集》，上海古籍出版社 2017 年版。

② 魏成敏、贾健：《临淄齐故城出土商周青铜器与相关问题探索》，载《青铜器与山东古国学术研讨会论文集》，上海古籍出版社 2017 年版。

③ 中国社会科学院考古研究所安阳工作队：《河南安阳市梅园庄东南的殷代车马坑》，《考古》1998 年第 10 期。

器身均呈夔龙状，体近似S形，制作精致，背面有4个扁环状穿钮。类似的夔龙形车轸饰，在殷墟安阳小屯也有发现，在小屯M40的车舆周围发现有一周龙形铜饰，也为单个夔龙形。

东古城出土的这组铜车马器造型古朴，制作精致，纹饰精美，铜车踵并镶嵌绿松石，规格比较高，属于上层贵族乘车所用。将东古城出土的车马器与河南安阳市梅园庄车马坑、殷墟小屯M40出土的铜车马器进行的类比，可以看出三者的车马器从形制到纹饰都均有惊人的相似性，均属于典型的殷商晚期车马器。

通过上述综合分析可以看出，临淄城不仅存在西周中期之前的城垣，而且发现西周中期贵族墓葬，显示出在献公迁都之前临淄城在当时已具有重要地位。而鲁北地区地位与之相近的仅有近年新发现的高青陈庄西周城，但陈庄西周城不可能是齐国都城营丘或薄姑，作为重要的军事城堡政治、军事地位甚高，或与周公东征平叛有关。目前在临淄齐故城内发掘出土属于殷商时期的遗物较少，但临淄东古城附近出土晚商时期的镶嵌绿松石车马器，属于商代上层贵族乘车所用，这批高规格的车马器的发现，则进一步说明临淄在晚商时期地位也非常重要。文献记载太公所都之营丘为商末诸侯薄姑所属旧地，《左传·昭公二十年》："昔爽鸠氏始居此地，季萴因之，有逢伯陵因之，薄姑氏因之，而后大公因之。"《左传·昭公九年》："及武王克商，薄姑、商奄，吾东土也。"《史记·齐太公世家》："武王已平商而王天下，封师尚父于齐营丘……营丘边莱。莱人，夷也，会纣之乱而周初定，未能集远方，是以与太公争国。"周公东征横扫殷商反叛势力封齐国于营丘，而此时莱夷冒与太公发生战争的风险而争营丘，足以证明营丘在商末和西周初年具有重要战略地位。

营丘地处古代山东半岛连接中原的交通要道，是山东东部夷人西进的咽喉之地，齐国占据营丘就会掌握控制东方的主动权，并可继续向东扩张。东夷势力必然深明这一点，不想坐以待毙，莱夷与齐国争营丘，也正是出于生存战略的考虑。而位于淄河西岸的临淄同样地处古代山东半岛连接中原的交通要道，在地理位置上具有相同的战略地位，齐国将临淄作为都城，实际控制了东部夷人西进的可能，并继续向东扩张，春秋时期已基本扫平东夷，全面控制半岛。以上说明营丘与临淄所处的地理位置具有相同的战略地位，均达到了控制东夷西进、继续向东扩张的目的。综上所述，在目前对太公之营丘的研究中只有临淄城具备了一定的条件：第一，首先明确了临淄城营建于献公迁都之前；第二，城内西周早期的遗存具有一定的范围；第三，发现西周中期齐国贵族墓葬区；第四，出土商代晚期的镶嵌绿松石高规格车马器；第五，具有与营丘相同的战略地位，达到了控制东夷西进、继续向东扩张的相同目的。

以上这些信息对探讨临淄是否为营丘非常重要，在没有发现新的可靠证据之前，目前临淄作为西周初年太公所都之营丘的可能性最大，但进一步的确认有待于今后考古工作的证实。

新砦—二里头—二里冈文化考古年代序列的建立与完善

张雪莲 仇士华 蔡莲珍 薄官成 王金霞 钟 建

（中国社会科学院考古研究所）

前 言

1996—2000 年在历史科学领域中进行的夏商周断代工程使我国的碳十四年代学上了一个新台阶，高精度测年基础上系列样品方法的研究与应用拓展了碳十四的测年与应用空间，给考古学时空框架的深入探讨建立了新的增长点。

夏商周断代工程中碳十四与考古结合建立了夏商周碳十四年代框架，代表了我国碳十四测年的最好水平，成为夏商周三代年表建立的依据。断代工程后在配合考古学深入研究的过程中，以断代工程测年研究为基础，继续进行探索，使年代研究又获新进展，成为年代框架的完善与补充。

由于夏商周碳十四年代框架中殷墟后面各序列的年代已比较清楚，所以断代工程之后的工作重点是围绕框架前面二里头、二里冈文化年代探讨进行的。本文也主要讨论这一时段的研究及其进展。

一、夏商周断代工程中二里头、二里冈文化年代序列的研究

二里头、二里冈是考古界关于夏商文化讨论的重点，所以夏商周断代工程期间对其年代进行了研究测定。

1. 二里头遗址二里头文化

夏商周断代工程中应用常规碳十四测年对采集并提供的 18 个样品进行了年代测定。所得结果见

表1①。

表1 二里头遗址碳十四测年数据

样品号	原编号	考古分期	样品物质	^{14}C 年代（5568，1950BP）	拟合后日历年代（BC，68.2%）
XSZ104	97VT3H58	一期	兽骨	3445±37	1880—1840（0.41） 1810—1800（0.09） 1780—1730（0.49）
ZK5206	97VT2⑪	一期	木炭	3406±33	1740—1640
ZK5227	97VT4H54	二期	木炭	3327±34	1680—1600
XSZ098	97VT4⑦b	二期	兽骨	3327±32	1685—1650（0.43） 1640—1600（0.57）
ZK5226	97VT4H46	二期	木炭	3407±36	1740—1640
ZK5244	97VT1H48	二期	兽骨	3348±36	1685—1615
ZK5236	97VT6H53	二期	木炭	3294±35	1680—1670（0.18） 1660—1650（0.06） 1635—1590（0.75）
ZK5253	97VT4G6	二期	兽骨	3341±39	1685-1610
ZK5257	97VT3⑦	二期	兽骨	3313±37	1685—1650（0.37） 1640—1600（0.63）
ZK5228	97VT4⑥a	二期	木炭	3318±34	1685—1600
ZK5209	97VT2⑨a	二期	木炭	3374±34	1740—1710（0.16） 1690—1620（0.84）
ZK5249	97VT6⑰a	三期	兽骨	3347±36	1610—1555
ZK5200	97VT1⑨	三期	木炭	3343±35	1610—1555
ZK5247	97VT6⑫b	三期	兽骨	3272±39	1598—1564
ZK5255	97VT3G4	四期	兽骨	3355±40	1560—1529
ZK5229	97VT4⑤a	四期	木炭	3304±36	1561—1525
ZK5242a	97VT6	四期	木炭	3270±32	1564—1521
ZK5242b	97VT6	四期	木炭	3350±33	1560—1529

二里头遗址位于河南偃师，是20世纪50年代发现并开始发掘的。到目前为止共进行过大小六十余次的发掘工作。陆续发现有始建于二里头文化三期的面积近10000平方米的1号、2号宫殿基

① 夏商周断代工程专家组：《夏商周断代工程1996—2000年阶段成果报告·简本》（文中简称《简本》），世界图书出版公司2000年版。

址[①]，属于二里头文化二期的 3 号建筑基址，有从二期一直沿用到四期的铸铜作坊，后又发现属于二里头文化第三、四期的比较完整的宫城等[②]，遗迹还有房基、灰坑、墓葬等，遗物有陶器、铜器、青铜礼器、玉器、漆器、绿松石器以及海贝等[③]。

随着二里头遗址的发现、发掘与研究，关于二里头文化的讨论也此起彼伏。迄今为止，相关的研究论文已有数百篇[④]，成为学术界的一大热点。

梳理学者们的观点，归结起来主要有四种：

第一种观点认为二里头文化一到四期均是夏文化。第二种观点认为二里头文化一到三期为夏文化，四期为商文化。第三种观点认为二里头文化一、二期是夏文化，三、四期为商文化。第四种观点认为二里头文化一期是夏文化，二、三、四期为商文化。

其中第一种观点的依据主要是认为处于二里头文化之后的二里冈文化属于商文化，因而二里冈文化前面的二里头文化应为夏文化。而其他三种观点则主要是依据宫殿的出现、遗物的变化及其他相关的遗迹现象。

配合考古学研究，考古所碳十四实验室从 1974 年开始对二里头遗址进行碳十四测年。从 1974 年到 1978 年测定了 5 个样品，其年代结果见数据表 2[⑤]。

表 2　1974—1978 年二里头遗址测年数据

实验室编号	原编号	考古分期	样品物质	^{14}C 年代（5568，1950BP）	树轮校正年代（BC）
ZK-0031	ⅡT104		蚌壳	3840±115	2470-2140
ZK-0212	VT104（6）	二里头早	蚌壳	3470±95	1916-1683
ZK-0257	ⅧT22（3）H73	二里头	木炭	3100±90	1493-1266
ZK-0285	九队窑场 H3	二里头一期	木炭	3450±80	1886-1681
ZK-0286	VT13f 内 H87	二里头四期	木炭	3240±85	1625-1430

据当时的考古学研究状况和测年情况，夏鼐先生在 1977 年登封会议上关于二里头遗址、二里头

① 中国科学院考古研究所二里头工作队：《河南偃师二里头早商宫殿遗址发掘简报》，《考古》1974 年第 4 期。中国社会科学院考古研究所二里头队：《河南偃师二里头二号宫殿遗址》，《考古》1983 年第 3 期。

② 中国社会科学院考古研究所二里头工作队：《二里头遗址宫殿区考古取得重要成果》，《中国社会科学院古代文明研究中心通讯》第 5 期，2003 年；《河南偃师市二里头遗址宫城及宫殿区外围道路的勘察与发掘》，《考古》2004 年第 11 期。

③ 中国社会科学院考古研究所二里头队：《1980 年秋河南偃师二里头遗址发掘简报》，《考古》1983 年第 3 期。中国社会科学院考古研究所二里头工作队：《1987 年偃师二里头遗址墓葬发掘简报》，《考古》1992 年第 4 期。许宏：《二里头遗址发掘和研究的回顾与思考》，《考古》2004 年第 11 期。

④ 郑杰祥：《夏文化论集》，文物出版社 2002 年版。

⑤ 中国社会科学院考古研究所：《中国考古学中碳十四年代数据集（1965—1991）》，文物出版社 1992 年版。

文化研讨总结时强调，考古上的问题有些现在不能定，应根据古文献来考察夏墟的年代并通过碳十四对二里头遗址进行年代测定，但“目前放射性碳素测定年代也还有些问题需要解决，一则是它本身的误差；再则是树轮校正年代的准确性”①。这之后，1980—1983年期间，二里头遗址又测定了28个样品，其年代结果见表3。1983年10月，碳十四测年专家仇士华、蔡莲珍等应用以上数据发表了《有关所谓“夏文化”的碳十四年代测定的初步报告》②，经过分析估计推论出：二里头文化一到四期年代为公元前1900到前1500年。

表3　1980—1983年二里头遗址测年数据

实验室编号	原编号	考古分期	样品物质	^{14}C年代（5568，1950BP）	树轮校正年代（按新表，BC）
ZK-680	VD2H12	二期晚	木炭	3800±115	2645—1885
ZK-1082-C	IVT1A（4B）	三、四期	木炭	3560±70	2145—1730
ZK-926	IVT3（4）	二、三期	木炭	3530±85	2165—1675
ZK-829	D2北灰坑	一、二期	木炭	3480±100	2135—1655
ZK-1175	IVT117H29	一期	木炭	3490±70	1995—1680
ZK-923	IVT2（5）		木炭	3480±80	2125—1650
ZK-1178	VT26（5）B	一、二期	木炭	3480±70	1985—1675
ZK-1080	IVT1AH8	三期	木炭	3470±70	1975—1670
ZK-927	IVT3（8）		木炭	3450±80	2080-1575
ZK-1079	IVT1AH5	二期	木炭	3440±70	1995—1660
ZK-1082-B	IVT1A（4）B	三、四期	木炭	3440±70	1955—1660
ZK-1035	ⅢT14（4）H19	二期	木炭	3430±80	1990—1560
ZK-1081	IVT1A（4）A	三、四期	木炭	3420±75	1920—1645
ZK-1033	ⅢT1东扩（3）H23	四期	木炭	3400±110	1965—1540
ZK-1166	VT15（9）	一期	木炭	3400±70	1895—1585
ZK-924	IVT1（7）		木炭	3380±80	1950—1525
ZK-925	IVT3（3）		木炭	3370±80	1935—1440
ZK-929	IVT4（5）		木炭	3350±80	1900—1425
ZK-928	IVT4（6）（7）		木炭	3350±80	1900—1425
ZK-764-0	VD2南T5H12	二期	骨	3350±95	1910—1435

① 夏鼐：《谈谈探讨夏文化的几个问题——在〈登封告成遗址发掘现场会〉闭幕式上的讲话》，《中原文物》1978年第1期。

② 仇士华、蔡莲珍等：《有关所谓“夏文化”的碳十四年代测定的初步报告》，《考古》1983年10期；中国社会科学院考古研究所《中国考古学中碳十四年代数据集（1965—1991）》。

（续表）

实验室编号	原编号	考古分期	样品物质	^{14}C 年代（5568，1950BP）	树轮校正年代（按新表，BC）
ZK-1176	VT20（6）C	一、二期	谷子	3350±70	1865—1545
ZK-922	IVT2（3）		木炭	3330±80	1885—1415
ZK-1082-A	IVT1	三、四期	木炭	3330±90	1885—1415
ZK-1078	IVT1AH4	三期	木炭	3300±75	1870—1395
ZK-1036	ⅢT3（5）H21	二期	木炭	3280±85	1860—1385
ZK-1034	ⅢT2（3）	四期	木炭	3260±90	1770—1370
ZK-930	IVT4（8）		木炭	3250±70	1760—1365
ZK-1077	VM3 底部	三期	炭泥	3130±70	1625—1260

1983 年以后到 1991 年，二里头遗址又测定了 9 个数据，其结果见表 4①。

表 4　1984—1991 年二里头遗址测年数据

实验室编号	原编号	考古分期	样品物质	^{14}C 年代（5568，1950BP）	树轮校正年代（按新表，BC）
ZK-1397	IV T27（2）H20		木炭	3400±75	1871—1624
ZK-1398	IVT6H22	三期	木炭	3420±75	1876—1671
ZK-2082	VT1H12		木炭	3640±80	2138—1906
ZK-2083	VT1（3C）		木炭	3480±80	1909—1696
ZK-2085	VT6（1）		木炭	3490±215	2134—1530
ZK-2089	VT1（3D）：11		木炭	3380±75	1756—1549
ZK-2090	VT1（3D）：12		木炭	3050±95	1426—1168
ZK-2093	VT7（3A）：18		木炭	3280±160	1740—1412
ZK-2095	VT7（3A）：20		木炭	3180±125	1610—1319

将上述断代工程之前发表的数据结果与工程期间得到的结果作一比较，可以看出两者有这样几点不同。第一，误差范围。20 世纪 70 年代的数据，其误差分别为 115、95、90、80 和 85 年。1980—1983 年期间发表的 28 个数据中，误差范围在 100 年以上的有 3 个（11%），90 多年的有 2 个（7%），80 多年的有 11 个（39%），70 多年的有 12 个（43%）。1984—1991 年期间发表的 9 个数据

① 中国社会科学院考古研究所：《中国考古学中碳十四年代数据集（1965—1991）》，文物出版社 1992 年版。

中，误差范围在100年以上的有3个（33%），90多年的1个（11%），80年的有2个（22%），70多年的有3个（33%）。而断代工程期间得到的数据年代误差均在30—40年内。第二，分期年代。断代工程得到的数据给出了大致的分期年代。二里头一期的年代为公元前1880—前1640年，二期的年代为公元前1740—前1590年，三期的年代为公元前1610—前1555年，四期的年代为公元前1560—前1520年。而这之前的数据，虽然是对不同期别的样品进行的测年，但由于每一数据的年代覆盖范围较宽，期与期之间重叠较大，难以区分开。第三，二里头一到四期的年代范围。断代工程数据给出了二里头文化一到四期的年代范围，为公元前1880—前1520年。而此前的数据中，除贝壳样品由于易受环境因素影响，往往年代偏离较严重，除非专门研究，一般仅作为参照外，其他样品给出的年代范围为公元前2600—前1110年，若把其中误差过大的去掉，大致范围在公元前2100—前1300多年。

断代工程期间得到的数据与这之前的数据结果相比，之所以存在这些不同，其主要原因在于断代工程中在深入研究的基础上采用了国际上于20世纪90年代得到普遍关注和研究应用的新方法——高精度系列样品方法。通过这一方法的深入探讨与研究应用，不仅使数据质量提高，可靠性增加，而且使日历年误差明显减小，数据结果的信息量增大。

过去对于较早的新石器时代以及更早的年代测定，一些学者比较关注的是碳十四年代以及碳十四年代误差。但是当历史进入古文明时期，历史进程加快，文献出现，因而日历年及其误差则更加被年代学研究所关注。对于日历年误差来说，由于碳十四—树轮年代校正曲线不是直线，所以经过年代校正之后得到的日历年误差往往大于碳十四年代误差。有时一个几十年的碳十四年代误差经过校正后得到的日历年误差会是一二百年，甚至更大。这给年代数据的应用带来很大的不便，也是进入古文明时期年代研究中问题的关键。然而，系列样品方法的问世，给这一问题的研究、解决带来了希望。

所谓系列样品方法，是指取前后有序、在时间上连续并互有时间间隔的系列含碳样品，进行高精度年代测定，然后将得到的系列数据共同进行数据的曲线拟合，可以使日历年误差有效缩小。该方法的实质是通过数据之间的相互关联性使日历年误差缩小。

系列样品方法的具体实施需要具备几个基本条件，一是要具备高精度碳十四—树轮年代校正曲线，二是需要较高精度的测年数据，三是样品的考古学背景要清楚。对照第一个要求，碳十四—树轮年代校正曲线在20世纪60年代就开始绘制，依据树轮年代学原理，通过选择同一气候区中的树木，清数树轮并相互连接，然后取树轮测年，经过统计处理绘制成碳十四—树轮年代校正曲线。经过多年的研制，1986年建立了国际上公认的高精度碳十四—树轮年代校正曲线，现在已向前延伸达一万多年，为系列样品方法的应用建立了条件。而后面两项要求是对研究者而言的。断代工程中围绕提高精度，课题组设置了三项基础研究课题，一是常规方法的技术改造与测试研究，二是骨质样品制备的研究，三是加速器质谱测年的技术改造与测试研究。通过这三项研究，常规方法精度可达3‰，加速器质谱测年法精度好于5‰，为获得高精度的数据提供了保证。至于样品的考古学背景要清楚，目的是把握系列样品的形成条件。为了满足这一要求，夏商周断代工程期间召开了多次现场取样会，与考古学家进行了充分的沟通和切磋，保证了系列样品的规范化采集和样品质量。这也是断代工程在促进多学科的结合上创下的佳绩。

关于系列样品方法应用的研究，国外学者已率先做出了范例，如 Yasushi Kojo，Robert M. Kalin 和 Austin Long 对取自日本西部 Prefecture，Sakurai-city 的 Makimuku Ishizuka Kofun（ mounded tomb ）中的一块木头进行了年代测定，最终得到的值为 AD320±5 年，其年代误差仅有 5 年①。在夏商周断代工程之前，我国学者仇士华等对该方法已有尝试与研究，如长白山火山灰覆盖的炭化木年代的测定中系列样品方法的应用，使年代误差缩小到仅有 15 年②，这为断代工程中该方法的应用奠定了基础。断代工程启动后，结合所涉及的遗址的具体情况进行了深入探讨，并就系列样品方法中应用的校正工具——OxCal 程序作了专门的论证、评估工作，保证了系列样品方法应用的科学化。

在这几项研究的基础上，首先对于山西省北沃天马—曲村 M8 的年代进行了测定。经考古学家对出土于该墓的晋侯酥钟的研究，认定该墓为西周晋献侯酥之墓，而据《史记・晋世家》，晋献侯酥卒于宣王十六年（前 812），碳十四测年为公元前 808±8 年，与之相合，表明了碳十四测年的可靠。

接下来是对出土于北京房山琉璃河 M1193 大墓中椁木树轮样品的测定，因为树轮测年可对做出的结果进行检验——无论是精度还是在可靠性方面。此后正式开始了各系列的年代测定。

二里头遗址的年代测定就是在这样一个条件下进行的，较高精度的测年保证了数据的精度，样品的考古学分期成熟保证了拟合结果的可靠。同时也可以看出，具体测年样品共有 18 个，但所得结果与仇先生等在 1983 年应用 30 多个数据所作的研究相比，更能说明问题，也更加有效。所以说，如果仅是应用单一样品方法，尽管数据量大，也不足以解决问题。为当时的条件所限，仇先生等在那篇文章中所得结论也只能是“测出一大批年代数据进行分析处理，从而估计出遗址时代的年代范围”。然而，同样是这一批数据，仇先生等在 1995 年的中国商文化国际学术讨论会上的《解决商周纪年问题的一线希望》③ 一文中，在还不具备数据拟合软件的情况下，尝试性地对这一批数据运用系列样品方法进行了数据的手工拟合，所得结果虽然与估计推论的结果大体一致，但仇先生认为后者更具内聚力和合理性。

---

① Yasushi Kojo，R. M. Ralin，A. Long：1994，High-Precision “Wiggle-Matching” in Radiocarbon Dating，Journal of Archaeological Science 21，475~479.

② 刘若新等：《长白山天池火山最后一次大喷发年代的研究及其意义》，《中国科学（D 辑：地球科学）》1997 年 27 卷第 5 期。

③ 仇士华、蔡莲珍：《解决商周纪年问题的一线希望》，载《中国商文化国际学术讨论会论文集》，中国大百科全书出版社 1998 年版。

另外，就样品本身而言，断代工程测年样品中有10个木炭样品，8个骨样品。由样品特点可知，木炭样品容易偏老，但系列中加进了数量较多的骨样品，就可使偏老的可能成分降低。

在这样的数据条件下去面对考古学上的问题，可以说应该更具可参照性。以碳十四测年结果与文献相对照，首先，二里头文化一期不早于公元前1880年，这应不是夏的始年。其次，从分期年代来看，商的始年应处于二期晚到三期的范围内，而不是四期的后面。

2. 郑州商城遗址二里冈文化

夏商周断代工程中应用常规方法对郑州商城二里冈文化系列进行了年代测定。取洛达庙晚期、二里冈下层一期、二里冈下层二期、二里冈上层一期、二里冈上层二期系列测年，所得结果见表5①。

表5　洛达庙类型晚期遗存和郑州商城分期及常规碳十四测年数据

考古分期		原编号	样品物质	实验室编号	^{14}C年代（5568，1950 BP）	拟合后日历年代（BC，68.2%）
洛达庙类型晚期遗存		VT155G3	兽骨	XSZ142	3286±36	1680—1670（4.8%） 1630—1540（63.4%）
第一期	二里冈下层一期早	ⅡT166G2	兽骨	ZK5371	3261±35	1580—1490
	二里冈下层一期晚	ⅡT203H56	兽骨	ZK5373	3202±37	1518—1478
		ⅡT159	兽骨	ZK5370	3174±41	1515—1480
第二期	二里冈下层二期	ⅡT202H150	兽骨	ZK5369	3221±36	1474—1436
		ⅡT202H60	兽骨	XSZ144	3184±35	1485—1425
		ⅡT236H156	兽骨	XSZ147	3148±40	1485—1480（6.14%） 1455—1415（62.1%）
第三期	二里冈上层一期	ⅡT201H69	兽骨	ZK5368	3130±34	1427—1392
		ⅡT234H28	兽骨	XSZ145	3140±35	1429—1395
		ⅡT234G2	兽骨	XSZ146	3138±37	1429—1393
		ⅡT201G1	兽骨	XSZ141	3125±48	1429—1393
第四期	二里冈上层二期	98ZS②H12	木炭	ZK5353	3094±34	1390—1300（0.95）（64.8%） 1280—1260（0.05）（3.4%）
		98ZS②H12	兽骨	XSZ081	3061±37	1380—1260
		ⅡT157H17	兽骨	ZK5372	3030±38	1370—1210
		ⅡT201H2	兽骨	ZK5366	3136±34	1400—1370（22.5%） 1340—1315（45.7%）

① 夏商周断代工程专家组：《夏商周断代工程1996—2000年阶段成果报告·简本》，世界图书出版公司2000年版。

郑州商城于20世纪50年代发现，位于河南郑州市内，面积25平方公里，是迄今为止所发现的最大的较早期的商代都城。1955年秋季，考古学家对发现的城垣遗迹进行了周密的钻探，随后进行了发掘。郑州商城的城墙现存最高的有9米多，城墙基础最宽30多米。在城墙夯土层内包含有文化层灰土和遗物，其中最晚的属于商文化遗存。夯土城墙的上面直接或间接叠压有商代墓葬、房基和窖穴等，出土有大量的随葬品。另外，在城墙外附近发现有冶铸遗址，其中有大批铸造铜器用的范模。还发现有骨器制作作坊，出土有骨器成品、半成品、废料等①。郑州商城城墙的始建年代属于二里冈文化早期，即二里冈下层第一期②，而二里冈文化分为二层四期。

郑州商城发现后在考古界引起了热烈的讨论，主要围绕该城是商汤之亳都，还是仲丁之隞都的问题展开的。认为是仲丁之隞都观点之依据是由于郑州商城的城墙即二里冈文化叠压在洛达庙文化层上，而洛达庙文化属商文化早期遗存，则二里冈期遗存应为商文化中期遗存，所以郑州商城为隞比较合适。而认为是汤之亳都的学者则提出由于二里头一到四期是夏文化，二里冈文化处于二里头文化之后，自然应属于商早期的文化，这样郑州商城应为亳都。

对于郑州商城的碳十四测年是在20世纪70年代，数据结果见数据表6③。由表6可以看出，其年代结果为公元前1620±140年和公元前1595±110年，由于数据的年代误差较大，难以回答考古学上的问题，这或许也是考古界关于郑州商城始建于公元前1600年说法的理由和依据。

表6 郑州商城碳十四年代数据

实验室编号	原编号	^{14}C年代（5568，1950BP）	校正年代（达曼表）	校正年代（新数据集）	树轮校正年代（OxCal 3.5）
ZK-0177	T7（3）	3220±95	BC1595±110	BC1618—1417	BC1620—1400（68.2%）
ZK-0178	T7（5）	3240±95	BC1620±140	BC1635—1425	BC1620—1410（68.2%）

将表5和表6相对照，两者的差别与前面二里头年代结果对比差别相类似。首先是误差的问题，过去的年代数据误差都在100年以上，误差过大。而断代工程期间得到的15个数据中，只有两个超过40年，分别为41年和48年，其余均在30—40年之间。其次，断代工程期间的数据量明显增加。而且由于也是采用了系列样品方法测年，数据采集各期均有，比较齐全。第三，表5中通过数据的曲线拟合，给出了每一期大致的年代范围。二里冈下层一期的年代范围为公元前1580—前1480年，二里冈下层二期的年代范围为公元前1485—前1415年。二里冈上层一期的年代范围为公元前1429—

① 安金槐：《试论郑州商代城址——隞都》，《文物》1961年第4期。
② 安金槐：《郑州商代城址及其有关问题》，载《安金槐考古文集》，中州古籍出版社1999年版。
③ 中国社会科学院考古研究所：《中国考古学中碳十四年代数据集（1965—1991）》，文物出版社1992年版。

前1392年，二里冈上层二期的年代范围为公元前1400—前1210年。其中最为关注的二里冈下层第一期早的年代为公元年1580—前1490年。

通过应用高精度系列样品方法测年，断代工程期间得到的郑州商城的年代数据较之以往明显细化，可靠性提高，数据的信息量增加，年代学上的意义也相对更为明确。但面对考古学上要解决的问题，似乎显得还不够有力度。

3. 二里冈上层一期水井圈木的年代测定

断代工程期间对在郑州电力学校院内水井中发现的井圈木进行了年代测定。考古学家据井中发现的陶片的年代，认定该井圈木应属于二里冈上层一期。井圈木保存完好，通过取系列样品进行常规碳十四测年，所得最外层的年代为公元前1408—前1392年①。

我们在先前的文章中也曾作过介绍，系列样品据其不同的形成条件，其系列特点不同：第一种是依照树轮形成的系列，系列样品的前后顺序按照树轮自然顺序，间隔也是依据树轮的一定数目取样形成间隔；第二种是依据考古地层关系形成的系列，地层关系对数据拟合形成有力的约束；第三种是由考古学分期形成的系列，如果分期成熟、可靠，也会使误差明显减小。三种情况中由于树轮样品前后次序清楚，时间连续，间隔明确，成为系列样品中条件最为充分、最为理想的系列，因而所得到的结果也最为扎实、可靠，误差范围也相对最小。另外，对于二里冈上层一期的这一井圈木来说，它还具备了一个重要条件——自身保存完好。由此，二里冈上层一期水井圈木得到的年代应该成为一个定点。

二、断代工程后的年代研究工作

夏商周断代工程后，在工程年代研究的基础上，为配合考古学的深入研究以及文明探源工作的开展，我们所做的碳十四测年工作又获得以下三方面的进展。

1. 郑州商城二里冈文化系列的测定

2000年在夏商周断代工程阶段性成果《简本》基本完成后，课题组去河南采样，又增加了具有直接地层叠压关系的系列样品，通过对其高精度测年并进行数据的曲线拟合，得到二里冈下层一期的年代为公元前1509—前1465年。其结果见数据表7②。这样，处于二里冈下层一期或稍晚的郑州商城的建城年代应在公元前1500年前后。这一结果与断代工程所得结果相比较之所以有这样的差别，可以具体由数据状况来看一下（表7）。

① 夏商周断代工程专家组：《夏商周断代工程1996—2000年阶段成果报告·简本》，世界图书出版公司2000年版。

② 张雪莲、仇士华：《关于夏商周碳十四年代框架》，《华夏考古》2001年第3期。

表 7 洛达庙—二里冈遗存与郑州商城数据拟合结果

实验室编号	原编号	考古分期	样品物质	^{14}C 年代 (5568, 1950BP)	拟合后日历年代 (BC, 68.2%)
ZK-5381	99ZSC8IIT265H58	洛达庙中期	骨头	3270±37	1680—1670 (8.7%) 1630—1570 (59.5%)
ZK-5383	99ZSC8IIT264H80	洛达庙中期	骨头	3275±37	1680—1660 (9.6%) 1630—1570 (58.6%)
ZK-5378	99ZSC8IIT261H28	洛达庙晚期	骨头	3164±38	1520—1494 (68.2%)
ZK-5375	99ZSC8IIT268H68	洛达庙晚期	骨头	3232±32	1580—1570 (3.1%) 1530—1485 (65.1%)
ZK-5380	99ZSC8IIT265H56	洛达庙晚期	骨头	3298±34	1580—1520 (68.2%)
XSZ142	VT155G3	洛达庙晚期	骨头	3286±36	1580—1515 (68.2%)
ZK-5379	99ZSC8IIT261⑥	洛达庙晚期	骨头	3333±36	1573—1524 (68.2%)
ZK-5371	IIT166G2	二下一早	兽骨	3261±35	1509—1488 (43.1%) 1480—1465 (25.1%)
ZK-5377	99ZSC8IIT261H21	二下一早	骨头	3111±55	1504—1474 (68.2%)
ZK-5373	IIT203H56	二下一晚	兽骨	3202±37	1481—1448 (68.2%)
ZK-5370	IIT159	二下一晚	兽骨	3174±41	1485—1448 (68.2%)
ZK-5369	IIT202H150	二下二	兽骨	3221±36	1460—1429 (68.2%)
XSZ144	IIT202H60	二下二	兽骨	3184±35	1456—1424 (68.2%)
XSZ147	IIT236H156	二下二	兽骨	3148±40	1450—1419 (68.2%)
ZK-5368	IIT201H69	二上一	兽骨	3130±34	1427—1388 (68.2%)
XSZ145	IIT234H28	二上一	兽骨	3140±35	1426—1391 (68.2%)
XSZ146	IIT234G2	二上一	兽骨	3138±37	1428—1390 (68.2%)
XSZ141	IIT201G1	二上一	兽骨	3125±48	1428—1380 (68.2%)
ZK-5353	97ZZH12	二上二	木炭	3094±34	1390—1370 (7.8%) 1360—1290 (54.7%) 1280—1260 (5.7%)
ZK-5372	IIT57H17	二上二	兽骨	3030±38	1380—1330 (12.9%) 1320—1250 (41.9%) 1240—1210 (13.4%)
ZK-5366	IIT201H2	二上二	兽骨	3136±34	1400—1370 (17.1%) 1340—1315 (51.1%)

由于系列样品缩小误差利用的是样品数据之间的相互关联性，因此所形成的系列中必须具备足

够的样品数量，系列样品的作用才能较好地体现出来。《简本》中得到的结果，虽然也是应用了系列样品方法通过数据拟合得到，但由于在二里冈下层一期之前的样品数量不是足够多，系列没有足够的长，因而使二里冈下层一期的年代误差缩小功效没能充分发挥出来。另外，从校正曲线上也可以看出，二里冈下层一期早的样品涉及公元前1400多年到公元前1600年这一段，由于后面的样品相对比较充足，所以年代范围向后延伸的可能性不大，而由于前面样品比较少，前面压缩得不够的可能性存在，所以年代范围有可能前延，因而也就留下了向后压缩的余地。新采集到的系列样品中，二里冈下层一期前面的洛达庙晚期增加了4个样品，这样就弥补了先前数据中前面一段数据量的不足，发挥了数据之间的相互关联作用，使二里冈下层一期的数据处于自然、正常的相互约束条件下，这样得到的年代结果会相对更精细，也更客观。另外，由于系列样品缩小年代误差依靠的是样品数据之间的自然约束，因而所得到的年代范围与系列样品条件不够充分得到的年代结果之间应是不矛盾的，只是年代范围有相对宽和窄的差别。这样，通过获取足够长的系列、足够多的样品，形成的系列样品，得到的郑州商城的年代只是比以前的结果相对更加具体，而没有根本性的不同。两次结果相比，误差范围由先前的90年缩小到40多年，这样可以相对明确地面对考古学上的问题了。

同时，二里冈文化系列中由于数量较多的新的样品数据的加入，使系列加长，年代脉络更为清晰，期与期之间的年代范围相对更加明确。表7中二里冈上层一期的年代为公元前1415—前1390年。与前面数据相对照可以看出，这一年代范围与夏商周断代工程中测定的二里冈上层第一期的水井井圈木的年代是相吻合的。

2. 龙山文化晚期——新砦期系列的测定

2005年北京大学加速器质谱测年发表了比二里头早的龙山文化晚期——新砦期系列的年代测定研究报告①。据考古学研究，新砦期填补了龙山文化晚期与二里头文化之间的空白，而且在新砦遗址发现了龙山文化晚期—新砦—二里头文化连续不断的文化遗存。北京大学加速器质谱测年对从龙山文化晚期到新砦期的18个样品进行了测定。所取样品均为骨样品，其中有5个样品送到维也纳加速器质谱实验室进行了比对测定。

将新砦遗址测得的年代数据与二里头遗址测得的年代数据共同拟合（其中也包括二里头文化五期，考古学上认为是二里冈期。该数据为断代工程进行时测得，《简本》二里头的拟合结果中也应用了这些数据，但《简本》数据表中未将此数据列出），所得结果见数据表8。

---

① Kexin Liu, Baoxi Han etc.：AMS Radiocarbon Dating of Bone Samples from the Xinzhai Site in China，Radiocarbon，Volume 47，Issue 1（January 2005），21~25.

表 8 新砦—二里头 1—5 期的拟合结果＊

实验室编号		原编号	考古分期	样品物质	^{14}C 年代（5568，1950 BP）	拟合后日历年代（BC，68.2%）
SA00002-1		T1H123	龙山文化晚期	骨头	3700±65	2200（64.5%）2010 2000（3.7%）1980
SA00014	SA00014-1 SA00014-2 SA00014-V1 SA00014-V2	T1H126	龙山文化晚期	骨头	3675±35 3740±30 3760±45 3695±35	2190（2.5%）2180 2140（14.5%）2120 2100（51.2%）2040
SA00008		T1H122	龙山文化晚期	骨头	3570±35	1955（68.2%）1880
SA00007-2		T1H120	龙山文化晚期	骨头	3590±30	1980（68.2%）1895
SA00001	SA00001-1 SA00001-2	T1H119	龙山文化晚期	骨头	3485±30 3490±35	1890（68.2%）1855
SA00006	SA00006-1 SA00006-2	T1（6）C	新砦早期	骨头	3535±35 3470±35	1855（68.2%）1785
SA00012	SA00012-1 SA00012-V1 SA00012-V2	T1H116	新砦早期	骨头	3480±35 3500±45 3490±35	1865（68.2%）1795
SA00005-2		T1H112	新砦早期	骨头	3465±35	1870（34.7%）1835 1830（33.5%）1795
SA00019	SA00019-1 SA00019-2	T1H115	新砦早期	骨头	3530±35 3500±35	1850（68.2%）1780
SA00028		T1H61(6)	新砦早期	骨头	3500±35	1860(68.2%)1790
SA00018	SA00018-1 SA00018-2	T1H40	新砦晚期	骨头	3500±30 3470±35	1785(68.2%)1745
SA00017	SA00017-1 SA00017-2	T1H26	新砦晚期	骨头	3395±40 3455±30	1760(68.2%)1700
SA00009		T1H76	新砦晚期	骨头	3415±35	1750(68.2%)1700
SA00010	SA00010-V1 SA00010-V2	T1H48	新砦晚期	骨头	3460±50 3425±35	1770(53.3%)1725 1720(14.9%)1705
SA00013	SA00013-1 SA00013-2 SA00013-V1 SA00013-V2	T1H45	新砦晚期	骨头	3430±55 3390±35 3450±45 3380±35	1740(68.2%)1705

（续表）

实验室编号		原编号	考古分期	样品物质	^{14}C 年代（5568，1950BP）	拟合后日历年代（BC，68.2%）
SA00016	SA00016-1 SA00016-V1 SA00016-V2	T1H29（1）	新砦晚期	骨头	3410±50 3430±50 3390±50	1745（68.2%）1705
SA00021-2		T1H66	新砦晚期	骨头	3425±30	1755（68.2%）1700
SA00020-2		T1H30	新砦晚期	骨头	3490±30	1790（68.2%）1745
XSZ104		97YLVT3H58	二里头一期	兽骨	3445±37	1710（68.2%）1685
ZK5206		97VT2（11）	二里头一期	木炭	3406±33	1710（68.2%）1680
ZK5227		97YLVT4H54	二里头二期	木炭	3327±34	1670（68.2%）1605
XSZ098		97YLVT4⑦B	二里头二期	兽骨	3327±32	1670（68.2%）1605
ZK5226		97YLVT4H46	二里头二期	木炭	3407±36	1690（68.2%）1635
ZK5244		97YLVT1H48	二里头二期	兽骨	3348±36	1675（68.2%）1615
ZK5253		97YLVT4G6	二里头二期	兽骨	3341±39	1675（68.2%）1615
ZK5257		97YLVT7⑦	二里头二期	兽骨	3313±37	1665（68.2%）1595
ZK5228		97YLVT4⑥A	二里头二期	木炭	3318±34	1670（68.2%）1600
ZK5209		97YLVT2⑨A	二里头二期	木炭	3374±34	1680（68.2%）1625
ZK5236		97VT6H53	二里头二期	人骨	3294±35	1660（2.7%）1650 1640（65.5%）1585
ZK5249		97YLVT6（17）A	二里头三期	兽骨	3347±36	1615（6.5%）1600 1595（61.7%）1555
ZK5200		97YLVT1⑨	二里头三期	木炭	3343±35	1615（7.2%）1600 1595（61.0%）1555
ZK5247		97YLVT6(12) B	二里头三期	兽骨	3272±39	1605（68.2%）1560
ZK5255		97YLVT3G4	二里头四期	兽骨	3355±40	1570（68.2%）1535
ZK5229		97YLVT4⑤A	二里头四期	木炭	3304±36	1570（68.2%）1530
ZK5242	ZK5242a ZK5242b	97YLVT6	二里头四期	木炭	3270±32 3350±33	1570（68.2%）1530
XSZ101		97YLVT4H28	二里头五期	兽骨	3241±30	1530（51.1%）1490 1480（17.1%）1455
XSZ103		97YLVT4④A	二里头五期	兽骨	3222±35	1515（68.2%）1450
XSZ114		97YLVTI②B	二里头五期	兽骨	3248±48	1535（46.5%）1490 1480（21.7%）1455
XSZ115		97YLVTI②C	二里头五期	骨头	3227±29	1520（35.9%）1485 1480（32.3%）1450

（续表）

实验室编号	原编号	考古分期	样品物质	^{14}C 年代（5568，1950BP）	拟合后日历年代（BC，68.2%）
XSZ165	97YLVH2	二里头五期	骨头	3280±29	1540（68.2%）1500
XSZ166	97YLVT3H5	二里头五期	兽骨	3270±29	1540（68.2%）1495
ZK5215	97YLVT1⑤	二里头五期	木炭	3197±34	1500（68.2%）1435
ZK5202	97YLVT1H2	二里头五期	木炭	3160±34	1490（10.7%）1475 1460（57.5%）1405
ZK5224	97YLVT3②	二里头五期	木炭	3141±33	1455（68.2%）1385
ZK5243	97YLVT4④	二里头五期	兽骨	3273±35	1545（68.2%）1495
ZK5245	97YLVT2③B	二里头五期	兽骨	3245±36	1530（48.8%）1485 1480（19.4%）1455
ZK5254	97YLVT1H1	二里头五期	兽骨	3187±34	1495（68.2%）1430
ZK5252	97YLVT1H49	二里头五期	兽骨	3245±35	1535（48.4%）1490 1480（19.8%）1455

*拟合条件与《简本》中二里头遗址拟合条件一致。

二里头一期的年代上限为公元前 1710 年。这一结果与断代工程期间得到的二里头一期的年代结果（上限为公元前 1880 年）相比，向后压缩了 100 多年。两次数据拟合之所以有这样的差别，其原因与前面郑州商城年代中的情况是类似的。在断代工程期间得到的数据，二里头文化第一期的前面没有比之更早的数据，因而二里头文化第一期年代向前延伸的趋势与单一样品的前延几近相同，这里可以与单一样品情况作一比较。

样品 XSZ104（3445±37）作为单个样品的年代校正结果为：

1880BC（14.1%）1840BC；1820BC（3.9%）1800BC；1780BC（50.2%）1690BC。

这种情况导致了二里头文化第一期的年代上限中不实的成分可能较大，因而也给二里头年代留下了进一步探讨的空间。另外，将两次拟合所得结果进行比较也可以发现，后来得到的结果仍处于先前结果的范围之内，只是比先前结果更加具体。

3. 二里头遗址样品的测定

2005—2006 年，考古研究所碳十四实验室结合古文明探源研究，对采自二里头遗址的一批木炭样品又进行了测定。样品数量 18 个，测定结果见表 9。

表9　二里头遗址木炭样品测定结果

实验室编号	原编号	考古分期	样品物质	^{14}C年代（5568，1950BP）
ZK52001	02YLⅤT12G10（G10：11）	一、二期之交	木炭	3388±34
ZK52002	02YLⅤT12G10（G10：24）	一、二期之交	木炭	3356±33
ZK52003	02YLⅤT12G10（G10：19）	一、二期之交	木炭	3475±44
ZK52004	02YLⅤT12G10（G10：20）	一、二期之交	木炭	3440±32
ZK52005	02YLⅤT12G10（G10：21）	一、二期之交	木炭	3389±33
ZK52006	02YLⅤT12G10（G10：22）	一、二期之交	木炭	3445±35
ZK52015	02YLⅤT12G10（G10：1）	一、二期之交	木炭	3420±44
ZK52017	02YLⅤT12G10（G10：14，15，26）	一、二期之交	木炭	3322±45
ZK52018	02YLⅤT12G10（G10：23）	一、二期之交	木炭	3409±65
ZK52007	02YLⅤT12H84（H84：7）	二期	木炭	3346±36
ZK52008	02YLⅤT12H84（H84：1）	二期	木炭	3371±32
ZK52009	02YLⅤT12H84（H84：6）	二期	木炭	3387±33
ZK52010	02YLⅤT12H84（H84：2）	二期	木炭	3340±38
ZK52011	02YLⅤT12H84（H84：3）	二期	木炭	3368±36
ZK52012	02YLⅤT12H84（H84：4）	二期	木炭	3381±39
ZK52013	02YLⅤT12H84（H84：5）	二期	木炭	3331±41
ZK52014	02YLⅤT12H84（H84：8）	二期	木炭	3332±42
ZK-52019	02YLⅤT12G10（G10：25）	一、二期之交	木炭	3508±45

这批样品在考古学文化分期上有早有晚，分别为二里头文化第一、二期之交和第二期。首先通过原始数据比较可以看出，第二期数据基本处于距今3300年左右，而这一结果与夏商周断代工程期间对在二里头采集样品的测定结果是相一致的。这一方面表明考古学分期的成熟，另一方面也说明年代测定的稳定。将这批数据与夏商周断代工程期间用常规方法测得的二里头遗址的数据共同作数据拟合，结果见表10。

表10　二里头遗址1—5期拟合结果**

实验室编号	原编号	考古分期	样品物质	^{14}C年代（5568，1950BP）	拟合后日历年代（BC，68.2%）
XSZ104	97YLVT3H58	一期	兽骨	3445±37	1885（68.2%）1840
ZK52001	02YLVT12G10（G10：11）	一、二期之交	木炭	3388±34	1745（68.2%）1705

（续表）

实验室编号	原编号	考古分期	样品物质	^{14}C 年代（5568，1950BP）	拟合后日历年代（BC，68.2%）
ZK52003	02YLⅤT12G10（G10：19）	一、二期之交	木炭	3475±44	1850（5.1%）1840 1830（63.1%）1730
ZK52004	02YLⅤT12G10（G10：20）	一、二期之交	木炭	3440±32	1810（1.0%）1800 1780（67.2%）1690
ZK52005	02YLⅤT12G10（G10：21）	一、二期之交	木炭	3389±33	1745（68.2%）1705
ZK52006	02YLⅤT12G10（G10：22）	一、二期之交	木炭	3445±35	1810（5.8%）1800 1780（62.4%）1690
ZK52015	02YLⅤT12G10（G10：1）	一、二期之交	木炭	3420±44	1775（68.2%）1690
ZK52018	02YLⅤT12G10（G10：23）	一、二期之交	木炭	3409±65	1810（4.3%）1800 1780（63.9%）1690
ZK52007	02YLⅤT12H84（H84：7）	二期	木炭	3346±36	1685（68.2%）1615
ZK52008	02YLⅤT12H84（H84：1）	二期	木炭	3371±32	1685（68.2%）1625
ZK52009	02YLⅤT12H84（H84：6）	二期	木炭	3387±33	1695（68.2%）1630
ZK52010	02YLⅤT12H84（H84：2）	二期	木炭	3340±38	1680（68.2%）1610
ZK52011	02YLⅤT12H84（H84：3）	二期	木炭	3368±36	1685（68.2%）1625
ZK52012	02YLⅤT12H84（H84：4）	二期	木炭	3381±39	1690（68.2%）1625
ZK52013	02YLⅤT12H84（H84：5）	二期	木炭	3331±41	1680（68.2%）1605
ZK52014	02YLⅤT12H84（H84：8）	二期	木炭	3332±42	1680（68.2%）1605
ZK5227	97YLVT4H54	二期	木炭	3327±34	1670（68.2%）1600
XSZ098	97YLVT4⑦B	二期	兽骨	3327±32	1670（68.2%）1600
ZK5226	97YLVT4H46	二期	木炭	3407±36	1705（68.2%）1635
ZK5244	97YLVT1H48	二期	兽骨	3348±36	1685（68.2%）1615
ZK5253	97YLVT4G6	二期	兽骨	3341±39	1685（68.2%）1610
ZK5257	97YLVT7⑦	二期	兽骨	3313±37	1665（68.2%）1590
ZK5228	97YLVT4⑥A	二期	木炭	3318±34	1670（68.2%）1590
ZK5209	97YLVT2⑨A	二期	木炭	3374±34	1690（68.2%）1630
ZK5236	97VT6H53	二期	人骨	3294±35	1635（68.2%）1580
ZK5249	97YLVT6（17）A	三期	兽骨	3347±36	1595（68.2%）1550
ZK5200	97YLVT1⑨	三期	木炭	3343±35	1595（68.2%）1550
ZK5247	97YLVT6（12）B	三期	兽骨	3272±39	1600（68.2%）1555
ZK5255	97YLVT3G4	四期	兽骨	3355±40	1565（68.2%）1530
ZK5229	97YLVT4⑤A	四期	木炭	3304±36	1565（68.2%）1530

（续表）

实验室编号	原编号	考古分期	样品物质	^{14}C 年代（5568，1950BP）	拟合后日历年代（BC，68.2%）
ZK5242	97YLVT6	四期	木炭	3270±32	1565（68.2%）1530
ZK5242b	97YLVT6	四期	木炭	3350±33	
XSZ101	97YLVT4H28	五期	兽骨	3241±30	1530（48.1%）1490 1480（20.1%）1455
XSZ103	97YLVT4④A	五期	兽骨	3222±35	1515（68.2%）1450
XSZ114	97YLVTl②B	五期	兽骨	3248±48	1530（45.0%）1485 1480（23.2%）1450
XSZ115	97YLVTl②C	五期	骨头	3227±29	1520（34.5%）1490 1480（33.7%）1455
XSZ165	97YLVH2	五期	骨头	3280±29	1535（68.2%）1500
XSZ166	97YLVT3H5	五期	兽骨	3270±29	1535（68.2%）1495
ZK5215	97YLVT1⑤	五期	木炭	3197±34	1495（68.2%）1435
ZK5202	97YLVT1H2	五期	木炭	3160±34	1490（11.6%）1475 1460（56.6%）1405
ZK5224	97YLVT3②	五期	木炭	3141±33	1455（68.2%）1385
ZK5243	97YLVT4④	五期	兽骨	3273±35	1540（68.2%）1495
ZK5245	97YLVT2③B	五期	兽骨	3245±36	1530（48.3%）1490 1480（19.9%）1455
ZK5254	97YLVT1H1	五期	兽骨	3187±34	1495（68.2%）1430
ZK5252	97YLVT1H49	五期	兽骨	3245±35	1530（50.4%）1490 1480（17.8%）1455

** 其中ZK52019，ZK52017，ZK5242b，ZK5206，ZK52002因为符合率低被舍弃。拟合条件与《简本》中二里头遗址拟合条件一致。

由其结果可以看出，首先，拟合后二期的结果与先前二期的数据拟合结果是一致的，同时，由于一、二期之交样品的加入，期别划分得更细了，相当于在二期的前面又增加了一期。第二期样品数据前面的数据数量增加，会有利于将二期的年代确定在更为适当的范围。从拟合图上看，二期数据的最上限为公元前1700年。在这里尝试用二期的数据结果做一个估算，假如每一期按50年来算的话，则二里头一期的年代应早不过公元前1750年。

将二里头遗址两次测得的数据与新砦遗址数据作一总的拟合，结果见表11。

表 11 新砦—二里头遗址 1 至 5 期的拟合结果 ***

实验室编号		原编号	考古分期	样品物质	^{14}C 年代（5568，1950BP）	拟合后日历年代（BC，68.2%）
SA00002-1		T1H123	龙山文化晚期	骨头	3700±65	2200（63.9%）2010 2000（4.3%）1970
SA00014	SA00014-1 SA00014-2 SA00014-V1 SA00014-V2	T1H126	龙山文化晚期	骨头	3675±35 3740±30 3760±45 3695±35	2190（1.0%）2180 2140（15.3%）2120 2100（51.9%）2040
SA00008		T1H122	龙山文化晚期	骨头	3570±35	1955（68.2%）1880
SA00007-2		T1H120	龙山文化晚期	骨头	3590±30	2010（3.0%）2000 1980（65.2%）1890
SA00001	SA00001-1 SA00001-2	T1H119	龙山文化晚期	骨头	3485±30 3490±35	1890（68.2%）1855
SA00006	SA00006-1 SA00006-2	T1（6）C	新砦早期	骨头	3535±35 3470±35	1855（68.2%）1790
SA00012	SA00012-1 SA00012-V1 SA00012-V2	T1H116	新砦早期	骨头	3480±35 3500±45 3490±35	1865（68.2%）1795
SA00005-2		T1H112	新砦早期	骨头	3465±35	1870（37.2%）1835 1830（31.0%）1795
SA00019	SA00019-1 SA00019-2	T1H115	新砦早期	骨头	3530±35 3500±35	1850（68.2%）1785
SA00028		T1H61（6）	新砦早期	骨头	3500±35	1865（68.2%）1795
SA00018	SA00018-1 SA00018-2	T1H40	新砦晚期	骨头	3500±30 3470±35	1790（68.2%）1745
SA00017	SA00017-1 SA00017-2	T1H26	新砦晚期	骨头	3395±40 3455±30	1770（68.2%）1730
SA00009		T1H76	新砦晚期	骨头	3415±35	1760（68.2%）1720
SA00010	SA00010-V1 SA00010-V2	T1H48	新砦晚期	骨头	3460±50 3425±35	1770（68.2%）1730

（续表）

实验室编号		原编号	考古分期	样品物质	^{14}C年代（5568，1950BP）	拟合后日历年代（BC，68.2%）
SA00013	SA00013-1 SA00013-2 SA00013-V1 SA00013-V2	T1H45	新砦晚期	骨头	3430±55 3390±35 3450±45 3380±35	1745（68.2%）1720
SA00016	SA00016-1 SA00016-V1 SA00016-V2	T1H29（1）	新砦晚期	骨头	3410±50 3430±50 3390±50	1755（68.2%）1720
SA00021-2		T1H66	新砦晚期	骨头	3425±30	1765（68.2%）1725
SA00020-2		T1H30	新砦晚期	骨头	3490±30	1790（68.2%）1745
XSZ104		97YLVT3H58	二里头一期	兽骨	3445±37	1735（68.2%）1705
ZK5206		97VT2（11）	二里头一期	木炭	3406±33	1735（68.2%）1710
ZK52001		02YLⅤT12G10（G10：11）	二里头一二期之交	木炭	3388±34	1715（68.2%）1675
ZK52002		02YLⅤT12G10（G10：24）	二里头一二期之交	木炭	3356±33	1720（10.5%）1705 1700（57.7%）1670
ZK52004		02YLⅤT12G10（G10：20）	二里头一二期之交	木炭	3440±32	1715（68.2%）1685
ZK52005		02YLⅤT12G10（G10：21）	二里头一二期之交	木炭	3389±33	1715（68.2%）1675
ZK52006		02YLⅤT12G10（G10：22）	二里头一二期之交	木炭	3445±35	1715（68.2%）1685
ZK52015		02YLⅤT12G10（G10：1）	二里头一二期之交	木炭	3420±44	1715（68.2%）1680
ZK52018		02YLⅤT12G10（G10：23）	二里头一二期之交	木炭	3409±65	1715（68.2%）1680
ZK52007		02YLⅤT12H84（H84：7）	二里头二期	木炭	3346±36	1675（68.2%）1610
ZK52008		02YLⅤT12H84（H84：1）	二里头二期	木炭	3371±32	1680（68.2%）1625

（续表）

实验室编号		原编号	考古分期	样品物质	^{14}C 年代（5568，1950BP）	拟合后日历年代（BC，68.2%）
ZK52009		02YLⅤT12H84（H84：6）	二里头二期	木炭	3387±33	1680（68.2%）1630
ZK52010		02YLⅤT12H84（H84：2）	二里头二期	木炭	3340±38	1670（68.2%）1605
ZK52011		02YLⅤT12H84（H84：3）	二里头二期	木炭	3368±36	1675（68.2%）1620
ZK52012		02YLⅤT12H84（H84：4）	二里头二期	木炭	3381±39	1680（68.2%）1625
ZK52013		02YLⅤT12H84（H84：5）	二里头二期	木炭	3331±41	1670（68.2%）1600
ZK52014		02YLⅤT12H84（H84：8）	二里头二期	木炭	3332±42	1670（68.2%）1600
ZK5227		97YLVT4H54	二里头二期	木炭	3327±34	1670（68.2%）1600
XSZ098		97YLVT4⑦B	二里头二期	兽骨	3327±32	1670（68.2%）1600
ZK5226		97YLVT4H46	二里头二期	木炭	3407±36	1680（68.2%）1630
ZK5244		97YLVT1H48	二里头二期	兽骨	3348±36	1675（68.2%）1610
ZK5253		97YLVT4G6	二里头二期	兽骨	3341±39	1670（68.2%）1605
ZK5257		97YLVT7⑦	二里头二期	兽骨	3313±37	1665（7.7%）1650 1640（60.5%）1580
ZK5228		97YLVT4⑥A	二里头二期	木炭	3318±34	1665（9.2%）1645 1640（59.0%）1580
ZK5209		97YLVT2⑨A	二里头二期	木炭	3374±34	1680（68.2%）1625
ZK5236		97VT6H53	二里头二期	人骨	3294±35	1630（68.2%）1575
ZK5249		97YLVT6（17）A	二里头三期	兽骨	3347±36	1585（68.2%）1545
ZK5200		97YLVT1⑨	二里头三期	木炭	3343±35	1585（68.2%）1545
ZK5247		97YLVT6（12）B	二里头三期	兽骨	3272±39	1585（68.2%）1550
ZK5255		97YLVT3G4	二里头四期	兽骨	3355±40	1565（68.2%）1530
ZK5229		97YLVT4⑤A	二里头四期	木炭	3304±36	1560（68.2%）1530
ZK5242	ZK5242a ZK5242b	97YLVT6	二里头四期	木炭	3270±32 3350±33	1560（68.2%）1530

（续表）

实验室编号	原编号	考古分期	样品物质	^{14}C 年代（5568，1950BP）	拟合后日历年代（BC，68.2%）
XSZ101	97YLVT4H28	二里头五期	兽骨	3241±30	1530（50.8%）1490 1480（17.4%）1455
XSZ103	97YLVT4④A	二里头五期	兽骨	3222±35	1520（68.2%）1450
XSZ114	97YLVTI②B	二里头五期	兽骨	3248±48	1530（44.6%）1485 1480（23.6%）1450
XSZ115	97YLVTI②C	二里头五期	骨	3227±29	1520（37.7%）1485 1480（30.5%）1450
XSZ165	97YLVH2	二里头五期	骨	3280±29	1540（68.2%）1500
XSZ166	97YLVT3H5	二里头五期	兽骨	3270±29	1535（68.2%）1495
ZK5215	97YLVT1⑤	二里头五期	木炭	3197±34	1500（68.2%）1435
ZK5202	97YLVT1H2	二里头五期	木炭	3160±34	1495（9.6%）1475 1460（58.6%）1405
ZK5224	97YLVT3②	二里头五期	木炭	3141±33	1455（68.2%）1385
ZK5243	97YLVT4④	二里头五期	兽骨	3273±35	1540（68.2%）1495
ZK5245	97YLVT2③B	二里头五期	兽骨	3245±36	1530（47.6%）1490 1480（20.6%）1455
ZK5254	97YLVT1H1	二里头五期	兽骨	3187±34	1495（68.2%）1430
ZK5252	97YLVT1H49	二里头五期	兽骨	3245±35	1530（51.0%）1485 1475（17.2%）1455

*** 其中ZK52017，ZK52019，ZK52003因为符合率低而被舍弃，拟合条件与《简本》中二里头遗址拟合条件一致。

其中，新砦早期的年代约为公元前1870—前1790年，新砦晚期的年代约为公元前1790—前1720年，二里头第一期的年代约为公元前1735—前1705年，二里头第四期的年代约为公元前1565—前1530年。

由此可以得出，新砦早期的年代上限应不早于公元前1870年前后，二里头一期的年代上限应不早于公元前1750年。这一结果与仇士华、蔡莲珍先生由长系列拟合所得结论基本一致①。

上述几项数据拟合均是按照夏商周断代工程阶段性成果《简本》中的拟合条件所作的运算。按

① 仇士华、蔡莲珍、张雪莲：《关于二里头文化的年代问题》，载《二里头遗址与二里头文化研究——中国·二里头遗址与二里头文化国际学术研讨会论文集》，科学出版社2006年版。

照拟合程序的说明要求，在运用系列作数据拟合时，一般在系列的前、后应加一边界条件。加边界的目的，一是对系列产生一定的约束，二是可通过此考察系列的外延状况。但对于做任何条件的拟合，都要视具体的情况来进行，不可机械运用。这里为了进一步考察结果的情况，也作了加边界的拟合运算。由拟合结果可以看出，对于较长的系列来说，在其前和后面加边界，会对最前面和最后面有些影响，而对于中间没产生明显的影响。加边界之后的结果是新砦早期的年代向后有一定的压缩，不到公元前 1870 年，而二里头第一期的年代维持不变。这样的结果与上面的结论并不矛盾。

以上是目前测年和研究的进展情况。需要指出的是，在给出目前结论的条件下，仍然存在着一定的探讨空间，而随着今后年代研究的深入，年代结果的进一步细化依然是必要和可能的。

三、结语

综上可见，在考古学深入研究的基础上配合系列样品方法的应用，使得由新砦到二里头到二里冈文化的年代相对具体而明确。

1. 由于新砦遗址具有龙山文化晚期—新砦期—二里头文化自成序列的考古学文化分期和明确的直接地层叠压关系，而且新砦遗址龙山文化晚期是目前发现相对最晚的龙山文化，因而使所得到的新砦期的年代不会前延，也避免了后拖。

2. 新砦遗址中有二里头早期遗存，保证了考古学文化遗存的连续性及其年代的连续性，为新砦与二里头系列共同拟合提供了条件。

3. 新砦期与二里头第五期的存在卡住了二里头文化的早晚，使得二里头文化第一到第四期的年代相对具体明确。

4. 具有直接地层叠压关系的洛达庙中、晚期以及二里冈早期样品的加入使得郑州商城建城年代比《简本》中给出的年代相对更加具体。

5. 二里冈上层第一期的水井井圈木由于自身的特点，所得到的年代为年代序列中的定点，其年代值与二里冈文化年代序列中二里冈上层第一期的年代结果相吻合。

附记：感谢许宏研究员在考古方面给予的帮助。

（原文载《考古》2007 年第 8 期）

汉晋鱼纹铜洗媵器说

郑同修

（山东博物馆）

自古以来，我国就有嫁女陪嫁的习俗，陪嫁所用器物或称之为媵器。“媵”字在古文中或写作“賸”，《说文》曰：“物相赠也……一曰送也。”从原始社会个体婚姻家庭关系确立以来迄至商代，由于无文字资料确证媵器的存在，所以对这一历史时期有关媵器的具体情况尚不甚了了。但至有周迄于战国时期，大量有铭铜器的发现，灼然昭示了这一时期媵器存在的史实。据有关铜器铭文，确知这一时期的媵类器有鼎、鬲、簠、豆、壶、盘、匜、鉴诸类。至汉晋时期，情况为之一变，铜器铭文中已不见载有“媵”字。或问，汉晋时期陪嫁媵器的风俗不复存在了吗？我们的回答是否定的。那么，这一时期通常所用嫁女的媵器又是什么？要回答这一问题，还得从考古资料中发现的鱼纹图案谈起。

一、考古资料中发现鱼纹图案

以鱼纹图案作为器物装饰纹样的现象始见于新石器时代早期，仰韶文化半坡类型即发现大量鱼纹图案。之后，商周时期墓葬中也常常发现不同质料的鱼形饰品，有的铜器上还发现有鱼纹图案或“鱼”字铭文铸刻。上述现象，除反映出当时人们仍离不开渔猎生活外，或者也反映了鱼纹装饰图案与其部族的族徽有关，像仰韶文化半坡类型的鱼纹图案大概即属此类。纵观后世考古资料中刻划于器物上的写实性鱼纹图案，则主要见之于铜质盘、洗等盥洗用具。具代表性的有：安阳小屯殷代墓葬中出土的鱼龙纹盘①；山东莒南大店、肥城春秋墓出土的鱼龙纹盘②。同类题材还见于山西李家峪春秋墓出土的铜盘。③ 春秋以后，战国时期的鱼纹类装饰也主要发现于铜盘之上，如：河北灵寿县西

① 中国社会科学院考古研究所安阳工作队：《安阳小屯村北的两座殷代墓》，《考古学报》1981年第4期。

② 山东省博物馆等：《莒南大店春秋时期莒国殉人墓》，《考古学报》1978年第3期。

③ 山西省考古研究所：《山西浑源县李峪村东周墓》，《考古》1983年第8期。

岔头战国墓出土铜盘，其内底刻划有七鱼六兽[①]；故宫博物院所藏传世战国铜盘内底也饰以鱼纹图案[②]。从实物资料观察，这一时期的鱼纹图案与其他类器物纹样相较，数量少，也尚未形成一种较为固定的形式。而以鱼纹作为一种主题纹饰施之于某一类特定器物之上，或赋予鱼纹某种特殊意义的现象，似应出现在两汉及两晋时期。

1986 年，山东章丘东平陵故城内发现一批汉代铜器，其中铜洗三件，内底均铸有双鱼图案，其中一件为侈口宽沿，鼓腹平底，内底铸双鱼相对，双鱼间直行铭文为“延平元年堂狼造作”，口径 42 厘米。另外两件均侈口宽沿，斜直腹壁，平底，一件口径 34 厘米，内底铸双鱼相对，鱼口间有“金线”相连，中间夹一钱纹（图一，3）；另一件也是双鱼相对，双鱼间铸铭文“长宜子孙”四字（图一，4）。[③] 1980 年，山东苍山柞城遗址发现一批汉代铜器，其中 5 号铜洗内底铸双鱼图案，口径 30. 5 厘米。1981 年又在西町发现东汉铜洗，内底铸鹤、鱼纹。[④]

安徽、江浙一带也发现这类铜洗，如安徽合肥乌龟墩汉墓出土铜洗 2 件，均为敛口，侈唇，鼓腹平底，内底皆铸有双鱼纹，其中一件在双鱼花纹的前侧加施五铢钱纹，口径分别为 38 厘米、24. 7 厘米。[⑤] 同类器物还见于安徽寿县等地。[⑥] 浙江绍兴 1981 年发现的汉代铜器窖藏中，计有铜洗九件，其中两铜洗内底铸双鱼纹，铜洗均为侈口宽沿，平底，口径分别为 38. 4 厘米、30. 4 厘米；双鱼纹间各有直行铭文，分别为“富贵昌宜侯王”“蜀郡成都作”字样。[⑦]

湘鄂地区此类纹饰的铜洗也有大量发现。如：湖北鄂西自治州博物馆馆藏铜器中，属东汉时期的铜洗有 3 件，分别出自利川市箭竹溪及恩施大龙潭。三件铜洗形制大体相同，皆侈口，宽沿，弧腹平底，两侧有铺首。其内底均铸双鱼图案，口径分别为 44. 9 厘米、43. 4 厘米、32. 3 厘米，各有铭文，分别是“宜侯王”“富贵昌宜侯王”“富贵金造作吉”字样，其中 11 号铜洗除双鱼纹外，另铸四“货泉”钱纹。[⑧] 湖北长阳榔坪 1969 年发现的四件铜洗，均属东汉时期，洗之内底无一例外地铸有鱼纹图案，其中两件为双鱼相对，另外两件为单鱼纹，可辨铭文有“宜侯王”字样，较完整的两件口径分别为 30 厘米、34 厘米[⑨]。宜都陆城东汉墓出土铜洗之内底，同样铸有双鱼图案[⑩]。1975 年，湖南桃源县大池塘发现汉代铜洗窖藏，一次性出土铜洗 11 件，都是宽沿侈口，弧壁平底，口径

---

① 文启明：《河北灵寿县西岔头村战国墓》，《文物》1986 年第 6 期。

② 程长新等：《铜器辨伪浅说（中）》，《文物》1989 年第 11 期。

③ 山东章丘平陵城调查材料，现藏章丘博物馆。

④ 刘心健、刘自强：《山东苍山柞城遗址出土东汉铜器》，《文物》1983 年第 10 期。心健、自强：《苍山县出土东汉延熹纪年铜洗》，《考古》1983 年第 1 期。

⑤ 安徽省博物馆筹备处清理小组：《合肥西郊乌龟墩古墓清理简报》，《文物》1956 年第 2 期。

⑥ 寿县博物馆：《安徽寿县发现汉、唐遗物》，《考古》1989 年第 8 期。

⑦ 绍兴市文物管理处考古组：《浙江绍兴市发现东汉窖藏》，《文物》1991 年第 10 期。

⑧ 王晓宁：《湖北鄂西自治州博物馆藏青铜器》，《文物》1990 年第 3 期。

⑨ 长阳县文化馆：《湖北长阳出土一批青铜器》，《考古》1986 年第 4 期。

⑩ 宜昌地区博物馆等：《湖北宜都陆城发现一座东汉墓》，《考古》1988 年第 10 期。

多在30厘米以上，其中有6件内底铸有双鱼纹，铜洗铭文字数不等，多是“富贵昌宜侯王”一类的吉祥用语。[①] 同类纹饰的铜洗还见于湖南资兴、彬县、汝城等地。[②]

我国西南地区的云贵、四川一带，也属这类铜洗的重要发现地。众所周知，今云南、四川两省是汉代铜洗的著名产地，今全国各地出土汉时铜洗多出自上述两地工匠之手。近年来，四川宜宾、云南昭通、贵州安顺等地都发现这类图案的铜洗[③]，其造型及纹饰、铭文都与上文所列鱼纹铜洗近似。

在陕西西安、勉县等地及全国其他许多地区也发现过这类汉代铜洗，而收录这类鱼纹铜洗资料最为集中的莫过于容庚撰集的《汉金文录》了，其所收汉洗凡154器，有鱼纹者竟达80余器，约占全部的52%，其数量之多令人惊讶。其中装饰双鱼纹者64器，占42%，单鱼纹者3器。还有少量铜洗一侧装饰鱼纹，另一侧装饰鹤或凤鸟纹样。所铸鱼纹均与近年各地发现同类器中纹饰基本相同。值得注意的是，这种双鱼纹铜洗，其双鱼纹一般为头向相同，鱼体相对，鱼口间多以单线或网状纹相连接，偶有双鱼首尾倒置或首尾相接者。对双鱼图纹的这种处置，意在暗示亲昵。铜器铭文除纪年外，又多以“富贵昌宜侯王”“长宜子孙”类吉语最为常见，此“长宜子孙”类文辞与当今农家人们举行婚礼的“喜见红梅多结子，笑看绿竹又生孙”类吉祥文辞颇为相似。少数铜洗的纹饰为羊或凤鸟类祥瑞动物，铭文与双鱼铜洗相同，似乎表明饰羊、凤鸟类动物与饰鱼纹图案的含义是一致的。

三国两晋时期的铜洗继承了汉洗形制、纹饰及铭文的传统，同样以双鱼图案作为这类器物的主题纹饰。如山东诸城西晋墓中发现的铜洗，也是侈口折沿，弧壁平底，内底铸以双鱼纹，鱼体相对，方向亦相同，双鱼间直行铭文为“长宜子孙”四字（图一，2）。[④]

江苏镇江东吴时期墓葬（高·化Ml）出土铜洗，宽沿，弧腹，小平底，口径37.6厘米，内底铸双鱼纹。同时发现的属西晋时期墓葬（句·黄Ml）中出土的铜洗，也同样为宽沿，弧腹，平底，内底铸双鱼图案，鱼口间以单线相连，口径36.6厘米（图一，1）。[⑤]

江西南昌1979年发现东吴高荣墓中，出土2件铜洗，较大的一件，口径29厘米，内底饰双鱼纹。[⑥] 此外，在四川忠县涂井蜀汉崖墓及安徽繁昌等地发现三国时期的铜洗，也无一不是这类图案。[⑦]

---

① 高至喜：《湖南桃源大池塘东汉铜器》，《考古》1983年第7期。

② 鸣笙：《汝城出土汉蜀郡成都双鱼洗》，《湖南考古辑刊》第3辑，1986年。郴州地区文物工作队：《湖南汝城县、郴县发现一批古代青铜器》，《考古》1992年第8期。罗敦静：《资兴县发现东汉时代的铜器》，《文物》1956年第8期。

③ 何泽宇：《宜宾市出土东汉纪年铜洗》，《四川文物》1988年第4期。张希鲁：《昭通第一中学校庆举行汉代文物展》，《文物》1956年第11期。贵州省博物馆：《贵州安顺宁谷发现东汉墓》，《考古》1972年第2期。

④ 诸城县博物馆：《山东省诸城县西晋墓清理简报》，《考古》1985年第12期。

⑤ 镇江博物馆：《镇江东吴西晋墓》，《考古》1984年第6期。

⑥ 江西省历史博物馆：《江西南昌市东吴高荣墓的发掘》，《考古》1980年第3期。

⑦ 四川省文物管理委员会：《四川忠县涂井蜀汉崖墓》，《文物》1985年第7期。陈衍麟：《安徽繁昌发现三国吴将严圭铜洗》，《考古》1994年第2期。

如以上所列，汉晋时期的鱼纹图案普遍见于铜洗这类器物之上，虽也偶见于灶、盘等陶质器皿之上，但其多是一些简单随意的刻划，无法与铜洗所饰鱼纹类比，而其他类铜质器皿之上，则基本不见或极少见这类纹饰。纵观饰以鱼纹的铜洗，就其形制大小、纹饰布局特点及共存铭文等情况来看，具有相当大的一致性，或可谓基本雷同：其一，整个汉晋时期，这类铜洗形制大同小异，多为侈口宽沿，鼓腹或斜腹，平底，口径多在30厘米以上，应属实用器皿而非明器。其二，所饰鱼纹无一不在器底之内，纹饰布局较为整齐划一，多是两两相对，头向相同，鱼口间多有以线相连接者，反映出相对固定的模式。其三，与这类纹饰相对应的铭文，除纪年、工匠姓氏及产地外，多是“长宜子孙”“富贵昌宜侯王”之类吉祥用语。或可表明，鱼纹图案在汉晋时期不仅是铜洗这类器物的主要纹饰，甚至可以说是铜洗的专用纹饰，其后，南北朝偶见鱼纹铜洗及唐宋以来流行于瓷洗、铜镜之上的双鱼纹，可视为这类汉晋铜洗装饰纹样风习的流传或演变。如此数量众多又形制统一的鱼纹，原本是否有特殊的含义？如果有，那么它的实在含义又是什么呢？要揭开这个谜底，还得从鱼说起。

二、鱼纹释意

如前所述，汉晋时期的鱼纹主要见于铜洗一类器物，就目前发现的资料来看，这类器物主要集中于东汉至西晋时期，具有明显的时代特征。按照我国的传统思想，鱼这类动物不仅与人们的生活息息相关，而且还被视为祥瑞动物。鱼之谐音为“余”，人们往往以此来表达祈求富裕如年年有余之类的美好愿望；鱼又为多籽动物，人们也常借此表达多子多福的心愿。在我国古代语言中，鱼又是情侣、配偶的代名词，寓有婚配与交媾的含义。早在我国第一部诗歌总集《诗经》一书中即不乏这类记载。《诗经·齐风·敝笱》是一首讽刺齐襄公与其妹文姜私通的诗，其文曰：“敝笱在梁，其鱼鲂鳏。齐子归止，其从如云。敝笱在梁，其鱼鲂鱮。齐子归止，其从如雨。敝笱在梁，其鱼唯唯。齐子归止，其从如云。”这里以敝笱隐喻文姜，以鱼隐喻齐襄公。“其鱼唯唯”本是指鱼相互追逐，此处却是隐喻男女相互追求爱慕之意。又《诗经·豳风·九罭》：“九罭之鱼，鳟、鲂。我觏之子，衮衣绣裳”。此则又以鱼隐喻下文之“我觏之子”。在古代典籍中，鱼不仅是情侣、配偶的代名词，以鱼的相互追逐、游戏比喻男女的相互追求，同时，与鱼有关的吃鱼、捕鱼、钓鱼等同样是作为私情、交媾的隐讳语言。《诗经·桧风·匪风》中“谁能烹鱼”，袁梅注曰“烹鱼”喻合欢与婚配。《诗经·陈风·衡门》：“岂其食鱼，必河之鲂。岂其娶妻，必齐之姜。岂其食鱼，必河之鲤。岂其娶妻，必宋之子。”袁梅注曰食鱼为男女相恋之隐语。而在《诗经·邶风·新台》一诗中，又以捕鱼隐喻男女求偶，诗曰：“鱼网之设，鸿则离之。燕婉之求，得此戚施。”注云“鱼网之设”是男女求偶之隐语。(以上参见袁梅《诗经译注》)。不唯《诗经》，古代典籍中如《左传》《管子》等书此类记载也可谓俯拾即得。《左传》哀公十七年卫侯贞卜，其繇曰：“如鱼竀尾，衡流而方羊裔焉。”疏引郑众曰："鱼劳则尾赤，方羊游戏，喻卫侯淫纵。"闻一多先生在《说鱼》一文中，更进一步说以鱼的游戏喻卫侯之淫纵，则鱼是象征男性情偶的隐语。《管子·小问》载："桓公使管仲求宁戚，宁戚应之曰：'浩浩乎。'管仲不知，至中食而虑之。婢子曰：'公何虑?'……管仲曰：'……公使我求宁戚，宁戚应我曰："浩浩乎。"吾不识。'婢子曰：'诗有之："浩浩者水，淯淯者鱼，未有家室，而安召我居?"宁子其欲室乎。'"是鱼隐喻求偶的又一明证。《楚辞·九歌·河伯》中"波滔滔兮来迎，鱼邻邻兮媵予"则更明言鱼与婚嫁密切相关。在民俗资料中，也不乏以鱼象征配偶、求偶的材料，在古今民歌中，以鱼戏、打鱼、捕鱼等暗喻男女婚恋、求偶之例，可谓比比皆是。如大家熟悉的《江南曲》，是一首采莲歌，歌词为："江南可采莲，莲叶何田田，鱼戏莲叶间。鱼戏莲叶东，鱼戏莲叶西，鱼戏莲叶南，鱼戏莲叶北。"以鱼喻男，以莲喻女，鱼戏莲的图画清楚地表现了男女间相互追求、游戏的含义。平治《白傜恋爱歌》"鲤鱼在水鱼尾摆，大树风吹尾摇摇，我俩有情当天拜，何用拿香进庙烧?"镇边《黑衣恋爱歌》"妹是鲤鱼不食钩，哄哥食饭不成食，一条河水去悠悠，好似鲜花水上浮"等，也都是以鱼来喻婚配。又《安南民歌》："妹家门前有条沟，金盆打水喂鱼鳅，鱼鳅不吃金盆水，郎打单身不害羞。"《仲家情歌》："鱼在河中鱼显鳃，花在平河两岸开，鱼在水中望水涨，哥在床上望妹来。"十分清楚，这里也是以鱼作为情侣的代名词。还有，以打鱼暗喻求偶、以吃鱼隐喻婚配的现象也见之于民歌中，如《安化民歌》"大河里涨水小河分，两边只见打鱼人，我郎打鱼不到不收网，恋姐不到不放心"等（以上所引民歌均见闻一多《说鱼》）。这类以鱼比喻婚恋者，在近现代民歌中也是非常普遍的。因篇幅所限，无法逐一征引。这一风习直至今天仍然存在于民间男女谈笑、打情骂俏类嬉戏之中，在今山东沿海地区尤为盛行。由此可见，这种风俗贯穿于我国数千年的历史中，非一时一地所具有，而是一种十分普遍的现象。综上所述，既然鱼富有爱情与婚配之意，那么，汉晋时期饰以鱼纹的铜洗一类器物，也应与婚配类用物有关了。

三、汉晋鱼纹铜洗即媵器说

前已述及，汉晋时期的鱼纹，主要饰于铜洗一类器物内底，在文献资料中，鱼常用来隐喻爱情与婚配，是故，饰以鱼纹的铜洗有可能原为婚嫁用品。换言之，这类铜洗即汉晋时期的媵器类物。纵观汉晋时期的历史资料，这一时期婚嫁之风甚尚侈靡。《潜夫论·浮侈》云："富贵嫁娶，车軿各十，骑奴侍僮，夹毂节引，富者竞欲相过，贫者耻不逮及。"关于铜洗可能为汉晋媵器的说法，除以其装饰纹样所反映的含义反证外，我们还可以从这类器物的形制演变、用途、铭文及民俗资料诸方面加以考察。就目前发现的铜洗资料而言，无论出自墓葬、窖穴抑或是传世品，其形制、大小多较接近，实物资料反映这类铜洗应为实用器血而非明器，原本应是为活人使用的一类器物，具有作为媵器使用的可能性，此其一也。另，铜洗是作为盥洗用具使用的，《仪礼·士冠礼》："夙兴，设洗直于东荣。”郑注曰：“洗，承盥洗者，弃水器也。”上至天子，下至庶人，都将这类盥洗用具作为必不可少的用品。众所周知，铜洗乃是由春秋战国时期的盥盘演化而来，战国晚期的盥盘，其形制已与汉晋铜洗非常接近，在用途上二者也是完全一致的。铜洗鱼纹的风格也是由先秦盥盘纹饰演变而来，也就是说，铜洗是盥盘的继承和延续。由此，汉晋铜洗在用途上也应继承了盥盘的性质，即作为媵

图一 汉晋鱼纹铜洗

1. 镇江西晋墓出土 2. 山东诸城西晋墓出土
3、4. 山东章丘东平陵故城遗址出土

器的使用功能，此其二也。从发现的铜洗铸刻铭文来看，这类器物的铭文除标明纪年、产地或制作工匠姓氏者外，最为常见、发现数量最多的不外乎“长宜子孙”“富贵昌宜侯王”之类吉祥用语，反映了人们为子孙祈福求贵的美好愿望。子孙后代的繁衍昌盛自然离不开婚姻，在婚嫁用品上刻铸这类吉祥用语是最恰当不过的了。以鱼纹图案配置这类铭文，即清楚地表明了其为婚嫁用品，此其三也。铜洗作为媵器使用的性质，在民俗学资料中也有所反映。至 20 世纪四五十年代，今山东大部分地区，在女子出嫁陪嫁品中，无论陪嫁品数量多寡，唯独一件铜盆是必不可少的，这类铜盆多为黄铜或红铜制品，至今在山东地区一些偏僻农村仍可见到。随着时代的发展，虽然现在绝大部分地区这类用品已为搪瓷制品所代替，但在器物名称上仍有沿袭旧名者，如安丘一带农村则还往往将现

在使用的水盆呼之为“铜盆”。这种铜盆从其形制、质料、用途各方面考察，无疑就是汉晋铜洗的发展。反过来，从铜盆作为必不可少的陪嫁品现象看，汉晋鱼纹铜洗也应是作为媵器使用的，此其四也。

诚然，考古发现汉晋铜洗除饰以鱼纹者外，大多数乃是素面无纹者，间或有饰以凤鸟、羊一类祥瑞动物者。这些铜洗与鱼纹铜洗相比，形制相同，用途也应该是一致的。我们虽不敢妄断所有这类铜洗都是媵器，但说它们可能也主要是作为媵器使用这一提法，或无太大的偏颇。

总括全文，汉晋时期继承了姬周以来嫁女使用媵器的习俗，在考古发现的汉晋遗物中，虽无铭文表明哪一类器物是媵器，我们却可以从器物的纹饰、形制、铭文等方面考察，基本确定铜洗这类盥洗用具应即汉晋之媵器。当然，汉晋媵器绝不可能只此一种，随着研究工作的不断深入，相信还会有更多的媵器被确识、分辨出来。

（原文载《东南文化》1996年第2期）

莱本族（团）名说

王守功 魏泽华

（山东省文化和旅游厅 山东省水下考古研究中心）

“莱”之名，在古代文献记载中最早见于《尚书·禹贡》：“海岱惟青州。嵎夷既略，潍、淄其道。……莱夷作牧。”① 关于莱人历史的记载，西周时仅知齐建国时“莱侯来伐，与之争营丘”②。自此之后，莱人的活动大多与齐国的“伐莱”“侵莱”“攻莱”“制莱”等相联系，至齐景公时，卒为齐所灭。至于莱人活动的地域，大约在今胶东半岛地区，其东至于海，已为大多数专家所公认，最西则到营丘③。从公元前十一世纪至公元前六世纪五百年左右的时间里，在这片广阔土地上，莱人的历史及其与他国的关系是怎样的？莱作为族名有怎样的演变？哪些是莱人创造的物质文化？莱人的物质文化的源头是什么？笔者试就目前已有的文献及考古资料，对以上有关莱人的历史问题加以考证，不到之处，尚望方家指正。

一、莱与莱夷族团

“莱夷”一词，最早见于《尚书·禹贡》“莱夷作牧”，但“莱”之本义并不明晰。现就“莱”字作一考证。

1. 莱之本义

“莱”字的本义，为“草”，为“荒”，为“野”，为“郊野”。

《毛诗·南山有台》：“南山有台，北山有莱。”孔颖达疏曰：“莱为草之总名，非有别草名之为莱。陆机《疏》云：‘莱，草名，其叶可食。今兖州人烝以为茹，谓之莱烝。’”

《礼记·王制》：“居民山川沮泽。”注曰：“沮，谓莱沛。……何胤云‘草所生莱’，庾云‘草

① 《尚书正义·禹贡》，北京大学出版社 1999 年版。

② 《史记·齐太公世家》。

③ 《史记·齐太公世家》曰“营丘边莱”。

也’。”

《诗经·小雅·楚茨》：“田莱多荒。”正义曰：“田废生草谓之莱，自然多荒，而并言之者，《周礼》以田易者为莱，若使时无苛政，则所废年满亦当垦之，今乃与不易之田并不艺种，故言多荒也。”

《越绝书·吴内传》：“莱，野也。”

《周礼·地官·县师》：“而辨其夫家、人民、田莱之数。”注曰：“莱，休不耕者，郊内谓之易，郊外谓之莱，善言近。”疏曰：“田莱见田及荒不耕者之莱。……云‘莱，休不耕者’，《诗》云‘田卒污莱’，注云‘下者污，高者莱’，是莱谓草莱之莱，若上地莱五十亩之类也。云‘郊内谓之易，郊外谓之莱，善言近’者，郊外言莱，即此经田莱，据郊而言，《遂人》亦云莱五十亩百亩之类，是莱为草莱秽污之称也。”

以上“莱”之含义显示，在古人心中，“莱”为野外荒废之地，这与《尚书·禹贡》“莱夷作牧”的描述相符。

2. 有关莱为族名、国名的记载

文献中，对于“莱”的注释，有不少直接释作国名、地名。

《周礼·夏官·大司马》：“虞人莱所田之野。”司农注：“莱，国名。”

《春秋谷梁传·宣公七年》：“公会齐侯伐莱。”释文：“莱音来，国名。”

《尚书·禹贡》：“莱夷作牧。”释文：“莱夷，地名。”

《国语·齐语》：“莱、莒、徐夷、吴、越。”注：“莱，今东莱也。”

《水经注》引旧说云：“齐灵公灭莱，莱民播流此谷，邑落荒芜，故曰莱芜。《禹贡》所谓莱夷也。夹谷之会，齐侯使莱人以兵劫鲁侯，宣尼称夷不乱华是也。”

3. 莱为国名或族名的各种写法

传世文献中，莱字的形象比较确定，“莱”有时亦作“釐”或“斄”。“莱”，《说文》释作“蔓华”，《尔雅·释草》中亦将“釐”释作“蔓华”。《说文》中“赉”作“赐也”，同时，《诗经·大雅·江汉》毛传释“釐”为“赐”。不仅如此，《晏子春秋·内篇问上》载：“景公伐斄，胜之，问晏子曰：‘吾欲赏于斄，何如?’……于是，破斄之臣、东邑之卒，皆有加利。”孙星衍音义：“斄即莱也。”

但文献中“莱”“釐（斄）”毕竟不是一个字形，《史记》中“莱人争营丘”为“莱”，《晏子春秋》中齐景公“伐斄”为“斄”。自齐太公就国，至春秋齐景灵时，齐莱长期拉锯，齐人不会不知莱之写法与含义！为何在此将“莱”作“斄”呢？显然齐人没有将“莱”与“斄”等同视之。

翻检商周时期青铜器，将胶东地区出土的青铜器特别是莱自作器与其他地区出土青铜器进行对比，其上的“莱”铭文可为我们研究这一问题提供重要线索。

商周时期金文释作“莱”的可见“莱、来、猍、釐、犛”等几个字形，有一百多个，根据时代，可以划分为商代晚期、西周早中晚期、春秋早中晚期、战国早晚期；根据字形和语境，可以划分为釐（犛）字的自称（釐作器及釐用作器）、他称的（考釐、公侯鸟釐、釐都、釐仆）及祈福词组和莱（来）字为族名、人名几类。通过分析不同时期不同字形不同语境的莱字，结合出土信息，可以找出一些规律。

“釐（犛）”作自称的“釐作”和“釐用作”器，“釐”字字形基本一致，为“”“”“”“”[1]，他称的“皇考釐”“文考釐”“公侯鸟釐”“釐都”“釐仆”的字形也比较一致，为“”[2]。唯一例外是“伯大师釐作器”[3]，此处“釐”应为自称，但采用了他称的写法。商周时期，“釐”字在自称和他称不同情况下的字形各自保持稳定。

西周早期“莱（来、猍）”字为族名、人名的字形并不稳定。黄县莱阴出土器物则证明，有麦无里，无论有无虎头，“”“”“”均为“莱”[4]。平顶山应国墓地发现的莱字证明，有麦有里，无论有无虎头，“”“”均为“釐”。从这里看出，“”即“麦”，是代表莱族的关键字形。“莱（来）”字为族名、人名的字形多为“”“”这一情况从商代晚期一直延续到战国时期[5]。

了解字形变化后，我们结合器物的出土地点进行分析。首先是“来”“猍”“莱”形“莱”，最集中的出土地点是黄县莱阴，据山东黄县王新道所撰《黄县志稿·金石目》载，光绪二十二年，在黄县归城鲁家沟古墓中发现青铜器十余件，其中六件有铭文，即莱伯鼎、旅鼎等，其时代为周初成王时期。莱伯鼎及旅鼎上有三种莱的写法[6]。周昌富《东莱新说》中提到，“旅鼎”（旧称“大保鼎”）中之莱，马承源先生隶定为来上加一撇，为“旅”之族名，即《说文》中的“猍”[7]。黄县器从铭文内容看，为莱人自作器，而且出土于公认莱人的活动区域胶东，说明莱人对自己的族名，是写作以“”为基础的“”和“”。日照崮河崖出土莱伯鬲上的“”[8]，也证明自称莱

---

① 《殷周金文集成》2067、《殷周金文集成》3588、《殷周金文集成》9585、《新收殷周青铜器铭文汇编》79。

② 《殷周金文集成》2800。

③ 《新收殷周青铜器铭文汇编》1450、《殷周金文集成》4404。

④ 莱伯鼎、旅鼎——《黄县志稿·金石目》，清末发现于黄县归城鲁家沟古墓，见王锡平、孙敬明：《莱国彝铭试释及论有关问题》，《东岳论丛》1984 年 7 期；《殷周金文集成》2044、2728。

⑤ “来”作为动词的情况并未计入统计。

⑥ 王锡平、孙敬明：《莱国彝铭试释及论有关问题》，《东岳论丛》1984 年第 1 期。

⑦ 周昌富：《东莱新说》，载《东夷古国史研究》第 1 辑，三秦出版社 1988 年版。

⑧ 莱伯鬲——1976 年，出土于日照崮河崖 M1，见杨深富：《山东日照崮河崖出土一批青铜器》，《考古》1984 年第 7 期。

是以“”为核心。以莱伯鼎和旅鼎为代表的族团和以莱伯鬲为代表的族团，两者族名不同，可能是两支不同的莱夷。其族均以“”为名，当与胶东半岛小麦传入有关。

与此同时，“”形釐出土于陕西西安、安康、扶风、河南平顶山、湖北浠水等地。这些他称釐，主要出土于非胶东地区，说明“”主要是他族对莱族的称呼。齐故城出土的春秋晚期釐都、釐仆铭文器物表明，莱的近邻齐对莱的称呼也是“”①，这也证明他称用“”而非“”是一个比较普遍的行为。

从不同铭文的出土情况来看，存在他称“莱”和自称“莱”字形不同的情况。而我们分析同一时期的不同字形，可以看出西周早期是“莱”字最为复杂的时期，除黄县器的“”“”“”外，还有师寰簋的“”“”②，祖乙告田彝的“”等③，这可能与周王朝新立、统治力不足，不能“书同文”有关。但是，目前相当一部分字形是自铭，莱人内部应当不存在族名文字不统一的情况，因此这些不同字形还应当与莱夷内部的不同部族有关。

在青铜器铭文中，释作“莱”的各个铭文字形并不一致，应是他族对莱的称呼以及莱夷族团内不同部族的自称或他称导致的。从文献和青铜铭文来看，西周时期有“莱”“棶”，也有“釐”，说明这一时期莱的指代并不统一，或者“棶”和“釐”同为莱夷集团中重要的部族与中原或齐人交流；进入春秋时期记载多为“釐”，这些文献可能表达了同一支“釐”与外族进行了交流，或者外族对莱夷族团中所有部族统一了称谓。青铜铭文及文献记载的关于莱的种种不同写法，贻因于莱夷族团内部不同部族的自称或外人对其不同部族的他称。在齐人东渐的过程中，对于“齐东野人”总体以“莱”称之，我们统称之“莱夷族团”。

二、齐莱关系

传世文献中并没有专门记载莱的历史，仅有零星莱与齐、周的互动见于传世文献和出土铭文，这些记载反映出的是一部莱的征伐兴衰史。

---

① 叔尸钟——《殷周金文集成》281，宋代出于临淄齐故城。

② 师寰簋——《殷周金文集成》4313。

③ 祖乙告田彝，又称祖乙𪉖侯彝——《殷周金文集成》3711；《愙斋集古录》（第七册），见周昌富：《莱国姓氏与地望考》，《齐鲁学刊》1984年第1期。

商代晚期""铭器物的出现[①]，可能与"海岱惟青州。嵎夷既略，潍、淄其道。……莱夷作牧"的记载有关，可惜目前所见器物均无出土地点，仅能作旁证，证明此时的莱人实力较强，为周初时与齐人争营丘埋下伏笔。

西周时期，莱实力雄厚，势力范围广大，在周王朝对外征伐中十分活跃，与齐国关系比较缓和。《史记·齐太公世家》载："封师尚父于齐营丘……莱侯来伐，与之争营丘。营丘边莱。莱人，夷也，会纣之乱而周初定，未能集远方，是以与太公争国。"齐太公初封于营丘，即紧邻莱，说明当时整个胶东半岛都属于莱的控制范围，莱实力雄厚，齐无力压制莱。史密簋载"师俗率齐师、遂人左伐长必，史密右率族人、釐伯、僰、夷周伐长必"[②]，师寰簋载"王若曰……今余肇命汝率齐师、㠱、莱、棘、尼、左右虎臣征淮夷"，两者均记载了莱参加周王朝的对外征伐。西周时期的莱，频频出现在中原王朝的政治舞台，师寰簋中莱更与齐并列，说明此时周王朝在"未能集远方"的情况下，默认莱的存在，并利用莱的力量征伐其他地区。这一时期的莱，因其实力雄厚，周、齐在东方的力量尚弱，处于政治上的巅峰期。前面我们梳理了莱的字形，可以发现西周时期，有大量纪念某莱的器物，同时"纯鲁多釐"作为祈福词语被频繁使用，也证实了西周时期莱人的繁荣。

春秋早期，莱、齐处于和平期。《管子·小匡》载"桓公……伐谭莱而不有也，诸侯称仁焉。通齐国之鱼盐于东莱"，这一时期，莱、齐互通商贾，齐将所产鱼盐销往莱地。"釐"作为祈福词语大量出现，侧面证明莱此时依旧繁荣。

春秋中期，莱再次出现在史书中，已不见西周时期的辉煌，只剩下逐渐被齐国征伐吞并的衰败。公元前602年"公会齐侯伐莱"[③]，前600年"齐侯伐莱"[④]，前571年"齐侯伐莱"[⑤]，至公元前567年"齐侯灭莱"[⑥]。《左传》中详细记载了齐灵公灭莱的史实："十一月，齐侯灭莱，莱恃谋也。于郑子国之来聘也，四月，晏弱城东阳，而遂围莱。甲寅，堙之环城，傅于堞。及杞桓公卒之月，乙未，王湫帅师及正舆子、棠人军齐师。齐师大败之。丁未，入莱。莱共公浮柔奔棠。正舆子、王湫奔莒，莒人杀之。四月，陈无宇献莱宗器于襄宫。晏弱围棠，十一月丙辰，而灭之。迁莱于郳。高厚、崔杼定其田。"《水经注》引旧说云："齐灵公灭莱，莱民播流此谷，邑落荒芜，故曰莱芜。《禹贡》所谓莱夷也。夹谷之会，齐侯使莱人以兵劫鲁侯，宣尼称夷不乱华是也。"庚壶载"齐三军围釐……赏之以邑司衣裘车马"[⑦]，叔尸钟载"汝肇敏于戎功，余赐汝釐都□□其县三百……徒四千……车马戎

① 《殷周金文集成》9894。
② 《新收殷周青铜器铭文汇编》NA00636，出土于陕西安康。
③ 《春秋谷梁传·宣公七年》鲁宣公会齐惠公伐莱。
④ 《春秋谷梁传·宣公九年》齐惠公伐莱。
⑤ 《左传·襄公二年》齐灵公伐莱。
⑥ 《春秋·襄公六年》齐灵公灭莱。
⑦ 《殷周金文集成》9733。

兵釐仆三百五十家”，两器均记载了齐灵公灭莱后分其土地、兵士、人口的历史，与史书记载相符。从齐惠公到齐灵公，齐国通过四次征伐，最终消灭了东部大患——莱。与“迁莱于郳”十分符合的是，山东地区发现一件“郲来”作器[①]，时代为春秋时期，郳为小郲，这件器物的铭文与莱的消亡有十分密切的联系。

春秋晚期，灭莱后的莱还一息尚存，但已十分衰弱。《晏子春秋》记载，灭莱侯后齐景公再次伐莱大胜[②]。被迁族后的莱实力大减，在夹谷之会时，齐“使莱人以兵劫鲁侯”。由此来看，莱此时已沦为齐的附庸。与史实十分吻合的是，春秋早期以后，“釐”作为祈福词语急剧减少，春秋晚期，“釐”见于齐国铭文中只与被征伐有关。

从相关记载来看，西周初年，莱实力强盛，在与齐争营丘后，莱、齐一度是周王朝征伐大军中的一员，共同参与了周王朝的对外征伐，莱、齐之间则保持和平，还能互通商贾。春秋时期，随着齐国国力增强，莱国已经无力与之抗衡，最终为齐所并。

三、莱人地望

西周以前莱人的活动区域地望，见于《尚书・禹贡》：“海岱惟青州。嵎夷既略，潍、淄其道。……莱夷作牧。”此时莱人主要生活在淄河、潍河流域。

《史记》载西周时莱与齐“争营丘”“营丘边莱”，说明莱人活动区域最西到营丘。莱人在胶东半岛活动，已为大家所公认，但是最西的营丘由于存在争议，使得莱的边界仍不清晰。

史籍所记与莱相关的地点有“棠”“郳”“祝其”“东莱”“不夜”“壮武”等，现试作分析。

1. 棠

对于当年莱国的都城和莱共公最后被齐军俘虏的地点棠邑的地理位置，史学家历来看法并不一致。对莱国都城，南北朝时宋裴骃的《史记集解》认为：“服虔以为东莱黄县是。”此后史家多取此说。但到现代，许多学者对“莱都在今黄县”的看法提出异议，至今已有莱都在今莒县、昌乐、临朐境内诸说[③]。

《春秋大事表》载：“襄六年，齐灭莱，莱共公奔棠。杜注‘棠，莱邑’，今胶州即墨县南八十里有甘棠社。襄十八年，齐灵公将走邮棠，即此。”[④] 晋朝的即墨县属北海郡，其辖境包括今平度东南部和今即墨北部，县城在今平度朱毛村一带。《春秋地理考略》中，高士奇也采用了杜预的考证，

① 《殷周金文集成》670。

② 《晏子春秋・内篇问上》：“公伐釐，胜之，问晏子曰：‘吾欲赏于釐，何如?’……于是破釐之臣、东邑之卒，皆有加利。是上独擅名，利下流也。”

③ 参见《齐鲁学刊》1984年第1期相关文章。

④ （清）顾栋高：《春秋大事表》，中华书局1993年版。

认为棠“即莱棠也，今胶州即墨县南八十里有甘棠社，即古棠乡”①。清人洪亮吉在《乾隆府厅州县图志》中，认为棠“在今平度东南”。谭其骧先生在《中国历史地图集》中也同意杜预、洪亮吉之说，把“棠”字标在沽水之西的即墨。棠在即墨，是比较通行的观点。

《路史·国名纪》载：“（齐）大夫棠公邑。襄六年，宴弱围棠。预云‘国也。’今莱之即墨有棠乡，与鲁棠异。”② 棠可能是莱国最后的生存之所。

2. 郳

《春秋释例·氏族谱》载“夷父颜有功于周，其子友别封为附庸，居郳”，夷父颜为邾国国君，此邾国一般称大邾国，郳称小邾国。非常有意思的是，山东地区曾发现一件“邾来”作器③，时代为春秋时期，郳为小邾，这件铜器上的铭文与史实十分相符。最近发掘的大韩村墓地，发现了较多的东夷文化现象，可能也与“迁莱于郳”有关。

3. 祝其（夹谷）

《莱芜县志》载：“县南三十里连新泰县界有夹谷峪，左为龙门崖，右为凤凰山。”顾炎武《肇域记》：“春秋定公会齐侯于夹谷，莱人以兵劫鲁侯即此。”民国《续修莱芜县志》卷七《古迹》亦记：“旧志谓即县西南三十里，连新泰县之夹谷峪，《春秋》定公十年‘公会齐侯于夹谷’即此……”根据文献，夹谷可能在今莱芜附近。

4. 东莱

东莱一词，最早见之于《管子》。《管子·小匡》：“桓公知天下小国诸侯之多与已也，于是又大施惠焉。可为忧者为之忧，可为谋者为之谋，可为动者为之动，伐谭莱而不有也，诸侯称仁焉。通齐国之鱼盐于东莱……”《晏子春秋集释》：“晏子名婴，谥平仲，莱人。莱者，今东莱地也。”④ 刘师培《校补》云“案《世说新语注》一引刘向《别录》云‘晏平仲婴，东莱夷潍人……’据彼引……《史记·鲁仲连传·索引》亦云‘晏子为莱之夷潍人’，是其证。”

齐灵公灭莱在前，景公伐莱在后，说明在灭莱之后，除了郳莱之外，还有一莱。《左传·昭公二十年》晏子对齐景公谈论齐国的疆域时说：“聊、摄以东，姑、尤以西。”《晏子春秋》中有相同的记载。姑即大姑河，尤即小姑河。因此，公元前522年以前，齐国东部边境在今平度市东部。由此可见，景公所伐之莱，应为今龙口市之莱⑤，非齐灵公所伐之莱。

---

① 《春秋地名考略》卷十四。

② 陈槃：《不见于春秋大事表之春秋方国稿》，上海古籍出版社2009年版。

③ 《殷周金文集成》670。

④ 吴则虞：《晏子春秋集释》刘向叙录，中华书局1962年版。

⑤ 《春秋大事表》：“今山东登州府黄县东南二十里有莱子城。”

5. 不夜

荣成市不夜城位于埠柳镇不夜村。距山东最东端成山十八公里。《汉书·地理志上》颜师古注曰"《齐地记》云，古有日夜出，见于东莱，故莱子立此城，以不夜为名。"不夜村遗址还出土了周代鼎、壶，现藏于荣成博物馆。

6. 壮武

《左传·隐公元年》载："八月，纪人伐夷。"注曰："夷国在城阳壮武县，远在东垂。"壮武应在今青岛城阳附近。

7. 营丘、长必、淮夷

关于营丘的具体地望，自东汉以来就多有争议，目前有临淄齐城、昌乐营陵、台西、寿光呙宋台、青州藏台、张店昌城等诸家之说[①]。由此可见，在西周初期，莱人活动的西部范围至少到达昌乐一带。

史密簋载："师俗率齐师、遂人左伐长必，史密右率族人、釐伯、僰、夷周伐长必……"可见长必一地是当时所伐敌人的重要据点，其地当与莱、齐等都相距不远，有昌邑[②]、莱芜[③]几说。

师寰簋载："王若曰……今余肇命汝，率齐师、曩、莱、棘、尼、左右虎臣征淮夷。"其中的淮夷屡见于金文献记载，大体分布于淮河以南地区，对周王朝叛服无常。

从文献记载来看，莱人活动在今胶东地区，但其活动范围早已走出山东。由于文献所见地名现在多已不存，因此具体划定莱人的活动地区，还需要未来更多研究的支持。

四、莱夷的物质文化

（一）莱夷的物质文化面貌及影响

从前面的古文献记载及考古发现来看，莱人主要分布在胶莱河流域及以东地区。下面梳理一下莱夷族团活动范围内的考古学文化。

1. 前埠下类型

在距今8500—7500年的后李文化时期，前埠下遗址后李文化有其独特的特点，前埠下遗址的陶器与之后胶东原始文化十分相似，尤其以钵、碗以及菌状把手罐为典型。

2. 白石村类型

胶东地区早于龙山文化的遗存，如烟台白石村遗址[④]、邱家庄遗址等，文化面貌独特，被称作

① 魏成敏：《陈庄西周城与齐国早期都城》，《海岱考古》第四辑，科学出版社2011年版。
② 陈秉新、李立芳：《出土夷族史料辑考》，安徽大学出版社2005年版。
③ 李仲操：《史密毁铭文补释》，《西北大学学报（哲学社会科学版）》1990年第1期。
④ 烟台市文物管理委员会：《山东烟台白石村新石器时代遗址发掘简报》，《考古》1992年第7期。

“白石村类型”。白石村类型的遗址共发现近40处[①]，分布于胶东半岛地区海边或距海很近的河口两岸，多为贝丘遗址，陶器多夹砂陶、夹云母陶、夹滑石陶和泥质陶四种，陶色以红褐和灰褐为主，器表以素面最多，与同时期大汶口文化不同；遗址中还出土较多的海鱼类骨骼，人们依赖海和河的程度较高，从而形成胶东早期新石器文化的特色[②]。

3. 龙山文化

龙山文化杨家圈类型主要分布于胶东半岛及其沿海岛屿地区。杨家圈类型发现的建筑遗存，四周挖有基槽，深度有的在2米以上，非常独特。在大口遗址发现的墓葬，在人骨架上压有石块，也与西面山东其他地方不同。

4. 岳石文化

岳石文化照格庄类型分布在胶莱河以东的胶东半岛及沿海岛屿地区[③]。墓葬人骨架上填一层马蹄螺，有的骨架上还压有石块，与其他地区不同。生产工具以半月形双孔石刀和扁薄单面刃石铲最具特色。陶器中，夹砂陶多加云母，也有的加云母和滑石两种材料，器物多素面。

岳石文化郝家庄类型生产工具以半月形双孔石刀和扁薄单面刃石铲最具特色。陶器以素面为主。其他区域多见的锥状足鼎、短柱形甗足、舟形器、圈足尊等少见。

5. 芝水二期

芝水二期文化是介于岳石文化、珍珠门文化之间的过渡文化遗存[④]，陶器以夹云母陶为主，其次为夹砂陶，陶色不纯正，以红褐色为主，不见灰陶和黑陶。器表以素面为主，平底器底部常处理成类似假圈足的形制。

6. 珍珠门文化

珍珠门文化遗存在胶东半岛及其沿海岛屿分布比较普遍，如烟台芝水遗址、长岛珍珠门[⑤]、老虎山汇泉庄[⑥]等。珍珠门遗址位于长岛县北长山岛西北角的山坡上，遗址西、北侧为悬崖，西侧崖下为珍珠门水道。珍珠门遗址出土的与岳石文化相袭的遗存，是胶东半岛独具特色的器物。

7. 周代山东文化

两周时期，胶东半岛地区的考古学文化中，夷人文化保留较多，如乳山南黄庄[⑦]、龙口归城、莱

---

① 严文明：《胶东原始文化初论》，载《山东史前文化论文集》，齐鲁书社1986年版。

② 栾丰实：《东夷考古》，山东大学出版社1996年版。

③ 中国社会科学院考古研究所山东队等：《山东牟平照格庄遗址》，《考古学报》1986年第4期。

④ 王锡平：《胶东半岛夏商周时期的夷人文化》，《北方文物》1987年第2期。严文明：《胶东考古记》，《文物》1998年第3期。刘延常：《珍珠门文化初探》，《华夏考古》2001年第4期。

⑤ 北京大学考古实习队等：《山东长岛县史前遗址》，《史前研究》1983年第1期。张江凯：《长岛县珍珠门遗址》，载《中国考古学年鉴（1984）》，华东师范大学出版社1984年版。

⑥ 魏峭巍：《试论鲁北地区的珍珠门文化》，《中原文物》2015年第4期。

⑦ 北京大学考古系等：《山东乳山县南黄庄西周石板墓发掘简报》，《考古》1991年第4期。

阳前河前、海阳嘴子前等。乳山南黄庄墓地位于胶东半岛东南部，又称为南斜山墓地，墓葬均用石板砌成，多数在石室内置木棺，少数则直接葬人。随葬品以陶器为主，陶器以夹砂和夹云母红褐陶为主，手制，陶质较疏松。器物以素面为主。器形多大敞口宽折沿。南黄庄墓地出土器物与周文化器物不同，为当地特有。

周代之后，胶东地区考古学文化逐步被西部同化。

（二）重要城址

1. 莱阳前河前遗址

莱阳前河前遗址位于莱阳市中荆乡前河前村南，地处五龙河下游冲积扇一隆凸的台地上。遗址东西200—250米，南北250—300米，据当地百姓讲，当年曾有城墙残迹，中心部位有大土丘，因历年取土耕作现在已荡然无存。[①]

该遗址常见夹云母、夹蚌壳红褐陶，制法极原始、拙笨，可辨器形有鬲足、簋、罐之类的口沿，应当属于当地的土著文化。1981年村民发现的有铭陶盉，盉的颈部、腹部、流的两侧均有阴刻图像符号（图一、二），从陶器风格分析，该盉属莱人的遗物，这些符号应是莱夷部族的文字[②]。此外，乳山南斜山类型发现的陶鬲上的铭文[③]、龙口市徐村西周墓中铜鼎上的铭文[④]、长岛大钦岛西周墓中发现的铜舟上的铭文[⑤]，都说明莱人存在自己的文字。

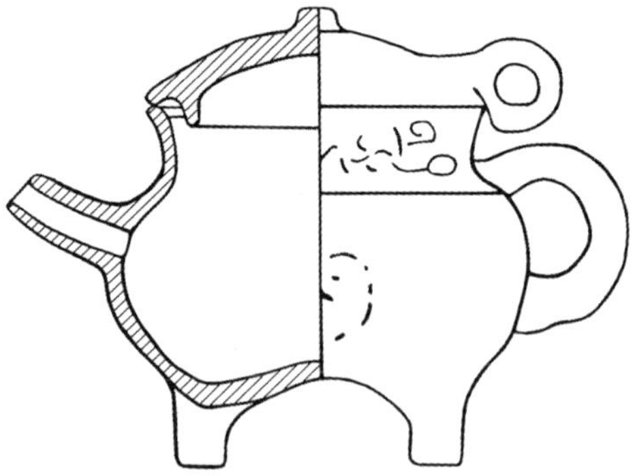

图一　莱阳前河前遗址出土陶盉

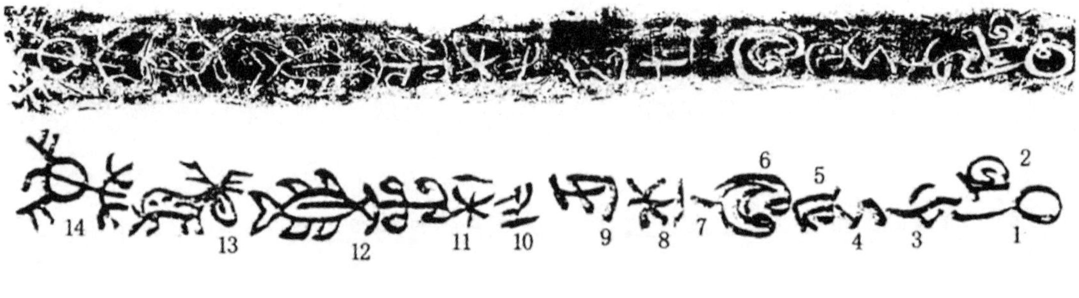

图二　莱阳前河前遗址出土陶盉上的刻划文字

① 李步青：《山东莱阳县出土己国铜器》，《文物》1983年第12期。
② 俞伟超：《东夷系统的已佚古文字》，载《揖芬集——张政烺先生九十华诞纪念文集》，社会科学文献出版社2002年版。
③ 严文明：《胶东原始文化初论》，载《山东史前文化论文集》，齐鲁书社1986年版。
④ 1985年黄县徐村出土西周铜器，资料现藏于龙口博物馆，简报待刊。
⑤ 宋成钧、史明：《胶东史前文化与莱夷的历史贡献》，《东岳论丛》1984年第1期。

2. 曲城遗址

城址位于招远城西偏北30公里处的蚕庄镇东曲城村南。城三面环山，一面平缓。城址东西长950米，南北宽约200米，总面积约19万平方米，在城址内地表、断崖上发现有较多的陶片，文化内涵极为丰富。1973年东南城取土时在地下发现夯土城墙一段。1958年，曲城村出土了一批西周时期的青铜器，器类有鼎、盆、壶、簋等①。1980年，曲城东部的洼子村出土青铜器，1987年文物复查时又清理了几十件西周时期的陶器。此外，在东南城的断崖上发现十余座战国至汉代的墓葬。从出土遗物看，曲城为周—汉代时期重要的遗址。

3. 归城城址

遗址位于山东省龙口市东南6.5公里处的义基乡，地处胶东丘陵莱山北侧的一个小盆地上，为龙口平原通往东南山区的交通要道。归城城址分内城和外城。内城略呈长方形，南北长780米，东西宽450米。外城沿周围山顶围筑，周长约10公里，现地面残存3处墙体。文化堆积以内城区最为丰富，据不完全统计，20世纪30年代以来，在归城附近先后出土西周和春秋时期的青铜器400余件。据《黄县志稿》记载，清光绪二十二年（1896），在距归城东南约5公里的鲁家沟村古墓中，出土了四件西周早期的有铭铜器，其中一件鼎上有铭文曰："莱伯作旅鼎。"②

4. 村里集古城

蓬莱市村里集古城址，位于黄水河支流西岸的高台平地上，与归城仅一山之隔，是一个西周早期至春秋时期的城址。城址南北长600米，东西宽500米，现存高3米左右的城墙，墓葬集中分布在城外的东南部，从已发掘的殉人墓及车马坑看，应是一个贵族墓区，出土许多青铜器，但未见铭文。村里集古城与归城的关系尚不清楚。

五、结语

通过对莱夷族团文献及考古资料分析，不难得出以下基本史实：

（一）在青铜器铭文及传世文献中，释作"莱"的各个铭文字形并不一致，应是他族对莱的称呼以及莱夷族团内不同部族的自称或他称导致的。莱是对生活在山东半岛东部区域具有共同文化特征部族的称谓，有关莱夷族团的记载主要是通过齐人文献和他族铭文的零星记录而保留下来的。

（二）莱夷族团是居住在山东半岛东部古老居民的统称，西周以前其活动的地域主要集中在淄河以东地区，西周早期齐太公就国时，莱曾与之争营丘。春秋中期，随着齐惠公、齐灵公对莱夷的征

① 李步青、林仙庭、杨文玉：《山东招远出土西周青铜器》，《考古》1994年第4期。

② 《殷周金文集成》2044。

伐，莱夷族团在淄潍地区的势力受到打击，退缩至胶莱河以东地区。春秋晚期，齐景公再次对胶东地区的莱夷进行大规模征伐，还大量迁莱民至莱芜、郳一带，一些莱人还作为工匠、仆人被齐侯赏赐给征战过程中的有功之臣。胶东地区逐步被纳入齐国版图。

（三）在前后数千年的历史进程中，莱人创造了具有自身特点的物质文化。在距今8500—7500年的后李文化时期，前埠下遗址后李文化有其独特的特点。大汶口文化时期，以白石村类型为代表的贝丘遗址显示了其独特的文化特征。龙山文化杨家圈类型及之后的岳石文化、珍珠门文化（潍坊汇泉庄遗址）、烟台芝水二期文化、南斜山类型，都显示了该区域独特的文化特点。春秋中晚期至战国时期，莱夷文化逐步被齐文化同化。

（四）从史前时期开始，山东可以分为三个大的族团，分别是鲁南地区的太皞族团，鲁北的羿夷族团和胶东的莱夷族团。

太皞族团大致在鲁南、苏北、豫东一带，在大汶口中晚期发展至洛阳一带，是东夷集团最早进入中原的族团，因此其古史传说得以被记载，是山东地区保存古史传说和历史记载最多的部族。

鲁北地区史载较早的应是后羿。结合夷羿曾上射十日、下灭民害的种种传说，可知羿夷的早期活动应在大汶口文化晚期。文献中对夷羿族团在夏代前后的活动史料中有较多的追述，这就是所谓的“后羿乱夏”。关于太皞族团和羿夷族团在夏商文明中的作用，笔者曾有文章详论，兹不赘述[①]。

莱夷族团生活在胶东地区，由于位置较为偏僻，文献中缺少这一地区古史传说的记载。西周以前，莱夷族团在淄河与胶莱河之间（淄潍地区）活动，由于这一地区“昔爽鸠氏始居此地，季萴因之，有逢伯陵因之，薄姑氏因之，而后大公因之”，所以可能历史上还存在莱夷与羿夷族团交错居住的情况。“莱”随周王南征的铭文的出现，也有可能是部分莱夷随羿夷族团迁徙至中原地区，参与中原王朝的军事行动的证据。出于这一历史渊源，周代，随着齐国对东方的经营，淄潍地区属于后羿族团的一些诸侯国贵族，如㠱等，纷纷逃亡到胶东地区。西周以降，莱夷族团在淄河以东地区创造了具有自身特点的史前文化，也产生不同的方国。通过对莱夷族团物质文化和历史进行研究不难发现，从新石器时代至东周，莱夷族团居住在淄河以东广袤的区域，他们与太皞族团、羿夷族团一道，共同创造了海岱地区的东夷文化和齐鲁文化。

---

① 王守功：《夷羿族团的衍变与考古发现辨证》，载《古代文明》第1卷，文物出版社2002年版。

莒文化解读

——一种文化发展模式的思考

刘延常

（山东省水下考古研究中心）

莒文化是周代山东地区极具地方特色的考古学文化，是新世纪开始逐渐被认识与确立起来的，填补了区域考古学文化空白。近些年来，莒文化考古新资料不断涌现，学术研究活动纷呈，考古与研究成果的展示水平日益提高，并逐渐成为惠及民众的公共文化品牌，对研究诸多古国历史、重新认识和深入研究齐鲁文化等具有重要意义。本文通过考古发现进一步解读莒文化，并探讨其对传统文化融合发展的启示，以期为莒文化的深入研究与弘扬添砖加瓦。

一、关于莒文化的概念

莒文化一经确立，立即引起了众多考古界、文博界、史学界、文化界学者广泛关注与探讨，纷纷撰写研究文章①。但是，关于莒文化的概念与内涵还存在一些不同的认识，如有的学者认为莒县一带以陵阳河遗址墓葬出土图像文字为代表的大汶口文化遗存为莒文化；有的学者将莒县一带出土众多周代青铜器与文献记载的莒国联系，把莒国历史文化认为是莒文化；有的学者将史前文化、周代文化合起来称为莒文化，有的学者则含糊地合并称为莒地文化；有的学者则把鲁东南地区商代文化至战国时期的文化均划归为莒文化；有的学者则凡莒国历史均称为莒文化。凡以上认识举例等，存在莒文化概念不清、时空关系错位、文化内涵混淆等问题，对相关专业学生学习、深入研究、宣传教育等会产生不良影响。

首先要清楚莒文化是一支考古学文化，关于考古学文化的命名在1980年代考古学界就已经形成

---

① 参见中国先秦史学会、政协莒县委员会：《莒文化研究文集》，山东人民出版社2002年版。苏兆庆主编：《莒文化与中华文明》，中国社会科学出版社2012年版。

共识，基本原则是同一时代、一定地域和具有共同特征的文化遗存。史前时期的考古学文化一般是以第一次发现的遗址或墓地所在的现代最小村名来命名，如仰韶文化、北辛文化、大汶口文化等；而商周时期的考古学文化则以某族创造及其他族群共同使用的文化来命名，如商文化、周文化等；还有以历史文献记载中该文化区域内势力最强大的国家来命名，如楚文化、晋文化、齐文化等，莒文化则属于后者。

莒文化是分布于鲁东南地区西周中期至战国早期的考古学文化，文化遗存目前主要是墓葬反映的形制结构、丧葬习俗、器物种类与组合、器物形态等比较一致，该区域文献记载的古国包括莒国、向国、鄅国、阳国、郯国、鄫国等，以莒国势力最为强大，结合金文“莒”字等，我们将这支考古学文化称为莒文化①。莒文化是周文化与地方文化融合或土著文化受周文化影响融合形成的地方文化，它不同于周边的齐文化、鲁文化、吴文化、越文化、楚文化，经调查发现鲁东南地区商代考古学文化主要是商文化遗存及少部分珍珠门文化（土著）遗存②，不属莒文化范畴。同时，要区分莒文化与古国文化遗存的不同、与古国史的不同，也不能将莒文化的渊源或归宿与莒文化混为一谈。

二、莒文化考古发现与研究

1. 既往发现与研究

莒文化的研究可分为两个阶段：20世纪50年代至90年代，主要是对“莒小子簋”等传世青铜器金文的释读及零星出土青铜器的报道，又有1975年发掘莒南县大店镇老龙腰、花园庄春秋大墓，1978年发掘沂水刘家店子春秋大墓，1981年发掘临沂市凤凰岭春秋大墓等，学术界开始对鲁东南地区周代墓葬十分关注，并结合出土莒国铭文青铜器，对莒国史等进行了研究。20世纪80年代至90年代莒县的考古发现较多，新资料陆续公布③，经常举办学术研讨活动（如2000年、2009年在莒县举办两次莒文化研讨会，2012年在济南举办莒文化高峰论坛，2014年在日照举办中华莒文化研讨会等），考古学研究文章不断增多④。进入新世纪后，莒文化研究进入综合研究阶段，主要成果收录在《莒文化研究文集》和《莒文化与中华文明》两本文集中。

目前，学界从考古学文化角度对莒文化的考古发现、分布范围、文化特征、分期与年代、文化因素、文化区域内的相关古国、相关金文等进行了基本研究⑤。许多研究文章把莒文化放在鲁东南区

---

① 刘延常：《莒文化探析》，《东南文化》2002年第7期。

② 刘延常等：《鲁东南地区商代文化遗存调查与研究》，《东方考古》第11集，科学出版社2014年版。

③ 苏兆庆等：《莒县文物志》，齐鲁书社1993年版。

④ 参见《莒文化研究专辑》（一）、（二），《莒县文史资料》第十辑（1999年1月）、第十一辑（2000年1月），以及苏兆庆《考古发现与莒史新征》等。

⑤ 参见刘延常：《莒文化探析》，《东南文化》2002年第7期。禚柏红：《莒文化研究》，载《东方考古》第6集，科学出版社2009年版。

域历史发展过程中考察，有些更对莒国史以及鲁东南地区地域的相关文化进行研究。2015 年 8 月，第 22 届世界历史科学大会在山东济南召开，“莒文化与文明起源”作为专题会议进行研讨。2015 年 12 月，在莒县召开“青铜器与山东古国”全国性学术会议，以上述专题会议为标志，莒文化逐渐为中国和世界文物考古与历史学界所关注，莒文化被纳入山东省文化遗产保护战略框架体系中。因此，解读莒文化、探讨其融合发展模式，对研究阐发齐鲁文化和优秀传统文化具有重要的历史与现实意义。

2. 考古新发现

近十年来，鲁东南地区又陆续发掘一些墓葬和遗址，以前的资料也相继发表，我们在鲁东南地区工作与学习过程中也注意观察发现了一些具有莒文化特征的青铜器、陶器。新发现与新资料的公布，推动着莒文化研究不断深入。

1987 年，安丘市郚山镇贾孟村出土西周晚期典型莒文化青铜鼎、鼓肩高弧裆鬲[①]；1994 年，安丘市柘山镇东古庙村墓葬出土一批西周晚期青铜器，有典型的莒文化青铜鼎、鬲、盘、匜、罍、舟等[②]；1983 年清理莒南涝坡镇卢范大庄、2004 年清理十字路镇中刘山春秋早期中型墓、2011 年发掘大店镇后官庄春秋大墓时，出土青铜鼎、鬲、盘、匜、壶、舟、陶鬲、鼎、簋、豆、罐、罍和石编磬等[③]；1998 年，发掘沂南县砖埠镇西岳庄春秋大墓[④]；2000 年，发掘五莲县潮河镇丹土东周中小型墓葬[⑤]；2002 年，发掘郯城庙山镇大埠村春秋大墓[⑥]；2007 年，发掘莒南县文疃镇东上涧春秋大墓[⑦]；2012 年，发掘沂水县泉庄镇纪王崮春秋大墓[⑧]。

我们在相关县区博物馆考察时见到的莒文化实物资料有：黄岛区大珠山镇顾家崖头出土春秋早期青铜鼎、鼓肩高弧裆鬲；诸城市皇华镇杨家庄子东河岸出土西周晚期青铜鬲、盘、匜，皇华镇黄沟村出土春秋早期青铜鬲，枳沟镇小埠头村出土春秋早期青铜瓠壶，解留镇新九台村出土西周晚期青铜鬲、鼎；临朐县辛寨镇大峪遗址出土春秋时期鼓肩高弧裆青铜鬲；临沭县临沭镇西朱车村出土春秋早期陶簋、青铜罍；平邑县铜石镇锅泉林场出土西周晚期青铜鼎、鬲，平邑镇蔡庄村出土青铜鬲、盘、匜、簠等；沂南县湖头镇陆家庄出土春秋早期青铜鼎、鬲、盘、匜、舟，界湖镇西明生村出土青铜鬲等。

---

① 安丘县博物馆：《山东安丘发现两件青铜器》，《文物》1989 年第 1 期。

② 安丘市博物馆：《山东安丘柘山镇东古庙村春秋墓》，《文物》2012 年第 7 期。

③ 张文存：《莒南文物志》第十章《文物考古发掘》，青岛出版社 2013 年版。

④ 刘延常、高本同：《西岳庄大墓——解读一段东夷小国的历史》，《文物天地》2004 年第 6 期。

⑤ 刘延常、王学良：《五莲县丹土大汶口文化、龙山文化城址和东周时期墓葬》，载《中国考古学年鉴（2001）》，文物出版社 2002 年版。

⑥ 山东省文物考古研究所等：《郯城县大埠二村遗址发掘报告》，载《海岱考古》第四辑，科学出版社 2011 年版。

⑦ 刘延常：《莒南县春秋大型墓葬》，载《中国考古学年鉴（2008）》，文物出版社 2009 年版。张子晓等：《山东莒南县发掘春秋大型木椁墓葬》，《中国文物报》2008 年 7 月 4 日。

⑧ 山东省文物考古研究所等：《沂水县纪王崮一号春秋墓及车马坑》，载《海岱考古》第六辑，科学出版社 2013 年版。

3. 莒文化遗存的特点

目前发现的莒文化遗存主要是墓葬资料，有以下四种情况：一种是因被破坏而被发现后进行发掘的大型墓葬，如莒南县老龙腰、花园庄、东上涧、后官庄，沂水刘家店子、纪王崮春秋大墓等；一种是配合工程建设发掘的大型墓葬，如临沂凤凰岭、沂南县西岳庄、郯城县大埠春秋大墓；一种是各有关县文物部门抢救清理的残墓，这类情况占较大比例，墓葬形制基本清楚，但随葬品组合、件数不全，如莒县西大庄、天井汪、于家沟等，多为贵族墓，出土数量不等的青铜器；一种是少量经过科学发掘的墓葬，如五莲县丹土小型墓葬、沂源县姑子坪周代墓葬。大型墓葬大多数被盗，目前只有沂水刘家店子、纪王崮M1和临沂凤凰岭春秋墓葬保存较好。

相关县区博物馆所藏有的典型莒文化青铜鬲、陶鬲等资料，多是过去调查清理所得，征集或群众上缴的，一般无出土单位，这类资料占有一定比例。

关于城址和居址的资料比较少。城址只有莒国故城一例，没有做过勘探与正式发掘工作，《莒县文物志》中有对莒国故城城垣、手工业作坊遗址的叙述，从布局和遗物年代分析应是战国时期齐国莒邑和汉代城阳国都城，是否为西周、春秋莒国都城还需要重点勘探与发掘来证明。郯城县大埠遗址发现属于春秋晚期的环壕①，面积不足2万平方米，根据壕沟出土陶豆分析，应与大墓年代同时，如此则推测为军事性质的环壕聚落。经过发掘的有沂南县西岳庄遗址，包括西周早中期至春秋初期，前者属比较典型的周文化遗存，后者则为莒文化特点，但仅有部分窖穴和灰坑资料，出土遗物不丰富；又有沂源县姑子坪遗址，由于资料尚未全部发表，其中是否有属于莒文化的居址资料还不清楚。

三、莒文化特征解读

随着新资料的增多和研讨活动的增加，大家对莒文化的认识逐渐深入，归纳总结莒文化的特质十分必要，这将有利于促进莒文化的比较研究、展示与利用，也便于文博工作者更好地把握这一文化，读者、观众与广大民众更容易理解这一文化。

1. 莒文化分布与年代

从行政区划分析，莒文化分布以莒县、莒南县为中心，北境到达临朐县南部、安丘市南部，东北至诸城市中南部、黄岛区，西北达沂源中部；西境到沂水县西部、沂南县西部，西南部至平邑县中东部；南部至郯城县南部、江苏省连云港市北部，西南至兰陵县西部；东部包括日照市全境。

① 山东省文物考古研究所等：《郯城县大埠二村遗址发掘报告》，载《海岱考古》第四辑，科学出版社2011年版。

从自然地理分析，莒文化的分布以沂河、沭河流域为中心，北部基本在沂山山脉以南，西部在蒙山山脉以东，东至黄海，南部至连云港市北部山地、平原交界地区。在西部，莒文化遗存基本沿沂河上游、沂河中游及其支流分布。

从历史地理（包括政治地理、人文地理）分析，莒文化北部与齐文化、莱文化（主要与齐国、纪国、莱国）相邻，西部与鲁文化（主要与鲁国、邾国）相连，南部与徐文化、吴文化、越文化、（主要包括徐国、吴国、越国）接壤。

从年代来分析，莒文化西周中晚期形成自己的特点，主要表现在陶器方面，分布于日照市境内；在西周晚期、春秋初期主要分布于鲁东南地区北部，青铜器开始形成自己的特点；在春秋早期、中期分布最广，也是莒国势力最强盛的时期，北部基本与齐国分界，西部基本与鲁国分界，南部至郯城北部；春秋晚期、战国早期，莒文化主要分布在鲁东南地区南部、东南部，战国早期以后基本消亡。

2. 大型墓葬埋葬特点

目前莒文化大墓（包括出土规格高的青铜器地点）主要有沂水县纪王崮、刘家店子，莒县丝绸大酒店、天井汪、于家沟，莒南县东上涧、后官庄、老龙腰、花园庄、中刘山，郯城县大埠，临沂凤凰岭，沂南县西岳庄等，除纪王崮大墓在山顶、丝绸大酒店大墓在平原外，其他均分布在高地。主要埋葬在山前坡地、高地或岭地上（多为山脊或岭脊尾端），地处山地、丘陵与平原交接地带，距离河流不远，土层深厚。地势居高临下，视野开阔。

大墓分布较散，目前发现于沂水、沂南、莒县、莒南、临沂、郯城等县区境内。

大墓往往成双对出现，间隔距离比较近，根据随葬品等分析，应是夫妇异穴合葬墓。

3. 墓葬形制结构

根据临沂凤凰岭大墓的发掘，莒文化大型墓葬一般应有封土，但大多数已经被破坏；墓道较宽短、较浅，位于东部，多数因被破坏而无存；大型墓葬规模较大，边长一般都在10米以上，除少部分为方形外，多呈南北长、东西宽的长方形，口大底小、斜壁；绝大部分为熟土二层台。

中小型墓葬近方形，一般设有边箱，边箱与椁室面积基本相同。

4. 葬具与埋葬习俗

大型墓葬棺椁一般3—5重，其中又有灵活变化，如木材保存较好的沂南县西岳庄M1四椁一棺、莒南县东上涧M2三椁一棺，有的为两棺两椁。棺椁构筑细木工工艺精致而复杂。大型墓葬多在椁室北部或南部设器物库（器物库面积大小与椁室往往相同），个别大墓在椁室两侧有两个对称器物箱。

大型墓葬墓主头均朝向东。殉人比较普遍，少者3—5个殉人（西岳庄殉5人、纪王崮殉3人、东上涧殉5人、大埠殉4人），有的殉人数量较多（丝绸大酒店殉10人、凤凰岭殉14人，刘家店子殉39人，后官庄殉49人），殉人多为独木棺且有随葬品，多是生活侍从，其中有些应为杀殉奴隶。棺椁四周往往施青膏泥。车马坑的设置较为灵活，有的在墓葬外部，有的在墓室内，随葬车和马，有的随葬马骨骼。器物库内往往随葬马骨或牛骨，应为随葬马、牛牲肉的体现。腰坑内殉狗。

中小型墓葬墓主头向东，多一椁一棺，施少量青膏泥，个别墓葬随葬1件青铜鼎和剑或戈，陶器组合为鬲、簋（豆形）、豆、罐。

5. 用器制度

大型墓葬随葬青铜器组合与种类比较齐全，包括炊煮器、盛食器、酒器、乐器、兵器、车马器等。礼器主要有鼎、甗、盉、鬲、铺、罍、舟、盘、匜等，乐器有镎于、镈钟、钮钟、甬钟等，兵器有戈、剑、殳、镞等。鼎与鬲往往搭配使用，且往往带盖；青铜鼎包括有镬鼎、升鼎、馐鼎等，鼎多构成列鼎，但是其形制、大小相同，花纹不尽相同，常见平盖鼎，纪王崮大墓5个馐鼎的形制、花纹不完全相同；青铜醽和舟随葬普遍。随葬乐器较多，且成套，如镎于、甬钟、钮钟、鏄钟。青铜礼器中鼎、鬲、铺、罍往往7件套，甬钟、钮钟一般为9件套。莒文化青铜器在西周晚期形成区域特点，战国早期（含）不见莒文化特点的青铜器。青铜器组合与种类中常见楚文化系统和江淮地区特点的青铜器，除媵器外，应主要为赗赙现象的体现。兵器主要有戈、剑、镞，沂水出土吴王剑和越国鸟篆文戈。车马器主要有车軎、马衔、盖弓帽、车构件等。

陶器组合比较固定，早期为鬲、豆、罐，春秋以后为鬲、簋（豆形）、豆 、罐，大型墓葬增加了鼎。罐的种类多，包括圆肩、鼓腹、深腹大罐，鼓肩、曲收腹大罐与小罐，圆肩、扁腹罐，折肩罐，等等。大型墓葬随葬陶鼎、鬲、簋、豆、罐等多为7件套。莒文化陶器从西周中晚期开始形成区域特点，延续至战国早期。早、晚期遗存目前均分布于东南部区域。

大型墓葬常随葬漆器。有的大墓随葬石编磬，有的大墓随葬大量精美玉器。

6. 典型器物

莒文化指征性器物有青铜鬲、陶鬲，鼓肩、高弧裆、瘦袋足及高实足；鼓肩、曲收腹陶罐；深腹、豆形陶簋。青铜醽器型较大，瓦楞纹，耳、盖多兽首，舟也是常见随葬品。裸人足裸人钮方奁，盘匜的足、耳、把手等部位多兽形装饰，多种多样的窃曲纹是其特点，常见鸟形纹、兽形纹、瓦纹，素面也是其特色之一。陶器多为黑皮陶，常施红色彩绘。青铜投壶与陶质投壶出土数量较多（图一至图五）。

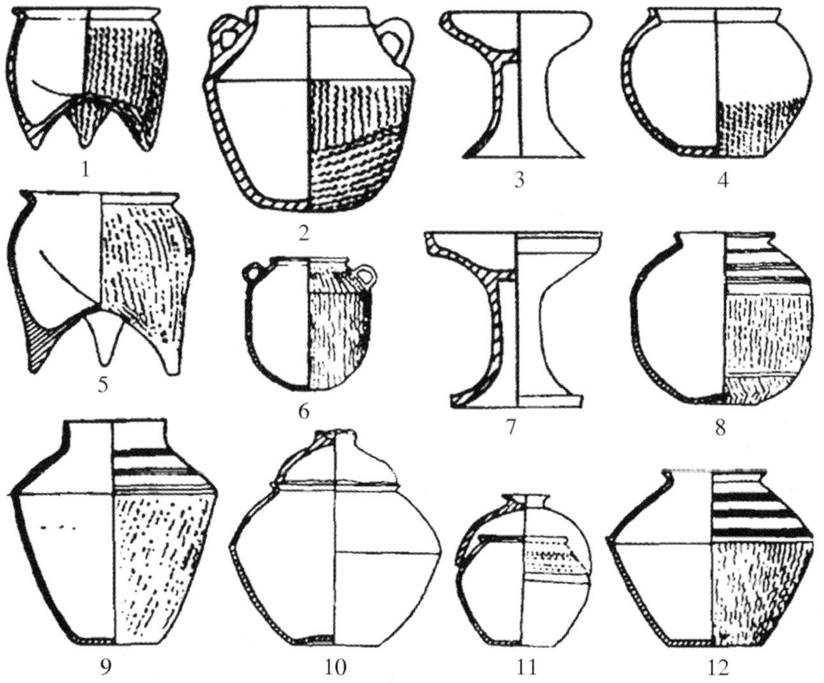

图一　莒文化西周陶器

1、5　鬲　2、4、6、8、9、12. 罐　3、7. 豆　10、11. 罍
（1、2. 日照湫家园，3、4、7. 日照尧王城，余为莒县杭头）

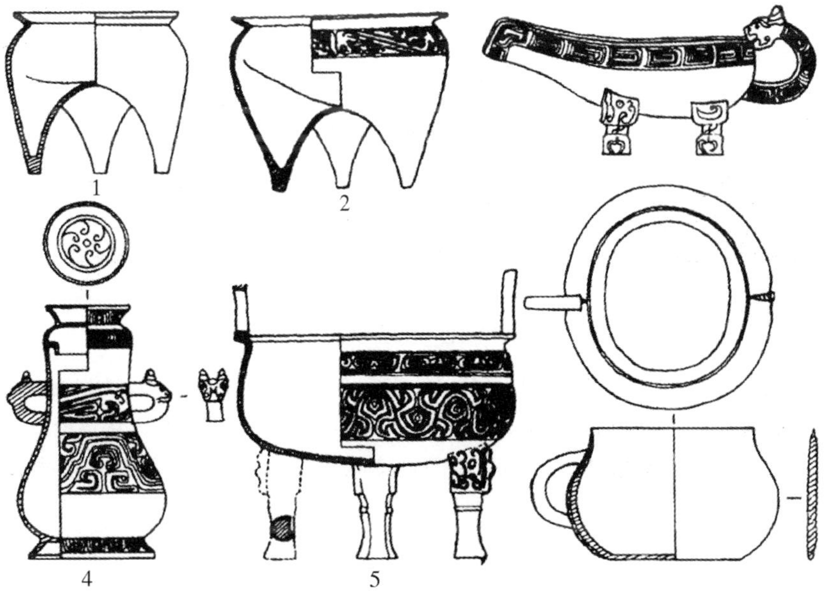

图二　莒文化西周铜器

1、2. 鬲　3. 匜　4. 壶　5. 鼎　6. 钘（1、3、4、6. 莒县大庄，2、5. 安丘贾孟）

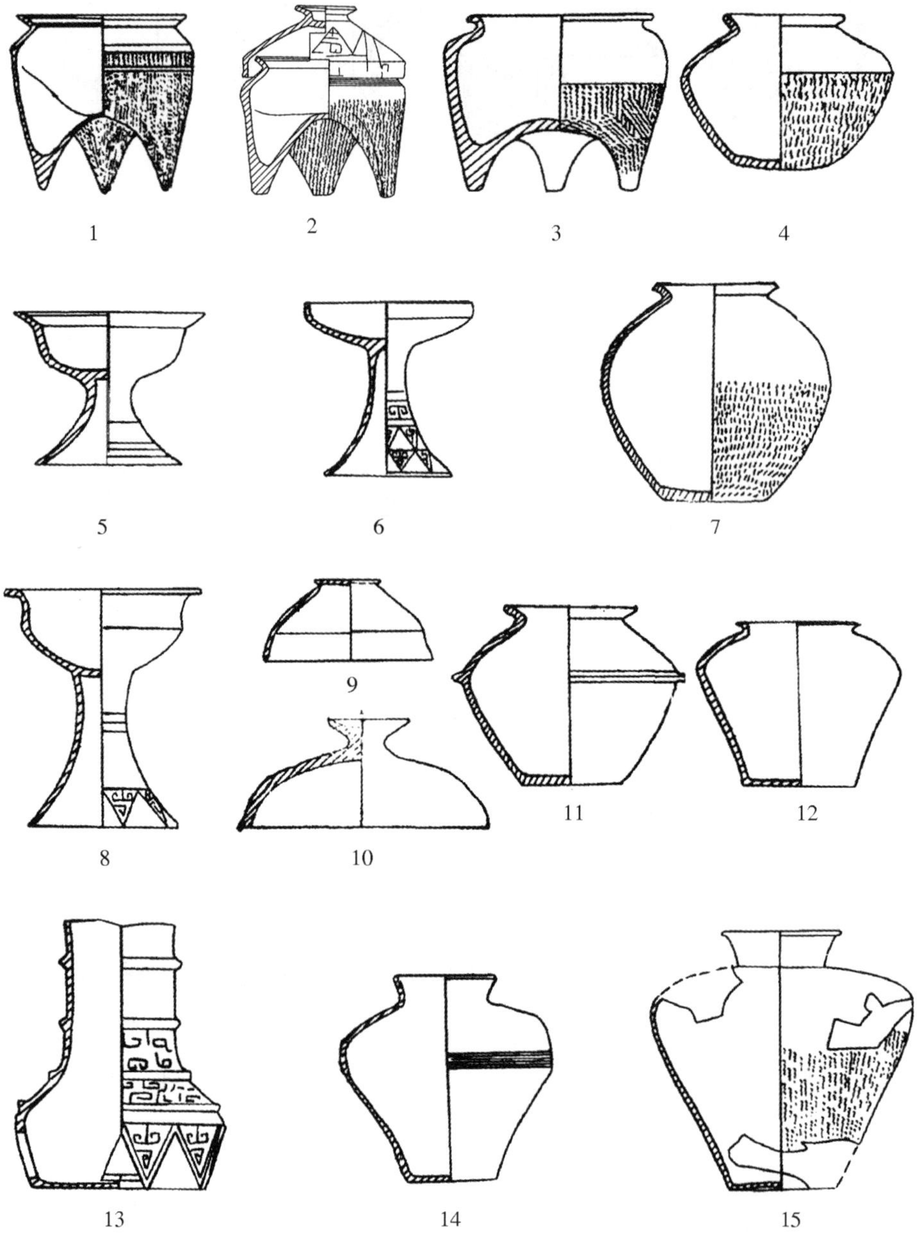

图三 莒文化春秋陶器

1、2、3. 鬲 4、7、11、12、14、15. 罐 5、8. 簋 6. 豆 9、10. 器盖 13. 投壶（1、5. 临沂中洽沟，2. 郯城大埠二村，3、12. 临沂凤凰岭，4、7、10、11. 沂水东河北村，6、8、13. 莒南大店，9、14、15. 沂南西岳庄）

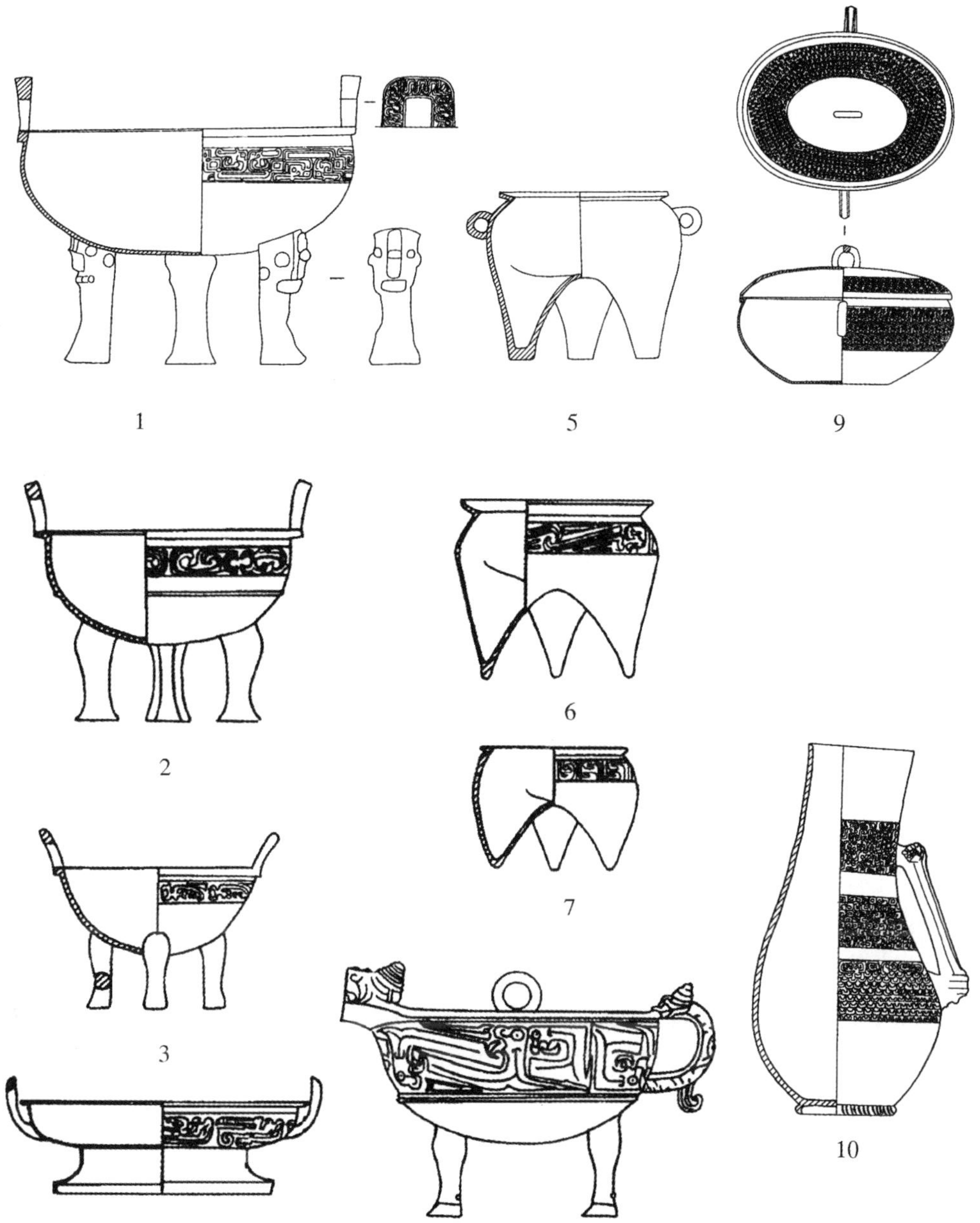

图四 莒文化春秋铜器

1、2、3. 鼎 4. 盘 5、6、7. 鬲 8. 牺鼎 9. 钘 10. 瓠壶（1、5、9、10. 郯城大埠二村，2、4、6、8. 临沂中洽沟，3、7. 沂水东河北村）

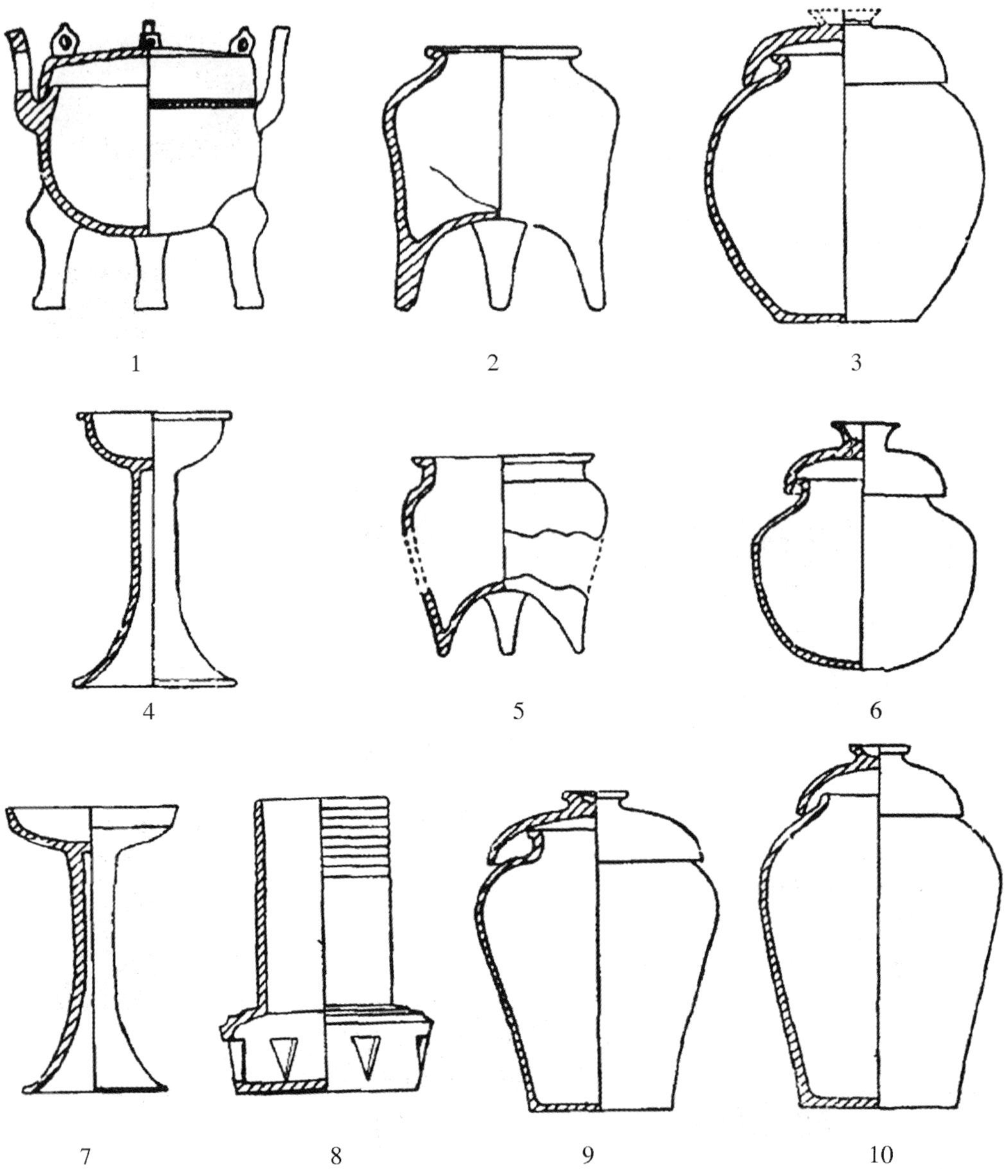

图五　莒文化战国陶器

1. 鼎　2、5. 鬲　3、6. 罍　4. 簋　7. 豆
8. 投壶　9、10. 高领罐（均为郯城二中出土）

7. 丰富的考古学文化及古国文化因素

莒文化在西周时期继承吸收了周文化而创造形成了自己的特点，春秋时期又吸收了齐文化、

鲁文化[①]、楚文化[②]、吴文化[③]、越文化[④]因素，莒文化区域内包括阳国[⑤]、鄅国[⑥]、郯国[⑦]、鄫国[⑧]等文化遗存，还包括齐国（莒县西大庄西周墓葬）、莱国（日照崮河崖西周墓葬）、陈国、黄国（沂水刘家店子春秋墓葬）、江国（沂水纪王崮春秋墓葬）铭文青铜器等，应为媵器、或为赗赙品、或为战利品与赠品。

四、莒文化的形成、发展与消亡

根据莒文化的时空关系、主要特征和文化因素等分析，我们发现与周边的齐文化、鲁文化、吴文化、越文化、楚文化等不同，莒文化具有多种文化因素融合的特点，这与其形成的多元性有关，而其消亡是被齐文化替代所致，区域内小国较多，又与周边众多古国关系密切。

1. 莒文化来源的多元性

（1）西周中晚期在鲁东南地区南部形成莒文化的特点——文化小传统出现

关于文化大传统、小传统的概念与理解引自美国人类学家罗伯特·芮德菲尔德在《农民社会与文化——人类学对文明的一种诠释》一书中的论述，国内学者也不断探索与引用[⑨]，联系考古学文化特点，我们赞同文化大传统代表贵族阶层文化、文化小传统代表平民大众阶层文化。考古发现证明，商王室对鲁东南地区进行了有效控制，对夷人征伐打击力度极大，东夷势力向南迁移，商代晚期夷人文化遗存极少[⑩]。沂南西岳庄西周早期周文化遗存的发掘，证明周王朝已经推进至沂河西岸，分封齐国同时经营莱国，基本控制了胶东半岛和鲁东南地区，而西周早期在鲁东南地区基本不见夷人文化遗存[⑪]，结合西周王朝对淮夷不断征伐的史实，说明夷人主要势力也已南迁。西周中晚期鲁东南地

---

① 刘延常：《莒文化探析》，《东南文化》2002 年第 7 期。

② 刘延常等：《山东地区楚文化遗存分析》，载《楚文化研究论集》第 7 集，岳麓书社 2007 年版。

③ 刘延常等：《山东地区吴文化遗存分析》，《东南文化》2010 年第 5 期。

④ 刘延常、徐倩倩：《山东地区越文化遗存分析》，载《东方考古》第 9 集，科学出版社 2012 年版。

⑤ 刘延常、高本同：《西岳庄大墓——解读一段东夷小国的历史》，《文物天地》2004 年第 6 期。

⑥ 山东省兖石铁路文物考古工作队：《临沂凤凰岭东周墓》，齐鲁书社 1987 年版。

⑦ 根据文献记载郯国在今山东省临沂市郯城县，郯国故城为第七批国保单位，先后经过四次解剖，时代应为战国晚期至汉代。郯城县大埠二村春秋早期偏晚阶段的大中型墓葬，从墓葬形制、结构、葬俗与随葬品分析，属莒文化范畴。《山东郯城县二中战国墓的清理》（《考古》1996 年第 3 期）中报道三座中小型墓葬，其中出土青铜器。我们认为郯国应在郯城县为中心的区域，期待更多的考古资料证实。

⑧ 笔者参考第七批国保单位鄫国故城、兰陵县博物馆 2012 年关于鄫国故城的考古调查资料和临沂市沂州考古研究所 2014 年鄫国故城考古勘探资料。2014 年 11 月笔者参加由清华大学、北京大学和湖北省博物馆在北京举办的曾国文化学术研讨会，介绍“山东地区鄫国文化遗存的发现与认识”。根据文献记载和鄫国故城、春秋晚期大墓及费县出土春秋早期曾子鼎等的发现，我们认为山东省兰陵县、费县与平邑一带应存在姒姓的鄫国，从鄫国故城大墓的形制结构与葬俗等分析，属莒文化范畴。

⑨ 徐良高：《中国三代时期的文化大传统与小传统——以神人像类文物所反映的长江流域早期宗教信仰传统为例》，《考古》2014 第 9 期。

⑩ 刘延常等：《鲁东南地区商代文化遗存调查与研究》，载《东方考古》第 11 集，科学出版社 2014 年版。

⑪ 据我们调查分析，鲁东南地区龙山文化晚期和岳石文化聚落数量急剧减少，而商代、西周早期珍珠门文化遗存依然很少。这对我们探讨族群迁徙以及军事力量与物质文化的对应关系提供了新的线索。

区南部陶器代表的莒文化特点，应是与苏北地区、皖北地区一般聚落接受周文化融合形成的淮夷文化的组成部分，是以陶器为代表的一般聚落的文化小传统，也是莒文化发展的基础要素。

（2）西周晚期贵族墓在周边出现——莒文化大传统形成

以出土典型莒文化青铜器鬲等为特征的贵族墓葬在西周晚期才出现在鲁东南地区，但是比较分散，其级别有大夫、士等。如鲁东南地区东北部的诸城市皇华镇杨家庄子、解留镇新九台村，位于北部的安丘市郚山镇贾孟村、柘山镇东古庙村，位于西北部的沂源县姑子坪，位于中部的莒县西大庄，位于西部的平邑县铜石镇锅泉林场，位于东南部的日照崮河崖等遗址。这些地点都出土了典型的莒文化青铜鬲，青铜器纹样也多窃曲纹等，同时陶器群随之丰富而扩大，证明莒文化区域性特点基本形成；但是从发掘墓葬规模和青铜器等分析，这些墓葬中青铜器种类、组合和其他青铜器的形态不尽相同。从代表文化大传统的青铜器来分析，这些分布在众多地点的贵族墓葬显然来自不同方向和国家。莒县西大庄墓葬的主人应该为大夫级别，有比较典型的周文化特点，其中的甗为齐侯作器，应是来自齐国的贵族；西北部的沂源姑子坪遗址自西周中期即比较丰富，西周晚期墓葬中出土的青铜器具有地方特点；东北部的诸城、东南部的日照（崮河崖出土莱伯鬲）出土的青铜器应来自莱国；西部的平邑县出土青铜器或与鲁国相关。

结合文献记载分析，西周晚期周边贵族向鲁东南地区迁徙应与当时历史背景有关，王室衰微而诸侯独立性增强，王室与诸侯矛盾上升，齐、纪、莱、鲁等国贵族内部亦不断分裂，而鲁东南地区比较空缺的政治军事空间为他们提供了机会。以贵族墓、青铜器等为代表的文化大传统在西周晚期陆续四面开花，带动了文化小传统在鲁东南地区的迅速发展，莒文化特征与时空关系基本形成。

（3）“大”莒国与诸多小国并存——松散的政体构成与联合

沂水刘家店子、莒县于家沟、莒南大店等春秋大墓出土数件莒国国君铭文青铜器，而文献记载这一地区在周代以莒国势力最强大，因此学术界将周代鲁东南地区具有相同文化特征的考古学文化称为莒文化。时代最早的属莒国的刘家店子墓葬，为春秋中期偏早时期。在此之前的莒国在哪里？西周早中期莒国青铜器也有传世品，如“莒小子簋”等，文献记载莒最初被封于计斤（在今胶州一带），后徙莒（今莒县县城一带），从考古发现和周边古文化古国形势分析，我们倾向于早期莒国在胶州湾一带。关于早期莒国的研究，还期待新的考古资料的发现。

目前发现的春秋莒国国君墓空间也比较分散，还发现了比较多的小诸侯国国君大墓，我们认为莒国国君墓葬的分散或存在相同规格但不属执政者，这也是莒国内部矛盾多、不凝聚而导致较早灭亡的原因之一。根据墓葬规模、结构、葬具、用器、殉人等，结合历史地理和文献记载分析，从属于莒文化的小国有春秋早期晚段的阳国、郯国，春秋晚期的鄅国、鄫国，还有《春秋》经传记载“莒人入向”的向国尚未被考古发现证明，证明莒文化区域内的政治军事形势允许诸多小国存在，换言之，国家间的关系比较松散。

2. 莒文化发展具有融合的特点

（1）遵循礼制的共性方面

莒文化区域内的诸侯国国君墓葬体现出遵循礼制的特点。如墓葬规模比较大，一般长度超过10米；使用多重棺椁（有的符合文献记载共使用五重），使用器物边箱，附设车马坑。用器制度中，首先陶器中夹砂灰陶绳纹鬲为主，绳纹罐、罍、豆数量较多，器物组合数量为7件套、符合诸侯国君等级；青铜器使用列鼎，配用镬鼎、饎鼎，使用甗，盛食器使用铺、敦、舟，盥洗器使用盘和匜，酒器使用瓠壶、罍、醽，车马器，兵器；随葬多套乐器，如青铜编甬钟、纽钟、鎛钟及编石磬。殉人比较普遍，与齐国贵族墓葬俗比较相近。

（2）融合礼制创新的特点

莒文化在遵循礼制的基础上创新，形成自己的特点。如棺椁使用多重，但是椁的重数多，棺多为一重；使用器物库放置随葬品，中小型墓葬边箱与椁室面积相同。陶器黑皮陶多，火候比较低，鼎、鬲搭配较多，鬲、簋（豆形）、豆、罐组合比较稳定，其中罐的类型较多（应与好酒且种类多有关，亦与随葬粮食种类多有关）。青铜列鼎与鬲搭配，少见或不见列簋，列鼎（升鼎）大小一致，有的则花纹不尽相同，包括饎鼎的种类也不尽相同，铺、敦较少，普遍使用舟。青铜乐器一般两套以上，使用錞于比较普遍（交战鸣金功能），投壶礼比较流行（大墓、小墓，青铜、陶质投壶都有出土）。春秋时期殉人较多，各大墓殉人数量不同。

（3）融合较多的周边古国文化因素

如上文所述，莒文化大传统贵族阶层自形成开始就来自不同方向与国家，春秋时期小国并存，从古国文化遗存因素分析有陈国、黄国、江国、吴国、越国等，众多贵族墓葬出土青铜器具有浓厚的楚系文化风格，还有相当部分青铜器为江淮地区风格，无论是媵器、赗赙还是赠品或许还有战利品与掠夺品，关系友好密切是其主流，我们认为与同源于史前、商西周时期的东夷迁徙及其与淮夷关系密切相关。文献记载莒国与齐国、鲁国、鄫国、向国等有姻亲关系，包括会盟、战争、人员往来等交流。

3. 莒文化的消亡

莒文化到战国早期消亡，存续时间不长，其消亡的内因是缺乏礼制约束、缺乏文化传承凝聚——导致了分散、分裂，不团结；外因是由于内因形成的内讧、脆弱，无法抵御外力入侵。

莒文化大墓体现出诸多小国并存，同时分布较散，其棺椁制度、器用制度、丧葬习俗等也表明礼制约束比较松散。沂水纪王崮春秋晚期大墓位于海拔500余米的山崮之上，说明战争的残酷性；沂水刘家店子、莒南县后杨官庄春秋大墓殉葬数十人，证明奴隶制依然发达，文献中有莒国好战而草菅人命的记载。春秋晚期晚段，莒国势力明显收缩至东南部，联系文献记载，应是受到齐国和鲁国的胁迫压力。

春秋晚期莒国内乱不断，齐国、吴国、越国北南挟削，鲁国在西部逼迫。根据目前报道的资料，以及鲁东南地区各县博物馆文物库房看到的标本，发现战国中期偏早至晚期明显是齐文化遗存了，如陶鼎、浅盘豆、盖豆、壶、盂等，莒文化的下限定在战国早期是比较准确的，如莒县杭头、五莲丹土、沂水东河北等墓葬为战国中期偏早阶段的齐文化遗存。除莒南县个别遗址见越文化因素外，其他县区比较少见楚文化、越文化遗存。

《史记》等文献记载莒国在战国早期为楚国所灭，《战国策》等记载莒国为齐国所灭，综合分析我们倾向于莒国为齐国所灭。自春秋晚期吴国北上争霸、越国灭吴国后北上争霸，而楚国在战国中晚期才进占鲁东南地区西南部。战国时期齐、魏马陵之战就发生在南部的郯城县，战国晚期乐毅率师伐齐最后的莒邑即春秋时期的莒国都城（今莒县县城一带），这里也是齐国对付越国、楚国、魏国等强国的重要南鄙。

五、莒文化解读的启示——一种文化发展模式的思考

通过分析莒文化特征、来源与形成、消亡及其与周边古文化、古国关系，我们发现莒文化与周边的齐文化、鲁文化、楚文化等完全不同，有自己的发展模式，具有边缘区域文化的特点、文化交界区的特点，体现出断裂与连续的发展特点、"学在四夷"的特点。这种文化发展模式，是华夏文化融合的途径之一，在解读中国历史发展规律的过程中具有一定的共性启示。

1. 边缘区域与文化交界区的特点

莒文化分布的鲁东南地区地处中国大陆最东缘，东临黄海、北部为东西向的沂山山脉，西部为南北向的蒙山山脉，是一个相对独立封闭的地理边缘区域。边缘区域由于地形地势和交通区位优势的缺陷与限制，经济发展相对缓慢与落后，导致文化发展与中心区域融合交流较少。

从目前考古发现看，鲁东南地区自新石器时代的后李文化、北辛文化、大汶口文化、龙山文化到岳石文化、商代、周代，文化遗存数量普遍比较少，其中出现两个发展高峰阶段，一是大汶口文化晚期至龙山文化中晚期，另一个就是莒文化，前一个高峰时期体现的是东夷族团与南蛮族团、华夏族团融合的历史，与苏北、皖北、豫东地区文化的融合互动，或成为淮夷文化渊源，或联系密切，或影响深远，以至于到春秋时期莒国与这里的诸多国家交好。

商王朝东扩进程中，鲁东南地区体现更多的是与夷人军事力量交战的拉锯战，商文化未能深入到沂河以东区域。在周代，莒文化区的北部是齐国不断扩张形成的齐文化区（地方文化——融合周文化的代表），西部是鲁国以继承与传播周文化为特征的鲁文化区（周文化为主），南部则为徐淮文化（淮夷文化——地方文化为主）。由于莒文化地处东部边缘区域，商王朝与周王朝的东扩征伐、东夷与淮夷势力的迁徙与演变，使得鲁东南地区的人文历史是起伏变化的，夷商、夷周文化在这一区域未能连续融合；周边又处在齐文化、鲁文化的包围圈内，属于文化交界区，莒文化既得不到与商文化、周文化的直接充分融合，而又受周边文化较多的影响。

2. 文化断裂与连续

鲁东南地区在商代与西周早中期，商文化、周文化、夷人文化遗存较少，区域文化基础相对空白，莒文化不可能在当地丰厚文化基础上融合产生，这是莒文化的断裂性特点。这种断裂性特点是莒文化形成的客观基础，于是莒文化小传统在局部地区悄然形成，在周边国家形势变化背景下，莒文化大传统逐渐形成。在大传统的带动下，莒文化迅速繁荣发展。

莒文化发展又体现出了连续性。文化小传统是文化形成发展的基础，以陶器为代表的莒文化小传统应属淮夷文化，而淮夷文化又是东夷文化迁徙发展形成的，其传统本身又是连续的。春秋时期莒文化区域的古国等普遍与楚系文化东北部国家、江淮地区的古国交流密切，这是莒文化的重要特点与组成部分，也是文化连续性的表现。莒文化消亡后，战国时期齐国的莒邑，秦代的莒，西汉时期的琅琊郡、东海郡的莒，均是鲁东南地区发展的重要区域中心，这体现出莒文化的传承与延续。

莒文化的断裂与连续是一对辩证发展的关系，相互促进，变异与发展，传承与延续，成为边缘区域和文化交界区文化发展模式的典型案例之一。

六、结语

莒文化的分布空间相对稳定，形成的过程多源，消亡比较快，文化特征突出，文化因素复杂，既受周文化礼制的影响，更多地融合其他地方文化，形成了自己的地方特点，与淮夷文化关系密切。莒文化是中原文化与东夷文化最后融合阶段形成的，对齐文化、鲁文化的形成产生一定的影响，是齐鲁地域文化的重要组成部分，对研究齐鲁文化的形成具有重要意义。

解读莒文化是解剖区域文化演变进程的极好案例，其发展模式应代表了周代“四夷”地区的共性——具有边缘区域和文化交界区文化融合的特点，对探讨华夏文化的形成过程和解读中华优秀传统文化具有很好的启发意义。实际上，诸多学者已经强调“非中心地”的研究，从边缘地区把握历史。在社会体系的边缘存在着明显的、活跃的社会变异的潜力，“变异”正是边缘地带最具特长的历史贡献[①]。纵观中国社会发展的不同历史发展阶段，均存在众多地域性文化，或大或小，或长或短，但都以不同的融合与传承方式成为统一的中国多民族国家历史文化的一部分。

讲清楚莒文化的渊源、历史地位和文化传承，任重而道远，对深入研究齐鲁地域文化、对弘扬中华传统文化具有重要意义。敬请专家与学者多加关注、共同研究。

（原文载《李下蹊华——庆祝李伯谦先生八十华诞论文集》，科学出版社 2017 年版）

---

① 唐晓峰：《“边缘”的价值》，《环球人文地理》2015 年第 7 期。

田野考古二则

孙　波

（山东省文物考古研究院）

在田野工作中，常常会遇到一些看似很平常的迹象，唯其平常，故若不加注意，就会被忽略过去。往往事后想来，才发现这些看似平常的迹象中大有玄机，隐藏着解决问题的关键线索，但是由于我们的忽略，已经无可补救，成为永久遗憾。在研究中也会遇到类似情况，尤其是对一些重要而特殊发现的解读，我们的眼光总是完全笼罩在这些发现之下，不及其余，甚至是这些发现的某项耀眼的特征一点就能牵着大家的鼻子径直走下去，而对其他相关方面则熟视无睹。

下面就以笔者遇到的两处遗址为例，就其中有关问题进行讨论，以申明之。

一、定陶论墓

定陶灵圣湖汉墓的发掘[①]引起了学界高度关注，其中的黄肠题凑木构椁室被誉为目前汉代王陵中等级最高、形制最复杂者，是研究汉代礼制的重要发现。由于是罕见出土遗物，可资讨论的材料不足，迄今关于该墓的研究报道少之又少。但是私下里学者们对该墓的兴趣持续不衰，除了宏大的规模和复杂的结构外，其中最能引起大家疑惑的一个现象是墓内没有任何随葬品发现。

对此，许多人都感到不可思议，大家最初的反应都是墓葬被盗了。但空空如也的墓室，甚至连一般常见的碎陶片也不见一块，被盗得如此干净，这也与我们通常的田野经验太不相符了。就此问题，学界有不同的解释。通常认为是早期被盗，故被盗得干净。发掘者比对文献，认为此墓是迁葬墓。还有学者推测墓中随葬品没有被盗，仍然藏于还没发现的器物坑内，现今空旷的椁室应是当初设计的防盗措施。笔者有幸在发掘过程中及发掘后多次赴现场考察，发现墓中没有随葬品只是此墓最明显的表象，也最容易引起大家的困惑和好奇。其实现场还有一些奇怪的特殊迹象，由于表面上

---

① 本文关于该墓的相关叙述均参见山东省文物考古研究所等：《山东定陶县灵圣湖汉墓》，《考古》2012年第7期。郑同修、崔圣宽等：《山东定陶大型汉墓发掘》，《中国文物报》2011年9月16日。以下不再标注。

似乎与墓葬没有直接关联，没能引起足够关注，而解开此墓种种谜团的钥匙很可能就隐没于这些不起眼的迹象中。

欲申其说，先述墓葬的大概。

该墓位于菏泽定陶马集镇大李家村西北，早前地面可见三座封土堌堆，该墓为其中之一，编号M2，也是其中规模最大者，于2010年进行了抢救性发掘。至于这座墓的结构，发掘简报进行了详细报道，此不赘述，这里仅择其要但作强调：

此墓建筑复杂，为地上墓室结构。封土规模大，残存直径在100米左右，结构特殊，分为两部分：墓室封土和墓顶封土。墓顶封土是位于墓室正上方的分阶式方形台基，台基外围包裹着丘状的坟堆。方形台基为版筑，逐级内收，三层，夯层水平状，质量较好；坟堆为堆筑，夯层由内向四周倾斜，质量较差。墓室封土实际上缘于其地上墓室的结构，用黄土夯筑而成，只在墓室底部向下挖了约1米。也就是说，只有墓室的底部坐落在浅坑之中，整个墓葬的绝大部分是在当时地面之上构筑的。

墓圹顶部积沙层上和墓室周围分布着成排柱洞，前者由于扰乱，分布规律不清楚；后者呈方形围绕墓室一周，与墓道内两侧柱洞相对成排。椁室周围积沙槽内栽有一周木桩。发掘者考虑这些设施可能与构建椁室的临时建筑有关，但从其规整的结构分析，也不排除陵墓建造过程中存在一些礼仪性的活动程序。

木构椁室属于黄肠题凑，但结构为目前发现最为复杂者，其尺寸也严合于汉制。椁室近正方形，边长22.48米和22.64米，约合汉制10丈。椁室由青砖封顶，中部起台，13米见方，约合汉制6丈。青砖之下即为黄肠题凑椁室，顶部由五层枋木封盖，其下是复杂的椁室结构，共计23室4门，东门为正门，正对墓道，余者仅做出门的样子，没有开通。椁室平面呈三重回字形，整体结构严格对称，乍看好似博局纹镜的构图，但构造要复杂得多：主室处于中央（即发掘简报所谓中室），可算作第一重；主室外围两周藏室，其间隔着一周回廊。

由这些特征来看，这座墓葬确实是目前同类型汉墓中结构最为复杂特殊的一座，很可能代表了汉代王陵顶级制度，仅次于帝陵，也是我们目前所能看到的黄肠题凑这种陵制的最完备形态。这是一座特别讲“礼”的墓，其构筑不仅花费了巨量财物，也肯定费了不少心思。这些都值得我们进行更深入的研究。然而正如前面提到的，这座墓葬在发掘过程中除了墓内空无一物之外，还遇到了一些容易令人忽视的迹象，尤其是这些迹象于普通表象下隐藏着颇多不合常规之处，极为特殊，发人深省，值得我们追索下去，也值得我们从另一个角度去检讨我们的田野工作。

特殊迹象之一是该墓东南西北四个方向正中各发现一条（北面两条）大沟，打破封土，除东面大沟沿着墓道挖到墓门之外，余者悉未到墓室。这些大沟内曾出土一些筒瓦、瓷器等遗物，当是其时墓顶庙宇的废弃物。据此发掘者将之定为宋元时期，与墓葬无关。

特殊迹象之二是墓葬上发现的都是现代盗洞，没有古代盗洞。这也是个奇怪现象。虽说该墓采取了多项防盗措施，封土之下有防盗积沙，尤其是椁室上部厚达5层的大型枋木坚固无比，现代盗墓者是用电锯破开的，如果没有电锯，仅靠刀削斧斫，在古代要想穿过它难度极大，但也不至于没有盗掘的尝试。或曰，此墓古代确实遭盗，但不是以盗洞的形式，而是以大沟挖开的方式。这就涉及该墓第三个特殊迹象。

特殊迹象之三即我们在前面提到的正东的那条大沟，规模巨大，几与墓道相爵，形制与墓道几乎完全一致，基本上就是将墓道重新挖开，连墓道的二层台都原原本本地清理并恢复出来。这条大沟掘开积沙槽后直通墓门，将封门砖拆下砌墙挡住两侧积沙槽，然后又重封墓门。需要交代的是，阻挡积沙槽的砖墙砌得非常规矩，整整齐齐，直叫有的专家误认为是甬道两侧的耳室，但重封的墓门却歪歪斜斜，草草了事。

实际上最该引起重视的特殊迹象还是这座大墓作为地上墓室的结构，此为我们后面种种研判的根本前提之一。

综上，我们判断这座墓葬现在空无一物并不是被盗掘的结果。原因有二：

首先，这么大的墓葬，随葬品极多，普通盗墓者除非在盗墓后进行打扫，否则根本不会清理得这么干净。而此墓没有发现古代盗洞，进入椁室的均为现代盗洞，此时椁室地表已经淤积了一层泥沙，并有近2米深的积水，况且经过了两千年的风化，一些遗物包括陶、漆木器等必有破碎者。在此环境下，盗墓者不可能将所有遗物都清理干净。

其次，如果封土上的那几条大沟与盗墓有关的话，显非一般盗墓者所为，应该属于有组织的大规模行动。这类盗墓历史上也不鲜见，历代军阀、地方豪强屡有武装盗掘者。不过矛盾的是，这几条大沟只有东面挖开墓道的那条打开了墓门，余者悉未到墓室辄停下了。为什么？如果为盗墓而来，为何没有找到墓室就不干了呢？这不像有组织的盗墓行为。再说挖开墓道的那条沟，几乎完全恢复了墓道的原貌，就是墓道的二层台结构也给清理出来，并拆下封门砖，砌上整齐的墙封住墓门两侧的积沙槽。纵然是有组织的盗墓，也不该这么从容，同时也没这个必要。

所以，此墓空无一物并不是遭盗的缘故，我们判断应该是迁葬的结果。这一点，发掘者亦有同感，至于被迁之人，当为丁姬无疑，发掘简报对此已进行详细考证，别家也有类似认识，此处不再重复。然发掘简报的考证之词多据文献进行，并没有对于本文前述所揭诸种特殊迹象给予足够重视，对于迁葬所留下来的迹象也没有交代。所以关于迁葬的解释仍存疑问——当初迁葬得重新挖开墓室，但检索发掘简报，其中并没有发现这样的说明。不是发掘者没有考虑到，而是根据一般经验，发掘现场确实没有可以认定为迁墓的迹象。那迁墓说何来呢？其实奥秘就在前述这些被忽视的特殊迹象中。现试作分析，算是对迁葬说的一点补充。

所谓迁葬，应该挖开墓道、打开墓门来进行。我们认为该墓的特殊迹象之一，即从东南西北四面打破封土的大沟，应该就是当初迁葬时寻找墓道所为。南北西三面没有发现墓道，所以大沟没有挖到墓室就放弃了，只有东面大沟找到了墓道，所以一直挖到墓门，基本恢复了墓道的原貌，并将封门砖拆下来整齐地码砌成墙，封堵两侧积沙槽。之所以如此大费周章，正是为了能够恢复当初下葬时的墓道原样，开辟足够空间，为迁葬装点出应有的场面。因为迁葬是需要举行仪式的，应该有大批仪仗，照理还要经过一定的礼仪程序。这都需要恢复当初下葬时的墓道原貌来进行，如为武装盗墓，则无需如此。

但是按照简报所言，这几条沟中发现了宋元时期的瓷器，时代与丁姬迁葬的王莽时期对不上。该怎样解释这个现象呢？我们认为这还要从本文前面特别强调的一点来说。前面讲过，这座墓之所以特殊，是因为其地上墓室的结构除墓室底部位于当时地表以下外，包括墓道等绝大部分都处于汉代地面以上。我们现在看到此墓埋于地下，是因为宋金时期黄河改道将鲁西地区普遍淤了十余米的缘故。饶是如此，该墓封土顶部仍然要高出现在地表不少，只是近些年整地中将之大部推平，只留下一点残丘。所以在当时来说，整个墓葬基本上是高耸于地面之上的，其中墓道也要高出地面不少，如果没有人为干预，仅靠自然冲淤，这么大体量的墓道一旦被挖开是很难填平的。很可能直到宋元时期墓顶修建了寺庙以后这些大沟仍没有被完全填平，还存在一定深度，故有晚期遗物埋入。北魏时期郦道元在《水经注・济水》条中对丁姬陵有过生动描述，其中有“世尚谓之丁昭仪墓，又谓之长隧陵”，看来是转引当地对丁姬陵的俗称。“长隧”者何？其实就是挖开陵墓封土寻找墓道的那几条大沟。如此看来，丁姬墓被挖开后没有随即填平应该是可信的。

基于上述判断，这些大沟应该历经很长时间才得以填满。从地层学上讲，其中不同时期的堆积应该是分层的，堆积的阶段性在剖面上应有清晰的表现。可惜，发掘简报中没有相关内容的表述。不过据领队崔圣宽回忆，那些宋元时期遗物都是沟内上部堆积中出土的，下部没有发现晚期遗物。此点正符合我们的推测。

然有一点需做说明，《汉书・外戚传》记载丁姬迁出过程中，墓室曾经火焚，“烧燔椁中器物”，而且墓葬也被削平。而此墓的发掘过程中并没有发现这样的迹象，文献与考古发现相悖的矛盾该如何解释？

其实古代文献只是当时史官记述的历史文本，经过了人为的加工改造，并不代表历史本身。因此对于文献的引用，不能不加以甄别。这是现代史学的通则，用在此处也可带给我们同样的启发。王莽认为丁姬墓僭越礼制，于是下令迁葬，可以想到，他会派专人监督。问题是定陶是丁姬老家，作为著名的外戚，其家族势力肯定很庞大，具有无比荣耀和骄傲象征的丁姬墓，其族人恐怕不会任由随便被毁迁走了事。虽然朝廷的命令不可违背，但经过一定仪式，庄重地迁葬以挽回家族颜面和声誉应该没有问题。可以想象，作为王莽派来的监督，只要督办丁姬迁墓就算完成使命，不会冒险硬行烧墓毁墓。但当他回朝报告工作时，为了表功也许会添油加醋地表白一番，说焚毁丁姬墓毫不奇怪。当时的史官不会亲临现场，就只能按他人口述记录，于是丁姬墓被焚就成了正史上的载录。其实，郦道元考察济水时曾见过丁姬墓，当时就判断“丁姬坟墓，事与书违，不甚过毁，未必一如史说也”。对文献的理解，郦道元与笔者早有同感。

以上对定陶灵圣湖汉墓的相关研判，虽不敢说正确无误，但这样至少能合理地解释墓葬发掘过程中一些奇怪的特殊迹象。或许，这样的解释距离真相更近一些。

二、陈庄说城

陈庄遗址位于鲁北中部淄博市高青县南境，东邻齐国故都临淄，南面是发现了很多重要商周遗址的桓台县，曾为济水河道的小清河在桓台和高青两县之间穿过，陈庄遗址就位于河畔北侧。据发掘简报介绍，陈庄遗址约有9万平方米，中部高四周低，是一处堌堆遗址。西周城址位于遗址中部，平面呈正方形，城内边长约180米，面积约3万平方米①，如果算上城墙城壕，应该接近5万平方米，占据了遗址的主体部分。陈庄西周城不仅发现了城墙、城壕，还发现了同时期的宫殿建筑基址、大型房址、祭坛等。同时与此不遑多让的是还发现一批重要的西周墓葬，出土了丰富的铜器，其中数件带有铭文，牵扯到早期齐国的一些关键问题，堪称齐国考古史上的重大收获。

关于这次考古发现的讨论堪称热烈，众多专家虽因视角不同而说法各异，但目的基本都是围绕陈庄西周城的性质而展开。本文宗旨并非执意于孰是孰非，主要是想从各家的论证方法着手，以考古学的立场做一个基本的衡量。既然“说城”，即为申明城址的性质。参考发掘简报，先交代几个有关问题，以作为后续讨论的前提：

1. 由发掘资料来看，陈庄遗址文化堆积包括西周、东周和少量唐宋金时期遗存，没有发现与后文讨论将要涉及的晚商时期遗存。

2. 地层关系证明，陈庄城址建于西周早期阶段，至中期废弃。城墙现存高约1.28米，基本保持着当初的高度，城壕（WG3）底部距当时地面也只有不到3米，并没有形成通常所谓的高墙深壕。同时除局部外，城墙几乎不见修补痕迹，城壕也没有清淤迹象。可见城墙使用过程中几乎没有经过维护，时间应该很短，似乎是应付某种局势的临时之举。

3. 从聚落性质来看，陈庄遗址在西周早期阶段属于城，西周中晚期阶段很可能废弃（城墙、城壕没有得到维护），春秋时期在城址外围挖了围沟，形成环壕聚落，到战国时期再度开挖壕沟。这表明聚落的性质随时代不同虽有改变，但其防卫功能始终得到了反复强调。

4. 与城墙同时期的遗迹包括：台基式建筑基址、大型建筑、祭坛等，等级甚高，而又组合成一

① 山东省文物考古研究所：《高青县陈庄西周遗存发掘简报》，载《海岱考古》第四辑，科学出版社2011年版。

个统一的有机整体，其兴其废皆同始同终。该城只有一个南城门，祭坛在城中部，与城门相对略偏东。已知台基式建筑基址位于城内偏东北处，其中一处残留有结构复杂的大型建筑。

5. 墓葬，特别是出土铜器的那批重要墓葬，约在城址废弃阶段或略晚时开始埋入，延续至西周晚期，其中有的墓葬还打破与城墙同时的建筑台基和祭坛。重要的是，与这批墓葬同时期遗迹中没有发现诸如宫殿基址、祭坛、城墙等现象。假使难以完全排除城墙在整个西周时期仍在使用的可能，也可以看出，随着大型建筑、祭坛的废弃，城的规格降低了，性质很可能亦随之改变。

对于陈庄周代遗址的性质，各家从不同角度进行了论证，形成了多种认识，概括起来有营丘说①、薄姑说②、封邑说③、军事城堡说④等。其中封邑说中又有明指为豐（今简化为“丰”）地者，即以豐为氏，不是人名⑤。军事城堡说中也有注意到遗址前后性质的改变，指出陈庄城最初可能是周公东征途中的军事据点，后来作为齐太公后人的封邑⑥。上述诸说，表面上看起来比较纷杂，各家观点不同，切入问题的角度亦各异。姑先不究其对错，如果寻绎其立论的途径，归纳其所据的资料，单就其研究方法而论，这些不同观点其实可概括为两类：一类主要依据墓葬资料，尤其是墓中所出金文资料立说；另一类主要依据的是田野考古的地层资料，特别关注到城址的形制、始建与废弃。这两类学说，前者重在考释，包括营丘、薄姑、豐地诸说，专从古文字和古文献入手，与历史地理形成密不可分的关系，但所出歧义最多。特别是对铭文的释读和解释，出入很大，相同的问题，大家所据非一，结论自然各异；后者重在解释，由考古途径入手，尤重对考古现象的解读，对于墓葬和前一类得到普遍重视的铜器铭文只是作为辅证，观点歧义较少，集中在军事城堡说上面。

检核这两类观点，批评的依据还是我们本节文章开头所强调的作为讨论前提的几个问题。统揽这几个问题，第一类观点的局限就不辩自明了。如前所述，第一类观点立论的依据都是这批墓葬，特别是出有铭文的 M18、M35 等，而其讨论的目的并不是这批墓葬，是陈庄城址。那么问题自然就出来了，能否以这批墓葬论定陈庄城址的性质呢？我们在前文强调过，这批墓葬与陈庄城址并不同时，地层上晚于城址，从考古学上讲应是城墙废弃后才开始作为墓地的，与

---

① 王恩田：《高青陈庄遗址与齐都营丘》，《管子学刊》2010 年第 3 期；《申簋考释——兼说高青陈庄齐国公室墓地的年代与墓主》，载《海岱考古》第四辑，科学出版社 2011 年版。刘海宇、武健《“引簋”释文及相关问题初探》虽未明说，蕴意亦合（亦见《海岱考古》第四辑）。

② 李学勤：《论高青陈庄器铭“文祖甲齐公”》，《东岳论丛》2010 年第 10 期。王树明：《谈高青县陈庄城址的考古发现及其相关问题》，载《海岱考古》第四辑，科学出版社 2011 年版。

③ 张学海：《陈庄西周城管窥》，载《海岱考古》第四辑，科学出版社 2011 年版。李零：《读陈庄遗址出土的青铜器铭文》，载《海岱考古》第四辑，科学出版社 2011 年版。方辉：《对西周陈庄遗址的几点认识》，《中国文物报》2010 年 3 月 5 日；《高青陈庄铜器铭文与城址性质考》，《管子学刊》2010 年第 3 期。孙敬明：《陈庄考古发现比较摭谈》，《管子学刊》2010 年第 3 期。

④ 郑同修：《高青陈庄遗址发掘的主要收获及相关问题》，载《海岱考古》第四辑，科学出版社 2011 年版。魏成敏：《陈庄西周城与齐国早期都城》，《管子学刊》2010 年第 3 期。靳桂云、郑同修等：《西周王朝早期的东方军事重镇：山东高青陈庄遗址的古植物证据》，《科学通报》2011 年第 35 期。

⑤ 前引李零、方辉、孙敬明诸文。

⑥ 前引魏成敏文。

城址并没有直接关系。这批墓葬对于探索陈庄西周城的性质当然具有重要意义[①]，但据之讨论与之并没有直接关系的城址，虽不能说风马牛不相及，但也不能没有经过必要的逻辑过程就直接将它们联系到一起。

还有一条，薄姑、豐邑（地）、营丘诸说有一个立论前提，周初无论是周公东征还是太公就齐，之前这几个地方已经存在，薄姑和豐氏为当时著名殷商旧族。至于营丘曾居何族，虽史载无文，想来也不会是蛮荒之所，否则也不会有与莱夷之争了。既为殷商旧族之地，当存西周以前晚商时期文化堆积，考虑到薄姑与豐的势力，这些堆积中还应该包括具有比较高规格的遗迹现象，比如城墙、宫殿基址、大型墓葬等。很遗憾，在陈庄遗址大规模的发掘中，别说在考古发现中并没有这些现象，就连当时的一般遗存也没有发现。总之一句话，就是没有这个阶段的遗存发现。仅此一点就与薄姑、豐邑、营丘的条件不合。况且营丘还有近二百年被作为国都的历史，以陈庄城的规模、形制、历史来看，哪一点都与齐国都的地位不相般配。此点已有专家驳之甚明，无需重复。

综上两点，看来陈庄城作为薄姑、豐地、营丘已难存可能了，相反，将之视作一个军事城堡则更合理。这一点，相关专家已有很好的申辩，但在此要强调一点，就是其西周早期甚至可到周初的时间节点和地理上濒临小清河的意义。因为这一点刚好可与周公东征或太公就齐时鲁北地区的社会政治形势有关。近年我们围绕桐林遗址进行考古调查时有一个新的发现，就是龙山文化以后鲁北地区整个文化态势发生改变，聚落普遍向北迁移，一直持续到周代，整个地区社会的重心才重新回归泰沂山地北部山前地带（如今济青一线）[②]。岳石文化、商代阶段，当时的社会重心很可能已经北移到如今小清河下游一带，所以历来史家考证薄姑、北戎、豐等殷商旧族地望皆在今小清河南岸的桓台与博兴附近。周公在鲁北地区的东征可能就是顺小清河（古济水）而下进行的。先灭豐，再灭薄姑，同时或之后在附近修筑一座临时性军事城堡以行镇抚。退一步来讲，即使这座城址不是周公东征所为，也应是太公就齐时出于同样目的而采取的军事政治措施。

不过，就祭坛、宫殿式建筑基址、大型房址来看，这座城显非一般规格，其组合更是在礼仪上凸显了等级之高。特别是祭坛，如此形制者为全国所仅见，后来虽然有重要墓葬的发现，相应的迹象却再也达不到当初的等级了。所以现在看来，这座军事城堡规模虽小，但规制相当高，周初东方戡乱甫定，应该说也只有代表周王的周公[③]才能构筑这样的军事据点。

---

① 参见《海岱考古》第四辑有关专家论文。

② 山东省文物考古研究所、北京大学考古文博学院：《临淄桐林遗址聚落形态研究考古报告》，载《海岱考古》第五辑，科学出版社2012年版。

③ 一说周公在东征期间（七年）是称王的。见杜正胜：《周代城邦》之附录《尚书中的周公——兼从周初史实看周公称王之辩》，台湾联经出版事业股份有限公司2011年版。

三、余语

以上两则事例，前者告诉我们虽然经验很重要，特别是田野考古就是一项经验性很强的工作，但经验多了往往形成程式化的套路，并深烙于我们的习惯中，削弱了我们的学术敏感性，使我们容易忽略一些表面上不易理解的关键细节。比如对定陶灵圣湖汉墓墓顶大沟的发掘就是这样。因此要警惕在工作中逐渐培养起来的这种惯性，认真对待每一次工作机会，提炼不同的经验，因为并不存在两项完全一样的田野发掘，就是面对同样性质的对象，其发掘过程都具有不一样的特点。同时，田野工作中的记录要随时跟进，这样即使现场工作中有一些疏忽，事后还能有补救的余地。

关于后者，论者目的不在于衡量具体学术观点的确误，而是想通过梳理他们的工作或研究路径来说明考古学研究的一个原则：要重视考古资料的出处及环境，只有了解了考古材料发生和形成的过程，才能真正理解它们。考古工作是一项系统工程，有其整体性的一面，各类现象之间存在有机联系，不能将之分割开来孤立地看待问题。否则，容易一叶障目，不及其余。

山东胶州赵家庄遗址4000年前稻田的植硅体证据

靳桂云[1]　燕生东[2]　宇田津彻郎[3]　兰玉富[4]　王春燕[4]　佟佩华[4]

（1. 山东大学东方考古研究中心　2. 北京大学考古文博学院

3. 日本宫崎大学农学部　4. 山东省文物考古研究院）

随着考古学的深入发展，全面收集和分析考古遗址中的各种信息，综合研究古代社会，已经成为考古学研究的新方向和关注焦点①。其中，采用多学科方法研究古代人类经济活动，已经成为新时期考古学研究的重要内容②。山东地区史前时代考古学文化是中国古代文明的重要组成部分③，系统研究该地区的古代文化，特别是农业经济在文明化进程中的地位，已经成为考古学研究的重点。考古资料显示，龙山文化时期，稻米已是山东地区居民的主要粮食之一④，因为相关研究者已经在多处遗址发现了稻的遗存，包括浮选出的炭化稻米和土壤中提取的稻的植硅体。然而，单凭这些发现，并不能完全证明水稻是当地种植的，更无法知道稻田结构、种植方式等方面的信息，要确认稻作农业的存在并探讨其发展历史，寻找并确认新石器时代的稻田是关键。

关于东亚地区水稻传播路线的研究，一直是国际农史学界关注的重大科学问题⑤。目前关于稻作农业从中国大陆向日本传播的路线，有以下3种观点⑥。“华南说”主张从中国福建、台湾通过琉球群岛传播到日本九州，目前没有考古发现支持这个假说。“华中说”认为，稻作农业技术是从长江口太湖流域渡海到九州（或先到南部朝鲜再到九州），其中部分学者认为，因为山东、河北等中国北方地区和朝鲜半岛都不是古代稻作农业的中心，所以不具备传播稻作农业技术的条件⑦。但是，目前在

① 严文明：《环境考古研究的展望》，载《走向21世纪的考古学》，三秦出版社1997年版。
② 全国社科规划考古学科调查组：《中国考古学学科发展调研报告》，《华夏考古》2001年第3期。
③ 严文明：《东亚文明的黎明——中国文明起源的探索》，载《农业发生与文明起源》，科学出版社2000年版。
④ 靳桂云、栾丰实：《海岱地区龙山时代稻作农业研究的进展与问题》，《农业考古》2006年第1期。
⑤ 陈文华：《中国稻作起源的几个问题》，《农业考古》1989年第2期。
⑥ ［日］樋口隆康著，蔡凤书译：《日本人从何处而来》，山东大学出版社1996年版。
⑦ 安志敏：《长江下游史前文化对海东的影响》，《考古》1984年第5期。

长江流域发现的新石器时代水田，年代最晚的也是马家浜文化时期（公元前4000多年以前）[①]，这些水田不仅在技术方面与日本发现的年代最早的水田之间找不到联系，时间上也相隔甚远，因为目前在日本九州发现的年代最早的水田为公元前600年前后，所以，目前的考古发现不支持这个假说。“华北说”有两种不同观点：一种观点认为传播路线是陆路（河北、辽宁）或海路（山东）经朝鲜半岛传入日本，其中有学者认为最有可能的是长江下游→山东半岛→辽东半岛→朝鲜半岛→日本九州再到本州这样的路线，以陆路为主，兼有短程海路的弧形路线[②]；另一种观点认为，朝鲜半岛开始于公元前1500年以后的稻作农耕，是从山东半岛直接传播过来的，继而发展为日本列岛弥生时代稻作农业文化的基础[③]。要证明“华北说”的两种观点，关键问题之一都是要在山东东部地区寻找早期的稻田。

随着植物考古研究方法在中国的普遍开展，采用植硅体分析方法确认古代遗址中的稻田遗迹[④]，已经成为一种比较成熟的农业考古研究方法[⑤]。本文将报告对山东胶州赵家庄遗址龙山文化时期稻田遗迹的确认结果，这是中国北方地区首次发现和采用植硅体分析方法系统确认古代稻田，在中国古代稻作农业和东亚稻作农业传播路线研究中将具有重要意义。

一、赵家庄遗址概况

赵家庄遗址位于胶州里岔韩家庄（36°03′01.47″N，119°47′16.31″E，海拔88m）南的一级阶地上，遗址的东、南、西三面都是准平原，北面是平原（图一）。

胶河支流黄水河曾经从遗址西南流过（20世纪60年代修建黄水河水库，把黄水河河水截断），现在所见到的遗址西边缘是河流切割高度大约6m的断崖（图二）。初步勘探发现遗址面积约10万平方米，龙山文化遗存所占面积2万多平方米。

2005年5—8月，为配合高速公路工程建设，山东省文物考古研究所与青岛市文物局、胶州市文化局联合，对赵家庄遗址发掘了3000多平方米。发现了大汶口文化、龙山文化和东周时期的聚落遗存[⑥]。龙山文化的遗迹有房址、木构架水井、窖穴、灰坑、墓葬，出土大量陶器、石器等，根据陶器

---

① 赵晓波：《河姆渡遗址农业形态的探讨》，《农业考古》2002年第1期。江苏农业科学院粮食作物研究所：《江苏梅埝龙南遗址古稻作的调查》，《农业考古》1992年第1期。谷建祥等：《对草鞋山遗址马家浜文化时期稻作农业的初步认识》，《东南文化》1998年第3期。丁金龙：《长江下游新石器时代水稻田与稻作农业的起源》，《东南文化》2004年第2期。湖南省文物考古研究所：《澧县城头山古城址1997—1998年度发掘简报》，《文物》1999年第6期。

② 严文明：《再论中国稻作农业的起源》，《农业考古》1989年第2期。

③ ［日］宫本一夫：《东北亚地区农耕的形成与扩散》，载《东方考古》第1集，科学出版社2004年版。

④ 靳桂云：《日本的水田考古研究》，《中国文物报》2006年1月27日。

⑤ ［日］宇田津彻郎、汤陵华、王才林等：《中国的水田遗构探查》，《农业考古》1998年第1期。

⑥ 燕生东、兰玉富等：《山东胶州赵家庄先秦聚落考古获重要收获》，《中国文物报》2006年4月28日。

特征判断其时代属于龙山文化1—3期（公元前2600—前2300年）①。通过对灰坑、窖穴等遗迹中的土样和出土遗物的系统植物考古研究，发现了丰富的粮食作物遗存，如水稻和粟类的炭化遗存和植硅体，水稻和粟类可能是该聚落的主要粮食作物（双孔石刀表面附着水稻等农作物叶部植硅体，说明双孔石刀是用于水稻等农作物收割的，这是存在农业活动的一个重要证据）。

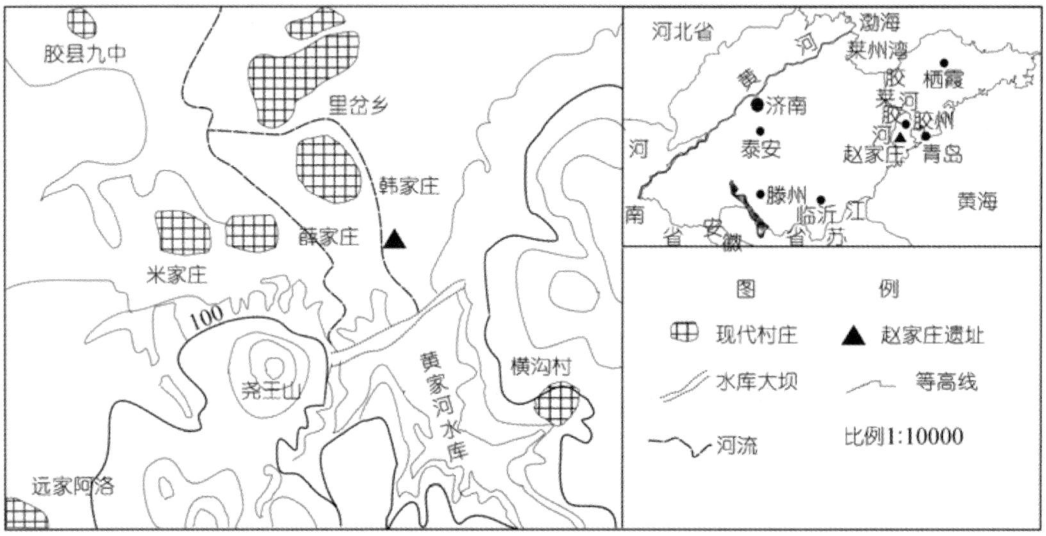

图一 赵家庄遗址位置示意图

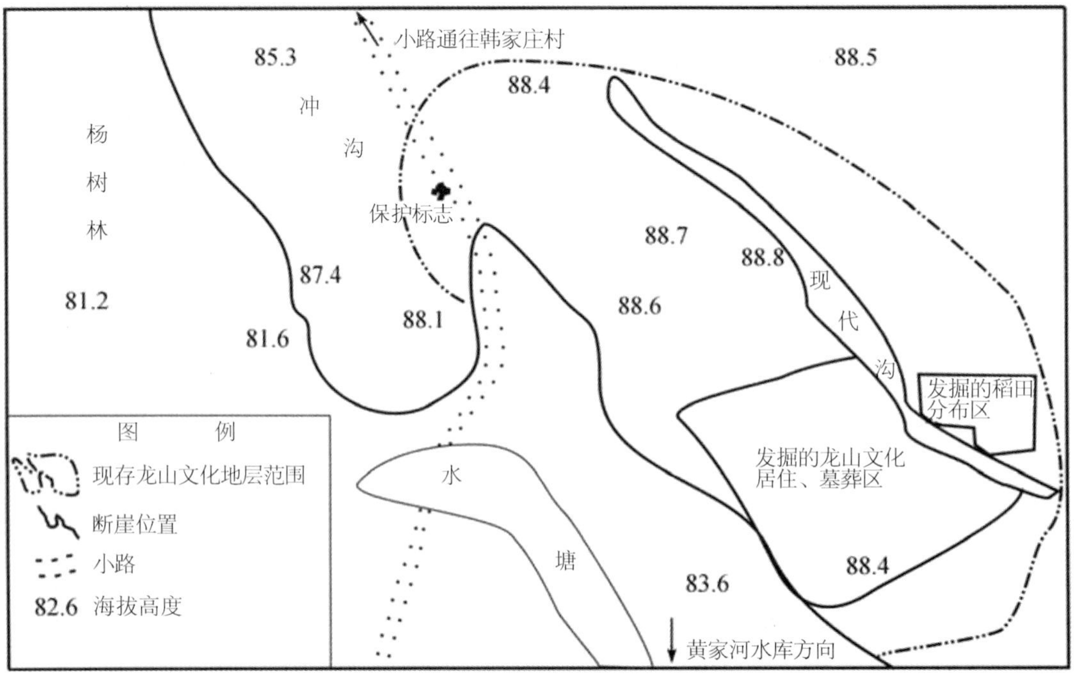

图二 赵家庄遗址发掘区示意图

① 栾丰实：《海岱龙山文化的分期和类型》，载《海岱地区考古研究》，山东大学出版社1997年版。

居住区、墓葬区以东，在700平方米的范围内，发掘者发现了可能的耕作遗迹（根据打破这些遗址的灰坑中所出陶器特征，推定遗址的时代不晚于龙山文化第3期）。这些遗迹直接叠压在现代耕土层下，表面已经遭到了一定程度的破坏，这可能是野外发掘过程中很难确认遗迹性质和特点的主要原因。这些遗迹分东西两片，中间有3—6米的生土相隔。

西片保存状况比较差（图三），遗迹现象比较复杂，只能大致识别出有些蓄水坑、水坑、水沟、田埂和田块。

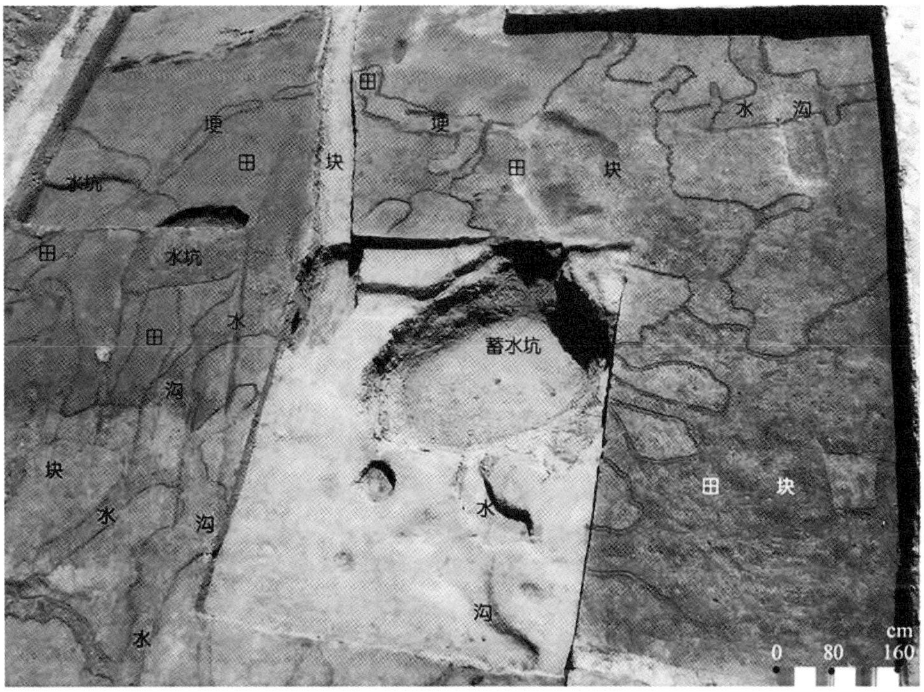

图三　赵家庄遗址耕作遗迹（西片）局部

东片南北长条形，宽约10米，清理长度22米，面积超过220平方米，这部分稻田保存比较好（图四）。西缘田埂和东西向的3条田埂把田块分隔为若干块，最大一块的面积约66.67平方米；田埂土质纯净、坚硬；田块内土壤为黑褐色黏土与沙土混杂，厚20—40cm，包含有红烧土粒和碎陶片。

西片稻田废弃后，蓄水坑、水坑和沟内堆满龙山时期生活垃圾，稻田局部还被龙山时期墓地打破，坑沟和墓葬内出土了龙山中期偏早的陶鼎、罐、杯、豆、盘等。东片稻田被东周时期的墓葬和灰坑打破，稻田内堆积出土的遗物均为龙山时期的陶片。因而，稻田的时代肯定不晚于遗迹的年代，即龙山文化早、中期。

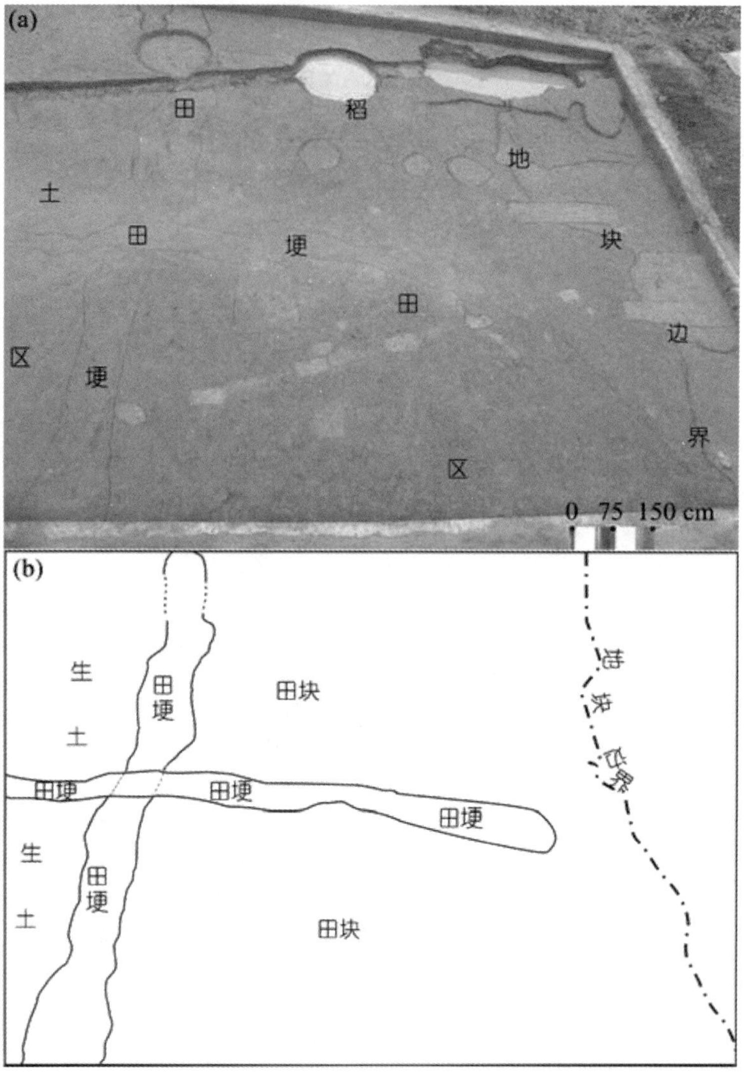

图四　赵家庄遗址耕作遗迹（东片）局部

二、材料和方法

为了采用植硅体分析方法对耕作遗迹进行确认，我们对耕作遗迹部位进行了系统采样。采样方法是：在可能的耕作区内布置63个采样点，每个点先挖20厘米×20厘米的方坑，在坑内从上往下等间距采样，除点50和51纵向以5厘米间隔采集5个样品外，其余的61个点每个点都是纵向10厘米间隔采集3个土样（纵向以大写英文字母标识，例如，点1的3个样品分别标为3A、3B、3C），合计采集土样195个。

（续表）

序号	样品编号	水稻扇型密度（个/克）	其他植硅体							备注
			水稻哑铃型	水稻颖壳双峰型	稗属扇型	莎草科	芦苇扇型	竹亚科扇型	芒属扇型	
24	20B	362	–	–	–	–	–	–	O	
25	21A	–	–	–	–	–	O	O	O	
26	22A	–	–	–	–	–	O	–	–	
27	23A	5135	O	–	–	–	O	O	O	
28	24A	3315	–	–	–	–	O	–	–	
29	25A	3920	–	–	–	–	O	–	–	
30	26A	–	–	–	–	–	–	–	–	植硅体极少
31	27A	3391	O	--	–	–	O	O	O	
32	28A	–	–	–	–	–	–	–	–	无植硅体
33	29A	–	–	–	–	–	–	–	–	植硅体极少
34	30A	1377	–	–	–	–	O	–	–	
35	31A	–	–	–	–	–	–	–	–	植硅体极少
36	32A	638	–	–	–	–	O	–	–	
37	33A	–	–	–	–	–	–	–	–	植硅体极少
38	34A	1651	–	–	–	–	O	O	–	
39	35A	1580	–	O	–	O	O	–	–	
40	36A	6133	–	–	–	O	O	–	O	
41	37A	–	–	–	–	–	O	–	–	
42	38A	11358	O	O			O		O	
43	39A	2236	–	–	–	–	O	–	O	
44	40A	4458	–	–	–	–	O	–	O	
45	41A	591	–	–	–	–	O	O	–	
46	42A	551	–	–	–		O	–	–	
47	43A	–	–	–	–	–	O	–	–	
48	44A	–	–	–	–	–	–	–	–	植硅体极少
49	45A	2803					O	O	O	
50	46A	–	–	–	–	–	–	–	–	植硅体极少
51	47A	5037	–	–	–	–	O	–	O	
52	47B	434	–	–	–	–	–	–	–	
53	48A	4726	–	–	–	–	O	–	O	

（续表）

序号	样品编号	水稻扇型密度（个/克）	其他植硅体							备注
			水稻哑铃型	水稻颖壳双峰型	稗属扇型	莎草科	芦苇扇型	竹亚科扇型	芒属扇型	
54	49A	2874	-	-	-	-	O	-	-	
55	50A	1340	-	-	-	-	O	-	-	
56	51A	2013	-	-	-	-	O	-	O	
57	52A	1933	-	-	-	-	O	-	O	
58	53A	2183	-	-	-	-	O	-	-	
59	54A	-	-	-	-	-	O	-	O	
60	55A	1715	-	-	-	-	O	-	O	
61	56A	-	-	-	-	-	O	-	-	
62	57A	-	-	-	-	-	-	-	-	植硅体极少
63	58A	-	-	-	-	-	O	-	O	
64	59A	2200	-	-	-	-	O	-	O	
65	60A	2954	-	-	-	-	O	-	O	
66	61A	-	-	-	-	-	O	-	O	
67	62A	-	-	-	-	-	-	-	-	
68	63A	-	-	-	-	-	-	-	-	

“-”表示没有，“O”表示有。采样点的位置在图4中标明。

水稻植硅体包括扇型、哑铃型、双峰型（图五）。水稻扇型植硅体密度可以分为10000以上（Ⅰ）、5000—10000（Ⅱ）、1000—5000（Ⅲ）、500—1000（Ⅳ）、0（Ⅴ）5个等级。在63个采样点的A土样中，有42个土样中发现了水稻扇型植硅体，约占66%；其中39个土样中水稻扇型植硅体密度在1000个以上，约占92%，这其中水稻扇型密度10000个以上的有8个，5000—10000的有9个，1000—5000的有22个。根据前面介绍的日本学者判断稻田的标准，我们推测赵家庄遗址采自耕作区的土样多数来自稻田区域。

上述土样植硅体密度结果与田野发掘中对耕作区域的判断结果基本吻合（表2）。在田野发掘中判断为稻田区的46个采样点中，有6个点是田埂土样，剩余40个点的土样中，有31个点的土样中发现了水稻扇型植硅体，约占78%，其中水稻扇型植硅体密度超过10000的有5个，5000—10000的有7个，1000—5000的有17个。这个结果显示，在田野上发现的这种灰褐色土和黑褐色沙黏土层可能是当时稻田表面土壤的一般性特征。

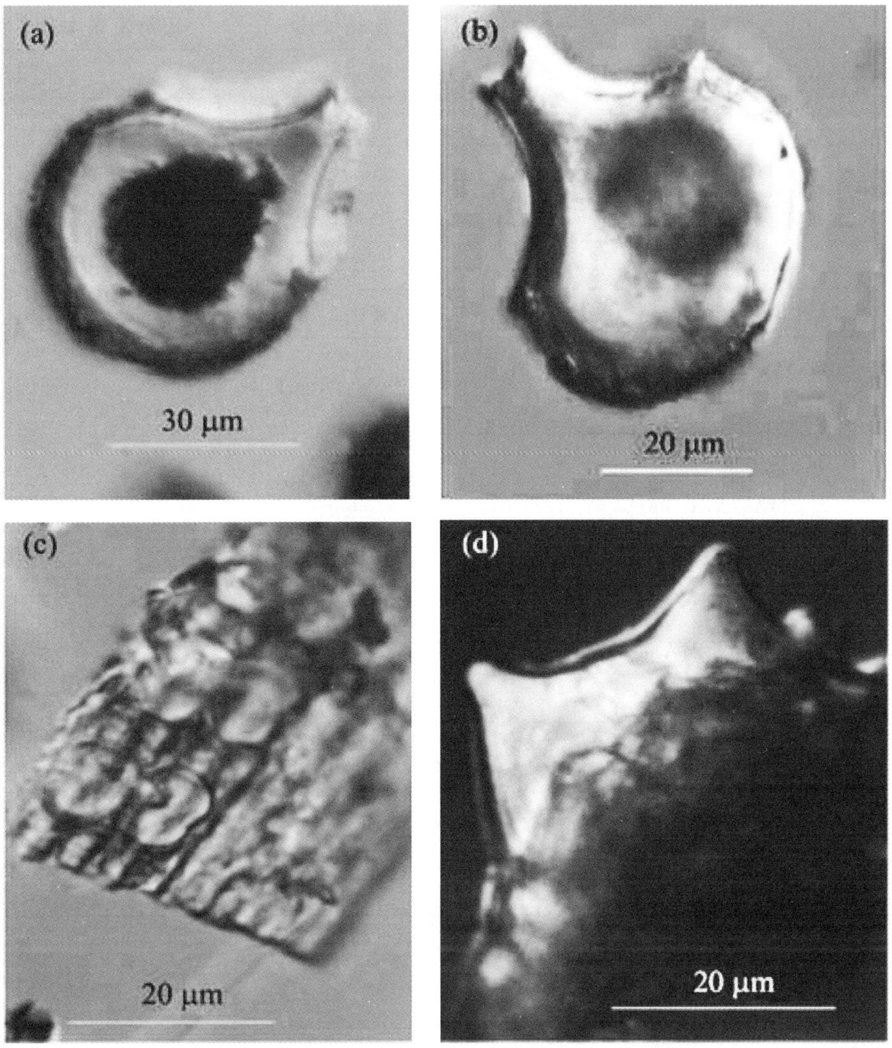

图五　赵家庄遗址耕作区土壤中的水稻植硅体

（a、b. 扇型；c. 哑铃型；d. 颖壳双峰型）

表 2　耕作区土样水稻扇型植硅体密度等级与土壤性质对应关系

密度等级	采样编号	土壤性质	田野发掘中对土壤性质的判定
Ⅰ	7A、8A、18A、19A	灰褐色土	稻田区
	4A、5A、13A	灰坑填土	非稻田区
	10A	墓葬填土	稻田区

（续表）

密度等级	采样编号	土壤性质	田野发掘中对土壤性质的判定
Ⅱ	6A、9A、11A、12A、17A	灰褐色土	稻田区
	36A	黑褐色沙黏土	稻田区
	23A	灰褐色土	稻田区
	20A	墓葬填土	非稻田区
	47A	生土	非稻田区
Ⅲ	2A、3A、15A、27A、49A	灰褐色土	稻田区
	34A、35A、38A、39A、40A、45A、48A、50A、51A、52A、53A、55A	黑褐色沙黏土	稻田区
	25A、30A	田埂	稻田区田埂
	24A、59A、60A	生土	非稻田区
Ⅳ	41A、42A	黑褐色沙黏土	稻田区
	32A	生土	非稻田区
Ⅴ	1A、21A	不确定	非稻田区
	14A、16A、22A、26A	灰褐色土	稻田区
	37A、43A、57A、58A	黑褐色沙黏土	稻田区
	31A、33A、54A、56A	浅黑黏土	稻田区田埂
	28A、29A	黄褐生土	非稻田区
	44A、46A、61A、62A、63A	生土	非稻田区

稗属（*Echinochloa*）、芦苇（*Phragmites*）、竹亚科（*Bambusoideae*）、芒属（*Miscanthus*）和莎草科（Cyperaceae）植物植硅体的发现，也是存在稻田的一个证据，因为稗属是比较常见的稻田杂草，而芦苇和竹亚科等植物的生态环境与水稻的生态环境相似。

根据上述分析结果，可确认赵家庄遗址田野发掘中发现的耕作区是稻田遗迹，并划定了稻田的区域范围（图六）。确定的标准是：如果一个小区域内绝大多数土样水稻扇形植硅体密度达到Ⅲ级以上，就可将其确定为稻田区；在确认的稻田区的部分土样中完全没有水稻植硅体，可能是采样位置遭到破坏（如点14、16、37）、采样点位于稻田边缘（如点22、26、32、43）或者田埂（如点31、33、54、56、57、58）；被划在稻田区内的墓葬填土中植硅体密度高可能是墓葬打破稻田的结果。需要说明的是，受到保存状况的局限，稻田格局的详细情况还有待更多资料和深入研究证明。

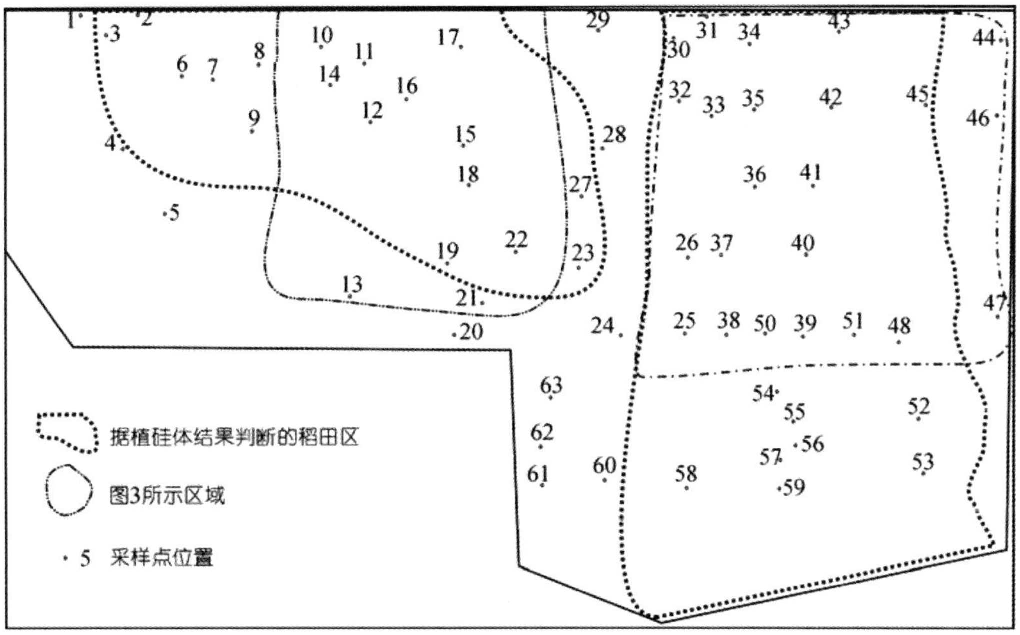

图六 赵家庄遗址稻田区域示意图

四、讨论

赵家庄遗址稻田的发现和确认，无疑推动了中国新石器时代稻作农业和东亚水稻传播历史的研究，也指出了今后工作中需要关注的问题。

1. 山东地区4000多年前的稻作农业

近年来，随着植物考古方法在聚落考古中的广泛应用，山东地区史前遗址中出土水稻遗存（主要是炭化稻和稻的植硅体）的遗址数量不断增加，特别是龙山文化时期，几乎所有进行了系统的植物考古研究的遗址中都出土有稻的遗存①，这种情况表明大米已经成为当时居民的主要粮食之一，而赵家庄遗址稻田遗迹的发现和确认，则以确凿的事实说明水稻是在当地种植的，稻作农业已经成为山东地区龙山时代聚落中的重要组成部分。

虽然赵家庄遗址稻田保存不完整，但从现有的遗迹看，可能是水田耕种方式，即赵家庄聚落生产的稻中有水稻。赵家庄遗址西片稻田保存了比较明显的水沟、水坑等遗迹，与之相配套的可能还有蓄水坑、田埂和田块等，这些遗迹组成了一个比较完整的水田格局。需要说明的是，这些水坑或者水沟等，可能是灌溉和排水两种功能兼而有之。东片稻田没有发现水沟，但田埂与田块的格局非常清晰，可能是因为发掘面积有限而没有将水沟等遗迹揭露出来，韩国晋州地区发现的青铜时代旱

① 靳桂云、栾丰实：《海岱地区龙山时代稻作农业研究的进展与问题》，《农业考古》2006年第1期。

田中就有与此类似格局，只在田的末端和中央有部分水沟，起排水或者边界线的作用①。我们在赵家庄遗址稻田及其周围的土样中普遍发现了水稻杂草稗属植物和湿生的芦苇等植物的植硅体，这也是水田耕作的一个有利证据。

传统的观点认为，黄河流域的稻作农业是从长江流域向北扩散的结果，到龙山文化时期，山东地区普遍发展了稻作农业（我们已经注意到，济南长清区月庄遗址发现了距今8000多年的炭化稻米②，考虑到目前只有这一处，在讨论山东地区稻作农业时暂时不考虑这个发现，但毫无疑问，这个发现为今后山东地区乃至中国北方地区稻作农业的研究提供了一个全新的视角）。那么，稻作农业在山东地区广泛发展的文化背景是什么？换句话说，稻作农业技术传播的载体必然是人员的交流，这种交流在考古学文化上有哪些体现？这个问题的提出和最终解决，无疑是古代农业研究引发出来的考古学问题，可以看作是植物考古研究对考古学科的一个重要贡献，其意义在于不仅提出了问题，而且启发我们从与稻作农业相关的文化内容中去研究古代夷人文化区内的文化交流与融合③。

2. 赵家庄稻田与水稻东传路线研究

如前所述，在山东地区寻找早期稻田是东亚地区稻作农业传播路线研究课题中的关键学术问题，而赵家庄遗址龙山文化稻田的发现与确认，无疑在东亚地区稻作农业传播路线的研究中具有十分重要的意义。

在朝鲜半岛，目前发现的年代最早的水田遗迹是在玉岘遗址，年代为公元前1000年。赵家庄遗址龙山文化早中期（公元前2600—前2300年）稻田的发现，缩短了中国与朝鲜半岛早期稻田之间的时间差（在此之前，经过系统研究的新石器时代水田都分布在长江流域；江苏连云港藤花落的水田并没有经过系统的研究），使传播路线的研究深入一步。如果我们单纯考察两地间发现的稻田的时间，似乎差距很大，但如果我们综合分析考古资料就会发现，开展进一步的研究，很有希望完善稻作农业东传的路线与过程。首先，山东半岛发现水稻遗存的情况是，只要进行植物考古分析，多数龙山文化遗址中都有水稻遗存，其中不乏包含龙山文化晚期遗存的遗址，已经发现水稻遗存的日照两城镇和尧王城、茌平教场铺、临淄桐林、滕州庄里西等遗址中都有龙山文化晚期遗存（上述遗址除日照两城镇外，均未发表发掘报告或简报，对于其文化分期方面的认识来自作者的实地考察和观摩）。这些情况说明，在山东半岛发现年代晚于赵家庄的水田遗迹的可能性是存在的。不仅如此，连云港的藤花落遗址还发现了岳石文化时期的炭化稻④，如果发现岳石文化时期的水田，就会与韩国目

---

① 韩德卿：《古代韩国旱田耕作法和农耕制度的考察》，《中国农史》2003年第3期。

② ［加］Gary W. Crawford 等：《山东济南长清区月庄遗址发现后李文化时期的炭化稻》，载《东方考古》第3集，科学出版社2006年版。

③ 严文明：《论青莲岗文化和大汶口文化的关系》，载《文物集刊（1）》，文物出版社1980年版。

④ 中美两城地区联合考古队：《山东日照市两城镇遗址1998—2001年发掘简报》，《考古》2004年第9期。

前发现的最早的水田在时间上更接近。其次，朝鲜半岛中部考古遗址中发现的水稻遗存，年代最早的可能到公元前2500年①，韩国或许在这个时候已经有稻的种植了，只是考古学家目前还没有发现水田或者干脆就是旱田种植，而这个年代完全与赵家庄稻田的年代重合。

总之，赵家庄遗址龙山文化稻田的发现，实质性地推动了东亚地区稻作农业传播路线的研究进程，并为今后的工作找到了切入点。

五、结论

本文采用植硅体分析方法，确认了赵家庄遗址的稻田，这是中国北方地区首次采用系统的科学分析方法确定的新石器时代稻田遗迹，研究结果表明：

1. 龙山文化时期，山东地区发展了稻作农业，考古遗址中保存的各类稻的遗存都属于当地水稻种植的结果；

2. 赵家庄遗址龙山文化稻田的发现，为东亚稻作农业传播路线的研究提供了十分重要的资料，直接支持了“华北说”观点，而且证明稻作农业从山东半岛直接传播到朝鲜半岛是可能的。

致谢：在稻田等遗迹发掘过程中，北京大学考古文博学院赵辉，南京博物院邹厚本、李民昌、林留根，山东省文化厅王永波，山东大学栾丰实等先生到工地现场进行了指导，青岛市文物局、青岛市文物保护考古研究所和胶州市博物馆给予发掘工作巨大的支持并派部分人员参加了发掘，在此一并致谢。审稿专家的修改意见对完善本文起了十分重要的作用，在此表示诚挚的谢意。本研究为国家自然科学基金资助项目（批准号：40572103）。

（原文载《科学通报》2007年第18期）

① ［日］宫本一夫：《东北亚地区农耕的形成与扩散》，载《东方考古》第1集，科学出版社2004年版。

谈海岱地区发现的史前时期山地祭祀遗存

兰玉富[1]　杨文玉[2]

（1. 山东省文物局　2. 招远市文物管理所）

近年来，在海岱地区一些岩石裸露、土壤贫瘠的山地中，发现一些古文化遗存。这些山地古文化遗存比较特殊，往往仅有几件或几组玉石器，埋藏在山体岩石缝隙之中，不见或极少见到相关生活遗迹。这些古文化遗存均为群众耕作或采石时发现，其所在地点又往往远离人类居住址，环境恶劣，为一些不太适于人类居住和生存的地域。迄今为止，在海岱地区发现这类史前玉石器埋藏地点共三处，均位于泰沂山系南侧，为山东的泗水戈山①、沂南罗圈峪②、五莲上万家沟北岭③（图一）。考古资料、文献资料和民俗志材料证明，这类古文化遗存属于山地祭祀遗存。山地祭祀遗存的发现，为研究和解读我国古代人民的意识形态及精神活动等相关问题提供了一批珍贵的文物资料，对探讨我国古代宗教信仰尤其对史前自然崇拜具有十分重要的意义。笔者试简要述说三处史前玉石器埋藏地点的相关发现，就其遗存的性质进行探析。不当之处，敬请方家指正。

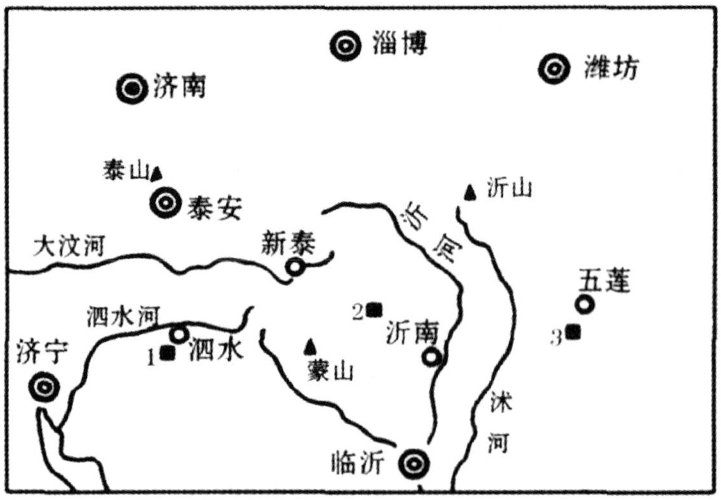

图一　海岱地区山地祭祀遗存分布示意图

1. 泗水戈山　2. 沂南罗圈峪　3. 五莲上万家沟北岭

泗水戈山遗存，位于泗水县金庄乡西南约 2.7 公里处，东北向距尹家城遗址约 2.8 公里。1999

① 兰玉富：《山东泗水县戈山发现一组龙山文化石器》，《考古》2008 年第 5 期。

② 于秋伟、赵文俊：《山东沂南县发现一组玉、石器》，《考古》1998 年第 3 期。

③ 王永波：《关于刀形端刃器的几个问题》，《故宫文物月刊》1994 年总第 135 期。

年年底，山东泗水戈山村村民李长银和李长平在村东约600米处的“东岭”开山凿石时，于岭地北坡近顶处一岩缝中发现一组石器。岭地东、西、北面地势开阔，南向约1.5公里处为高耸的戈山。岩石缝隙在村民采石过程中遭破坏，石器的摆放状态已无从查考。另在北距岩缝约5米处发现灰坑1个，残剩坑底一角，内填草木灰和红烧土。考古队员在坑中采集到浅篮纹夹砂黑陶片1片、兽骨1块。出土石器共15件。钺4件，器体扁薄，均为双面刃，有对钻圆孔，通体磨光。SG：1，平面近长方形，平顶，平刃。长13.1厘米，刃宽8厘米，顶端宽7.4厘米，厚0.9—1厘米（图二，1）。SG：2，平面呈梯形，斜平顶，弧刃，顶端有疤痕。长14.4厘米，刃宽8.2厘米，顶端宽7厘米，厚1.8厘米（图二，2）。SG：3，平面近梯形，顶部残，残留一对钻圆孔，弧刃，体表有小崩疤。残长12.4厘米，刃宽7.2厘米，顶端宽6.8厘米，厚1.5厘米（图二，3）。SG：4，平面呈梯形，弧顶，弧刃，近顶部有一琢制浅窝，体表及刃部有残损。长12.6厘米，刃宽6.3厘米，顶端宽约5厘米，厚1.4厘米（图二，4）。锛2件，平面为梯形，斜平顶，单面平刃，通体磨制，体表有崩疤。SG：5，体较瘦长。长13.4厘米，厚约2.5厘米（图二，5）。SG：7，体较短小。长7.8厘米，厚约1.4厘米（图二，6）。凿1件（SG：6），长条形，弧顶，单面平刃，通体磨制，体表有疤痕。长9.8厘米，宽约3.2厘米，厚约1.8厘米（图二，7）。镰6件，体扁薄，尖头，长条形，拱背，通体磨制。其中SG：8，前端较尖，单面直刃，后端有柄，刃与柄分界明显，刃部前端有一凹口，刃及柄部有崩疤。通长20.4厘米，宽约4.6厘米，厚0.7厘米，柄长7厘米（图二，13）。SG：9，双面弧刃，刃与柄分界较明显，刃及尾端有崩疤。长19.4厘米，最宽处5.1厘米，厚1.2厘米（图二，11）。SG：10，平面呈弯月形，钝尖，双面弧刃，柄部较短且由宽渐窄，刃与柄分界较明显，刃端和背部有崩疤。长17.8厘

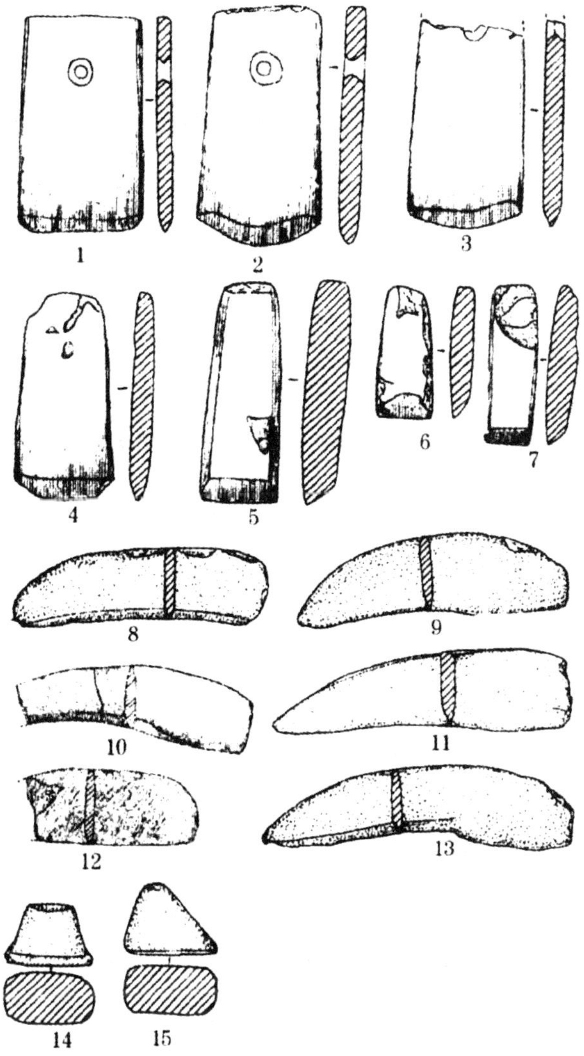

图二　泗水戈山出土石器

1—4. 钺（SG：1、SG：4）　5—6. 锛（SG：5、SG：7）　7. 凿（SG：6）　8—13. 镰（SG：11、SG：10、SG：14、SG：9、SG：15、SG：8）　14—15. 打磨器（SG：13、SG：12）

米，最宽处4.9厘米，厚1厘米（图二，9）。SG：11，镰体前窄后宽，单面弧刃，刃与柄分界不明显，尖端圆钝，背及刃部有崩疤。长16.8厘米，最宽处4.8厘米，厚1厘米（图二，8）。SG：14，尖端残，镰体前窄后宽，单面弧刃，刃与柄分界较明显，刃及柄端有崩疤。残长20.8厘米，最宽处5.8厘米，厚1厘米（图二，10）。SG：15，残存后半部，单面平刃，刃与柄分界不明显，体表、背部和刃部均有斜向刮擦痕。残长14.9厘米，宽6.1厘米，厚0.8厘米（图二，12）。打磨器发现2件，研磨面平整光滑，磨制。SG：12，立面略呈圆角三角形，磨面为圆角长方形。高4.4厘米，底长6.2厘米，宽3.2厘米（图二，15）。SG：13，立面呈束腰梯形，柄部由上往下渐变粗，磨面为椭圆形。高3.7厘米，底面长径6.2厘米，短径3.4厘米（图二，14）。

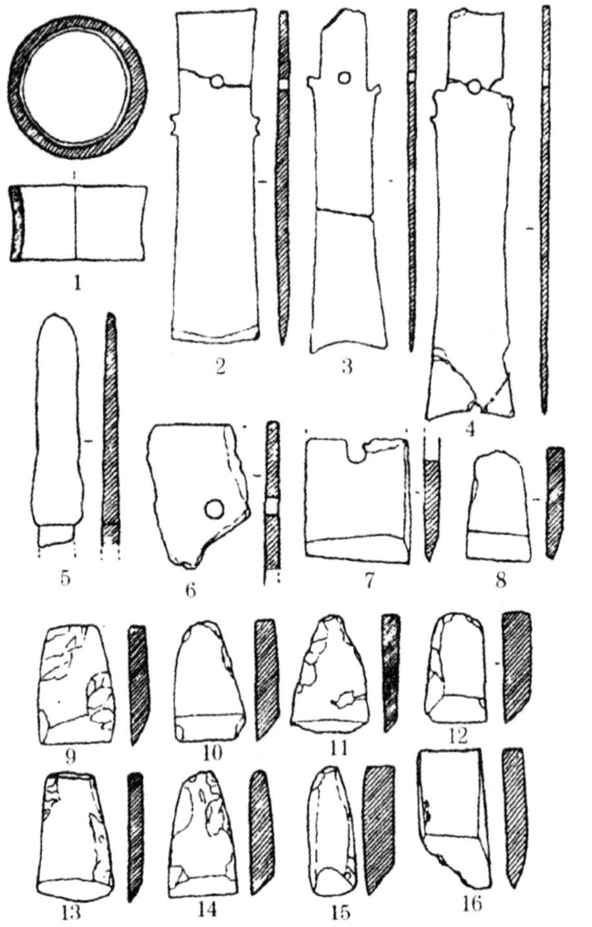

图三　沂南罗圈峪出土玉石器

1. 玉镯（YL：1）　2—4、6. 石牙璋（YL：10、YL：11、YL：12、YL：13）　5. 石矛（YL：40）　7. 石钺（YL：30）　8. 玉锛（YL：2）　9—14、16. 石锛（YL：22、YL：25、YL：26、YL：23、YL：21、YL：24、YL：20）　15. 石凿（YL：50）

沂南罗圈峪遗存，是1988年7月山东沂南县中高湖乡罗圈峪村村民李恒贵发现的。他在用炸药清除山石时发现玉石器一组。其埋藏地点四面山岭环绕，南向约1.5公里处为马子山，山峰海拔为414.3米。岭地多石灰岩、片麻岩等，岩石间为宽窄不同、深浅不一的岩缝。玉石器即出土于村西南丘陵缓坡地带的岩缝中，共16件。玉镯1件（YL：1），剖面呈亚腰形。直径5.4厘米，孔径4.6厘米，高2.8厘米（图三，1）。玉锛1件（YL：2），平面梯形，弧顶，单面直刃。长4.2厘米，宽2.3厘米，厚0.6厘米（图三，8）。石牙璋4件，柄部有一面钻圆孔，通体磨光。其中YL：10器体较宽，弧凸双面刃，对称双阑，长24.8厘米（图三，2）。YL：11，器体较长，对称单阑，凹弧双面刃，长25.8厘米（图三，3）。YL：12，对称双阑，凹弧单面刃，长30.8厘米（图三，4）。YL：13，残损严重，残长5.5厘米（图三，6）。石钺1件（YL：30），上部残，平面近长方形，双面平刃，一面钻圆孔残缺，残长4.7厘米（图三，7）。石锛7件，均有残损，除YL：

20平面为长方形外，余皆为梯形，单面刃，通体磨光。YL：20，平顶，刃残，长5.2厘米，宽2.7厘米，厚0.9厘米（图三，16）。YL：21，平顶，弧刃，长4.8厘米，厚0.6厘米（图三，13）。YL：22，平顶，直刃，长4.5厘米，厚0.8厘米（图三，9）。YL：23，弧顶，弧刃，长4.1厘米，厚1.1厘米（图三，12）。YL：24，弧顶，平刃，长4.5厘米，厚0.9厘米（图三，14）。YL：25，弧顶，平刃，长4.6厘米，厚0.95厘米（图三，10）。YL：26，弧顶，弧刃，长4.4厘米，厚0.6厘米（图三，11）。石凿1件（YL，50），平面呈长条形，弧顶，弧刃，通体磨光，长4.8厘米，宽1.8厘米，厚1.2厘米（图三，15）。石矛1件（YL：40），矛首、柄残损，残长8.8厘米，宽1.7厘米，厚0.6厘米（图三，5）。

五莲上万家沟北岭遗存，出土石牙璋1件，是1986年山东五莲县石场乡上万家沟北岭村民在开荒时发现的。上万家沟北岭位于县城西南25公里处，为群山环抱的自然山岭。山岭南侧的半山腰上，有巨石突兀耸立。牙璋即出土于巨石近前的石隙中，上有碎石覆盖。北岭西北向约1.3公里处为陡峭的幞头山，海拔526.7米。牙璋编号上万家沟86∶1，凹弧单面刃，单突式阑，柄部有一面钻圆孔，长33.5厘米（图四）。

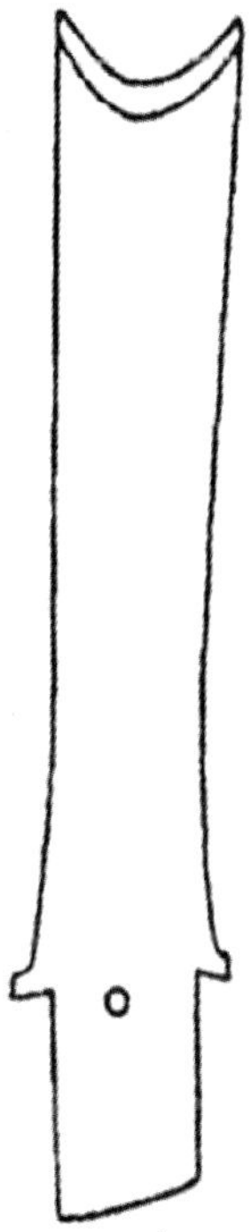

图四　石牙璋
上万家沟86：1

上述三处地点共发现玉石器30件，其中玉质器类2件，均见于罗圈峪，分别为锛和镯。石质器类28件，有牙璋、钺、锛、凿、镰、矛、打磨器等。由于出土诸玉石器类均非发掘品，又缺乏伴随出土通常用于断代的陶器类遗物，因此只能通过与其他遗址发掘出土的同类器比较，来确定它们制作或埋藏的相对年代。

依现有考古资料，海岱地区发现的牙璋数量较少，且皆非发掘品。除本文提及的5件外，过去在海阳司马台遗址出土1件①，临沂大范庄遗址出土2件②。海阳司马台遗址出土的牙璋依据遗址发掘情况③并结合出土位置及其伴出陶器判断，其年代约属龙山文化早期。而罗圈峪和上万家沟北岭发现的同类器中，YL：11、上万家沟86∶1与海阳司马台遗址出土的牙璋形态相似，时代也应属于龙山文化早期。YL：12整体形态与YL：11相近，唯一不同的是前者双阑，时代或许较后者略晚。YL：10形制较为特殊，目前考古资料中未见可与之比对的同类器。其刃部为弧凸形，而不是常见的凹弧形或V字形，有学者认为其形态与平首圭相似，时代可早至龙山文化早期④。石钺中，

① 王洪明：《山东省海阳县史前遗址调查》，《考古》1985年12期。
② 张学海：《牙璋杂谈》，载《南中国及邻近地区古文化研究》，香港中文大学出版社1994年版。
③ 烟台市文管会、海阳县博物馆：《山东海阳司马台遗址清理简报》，载《海岱考古》第一辑，山东大学出版社1989年版。
④ 栾丰实：《海岱地区史前祭祀遗存二题》，载《浙江省文物考古研究所学刊（第八辑）——纪念良渚遗址发现七十周年学术研讨会文集》，科学出版社2006年版。

SG：4与呈子遗址同类器T18：2[①]近似，弧顶、双面弧刃，时代为龙山文化早中期。SG：1、SG：2具有大汶口文化同类器遗风，但是考虑到石器发展演变较缓慢，时代特征不明显，对比其他伴出石器，此二者时代可能也应属于龙山文化时期。在海岱地区龙山文化中，石镰比较少见，又多为残器，且形制简单，在部分龙山文化时期的居址中往往和石刀共出，如戈山一次性就发现有6件之多，这在海岱地区堪称罕见。其中SG：9、SG：11分别与姚官庄西BT9：10[②]、尹家城T289⑧：20同类器[③]相近，属龙山文化时期比较常见的一种形态。而SG：8刃体和柄部分界明显，在海岱地区其他龙山文化遗址中，尚未见到与其相近的形体。石锛10件，出自戈山和罗圈峪，除SG：5形体较大外，其余的大小相若。尽管个体有所差异，如平面形状有梯形和长方形之分，顶端有平顶和弧顶之别，刃部也有平刃和弧刃的不同，但均为龙山文化常见之物。石凿在大汶口文化和龙山文化时期的形态变化不大，均为长条形，单面平刃，因而戈山和罗圈峪出土的同类器时代定为龙山文化时期当无大碍。打磨器SG：12与尹家城石拍子F204：62[④]雷同，SG：13与寿光火山埠20：26[⑤]相近，此类器具在日照两城遗址也有发现，时代属于龙山文化时期。另外，戈山灰坑出土的陶片尽管无法辨识器形，但从质地、陶色和纹饰观察，属龙山文化时期遗存当可无疑，这为判断该遗存的相对年代提供了一个有力的旁证。

综上所述，戈山、罗圈峪和上万家沟北岭三地玉石器的埋藏时代，应属山东龙山文化时期，绝大部分器物的制作年代也应属山东龙山文化时期。但有个别器物的出现尚需作一些说明，比如YL：1玉镯属典型的大汶口文化晚期玉器，与安丘景芝镇M7中的同类器几乎完全相同[⑥]。因为没有其他发现做参考，我们只能这样认为，该玉镯是由大汶口文化时期流传至龙山文化时期，为该地龙山人因某种特殊需要而继续使用的一种遗物。

三处玉石器埋藏地点均位于泰沂山脉南侧，大致呈东西向分布。三者相邻，间距差别不大，均在90公里左右。地理环境具有极强的一致性，属于泰沂山南麓的剥蚀丘陵。所处山岭，岩石裸露，缺水少土，多杂草荆棘。土壤贫瘠浅薄，缺乏便利的水源和灌溉条件。此种恶劣的生态环境，既不适宜人类居住，也不适宜农作物生产。事实证明，三处地点所在地域至今也确实还没发现其他相关古人类活动的迹象。而且检索以往考古调查资料，三地皆远离古人类居住址，其所在地域方圆2公里内均不存在同时期的聚落遗存。尽管在戈山石器出土地点发现一个残存的灰坑底，似也不是先民所留之生活遗存，从坑底发现的草木灰和红烧土看，有可能属于祭祀遗迹。玉石器均不是放在刻意

---

① 昌潍地区文物管理组、诸城县博物馆：《山东诸城呈子遗址发掘报告》，《考古学报》1980年第3期。
② 山东省文物考古研究所等：《山东姚官庄遗址发掘报告》，载《文物资料丛刊（5）》，文物出版社1981年版。
③ 山东大学历史系考古教研室：《泗水尹家城》，文物出版社1990年版。
④ 山东大学历史系考古教研室：《泗水尹家城》，文物出版社1990年版。
⑤ 寿光县博物馆：《寿光县古遗址调查报告》，载《海岱考古》第一辑，山东大学出版社1989年版。
⑥ 王思礼：《山东安邱景芝镇新石器时代墓葬发掘》，《考古学报》1959年第4期。

构筑的坑穴中，而是置于山坡或山顶的天然岩缝中，其中又未见人骨残骸等，因此排除了墓葬随葬品的可能性。另外在戈山和罗圈峪出土的石器中，还存在少量已经丧失实用功能的残器，如钺 SG：3 和 YL：30，均顶端残缺至穿孔处，从断茬看，应该是在放置于岩隙前就已残损。这些器物由于残损严重，已经丧失了实用功能，在正常的生产生活中绝无保存的必要。将丧失实用功能的残器与完整器一同埋入地下，显然不会是出于窖藏的目的，因而这些器物也不可能是古代的窖藏品。据此推知戈山、罗圈峪、上万家沟北岭发现的器物，原不属于古人生活或生产活动的遗留物，显然无法用一般的考古学知识和经验对这类史前遗存进行合理的诠释。我们认为，其传达的信息应与古代先民的宗教信仰或自然崇拜习俗有密切关联。

据民俗资料观察，新中国成立前我国许多少数民族在宗教信仰方面仍然处在较为原始的自然崇拜、万物有灵的阶段。在诸多自然崇拜中，以对山神崇拜尤为重视。住在山地的少数民族，往往有拜祭山神的习俗。比如居住在东北地区的鄂伦春族称山神为“白那恰”，在狩猎前后都要对其进行拜祭①。居住在陕甘一带的羌族崇拜山神，每年要举行一次祭山活动，以报答山神并祈祷丰收，祭山时将一只活狗吊 7 天 7 夜，如不死，则认为这将是丰收之年。居住在云贵一带的彝族在各种自然神中最为崇拜的也是山神，农牧业所依赖的山被认为是神圣的所在，生产的好坏与山神有关②。不同的民族处在相同的社会发展阶段，具有相同或相近的风俗习惯，而且这种习俗具有极强的延续性，山神崇拜也不例外。据了解，在山东的泰沂山系及其周围地区、胶东丘陵地区居住的人民，即使现在仍然保留山神祭奠的习俗，且多将阴历六月初六这一天作为“山神节”。如位于泰沂山脉中段的新泰市在每年的这一天，人们炒新麦拌红糖撒在山上，用以祭祀山神③。而位于沂蒙山区中部的沂南、沂水县，在每年的这一天都有到山神庙敬山神的习俗④。荣成市山区的百姓则认为这一天是山神的生日，要到山神庙祭祀⑤。近现代不同地区各民族仍保留诸多山神崇拜的习惯，这无疑是我国古代先民崇拜山神或对山神举行祭祀活动的演变和流传。

据文献资料记载，我国古代崇拜、祭祀山神的习俗由来已久。《通典·礼六·吉五》曰：“皇帝祭于山川，与为多焉。虞氏秩于山川，遍于群神。周制，四坎坛祭四方，以血祭祭五岳，以埋沈祭山林山泽。”又《史记·封禅书》中对我国古代传说时期祭祀泰山的情景有详细的记述，谓“古者封泰山禅梁父者七十二家，而夷吾所记者十有二焉。昔无怀氏封泰山，禅云云；虑羲封泰山，禅云云；神农封泰山，禅云云；炎帝封泰山，禅云云……”。秦皇汉武以来，历代帝王曾封禅泰山的传

---

① 赵复兴：《鄂伦春族原始宗教研究》，《内蒙古社会科学（文史哲版）》1990 年第 3 期。

② 覃光广、李民胜等：《中国少数民族宗教概览》，中央民族学院出版社 1988 年版。

③ 山东省新泰市史志编纂委员会：《新泰市志》，齐鲁书社 1993 年版。

④ 山东省沂南县地方史志编纂委员会：《沂南县志》，齐鲁书社 1997 年版；山东省沂水县地方史志编纂委员会：《沂水县志》，齐鲁书社 1997 年版。

⑤ 山东省荣成市地方史志编纂委员会：《荣成市志》，齐鲁书社 1999 年版。

说，是有案可查的史实，而古史传说中三皇五帝祭祀泰山的记载虽不能完全据为信史，但也不能轻易视为是向壁虚构，其中应该有其真实的成分，至少可以说明我国在史前时期，确实曾有过祭祀山神的习俗。在我国古代拜祭的诸多名山之中，见诸记载的首推海岱地区素有“五岳独尊”称号的泰山。泰山原本指横贯山东鲁中南地区的泰沂山系诸山，传说及历史时期帝王祭祀泰山的相关记载，应与我国泰沂山系及其周围或曰鲁中南一带先民崇拜山神、祭祀山神的习惯息息相关①。

前文提及，上述三处玉石器埋藏地点往往与周围高耸挺拔、陡峭险峻的山峰或巨石相对。大量民俗资料和文献记载表明，我国古代曾盛行山神崇拜和祭祀活动，结合埋藏地点独特的地理环境和埋藏器物的特殊性，我们有理由推定，这三处地点属于山地祭祀场所，祭祀的对象即其所在地的山神之属。以此类推，其地发现的玉石器，应是古代先民在举行山神祭祀活动后而埋入地下的祭祀用品。

古代用玉石器作为祭祀用品的现象，在考古材料中屡有所见。如广西隆安大龙潭遗址清理了数个史前时期的祭祀坑，坑内放置大量排列有序的石铲作为祭器②。陕西神木新华遗址发掘清理了1座龙山文化晚期至夏代的玉器坑（99K1），坑内埋藏玉器32件，主要器类有璋、钺、刀、玦和璜等，分6排竖直侧立插入土中，每排数量多寡不一，但是单个器物间基本保持平行③。从其埋藏的情景看，毫无疑问这批玉器也是用为祭祀用品的。四川广汉三星堆遗址发现的商代1、2号祭祀坑中，也埋藏有大量璋、斧、铲、凿、锛、锄、斤、瑗、琮、环、矛、戈等玉石祭器④。在山东烟台芝罘岛阳主庙院内地下出土的两组战国时期祭祀用品同样是玉质的，分别为一璧一圭二觿⑤。上述有关古代玉石质祭器的发现，为我们判定海岱地区山地玉石器埋藏地点的性质提供了有利的佐证。

在诸玉石质祭品中，牙璋是一种较为特殊的祭祀礼器。文献记载该器除了具有“以起军旅，以治兵守”的作用外，还有一重要功能就是用以祭祀山川或曰祭祀山神。《周礼·春官·典瑞》曰：“璋邸射，以祀山川，以造宾客。”《周礼·春官·大宗伯》曰：“以赤璋礼南方。”《周礼·冬官考工记·筐人》曰：“璋邸射，素功，以祀山川，以致稍气。”《山海经》一书将我国划分为26个山区，其中提到有21个山区对在山神的祭祀中用玉石器，除了常见的璧、环、瑜、圭等，另一重要祭器就是牙璋。《山海经·南山经》曰：“凡䧿山之首，自招摇之山……其祠之礼，用一璋玉瘗……”文献记载牙璋作为祭山之器，在田野考古发现中同样有据可查。三星堆2号祭祀坑出土有1件带有刻划图案的玉璋（K2③：201—4），在玉璋的两面阴线刻有相同的图案，图案分前后相对称的两幅。每幅又以带状云雷纹分为上下两段。上下段图案均以人居上，山为下。其中下段图案中刻有3人跪

① 王树明：《东岳泰山新诠》，《故宫学术季刊》第15卷第3期，1988年。
② 广西壮族自治区文物工作队：《广西隆安大龙潭新石器时代遗址发掘简报》，《考古》1982年第1期。
③ 陕西省考古研究所、榆林市文物保护研究所：《神木新华》，科学出版社2005年版。
④ 四川省文物考古研究所：《三星堆商代祭祀坑》，文物出版社1999年版。
⑤ 烟台市博物馆：《烟台市芝罘岛发现一批文物》，《文物》1976年第8期。

坐像，足下两山，山上有云气纹和“⊙”纹，在两山之间悬一弯钩状物，两山外侧各有一璋，璋刃端朝上，邸端在下①（图五）。三星堆玉璋上的刻划图案，清楚地向我们展示了古蜀人用璋祭祀山神的场景，对我国古代牙璋的功用作了很好的诠释。而这也恰恰印证了有关文献记载并不虚妄，它除了是用于军旅的礼器，还是用于祭祀山川的一种祭器。文献记载和三星堆牙璋图案的发现，为我们判定罗圈峪和上万家沟北岭埋藏的牙璋类玉石器属于祭山的祭祀用品，提供了有力的证据。

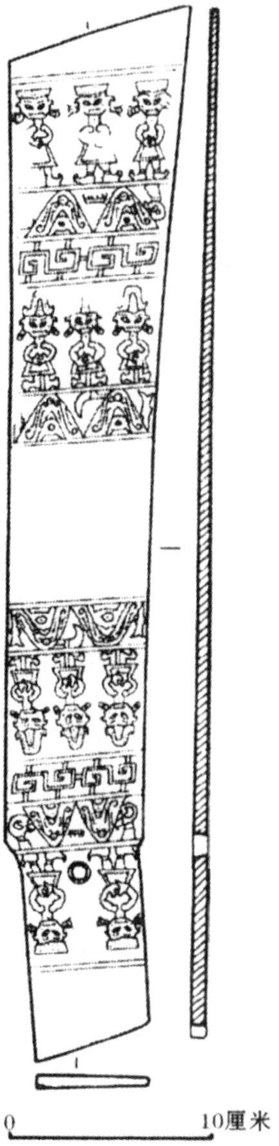

图五 玉璋
K2③：201-4

又罗圈峪等三处祭山遗存发现的祭祀遗物类别较多，功用多样。有用作祭祀礼具的牙璋，还有大量实用器。武器类器具有钺、矛，木材砍伐加工工具有锛、凿，农耕收割工具有镰，陶器制作工具有打磨器，生活饰品有玉镯，等等。在出土的各类器物中，以生产工具所占比重最大。在原始农业经济发展阶段，土地的开垦、农作物的种植、耕作和收获，都离不开石质工具；狩猎活动的开展和部落或酋邦间的争斗同样离不开石质武器。石质器具在古人的生产生活中起着至关重要的作用，是古人赖以生存的必备之物。由于制作器具的石材来自山地，因此古人对生产工具的依赖心理会转化为对山神的崇拜，而用石质器具作为祭物来祭祀山神似乎更合乎情理。“自然崇拜的祭礼，常是将从自然对象取得的一部分奉还其对象做为报答……玉石取诸山地，所以古人祭山神时用玉石、玉器做为供物。”② 原始崇拜早期，与古代先民日常生活息息相关的生活用品或生产工具在祭祀时充当祭器成为必然。石钺由石斧演化派生出来，属于装木柄的复合工具。其初始功能以砍、伐、劈为主，在龙山文化时期其实用功能仍然存在，礼仪功能逐渐加强并演化为权力的象征，部分钺尤其是玉钺甚至成为专门的礼仪用器或丧葬祭器。戈山 4 件石钺的刃部或多或少都有使用崩疤，显然与锛、凿、镰、打磨器一样曾作为实用器使用过，但与牙璋共同被埋入地下之时，则被赋予了新的内涵，成为用于祈愿祭奠的祭器。同样，镰、打磨器等在埋入岩缝的时候也具备了祭器的功能。从这个角度来讲，尽管戈山的石器组中没有牙璋，但其性质同样属于祭山用器。

① 四川省文物考古研究所：《三星堆商代祭祀坑》，文物出版社 1999 年版。
② 朱天顺：《中国古代宗教初探》，上海人民出版社 1982 年版。

据文献记载，古人举行山神祭祀活动，首先需要进行一系列的跪拜、祈愿、感恩等仪式，最后将祭物采用“埋”“投”“悬”等方式进行处理。在三星堆遗址 2 号祭祀坑内出土了 1 件持璋小人铜像（K2③：325），跣足跪坐，两臂平抬，双手持璋，首刃冲上（图六）。这不仅是以璋进行祭祀山神的实物例证，而且该铜像清晰地向我们展示了古人如何运用璋举行跪拜、祈祷等祭祀仪式活动。举行完一系列的祭祀仪式后，最后一道程序是使用“投”“悬”“埋”等方法处理祭品。“投”指将祭物置于山中地上，“悬”指将祭物悬挂以达到祭神之目的。《尔雅・释天》曰：“祭山曰庪县（悬）。”注曰：“或技或县（悬），置之于山。”《汉书・武帝纪》曰：天汉三年，“还幸北地，祠常山，瘗玄玉”。在“埋”“投”或“悬”中，将祭品瘗埋于地下是古代祭祀山神的一种重要而常见方式，“埋”是指把供物埋入地下进行献祭祈祷。《礼记・祭法》曰：“燔柴于泰坛，祭天也；瘗埋于泰折，祭地也。”《礼记・郊特性》孔颖达注：“以柴之高，故燔柴于坛。以地之深，故瘗埋于坎。”“天神在上，非燔柴，不足以达之。地亓在下，非瘗埋不足以达之。”另《山海经・五葬山经》提到对山地神灵的祭礼中绝大多数采用“埋”的献祭方法将祭品埋入地下。戈山、罗圈峪和上万家沟北岭三处地点的玉石器均出自岩缝之中，尽管祭器本身未见有灼烧或烟炱痕，但毫无疑问为“瘗埋”于地下之属，此为推知上述遗存为祭山现象又添一嘉证。

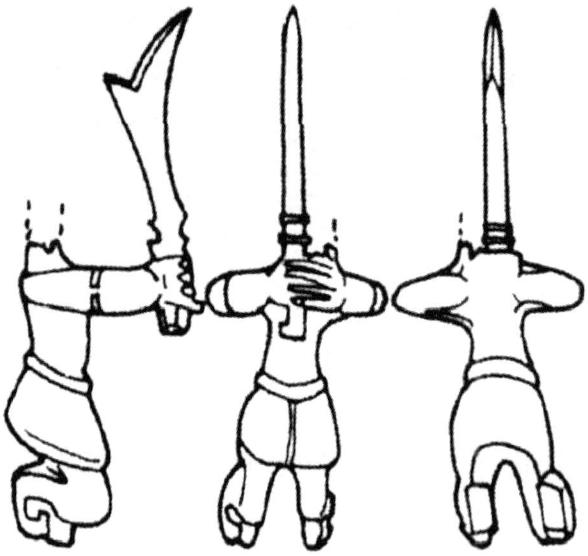

图六　铜持璋小人像（K2③：325）

民俗志材料、文献资料、考古资料与罗圈峪等三地相关发现互证，有力地证明上述三处地点属泰沂山系以南地区我国古代先民的祭山遗存。从前述三处祭山遗存所用祭器和埋藏方式看，我国史前时期的山地祭祀礼仪尚不规范，具有一定的原始性，主要体现在祭器的随意性和数量的不稳定性等方面。另外，从三地所用祭器的种类观察，龙山文化时期祭山的目的也具有多样性和复杂性。璋来源于农具耒耜[①]，和石镰一样在祭山时的用途应与农事有关，从这点来说山地祭祀的对象尽管是山神，但其性质与农业生产方面的宗教祭祀活动相近，其目的很有可能是为祈求风调雨顺、农业丰收，这应是古人重农思想的反映。诸遗存中有关兵器的发现，或许又反映出，史前人们祭山也与人们在狩猎活动中祈求得到丰盛的猎获有关。一言以蔽之，先民所以祭山，是基

① 戴应新：《神木石峁龙山文化玉器》，《考古与文物》1988 年第 5、6 期合刊。

于对美好生活的追求、向往的一种祈祷和祝愿。

附记：2007 年 7 月 13 日，笔者前往沂南县文物管理所，在所长高本同等人的安排和陪同下，对罗圈峪玉石器出土地点及地理环境进行了考察，并对出土的玉石器进行了仔细观察和描述。2007 年 8 月 14 日，笔者借工作之便，再次前往泗水县戈山村实地考察戈山石器出土现场，并寻访了发现石器的当事人。令人意外的是，我们在当事人家中又见到戈山岩缝中出土的另外两件残石镰（SG：14、SG：15）。据李长银介绍，因为这两件石镰残破，所以上次没有提供给我们。笔者现场对两件石镰进行了照相、绘图。

文稿用图由王站琴描绘。本文在形成文稿的过程中，得到了王树明先生的悉心指导，王树明先生亦曾多次对文章提出修改意见。值此文发表之际，谨致谢忱。

（原文载《中原文物》2008 年第 2 期）

后李文化制陶技术的初步观察

高明奎

（山东省文物考古研究院）

一、前言

二十世纪八十年代末，山东的史前考古取得了突破性进展，发现了目前省内最早的新石器时代文化——后李文化。该文化的提出源于临淄后李遗址的发掘①，首次在北辛文化层下识别出这种新的文化遗存，此后又相继发现十余处遗址，集中分布于鲁中南山地北麓的山前冲积平原上，经过发掘的有章丘西河②、章丘小荆山③、潍坊前埠下④、淄博彭家⑤、长清岳庄⑥。据已测定的碳十四年代数据，它的绝对年代在距今8400—7700年之间，推测上限可达距今9000年，下限可与北辛文化衔接。目前对该文化的研究⑦，多集中于文化的命名、分布、内涵与特征、年代、源流及与其他文化的关系等方面，而针对陶器制作技术的系统性研究还很少涉及，一般仅在发掘简报或论文中进行概括性叙述，且学者们在陶胎原料、制作方法等技术方面见解不一。因此，本文拟在以往研究成果的基础上，主要依

① 济青公路文物工作队：《山东临淄后李遗址第一、二次发掘简报》，《考古》1992年第11期；《山东临淄后李遗址第三、四次发掘简报》，《考古》1994年第2期。

② 山东省文物考古研究所：《山东章丘三村窑厂遗址调查简报》，《华夏考古》1993年第1期；《山东章丘市西河新石器时代遗址1997年的发掘》，《考古》2000年第10期。

③ 章丘县博物馆：《山东章丘县小荆山遗址调查简报》，《考古》1994年第6期。山东省文物考古研究所等：《山东章丘市小荆山遗址调查、发掘报告》，《华夏考古》1996年第2期。

④ 山东省文物考古研究所等：《山东潍坊前埠下遗址发掘报告》，载《山东省高速公路考古报告集（1997）》，科学出版社2000年版。

⑤ 魏成敏：《淄博市彭家后李文化遗址》，载《中国考古学年鉴（2001年）》，文物出版社2002年版；又见山东省文物考古研究所2000年彭家遗址发掘资料。

⑥ 见长清博物馆馆藏资料。

⑦ 这方面的著述目前主要有：王永波、王守功、李振光：《海岱地区史前考古的新课题——试论后李文化》，《考古》1994年第3期。王永波：《关于后李文化的谱系问题——兼论北辛文化的内涵和分期》，载《青果集——吉林大学考古专业成立二十周年考古论文集》，知识出版社1993年版。张学海：《西河文化初论》，载《张学海考古论集》，学苑出版社1999年版。张江凯：《后李早期陶器的类型学研究》，《中原文物》1998年第4期。栾丰实：《试论后李文化》，载《海岱地区考古研究》，山东大学出版社1997年版。佟佩华：《山东新石器时代早期考古新收获》，《华夏考古》2000年第3期。

据彭家遗址的资料，同时结合对其他几处遗址标本的实物观察，对该文化陶器的制作技术方面略述管见，敬请方家赐教。

二、制陶技术

以下将依陶器制作的基本流程，就原料的选择、成型方法、坯体的修整、装饰及烧造等方面分别述之。

（一）原料的选择

该文化的陶器不见典型的泥质陶，但对陶质的描述，见诸报端的不尽一致，有“夹砂陶”①、“含砂陶”②、“含沙泥质陶”③ 等说法，尽管表述不一，但多数认为陶胎系利用自然黏土直接加工而成，未经特别处理，其中包含的砂粒均为土中携带，非人工有意掺加。笔者经过仔细观察上述几处遗址大量陶片断茬，尤其是彭家、西河遗址的标本，认为陶胎的原料均为黏土，虽未经过淘洗等特殊工艺加工，但当时的人们对自然土的性能有了一定的认识，在选择时就考虑到陶质与器物功能间的关系，特别是通过在诸多炊器的原料中加入羼和料来改善陶胎的性能，羼和料主要有砂粒、滑石粒等，主要依据有以下几点：

第一，通过观察彭家遗址中若干陶片新断茬，发现同一器物的陶胎中，砂粒分布均匀，颗粒度大小相若，一般粒径 1 毫米左右，形态不规则，有的周缘有明显的片状棱角，推测这些砂粒可能用大石块人工砸击而成，然后掺入泥料中。第二，不同器物陶胎中的包含物种类有别，经地质方面专家用 20 倍放大镜初步观察④，西河遗址陶片中夹杂的砂粒主要有三类：石英、长石及角闪石，彭家遗址陶器中主要夹杂石英、长石砂粒。这两处遗址中反映的共同点是，同一件器物主要夹杂上述砂粒中的某一种，间杂少量的其他砂粒，个别遗址（如前埠下）90%的夹砂陶中又掺入了滑石粒，这表明制作者对羼和料的种类有了一定的选择⑤。有人对陶器的化学组成与制陶原料的关系进行了深入的研究，认为在所有羼和料中，石英砂粒（主要化学成分为 SiO_2）较理想，由于它的掺入改善了黏

① 济青公路文物工作队：《山东临淄后李遗址第一、二次发掘简报》，《考古》1992 年第 11 期；《山东临淄后李遗址第三、四次发掘简报》，《考古》1994 年第 2 期。山东省文物考古研究所：《山东章丘三村窑厂遗址调查简报》，《华夏考古》1993 年第 1 期；《山东章丘市西河新石器时代遗址 1997 年的发掘》，《考古》2000 年第 10 期。章丘县博物馆：《山东章丘县小荆山遗址调查简报》，《考古》1994 年第 6 期。山东省文物考古研究所等：《山东章丘市小荆山遗址调查、发掘报告》，《华夏考古》1996 年第 2 期。

② 山东省文物考古研究所等：《山东潍坊前埠下遗址发掘报告》，载《山东省高速公路考古报告集（1997）》，科学出版社 2000 年版。

③ 张学海：《西河文化初论》，载《张学海考古论集》，学苑出版社 1999 年版。

④ 2001 年 10 月山东省地质科学研究院金隆峪先生鉴定。

⑤ 李文杰：《中国古代制陶工艺研究》，科学出版社 1996 年版。周仁、张福康、郑永圃：《我国黄河流域新石器时代和殷周时代制陶工艺的科学总结》，《考古学报》1964 年第 1 期。李家治：《我国古代陶器和瓷器工艺发展过程的研究》，《考古》1978 年第 3 期。

土泥料的成型性能，使陶坯成型时与晾干后不易开裂，提高了陶胎中 SiO_2 的含量，降低了助熔剂所占的比例，如果助熔剂总和太高，在高温下陶胎容易熔融、变形，即“烧流”。对炊器来说，最重要的作用是增强了耐高温急变性能，防止使用时开裂，也提高了导热性能。第三，不同器类，陶胎中砂粒的大小、分布密度不尽一致，如小荆山遗址中盆、钵类器物多含细砂或沙，且含量低，同期的釜类含砂量明显较高。与此类似，西河遗址中作为炊器的釜、罐（1997年发掘资料中，小型釜多出土于石支脚上，且底部有三道烟熏火烧痕迹，部分罐底部亦有烧烤使用痕，应为炊器），陶胎中掺和物分布均匀，颗粒度大小相若，而其他的罐、碗类器物陶胎中砂粒不仅颗粒度小，且分布密度明显低于炊器，这说明人们已初步了解陶质同器物功能间的关系，掌握了通过加入羼和料来改善陶土性能的方法，从而做出适合不同需要的器物。

除上述有羼和料的陶器外，还有相当数量器物无羼和料，原料直接源于自然土，陶胎中的包含物主要有细砂或沙、零星云母片及粗砂粒等。

（二）陶坯的成型

陶器造型以圜底为主，另有少量圈足器、平底器及乳丁状足器等，均手制，多用泥条圈筑成型，有的直接用手捏成（即捏塑法），还有的二者结合使用。容器多分段制成，即先做器底，上部再接腹部、附耳或器钮等。如圜底器的制作，一般先用手拍打或捏成较厚的圆形泥饼，贴附于以沙或土堆成或挖成的圜底坑中做成底，即地模成型法，然后做腹部，腹部主要采用泥条圈筑法，即把泥条首尾相接，由底部向上逐步套接，因此在器物的内壁及断茬的纵剖面上，常见上下衔接痕，许多横向断茬往往产生于接缝处，依上下衔接痕的间距判断，泥条有宽窄之分，宽者3—7.5厘米，窄者0.7—2厘米，长度一般同器物周长。宽者如后李H1967中釜腹部近底处残片（图一），该器为夹砂红褐陶，残高24厘米，壁厚近1厘米，从上至下由10块陶片拼合而成，有五条水平向断面，这几条断面基本平行，且表面光滑、略凹，两条断面间部分应为圈筑时的泥条，由上而下共5圈，其宽度分别为6、3.6、4、3.2、7.2厘米，另外还有数条斜向断茬，断面凹凸不平，较粗糙。又如彭家F1①：27（图二），为釜腹部近底处残片，夹砂红褐陶，残高19.2厘米，壁厚0.5厘米，由6块陶片拼合而成，有四条水平向断面，每条断面近平，无明显的凹凸处，应为泥条的衔接痕，由此推断该标本由4周泥条筑成，上部的较窄，宽2.9厘米，近底部的3周略宽，宽5—5.5厘米，标本中部有四条纵向断面，断面亦平滑，似为同一周泥条相接处。窄者如后李H2590：2（图三），堆纹釜口沿残片，夹砂红陶，残高4.4厘米，壁厚约1厘米，口沿下有4条基本平行的窄泥条，均在衔接处脱裂，衔接面因受力挤压略凹，且光滑，泥条宽在0.7—1厘米间。叠沿类口沿有两种做法，一般利用拍打或捏成的宽泥带外翻折叠而成，有的在口沿下黏附一周厚泥带，再用微卷的口沿稍微盖住厚泥带的上部，如西河T6955③釜口沿残片（图四），夹砂红陶，卷沿下附加一周2厘米宽的泥条，泥条上缘大部分被卷沿弥合，局部仍暴露出泥条与口沿间的衔接痕。其他口沿及腹部的制作基本同上述方法，但圈足是用泥条黏附于圜底一周而成，平底则用拍打成的圆形泥饼为之，乳丁足经手捏成乳丁状再黏附于器底而成。

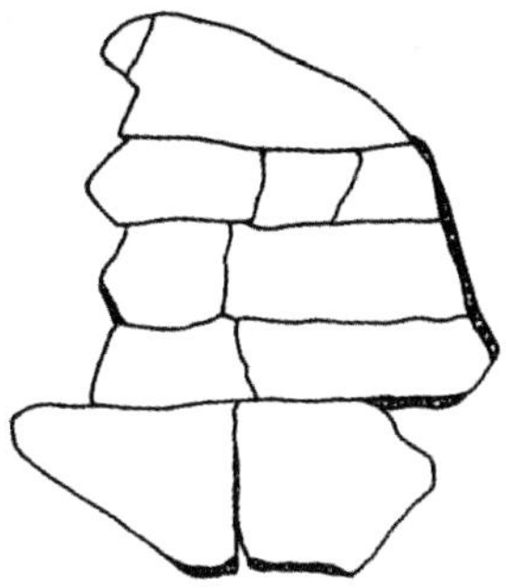

图一 后李 H1967 腹部残片

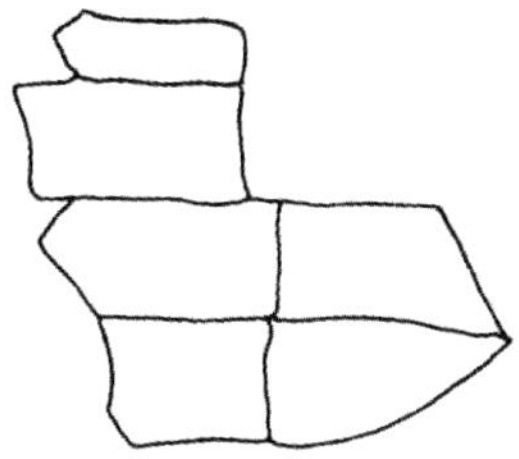

图二 澎家 F①：27

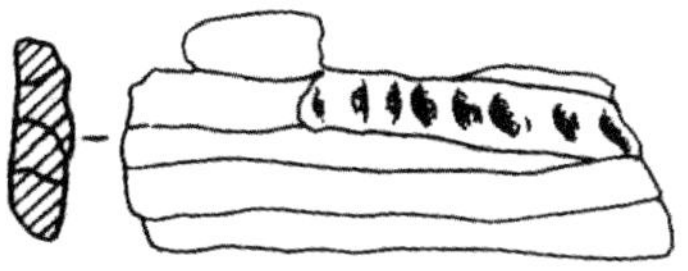

图三 后李 H2590：2

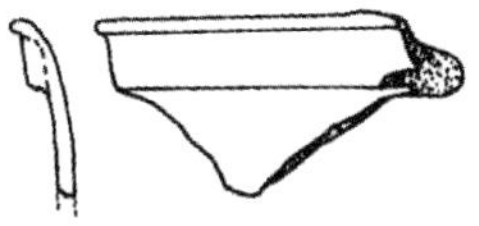

图四 西河 T6955③釜口沿残片

一些小型陶制品或器耳、鋬等附件主要采用捏塑法，即根据造型的需要，拿泥料直接用手拍打或捏塑而成。如西河 F56：11 陶面塑像，先用泥料拍打或捏出圆形泥饼，然后在其上贴附泥条，用手指挤压成突起的鼻脊和鼻梁，最后用管状物戳成两个圆孔做眼珠（图五）。

（三）坯体的修整

陶坯成型后，为加固器体，使各部分充分结合在一起，同时也为使器形更规整、美观，需要在器壁的内、外表面进行修整，方法主要有挤压、拍打、刮抹、压划等，使用的工具为手指、鹅卵石、长条形片状物、篦状物等。为弥合泥条衔接痕，需用手指使劲刮抹，表面留下宽约几厘米的纤细皮肤纹理带；或器内进行支垫，从外部进行拍打。常见内壁有椭圆形的浅凹痕，这可能是鹅卵石的支垫痕。在彭家遗址的地层或灰坑中发现较多光滑、扁平的鹅卵石，似与此有关。在釜口沿或腹部常见横、竖或斜向的窄条形浅刮痕，宽 1—2 厘米，长一般不足 10 厘米，刮痕一端略宽，另一端稍窄，这应是薄刃状物刮划而致，如竹片、木片或骨片等，宽端痕是始刮点，窄端痕似为终刮点。另外在器体的内外壁常见细密的齿形刮痕，内壁多水平向刮划，外壁横、竖或斜向刮痕皆有，略显凌乱，齿痕粗细密疏不一，一组刮痕一般有 3—7 道齿痕，宽 1—2 厘米，表明篦状物虽窄，但齿较密集，笔者曾拿 2 厘米宽的薄木片在做成的泥模上刮划，留下类似的刮痕。个别器物在刮划后，又用光滑且坚硬的物体在器内壁做水平向打磨，留下一条条光滑的粗浅条痕，表面有光泽。这种打磨应在陶坯半干时进行，因为较湿时打磨无光泽，彭家 F201 内发现红褐色梯形小鹅卵石，器体扁薄，长 4.2 厘米，宽 1.8—3 厘米，厚 0.5 厘米，宽端边缘有明显的磨痕，无其他使用痕迹，可能为当时的打磨工具（图六）。上述几种修整方法常常结合使用，很少单独使用，因此在同一器物的内外表多见几种修整痕。

（四）坯体的装饰

器体的装饰较简单，以素面为主，有纹饰者也较简洁，另有少量器物饰陶衣。

纹饰多位于釜、罐、壶等器物口沿的下部，主要在叠沿或附加堆纹上，个别在腹部，它们既具有装饰美观的效果，又起到加固作用，使叠沿或附加堆纹更紧密地黏附于器体上。通过纹样痕迹的形态观察，按照施力方法的不同，可分为贴附条形纹、戳印纹、掐印纹、按压纹、挤压纹、挑剔纹、刻划纹、刮划纹、滚压纹等，下面主要以彭家遗址的标本为例（未注明遗址名称者皆为彭家标本），依类就各种纹饰的制作工具、形态特点进行初步探讨。

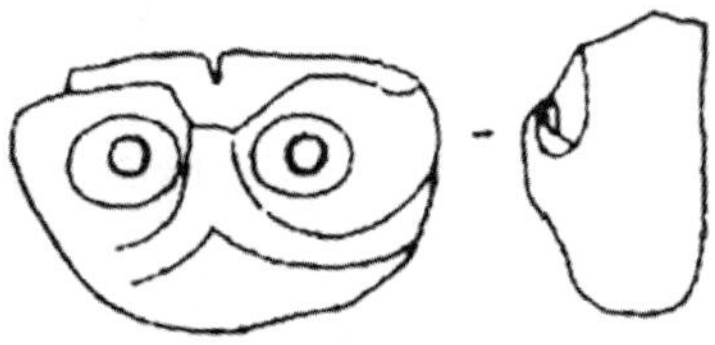

图五　西河 F56：11

图六　彭家 F201 鹅卵石

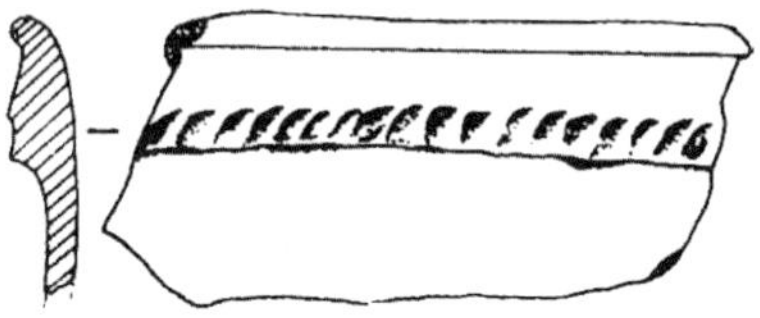

图七　彭家 H209：6

图八　彭家 H216：4

贴附条形纹　即附加堆纹，用宽 1 厘米左右的泥条黏附于器体表面，上部再饰其他各种纹饰，横截面近半圆形、方形、椭圆形、梯形、三角形等，多位于口沿的下部，另有部分在腹中部，一般绕器体一周，有的为短泥条，绕器体间断式排列。

戳印纹　以圆头状、尖锥状或管状等物斜向或垂直于坯体用力捅戳，被触及点因受力挤压致使边缘泥料向上凸起，产生皱褶。由于使用工具接触面的形态不同，而留下豆粒状、麦粒状、圆形等大小、深浅不一的浅凹坑。叠沿下多饰一周豆粒状纹饰，如 H209：6（图七），釜口沿，在叠沿的下部饰一周豆粒状浅凹痕，每个凹痕大小、深浅相若，几乎无间隙地斜向排列成宽约 8 毫米的纹饰带，边缘的泥料略向上隆起，这可能是用细棒状物（如树枝等）垂直于坯体顺时针戳印一周而成；

H216：4（图八），釜口沿，在叠沿的下部排列一周小圜底状凹坑，上部边缘泥料向上凸起成眉脊状，每个凹窝的突起部分相连，整体呈水波状，显然是用圆头棒状物由下而上斜向连续戳印而成。附加堆纹上多戳印2—3周麦粒状浅窝，状如绳索，如H219：2（图九），釜口沿，在半圆状附加堆纹上，排列3周麦粒状浅凹坑，似用尖锥状物戳成。圆形者当为圆头的棒状物垂直于坯体戳印而成，个别小凹坑中间有凸起的芯，可能为圆形细管状物（如禽类的骨管、芦苇管等）而致，如H217：3（图十），在附加堆纹上戳印一周圆形小浅窝，大小、深浅相近，直径6—7毫米，深3—4毫米，间距3—5毫米，周缘泥料受力挤压而略膨胀；H216：5（图十一），在拍印的三角形平面上，横向排列三行圆形小凹痕，直径3—4毫米，中间有向上凸起的芯，直径约1毫米。

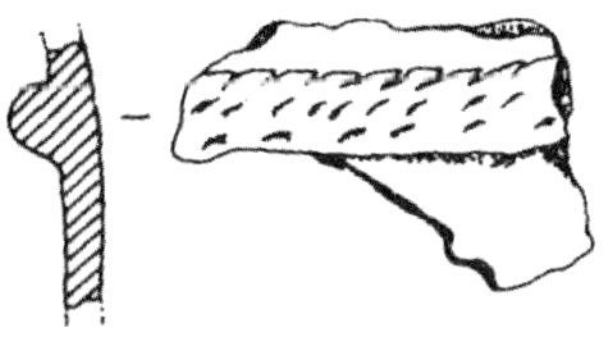

图九　彭家H219：2

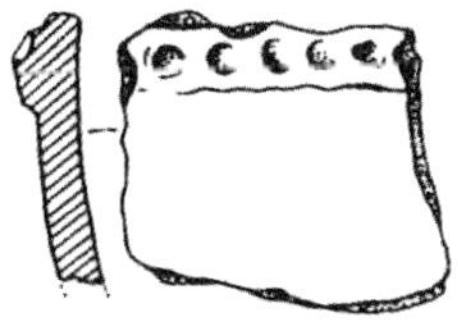

图十　彭家H217：3

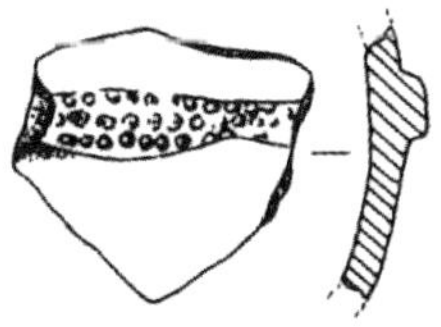

图十一　彭家H216：5

图十二　彭家H209：9

掐印纹　常用手指甲由器表向内垂直用力掐压，留下深浅不一的短弧线型指甲痕，据痕迹的排列方式可分为横向、竖向及斜向三种。横向排列的如H209：9（图十二），釜口沿残片，在叠沿下部有一周首尾相连的指甲纹，弧长约9毫米；F201：22（图十三），釜口沿残片，在半圆形附加堆纹上饰2周横向指甲纹，指甲痕的弧长7—8毫米，上下两指痕基本平行，间距3—5毫米，构成一组，两组间隔5—10毫米不等。斜向者如H209：7（图十四），釜口沿，在叠沿下部饰一周倾角约45°的粗指甲纹，掐痕长约8毫米，排列紧密，间隔1—2毫米。竖向掐印的如H219：2（图十五），釜口沿，在附加堆纹上有竖行浅指甲痕一周，排列紧密，间隔2—3毫米。

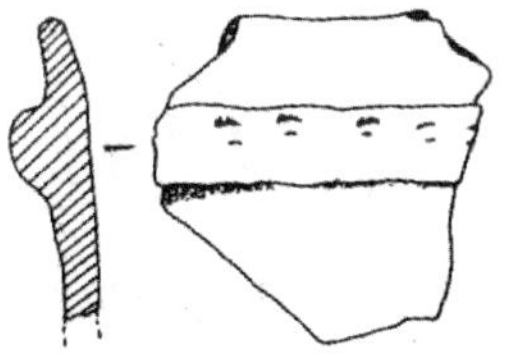

图十三　彭家F201：22

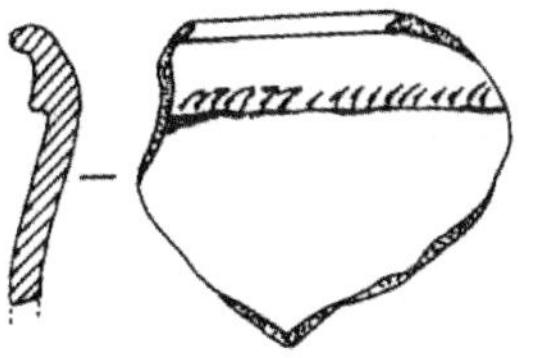

图十四　彭家H209：7

图十五　彭家H219：2

按压纹　指用手指、圆棒状物或片状物由器表向内按压，泥料受力凹陷而形成的痕迹。如H204：7（图十六），釜口沿，在叠沿的下部用手指横向按压一周，不但留有指甲痕，还有指纹，按印痕间隔2—3毫米，间隔处形成三角锯齿形凸起；H209：10（图十七），卷沿下有一周三角形浅印痕，各印痕紧密相连，可能为三角形或方形片状物之角按压而致；H219：5（图十八），釜口沿，在方形附加堆纹上斜向排列一周平行的短条形凹痕，倾斜角约为 45°，凹痕断面呈浅“U”形，间隔 2—3 毫米，长 2 厘米左右，宽 3 毫米，当为细圆棒状物按压而成。

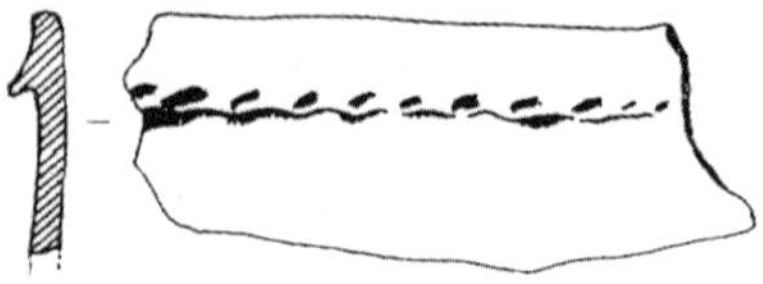

图十六　彭家 H204：7

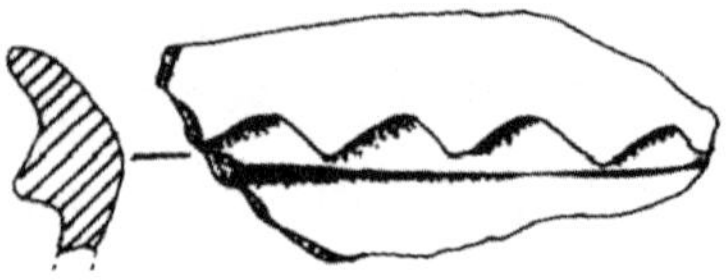

图十七　彭家 H209：10

图十八　彭家 H219：5

刻划纹　用尖状物或刃状物刻划泥料而形成的短条形刻槽，断面呈细“V”形，痕迹两端窄，中间略宽。如 F202：16（图十九），釜口沿残片，在圆形的附加堆纹上刻两周相对称的浅斜槽，一对斜槽构成一个横卧的“八”字形，一周“八”字形状如叶脉，刻划痕最宽 3 毫米；后李 H947：3（图二十），釜口沿，在附加堆纹上斜向刻凹槽一周，长 1—1. 2 厘米，宽 0. 3—0. 4 厘米，深 0. 2—0. 3 厘米，每 2 个构成一个“八”字形。

挑剔纹　指用尖状物插入胚体，然后用力向斜上方弹挑泥料而形成的痕迹，往往痕迹的插入点最深，也较宽，周围泥料因受力挤压而略凸起，顺弹挑方向，痕迹由深变浅，从宽变窄。如 H219：4（图二十一），在圆形附加堆纹上饰一周对称的挑剔纹，每一对痕迹成横卧的“八”字形，最宽 4 毫米，最深 3 毫米，每个“八”字形痕迹间隔 5—6 毫米。

挤压纹　指用两手指相对挤压而形成的痕迹，所挤压部分泥料凸起成脊状，脊的两侧为带有指纹的浅窝。如 G204：3（图二十二），口沿下的附加堆纹因两手指错落挤压一周而状如绞索。

滚压纹　指用圆棒状物在器表滚动而留下的痕迹。如 H216：3（图二十三），口沿残片，敛口，器壁厚约 3. 5 厘米，口沿上有四道同心圆弧状细绳纹；西河 T6755③：3（图二十四），釜口沿，在叠沿上饰 7 条横向平行的绳纹，排列紧密，应为缠绕细绳的圆棒状物滚压而形成。

图十九　彭家 F202：16

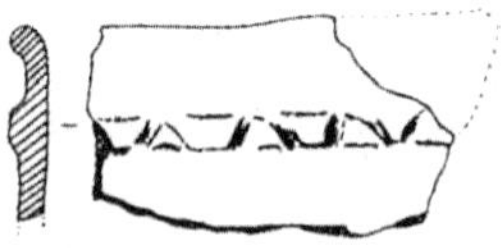

图二十　后李 H947：3

图二十一　彭家 H219：4

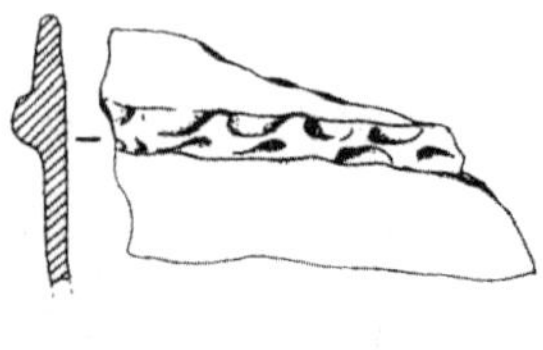

图二十二　彭家 G204：3

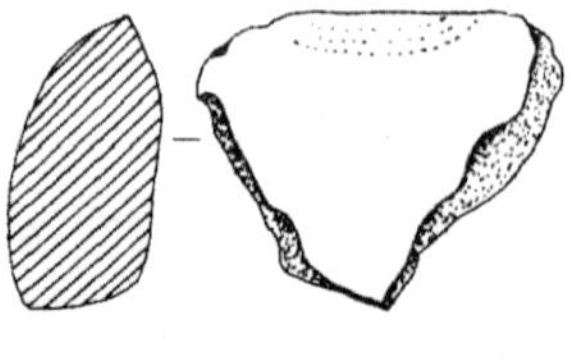

图二十三　彭家 H216：3

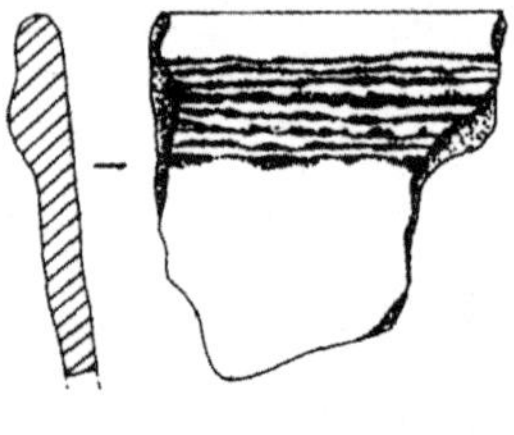

图二十四　西河 T6755③：3

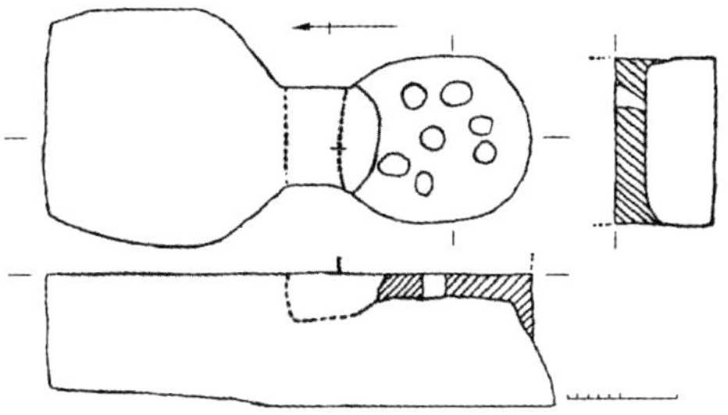

图二十五 后李 Y6 平、剖面示意图

除上述具有装饰效果的纹饰外，还发现部分釜、圜底罐、钵（碗）类器物的内外壁或外壁挂一层稀泥浆，掩盖住表面的砂粒，有的已局部脱落，裸露出胎体内的砂粒，略显粗糙。这种现象在西河、彭家遗址中常见，彭家遗址中还有饰红陶衣的钵，如F4出土口、腹部残片，内外壁色泽纯正如一，皆饰红褐色陶衣，局部陶衣脱落，呈现出红胎。

（五）陶窑及陶坯的烧造

目前能直接反映烧陶技术的信息较少，综合后李、西河、小荆山遗址中的部分材料，就陶窑的形制结构、装烧方法及窑内的气氛略作探讨。

发现陶窑两座，后李和小荆山遗址各一座，小荆山的已遭严重破坏，无法辨其形制，现以后李遗址的Y6为例说明（图二十五）①：

竖穴窑，分为窑室、火膛和泄火坑三部分。窑室遭晚期灰坑破坏，仅存窑箅，窑箅平面呈圆形，近火口处塌陷，直径约84厘米，厚10厘米，表面分布7个火孔，中间1个，周围环绕6个，基本呈梅花状。火孔不甚规则，近圆形或椭圆形，有倾斜的，也有垂直的，孔径10—15厘米，烧结程度不高。火膛位于窑室的下方，平面呈不规则圆形，进深25厘米，宽约50厘米，高约45厘米，底部较平，上部箅孔周围烧结成青灰色。泄火坑位于火膛的北侧，平面为“凸”字形，底部略高于火膛底，泄火坑与火膛间为投火孔，投火孔上部的隔墙已塌陷。

陶窑的出现，可以确定陶器坯体应在窑内烧成，但从目前发现的材料观察，绝大多数陶器无装烧方法的痕迹②，根据我国西南少数民族烧陶方法，同时考虑到后李文化以圜底器为主的造型特点，当时人们可能主要采取了大小相套、倒置或侧放的装烧方法。在后李遗址中，有的大型深腹圜底釜唇沿上遗留三处黑色不规则斑块，每个斑块均向口沿的内、外两侧延伸，大小相若，宽度一般在4—6厘米间，三处斑块连线基本构成等边三角形，这类器物的内壁较外壁颜色略深，但大体一致，呈红

① 济青公路文物工作队：《山东临淄后李遗址第三、四次发掘简报》，《考古》1994年第2期。

② 李仰松：《云南省佤族制陶概况》，《考古通讯》1958年第2期。张季：《西双版纳傣族的制陶技术》，《考古》1959年第9期。林声：《云南傣族制陶术调查》，《考古》1965年第12期。杨原：《云南元谋红告村的制陶工艺》，《考古》1986年第12期。

褐色，这应是器物口部朝下倒置垫烧的痕迹，黑色斑块处等距放置“U”形卡槽类支垫物，这符合三角形稳固几何原理，黑色斑块可能是烧制过程中支垫物周围燃料燃烧不充分产生的黑烟渗碳所致，另有器物或许竖放支烧，如西河遗址91：1，釜，微卷沿，敞口，深斜腹，圜底，器体一侧残，高28厘米，器壁内外颜色纯正如一，呈红色，唯器表近底部残留两处卵圆形的黑色斑块，应是支垫痕，它们处于同一高度，距口沿20厘米，两者大小相若，长径6.2—6.5厘米，短径3.4—3.6厘米，间距8厘米。这两块斑块的腹部圆周长约73厘米，由此可以推算，若支脚绕此处腹部等距分布一周，应有5—6个支垫物。类似垫痕在其他陶器的近圜底处多有发现，但同一高度的支垫痕间距不一，两者有的显得较紧凑，有的略疏，个别器物上几个支垫痕上下错位，不位于同一高度，显然是多次支垫的结果，同时两处支垫痕间多有向上延伸的红褐色三角形区域，这应是火焰由釜底部向上燎烧的痕迹，未烧的部分陶色与此深浅有别，整个器体颜色显得较斑驳。有时，这种釜出土于房内由三个牛角状的石支脚组成的灶上，因此，这种器物应是炊器，它上面的支垫痕当为炊烧时的使用痕，而上述标本不仅颜色纯正如一，且支痕间距适中，与炊器器表遗留的使用痕有明显的区别，故西河91：1釜表面的颜色及支垫痕应为一次过火而致，垫痕当为烧陶器过程中的支烧痕，据支垫痕的形态推测，窑内的支垫物大致同于组成灶的陶或石牛角形支脚，这种支脚在西河、小荆山、后李等遗址中均有普遍发现。按照上述装烧方法，以窑室直径80—100厘米、陶釜口径30—35厘米（该文化釜口径多在此范围）计算，每次可以烧4—5件，多者可达10余件。

该文化的陶器绝大部分为红或红褐色，少量为灰、灰褐、黑或黑褐、黄褐色等，器表内外颜色多数显得较斑驳，很少有纯正如一的，有的器表一侧为红色，另一侧为黑色，或上部为红色，下部为黑色，或红色的器表中夹杂黑色的斑块等，还有外表呈灰色或黑色、内壁为红色等情形，由此可见，当时人们对窑内的气氛及温度尚未掌握好。由于大部分陶器呈红色系，可以推测，窑内通风状况良好，燃料燃烧充分，陶器多数在氧化气氛中烧成，因陶胎中氧化铁（Fe_2O_3）的含量不同，而呈现出深浅不一的红、红褐、黄褐色，又因炊器使用时受火部位及受火时间长短等方面的差别，使器壁的内外或器表的上下颜色不一，还可能因部分燃料接触器体，未充分燃烧产生黑烟，导致局部渗碳而出现红色中夹杂黑色斑块的情形。灰色系陶器当在还原气氛下烧成，这种情况下窑内空气流通不畅，由于窑内缺氧燃烧产生的一氧化碳（CO）将高价铁（Fe^{3+}）还原成低价铁（Fe^{2+}），结果呈现灰色。个别标本为黑陶，可以肯定为浓烟渗碳所致，如西河F63：24，大型釜，通体黑色，叠沿，敞口，深斜腹，圜底，底一侧残，由于这仅是个别现象，不具有普遍性，因此很难据此断定当时的人们是否已掌握窑内渗碳技术。

三、结语

通过上述分析，再结合海岱地区、周围其他地区的史前文化及西南少数民族志中有关制陶技术的资料，进行综合比较，可以取得以下几点认识：

第一，后李文化的居民已掌握了一套略成熟的制陶技术，在原料的选择、陶坯的成型与修整、坯体的装饰及烧造等方面已形成了完整的工艺流程，每一个工序皆表现出一定的成熟性。如在原料的挑选上，大致了解原料与陶器制作、烧造及其功能间的某些联系，因此能够通过加入羼和料来改变原料的性能；在成型、修整、装饰等环节中，考虑到器体的加固及美观两方面的需要，有的还饰陶衣；陶坯的烧造在窑内完成。

第二，陶窑结构及装烧方法具有较大的先进性。根据西南少数民族烧陶方法和黄河流域史前文化中有关考古材料可知，史前陶器的烧造大致经历了两个大的发展阶段，即露天堆烧和窑内装烧，前者有平地堆烧及封闭烧两种形式①，后者先后出现了横穴窑和竖穴窑②。裴李岗文化、仰韶文化流行横穴式窑，竖穴窑开始出现于仰韶文化，主要流行于龙山时代，在海岱地区，至今未发现北辛文化的陶窑，大汶口文化时期也主要是横穴式窑。这样若把后李文化发现的竖穴陶窑及倒置垫烧的装烧方法置于史前陶窑烧造技术的发展史中分析比较，其先进性不言尽现。

第三，陶器制作上又表现出相当多的原始性。在陶系上，一般认为泥质陶的出现晚于夹砂陶，如贾湖文化（公元前7000—前5800年）③ 第一段不见泥质陶，发展到第四段，泥质陶成为第一大陶系，而基本同时的后李文化中不见典型的泥质陶，均为夹砂陶。在陶器成型过程中，全部采用手制，不见轮制现象，修整和装饰使用的工具一般就地取材，如手指、树枝、兽骨、木片、鹅卵石等，因此器表常常较粗糙，大部分为素面，装饰纹饰也简单，以各式浅窝、指甲痕及长条形凹痕为基本纹样，器形不仅显得单调（如以圜底器为主，约占90%，平底器、圈足器少见，偶见乳足器，不见三足器），而且一些大型的圜底器欠规整，中心线出现了不同程度的偏斜。

第四，陶坯制作和陶窑结构在技术发展水平上缺乏平衡性。一般来说，技术的发展受制于当时生产力的发展水平，应有一个持续的过程。由上述分析可知，后李文化陶坯制作技术的原始性与陶窑结构及其装烧方法的先进性显然不适应，其中的原因令人深思。它们是否分别源于两个不同的技术系统，或是同一技术系统中由于外力的作用而发生了技术突变，或是囿于目前资料的匮乏而导致我们认识上的不确定性，抑或他因？随着新考古资料的发现，相信这些问题会日渐明朗。

（原文载《史前研究》2002年）

① 济青公路文物工作队：《山东临淄后李遗址第三、四次发掘简报》，《考古》1994年第2期。

② 中国硅酸盐学会：《中国陶瓷史》，文物出版社1982年版。

③ 河南省文物考古研究所：《舞阳贾湖》，科学出版社1999年版。

杞国史地考略

郝导华

（山东省文物考古研究院）

杞国虽小，却是夏族后裔建立的姒姓国家，并牵涉到夷夏关系的复杂问题。因此，对它的研究就显得格外重要。由于《史记》记载简略且有疏漏错误之处，而《春秋》《左传》等文献史料也语焉不详，所以这项研究就更加困难，而以往各家所持的观点也多种多样。经过对比研究，笔者认为，杞国殷时在山东，周武王分封到今河南杞县，西周中晚期又迁到山东诸城一带，齐桓公时为淮夷所患，向齐南、鲁北一带迁移，而后与晋国关系密切，再后又向鲁国西部或南方迁移，战国时为楚所灭。本文试在前人研究的基础上加以分析，有不当之处，还请方家指正。

一、周代的杞国

根据文献记载，杞国在周代共有四迁，本节就以文献为基础，结合考古发现，对杞国在迁移前后各阶段的地望、迁移的原因等问题加以叙述。

《史记·陈杞世家》载："杞东楼公者，夏后禹之后苗裔也。殷时或封或绝。周武王克殷纣，求禹之后，得东楼公，封之于杞，以奉夏后氏祀。"

受武王所封的杞国地望，学术界意见一致，《汉书·地理志》、《水经注》及《世本》宋衷注等皆认为在陈留郡雍丘县，即今河南杞县。

近年来出土的史密簋，铭文内容与杞国第一次迁移有关："……王令师俗、史密曰：东征，敌南夷。卢、虎、会、杞夷、舟夷、观、不（邳）、阶，广伐东国……"此簋记载的是杞夷、舟夷等进犯周的东国，师俗、史密接受王命率齐师、遂人、族徒、莱等国族军队进行反击的史事。铭文中的舟，有学者认为即《春秋》桓公五年"州公如曹"的州，地在今潍坊安丘一带。西周初期，杞国不在夷区，史密簋铭文却称杞人为"杞夷"，说明杞国已东迁进入夷区并已经与夷人杂居，从而与夷人联合进犯周的疆土。史密簋的年代，大多学者定在西周中期稍晚的恭王至懿王时期，至晚不超过孝王时期；准此，则至迟在西周中晚期，杞国就已迁入山东东部了。至于迁移的原因，文献缺载。这时郑国还未东迁，估计应该是受宋国的侵伐。对于迁移的地点，王献唐先生认为，东楼公未封杞前，早在山东之诸城自有其国（笔者认为国名不应是杞，或为娄）；封杞之后，旧国仍在，“迨杞不守，其后嗣仍回本土耳”[①]。地域所在，即东楼公封杞前之本土诸城一带。

另外，《春秋》鲁隐公四年（前719）载：“……王二月，莒人伐杞，取牟娄。”杜预注牟娄即诸城西之娄乡。按，牟娄原属杞国，又被莒人伐取，杞与莒应相邻。《春秋》鲁昭公五年（前537）又载：“夏，莒牟夷以牟娄及防、兹来奔。”两处文献记载的牟娄应为一地。据《汇纂》，此防（春秋经中至少有二处防地）在今山东安丘西南六十里。兹在今诸城北、安丘稍西而南[②]。那么杜预注以牟娄在诸城西也应是可信的。由以上两条文献，我们可以断定，杞国东迁后应在诸城西、北及安丘南部一带应不致大误。

杞国东迁后被莒国夺走了牟娄，但没过多久，他也走上了侵夺别国领地的道路，还迁移了“都”城，这便是杞国的第二次迁移。《春秋》鲁桓公五年（前707）：“冬，州公如曹。”《左传》载：“冬，淳于公如曹。度其国危，遂不复。”杜预注：“桓六年，淳于公亡国，杞似并之，迁都淳于。”“淳于，州国所都城阳淳于县也。”即杜预认为淳于为州国都城，州公也就是淳于公，国名或都名加于公之上相同。王献唐认为不能以都名为国名加于公之上，而认为淳、州为声转，淳于是复音，当时缓言为淳于，急言为淳、为州[③]。笔者认同王献唐先生的意见。州，姜姓国，淳于公即州公。州国地在今山东安丘东北之淳于城。据《昌乐县续志》，1931年前后，昌乐县被划分为20个“厂”，其北展厂中村落名称有“淳于”字样者7处，曰：孟家淳于、赵家淳于、丁家淳于、尹家淳于、庞家淳于、杨家淳于、秦家淳于。因此，这时的杞国领土向北延伸至安丘、昌乐一带，或者其重心也随之移至此处。

但60年后，又出现了杞国的第三次迁移。《左传》载鲁僖公十四年（前646）春，“诸侯城缘陵而迁杞焉”。对于杞国为何迁缘陵，《管子·大匡》云：“宋不听，果伐杞……”《管子·霸形》亦云：“宋伐杞……”都认为是宋伐杞。《公羊传》则认为徐、莒胁杞而桓公迁之。首先，《管子·大匡》《管子·霸形》说的宋伐杞与事实不符。《春秋》僖公十三年：“公会齐侯、宋公、陈侯、卫侯、郑伯、许男、曹伯于咸。”《左传》：“会于咸，淮夷病杞故，且谋王室也。”宋国是咸之会的参加者，次年“诸侯城缘陵而迁杞”，是执行咸之会的决议。因此《管子·大匡》及《管子·霸形》所说宋伐杞与事实不符。其次，《公羊传》“徐、莒胁之”的说法亦有误，当时杞非但受莒的侵伐，还受鲁的侵伐，鲁国侵杞的借口是杞用了夷礼，莒国则是为了侵夺地盘。桓公十二年“夏六月壬寅，公会

---

① 王献唐：《山东古国考》，齐鲁书社1983年版。
② 杨伯峻：《春秋左传注》，中华书局1990年版。
③ 王献唐：《山东古国考》，齐鲁书社1983年版。

杞侯、莒子，盟于曲池”。《左传》：“十二年夏，盟于曲池，平杞、莒也。”杨伯峻《春秋左传注》“隐四年，莒人伐杞，自是遂不和，鲁与两国相邻，因而和之”，可信。看来鲁国已经基本上协调了杞与莒之间的矛盾了。直至杞迁缘陵前，未见莒与杞的矛盾。再者，这时徐国已立国于淮河流域，也不能越过齐、鲁等国而威胁到泰山东边的杞国，因此徐、莒的威胁不是导致杞迁都的直接原因。直接原因，应该就是杞受到淮夷（应是潍水流域的淮夷，与南淮夷不是一回事）的侵伐与威胁。《春秋》僖公十六年：“冬十有二月，公会齐侯、宋公、陈侯、卫侯、郑伯、许男、邢侯、曹伯于淮。”杜预注：“临淮郡左右。”《左传》：“会于淮，谋鄫，且东略也。城鄫，役人病……”杜预注：“鄫，为淮夷所病故。”按，杜预认为“淮”在临淮郡左右是错误的。当时齐桓公会诸侯是为了保护鄫（今山东枣庄峄城区以东），为什么要南行到临淮郡（今江苏盱眙）去开会商讨对策？淮夷正在侵扰鄫，诸侯为什么不加以征讨就越过了鄫而到南淮夷的腹心去集会？其实，淮应是潍水流域的一个地名。潍水流域的北部是齐的疆域，因此齐桓公才在那里和诸侯集会。《左传》里的“东略”之文也正与此相符。另外，对于潍水流域的淮夷，《诗经·鲁颂·泮水》《诗经·鲁颂·閟宫》都有记载。从以上《春秋》经传及《诗经》的记载来看，这次同淮夷的战争规模很大，淮夷侵入杞国后，没过几年又威胁鄫。这期间，齐国君主是齐桓公，存亡继绝是其提高自己威望的手段之一，所以才有发动“诸侯城缘陵而迁杞”及“谋鄫”“城鄫”之举。因此，淮夷病杞是杞迁缘陵的真正原因。

对于缘陵的地望，前人多认为在昌乐，其依据是缘陵即秦汉之营陵。实际上，缘陵和营陵是两个不同的地名，“缘”与“营”音义不通，不能相假①。《管子·大匡》载：“狄人伐。桓公告诸侯曰：‘请救伐。诸侯许诺，大侯车二百乘，卒二千人；小侯车百乘，卒千人。’诸侯皆许诺。齐车千乘，卒先至缘陵，战于后，故败狄。”齐国曾在此地与狄人打过仗。狄人不可能一直入侵到山东东部的昌乐一带。因此，缘陵应在齐国南部，而非昌乐。再从当时的昌乐分析，齐国虽灭了纪，但是强莱还与齐国的地盘犬牙交错，齐国把杞迁到昌乐来，如果迁到齐国自己的地盘，则不利于齐国向东扩张；如果迁到莱或莒等国的地盘，则杞国刚受淮夷侵伐，又会被莱夷人侵伐，这与齐桓公的初衷大相径庭。而迁至齐南方就不一样了，一方面，齐国刚与其他列强开完会，讨论过此事，这样就使杞国免受其他列强的侵伐，也有利于诸侯对杞国进行共同保护；另一方面，把杞国立在齐国的前面，也就形成了一道屏障，有利而无祸，是符合当时齐桓公的要求的。另外，齐灭莱（公元前567年）或灭莱以前也没有杞国被灭或被迁的记载。由此更可推知，缘陵不在昌乐，而是在鲁北、齐南一带。据称，在新泰市北境内有一地名曰雁翎关②，雁翎与缘陵音可相通，或即杞国的缘陵。

杞国在缘陵一段时间后，晋杞关系大为改善，为此，晋国为保护和治理杞国的疆土而采取了一

---

① 蓝野：《商周夏杞夷杞考》，载《杞文化与新泰》，中国文联出版社2000年版。

② 刘彬徽：《关于杞国历史地理问题的探讨》，载《杞文化与新泰》，中国文联出版社2000年版。

系列措施。《春秋》鲁襄公二十九年（前544）："仲孙羯会晋荀盈、齐高止、宋华定、卫世叔仪、郑公孙段、曹人、莒人、滕人、薛人、小邾人城杞。"同年，《左传》载："晋平公，杞出也，故治杞。六月，知悼子合诸侯之大夫以城杞……子大叔见大叔文子，与之语。文子曰：'甚乎其城杞也。'子大叔曰：'若之何哉？晋国不恤周宗之阙，而夏肄是屏，其弃诸姬亦可知也已。诸姬是弃，其谁归之？吉也闻之，弃同即异，是为离德。《诗》曰：'协比其邻，昏姻孔云。'晋不邻矣，其谁云之？"又载："晋侯使司马女叔侯来治杞田，弗尽归也。……叔侯曰：'虞、虢……皆姬姓也，晋是以大。若非侵小，将何所取？武、献以下，兼国多矣，谁得治之？杞，夏余也，而即东夷。鲁，周公之后也，而睦于晋。以杞封鲁犹可，而何有焉？……何必瘠鲁以肥杞？'"对于这一年的城杞，《左传》鲁昭公元年载："祁午谓赵文子曰：'……子相晋国，以为盟主，于今七年矣。再合诸侯，三合大夫，服齐、狄，宁东夏，平秦乱，城淳于……'"杜预注："襄二十九年城杞之淳于，杞迁都。"从上面的文献中，我们可以得到如下信息：第一，诸侯城杞是由晋国发起的，原因是晋平公之母晋悼夫人是杞女；第二，诸侯不但为杞国修筑了淳于城，而且整治了杞田。笔者认为，此处的淳于应在鲁国北部一带而与本文前述的州国不是一地，但此淳于却是沿袭原州（即淳于之急读）国之名，下文如不指明，都是指鲁国北部的淳于。

城杞的原因已明，那么淳于在哪里呢？淳于城的确切地望文献无征，但是近些年来，新泰市区北部出土两件戈，戈铭分别为"淳于公之御戈""淳于左造"①。另外，泰安市城区一战国墓中也出土一件"淳于右造"戈。三件戈的时代为春秋晚期至战国早期，时代正好位于晋城杞时或稍后，因此三件戈的出土为淳于的地望提供了重要的线索。而且，今泰安市满庄镇还有淳于村。据此，我们可以推测杞国此时应在新泰北部或西北部及泰安一带。

成邑是"治杞田"中的重要地点。因此成邑的位置也至关重要。《左传》鲁昭公七年（前535）载："晋人来治杞田，季孙将以成与之……晋人为杞取成。"这是由于鲁昭公朝楚，引起晋的不满，因此晋为杞取得了成邑。对于"成"的方位，各家观点基本一致，即认为在鲁国的"北鄙"，而靠近淄水（非齐故城东的淄河），也就是在宁阳县东北境。王恩田先生指出其具体位置是宁阳东北县境东庄镇西故城和南故城村一带的古城②。20世纪60年代，新泰楼德镇西城前村出土过一件殷代铜爵，铭文即"成"字。这更为成邑的位置提供了重要的旁证。成本属杞，后被鲁国占有，即《春秋》鲁襄公十五年（前558）记载的"齐侯伐我北鄙，围成"。经过晋的争取，在鲁昭公七年，成邑又回到了杞国。因此，宁阳东北部这时也应归杞国所有。

自清咸丰年间至今，新泰一带出土数件铜器。据统计，现在所见到的这批铜器的器型有鼎、簋、

① 魏国：《山东新泰发现淳于戈》，《中国文物报》1990年3月1日。

② 王恩田：《从考古材料看楚灭杞国》，载《杞文化与新泰》，中国文联出版社2000年版。

壶、匜、盆、卣等，其中簋共有8件，鼎2件。王恩田先生认为至少还有7鼎未见著录，杞伯身份应为诸侯国君。这批器物，鼎铭“杞白每亡作邾曹宝鼎，子子孙孙永宝用”，簋、盆、壶分别作“宝簋”“宝盆”“宝壶”等。郭沫若先生释“亡”字为“剥之或作”，认为“每亡”即“谋娶”也就是谋娶公。杨树达先生认为秦汉间人不识古字，误将亡字释为匄字，并认为亡字即刅字，疑每亡即为杞孝公①。按，《史记》载“……桓公十七年卒，子孝公匄立。孝公十七年卒，弟文公益姑立”。《左传》载鲁襄公二十三年“春，杞孝公卒”。那么孝公大体在公元前567年至公元前550年之间为君，即春秋晚期偏早。而关于这批铜器的年代，郭沫若认为当在西周晚期。王恩田先生认为这种形制的鼎一般是春秋中期以后出现的，可信。因此“每亡”即为杞孝公或可成立。新泰的这批器物显然应出自墓葬，这也可作为杞在鲁国北部的一个证据。

杞在鲁国北部待了一段时间后，这一带成了齐鲁交兵的场所，成邑又成了鲁国的领土，亦即孟孙氏的采邑。《左传》鲁昭公二十六年（前516）：“成大夫公孙朝谓平子曰：‘有都，以卫国也，请我受师。’许之。……告于齐师曰：‘孟氏，鲁之敝室也。用成已甚，弗能忍也，请息肩于齐。’齐师围成。成人伐齐师之饮马于淄者。”或是杞国这时已不在鲁国北部了，这可看作杞的第四次迁移。

这次迁移以后，杞国见于文献记载。《史记·楚世家》：“四十四年（楚惠王四十四年，即公元前445年），楚灭杞。与秦平。是时越已灭吴而不能正江、淮北；楚东侵，广地至泗上。”由此，王恩田先生指出，楚灭杞后，其疆界才扩展到鲁中南的泗水之上，又说楚灭的杞国恰在泗上的新泰境内。那么楚所灭的杞国果真在新泰左近吗？对于“越已灭吴而不能正江、淮北”，《正义》云：“正，长也。江、淮北谓广陵县，徐、泗等州是也。”另外，《史记·田敬仲完世家》载：“二十四年（即齐威王二十四年）……威王曰：‘……吾臣有檀子者，使守南城，则楚人不敢为寇东取，泗上十二诸侯皆来朝……’”《索引》谓泗上十二诸侯为“邹、莒、宋、鲁之比”。按，既然泗上十二诸侯为邾、莒、宋、鲁之比，而《楚世家》又说楚东侵，广地至泗上而不是占有泗上，那么，杞国的地望就不可能在距楚本土远而深入到鲁、宋的北部，即鲁国北部一带。参照“越已灭吴而不能正江、淮北”，而楚国又至，因此杞国没在鲁北也就没有什么疑问了。

鲁是在公元前256年被楚国灭亡的。楚国灭杞在前，灭鲁在后，文献记载得很清楚。如果杞国是在鲁北新泰一带，正如李发林先生所说，杞是灭于楚的，但由于楚国在南面，如果要灭杞，首先得经过宋、滕、薛、邾、小邾和鲁国等地，才能到达杞国，而一般说来，这些国家是不愿意借道的。就算由于楚国强大，这些国家被迫借道，楚军能北上攻击杞国，从而灭之，但灭之后，杞国土地是否能纳入楚国的管辖之下呢？这是个问题。不能管辖的土地，楚国要了也没用。② 由此，李先生又推

---

① 杨树达：《积微居金文说》，上海古籍出版社2007年版。

② 李发林：《杞国历史略论》，载《杞文化与新泰》，中国文联出版社2000年版。

断杞国被楚灭的时间应该比鲁国的灭亡时间晚一些。楚国在灭亡鲁国后，楚军继续北进，顺便灭掉了杞国。如果按李先生的这一推断，杞国总该在公元前445年到公元前256年之间有文献记载才能说明问题，但文献并没有任何记载。总之，造成这一串矛盾的原因就是把楚灭的杞国放在了新泰一带。

另外，《史记·楚世家》载“简王（楚简王）元年（楚灭杞后），北伐灭莒”，正好与“楚灭杞……是时越已灭吴而不能正江、淮北；楚东侵，广地至泗上”的文献记载相呼应，楚侵占鲁南领土的递进关系由此便十分明了了。因此，我们可以确认，楚灭的杞不在新泰而在鲁国的西边或南边，具体地点还有待考古学上的证据来证实。

杞被楚灭后，一部分杞国人逃到鲁国去，《广韵》称杞简公“为楚所灭，其弟佗奔鲁，鲁悼公以佗出自夏后氏，受爵为侯，谓之夏侯”。

二、商代的杞国

《大戴礼记·少间》：“成汤卒受天命……故乃放夏桀，散亡其佐，乃迁姒姓于杞。”《史记·留侯世家》记郦食其语也说成汤革夏而封杞。《世本》：“殷汤封夏后于杞，周又封之。”

从以上文献资料知，商灭夏后，封夏的后人于杞，姒姓。

杞妇卣铭：“亚丑，杞妇。”

商武丁卜辞：“丁酉卜㱿贞：杞侯炋弗其骨凡有疾。”（《殷虚书契后编》下37.5）

“……杞侯……死……在……”（《瑞远》4）

卜辞：“癸巳卜，令共责杞。”（《甲骨文合集》22214）

从以上铜器铭文及卜辞看，杞不但与亚丑通过婚，而且商王曾经卜问杞侯是否生病，因此杞与商王朝的关系非同一般。商王还令共到杞国征收农业实物税，可见杞与商还存在着贡赋关系。另外，杞还是商祖庚、祖甲时的田猎区和帝乙、帝辛时征人方途经的重要地点。

对于商代杞国的地望，《路史》及王国维、郭沫若、董作宾、陈梦家、郑杰祥、林辅泰等先生都认为在今河南杞县，王恩田先生则认为在山东新泰。

李学勤先生选用过的如下一组祖庚、祖甲卜辞，可以作为我们追寻杞地的线索：

戊寅［卜，行］贞，王其［步自］婚于［杞］，亡灾？

己卯卜，行贞，王其田，亡灾？在杞卜。

庚寅卜，行贞，王其步自杞于［雷］，亡灾？（以上三条卜辞见《后上》13.1）

［辛］巳卜，行贞，今夕亡［祸］？在正月，在雷。（《粹》1570、《京》3493）

壬午卜，行贞，今夕亡祸？在正月，在丘雷卜。

癸未卜，行贞，今夕亡祸？在正月，在丘雷卜。

甲申卜，行贞，今夕亡祸？在𠝂卜。

［乙］酉卜，行［贞］，今夕亡［祸］？在𠝂卜。（以上四条卜辞见《南明》395）

经王恩田先生考证，𠝂地可以确定。1973年，兖州颜店公社中李宫村出土一批铜器，其中卣、爵有铭文，卣铭为“𠝂册父癸”，爵铭为“𠝂父癸”。这批铜器的时代属殷末周初，𠝂地应该就在兖州一带，这是可信的。卜辞中说庚寅自杞出发，于甲申到𠝂，其间在雷停留3天，实际行程只有2天。兖州距新泰100千米，距河南杞县直线距离约225千米。相比之下，杞在新泰会更合理些，但新泰出土的一批杞伯每亡铜器是春秋时代的。要证明商代杞国在新泰，还需要更多考古材料的支持。

综上所述，商代杞国地在山东，西周武王求得东楼公而封之于今河南杞县，西周中期稍晚由于受宋的侵伐而迁到山东诸城一带，又吞并州国扩大了领地，后来迁都鲁国北部的缘陵，由于晋的出面而建新淳于，但不久由于为齐鲁所胁向鲁国西方或南方迁移，后为楚国所灭。由此可见，即使像杞这样的夏代后裔、明王之后，也不免附庸、奔波于大国之间，最终还是发展到国灭的地步。

三、两杞说思辨

近年来有的学者提出如下观点：殷封之杞（简称殷杞）与周封之杞（简称周杞）为处于不同地域的两个杞国。周杞原在雍丘，春秋时迁入缘陵，后可能为齐所灭；殷杞则在今新泰一带，商时是征人方途经的重要地点，春秋时屡世为晋的盟国，战国前期为楚所灭；《春秋》经传有关杞国的史实中，齐桓公称霸期间，由于淮夷威胁杞国安全，齐桓公曾纠合诸侯国迁杞于缘陵的有关史料，系河南杞国周杞的史实，除此之外，经传所载均属为楚所灭的位于新泰的殷杞历史①。

首先，对于周杞与殷杞的划分，并没有一个有代表性的界标。《左传》鲁僖公十四年迁缘陵前后的杞国世系是连续的。迁缘陵前后，伯姬几次活动都有文献记载，照上面的观点，伯姬应属殷杞的范畴，而其间却有下列记载：“公会齐侯……于咸”（《春秋》）；“会于咸，淮夷病杞故，且谋王室也”（《左传》）；“诸侯城缘陵而迁杞焉”（《左传》）。如果迁缘陵的杞为另一个杞国（周杞），《春秋》经传不会不明确指出。其次，周武王求禹后，说明周初已没有杞国存留下来，如果新泰果有一杞国，周武王不应不知。《史记·陈杞世家》载：“禹之后，周武王封之杞，楚惠王灭之。”《史记·太史公自序》：“爰周陈杞，楚实灭之。”这些都与两杞说的殷杞为楚所灭、周杞为齐所灭相违。因此，到目前为止，周杞、殷杞说还没有找到确切的证据，还不宜把杞分为周杞和殷杞。

有的学者还把杞分为夏杞和夷杞，认为从地域上讲，商时位于商王田猎区（盖今河南杞县）的

① 王恩田：《从考古材料看楚灭杞国》，载《杞文化与新泰》，中国文联出版社2000年版。

为夏杞，西周时被武王重封，春秋时由于宋伐而东迁缘陵（疑在山东嘉祥、巨野一带），鲁襄公二十九年的晋鲁等大夫“城杞”即再城缘陵而与淳于无关，夏杞后为楚所灭；商时位于征人方途经之地的为夷杞，西周时曾联合其他夷人广伐周的东国，新泰出土的杞伯每亡器群即其遗物，称“伯”为自称，后为鲁或齐所灭；从概念上讲，文献（特别是《春秋》经）称“子”者为夷杞，称“公”称“伯”者为夏杞①。

然而，《春秋》僖公二十七年载：“春，杞子来朝。”《左传》：“二十七年春，杞桓公来朝……”《春秋》文公十二年载：“杞伯来朝。”《左传》：“杞桓公来朝……”同是杞桓公，《春秋》既称子又称伯，因此无法按照上面的标准来确定杞桓公是夏杞还是夷杞。另外，《春秋》记载诸侯“城杞”后，“杞子来盟”若果真是修的缘陵，何以称“子”？主张夏杞、夷杞说者认为“来盟”的杞子为夷杞之君，然而《春秋》中却并未明确指出。因此夏杞、夷杞之分也没有一个明确的界标，所以也不宜这样划分。

那么，夏代后裔的杞国之君为什么有时称子，杞又为什么有时称夷呢？《左传》载：“杞桓公来朝，用夷礼，故曰子。”叔侯曰：“……杞，夏余也，而即东夷。”杜预道：“杞，先代之后，而近于东夷，风俗杂坏，言语衣服有时而夷。”因此，杞之所以称夷，是因为他们迁到了夷地而用了夷礼。杞国之君之所以称子，也是因为用了夷礼。

四、简短结语

对于杞国史地的研究，诸位学者如王献唐、王恩田、蓝野等的研究成果都很精到，给我们启发很大。但是无论是文献记载还是考古发现，都存在着诸多矛盾，因此而产生学术分歧也是正常的。本文通过对比研究，认为现在还不宜把周代杞国分为两国，同时也对杞国迁移及迁移前后的史地问题进行了进一步的探讨，对商代杞国的地望也作了推测。但是，在杞国史地的研究中，问题还有很多，如商代杞国的准确地望、杞国与亚丑及祝融的关系、周代杞国第四次迁移的原因和地望等问题，还需要进一步的探讨和更多的考古材料的支持。

（本文载《中原文物》2006年第1期，现略有改动）

---

① 蓝野：《商周夏杞夷杞考》，载《杞文化与新泰》，中国文联出版社2000年版。

江苏丰县梁寨古船发现与保护修复研究

吴双成[1] 王 伟[2] 王云鹏[1] 刘建国[1] 胡文龙[1]

（1. 山东省文物保护修复中心 2. 丰县博物馆）

2014 年 10 月 13 日，在江苏省徐州市丰县梁寨镇黄河故道清淤现场，施工人员意外发现了一艘木质沉船，并逐级上报文物部门。在徐州市博物馆专家的指导下，梁寨镇政府的大力协助下，丰县博物馆于 10 月 14—15 日对古船进行了发掘（图一）。清理出瓷碗、瓷盘、瓷酒杯、带釉的残碎大缸、残碎紫砂壶等陶瓷器，油壶、残碎铁锅、锅铲子、铁菜刀、剪子、铜漏勺、煤块等厨房用具，铜锁、烛台、黑油灯、锡香炉、一对铜鎏金手镯等生活用具，康熙通宝、乾隆通宝、嘉庆通宝等铜钱，以及火铳等武器。据此初步推断，这是一艘清代中期内河民用船，是徐州历史上首次发现的古代沉船。发掘后将古船拆解，并迁移至丰县博物馆用纯水浸泡保存。

图一 梁寨古船出土现场（部分构件已经提取）

一、考古发现

根据现残存船材的外形、钉连方式等保存状况，推测各船材功能。初步判断有舱面建筑顶板（以下简称顶板）2 组共 18 块，纵向承梁 2 条，锥形木杆 1 个，滑轮 2 个，带加工痕迹构件 7 个，窗椟1个及其他残缺构件。

（一）顶板

在舱面建筑顶板2组共18块船材中，最大单块船材长236—237.5厘米，宽40.5—27厘米；最小单块船材长180.5—186.5厘米，宽20—32.5厘米，厚4—4.8厘米（图二，表1）。参照发掘图片和钉孔、钉距对残存船板进行试拼装，板与板间采用平口搭接方式，并辅以钉连。

表1 顶板信息统计表

序号	名称+编号	数量	最长（厘米）	最宽（厘米）	最厚（厘米）	重量（公斤）	备注
1	舱面建筑顶板1-1	1	237.5	65	4.5	70	钉连
2	舱面建筑顶板1-2	1					
3	舱面建筑顶板1-3	1	233	51	4.5	54.4	钉连
4	舱面建筑顶板1-4	1					
5	舱面建筑顶板1-5	1	230	35.5	4.5	35.2	钉连
6	舱面建筑顶板1-6	1					
7	舱面建筑顶板2-1	1	216.5	71.5	4.8	79	钉连
8	舱面建筑顶板2-2	1					
9	舱面建筑顶板2-3左	1	81.5	22.5	4.5	8.3	两板中间是方孔
10	舱面建筑顶板2-3右	1	92	23.5	4.5	9.6	
11	舱面建筑顶板2-4	1	204.5	28	4.5	20.3	钉连
12	舱面建筑顶板2-5	1	201	26.5	4.5	18	钉连
13	舱面建筑顶板2-6	1	200	73.5	4.5	66.2	钉连
14	舱面建筑顶板2-7	1					
15	舱面建筑顶板2-8	1					
16	舱面建筑顶板2-9上	1					
17	舱面建筑顶板2-9下	1	189	41.5	4	34.2	有方孔，钉连
18	舱面建筑顶板2-10	1					

图二　梁寨古船部分顶板（内顶面）

舱面建筑顶板上有两个方形孔，其一位于编号为 2-9、2-10 板材间，边长为 11 厘米，孔外四边有高 3 厘米、宽 4 厘米的木块垒砌的边框。其二位于编号 2-3、2-4 号位置，2-3 号板由两块板材组成，中间留 29 厘米的间隔，在 2-4 号上对应位置挖出“凹”槽，与 2-3 号板形成边长为 29 厘米方孔（图三）。

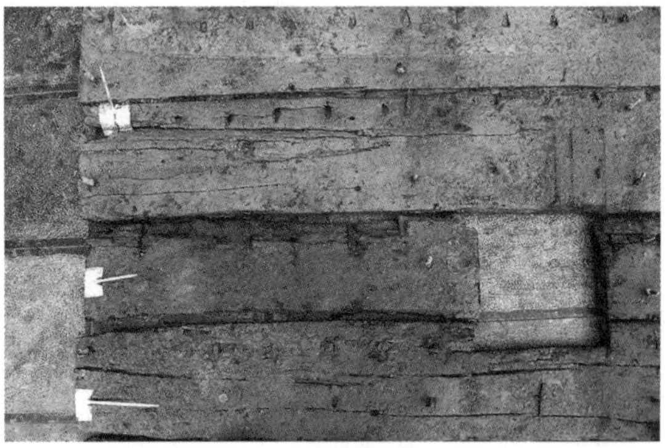

大方孔

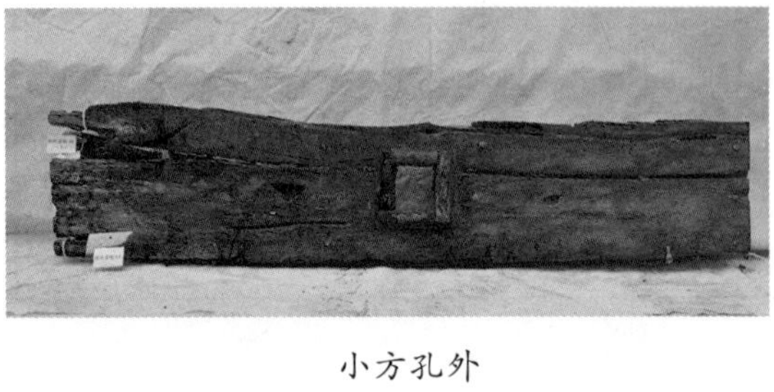

小方孔外

小方孔内

图三　梁寨古船顶板所开方孔局部

（二）承梁等构件

除顶板构件外，还发现承梁 2 条，锥形木杆 1 个，滑轮 2 个，带有加工痕迹的构件 7 个，窗棂 1 个及其他残缺构件（表 2）。

表 2　承梁、滑轮、帆杆等构件信息统计表

序号	名称+编号	数量	最长（厘米）	最宽（厘米）	最厚（厘米）	重量（公斤）	备注
1	左侧承梁 1	1	620	14	7	52	完整
2	右侧承梁 2（2-1）	1	130	12	4	8. 5	残
3	右侧承梁 2（2-2）		255	12	4	19. 5	残
4	帆杆构件	1	145	13	/	20. 2	残
5	滑轮 1	1	32. 5	9. 5	/	1. 9	完整
6	滑轮 2	1	26. 5	9. 5	/	0. 7	残缺
7	构件 1	1	406	32	5	42. 5	一端有槽
8	构件 2	2	165	23	7	17. 5	2 块板，带铁环
9	构件 3	3	249	28	5	35. 4	3 块组合
10	构件 4	3	256	28	5	46	3 块组合
11	构件 5	1	103	24	3	5. 2	有槽口
12	构件 6	1	162	14. 5	3	4. 4	有槽口
13	构件 7	3	110	4. 5	3	1. 6	3 小件

1. 承梁

共发现承梁 2 条，应为增强舱面建筑顶板强度而设，与顶板钉连，其两端应落在舱面建筑横面竖柱上。左承梁长 620 厘米，宽 14 厘米，厚 7 厘米。右承梁残为两段，残长 385 厘米，宽 12 厘米，厚 4 厘米（图四，表 2）。

图四　梁寨古船左承梁

2. 锥形木杆与滑轮

发现一根残长 145 厘米、直径 13 厘米的木杆，顶部加工成锥形，并且带有弧度。上部有 6 个铁质附件及铁箍以增强整体强度（图五，表2），铁构件挂有两个滑轮，其中一个保存较好，做工精致（1号），另外一个残缺严重（2号）。该木杆应为桅杆顶端。1号滑轮木质部分直径约9.5厘米，高度约32.5厘米，整体呈纺锤形，轮、轴为木质。在滑轮顶部中心位置垂直插入铁钩，横向有铁销贯穿固定。该滑轮既可用作定滑轮，也可用作动滑轮（图六、七，表2），应属风帆升降所用之索具。

图五　梁寨古船锥形构件与滑轮出土状况

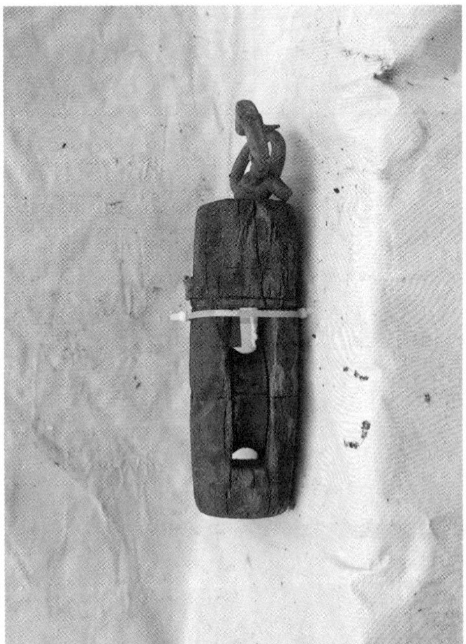

图六　1号滑轮

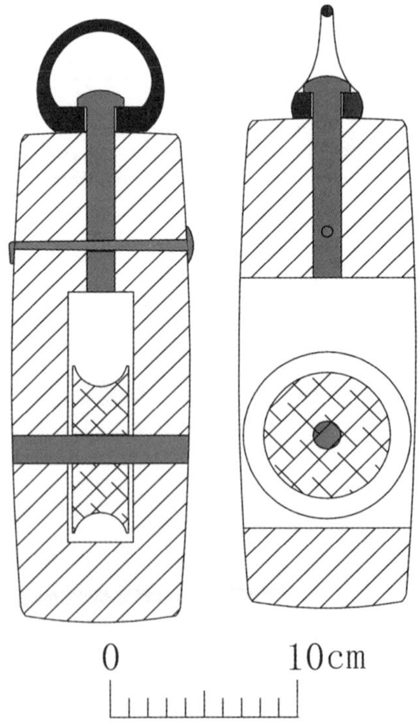

图七　梁寨古船1号滑轮剖面图

3. 窗棂

方窗棂 1 个，边长 74. 5 厘米，棂框宽 4. 5 厘米，厚 4 厘米，四角卯榫相接。残存 9 根棂条，均长 69. 5 厘米，宽 2. 3 厘米，厚 3. 5 厘米。棂条两端各有 2. 5 厘米的榫头，与棂框深 2. 5 厘米的卯口相连。从棂框卯口来看为九棂七穿，交叉位置开槽口相扣而成（图八、九，表 2）。

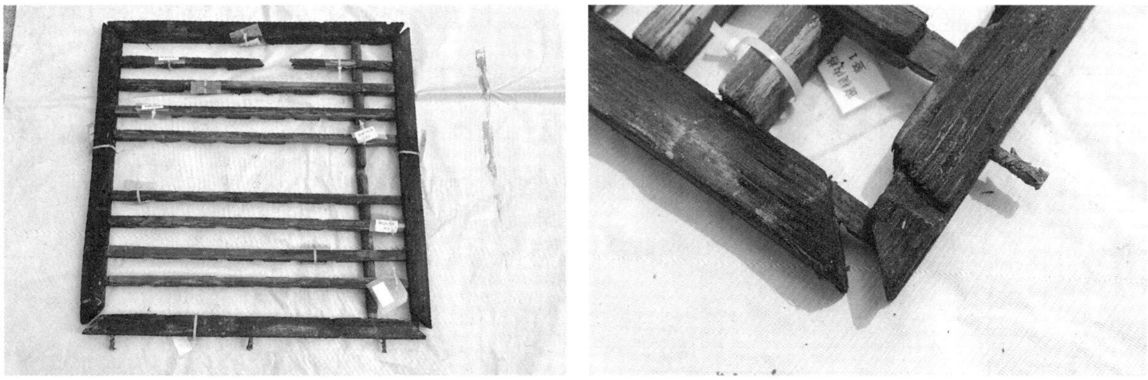

图八　梁寨古船窗棂及细部

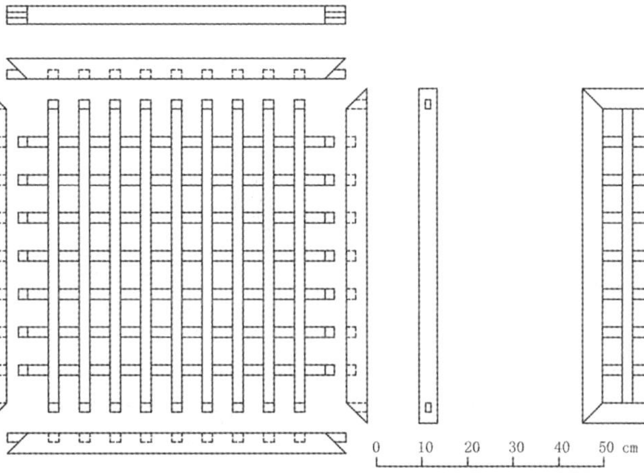

图九　梁寨古船窗棂结构图

图十　梁寨古船构件

4. 带有加工痕迹的构件

共发现有明显加工痕迹的木构件 7 个，残为 14 块，长 103—406 厘米，宽 4. 5—32 厘米，厚 3—

7厘米。加工痕迹多为榫卯，或带有铁钉，或带有铁质附件（图十，表2）。

（三）舱面建筑顶板复原

依据出土时状况，以及其拼装后的梯形角度和其下承梁长度合理延伸，推算顶板整体长约623.6厘米，上宽275.3厘米，下宽207.5厘米。共发现18块板，根据板平均宽度，推测应不少于23块板。板与板间钉连，入钉口多在内顶面，部分入钉口在顶面，俯视看板上使用了不少两脚卡钉。板下为“井”字形承梁结构，纵横承梁板宽均为7厘米，高14厘米。板两端落在其下纵桁上，纵桁均宽4.5厘米，高14厘米。故此在顶板上有四道纵向直钉链，中间两道与纵承梁相接，两边两道与侧面横桁相连。板与承梁、纵桁入钉口均在顶面（图十一）。

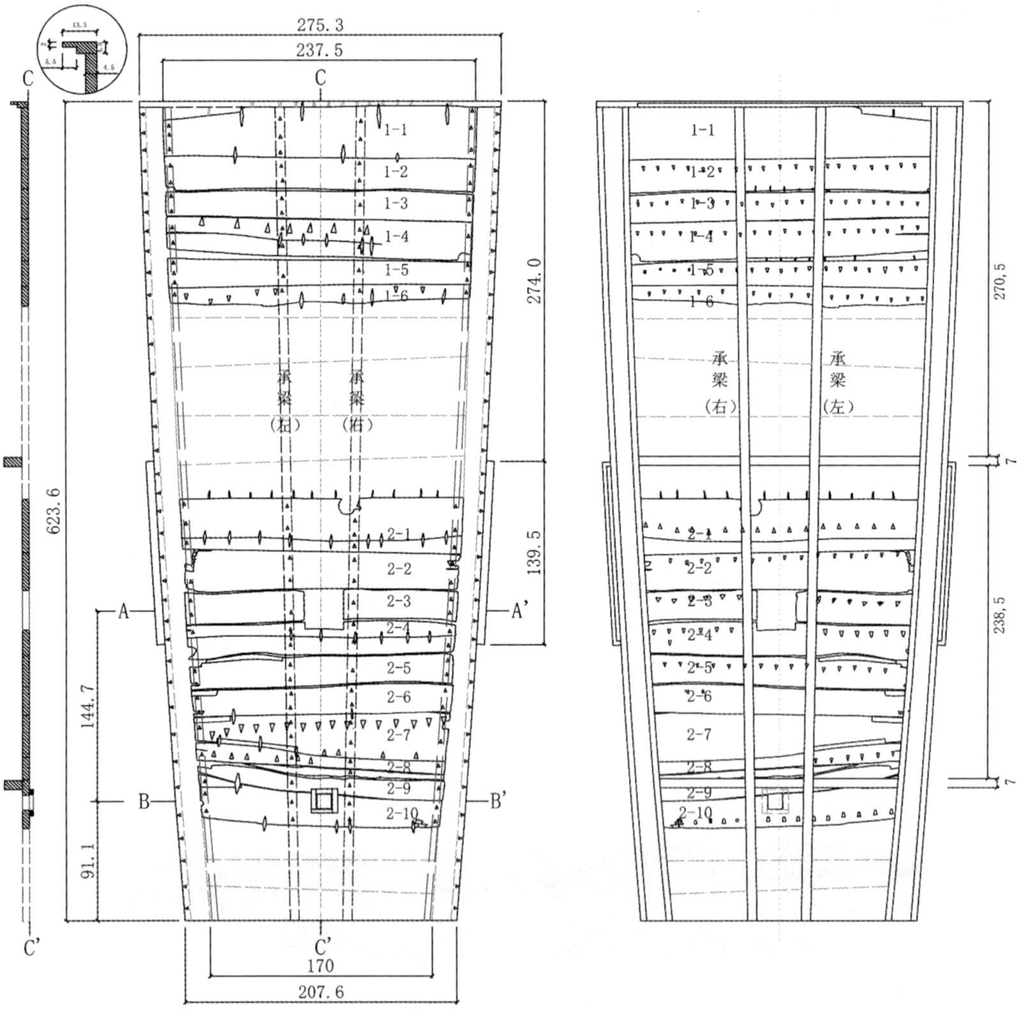

图十一　顶板俯视（中）、内顶视（右）、中剖图（左）及钉痕（单位：厘米）

在距顶板后端 91. 1 厘米处和 235. 8 厘米处，有边长分别为 11 厘米和 29 厘米的方形孔。从该位置的横向剖面图来看（图十二），舱面建筑两侧设有类似“屋檐”的构件。推测一是防雨，二是可以增加舱内面积。顶板前端护板是随横剖面形状，由一块整板加工而成（图十三），可有效遮挡承梁、顶板、横桁端部，不仅起到较好的装饰作用，而且对承梁、顶板、横桁的端部起到良好的保护作用，类似于屋檐椽头的“连檐”。其下加工有“凹”槽（图十一、十四），可能是为“板门”或“板窗”所留。为深入研究舱面建筑顶板的结构，我们制作了顶板的三维复原效果图（图十四、十五、十六）。

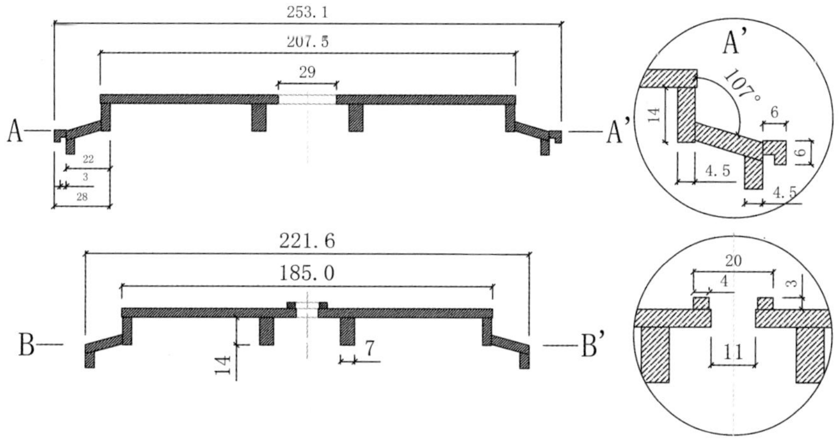

图十二　顶板横向剖面图（单位：厘米）

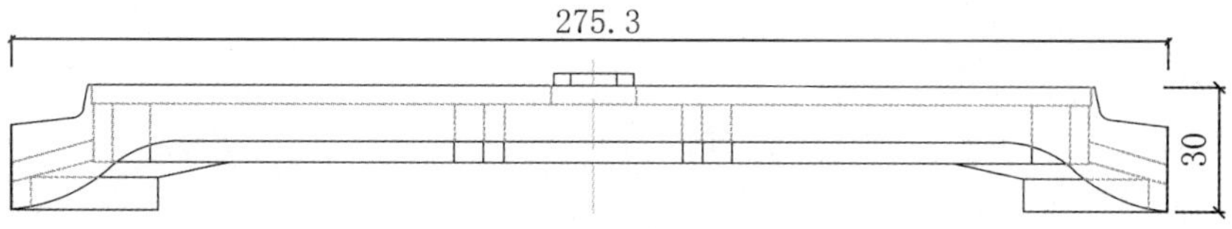

图十三　顶板前端正视图（单位：厘米）

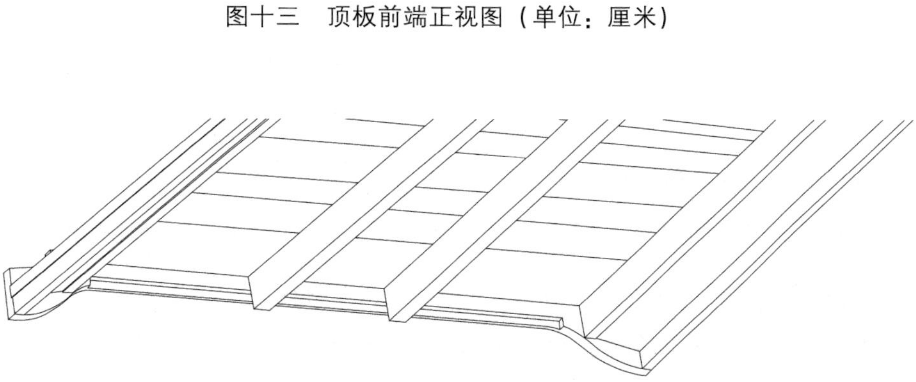

图十四　舱面建筑顶板前内顶侧视效果图

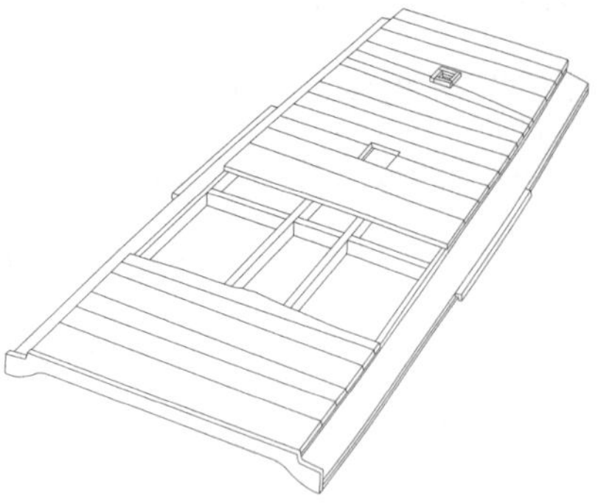

图十五　舱面建筑顶板前左上侧视效果图

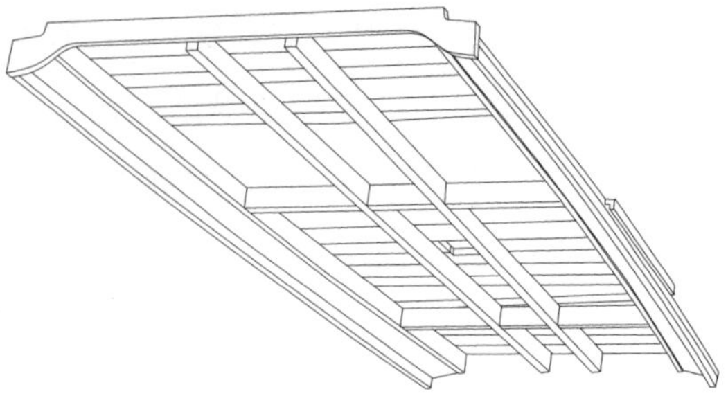

图十六　舱面建筑顶板前左下内顶视效果图

二、价值认知、病害评估与保护修复建议

（一）分析测试

1. 树种鉴定

确定饱水木质文物的树种种属是选择脱水方法的关键。选取无修复价值且有一定代表性的残木块作为样品，送往中国林业科学院木材工业研究所进行树种鉴定。经树脂包埋、切片显微观察，鉴定样品种属为榆木类（图十七）。

横切面　　径切面　　弦切面

图十七　梁寨古船木材样品切面

2. 含水率测试

样品：无修复价值残块一块，所属位置不详。

设备：电热恒温鼓风干燥箱，型号DHG—9146A，温度范围为室温10℃—300℃，温度波动为±1℃，控温精度为0.1℃；电子天平，型号Mettler toledo XS205。

步骤：将烧杯洗净，烘干，称重，编号待用。将饱水残块清洗干净，去除表面附着的泥土及污物，用滤纸吸净表面的附着水，置入烧杯中称重。将样品放入电热恒温鼓风干燥箱内，温度设定在103℃，烘干24小时。取出放入干燥器中冷却至室温称重。

结果：烧杯净重113.6997克，烧杯和样品重213.1280克，干燥后烧杯和样品重161.8422克。计算出样品脱水前重（M_1）99.4283克，脱水后样品重（M_0）48.1425克。按照含水率计算公式 $W=(M_1—M_0)/M_0 * 100\%$，计算出梁寨古船船材的含水率为106.53%。

3. 显微分析

样品：干燥后的木材残块一块，所属位置不详。

设备：（1）荷兰飞纳扫描电子显微镜Phenom XL，设定15kV电压及配套电流，电子光学照明为CeB6灯丝，电子放大倍数100000倍，分辨率≤15nm。搭配美国EDAX公司Genesis 2000XMS型X—射线能谱仪，能谱探测器能量分辨率<137eV（Mn Kα）。（2）显微镜：德国徕卡DMS300体式显微镜，莱卡DVM6超景深显微镜。

方法：（1）使用环氧树脂包裹干燥后的木材样品，用1000—2500目水砂纸由粗至细磨抛样品。放入离子溅射仪真空罩内，抽真空至10—1Pa，喷金50秒，取出样品，放入扫描电镜样品仓观察。（2）在普通显微镜下观察，直接将样品放置载物台上即可。

结果：可以发现该样品腐朽较重，木质纤维断裂较多，形成大量孔洞，在孔洞边缘有析出的结晶盐（图十八）。

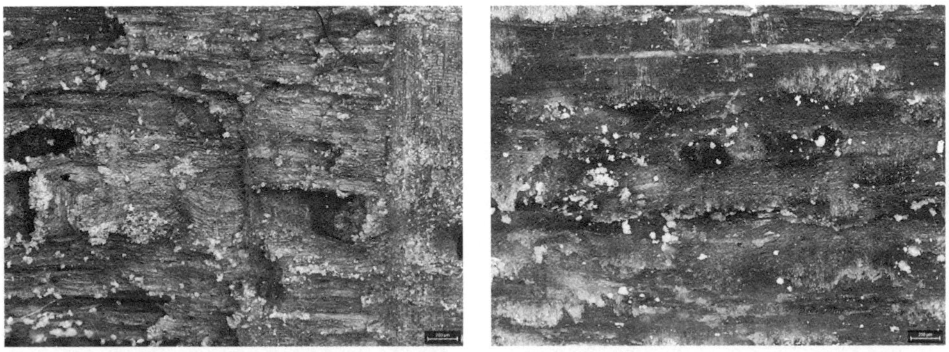

A 纵截面图（100×）

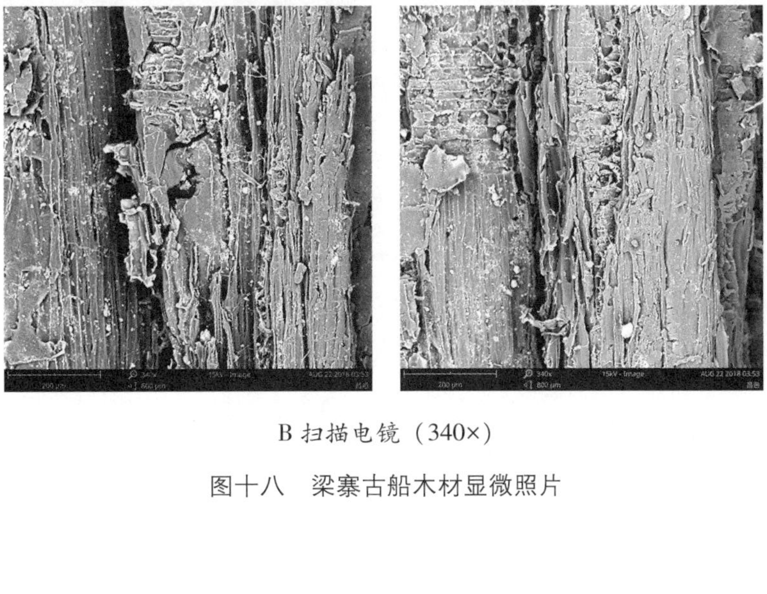

B 扫描电镜（340×）

图十八　梁寨古船木材显微照片

（二）价值认知

1. 古船时代

古船自身残缺严重，外形不完整，单从船体型线和工艺上无法考证年代，但从随船出土的铜钱年号和瓷器来推测该船年代大致为清代中期。

2. 古船构造技术

梁寨古船舱面建筑构件发现较多。观察国内出土的内河船保存状况，大多只保留船底、隔舱和船外板，舱面建筑多数遭到破坏。而梁寨古船保存的顶板、桅杆顶端、滑轮、窗棂等多为舱面建筑，为古船舱面建筑研究提供了丰富的实物资料（图七、九、十一）。

梁寨古船造船工艺较先进。挂锔是船板间常用的连接方式，多用在船体养护过程中。挂锔的规格、种类、钉距以及挂锔前的开槽与锔嘴、锔板、锔尾的入槽顺序、后期密封等工艺，是我国古代劳动人民智慧的结晶，其工艺技术水平在同时期领先于世界，是非常宝贵的文化遗产，也是我国船史研究中的重要内容。梁寨古船所采用的挂锔工艺具有极高的研究价值，为开展相关研究提供了重要实物证据。在该艘古船的船材上发现有较多挖补痕迹以及未使用的船钉三角引导孔，可以推测该艘古船在使用过程中经常养护，以延长使用寿命（图十九）。

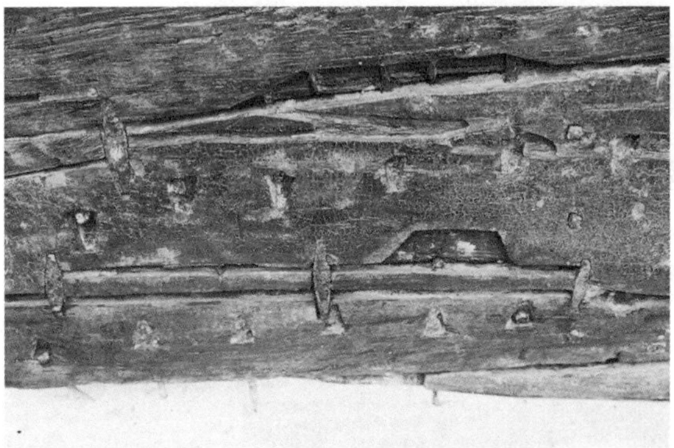

图十九　梁寨古船挂锔、修补、钉孔及引导孔

（三）病害评估

1. 评估依据

国家文物局颁布的《可移动文物病害评估技术规程　竹木漆器类文物》（WW/T 0060—2014）、《馆藏出土竹木漆器类文物病害分类与图示》（WW/T 0003—2007）及《木材含水率测定方法》（GB/T 1931—2009）等系列标准。

2. 病害分析

经现场调研、测绘以及取样分析测试可以判断，该船主要存在饱水、残缺、糟朽、断裂、裂隙、构件缺失等较为严重的病害（图二十）。

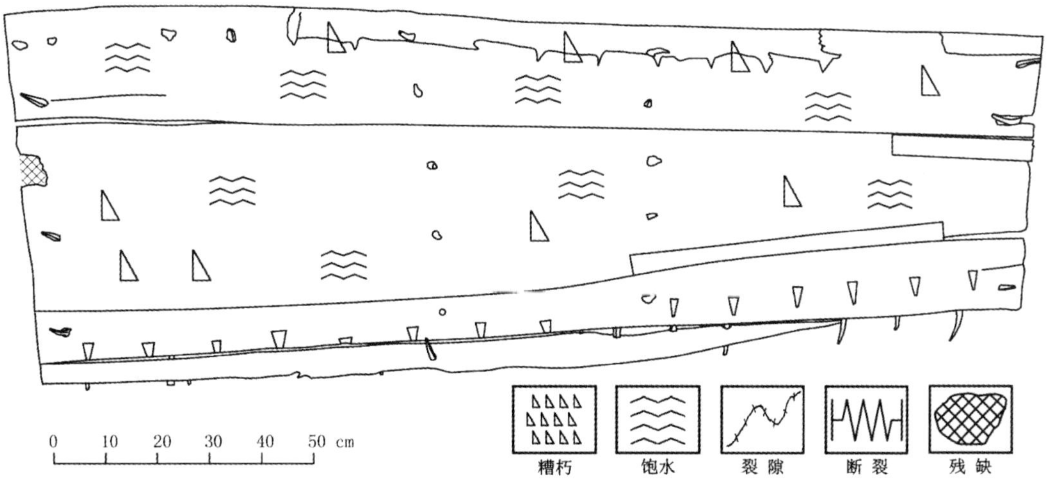

图二十 梁寨古船顶板2—6、7、8、9板病害图

3. 保存状况评估

梁寨古船船底板、船外板及隔舱板等船主体结构整体缺失，残留部分主要为舱面建筑构件。顶板保存较为完整，但腐朽严重，部分构件如窗棂、滑轮、桅杆顶端等保存较为完整，但也存在缺失、腐朽、破损等病害。

（四）脱水保护修复建议①

1. 建立档案

按照《馆藏出土竹木漆器类文物保护修复档案记录规范》（WW/T 0011—2008）的要求，建立该艘古船的保护修复档案。

2. 保护工作要点

清洗灭菌：用软毛刷对古船构件进行清理，对于较为顽固的污物，采用酒精和水的混合溶液进行清洗。特别顽固的污物，可采用一些柔和的清洗剂进行初步清洗工作。清洗结束后使用硼酸、硼砂进行消毒处理。

脱盐、脱色：可采用浸泡方法脱盐。浸泡过程中采用ICP分析手段对浸出液进行测试，观察浸

① 本小节内容参见吴双成等：《菏泽古船保护修复》，《江汉考古》2014年S1期。吴双成：《出土木船的保护与修复》，《中国文物报》2018年2月16日。内部资料：《山东菏泽古船脱水保护修复验收报告》《山东鄄城凤凰古船脱水保护修复方案》《山东聊城大运河古船保护修复方案》《天津张湾出土古船保护修复方案》《江苏丰县博物馆馆藏清代古船保护修复方案》等。

泡液中离子浓度的变化，从而判断脱盐效果。可采用草酸进行局部脱色。

脱水定型：梁寨古船可采用比较成熟的乙二醛复合法进行脱水定型工作。

铁钉的保护：梁寨古船的船板是用铁钉连接固定的，出土时铁钉均腐蚀严重。可使用磷酸进行钝化，最后用浓度为3%的B72乙酸乙酯溶液进行封护。

封护：完成古船整体脱水保护修复后，可在表面喷涂紫外线吸收剂等封护药品，以达到封护目的。

3. 修复工作要点

单件船材的加固与修复：针对船材的腐朽、残缺、断裂、开裂、变形等病害状态，可采用衬板扶强、镶嵌、补缺、断裂、穿销、矫形等方法进行加固与修复。

构件归位与修复：主要包括顶板、窗棂及其他构件的修复。（1）顶板：在前期对舱面建筑顶板及承梁保护修复的基础上，按照考古发掘资料进行拼对。拼对后，对于缺失部位，在有充分依据的基础上，按照船材修补方法使用相近木材进行补配。（2）窗棂等：根据窗棂、滑轮的结构特征，使用相近树种木材对窗棂和滑轮缺失部分进行补配。（3）其他构件：根据构件的加工痕迹，尽可能分析推断出其在古船上的位置，在有充分依据的基础上进行归位、拼合。对于无法归位的残存大小构件，按原样进行保存，用于今后研究及展示使用。

钉连：在修复过程中，舱面建筑顶板及承梁等船材间需要钉连。梁寨古船腐朽程度相对较重，在古船修复过程中尽可能使用传统船钉。在隐蔽、需要强度的部位采用不锈钢螺丝或不锈钢燕尾钉进行强度加固。

做旧：此次修补所用木材与旧材在色泽上差距较大，必须进行做旧处理。做旧过程中，坚持由浅及深原则，做到整体协色，达到“远看一致，近观有别”目标。做旧时主要使用水溶性黏合剂与矿物颜料。

填充舱料：梁寨古船船板缝隙间的填充舱料，因腐朽而缺失。可使用传统舱料进行填充，这样不仅可以起到黏结船板的作用，同时可起到密封船钉的作用。

4. 展示与利用

在展示过程中，梁寨古船的顶板需要制作钢木结构的托架。对于滑轮等重要舱面建筑构件，需要制作纯木展示托架。托架做旧后要接近船材本身色泽，但又需与船材有所区别。

5. 保护修复后的保存条件建议

环境温度控制在18℃—25℃，相对湿度控制在55%—65%，光照采用无紫外线的冷光源。除建立安全保卫制度外，还要建立健全检查养护机制，采取适当的防霉、防虫、防裂等措施。

三、结语

在我国内陆古河道及沿海海域，常有清代古船的发现，但梁寨古船不仅是徐州历史上首次发现的古代沉船，而且是较为罕见的清代中期内河民用船，具有唯一性。该艘古船保留下来的多是舱面建筑的构件，为清代中期古船舱面建筑研究提供了珍贵的实物资料，弥补了研究资料匮乏的状况，对研究清代中期徐州地区的漕运、木船营建、船工生产等都有重要价值。

（一）古船体量

从随船出土文物的年代推测，梁寨古船的时代为清代中期。从船体规模、制作工艺细致程度观察，梁寨古船应是民用船只。该艘古船发现有两个滑轮，应为风帆索具构件。滑轮的木质部分直径约 9.5 厘米，高度约 32.5 厘米，体量较大。所发现的桅杆（帆杆）端部有铁质构件，应为悬挂帆杆所用，故此确定该艘古船有帆[①]。

顶板保存状况相对完整，总体呈梯形，长约 623.6 厘米，上宽 275.3 厘米，下宽 207.5 厘米，与其下的承梁和横桁连接结构清楚。舱面建筑两侧纵桁下为窗棂或窗板，窗棂高度为 74.5 厘米。依据舱面建筑顶板外形以及其下连接构件位置，推测舱面建筑应位于船体中后位置，其内高度不低于 1.5 米。

若按残存顶板尺寸为船体总长的 1/4、舱面建筑两侧面到船舷边为 0.5 米推算，古船整体长度在 24.5 米、宽度在 4 米左右。

（二）古船沉没

根据梁寨古船保存构件及其出土时呈倒扣状态，推测该艘古船在航行过程中遇到激流，船体近 180°倾覆。顶板等舱面建筑构件先刺入淤泥，激流河水将舱面建筑与船主体分离。舱面建筑构件逐渐被尘封在淤泥中，得以保存；而船底、隔舱板及船外板等船的主体结构随水流漂移，或被掩埋于附近淤泥中，或遭受破坏不存。

（三）存在问题

因保存下来的古船构件较少，且受扰乱严重，故此存在以下问题有待深入研究：

---

① 席龙飞：《中国造船通史》，海洋出版社 2013 年版。

1. 有加工痕迹的构件

本次发现有加工痕迹的船材多块，在编制脱水保护修复方案前期进行过试拼接，拼对成果未全部体现在本文中。在对其进行脱水保护后，在修复过程中，还需再仔细研判各个构件的功能，确定它们的相互关系，最大限度进行归位，尽可能恢复古船原貌。

2. 舱面建筑顶板上双方孔的作用

该艘古船保留最大、最为完整的构件为顶板，其上有一大一小方孔。二者有何功能？为何是方形？这些都是有待深入研究的内容。大方孔是借助2-3板材的自然间距所做，而小方孔则是在2-9、2-10整板上锯断加工而成，且外侧辅以木条加固。所留孔洞初步推测或为通风而设。

3. 锥形木杆

前文所发现的锥形木杆的具体名称有待确定。从保留在顶部的滑轮、铁圈、连接件等配置及相互连接关系观察，该木杆应是挂帆或升降帆所用。并且从滑轮直径比较大来推测，其风帆也比较大，故此应是挂风帆的桅杆。但从其带有弯度来看，也可能为帆杆。

梁寨古船保留下来的顶板、窗棂及滑轮等为研究清代中期古船舱面建筑制作工艺提供了难得的实物资料，但保存下来的船构件保存状况不佳，受扰乱严重，同时存在对构件功能认识不足等困惑或疑问。因此，应当及时采取国内成熟的饱水木器脱水方法进行脱水保护，然后根据每块船材的外形进行拼对，以尽最大可能还原顶板等构件的位置，从而进一步开展对梁寨古船的价值认知等相关研究，深入发掘梁寨古船的文物价值，解答上述疑问。

本文为出土木漆器保护国家文物局重点科研基地2018年度开放课题《出土古船保护修复技术分析与研究》阶段性成果。

致谢：在论文写作过程中，得到中国船级社武汉规范研究所教授级高工何国卫先生的悉心指导，在此表示感谢！

（原文载《海交史研究》2020年第3期）

京杭大运河山东段码头初步研究

吴志刚

（山东省文物考古研究院）

本文所研究码头为进入文物范畴，可令船舶停靠、乘客上下及进行货物装卸的具体水工设施，古籍中亦记作马头，又称水次。

京杭大运河历史上存在过无数码头，随着时间的流逝和河道、城镇的变迁，当前保存和利用状态各异，很多本体已从地表消失。因经济开发、大运河申遗、南水北调等诸多项目的实施，围绕京杭大运河山东段码头，近年做了一些考古工作，尤其是笔者参与发掘的阳谷县七级码头，还曾被评为2011年度“全国十大考古新发现”。但除此之外，其他配合类考古获得的码头资料，成果或简单公布或属内部资料。为更好地挖掘运河文化，本文对2012年5月山东省文物科技保护中心编制的《大运河遗产山东段保护规划（2010—2030）》列入的17座码头和其他相关码头资料进行了整理，以考古资料为切入点，结合历史文献记载，另对现已消亡的一些码头进行钩沉，并对京杭大运河山东段码头的类型、现状和变迁进行了初步研究。

一、德州段运河码头

京杭大运河德州段分属卫运河、南运河。明清时期德州因漕运的发展，渐成南北水路交通要冲，留下诸多码头之名。相比其他地方，德州的码头多因在运河上的交通位置而兴起，后又失落在时间的长河中。当前明确位置者有两处，一是涉及大运河申遗的国家重点文物保护单位德州码头（图一），二是通过考古勘探始现踪迹的武城甲马营码头。

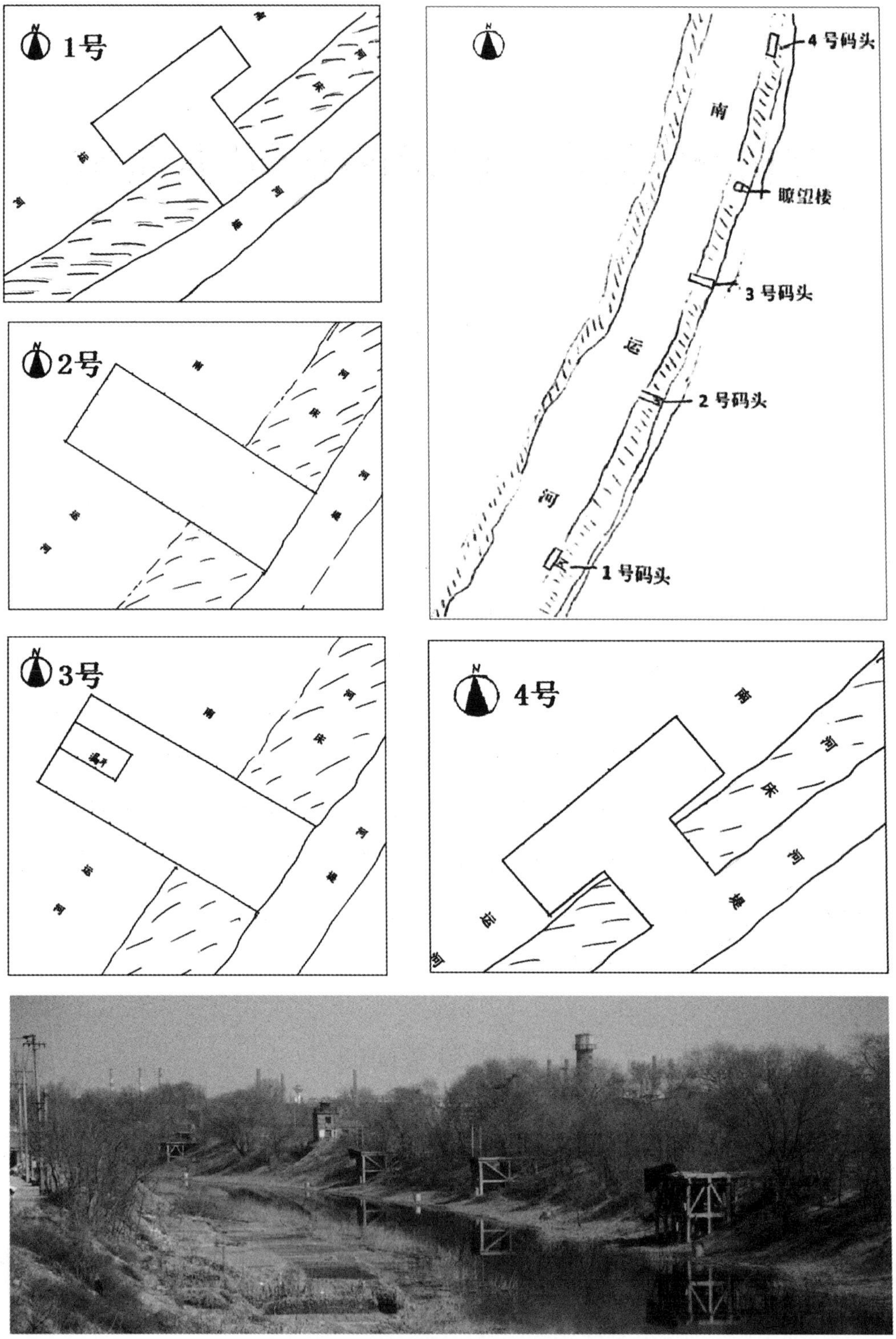

图一　德州码头及其平面示意图

（一）国家重点文物保护单位德州码头

德州段运河只有位于南运河上的德州码头被列入《大运河遗产山东段保护规划（2010—2030）》。

德州码头位于德州市运河经济开发区航运路166号，分布在东风西路胜利桥以北的德州段南运河东岸德州航运货场院内。当前可见德州码头建于20世纪50年代，是在日伪时期航运码头设施基础上建立完善起来的，作业平台南北长约500米，运河东岸现存装卸设备4座，原为木质，后改为混凝土；瞭望楼（即调度室）1座，红砖砌筑。运河通航期间，大量的煤炭、建材等物资这里装船，然后通过运河运往沿河各地。1978年，德州段运河因水源不足而断航，卫运河上游建成岳城水库后，航运水源逐渐枯竭，1980年停航封港。迄今4座装卸设备、1座瞭望楼建筑遗存及整体格局基本保存完整。德州运河码头建筑历经沧桑，保留至今，整体格局基本保存完整，德州码头、德州仓储和运河三位一体的历史格局是南运河沿岸罕见的，不仅见证了德州段大运河航运的兴衰历程，还见证了德州段航运的最后辉煌，同时也为研究大运河航运发展和沿岸城市的形成提供了宝贵的资料。

德州码头是近代和新中国成立初期德州市的货物集散区，为废弃水利水运工程（水工）遗产，整体格局不完整，完整性一般；现存部分保存好。《大运河遗产山东段保护规划（2010—2030）》要求对德州码头进一步开展考古调查和勘探，查明其整体分布范围，对德州码头历史沿革进行专题考古研究。

德州码头当前可见构成部分包括伸入河道的4座作业平台、1栋瞭望楼（调度室）、货场等。以往的考古工作揭示码头往往具有连续性，目前的记录材料显示该码头是20世纪50年代在日伪时期航运码头设施基础上建立的，之前此地是否存有码头尚不可知。因各种原因，《大运河遗产山东段保护规划（2010—2030）》要求的考古工作现在还未进行，要搞清楚德州码头的历史沿革，确应按照保护规划要求，进行深入的考古调查和勘探。

（二）深埋卫运河畔的甲马营码头

德州武城县甲马营码头位于卫运河上，系通过考古勘探确认的码头遗址。

在配合卫运河疏浚工程的考古工作中，笔者领队在京杭大运河卫运河武城甲马营段河道中发现了古代码头的踪迹，因其紧邻甲马营村土地，按照小地名命名原则，称之为甲马营码头遗址。

2015年水利部“卫运河治理工程”施工过程中，涉及德州武城县县级文物保护单位东阳县遗址，为避免河道清淤疏浚对遗址造成破坏，遵照山东省文物局安排，山东省文物考古研究所对卫运河治理工程涉及东阳县遗址保护范围和建设控制地带进行了考古勘探。勘探区在武城西甲马营镇西北侧的卫运河南侧河道。探区内有一浮桥连接卫运河两岸，浮桥两岸可见因浮桥修建而废弃的现代渡口残存。勘探工作分三个区域进行，发现古代码头遗迹的第Ⅰ探区地层较简单，大致可分为六层：第1层，表土层，土壤为浅灰色，土质疏松，包含植物根系及少量现代杂物，厚度0.3米；第2层，浅灰褐土，土质较致密，含少量植物根系，堆积厚度0.4—0.7米，系堆垫形成；第3层，浅黄褐淤沙土，土质较致密，含零星青砖颗粒及炭屑，堆积厚度2—4米；第4层，浅黄褐色淤沙土，包含少量碎蚌壳、烧土颗粒及炭屑，堆积厚度0—0.7米，仅分布于该区的东部；第5层，灰褐色淤土，包含零星碎陶片和炭屑，堆积厚度0—0.8米，仅分布于该区的东部；第6层，浅褐色淤沙土，土质较疏松，无包含物，含水量大，无法勘探，堆积厚度不明。该探区内发现了宋元时期墓葬。在距浮桥西侧27米，距南侧台地约13米，距今地表0.8米处发现石板，推测与早期码头有关；浮桥西侧约15米处，距地表3—4米深度，分布有一排南北约20米、东西约0.8米的青砖面，呈阶梯状分布，应为早期的码头台阶遗存（图二）。另在第Ⅲ探区东北部发现了早期河道，距离地表3.6—6.1米，探知长度约370米，南部延伸到当前河槽河堤外①。

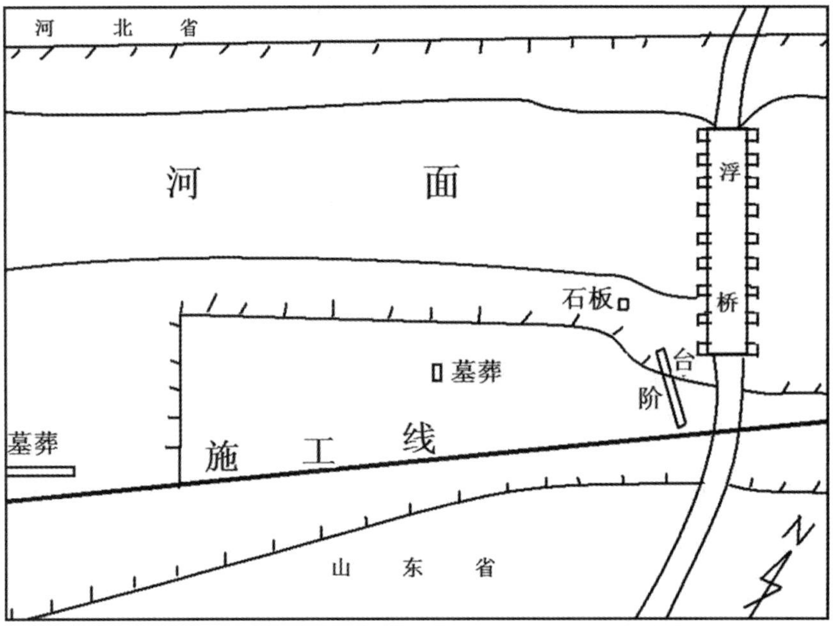

图二　武城甲马营码头（台阶）位置示意图

通过考古勘探，确定该段河道历史上发生过摆动，从探知的石板和青砖遗存的分布来看，彼时码头顺河岸而建，其位置因河道变迁或曾发生过少许位移，某个阶段为砖砌踏步。根据码头埋藏深度，结合探孔出土文物，判断该码头的始建年代或可早到宋元时期。该段运河位于河北故城县城和德州武城县老城镇（武城老县城）中间位置，其西为新武城县城，从该码头遗址西北侧存在废弃现

① 山东省文物考古研究所：《卫运河治理工程武城东阳县遗址考古勘探暨文物影响评估报告》，内部资料，2015年5月。

代渡口来看，该处作为交通要冲有其历史的延续性，甲马营码头应该有沟通两岸的渡口功能，根据渡口的对称原则，对岸亦应有相关码头设施遗存。明代程春宇《士商类要》所录《水驿捷要歌》曾记载过卫运河段的夹马营水驿，清代《漕运河道图考·卫运河图》中绘有甲马营，甲马营和夹马营实应为一地，由此论此码头曾为官修，为驿站的登陆码头。乾隆《临清直隶州志》卷二《建置·驿站》载甲马营水驿在县北三十里河东岸。在当前卫运河东岸大堤内，临近码头遗址附近仅有一处废弃排灌站所在高地，按照驿站在城外临近码头原则，或为彼时的甲马营水驿馆所在。

（三）德州历史上的其他码头

1. 北厂码头

为历史上德州仓的储运码头。德州作为仓囤重地时代久远，自金代设置将陵仓起，大批皇粮在此地装卸就形成一个码头，由于该地在德州城北三里左右，这一带便有了北厂之名（有空场地可存放粮食及货物的栈房称为厂）。元代曾在此设置陵州仓，明永乐起设置德州水次仓，为运河上的四大漕运粮仓。① 伴随仓储的发展，这一带的商业也随之兴盛。明正统十四年（1449），水次仓搬迁至城内南门里，这里的繁华不再，北厂码头也随之湮没，其周边也变成了今天的德州市文物保护单位北厂遗址。2019 年，山东省水下考古研究中心为确定该遗址的保护范围，对该遗址进行了初步考古勘探，确定该处存有河湾，符合码头存在的条件，但因现场存在鱼塘等原因，没能确认码头的位置。

2. 安德水驿码头

和甲马营水驿码头一样，安德水驿码头为安德水驿馆的配套码头。该码头为明代所建，位于德州城外，运河东岸，为安德水驿馆的登陆码头。明清两代，大运河不仅是漕粮要道，还是各级官员以及苏禄、高丽、日本等国贡使进出京城的必经之地，安德水驿就是当时官方的接待场所；康熙皇帝六巡江南，每次途经安德水驿码头时便停船靠岸；1726 年德州段运河调直后，驿馆远离了河道，逐渐冷落废弃。②

3. 梁庄水驿码头

即《水驿捷要歌》所载梁家庄水驿馆的配套登陆码头。梁家庄水驿馆在地方志中又记作梁庄水驿。乾隆《德州志》卷五《建置·驿传》言梁庄水驿“在州城南，水程七十里，乾隆七年归州，今坐落故城县河南梁家庄”。随着卫运河的拓宽和人口的增加，彼时的梁家庄归属武城县，并从卫河堤坝内迁移到了堤外，村名也演化成了今日的东良庄和西良庄，水驿亦不知所

---

① 王德胜、朱延华：《德州运河民俗·北厂码头》，青岛出版社 2013 年版。

② 王德胜、朱延华：《德州运河民俗·安德水驿馆》，青岛出版社 2013 年版。

终。今人曾去寻访，叹息明清辉煌500年的水驿被埋进了历史深处，只记得老人们讲运河边曾经有很大的渡口。[①] 此渡口即梁家庄水驿码头，根据村民所述，其在地表消失时间并不长，如没有被彻底拆除，或和甲马营码头一样，呈遗址状深藏于地下。

4. 其他码头

明清两代德州的社会和经济发展主要是围绕着运河进行的，码头在其中充当了不可或缺的角色，一些小码头和如小锅市似的街巷相连；比较大的码头则有明朝初期的上码头、清代衍化成水营码头。德州水次仓和预备仓搬到了城里面后，位于广川桥边的桥头码头替代了北厂码头的地位，成为一时的繁盛中心。另据康熙《德州志》记载，德州有8个大的渡口类码头，即第三屯渡口、上码头渡口、浮桥渡口、彭家船渡口、白草洼渡口、老君堂渡口、第六屯渡口和桑园镇渡口。[②]另在夏津，卫河古渡亦颇有名气，明清时期为渡口水驿的登陆码头，遗憾的是和德州段运河上诸多码头一样，虽然夏津因此还有渡口乡，但目前渡口驿码头仅知其历史，具体位置和形制还有待考古确定。

二、临清运河码头遗存

临清是运河名城，会通河和卫运河从明代所建城中穿越相汇，为山东段运河上工商业属性最强、水运最便利的城市，系彼时北方之商业都会，乾隆曾写诗赞其“富庶甲齐郡，繁华压两京”。因卫运河和会通河在城内交汇，相比其他城市，临清城内外码头数量明显较多，特别是城区，并且临清码头多因商业而兴，进而影响了临清商业区的街巷构成格局。

（一）运河第一商业码头三元阁码头

临清三元阁码头被列入《大运河遗产山东段保护规划（2010—2030）》。

《中国文物地图集　山东分册（下）》载：三元阁码头位于青年街道办事处西夹道街西首、卫运河西岸。码头为石砌的墩台，宽13.6米，高3.5米，墩台上有系缆绳的凹石四处，墩台后的河堤内坡为城墙砖错缝垒砌，修建于1928年。[③] 1990年该码头被临清市人民政府公布为市级文物保护单位，2013年升为省级文物保护单位。

《中国文物地图集　山东分册》出版于2007年，自此之后，临清文物保护工作者又做了许多工作，对码头也有了更多了解。在申报山东省文物保护单位材料中，对该码头有了新的记述：“三元阁码头位于临清市青年街道办事处西夹道街西侧卫运河大堤之上，坐东朝西，长、宽各15米，台高4

① 张明福、王璇：《寻访运河梁庄水驿》，《德州晚报》2019年9月24日。
② 王德胜：《明清德州运河码头》，《德州日报·德周刊》2018年7月13日。
③ 国家文物局主编：《中国文物地图集　山东分册（下）》，中国地图出版社2007年版。

米，占地230平方米，基础为条石砌筑，上半部由临清贡砖垒砌而成。现码头整体基本保存完整，所砌城砖多有碱蚀剥落，部分塌毁，保存略差；由于河堤加固及年久失修，建筑整体略有改变，基础下沉；始建于明代嘉靖二十一年（1542）。其所在属老城区西南部，东侧紧邻临清传统的商业、居住街区及明代会通河，西临卫运河，因此地原有一建筑名三元阁，故码头命名为三元阁码头。此码头当时被称为运河之上第一商业码头，为临清运河之上最繁忙的码头。码头占地广阔，涸水期装卸货物在河坡，丰水期装卸货物在卸货台，船舶连阵、货物山积，是运河名城商业繁盛的渊薮之地。三元阁码头是运河文化积淀之一。临清自元代至元二十六年（1289）会通河穿城而过汇入卫运河（御河）后，京杭大运河全程贯通，历元、明、清三季车船辐辏、商贾云集、志士贤达荟萃，成为当时的军事重镇、漕运咽喉、商业都会，在此重要的运河城市背景下，大批货物通过三元阁码头周转后运往全国各地，其作为临清市仅存的当时运河之上第一商业码头，是研究古代经济、运河文化、漕运等珍贵的实物资料，具有较高的历史价值、科学价值。"①

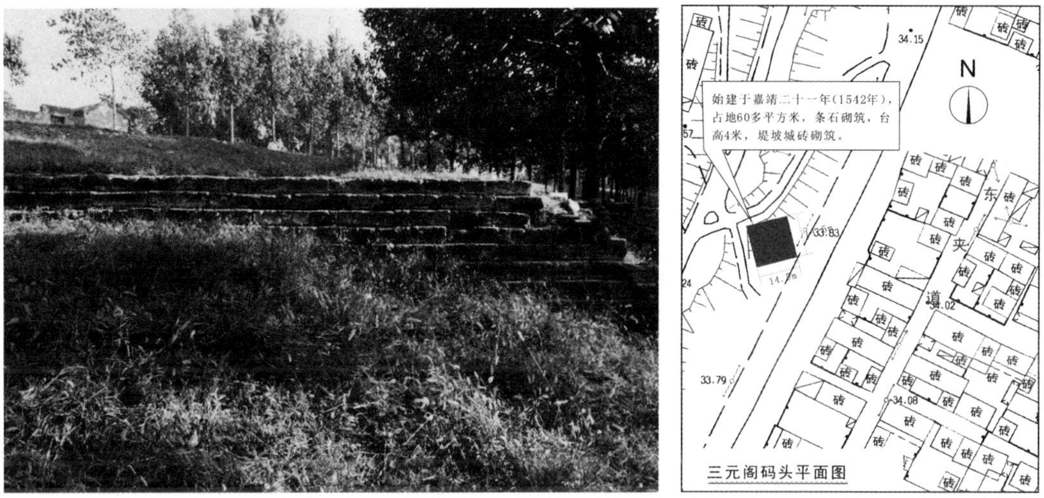

图三　三元阁码头现状局部和三普资料中的平面图

当前可见的三元阁码头遗存直接坐落在卫运河东岸（图三），为深入河道的石基砖砌平台。查民国初年时期地图，三元阁为渡口，码头两两相对，分别和所在街区主要道路相连，然其河西岸地表现在无任何码头痕迹。与码头平台相连的东岸砖砌河堤建于1928年，现码头遗存实有同期所修可能，当前所见或非明清时期的码头形制。《大运河遗产山东段保护规划（2010—2030）》指出，三元阁码头属运河水工设施遗产，与大运河关系密切，现仅知位置，地表无存，完整性较差，应对其进一步开展考古调查、勘探和试掘工作，摸清其地下埋藏情况。

① 临清市博物馆：《三元阁码头》第四批山东省文物保护单位申报登记表，内部资料，2011年2月。

（二）期待实证的临清其他码头

作为彼时一商业都会，除三元阁之外，临清城的大部分码头也有明显的商业性，且因三段运河贯穿城区，其内码头多有渡口性质。乾隆《临清直隶州志》卷一《疆域·河渠》载："汶河之渡七，曰通济渡、三里铺渡、宏济渡、卸货口渡、榷关前渡、新开口渡、窑口渡；卫河之渡七，曰太平口渡、广济桥渡、南湾渡、狮子桥渡、南板闸口渡、南水门外渡、真武庙渡。广济桥渡之北，乾隆二十二年州人屈彦选等捐设一渡。"随着时间的流逝，后人追述时只记得城区卫运河东岸曾有三元阁、狮子桥、临清闸等几个卸货码头，其中三元阁码头现有残存，其他码头在治河筑堤中湮没。① 20世纪五六十年代因洪水频发，推测临清城区卫运河上的码头多在河道整治中消失；城区会通河河道遭两岸侵占严重，其上码头除早年被毁外，应多被填埋于地下，部分改建为桥。

1. 广济桥码头（浮桥口码头、清源水马驿码头）

临清故老相传城区卫运河上有两个大码头，一是三元阁，二即广济桥。广济桥码头在记录流传中，济、积不分，亦可见广积桥码头之名，后因广济桥码头清初出现船组浮桥，后世多又称之浮桥口码头。临清乡贤考证历史时称临清城区卫运河之上著名渡口有七，广济桥渡最大，为临西来城要津；临清十六景之官桥晓月即在此；明永乐年间重开会通河，临清城内元运河遂废。为防止冲刷，两河分叉处修筑了石坝，状如鳌头，后人附会，以城内元运河（北河）上的临清闸、会通闸和明运河（南河）上的头闸、二闸列其左右为四个鳌足，而广济桥为鳌尾；作为鳌尾所在的广济桥码头沿竹竿巷（亦称浮桥口街、果子巷）东连中洲城区，全国各地无数的手艺人和货品曾在此登陆，为临清浓重的运河文化写下浓厚的一笔。明万历时，西岸甃石为纤道；清顺治时州人李际泰募资造舟十二只，又于东岸叠石二十余阶。②甃石即垒石为壁，可知西岸码头明代应依附在石驳岸上，而清代东岸码头某一阶段曾有二十多阶石质踏步。

清顾祖禹《读史方舆纪要》卷三十四临清州言："清源水马驿，在州城西南隅。"乾隆《临清直隶州志》卷二《建置·驿站》言："清源水马驿在会通河南岸北向，明洪武五年创。"民国《临清县志》亦称清源水马驿位于会通河南。仅从以上记载看，似乎清源水马驿登陆码头在会通河南岸，但《水驿捷要歌》明载清源水顺卫运河流，可知清源水马驿洪武年初建时即为卫河水驿，县志所言会通河为临清州城里东西向的废弃的北支。究其位置，今临清市文物保护单位赵家大院（赵氏旧宅）实为清源水马驿站旧址的一部分，残存占地面积1400余平方米。但后世只知其始建于明代，传初为"书院"（艺妓馆），清代官购为"道台大院"并重修，民国初为名医赵悦仁所购得。③ 广济桥码头

---

① 王连洲：《〈金瓶梅〉中的临清地名考》，载《临清文史》第四辑，1990年。

② 王洪辰：《临清十六景考述》，载《临清文史》第一辑，1985年。

③ 国家文物局主编：《中国文物地图集　山东分册（下）》，中国地图出版社2007年版。

（浮桥口码头）即为历史上的清源水马驿码头。《明史·庄烈帝本纪二》载十五年大清兵入塞，十二月山东州县相继下；十六年四月大清兵北归。在这个过程中，临清城破，人口损失惨重，相关传承亦断绝。乾隆《夏津县志》卷四《食货·驿递》载："顺治拾陆年，裁并临清州清源水马驿，衙署俱废，基址无考。"其后有清一代，清源水马驿之水驿再也没有复建，与之配套的清源水马驿码头遂失其官方色彩，然其在卫运河上的优越位置犹在，虽名字失去传承，后以其外在特征获得诸多新称，仍被公认为临清城区卫运河上的大码头和最大渡口。今日临清最有名的老街竹竿巷历史上的西首即为该码头旧址。

2. 狮子桥码头

狮子桥码头因桥得名。狮子桥建在城内通卫运河的排水沟口上。民国《临清县志》载狮子桥街位于卫运河北岸，三元阁之北。康熙《临清州志》卷三《孝义·王勋》载："隆庆元年，勋独捐资，力修沟渠，建石桥于卫河东岸，名狮子桥。"狮子桥码头位于三元阁码头北，登陆后即狮子桥街。此街面对运河背靠新城，地处全城之闹区，自然是热闹非凡。[①] 但热闹总是禁不住时间的考验，随着运河航运的衰败，不知在哪一次卫运河疏浚建坝中，可登陆热闹街市的码头在临清居民眼中消失而去。狮子桥码头结构、形制均不详，但参阅民国时期临清城区图，该码头对岸为田地，民国地图也未在该处绘制渡口，可知其民国时仅为卫运河东岸一登陆码头。其位置在今临清青年路西接卫河处。

3. 南湾子码头

南湾子码头即康熙《临清州志》所言南湾渡，从民国地图上看，确为两两相对的渡口类码头，位于狮子桥码头北、广济桥（浮桥口）码头南。后人追述临清先锋桥历史时曾有记录：历史上卫运河一河之隔给两岸带来了巨大的困难，早年间行人过往，一是靠三元阁渡口，一是靠南湾子渡口用船舶并成的浮桥。[②] 由此可知，南湾子码头在民国后期也曾出现过浮桥互联两岸。但此记录和上述所言的广济桥（浮桥口）码头有冲突。查民国地图，该码头两岸连接的皆为寺庙，日常人流断不如有连接商业区的广济桥码头来往人口众多，推测该材料或有记忆错误。《聊城晚报》曾载《87 岁临清老人的运河记忆》一文："在胡殿云的记忆里，临清有两个码头：浮桥口和三元阁。浮桥口码头就在竹竿巷西首。竹竿巷一带是卖杂货的地方，因此，在这个码头装卸的一般都是杂物。三元阁本来是一个道观，在这个码头主要装卸的是棉花、粮食等。"[③] 无论谁的记忆是正确的，民国晚期临清段运河，卫运河是主航道，除三元阁和浮桥码头外，其他商业码头俱废。

4. 下渡口码头

乾隆二十二年临清人屈彦选等捐资修建，在广济桥码头北，亦为渡口类码头，在两岸皆与街道

---

① 王连洲：《〈金瓶梅〉中的临清地名考》，载《临清文史》第四辑，1990 年。

② 杜明德：《先锋桥》，载《运河名城临清》，山东友谊书社 1990 年版。

③ 于新贵：《87 岁临清老人的运河记忆》，《聊城晚报》2014 年 6 月 24 日。

相连，二者在东岸仅相隔一个街区。依据民国临清县城区图，自东岸码头上岸后，北为老礼拜寺，东接下渡口街连入官驿街。西岸码头消失时间无可考，老礼拜寺1968年修浚卫运河时拆除无存①，作为相邻的水工设施，东岸下渡口码头亦应在本次工程中消失。下渡口之名来历不详，推测原因或有二。一是该码头和官驿街直接相通，屈彦选等捐资背后应有政府色彩，建成后或即有官船公务人员登陆直达官驿；顺治年间废清源水马驿后，临清城内无明确的水驿；自临清北上至夏津有渡口水驿，该码头如为清代官驿的登陆码头，下渡口之名或因在渡口驿之下而得名。二是按照卫河上下游的关系，其位于连接主干道街区浮桥口渡口之下，故称为下渡口。

5. 临清闸码头

临清闸码头位于元运河即北河和卫运河交汇处，在下渡口码头北。从码头名称可知，其因临清闸得名，和其他码头一样，应和临清闸相邻或为临清闸附属登陆口，既然为卫运河上的码头，其登陆地必然在卫运河河岸。临清闸南为繁华中洲，北侧空旷，原闸下月河必然在其北，故临清闸码头应为单侧登陆口，或附属于临清闸北、闸西雁翅，或位于临清闸西北闸墩一侧。临清闸明万历年间改建为砖石结构的双孔拱桥问津桥②，但登陆码头彼时仍在。从当前材料来看，临淄闸码头是运河自北水门南下进入临清城区后第一座码头。临清闸建成后，一直水势凶险，不利于通航，该处码头疑即乾隆《临清直隶州志》所言太平口渡。

6. 头闸口码头

头闸口码头和临清闸码头一样，因头闸而得名，形制不详，是明会通河和卫河相连处的码头。后人记述清代后期船到临清时，排列十里多长，直到歇马亭以东，这段河岸有三个码头：头闸口、二闸口、前关。③ 头闸即临清南板闸，此码头亦即乾隆《临清直隶州志》所言南板闸口渡，因汶水在此入卫，故又有三岔河渡口之称。

7. 二闸口码头

二闸口码头和头闸口码头一样，因二闸而得名，二闸即明代所修新开闸，又称砖闸。此码头即康熙《临清州志》所言新开口渡。

8. 前关码头

位于二闸口和钞关之间，为避免逃税，明时曾设浮桥。康熙《临清州志》所言榷关前渡，疑即前关码头前身。

9. 卸货口码头

查钞关前关街有卸货口，其和运河对应处，即应为卸货口码头西岸所在，亦即康熙《临清州志》

---

① 潘耀曾：《临清清真寺》，载《临清文史》第一辑，1985年。

② 国家文物局主编：《中国文物地图集　山东分册（下）》，中国地图出版社2007年版。

③ 郝修业：《临清发展史料》，载《临清文史》第三辑，1988年。

所记卸货口渡。该码头在钞关以北的明会通河上，当在拦关铁索之北，货船过关前或多在此卸货。今临清公园（即大众公园）西北角凤凰岭对岸有卸货口码头，景德镇瓷器、苏杭刺绣、蔗糖等均在此上岸，荟成市场。[①]

10. 窑口码头

该码头即康熙临清州志所载窑口渡。查民国临清城县城区图，会通河南岸有窑口地名，该码头当在未分南北的城区会通河段，位置不详，或与现今的东升桥位置相近。

11. 启秀楼码头

启秀楼码头又被记为鼓楼码头或古楼码头。《中国文物地图集　山东分册（下）》称该码头是京杭大运河在临清的商埠码头，位于新华街道办事处古楼街运河北岸，始筑于明永乐十三年（1415），条石砌筑，占地 24 平方米。1998 旧城改造时拆除，仅存 3 米余宽。[②] 该码头因临近古楼启秀楼而得名，但古楼又因建于原砖城南门外运河北岸启秀津而得名，楼下有四门，可通车马，北向大街直通南门进城，南靠运河涯，步石阶而下可乘舟楫远航。[③] 究其得名可知，此处起初亦为渡口，即启秀津。临清砖城修成后，北岸启秀楼码头实为自东水门北上进入临清城后的第一个码头，具有明显的官方设计属性。

12. 通济渡码头

清乾隆年间修建，位于元代会通河上，因临通济桥而得名。

13. 宏济渡码头

清乾隆年间修建，位于明代会通河上，因临近宏济桥得名。

14. 临清城外的码头

临清城外码头多为渡口类型。其中乾隆《临清直隶州志》所言渡口。三里铺渡口码头位于东水门外会通河上，与莲花庵相邻的真武庙渡口码头在北水门外卫河上，二者和卫河上南水门外渡口码头一样均在城外。真武庙渡口码头因临近莲花庵又称莲花庵渡口码头，其北还有八里圈、张窑、王江、尖冢等渡口码头。南水关码头以南则有白塔窑、江村、房村厂、大营、江庄、丰圈、冯圈等渡口码头。三里铺渡口码头之南至魏湾镇则有大名鼎鼎的清阳水驿码头。民国《临清县志》言：“汶河既废，已无津渡可言，惟卫河贯境内……浮桥口溯流而上为南湾子、三元阁、刘家口、房村厂、尖冢，计渡口六；浮桥以下有二，一曰下渡口，一曰王家江。全境共渡口八。”当前不管汶河还是卫河，原来的渡口皆废除。因当前地理划分，上述八里圈、张窑、刘家口、尖冢、王家江（王江）、江庄、江村、大营等归属河北临西县，但临西、临清多以卫河为界，卫河上诸多渡口码头的东岸如没

① 王洪辰：《临清十六景考述》，载《临清文史》第一辑，1985 年。
② 国家文物局主编：《中国文物地图集　山东分册（下）》，中国地图出版社 2007 年版。
③ 王洪辰：《临清十六景考述》，载《临清文史》第一辑，1985 年。

有在疏浚河道中彻底消失，则还有在地下残存的可能。

（三）考古发掘确认的河隈张庄运砖码头

在运河流经的广大乡镇，同样有沟通交通转运货物的需要，只是这里的码头很难进入文献的记载。但通过考古工作，一些从未被正史记载过的码头开始被发现和确认。

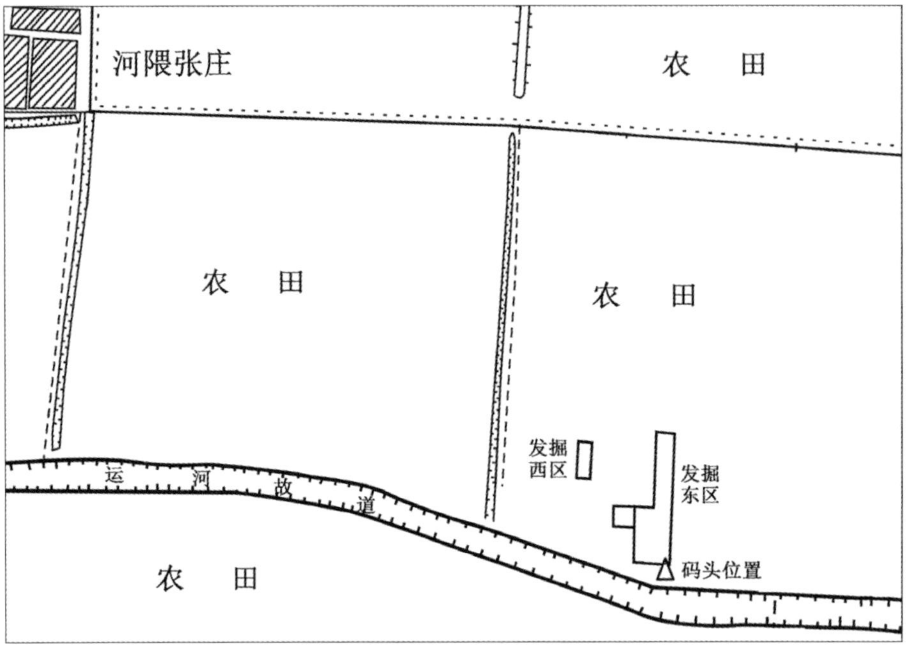

图四　临清河隈张庄运砖码头位置示意图

临清没有做过专门的码头考古发掘，相关船闸的治理和考古过程中也未发现相关登陆码头。但在进行临清御窑河隈张庄遗址发掘时，确认了一处转运贡砖的码头位置（图四）。河隈张庄考古发掘区北及东部的10多座窑址均分布于南北向道路的东侧，西部一列的工作间亦朝向该条道路，且该道路穿过北侧大堤通往河道，路面多层叠压，遗多条车辙，推测该道路为外运砖的主要通道，但钻探没有发现码头，可能遭现代河道清淤破坏。[①] 清末漕河废弃后，仅于1935年疏浚过一次河道。1959年位临运河开挖后，该段运河故道遂完全废弃，其后河道被严重侵占，日益狭窄，彼时码头应该亦被填埋。对于运河上的行船，并非必须通过专用码头才可登陆，一般通过搭板登陆即可。与道路相连的地方，久之即为登陆或装货的土码头。临清运河两岸窑址众多，河隈张庄这类乡村间的运砖码头本身或为河岸斜坡上的土码头。

① 高明奎、魏辉、朱超、董博：《山东临清河隈张庄发现明清“贡砖”窑厂遗址》，《中国文物报》2011年11月4日。

三、聊城的大、小码头

元明清三代，聊城均为东昌府（路）治所，和运河穿临清城区不同，历史上大运河会通河段在城东，其东门正对通济桥闸。因运河在城外，聊城的码头数量明显少于临清。今地表犹存代表为大码头和小码头，均被列入《大运河遗产山东段保护规划（2010—2030）》，分别被称为东昌府运河大码头、东昌府运河小码头，二者与始建时位置、形态、结构、材料相符，功能有所改变，真实性一般（图五）。

（一）大码头（崇武驿码头）

大码头为聊城市文物保护单位。聊城历史上为东昌府府城，明清时期大码头为其官用码头，实为崇武水马驿的配套工程，可称为崇武驿码头。运河畅通时，聊城商贾云集，经济繁荣。大码头一带，南来北往的漕船络绎不绝，停泊待卸的商舶绵延数里。从大码头南望，舳舻相连，帆樯如林，宛如一幅宏丽壮阔的图画，故有“崇武连樯”之称，被列为聊城八景之一。清康熙皇帝南巡途经聊城时，多在此登岸。《中国文物地图集　山东分册（下）》称大码头为东关大码头，位于古楼街道办事处东关大街东首南800米、运河西岸，亦称崇武渡码头。码头坐北朝南，为石质台阶式建筑，全长32米；码头分两层，条石砌筑，下层台面高1米，长27米，宽1.23米，靠东侧铺设7级台阶；上层台面平面呈“凹”字形，台面高1.6米，长6.3米，宽1.3米，台面东西两侧各铺设9级台阶通岸上，东侧台阶长16.5米，西侧台阶长4.3米；码头两侧各铺设步行台阶22级，全长4.5米，阶宽1.4米，高0.16米。[①]

图五　聊城小码头、大码头现状

崇武驿大码头为明清时期京杭大运河上的重要口岸，年代久远，见证了运河深厚的历史底蕴，

① 国家文物局主编：《中国文物地图集　山东分册（下）》，中国地图出版社2007年版。

是研究运河历史的重要实证。该遗址在修建城区运河公园时，由当地文物部门结合新河堤进行了保护性修缮。码头以石灰岩砌筑，其上部加高后成为马路人行道的一部分，东西两端为踏跺，从踏跺下到岸边形成一平台，整个码头总体保存尚好。从其亦称崇武渡码头推论，最初应为沟通两岸的渡口。后西岸因临城发展起来，遂演变成为聊城段运河上的大码头。

（二）小码头

《中国文物地图集　山东分册（下）》称小码头为东关小码头，位于古楼街道办事处东关大街东首南500米运河西岸，为明代富商修建的私用码头，清代继续沿用。码头全长17.5米，宽4.5米，中间由14层条石垒砌成三个台面，两侧各铺设16级石台阶。下层台面长2.5米，宽0.6米；中层台面长4.5米，宽0.6米；上层台面平面呈“凹”字形，长3.3米，宽0.4米，高1.5米，台面两侧有4级台阶。人行石阶最高处有圆形穿孔，用于系舟船缆绳。①

小码头是明清时期百商大贾为方便装卸货物而修建的码头，它是当地经济繁荣的产物，积淀了丰富的历史信息，具有十分重要的地位。小码头现为聊城市文物保护单位。在当地政府修建运河公园的过程中，小码头遗址经文物部门保护维修，部分面貌得以保留，成为大运河聊城段现存的一处重要遗迹。小码头体现了明清时期聊城东关运河一带商品经济和市井文化的繁荣，是运河文化研究的重要资料。

四、阳谷七级码头

阳谷七级码头被列入《大运河遗产山东段保护规划（2010—2030）》，是唯一进行过专项考古发掘的山东段运河码头。清末裁撤运河相关管理机构后，河道淤塞日重，因无监管，七级码头一带被周边村民填埋圈占。2011年，通过配合南水北调东线工程的考古发掘，七级码头才重现于世。

（一）考古工作简况

2004年10月下旬至11月上旬，山东省文物考古研究所会同聊城市文物局、阳谷县文物管理所，对与七级镇古街区相连的运河河道一带进行了勘探，发现该处地下文化层堆积较厚，地表下1米为近现代垫土，多为倾倒的建筑倒塌物和生活垃圾；距地表1米处有路土；其下有厚0.2—0.3米的黄褐色粉砂质淤土；淤土层下为灰褐色文化堆积。地表下2米处见青灰砖块、素面瓦等建筑遗物；2.3—2.7米处有青花瓷片；3—4米处均有石板，石板上部的堆积中有白瓷片、黑釉白花瓷片等遗

① 国家文物局主编：《中国文物地图集　山东分册（下）》，中国地图出版社2007年版。

物；4.7 米处见黄褐色淤土，稀软、纯净、有水。[①]

图六　发掘出土后的七级码头石磴

2011 年 3—4 月，山东省文物考古研究所、聊城市文物局、阳谷县文物管理所联合组成考古队，对七级码头遗址进行了全面发掘。考古发掘出保存良好的清代京杭运河码头一座（图六），确认码头由 17 级石砌台阶状慢道、顶部平台及台阶下夯土平台组成；现今街道 0.4—0.5 米下有连接码头平台的宽达 1 米的古街。[②] 此次考古发掘出土了较为丰富的古代文化遗物：出土数量较多的瓷器，以青花瓷为主，还有少量的白瓷、青瓷、蓝釉瓷、彩瓷；另出有日常生活陶器、陶砚台、小型石器和少量铜钱等。值得注意的是，码头下河道地层中的包含物很少，当为码头使用中经常清淤的结果。七级码头遗址的发掘，对了解运河古镇的人文历史有着重要价值，也为京杭大运河申遗工作提供了新的重要材料。2012 年 4 月 13 日，由国家文物局主办、中国考古学会协办、中国文物报社承办的 2011 年度“全国十大考古新发现”在北京揭晓，京杭大运河七级码头、土桥闸与南旺分水枢纽遗址作为一组水工设施上榜。

（二）对七级码头的认识

《中国古今地名大辞典》载，阳谷县毛镇有古渡，为航运码头，因台阶为七级，故北魏时改称七级。清代阳谷、东阿、莘县在此地设有“兑漕水次仓”，沿石砌道路东行 200 米，至今可见一空旷场院，即“东阿廒（兑漕水次仓）”旧址。[③] 因七级码头转运的大宗货物是黄色的粮食，故七级镇素有金七级之称。在明、清两代编纂的县志中，七级古渡均为阳谷著名景点。《大运河遗产山东段保护规划（2010—2030）》指出，七级码头遗址与大运河关系密切，位置与始建时相符，遗址未受扰动，保存完整，格局清晰，真实性好。

---

① 山东省文化厅南水北调工程文物保护工作办公室、山东省文物考古研究所：《南水北调东线一期工程山东省文物保护工作初步设计报告》，内部资料，2009 年 4 月。

② 吴志刚、李振光：《阳谷县京杭大运河清代七级码头遗址》，载《中国考古学年鉴（2012）》，文物出版社 2013 年版。

③ 山东省文化厅南水北调工程文物保护工作办公室、山东省文物考古研究所：《南水北调东线一期工程山东省文物保护工作初步设计报告》，内部资料，2009 年 4 月。

五、阳谷张秋镇码头

古语云“南有苏杭，北有临张”，“张”即指阳谷张秋镇，历史上曾为与苏杭齐名的运河四大商埠之一，京杭大运河会通河段南北纵穿张秋城。

（一）水门桥码头

《大运河遗产山东段保护规划（2010—2030）》列入了张秋的水门桥码头，称水门桥码头属于水利水运工程（水工）遗产遗址，与大运河关系密切，现仅知位置，地表无存，真实性一般。

图七 重新垒砌后的张秋南码头（水门桥码头）

水门桥码头因其相邻水门桥而得名。张秋水门桥位于运河西岸原张秋护城壕上，为一运河引水桥，始建于明代，民国时期重修。但水门桥码头名称众多，在张秋老百姓口中又称作南码头和小码头，在地方文物登资料中被称为张秋运河码头。该码头位于张秋镇南街古运河西岸，始建于明代，南北长约 100 米，宽 50 米，呈长方形。运河停止航运后，码头废弃，大部分已淤埋于河床下面，每到河水干涸时就会显现出部分石基，石基完好，错缝平铺，用料硕大。码头当年的主要作用是停泊船只、装卸货物、上下行人。该码头为研究明清时期张秋运河沿岸的经济文化及交通状况提供了重要的实物资料，具有较高价值。①

① 阳谷县文物保护服务中心：《张秋运河码头・文物保护单位基础信息表》，内部资料，2019 年 5 月。

水门桥码头没有进行过专项考古发掘，但在进行大运河阳谷段保护与展示工程时，地方文物部门对张秋的码头进行过一次调查试探，此次考古工作确认了水门桥码头在张秋城外，紧邻城墙，发现其有渡口性质，东西两岸有两两相对、伸入河道的遗存。保护与展示工程实施过程中发现平台底部木桩已经全部腐蚀损坏，重新打桩完成后，将拆除的部分按原样重新垒砌（图七）。

（二）张秋其他码头

在商业上堪比苏杭的张秋镇，自然不可能只有一座码头，水门桥码头留下的不同称谓也为追踪其他码头留下了线索。大运河阳谷段展示工程实施前，地方文物部门组织了调查试探，在水门桥码头之外确定了另外两处码头（图八）。

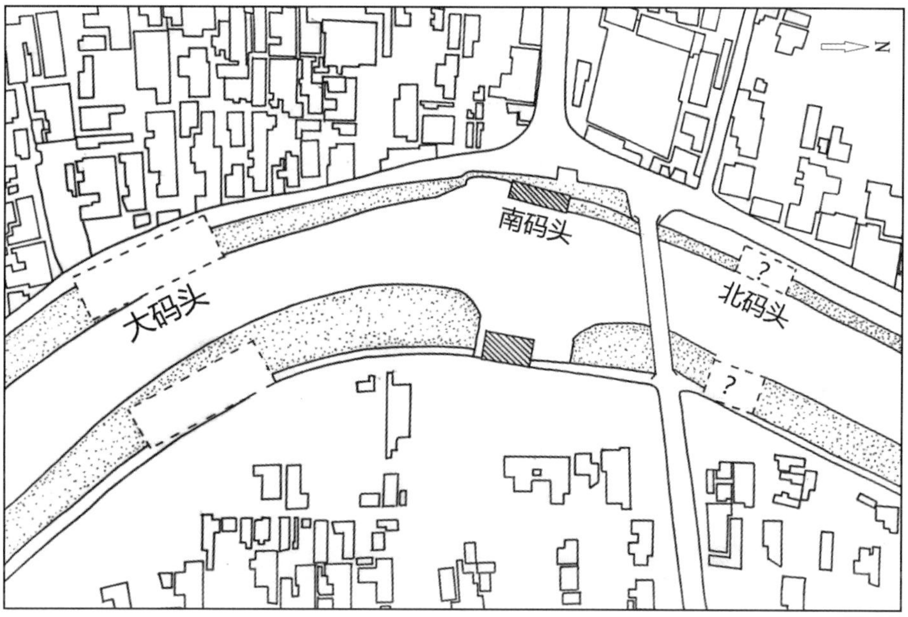

图八　张秋运河码头位置示意图

1. 大码头

大码头当前呈地下遗址状，在有小码头之名的水门桥码头南约100米处，和水门桥码头一样都在历史上的张秋城外，试探显示其同样具有渡口性质，东西两岸均有伸入河道的条石基础存在。相较于水门桥码头，大码头形制规模宏大。

2. 北码头

北码头是相对位于水门桥码头之北而言，为百姓的俗称。囿于各种原因，并未进行考古勘探，其为考古田野调查的成果。其位置大致在今外环路一带，张秋城内无闸，没有沟通东西的桥梁，故北码头亦应具有沟通东西的渡口性质。

六、济宁运河码头觅踪

济宁号称运河之都，政治属性远超其他运河城市；初建之时州城位于运河北岸，就有官修码头的存在，后随工商业的发展，不可避免地出现了许多码头。这样一个政治、经济上的运河沿岸特殊重镇，理论上应留存诸多码头遗迹。当前济宁段运河仍可通航，随着时代的发展，运河上兴起了许多现代码头。码头的传承往往具有连续性，但截至目前，济宁段除南旺分水枢纽配套码头之外，还没有任何古代码头进入文物保护单位名录，考古工作者也未做过相关考古工作，《大运河遗产山东段保护规划（2010—2030）》无从涉及，本文也只能从相关记载中觅其踪迹。

根据相关学者的研究，济宁城的码头主要集中于草桥闸与赵村闸段之间，共设码头 30 余个，这些码头各司其职，分工明确，每个码头一般只负责固定品类货物的装卸，比如草桥闸下的码头，主要负责装卸石灰、粮食；天井闸下的码头，主要装卸瓷器、杂货、布匹、中药材、铁器制品等；任城闸上侧的数处码头，主要装卸竹子、竹器、杂货、药材、小五金、紫陶、文具纸张、河湖水产品；任城闸下侧紧靠越河的码头，主要装卸皮货、绳席、食盐、烟丝、百货、杂货。[①] 遗憾的是，这些码头均不知所终，仅留下了曾经繁华的南门码头、天井闸码头、渡口码头等名称。

根据记载，济宁及其周边还有鲁桥、南城、长沟、开河、河桥水驿及其配套的码头，在历史上也都赫赫有名；长沟一带还有著名的济宁古八景之一的“获麟晚渡”；另还有联系运河两岸的其他渡口类码头如七浦街渡口、河湾渡口、烧酒胡同渡口、剪子股街渡口等。

七、汶上南旺分水枢纽码头

汶上南旺分水枢纽随着梁济运河的开凿和小汶河的改道而荒废。为配合大运河的申遗工作，考古工作者在南旺分水枢纽做了诸多考古工作，在这个过程中，运河之脊的码头也在湮没多年后重新问世（图九、十），但作为枢纽工程的组成部分，《大运河遗产山东段保护规划（2010—2030）》并未将其单列。

（一）砖石堤岸码头

2008 年，山东省文物考古研究院、中国文化遗产研究院联合对南旺分水枢纽工程遗址进行调查时，在南旺镇坝上村砖石堤岸的东端清理出一处宽约 2 米的石阶登岸口，共有台阶 14 层，每层都用

① 王玉芬、王德椿：《京杭运河 · 齐鲁风情　济宁卷》，山东人民出版社 2013 年版。

石板错缝平砌，高度0.14—0.2米不等，台阶石和堤岸间立有一块石板，厚度约0.1米。台阶由堤岸连接运河河道，与河道呈90度角。[①] 2011年3—6月，为配合南旺大遗址公园建设，山东省文物考古研究所、济宁市文物局、汶上县文物局对遗址进行了再次清理发掘。此次发掘确定了一座石砌台阶码头：在TG5内运河北岸砖石大堤上发现条石垒砌的台阶码头一座，与砖石大堤一起垒砌而成。清理了14层台阶，宽2.05米，高1.5米，台阶逐层向内斜收，形成堤岸向内嵌入式小码头。这种砖石大堤上的码头在其他地区亦可见到，江苏淮安古城南角楼遗址附近的里运河东堤即发现同样形制的码头一座：码头呈长方形，南北长约4.48米，东西宽约3.8米，面积约17平方米，由顶面平台、台阶、两侧墙体及底部基础木桩构成；在8层踏步台阶中，每层台阶由3—4块青石铺砌。[②]

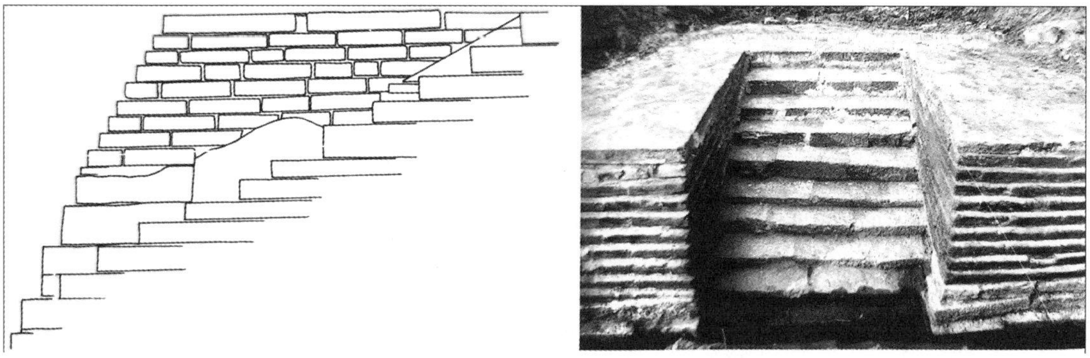

图九　南旺分水枢纽北岸砖石河堤东登陆码头及北侧正视示意图

图十　南旺分水枢纽南岸登陆码头

① 山东省文物考古研究所等：《汶上南旺：京杭大运河南旺分水枢纽工程及龙王庙古建筑群调查与发掘报告》，文物出版社2011年版。

② 淮安市博物馆、楚州区博物馆：《江苏淮安里运河明清砖工堤与码头发掘简报》，《东南文化》2012年第5期。

（二）分水驳岸码头

据《汶上县志》《南旺镇志》等文献记载以及老照片和舆图分析，南旺镇分水龙王庙古建筑群遗址前原有一段东西长约230余米石驳岸，南北宽7—8米，高约6米，并由三道台阶状通道连接运河和分水龙王庙，台阶前端两侧各放置一对头向运河、面面相觑的石兽；正对大门处砌有台阶，四个台阶两旁有8个水兽。① 2008年度和2011年度的考古工作证明，此地实际存在四处登陆码头，考古发现这四处台阶分别连接四组建筑。

八、台儿庄城区运河故道码头

台儿庄城区运河属迦运河，是京杭大运河上唯一一条东西向河道，系明万历年间京杭大运河避黄改道而成。1959年，迦运河段裁弯取直，台儿庄城区内运河故道因形似弯月，改称月河。2014年大运河申遗时，该段运河故道被称为中运河台儿庄段。其北岸为台儿庄古城，因城在北岸，为避免汛期水淹城，历史上运河南岸的土堤一直低于北岸，乾隆四十八年（1783）对京杭运河济宁至台儿庄段沿岸漕堤进行大规模修整时，北岸修为石质驳岸。至清末，台儿庄城区的码头多分布在北岸，依石驳岸而建。

《中国文物地图集　山东分册（下）》所载文物点有台儿庄镇顺河街码头，位于运河东岸，时代为明、清。顺河街位于明清运河东岸，是当时商业最为发达的街区，许多商号、店铺为了便于从水上装卸货物，便沿河修建了许多小码头，现存有郁家码头、王公桥码头等。这些码头形制基本一致，皆为青石砌筑，近水面处建有小平台，一般长15米左右，宽2米左右，平台临岸一侧设台阶直达岸上。②

随着运河航运的衰落，这些码头也遭到不同程度的毁坏和填埋，失去原有的风貌。为促进地方经济发展，自2008年起，枣庄市启动了“运河古城”重建项目，举全市之力，打造了一座具有浓郁明清风貌的新城。在这个过程中，运河码头获得了新生。

（一）考古确定的码头位置

考古调查确定台儿庄城区运河故道涉及11个码头（图十一），均被列入《大运河遗产山东段保护规划（2010—2030）》。保护规划编制时，还未进行考古发掘清理，彼时能确定郁家码头、王公桥

---

① 山东省文物考古研究所等：《汶上南旺：京杭大运河南旺分水枢纽工程及龙王庙古建筑群调查与发掘报告》，文物出版社2011年版。

② 国家文物局主编：《中国文物地图集　山东分册（下）》，中国地图出版社2007年版。

码头、骆家码头、谢家码头、霍家码头、王家码头（小南门码头）等与始建时位置、形态、结构、材料相符，功能有所改变，真实性一般；而典当后码头、四十万码头、高家码头（阎家码头）、南清真寺码头等，地表无存，完整性较差。

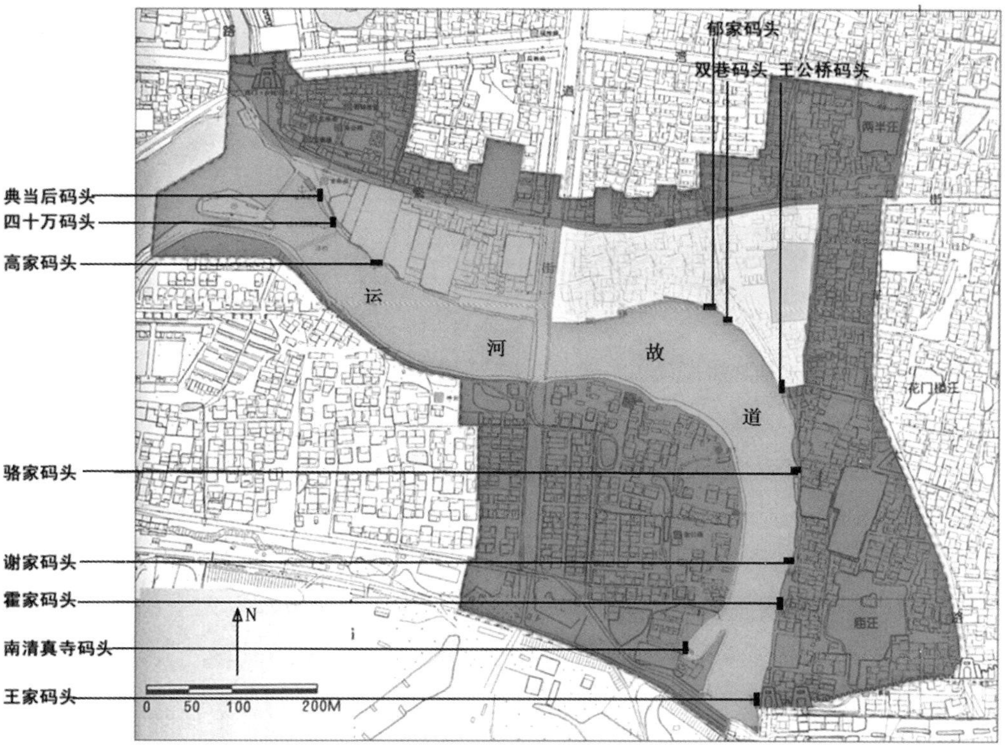

图十一　台儿庄城区运河码头位置示意图

（二）考古工作

根据台儿庄城区运河清淤工程文物保护规划，应在已知的码头附近进行试掘。由于许多码头位于河道中间，地理位置比较特殊，同时受汛期及季节等多种因素的制约和影响，运河的清淤过程中文物保护有许多的不可预见性，最终只对双巷、王公桥、郁家 3 处码头进行了考古发掘清理。

1. 双巷码头

位于月河北岸，南邻王公桥码头，西接郁家码头，北紧靠顺河街，方向 40°。东经 117°44′26. 7″，北纬 34°33′28. 8″，海拔 12 米。始建于清代，现存较完整。

码头长 10. 5 米，宽 4. 25—3. 25 米，残深 6. 4 米。共有 34 级台阶，台阶系条石铺就，表面光滑整齐，错落有致，石条长 2. 5—0. 5 米，宽 0. 75—0. 4 米，厚 0. 6—0. 12 米。阶梯两侧墙体均为青石与沙灰垒砌，高 0. 4—6. 9 米。西侧墙体上半部分稍有残缺。石块长 0. 8—0. 2 米，宽 0. 45—0. 2 米，厚 0. 3—0. 15 米（图十二）。

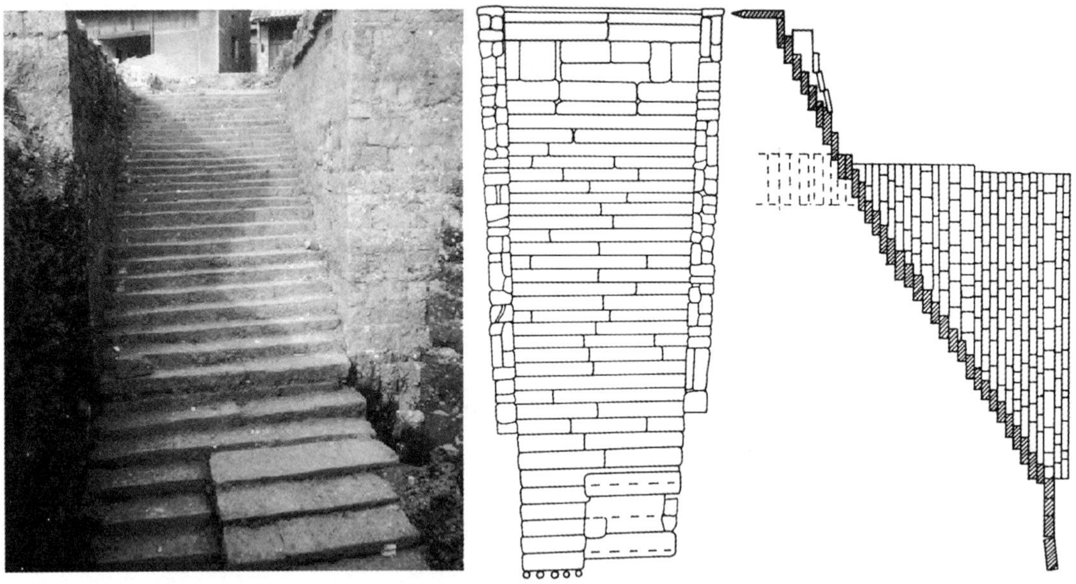

图十二　双巷码头及其平剖示意图

2. 王公桥码头

位于月河东岸，北邻双巷码头，东靠顺河街。方向340°，东经117°44′29.3″，北纬34°33′25.9″，海拔26米。始建于清代，现存情况较差。

码头残长5.45米，宽2米，残深4.6米。现存台阶15级，台阶为不规整条石铺设，已残缺不齐。石条长1.25—0.25米，宽0.5—1米，厚0.25—0.15米，台阶两侧墙体采用青石与沙灰垒砌，墙体总高4.5米，其中地面以上砖墙0.75米，石块长1.2—0.2米，宽0.2—0.45米，厚0.15—0.3米（图十三）。

3. 郁家码头

位于月河北岸，东邻双巷码头，西邻远波桥，北靠月河街，方向20°，东经117°44′25.9″，北纬34°33′29.2″，海拔25米，始建于清代，现存较好。

码头长10.25米，宽2.35米，深7.4米。共有33级台阶，台阶表面光亮规整，由条形石垒砌而成。石条长0.5—1.5米，宽0.8—0.5米，厚0.2—0.3米。台阶东西侧墙体高6.05米，均为石与沙灰垒砌而成，石块长0.2—0.7米，宽0.2—0.6米，厚0.15—0.25米。东侧石墙体以上有1.35米的残砖墙，疑似建筑；西侧石墙体以上有民房1座，依河堤而建，门朝北，南面有窗2扇，房东西面阔6米，进深4.2米。台阶东侧有货物平台4个，呈阶梯状，面积4.25—2.7平方米。台阶的最末端有木桩4根，横向排列，间距0.2—0.6米，直径0.1—0.15米，长1.2—1.5米（图十四）。

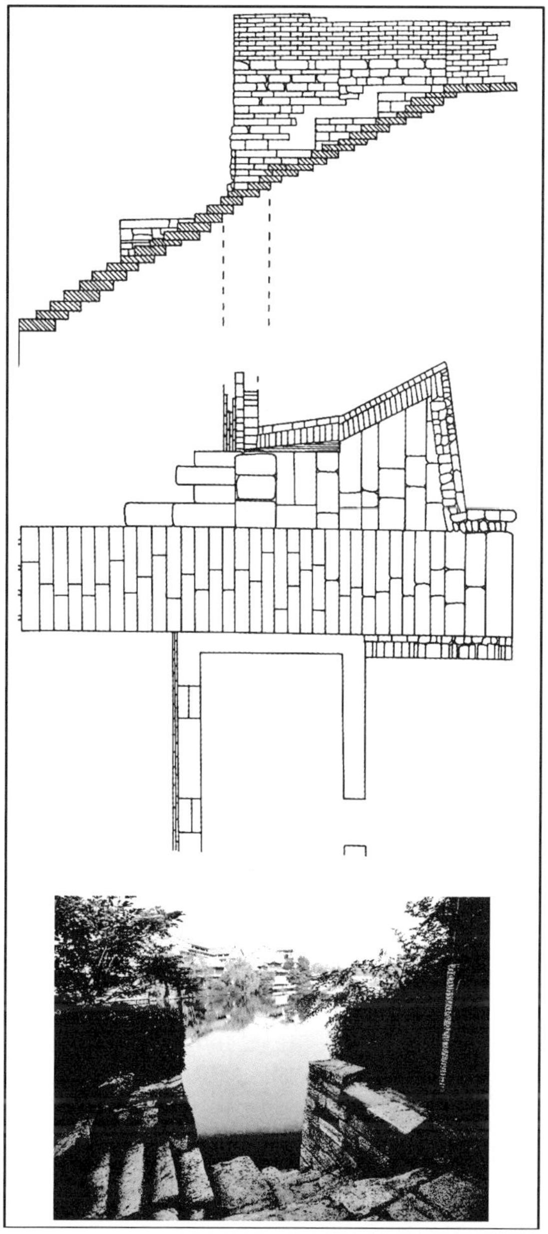

图十三 王公桥码头及其平剖示意图

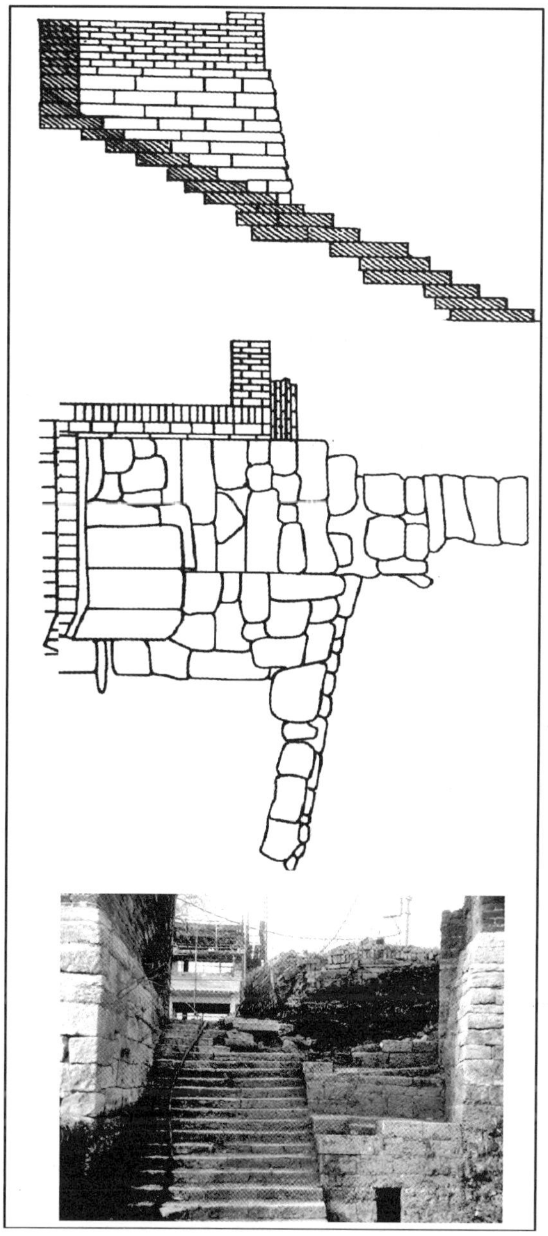

图十四 郁家码头及其平剖示意图

（三）对台儿庄城区运河故道码头的认识

1. 典当后码头兴修于康熙年间，位于典当行后门外，供船民登岸办理业务。

2. 高家码头兴修于咸丰年间，高家从天后宫外迁出后，重修此码头，仍称高家码头。

3. 四十万码头兴修于康熙年间，位于万家大院门前。万家因漕运发家，盛时有银钱40万两，故此码头号称四十万码头。

4. 郁家码头建于明朝万历年间，郁家随着运河漕运的发展而兴盛，设有20余个店铺，置办有大量土地，建有郁家码头，以方便装卸货物。该码头保存比较完整，为青石结构，白灰填缝，共有32级台阶直通河底，河底最后一级台阶前有木桩保护石阶，码头两侧用青石砌墙，西墙上有一碑文，为码头纪事所立。

5. 双巷码头兴修于明末，旧时台儿庄进出货物最多的码头，岸上正对两个巷口，故称双巷码头。该码头保存完整，为青石结构，保持了清代时期的风貌，共有34级台阶直通河底，河底最后一级台阶前有木桩，码头两侧用青石砌墙。

6. 王公桥码头位于台儿庄区月河东岸，北邻双巷码头，东靠顺河街，始建于清代。码头长5.45米，宽2米，深4.6米，现存台阶15级，台阶不足5米，台阶两侧墙体采用青石与沙灰垒砌，墙体总高4.5米，其中地面以上砖墙0.75米，石块长1.2—0.2米，宽0.2—0.45米，厚0.15—0.3米。此码头为大运河申报世界文化遗产的重要水工设施。万历三十二年（1604），工部右侍郎总理河道李化龙开泇时，临河修筑台庄公馆，同时修筑了该码头。因乾隆皇帝曾在此处登岸，故又称御码头。咸丰五年（1855），王公胜捐资重修，遂称该桥为王公桥，码头随桥名而改。

7. 骆家码头兴修于乾隆年间，由南北相对、间距约10米的两个码头组成，兼具汲水和卸货功能。

8. 谢家码头由谢玉田于光绪十三年（1887）修筑，系谢家镖局为出镖及镖师练武后洗澡方便而建。

9. 霍家码头修建于清初，上海粮船多在此卸货。

10. 王家码头兴修于康熙年间，该码头系王家庄村民集资修筑，是客商乘船北上进入台儿庄时经过的第一处码头，因此商贸兴隆。

11. 南清真寺码头位于南清真寺月河堤岸东，故有此名。

九、结语

京杭大运河山东各段运河上的码头特点明显，南北差异很大，囿于篇幅原因，我们仅对山东段码头的类型、现状和变迁进行了初步分析研究。

（一）山东段运河码头类型

码头的分类形式有多种。

1. 从外观上，按照构成的平剖面形状，本文所列码头可分顺岸码头和突堤码头两类。

（1）顺岸类码头

所谓顺岸，即码头水线和河岸水线基本一致。

根据与河岸关系的不同，顺岸类码头又可分为斜坡平铺型和斜坡嵌入型。

斜坡平铺型码头因材质不同，还可细分为土岸码头、石砌码头，二者分别以河隈张庄运砖码头、七级码头为代表。这种类型的码头在内陆河道中多孤立分布，散见于乡间和小城镇的土质堤岸边，从最原始的土岸发展到石质，其间亦存在砖砌和砖石混用样式。

斜坡嵌入型码头分布于河道有驳岸护坡处，根据其平面形状，可细分为斜坡至顶斜式和斜坡折弯式，二者分别以南旺分水枢纽码头和台儿庄城区码头为代表。这种类型的码头往往成组分布，多见于对河岸进行过整治的城镇和水工设施区，多为石质，亦有砖砌和砖石混用等形式。

（2）突堤类码头

即船舶停靠处从河岸伸入河道，码头水线和河岸水线平行或交叉。根据深入河道的宽窄，又可分为窄突堤和宽突堤二型。窄突堤型只能有一面供船只停靠（根据材质和时代特征又可细分为木质、石质或混凝土），本文所记以德州码头为代表，起初多为木质，内陆平缓河道渡口类码头中常见这种类型。宽突堤型伸入河道的三面均可供船只停靠，以临清三元阁和张秋水门桥码头为代表，多为石质，或砖石混用。

2. 从投资属性上，可分为官修码头和民建码头两类。

（1）官修码头

即由政府投资兴建的码头。

明代重开运河主要是为南粮北运，故俗称官河。和京杭大运河山东段修建之初即有规划一样，官修码头为官方设施的配套，多为新建，亦不排除部分为在旧码头基础上改建。但在历史上的长河中，这种官方色彩并非一成不变，伴随政治生态的改变及配套工程的变迁，或遭废弃或转为公共设施，甚至被私人侵占。

根据所配合设施的不同，官修码头可分为配合陆上建筑型和配合水利工程型。

本文涉及的德州安德水驿码头、武城甲马营码头、临清启秀楼码头、聊城崇驿大码头等皆为水马驿站的配套码头；台儿庄王公桥码头始建之初为配合台庄公馆的登陆码头。历史上的德州北厂码头等涉及配合国家大型仓储，起初亦应为官修。

配合水利工程型码头以汶上南旺考古发现的六处登陆口为代表，其为分水枢纽工程配套登陆设施，为工程的一部分。另，部分依附于船闸的登陆小码头亦为船闸本体结构的一部分，也属此类。

（2）民建码头

即由民间投资兴建的码头。

这类码头又可分为两类，一类为公共设施，由商人、乡民等集资修建，修建之后除满足私用之外，也提供给社会使用，以聊城小码头、台儿庄王家码头为代表。

另一类是纯粹为满足私家使用而修建的码头，如台儿庄郁家码头、谢家码头等即属此类，这类码头相对都偏小。

3. 从功能上分，码头可分为多类。

码头的作用就是让船舶停靠、让乘客上下、进行货物装卸。任何码头都有一个发展变化的过程，在其使用中，不局限于单一功能，其作用往往是多重的。根据最初的主要功能，运河上的码头可进行如下分类。

（1）渡口码头

运输乘客过河上岸为渡口码头的主要功能。因为运河总体纵贯南北，其上闸坝桥梁有限，沟通两岸的交通主要还是靠船。渡口码头星罗棋布，广泛分布于两岸，为运河上数量最多的码头类型。其结构相对简单，建设容易，往往两两相对。在一些交通要冲，都有相对存续历史较长的渡口码头。

（2）漕运码头

运河又称漕河，漕粮运输是其主要功能。但凡建有水次仓的地方，必有配套的漕运码头。山东段运河上的临清仓、德州仓曾为明代四大漕仓之二，本文所述北厂码头即为此类码头的代表。考古发掘的七级码头也是以转运漕粮为主，甚至七级镇因为这里运输的主要货物为黄色的粮食，而被称为金七级，但这些规模较小的地方兑漕水次仓所属的配套码头，往往复合功能更强。

（3）公务客运码头

这里特指水驿码头。其设立的初始功能即为公务往来接待。作为彼时唯一的“高速公路”，京杭大运河山东各段故道先后出现过微山夹沟、鲁桥、峄城万家庄、鱼台河桥、济宁南城、长沟、开河、东平安山、阳谷荆门、东昌府崇武、临清清阳、清源、夏津渡口、武城甲马营、梁家庄、德州安德16处涉及水驿码头的驿站，为彼时各类官船往来的登陆码头。

（4）商用码头

虽然京杭大运河的初始目的为运送漕粮，但因为沟通了南北，其特殊的交通地位带动了运河两岸的经济，大量的商用码头在山东段运河出现。这类码头或为装卸多种货物的综合性码头，或以装卸一种或几种货物为主。这类码头主要分布在运河沿线的大城镇中，其代表为临清三元阁等。

（5）货运码头

即以货运为主业的码头。随着社会的发展，出现了专门的现代货运码头，且多为码头群，新中国成立后仍然能通航的山东部分河段均有该类，但进入文物范畴的目前只有已经废弃的德州码头。

（6）军用码头

即各地临运河驻军所用码头。明清时期运河两岸重镇多有驻军，相关临河军营有自己的登陆码头，但多失其记载。

（二）山东段运河码头现状和变迁

山东段码头当前状态各异，因河道被侵占，多数还深埋于地下；个别因机缘巧合，如甲马营码头和河隈张庄运砖码头，因考古工作而探知其曾经的存在，和部分残存码头如三元阁码头一样被记录为遗址；经历过考古重现的七级码头则获得修缮并得以再次向世人公开展示，和其命运类似的台儿庄系列码头还在台儿庄古城旅游中获得新生，重新被游客使用；但多数城镇中的码头，特别是在较大的城市，或在城市发展中失其踪迹，或随城市规划被改建；部分历史有载的码头如卫运河上的浮桥口、南湾子等则在大规模的河道疏浚、堤岸修筑中完全消亡。

山东段诸多历史有载的码头因位于交通要道或和城镇相邻，起初多为渡口，故在河道两侧多两两相对，张秋水门桥码头即为证明。伴随着随着城市的发展，码头本体也有一个逐渐发展的过程，如聊城大码头，本为崇武驿渡，漕运的兴盛使其连接府城的西岸码头日渐兴盛，甚至连接区形成大码头街，推测其初始类型亦应为最简单两两相对的土岸码头。但并非所有码头均由渡口而来，京杭大运河是人工运河，其开挖肇始即有人工设计，码头的人为设计也在其中，聊城的小码头和台儿庄的诸多码头即属私人修建的专属河道单侧码头。

致谢：本文的写作得到程晓明、魏辉、吴明新、孙贵红、刘健康、龙峰、官士刚等诸位师友惠赐相关资料，在此一并深表感谢！

武王克商年研究

张　溯

（山东省文物考古研究院）

周武王克商建立西周是三代历史的重大事件，但是武王克商的具体年代，由于文献的缺佚，在汉魏时期已经不清楚了。司马迁著《史记》，将可靠的历史年代确定为共和元年，即公元前841年，之前的历史只有世系而没有具体的年代。皇甫谧说："周自恭王至夷王四世，年纪不明。"这说明西周的历史年代在汉魏学者中早已失传。刘歆曾据三统历补充三代的年代，被批评为"欲以合《春秋》，横断年数，损夏益周，考之表纪，差谬数百"。西晋太康二年《竹书纪年》出土，为西周的年代提供了一个具体的积年257年，但是《竹书纪年》在唐宋时期失传，西周的历史年代又陷于迷茫。

由于历史文献缺失的原因，武王克商的具体年代一直没有得到彻底解决。作为夏商周年代学研究的重中之重，夏商周断代工程专门设立了武王伐纣年代研究子课题来解决这一学术难题，取得了重要的成果。但是，由于各种原因，最终采用了公元前1046年说。本文通过分析测年数据、鲁晋世家年代及战国文献，结合王朝世代的规律和可靠的伐商天象，推算出正确的克商年当为公元前1027年。

一、武王克商年诸说

武王克商年现存44种说法，最早为公元前1130年，最晚为公元前1018年，前后相差112年，大部分说法被收入夏商周断代工程子课题《武王克商之年研究》一书中[①]。这些不同的观点按时间长短，大体可以分为长年、中年、短年三种：

（一）长年说以汉代刘歆据三统历推算的公元前1122年为代表，包括用各种古历推定的年代。大致分布在公元前1130—前1070年之间。

① 北京师范大学国学研究所：《武王克商之年研究》，北京师范大学出版社1997年版。

1. 公元前1122年说

按照孔子、司马迁、刘歆和皇甫谧的观点，东周秦汉至西晋时，西周的世系王年已经残缺不清，自然无法确定克商年。于是，刘歆据三统历上推得出武王克商年在公元前1122年。宋代邵雍的《皇极经世》、刘恕的《通鉴外纪》、郑樵的《通志》，以及元代金履祥的《通鉴前编》等皆从此说，从而使其成为历史时期影响最大的观点。这一观点最大的问题在于以三统历对历史年代进行推算而得出结果，与实际的年代差异较大。

2. 公元前1111年说

刘歆以三统历对西周年代的推断，一直受到学界诟病。唐代时张遂（一行）据《大衍历议》推算得出武王克商年当为公元前1111年。这一结论也得到了近代学者董作宾①、严一萍②、郑天杰③等人的支持。《大衍历议》对三统历进行了调整，但推算的西周年代仍存在较大问题。其根本原因在于西周历法与大洐历不同，也与三统历不同，其年代自然也不可信。

3. 公元前1112年说

晋代皇甫谧著有《帝王世纪》一书，专述帝王世系、年代及事迹，所述起于三皇，下迄汉魏，内容多采自经传图纬及诸子杂书。该书于宋后散佚，清代有辑本问世。皇甫谧说“周自恭王至夷王四世，年纪不明”，自然也不知道克商年。由于《帝王世纪》中保存的王年，有相当一部分采自刘歆的观点，是不准确的，克商年当然也不准确。

长年说克商时间较早，因此不得不拉长周文王、周武王和周成王三王的王年和年龄来应和。由于现代测年技术、考古学和年代学研究的进展，这些年代较容易被排除。同时，西周诸王年代研究也不支持长年说，将西周12王的在位时间相加无法达到这么早的年代。因此，这一观点已经被排除。

（二）中年说大多以文献与金文、卜辞互证，所得克商年多在公元前1070—前1030年之间。以金文历谱和文献相结合所得出的西周诸王年代有比较充分的材料支持。但是学界对金文历谱的研究还存在一些问题没有解决，在铜器断代、历谱、月相等方面存在不同的认识，诸家多按自己的观点进行推算，但均无法保证所有的纪年铜器合谱，这使通过该方法所得到的结论无法上升为学界共识。此外，美国学者倪德卫、夏含夷相信今本《竹书纪年》的可靠性，并据此推算出克商年为公元前1045年，后来又调整为前1040年④。

---

① 董作宾：《武王伐纣年月日今考》，载《武王克商之年研究》，北京师范大学出版社1997年版。

② 严一萍：《从利簋铭看伐纣年》，载《武王克商之年研究》，北京师范大学出版社1997年版。

③ 郑天杰：《周初历法与周初年代——惟一月壬辰旁死霸史日考证》，载《武王克商之年研究》，北京师范大学出版社1997年版。

④ ［美］倪德卫：《武王克商之日期》，载《武王克商之年研究》，北京师范大学出版社1997年版。该文最早于1983年发表于《Early China》第8期。

（三）短年说以公元前1027年最具代表性。该年是据古本《竹书纪年》中记载的“自武王灭殷，以至幽王，凡二百五十七年”推算得出的——幽王卒于公元前771年，加257年得武王克商年为前1027年。

公元前1027年说最早由梁启超在《最初可纪之年代》[①] 中提出，其后雷海宗的《殷周年代考》[②]，莫非斯的《西周历朔新谱及其他》[③]，陈梦家的《西周年代考》[④]、《商殷与夏周的年代问题》[⑤]，高本汉的《殷代的兵器与工具》[⑥]，屈万里的《西周史事概述》[⑦]，何炳棣的《周初年代平议》[⑧]、《夏商周断代工程基本思路质疑——古本〈竹书纪年〉史料价值的再认识》[⑨]等文章，对这一年代进行了进一步论述。杨宽[⑩]、林巳奈夫[⑪]亦采此说。

反对这一观点的学者则认为西周积年不可能只有257年，或认为古本《竹书纪年》散佚不全、西周257年不包括幽王，或认为可能有传承错误。由于历法、天象、西周王年等记载有不合之处，许多学者又对其进行了调整，认为武王克商年大致分布于公元前1030—前1018年之间。

研究方法上，不同学者因学术背景差异，往往从古代历法、金文历谱、天象、《竹书纪年》（分古本、今本）四者入手，从而形成了不同的推算方法。金文历谱的研究方法存在许多问题，周初历法的若干问题还无法解决，西周初期和西周中晚期历法不同也为大多学者所接受。因此，这些推算往往有很强的主观性，出现矛盾时，为了使铭文合谱，学者往往又轻易断定金文有误刻，强改铭文，从而错上加错。何炳棣说过，这些主观推算之中，天文古历术语连篇，使得一般不专攻古史、不略通天算的学人，对周初历史问题都不敢问津。[⑫] 因此，以此为基础推算的克商年难以成立。

近代，中外都有天文学家通过逆向推算日月食的时间、五星聚合时间和星辰的位置来推算武王伐纣时间。如美国学者彭瓞钧、中国紫金山天文台的张培喻等，其中张培瑜通过五星聚的时间推算

---

① 《饮冰室合集·专集》之四十七。

② 雷海宗：《殷周年代考》，《国立武汉大学文哲季刊》第2卷第1期，1931年。收入北京师范大学国学研究所：《武王克商之年研究》，北京师范大学出版社1997年版。

③ 莫非斯：《西周历朔新谱及其他》，《考古社刊》1936年第5期。

④ 陈梦家：《西周年代考》，商务印书馆1945年版。

⑤ 陈梦家：《商殷与夏周的年代问题》，《历史研究》1955年第2期。

⑥ ［瑞典］高本汉：《殷代的兵器与工具》，载《武王克商之年研究》，北京师范大学出版社1997年版。

⑦ 屈万里：《西周史事概述》，载《史语所集刊》，1971年。

⑧ 何炳棣：《周初年代平议》，《香港中文大学学报》1974年第1期。收入北京师范大学国学研究所：《武王克商之年研究》，北京师范大学出版社1997年版。

⑨ 何炳棣、刘雨：《夏商周断代工程基本思路质疑——古本〈竹书纪年〉史料价值的再认识》，《中华文史论丛》2002年第2辑，上海古籍出版社2002年版。

⑩ 杨宽：《西周史》，上海人民出版社2016年版。

⑪ ［日］林巳奈夫著，［日］广濑薰雄等译：《殷周青铜器综览·第一卷·殷周时代青铜器的研究》，上海古籍出版社2017年版，第191~202页。

⑫ 何炳棣、刘雨：《夏商周断代工程基本思路质疑——古本〈竹书纪年〉史料价值的再认识》，《中华文史论丛》2002年第2辑，上海古籍出版社2002年版。

出伐纣时五星聚为公元前 1059 年①，张钰哲通过哈雷彗星的回归年逆向推算出公元前 1057 年哈雷彗星接近近地点，取得了重要的成果②。断代工程中对武丁日月食的推算则可以将武丁年确下来，甲骨周祭制度的研究则将帝辛元年限定在四个年代之中③。这些成果为推算武王克商年打下了坚实的基础。

二、^{14}C 测年与商周分界

经过序列取样的高精度测年技术已经可以将所测样本年代缩小到相当精确的范围内，由此可以用来检验各种不同观点，排除掉干扰选项。为此，夏商周断代工程项目组分别对西周早期和商晚期的样本进行了测年，从而使克商年被限制在一个较小的范围内。

1. 殷墟文化测年及甲骨测年

夏商周断代工程项目组分别取西周早期早段和殷墟四期的^{14}C 样品进行了测年，其中殷墟四期取白家坟东南墓地人骨样品和小屯西北地木炭样品，得出年代范围为公元前 1087 年—前 1036 年（表 1）④。由于殷墟四期的人骨应该早于克商年，因此理论上前 1087—前 1038 年均当早于克商年。这说明商代晚期的年代范围已经排除了长年，中年也可能性很小。

表 1　殷墟文化分期及常规^{14}C 测年数据

分期	单位	样品	实验室编号	^{14}C 年代（BP）	拟合后日历年代（BC）
四期	白家坟东南 M693	人骨	ZK5572	2942±35	1087—1045
	白家坟东南 M23	人骨	ZK5551	2912±31	1083—1041
	白家坟东南 M477	人骨	ZK5559	2900±35	1083—1038
	白家坟东南 M432	人骨	ZK5558	2892±33	1080—1036
	小屯西北地 75F11①	木炭	ZK358	2932±34	1085—1046

2. 琉璃河遗址测年

《史记·燕召公世家》中记载：“召公奭与周同姓，姓姬氏。周武王之灭纣，封召公于北燕。”北京房山琉璃河遗址即西周燕国早期都邑遗址，已发现西周早期城址及西周墓葬 200 余座，其中 M1193 出土有“匽（燕）侯”铭文的青铜器，为一代燕侯之墓。

① 张培瑜：《五星合聚与历史记载》，《人文杂志》1991 年第 5 期。
② 张钰哲：《哈雷彗星的轨道演变的趋势和它的古代历史》，《天文学报》1978 年第 1 期。
③ 夏商周断代工程专家组：《夏商周断代工程 1996—2000 年阶段成果报告·简本》，世界图书出版公司 2000 年版。
④ 夏商周断代工程专家组：《夏商周断代工程 1996—2000 年阶段成果报告·简本》，世界图书出版公司 2000 年版。

琉璃河遗址分早、中、晚三期，每期分早、晚两段，使用的^{14}C标本均为人骨，其拟合后的日历时代相对准确。其中西周早期第一段的年代范围为前1040—前1006年，当武王、成王时期，中间值为前1023年，与公元前1027年较近（表2）①。

表2　琉璃河燕国墓地的分期及有关常规^{14}C测年数据

分期		单位	样品	实验室编号	^{14}C年代（BP）	拟合后日历年代（BC）
西周早期	第1段	M509	人骨	ZK5802	2890±35	1040—1006
		M503	人骨	ZK5800	2878±33	1040—1007
	第2段	M1082	人骨	ZK5807	2851±31	1015—972
		M1026	人骨	ZK5806	2850±32	1015—970
		M1115	人骨	ZK5808	2844±20	1010—972
		M513	人骨	ZK5804	2830±31	1010—950
西周中期	第3段	M512	人骨	ZK5809	2840±32	957—922
		M1022	人骨	ZK5812	2832±44	960—918
	第4段	M1088	人骨	ZK5817	2830±80	935—850
		M1003	人骨	ZK5811	2751±35	920—855
西周晚期	第5段	M1045	人骨	ZK5822	2713±37	852—810
		M1140	人骨	ZK5826	2626±32	820—795
	第6段	M403	人骨	ZK5803	2540±31	800—750

琉璃河遗址M1193是一座有四条墓道的大型墓葬，其中出土有两件铭文相同的青铜器克罍、克盉，铭文共计43字，记载了燕国的始封：

王曰太保：“隹乃明，乃鬯享于乃辟。余大对乃享，令克侯于匽。……”

铭文中“太保”指召公。《史记·周本纪》记载：“成王既迁殷遗民……召公为保，周公为师。”《史记·燕世家》记载：“召公奭与周同姓，姓姬氏。周武王之灭纣，封召公于北燕。其在成王时，召公为三公：自陕以西，召公主之；自陕以东，周公主之。”《索引》：“以元子就封，而次子留周室，代为召公。”说明召公被封于北燕，但召公本人未就国，而由其元子代之，与鲁国类似。同墓出土“成周”铭文戈2件，说明墓葬当在成王营建东都之后，其形制也为周初特征。克罍、克盉的形

① 夏商周断代工程专家组：《夏商周断代工程1996—2000年阶段成果报告·简本》，世界图书出版公司2000年版。

制和花纹亦为周初特征[①]。可见，克罍、克盉铭文中的“王”指成王，M1193的墓主人“克”，即召公元子第一代燕侯。M1193椁木保存良好，经常规^{14}C测定，年代为公元前1015—前985年，其中间值为公元前1000年，加一世25年当公元前1025年，支持公元前1027年克商说。如按年代范围，公元前1015—前985年加一世25年，得公元前1040—前1010年，亦支持公元前1027年说。按其上限公元前1040年，召公是武王弟与之同世，武王12年克商（下详），公元前1040年减12年为公元前1028年，即公元前1028年前后克商。

1996年秋，在琉璃河遗址灰坑H108第1层和第3层中发现三片刻字龟甲。其中，第1层出土的一片龟甲上刻有“成周”二字。H108的地层关系明确，是琉璃河遗址中时代最早的西周遗存之一，年代在西周早期的偏早阶段，AMS测年结果为公元前1053—前954年，中间值为公元前1003.5年，与其他西周早期的测年数据相吻合。这说明，这片刻字甲骨属成王时期。成王建成周于成王初年（何尊铭曰五年），这片甲骨离克商年不会太远。

3. 沣西H18测年

1997年发掘的沣西H18，是夏商周断代工程期间的重要发现。沣西97SCMT1探方由一组系列地层单位构成，分别属于先周晚期、西周初期、西周早期和西周中期。

（1）先周晚期。最底层遗迹灰坑H18，可分为4个小层，出土有木炭、兽骨和炭化小米等可供测年的标本，属先周文化晚期单位。

（2）西周初期。叠压在H18之上的是T1第四层，时代为西周初期；

（3）西周早期。叠压或打破第四层和H18的有H16、H11、H8、H3和T1第三层等。其中H16、H11属西周早期。

（4）西周中期。H8、H3、T1第三层属西周中期。

以上单位均出土具有各时期典型特征的陶器群。作为先周文化晚期即商代末期典型单位的H18和作为灭商后西周初期文化典型单位的T1第四层，为从考古学上划分商周界限提供了地层依据，武王克商之年应该包含在这一年代范围内。用常规法和AMS法对从这组地层中采集的系列含碳样品作了^{14}C年代测定（表3）。沣西H18及相关遗迹AMS测年数据为：先周的数据在公元前1095—前1010年之间，西周初期的两个数据均为公元前1040—前980年，同时还有两个西周早期数据，为公元前1000—前935年和公元前1000—前940年[②]。由此，基本可以排除掉长年说和中年说，只剩短年说，克商年当在公元前1050—前1000年之间。其中间值为公元前1025年，接近公元前1027年。H18的AMS法测年数据见表4，据这些数据推断，武王克商年的范围为公元前1060—前995年[③]，中间值为

① 中国社会科学院考古研究所、北京市文物研究所琉璃河考古队：《北京琉璃河1193号大墓发掘简报》，《考古》1990年第1期。

② 夏商周断代工程专家组：《夏商周断代工程1996—2000年阶段成果报告·简本》，世界图书出版公司2000年版。

③ 夏商周断代工程专家组：《夏商周断代工程1996—2000年阶段成果报告·简本》，世界图书出版公司2000年版。

公元前1027.5年。两者均接近据古本《竹书纪年》推算的商周分界年。

表3 沣西H18及相关遗迹常规^{14}C测年数据

分期	单位	样品	实验室编号	^{14}C年代（BP）	拟合后日历年代（BC）
先周	T1H18③	木炭	ZK5725	2893±34	1130—1080
	T1H18②	炭化小米 木炭	ZK5724 XSZ002	2860±33 2860±33	1067—1027
	T1H18①	木炭 骨头	ZK5727 XSZ032	2837±37 2837±37	1052—1016
西周初	T1④2.4米	木炭	ZK5730	2872±33	1040—1002
	T1④上层	木炭	ZK5728	2854±33	1021—980
西周中	T1③	木炭 骨头	ZK5732 XSZ037	2845±33 2845±33	985—930

表4 沣西H18及相关遗迹AMS测年数据

分期	单位	样品	实验室编号	^{14}C年代（BP）	拟合后日历年代（BC）
先周	T2H7	骨头	SA97022	2933±37	1095—1020
	T1H18③	炭化小米	SA97029	2850±50	1110—1100（5%） 1085—1010（95%）
	T1H18②	炭化小米	SA97030	2900±50	1090—1015
	T1H18②	木炭	SA97002	2905±50	1090—1015
	T1H18①	木炭	SA97003	2895±50	1090—1015
西周初	T1④2.4米	木炭	SA97009	2855±57	1040—980
	T1④2.4米下	木炭	SA97004	2840±53	1040—980
西周早	T1H16	木炭	SA97010	2810±47	1000—940
	T1H11	木炭	SA97011	2844±47	1000—935
西周中	T1H8	骨头	SA97013	2861±33	955—915（92%） 910—900（8%）
	T1③	木炭	SA97023	2728±47	920—850
	T1H3底3.4米	木炭	SA97015	2696±50	920—850
	T1H3	木炭	SA97014	2687±47	915—845
西周晚	M8	人骨	SA97025	2621±53	832-784

4. 天马—曲村西周遗址测年

山西曲沃的天马—曲村遗址是晋国的早期都邑，其西周遗存可分为四期六段，各期、段的AMS

测年数据如下（表 5）①。

表 5 天马—曲村遗址西周遗存分期及 AMS 测年数据

分期		单位	样品	实验室编号	^{14}C 年代（BP）	拟合后日历年代（BC）
西周早期	第 1 段	J7H147	兽骨	SA98014	2868±54	1024—983
		J4M6081	狗骨	SA98007	2765±50	1015—951
	第 2 段	IVH109	兽骨	SA98016	2708±77	970—900
		J4M6306	人骨	SA98008	2858±50	961—917
西周中期	第 3 段	J7H23	羊骨	SA98019	2792±59	914—853
		J4M6411	人骨	SA98009	2796±50	881—849
	第 4 段	IVH402	鹿骨	SA98021	2743±62	860—817
		IVH402	羊骨	SA98020	2711±45	856—815
西周晚期	第 5 段	IVH326	猪骨	SA98022	2574±48	812—785
		J2M5215	人骨	SA98010	2604±50	815—788
	第 6 段	J2M5217	人骨	SA98011	2599±50	790—771

早期早段的两个数据分别为公元前 1024—前 983 年和公元前 1015—前 951 年，其中间值分别为公元前 1004 年、前 983 年，早期第二段数据为公元前 970—前 900 年。武王克商至唐叔虞就封差 10 年左右，唐叔虞封于唐，晋侯燮迁于晋，即曲沃遗址。克商年当在公元前 1014 年加唐叔虞在位年，这个时间不会太长，因周公于成王九年去世，武王于克商后二年（或曰三年）去世，据此可推算出克商年当在公元前 102X 年，因此支持公元前 1027 年克商说。

此外，据今本《竹书纪年》和觋公簋铭文，晋侯封于晋当在康王世②，成王王年据夏商周断代工程成果为 22 年，虽然成王二十二年说并没有得到普遍认同，但是成王年肯定没有传统文献中的 37 年那么长。因此上加一世 25 年（或成王二十二年，武王二年），得克商年在公元前 1028 年或公元前 1008 年附近（后一个数据偏晚）。

5. 晋侯墓地测年

北赵晋侯墓地发掘 19 座晋侯及夫人墓葬，分别属于 9 代晋侯及其夫人。结合考古学分期、铜器铭文和测年，其中 8 座晋侯墓的对应关系和测年如下（表 6）③：

① 夏商周断代工程专家组：《夏商周断代工程 1996—2000 年阶段成果报告·简本》，世界图书出版公司 2000 年版。

② 王恩田：《“成周”与西周铜器断代——兼说何尊与康王迁都》，载《古文字学论稿》，安徽大学出版社 2008 年版。

③ 夏商周断代工程专家组：《夏商周断代工程 1996—2000 年阶段成果报告·简本》，世界图书出版公司 2000 年版。

表6 晋侯墓地AMS测年数据

墓葬		所出金文侯名	《晋世家》对应的侯	样品	实验室编号	^{14}C年代（BP）	拟合后日历年代（BC）	《晋世家》年代（BC）
晋侯墓	夫人墓							
M9	M13		武侯（?）	M9人骨	SA98089	2784±50	935—855	
				M13人骨	SA98090	2727±53	930—855	
M6	M7		成侯				910—845	
M33	M32	僰马	厉侯	M33陪葬墓M108人骨	SA98091	2734±50	880—831	
M91	M92	喜父	靖侯				860—816	858—841
Ml	M2	对	釐侯				834—804	840—823
M8	M31	苏	献侯	M8木炭	SA98155	2640±50	814—796	822—812
				M39（夫人陪葬墓）人骨	SA98092	2684+50	814—797	
				M11（M8祭牲）	SA98094-1	2560±57	810—794	
					SA98094-2	2612±50		
					SA98094A-2	2574±51		
M64	M62 M63	邦父	穆侯	M64人骨	SA99043	2671±38	804—789	811—785
				M87（M64祭牲）	SA98095	2555±50	800—785	
				M64木炭	SA98157	2541±53	800—784	
M93	M102		文侯（或殇叔）	M93祭牲	SA98096-1	2517±57	789—768	784—781殇叔 780—746文侯
					SA98096-2	2595±50		
					SA98096A	2531±53		

M6确定为晋成侯，其测年为公元前910—前845年，加5代125年（包括武王一代），得公元前1035—前970年。其中间值为公元前1012.5年，距离克商年还有一段距离。晋侯墓地应该不是唐叔虞始封之地，而是晋侯燮所迁之晋，测年数据偏晚比较正常。M9墓主当为武侯，上限为公元前935年，加3代75年得公元前1010年——约为唐叔虞元年。唐叔虞元年距克商年约10年，因据《史记·周本纪》，唐叔虞始封在成王年幼周公执政时。这与以上算法得出的结论是相同的，克商年约为102X年。

综上，通过殷墟、沣西H18、天马—曲村遗址、晋侯墓地、琉璃河遗址和燕侯克墓（M1193）的测年数据分析可知，周初的年代分布在公元前1030—前1000年之间。由于西周初年大量的数据偏向于公元前1000年，因此克商年当在公元前11世纪的偏晚阶段。其测年数据的中间值均在公元前1027年附近。

三、据文献记载推算克商年

1. 据25年一世推算克商年

由于人的生理规律，父死子继的世袭制社会大约25年一世，四世百年。雷海宗先生于《殷周年代考》中以四世百年为规律得出共和以下周年、西汉、东汉、唐、宋、元、明均符合25岁一代这一规律（表7）。

表7 西周共和以后推算年数与实际年数对比

朝代	世代	推算年数	实际年数
周（共和以下）	23	575	572
西汉	9	225	214
东汉	8	200	196
晋	5	125	155
唐	12	300	289
宋	12	300	315
元	6	150	107
明	12	300	276
清	8	200	268

清①、元、晋②较为特殊，不符合四世百年的规律，其余朝代均符合。以西周全体论，武王之后共十世，合250年，由东周始年公元前770年加250年，成王元年当在公元前1020年。据《史记·周本纪》，周武王克商后二年而崩，则周元年当在公元前1023年左右。如以两周31世计算（积775年），周亡于公元前256年，次年为前255年，周元年当在公元前1030年。这一推算结果与古本《竹书纪年》公元前1027年说接近③。

2. 据《史记·鲁周公世家》推算克商年

《史记·鲁周公世家》中记载武王克商之后，"封周公旦于少昊之虚曲阜，是为鲁公。周公不就封，留佐武王"。武王克商后二年去世，"于是卒相成王，而使其子伯禽代就封於鲁。"《史记·鲁周

① 雷海宗先生说，清为幼子继承制，虽无兄终弟及之名，而有兄终弟及之实。参见雷海宗：《殷周年代考》，《国立武汉大学文哲季刊》第2卷第1期，1931年。

② 两晋积年155年，除武帝外皆兄终弟及。武帝以下3世皆每世3人为帝，第5世则5人继立。参见雷海宗：《殷周年代考》，《国立武汉大学文哲季刊》第2卷第1期，1931年。

③ 雷海宗：《殷周年代考》，《国立武汉大学文哲季刊》第2卷第1期，1931年。

公世家》中，伯禽以下均记有王年：

考公4年—炀公6年—幽公14年—魏公50年—厉公37年—献公32年—真公30年

由此可得出鲁考公元年为公元前998年或前997年，伯禽为周公子与成王年岁相若，加一世25年得鲁公伯禽元年当为公元前1023年前后。可证古本《竹书纪年》公元前1027年说可靠①。

刘歆于《世经》中说伯禽在位46年，是不可信的。他以三统历推算周初年代，文王、武王、成王均为长年，是以不得不拉长伯禽在位年以相附和。

3. 据《史记·晋世家》推算克商年

《史记·晋世家》中记载有西周早期到春秋早期共10代11位晋侯：

唐叔虞-1晋侯燮-2晋武侯宁族-3晋成侯服人-4晋厉侯福-5晋靖侯宜臼-6晋釐侯司徒-7晋献侯籍-8晋穆侯费王-殇叔（穆侯弟）-9晋文侯仇—10晋昭侯伯

司马迁说："靖侯已来，年纪可推。自唐叔至靖侯五世，无其年数。"② 由《史记·晋世家》所记晋靖侯18年、晋釐侯（僖侯）18年、晋献侯11年、晋穆侯27年、晋殇叔14年、晋文侯35年、晋昭侯6年可算出晋靖侯元年为公元前858年，由此上算5世为唐叔虞，叔虞是平王弟，封唐叔虞时为成王初年，据《史记·晋世家》："武王崩，成王立，唐有乱，周公诛灭唐。成王与叔虞戏，削桐叶为珪以与叔虞，曰：'以此封若。'史佚因请择日立叔虞。"加1世共得6世，公元前858年+25年×6世=公元前1008年，即大约公元前1008年为唐叔虞元年。周武王克商2年而崩，其后周公执政7年，克商年至封唐叔虞之间约为10年，可知克商年在公元前1018年前后。如若克商年为公元前1046年，叔虞元年约为公元前1008年，两者相差38年，自克商年至封叔虞绝对不会这么长。因此，晋国的年代也支持公元前1027年克商说。

4. 据《孟子》《韩非子》推算克商年

周分西周和东周，以公元前771年平王东迁为界。周始于武王克商年，终于周赧王五十九年（前256），东周积515年。《孟子·尽心下》载：

由文王至于孔子五百有余岁……由孔子而来至于今百有余岁……

《孟子·公孙丑下》载：

---

① 雷海宗：《殷周年代考》，《国立武汉大学文哲季刊》第2卷第1期，1931年。何炳棣、刘雨：《夏商周断代工程基本思路质疑——古本〈竹书纪年〉史料价值的再认识》，《中华文史论丛》2002年第2辑，上海古籍出版社2002年版。

② 《史记·晋世家》。

孟子去齐，充虞路问曰：“夫子若有不豫色然。前日虞闻诸夫子曰：‘君子不怨天，不尤人。’”

曰：“彼一时，此一时也。五百年必有王者兴，其间必有名世者。由周而来，七百有余岁矣。……”

两条文献都说周至今的时间长度，由五百有余加百有余岁得七百有余岁，两个余数相加必须大于一百。两文献一见于《去齐章》，一见于《孟子》全书末节，后者为《去齐章》“五百年必有王者兴”的说明，因此两者都是孟子去齐时的语录。孟子去齐为公元前312年，至孔子（前551—前479年）卒年167年。据《史记·周本纪》：“西伯盖即位五十年。”《吕氏春秋·制乐》篇：“凡文王立国五十一年而终。”文王在位时间约50年，“由文王至孔子”和“由孔子而来”之“孔子”指孔子晚年或卒年，文王亦当为晚年或卒年。由此可计算：

孔子卒年（前479）-孟子去齐（前312年）=167年

东周初年（前771）-孔子卒年（前479）=292年

700余年（文王卒年至孟子去齐）-167年-292年=241余年

武王十二年克商（下详），西周当在229年以上。由于“七百余”一定小于766，所以西周在307年之内，即西周积年229—307年。武王元年当位于平王东迁前259—292年之间，武王十二年克商，减12，得克商年在公元前1017—前1050年之间。

《韩非子·显学》篇载：

殷、周七百余岁，虞、夏二千余岁，而不能定儒、墨之真，今乃欲审尧、舜之道于三千岁之前，意者其不可必乎！

《韩非子》作于周亡之后（公元前256年），以799年为上限，减东周515年，得284年。又，韩非子卒于公元前233年，距东周亡年有23年。因此，西周积年应在261—284年以内。

综合《孟子》《韩非子》，西周积年当在229年以上，261—284年以内，古本《竹书纪年》所记载的西周257年是符合这一条件的[①]。

① 推算过程与陈梦家先生的类似，但算法稍有不同。参见陈梦家：《西周年代考》，商务印书馆1945年版。

5. 周享天命七百年

《左传·宣公三年》：

> 王孙满曰："成王定鼎于郏鄏，卜世三十，卜年七百，天所命也。"

《通鉴外纪》卷三引此文后云："《汲冢纪年》：西周二百五十七年，通东周适七百之数。"《竹书纪年》作于魏襄王二十年（周赧王十七年）之后，即公元前299年之后。因此《竹书纪年》中所言周并非亡于赧王，而是在周显王时。

在战国时人看来，周并非亡于赧王，而是显王时已失天命而亡国。《史记·周本纪》："显王……三十五年，致文武胙于秦惠王。四十四年，秦惠王称王。其后诸侯皆为王。"《索引》曰："谓韩、魏、齐、赵也。"《史记·秦本纪》记载，秦惠文君四年（显王三十五年）"齐、魏为王"，《索引》曰："齐威王、梁惠王。"显王四十六年，燕、韩"君为王"（《史记·十二诸侯年表》）。由此，陈梦家先生说"显王后期诸国次弟称王"，周已有亡国之兆，周天子威望已尽。因此，《左传》和《竹书纪年》中所称的东周下限至显王时。

《左传》成书于周显王晚年。据《左传》僖公三十一年（前629）："卫迁于帝丘，卜曰三百年"，至周显王四十年（前329），正好300年。因此，王孙满所说的卜年七百当为应验之辞。

相传夏禹铸九鼎，象征九州，三代时奉九鼎为国宝。九鼎所在，象征着天命之所在。《左传·宣公三年》王孙满曰："昔夏之方有德也，远方图物，贡金九牧，铸鼎象物。……桀有昏德，鼎迁于商，载祀六百。商纣暴虐，鼎迁于周。""定鼎于郏鄏"是把九鼎安定在成周，表示周人代天王天下。今本《竹书纪年》记载周显王四十二年，"九鼎沦泗，没于渊"。《水经注·泗水》中记载："周显王四十二年，九鼎沦没泗渊……"《史记·封禅书》："宋太丘社亡，而鼎没于泗水彭城下。其后百一十五年而秦并天下。"王国维于《今本竹书纪年疏证》中指出"此距秦并天下一百五年"①。因此，显王四十二年九鼎沦泗，代表周失天命②。

周人拥九鼎而受天命并非始于成王，而当武王时期。《史记·周本纪》载："使召公复营洛邑，如武王之意。周公复卜申视，卒营筑，居九鼎焉。曰：'此天下之中，四方入贡道里均。'作《召诰》《洛诰》。"《太平御览》引《孝经援神契》曰："八方之广，周洛为中。于是遂筑新邑，营定九鼎，以为王之东都之洛邑。"营建洛邑和迁鼎为克商之后最重要的两件大事。周武王克商之后，《史记·周本纪》

---

① 王国维：《今本竹书纪年疏证》，载《王国维遗书》，上海古籍书店1983年版。

② 但是在《史记·秦本纪》中有秦迁九鼎的记载："（昭襄王）五十二年，周民东亡，其器九鼎入秦。周初亡。"张守节《正义》曰："器谓宝器也。禹贡金九牧，铸鼎于荆山下，各象九州之物，故言九鼎。历殷至周赧王十九年，秦昭王取九鼎，其一飞入泗水，余八入于秦中。"《太平御览》引《郡国志》也说："有鼎鼻山，周之九鼎，沦一于此，故后人往往见鼎耳，因名之。"九鼎代表天命，九鼎沦泗也就是周亡的标志。

记载："（武王）命南宫括、史佚展九鼎保玉。"《太平御览》引《帝王世纪》曰："命南宫括、伯达、史佚，迁九鼎于洛邑。"《左传》桓公二年臧哀伯谏曰："武王克商，迁九鼎于洛邑。"是武王迁鼎于洛，代表了天命由殷迁于周。周从此具有了王天下的合法性，同时武王亦开始营建成周。但武王于克商之后第二年就去世了，成王继位，周公辅政，有武庚之乱，平定之后继续营建成周，成王五年，洛邑告成，"王肇称殷礼，祀于新邑"（《洛诰》）。成王于此听政，何尊铭文谓"惟王初鄂，宅于成周"，正当成王五年。因这里是天下之中，周人要"宅兹中国，自兹乂民"，统治四方人民。

周人受天命即克商年，也即迁鼎之年。周显王四十二年九鼎沦泗为公元前327年，往前计700年正当公元前1027年，自武王至显王，正三十世。王孙满的话应该是错将迁鼎误作定鼎，这一条文献当作"武王迁鼎于洛，卜世三十，卜年七百，天所命也"。因此，周武王克商年正当公元前1027年。

四、据天象推算克商年

1.《国语》中记载的伐纣天象

《国语》中记载有一段伐纣时的天象，事在《周语下》"王问钟律于伶州鸠"：

> 王曰：七律者何？对曰："昔武王伐殷，岁在鹑火，月在天驷，日在析木之津，辰在斗柄，星在天鼋。星与日辰之位，皆在北维。颛顼之所建也，帝喾受之。我姬氏出自天鼋，及析木者，有建星及牵牛焉，则我皇妣大姜之侄伯陵之后，逄公之所凭神也。岁之所在，则我有周之分野也。月之所在，辰马农祥也。我大祖后稷之所经纬也，王欲合是五位三所而用之。自鹑及驷七列。南北之揆七同，凡人神以数合之，以声昭之。数合声和，然后可同也。故以七同其数，而以律和其声，于是乎有七律。王以二月癸亥夜陈，未毕而雨。"

岁指木星，"鹑火"是周的分野，"岁在鹑火"与《国语·晋语四》所说晋之始封"岁在大火"，同属上古的星土分野说。自西汉刘歆征引伶州鸠语为凭，不断有学者将它作为考论克商年的依据。

但是，星野说是战国时才形成，西周时还不存在，因此这些天象定非观测实录，而是战国后的学者据星野说逆向推算的结果①。近年来，多数学者表达了对《国语·周语》伐殷天象的怀疑，并认为属战国学者伪造。日本天文学家新城新藏说："此等记事悉为《左传》《国语》之原著者（战国时代中之人），以当时之天象观测为基础，由后推算所作者焉。故《左传》《国语》中'昔武王伐殷，岁在鹑火'之文句，乃决非传周初当时之事实，又非景王时伶州鸠之逸话所述也。《国语》之原

① 张培瑜：《先秦秦汉历法和殷周年代》，科学出版社2015年版。

著者于西元前三六五年，观测岁星在星纪，由此，以每十二年绕天空一周之比例，溯及周初之年代，案计算而作此等记事者，是无疑也……刘歆因信《国语》伶州鸠之逸话，为基于伐纣当时实际观测天象所作者，故作如前之注释。惟《周语》之记事为战国时代《国语》之著者所拟造者，殆无疑义。”①

何炳棣先生指出，如果要将伐纣天象作为重要论据的话，需要满足三个条件：

（1）伶州鸠这段话是合理的且可以理解的。

（2）它是对周初原始观测记录的叙述，而非后世人自行推算出来的结论。

（3）西周初年的周人已对二十八宿有了清楚的划分，并且已有将二十八宿分成十二次的“分野说”。

何炳棣先生说，上述三项条件无一可以成立：伶州鸠这段话难以理解的地方颇多；所谓的岁、日、辰、星均非观测实录，而是推算所得；西周人尚不具备二十八宿和十二次的知识。中国人的二十八宿的知识，就目前所知的考古材料中，最早的当是曾侯乙墓出土漆箱盖上的青龙白虎二十八宿图，时代为战国早期，从该图的熟练程度看，不像是初建的二十八星宿图，人们对二十八宿的认识可能还会早一些，但再早也早不到西周。《诗》《书》和金文中皆不见二十八宿和十二次的痕迹，说明西周人还没有二十八宿和十二次的知识，也不可能说出伶州鸠那一段话来②。“伶州鸠这段话所记的星象语句是典型的战国星象家的星占说，用春秋时代的人伶州鸠的口讲出战国人编造的故事来，这本身就近似于胡言乱语。他所述星象多是肉眼看不到的，只能是推算出来的，而西周早期的人尚不具备推算出这些天象的知识，不可能由他们推算出这一套天文星象。至于《国语》中何以会出现这么一段离奇的话，从上下文意看，并不奇怪，伶州鸠这段话的用意是为了神化音律的作用，以警示不通音律的周景王，使其不得随意铸造编钟，他是在配合单穆公作周景王的工作，目的是要取消周景王劳民伤财的靡费之举。对这样性质的一段话，今天的人完全没有必要那样认真看待。”③

负责夏商周断代工程的天文史学家张培瑜先生对于伐纣天象进行了系统的研究，指出所谓“辰”指日月相会。首先《尚书·召诰》确切表明，是时历法以朏为月始。在断代工程中耗时最长、费力最多的“金文历谱”的报告和排谱中反复强调，历法是到了西周后期，才废朏用朔的。但在伶州鸠这一段话中，历法已用朔作为月首了，所以只可能是后世逆向推算的。张培瑜先生说：日出列宿皆熄，太阳位于哪个星宿用肉眼无法看见。日在月在可能都是战国作者根据传闻的伐纣月日推算附入的。日之所在古代只能依据昏旦夜半星象，望月及月食所冲，昏明金星所躔来进行推算估计。“日在析木之津”显然是推算得出的。其次，张培瑜先生指出，日月同经谓之合朔，朔月是看不到的。合

① ［日］新城新藏著，沈璿译：《东洋天文学史研究》，中华学艺社1933年版。

② 何炳棣、刘雨：《夏商周断代工程基本思路质疑——古本〈竹书纪年〉史料价值的再认识》，《中华文史论丛》2002年第2辑，上海古籍出版社2002年版。

③ 何炳棣、刘雨：《夏商周断代工程基本思路质疑——古本〈竹书纪年〉史料价值的再认识》，《中华文史论丛》2002年第2辑，上海古籍出版社2002年版。

朔时刻尚且只能推算得出，朔月的星空位置更是必须依靠推算，而无法由观测确定。刘歆、韦昭认为“辰”为日月相会，那么“辰在斗柄”无疑更绝不是观测的实录。水星附日而行，距日最远不过28度，水星较金木土星都暗，其伏见度授时历谓夕见16.5度，晨见19度，其实可能远比这更难看到。一年中仅有极少数几天在晨昏可见，很多学者以毕生未见水星为憾。再加上因距日太近，背景较亮，牛女虚危无成组明星。因此，若确如刘歆《三统历谱·世经》和韦昭所注星为水星，则“星在天鼋”也是推算得到的。刘歆是历史上让世人知道《国语·周语》中有伶州鸠所述伐纣天象记载的第一人。其实，刘歆本人早就知道并在《汉书·律历志》中对《国语·周语》伶州鸠所述伐纣天象是根据推算附入而绝非观测实录说得很清楚了。①

关于“岁在鹑火”。张培瑜先生通过分析《国语》所记僖公时期6条岁星位置、《左传》所书春秋时期岁星位置（直书6次，间接叙述5次），发现这些记录与天象全不相符，皆非当时的观测实录。《国语》《左传》中关于岁星位置的记述，是战国时期的作者按照公元前4世纪中期木星的实测位置，依据岁星12年行天1周推算得出的②。

因此《国语》记载的伐纣五天象岁、日、月、星、辰都不是观测实录，并非克商时的真实天象，而是后世推算所得，以此为据推算的克商年当然也是不科学的。

2. 据懿王元年日食估算克商年

西周时有一重要天象可作为西周年代的一个定点，即懿王元年日食。古本《竹书纪年》记载：

懿王元年，天再旦于郑。

“天再旦”指早上太阳升起时发生日食，天色变昏，日食之后，天色变明，是为天再旦。1977年，韩国学者方善柱以Oppolzer的《日月食典》计算出懿王元年天再旦是发生于公元前899年4月21日的日环食③。1987年，彭瓞钧先生计算出公元前899年4月21日郑地（西周都城附近的华县或凤翔）可见天再旦天象，并对此进行了详细的理论分析和计算，食甚发生在日出之时，计算得出表示地球自转变化的相应的ΔT为（5.8±0.15）h。彭瓞钧认为懿王元年即公元前899年④。此后，中国学者也确认了这一年代。夏商周断代工程肯定并采用了这一年代，并于1997年于新疆北部布网观测了天再旦天象⑤。由懿王元年即公元前899年，上算5世125年为公元前1024年，约为成王元年，

① 张培瑜：《先秦秦汉历法和殷周年代》，科学出版社2015年版。

② 张培瑜：《先秦秦汉历法和殷周年代》，科学出版社2015年版。

③ ［韩］方善柱：《西周年代学上的几个问题》，《大陆杂志》51卷第1期，1975年。收入北京师范大学国学研究所：《武王克商之年研究》，北京师范大学出版社1997年版。

④ ［美］彭瓞钧等：《古代日月食的天文断代和统计研究》，载《纪念殷墟甲骨文发现一百周年国际学术研讨会论文集》，社会科学文献出版社2003年版。

⑤ 夏商周断代工程专家组：《夏商周断代工程1996—2000年阶段成果报告·简本》，世界图书出版公司2000年版。

武王克商后二年去世，则克商年当在公元前1026年附近，这一年代与前1027年仅差1年。

3. 周将伐殷五星聚

五星聚为极端天象，出现得极不规律，对其进行逆向推算难度很大，因此不是古代天文学家所能伪造的。由于其发生的次数极少，见之于文献中的记载，可以现在的天文知识求得其年代。周人将伐殷时有一次五星会聚现象，由现代天算能力可以推算出其年代，进而结合文献计算出武王克商年。

南朝梁沈约撰《宋书·天文志》记载：

> 今案遗文所存，五星聚者有三：周汉以王齐以霸，周将伐殷，五星聚房。齐桓将霸，五星聚箕。汉高入秦，五星聚东井。齐则永终侯伯，卒无更纪之事。是则五星聚有不易行者矣。[①]

《宋书·天文志》多承南朝宋天文学家何承天旧志，所记载的三次五星聚当为实录。这三次五星聚分别为：周将伐纣，五星聚房；齐桓将霸，五星聚箕；汉高祖入秦，五星聚东井。其中汉高祖入秦五星聚又载于《汉书·高帝纪》中："元年十月，五星聚于东井。沛公至霸上。"同书《天文志》中亦记载：

> 汉元年十月，五星聚于东井，以历推之，从岁星也。此高皇帝受命之符也。故客谓张耳曰："东井秦地，汉王入秦，五星从岁星聚，当以义取天下。"[②]

"刘邦入秦，五星聚东井"被认为是汉高祖受命之天瑞。张培瑜先生计算了秦汉初五星的运动和位置，得出的结论是：五星聚东井天象在汉初确实出现过，但并不是在汉元年十月，而是在汉二年三月，五星最佳会聚时间为汉二年四月九日，即公元前205年5月29日[③]。《史记·天官书》中说："汉之兴，五星聚于东井。"同书《张耳列传》引甘公曰："汉王之入关，五星聚东井。东井者，秦分也。先至必霸。楚虽强，后必属汉。"两文只说"汉之兴""汉王之入关"五星聚东井，并没有说具体年月。到了《汉书》中将两者固定为汉元年（《汉书·高帝纪》："元年十月，五星聚于东井，

---

① 《宋书·天文志》。

② 《汉书·天文志》。

③ 张培瑜说："（当日）五星相聚21度，水在井（88°）、金在柳（109°），火居鬼（79°），木（88°）、土（91°）均在井。太阳在井（64°），五星在日东二十多度。日没时，五星十分接近，呈现西部天空。这虽是最佳会聚，但金、火不在井宿，仍感欠缺。五星会聚这种奇异天象的出现是一个过程。五星运行逐渐会聚，又慢慢分开。最佳会合不见得正好观测到，记录下来的很可能是其前后的会聚情况。严格的'五星聚井'发生在三月二十五六日（前205.5.15—16）。是时日在毕末，水（64°.4）、金（94°.9）、火（89°）、木（85°）、土（90°）五星全聚于井，相距31度，在日东侧14—35度。夕见西方，明朗醒目，便于观测。前后数十年，仅此一见。"参见张培瑜：《五星合聚与历史记载》，《人文杂志》1991年第5期。

沛公至霸上。”），是附会的结果。

五星聚天象在我国古代文献中记载并不多，除以上三者外，张培瑜先生又查找到历史上五次五星聚的记载，分别为：

（1）唐天宝九载八月五星聚尾箕。(750. 9. 6—10. 4)

（2）宋乾德五年三月二十七五星聚奎娄之次。(967. 5. 9)

（3）宋淳熙十三年八月乙亥七曜俱聚于轸（1186. 9. 15）；金大定二十六年八月乙亥朔，日月五星会于轸。

（4）明嘉靖三年正月壬午五得聚于营室。(1524. 2. 20)

（5）明天启四年七月丙寅五星聚于张。(1624. 8. 27)

这五次天象记载的日期与天文学计算的五星位置完全相合。因此，当如张培瑜先生所指出的那样，中国的天象记录大部分是准确的，但其可靠性可能出于政治上的原因受到一定影响，如日月食次数可能出于政治上的褒贬而有所增减。五星聚天象也会由于古人的祥瑞或灾异思想而有具体日期或所在星野有误的现象，如汉高祖入秦与五星聚差一年，但是对此类天象则不会伪造。实际上，这种误差，是后人推算、附会或古史整合的结果，同时也与后人的理解有关。因此，征商前后确实发生过五星聚是无疑的。

张培瑜先生计算了公元前2500—公元2000年间共4500年的五星聚合天象，以最佳聚合条件共得四次，约近900年发生一次。其中公元前1059年5月29日发生的五星聚当为“周将伐殷”五星聚天象。这是一个极为重要的定点。

实际上《宋书·天文志》中的记载写得很明确，三次五星聚分别是：“周将伐殷，五星聚房。齐桓将霸，五星聚箕。汉高入秦，五星聚东井。”由于战国之前还没有星野说，所以西周、春秋时期的两次均非实际观测的分野，而是后人的推算。据最新的推算结果，公元前1059年五星聚于井宿。而西汉时星野说已经成熟，五星聚东井则是观测所得。“周将伐殷”的“将”字表明，商末五星聚发生在伐殷之前，所以武王克纣必为公元前1059年之后，也就是说克纣年的上限是公元前1059年。

有学者将公元前1059年当作克商年，这是不正确的。公元前1059年这次五星聚也记载于其他文献中，其时当文王时期，《帝王世纪》中记载：

文王在丰，九州诸侯咸至，五星聚于房。

今本《竹书纪年》中记载有帝辛时五星聚的具体时间：

（帝辛）三十二年，五星聚于房。

有赤乌集于周社。密人侵阮，西伯帅师伐密。

三十三年，密人降于周师，遂迁于程。王锡命西伯，得专征伐。

约案：文王受命九年，大统未集，盖得专征伐，受命自此年始。

今本《竹书纪年》将五星聚房天象记载于文王受命之前，作为文王受命之瑞。又今本《竹书纪年》：

（帝辛）二十二年冬，大蒐于渭。

“蒐”指田猎或阅兵，《左传·成公十六年》：“蒐乘补卒，秣马利兵。”大蒐指诸侯国借用田猎活动来组织军队、任命将帅、训练士卒的重要军事活动，又是当时推行政策、加强统治、准备战争的重要手段。因此，蒐便成为一国最为重要的国事与军事活动。“（帝辛）二十二年冬，大蒐于渭”的前一年，又有“二十一年春正月，诸侯朝周”的记载。因此“大蒐于渭”指周文王组织的一次军事行动，即伐商战争，与周武王孟津观兵的性质相同。《帝王世纪》中的“九州诸侯咸至”，即指“大蒐于渭”之事。“三十二年”当为“二十二年”之误。也就是说，这次文王伐商事件，发生于帝辛二十二年，是年文王在丰，九州诸侯大蒐于渭，五星聚。今本《竹书纪年》将同一年的文献分成了两条，这是今本《竹书纪年》作者的学术思想倾向，五星代表五德，将五星聚置于文王受命之前以为文王受命降瑞，寓言了周王朝的崛起。帝辛二十二年为公元前1059年，则帝辛元年当为公元前1080年。

商晚期，殷人用五种祭法按固定顺序轮流祭祀先王先妣，一个祭祀周期36或37旬称作一祀，约等于一个太阳年。帝辛时的周祭材料可靠且丰富，依之排出周祭祀谱，可确定帝辛在位年代。据帝辛元祀至十一祀的6件青铜器排出祀谱，得出帝辛元年可能为公元前1085年、前1080年、前1075年、前1060年，夏商周断代工程选择了公元前1075年①。由于帝辛二十二年为公元前1059年，帝辛元年应是公元前1080年。这样帝辛二十二年正当五星聚年，与天算专家所算五星聚时间正相符合。周文王聚集诸侯阅兵伐商，是年见有五星聚天象。这次文王伐纣以失败告终，今本《竹书纪年》载：“二十三年，囚西伯于羑里。”公元前1058年，周文王被帝辛囚禁于羑里②。

由文王受命年推算武王克商年。按今本《竹书纪年》引沈约注：

① 夏商周断代工程专家组：《夏商周断代工程1996—2000年阶段成果报告·简本》，世界图书出版公司2000年版。

② 《史记·殷本纪》中记载崇伯虎告密使帝辛囚文王于羑里：“百姓怨望而诸侯有畔者，于是纣乃重刑辟，有炮格之法。以西伯昌、九侯、鄂侯为三公。九侯有好女，入之纣。九侯女不喜淫，纣怒，杀之，而醢九侯。鄂侯争之强，辨之疾，并脯鄂侯。西伯昌闻之，窃叹。崇侯虎知之，以告纣，纣囚西伯羑里。”

（帝辛三十三年）文王受命九年，大统未集，盖得专征伐，受命自此年始。

《史记·周本纪》载：

西伯盖即位五十年。其囚羑里，盖益《易》之八卦为六十四卦。诗人道西伯，盖受命之年称王而断虞芮之讼。后十年而崩，谥为文王。改法度，制正朔矣。追尊古公为太王，公季为王季：盖王瑞自太王兴。

这段文字中司马迁连用了四个“盖”字，即难以确定，可能参考文献有冲突。张守节《正义》指出“后十年而崩”中的“十”当为“儿”之误。《尚书·武成》篇云：“我义考义王克成厥勋，诞膺天命，以抚方夏，惟九年，大统未集。”是《武成》篇中记载文王受命九年未克商而崩。今存《帝王世纪》曰：“九年，惟暮之春，在镐召太子发作文傅，九年犹召太子，明其七年未崩。”因此，文王受命年当为九年。

据《史记·周本纪》：

居二年，闻纣昏乱暴虐滋甚，杀王子比干，囚箕子。太师疵、少师彊抱其乐器而奔周。于是武王遍告诸侯曰：“殷有重罪，不可以不毕伐。”乃遵文王，遂率戎车三百乘，虎贲三千人，甲士四万五千人，以东伐纣。十一年十二月戊午，师毕渡盟津……二月甲子昧爽，武王朝至于商郊牧野，乃誓。……誓已，诸侯兵会者车四千乘，陈师牧野。……

另据《尚书·洪范》：

惟十有三祀，王访于箕子。

《尚书·金滕》：

既克商二年，王有疾，弗豫。……武王既丧……

《史记·周本纪》：

武王已克殷，后二年，问箕子殷所以亡。箕子不忍言殷恶，以存亡国宜告。武王亦丑，故问以天道。武王病。天下未集，群公惧，穆卜，周公乃祓斋，自为质，欲代武王，武王有瘳。

后而崩，太子诵代立，是为成王。

《史记·封禅书》：

武王克殷二年，天下未宁而崩。

是武王克商之后不久病重。《逸周书·武儆解》：

惟十有二祀四月，王告梦，丙辰，出金枝郊宝开和细书，命诏周公旦，立后嗣，属小子诵，文及宝典。

因此，周武王十二年克商，当年病重，立了太子，周公穆卜，作《金縢》，后武王康复，武王十三年（克商二年）访箕子，不久后崩。

帝辛元年为公元前1080年，帝辛三十二年文王受命年为公元前1048年，文王受命九年而崩，武王元年为公元前1038年，武王十二年克商，得克商年为公元前1027年。

关于帝辛在位年，今本《竹书纪年》中记载为52年，实际上有瑕疵。今本《竹书纪年》最后几年排错了时间。今本《竹书纪年》最后一年为帝辛五十二年，是年周始伐商，其前一年即帝辛五十一年观兵孟津：

五十一年冬十一月戊子，周师渡盟津而还。

王囚箕子，杀王子比干，微子出奔。

五十二年庚寅，周始伐殷。

秋，周师次于鲜原。冬十有二月，周师有事于上帝。庸、蜀、羌、髳、微、卢、彭、濮从周师伐殷（伐殷至邢丘，更名邢丘曰怀）。

据《尚书》诸篇和《史记》可重新排序，《史记·殷本纪》：

九年，武王上祭于毕。东观兵，至于盟津。……是时，诸侯不期而会盟津者八百诸侯。诸侯皆曰："纣可伐矣。"武王曰："女未知天命，未可也。"乃还师归。

居二年，闻纣昏乱暴虐滋甚，杀王子比干，囚箕子。……以东伐纣。十一年十二月戊午，师毕渡盟津，诸侯咸会。……

二月甲子昧爽，武王朝至于商郊牧野，乃誓。……誓已，诸侯兵会者车四千乘，陈师牧野。……

古本《竹书纪年》：

十一年庚寅，周始伐商。

《尚书·泰誓》序：

惟十有一年，武王伐殷。一月戊午，师渡孟津。

《吕氏春秋·首时》篇：

（武王）立十二年，而成甲子之事。

据此可知，武王九年观兵，十一年始伐商，十二年克纣。因此，帝辛当54年，在位时间为公元前1080—前1027年。

五、结论

武王克商后西周取代商王朝是中国历史的巨大变革，王国维先生曾著《殷周制度论》，认为中国政治与文化之变革，莫剧于殷、周之际。殷周变革的具体时间在历史时期长期得不到解决，随着现代科技的进步，尤其是夏商周断代工程中多学科的联合攻关，学界对这一历史年代的认识取得了巨大的进步。只是由于多种因素的干扰，未能得出正确的结论。

现代^{14}C测年技术的进步，已经可以较为精确地锁定历史年代的范围，尤其是重大的历史变革的年代。由商晚期和西周早期的测年数据可知，商周分界的时间位于公元前1050—前1000年之间，西周初年的数据偏向于公元前11世纪的后半段。测年数据中间值在公元前1027年附近。这说明测年数据支持古本《竹书纪年》中记载的西周257年说。

由《孟子》《韩非子》等战国文献可知，西周积年238—284年，中间值在261年前后，与古本《竹书纪年》所记载的西周积年257年相合。

由四世百年的规律计算，西周始于公元前1020—前1030年之间，由《史记·鲁周公世家》也可以计算得出西周开始于公元前1023年左右，这些均与古本《竹书纪年》相合。

由《史记·晋世家》可以推算出公元前1008年前后为唐叔虞元年，成王封叔虞距克商年约10年，支持前1027年克商说。

《左传》中占卜曰周享天命七百年，为应验之辞，由周显王四十二年（前327）九鼎沦泗周失天命加700年，得公元前1027年为克商年。

战国时期，天文学获得较大的发展。战国学者据天文学知识尤其是岁星纪年法逆向推算了《春秋经》和西周历史的年代。这些推算结果，都不合于实际天象，因此这些文献中补记的武王克商年天象均非观测实录。现代学者据伐纣天象逆向推算也就得不到真实的年代。

商末可靠的天象记录有文王伐商五星聚天象，由此可以确定帝辛二十二年为公元前1059年，帝辛元年为公元前1080年。这与由周祭制度推算出的帝辛元年可能为公元前1080年相符。结合《帝王世纪》中的记载，可确定文王伐商的年代和天象：公元前1059年，文王伐商，大蒐于渭，九州诸侯咸至，五星聚，这次伐商以失败告终。由帝辛三十三年（前1048）文王受命，受命九年而崩，武王十二年克商，可以计算出武王元年为公元前1038年，克商年为公元前1027年。此外，由《史记·殷本纪》、古本《竹书纪年》、《吕氏春秋·首时》篇、《尚书·泰誓》序、《逸周书·武儆解》校正今本《竹书纪年》中的帝辛年，得帝辛在位54年，可以直接计算出克商年为公元前1027年。

综上，周武王克商年当为公元前1027年，古本《竹书纪年》的记载是正确的。

（本文为纪念殷墟遗址科学发掘90周年提交的会议论文。2018年7月17日初稿，2020年4月进一步修改。）

汉代以前墓葬棺内壁装饰考

徐倩倩　胡　杨

（山东省文物考古研究院）

对棺椁的装饰是古代丧葬礼仪中的重要内容，主要是以附加之物对棺椁进行装饰，文献中对此多有记载，例如《礼记·丧大记》载："饰棺，君龙帷，三池，振容。黼荒，火三列，黼三列。素锦褚，加伪荒。纁纽六。齐，五采、五贝。黼翣二，黻翣二，画翣二，皆戴圭。鱼跃拂池，君纁戴六。纁披六。……"除以附加之物对棺椁进行装饰外，也有以髹漆彩绘方式对棺椁进行装饰者，如文献记载的"翰桧"。《左传·成公二年》："八月，宋文公卒……重器备，椁有四阿，棺有翰桧。"杜预注："翰，旁饰；桧，上饰。皆王礼。"可见级别较高的墓葬，彩绘也是重要的装饰内容。

不论是文献记载还是现代学者的研究，提及棺椁饰一般是指对棺椁外壁进行的修饰，并不涉及棺内壁；文献中对椁内壁、棺内壁装饰仅有少量记载，后世学者多不知其具体含义，解释起来多有争议。《礼记·丧大记》："君里椁、虞筐，大夫不里椁，士不虞筐。"里椁，杨天宇未释其义①，钱兴奇认为是在椁的内壁加衬里②。对于棺内壁装饰的记载仅见于《礼记·丧大记》中："君里棺用朱绿，用杂金鐕。大夫里棺用玄绿，用牛骨鐕。士不绿。" "绿，当为琢，谓鐕琢贴著于棺里的朱缯。"③《说文》释"缯"为"帛也"，有时也是丝织品的总称。"里棺用朱"即以朱色丝织品贴在棺内壁，由此可见文献记载棺、椁内壁是装饰丝织品的，且有等级的差别。

检索已发表的考古资料，棺内、外髹漆的现象普遍存在，但棺内壁进行装饰的资料很少，商、西周时期少见，东周至汉代数量也不多。本文以考古资料出发，对汉代及汉代之前墓葬棺内壁装饰的现象略作分析。对于椁内壁的装饰，本文略有涉及，不做重点分析。

---

① 杨天宇译注：《礼记译注》，上海古籍出版社 2016 年版。
② 钱兴奇译注：《礼记》，江苏人民出版社 2019 年版。
③ 杨天宇译注：《礼记译注》，上海古籍出版社 2016 年版。

一、可见棺内壁装饰的墓葬概况

以下13处墓葬可见棺内壁装饰。

1. 陕西贺家村西周墓M107

一棺一椁，棺长2.05米，宽0.74米，在棺内西壁发现丝织品痕迹①。

2. 山西天马曲村晋侯墓地M62

西周墓。一椁两棺，外棺长2.65米，宽1.3米，棺外髹漆彩绘；内棺长2米，宽0.9米，内外髹漆彩绘②。

3. 山西洪洞南秦墓地M6

春秋晚期墓。两棺一椁，墓口长6.2米，宽4.8米，四壁从墓口至二层台以上涂抹青膏泥，有积石积炭现象。棺内壁以朱、黑两色漆绘蟠虺纹③。

4. 湖南长沙烈士公园3号墓

战国时期墓，被盗。墓底西宽2.16米，东宽2.12米，南长3.2米，北长3.18米，带一条墓道，一椁两棺。外棺内壁四面裱糊四幅刺绣，西、北两壁上的刺绣已被淤泥和积水冲坏，东、南两壁尚保存完整（图一，1、2）。前者长54厘米，宽39厘米，在极细密的丝绢上面，以莲花状针脚绣着龙凤等图案。后者长120厘米，宽34厘米，左边绣有一凤④。

1. 东向挡板（上）

① 陕西周原考古队：《陕西岐山贺家村西周墓发掘报告》，《文物资料丛刊（8）》，文物出版社1983年版。

② 山西省考古研究所等：《天马—曲村遗址北赵晋侯墓地第四次发掘》，《文物》1994年第8期。

③ 山西省考古研究院等：《山西洪洞南秦墓地春秋墓葬M6发掘简报》，《中国国家博物馆馆刊》2021年第6期。原文中“棺内壁”并未明确指出是外棺还是内棺的棺内壁，也未进一步说明详细情况。

④ 高至喜：《长沙烈士公园3号木椁墓清理简报》，《文物》1959年第10期。

2. 南向壁板

图一 长沙烈士陵园3号墓外棺内壁刺绣（图片引自《长沙烈士公园3号木椁墓清理简报》）

5. 河南辉县固围村1号墓

战国时期墓。双墓道，墓口南北长18.8米，东西宽7.7米，两椁一棺。棺外壁黑地朱表，棺内壁髹黑漆，且嵌有五彩料珠片及白长石方柱。白长石方柱1：203，高2厘米，长1.4厘米，宽1.4厘米，六面皆有谷纹，出土时尚嵌在棺的内壁。五彩料珠分5层，底层若漆，漆上有白色物，白色物上涂浅绿色料质，其上再画白、紫、白、紫、白圆圈5圈。其他尚有残片2枚，存在于棺的内部，但不知准确位置①。

6. 安徽潜山彭岭M32

战国晚期墓。墓口长3.2米，宽2.4米，一棺一椁。木棺内涂朱漆，外髹黑漆，棺盖内贴一层几何纹图案的锦帛②。

7. 河北满城汉墓二号墓

窦绾墓。发掘者结合棺灰痕迹及漆皮分布范围，将棺木复原为内壁嵌玉版片、外壁嵌玉璧的施漆木棺。棺内壁由192块玉版片镶嵌而成，每片玉版表面琢磨平整，嵌入棺壁内的一面仅经粗略加工；玉版多为长方形，少数为正方形或梯形。棺外壁嵌玉璧26块，分布范围与玉版片大体相同，棺木前、后端各嵌1块大型玉璧，棺盖及左、右两侧壁各嵌8块玉璧，均作两行排列，每行4块，间距约50厘米。另外还有8件圭形玉饰，分别在棺的两端，推测是嵌在棺及棺盖的左右两侧壁口部，每侧嵌4件；棺盖和棺壁各嵌2件，上下对应（图二）③。

---

① 中国科学院考古研究所：《辉县发掘报告》，科学出版社1956年版。
② 安徽省文物考古研究所等：《安徽潜山彭岭战国西汉墓》，《考古学报》2006年第2期。
③ 中国社会科学院考古研究所等：《满城汉墓发掘报告》，文物出版社1980年版。

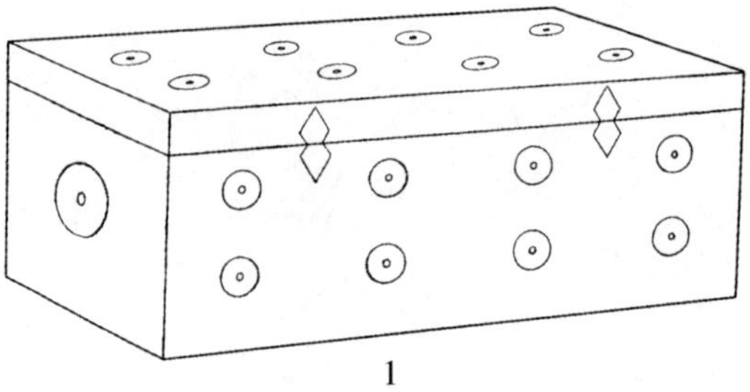

1

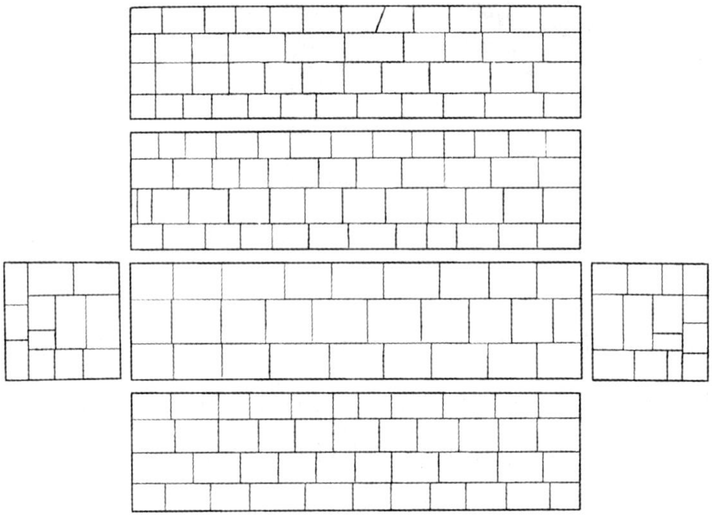

2

图二 满城汉墓二号墓镶玉漆棺复原图（图片引自《满城汉墓发掘报告》）

1. 外观图 2. 内壁展开图

8. 山东长清西汉济北王陵

西汉最后一代济北王刘宽墓。重椁三棺，每层棺椁板的内、外两面均髹漆。棺外黑漆朱绘卷云纹，棺内红漆墨绘①。

9. 江苏大云山二号墓

汉代江都王墓。棺长2.12米，宽0.82米，高0.7米，整体遭盗扰严重，但西侧板与北挡板保存相对较好，尚能整体复原。玉棺本体由梓木制成，外饰黑漆，通饰针刻云气纹。棺体前后挡板、东西侧板、底板及顶板内侧均填嵌玉饰。玉饰有璧形、三角形、菱形等，不同形状的玉饰交接处均以金银箔片进行贴饰。侧板中部填嵌对称状分布的玉璧4块，4块玉璧相互之间又填嵌小型玉璧3组，每组2件，上下对称分布。除前述10块玉璧外，其余空间则由不同形制的玉片进行镶嵌，周边玉片大致以三角形为主，中间玉片以菱形和弧边三角形为主。玉棺内还有金饰，均填嵌于玉棺片饰交接

① 王永波：《长清西汉济北王陵》，生活·读书·新知三联书店2005年版。

处（图三，1、2、3）①。

1

2

3

图三 大云山二号墓棺内壁装饰及复原图

1、2. 棺内局部 3. 复原图

（1、2. 引自《江苏盱眙大云山江都王陵二号墓发掘简报》，3. 引自《汉代镶玉漆棺及相关问题讨论》）

大云山一号墓早期遭到严重盗扰，玉棺整体形制及尺寸不明，残存构件有玉棺片及壁饰②。根据大云山二号墓的情况，判断内壁有镶嵌的玉饰。

10. 江苏狮子山楚王陵

汉代大型诸侯王墓。最初学者复原其镶玉漆棺玉版、玉璧等，且认为它们全是镶嵌于棺外壁

① 南京博物院等：《江苏盱眙大云山江都王陵二号墓发掘简报》，《文物》2013 年第 1 期。

② 南京博物院等：《江苏盱眙县大云山西汉江都王陵一号墓》，《考古》2013 年第 10 期。

的[①]，此种观点在当时受到学界认同，徐州博物馆也曾以这种方式对玉棺进行展示。近年来有学者撰文对这种复原提出异议，认为楚王陵的玉棺片和玉版应是镶嵌在棺内壁的[②]。结合满城汉墓2号墓及大云山2号墓的发现，我们认为玉棺片及玉版镶嵌在内壁是合理的。2019年初，徐州博物馆参照大云山汉墓出土的玉棺、狮子山汉墓的原始资料对玉棺进行了二次修复，将原本贴在棺外壁的玉片重新组合粘贴在玉棺内侧[③]。

11. 江苏泗阳陈墩汉墓M1

M1、M2开口于同一封土下，M1墓坑长、宽约3米，深1.1米。内有椁室、棺室，棺室有棺木一具。棺外髹黑漆，内髹棕褐色漆，棺内壁附有一层较薄的丝织品[④]。

12. 江苏仪征张集团山1号汉墓

棺长2.36米，宽0.94米。棺盖之下有一薄镂孔天花板，图案极复杂。两端及中部镂成三个璧形，三个璧形间用弧线交叉相连，填以繁缛的卷云纹。木棺外髹黑漆，内髹红漆，天花板朝上的一面髹黑漆，朝下的一面以黑漆为地，描以红漆和金、银[⑤]。有学者研究发现，这种棺盖下置天花板或隔板的现象在今扬州、连云港、六安等地的汉代木椁墓中多见，但以素面较多[⑥]。

13. 江苏仪征烟袋山汉墓

带封土的竖穴土坑木椁墓，墓口长9.1米，宽4.25—6.25米。有椁室、棺室，棺室内置两棺，并列安置。两棺均外髹黑漆、内髹朱漆，西侧棺内葬一女性，东侧棺内为一男性。女棺盖内侧用鎏金小铜泡布置出北斗星象图[⑦]。

另外，部分墓葬棺内壁有贴麻布现象，麻布应当只是涂漆的衬底，而非专门装饰。如燕下都虚粮冢墓区8号墓，内外棺的内壁均施朱漆，具体做法是先在内壁木质上涂一层黄色底色，再在底色上贴一层麻布，麻布上又敷一层涂料，然后施以朱漆[⑧]。湖南长沙象鼻嘴一号西汉墓，三套棺，三棺内外壁都用多层麻布衬底，髹漆较厚，外黑漆、内红漆[⑨]。湖南长沙渔阳西汉墓，内外两重棺，两棺内外壁用多层麻布衬底，外髹黑漆[⑩]。北京大葆台汉墓，三重棺，外棺和中棺均外髹黑漆、内涂红漆，内棺则里外均髹漆，具体做法是先在木板上抹一层油泥，然后施以麻布，再于其上施1厘米厚

---

① 李春雷：《江苏徐州狮子山楚王陵出土镶玉漆棺的推理复原研究》，《考古与文物》1999年第1期。
② 葛明宇：《狮子山楚王陵出土碧玉棺片应为棺体内饰考》，《江汉考古》2018年第1期。
③ 据“每天美玉”微信公众号2021年2月15日文章《高古玉巅峰之作——徐州狮子山汉墓出土古玉（1）》。
④ 江苏泗阳三庄联合考古队：《江苏泗阳陈墩汉墓》，《文物》2007年第7期。
⑤ 南京博物院等：《仪征张集团山西汉墓》，《考古学报》1992年第4期。
⑥ 秦颖：《西汉时期木椁墓木质葬具研究》，南京大学2018年硕士学位论文。
⑦ 南京博物院：《江苏仪征烟袋山汉墓》，《考古学报》1987年第4期。
⑧ 河北省文物研究所：《燕下都》，文物出版社1996年版。
⑨ 湖南省博物馆：《长沙象鼻嘴一号西汉墓》，《考古学报》1981年第1期。
⑩ 长沙市文物考古研究所等：《湖南长沙望城坡西汉渔阳墓发掘简报》，《文物》2010年第4期。

的大漆①。满城汉墓一号墓中棺椁施朱漆，为多次髹漆而成，一层麻布一层漆，麻布与漆都有四五层之多②。

二、认识与分析

1. 汉代及汉代之前墓葬对棺内壁进行装饰的现象确实存在，数量较少，装饰种类多样

棺内壁装饰可根据具体装饰方式的不同分为六类：①料珠、石英石等小饰件镶嵌组成图案，如辉县固围村1号墓。②镶嵌玉璧、玉版、金饰等，如满城汉墓二号墓、大云山二号墓。③漆绘图案，例如山西天马曲村晋侯墓地M62、洪洞南秦墓地M6及山东长清济北王陵。④悬挂纺织品，或绣或绘，如湖南长沙烈士陵园3号墓。⑤小铜泡组成图案，如江苏仪征烟袋山汉墓。⑥棺内放置隔板、对隔板进行装饰，如仪征张集团山1号墓。第①类仅见于战国，第②⑤⑥类为汉代所见，第③④类西周时期已出现，东周、汉代一直有延续，数量也最多。前三类墓葬级别较高，为西周、春秋及战国高级贵族墓或汉代诸侯王墓，后三类多见于级别不高的墓葬。

棺内壁的装饰方式并不限于文献记载的以纺织品贴于内壁这一种，还有绘画，也有使用玉、石、金、铜等质地的小饰件镶嵌成图案的装饰方式。小型墓葬以纺织品类装饰较多，大型墓葬多见镶嵌类装饰。

2. 考古发现棺内装饰较少的原因分析

①文献记载本身或有偏差。棺内壁装饰虽见于文献记载，但实际情况与文献并不完全相符，在以往考古现象与文献记载对应时也有这种情况。例如文献记载的棺椁外壁装饰与考古发现的情况并不完全吻合，铜铃、陶铃已经被考古发现证实广泛用于棺椁装饰，但《礼记·丧大记》中并没有记载。

中国地域广阔，文献记载可能也并不适合所有地区。考古发现的楚墓常棺椁如新，棺外竹席、棺束乃至棺内衣物都保存下来的墓葬不在少数，如果棺内壁有装饰应当也能保存下来；但楚墓棺内壁装饰目前仅发现1例，这至少说明在楚墓中棺内壁装饰并不流行。

在一些汉代墓葬中，以丝织品包裹棺木的装饰均较好地保存下来，例如凤凰山一六八号汉墓③、盐城三羊墩汉墓④、马王堆汉墓一号墓⑤、临沂金雀山周氏墓群M14⑥、阳原三汾沟汉墓⑦等，但上述

---

① 大葆台汉墓发掘组：《北京大葆台汉墓》，文物出版社1989年版。

② 中国社会科学院考古研究所等：《满城汉墓发掘报告》，文物出版社1980年版。

③ 纪南城凤凰山一六八号汉墓发掘整理组：《湖北江陵凤凰山一六八号汉墓发掘简报》，《文物》1975年第9期。

④ 江苏省文物管理委员会等：《江苏盐城三羊墩汉墓清理报告》，《考古》1964年第8期。

⑤ 湖南省博物馆等：《长沙马王堆一号汉墓》，文物出版社1973年版。

⑥ 临沂市博物馆：《山东临沂金雀山周氏墓群发掘简报》，《文物》1984年第11期。

⑦ 河北省文物研究所等：《河北阳原三汾沟汉墓群发掘报告》，《文物》1990年第1期。

几例墓葬中也未见对棺内壁进行装饰的现象，也说明棺内壁装饰并不普遍。

郑玄对《礼记·丧大记》中饰棺部分注曰："饰棺者，以华道路及圹中，不欲众恶其亲也。"即为防止亲人心生厌恶，故以华美的饰物对棺木进行遮盖①。从这个角度来说，棺内壁装饰似乎没有必要。

②墓葬保存状况一般，遗迹现象保存下来较为困难；一些棺内壁的装饰较难识别。汉代及汉代之前的墓葬，棺椁多腐朽且坍塌严重，棺椁本体的基本情况常有较大变化，有些墓葬还遭受严重的盗扰，有机质文物及相关遗迹现象较难保存。

有的棺内壁以镶嵌玉石、料珠等方式进行装饰，这种装饰如若不是像满城汉墓中的装饰一样大面积存在，装饰的部件小且构成复杂图案的，可能会由于棺椁坍塌、内壁装饰物散乱等原因而较难识别。

③目前所见的棺内壁装饰方式多样，在高等级的墓葬中也体现出用料讲究、加工精细的现象。但总体来看，在各个时期、各个等级的墓葬中都未形成一定的程式，既未和墓葬等级挂钩，也未和墓主人性别相关联，一些装饰方式都仅见1例，表现得更多的是偶然性的行为，有可能仅是墓主个人喜好。

三、棺内壁装饰的作用与意义

1. 最主要的是装饰作用

有以锦、帛等丝织品装饰棺内壁的，如长沙烈士陵园3号墓、潜山彭岭M32、泗阳陈墩汉墓M1。以料珠石片等组成图案装饰棺内壁的，如辉县固围村1号墓。还有用绘画装饰棺内壁的，如天马曲村晋侯墓地M62等。

2. 葬玉风气的反映

满城汉墓二号墓、大云山汉墓二号墓、楚王陵等，都属于此类别。汉代诸侯王墓多用玉器，制作精致且种类多样，反映的是视死如生、厚葬且重玉的时代特色。我们也注意到汉代高等级墓葬发现数量并不少，为何这种棺内壁用玉装饰的现象寥寥？有学者在分析汉代棺内壁的镶嵌装饰现象时也认为，"其更多体现的是时代风气、王国实力和个人愿望……并非为礼制所规定。这种葬具在武帝成功削藩和葬玉风气改变的时代背景下逐渐消失"②。这种猜测大抵是正确的，与本文分析所见棺内壁装饰较少的原因是相通的。

3. 宗教信仰含义

仪征烟袋山汉墓棺内装饰以鎏金小铜泡布置出的北斗星象图，此类棺内装饰天象和星象图案的

---

① 张天恩：《周代棺饰与铜翣浅识》，载《考古学研究（十一）》，科学出版社2011年版。
② 王煜：《汉代镶玉漆棺及相关问题讨论》，《考古》2017年第11期。

情况宋代墓葬也有发现①。星象图反映出当时人们天文知识的进步，还体现了当时的社会信仰。另外，部分棺木以纺织品对内壁进行装饰时，纺织品的图案为龙、凤或神兽，这也应该带有升仙、驱邪、镇墓等含义。

四、可能有棺内壁装饰的几则墓葬资料分析

王煜先生在探讨镶玉漆棺与葬玉制度的关系时，引用《汉书・董贤传》中王莽指使孔光控告董贤的文献记载："造冢圹，放效无极，不异王制……乃复以沙画棺四时之色，左苍龙，右白虎，上著金银日月，玉衣珠壁以棺，至尊无以加。"王文在分析这段文献时认为："沙画棺"即以朱砂画棺，"珠玉、玉璧可能就是施于棺内的"②。考古发掘中在棺内经常会发现各类玉配饰等，笔者认为在能区分出墓主人饰件、棺外壁装饰的前提下，有一些可能是棺内壁的装饰物。例如以下几则资料：

1. 战国时期部分齐国墓葬

战国时期齐国墓葬中常出土玛瑙、滑石璧等，种类多且数量巨大，有时单个墓内出土数量多达千件。其中有些是墓主身上的饰品③，一部分用于棺椁外装饰④，还有一部分可能是棺内壁装饰。如临淄国家村 M45，随葬品共计 47 件（套），4 件陶器放在棺外一侧，其余石环、铜铃、铜璜、玛瑙环、铜带钩等均置于棺内，紧贴棺内壁（图四，1）。石环在棺内四面均有，铜铃 2—3 件一组置于棺内侧四面，铜璜两两成组位于西、南两侧；铜佩也是两两成组，放置在北、东两侧。明显可以看出棺内壁的每一面都有以石环、铜铃、铜璜组成的串饰。两醇墓地 M2045 有陶环 28 件、骨珠 18 件，除少量位于棺椁之间外，大部分相对均匀地散落于棺内侧，且陶环两两成组（图四，2）。范家墓地 M91P6 的随葬品放置在棺内，以石环的数量较多，多沿棺内壁分布⑤。类似遗迹现象在临淄孙家徐姚墓地 M22⑥、范家墓地 M174⑦、永流墓地 M3X1 及 M3X2⑧、尧王墓地 M1 及 M2 的陪葬坑⑨、章丘女郎山 M1 的 IV 号陪葬墓中⑩均有发现。

---

① 据"江苏考古"微信公众号"2020 年江苏省考古学年会（二）"，2020 年常州市考古人员发掘南宋虞七二娘子墓时出土一具保存完好的漆棺，漆棺四面绘有四灵图案，棺内盖板绘有天象图和宗教符号。

② 王煜：《汉代镶玉漆棺及相关问题讨论》，《考古》2017 年第 11 期。

③ 韦心滢：《战国时期齐国陪葬墓中随葬石佩组饰相关问题研究》，《管子学刊》2018 年第 3 期。

④ 徐倩倩：《东周齐国的棺椁和墓室装饰研究》，《东南文化》2020 年第 5 期。

⑤ 临淄区文物局：《山东淄博市临淄区范家墓地战国墓》，《考古》2016 年第 2 期。

⑥ 淄博市临淄区文物局：《山东淄博市临淄区孙家徐姚战国墓地》，《考古》2011 年第 10 期。

⑦ 临淄区文物局：《山东淄博市临淄区范家墓地战国墓》，《考古》2016 年第 2 期。

⑧ 临淄区文物管理局等：《淄博市临淄区永流战国墓的发掘》，载《海岱考古》第九辑，科学出版社 2016 年版。

⑨ 临淄区文物管理局：《山东淄博市临淄区尧王战国墓的发掘》，《考古》2017 年第 4 期。

⑩ 山东省文物考古研究所：《济青高级公路章丘工段考古发掘报告集》，齐鲁书社 1993 年版。

2. 鲁国故城 M52、M58

均为战国晚期带墓道的大型墓。M52 棺盖上放置石圭、铜剑各一件，棺内死者身上从头至足放一层玉璧，身下垫一层玉璧。M58 棺盖上放一石圭，棺内死者身上、身下各置一层玉璧（共计 16 枚，因骨架腐朽，已不能确定身上身下各放多少）。[①]

这两座墓葬都明确将棺盖上与棺内的器物区分开，玉璧也可区分出身上、身下两部分。从位置上看，M52 死者身上和身下的玉璧有对应关系：胸部都是竖向排列的两件大玉璧；下肢部分是两列玉璧，每列各由三件小玉璧组成。M52、M58 级别均较高，这些玉璧呈现的摆放方式有一定规律，与本文前述的汉代一些棺内壁的玉璧有相似之处，有可能原是棺内壁装饰。

3. 长沙咸家湖西汉曹𡞟墓

带墓道的大型岩坑竖穴木椁墓。现存墓口东西长 12. 8 米，南北宽 10 米。有黄肠题凑，有内、外椁室，内椁室内有三重棺。内棺四壁已塌，棺内东端贴壁竖置玉璧两件[②]。这两件玉璧似为棺内壁装饰，因棺木朽烂落至底部。

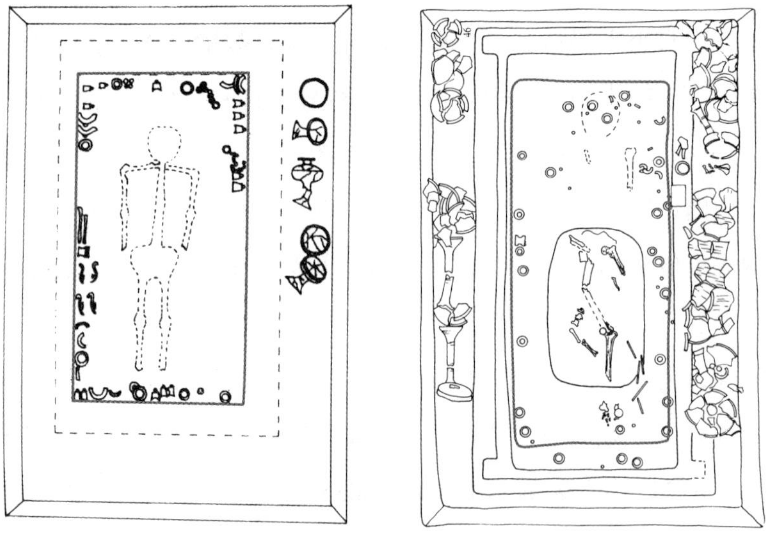

1　　　　　　2

图四　齐国墓葬棺内装饰举例

1. 临淄国家村 M45　2. 两醇墓地 M2045

4. 山东菏泽巨野红土山汉墓[③]

发掘者判断墓主是汉代昌邑王刘髆。棺内共发现玉璧 28 件：清理粉末状骨架时发现尸体下部放

① 山东省文物考古研究所等：《曲阜鲁国故城》，齐鲁书社 1982 年版。

② 长沙市文化局文物组：《长沙咸家湖西汉曹𡞟墓》，《文物》1979 年第 3 期。

③ 山东省菏泽地区汉墓发掘小组：《巨野红土山西汉墓》，《考古学报》1983 年第 4 期。

玉璧10件、玉环1件；尸体上置玉璧17件，棺上置1件。这与上述鲁国故城M52、M58情况相同，玉璧能够区分出是棺上、人骨之上、人骨之下的。此墓级别也较高，对比满城汉墓二号墓、大云山二号墓，这些玉璧也有可能是棺内壁的装饰①。

5. 西汉海昏侯刘贺墓

遗骸上整齐排列数件大小不等的玉璧②，不知是棺内壁的装饰还是棺盖的装饰。在对主棺进行实验室发掘时，在揭取琉璃席片后，发现其下是相对距离一致、规格相同的一组金饼。此层遗存由纵向20枚、横向5枚，合计为100枚的金饼组成，内棺底板表层留下一百个深浅不一的坑窝③，这些金饼下葬时可能是平铺于棺底的，也有可能是镶嵌在棺内底板上的。

6. 北洞山西汉楚王墓、高邮神居山汉墓一号墓

北洞山楚王墓被盗严重，残存9件玉璧，一部分玉璧平素无纹，少量玉璧好部仍粘附鎏金铜铆钉，发掘者推测这种类型的玉璧是镶嵌于棺椁外壁的④。李银德先生认为这些玉璧是用于“镶玉漆棺”上的⑤。李先生文中还提到高邮神居山汉墓一号墓内棺顶板外面正中嵌一块玉璧。这两座墓均被盗严重，发现的玉璧虽都用于棺上，但没有直接的装饰于棺内壁的证据。但是两墓规格较高，对比大云山二号墓、狮子山楚王陵的发现，这两座墓中或原有棺内壁装饰。

7. 曲阜九龙山汉墓

汉代鲁王墓，共5座，清理4座，早年均被盗⑥。出土了大量玉片，除玉衣片之外，还有一些玉片为三角形、菱形、弧形、不规则形等，数量较多，或为棺内壁的装饰⑦。

五、其他相关问题

1. 汉代以后棺内壁的装饰现象

汉代以后棺内壁的装饰现象也有延续，时间长，风格类型多样，数量不太多。

例如魏晋嘉峪关新城一号墓的黑漆木棺，棺盖内面有朱绘人首蛇身、手捧圆物（圆物中心可能

---

① 广州南越王墓棺内出土较多玉璧，位于头箱、脚箱和玉衣上下。在玉衣的身上、里面、底下共铺垫玉璧19块，其中10块铺放在玉衣胸腹上，14块在玉衣里面，5块垫在底下，在这些玉璧上多发现丝带捆绑的痕迹，发掘者认为是通过丝带与玉衣相连的。鲁国故城M52、M58以及红土山汉墓玉璧发现的情形与南越王墓的发现有相似之处，具体的使用方式现在已经无法确知，只能根据其位置推测。南越王墓的资料见于广州市文物管理委员会等：《西汉南越王墓》，文物出版社1991年版。

② 江西省文物考古研究所等：《南昌市西汉海昏侯墓》，《考古》2016年第7期。

③ 中国社会科学院考古研究所等：《江西南昌西汉海昏侯刘贺墓主棺实验室考古发掘》，《文物》2020年第6期。

④ 徐州博物馆等：《徐州北洞山西汉楚王墓》，文物出版社2003年版。

⑤ 李银德：《汉代的玉棺与镶玉漆棺》，载《海峡两岸古玉学会议论文专辑（Ⅱ）》，2001年。李先生文中的“镶玉漆棺”指的是棺内外壁均有玉璧、玉版等的装饰的棺。

⑥ 山东省博物馆：《曲阜九龙山汉墓发掘简报》，《文物》1972年第5期。

⑦ 资料未正式发表，器物现存山东省文物考古研究院。

是象征日、月的金乌、蟾蜍图案)，应当是伏羲、女娲的图像[①]。新城 M13 后室的两具木棺，棺外髹黑漆，盖板里面绘有色彩鲜艳的神像图画：男棺绘“东王公”“西王母”，以云气图案衬底，黑墨线勾边；女棺绘女娲、伏羲图。女棺后档头里面，用墨线绘一幅卦象图，画面保存较好。[②] 南北朝时期粟特人的石棺床周围竖有三面围屏，均有彩绘贴金的图案，如安伽墓[③]、康业墓[④]等。隋代李静训墓石棺内壁四周都绘有壁画，是先用白粉或石灰粉在内壁表面粉刷一层，然后用各色颜料绘成图画[⑤]。2020 年江苏常州市发掘金坛南宋虞七二娘子墓，出土一具保存完好的漆棺，漆棺四面绘有四灵图案，棺内盖板绘有天象图和宗教符号[⑥]。辽宁叶茂台 7 号辽墓，墓主为契丹高级女性贵族，棺内壁挂有山水和花鸟画轴[⑦]。有学者对辽代墓葬进行研究时也提到，Ⅰ区（长城两侧及长城以北的地区，包括内蒙古自治区、东北地区和河北省的东北部）在棺壁装饰上分为三型，其中的Ⅱ型是在棺内壁绘契丹放牧图、游牧生活小景等[⑧]。

2. 汉代之前椁内壁装饰的发现

装饰方式有彩绘、悬挂帛画或其他纺织品、镶嵌饰件、对椁内的隔板进行装饰等，与棺内饰的种类基本相同。

例如殷墟侯家庄 1001 号大墓，在正室西北壁发现一小片雕刻的纹饰，全部涂红色，主要点线中镶有野猪牙嵌片[⑨]，从出土的位置看有可能是椁内壁的装饰。湖南长沙子弹库楚墓，在椁盖板下面的隔板上面发现一幅人物御龙帛画[⑩]。湖北江陵天星观 1 号楚墓，整个椁室被分隔成五大室七小室，其内悬挂十一幅帛画[⑪]。河南上蔡郭庄墓 M1，木椁内壁上原绘有黑地红漆花纹，并装饰由一定数量的包金铜片、大小海贝、玉贝等组成的图案[⑫]。湖南马王堆三号汉墓，三层棺，在棺室东西两壁上悬挂帛画。棺室西壁的帛画长 2. 12 米，宽 0. 94 米，画的是车马人物；挂在棺室东壁的帛画为行乐图，残损严重，画幅中可见骑射奔马、划船等场景[⑬]。江苏连云港市海州西汉侍其繇墓，为夫妻合葬墓，墓圹内南北并列两木椁，均为单椁单棺。南椁内棺的上部，紧贴椁盖之下，还有一层顶板，顶板用七块厚 2—2. 5 厘米的薄木板拼成。南椁顶板的整个表面都用朱红色间用黑色颜料绘出粗放的云气纹，中间还夹有

---

① 甘肃省文物队等：《嘉峪关壁画墓发掘报告》，文物出版社 1985 年版。
② 嘉峪关市文物管理所：《嘉峪关新城十二、十三号画像砖墓发掘简报》，《文物》1982 年第 8 期。
③ 陕西省考古研究所：《西安北周安伽墓》，文物出版社 2003 年版。
④ 西安市文物保护考古所：《西安北周康业墓发掘简报》，《文物》2008 年第 6 期。
⑤ 中国社会科学院考古研究所：《唐长安城郊隋唐墓》，文物出版社 1980 年版。
⑥ 据“江苏考古”微信公众号文章“2020 年江苏省考古学年会（二）”。
⑦ 辽宁省博物馆、辽宁铁岭地区文物组发掘小组：《法库叶茂台辽墓记略》，《文物》1975 年第 12 期。
⑧ 王秋华：《辽代墓葬分区与分期的初探》，《辽宁大学学报（哲学社会科学版）》1982 年第 3 期。
⑨ “中研院”历史语言研究所：《侯家庄·第二本·1001 号大墓》，1962 年。
⑩ 湖南省博物馆：《长沙子弹库战国木椁墓》，《文物》1974 年第 2 期。
⑪ 湖北省荆州地区博物馆：《江陵天星观 1 号楚墓》，《考古学报》1982 年第 1 期。
⑫ 据中国考古网资料。另外，郭庄楚墓的资料还见于徐艳娜：《论述郭庄楚墓的发掘与探索》，《大众文艺》2012 年第 1 期。
⑬ 湖南省博物馆等：《长沙马王堆二、三号汉墓》，文物出版社 2004 年版。

玉璧、龙头、凤头等花纹。另外，在此顶板的背面和椁内壁都可见到较为精细的朱绘图案性花纹①。

3. 相关思考

在田野发掘中遇到的汉代以前的墓葬，除少部分棺椁保存状况较好，在发掘现场可以清楚地看到棺或椁内外壁的装饰情况外，大部分棺椁仅存灰痕且坍塌严重，难辨原貌。对墓葬进行现场清理时，一般是清理到椁盖板并对盖板上的遗迹、遗物进行记录与提取之后，再整体向下清理至棺盖板。对棺盖板上遗迹、遗物进行记录之后，再对棺室内部进行清理。如果棺、椁的内壁有装饰，上述清理方法是较难辨识和保留下来的：内壁装饰有纺织品或者绘画，可能就直接被破坏掉了；内壁若装饰由小饰件组成的图案等，遗物能够保留下来，但是对这些遗物的性质及功能判断就会出现偏差。

长清济北王陵发掘者对于棺椁的清理方法给我们一些启示。济北王陵发掘至棺椁时，发掘者采用了“选点解剖，局部剥离”的方法，在解剖确定棺椁板灰层数、数目之后，再分层剥离，最终确定了每层棺、椁内外的漆绘状况②。

在发掘中如果要确定棺、椁内壁的情况，在记录完椁盖板的信息之后，可以先在椁边缘作小范围清理以确定盖板厚度，然后对椁盖板采用大块剥离的方法进行清理，看内壁有没有彩绘、纺织品痕迹或其他遗迹现象。对棺盖板也采用这种清理方法。清理椁室、棺室时，在条件允许的情形下，不采取整体向下的方式清理，对椁侧板、棺侧板的板灰或漆皮痕迹先保留一定高度，以观察椁内壁、棺内壁是否有装饰现象。确定没有的话，再将椁侧板、棺侧板向下清理，以便于清理墓室其他部位。

六、结语

棺内壁的装饰在汉代及汉代之前的墓葬中确实存在，种类多样。有的是用纺织品饰于内壁上，有的直接在内壁漆底上绘制图案，有的是用玉璧、玉版、料珠、铜泡等镶嵌、组成一些图案，有的是对棺盖下的隔板进行装饰。这种装饰现象在小型墓中可见，在规格较高的墓中也有发现。这类材料目前发现数量不多，与遗迹保存较差、较难辨识等有关，最主要的原因还是棺内壁的装饰并未成为棺椁装饰中的重要组成部分、并未形成丧葬制度的重要内容，其体现得更多的是墓葬的区域特点、墓主的人个人喜好等。除有装饰的含义之外，有的应该还有升仙、驱邪、镇墓等含义。今后在发掘中应该还会发现棺内装饰，也需要发掘者在发掘现场进行仔细甄别和确认，将其与棺外壁装饰、墓主人贴身装饰、随葬品等区分开。

---

① 南波：《江苏连云港市海州西汉侍其繇墓》，《考古》1975年第3期。

② 王永波：《长清西汉济北王陵》，生活·读书·新知三联书店2005年版。

汉画像石中的鱼纹与黄泉

王　龙

（山东省文物考古研究院）

汉代墓葬中的画像石作为当时社会葬俗遗留至今的主要体现，是研究汉代民间信仰的重要实物载体。而在汉画像石中，鱼纹图案是相当常见的一种构成元素，或作为画面主体居于核心位置，或作为装饰带居于次要区域。无论是在画面中居于何种位置，作为当时民众信仰的载体，鱼纹都具有特殊且不可替代的意义。正因其重要性，笔者认为有必要对汉代画像石中的鱼纹图案含义再作一些浅陋的揣测，以求对汉代画像石图案的寓意和当时的社会信仰研究有所裨益。

一、汉画像石中的鱼纹图案

就目前发现的资料来看，根据图案的功用性，汉代画像石中的鱼纹基本可分为装饰性图案和特定图像两种。当然，这种划分不是绝对的，有的图案既有装饰性作用，也代表了特定的意义。

鱼纹图像在汉画像石中常作为纹饰带存在。出现最频繁的是在门楣石上，多条鱼同向或有规律地相背排列，与之同时存在的图案多为半圆形“垂障纹”等。还有的在墓门（象征地下世界的入口）上的铺首衔环中刻有两鱼。另外，鱼纹还常出现于画面的各种角落。而作为特定功用存在的鱼纹则比较多且复杂，有的是为表现水域环境，如“泗水捞鼎图”“水陆攻战图”“水榭钓鱼图”“豫让刺赵襄子”等；有的则是表现食用或祭祀供飨，如庖厨图、耳杯鱼盘祭祀图等；还有一些是特定事物组成部分，如“专诸刺王僚”中的“鱼肠剑”“鱼龙戏图”等（图一）。

对于鱼纹图案的表现意义，以往学术界已有较多论述。有人根据鱼纹图案出现的位置和背景对其代表的意义进行了归纳总结，也有学者针对“鱼拉车”“鸟啄鱼”等特殊形象进行了深层次的社会信仰方面的探讨。以往的研究者认为，汉代画像石中的鱼寓意众多，除表示生活场景和祭祀用品外，鱼还代表了男女关系、沟通生死、多子、吉祥等众多含义①。闻一多先生根据古代典籍、诗词和近代民歌关于鱼的词句，认为从古至今鱼往往隐喻爱情、两性或婚姻等②。与之相近，有学者认为汉晋时期刻有鱼纹的铜洗是作为婚嫁用品的媵器③。同样，有学者认为汉画像石中的鸟啄鱼图像即表现了“阴阳交合”“生殖崇拜”“祖宗崇拜”等④。而鱼拉车图像则一般被认为是代表河伯出行或墓主人升仙的场景。另外，因鱼多籽，其还被认为是旺盛繁殖力的象征。

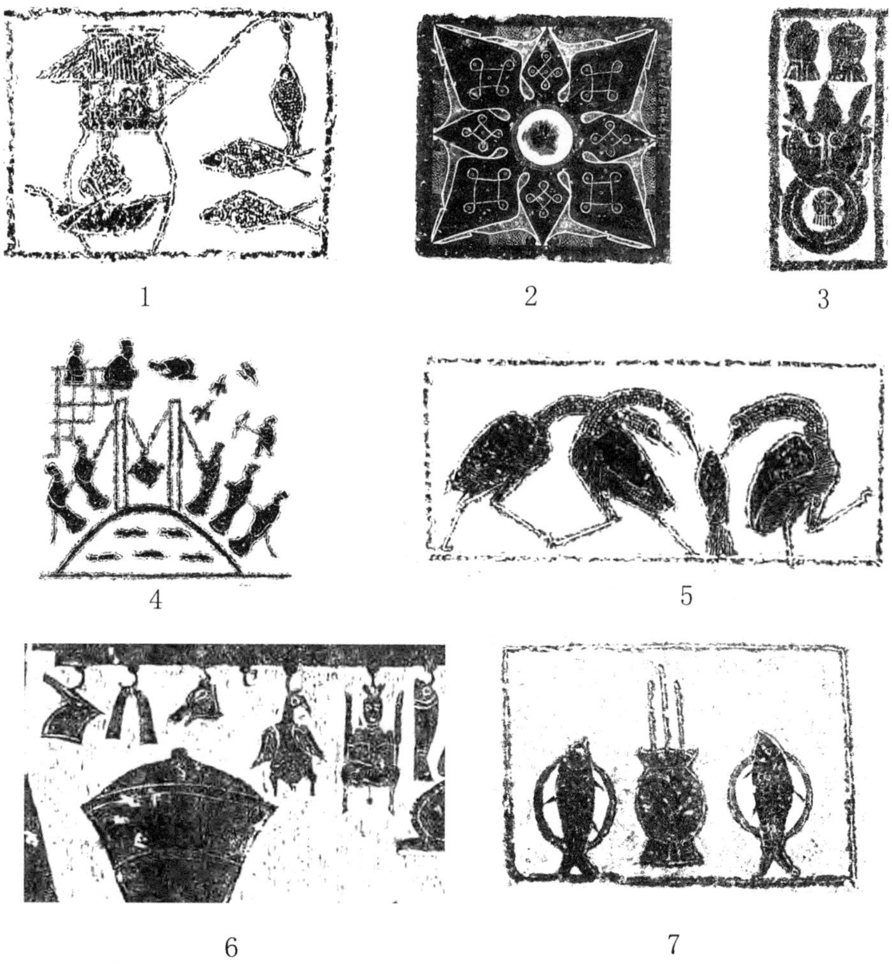

图一　汉画像石常见鱼纹图像

1. 水榭图　2. 柿蒂纹　3. 铺首　4. 泗水升鼎　5. 水鸟啄鱼
6. 庖厨图　7. 祭祀图（皆摘自《中国汉画像石全集》）

---

① 贾光：《汉画像中“鱼”的解读》，《商丘师范学院学报》2008 年第 4 期。
② 闻一多：《说鱼》，载《闻一多神话与诗》，吉林人民出版社 2013 年版。
③ 郑同修：《汉晋鱼纹铜洗媵器说》，《东南文化》1996 年第 2 期。
④ 刘立光：《汉画像“鸟啄鱼”图像研究》，载《中国汉画学会第十三次年会论文集》，中州古籍出版社 2011 年版。

鱼纹图像在汉代画像石中代表了多重含义，并且在不同意境下的意义不尽相同。但是，除大部分比较明显无疑义的用途表现之外，有些鱼纹图案在汉画像石中的寓意似乎很难一言以贯之。无论是作为装饰纹带出现还是表示特定功用，汉画像石中的相当一部分鱼纹与当时人对地下“黄泉”世界的认识有关。

二、“黄泉”

在《说文解字》中，“黄”为“地之色也”，“泉”为“水原也”。而“黄泉”一词最早见于《左传·隐公元年》“不及黄泉，无相见也”，据后文“若阙地及泉，隧而相见，其谁曰不然”等语，“黄泉”一词可以理解为地下泉水。另有《荀子·劝学》“蚓无爪牙之利，筋骨之强，上食埃土，下饮黄泉”和《汉书·陈遵传》中“观瓶之居，居井之眉……一旦叀碍，为甇所轠，身提黄泉，骨由为泥”之句，均表示地下泉水。但成书于战国至汉代的《管子·小匡》“应公之赐，杀之黄泉，死且不朽”可以引申指代为死后埋葬入土的地下世界。《后汉书·范式传》“当以尔时葬，永归黄泉”即表示同样的意义。望都二号东汉光和五年（182）墓出土的买地券上，也有“上至仓（苍）天，下至黄泉”之句①。有学者根据殷墟墓葬深度和地下水位等推断，殷商时期已有黄泉观念，腰坑中的殉狗似乎是为死者把守黄泉路入口，而填土中的殉狗则好似为死者把守阴阳两界通道的守护者②。虽然难以断言何时真正开始萌芽，但至少战国秦汉之时，以黄泉寓意地下世界的观念在当时社会中已经普遍存在。

汉代人认为（或者说期望）死后能够登仙，这在汉画像石或者帛画中都可以得到印证。但更现实的是，死者最后的归宿是黄泉。无论是“水原”之释还是被蚓所饮，“黄泉”都离不开水。而作为水中最具代表性的生物——鱼，自然也成为黄泉的最佳代表形式。

三、鱼与黄泉

在汉代画像石中，鱼可以代表水域，同样可以代表黄泉。滕州官桥郑庄出土的一块画像石（图二），左格对角分为四区，两鸟相对，另上下各有一鳖和鱼，中格为车马出行图，后有一人似背弓护卫（其他汉画像石中也见有此类执弓射鸟图），两侧又各有一常青树，右格米字形分区，中有半圆③。根据画面推测，左格鱼鳖当表示水域，而两鸟又类似水鸟状，中格两侧常青树则代表了墓地，中部为墓主人

① 河北省文化局文物工作队：《望都二号汉墓》，文物出版社1959年版。
② 岳洪彬：《再论商代的“黄泉观念”——从殷墟王陵和水井深度的比较得来的启示》，《中原文物》2018年第5期。
③ 原石藏于滕州汉画像石馆。

或其魂魄在地下的出行场景。以鱼鳖（龟）代表黄泉世界并非仅见于汉画像石，长沙马王堆一号墓帛画或可引以为据（图三）[①]。该帛画内容大致可分为三个部分，上部代表天上，中部代表人间，下部代表地下。其中代表地下的部分最底部绘有双鱼，鱼上立一力士（有人认为是禹之父鲧），力士托举一案，上置鼎、壶等。立士两侧各绘一龟，其背部均立有一鸱鸮（猫头鹰），论者多根据《楚辞·天问》中“鸱龟曳衔”之句，将其释为鸱龟。对此帛画进行研究和考释的文章举不胜举，不再赘述。但画面中几个关键元素的存在，足以证明该部分确实描述的地下黄泉世界。在汉画像石中，常见有鸱鸮立于常青树上的形象。汉人视鸮为“恶鸟”，有人认为鸱鸮具有引导墓主人灵魂升天的作用[②]。刘敦愿先生认为，鸱鸮代表了长夜，而长夜又常比喻死亡[③]。在西安市文物部门收藏的一块“瑞冢”文字圆瓦当中，“冢”字下也绘有一鸱鸮[④]。因此，汉代时鸱鸮常代表了墓地乃至人死后之归宿，结合水中的鱼与龟，也就代表了黄泉。

图二 滕州郑庄出土车马出行图

图三 马王堆一号墓出土帛画（局部）

① 湖南省博物馆、中国科学院考古研究所、文物编辑委员会：《长沙马王堆一号汉墓发掘简报》，文物出版社 1972 年版。
② 鄢维新：《鸱鸮、楚凤与天梯》，《中华文明论坛》2004 年第 2 期。
③ 刘敦愿：《马王堆西汉帛画中的若干神话问题》，载《刘敦愿文集》，科学出版社 2012 年版。
④ 徐锡台、楼宇栋、魏效祖：《周秦汉瓦当》，文物出版社 1988 年版。

就山东地区常见的汉代门楣石而言，相向或相背排列的鱼纹构成了主纹饰带。《易经》剥卦六五爻中有“贯鱼，以宫人宠，无不利”之语，闻一多先生认为“贯鱼”表现了包括“后、夫人、嫔妇、御女等整群的女性”之象，是代替“匹偶”的隐语①。但作为纹饰带刻于墓门上，当不表此意。常常与之同时存在、构成一圈纹饰带的是一种内弧半圆形图像，一般称作垂障纹。因其多存在于图像上端和两侧，被解读为垂障当是有一定道理的。而鱼纹一般位于主图像的下端，结合其处于墓门——进出地下世界的门户——这一特殊位置，或可理解为代表黄泉水域。鲁南、苏北和皖北等地的很多画像石上，边缘就饰以水波纹②。由此推论，鱼在门楣上以条带状出现或装饰于周边，即代表黄泉世界的入口。

汉画像石中还较为常见一种特殊的出行方式——“鱼车”，以往的研究者多将其称河伯出行图（图四）或海神出行图。李晓彤将历年公布的“鱼车”画像石尽可能全面地搜集和统计，并分别就其时空分布、车轮形态和行进方向等进行了系统归纳和分类，进而通过与车马出行图的对比研究，认为“鱼车”图像是对送葬行列或是想象中的灵魂出行场面的描绘，“鱼车”是人死后的“魄”进入黄泉时所乘坐的“水车”③。此种观点充分肯定了鱼与水、鱼与黄泉的图像表现依存关系，也明确了“鱼车”的乘坐者为墓主人。无论是沟通生死还是载人升天入地，鱼都是汉代人相信的墓主人在黄泉中的必要出行工具。需要提及的是，部分鱼车带有明确“河伯”榜题，这说明至少部分图像确为河伯出行图。最早，“河伯”特指黄河之神。到了战国以后，各河流之长统称“河伯”。或许，“河伯”即地下黄泉的掌管者。

图四　南阳王庄出土鱼车图（局部）

---

① 闻一多：《说鱼》，载《闻一多神话与诗》，吉林人民出版社2013年版。
② 中国画像石全集编辑委员会：《中国画像石全集》，山东美术出版社2000年版。
③ 李晓彤：《汉画像石中的“鱼车”图像》，南京大学2016年硕士学位论文。

在很多汉画像石中，鱼纹被刻于常青树、双阙建筑等上。这当与祭祀有关。《国语・楚语》载："祀加于举。天子举以大牢，祀以会；诸侯举以特牛，祀以太牢；卿举以少牢，祀以特牛；大夫举以特牲，祀以少牢；士食鱼炙，祀以特牲；庶人食菜，祀以鱼。上下有序，则民不慢。"其文明确记载了从天子到庶人，不同等级对应不同的祭祀规格，其中庶人以鱼祭祀。《仪礼》中关于用鱼祭祀的记载更是不可胜数。战国直至秦汉，礼制虽遭严重破坏，但受制于生活水平，鱼应当仍是一般平民祭祀用品的重要组成部分。而常青树多被认为代表墓地，"季札挂剑"图案上的墓葬封土堆上就多有一常青树图案（图五）。在山东平阴新屯出土的一块汉画像石上，画面中部有一楼阁建筑，两侧各挂有一鱼，再外又各有一常青树，而在楼阁中部有一回字形图案，发掘报告中释为六博盘，但其形状极类现存汉代帝陵金字塔形封土俯视状，可能即代表墓葬封土，楼阁或为享堂（图六）[①]。鱼在此类画像中即祭祀用品，且多成对出现。因其为"泉"中之物，可能被认为是墓主人最易得到和享用的食物。

图五　嘉祥宋山汉墓出土季札挂剑图（局部）

图六　平阴新屯汉墓出土楼阁图

① 济南市文化局文物处、平阴县博物馆筹建处：《山东平阴新屯汉画像石墓》，《考古》1988 年第 11 期。

也正是因为鱼在黄泉中的易得与常见，鱼也是墓主人死后身边常伴之物。在滕州出土的一块画像石中，左格为水榭垂钓图，中间有一楼阁，楼阁两侧各有一常青树，右格上半部为对弈图，下半部为车马出行图（图七）①。中部建筑代表墓地祠堂，而右格画面代表墓主人在地下世界的出游及成仙后的对弈场景，左格水榭垂钓即代表黄泉打鱼场景。根据考古发掘材料，从新石器时代开始，墓葬多修建于山坡、高岗等高地，有的甚至是在平地上堆筑土台作为墓地，如杭州余杭反山墓地，就是在平坦的开阔地上营建土台（“祭坛”），然后埋入墓葬。到了东汉，又有砖室墓在平地上修建②。相同的情况也出现在上海青浦福泉山良渚文化时期的墓地中。而鲁西南等地常见的堌堆遗址中，也多见有汉代墓葬。墓葬建于高地，除可能有山岳崇拜的因素外，相当大的原因当是避免墓主受水的侵扰。著名的马王堆一号墓中，棺椁外就填塞有厚达40厘米的木炭以及1米多厚的白膏泥来隔水防潮。作为墓主死后所居，楼阁水榭当是临水而居时避水的最佳所在。由此推之，画像石中常见的水榭楼阁图（鱼在其中多表示水域或作为猎取对象存在）可能大都有此意，只不过有很多更丰富的画面融入了与仙人相会的场景。

图七　水榭垂钓、楼阁与出行图（滕州汉画像石馆藏）

延伸来看，水榭垂钓或捕鱼图还可能与镇墓有关。在马王堆一号墓出土帛画所描绘的地下世界中，力士裆下绘有一蛇。因蛇习性洞居，而当时人或许认为蛇会侵扰墓主。战国楚地漆镇墓兽和铜器纹饰中常见有“操蛇”或“践蛇”画面，《山海经》中也多见有口中衔蛇或双手操蛇的神灵形象③。滕州山头村出土的一件画像石中也刻有一位操蛇神人，不仅双手操蛇两端，且用嘴将蛇咬住，与之并排的是一位蹶张武士形象（图八）④，即表明了两个护卫墓主的卫士形象。而唐代墓葬中也常出土有抓蛇或践蛇的陶镇墓兽。此种形象均为保护黄泉中墓主人的守卫，以免其在黄泉世界被侵扰。

① 原石藏于滕州汉画像石馆。
② 浙江省文物考古研究所：《反山》，文物出版社2005年版。
③ 吴荣曾：《战国、汉代的“操蛇神怪”及有关神话迷信的变异》，《文物》1989年第10期。
④ 滕州市汉画像石馆：《山东滕州市山头村汉代画像石墓》，《考古》2012年第4期。

而鱼作为“泉”中最常见的动物，可能更应该被重视。将捕鱼或者食鱼乃至用鱼祭祀的画面刻在墓中，在一定程度上来讲，也是对黄泉世界中侵扰者的威慑。

图八 滕州山头村汉墓画像石中操蛇与蹶张武士图像

四、结语

综上所述，在汉代画像石中经常出现的鱼纹图像，除以往认识的祭祀用品、生活场景、旺盛繁殖力和吉祥图案等含义外，还有相当一部分与墓主人死后所处的黄泉世界有关。鱼与水的依存关系决定了鱼是黄泉的最佳表现形式。虽然鱼纹在汉画像石中的图案逻辑、构成等比较复杂而且多样，很难对其每个画面的构成含义进行简单概括和定论，但在反映墓主人死后世界的墓室中以鱼纹代表地下黄泉当是合理且妥帖的。无论是代表黄泉还是供墓主人死后驱使或享用，鱼都是汉代人丰富精神世界的重要载体。

致谢：文中所用图二、图七拓片照片由滕州市汉画像石馆李慧馆长提供，谨致谢忱！

大沽河流域旧石器时代遗存的发现与初步研究*

李　罡

（山东省文物考古研究院）

引　言

山东省东临黄海、西接内陆，地处北半球中纬度偏南，属暖温带季风气候。四季分明、气候适宜、雨量适中、河网发达、地貌类型丰富，为史前古人类的生息、繁衍提供了良好的生存空间和优越的物质基础。就目前山东地区旧石器考古工作开展情况及发表成果来看，旧石器遗存主要分布于沂、沭河流域，汶、泗河流域及日照沿海等地，其中以沂、沭河流域旧石器时代遗存的发现最为集中，工作基础相对较好。但是，近年来随着考古工作的开展，其他区域也有了一些重要的发现。如考古工作者自2017年开始，对汶、泗河流域持续开展了3年的考古调查工作，新发现多处意义重大的旧石器遗存①。其他区域的旧石器调查工作也在不断地推进中，其中就包括在大沽河流域的考古调查。2013年夏，平度市博物馆业务人员反映，有人在大沽河南村镇段河滩采集到疑似石器，山东省文物考古研究院（时山东省文物考古研究所）业务人员赴实地核查，发现部分采集品确有人工打制痕迹。在随后调查中，确认了两处旧石器地点。

山东文物考古研究院及平度市博物馆在大沽河流域的调查工作前后共计3次，核查、确认旧石器地点3处，分别是平度市南村镇的柏家寨地点②、南村地点③及旧店镇的西葛家地点④。通过对上述地点采集石制品的室内整理和初步研究，我们对该区域旧石器遗存的情况有了初步了解。近年来，

---

* 本文为国家社科基金项目（19BKG008）阶段性研究成果之一。

① 孙倩倩：《山东汶上县小石器地点调查新发现》，山东省文物考古研究院2018年度田野考古工作汇报交流会。山东省文物考古研究院等：《山东宁阳发现细石器遗存》，《中国文物报》2020年4月17日。

② 李罡等：《平度市南村镇柏家寨发现的旧石器》，《文物春秋》2014年第1期。

③ 河北大学历史学院、山东省文物考古研究院、平度市博物馆：《山东平度市南村旧石器地点调查简报》，载《海岱考古》第十一辑，科学出版社2018年版。

④ 《海岱考古》第十四辑待刊。

山东大学历史文化学院等单位组织调查队在大沽河中上游的莱西市发现19处旧石器地点[①]。至目前为止，大沽河流域已发现旧石器地点达22处，不可谓不密集。遗憾的是，所获石制品均系地表采集，未见原生地层。因此，所采集到的考古资料并不完整，加之遗存数量虽然不少，但绝大多数地点采集石制品数量并不多，提炼并概括本区域旧石器文化面貌显然根基不稳，也失之于客观性。即便如此，将我们手中的3处遗存采集石制品进行初步整理分析，并结合莱西19处地点材料，对大沽河流域与山东其他区域旧石器遗存进行初步比较、梳理，对探讨山东地区几个相关区域间石器工业的技术联系应具有一定参考价值。

一、大沽河流域旧石器时代遗存的地理地质概况

大沽河流域位于山东半岛南部，干流发源于烟台市招远的阜山西麓，流向自北向南，支流包括小沽河、潴河、五沽河、流浩河和南胶莱河，流经莱西、即墨、平度、胶州及胶南。整个区域总体地势东高西低，南北隆起，中间为低陷区。有学者认为大沽河实则为一条规模较大的区域性隐伏断裂，形成于早更新世或中更新世早中期[②]。流域北部为大泽山脉，展布于平度、莱西北部，山前多有土状堆积，呈裙摆状连绵于群山之间，葛家地点即发现于此。

目前本区发现的旧石器地点主要分布于平度、莱西2市，行政区划上均隶属青岛市。平度市地处大泽山脉与胶潍平原交接地带，胶东半岛西部，地理坐标为北纬36°28′—37°02′，东经119°31′—120°19′。其东以小沽河、大沽河为界，与莱西、即墨市相邻；西及西南以胶莱河为界，与昌邑、高密市相望；南与胶州市毗邻；北与莱州市接壤。平度地区地势整体上较为平坦，系河流冲积平原。市辖区北部主要系山脉及低山丘陵，山前有较为发育的黄土及河流阶地性质堆积。在地貌分区上，平度市属鲁东山区亚区，第四纪沉积物堆积继承前期构造发展，以差异性升降运动为主，沉积物成因类型十分复杂，其发育与现代地貌形态有密切关系。[③] 目前发现的3处旧石器地点中，柏家寨及南村地点处于冲积平原地貌，表现在地层堆积以冲积相、浅湖相沉积为主，尤其采集点近乎河漫滩位置。葛家地点则处在低山丘陵地带，山前可见零星发育的厚度不一的黄土堆积物。

莱西市位于胶东半岛中部，地理坐标为东经120°12′—120°40′，北纬36°34′—37°09′，东临莱阳市，北靠招远市，西隔小沽河与平度市相望，南临五沽河与即墨市为邻。地势北高南低，北部为低山丘陵区，中部为缓岗平原，南部为碟形洼地。境内第四系地层分布广泛，厚度不均，一般不超过10米，主要为冲积层、坡积层、湖积层等，由砂质黏土、中粗砂及砂砾组成。目前莱西北部大沽河、

① 山东大学历史文化学院等：《2012年青岛莱西市旧石器考古调查简报》，载《海岱考古》第十辑，科学出版社2017年版。
② 李玉森等：《青岛大沽河断裂活动性初步研究》，《地震工程学报》2016年第6期。
③ 山东省地质矿产局：《山东省区域地质志》，地质出版社1991年版。

小沽河、五沽河和潴河的上游河流阶地区域发现的旧石器地点较少，莱西中南部区域发现的旧石器地点相对较多。

二、大沽河流域旧石器时代遗存初步研究情况

对大沽河流域平度段的调查工作始于2013年夏，此后又进行过2次复查及有目的性调查，在此过程中又有新的发现。最初在平度市南村镇同时发现2处地点。柏家寨地点采集石制品数量不多，但器物最为典型，目前调查简报已完成并发表。南村地点与柏家寨地点相距甚近，但因石制品采集数量较多，整理工作相对滞后，经3年多时断时续的整理和补充勘查工作，现也已将这批材料发表出来。第3个地点位于旧店镇西葛家村南的小丘北部山腰处，目前整理工作也已完成。下面将对此区域发现的旧石器遗存的基本情况进行简单介绍。

（一）柏家寨地点

柏家寨地点位于平度市南村镇东北部。2013年采集石制品数十件，其中13件的人工性质确定。2016年夏初复查，两次调查均未发现原生地层。

南村镇段大沽河两岸发育有晚期阶地，高出河漫滩5—6米，阶地前后缘宽20—30米不等。阶地上部主要由黏土、粉砂质黏土、粉砂组成，系全新世河流冲积层，下部为晚更新世砂砾石层，具有典型河漫滩、河床相沉积二元结构。经踏查，距柏家寨地点20公里小辛疃附近剖面最为典型。石制品即采集自大沽河中下游的柏家寨村段的河滩上。石制品采集中心坐标为北纬36°33′37.961″，东经120°08′49.721″，海拔24.70米。（图一，1）。

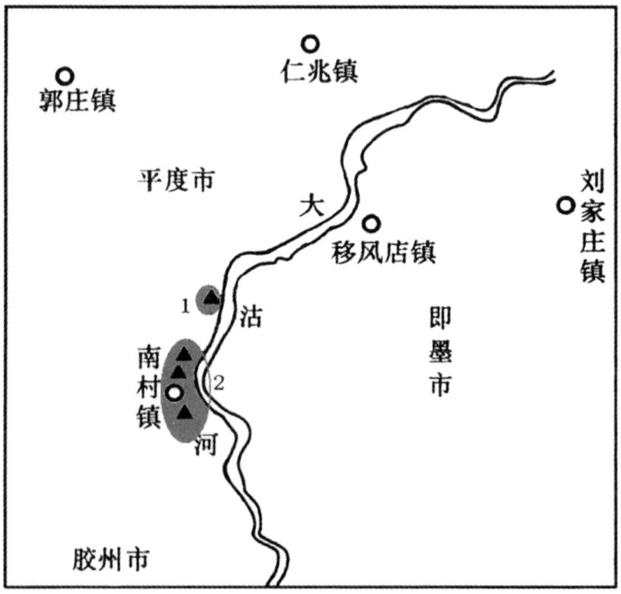

图一　大沽河下游发现的旧石器时代遗存分布示意图
1. 柏家寨地点　2. 南村地点①

文化遗物仅包含石制品，未见其他。类型包括石片及石器，未见石核。石制品风化磨蚀程度低，保存状况好。13件石制品中，包括6件石片，2件废片（1件横断片，1件纵裂

① 仅1个地点，石制品分布面积较大，故用多个图例表示。

片），5件石器（3件刮削器，凹缺刮器和尖状器各1件）。原料包括石英、燧石、凝灰岩、泥质板岩、再次为石英砂岩、水晶及安山岩。其中，燧石和石英各3件，占石制品总数的46.15%；其次是凝灰岩和泥质板岩各2件，占30.77%；再次为石英砂岩、水晶和安山岩各1件，占23.08%。长型石片5件，宽型石片1件。素台面3件，自然台面2件，点状、刃状、有疤台面各1件。石片背面多为非自然面，应为次级剥片的产品。仅有2件标本长度在50毫米以上，其余均在20—50毫米之间，石制品以小型为主，未见大型者①。

石器类型简单，主要为刮削器。加工多选择片状毛坯，剥片仅见锤击法，修整一般也用石锤直接进行加工，但不排除存在压制技术的可能（图二，1）。修整方向仅一件为反向修理（图二3），其余皆为正向打片。原报告认为这批石制品所体现的特点，与日照沿海几个旧石器地点石制品特征接近②。后者地质时代大致为晚更新世晚期，柏家寨地点时代亦大概如此。柏家寨地点所选石料包含质地较坚硬的燧石、石英和水晶等7种之多，其在石料选择方面尤具特色。

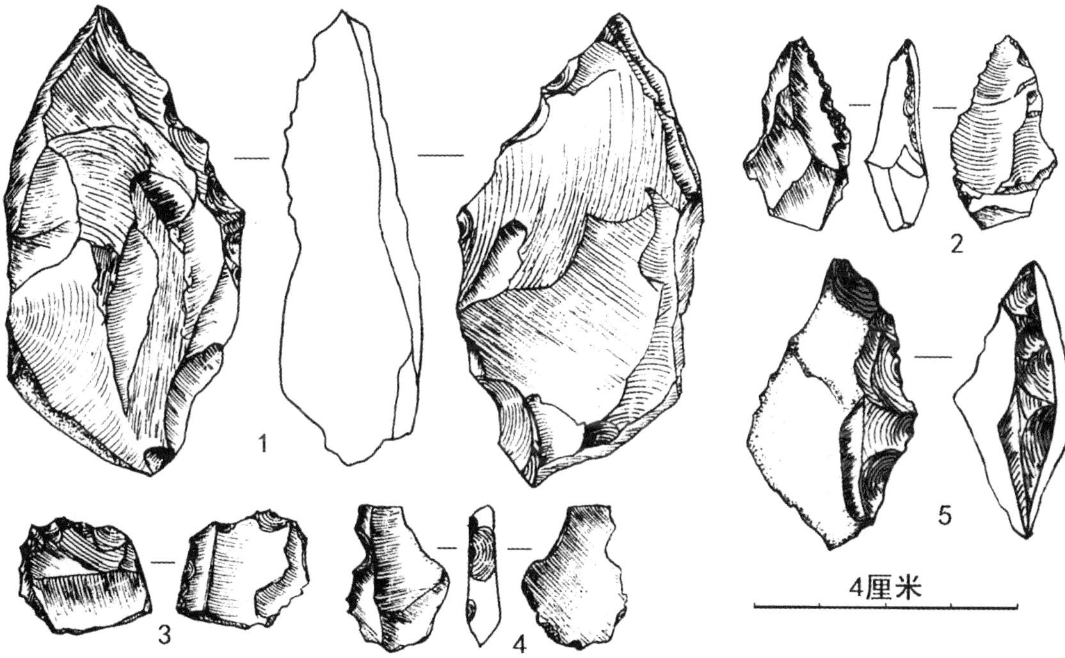

图二　柏家寨地点采集的石器

1、5. 单凸刃刮削器　2. 尖状器　3. 拇指盖状刮削器　4. 凹缺刮器

与其他几处地点相似，柏家寨地点石制品的采集环境并不是其原生埋藏环境。石制品是搬运至

---

① 石制品尺寸的判断标准参照卫奇：《石制品观察格式探讨》，载《第八届中国古脊椎动物学学术年会论文集》，海洋出版社2001年版。

② 尤玉柱等：《山东日照沿海发现的旧石器及其意义》，《人类学学报》1989年第2期。

此随即沉积的。考古工作者虽为解决其石制品来源问题而开展了两次后续工作，但均未有所突破。该地点附近不见高级阶地堆积，溯流而上至北部丘陵区开展以石料来源为主的调查工作，发现石英较多，而未见燧石。看来要解决该问题，必须结合当地第四纪地质材料有针对性地开展相关工作。大泽山附近区域所产石料与柏家寨地点所见石料差异很大。柏家寨地点未见细石器产品，但石制品所体现出的剥片和修理技术，参照日照旧石器地点的相对年代来看，其文化时代似应不会早于旧石器时代晚期。目前在大沽河，特别是围绕大泽山周边所做工作很少，尚有许多问题无法解释和解决。

（二）南村地点

南村地点与柏家寨地点同时被发现，二者相距不足1公里。大沽河经治理后，河道拓宽甚大，同时河流对西岸冲蚀较重，东岸河漫滩面积则日趋宽阔。南村地点石制品即散于其上，堆积情况与柏家寨地点相仿。不同的是前者石料相对单一，石制品分布范围大。石料绝大多数是棕黄色燧石及硅质岩类，个体均较小，磨蚀情况总体较重。石制品富集地点地理坐标为北纬36°33′3.67″，东经120°08′50″，海拔23.5米。（图一，2）

南村地点石制品采集数量较多，自南村镇后北村沿曲折河道蜿蜒南下至前桃园村数公里内均可见此种棕黄色燧石石料，尤以后北村至南村中学大沽河西侧的一段河滩分布最为密集。部分采集物磨蚀严重，人工性质存疑，但其中绝大部分石制品具有较为明确的修理使用痕迹。调查队在附近也未见石料来源。

经观察和测量的石制品共计807件，原料绝大部分是燧石，其他石料所占比重较小，依次是玛瑙、石英岩、砂岩、安山岩及板岩等。标本所受磨蚀及风化程度较高，仅7%左右的标本被轻微磨蚀或基本未被磨蚀，棱脊锋锐或略有磨蚀，87%左右的标本磨蚀程度为中度或较严重，近6%的标本为严重磨蚀；约10%的标本略有风化，约88%的标本风化程度为中等或较严重，2%的标本风化程度很严重。石制品近70%为小型，其次为微型，中型者极少。类型包括石核3件、石片12件、石器24件，以及所占比重很大的残片及断块。石核中包含一件燧石质砸击石核，石片中包含1件石英质砸击石片。因石核及石片的所占重比极小，不能直接判断砸击技术使用频率高低。

石器可以分为刮削器、凹缺刮器和尖状器三类。其中刮削器15件，数量最多，根据刃缘数量、加工部位和加工情况又可具体分为单直刃、单凸刃、单凹刃、两刃及多刃刮削器。凹缺刮器6件，依修理方式亦可分为两种类型：一种是一击而成凹口，另一种为标准型。尖状器3件，均为正尖尖状器。残片及断块数量巨大（分别为179件、580件），这两种类型的标本多带有崩疤，考虑到石料的统一性，初步整理时全作为石制品进行采集并进行了数据统计。目前来看，这些石制品可能有一部分系自然营力作用而形成，并非废料类标本占据石制品比例那么高。

（三）葛家地点

葛家地点是 2016 年 5 月考古工作者在调查柏家寨和南村地点石料来源问题时发现的。该地点位于旧店镇西葛家村南约一公里的大泽山余脉、丘陵顶部棕黄色砂质基岩之上的灰色砂砾石层中。考古工作者在此共采集石制品 26 件，石料主要是白色石英，类型包括石核、石片及石器等。石器均为刮削器，依据刃缘数量、加工部位及加工情况可分为单直刃、单凹刃及单凸刃刮削器三种类型。该地点的地理坐标为北纬 36°59′47″，东经 120°05′01. 5″，海拔 159 米（图三）。

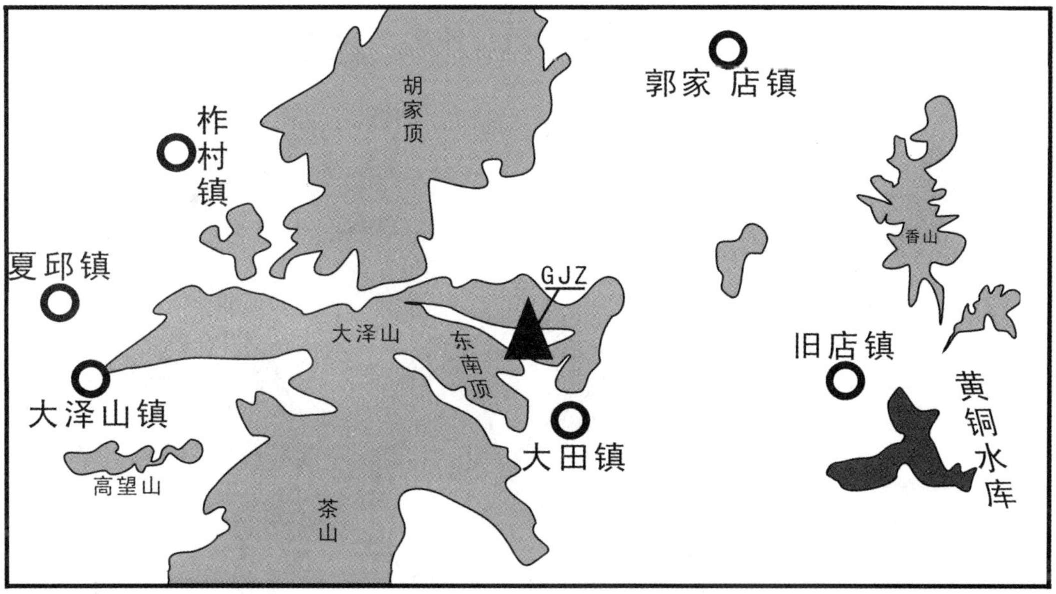

图三　大沽河流域上游葛家地点位置示意图

对平度市北区做的调查规模较小，并未对大泽山全境进行地质地貌调查。葛家地点山前有较为发育的黄土及河流阶地性质堆积。调查队重点查看地层堆积情况及地表出露石料的类别，以判断是否存在符合人工性质的石制品，但未发现与柏家寨相近似的遗物。

葛家地点石制品总体修制较为粗糙。石制品除 1 件为燧石外，其余石料均为石英。10 件石制品带有人工痕迹，归为断块及残片。其中 1 件多面体石核可见数个规整的石片疤（2016XGJZ：3），工匠对石核进行多次利用，且以一个台面为基础进行连续剥片，遗留的片疤呈鱼鳞状排列。另外还采集有 2 件刮削器，个体较小，修疤连续，修理精致。石制品风化及磨蚀程度均较轻微，不似经过较长时间曝晒及较为激烈的后期碰撞。石制品以小型为主，约占石制品总数的 66. 6%，其次为微型和中型，各约占 16. 7%。

石制品所处地层并非原生堆积，探查时发现其间尚有晚期陶片混入，因此我们认为这批石制品的年代不能以同层共生器物加以判断。石制品很可能即直接散布于基岩及风化壳上，不存在原生地层。据所发现的仅有的石制品进行判断，无法将之与此前 2 个地点直接建立联系。但其所使用的石料及粗犷的石制品打制技术与上述 2 个地点比较，个性大于共性，说明大沽河流域旧石器文化内涵远比想象的要复杂。

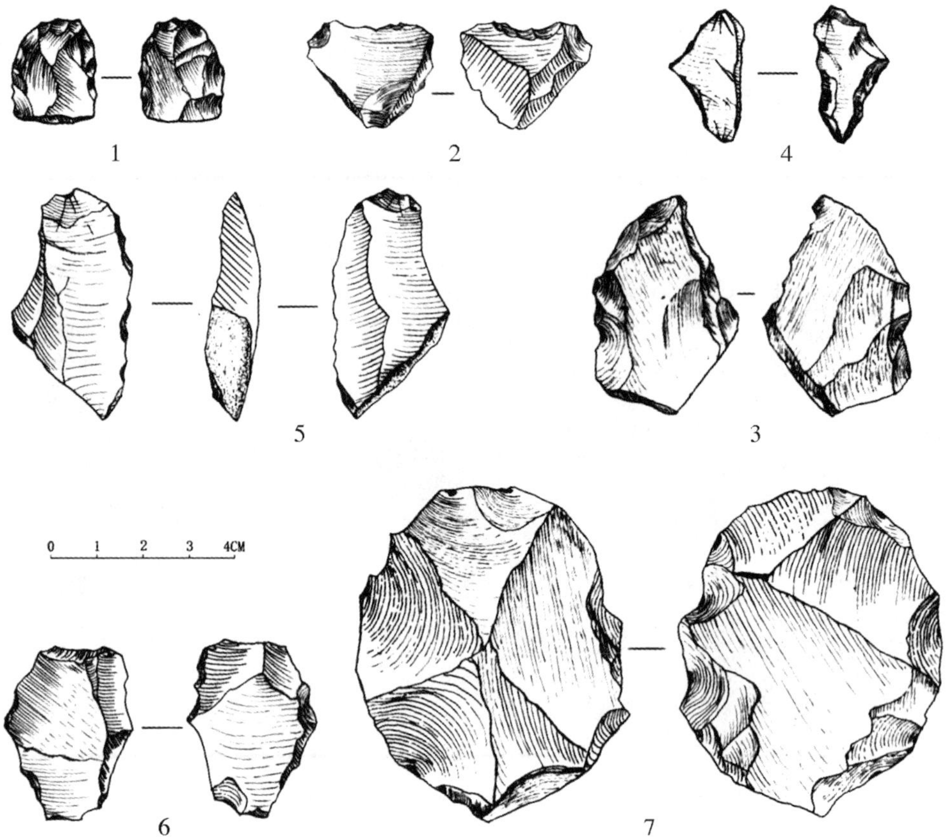

图四　葛家地点石制品组合

1、2、3. 刮削器　4、6. 砸击石片　5. 锤击石片　7. 多面体石核

（四）莱西 19 处旧石器地点

2012 年，山东大学等单位组成旧石器考古调查队，在大沽河上游的莱西市境内发现旧石器地点 19 处，共采集石制品 88 件。依石制品类型及大小，可区分为以小里庄、肖家庄等地点为代表的石片石器传统和以前我乐村等地点为代表的砾石石器传统。砾石石器年代可能更早一些。前者以小型为主，大型极少，石片石器所占比例大，石核石器所占比例小，石器毛坯多选择片状毛坯进行修理；后者类型以大中型为主，小型偏少，石核及砾石石器居多，而石片类数量少，石器加工毛坯多选择砾石且多保留有石皮。石器类型方面，二者均较为简单，但也存在差异，前者以刮削器和尖状器为

主，后者以中小型砍砸器及刮削器为主。

上述地点石器在石料的使用、剥片技术、修理技术及打片方向等方面相同，而在石制品大小、组合、使用毛坯及石器类型方面存有差异。因此，在不考虑因石制品采集数量偏少造成数据统计存有偏差的因素下，这样的分组符合上述地点的实际情况。

三、对大沽河流域旧石器时代遗存的初步认识

（一）已发现遗存的主要特征

综合已有材料可见，柏家寨地点材料最为丰富，表现在石料选择的优质、多样以及较多的石制品数量等方面。最重要的是加工修理技术水平最高，精品石器比重大。遗憾的是没有采集到石核。目前来看，此流域范围内尚无与之相似的旧石器遗存，其文化时代也可能最晚。

南村地点在石料上大量选择棕黄色燧石，表明古人对石料认知能力较强，以及对这种石料优先选用的倾向，使其文化面貌独具特色。石制品尺寸以小型为主，微型次之，基本不见中型及以上者。采集石制品数量最多，但采集石核极少，加上石片及石器，三者所占比例亦与采集数量极不匹配。当然，如前所述，这种情况要考虑采集石制品中的人工性质问题。部分石制品崩疤应为自然力撞击的结果，而非此前简单归做的带有人工加工痕迹的断块及残片。

葛家地点的石料基本为石英，最明显的特征是含有确切的砸击技术产品。虽然南村地点也有砸击产品，但其类型较简单，在整个石制品组合中所占比重甚低，因而不如葛家地点典型。石制品尺寸以小型为主，其次为微型及中型，石器仅刮削器一种。与上 2 处地点相比，石核发现数量最多，且包括多件多面体石核，剥片利用率相对较高。

莱西 19 处地点在石制品尺寸及石器毛坯选用上表现出南北相异的特点。同时北部发现的地点少于南部。北部地点石制品组合以大型为主，包括砍砸器、石球等石核类制品，南部地点则以单刃刮削器为主。根据报告，未见其他石器类型，可见多面体石核及双台面石核，未见砸击技术。值得注意的是，报告中提到一件多面体石核（12LXDNZS：01），似包含细石器技术的因素。

（二）已发现遗存间的区别与联系

目前来看，在大沽河流域进行的野外工作尚不系统，发现的遗存数量也较有限，最重要的是未能找到石制品对应的地层堆积，更无法开展发掘工作。因此，尽管对遗址或地点的文化面貌及文化内涵进行了相关总结和分析，但这种整理和研究是粗浅的、简略的，这也是工作开展初期无法避免的。试从以下两个方面简单述之。

1. 石料的选择及文化时代

仅就目前发表的材料来看，相比其他 2 处地点，葛家地点所选石料基本为石英，在石料选择上更接近莱西发现的地点。柏家寨地点石英使用占比不高，南村地点基本未见石英。以此角度观察，莱西诸地点与葛家地点更为接近，而且在石制品尺寸方面二者也更为接近，以小型和中型为主。但就石制品观察方面，尤其是由石核的利用程度和石器的修理水平推测，莱西诸地点尤其以前我乐村等地点为代表的砾石石器技术似更为古拙，暗示其年代较早。

一般情况下，经发掘的遗址或调查发现的旧石器地点，石英料较为丰富的情况下，通常会发现砸击技术。但莱西诸多地点中采用石英、脉石英石料者较多，未见使用砸击法的产品。南村地点采集的石制品个体尺寸均很小，可归为微型者占比很大，大多数含有疤痕的断块等似应为石料，此种情况使用砸击法能更好地利用坯材，但南村地点所表现出的砸击技术同样不甚明显。因此，南村地点与莱西以小里庄、肖家庄等为代表的石片石器地点应更为接近，文化时代似应处于所有地点的中间阶段。

前文已述，柏家寨地点的时代可能是所有已发现遗存中最晚的。

2. 石制品类型

柏家寨地点及南村地点石器类型相对丰富，包括相同的石器组合，即尖状器、凹缺刮器及刮削器。莱西诸地点还包括除数量最多的刮削器之外的砍砸器和石球。葛家地点刮削器数量虽少，但类型较为丰富。

葛家地点石核数量最多，且均非单台面石核。剥离石片以长型者居多，石核利用率相对较高。柏家寨及南村地点均体现出石核类器物短缺或比重低下的特点，这可能与石制品埋藏环境有关，造成石核类器物缺失。莱西诸地点也包括单台面和多面体石核。

柏家寨、南村及葛家地点均采集占有一定数量的石片。柏家寨地点石片所占比例最大，其次为葛家地点，南村地点最小。莱西诸地点的相关报告中未见对石片的统计数据。柏家寨地点的石片剥制最为精致，且带有明显使用痕迹。

综上，柏家寨、南村及葛家地点应属典型北方小石片工业传统，使用石片作为加工石器的毛坯。石器组合以刮削器、凹缺刮器和尖状器为主；多采用锤击法直接打击，加工方向以正向为主，也见交互打片产品；与莱西东北部的小里庄、肖家庄等地点较为接近，而与以前我乐村等为代表的砾石石器传统区别明显。至于此种差距产生的原因，还需从古环境或埋藏环境方面考虑。

（三）相关学术问题及展望

近年来，在蒙阴、枣庄、宁阳等县市也发现了几处旧石器地点，大体可区分为小石器和细石器两种工业类型[①]。2019 年，汶、泗河流域发现了多处以东山岭遗址为代表的数量丰富的细石器遗址。这突破了我们此前对于山东旧石器文化类型与分布格局的认知，即细石器的分布不局限于沂、沭河流域。在枣庄发现细石器遗存后，汶、泗河流域也发现了细石器技术。那么大沽河流域是不是也含有与此同期或相近的史前文化？

大沽河流域旧石器调查的结果表明，在旧石器时代晚期这里便有人类活动，并呈现出文化多样性的特点，为该地区的旧石器时代考古研究揭开了新的篇章。接下来应结合本区第四纪地质情况，抓住已发现的线索增加野外工作的频度和强度。平度市旧石器遗存的保存情况较为特殊，南部平坦区域堆积相对较晚，但是河流两侧尤其是大沽河南村镇一段集中分布石制品这一现象值得深入思考：石制品的真正来源在哪里？二次搬运后的堆积为何仅集中在这一区域？其南北两段缘何没有蛛丝马迹？

总之，在对大沽河流域已发现旧石器遗存采集石制品进行宏观观察及对比后，我们认为本区域的石器文化似可大致区分为 3 个阶段：葛家及莱西砾石工业特征明显的几处地点技术相对古拙，文化时代应最早；南村及莱西小石片石器特征明显的几处地点特征更为接近，文化时代居中；柏家寨地点文化时代最晚。至于诸遗址是何关系，目前无法厘清，尚需做进一步田野工作。

---

① 所用材料包括李罡等：《山东省蒙阴县园艺场旧石器地点调查简报》，《人类学学报》2018 年第 1 期；《枣庄市山亭区旧石器地点调查简报》，《人类学学报》2020 年 3 期。

沂沭河流域大汶口—龙山文化遗存分析

赵国靖　张　强

（山东省文物考古研究院）

一、引言

本文所指沂沭河流域系指沂河、沭河流域的山东境内部分，地处鲁东南，位于沂山以南，蒙山、尼山以东，五莲山以西，地理单元相对独立。行政区上包括临沂市的三区九县和日照市的莒县。

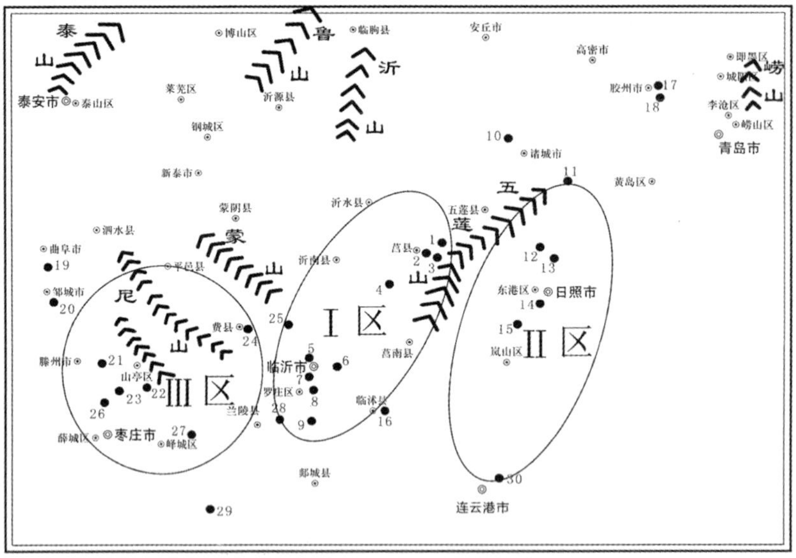

图一　沂沭河流域遗址分布示意图

Ⅰ区：沂沭河中游地区　Ⅱ区：沿海地区　Ⅲ区：薛河流域

1. 大朱家村遗址　2. 杭头遗址　3. 陵阳河遗址　4. 大略疃遗址　5. 后明坡遗址　6. 大范庄遗址　7. 王家三岗遗址　8. 湖台遗址　9. 庄邬遗址　10. 呈子遗址　11. 石河头遗址　12. 丹土遗址　13. 两城镇遗址　14. 东海峪遗址　15. 尧王城遗址　16. 东盘遗址　17. 三里河遗址　18. 赵家庄遗址　19. 南兴埠遗址　20. 野店遗址　21. 岗上遗址　22. 建新遗址　23. 西康留遗址　24. 左家王庄遗址　25. 防故城遗址　26. 前掌大遗址　27. 二疏城遗址　28. 后杨官庄遗址　29. 梁王城遗址　30. 藤花落遗址

大汶口文化和龙山文化自发现、命名以来，经过几辈考古学者的辛勤研究，在文化面貌、分期与年代、聚落形态等方面已取得重要进展。在《典型龙山文化的来源、发展及社会性质初探》[①]、《略论海岱龙山文化的地方类型》[②]、《再论大汶口文化向龙山文化的过渡》[③]、《尧王城遗址与尧王城类型再探讨》[④] 等文章中都涉及沂沭河流域。随着考古资料的增多，大汶口文化晚期至龙山文化时期沂沭河流域的文化面貌与同时期周边区域的差异逐渐被认识。本文拟在以往研究的基础上，通过对重要遗址遗存的分析比较，梳理沂沭河流域文化面貌的个性与区域文化的共性，探讨该区的文化发展变迁、地域特征等相关问题。本文大汶口、龙山文化分期主要参考栾丰实先生《大汶口文化分期与类型》[⑤] 和《海岱龙山文化的分期和类型》[⑥]，大汶口文化分早、中、晚三期，中期和晚期又分早、晚两段；龙山文化分早、中、晚三期。

二、大汶口文化典型遗址分析

沂沭河流域的大汶口文化遗址数量较多，主要属大汶口文化晚期。其中经过发掘的有莒县陵阳河、大朱家村[⑦]、杭头、苍山后杨官庄等，其他经调查的有临沂大范庄、王家三岗[⑧]、小城后、晏驾墩、前城子[⑨]等，其中以陵阳河、大朱村、杭头具有代表性。

1. 莒县陵阳河

陵阳河遗址位于沭河中游，1963年和1979年，山东省考古所等先后三次发掘该遗址，共清理大汶口墓葬45座[⑩]，年代均属于大汶口文化晚期。

大汶口文化晚期早段墓葬以79M12（图二，1—9）、79M24（图二，10—18）为例，陶器的主要种类有平底凿形足鼎、单耳壶、背壶、豆形簋、斜直壁平底盆、筒形杯、盉、豆、鬶、薄胎黑陶高柄杯、厚胎杯、觚形杯等。其中79M12陶鼎均平底，鼎足呈凿形，足根正面饰长条形刻槽；盆为斜壁、平底；尊敞口、束颈、高肩；豆形簋为小折沿、微垂腹，小圈足外撇。79M24陶鬶短颈、颈部上粗下细，矮裆袋足；薄胎黑陶高柄杯口微侈，柄部饰三角形、圆形镂孔。

---

① 黎家芳、高广仁：《典型龙山文化的来源、发展及社会性质初探》，《文物》1979年第11期。

② 栾丰实：《略论海岱龙山文化的地方类型》，《济南大学学报》，1995年第3期。

③ 孙波：《再论大汶口文化向龙山文化的过渡》，载《古代文明》第6卷，文物出版社2007年版。

④ 梁中合、贾笑冰：《尧王城遗址与尧王城类型再探讨》，《北方文物》2017年第3期。

⑤ 栾丰实：《大汶口文化的分期和类型》，载《海岱地区考古研究》，山东大学出版社1997年版。

⑥ 栾丰实：《海岱龙山文化的分期和类型》，载《海岱地区考古研究》，山东大学出版社1997年版。

⑦ 山东省文物考古研究所等：《莒县大朱家村大汶口文化墓葬》，《考古学报》1991年第2期。苏兆庆等：《山东莒县大朱村大汶口文化墓地复查清理简报》，《史前研究》1989年。

⑧ 冯沂、杨殿旭：《山东临沂王家三岗新石器时代遗址》，《考古》1988年第8期。

⑨ 临沂市博物馆：《山东临沂新石器时代遗址调查简报》，《考古》1992年第10期。

⑩ 山东省考古所等：《山东莒县陵阳河大汶口文化墓葬发掘简报》，《史前研究》1987年第3期。

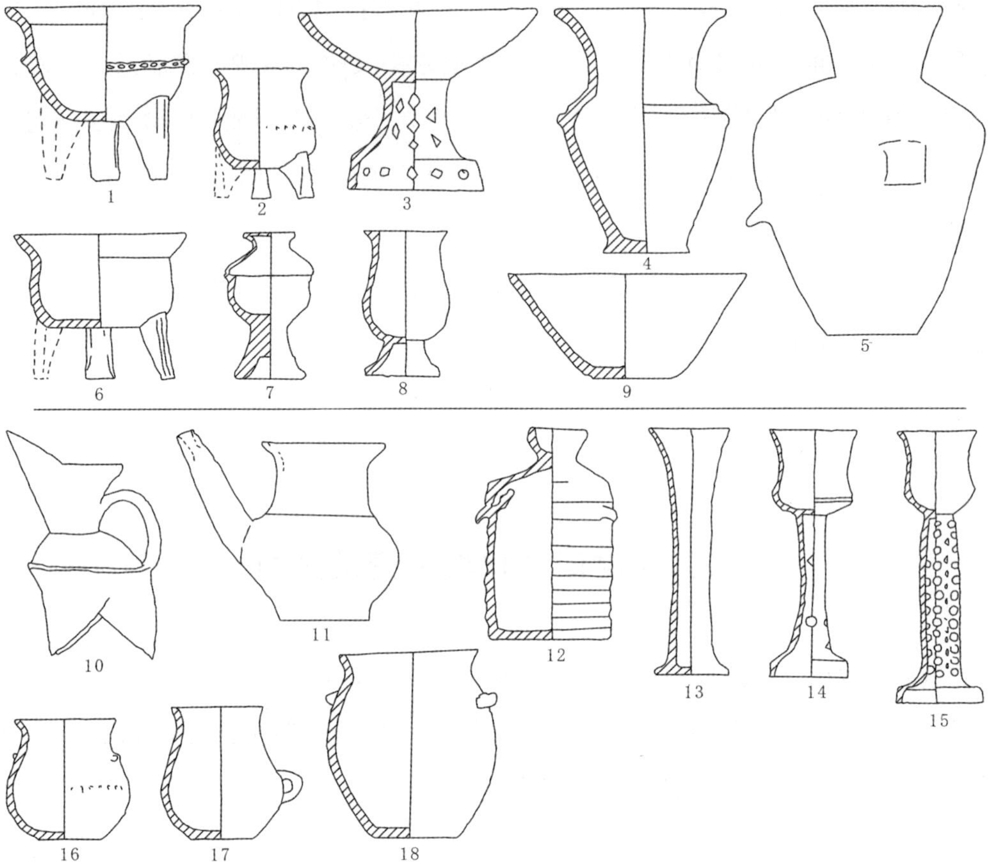

图二　陵阳河 79M12、M24 出土陶器

1. 鼎 79M12：19　2. 鼎 79M12：33　3. 豆 79M12：16　4. 尊 79M12：31　5. 背壶 79M12：21
6. 鼎 79M12：34　7. 厚胎杯 79M12：25　8. 豆形簋 79M12：26　9. 筒形杯 79M24：10
10. 鬶 79M24：32　11. 盉 79M24：44　12. 筒形杯 79M24：10　13. 觚形杯 79M24：27
14. 薄胎高柄杯 79M24：13　15. 薄胎高柄杯 79M24：11　16. 罐 79M24：18
17. 单耳罐 79M24：22　18. 罐 79M24：25

大汶口文化晚期晚段墓葬以 79M6（图三，1—9）、79M17（图三，10—17）为例，陶器的主要种类有深腹罐形鼎、宽折沿盆形鼎、长颈袋足鬶、单耳罐、尊形罐、浅盘豆、高颈背壶、双耳壶、盉、大口尊、薄胎高柄杯、厚胎高柄杯、圈足盘、平底盆等。陶鼎多见平底，凿形足；鬶颈部细长，矮裆袋足；盉盘口、束颈；部分罐带单耳；薄胎黑陶高柄杯侈口、折棱形台座，柄部饰圆形镂孔。

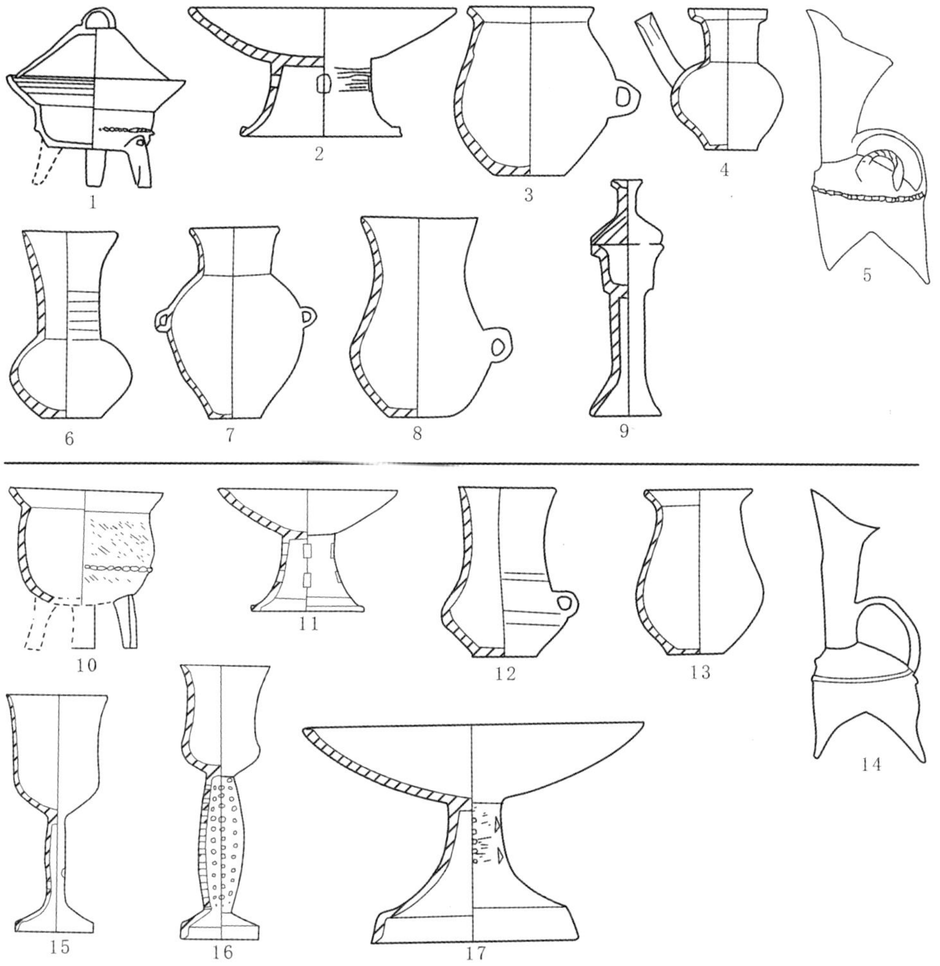

图三 陵阳河 79M6、79M17 出土陶器

1. 鼎 79M6：28 2. 圈足盘 79M6：63 3. 单耳罐 79M6：164 4. 盉 79M6：30 5. 鬶 79M6：69 6. 壶 79M6：104 7. 双耳壶 79M6：81 8. 觯形杯 79M6：52 9. 厚胎高柄杯 79M6：147 10. 鼎 79M17：25 11. 豆 79M17：15 12. 觯形杯 79M17：21 13. 垂腹罐 79M17：19 14. 鬶 79M17：37 15、16. 薄胎高柄杯 79M17：157、79M17：80 17. 豆 79M17：16

2. 莒县杭头

莒县杭头遗址已经发表的遗存有 M8、M3（图四）、M4（图五，1—7）、M5（图五，8—16）①。通过与同时期遗存比较，M8 与 M3 随葬器物整体形态基本一致，应属同一时段墓葬；M4 与 M5 随葬器物整体形态基本一致，应属同一时段墓葬；M8、M3 较早，M4、M5 较晚。分析如下：

M8 和 M3 所出薄胎高柄杯，柄部有成排圆形镂孔，折棱形或覆碗形台座；M3 所出鬶颈部细长；

① 山东省文物考古研究所等：《山东莒县杭头遗址》，《考古》1988 年第 12 期。

鼎、罐、双耳壶、盆、大口尊等器物多饰斜篮纹。两墓均随葬单耳罐和厚胎高柄杯，这两种器物不见于 M4、M5。M8 和 M3 随葬器物种类和形态特征与陵阳河遗址 79M6、79M17 基本一致，其时代也为同一时期。

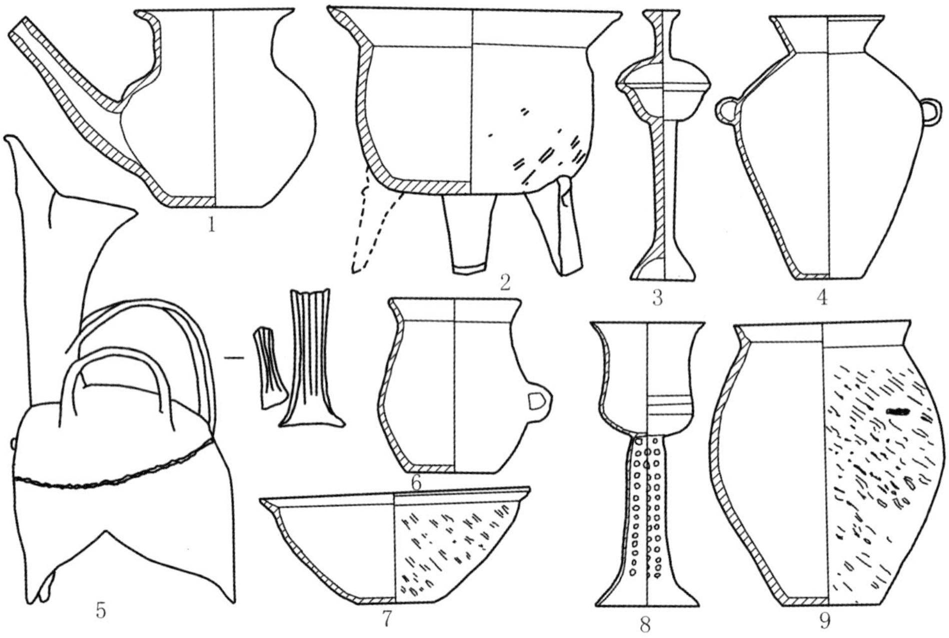

图四　杭头 M3 出土陶器

1. 盉 M3：11　2. 鼎 M3：5　3. 厚胎高柄杯 M3：15　4. 双耳罐 M3：1　5. 鬶 M3：17　6. 单耳罐 M3：8　7. 盆 M3：3　8. 薄胎高柄杯 M3：26　9. 罐 M3：10

M4、M5 随葬陶器以素面为主，篮纹所占比重降低。所出薄胎高柄杯，柄部饰长条形镂孔，其中 M5 所出高柄杯的杯身与柄部交界处为束腰，与东海峪中文化层墓葬出土高柄杯形态基本一致①。M5 所出陶鼎为素面，宽折沿，竖直壁底部缓内收，平底，凿形足，与诸城石河头所出陶鼎（M3：5）形态特征相近②。M4 所出陶鬶为矮裆，颈部上下直径基本一致，与 M3 陶鬶颈部上粗下细有明显差异，与诸城呈子所出陶鬶（M19：7）形态一致③。

M8、M3 和 M4、M5 两组墓葬中随葬器物种类和整体形态特征虽然一脉相承，但也有一定差异，经与同时期遗存比较分析，M8 与 M3 的年代属大汶口文化晚期晚段，M4 与 M5 的年代应属龙山文化早期。

---

① 山东博物馆东海峪发掘小组等：《一九七五年东海峪遗址的发掘》，《考古》1976 年第 6 期。

② 诸城市博物馆：《诸城市石河头石棺墓清理简报》，载《海岱考古》第七辑，科学出版社 2014 年版。

③ 昌潍地区文物管理组等：《山东诸城呈子遗址发掘报告》，《考古学报》1980 年第 3 期。

3. 费县左家王庄

左家王庄遗址位于费县城关镇左家王庄西砖场内，地处沂河支流上游地区。2000 年，山东省文物考古研究所等对遗址进行了考古发掘①。

左家王庄墓葬出土陶鼎呈罐形，圜底，凿形足；背壶呈长颈状，口部外侈（图六）。该墓葬出土陶鼎与建新遗址 M63：1② 形态一致，年代为大汶口文化晚期早段。

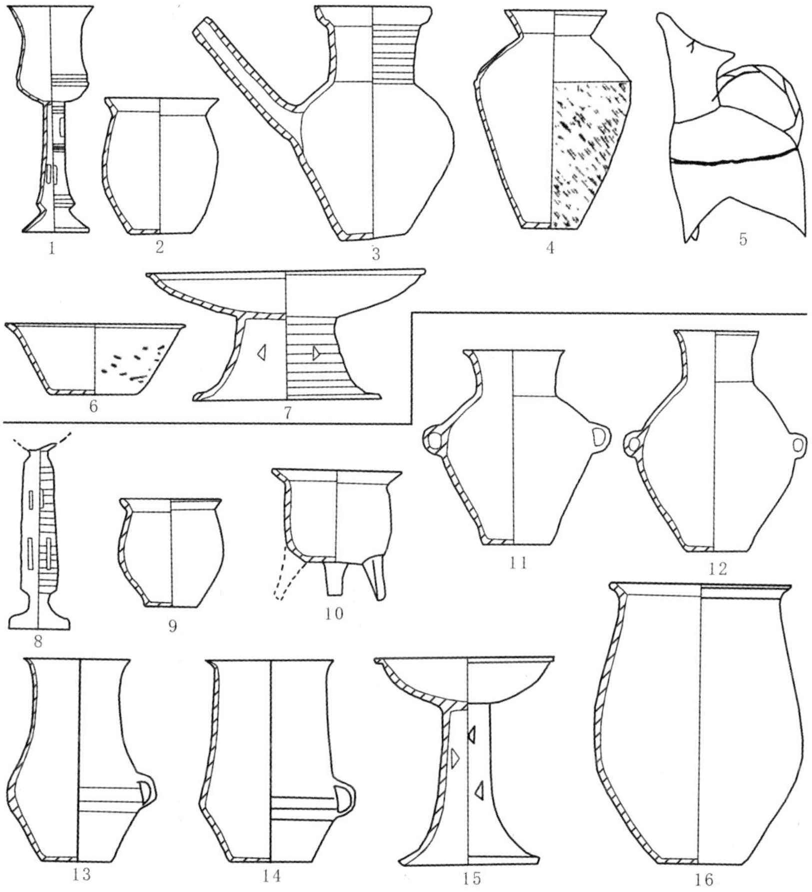

图五　杭头 M4、M5 出土陶器

1. 薄胎高柄杯 M4：3　2. 罐 M4：13　3. 盉 M4：7　4. 瓮 M4：11　5. 鬶 M4：9　6. 盆 M4：14　7. 圈足盘 M4：6　8. 薄胎高柄杯 M5：14　9、16. 罐 M5：4、1　10. 鼎 M5：6　11、12. 双耳壶 M5：8、M5：11　13、14. 觯形杯 M5：3、M5：2　15. 豆 M5：12

① 山东省文物考古研究所等：《费县左家王庄遗址发掘报告》，载《海岱考古》第二辑，科学出版社 2007 年版。

② 山东省文物考古研究所等：《枣庄建新——新石器时代遗址发掘报告》，科学出版社 1996 年版。

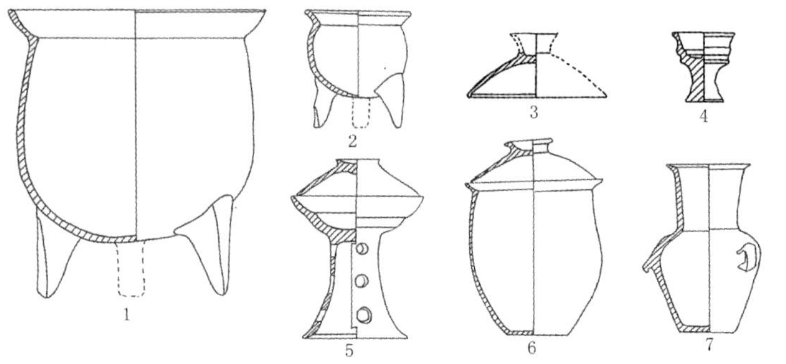

图六　左家王庄墓葬出土陶器

1. 鼎 M3：1　2. 鼎 M2：13　3. 器盖 M2：12　4. 厚胎高柄杯 M2：2
5. 盖豆 M2：6　6. 盖罐 M2：5　7. 背壶 M2：7

4. 苍山后杨官庄

后杨官庄遗址位于兰陵县神山镇后杨官庄村，沂河西岸。2010年，山东省文物考古研究院等对该遗址进行了发掘①。该遗址遗存年代主要为大汶口文化晚期至龙山文化早期。

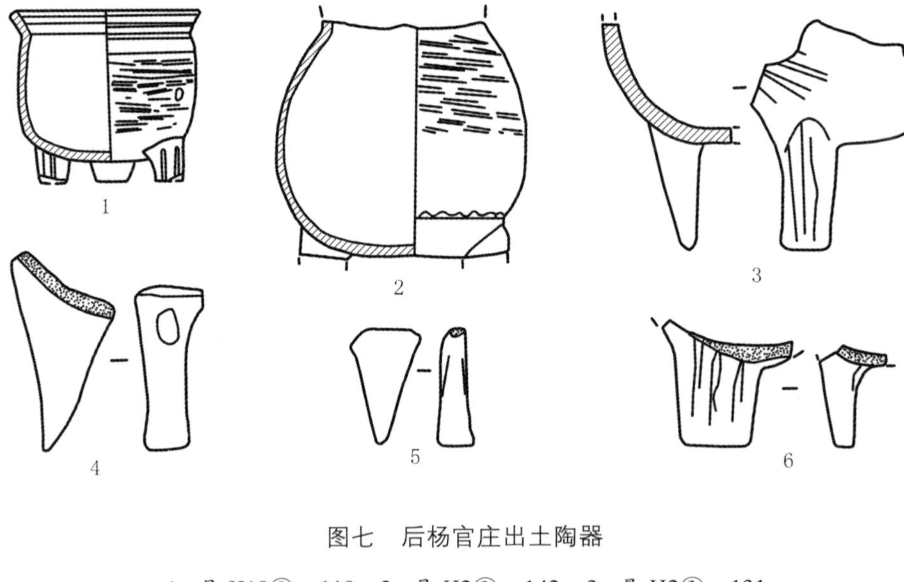

图七　后杨官庄出土陶器

1. 鼎 H18③：110　2. 鼎 H2①：142　3. 鼎 H2①：131
4. 鼎足 H9：11　5. 鼎足 H7：6　6. 鼎足 H18③：148

后杨官庄出土陶鼎，罐形、近圜底，鼎足多见长条形刻槽，腹部饰篮纹。此类陶鼎与薛河流域的建新、西康留、西公桥遗址出土陶鼎形态基本一致，凿形足（足根正面不饰长条形刻槽）与陵阳河、杭头遗址鼎足基本一致。

① 山东省文物考古研究所等：《苍山县后杨官庄遗址发掘报告》，载《海岱考古》第六辑，科学出版社2013年版。

三、龙山文化典型遗址分析

沂沭河流域的龙山文化遗址数量众多，其中经发掘的有临沂大范庄、湖台、后明坡[①]、苍山庄邬、后杨官庄、莒县大略疃、沂水县城北郊[②]、费县防故城[③]等，其他经调查的有临沂前城子、青墩寺、朱保、王家五湖、后新庄[④]、临沭北沟头、寨子[⑤]等，其中大范庄、庄邬、湖台、大略疃等遗址具有代表性。

1. 临沂大范庄

大范庄遗址于1973年发掘出土26座墓葬[⑥]，另外还包括采集的部分遗物[⑦]。大范庄墓葬的年代主要为龙山文化早期，采集遗物的年代包括龙山文化中期。

大范庄墓葬随葬陶器（图八）特征：鬶，矮裆、短颈、颈部上下趋于同粗；薄胎高柄杯，柄上部为束颈、柄部饰长条形镂孔；小背壶，小侈口、细颈、鼓腹居下、平底略内凹，口沿处有三个喙突的筒形杯；壶，侈口、束颈、鼓腹。其中薄胎黑陶高柄杯M27：20，柄部饰圆形镂孔，与杭头遗址M3：26形态基本一致，该高柄杯与柄部饰长条形镂孔M27：22同出，为该地区大汶口文化孑遗。

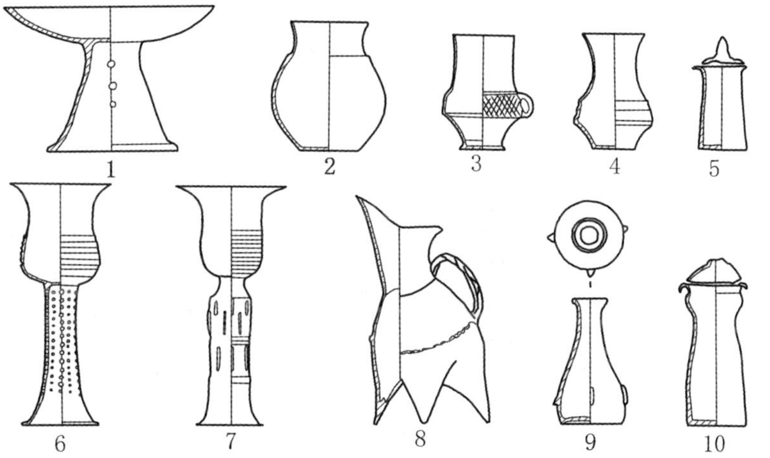

图八　大范庄龙山文化早期陶器

1. 豆M27：16　2. 壶M22：19　3. 单耳杯M27：27　4. 觯形杯M24：45　5. 筒形杯M3：56　6、7. 薄胎高柄杯M27：20、M27：22　8. 鬶M27：19　9. 小背壶M3：26　10. 筒形杯M22：12

① 山东大学历史系考古专业等：《山东临沂市后明坡遗址试掘简报》，《考古》1989年第6期。
② 山东省文物考古研究所鲁中南考古队等：《山东沂水县城北郊新石器时代遗址发掘》，《考古》2002年第1期。
③ 防城考古工作队：《山东费县防故城遗址的试掘》，《考古》2005年第10期。
④ 临沂市博物馆：《山东临沂新石器时代遗址调查简报》，《考古》1992年第10期。
⑤ 王亮：《山东临沭县北沟头和寨子遗址调查》，《考古》1990年第6期。
⑥ 临沂文物组：《山东临沂大范庄新石器时代墓葬的发掘》，《考古》1975年第1期。
⑦ 冯沂：《山东临沂市大范庄遗址调查》，《华夏考古》2004年第1期。

另外，考古工作者曾在大范庄遗址采集到龙山文化中期陶器，如矮裆袋足粗长颈鬶、鸟喙形足盆形鼎、圈足盘等。

2. 苍山庄坞

庄坞遗址位于兰陵县庄坞镇，处沂河西岸。1984年，苍山县图书馆文物组清理两座墓葬M1、M2（图九）①。

M1出土两件高柄杯，一件杯底折内收，杯底与柄部交界处束腰状（图九，5）；另一件虽残，但可看出柄部有成排长条形镂孔（图九，1）；小背壶，小口，细颈，平底，与大范庄遗址M26背壶形态基本一致；筒形杯，口沿处有三个喙形突，颈部外鼓，平底，与临沂大范庄M22筒形杯形态基本一致。

苍山庄坞M1、M2的年代与临沂大范庄遗址M22、M25相当，属于龙山文化早期遗存。

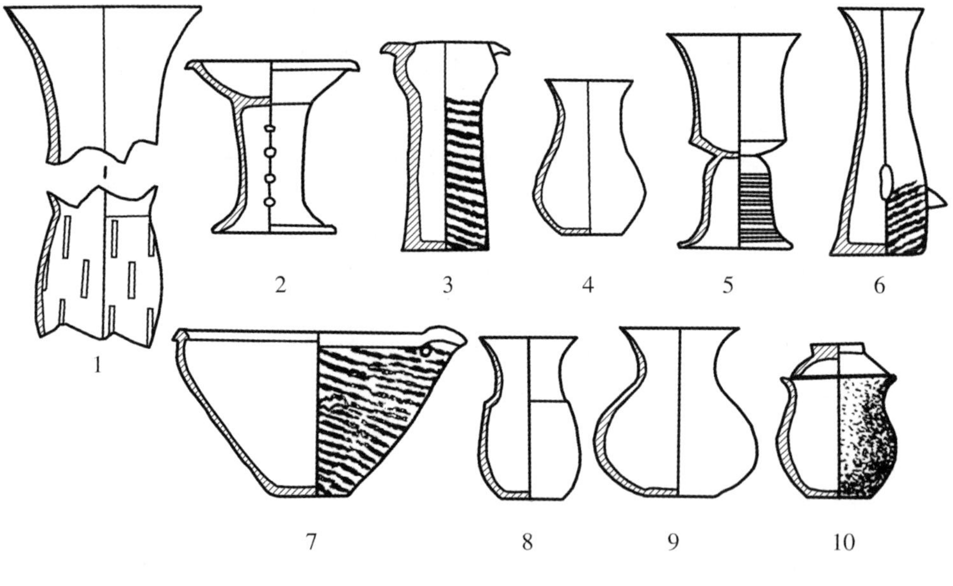

图九　庄坞M1、M2出土陶器

1、5 高柄杯M1　2. 豆M2　3. 筒形杯M1
4、8、9. 壶M1　6. 小背壶M1　7. 匜形盆M1　10. 罐M1

3. 临沂湖台

湖台遗址位于临沂市罗庄区湖西崖村东北，考古工作者于1980—1981年在此清理出四座龙山文化早期墓葬②。

① 苍山县图书馆文物组：《山东苍山县新石器时代墓葬清理简报》，《考古》1988年第1期。
② 临沂市博物馆：《山东临沂湖台遗址及墓葬》，载《文物资料丛刊（10）》，文物出版社1987年版。

湖台 M1、M2 所出夹砂白陶鬶，喇叭状口、矮粗颈、矮裆，与诸城呈子 M19 陶鬶形态接近①。M2 所出薄胎高柄杯带器盖，杯口外侈，杯身下部折内收，杯底与柄部交界处束腰，柄部有成排长条形镂孔，与大范庄 M27：22 相近；小背壶，口小，长颈，鼓腹，与大范庄 M3：26 形态基本一致（图十）。

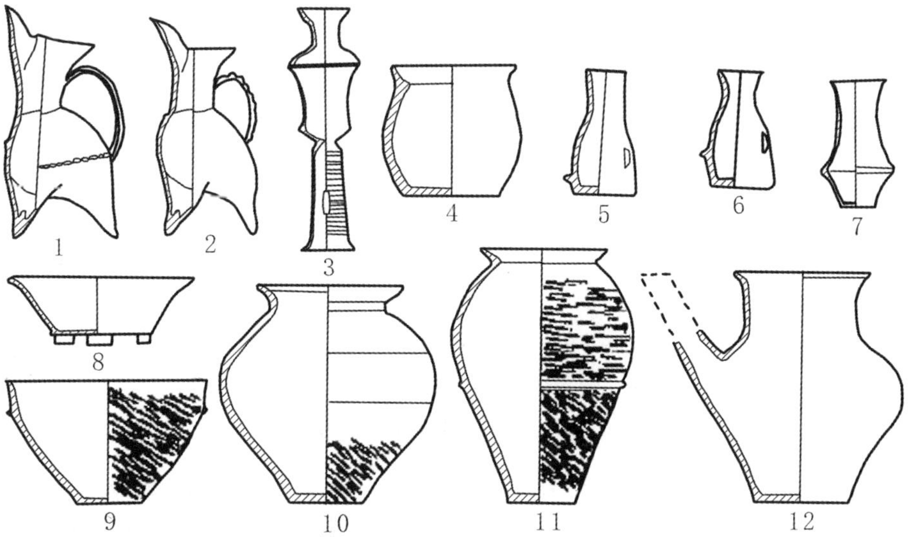

图十　湖台 M1、M2 陶器

1. 鬶 M2　2. 鬶 M1　3. 高柄杯 M2　4. 罐 M2　5. 小背壶 M2
6. 小背壶 M2　7. 觯形杯 M1　8. 三足盆 M1　9. 匜形盆 M1
10. 罐 M1　11. 罐 M1　12. 盉 M1

4. 莒县大略疃

大略疃遗址位于莒县夏庄镇大略疃村东南，该遗址考古发掘的主要遗迹是灰坑②。

大略疃 H10 和 H8 年代相当，H10 出土的鸟喙形足的罐形鼎和盆形鼎、鬶（宽袋足，颈部和腹部不见转折，流变短变宽）、三环足盆、圈足盘、壶、双耳盆、匜形盆、单把杯、大平底盆等器物组合及器物特征都是龙山文化中期特征。

H1 出土的侧装三角形足陶鼎、大平底盆（弧壁外侈，腹部变深），都是龙山文化晚期偏早阶段的特征（图十一）。

---

① 昌潍地区文物管理组等：《山东诸城呈子遗址发掘报告》，《考古学报》1980 年第 3 期。

② 山东省文物考古研究院于 1999 年对莒县大略疃遗址进行考古发掘，主要遗存属于龙山文化时期。幸得领队刘延常老师惠允，使用该遗址部分资料。

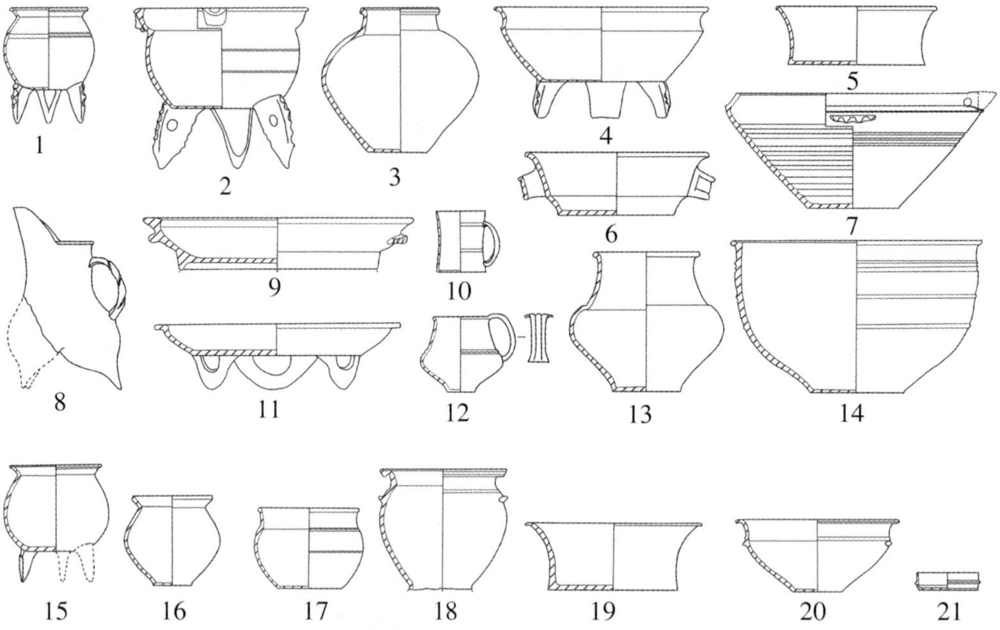

图十一　大略疃遗址出土陶器

1. 鼎 H10：28　2. 鼎 H8：21　3. 罐 H8：98　4. 三足盆 H8：51　5. 大平底盆 H8：14　6. 双耳盆 H10：16　7. 匜形盆 H10：29　8. 鬶 H8：7　9. 圈足盘 H8：68　10. 单把杯 H8：80　11. 环足盆 H8：46　12. 单把壶 H10：12　13. 壶 H10：30　14. 盆 H8：20　15. 鼎 H1：22　16. 罐 H1：71　17. 罐 H1：27　18. 甗 H1：31　19. 大平底盆 H1：77　20. 鼓腹盆 H1：117　21. 盒 H1：104

四、遗存分析

沂沭河流域大汶口—龙山文化时期的遗址中，陵阳河、大朱家村、杭头等经过考古发掘的遗存皆以墓葬为主，居址资料发表较少。陵阳河、大朱家村、杭头、王家三岗、大范庄、大略疃等遗址主要分布于沂沭河中游地区（图一，Ⅰ区）。

左家王庄的圜底鼎、背壶，与枣庄建新、西公桥遗址大汶口文化晚期早段器物形态基本一致。后杨官庄遗址的圜底鼎，鼎足正面饰长条形刻槽，与薛河流域的建新、西公桥等遗址大汶口文化晚期晚段陶鼎形态基本一致。另外需要指出的是，小城后、晏家墩、中恰沟、后黄土堰、孙家岑石、前城子、青墩寺、朱保、王家五湖、后新庄等遗址①的调查资料中，晏家墩、中恰沟、后黄土堰、孙家岑石、前城子均出土正面饰长条形刻槽的鼎足，与后杨官庄遗址的鼎足一致。防故城遗址也采集

① 临沂市博物馆：《山东临沂新石器时代遗址调查简报》，《考古》1992年第10期。

到正面饰长条形刻槽的鼎足[①]。鼎为罐形圜底以及鼎足正面饰长条形刻槽的现象，在大汶口文化晚期少见于沂沭河流域中游地区。除中恰沟遗址位于沂河与沭河中间外，左家王庄、防故城、后杨官庄、晏家墩、前城子等遗址均位于沂河以西，靠近薛河流域。因此，以左家王庄、后杨官庄等为代表的沂河西岸一带划入薛河流域（图一，Ⅲ区）。

本文着重对沂沭河中游地区遗存进行分析。

1. 沂沭河中游地区陶器

大汶口文化晚期早段遗存见于陵阳河、大朱村遗址，常见陶器种类有鼎、背壶、鬶、单耳罐、罐、觚形杯、豆形簋、豆、盉、薄胎黑陶高柄杯等。鼎分为平底和圜底两类，以平底为主，少量圜底（大朱家村陶鼎 M33：15、18 为圜底[②]），鼎足分扁三角形足、凿形足，少量凿形足正面饰刻槽；背壶一般体形较大，肩部较宽较高；鬶颈部较短，可分为分档袋足和矮裆袋足两类。

大汶口文化晚期晚段遗存见于陵阳河、大朱村、杭头、王家三岗、小城后等遗址。常见陶器种类有鼎、鬶、薄胎黑陶高柄杯、厚胎高柄杯、盉、罐、双耳壶、单耳杯、豆、平底盆、大口尊等。与大汶口文化晚期早段相比，新出现匜形盆，觚形杯、豆形簋、带刻槽鼎足圜底鼎消失。鼎多见平底鼎，凿形足，凿形足占比变大；背壶体形变小，肩部变窄并下移；盉的颈部逐渐变长；鬶多矮裆、颈细长，颈部上粗下细；薄胎黑陶高柄杯柄部饰圆形镂孔。纹饰以素面和篮纹为主，装饰常见圆形镂孔。

龙山文化早期遗存见于杭头、大范庄、王家三岗、庄邬、湖台、北沟头、朱保、寨子等遗址。常见陶器有鼎、鬶、薄胎黑陶高柄杯、觯形杯、小背壶、豆、壶、筒形杯、罐、匜形盆、平底盆等。与大汶口文化晚期相比，新出现筒形杯，厚胎高柄杯、单耳罐消失，盉的数量减少。鬶的颈部变短变粗，上下基本同粗；高柄杯的杯底与柄部交界处束腰，柄部常见长条形镂孔；背壶体量变小，小口，长颈，鼓腹；薄胎黑陶高柄杯柄部装饰由圆形镂孔变成长条形镂孔，柄部上端出现束颈。装饰上，鼎和罐的篮纹数量相对减少，素面比重增加。

龙山文化中期遗存见于大范庄、大略疃、沂水城北郊等遗址。常见陶器种类有鼎、鬶、三足盆、甗、圈足盘、罐、壶、单把杯、匜形盆、平底盆等。与龙山文化早期相比，小背壶、盉消失，新出现盆形鼎，盆和罐的种类增加。鸟喙形足由外撇到竖直；鬶口部直径逐渐变大，颈肩部由分界明显演化为没有分界，流部变短变宽；大平底盆由斜弧壁外撇逐渐弧壁内收。纹饰方面，流行弦纹。

2. 沂沭河中游地区墓葬

大汶口文化晚期墓葬，在陵阳河、杭头等遗址中均有发现。墓葬特点：（1）排列有序，东西向，

---

① 防城考古队：《山东费县防故城遗址的试掘》，《考古》2005 年第 10 期。

② 山东省文物考古研究所等：《莒县大朱家村大汶口文化墓葬》，《考古学报》1991 年第 2 期。

位于遗址外围，居葬分离。（2）墓葬等级分化明显，大型墓葬规模大，随葬品数量多，有棺椁，并且分布相对集中；中型墓葬次之；小型墓葬规模小，随葬品数量少，多无葬具。（3）随葬陶器中明器数量多，种类有厚胎高柄杯等。

龙山文化早期墓葬，在大范庄、湖台、庄坞遗址中均有发现。墓葬特点：（1）相对集中，居葬分离。（2）墓葬等级分化明显。（3）随葬品中有明器，明器的种类有筒形杯（口部带三喙突）、小背壶。

龙山文化中期墓葬发现较少。

五、与周边区域比较

1. 沿海地区

沿海地区位于沂沭河中游地区的东部，两区以五莲山为界，主要遗址有丹土[①]、尧王城[②]、两城镇[③]、东海峪[④]、诸城石河头[⑤]、临沭东盘[⑥]等，还包括江苏藤花落[⑦]（图一，Ⅱ区）。

该区最早的遗存为大汶口文化晚期晚段，并延续至龙山文化中期，如丹土、两城镇、东海峪、尧王城和藤花落等遗址。以东海峪遗址为例，文化遗存从大汶口文化晚期晚段延续至龙山文化中期（图十二、十三），在陶器、聚落发展方面一脉相承，这是该区域有别于另外两个区域的一个显著特征。

大汶口文化晚期晚段，在陶器组合方面，与沂沭河中游地区相比，沿海地区不见背壶、盉、厚胎高柄杯，其他器物如薄胎黑陶高柄杯、鼎、壶、盆、大口尊、豆等形态基本一致，另外鬶的颈部没有沂沭河中游地区同类器细长。两个区域的文化遗存在这一阶段共性多于个性，但个性较为明显。

龙山文化早期，沿海地区不见沂沭河中游地区常见的小背壶、带喙突筒形杯，以及盉（虽然数量减少，个别遗址仍见）。其他器物如鬶、鼎、薄胎黑陶高柄杯、壶、觯形杯、罐、豆等形态基本一致。这一阶段，两个区域文化遗存的共性明显增多。

龙山文化中期，两个区域的文化遗存面貌基本一致，表现在陶器组合和器物形态上基本一致。

---

① 刘延常等：《山东五莲县丹土遗址大汶口、龙山文化遗存分析》，《中国社会科学院古代文明研究中心通讯》第27期，2015年。

② 临沂地区文物管理委员会等：《日照尧王城龙山文化遗址试掘简报》，《史前研究》1985年第4期；中国社会科学院考古研究所山东队等：《山东日照市尧王城遗址2012年的调查与发掘》，《考古》2015年第9期。

③ 中美联合考古队等：《两城镇——1998—2001年发掘报告》，文物出版社2016年版。

④ 山东博物馆东海峪发掘小组等：《一九七五年东海峪遗址的发掘》，《考古》1976年第6期。

⑤ 诸城市博物馆：《诸城市石河头石棺墓清理简报》，载《海岱考古》第七辑，科学出版社2014年版。

⑥ 山东省文物考古研究院等：《临沭县东盘遗址发掘报告》，载《海岱考古》第十三辑，科学出版社2020年版 。

⑦ 南京博物院等：《藤花落——连云港市新石器时代遗址考古发掘报告》，科学出版社2014年版。

墓葬方面，在东海峪和临沭东盘遗址可见墓葬分布在居址周边，墓葬分布虽然集中，但显得杂乱，随葬陶器少见明器，这些均与沂沭河中游地区不同。

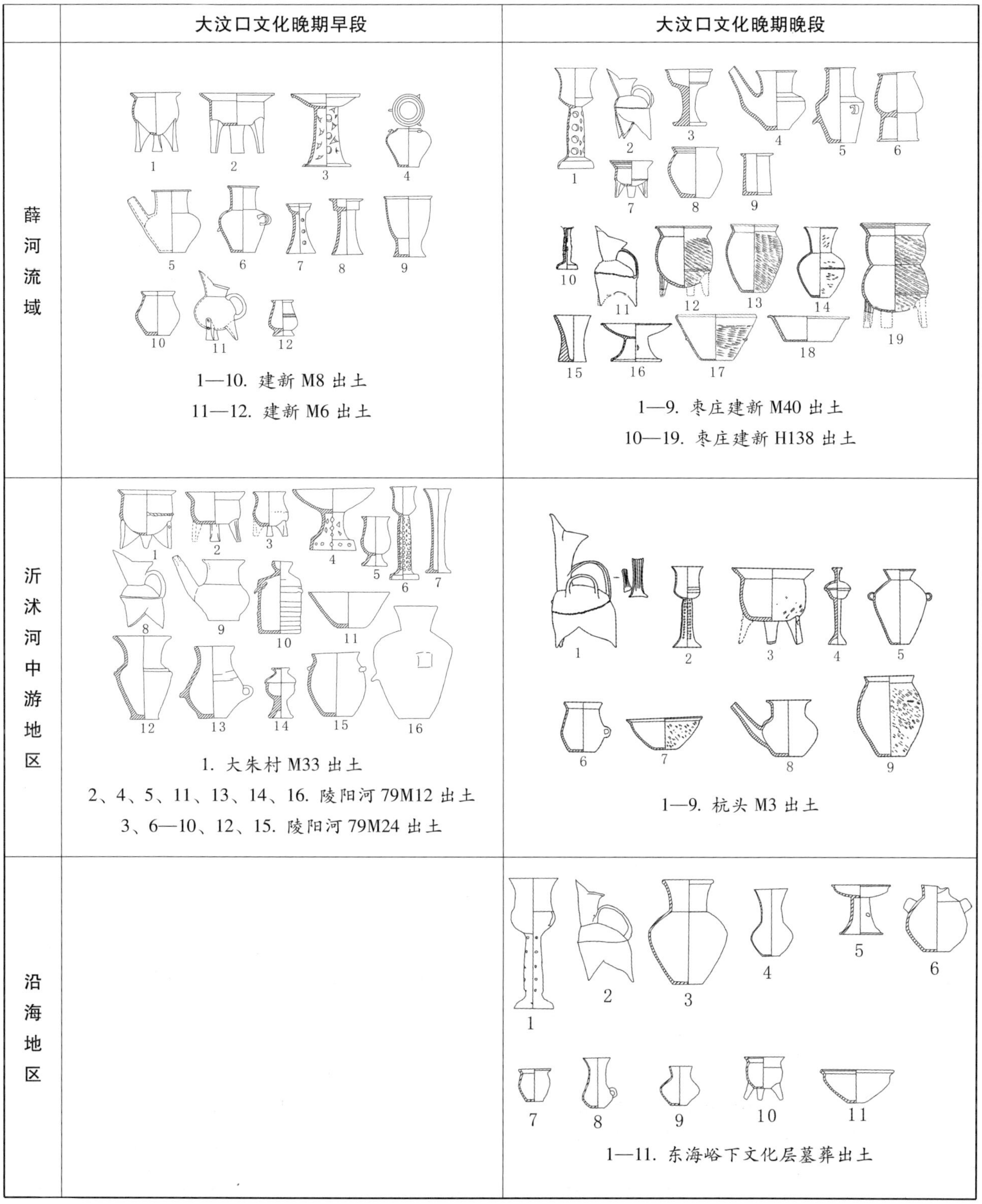

图十二　薛河流域、沂沭河中游地区、沿海地区大汶口文化晚期早段、晚段陶器种类及形态比较

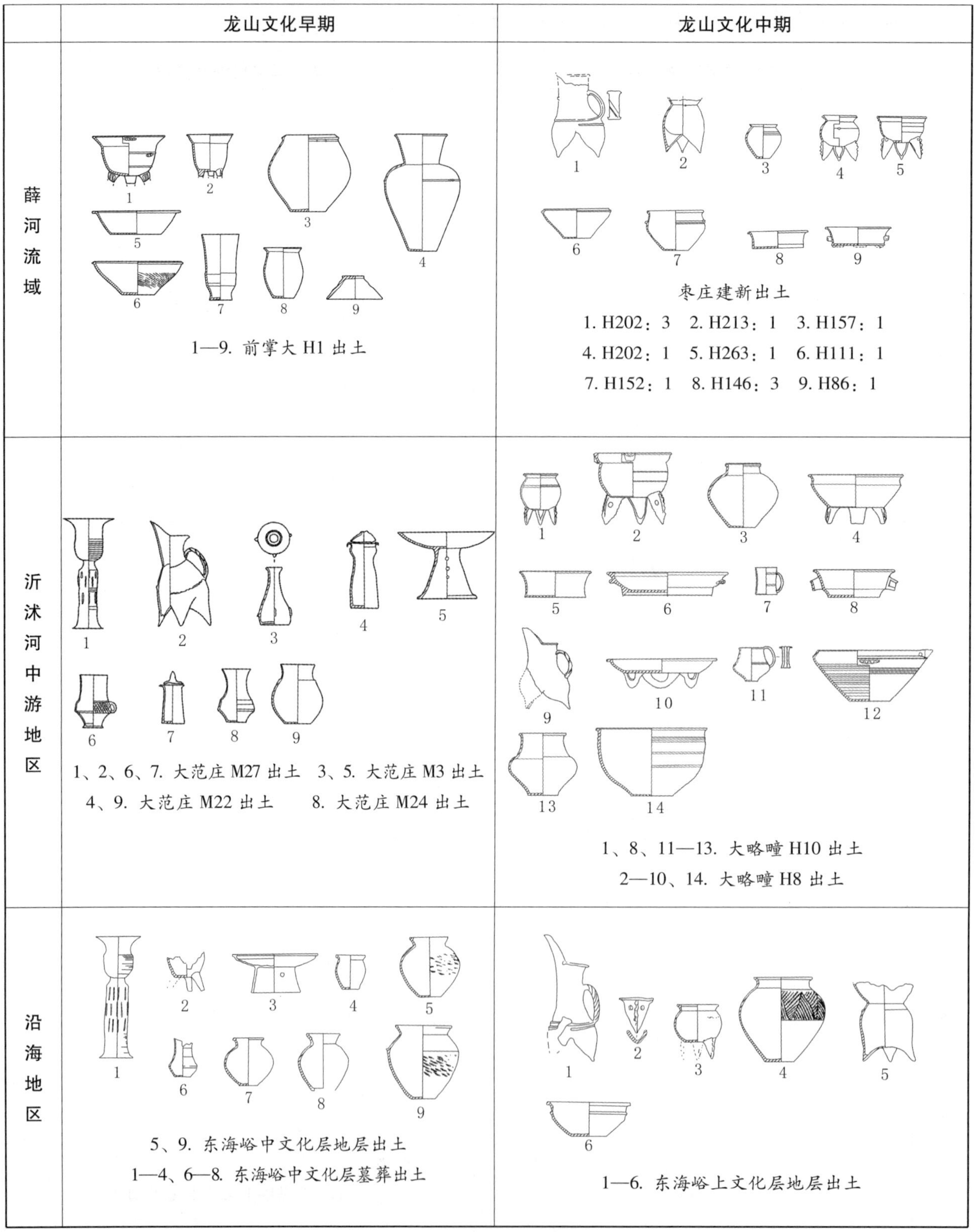

图十三　薛河流域、沂沭河中游地区、沿海地区龙山文化早期、中期陶器种类及形态比较

2. 薛河流域

薛河流域，行政区域上包括今枣庄市所辖的县市，还包括今邹城市一部分和临沂市的费县、兰陵县，江苏省的徐州市北部。位于沂沭河中游地区的西部，两区大致以沂河为界（图一，Ⅲ区）。主要遗址有西康留[①]、西公桥[②]、岗上[③]、建新[④]、二疏城[⑤]、前掌大[⑥]、西孟庄[⑦]等，还包括邹城的野店[⑧]，以及江苏的梁王城[⑨]等。

该区大汶口文化遗存最早为大汶口文化中期，并延续至大汶口文化晚期晚段。

大汶口文化晚期早段遗存，见于西康留、建新、西公桥、岗上等遗址。背壶、鬶、鼎、盉、罐、薄胎黑陶高柄杯、斜壁平底盆、豆、豆形簋、厚胎高柄杯等陶器，均见于薛河流域与沂沭河中游两个区域内，陶器种类和形态特征基本一致。特别是陵阳河遗址有少量鼎足正面饰刻槽、大朱村遗址有少量圜底鼎等，都表明两个区域文化间的密切交流。薛河流域薄胎黑陶高柄杯柄部流行三角形、圆形镂孔组合，部分陶器饰绳纹，墓葬流行随葬筒形杯、实足鬶等，这些特征与沂沭河中游地区不同。

大汶口文化晚期晚段遗存，见于西康留、建新、西公桥等遗址。薛河流域与沂沭河中游地区相比，陶器种类大体一致，陶器形态特征如薄胎黑陶高柄杯、厚胎高柄杯、豆、罐、背壶、盉、长颈壶等基本一致。但薛河流域的圜底鼎、斜直壁陶盆、瓶、豆形簋等不见于沂沭河中游地区；薛河流域常见的鼎足正面带刻槽，以及鬶的颈部较短，也明显与沂沭河中游地区有别。

龙山文化早期遗存，考古发掘资料较少，见于前掌大、二疏城、西孟庄等遗址（二疏城遗址见于 H19 和 M7[⑩]，前掌大遗址见于 H1[⑪]）。陶器种类有鬶、鼎、盆、罐、杯等，鼎分平底和圜底两类，鼎足为凿形足，足根饰按窝或足正面饰长条形刻槽。圜底、足正面饰长条形刻槽现象为本地大汶口文化晚期晚段延续而来。陶鬶颈、肩分界明显，颈部上下基本同粗，二疏城陶鬶 H19：2 为双层口状，与大范庄采集陶鬶[⑫]、东盘遗址陶鬶 M12：7[⑬]相近，表明在这一阶段三个地区文化交流密切。

龙山文化中期遗存见于建新、二疏城等遗址。与沂沭河中游地区相比，两个区域的文化遗存面

---

① 山东省文物考古研究所鲁中南考古队等：《山东滕州市西康留遗址调查、发掘简报》，《考古》1995 年第 3 期；山东省文物考古研究所等：《山东滕州市西康留遗址调查、钻探、试掘简报》，载《海岱考古》第三辑，科学出版社 2010 年版。

② 山东省文物考古研究所：《滕州西公桥遗址考古发掘报告》，载《海岱考古》第二辑，科学出版社 2007 年版。

③ 山东省博物馆：《山东滕县岗上村新石器时代墓葬试掘报告》，《考古》1963 年第 7 期。

④ 山东省文物考古研究所等：《枣庄建新-新石器时代遗址发掘报告》，科学出版社，1996 年。

⑤ 中国社会科学院考古研究所等：《枣庄市二疏城遗址发掘简报》，载《海岱考古》第四辑，科学出版社 2011 年版。

⑥ 中国社会科学院考古研究所：《滕州前掌大墓地》，文物出版社 2005 年版。

⑦ 山东省文物考古研究院等：《山东滕州西孟庄龙山文化遗址》，《考古》2020 年第 7 期。

⑧ 山东省博物馆等：《邹县野店》，文物出版社 1995 年版。

⑨ 南京博物院等：《梁王城遗址发掘报告·史前卷》，文物出版社 2013 年版。

⑩ 中国社会科学院考古研究所等：《枣庄市二疏城遗址发掘简报》，载《海岱考古》第四辑，科学出版社 2011 年版。

⑪ 中国社会科学院考古研究所：《滕州前掌大墓地》，文物出版社 2005 年版。

⑫ 冯沂：《山东临沂市大范庄遗址调查》，《华夏考古》2004 年第 1 期。

⑬ 山东省文物考古研究院等：《临沭县东盘遗址发掘报告》，载《海岱考古》第十三辑，科学出版社 2020 年版。

貌基本一致，表现在陶器组合和器物形态上基本一致。

就目前的考古发现而言，该区在大汶口文化—龙山文化遗存延续方面，如建新、西公桥遗址从大汶口文化中期晚段延续至大汶口文化晚期晚段；建新遗址有龙山文化中期遗存，未见龙山文化早期遗存；二疏城、西孟庄遗址从龙山文化早期延续至龙山文化中期，前掌大遗址只见龙山文化早期遗存。即该区大汶口文化晚期晚段至龙山文化早期的延续上不甚密切（表1），这也是该区与另外两区明显有别的地方。

表1　大汶口—龙山文化主要遗址延续对照表

<table>
<tr><th colspan="2"></th><th colspan="2">薛河流域</th><th colspan="4">沂沭河中游地区</th><th colspan="2">沿海地区</th></tr>
<tr><td rowspan="3">大汶口文化</td><td>中期晚段</td><td rowspan="3">建新、西公桥</td><td></td><td></td><td></td><td></td><td></td><td></td><td></td></tr>
<tr><td>晚期早段</td><td></td><td rowspan="2">陵阳河、大朱村</td><td></td><td></td><td></td><td></td><td></td></tr>
<tr><td>晚期晚段</td><td></td><td rowspan="2">杭头</td><td rowspan="3">大范庄</td><td></td><td rowspan="3">丹土、尧王城、东海峪</td><td></td></tr>
<tr><td rowspan="2">龙山文化</td><td>早期</td><td>前掌大</td><td rowspan="2">二疏城、西孟庄</td><td></td><td rowspan="2">大略疃</td><td rowspan="2">两城镇、东盘</td></tr>
<tr><td>中期</td><td>建新</td><td></td><td></td></tr>
</table>

六、结语

1. 沂沭河中游地区大汶口文化晚期早段遗存中少见同时期薛河流域的筒形杯、实足鬶，表现出特有的地域文化特征，但可见少量圜底鼎、正面饰长条形刻槽鼎足，这些文化因素与同时期薛河流域一致，表明在此阶段沂沭河中游地区文化受到薛河流域文化的影响。到大汶口文化晚期晚段，该区与薛河流域文化面貌差异明显增多，且与沿海地区也有明显差异，三个区域在大汶口文化晚期晚段地域文化特征明显。至龙山文化早期，沂沭河中游地区文化面貌仍明显不同于沿海地区，可视为本地晚期晚段大汶口文化的继续发展。至龙山文化中期，沂沭河中游地区同沿海地区、薛河流域文化面貌一致。因此在大汶口文化晚期早段至龙山文化早段，沂沭河中游地区可视为独立的文化小区。

2. 关于大汶口文化向龙山文化过渡问题，孙波先生认为大汶口文化向龙山文化的过渡，在山东各地是不平衡的，从东到西梯次变晚①。通过沿海地区、沂沭河中游地区、薛河流域的大汶口—龙山文化发展演变比较分析，海岱龙山文化肇始于大汶口文化晚期的沿海地区，并在这一地区延续至龙山文化晚期早段。而沂沭河中游地区在龙山文化早期还有明显的地域文化特征，至龙山文化中期，文化面貌与沿海地区完全一致。薛河流域龙山文化早期遗存较少，但表现出明显的地域文化特征。

① 孙波：《再论大汶口文化向龙山文化的过渡》，载《古代文明》第6卷，文物出版社2007年版。

在龙山文化中期，三个地区文化面貌一致。综合分析，大汶口文化向龙山文化的过渡，肇始于大汶口文化晚期晚段的沿海地区；龙山文化早期，沂沭河中游地区、薛河流域同沿海地区同时演进；龙山文化早期之后，三个地区文化面貌迅速达到统一。

3. 薛河流域鼎足正面饰长条形刻槽的现象从大汶口文化晚期早段开始流行，至晚期晚段普遍流行。在沂沭河中游地区墓葬随葬陶器中，大汶口文化晚期早段存在少量这样的鼎足，但不是主流；晚期晚段，该区这种刻槽装饰较为罕见。大汶口文化晚期晚段的晏家墩、中恰沟、后黄土堰、孙家岑石、前城子、后杨官庄等遗址中均出土正面饰刻槽的鼎足，这些遗址中除恰沟遗址位于沂河与沭河之间，其余均分布在沂河西岸。沿海地区的尧王城①、苏家村②等大汶口文化晚期至龙山文化早期遗存中，也少见鼎足正面带刻槽者。从大汶口文化晚期晚段鼎足正面饰刻槽的分布范围扩大的情况来看，在大汶口文化晚期存在一条从薛河流域的尼山南麓向东跨过沂河、沭河到达沿海地区的交流路线或影响路线。

4. 关于区域间的文化交流和相互影响。大汶口文化晚期早段沂沭河中游地区受到薛河流域的影响，即这一影响由西向东进行。这种由西向东的影响持续至大汶口文化晚期晚段。虽然由西向东的影响贯穿整个大汶口文化晚期，持续时间较长，但比较弱，并没有改变沂沭河中游地区和沿海地区的文化面貌。在大汶口文化晚期晚段之后，沿海地区突然崛起，出现了由东向西的扩张，经过龙山文化早期，三个地区文化面貌迅速统一。从这一影响过程和最终的结果来看，显而易见这场由东向西的影响范围更大，也更为剧烈。

---

① 中国社会科学院考古研究所山东队等：《山东日照市尧王城遗址 2012 年的调查与发掘》，《考古》2015 年第 9 期。

② 山东大学考古系：《山东日照苏家村遗址调查勘探简报》，《中原文物》2013 年第 4 期。

XR 和全息技术在博物馆展览领域的应用探讨

钟晓寰

（山东省文物考古研究院）

博物馆是记录历史、传承文明的重要载体，在公众美育、德育、科普等方面发挥着重要作用。随着经济和社会的发展，公众对精神生活的需求更加多元，博物馆学理论和实践也有了很大发展，视角逐渐从“物”转向“人”，提倡为公众服务、为社会服务。科学技术的高速发展为博物馆和观众之间的沟通提供了极大助力，一方面博物馆可以用更多手段、方式为观众服务，另一方面观众人数增加、素质提高，对博物馆的兴趣增加、需求增多。近几年，数字博物馆建设方兴未艾，多种数字技术被运用在藏品征集、文物保护、展览展示、教育传播等方面，尤其在 2020 年“新冠”肺炎疫情期间，博物馆网络直播、线上展览、云端教育等快速发展①，取得了不错的效果。但是，数字博物馆建设尚处于早期阶段，XR 及全息技术等数字技术、5G/6G 等通信技术和云存储等存储技术的不断发展可以助其取得更大突破，尤其 XR 和全息技术在博物馆展览这一与观众接触最多的领域有更直观的应用前景。

一、国内博物馆线上展览现状

博物馆展览有线下展览和线上展览两种类型，线下展览即实体展览，公众需要走进博物馆参观；线上展览则脱离博物馆建筑，存在于虚拟空间中，公众不需要走进博物馆，通过电脑、手机等，利用互联网技术，可以时时、处处观看展览。线上展览是博物馆不可或缺的一部分，在博物馆展示、宣传、教育等方面发挥着越来越重要的作用，XR 和全息技术将会在这一领域有非常广阔的应用。

1. 国内博物馆线上展览的表现方式

国内文博界对数字化博物馆的探索已有二十余年，早在 1998 年，故宫博物院便提出建设“数字

① 刘玉珠：《探索文物保护利用数字互联新格局》，《人民周刊》2020 年第 18 期。

故宫”，开启了故宫的数字化建设。近几年，社会经济、科学技术飞速发展，博物馆数字化建设进程加快，各个博物馆陆续开设线上展览。从实际情况看，各博物馆线上展览主要表现在两个方面：数字展厅和文物数字化展示。数字展厅又称“虚拟展厅”“全景展厅”等，是基于高清图像构建三维虚拟实景，并通过计算机技术实现全方位互动式观看①。文物数字化展示通常是藏品数据库信息分享，将馆藏文物分为陶器、铜器、金银器、玉器等几类，对其进行详细介绍和图片展示，有的文物还可以观看三维立体影像。通过互联网技术，公众可以在电脑、手机等多终端进行浏览。

2. 线上展览的重要意义

博物馆线上展览对公众和博物馆均具有重要意义。一是公众可以突破时间和地域的限制，更加灵活地参观博物馆。出于文物保护等原因，博物馆有开放时间限制，基本是白天开放、晚间闭馆，这与大部分公众白天工作、晚间休息的时间安排冲突，限制了他们的参观活动。各博物馆藏品不尽相同，展览各有特色，但由于地域和时间原因，许多观众会首先选择本地博物馆参观，去外地参观博物馆的次数较少，造成不少遗憾。博物馆线上展览则可以突破这种限制，观众在任何地方、任何时间参观展览，尤其对于特别展览，观众可以长久参观。

二是观众的参观体验得到优化，可以实现个性化浏览。观众参观实地展览必须在一定时间、空间内活动，容易产生“博物馆疲劳”，经常出现走马观花式看展，属于信息的被动接受者，对展览的印象不深，无法对展览进行反馈。线上展览则具有一定交互性，观众可以根据自己的兴趣浏览，详细了解某些展品、藏品，从被动接受转为主动学习。另外，线上展览可以提供更多信息，不论是数字展厅还是文物三维展示，观众与展览、藏品的距离更近，获得的信息更多，比如三维文物可以展示无法触摸的藏品细节，加深观众对展览、藏品的印象。博物馆线上展览优化了观众的参观体验，具有个性化、丰富性的特点，可以更好地达到休闲、欣赏和学习目的。

三是线上展览可以使博物馆增加传播方式，扩大传播范围，增强宣传效果，提升社会影响力，更好地实现欣赏、教育等功能。实体博物馆观众的数量和参观质量是有限的，而线上展览能够增加观展人数、提升参观质量。依托其互动性，观众对展览的理解和体验、对文物的欣赏和学习都会更加深入，这能够更好地发挥博物馆职能。加之新媒体宣传，原来对博物馆不感兴趣的观众或者外地观众等都可能线上浏览，这有利于提高博物馆知名度、扩大其服务范围、推广其展览和藏品，在“互联网+”时代加强博物馆教育的广度和深度，实现博物馆和观众的“双赢”。

四是线上展览可以推进博物馆数字化建设，有利于文物保护。线上展览依靠新型数字化采集技术、海量数据处理技术、移动互联网技术等，其基础是文物数字化建设，博物馆要开通线上展览就

① 张席：《展厅虚拟漫游与文物三维展示在数字化博物馆建设中的实践运用——以郑州博物馆为例》，《文物天地》2019 年第 8 期。

需要做好文物数字化工作，并且不断更新数据库、优化浏览体验，这可以推动博物馆开展数字化建设、加快文物数字化工作。数字化技术可以详细记录文物信息，不仅有二维数据，还有三维图像，这可以更方便观众对文物进行学习研究，有效减少其线下使用，延长其保存时间。对于特别展览、临时展览，线上展览减少了公众观展需求与藏品保护之间的矛盾，有利于文物的高水平保护利用和可持续发展。一旦博物馆遭遇火灾、地震等突发情况，数字展厅依然可以为公众提供服务，并且成为一种特殊记忆；文物的数字化档案则可以减小损失、为重建工作提供巨大帮助，将人类文明以另一种方式传承下去。

3. 线上展览面临的困境

国内博物馆的线上展览取得了很大效果，公众和博物馆都从中获益不少，但是现在也面临着多重困境。

一是现有线上展览无法实现沉浸式、高真实感参观，脱离空间环境存在，不能使公众浏览线上展览时与参观线下展览具有相同的感受，这是线上展览与线下展览的最大区别，是线上展览需要突破的瓶颈。博物馆实体展览有音乐、灯光、互动游戏的配合，容易形成“情境感”“氛围感”，观众可以较好地欣赏展览、体会展览。公众用电脑、手机等浏览线上展览时，不在博物馆实体空间内，脱离了一定情境，更接近一种学习活动，减弱了博物馆参观的趣味性，这也是许多观众不愿意浏览线上展览的原因。另外，博物馆线上展览削弱了人们的情感交流，当朋友、家庭结伴参观实体博物馆时会进行交流，或是关于展览或是关于其他，这种情况下博物馆展览内容并不重要，重要的是提供了一个场所让观众之间增进感情，但是线上展览中这种功能较弱，不能满足家庭、团体观众的需要。总之，现在的博物馆线上展览注重文物科普、知识传播，忽略了公众家庭参观和社会交往的需要。

二是各博物馆之间发展不平衡。由于理念、级别、所处地区和人力、物力、财力的不同，各博物馆数字化建设差别较大，由此带来线上展览的差异。大型博物馆数字化程度高，线上展览的数量多、质量精、浏览量大，易形成良性循环，如故宫博物院、中国国家博物馆、敦煌博物院等。中型博物馆数字化工作已开展一段时间，文物信息库建设、线上展览均取得一定成果，但是文物三维信息采集、线上展览数量和质量均不是最优，如地市级博物馆。小型博物馆数字化程度较低，藏品数据库、线上展览均不完备，如区县级博物馆和非国有博物馆等。这种不平衡性制约了整个行业的发展，也不利于文物保护事业的发展，同时公众也无法了解规模较小却有特色的博物馆。

三是博物馆线上展览质量良莠不齐，表现形式单一。经过多年发展，我国博物馆线上展览数量已经达到一定规模，2020 年初“新冠”肺炎疫情期间，仅“博物馆网上展览平台”就累计推出线上展览 400 余个，此外各博物馆通过官方网站、微信公众号等也陆续推出不少线上展览和科教活动等。

这些展览的质量有高有低，大多数只是解决了“有没有”的问题，对于其“好不好”则考虑较少①。从技术上讲，有的线上展览完全是线下展览的复制，后期处理较少，没有做相应转换，把展品清晰度低、展厅灯光分布不均匀等问题带到了线上，没有发挥互联网技术的优势。从内容上讲，大多数线上展览依托线下展览，是其辅助和补充，线下展览的质量直接影响线上展览。另外，完全脱离实体展览、具有一定主题的原创虚拟展览非常少，这在某种程度上是对海量文物数字信息的闲置，不利于调动博物馆策展人员的主观能动性。

二、XR和全息技术

随着科学技术的发展，越来越多的数字技术出现，其中，XR和全息技术为解决博物馆线上展览的瓶颈提供了很好的思路，为博物馆线上展览实现沉浸式、高真实感参观提供了技术可能。

1. 全息技术

“全息”的本义是指在真实世界中呈现出三维的虚拟影像，这个概念从20世纪中期开始被不同程度地探索实现②。全息技术通常指全息投影技术，也称虚拟成像技术，是利用干涉和衍射原理记录并再现物体真实三维图像的技术。其有两个过程：第一个过程，拍摄过程，利用干涉原理记录物体光波信息；第二个过程，成像过程，利用衍射原理再现物体光波信息。全息图像的每一部分都记录了物体上各点的光信息，原则上它的每一部分都能再现原物的整个图像，通过多次曝光还可以在同一张底片上记录多个不同的图像，而且能互不干扰地分别显示出来。

全息投影技术应用广泛，如日本初音未来演唱会，之后这项技术逐渐被大众熟知。全息照片的景物立体感强，形象逼真，可以从任何角度观看影像的不同侧面。其拍摄时每一点都记录在全息照片的任何一点上，就算照片损坏也关系不大。因此，全息投影技术特别适用于珍贵文物的保存和展示。不论是辅助线下展览，还是构建线上展览，全息技术都为博物馆展览带来了新的可能。

2. XR

XR（扩展现实，Extended Reality），是VR（虚拟现实，Virtual Reality）、AR（增强现实，Augmented Reality）和MR（混合现实，Mixed Reality）的统称，这些数字技术的出现极大地改变了人们生活，也是博物馆展览变革的重大契机，依托这些数字技术，博物馆展览将会有更广阔的未来。

VR技术，又称灵境技术，是20世纪发展起来的一项全新的实用技术，囊括计算机、电子信息、仿真技术于一体，其基本内涵在于借助数字化手段来构建逼真的虚拟世界体验，并且达到互联与互

① 梅海涛、段勇：《质与量——新冠肺炎疫情背景下博物馆“云展览”观察》，《中国博物馆》2020年第3期。

② 高薇华、刘姣、韩潇：《“沉浸式”全息数字博物馆应用展望》，《文化学刊》2015年第10期。

动的良好交互效果①。VR技术能够让使用者通过视觉、听觉、触觉等多种方式来对所模拟的世界或环境实时感知，并且将使用者对模拟环境的感受和反应带入虚拟世界或环境中，从而给人一种身临其境的感觉②。

沉浸性和交互性是虚拟现实技术最重要的两个特征，沉浸性是指用户成为并感受到自己是虚拟环境中的一部分，交互性是指用户对虚拟环境内物体的可操作程度和从环境得到反馈的自然程度。VR技术的应用目前常见于游戏、影视和设计领域，未来会有更广泛的应用。

AR技术，也被称为增强现实技术，是促使真实世界信息和虚拟世界信息综合在一起的技术，其广泛运用多媒体、三维建模、实时跟踪及注册、智能交互、传感等多种技术手段，将计算机生成的文字、图像、三维模型、音乐、视频等虚拟信息模拟仿真后，应用到真实世界中，两种信息互为补充，实现对真实世界的“增强”，使人获得超越现实的感官体验。真实环境和虚拟物体重叠之后，能够在同一个画面以及空间中同时存在。近几年，AR技术发展迅速，应用于教育、医疗、广告购物、城市规划、文化遗产保护等多个领域。

VR和AR相比，VR是完全脱离现实的虚拟世界，AR则是在真实世界里植入虚拟内容，将虚拟信息（物体、图片、视频、声音等）映射在现实环境中。VR技术准入门槛高，研发投入大，用户使用成本高，设备移动性差，目前商用较少，集中在娱乐领域。AR技术则是对人们生活的补充，其准入门槛较低，研发投入较小，设备可便携，市场需求大，在娱乐、医药、工业等领域有多种应用，未来会更快速、广泛地融入日常生活中。

MR技术，可以看作是VR技术、AR技术的结合体，它指的是合并现实和虚拟世界后产生的新的可视化环境，在这种环境里物理对象和数字对象共存，并实时互动。它在现实世界、虚拟世界和用户之间搭起了一个交互反馈的信息回路。它有三个主要特点：结合虚拟和现实、3D注册、实时运行。目前，MR技术商用较少，仍处在研究阶段，但它结合了VR技术和AR技术的优势，让人们有了更多选择。

博物馆对线上展览的建设已有多年，取得了不错的社会反响，AR、VR和全息技术在线下展览、线上展览中也得到了不同程度的应用，优化了观众体验，实现了新的突破。但是线上展览的参观体验仍然无法做到与线下展览相同，这与XR和全息技术等数字技术的研发应用程度息息相关。随着线上展览的发展，其对数字技术的依托度越来越高，许多展览设想的实现需要数字技术，博物馆工作者要根据展览主题、内容和VR技术、AR技术、MR技术和全息技术各自的特点、优势，选择合适的数字技术运用。总之，博物馆工作者需要以积极的心态拥抱数字技术，跟上数字技术的潮流，探

① 熊江杰：《信息技术环境下博物馆的数字化展示技术及虚拟展览》，《文物世界》2019年第4期。
② 倪立、宋军、林灿：《浅谈虚拟现实（VR）技术在博物馆空间中的应用研究》，《科技传播》2020年第1期。

索线上展览的更多可能性。

三、XR和全息技术在博物馆展览中的应用

1. 应用实例

（1）AR和VR技术

XR技术中，目前国内博物馆应用较多的是AR和VR技术，MR技术应用较少。AR和VR技术可以虚拟、立体地展示海量文物信息；可以增强实体展览的互动性和趣味性、增加实体展览的信息量，更好地表现展览主题；可以为线上展览带来变革，拓宽线上展览发展空间，提高线上展览的真实感，与公众分享藏品信息数据库，回馈社会、服务社会。

国内博物馆运用AR、VR技术主要表现在三个方面，一是作为实体博物馆的补充，辅助参观游览、展览展示或者宣传教育活动，如良渚博物院配备了智能AR眼镜，它搭载了AR智慧导览应用，能够为观众提供AR特效、数字沙盘、AR地图导览、虚拟导游等服务，有助于观众仔细、全面地了解文物、规划参观路线，以及寻找洗手间等。这种参观方式更好地传递了文物信息，也缓解了博物馆的服务压力，观众的参观体验得到优化。此外，VR游戏具有高度真实感和互动性，能够提高展览的趣味性或者阐述文物藏品的隐性信息，中国艺术科技研究所和上海工艺美术职业学院合作开发了一款“田忌赛马”皮影VR游戏，观众戴上VR眼镜，坐在马鞍形的操作座椅上，手持操作杆，就可“穿越”古代、参与“赛马”活动。这款游戏将皮影和历史故事融合，让它们“活”了起来，有利于传播我国非物质文化遗产和优秀传统文化。

国内博物馆运用AR、VR技术的第二个方面是虚拟展厅的开设，这是目前最广泛的应用。博物馆利用VR技术制作数字展览，公众通过电脑或手机浏览，实现随时、随地观展，公众与博物馆获得“双赢”。我国许多博物馆都完成了展览的数字化，上线了VR展厅，公众可以自由参观常设展览和临时展览，这扩大了观众人数，提升了博物馆知名度，提高了博物馆社会影响力，更好地发挥了博物馆职能。不过，各博物馆采用的数字化手段不同，虚拟展厅的沉浸程度也不同，有的虚拟展厅沉浸感较低，浏览时易产生不连续感，有的虚拟展厅沉浸感较高，浏览体验较好，但会产生眩晕感。博物馆虚拟展厅仍然有很大改进空间。

博物馆运用AR、VR技术的第三个方面是文物数字化展示，不仅展示文物二维信息，还展示文物立体影像。这可以将博物馆文物资源与社会共享，让文物“活”起来，满足公众欣赏、学习、研究的需要。文物立体影像展示一般是通过AR实现，如上海博物馆官方网站“典藏”板块“AR藏品”栏，下载“上博AR”app对准文物图片扫描即可获得文物信息。此外，线下展览也可以使用AR展示功能，如苏州和云观博数字科技有限公司开发的“云观博”app，它是一款基于移动互联网

端的智慧讲解应用，公众参观博物馆时打开app对准文物正面进行扫描，即可获得该文物的介绍，弥补展品说明牌内容较少的缺憾，增进观众对展品的了解。无论线上线下，AR技术大大扩充了博物馆提供的文物信息，给不同参观目的的观众选择权，体现了博物馆的人性化服务。

（2）全息技术

全息技术可以增强博物馆展示方式的互动性和立体化，丰富感官体验；可以打破时空限制，实现文物异地、长久展示，解决文物运输不便或无法出境的困难，增加各博物馆之间的交流机会或博物馆与其他社会机构的合作机会；避免了传统文物展示对温度、湿度、光照等的要求，降低了文物展示的环境难度，有利于文物的保护和可持续性利用；360°全景展示可以让观众近距离观看文物，增强文物的观赏性，加深观众对文物的印象。

博物馆目前对全息技术的应用较少，主要表现在两个方面，一是辅助虚拟展览，体现展览主题，完善展览结构，提高展览内容性，增加展览互动性。如故宫博物院的端门数字博物馆对故宫建筑布局结构的展示，地面是故宫平面图，墙上配有屏幕，当观众站在平面图的某一处位置，墙上屏幕则显示对应的真实视角，仿佛站在建筑内，通过这种方式可以实现对未开放宫殿或者宫殿内小巧雅致空间的参观，充分利用文物资源展示故宫建筑的内涵。二是实现博物馆展览的异地展示，让更多公众欣赏馆藏文物、了解博物馆展览，达到宣传推广的目的，提升博物馆社会影响力。如2019年湖北省博物馆联合湖北移动、华为公司等打造的“5G智慧博物馆”，展示了以曾侯乙编钟原件制作的全息投影，观众在一定区域可以徒手敲击编钟，感受古乐器的魅力，这既满足了观众需求，也保护了珍贵文物。再如2019年，成都杜甫草堂博物馆与肯德基联合打造的天府锦绣主题餐厅，其中放置了小型全息投影设备，还原了杜甫故居的春夏秋冬，同时伴有杜甫描写春夏秋冬的诗歌。这是博物馆艺术授权的一次成功尝试，通过这种方式宣传博物馆文化和中华优秀传统文化，“润物无声”地发挥博物馆的宣传教育功能，让博物馆影响更多公众，让人们在日常生活中感受优秀文化。

2. 应用前景

XR和全息技术的应用大大增加了博物馆展览的表现力，随着数字技术的不断发展，博物馆展览也会有更多可能。

首先，在实体展览方面，XR和全息技术的发展、应用可以完善、辅助展览。具体来说，包括以下三点。第一，文物的异地展示。对于某一主题的展览，如果有特别合适的展品但是不便出借或是不便长途运输等，可以使用数字技术异地展示，尤其是需要进出境的文物或者是跨国合作展览等，这样做既可以弥补文物不在现场的遗憾、丰富展览内容、表达展览主题，又可以保护文物、创新文物利用方式、促进各博物馆交流。第二，实现“场景再现”，丰满博物馆展览叙事。博物馆展览通常会辅以照片、视频、“场景复原”等，如通史展厅入口处的史前人类生活场景复原，这些辅助展览以静态居多，对观众的吸引较小，如果利用数字技术再现建筑、城镇或者狩猎、耕作、宴饮、战争等场景，则展览的动态性增加、表达更加生动，对观众的吸引力提高，观众对展览的理解也会更加深入。第三，增加博物馆趣味性和互动性，适当缓解“博物馆疲劳”。博物馆可以立足本馆展览或馆藏特色，开发、引进沉浸感高的互动游戏，如“田忌赛马”“骷髅幻戏图”等，观众在游戏中得到放松，减少博物馆参观的枯燥和沉闷，提高博物馆游览的愉悦感。

其次，在线上展览方面，XR 和全息技术的发展、应用可以帮助博物馆突破线上展览的瓶颈，真正做到沉浸式、高真实感参观。第一，实现虚拟展厅与实体展厅有相同的参观体验。公众可以借助智能头盔等设备进入虚拟展厅参观展览，展品、灯光、音乐等与实体展厅对应。公众还可以与家人、朋友一起进行虚拟参观，满足公众陪伴家人、朋友交往的需求，犹如电影《头号玩家》展现的画面。这样，公众参观博物馆展览的时空限制更小，博物馆职能的延伸性更强，博物馆的社会影响力更大。第二，实现藏品“可触摸”，打破藏品保护的限制。公众通过智能设备进入藏品虚拟展示系统就可以查看藏品相关信息，并且可以将藏品拿在手中欣赏，感受其魅力。借助数字技术的进步，藏品数字化展示的立体性更强、信息更丰富，公众操作更便捷。

最后，在虚拟展览方面，XR 和全息技术的发展、应用可以帮助博物馆或者公众建立完全脱离实体展览的、独立存在的虚拟展览。目前各博物馆的数字展厅基本是实体展厅的复制，这种形式并不能完全体现博物馆策展人、博物馆建筑设计师的创造性和数字技术在展览领域的变革性。通过数字技术，策展人、设计师甚至普通公众都可以创建属于自己的展览，不受藏品、空间等限制，而是按照自己的兴趣或者关注的话题策划原创展览，展览主题和展品数量变多，展品和辅助展品的选择更加多样。博物馆展陈设计不再是专业人士独享的权力，普通公众也可以按照自己的认知、审美策划展览、开放展览，并与其他设计者交流。这种做法可以激发广大人民群众的文化创造力，创新文物利用方式，扩大博物馆覆盖范围，将博物馆职能发挥到新的高度。2017 年年底，世界首家完全存在于虚拟世界的克莱默博物馆（The Kremer Museum）成立，这是完全通过 VR 技术构建的博物馆，由荷兰艺术收藏家乔治·克莱默（George Kremer）和他的儿子乔尔·克莱默（Joel Kremer）共同创立，展示了 74 幅 17 世纪荷兰和比利时画家的绘画作品。乔尔委托建筑师设计了优美的虚拟环境，照明也进行了优化，可以突出每幅画的颜色、笔触和细节，并且可以根据访客的身高进行调节，从而消除眩光，大大优化了参观体验。克莱默博物馆具有划时代的意义，从中可以窥见，博物馆未来发展前景或许会超出人们的想象。

四、XR 和全息技术应用在博物馆展览中的困境

XR 和全息技术已经走进博物馆，取得了良好的社会反响，并且在展示展览等方面有广阔的发展前景，不过这些数字技术的应用也面临一些困境，愿景的实现仍需要时间。

第一，XR 和全息技术自身的发展程度，是其应用广度、深度的决定因素，也是其运用在博物馆展览中的基础条件。XR 和全息技术尚不成熟，虽然学界、商界对其研究、开发、利用已有数十年，但依然处于初期阶段，理论研究较多、实践应用较少，实践应用中以简单应用为主、复杂应用较少，目前应用领域较少，集中在与日常生活联系紧密的领域如娱乐、教育领域等，未能体现开创新领域的强大变革性。XR 和全息技术发展程度越高、应用越广泛，对博物馆展览的影响就越大——不仅可以实现前文所述场景，而且会产生新的运用方式。另外，XR 和全息技术使用成本高昂的问题也会随着其发展而逐渐得到解决。博物馆是社会公益机构，引进新技术、新设备的预算成本有限，因此数字技术的运用受到限制，而其自身的发展可以加快开发速度、促进商业利用、提高生产效率、降低使用成本，让越来越多的博物馆使用先进数字技术生产出数量更多、质量更好的文化作品，惠及大众、服务社会。

第二，博物馆的信息安全问题越来越重要。随着博物馆数字化和数字博物馆建设进程的加快，XR 和全息技术应用愈加广泛，这些都对博物馆信息安全防护提出了更高要求。常见的信息安全威胁有内部攻击（指博物馆内部工作人员有意或无意的泄密、更改文物或历史信息、破坏网络系统）、非法访问（指未经授权或以未授权的方式使用网络资源）、漏洞攻击（指网络通信协议及软件应用系统存在的安全漏洞被攻击）、木马病毒（指博物馆网络系统被木马病毒入侵）等①。博物馆遭遇网络攻击易造成内外部无法正常访问网络，黑客操作系统泄露机密资料、删除珍贵资料、发布不实信息，使线上展览稳定性变差，还可能造成实体博物馆监控系统、文物温湿度控制系统失灵等，使文物安全受到威胁。博物馆对数字技术的依赖程度越高，网络系统受到冲击时造成的后果就越严重。

另外，博物馆网络系统遭受冲击给文物数字信息安全带来非常大的隐患，尤其在文物数字信息用途日益广泛的现在和未来，博物馆权益受到侵害的表现更为复杂。首先是文物信息被删除，文物数字化成果被破坏，线下线上展览都会受到影响。其次是文物信息被修改，错误的信息被传播给公众，如果不能及时发现将导致错误数据传承，不利于后续利用。不论文物信息被删除还是被修改，博物馆各项工作都会受到影响，而且重新测绘或核校数字信息不仅耗费大量人力、物力，也可能对文物造成新的损害。最后是文物信息被泄露、被非法利用，易引发藏品版权归属、IP 开发等问题，如果传到国外则会使国家文化遗产遭受损失，取证、追责等程序困难重重。更有甚者，不法之徒利用 3D 打印技术等手段复制珍贵文物，进行盗换、诈骗等违法活动，损害博物馆形象和公众利益。因此，博物馆使用先进数字技术的同时也要增强信息安全保护机制。

第三，文物数字化标准有待完善。我国文物数字化工作成果显著，多数博物馆均建立了藏品数据库系统，然而各博物馆数字化建设标准不统一，大多是根据自身需求制定标准，这些标准差异性

① 黄海凤：《数字博物馆的信息安全威胁及防护机制研究》，《网络安全技术与应用》2020 年第 11 期。

较大，各数据库独立存在，无法满足资源流通等需要。2001 年，国家文物局制定了《博物馆藏品信息指标体系规范（试行）》；2003 年，中国博物馆学会成立数字化专业委员会；2012—2016 年，第一次全国可移动文物普查成功开展。这些实践大大推进了文物数字化标准规范和制度体系建设。但是我国幅员辽阔、历史悠久，文物众多，文物描述复杂，规范体系需要在标准化的同时容纳个性，现行的标准规范不能完全满足业务需求。完善的数字化标准应该具有较高的集成性、开放性和可操作性，易于实现全国文物资源整合，便于内部修改和外部检索。

第四，文物数字化影像资源的知识产权侵权风险增加。随着文物数字化工作的开展，各博物馆拥有了大量文物数字资源，这些资源在文物保护、展览展示、宣传教育等方面发挥着越来越大的作用。同时，由于网络的高速发展，不正当传播、非法盗用文物影像等行为屡见不鲜，给文物数字化影像资源的知识产权保护带来了新的难题。譬如，有人下载文物高清图片用在自己的博文里并发布在网络上，却不注明图片来源，这侵害了博物馆的知识产权。博物馆对文物数字化影像的利用方式之一是授权文创产品开发，而有人未经授权便下载文物影像用于商业行为，这使得博物馆权益受到严重侵害。出现这些现象的原因是多方面的，包括公众知识产权意识薄弱、文物数字资源保护力度较小、博物馆工作人员宣传及监督不到位等，文物数字影像知识产权保护任重道远。

五、结语

随着公众精神文化需求的增加，博物馆在社会生活中发挥着越来越重要的作用，博物馆展览也越来越受重视。XR 和全息技术的应用大大增加了博物馆展览的可能性，虽然其尚不成熟，应用也面临一些困境，但是这些数字技术能够打破博物馆展览的局限性，特别是在线上展览方面，有助于提高线上展览的广度和深度，有广阔的应用前景。

附录

山东省文物考古研究院
出版图书目录（1981—2021）

1982年

《山东汉画像石选集》，山东省博物馆、山东省文物考古研究所编，齐鲁书社，1982年3月。

《曲阜鲁国故城》，山东省文物考古研究所、山东省博物馆、济宁地区文物组、曲阜县文管会编，齐鲁书社，1982年9月。

1985年

《邹县野店》，山东省博物馆、山东省文物考古研究所编，文物出版社，1985年1月。

1986年

《山东史前陶器图录》，山东省文物考古研究所编，齐鲁书社，1986年6月。

《山东史前文化论文集》，山东省《齐鲁考古丛刊》编辑部编，齐鲁书社，1986年9月。

1988年

《临沂凤凰岭东周墓》，山东省兖石铁路文物考古工作队编，齐鲁书社，1988年9月。

1989年

《海岱考古》（第一辑），张学海主编，山东大学出版社，1989年9月。

1993 年

《济青高级公路章丘工段考古发掘报告集》，山东省文物考古研究所编，齐鲁书社，1993 年 11 月。

《纪念城子崖遗址发掘六十周年国际学术讨论会文集》，张学海主编，齐鲁书社，1993 年 11 月。

1996 年

《枣庄建新——新石器时代遗址发掘报告》，山东省文物考古研究所、枣庄市文化局编，科学出版社，1996 年 6 月。

1997 年

《大汶口续集——大汶口遗址第二、三次发掘报告》，山东省文物考古研究所编，科学出版社，1997 年 9 月。

1999 年

《新中国出土瓦当集录 · 齐临淄卷》，山东省文物考古研究所编，西北大学出版社，1999 年 3 月。

2000 年

《山东省高速公路考古报告集（1997）》，山东省文物考古研究所编著，科学出版社，2000 年 9 月。

《中国临淄文物考古遥感影像图集》，山东省文物考古研究所编制，山东省地图出版社，2000 年 10 月。

《探索渡来系弥生人大陆区域的源流（山东省合作研究报告）》，山东省文物考古研究所、土井浜遗址 · 人类学博物馆，2000 年。

2003年

《山东重大考古新发现》，山东省文化厅、山东省文物考古研究所、山东省博物馆编著，山东文化音像出版社，2003年9月。

2005年

《山东20世纪的考古发现和研究》，山东省文物考古研究所编著，科学出版社，2005年7月。

《中国出土玉器全集·4山东》，梁中合、佟佩华、王永波、贾笑冰主编，科学出版社，2005年10月。

2006年

《汉代考古与汉文化国际学术研讨会论文集》，《汉代考古与汉文化国际学术研讨会论文集》编委会编，齐鲁书社，2006年2月。

《蓬莱古船》，山东省文物考古研究所、烟台市博物馆、蓬莱市文物局编，文物出版社，2006年8月。

2007年

《山东省临淄齐国故城汉代镜范的考古学研究》，中国山东省文物考古研究所、日本奈良县立橿原考古学研究所，科学出版社，2007年1月。

《临淄齐墓》（第一集），山东省文物考古研究所编著，文物出版社，2007年3月。

《海岱考古》（第二辑），山东省文物考古研究院编，科学出版社，2007年7月。

《中国文物地图集　山东分册》（上、下册），国家文物局主编，中国地图出版社，2007年12月。

2008年

《中国出土瓷器全集·6山东》，由少平、郑同修主编，科学出版社，2008年3月。

2009 年

《鉴耀齐鲁——山东省文物考古研究所出土铜镜研究》，山东省文物考古研究所编，文物出版社，2009 年 5 月。

《鲁中南汉墓》（上、下册），山东省文物考古研究所编著，文物出版社，2009 年 12 月。

2010 年

《海岱考古》（第三辑），山东省文物考古研究所编，科学出版社，2010 年 6 月。

《山东济阳刘台子玉器研究》，山东省文物考古研究所、济南市文物局、德州文化局、济阳县文化局编著，众志美术出版社，2010 年 7 月。

《东平后屯汉代壁画墓》，山东省文物考古研究所、东平县文物管理所编著，文物出版社，2010 年 11 月。

2011 年

《汶上南旺：京杭大运河南旺分水枢纽工程及龙王庙古建筑群调查与发掘报告》，山东省文物考古研究所、中国文化遗产研究院、济宁市文物局、汶上县文物局编著，文物出版社，2011 年 1 月。

《海岱考古》（第四辑），山东省文物考古研究所编，科学出版社，2011 年 6 月。

2012 年

《海岱考古》（第五辑），山东省文物考古研究所编，科学出版社，2012 年 8 月。

《中国出土壁画全集　4 山东》，郑同修主编，科学出版社，2012 年 1 月。

2013 年

《临淄齐故城》，山东省文物考古研究所编著，文物出版社，2013 年 10 月。

《海岱考古》（第六辑），山东省文物考古研究所编，科学出版社，2013 年 10 月。

2014年

《鲁荒王墓》（上、下册），山东博物馆、山东省文物考古研究所编，文物出版社，2014年11月。

《海岱考古》（第七辑），山东省文物考古研究所编，科学出版社，2014年12月。

《新泰周家庄东周墓地》（上、下册），山东省文物考古研究所、新泰市博物馆编著，文物出版社，2014年12月。

2015年

《海岱考古》（第八辑），山东省文物考古研究所编，科学出版社，2015年12月。

《临朐白龙寺遗址发掘报告》，山东省文物考古研究所、苏黎世大学东亚美术史系、山东临朐山旺古生物化石博物馆编著，文物出版社，2015年12月。

2016年

《临沂洗砚池晋墓》，山东省文物考古研究所、临沂市文化广电新闻出版局编著，文物出版社，2016年8月。

《沂水纪王崮春秋墓出土文物集萃》，山东省文物考古研究所、临沂市文化广电新闻出版局、沂水县文化广电新闻出版局编著，文物出版社，2016年8月。

《海岱考古》（第九辑），山东省文物考古研究所编，科学出版社，2016年12月。

2017年

《孝堂山石祠》，山东省石刻艺术博物馆、山东省文物考古研究所编，文物出版社，2017年2月。

《临淄山王村汉代兵马俑》，山东省文物考古研究所、临淄区文物管理局编著，文物出版社，2017年3月。

《青铜器与山东古国学术研讨会论文集》，山东省文物考古研究所、北京大学震旦古代文明研究中心、莒县人民政府编，上海古籍出版社，2017年6月。

《海岱考古》（第十辑），山东省文物考古研究院编，科学出版社，2017 年 10 月。

《京沪高速铁路山东段考古报告集》，山东省文物考古研究院编著，文物出版社，2017 年 11 月。

2018 年

《临朐西朱封——山东龙山文化墓葬的发掘与研究》，中国社会科学院考古研究所、山东省文物考古研究院、山东临朐山旺古生物化石博物馆编著，文物出版社，2018 年 5 月。

《龙口归城：胶东半岛地区青铜时代国家形成过程的考古学研究（公元前 1000 ~ 前 500 年）》（上、下册），中国社会科学院考古研究所、哥伦比亚大学东亚语言和文化系、山东省文物考古研究院编著，科学出版社，2018 年 8 月。

《海岱考古》（第十一辑），山东省文物考古研究院编，科学出版社，2018 年 10 月。

《保护与传承视野下的鲁文化学术研讨会论文集》，山东省文物考古研究院、曲阜市文物局、曲阜师范大学历史文化学院编，上海古籍出版社，2018 年 12 月。

《临淄齐墓》（第二集），山东省文物考古研究院编著，文物出版社，2018 年 12 月。

《中国出土青铜器全集 · 5 山东 上》，刘延常主编，科学出版社、龙门书局，2018 年 12 月。

《中国出土青铜器全集 · 6 山东 下》，刘延常主编，科学出版社、龙门书局，2018 年 12 月。

2019 年

《海岱考古》（第十二辑），山东省文物考古研究院编，科学出版社，2019 年 8 月。

《山东高青陈庄遗址出土青铜器的保护修复》，中国社会科学院考古研究所、山东省文物考古研究院编，故宫出版社，2019 年 8 月。

《传承与创新：考古学视野下的齐文化学术研讨会论文集》，山东省文物考古研究院、山东大学历史文化学院、临淄区齐文化发展研究中心、齐文化博物院编，上海古籍出版社，2019 年 10 月。

《临淄齐墓》（第三集），山东省文物考古研究院、淄博市临淄区文物局编著，文物出版社，2019 年 12 月。

2020 年

《八主祭祀研究》，山东大学历史文化学院、山东省文物考古研究院、故宫博物院考古部编著，文物出版社，2020 年 5 月。

《张学海考古文集》（全二册），张学海著，文物出版社，2020年7月。

《胶东调水考古报告集》，山东省文物考古研究院编著，科学出版社，2020年9月。

《山东沿海汉代墩式封土墓考古报告集》，山东省文物考古研究院编著，文物出版社，2020年10月。

《临淄齐故城冶铸业考古》（全三册），中国社会科学院考古研究所、山东省文物考古研究院、淄博市临淄区齐文化发展研究中心编著，科学出版社，2020年10月。

《海岱考古》（第十三辑），山东省文物考古研究院编，科学出版社，2020年11月。

《青铜器、金文与齐鲁文化学术研讨会论文集》，山东省文物考古研究院、北京大学出土文献研究所、山东大学历史文化学院、潍坊市博物馆编，上海古籍出版社，2020年12月。

2021年

《北朝唐宋佛教与社会——山东临朐白龙寺遗址考古研讨会论文集》，山东省文物考古研究院、临朐县博物馆编著，文物出版社，2021年10月。

《昌邑辛置——2010—2013年墓葬发掘报告》（全四册），山东省文物考古研究院、昌邑市博物馆编著，文物出版社，2021年11月。

《滕州西孟庄龙山文化聚落》，山东省文物考古研究院编，文物出版社，2021年。

《山东省文物考古研究院藏文物精粹：铜器卷》，山东省文物考古研究院编，文物出版社，2021年。

《海岱考古》（第十四辑），山东省文物考古研究院编，科学出版社，2021年。

《风雨兼程40年——山东省文物考古研究院建院纪念文集》，山东省文物考古研究院编，齐鲁书社，2021年。

（罗鹭凌整理）

山东省文物考古研究院大事记

（1981—2021）

1980 年

9 月，山东省编委批准成立山东省文物考古研究所。

1981 年

1 月 1 日，山东省文物考古研究所正式挂牌。张学海、蒋英炬、杨广芬为召集人。

9—11 月，与北京大学联合发掘栖霞杨家圈遗址。

10 月，为配合兖石铁路工程建设，成立兖石铁路文物考古工作队，这是我所成立后第一次配合基本建设进行的考古工作。

11 月，与北京大学、临沂地区文物组发掘沂源猿人洞穴遗址，发现猿人头盖骨、牙齿等化石。

本年，我所发掘临淄东古城村 91 座齐墓。

本年，我所发掘曲阜林前村 30 余座春秋墓葬。

1982 年

2—4 月，兖石铁路文物考古工作队发掘曲阜南兴埠大汶口文化遗址。5 月，兖石铁路文物考古工作队在临沂凤凰岭发现细石器文化遗存，此后与中国社会科学院考古研究所山东队在临沂、郯城、日照、汶上、兖州等地发现多处细石器和小石器遗址。11 月，兖石铁路文物考古工作队发掘临沂凤凰岭东周墓。

夏，美国哈佛大学张光直教授到我所参观考察。

8月20—25日，由我所和山东省考古学会主办的山东史前考古学术讨论会在荣成石岛召开。

本年，我所发掘临淄桐林田旺遗址，发现龙山文化灰坑H5。

本年，山东省文化局任命杨子范为山东省文物考古研究所所长，张学海、王瑞成为副所长。

1983年

3—4月，发掘莒县杭头遗址。

1984年

3—6月，配合山东大学文博干部进修班考古实习，发掘益都凤凰台遗址。

本年6月至1986年12月，为配合齐鲁石化30万吨乙烯工程建设，勘探、发掘临淄厂区及辛店生活区墓葬约5000座。

本年9月至1986年，为配合益羊铁路建设，发掘寿光边线王遗址。

秋，我所配合国家文物局（原文化部文物局）在兖州西吴寺举办第一期考古领队培训班。

附：国家文物局考古领队培训班考核委员会名单

顾问：苏秉琦　宿白　石兴邦

主任委员：黄景略

先后担任考核委员的有（以姓氏笔画为序）：

孔哲生　叶学明　严文明　杨子范　吴汝祚　张忠培　张学海　郑笑梅　俞伟超　高广仁　黄景略

秋，为配合山东大学历史系考古专业实习，与济南市博物馆发掘济南大辛庄遗址。

10月，山东省文化厅任命张学海为山东省文物考古研究所所长，李传荣、佟佩华为副所长。

本年冬至1986年底，对滕州（原滕县）薛国故城遗址进行第一次勘探试掘。

1985年

5月，发掘济阳刘台子西周墓葬。

8月，我所被文化部评为“全国文物博物馆系统先进集体”。

秋，我所配合国家文物局（原文化部文物局）在兖州西吴寺举办第二期考古领队培训班。

10—11月，1988、1995年，为配合公路建设，勘探发掘广饶傅家遗址。

本年秋至1986年春，为配合齐鲁石化乙烯厂排污工程，发掘广饶五村遗址。

本年，发掘临淄、益都交界地区的稷山墓地。

1986年

春，勘探发掘青州苏埠屯商代墓地。

4—5月，清理济南东八里洼北齐壁画墓和临朐北齐崔芬壁画墓。

夏，《曲阜鲁国故城》获中国社会科学院考古研究所“夏鼐考古研究成果奖”。

秋，我所配合国家文物局（原文化部文物局）在济宁程子崖、潘庙、凤凰台举办第三期考古领队培训班。

11月，为配合济青高速公路建设，成立济青高速公路工程文物考古队。

冬，钻探、试掘寿光呙宋台遗址。

1987年

本年3月至1989年3月，我所统筹安排各地市普查小组，进行全省文物普查。

5—6月，发掘临朐西朱封龙山文化重椁墓葬。

1988年

本年4月至1990年6月，为配合济青高速公路建设，发掘章丘宁家埠、临淄后李官庄遗址，并在宁家埠举办考古技工培训班，考核录用140多名技工。

5月，由我所主办的“第二次环渤海考古座谈会鲁北考古讨论会议”在临淄召开。

秋，我所配合国家文物局（原文化部文物局）在泗水天齐庙举办第四期考古领队培训班。

1989年

4月起，编制《中国文物地图集　山东分册》。

本年4月至1990年12月，与北京大学考古系发掘章丘王推官庄遗址。

7月，我所撰稿的《齐鲁文化大辞典》（文物篇）由山东教育出版社出版。

秋，我所配合国家文物局（原文化部文物局）在泗水天齐庙举办第五期考古领队培训班。

本年9月至1990年底，为配合济青高速公路建设，发掘寿光纪国故城遗址、三元孙墓地，青州戴家楼汉墓群，昌乐后于留、谢家埠遗址，临淄后李春秋车马坑及淄河店二号战国墓，章丘女郎山墓地，潍坊郑家集汉代遗址。

10—12月，发掘临淄赵王庄战国墓地。

12月，我所临淄工作站建成使用。

本年—1993年，对章丘城子崖遗址进行“四有”探掘工作。

1990年

8月，我所获国家文物局考古发掘团体资格。

10—12月，试掘章丘焦家、董东、王官遗址。

12月，举办“山东省文物考古研究所建所十周年业务成果汇报展”。

冬，国家文物局张柏副局长考察我所临淄工作站。

1991年

1月，城子崖龙山与岳石文化遗址、后李春秋车马坑和淄河店2号战国大墓被评为1990年度“全国十大考古新发现”，前者并入选“七五”期间十大考古新发现。

7—8月，对章丘西河遗址进行发掘。

秋，我所配合国家文物局（原文化部文物局）在兖州六里井举办第六期考古领队培训班。

10月10—15日，山东省文化厅、文物局和我所筹办的“纪念城子崖遗址发掘六十周年国际学术讨论会”在济南召开。

12月，为配合曲阜调泗河水入明代故城护城河工程，发掘鲁国故城内汉代建筑遗址。

1992年

3月，再次勘探临淄桐林田旺遗址，发现龙山文化城址。

3月，由我所承办的全国考古所长会议在临淄召开。

春、秋两季，对滕州西康留遗址进行抢救性发掘。

6月，由美中交流委员会、(中国历史博物馆）今国家博物馆和我所联合在临淄工作站举办“中美古代陶器研讨班”。

本年秋至1993年春，对临淄与青州的姜齐、田齐王陵进行大规模调查、勘探和发掘。

9月，山东省编委批准山东省文物考古研究所增加事业编制16人，成立山东省文物保护科技中心。

本年11月至1993年5月，为配合济枣公路建设，发掘枣庄建新遗址。

1993年

5月，“城子崖古城址研究”课题获1993年度国家社会科学基金资助。

5—8月，配合京九铁路建设，发掘聊城马庙墓地、阳谷马庄宋元寺院建筑群、张大庙遗址。

10—12月，1999年，发掘章丘小荆山遗址。

10—12月，对滕州薛国故城进行第二次发掘。

本年10月至1994年1月，配合临淄淄河店村取土场工程，发掘战国墓葬。

11月25—29日，由我所承办的中国考古学会第九次年会在济南召开。

1994年

5月，发掘淄博临淄后李官庄2号春秋车马坑。

7月，章丘城子崖遗址发掘项目获国家文物局1992—1993年度田野考古二等奖。

7—8月，发掘沂南北寨汉墓。

本年9月至1996年，配合阳谷景阳岗公园建设，对景阳冈龙山文化城进行发掘。

本年至1996年，与日本土井浜遗址·人类学博物馆合作，进行“日本人的起源”课题研究。

1995年

3—4月，为配合济德高速公路建设，发掘禹城姚高、平原王通遗址。

4—10月，发掘临淄刘家村战国墓葬。

本年春至1996年，对五莲丹土遗址进行全面勘探和局部试掘。

7—8月，勘探、发掘费县防城遗址。

8月，“古代丝织品的加固保护研究”项目通过国家文物局组织的专家技术鉴定。12月，该项目获1995年度国家文物局文物科技进步四等奖。

10月，我所迁址至济南市上新街51号。

10—12 月，勘探、发掘滕州庄里西遗址。

本年，“山东地区新石器早期考古学文化研究——后李文化研究”获国家社科重点课题项目立项。

1996 年

1—7 月，为配合淄博市临淄区行政办公中心建设，发掘相家村战国墓地。

3 月，山东省文化厅任命李传荣为山东省文物考古研究所所长。

9—10 月，发掘济南轻骑模具厂汉代墓葬。

1997 年

3—12 月，发掘青州龙兴寺遗址。

5 月，为配合京沪高速公路建设，发掘临沂化沂庄、蒙阴后里遗址。

5—8 月，为配合潍莱高速公路建设，发掘潍坊后埠下、前埠下、会泉庄遗址，以及莱西下马村、门格庄遗址。

6—9 月，为配合济德高速公路建设，发掘济南王府遗址、小范庄及张庄墓地。

8—9 月，为配合 102 省道建设，发掘章丘西河遗址。

8—12 月，为配合临淄区城市建设，对徐家村墓地进行勘探发掘。

本年至 2000 年，我所与德国波鸿鲁尔大学合作开展临淄地区大遗址群的遥感考古研究。

1998 年

1 月，章丘西河新石器时代遗址被评为 1997 年度“全国十大考古新发现”。

2 月，我所被人事部、国家文物局评为“全国文物博物馆系统先进集体”。

4 月，利用 1961、1970 年 1∶50000 航测图对临淄封土墓葬进行复查。

10—11 月，为配合京沪高速公路建设，发掘苍山西道庄、大兴屯及罗庄区西陆庄遗址。

10—11 月，为配合东红高速公路建设，发掘青州东朱鹿村、赵家庄遗址。

10—12 月，为配合京福高速公路建设，发掘滕州西公桥遗址、东郑庄墓地、东小宫墓地。

本年 11 月至 1999 年 4 月，为配合日东高速公路建设，发掘日照小古城、沂南西岳庄、莒县大略疃遗址。

本年至2001年，发掘滕州前掌大村南墓地。

1999年

3—12月，为配合京福高速公路建设，发掘曲阜东大岭墓地及董大城、坡里遗址，滕州顾庙、东郑庄、西公桥、东康留、西康留遗址。

5—6月，为配合滕州北留路建设，发掘岗上遗址。

11月，章丘西河遗址发掘获国家文物局1996—1998年度田野考古三等奖。

2000年

1—3月，为配合兖石铁路复线工程建设，发掘泗水尹家城、费县左家王庄遗址。

3—12月，勘探、发掘五莲丹土遗址。

4—8月，为配合曲菏高速公路建设，对嘉祥长直墓地、兖州徐家营墓地进行发掘。

4—11月，为配合菏兖日铁路建设，发掘曲阜柴峪、花山墓地。

5—10月，与中国社会科学院考古研究所等对聊城茌平教场铺遗址进行钻探、试掘。

6—7月，为配合滨博高速公路取土场工程，对淄博彭家后李文化遗址进行抢救性发掘。

9月，与日本滋贺县立大学合作，对中日收藏、出土铜镜进行比较研究。

本年，“鲁中南汉代墓葬的整理与研究”被列为国家文物局社科重点课题。

2001年

2—3月，为配合菏兖日铁路建设，发掘济宁玉皇顶遗址。

本年3月至2002年1月，与山东大学考古系等对章丘洛庄汉墓主墓室外围进行发掘。

4—12月，为配合日东高速公路建设，发掘费县西毕城、埠后墓地，平邑大东阳、扬顶庄墓地。

7—9月，为配合327国道扩建工程，发掘曲阜鲁故城东墙。

10月，《中国临淄文物考古遥感影像图集》获二十世纪文博考古最佳图录。

10—12月，普探并试掘章丘东平陵城。

11—12月，为配合胶新铁路建设，对临沂张屯、朱家斜坊遗址，五莲西楼、董家营遗址，沂南侯家宅、董家岭、宋家哨墓地，诸城薛家庄遗址进行发掘。

11月，为配合滨博高速公路建设，发掘淄川大邢村墓地。

本年，“鲁北地区先齐古城古国考古研究”课题获国家文物局批准，勘探、试掘桓台前埠遗址。

2002年

1—4月，为配合京福高速公路建设，勘探、发掘滕州庄里西遗址。

3—6月，为配合同三高速公路建设，对胶南苗家河东周长城遗址进行考古调查，发掘胶南河头遗址及丁家皂户、纪家店子墓地，日照海曲汉代墓地，滕州薛故城东南遗址。

3—7月，为配合烟潍高速公路建设，发掘平度逄家庄遗址、莱州黑羊山遗址与朱汉墓地。

8月，与北京大学考古文博学院及环境学院等对莱州湾及胶东半岛进行盐业考古调查。

9月，我所承办的第三届中国环境考古学大会在济南召开。

9—11月，与北京大学考古文博学院对临淄桐林遗址进行试掘。

本年10月至2003年4月，为配合日东高速公路建设，试掘费县故城遗址。

本年11月至2003年7月，勘探、发掘章丘危山汉墓。

12月，我所被人事部、国家文物局评为“全国文物系统先进集体”。

本年及2003年3—5月，勘探、发掘新泰市周家庄墓地。

本年，“章丘西河”获国家社科基金项目立项。

2003年

3月，国家文物局局长单霁翔、副省长蔡秋芳视察南水北调山东段文物保护工作。

3—6月，与山东大学考古系、济南市考古研究所对济南大辛庄遗址进行发掘。

4月，日照海曲汉代墓地被评为2002年度“全国十大考古新发现”。

5月，发掘临沂王羲之故居墓葬。

6—7月，为配合滨大高速公路建设，对阳信李屋遗址进行发掘。

本年7月至2005年，与北京大学考古文博学院合办“考古学与博物馆学研究生课程进修班（山东）”。

9月，山东博物馆与我所承办“考古新发现——山东省重大考古新发现成就展”。

本年11月至2004年1月，为配合章丘电厂施工建设，对城角头墓地进行考古勘探和发掘。

本年，与瑞士苏黎世大学合作，发掘临朐白龙寺北朝佛教遗址。

本年至2005年，与北京大学等对博兴龙华寺遗址进行勘探、试掘。

本年，“山东日照西十里堡汉墓整理与保护研究”获国家社科基金项目立项。

2004 年

4 月，章丘危山汉代墓葬与陪葬坑及陶窑、山东临沂洗砚池晋墓获 2003 年度“全国十大考古新发现”。

4—5 月，为配合胶济铁路电气化改造，发掘高密乔家屯遗址、胶州东王延庄遗址。

5 月，为配合南水北调工程建设，发掘济南市长清四街墓葬。

5—7 月，发掘苍山金山墓地。

春、秋两季，为配合南水北调工程寿光双王城水库建设，进行勘探、试掘。

7 月，为配合济青高速铁路电气化改造，发掘临淄大武墓地。

8 月，由中国社会科学院考古研究所、山东省文化厅、济南市人民政府主办，章丘市人民政府、我所及济南市文化局承办的“汉代考古与汉文化国际学术研讨会”在章丘举行。

8—10 月，为配合东红高速公路建设，发掘临朐小时家庄遗址。

11—12 月，为配合青州旧公路改造，发掘西辛墓地。

12 月，《南水北调东线工程山东省文物调查报告》《南水北调东线工程山东省文物保护专题报告》专家论证会在北京召开。

2005 年

1—8 月，为配合南水北调工程建设，发掘长清大街村西北、四街村西部分地区及大街村东汉画像石墓。

3—4 月，为配合西气东输工程，发掘滕州孟庄遗址、朱洼汉代墓地。

3—9 月，为配合济菏高速公路建设，发掘长清广里店村东墓群、张营遗址、金村墓地、前夏墓地，平阴张沟村、安城乡、商庄遗址及东平故城。

5 月，与中国科学院古脊椎动物与古人类研究所等对沂源扁扁洞遗址进行试掘。

5—8 月，为配合青莱高速公路建设，对沂源南官庄、姑子坪、亳坪村遗址及胶州赵家庄遗址进行发掘。

7—11 月，为配合蓬莱水城小海清淤工程，清理发掘三艘古代木船。

10 月，召开蓬莱水城小海古船保护讨论会。

11 月，由国家文物局主办、北京大学考古文博学院与我所承办的第二届全国田野考古培训班在临淄工作站举办；对临淄桐林遗址进行发掘。

2006 年

本年3月至2007年4月，为配合南水北调工程建设，勘探、发掘济宁程子崖、汶上梁庄遗址。

4—5月，为配合枣木高速公路建设，发掘枣庄建新遗址。

6—8月，发掘青州香山墓葬。

10月，山东省文化厅任命管国志为山东省文物考古研究所党支部专职副书记。

11—12月，为配合胶东调水工程建设，发掘平度埠口遗址。

11—12月，对沂源扁扁洞遗址进行发掘。

本年11月至2007年4月，勘探、发掘邹平电解铝厂大院内墓地。

2007 年

2月，我所与淄博市文物事业管理局、临淄区人民政府主办的"齐都临淄与汉代铜镜铸造业国际学术研讨会"在临淄召开。

4—8月，为配合胶济高速铁路建设，发掘昌乐东肖村墓地，淄博房家、傅家遗址，章丘杲家坡村南遗址。

4—12月，为配合胶东调水工程，发掘莱州后扒埠村南、水南村、碾头村墓地及宿村遗址，招远老店村遗址。

春、冬两季，我所与北京大学中国考古学研究中心启动"鲁北沿海地区先秦时期盐业考古"课题研究，对昌邑、寒亭、寿光、广饶、东营、利津、沾化、无棣等进行考古勘查。

6—7月、11—12月，与美国哥伦比亚大学、中国社会科学院考古研究所在黄水河流域进行考古调查。

7月，与北京大学考古文博学院等对博兴龙华寺遗址进行试掘。

8—12月，为做好京杭运河保护工作，由我所牵头，组织德州、聊城、泰安、济宁、枣庄五市，对京杭运河（山东段）进行全线考古调查。

10—12月，抢救性发掘东平后屯汉代墓葬、莒南东上涧村周代墓葬、沂源县黄崖洞穴遗址。

12月，山东省文化厅任命郑同修为山东省文物考古研究所所长，王守功为副所长。

2008 年

1 月，发掘高唐沙王庄汉代墓葬。

3—10 月，我所与中国文化遗产研究院联合对京杭大运河汶上南旺分水枢纽及龙王庙古建筑群进行调查和发掘。

本年 4 月至 2011 年，我所与北京大学考古文博学院等对寿光双王城水库盐业遗址进行发掘。

5 月，举行汶上南旺大运河保护暨公众考古学实践活动。

5 月，在汶上县召开南旺分水枢纽和龙王庙古建筑遗址发掘现场研讨会暨山东京杭运河资源调查第一阶总结会。

6 月，我所与北京大学考古文博学院签订“山东渤海沿岸盐业考古”子课题承担合同书。

7—11 月，为配合京沪高速铁路建设，发掘济南彭家庄遗址。

8 月，《山东省临淄齐国故城汉代镜范的考古学研究》被评为 2007 年度全国文博考古十佳图书。

8—9 月，与山东博物馆等发掘兖州兴隆塔地宫。

10—11 月，为配合胶州至日照天然气管道建设，发掘胶南祝家庄遗址。

本年 10 月至 2009 年 7 月，调查齐长城遗址资源。

本年 10 月至 2010 年 1 月，为配合南水北调工程建设，发掘高青陈庄遗址。

11 月，由山东省文物局主办、我所承办的山东省第一期田野考古技术培训班在高青陈庄遗址举办。

12 月，召开寿光双王城盐业考古专家论证会。

本年，我所参与编写的《中国出土瓷器全集》获 2008 年度全国文博考古十佳图书奖。

2009 年

3 月，山东寿光双王城盐业遗址群获 2008 年度“全国十大考古新发现”。

4 月，我所承办 2008 年度全国十大考古新发现——寿光双王城盐业考古成果新闻发布会。

4—6 月，为配合济南奥体中路公路建设，与山东大学等对张马屯遗址进行发掘。

6—7 月，我所与美国哥伦比亚大学、中国社会科学院考古所对龙口归城城址进行调查、钻探与试掘。

7—8 月，对青州中辰电力公司战国墓进行发掘。

8 月，山东寿光双王城盐业遗址被国家文物局评为优秀田野考古工地二等奖。

8月，召开南水北调济平干渠工程文物保护项目验收会议。

本年8月至2012年，与北京大学考古文博学院等对章丘东平陵遗址进行发掘。

9月，国家文物局副局长童明康、考古处处长闫亚林检查指导我所工作，并考察高青陈庄考古发掘工地。

9—11月，为配合青临高速公路建设，发掘青州郝家庄、临沭东盘、沂水古烽台、临朐陈家河遗址及山子坡古墓群。

11月，举办高青陈庄遗址考古发掘工作专家座谈会。

12月，我所和山东省考古学会主办的山东地区汉代墓葬研讨会在济南召开。

12月，国家文物局考古专家组组长黄景略、中国考古学会理事长张忠培检查指导工作并视察高青陈庄考古工地。

12月，参加“中华文明探源工程（三）”工作会议，与北京大学考古文博学院合作的城子崖项目被列入课题。

本年，承担山东博物馆“考古馆”设计工作。

本年，由山东省文物局主办、我所承办的山东省第二期田野考古技术培训班在高青陈庄遗址举办。

本年，国家科技部“十一五”科技支撑计划项目《中华文明探源工程（二）—3500BC-1500BC中国文明形成与早期发展阶段的社会与精神文化研究》课题所涉及的“山东北部桐林遗址的考古调查与研究”结项。

2010年

1月，高青陈庄西周城址项目入选“中国社会科学院考古学论坛·2009年中国考古新发现”。

2月，承办山东高青陈庄遗址考古成果新闻发布会。

3月，召开高青陈庄遗址车马坑保护方案论证会。

3—4月，与山东大学东方考古研究中心、国家博物馆对新泰地主祠进行调查。

3—12月，与山东大学考古系、济南市考古所发掘济南大辛庄商代遗址。

4月，举办高青陈庄遗址发掘专家座谈暨成果发布会。

4月，与寿光市文物局承办“黄河三角洲盐业考古国际学术研讨会”。

4—5月，为配合山东天然气管网建设，对临朐古城遗址进行发掘。

本年4月至2011年5月，为配合南水北调工程建设，发掘寿光双王城盐业遗址、聊城土桥闸遗址、武城大屯水库墓地、临清河隈张庄明清“贡砖”窑厂遗址。

5—7 月，为配合枣临高速公路建设，对苍山后杨官庄遗址进行发掘。

6 月，山东高青陈庄西周城址获 2009 年度“全国十大考古新发现”。

7—11 月，为配合日东输油管道工程，发掘平邑邱上北墩遗址、费县西毕城墓地。

8 月，为配合山东省第三次文物普查，进行沿海水下考古调查。

本年 9 月至 2011 年 1 月，对菏泽元代沉船遗址进行发掘。

10 月，我所承担《山东省文物志》编纂项目。

本年 10 月至 2013 年 12 月，发掘昌邑辛置墓地。

12 月，我所 10 个项目获改革开放以来全省重大考古发现，分别为：沂源土门镇骑子鞍山猿人化石，寿光边线王龙山文化城址，临淄后李遗址后李文化、春秋车马坑，临淄淄河店二号战国墓，章丘城子崖龙山、岳石文化城址，章丘西河遗址后李文化聚落，章丘危山汉代俑坑，日照海曲汉代墓群，临沂洗砚池晋墓，寿光双王城盐业遗址。

12 月，山东省文化厅任命孙博为山东省文物考古研究所副所长。

本年至今，与菏泽市文物处、定陶县文管所对灵圣湖汉墓进行清理发掘及文物保护。

2011 年

1—5 月，为配合海青铁路建设，发掘平度东杨家墓地。

3 月，国家文物局局长单霁翔、山东省文化厅厅长亢清泉等莅临我所视察指导工作。

3—4 月，为配合南水北调工程建设，发掘阳谷七级码头遗址。

3—6 月，为配合大运河南旺枢纽国家考古遗址公园建设，发掘汶上分水枢纽工程遗址。

6 月，配合山东省文物局举办中国文化遗产日汶上南旺分会场展示活动。

6 月，山东济南大辛庄商代遗址获 2010 年度“全国十大考古新发现”。

7 月，齐长城资源调查项目通过山东省文物局专家组验收。11 月，通过国家文物局专家组验收。

7 月，承办定陶灵圣湖汉墓发掘成果新闻发布会、保护方案专家论证会。

7—12 月，为配合荣青城际铁路建设，对烟台严因寺遗址进行发掘。

夏，我所退休干部参观临沂革命老区。

9—10 月，为配合烟台潮水机场建设，对崔家窑址和墓地进行发掘。

9—12 月，对沂源扁扁洞遗址进行考古调查。

11 月，为配合山东天然气管网建设，对胶州市大庄遗址进行考古发掘。

本年 11 月至 2012 年 12 月，对鲁故城建筑群基址进行考古勘探。

12 月，举办沂源扁扁洞遗址专家座谈会。

12月，在济南召开庆祝山东省文物考古研究所成立三十周年座谈会。

本年底至2012年初，为开展“中华文明探源工程”第三阶段课题研究，对章丘城子崖周边区域进行考古调查。

2012年

1月，定陶灵圣湖汉墓发掘项目入选“中国社会科学院考古学论坛·2011年中国考古新发现”。

2月，山东省文化厅任命孙波为山东省文物考古研究所副所长，刘延常为党总支副书记。

2月，承办定陶大型汉墓保护方案专家论证会。

本年2月至2013年10月，发掘沂水纪王崮春秋墓。

4月，高青陈庄遗址发掘项目获2009—2010年度国家文物局田野考古二等奖。

4月，与山东省文物局等共同举办沂水纪王崮春秋墓考古成果新闻发布会。

4月，山东京杭大运河七级码头、土桥闸与南旺分水枢纽遗址被评为2011年度“全国十大考古新发现”。

本年4—7月、2015年10月至2016年5月，为配合齐国故城国家考古遗址公园建设，对小城内10号建筑遗址进行发掘。该发掘项目获2016年度山东省考古新发现奖。

本年春至2013年7月，为配合曲阜鲁国故城国家考古遗址公园建设，对周公庙建筑群基址、鲁故城南东门遗址进行发掘。

5月，国家文物局文物保护保护司关强司长视察沂水纪王崮考古发掘工地。

5月，国家文物局副局长童明康、故宫博物院院长单霁翔、国家文物局考古处处长闫亚林等视察沂水纪王崮考古发掘工地。

7月，我所党支部组织党员赴河北西柏坡考察学习。

9月，我所承办的第二届“黄淮七省考古论坛”在济南召开。

10月，我所承办昌邑鄑邑故城考古成果鉴定暨专家论证会。

10—12月，我所与中国科学院古脊椎动物与古人类研究所对日照黄泥梁旧石器遗址进行调查。

10—12月，为配合大运河南旺枢纽国家考古遗址公园建设，对汶上邢通斗门、徐建口斗门进行发掘。

本年10月至2017年3月，为配合大汶口国家考古遗址公园建设，发掘泰安大汶口遗址。该发掘项目获2016年度山东省考古新发现奖。

12月，国家文物局中华文明探源工程专家组检查曲阜鲁故城、泰安大汶口考古发掘工地。

本年12月至2013年1月，为配合南水北调工程建设，对临清戴闸遗址进行发掘。

本年至2015年，我所先后选派两名党员到曹县韩双楼村任第一书记。

2013年

1月，沂水纪王崮一号墓发掘项目入选“中国社会科学院考古学论坛·2012年中国考古新发现”。

1月，承办西藏日喀则地区文物干部培训班。

3月，国家文物局宋新潮副局长等考察我所工作。

4月，定陶灵圣湖汉墓被评为2012年度“全国十大考古新发现”。

4—6月，与中国科学院古脊椎动物与古人类研究所等对黄泥梁旧石器时代遗址进行发掘。

4—6月，为配合青荣城际铁路建设，发掘牟平蛤堆顶遗址。

4—6月，为配合319省道建设，发掘广饶广北农场盐业遗址。

5月，文化部副部长、国家文物局局长励小捷等莅临我所视察指导文物工作。

5月，山东博物馆与我所合作的“考古山东”获2012年度全国博物馆十大陈列展览精品奖。

7月，我所党员赴“第一书记”工作点曹县韩双楼村开展帮扶活动。

7月，举办《沂水纪王崮春秋墓出土青铜器保护修复方案》专家咨询会、薛国故城青铜器保护修复项目中期评审会。

本年9月至2016年11月，开展第一次可移动文物普查工作。

本年10月至2014年1月，对章丘东平陵城遗址进行勘探。

本年10月至2018年，为配合“中华文明探源工程”课题研究，对章丘城子崖遗址进行发掘。该发掘项目获2017年度山东省考古新发现奖。

本年，为配合大运河南旺枢纽国家考古遗址公园建设，继续对汶上徐建口斗门、常鸣斗门与柳林闸、前闸进行发掘。

本年，“章丘城子崖遗址及所在地区史前聚落形态研究”被列为科技部“十一五”科技支撑计划项目“中华文明探源工程及其相关文物保护研究”子课题；“沂沭河流域旧—新石器时代过渡阶段石器工业研究”获国家社科基金青年项目立项；“出土有机质文物现场提取技术研究与应用示范——超大型木构件提取技术研究与应用示范专题”被列为国家科技计划支撑课题。

2014年

5—9月，为配合旧城改造，对邹城孟母祠、子思书院、子思祠、曝书台遗址进行勘探发掘。

本年7月至2015年，对定陶十里铺北遗址进行考古发掘。

8—12月，为配合山东省文物保护科研修复工场工程建设，对济南唐冶遗址进行勘探和发掘。

10月，为配合公路拓宽工程建设，对滕州官桥村南墓地进行抢救性发掘。

10月，由中国社会科学院考古研究所主办、我所承办的“早期城址：聚落与社会区域政体的形成”学术研讨会在济南召开。

本年10月至2015年2月，发掘昌邑火道—廒里遗址群01（唐央）遗址。

本年11月至2015年6月，为配合临淄齐故城国家遗址公园建设，发掘大城东墙。

本年至2015年，为配合淄博孝妇河湿地公园建设，发掘黄土崖遗址。

2015年

3—4月，为配合曲阜市第三污水处理厂管网建设，对果庄遗址进行发掘。

6月，山东省文物保护科研修复工场在唐冶奠基。

7—9月，为配合青连铁路建设施工，发掘青岛安子沟汉代墓地。

9—12月由山东省文物局主办、我所承办的山东省第三期田野考古技术培训班在淄博黄土崖遗址举办。

10—11月，发掘广饶西大张遗址。

12月，由北京大学震旦古代文明研究中心、山东省考古学会主办，我所和莒县人民政府承办的“青铜器与山东古国学术研讨会”在莒县召开。

本年12月至2016年1月，为做好大遗址保护规划，发掘即墨故城遗址。

2016年

2月，“山东考古”微信公众号正式开通。

3月，“鲁西南及周边区域夏商时期的文化与环境学术研讨会”在定陶县召开。

3—7月，为配合潍日高速公路建设，发掘昌乐都北遗址。

4月，定陶汉墓考古发掘工作专家咨询会在定陶召开。

5月，《临淄齐故城》获首届中国考古学大会金鼎奖。

本年5月至2017年7月，为配合济青高铁建设，发掘章丘榆林、临淄荣家庄、临淄东古村北遗址、粉庄一号墓地。

6月，我所党总支被省直机关工委评为“山东省省直机关先进基层党组织”。

6—12 月，为配合枣庄庄里水库建设工程，发掘滕州北台上遗址、山亭横岭埠遗址。

本年 6 月至 2017 年 5 月，对滕州前台墓地进行勘探和发掘。该发掘项目获 2017 年度山东省考古新发现奖。

10—12 月，为配合济青高速公路拓宽工程建设，发掘章丘宁家埠遗址、临淄后李遗址。

11 月，由我所、曲阜市文物局、曲阜师范大学历史文化学院共同主办的“保护与传承视野下的鲁文化学术研讨会”在曲阜举行。

11 月，高青陈庄遗址出土青铜器保护修复项目（二期）结项验收会在北京召开。

12 月，山东省文物保护科研修复工场正式开工建设。

12 月，我所临淄工作站改造工程结束。

本年，我所荣获“全省第一次全国可移动文物普查先进集体”。

本年至 2017 年，为配合曲阜鲁国故城国家考古遗址公园建设，发掘北城墙、北东门和东北城墙遗址。

2017 年

3 月，为配合东阿大秦水库建设，对大秦村寺院遗址进行发掘。该项目获得 2017 年度山东省考古新发现奖。

3—5 月，为配合枣木高速公路建设，对枣庄渴口遗址进行发掘。

3—12 月，为配合枣庄庄里水库建设，发掘山亭前台北汉代墓地、沃里墓地、东江遗址。东江遗址发掘项目获 2016—2017 年度山东省优秀田野考古工地奖。

本年 3 月至 2019 年 12 月，为配合曲阜鲁国故城国家遗址公园建设，发掘望父台墓地、药圃冶铜遗址。

4—6 月，为配合黄水东调工程建设，对寿光机械林场盐业遗址进行发掘。

5 月，与中国科学院古脊椎动物与古人类研究所、临沂市文物局联合对凤凰岭旧石器遗址进行发掘。

5—7 月，为配合青兰高速公路建设，对聊城宓韩庄遗址进行发掘。

本年 5 月至 2018 年 9 月，为配合曲阜市旧城改造项目建设，对老农业局遗址进行发掘。

6 月，“定陶十里铺北遗址发掘资料的整理和研究”“沂水纪王崮春秋墓资料整理与研究”获国家社科基金项目立项。

6—12 月，为配合临淄齐国故城国家考古遗址公园建设，对小城北门进行发掘。该发掘项目获 2016—2017 年度山东省优秀田野考古工地奖。

本年 6—11 月及 2018 年 6—12 月，对枣庄山亭海子汉代遗址进行发掘。

7 月，山东省机构编制委员会办公室批复我所机构编制变更：山东省文物考古研究所更名为山东省文物考古研究院，增加编制 40 名。

8 月，与临朐县博物馆共同主办的“北朝唐宋佛教与社会——山东临朐白龙寺遗址考古研讨会”。

8—12 月，由山东省文物局主办、我院承办的山东省第四期田野考古技术培训班在枣庄东江遗址举办。

9 月，举行“山东省文物考古研究院”揭牌仪式。

9—11 月，为配合 227 省道建设，对广饶申盟亭墓地进行发掘。

本年 9 月至 2018 年 2 月，为配合鲁南快速铁路建设，对莒南址坊遗址进行发掘。

10 月，海子遗址考古发掘与文物保护工作专家咨询会在枣庄召开。

10 月，由我院和山东大学历史文化学院、淄博市文物局、临淄区人民政府共同举办的“传承与创新：考古学视野下的齐文化学术研讨会”在临淄召开。

本年 10 月至 2019 年，与滕州博物馆对大韩东周墓地进行勘探、发掘。

2018 年

2 月，章丘城子崖遗址、滕州前台墓地 2017 年度发掘、东阿大秦村遗址获 2017 年度山东省考古新发现奖；曲阜鲁故城北城墙发掘、枣庄东江遗址、临淄齐故城小城北门遗址获 2016—2017 年度优秀田野考古工地奖。

3—8 月，为配合章丘城子崖国家遗址公园建设，对龙山杏行地遗址进行发掘。

5—6 月，为配合郯城风电厂项目建设，勘探调查马陵山箭石眼地点。

5—11 月，与首都师范大学等共同发掘何楼遗址。

6 月，我院党总支一支部开展“不忘初心、牢记使命”主题党日活动，组织党员前往淮海战役纪念馆等地考察学习。

6 月，在滕州大韩村、曲阜鲁故城考古工地举办 2018 年“文化和自然遗产日”公众考古活动。

6—9 月，为配合临淄齐国故城国家考古遗址公园建设，对河崖头村西南遗址进行发掘。

6—10 月，为配合 345 省道拓宽，发掘滕州官桥村南墓地。

6—10 月，为配合泗水汇鑫产业园建设，发掘北玉沟墓地。

7—12 月，发掘曲阜杏坛学校东周墓地、博兴龙华寺遗址。

本年 8 月至 2019 年 7 月，为配合东营科技职业学院校区建设，发掘广饶莲花村元、明墓地。

9 月，由山东省考古学会主办，我院和济南市章丘区人民政府、山东大学历史文化学院承办的“从大汶口到城子崖——新石器时代晚期的黄河下游学术会议”在章丘召开。

本年 9 月至 2019 年，为配合枣菏高速公路建设，发掘滕州于山、王马厂、西孟庄遗址。西孟庄遗址发掘项目获 2018 年山东省考古新发现奖。

10 月，由北京大学、山东省考古学会、山东大学、潍坊文物局主办，我院与北京大学出土文献研究所、山东大学历史系、潍坊市博物馆承办的“青铜器、金文与齐鲁文化研究学术研讨会”在潍坊召开。

本年 10 月至 2019 年 5 月，为配合高东高速公路建设，发掘高唐陈庄遗址。

11 月，由我院、临沂市文化广电新闻出版局、河东区人民政府主办，临沂市文物局、中共河东区委宣传部、河东区文化广电新闻出版局、凤凰岭街道办事处共同承办的“山东临沂‘凤凰岭文化’国际学术研讨会暨凤凰岭细石器考古发掘成果新闻发布会”在临沂召开。

12 月，中日合作项目“中国山东省临淄汉代镜范与铜镜的考古学研究”启动仪式在临淄举行。

本年，我院党总支一支部被省直机关工作委员会评为“山东省省直机关先进基层党组织”。

2019 年

1 月，我院考古技师从事田野考古三十周年表彰会在曲阜举行。

1 月，“上海大学考古文博实践基地”揭牌仪式在我院临淄工作站举行。

3 月，召开“城子崖遗址、西孟庄遗址考古发掘现场研讨会”。

4—7 月，为配合齐故城国家考古遗址公园建设，对小城西门西侧夯土基址进行发掘。

4—7 月，为配合潍莱、文莱高速立体互通立交建设，发掘莱阳东青埠遗址。

4—8 月，在滕州西孟庄遗址、大韩墓地、临淄齐国故城遗址、曲阜鲁国故城遗址组织开展公众考古活动。

本年 4 月至 2020 年 1 月，与宁阳博物馆进行旧石器遗址专项调查。

5 月，滕州西孟庄龙山文化聚落、枣庄山亭海子遗址获 2018 年度山东省考古新发现奖。

6—7 月，为配合枣庄庄里水库建设，发掘滕州北台上遗址。

6—12 月，为配合京台高速改扩建项目，发掘滕州后黄庄、西公桥遗址及封山汉代墓地。

本年 8 月至 2020 年 1 月，为配合济宁华能电厂建设，对厂区内汉唐墓地进行发掘。

7—12 月，为配合曲阜世界铭筑项目建设，对西陈商代遗址进行发掘。

8 月，由中国考古学会夏商考古专业委员会、中国考古学会两周考古专业委员会、山东省考古学会主办，江苏省考古研究所、河南省文物考古研究院、安徽省文物考古研究所协办，山东省文物考古研究院联合山东大学历史文化学院、枣庄市文化和旅游局、滕州市人民政府承办的“苏鲁豫皖地区商周时期考古学文化学术研讨会”在滕州召开。

8月，我院曲阜工作站（鲁故城研究基地）启用。

8—11月，发掘滕州市西康留遗址。

本年8月至2020年1月，为配合临淄医疗中心建设，发掘战国至明代墓地。

本年9月至2020年1月，为配合临淄齐故城国家遗址公园建设，对大城南墙进行试掘。

本年9月至2021年5月，对黄岛琅琊台遗址进行发掘。

10月，山东省文化和旅游厅任命孙波为山东省文物考古研究院院长。

10月，中以合作项目“弥河流域区域系统考古调查”启动仪式在临朐县举行。

本年10月至2020年1月，为配合德州韩国汽车配件产业园建设，对贺家村墓地进行考古发掘。

11月，与山东大学文化遗产研究院、青岛市考古所承办的第九届“黄淮七省考古论坛”在青岛召开。

11月，我院主管部门变更为山东省文化和旅游厅。

本年11月至2020年8月，配合汶河治理工程，发掘沂南里宏遗址。

12月，由山东省文化和旅游厅、菏泽市人民政府主办，我院与菏泽市文化和旅游局、定陶区人民政府承办的定陶王陵M2汉墓拆解保护项目启动仪式在定陶举行。山东省文旅厅王磊厅长、王廷琦副厅长等领导出席。

12月，我院“济宁文物考古研究基地”揭牌仪式在济宁潘家大楼举行。

本年12月至2020年10月，为配合济宁河道总督署博物馆规划建设对济宁河道总督署遗址进行发掘。

本年，“鲁中南晚更新世晚期旧石器考古调查与整理研究”获国家社科基金项目立项。

本年，我院被山东省精神文明建设委员会评为“省级文明单位”。

2020年

1月，滕州西孟庄龙山文化遗址入选“中国社会科学院考古学论坛·2019年中国考古新发现”。

2月，疫情期间，我院率先复工，举行小清河田野考古复工仪式。

3—7月，为配合济莱高铁建设，发掘济南梁王遗址、乔店遗址。

4—12月，为配合小清河防洪综合治理工程建设，发掘高青胥家村南、曹坡、博兴北营、邹平东安、寿光侯辛庄遗址。

5—10月，为配合水库建设，发掘枣庄前刘庄遗址。

6 月起，对定陶王陵 M2 进行拆解保护。

6—12 月，对滕州大韩墓地进行主动发掘。

7 月，曲阜西陈遗址、临淄齐故城小城西门西侧夯土遗址、滕州大韩东周墓地获 2019 年度山东省考古新发现奖；滕州西孟庄龙山文化聚落、滕州大韩东周墓地、垦利海北遗址获 2018—2019 年度山东省优秀田野考古工地奖。

7 月，定陶王陵 M2 拆解保护项目专家论证会在定陶召开。

本年 8 月至 2021 年，为配合菏泽魏楼水库建设，发掘孙大园堌堆遗址。

本年 8 月至 2021 年 1 月，为配合临淄医疗中心建设，在建设区域内进行考古发掘。

9 月，“寿光双王城盐业遗址群考古发掘资料整理与研究”获国家社科基金立项。

本年 9 月至 2021 年 1 月，山东省文物考古第五期田野考古技术培训班暨上海大学 2020 年度考古专业学生田野考古实习在滕州鲁中南文物保护考古研究中心举办。此次培训班由山东省文化和旅游厅（山东省文物局）主办，我院与枣庄市文化和旅游局（枣庄市文物局）、滕州市文化和旅游局（滕州市文物局）承办。

9 月，我院鲁中南文物保护考古研究中心（滕州）成立。

本年 9 月至 2021 年，对滕州岗上遗址进行主动性考古发掘。

本年 9 月至 2021 年，为配合山东苏克食品公司建设，对禹城姚高东遗址进行发掘。

本年 10 月至 2021 年，为配合齐故城国家考古遗址公园建设，对小城西门西侧夯土基址西南侧进行发掘。

11 月，与中国社会科学院考古研究所、临淄人民政府主办“手工业考古·临淄论坛——以城市手工业考古为中心”会议召开。

11 月，滕州岗上遗址考古发掘现场研讨会暨“考古中国·海岱地区文明化进程研究”项目启动仪式在滕州举行。

11 月，国家文物局专家组抽查临淄齐故城、博兴龙华寺、滕州岗上、定陶王陵等田野考古发掘项目。

11 月，曲阜望父台墓地 2018M1 实验室考古专家论证会在鲁故城工作站召开。

本年 12 月至 2021 年 5 月，为配合聊城星光云创项目建设，对绳张墓地进行考古发掘。

本年，我院曲阜工作站及济南梁王遗址、琅琊台遗址、曲阜西陈遗址、菏泽魏楼水库、定陶汉墓、德州小刘庄墓地等考古队举办公众考古活动。

2021 年

3 月起，为配合郑济高速铁路建设，对济南董庄村遗址、长清老徐家洼遗址、聊城张方什遗址进行考古发掘。

4月，滕州岗上遗址、邹平东安遗址、青岛琅琊台遗址、临淄齐国故城小城西门西侧遗址获2020年度山东省考古新发现奖。

4月，我院与山东大学历史文化学院等举办的“黄河文明与堌堆遗址——菏泽考古发掘现场学术交流会”在菏泽召开。

5月，由我院和青岛市文物保护考古研究所、青岛市黄岛区博物馆共同主办的“琅琊台遗址考古发掘研讨会”在青岛召开。

5月，我院党员干部赴聊城开展党史学习教育主题党日活动。

6月，我院在省直文旅系统健步走活动中获得第一名。

7月，我院参与承办的“山东考古成就展（1921—2021）”在山东博物馆开展。

8—12月，山东省文物干部第六期田野考古技术培训班在潍坊市峡山区郑公街道考古驻地举办。

9月，由省文旅厅及淄博市人民政府主办、我院承办的齐国故城小城西门外建筑基址考古发现专家研讨会在临淄召开。

9月，国家文物局在京举办“考古中国”重大项目重要进展工作会，通报了沂水跋山遗址发掘重要发现成果。

9月，山东省文化和旅游厅任命孔胜利为山东省文物考古研究院党支部专职副书记，高明奎、徐波为副院长。

11月，山东省文旅厅王磊厅长等视察沂水跋山遗址考古工地。

12月，我院举行庆祝山东省文物考古研究院成立40周年活动。

（罗鹭凌整理）

后 记

本纪念文集自2020年11月开始约稿筹备，2021年12月正式出版，分上（纪念篇）、下（学术篇）两册，其中纪念篇由何德亮负责约稿，学术篇由张溯负责约稿，所需历史照片由罗鹭凌负责收集整理，最后附录部分有我院历年来出版的图书和大事记，由罗鹭凌负责整理。

文集收录的论文有的是新作，有的是我院职工早年发表于各期刊或论文集中的旧作，但多做了一定的修订，这次选为代表作收录于本文集中。由于过去的出版体例和要求与今日不同，这次全部做了统一。部分先生的文章由于图片或篇幅的原因未能收录，甚为遗憾。

纪念文章和论文的选编得到了我院干部职工尤其是离退休职工的大力支持。齐鲁书社的贺伟、马安钰两位编辑为文集的出版付出了大量劳动，特此致谢！

由于文集选编的时间甚为紧张，文中定有错误之处，敬请谅解。

编委会